PUBLICATIONS DE L'ÉCOLE DES LANGUES ORIENTALES VIVANTES

OUSÂMA IBN MOUNḲIDH

UN ÉMIR SYRIEN AU PREMIER SIÈCLE DES CROISADES
(1095-1188)

PAR

HARTWIG DERENBOURG

PROFESSEUR D'ARABE LITTÉRAL
A L'ÉCOLE DES LANGUES ORIENTALES VIVANTES

PREMIÈRE PARTIE

2e Fascicule

VIE D'OUSÂMA

CHAPITRES VI-XII ET TABLES

PARIS

ERNEST LEROUX, ÉDITEUR

LIBRAIRE DE LA SOCIÉTÉ ASIATIQUE
DE L'ÉCOLE DES LANGUES ORIENTALES VIVANTES

28, RUE BONAPARTE, 28

1893

PUBLICATIONS

DE

L'ÉCOLE DES LANGUES ORIENTALES VIVANTES

IIe SÉRIE. — VOL. XII (Ire PARTIE)

OUSÂMA IBN MOUNḲIDH

VIE D'OUSÂMA

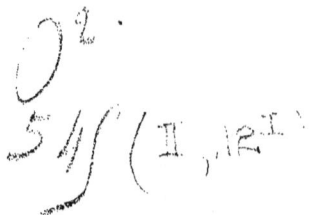

ANGERS, IMPRIMERIE ORIENTALE BURDIN ET Cie, RUE GARNIER, 4.

OUSÂMA IBN MOUNḲIDH

UN ÉMIR SYRIEN AU PREMIER SIÈCLE DES CROISADES

(1095-1188)

PAR

HARTWIG DERENBOURG

PROFESSEUR D'ARABE LITTÉRAL

A L'ÉCOLE DES LANGUES ORIENTALES VIVANTES

PREMIÈRE PARTIE

VIE D'OUSÂMA

PARIS

ERNEST LEROUX, ÉDITEUR

LIBRAIRE DE LA SOCIÉTÉ ASIATIQUE

DE L'ÉCOLE DES LANGUES ORIENTALES VIVANTES

28, RUE BONAPARTE, 28

1889

AVANT-PROPOS

Le texte arabe de l'*Autobiographie* d'Ousâma, publié en 1885 comme deuxième partie du présent volume, a révélé un document nouveau dont l'importance pour l'histoire des croisades a été généralement reconnue. Quelques autres tentatives ont été faites depuis lors pour remettre en lumière la figure, effacée par le temps, de l'émir de Schaizar. J'ai fait paraître successivement dans ce but : 1° Ousâma poète, notice inédite tirée de la *Kharîdat al-ḳasr*, par le célèbre contemporain d'Ousâma, 'Imâd ad-Dîn Al-Kâtib[1] ; 2° Note sur quelques mots de la langue des Francs au douzième siècle, d'après le texte arabe de l'*Autobiographie*[2] ; 3° Un passage sur les Juifs au douzième siècle, traduit de l'*Autobiographie*[3] ; 4° Préface du *Livre du bâton*, autre ouvrage d'Ousâma, texte arabe et traduction française[4].

1. *Nouveaux mélanges orientaux*. Mémoires, textes et traductions publiés par les professeurs de l'École spéciale des langues orientales vivantes (Paris, 1886), formant le volume XIX dans la IIe série des Publications de l'École des langues orientales vivantes, p. 113-155.

2. *Mélanges Léon Renier*. Recueil de travaux publiés par l'École pratique des hautes études (Section des sciences historiques et philologiques) en mémoire de son président Léon Renier (Paris, 1887), volume qui forme le 73e fascicule de la Bibliothèque de l'École des hautes études, p. 453-465.

3. *Jubelschrift* pour le 70° anniversaire de la naissance de M. le Professeur Graetz (Breslau, 1887), p. 127-130.

4. *Recueil de textes étrangers* publié par A. Lanier, imprimeur (Paris, 1888), p. 3-8.

Ces amorces une fois jetées, le nom d'Ousâma étant tiré d'un injuste oubli, il était permis d'hésiter entre deux partis : traduire en français l'*Autobiographie* d'Ousâma, en l'annotant avec abondance, en amoncelant les comparaisons historiques et les notices géographiques, en accentuant par un commentaire perpétuel l'originalité d'un style sans apprêt, flottant librement entre l'arabe classique et l'arabe vulgaire ; ou bien prendre l'*Autobiographie* comme point de départ d'une narration suivie, où les assertions de l'écrivain seraient contrôlées par d'autres témoignages sur les mêmes événements, où l'ordre chronologique serait substitué à une énumération arbitraire d'anecdotes contées au hasard, déroulées l'une après l'autre, sans lien solide, selon les caprices des souvenirs. C'est à cette dernière solution que j'ai donné la préférence, et j'ai essayé, non seulement de raconter les faits auxquels a été mêlé mon personnage, comme ils se sont suivis dans sa longue existence, mais encore de le replacer dans les milieux divers où il a vécu successivement. Cette tentative de restitution, pour imparfaite qu'elle soit, permettra peut-être de se figurer ce qu'était un émir arabe au douzième siècle. Si originale que soit la physionomie d'Ousâma, elle présente, rehaussée par les marques d'une supériorité véritable, d'une personnalité bien tranchée, les traits principaux des princes musulmans, avec lesquels les chrétiens vinrent se mesurer en Syrie et en Palestine.

La mise en œuvre de mes matériaux pourra, jusqu'à un certain point, dérouter les historiens habitués à traiter des choses occidentales. Par la nature même du sujet, j'ai été, à mon grand regret, obligé d'intercaler dans le texte nombre de documents et de passages communiqués *in extenso* et auxquels j'aurais pu me contenter de renvoyer, s'il en existait une version en langue européenne. L'insertion des citations dans le récit, conséquence de cette nécessité, en retarde souvent la marche par des amas de traductions, qui imposent des haltes forcées et multiplient les étapes. Cet enchevêtrement des pièces justificatives mériterait partout ailleurs d'être considéré comme un défaut de méthode. L'*Autobiographie* a passé ainsi presque entière, découpée en morceaux, dans la Vie d'Ousâma. Pour composer une traduction complète, il suffirait d'en grouper les éléments épars et de les joindre ensemble par quelques travaux de soudure. Les compléments de paragraphes omis se réduiraient à bien peu de chose, à moins qu'on ne fasse entrer en ligne l'appendice relatif aux soixante-dix années de chasses[1].

Quant au texte arabe de l'*Instruction par les exemples*, ainsi qu'Ousâma intitule ses mémoires, il sortira épuré du travail, auquel il aura servi de thème. Lors de la publication, j'avais eu la bonne fortune de soumettre les épreuves à deux arabisants de grand savoir et de bon conseil, MM. Thorbecke, professeur à Halle, et Houtsma, lecteur et bibliothécaire à Leyde. La photographie du manuscrit unique leur avait été en même temps communiquée à tous deux pour leur fournir une base de comparaison entre l'original et mes lectures. Malgré nos efforts combinés, on a trouvé à glaner après nous, et une dernière révision m'aura permis de recueillir quelques corrections qui avaient échappé à la vigilance des critiques. L'Errata placé entre les deux parties de ce volume indiquera suffisamment les rectifications que j'ai adoptées, celles que j'ai rejetées après mûr examen.

Le fac-similé placé en face du titre affecte la prétention

1. Texte arabe de l'*Autobiographie*, p. 139-168; cf. l'*Avertissement* placé en tête de la deuxième partie de ce volume, p. XI.

de reproduire l'écriture présumée d'Ousâma. L'acquisition du manuscrit de Berlin auquel il est emprunté m'avait été proposée séparément en 1884, avant qu'il n'entrât dans la Bibliothèque royale avec le reste de la collection dont il faisait partie. On m'offrait de l'en détacher d'avance en ma faveur, comme un *unicum* d'une valeur très grande, puisqu'il était censé contenir un autographe de l'émir Ousâma. J'ai, sur l'authenticité de cet autographe, plus que des doutes, presque la certitude qu'elle doit être contestée, même dans les parties anciennes de cet exemplaire disparate. Il contient en tout cas, dans ses deux volumes, les biographies des deux 'Omar, c'est-à-dire des deux khalifes 'Omar ibn Al-Khaṭṭâb et 'Omar ibn 'Abd al-'Azîz, par Aboû 'l-Faradj Ibn Al-Djauzî de Bagdâd[1], édition augmentée de deux préfaces et débarrassée tant des fastidieuses allégations d'autorités que des répétitions inutiles, publiée sous cette forme nouvelle dans la ville d'Is'ird[2], en schawwâl 567 de l'hégire (juin 1172 de notre ère), par Ousâma Ibn Mounḳidh. Les compléments plus modernes, les feuillets 18-115 dans le premier volume, 11-88 dans le second, semblent visés par une date placée à la fin de ce dernier, 856 de l'hégire (1452 de notre ère), date où les dizaines seules ne sont pas très lisibles. M. le professeur Barth de Berlin, dans une lettre du 8 décembre 1885, m'avait mis en garde contre une foi trop absolue dans l'opinion que le manuscrit fût une émanation directe d'Ousâma. Je suis

1. L'auteur est nommé en tête du premier volume (fol. 1 r°), sur un titre relativement moderne, Aboû 'l-Faradj 'Abd ar-Raḥmân ibn 'Alî Ibn Al-Djauzî Al-Bagdâdhî Al-Ḥanbalî Al-Atharî. Sur ce compilateur fécond, descendant du khalife Aboû Bekr, né entre 508 et 510 à Bagdâd et mort en 597 de l'hégire (1114 ou 1116-1201 de notre ère), voir Hammer-Purgstall, *Literaturgeschichte der Araber*, VII, p. 219, 643 et 703-704. Wüstenfeld, *Die Geschichtschreiber der Araber* (Gœttingen, 1882), n° 287, p. 102-104. Son livre est intitulé مطلع النيّرين فى سيرة العمرين, « Le lever des deux luminaires, biographie des deux 'Omar » ; cf. Ḥâdjî Khalifa, *Lexicon bibliographicum*, III, p. 640 (n° 7333) ; VI, p. 155 (n° 13044).

2. Is'ird est une ville du Diyâr Bekr ; voir notre chapitre huitième, J. de Goeje, *Bibliotheca geographorum Arabum*, I, p. 76, note *k*, et les suppléments publiés par Wüstenfeld dans son édition de Yâḳoût, *Mou'djam*, V, p. 12.

arrivé, par un examen attentif des plus vieux feuillets placés en tête de chacun des deux volumes, à des conclusions identiques. Telle a été également l'impression de M. Ahlwardt, un des savants les plus experts dans les questions de paléographie arabe[1]. Si, malgré ces réserves, je me suis décidé à reproduire, comme frontispice, le verso du premier feuillet, c'est que, en dehors même du problème relatif à l'écriture d'Ousâma, la petite préface qui y est contenue est fort intéressante et qu'elle nous montre l'activité littéraire d'Ousâma, alors que, comme il le dit lui-même, « ses quatre-vingts ans lui interdisaient les longues espérances[2] ».

Au risque d'être taxé d'impatience ou de précipitation, je n'aurais point différé aussi longtemps cette publication, si j'avais prévu que M. le comte Riant, qui s'y était vivement intéressé, n'en verrait pas l'achèvement. Les dix premières feuilles ont passé sous ses yeux ; la maladie même ne l'a jamais empêché de me prodiguer ses conseils et ses encouragements[3]. L'un de ses collaborateurs, le professeur Reinhold Rœhricht de Berlin, veut bien me continuer, pour ainsi dire, sa coopération dans le même esprit, et je les associe tous deux dans ma reconnaissance. Ce travail doit beaucoup également à MM. Ernest Lavisse, professeur à la Faculté des lettres de Paris, qui avait annoté ma rédaction de premier jet et qui avait poussé l'indulgence jusqu'à la faire adopter comme thèse française de doctorat par la Faculté des lettres; Emmanuel Rey, membre résident de la Société des antiquaires de France, qui m'a largement ouvert les

1. W. Ahlwardt, *Kurzes Verzeichniss der Landberg'schen Sammlung arabischer Handschriften* (Berlin, 1885), p. 81, où ces deux manuscrits sont cotés provisoirement 832 et 833.

2. Ms. 833 cité dans la note précédente, fol. 1 v°.

3. Plusieurs fragments de l'*Autobiographie* d'Ousâma ont été cités par M. le Comte Riant dans les *Historiens occidentaux des Croisades*, V, p. 87-90 ; 93 ; 94 (dans ce dernier passage, note *d*, lisez *satan* au lieu de *sultan*) ; 109 ; 114 ; 122 ; 126.

trésors de sa compétence spéciale sur la géographie et sur l'histoire de l'Orient latin; enfin M. Charles Kohler, sous-bibliothécaire à la Bibliothèque Sainte-Geneviève, une jeune recrue qui se consacre avec ardeur et succès au dépouillement des documents occidentaux relatifs aux Croisades.

Paris, ce 20 mars 1889.

بسم الله الرحمن الرحيم ولا حول ولا قوة الا بالله العلي العظيم
قول اسامة بن مرشد بن علي بن مقلد بن نصر بن منقذ رضي الله عنه وعن والديه
وعن جميع المسلمين انني وقفت بمدينة اسعرد في شوال سنة سبع وستين وخمس
ماية على كتاب مناقب امير المؤمنين ابي حفص عمر بن الخطاب رضي الله عنه
تأليف الشيخ الامام العالم الزاهد ناصر السنة ابي الفرج عبد الرحمن بن علي
ابن محمد بن علي بن الجوزي رضي الله عنه مروية عن الثقات مسندة الى الايمة
الاثبات فرأيت وبالله التوفيق ان اجردها من الاسانيد اذ كانت اشهر من
النهار واشيع من ان يدفع بالانكار وفضايله تشهد بها اثاره في الاسلام
واسه الدين اجابة لدعوة الرسول صلى الله عليه وسلم والناس فيه بين رجلين
رجل عرف فضله فاقر وفوض ورجل ران على قلبه الشك فانكر واعرض والمنصف
العارف لا يزيد نفسه الاسناد والمنكر الجاحد لا تصده الرواية عن العناد وقد
كنت اوردت في كتابي المترجم بالتاريخ البدري المشتمل على ذكر فضايل اهل بدر
رضي الله عنهم من مناقبه وفضايله وفتوحاته واحكامه وحسن اثاره في الاسلام
ما فيه مقنع وكفاية ولكن الزيادة من الخير خير وهداية قال الشيخ الامام
ابو الفرج عبد الرحمن بن الجوزي رضي الله عنه الحمد لله الذي نشر بقدرته البشر
وصرف المقادير بقدرته وقدر وابعث محمدا الى اهل البدو والحضر واحل
وحرم واباح وحظر وابتلاه في بداية النبوة بمداراة من كفر فدخل دار الخيزران
فاختفى واستتر الى ان اعز الله الاسلام باسلام عمر صلوات الله عليه وعلى جميع
اصحابه المناصحين الغرر وعلى تابعيهم باحسان في السنن والاثر ما هطل الغمام
بهتان المطر وهدلت الحمائم على افنان الشجر وسلم تسليما اما بعد فان اخبار
الاخيار دواء القلوب وجلاء الالباب وان اولى ما جمعت اخبار امير المؤمنين عمر بن
الخطاب لانه جمع من العلم والعمل ما ادهش العلماء والعاملين وقام من الكلام في
السياسة

ÉCRITURE ATTRIBUÉE A OUSÂMA IBN MOUNKIDH

(D'APRÈS UN MANUSCRIT DE BERLIN)

VIE

D'OUSÂMA IBN MOUNḲIDH

CHAPITRE PREMIER

SCHAIZAR ET LES MOUNḲIDHITES

Ousâma, fils de Mourschid, de la famille des Banoû Mounḳidh, naquit à Schaizar le quatre juillet 1095[1]. Dans une poésie qu'il composa à l'âge de quarante ans, alors que, « frère des cheveux blancs », il entrevoyait « l'aurore de la vieillesse », il fait un cruel retour sur son passé : « Si tu comptes mes années, dit-il[2], et que tu en retranches la période des soucis, le résultat obtenu sera l'heure de ma naissance. » Ainsi donc, les tourments de l'existence n'auraient même pas épargné en lui « l'enfant au berceau[3] ». L'amour de la vie est le seul contentement rétrospectif qui perce le voile de mélancolie, comme répandu par ses impressions du moment sur ses souvenirs les plus lointains. Jamais il ne s'écrierait avec Job[4] : « Périsse le jour où je suis

1. Ousâma, *Autobiographie*, texte arabe publié dans la deuxième partie du présent volume, p. 91. La date, qui y est donnée, est le dimanche 27 du second djoumâdâ, en 488 de l'hégire. Or, d'après F. Wüstenfeld, *Vergleichungs-Tabellen der Muhammedanischen und Christlichen Zeitrechnung* (Leipzig, 1854), le 27 du second djoumâdâ a dû tomber, cette année-là, un mercredi. Le même renseignement est mis dans la bouche d'Ousâma par 'Imâd ad-Dîn, *Kharîdat-al-ḳaṣr* : voir *Ousâma poète* dans les *Nouveaux mélanges orientaux* (Paris, 1886), p. 123 ; cf. aussi Ibn Khallikân, *Biographical Dictionary* (trad. anglaise par M. de Slane, Paris, 1843-1871, 4 vol.), I, p. 179.

2. Vers d'Ousâma, dans 'Imâd ad-Dîn, *Kharîdat al-ḳaṣr*, *ibid.*, p. 124.

3. Ousâma, *ibid.*, p. 138.

4. Job, III, 3. J'emprunte la traduction de M. Ernest Renan, *Le livre de Job* (Paris, 1860), p. 11. Un passage analogue du livre de Jérémie, XX, 14-18, exprime les mêmes sentiments dans des termes analogues.

né, et la nuit qui a dit : Un homme est conçu ! » Aux yeux d'Ousâma, l'heure de sa naissance reste le seul point lumineux qui se détache sur le fond sombre où son esprit tourné au noir lui retrace le tableau de sa destinée.

Trois mois à peine s'étaient écoulés depuis qu'Allâh, par un effet de sa bienveillance, avait donné un enfant mâle[1] à son fidèle serviteur Mourschid, l'un des princes Mounḳidhites de Schaizar, lorsque de graves nouvelles se répandirent de proche en proche à travers toute la Syrie. Presque à l'autre extrémité du monde connu, sur la terre de France, le pape Urbain II, quittant sa résidence de Rome, était venu prêcher la croisade au concile général de Clermont, en Auvergne. Ses cardinaux, nombre d'évêques et une suite nombreuse avaient traversé les Alpes à la suite du pape[2]. Son cortège fut celui d'un triomphateur[3], son éloquence, celle d'un apôtre. Quatre témoins auriculaires, Foucher de Chartres, Robert le Moine, Guibert de Nogent et Baudri de Dol, nous ont conservé, sinon la forme, du moins la substance du discours[4] que le pape Urbain II prononça le 26 novembre devant l'assemblée plénière convoquée sur une des places publiques de Clermont[5]. Il parla à ses compatriotes de France avec une éloquence persuasive, leur rappela les victoires de leurs ancêtres sur les fils d'Agar[6], et conjura tous ceux qui étaient en état de porter les armes de s'unir dans une action commune pour la délivrance de leurs frères opprimés, pour la conquête de Jérusalem, où les sanctuaires de Dieu

1. Voir *Coran*, XLII, 48 ; cf. XVI, 60 : « Lorsque l'on annonce à l'un d'eux la naissance d'une fille, son front se rembrunit et il étouffe de colère. »

2. H. Hagenmeyer, *Peter der Eremite. Ein kritischer Beitrag zur Geschichte des ersten Kreuzzuges* (Leipzig, 1879), p. 72, note.

3. B. Kugler, *Geschichte der Kreuzzüge* (Berlin, 1880), p. 17.

4. *Recueil des historiens des croisades, publié par les soins de l'Académie des inscriptions et belles-lettres. Historiens occidentaux*, I, p. 322-323 ; 727-730 ; IV, p. 12-15 et 137-140 ; cf. aussi Guillaume de Tyr, *ibid.*, I, p. 39-42. Guibert affirme qu'il reproduit la harangue « etsi non verbis, tamen intentionibus ».

5. M. R. Rœhricht, *Beitræge zur Geschichte der Kreuzzüge* (Berlin, 1874-1878, 2 vol.), II, p. 45, suppose d'après A. Tardieu, *Histoire de la ville de Clermont-Ferrand* (Moulins, 1872-1873, 2 vol.), I, p. 36, que la réunion eut lieu sur la place aujourd'hui appelée place Delille ; seulement M. Rœhricht a transcrit « place de Lille », sans penser à Jacques Delille, au traducteur de Virgile, au versificateur des Jardins, de l'Imagination, de la Pitié, etc.

6. Les Byzantins désignaient Arabes et Turcs par la dénomination de « fils d'Agar » ; cf. Krause, *Die Byzantiner des Mittelalters* (Halle, 1869), p. 381 ; H. Prutz, *Kulturgeschichte der Kreuzzüge* (Berlin, 1883), p. 516.

et le tombeau du Christ étaient depuis trop longtemps profanés. La parole du fougueux pontife tomba comme une semence féconde sur une terre propice. Les esprits étaient surexcités d'avance par les récits que moines, pèlerins, voyageurs, trafiquants, citoyens de Jérusalem, indigents d'Antioche [1], répandaient sur l'audace croissante des musulmans, sur l'humiliation aggravée des chrétiens. C'est au nom de Dieu que le pape, multipliant à dessein les citations bibliques, préconisait une entreprise « moins humaine que divine [2] », à laquelle étaient attachés des indulgences et des privilèges ecclésiastiques pour ceux qui y prendraient part [3]. Le dogme de la guerre de religion, qui, pendant près de quatre siècles, avait donné le branle aux armées d'Allâh lancées « dans ses voies [4] » vers la conquête du monde [5], se trouvait être retourné contre les musulmans eux-mêmes par le pape qui, au nom du même principe, s'efforçait d'entraîner les contingents de la Croix à la lutte contre les infidèles pour le recouvrement des lieux saints [6].

L'avortement d'une première expédition, composée en majorité de « paysans [7] » qui s'étaient laissé plutôt entraîner par leur enthousiasme que guider par leur raison, s'il compromit d'abord le prestige de la croisade, ne l'empêcha pas, lorsqu'elle mit en ligne des armées bien équipées, commandées par des chefs éprouvés, d'aboutir le 3 juin 1098 à la prise d'Antioche et le 16 juin 1099 à l'occupation de Jérusalem [8]. La

1. Baudri de Dol dans Hagenmeyer, *Peter der Eremite*, p. 76.

2. « Non tam humanitus quam divinitus ». Ekkehard, *Hierosolymita*, ed. Hagenmeyer (Tübingen, 1877), ch. I, 1; cf. Heinrich von Sybel, *Geschichte des ersten Kreuzzuges* (2e éd., Leipzig, 1881), p. 190 et 198.

3. M. le comte Riant, *Inventaire des lettres historiques des croisades* dans *Archives de l'Orient latin*, I (1881), p. 113, cf. p. 121.

4. *Coran*, IV, 76, 77, 78, 86, 96, 97, etc. Un livre de six cents pages composé sur cette matière par Bahâ ad-Dîn Ibn Schaddâd, l'historien de Saladin, est mentionné par Ibn Khallikân, *Biographical Dictionary*, IV, p. 421. Sur la guerre religieuse (*djihâd*), chez les musulmans, voir entre autres la monographie de B. Haneberg, *Das muslimische Kriegsrecht* (München, 1871).

5. La campagne de Charles Martel en 732 ne sauva pas seulement la Gaule de la domination musulmane, elle changea à ce moment la face de l'histoire du monde. Voir l'étude magistrale de M. Léopold von Ranke, *Weltgeschichte*, V, I (Leipzig, 1884), p. 280-293. Encore au onzième siècle, les Arabes « en 1003 avaient attaqué Antibes, en 1019 Narbonne et en 1047 saccagé Lérins »; cf. M. le comte Riant, *Inventaire*, etc., dans *Archives de l'Orient latin*, I, p. 103, note 20.

6. M. le comte Riant, *ibid.*, p. 65.

7. Sur « les croisades des paysans », cf. B. Kugler, *Albert von Aachen* (Stuttgart, 1885), p. 7.

8. Pour les jours précis où ces événements se sont accomplis, je suis avec confiance Hagenmeyer, *Peter der Eremite*, p. 377 et 378.

perte de la « demeure sanctifiée[1] », comme les musulmans nomment Jérusalem, fut d'autant plus vivement ressentie par eux qu'ils y avaient maintenu leur domination depuis qu'Omar y était entré en 636[2] et que si, depuis 1070, elle avait appartenu successivement aux sultans Seldjoûḳides de la Perse, aux princes Ortoḳides d'Alep et aux khalifes Fâṭimides d'Égypte[3], le prône (*khoṭba*) dans la mosquée d'Omar avait pu être fait, tantôt au nom du khalife 'Abbaside, tantôt au nom du khalife Fâṭimide, mais le culte d'Allâh n'y avait pas été interrompu. Or, la chrétienté ne se contenta pas de récupérer le saint Sépulcre, elle infligea à l'islamisme la transformation du « Dôme de la Roche[4] » en un « temple du Seigneur[5] ».

Le succès des croisés en Syrie fut la juste récompense de leur bravoure, de leur discipline, de leurs aspirations pieuses[6], de la tactique de leurs chefs. Ils profitèrent habilement de circonstances exceptionnellement favorables, et furent aidés dans leurs desseins, d'un côté par le morcellement à l'infini du territoire, de l'autre par les dissensions intestines. Nulle cohésion dans les forces isolées, qui arrêtaient un moment les progrès du vainqueur, aucune union solide et durable entre des émirs trop aveugles pour ne pas méconnaître la solidarité de leurs intérêts. La féodalité, ce dissolvant de l'unité politique en France, avait répandu avec abondance ses germes de destruction sur le sol de la Syrie. Chacun assistait l'arme au poing à

1. En arabe : *al-bait al-mouḳaddas*, avec les variantes : *bait al-maḳdis* « demeure du lieu de sainteté », et *al-ḳouds* « la sanctification ».

2. Sur la capitulation de Jérusalem et les prérogatives religieuses que l'islamisme, à ses débuts, accorda aux habitants chrétiens, voir L. von Ranke, *Weltgeschichte*, V, II, p. 259-267.

3. G. Weil, *Geschichte der Chalifen*, III, p. 110 et 150. Au sujet des dynasties orientales pendant la durée des croisades, on peut consulter l'*Introduction* étendue et savante que M. de Slane a mise en tête du *Recueil des historiens des croisades, publié par les soins de l'Académie des inscriptions et belles-lettres. Historiens orientaux.* Tome Ier (Paris, 1872).

4. *Ḳoubbat aṣ-ṣakhra*. C'est ainsi que les Arabes désignent la mosquée d'Omar.

5. Marquis de Vogüé, *Achard d'Arrouaise, poème sur le Templum Domini*, dans *Archives de l'Orient latin*, I, p. 562-566 ; Rœhricht, *Syria sacra* dans la *Zeitschrift des Palæstina-Vereins*, X (1887), p. 41. Un passage de l'*Autobiographie* d'Ousâma (p. 99) montre les Templiers installés dans l'autre mosquée de Jérusalem, la mosquée *al-aḳṣâ*.

6. M. de Sybel a mis en lumière le rôle joué par l'ascétisme chrétien, non seulement dans le mouvement qui marqua le début de la première croisade, mais encore dans les actes principaux qui en caractérisèrent le développement et qui en assurèrent le succès. C'est l'idée maitresse de sa *Geschichte des ersten Kreuzzuges*. Peut-être l'illustre historien s'est-il exagéré l'importance de ce facteur.

la défaite de son voisin. L'égoïsme local enracinait l'individu dans son patrimoine, comme si l'ennemi n'y pénétrerait jamais[1]. Aussi la campagne des Francs eût-elle été une marche militaire presque sans combats, si des princes étrangers, mais non indifférents à la Syrie, n'étaient intervenus pour y disputer aux Francs, pour s'y disputer entre eux la prépondérance.

Les Seldjoûḳides de l'Irân se considéraient comme les maîtres de la Syrie et de la Palestine, que le sultan Mou'izz ad-Dîn Malik-Schâh avait asservies. Mais, après la mort de ce prince, en 1092, son vaste empire s'était démembré et ses descendants, acharnés les uns contre les autres, en avaient ébranlé les fondements. Leur domination nominale persistait en Syrie, parce qu'elle s'était fait oublier à force d'être insensible. Leurs vassaux d'Alep s'étaient en partie substitués à eux dans la tâche qu'ils avaient revendiquée de soutenir le khalifat orthodoxe de Bagdâd contre les empiétements du khalifat schî'ite de Miṣr. Les khalifes Fâṭimides d'Égypte, de leur côté, avaient tourné leurs yeux vers la Syrie, comme vers la plus désirable des conquêtes temporelles et spirituelles. Jérusalem leur appartenait lorsque les croisés s'en emparèrent en 1099. Enfin l'empereur de Constantinople, Alexis Comnène, avait obtenu des croisés la reconnaissance de sa suzeraineté sur les territoires dont ils s'empareraient en Asie. De mutuelles défiances entravèrent l'exécution du traité, mais Alexis, et après lui son fils Jean, firent valoir à l'occasion leurs droits à la domination de la Syrie[2].

On pourrait croire qu'un pays morcelé, convoité par de

1. M. E. G. Rey, *Les colonies franques de Syrie aux* XIIe *et* XIIIe *siècles* (Paris, 1883, p. 4), appelle l'attention sur un bien curieux passage de Kamâl ad-Dîn Ibn Al-'Adim, *Zoubda*, à ce sujet; cf. la traduction de Silvestre de Sacy dans Rœhricht, *Beitræge*, I, p. 245 et 246, et la traduction indépendante de celle de Silvestre de Sacy, qui a été insérée dans *Historiens orientaux des croisades*, III, p. 606 et 607.

2. Sur la conduite des empereurs de Constantinople à l'égard des croisés, voir Fr. Wilken, *Rerum ab Alexio I. Joanne, Manuele et Alexio II. Comnenis Romanorum Byzantinorum imperatoribus gestarum libri quatuor* (Heidelbergae, 1811), p. 299 et suiv.; Kugler, *Geschichte der Kreuzzüge*, p. 63 et suiv.; p. 123 et suiv.; cf. Riant, *Inventaire*, etc., dans *Archives de l'Orient latin*, I, p. 177, 189, etc.

puissants souverains [1], mutilé par l'invasion étrangère, était condamné fatalement à l'anarchie. Il n'en fut rien. L'islamisme, avec sa souplesse, accepta les événements sans récriminer. De tout temps, il avait usé de tolérance envers les chrétiens que leur commerce ou leur piété avait appelés, retenus ou fait s'établir en Syrie et en Palestine [2]. Il s'accommoda des enclaves chrétiennes, mille fois moins dangereuses que les troupes errantes, que les bandes de partisans abandonnées à elles-mêmes. Le sol de la Syrie semble prédestiné à la formation des petits États [3]. Le royaume de Jérusalem, la principauté d'Antioche, le comté de Tripoli, les diverses seigneuries de l'Orient latin ne vécurent pas en trop mauvaise intelligence avec les émirs [4] d'Alep et de Damas, avec les atâbeks [5] de Mauṣoul [6], avec les grands maîtres des Ismaéliens [7]. On noua et l'on dénoua des alliances où l'intérêt du moment prévalait sur les divergences religieuses et les dissentiments de croyances. L'avenir demeurait réservé, pourvu que le présent fût assuré et le danger imminent écarté.

La patrie d'Ousâma fait figure parmi les petits fiefs de la Syrie musulmane, dont les chefs savaient concilier leur fidélité à la religion d'Allâh avec les transactions nécessaires pour assurer leur indépendance. La ville de Schaizar, comme l'ont soupçonné

1. Ibn Khallikân, *Biographical Dictionary*, I, p. 159, résume à larges traits l'état de la Syrie lorsque les Francs entrèrent en Syrie.

2. Yâḳoût, *Mouʿdjam* (éd. Wüstenfeld), I, p. 779, à l'article *Bait-Laḥm* (Bethléem); H. Prutz, *Kulturgeschichte der Kreuzzüge*, p. 35 et suiv. Ousâma, *Autobiographie*, p. 99 et 103, fait l'éloge des Francs qui se sont fixés en Syrie et qui ont cultivé la société des musulmans; nous reviendrons sur ce point dans notre chapitre VI.

3. Th. Nœldeke dans la *Zeitschrift der deutschen morg. Gesellschaft*, XXXIX (1885), p. 332.

4. Les émirs étaient les titulaires d'offices civils ou militaires. Aboû Bekr fut le premier « émir du pèlerinage », comme Omar fut le premier « émir des croyants »; voir Caussin de Perceval, *Essai sur l'histoire des Arabes avant l'islamisme*, III, p. 290 et 443. Par extension, les enfants mâles de certaines familles nobles étaient émirs par droit de naissance, alors même qu'ils ne remplissaient aucune fonction; cf. Ibn Khallikân, *Bibliographical Dictionary*, II, p. 249 : A. von Kremer, *Culturgeschichte des Orients unter den Chalifen* (Wien, 1875-1877, 2 vol.), I, p. 254; et surtout l'article *Amîr* dans Boṭros Al-Bistâni, *Encyclopédie arabe* (Beyroût, 1876-1884, 8 vol. publiés), IV, p. 411.

5. Le composé turc *atâbek* désignait d'abord « le tuteur d'un prince, le régent du royaume » : au XIIe siècle de notre ère, les princes de certaines dynasties affectèrent de s'en tenir à cette dénomination modeste pour mieux cacher leurs visées ambitieuses. Quatremère a écrit sur la dignité d'*atâbek* une note importante dans son *Histoire des sultans mamelouks de l'Égypte* (Paris, 1837-1845, 2 vol.), I, I, p. 2, note 5, note résumée par M. de Slane dans les *Historiens orientaux des croisades*, I, p. 757.

6. *L'histoire des Atabeks de Mauṣoul*, par Ibn Al-Athîr, a été publiée d'après le manuscrit unique de notre Bibliothèque nationale et traduite en français par M. de Slane. C'est le tome II, IIe partie des *Historiens orientaux des croisades* (Paris, 1876).

7. C. Defrémery, *Histoire des Seldjoukides et*

les chroniqueurs latins de l'époque [1], est une ancienne Césarée au même titre que la *Kaisâriyya* de Palestine [2] ou de Cappadoce. La forme particulière du nom semble indiquer un doublet d'origine grecque [3]. A la fin du quatrième siècle avant notre ère, Séleucus Nicator avait fondé Larisse sur le même emplacement, et l'on a été jusqu'à supposer une certaine assonance entre Larissa et Sizara [4]. Elle ne me paraît pas démontrée. Quoi qu'il en soit, Schaizar est déjà cité avec Ḥamâ au commencement du septième siècle de notre ère dans un vers du poète-roi de l'époque antéislamique, Imrou' ou'l-ḳais [5]. Par une étrange transformation, qui repose sur une assonance évidente, les ruines du château sont aujourd'hui appelées la forteresse de Saidjar [6].

Les « rois de Césarée [7] », comme les narrateurs latins appellent les princes de Schaizar, appartenaient à la dynastie des Banoû Mounḳidh [8] ou, pour les désigner d'un mot, des Mounḳidhites. Leur autorité ne s'étendit jamais à une vaste étendue de territoire : ils n'ont possédé, d'une manière durable, que la ville, ses faubourgs, sa banlieue et la citadelle détachée qui en

des Ismaéliens ou Assassins de l'Iran, Paris, 1849 ; Stanislas Guyard, *Fragments relatifs à la doctrine des Ismaélis* dans les *Notices et extraits*, t. XXII, Ire partie (1874), p. 161-428 ; *Un grand maître des assassins au temps de Saladin* dans le *Journal asiatique* de 1877, I, p. 324-489.

1. Voir les nombreux passages cités dans les *Indices* des *Historiens occidentaux des croisades* dans chacun des quatre volumes publiés. *L'estoire de Eracles* traduit *Caesarea magna* de Guillaume de Tyr par *La grant Césaire* (*ibid.*, I, p. 164, 295, 481, 494, etc.). M. Riant, *Inventaire*, etc. dans *Archives*, etc., I, p. 191 et 194, dit nettement : Césarée-sur-l'Oronte.

2. Guillaume de Tyr (*Historiens occidentaux des croisades*, I, p. 481) donne Schaizar comme *urbs quae vulgo appellatur Caesarea*. Des variantes de ce nom dans la littérature chrétienne ont été rassemblées par Quatremère, *Histoire des Sultans mamelouks*, I, II, p. 267. L'identification est d'autant plus plausible que Benjamin de Tudèle, voyageur juif du XIIe siècle, appelle par contre la Césarée de Palestine *Schaizarâ* (*Itinerary*, éd. Asher, Berlin, 1840-41, 2 vol. I, p. 32 ; II, p. 82). La *Mischnâ* (Traité *demoï*, IV, 3) connait un docteur juif, né dans une Césarée de Galilée, qu'elle appelle Rabbi Siméon de Schaizar. (Ad. Neubauer, *Géographie du Talmud*, Paris, 1868, p. 278.) Al-Djawâliḳi, philologue arabe, qui vivait dans la première moitié du XIIe siècle, dit dans son *Mou'arrab* (éd. Sachau), p. 93 : « Quant à Schaizar, nom d'un endroit, je ne le considère pas comme vraiment arabe. »

3. Étienne de Byzance, géographe de la seconde moitié du Ve siècle de notre ère, a la leçon Σίζαρα ; cf. Sysara dans *Historiens occidentaux des croisades*, III, p. 715 ; Sisara dans Galterius cancellarius, *ibid.*, V, p. 86.

4. Th. Nœldeke dans la *Zeitschrift der deutsch. morg. Gesellschaft*, XXXIV (1885), p. 336.

5. *Le Divan d'Amro 'lkais* édité et traduit par M. G. de Slane (Paris, 1837), p. 26 du texte, 41 de la traduction latine ; Ahlwardt, *The divans of the six poets* (London, 1870), p. 130 ; Al-Bakrî, *Mou'djam* (éd. Wüstenfeld), p. 284 et 825 ; Yâḳoût, *Mou'djam*, II, p. 331 ; III, p. 353.

6. Ritter, *Die Erdkunde*, XVII, II (Berlin, 1855), p. 1050 ; Ed. Sachau, *Reise in Syrien und Mesopotamien* (Leipzig, 1883), p. 68.

7. *Historiens occidentaux des croisades*, III, p. 95, 851. Sur les *wâlis* arabes considérés par les Francs comme des rois, on peut comparer L. von Ranke, *Weltgeschichte*, V, I, p. 220.

8. *Mounḳidh*, « libérateur », est un surnom devenu un nom assez répandu dans l'onomastique des anciennes tribus arabes ; cf. Ibn Doraid, *Ischtiḳâḳ* (éd. Wüstenfeld), p. 141 ; F. Wüstenfeld, *Register zu den genealogischen Tabellen der arabischen Stæmme und Familien* (Gœttingen, 1853), p. 322 et 323.

protégeait les approches. Ils se sont parfois annexé quelques parcelles de la région environnante, mais ils n'ont pas réussi à s'y maintenir. C'étaient Kafarṭâb, Salamiyya, Apamée, Asfoûnâ, près de Ma'arrat An-No'mân, et, sur les côtes de la Méditerranée, le port de Laodicée [1]. Leur quartier général n'a point cessé d'être à Schaizar. C'était le séjour de prédilection que la famille entière avait adopté, le lieu de repos où princes et sujets reprenaient haleine après les excursions, les parties de chasse ou les combats, le rendez-vous auquel était conviée une petite cour de guerriers, de lettrés et de poètes [2].

La situation privilégiée de Schaizar assurait une trêve de calme et de sécurité à quiconque y cherchait un abri pour se reposer des fatigues endurées, une retraite pour mûrir les projets de revanche. Une bordure de montagnes, les monts Anṣâriyya, limitaient à l'ouest l'horizon. La ville haute, que les émirs habitaient, se dressait fièrement sur une éminence escarpée. Il ne semble pas que la configuration du plateau ait été altérée sensiblement par les tremblements de terre nombreux et formidables qui, en Syrie au douzième siècle, détruisirent les monuments et décimèrent les populations [3]. Comme au temps de Guillaume de Tyr [4], les voyageurs modernes ont remarqué que le plateau présente aujourd'hui encore une surface très allongée, mais dont le peu de largeur est hors de proportion avec la longueur [5]. La citadelle qui faisait saillie au-dessus des autres constructions se profilait en coupes étagées de plus en plus étroites et l'aspect du monument lui a fait donner un nom éclos certainement sur les lèvres de quelque

1. Abulfedæ *Annales muslemici* arabice et latine opera et studiis J. J. Reiske, III, p, 264; Ibn Al-Athir, *Chronicon* (éd. Tornberg), X, p. 98 et *Atabeks* (éd de Slane), p 17. Sur la perte d'Apamée par les Mounkidhites, voir Kamâl ad-Dîn, tr. Silvestre de Sacy dans Rœhricht, *Beitræge*, I, p. 213. Ousâma, *Autobiographie*, p. 80, dit au sujet de Laodicée : « Laodicée appartenait alors à mon oncle paternel 'Izz ad-Daula Aboû Mourhaf Naṣr. » Miṣyâth, dont nous parlerons dans le chapitre deuxième, appartint aussi d'une manière intermittente aux Mounkidhites ; voir Ousâma, *ibid.*, p. 109.

2. Sur les Mounkidhites protecteurs des poètes, Ibn Khallikân, *Biographical Dictionary*, II, p. 82; III, p. 426 et suiv.

3. A. von Kremer, *Die grossen Seuchen des Orients* (Wien, 1880), p. 60-67.

4. Guillaume de Tyr dans *Historiens occid. des croisades*, I, p. 840; cf. Quatremère, *Histoire des sultans mamelouks*, I, II, p. 267.

5. Ed. Sachau, *Reise in Syrien*, p. 68.

homme du peuple : « la crête du coq[1]. » En dehors de la citadelle, on voyait également de loin une tour qui, semblable au minaret d'une mosquée, désignait aux regards la résidence de l'émir, et sur laquelle se balançait un drapeau suspendu à la hampe d'une lance. Au-dessous de ce château fort, du côté nord-est de la montagne, avait été frayée l'unique voie par laquelle piétons et cavaliers pouvaient parvenir au sommet[2]. La route, après avoir contourné à découvert les flancs de la montagne, traversait l'Oronte sur un pont de pierre supporté par trois rangées d'arches et s'enfonçait ensuite dans un tunnel taillé dans le roc[3]. A mi-côte environ, le chemin était coupé par un fossé que l'on traversait sur une passerelle en bois. Était-elle rompue, toute communication avec le dehors devenait impossible[4].

Dans une lettre missive que le grand-père d'Ousâma, 'Alî ibn Mouḳallad ibn Naṣr le Mounḳidhite, avait fait parvenir à Bagdâd en 1081, pour être mise sans doute sous les yeux du khalife Al-Mouḳtadî, la population que peut contenir le plateau de Schaizar est évaluée à « trois mille hommes avec leurs familles et leurs troupeaux[5] ». Ousâma va plus loin encore : il parle de cinq mille fantassins armés qui, en 1111, seraient sortis de Schaizar[6]. Même en faisant la part de l'exagération orientale qui répugne aux statistiques exactes, je suppose que ces chiffres comprenaient les hommes valides, non seulement de la ville haute, mais encore de la riche vallée qui s'étendait au pied de la montagne, sur les bords de l'Oronte. En temps de paix, les fellâḥs[7]

1. Moḥammad Ad-Dimischḳî, *Manuel de cosmographie du moyen âge*, traduit de l'arabe par A. F. Mehren (Copenhague, 1874), p. 279; cf. le texte arabe, éd. A. F. Mehren (Saint-Pétersbourg, 1866), p. 205.

2. Ousâma, *Autobiographie*, p. 83 et 84.

3. On se fait une idée assez précise des méandres de la route en examinant la photogravure placée en face de la page 68 dans Ed. Sachau, *Reise in Syrien und Mesopotamien*; cf. *ibid.*, p. 69. D'après (Socin) Baedeker, *Palestine et Syrie* (Leipzig, 1882), p. 587, le pont avait dix arches : Burckhardt en 1812 en avait compté treize, d'après ce que rapporte K. Ritter, *Die Erdkunde*, XVII, II, p. 1089.

4. Ibn Al-Athir dans *Hist. or. des croisades*, I, p. 504; II, II, p. 197; Ibn Khaldoûn, *Histoire universelle* (Boûlâḳ, 1867-68, 7 vol.), V, p. 242.

5. Ibn Abi 'd-Damm dans Abu fedæ *Annales*, III, p. 550. Sur Schihâb ad-Din Ibn Abi 'd-Damm de Ḥamâ, qui vécut de 1187 à 1244, voir F. Wüstenfeld, *Die Geschichtsschreiber der Araber und ihre Werke* (Gœttingen, 1882), p. 122.

6. Ousâma, *Autobiographie*, p. 51.

7. Id., *ibid.*, p. 110.

de la région s'y occupaient de faire paître leurs troupeaux et de soigner leurs cultures. Étaient-ils menacés ou attaqués, ils se réfugiaient vers les hauteurs, comme vers un asile inaccessible, où l'ennemi ne les atteindrait pas. C'est peut-être à un de ces moments troublés, où les habitants de Schaizar avaient dû se serrer les uns contre les autres dans un espace trop restreint, qu'ont fait allusion Ousâma et son grand-père. Au moins jusqu'en 1115, la ville haute n'étouffait pas dans une enceinte de murailles [1] et la foule entassée pouvait se répandre librement au dehors sur les deux versants de la montagne. Cependant ces agglomérations, alors même qu'elles auraient été de courte durée, ont dû exercer une influence fâcheuse sur le climat de Schaizar [2].

Tandis qu'à Antioche une ligne de fortifications, avec des tours et des fortins reliés entre eux par un passage intérieur, suivait la pente de la montagne d'ailleurs cultivée [3], à Schaizar la montagne elle-même avait reçu une enveloppe de pierres rougeâtres, bien taillées et bien cimentées, formant une paroi massive sans autre solution de continuité que l'ouverture nécessaire au passage de la route [4]. Au pied du mamelon, qui, avec son revêtement calcaire, ressemblait à un monolithe colossal, coulait, se précipitait, écumait l'Oronte, cet éternel « révolté »[5] (*Al-'Âṣî*), se ruant avec violence contre le pied de la montagne qu'il est obligé de contourner, poursuivant sa course torrentueuse, se brisant et rebondissant sur les récifs, battant les murailles de ses vagues sans cesse renouvelées. Des roues hydrau-

1. Ousâma, *Autobiographie*, p. 95.
2. Moḥammad Ad-Dimischḳi, *Manuel de cosmographie*, *loc. cit.*
3. E. G. Rey, *Etude sur les monuments de l'architecture militaire des croisés en Syrie* (Paris, 1871), p. 187, fig. 47. Il en a été fait une reproduction dans B. Kugler, *Geschichte der Kreuzzüge*, p. 47.
4. C'est ce qui ressort de la photogravure déjà citée, placée dans Sachau, *Reise in Syrien*, en face de la page 68.
5. Tel est le surnom que les Arabes ont adopté comme nom de l'Oronte. La rébellion du fleuve prête à des interprétations variées et à des comparaisons avec la rébellion des hommes. Voir, entre autres, Reinaud, *Géographie d'Aboulféda*, II, I, p. 61; *Voyages d'Ibn Batoutah*, par Defrémery et Sanguinetti, I, p. 143-144; la lettre du sultan Bibars au prince Boëmond VI dans Reinaud, *Extraits des historiens arabes relatifs aux guerres des croisades* (Paris, 1829), p. 510 et plus exactement dans Weil, *Geschichte der Chalifen*, IV, p. 66; Quatremère, *Histoire des sultans mamelouks*, I, II, p. 263 et suiv.

liques [1] captaient le trop-plein des eaux pour le porter à travers des aqueducs aux châtelains et aux habitants altérés par les chaleurs excessives [2], à la terre frappée de stérilité par la sécheresse. Les Mounḳidhites, émirs du manoir seigneurial, devaient éprouver le vertige, lorsque, des rebords de leurs terrasses [3], ils plongeaient jusque dans les abîmes du fleuve [4].

L'Oronte, après avoir longé sur trois côtés les contours de Schaizar, continue sa courbe vers l'ouest pour reprendre ensuite sa direction normale du sud au nord [5]. La route qui conduit de Ḥamâ en une demi-journée à Schaizar, puis, dans le même temps ou un peu plus, de Schaizar à Apamée, se maintient d'abord à l'ouest du fleuve, et passe ensuite sur la rive droite à l'endroit où un pont, qui relie les deux rives, établit une communication entre la ville basse de Schaizar et la Syrie septentrionale. Adossée à l'acropole, la ville basse formait une presqu'île [6] bornée à l'est, au nord et à l'ouest par le fleuve, coupée au milieu par la route qui monte droit vers le nord, arrosée par des canaux d'irrigation qui y apportaient partout la fertilité et le bien-être. Par une pente rapide, le niveau du sol, à mesure qu'on s'éloigne de la montagne, ne cesse de s'abaisser au point qu'à l'extrémité orientale, les eaux y arrivent presque à fleur de terre. Les bords des deux rives sont alors dessinés par deux rangées parallèles de saules [7], qui croissent vite dans l'humidité. A certains endroits, la vallée, inondée lors des crues, est remplie de ces « marécages » (*Al-Gâb*) [8], d'après lesquels a été dénommée la riche contrée entre Schaizar et Apamée. Une dépression de terrain au nord de la ville avait nécessité l'établissement d'une levée de plus de dix coudées de hauteur, et qu'on

1. Ousâma, *Autobiographie*, p. 105. Sur les roues hydrauliques (*nâ'oûra*) de Hamâ et de Schaizar, Ritter, *Die Erdkunde*, XVII, II, p. 1089.
2. Ousâma, *Autobiographie*, p. 109.
3. *Ibid.*, p. 47, 92. Le mot employé est le persan *rauschan*.
4. Ed. Sachau, *Reise in Syrien*, p. 68.
5. Reinaud, *Géogr. d'Aboulféda*, II, I, p. 61-62.
6. Ousâma, *Autobiographie*, p. 109. Le mo *djazira*, dont il se sert, désigne indifféremmen une île ou une presqu'île.
7. *Ibid.*, p. 111 et 161. Je traduis ainsi *aṣ-ṣafṣâf*.
8. Ritter, *Die Erdkunde*, XVII, II, p. 1069, 1070 1072; Sachau, *Reise in Syrien*, p. 70. Le mot signifie en réalité des « bas-fonds ».

nommait *kharṭala* ou plutôt *khourṭala* [1], sans doute à cause des plants d'avoine (*khourṭâl*) [2] qui y prospéraient. Un peu plus haut, dans le voisinage du pont, là où l'écart entre l'altitude du terrain et le lit du fleuve le permettaient, des moulins à farine, placés en travers, étaient suspendus au-dessus des eaux qui les mettaient en mouvement [3].

Le pont, avec ses arches tout en pierres et en chaux [4], était contigu à ces moulins, et Ousâma parle de deux frères, sous les ordres desquels travaillaient « les meuniers du pont [5]. » On ne pouvait traverser le pont pour se rendre sur la rive droite de l'Oronte qu'en s'engageant sous les voûtes d'une puissante citadelle qui en occupait la tête et qui en défendait les abords. Les paysans qui auparavant avaient été confinés dans la presqu'île de la rive gauche, s'aventurèrent peu à peu sur la rive droite, que protégeait également « la citadelle du pont [6]. » Un nouveau village surgit et prit une rapide extension, favorisé dans son développement par la fécondité de la terre, préservé des attaques par les troupes qui tenaient garnison dans le voisinage le plus immédiat. Cette dépendance de Schaizar est « la ville du pont » (*madînat al-djisr*) [7], le *djisr* des chroniqueurs arabes [8], le *Gistrum* de Gauthier le chancelier [9]. Il ne faut le confondre ni avec le *djisr* qui paraît avoir été dans la banlieue d'Alep [10], ni surtout avec le *djisr al-ḥadîd*, « le pont de fer » d'Antioche [11].

L'importance stratégique du *pont des Mounḳidhites*, comme l'appelle Ibn Khallikân [12], exposait ceux qui avaient besoin de le traverser à des formalités gênantes pour l'usage quotidien. Les

1. St. Guyard, *Géographie d'Aboulféda* (Paris, 1883), II, II, p. 89.
2. Peut-être une altération du grec χορτάριον, « foin, fourrage ».
3. Ousâma, *Autobiographie*, p. 46 et 162.
4. Id., *ibid.*, p. 109.
5. Id., *ibid.*, p. 77.
6. Id., *ibid.*, p. 63, 67, 108, 110, 158, 161, 162; Ritter, *Die Erdkunde*, XVII, II, p. 1091. P. 108, Ousâma l'appelle « notre citadelle, la citadelle du pont. »
7. Id., *ibid.*, p. 109.
8. Kamâl ad-Dîn, tr. Silvestre de Sacy, dans Rœhricht, *Beitræge*, I, p. 227, 279 (*Historiens orientaux des croisades*, III, p. 588, 677, 678).
9. *Historiens occidentaux des croisades*, V, p. 89.
10. Kamâl ad-Dîn, tr. Silvestre de Sacy dans Rœhricht, *Beitræge*, I, p. 217, 228, 231 265, 294, 300 et les passages correspondants dans les *Historiens orientaux des croisades*, t. III.
11. C'est en vain que Quatremère, *Histoire des sultans mamelouks*, I, II, p. 265 et Ritter, *Die Erdkunde*, XVII, II, p. 1091, ont mis les interprètes en garde contre cette confusion.
12. *Biographical Dictionary*, II, p. 342; III, p. 425.

paysans préféraient se servir avec leurs troupeaux d'un passage à gué, dont la situation était connue des seuls initiés, aucun indice extérieur n'en trahissant l'existence. Le secret sur cette communication paraît avoir été bien gardé; cependant il fut un jour révélé aux Francs par un espion. « Ceux-ci franchirent le fleuve, s'emparèrent de la ville, pillèrent, firent des prisonniers, tuèrent, envoyèrent à Apamée une partie des captifs et du butin, occupèrent les maisons dont chacune fut par eux marquée de la croix et décorée de la bannière de son possesseur provisoire..... Puis Allâh répandit sur les Francs la frayeur et l'épouvante. Ils ne se souvinrent pas de l'endroit par lequel ils avaient passé, lancèrent leurs chevaux, qu'ils montaient couverts de leurs cottes de mailles, sur un autre point que celui où était le gué, et un grand nombre d'entre eux se noyèrent [1]. »

La trahison seule avait pu introduire l'ennemi dans la place, et de tels épisodes sont rares dans l'histoire de Schaizar. Aussi les Mounḳidhites furent-ils peut-être plus excusables que certains autres princes de n'être pas intervenus spontanément dans la lutte que le siège d'Antioche, en 1097, avait inaugurée entre l'Europe chrétienne et la Syrie musulmane. Ils préférèrent attendre que le contre-coup des événements les arrachât, quand ils y seraient contraints par la nécessité, à leur rôle de spectateurs impassibles, sinon indifférents.

A quelle époque et par suite de quels événements les Mounḳidhites étaient-ils devenus les seigneurs de Schaizar? Il y a deux dates et deux versions à ce sujet. D'après Ibn Al-Athîr et les historiens qui l'ont copié, Ṣâliḥ, fils de Mirdâs, chef de la vieille tribu arabe de Kilâb, lorsqu'il se fut emparé du territoire entre Alep et 'Âna et qu'il y eut substitué sa suprématie à celle des khalifes Fâṭimides d'Égypte, aurait donné Schaizar en apanage aux Mounḳidhites, descendants de la vieille tribu arabe de

1. Ousâma, *Autobiographie*, p. 109 et 110. Le gué est aussi mentionné, *ibid.*, p. 41 et 105.

Kinâna[1]. Or, la prise d'Alep par Ṣâliḥ eut lieu, selon les uns, en 1023[2], selon d'autres, en 1025[3], soit enfin, selon d'autres encore, en 1027[4]. Les Mounḳidhites se seraient ensuite maintenus à Schaizar jusqu'au *tremblement de terre de Ḥamâ*, qui, en 1157, détruisit toute la région[5]. D'autres relations, d'accord avec celles-ci sur le dénoûment, font remonter moins haut l'entrée des Mounḳidhites à Schaizar. Installés depuis longtemps aux alentours de la citadelle, ils auraient réussi à en forcer l'entrée par un coup de main heureux dans les derniers jours de 1081. Le château-fort appartenant alors à l'empereur des Grecs, Alexis Comnène, le Mounḳidhite 'Alî, fils de Mouḳallad, fils de Naṣr, s'en serait emparé de vive force, et la garnison se serait rendue à la condition d'obtenir la vie sauve[6].

Il semble vraiment, comme Ibn Al-Athîr l'atteste, que Ṣâliḥ, le fondateur de la dynastie Mirdâsite à Alep, avait attribué un fief considérable à son contemporain Mouḳallad le Mounḳidhite. Ce fief comprenait sinon Schaizar, du moins des localités qui y confinaient. A la fin de 1041, nous trouvons Mouḳallad établi à Kafarṭâb, « beau village » (tel est le sens de ce nom) au nord de Schaizar. Les liens de la reconnaissance ne gênent point sa liberté envers la famille de son bienfaiteur. Il ré-

1. Sur Kilâb ibn Rabî'a et Kinâna Ibn Khouzaima, Wüstenfeld, *Register zu den genealogischen Tabellen der arabischen Stæmme und Familien*, p. 267 et 268. Les Kilâbites ont formé dans Alep un parti considérable, soutenant ou combattant les princes qui détenaient le pouvoir; cf. plus loin, p. 17; Kamâl ad-Dîn, *Zoubda* dans Freytag, *Selecta ex historia Halebi* (Lutetiæ Parisiorum, 1819), p. XVI, XVII; 29, 33, 42; *Hist. orient. des croisades*, III, p. 578 et presque à chaque page du manuscrit, ancien fonds, n° 728 de la Bibliothèque nationale dans les morceaux inédits. Quant aux Kinânites, ils comptaient plus d'un descendant parmi les habitants de la région contiguë au pont, près de Schaizar; voir Ousâma, *Autobiographie*, p. 63, 107, 108.

2. Ibn Al-Athîr, *Chronicon* (éd. Tornberg), IX, p. 162: Weil, *Geschichte der Chalifen*, III, p. 71.

3. Kamâl ad-Dîn, *Zoubda* (manuscrit arabe de la Bibliothèque nationale, ancien fonds, n° 728), fol. 60 v° et 61 r° (cf. Freytag, *Selecta ex historia Halebi*, p. XVI); Georgii el-Makini *Historia Saracena*, op. Th. Erpenii (Lugduni Batavorum, 1625), p. 263: F. Wüstenfeld, *Geschichte der Faṭimiden-Chalifen* (Gœttingen, 1881), p. 221.

4. Ibn Khallikân, *Biographical Dictionary*, I, p. 631.

5. Ibn Al-Athîr dans *Hist. or. des croisades*, I, p. 504; II, II, p. 197; Aboû 'l-Fidâ, *Annales moslemici*, III, p. 552 et suiv.; Ibn Khaldoûn, *Histoire universelle*, éd. de Boûlâḳ, V, p. 242, et aussi dans le même volume, p. 9, où il faut lire Schaizar au lieu de Schirâz, et rétablir les noms étrangement altérés de Kafarṭâb et d'Apamée d'après le passage correspondant d'Ibn Al-Athîr, *Chronicon* (éd. Tornberg), X, p. 98; A. von Kremer, *Die grossen Seuchen des Orients nach arabischen Quellen*, p. 60 et 65.

6. Aboû 'l-Fidâ, *Annales moslemici*, III, p. 538 et suiv., discute les deux dates. La date du 20 décembre 1081 est donnée, avec des détails qui seront reproduits plus loin, dans Kamâl ad-Dîn, *Zoubda*, fol. 103 v°. Telle est aussi la manière de voir de Ibn Khallikân, *Biographical Dictionary*, II, p. 342. Cf. aussi dans Aboû 'l-Fidâ, *Annales*, *ibid.*, la lettre de 'Alî, fils de Mouḳallad, citée d'après Ibn Abî 'd-Damm, et dont nous avons parlé p. 9.

pond favorablement à une demande de secours que lui adresse Anouschtakîn Ad-Dizbirî, général en chef de l'armée égyptienne, le rejoint avec deux mille hommes de renforts et l'aide à reprendre Alep sur les Mirdâsites[1]. Le khalife Fâṭimide, Aṭh-Ṭhâfir s'empressa de récompenser les services de Mouḳallad en lui conférant le titre de *Moukhlis ad-Daula,* « le sauveur de la dynastie[2] ». Au retour de cette équipée, Mouḳallad reprit son existence, sinon encore d'émir, du moins de grand propriétaire, jouissant d'une grande influence sur la région depuis Kafarṭâb jusqu'à Djisr, où probablement il avait construit le pont fortifié, le *djisr Banî Mounḳidh*, « le pont des Mounḳidhites. »

C'est de ce centre de ralliement pour les gens de sa maison, comme dit Ibn Khallikân[3], qu'il rayonnait sur Alep, Ḥamâ et les alentours, où ses partisans possédaient les maisons les plus magnifiques et les domaines les plus précieux. Dans un passage de son Autobiographie[4], Ousâma nous montre son arrière-grand-père, Aboû 'l-Moutawwadj Mouḳallad ibn Naṣr le Mounḳidhite jouissant d'un grand crédit dans Alep, où son médecin, un chrétien, Yoûḥannâ (*Johannes*) Ibn-Boṭlân[5], tremblait devant lui et redoutait sa colère.

Lorsque, selon la tradition la plus autorisée, Mouḳallad mou-

1. Ibn Al-Athîr, *Chronicon* (éd. Tornberg), X, p. 343; Aboû 'l-Fidâ, *Annales moslemici*, III, p. 116; Wüstenfeld, *Gesch. der Fatimiden-Chalifen*, p. 229. Sur l'origine du nom de *Mirdâs*, voir Al-Djauharî dans Ibn Khallikân, *Biographical Dictionary*, III, p. 139.

2. Les surnoms honorifiques où le mot *ad-daula* « la dynastie » entre comme second terme, impliquent toujours l'investiture par un khalife, comme l'a montré M. A. von Kremer, *Geschichte der herrschenden Ideen des Islams* (Leipzig, 1868), p. 417-418. Ce fut, d'après Ibn Al-Athîr (*Chronicon*, IX, p. 83, l. 7), en 996 que, pour la première fois, un personnage reçut un surnom honorifique de ce genre au nom de la dynastie des 'Alides d'Égypte, c'est-à-dire au nom des khalifes Fâṭimides. Je ne crois pas rigoureusement appliquée la distinction très ingénieuse que M. de Slane a indiquée entre l'emploi de *dîn* et de *daula* dans cette catégorie de titres; cf. *Hist. or. des croisades*, II, II, p. 197, note 3. Lorsque les Seldjoûḳides distribuaient à leurs vassaux des titres terminant en *daula*, c'était en leur qualité de mandataires des khalifes 'Abbâsides; voir, du reste, M. de Slane dans l'*Index* des *Hist. or. des croisades*, I, p. 833, article Kacim ed-Daula.

3. Ibn Khallikân, *Biographical Dictionary*, III, p. 425 et suiv.

4. Ousâma, *Autobiographie*, p. 139.

5. Cet Ibn Boṭlân me paraît devoir être identifié avec le médecin chrétien que Ibn Abî Ouṣaibi'a nomme Aboû 'l-Ḥasan Al-Moukhtâr ibn Al-Ḥasan ibn 'Abdoûn ibn Sa'doûn Ibn Boṭlân, qui, né à Bagdâd, quitta cette ville en 1047 et s'établit pour quelque temps à Alep; voir *Classes des médecins* (éd. A. Müller), I, p. 241, et comparer Slane dans Ibn Khallikân, *Biographical Dictionary*, I, p. 139; Wüstenfeld, *Geschichte der arabischen Aertzte*, p. 78; Dr Leclerc, *Histoire de la médecine arabe*, I, p. 489. Aboû 'l-Faradj, *Historia dynastiarum* (éd. Pococke), p. 234, mentionne également le séjour d'Ibn Boṭlân à Alep. *Al-Moukhtâr*, « l'élu », serait donc le surnom plutôt que le nom donné par les musulmans à ce *Yoûḥannâ*; cf. ma *Note sur quelques mots de la Langue des Francs au douzième siècle*, qui sera insérée dans les *Mélanges Léon Renier* (pages 11 et 12 du tirage à part).

rut en janvier 1059[1], il ne s'endormit pas du dernier sommeil sans laisser pour lui succéder « un frère des vigilances, plein de la plus parfaite résolution. » C'est ainsi qu'est caractérisé dans une élégie sur la mort de Moukallad, son fils Sadîd al-Moulk Aboû 'l-Ḥasan 'Alî. Le poète, Aboû Ya'lâ Ḥamza ibn 'Abd ar-Razzâḳ, admire en même temps « deux constellations qui se succèdent dans le firmament de la gloire, l'une qui y monte alors que l'autre en disparaît[2] ». Un frère de Moukallad, Aboû 'l-Mougîth Mounḳidh, était parti avant lui en 1047, « comme s'en va le printemps[3]. » 'Alî ne trouva dans sa famille aucun concurrent pour lui disputer la prééminence. Sa destinée lui permit de mettre en œuvre et de développer ses qualités naturelles. Dans son enfance, on avait craint pour lui la lèpre, mais Ibn Boṭlân avait reconnu que son mal provenait d'une simple éruption de dartres, accident de jeunesse qui disparaîtrait avec l'âge. « Le pronostic d'Ibn Boṭlân se réalisa », dit Ousâma[4]. Celui-ci ne connut pas son grand-père, qui mourut en 1082[5], mais il dut se sentir attiré vers lui par l'affinité de leurs esprits inquiets et remuants, de leurs ambitions mobiles, de leurs goûts constants pour la poésie et la littérature. En 1175 et en 1176, alors qu'un siècle presque entier s'était écoulé, Ousâma récitait encore à Damas les poésies de son grand-père, en discutait l'authenticité et se plaisait à donner sur lui des renseignements biographiques[6].

Le Mirdâsite Tâdj al-Mouloûk Maḥmoûd, fils de Naṣr, fils de Ṣâliḥ, avait reçu la soumission d'Alep le samedi, premier sep-

1. Ibn Khallikân, *Biographical Dictionary*, III, p. 426, cite un document d'après lequel Mouḳallad serait mort dès 1044.
2. Id., *ibid.*, III, p. 427.
3. Id., *ibid.*, p. 428.
4. Ousâma, *Autobiographie*, p. 136.
5. 'Imâd ad-Dîn, *Kharîdat al-ḳaṣr* (manuscrit arabe de la Bibliothèque nationale, ancien fonds, n° 1414), fol. 113 v°; Ibn Khallikân, *Biographical Dictionary*, II, p. 343.
6. 'Imâd ad-Dîn, *Kharîdat al-ḳaṣr*, fol. 113 v° et 114 r°; Ibn Khallikân, *Biographical Dictionary*, II, p. 343. Ousâma cite des vers de son grand-père qu'il nomme Sadîd al-Moulk *Dhoû 'l-Manâḳib* Aboû 'l-Ḥasan 'Alî ibn-Mouḳallad, dans son ouvrage intitulé *Kitâb al-'aṣâ*, « Livre du bâton », manuscrit de ma collection, fol. 51 v° (cf. le même surnom, *ibid.*, fol. 1 v° dans un passage que j'ai publié et traduit; voir l'anthologie publiée par l'imprimerie Lanier). Il existe du *Kitâb al-'aṣâ* un deuxième exemplaire à la bibliothèque de l'Université de Leide, d'après C. Landberg, *Catalogue de manuscrits arabes* (Leide, 1883), p. 109, n° 370. M. le comte Landberg possède un troisième exemplaire et fait espérer une édition critique de cette curieuse monographie.

tembre 1060, après qu'en trois jours consécutifs trois rois s'étaient succédé dans cette même ville[1]. Une défiance légitime couvait entre les Mirdâsites et les Mounḳidhites. De part et d'autre on avait beau se faire des avances, elles étaient accueillies des deux côtés sans enthousiasme et n'amenaient pas de rapprochement. 'Alî, qui était le frère de lait de Maḥmoûd[2], n'avait pas rapporté de ses nombreuses visites à Alep une impression très rassurante. Maḥmoûd ne cessait pas d'insister pour l'y attirer. Il lui avait donné un gage de sa bienveillance par la cession d'Asfoûnâ, en 1067[3]. Cinq ans plus tard[4], 'Alî reconnut à des symptômes évidents que le moment était venu où il devrait prendre des précautions contre la poursuite et l'emprisonnement. Il sortit d'Alep après avoir conféré avec quelques amis, et se rendit à Kafarṭâb, où il s'adjoignit une escorte suffisante. Ḥosain ibn Kâmil Ibn Ad-Daukh, l'un des chefs Kilâbites tenus à l'écart par les Mirdâsites, lui demanda une entrevue. « Penses-tu, dit Ḥosain, que je ferais bien de retourner dans Alep? — Je ne te donnerai point de conseil, répliqua 'Alî, parce que tu possèdes là-bas des biens considérables; or, si je t'engageais à y renoncer, tu m'en voudrais, mais je te dirai mes intentions, et tu verras ce que tu as à faire. Par Allâh, puissé-je ne jamais revoir Maḥmoûd! » 'Alî se dirigea vers Tripoli. Maḥmoûd écrivit à Ibn-'Amroûn[5] pour lui ordonner d'arrêter 'Alî et pour lui offrir en échange de ce service trois mille dirhems et la ville de Rafaniyya. Mais le Mounḳidhite sut échapper aux poursuites et parvint à Tripoli en l'an 465 de l'hégire (1072-1073 de notre ère). Il y trouva Ibn 'Ammâr et son frère. Maḥmoûd écrivit à ces deux

1. Kamâl ad-Dîn, *Zoubda*, fol. 77 r°.

2. Id., *ibid.*, fol. 91 r°.

3. Id., *ibid.*, fol. 84 r°.

4. Id., *ibid.*, fol. 91 r° et v°, d'où proviennent les détails qui suivent.

5. Iftikhâr ad-Daula Aboû 'l-Foutoûḥ Ibn 'Amroûn est appelé par Ousâma, *Autobiographie*, p. 87, « le seigneur de la forteresse de Boûḳoubais ». L'oncle d'Ousâma, 'Izz ad-Dîn Aboû 'l-'Asâkir Soulṭân, avait épousé la sœur de ce personnage, auquel Ousâma prête une vigueur d'Hercule et un appétit de Gargantua, et il avait eu d'elle des enfants. En dehors de Boûḳoubais qui est situé à l'ouest en face de Schaizar (*Yâkoût, Mou'djam*, I, p. 103), Ibn 'Amroûn possédait Ḳadmoûs, qu'il vendit en 1133 aux Ismaéliens (*Hist. or. des croisades*, I, p. 21 et 400), et un château fort que Yâḳoût (*Mou'djam*, IV, p. 229) nomme Al-Kâf et place plus au nord, dans les environs de Djabala. Cet Ibn 'Amroûn, que nous mentionnons d'après Kamâl ad-Dîn, est ou Iftikhâr ad-Daula ou son père.

princes, mais ils résistèrent à sa demande. Le Mounḳidhite se disposait à se rendre en Égypte, lorsque survint la mort d'Amîn ad-Daula Ibn 'Ammâr[1]. Le Mounḳidhite prit parti énergiquement pour Djalâl al-Moulk 'Alî Ibn 'Ammâr, neveu d'Amîn ad-Daula, l'assista dans ses revendications avec le concours des hommes qu'il avait amenés de Kafarṭâb. Le frère d'Amîn ad-Daula fut expulsé et Djalâl al-Moulk s'empara du pouvoir. Le crédit du Mounḳidhite sur le nouveau prince grandit au point qu'ils exerçaient tous deux une égale autorité à Tripoli. Maḥmoûd correspondit alors avec 'Alî pour se réconcilier avec lui, mais sans réussir ni à gagner sa confiance, ni à le faire retourner à Alep, sa vie durant. Kamâl ad-Dîn Ibn Al-'Adîm, à qui nous avons emprunté cette relation, la complète en racontant l'échange de lettres qui eut lieu entre Ibn An-Naḥḥâs, secrétaire de Maḥmoûd, chargé par son maître d'écrire à Sadîd al-Moulk 'Alî en termes aimables et flatteurs, et commettant exprès une faute d'orthographe pleine de sous-entendus, et entre le Mounḳidhite montrant dans sa réponse qu'il avait compris l'artifice et qu'il profiterait de la leçon[2]. « Quant à Maḥmoûd, dit en terminant Kamâl ad-Dîn[3], lorsqu'il désespéra d'obtenir le retour d'Aboû 'l-Ḥasan 'Alî le Mounḳidhite, il confisqua tous ses biens. Ḥousain Ibn Ad-Daukh rentra dans Alep ; Maḥmoûd le mit à mort aussitôt. »

Auparavant 'Alî, dès le moment où il était parvenu à Tripoli, s'était rencontré avec le poète Aboû 'l- Fityân Ibn Ḥayyoûs[4].

1. D'après Ibn Al-Athîr (*Chronicon*, X, p. 48), la mort d'Aboû Ṭâlib Ibn 'Ammâr, qui, d'abord ḳâḍî de Tripoli, y avait conquis la direction des affaires, aurait eu lieu en mars 1062 (radjab 464 de l'hégire), et il aurait eu pour successeur immédiat son neveu Djalâl al-Moulk Aboû 'l-Ḥasan Ibn 'Ammâr. Cet Aboû Ṭâlib doit donc être identifié avec le prince que Kamâl ad-Dîn nomme Amîn ad-Daula.

2. L'anecdote est racontée tout au long dans Ibn Khallikân, *Biographical Dictionary*, II, p. 343, d'après Ousâma qui l'aurait insérée dans un recueil de notices qu'il avait rédigées pour Ar-Raschîd Ibn Az-Zoubair, l'auteur du *Djinân al-djanân*, et qui comprenait une biographie d'Ibn An-Naḥḥâs.

3. *Zoubda*, fol. 92 r°.

4. Sur l'émir Mousṭafâ ad-Daula Aboû 'l-Fityân Ibn Ḥayyoûs, qui mourut à Alep en 1081, voir Ibn Khallikân, *Biographical Dictionary*, III, p. 138-144. M. de Hammer a dispersé des notices sur lui dans sa *Literaturgeschichte der Araber*, VI, p. 453, 889-891, 1133 1134; VII, p. 832, 1106. Le récit que nous empruntons à Kamâl ad-Dîn, *Zoubda*, fol. 93 v° et 94 r°, est traduit par M. de Hammer, *ibid.*, VI, p. 1133, mais avec de nombreuses inexactitudes. 'Imâd ad-Dîn, *Kharîdat al-ḳaṣr*, fol. 112 v°, a donné plusieurs extraits d'une longue poésie qu'Ibn Ḥayyoûs composa sur 'Alî le Mounḳidhite et qu'il lui adressa de Tripoli à la frontière d'Alep.

Celui-ci se plaignait d'y être mal vu à cause de ses sympathies pour les khalifes d'Égypte. 'Alî lui conseilla de se rendre chez Maḥmoûd à Alep. Ibn Ḥayyoûs partit en compagnie de Naṣr, le fils même de 'Alî, fut admis en présence de Maḥmoûd, but avec lui du vin, chanta ses louanges et glissa dans le panégyrique le vers suivant où il faisait allusion à ce que, s'il était venu, c'était sur l'avis du Mounḳidhite :

« *Je serai toujours reconnaissant à un avis mounḳidhite, qui m'a fait descendre dans ta résidence ; car il m'a procuré bienfait et faveur.* »

Maḥmoûd donna au poète mille dînârs d'or qu'on lui apporta sur un plateau d'argent et lui fixa pour chaque année une rente de pareille somme. A cette époque, Maḥmoûd fit creuser le fossé qui entoure Alep. Aboû 'l- Fityân vint trouver le prince et lui dit : « Ce sont des travaux que n'auraient pu exécuter ni Cosroës Anoûschirwân ni Dhoû 'l- Aktâf Sapor. » Maḥmoûd répondit : « Il faudrait un fossé bien plus profond pour sauver l'émir Aboû 'l- Ḥasan [1]. »

Naṣr ne manqua pas de répéter cette menace à son père 'Alî, dans l'esprit duquel la résolution de ne point retourner à Alep fut dès lors irrévocable. Les mécontents, comme Aboû Moḥammad Ibn Sinân Al-Khafâdjî[2] prirent 'Alî comme confident de leurs récriminations et de leurs craintes. Les deux oraisons funèbres en vers qu'autrefois Ibn Sinân avait composées à la mémoire de Mouḳallad [3] pouvaient devenir un grief contre lui. Il était tombé en disgrâce auprès de Maḥmoûd, après avoir été nommé par lui gouverneur de 'Azâz. Le prince le fit empoisonner en 1073 [4].

Maḥmoûd était mort dans les derniers jours de 1074 et avait eu pour successeur son fils aîné Naṣr [5]. L'émir Sadîd al-Moulk

1. Le dernier mot (*Zoubda*, fol. 94 r°, l. 1) est presque illisible par suite d'une tache d'humidité. J'ai conjecturé *zayyadtouhou*. Le verbe arabe employé dans le sens de sauver est la quatrième forme de *naḳadha*, faisant calembour avec le nom des Mounḳidhites.

2. Sur Ibn Sinân, voir De Slane dans Ibn Khallikân, *Biographical Dictionary*, II, p. 179 : Ḥâdjî Khalfa, *Lexicon bibliographicum*, III, p. 279 et 595.

3. Ibn Khallikân, *ibid.*, III, p. 428.

4. Kamâl ad-Dîn, *Zoubda*, fol. 93 v°.

5. Freytag, *Selecta ex historia Halebi*, p. xvii.

Aboû 'l-Ḥasan 'Alî, avait quitté Tripoli pour retourner dans Alep. Il se tenait dans la forteresse avec le gouverneur, nommé Ward, et des troupes d'élite, lorsqu'on vint leur annoncer, en mai 1076, que Naṣr venait d'être tué par la flèche d'un Turc. Ils firent aussitôt appeler Sâbiḳ, frère de Naṣr, le hissèrent avec des cordes jusqu'à la forteresse où il parvint ivre, et lui firent prêter serment d'obéissance par les troupes [1].

Deux ans plus tard, Tâdj ad-Daula Toutousch, fils de Alp Arslân et frère du sultan Seldjoûḳide d'Ispahan, Malik-Schâh, fit invasion en Syrie. A son approche les Turcomans, groupés en nombre sur le territoire d'Alep autour de leur chef Aḥmad-Schâh, qui s'était constitué le principal défenseur de Sâbiḳ, s'enfuirent avec lui et se réfugièrent à la citadelle du pont (*Ḥiṣn al-djisr*), près de Schaizar. Il y furent accueillis par Sadîd al-Moulk 'Alî le Mounḳidhite [2], qui, avec l'autorisation de Sâbiḳ, venait cette même année de restaurer la citadelle, afin de serrer de plus près Schaizar et d'en intercepter les abords pour les troupes qu'y enverrait l'empereur des Grecs. Les Turcomans mirent en sûreté leurs troupeaux et leurs familles dans la forteresse et retournèrent prêter main forte à Sâbiḳ.

'Alî, en donnant l'hospitalité aux adversaires de Tâdj ad-Daula Toutousch, risquait de se compromettre à ses yeux et de s'attirer plus tard son hostilité. Aḥmad-Schâh était mort dans les combats qui se livraient sans interruption autour d'Alep, et la prudence conseillait de ne point s'aliéner Toutousch, qui sortirait peut-être vainqueur de la lutte. Dans ces prévisions, 'Alî envoya son fils 'Izz ad-Daula Naṣr offrir ses services à Tâdj ad-Daula, qui guerroyait dans la banlieue d'Alep. Toutousch le fit saisir, emprisonner, surveiller, et ne permit l'entrée de la tente qui lui servait de prison qu'à son fidèle

1. Kamâl ad-Dîn, *Zoubda*, fol. 96 r°.

2. Le texte de la *Zoubda*, fol. 97 v°, que nous suivons dans cet exposé, porte seulement *Ibn Mounḳidh*, c'est-à-dire le Mounḳidhite.

esclave, Mouwaffaḳ ad-Daula Schim'oûn, sans doute un chrétien de Syrie converti à l'islamisme [1]. On faisait bonne garde autour de la tente. Cependant le jeune prince, ayant revêtu le costume de son serviteur, parvint à sortir sans être reconnu par les soldats chargés de sa surveillance et alla rejoindre ses compagnons qui, prévenus par lui, avaient tout préparé, escorte et montures, pour favoriser son évasion. Pendant que le maître chevauchait sur la route de Al-Djisr, l'esclave s'était endormi sur la couche demeurée vide. A l'aurore, les gardiens furent étonnés de ne pas voir arriver Schim'oûn, qui venait régulièrement assister son maître pour les premières ablutions [2]; ils pénétrèrent dans la tente, y trouvèrent Schim'oûn, tandis que 'Izz ad-Daula était parti. Tâdj ad-Daula, informé de ce qui s'était passé, manda Schim'oûn. « Quels moyens as-tu employés? » demanda-t-il. — « J'ai, répondit Schim'oûn, donné mes vêtements à mon maître, qui, à la faveur de ce déguisement, a pu s'échapper; quant à moi, j'ai dormi sur sa couche. » Le prince reprit : « Et n'as-tu pas craint que je fasse tomber ta tête? » — Schim'oûn dit alors : « Monseigneur, lorsque tu auras fait tomber ma tête, si je sais mon maître en sûreté, au milieu des siens, cette perspective suffira à me rendre heureux. Il ne m'a acheté et ne m'a élevé que pour pouvoir disposer un jour de ma vie. » Tâdj ad-Daula dit à son chambellan : « Que l'on remette à cet écuyer les chevaux, les bêtes de somme, les objets de campement et tous les bagages de son maître. » Il l'envoya rejoindre celui auquel il appartenait, ne lui tint pas rancune, ne lui manifesta aucune colère à propos de ce qu'il avait fait pour le service de son maître.

Toutousch, après être resté devant Alep pendant trois mois

1. Le nom de *Schim'oûn*, « Siméon », n'a rien de musulman; au contraire, le surnom *Mouwaffaḳ ad-Daula*, « le favorisé de la dynastie », est aussi peu chrétien que possible. Sur la situation excellente des chrétiens renégats au milieu des musulmans, voir Prutz, *Kulturgeschichte der Kreuzzüge*, p. 66. L'islamisme a su, dès ses origines, provoquer la conversion des chrétiens, comme l'a montré Dozy, *Essai sur l'histoire de l'islamisme* (Leyde, 1879), p. 185 et suiv.

2. En reproduisant ce long récit d'après Ousâma, *Autobiographie*, p. 40 et 41, nous avons omis quelques détails relatifs à la piété de Naṣr, détails qui seront mis à leur place un peu plus loin.

et vingt jours à partir du 9 mai 1079 [1], désespéra de s'en emparer, ni par force ni par surprise. Il pensa que le temps des ménagements était passé, et résolut de ravager la Syrie pour lui faire expier son mécompte. Partout où il passa, ce fut non pas la guerre, mais l'incendie, le pillage et le massacre. A la fin de novembre, Toutousch venait de confisquer devant Rafaniyya des marchandises que des caravanes apportaient à Tripoli, lorsqu'il arriva devant la *Citadelle du pont*. Le Mounkidhite ne se sentit point rassuré et prodigua les marques de respect à celui qui venait peut-être venger sur le père les griefs impunis qu'il avait à faire valoir contre le fils. Toutousch fit connaître à son interlocuteur le plan qu'il avait conçu de saccager la Syrie. L'entretien dut être empreint de cordialité, car 'Alî demanda grâce pour le territoire de Kafarṭâb, obtint gain de cause et ressentit quelque soulagement lorsque Tâdj ad-Daula Toutousch donna l'ordre du départ [2].

Le 15 juin 1080, Scharaf ad-Daula Aboû 'l-Makârim Mouslim ibn Kouraisch Al-'Oukailî, seigneur de Mauṣoul [3], appelé par Sâbiḳ et par les habitants d'Alep, arriva devant cette ville, où il s'attendait à pénétrer sans rencontrer aucune résistance. Mais il trouva les portes fermées, Schabîb et Waththâb, frères de Sâbiḳ ne lui ayant pas permis de la livrer. La lutte ne se prolongea pas : la trahison aidant, Scharaf ad-Daula fut bientôt maître de la place [4]. Sadîd al-Moulk 'Alî, prévoyant la victoire de Scharaf ad-Daula, était venu le rejoindre et s'était installé à ses côtés autour d'Alep. Au premier moment, Scharaf ad-Daula avait voulu lever le camp pour épargner de nouvelles souffrances aux habitants d'Alep, si éprouvés déjà par la famine et par le renchérissement des vivres. Sadîd al-Moulk Aboû 'l-Ḥa-

1. J'emprunte cette date précise à Kamâl ad-Dîn, *Zoubda*, fol. 97 v°.
2. Id., *ibid.*, fol. 100 v°.
3. Ibn Khallikân. *Biograph. Dictionary*, p. III, 143
4. Kamâl ad-Dîn, *Zoubda*, fol. 101 v°, donne pour l'entrée de Scharaf ad-Daula dans Alep, la même date qu'il donne (*ibid.*, fol. 101 r°) et que nous avons répétée pour son arrivée sous les murs de cette ville. Ibn Al-Athîr, *Chronicon*, X, p. 74, parle de l'entrée en 473 de l'hégire, année dont le commencement coïncide avec le 22 juin 1080. Il semble qu'au moins pour la ville basse, la conquête devint définitive au bout de quelques jours.

san le Mounḳidhite s'approcha des murailles de la forteresse. Un de ses amis, homme instruit, le reconnut. « Dans quelle situation êtes-vous? » demanda le Mounḳidhite. La réponse se composait de deux mots inintelligibles, mais dont le Mounḳidhite débrouilla le sens caché : « Nous sommes des infortunés », avait voulu dire le lettré sans être compris de ceux qui l'entouraient. Scharaf ad-Daula, instruit de ce colloque, en conclut qu'il ferait mieux de patienter, et, en effet, il ne tarda pas à s'emparer d'Alep [1].

'Alî profita des bonnes relations qu'il entretenait avec Scharaf ad-Daula pour obtenir des conditions avantageuses en faveur de Sâbiḳ. Celui-ci reçut un fief important dans la région de Ar-Raḥba, sur l'Euphrate, et Scharaf ad-Daula épousa sa sœur Mani'a. Le négociateur de cette transaction fut Sadîd al-Moulk 'Alî le Mounḳidhite, et elle réussit, grâce à son habileté [2]. Scharaf ad-Daula, qui avait fait au Mounḳidhite les plus belles promesses, qui lui avait fait entrevoir la réalisation de toutes ses espérances et qui l'avait comblé d'honneurs [3], lui dit, aussitôt que la province d'Alep fut entièrement pacifiée : « Retourne en paix avec l'aide d'Allâh! Car moi-même, je vais rentrer dans mes états. Je veux que tu prospères, et, une fois arrivé, je te ferai parvenir tout ce que tu désireras [4]. »

Nous arrivons à un événement décisif dans l'histoire des Mounḳidhites : pour arrondir leur patrimoine, pour dominer la région qu'ils occupaient sur les bords de l'Oronte, il leur fallait non seulement ne plus avoir à considérer comme une menace, mais encore occuper comme une défense, le bourg inexpugnable de Schaizar. Avant de mourir, 'Alî, dont l'activité toujours en

---

1. Kamâl ad-Dîn, *Zoubda*, fol. 101 v° et 102 r°. Voici l'énigme et la solution que nous en proposons. L'homme interpellé aurait répondu طول جبّ, comme porte clairement le manuscrit. Le Mounḳidhite, après avoir réfléchi, aurait compris que طول avait été dit pour مدا et جبّ pour بیر, d'où pour l'ensemble مدا بیر « des malheureux ».

Or, طول, comme مدا, ou plutôt مدى, signifie « longueur de temps », et, جبّ comme بیر ou plutôt بِرّ, signifie « puits ». Nous avons donc affaire à un véritable calembour, dont la solution a été laissée à la sagacité du Mounḳidhite.

2. Kamâl ad-Dîn, *Zoubda*, fol. 102 r°.
3. Id., *ibid.*, fol. 103 r°.
4. Id., *ibid.*, 103 v°.

éveil avait fait rechercher et redouter les Mounḳidhites, réalisera encore leur rêve d'agrandissement et fondera définitivement leur dynastie. Kamâl ad-Dîn [1] et Ibn Khallikân [2] sont d'accord pour placer l'entrée des Mounḳidhites à Schaizar dans les derniers jours de 1081. Leur récit diffère quelque peu. Nous avons indiqué précédemment [3] le point de vue d'Ibn Khallikân. Voici la relation inédite de Kamâl ad-Dîn : « Sadîd Al-Moulk le Mounḳidhite avait construit la forteresse du pont (*ḳal'at al-djisr*) et s'était proposé de resserrer le cercle autour de Schaizar, où séjournait l'évêque d'Al-Bâra [4]. Celui-ci, se sentant acculé, accueillit les messages de son adversaire et lui vendit la forteresse en échange de certains avantages qui furent stipulés d'un commun accord. Le Mounḳidhite ne cessa pas de se concilier l'évêque par de belles promesses et de lui faire des avances flatteuses jusqu'à ce qu'enfin l'évêque se dessaisit en sa faveur de la forteresse de Schaizar le dimanche soir, qui coupe en deux le mois de radjab de l'année 474 [5]. Le Mounḳidhite tint tous ses engagements. Mais Scharaf ad-Daula fut péniblement affecté de ce succès, envia au Mounḳidhite la possession de Schaizar, et ordonna que l'armée d'Alep se mît en marche sous la direction de son frère, qu'il y avait laissé comme son lieutenant, Mou'ayyad ad-Daula 'Alî, fils de Ḳouraisch. Elle vint camper devant Schaizar le samedi, 5 du mois de dhoû 'l-ḥidjdja de l'année 474 [6], après un échange de pourparlers. Mais le Mounḳidhite s'était refusé à donner satisfaction aux exigences de 'Alî ibn Ḳouraisch, qui avait enlevé en route la ville fortifiée d'Asfoûnâ, à l'ouest de Kafarṭâb, ville appartenant au Mounḳidhite. Celui-ci avait pris ses mesures en vue du siège et avait transporté de Al-Djisr à Schaizar les ressources nécessaires

1. *Zoubda*, fol. 104 r°.
2. *Biographical Dictionary*, II, p. 342.
3. Plus haut, p. 14, note 6.
4. Il semble résulter de ce passage qu'Al-Bâra, ville fortifiée de la région d'Alep (Yâḳoût, *Mou'djam*, I, p. 465), était le siège d'un évêché, syrien ou grec, avant que Pierre de Narbonne, prélat latin, y eût été installé en octobre 1098 ; cf. M. le comte Riant dans *Archives de l'Orient latin*, I, p. 158.
5. Le dix-neuf décembre 1081.
6. Le sept mai 1082.

pour un long espace de temps. ʿAlî ibn Kouraisch le bloqua d'abord jusqu'à ce que Scharaf ad-Daula arriva en personne et campa devant Schaizar le mercredi, dernier jour de mouḥarram, en 475[1]. Puis le samedi, 3 de ṣafar[2], il partit pour Ḥomṣ (Émèse), laissant son armée devant Schaizar. Alors le Mounḳidhite demanda grâce à Scharaf ad-Daula, envoya à Ḥomṣ son fils Aboû 'l-ʿAsâkir[3], sa femme Manṣoûra, fille d'Al-Moutawwaʿ, et sa sœur Rafîʿa la Mounḳidhite. La députation entra chez le prince et lui apporta de riches présents. Il transmit l'ordre à son armée et à son escorte de quitter Schaizar le 28 de ṣafar en cette même année[4]. »

Lorsque Scharaf ad-Daula eut quitté le sol de la Syrie pour rentrer en Mésopotamie, tous les princes qu'il avait fait trembler, et parmi eux Aboû-'l-Ḥasan ʿAlî le Mounḳidhite, se concertèrent afin d'écrire au roi Tâdj ad-Daula Toutousch, qui était à Damas, pour lui exprimer leurs doléances, lui offrir leur soumission et l'inviter à intervenir en Syrie. Il partit de Damas, mais revint bientôt sur ses pas en apprenant que sa capitale était menacée par Scharaf ad-Daula[5]. Privés de l'appui qu'ils avaient espéré, les coalisés engagèrent néanmoins des escarmouches à Ḥamâ d'abord, puis à Maʿarrat an-Noʿmân. Le Mounḳidhite participa aux dommages que l'on infligea à cette dernière ville, trop faible pour s'opposer à la dévastation, assez forte pour ne pas se laisser conquérir par ses envahisseurs[6].

Ce fut probablement la dernière campagne à laquelle ait pris part ʿIzz ad-Daula Sadîd al-Moulk Aboû 'l-Ḥasan ʿAlî, fils de Mouḳallad, le Mounḳidhite. L'émir de Schaizar mourut en effet dans le cours de l'année 475 de l'hégire[7]. Bien que nous n'ayons pas d'autre information et qu'Ousâma lui-même n'ait rien trouvé

1. Le trente juin 1082.
2. Le trois juillet 1082.
3. ʿIzz ad-Dîn Aboû 'l-ʿAsâkir Soulṭân, oncle d'Ousâma, eut une influence décisive sur la vie de son neveu, comme en témoigne l'*Autobiographie* (voir le premier *Index*, p. 172), et il tiendra une grande place dans notre récit, surtout dans les chapitres III et IV, où sont rapportés les événements de la période où il était émir de Schaizar
4. Le vingt-huit juillet 1082.
5. Kamâl ad-Dîn, *Zoubda*, fol. 104 v°.
6. Id., *ibid.*, fol. 105 r°.
7. Ibn Khallikân, *Biographical Dictionary*, II, p. 343.

de plus précis à répondre lorsqu'il fut interrogé à ce sujet, nous pouvons supposer, d'après ce qui précède, que 'Alî vécut encore à peu près la moitié de l'année et qu'il expira en octobre ou en novembre 1082.

Si nous avons appuyé avec insistance sur 'Alî et sur sa personnalité remuante, ce n'est pas seulement parce qu'il fut le vrai fondateur de la dynastie mounḳidhite, c'est surtout parce que, dans l'esquisse que nous avons tracée de sa vie et de son caractère, nous avons indiqué des traits et des lignes que nous verrons se dessiner, se continuer et se prolonger dans le portrait que nous graverons de son petit-fils Ousâma. Les circonstances qu'ils ont traversées n'ont pas été les mêmes, les milieux où ils ont vécu ont été différents; mais le fond des deux natures révèle de ces affinités héréditaires qui souvent sautent une génération pour reparaître ensuite plus intenses et plus marquées. Autant que nous pouvons juger 'Alî d'après les renseignements incomplets qui nous ont été conservés sur lui, il présente le type d'un prince ambitieux, inquiet, ombrageux, souple, sans scrupules, plus superstitieux que religieux, sacrifiant ses sentiments à ses intérêts, mais ses intérêts eux-mêmes à son orgueil et à la crainte de se laisser oublier, aimant la domination, mais plus encore l'intrigue et le changement, capable de s'acclimater partout, mais n'ayant le goût de se fixer nulle part, gagnant vite la sympathie par son charme personnel, mais n'ayant pas l'esprit de suite nécessaire pour la retenir, admirablement doué pour les belles-lettres, entraîné, comme tous les Mounḳidhites, vers la poésie comme vers le plus noble des délassements. Si les extraits de ses poèmes, publiés par 'Imâd ad-Dîn[1], ne sont pas puisés aux plus hautes sources de l'inspiration, du moins ils sont ingénieux et, dans leur concision piquante, ils constituent de courts intermèdes rentrant pour la

1. 'Imâd ad-Dîn, *Kharîdat al-ḳaṣr*, fol. 113 v°. Quelques autres spécimens de poésies par 'Alî se trouvent dans Kamâl ad-Dîn, *Dictionnaire biogr.* (ancien fonds arabe, n° 726), fol. 122 v° et 123 v°.

plupart dans le genre de l'épigramme. C'est une poésie volage et inconstante comme son auteur.

Sadîd al-Moulk 'Alî laissa la seigneurie de la forteresse de Schaizar à son fils aîné, l'émir 'Izz ad-Daula Aboû 'l-Mourhaf Naṣr[1]. Ce prince, qui, même lors de sa captivité, n'avait pas négligé les ablutions légales, vivait en ascète et se levait régulièrement chaque nuit pour réciter une section du Coran[2]. Il était brave, généreux, observant le jeûne[3], ne transigeant jamais avec un devoir. Malgré le contraste de leurs deux natures, il témoigna toujours à son père un vrai culte[4]. Mais il ne se modela sur lui que comme poète et comme protecteur des belles-lettres. Le savant ḳâḍî de Ma'arrat an-No'mân, Aboû Mouslim Wâdi' ibn Soulaimân lui ayant écrit qu'il était dans la peine, Naṣr l'autorisa à s'approprier une somme dont il était détenteur à ce moment : c'étaient six mille dînârs[5], environ quatre-vingt mille francs, provenant sans doute de la rentrée des impôts levés à Ma'arrat an-No'mân au profit des Mounḳidhites[6]. Le calme était une nécessité pour consolider l'état de choses nouveau à Schaizar. L'avénement d'un émir pacifique fut sans doute un bienfait pour la jeune principauté, malgré l'étendue des sacrifices qu'il crut devoir consentir.

Le territoire des Mounḳidhites comprenait alors Laodicée, où était installé le frère de Naṣr, 'Izz ad-Dîn Aboû 'l-'Asâkir Soulṭân[7], Apamée, Kafarṭâb. Au commencement de 1085, Soulaimân, fils de Ḳoṭloumisch, prince seldjoûḳide de l'Asie-Mineure[8], s'empara de Ma'arrat an-No'mân et de Kafarṭâb, puis s'avança jusque sous les murs de Schaizar, dont il chercha à s'emparer, mais dont il respecta l'indépendance à condition qu'on lui apporterait une somme considérable[9]. L'année sui-

1. « Ce Naṣr, dit 'Imâd ad-Dîn (*Kharîdat al-ḳaṣr*, fol. 116 v°), fut seigneur de la forteresse de Schaizar après son père Sadîd al-Moulk. »

2. Ousâma, *Autobiographie*, p. 40.

3. Ibn Al-Athîr dans *Hist. or. des croisades*, I, p. 504 ; II, ii, p. 197.

4. 'Imâd ad-Dîn, *Kharîdat al-ḳaṣr*, fol. 116 v°.

5. Id., *ibid.* Wâdi' mourut en janvier 1096 d'après Ibn Al-Athîr, *Chronicon*, X, p. 178.

6. Je n'émets là qu'une conjecture.

7. Ousâma, *Autobiographie*, p. 80.

8. Sur la campagne de Soulaimân en Syrie voir Ibn Al-Athîr, *Atabeks*, p. 14-16.

9. Kamâl ad-Dîn, *Zoubda*, fol. 109 r°.

vante, le sultan seldjoûḳide d'Ispahan, Malik-Schâh vint lui-même prendre possession de la Syrie. Soulaimân était mort en juillet 1085, à la suite d'un combat acharné que lui avait livré le frère de Malik-Schâh, Tâdj ad-Daula Toutousch, venu de Damas[1]. « L'émir Naṣr, dit Ibn Al-Athîr[2], envoya auprès de Malik-Schâh pour faire acte de soumission. Il lui céda les villes de Laodicée, de Kafarṭâb et d'Apamée, et obtint en échange la paix, la renonciation du sultan à ses projets contre lui et la possession incontestée de Schaizar. »

En 1088, Ḳasîm ad-Daula Aḳ Sonḳor[3], préfet d'Alep au nom de Malik-Schâh, profita d'un dissentiment entre Naṣr et les habitants de Laṭmîn, château voisin d'Émesse, pour intervenir dans le différend. Aḳ Sonḳor s'avança vers Schaizar, ouvrit les hostilités contre cette ville, tua cent trente de ses défenseurs, pilla les faubourgs, puis retourna dans Alep, après avoir renoué des relations amicales avec Naṣr, seigneur de Schaizar[4]. L'accord rétabli décida Aḳ Sonḳor, lorsqu'il eut en août 1091[5] délivré Apamée de Khalaf ibn Moulâ'ib, qui y répandait la terreur[6], à choisir Naṣr pour lui céder sa conquête, une ancienne possession des Mounḳidhites[7]; Khalaf devait la leur reprendre en 1096[8].

Naṣr faisait bon marché de son indépendance, pourvu que sa sécurité fût assurée. Schaizar tournait les yeux vers Alep pour

1. Kamâl ad-Dîn, *Zoubda*, fol. 110 v°, dans Freytag, *Selecta ex historia Halebi*, p. xix; Ibn Al-Athîr, *Atabeks*, p. 16; *Chronicon*, X, p. 97-98.

2. Ibn Al-Athîr, *Atabeks*, p. 17; *Chronicon*, X, p. 98; Aboû 'l-Fidâ, *Annales moslemici*, III, p. 264.

3. La biographie d'Aḳ Sonḳor, père du fameux atâbek Zengi, est insérée, d'après le *Dictionnaire biographique* de Kamâl ad-Dîn (manuscrit 726 de l'ancien fonds, fol. 178 r° et suiv.), dans *Hist. or. des croisades*, III, p. 703-716.

4. Kamâl ad-Dîn, *Zoubda*, fol. 112 v°; cf. Ibn Al-Athîr, *Chronicon*, X, p. 111; Aboû 'l-Fidâ, *Annales moslemici*, III, p. 268.

5. Kamâl ad-Dîn, *Dictionnaire biographique*, dans *Hist. or. des croisades*, III, p. 715. La leçon *wa-soudjina* (وسجن), qui a été adoptée, paraît devoir être remplacée par *wa-schaḥana* (شحن), le manuscrit portant avec évidence les trois points du *schîn*. Au lieu de : « Plusieurs des Ibn Mounḳed y étaient emprisonnés », je traduirais : « Et Aḳ Sonḳor désigna comme gouverneur de la ville l'un des princes Mounḳidhites », c'est-à-dire, vu la date, Naṣr.

6. Khalaf ibn Moula'ib infestait les routes par ses brigandages et detroussait les voyageurs; cf. Kamâl ad-Din, *Zoubda*, fol. 113 r°; Ibn Al-Athîr et Aboû 'l-Fidâ dans *Hist. or. des croisades*, I, p. 233 et 8. Il sera parlé plus longuement de Khalaf dans le chapitre III.

7. Kamâl ad-Din, *Zoubda*, fol. 113 r°.

8. J'emprunte la date à Kamâl ad-Din, *Zoubda*, dans Rœhricht, *Beitræge*, etc., I, p. 214 et à Ibn Mouyassar dans *Hist. or. des croisades*, III, p. 461. En 1104, Khalaf était encore « seigneur d'Apamée », d'après Ousâma, *Autobiographie*, p. 38.

recevoir le mot d'ordre, le vassal s'efforçait avant tout de ne pas contrarier son suzerain. Aḳ Sonḳor, fait prisonnier par Toutousch en juin 1094, avait eu la tête tranchée [1]. Tâdj ad-Daula avait repris possession d'Alep, mais pour peu de temps; car il était mort dans un combat aux environs de Rayy, en janvier 1095 [2]. Son fils Rouḍwân devint l'arbitre d'Alep et de tout le nord de la Syrie. Il disposait de Schaizar presque comme d'une portion de son territoire et témoignait de la bienveillance aux Mounḳidhites. Mouwaffak ad-Daula Schim'oûn, venant de la part de Naṣr, était accueilli avec faveur et proposé comme un modèle de fidélité et de bravoure aux écuyers de Rouḍwân assemblés [3]. Les variations de la politique faisaient passer Schaizar par les mêmes fluctuations qu'Alep. C'est ainsi qu'en 1097 Rouḍwân, qui espérait l'appui de l'armée égyptienne pour ses entreprises contre Damas, ordonna de substituer dans le prône (*khoṭba*) le nom du khalife Fâṭimide Al-Mousta'lî à celui du khalife de Bagdad, Al-Moustaṭhhir. Ibn Al-Athîr mentionne en particulier Schaizar parmi les endroits où cette décision rituelle fut appliquée [4]. Mais, les renforts n'arrivant pas, on revint au bout de quatre semaines aux anciennes pratiques orthodoxes [5], et les 'Abbâsides, accueillant les excuses qu'on vint leur présenter dans leur résidence de Bagdâd [6], reprirent leur rang dans les prières publiques d'Alep et de Schaizar.

Rouḍwân et son beau-père le Turcoman Yâgî-Siyân [7], seigneur d'Antioche, s'étaient coalisés pour attaquer Djanâḥ ad-

1. Voir les détails donnés par Kamâl ad-Dîn, *Dictionnaire biographique* dans *Hist. or. des croisades,* III, p. 709-712, en partie d'après une relation autographe d'un frère d'Ousâma.

2. Kamâl ad-Dîn, *Zoubda*, dans Rœhricht, *Beitræge*, etc., I, p. 211.

3. Ousâma, *Autobiographie*, p. 39-41.

4. Ibn Al-Athîr, *Chronicon*, X, p. 184.

5. Kamâl ad-Dîn (voir la traduction de Silvestre de Sacy, dans Rœhricht, *Beitræge*, I, p. 218) dit bien que l'on continua de la sorte à Alep du 28 août 1097 jusqu'en juin 1099. Mais Kamâl ad-Dîn ajoute : « D'autres disent que ce changement ne dura que quatre semaines. » Nous avons adopté cette seconde opinion, qui es aussi celle de Wüstenfeld, *Geschichte der Faṭimiden-Chalifen*, p. 274.

6. Ibn Al-Athîr, *Chronicon,* X, p. 184.

7. Le dernier historien des croisades, M. Kugler (*Geschichte der Kreuzzüge,* p. 44-46 et *passim*), ainsi que l'édition d'Ibn Al-Athîr de Tornberg, ont partout Bâgi-Siyân. M. de Sacy, dans sa traduction, a suivi le manuscrit de Kamâl ad-Dîn, qui porte Yâgi-Sagân. Il ne peut y avoir aucun doute sur la vraie prononciation au moins des consonnes, Yâgi-Siyân signifiant en turc oriental « celui qui écrase son ennemi »; voir M. de Slane dans *Hist. or. des croisades*, I, p. 863.

Daula Al-Ḥousain, prince d'Émesse[1]. Ils étaient arrivés à Schaizar lorsqu'ils apprirent, par plusieurs messages consécutifs, l'approche d'une nombreuse armée de Francs qui menaçait Antioche. Un conseil fut tenu à Schaizar. On ne put se mettre d'accord. Rouḍwân regagna Alep, laissant auprès de Naṣr son vizir Aboû 'n-Nadjm, fils de Badî'[2] et frère d'Aboû 'l-Ḳâsim, qui avait été le vizir de son père Toutousch[3]. Peu de temps après, Aboû 'n-Nadjm, qui d'abord ne s'était cru en sécurité qu'auprès du Mounḳidhite, crut pouvoir sans danger retourner à Alep et y rejoignit son maître, le roi Rouḍwân. Les croisés atteignirent Antioche en octobre 1097[4]. En décembre, ils détachèrent trente mille hommes, qui se répandirent dans la province d'Alep. Les princes musulmans qui accouraient au secours d'Antioche, le roi Douḳâḳ, maître de Damas et frère de Rouḍwân, l'atâbek Ṭogtakîn, le prince d'Émesse, Djanâḥ ad-Daula, étaient alors campés sur le territoire de Schaizar[5]. Naṣr, dont la prudence était encore accrue par l'âge, éprouva un profond soulagement, lorsque l'armée venue de Damas s'éloigna pour s'avancer à la rencontre des Francs dans la région d'Al-Bâra[6].

Sur ces entrefaites, Naṣr le Mounḳidhite mourut. Ibn Al-Athîr, notre seule autorité, indique l'année, mais se tait sur le mois et sur le jour. Il n'est pas plus précis sur l'âge de l'émir; il dit seulement que le pouvoir était resté entre ses mains pendant un long espace de temps[7]. Naṣr, qui avait succédé à son père 'Alî en 1082[8], expira en 1098. Son autorité n'ayant subi aucune

1. Defrémery, *Mémoires d'histoire orientale*, I, p. 36.

2. Son nom complet est Aboû 'n-Nadjm Hibat Allâh, fils de Moḥammad, fils de Badî'; voir *Hist. or. des croisades*, III, p. 584. L'addition, que l'on remarquera, est empruntée au manuscrit de la *Zoubda*, fol. 122 r°.

3. C'est ainsi qu'il convient, je pense, de rectifier la traduction de Kamâl ad-Dîn (*Zoubda*, fol. 119 r°), donnée dans *Hist. or. des croisades*, III, p. 577.

4. Le 7 octobre d'après Kamâl ad-Dîn, *Zoubda*, dans Defrémery, *Mémoires*, I, p. 38; Rœhricht, *Beitræge*, I, p. 219; *Hist. or. des croisades*, III, p. 578; le 21 octobre d'après Kugler, *Geschichte der Kreuzzüge*, p. 43.

5. Kamâl ad-Dîn dans Defrémery, *ibid.*; Rœhricht, *ibid.*, I, p. 220; *Hist. or.*, III, p. 579.

6. Dans le passage de Kamâl ad-Dîn, *Zoubda*, fol. 120 r°, lisez avec le manuscrit le singulier *al-'askari* au lieu du pluriel *al-'asâkiri* dans *Hist. or. des croisades*, III, p. 579, l. 4.

7. *Hist. or. des croisades*, II, II, p. 197. Nous comprenons le passage autrement que le savant traducteur, M. de Slane.

8. Plus haut, p. 26.

atteinte pendant cette période de dix-sept années environ, nous voyons ce que l'historien des *Annales parfaites* considérait comme un long règne à cette époque troublée, dans cette contrée où l'invasion des Francs allait apporter un nouvel élément de discorde et de dissolution.

Lorsque Naṣr sentit que sa fin était prochaine, il désigna comme son successeur son frère cadet Madj ad-Dîn Aboû Salâma Mourschid, celui-là même, fait remarquer Ibn Al-Athîr [1], qui fut le père d'Ousâma. Naṣr n'avait pas d'enfants, et sa succession revenait à ses collatéraux [2]. Les capitulations de conscience, inséparables du gouvernement des hommes, répugnaient à la nature droite de Mourschid, à sa foi austère. « Par Allâh, s'écria-t-il, puissé-je ne jamais exercer de commandement [3] ! Je veux sortir de ce monde dans l'état de pureté où j'étais lorsque j'y suis entré. » En parlant ainsi, il pensait à la parole du Prophète : « Tous les hommes naissent avec un bon naturel [4]. » Il abdiqua sans avoir gouverné et rentra dans le rang comme un simple soldat de l'armée musulmane. Sa piété et sa bravoure marchaient à l'unisson. Il invoquait Allâh et luttait en faveur de sa cause. Il écrivait de belles copies du Coran, qu'il interrompait soit pour une partie de chasse, soit pour une de ces expéditions où, confiant dans sa destinée, il bravait les périls avec une pieuse intrépidité. « Mon père, dit Ousâma [5], prit part à de nombreux combats, son corps portait la trace des blessures les plus terribles, et pourtant il mourut sur sa couche. » Il ne fut frappé mortellement ni par un javelot, qui s'enfonça dans le « nez de son casque musulman », ni par une flèche en bois qui l'atteignit à la jambe, ni par une

1. *Hist. or. des croisades*, II, II, p. 197.

2. Sur les frères souvent préférés aux fils dans la succession au khalifat et sur d'autres trônes musulmans, voir A. von Kremer, *Geschichte der herrschenden Ideen des Islams*, p. 407-410.

3. J'ai adopté la lecture en deux mots (*lâ walaitouhâ*) admise par Tornberg dans son édition d'Ibn Al-Athîr, *Chronicon*, XI, p. 144, et reproduite dans *Hist. or. des croisades*, I, p. 504. Elle me paraît préférable à la variante en un mot (*la'aulaitouhâ*), qu'on lit dans l'*Histoire des Atabeks*; *Hist. or. des croisades*, II, II, p. 197.

4. Parole du prophète dans Ibn Khaldoûn, *Prolégomènes* (tr. de Slane), I, p. 313.

5. Ousâma, *Autobiographie*, p. 38; cf. id., *ibid.*, p. 39.

pique qui, en 1104, lui traversa la gorge au-dessus du sein gauche pour ressortir au-dessus du sein droit, ni par une foulure à la main droite, si violente que les nerfs en saillie paraissaient « blancs comme les cailloux de l'Euphrate ». Mourschid était né en 1068 [1]; il mourut à Schaizar en 1137 [2].

Pendant que Mourschid se déchargeait sur son frère plus jeune, 'Izz ad-Dîn Aboû 'l-'Asâkir Soulṭân, du poids que la confiance de son frère aîné Naṣr aurait voulu lui imposer [3], il s'assurait, par sa renonciation même, la liberté de suivre ses penchants et de régler sa vie à sa guise. Les exploits par lesquels il prouva son héroïsme en temps de guerre et l'influence bienfaisante qu'en temps de paix il exerça sur la marche des événements trouveront leur place dans ce récit, lorsque nous raconterons la vie d'Ousâma à Schaizar, pendant que son oncle Soulṭân y était l'émir en fonction [4]. Il y a là un ensemble de faits qu'il faut suivre dans leur ordre chronologique et dans leurs développements naturels, et où le rôle de chacun ne saurait être mis en lumière qu'à condition d'assortir, de grouper et de faire embrasser d'un coup d'œil tous les personnages qui concourent à l'action.

De ce tableau, je voudrais détacher d'avance une physionomie, celle de Mourschid, parce qu'elle s'est volontairement reléguée au second plan, et que nous ne saurions laisser le père d'Ousâma dans l'ombre où il se complaisait. Nous essayerons de jeter furtivement un coup d'œil sur sa vie privée, puisqu'en

1. 'Imâd ad-Dîn, *Kharîdat al-ḳaṣr*, fol. 114 r°.

2. Ousâma, *Autobiographie*, p. 39; 'Imâd ad-Dîn, *ibid.*, d'après le témoignage d'Ousâma. La date exacte, d'après l'*Autobiographie, l. cit.*, serait le lundi 8 de ramaḍân, en l'an 531 de l'hégire, c'est-à-dire le 31 mai 1137. La même difficulté pour la concordance du jour, que nous avons signalée, p. 1, note 1, se retrouve ici. Quant à la date, elle paraît exacte. Ibn Al-Athîr la reproduit également (*Hist. or. des croisades*, I, p. 505; II, II, p. 199), mais après avoir ailleurs reculé d'une année la mort de Mourschid (*Hist. or. des croisades*, I, p. 430). Un passage, dans lequel Ousâma (*Autobiographie*, p. 94) parle des soixante-dix ans de son père, n'est qu'en contradiction apparente avec ces dates, si l'on se rappelle que les années musulmanes correspondantes à 1068 et 1137 sont 460 et 531.

3. Ibn Al-Athîr dans *Hist. or. des croisades*, I, p. 505; II, II, p. 197. C'est assurément Soulṭân et non Mourschid qui est « le roi de Césarée », auteur de la lettre signalée par M. le comte Riant dans son *Inventaire des lettres historiques des croisades;* voir *Archives de l'Orient latin*, I, p. 191 et 194.

4. Ce sont nos chapitres troisième et quatrième. Ousâma quitta définitivement Schaizar pour Damas en 1138, un an après la mort de son père.

fuyant la vie publique il est devenu un personnage distinct, n'engageant par ses pensées et par ses actes que lui-même. Ce ne sera qu'une esquisse, peut-être même qu'une ébauche. D'une part, nous sommes insuffisamment renseignés, Ousâma ayant naturellement parlé de son père avec plus de respect que de liberté ; d'autre part, nous avons réservé les détails sur les femmes et sur les enfants de Mourschid pour le chapitre que nous consacrerons à l'éducation et au caractère d'Ousâma[1].

Mourschid, dans sa jeunesse, avait été envoyé par son père Sadîd al-Moulk 'Alî pour offrir ses services au sultan Malik-Schâh, qui résidait à Ispahan[2]. Il devait sans doute assister aux négociations qui, nous l'avons vu[3], se terminèrent pour les Mounkidhites par une mutilation de leur territoire. C'était en 1085, et Mourschid était dans sa dix-huitième année musulmane. L'attrait de la nouveauté, la perspective de l'inconnu firent passer le jeune émir sur la longueur et les fatigues du voyage. Mais lorsque le retour à Schaizar fut résolu, il se préoccupa de trouver des distractions pour tromper les ennuis du chemin qui aboutissait non plus à Ispahan, mais à Schaizar. « J'aimerais, dit-il[4], maintenant que les affaires sont réglées, me munir de quelques oiseaux de proie, pour me divertir pendant la route. On m'apporta des faucons et une belette savante qui attirait les oiseaux à sortir des buissons. Je pris également des sacres, qui s'attaquent aux lièvres et aux outardes. Les soins qu'il fallut donner aux faucons ajoutèrent beaucoup pour moi aux embarras de cette pérégrination. »

Mourschid aimait trop la chasse pour se laisser jamais rebuter par aucune difficulté matérielle. Ses pourvoyeurs de faucons et de braques allaient jusqu'à Constantinople pour lui acheter des animaux de choix[5]. Il organisait des parties de chasse et

1. C'est notre chapitre deuxième.

2. Ousâma, *Autobiographie*, p. 36 et 156; *Livre du bâton*, fol. 1 v°, publié dans l'anthologie A. Lanier.

3. Plus haut, p. 28.

4. Ousâma, *Autobiographie*, p. 156.

5. Id., *ibid.*, p. 144 et 156. Le nom arabe des braques, *az-zagâriyyou* (id , *ibid.*, p. 92, 156, 166), est une transcription du grec byzantin ζαγάριον, comme vient de le démontrer M. Paul de Lagarde dans les *Gœttingische gelehrte Anzeigen* de 1887, p. 252-253.

de pêche comme un général prépare une bataille [1]. Ousâma, qui, pendant soixante-dix ans, assista à des chasses [2], affirme qu'aucun émir n'égala son père dans l'art de prendre les dispositions les mieux entendues pour faire réussir de telles expéditions [3]. Elles comprirent les quatre fils de Mourschid, lorsqu'ils furent d'âge [4], puis une compagnie de fauconniers, de piqueurs, d'esclaves, environ quarante cavaliers exercés, bien montés, munis de filets, d'arcs, d'épieux, de haches. Selon le gibier, on lançait les faucons, les gerfauts, les sacres, les guépards, les chiens, braques ou lévriers [5]. Alors même que le corps de Mourschid s'était alourdi et que la vieillesse s'était appesantie sur lui [6], il n'avait pas renoncé au bénéfice de cette distraction, qui le maintenait en bonne santé et en joyeuse humeur. Aussi faisait-il largement de la dépense lorsqu'il se flattait de satisfaire cette passion; tant il y trouvait de plaisir, tant il y goûtait de délices [7] !

« C'était là du reste, dit Ousâma [8], son unique occupation, en dehors de la guerre, du saint combat contre les Francs et de la transcription du Livre d'Allâh le tout-puissant. » — « Mon père, dit encore Ousâma [9], partageait sa journée entre la récitation du Coran, le jeûne et la chasse; pendant la nuit, il transcrivait le Livre d'Allâh. Il en avait terminé quarante-six exemplaires complets, entièrement écrits de sa main, dont deux tout en or. » Mourschid avait-il disposé de quelques copies en faveur, soit de fondations religieuses (*wakf*) qu'il aurait enrichies, soit de parents ou de proches qu'il aurait honorés, soit enfin de pieux amis qu'il aurait favorisés en leur accordant un spécimen de sa calligraphie [10] ? La collection ne comprenait plus que quarante-trois Corans, lorsque Mourschid décida qu'elle serait

1. Ousâma, *Autobiographie*, p. 147.
2. Id., *ibid.*, p. 167; cf. la deuxième partie du présent volume, *Avertissement*, p. xi.
3. Ousâma, *Autobiographie*, p. 144.
4. Id., *ibid.*, p. 146 et 157.
5. Id., *ibid.*, p. 92 et 155.
6. Id., *ibid.*, p. 157.
7. Ousâma, *Autobiographie*, p. 139.
8. Id., *ibid.*, *loc. cit.*
9. Id., *ibid.*, p. 144.
10. D'après la Chronique d'Ibn Tagribardi (ms. 661 de l'ancien fonds arabe, fol. 9 r°), Mourschid n'avait pas écrit moins de soixante-dix exemplaires complets.

enterrée avec lui. « Mon père, dit Ousâma [1], avait une magnifique écriture, que n'avait point altérée un coup de lance dont il avait été blessé à la main. Il ne copiait que le Coran. Un jour, je l'interrogeai et je lui dis : O mon maître, combien as-tu achevé d'exemplaires? Il répondit : Bientôt vous le saurez. Lorsque sa mort fut proche, il dit : Dans cette caisse que voilà, il y a des transcriptions de ma main, que j'ai distinguées chacune par une conclusion originale. Mettez-les sous ma joue dans le tombeau. Le compte fait, il y en avait quarante-trois, avec quarante-trois appendices différents. Il y avait un exemplaire en grand format, écrit en lettres d'or, qui contenait à la fin une dissertation sur les sciences relatives au Coran, telles que ses variantes, ses particularités, sa langue, ce qui y abroge et ce qui y est abrogé, son explication, les causes de sa révélation et sa jurisprudence. Dans cette dissertation intitulée : *Le grand commentaire*, la sépia, le rouge et le bleu alternaient. Mon père avait écrit en lettres d'or un autre exemplaire indépendant de son commentaire. Quant aux autres copies, l'encre y était employée pour le texte, mais l'or pour les décades, les quintains, les coupes des versets, les têtes des cent quatorze chapitres (*soûra*) et les têtes des trente sections (*djouz'*). » As-Sam'ânî [2], qui écrivit au douzième siècle une histoire de Bagdâd, raconte qu'il admira dans cette ville un Coran écrit par Mourschid avec une dissolution d'or, probablement l'un des exemplaires que Mourschid avait d'avance distraits de ceux qu'il destinait à son tombeau. « Jamais, dit le spectateur dans son enthousiasme, je n'ai rien vu de comparable, et je ne pense pas que personne au monde ait jamais rien vu d'approchant [3]. »

Le voyage que Mourschid avait fait à Ispahan dans sa jeunesse, lui avait peut-être révélé ces enluminures de manuscrits,

1. Ousâma, *Autobiographie*, p. 39.
2. Aboû Sa'd 'Abd al-Karîm As-Sam'ânî naquit à Merw en 1113, et y mourut en 1166. Sur lui et ses œuvres, voir Ibn Khallikân, *Biographical Dictionary*, II, p. 156-159; *Ousâma poète* dans *Nouveaux mélanges orientaux*, p. 123; F. Wüstenfeld, *Die Geschichtsschreiber der Araber*, p. 87-88.
3. 'Imâd ad-Dîn, *Kharîdat al-kasr*, fol. 114 r°.

qui sont plutôt dans le goût persan que dans le goût arabe. Il y a peut-être aussi une réminiscence des splendeurs entrevues en Perse dans le palais avec des lambris de marbre [1], que Mourschid se fit bâtir à Schaizar au milieu des « habitations blanchies à la chaux [2] » de ses compatriotes.

La passion du beau ne se manifestait pas seulement chez Mourschid dans l'ornementation de ses Corans et dans les embellissements de sa résidence. Il continua la tradition de sa famille, dont tous les membres, dit Ibn Al-Athîr [3], étaient des poètes et des littérateurs. Le conseiller intime de Noûr ad-Dîn et de Saladin, 'Imâd ad-Dîn leur a reconnu cette double supériorité [4] : « Quant à la littérature, ils en sont les flambeaux éclatants, les vergers délicieux, les citernes abondantes. Quant à la poésie, ils sont les cavaliers de son hippodrome, les héros d'entre ses chevaliers, les âmes de ses corps. » Cette langue, toute de convention, recouvre un sentiment réel de très vive admiration. Ousâma de tout temps se plut à déclamer « les poésies pleines d'idées de son père ». 'Imâd ad-Dîn signale dans les poésies de Mourschid, « comme marques distinctives, la grâce, le charme, la douceur et une élévation de pensées qui n'a pas été surpassée [5] ». Le poète Mouṭhaffar ad-Daula Aboû Firâs 'Alî ibn Mohammad Al-'Âmirî, surnommé « la Gloire des Arabes » (*Madjd al-'arab*)[6], qui vécut longtemps auprès des princes Mounḳidhites et qui se les était choisis comme boucliers contre les dangers, comme armures contre les difficultés [7], citait des vers que Mourschid, plein d'affection et d'estime pour lui, avait consacrés à leurs constantes relations, au talent poé-

1. Ousâma, *Autobiographie*, p. 97.
2. Poésie d'Ousâma dans Aboû Schâma, *Kitâb ar-rauḍatain*, I, p. 105.
3. *Ibn Al-Athîr, Histoire des Atabeks de Mosul* (*Hist. or. des croisades*, II, II), p. 198. M. de Hammer a consacré aux Mounḳidhites un chapitre spécial de sa *Literaturgeschichte der Araber*, VI, p. 49-51 ; cf. VII, p. 80 : voir aussi plus haut, p. 8.
4. 'Imâd ad-Dîn, *Kharîdat al-ḳaṣr*, dans *Nouveaux mélanges orientaux*, p. 121.
5. 'Imâd ad-Dîn (manuscrit 1414 de l'ancien fonds), fol. 114 r°.
6. La notice, que 'Imâd ad-Dîn, *Kharîdat al-ḳaṣr* (ms. 1447 de l'ancien fonds, fol. 27 et suiv.) lui a consacrée, a été résumée par M. de Slane dans Ibn Khallikân, *Biographical Dictionary*, II, p. 32, note 3. Le manuscrit 881 de Leyde, p. 184, le surnomme Mouṣṭafâ ad-Daula ; voir Dozy, *Catalogus*, II, p. 213.
7. 'Imâd ad-Dîn, *Kharîdat al-ḳaṣr* dans *Nouveaux mélanges orientaux*, p. 121.

tique de son contemporain Aboû Firâs, en qui revivait un illustre homonyme, l'émir Aboû Firâs Ibn Ḥamdân[1]. Une poésie que Mourschid composa à l'âge de soixante ans pour répondre aux reproches que son frère Soulṭân lui avait adressés dans une pièce de vers également, dénote un talent qui fuit le vague pour exposer la situation vraie avec un accent sincère et personnel. Mourschid veut le maintien de la paix dans la famille, et il le réclame dans une langue ferme qui ne bronche pas, quoiqu'il se dise abandonné à la fois par la poésie et par la jeunesse. Le morceau tranche sur la monotonie des périodes cadencées, des rythmes savants, des images banales qui, dans plus d'une *ḳaṣîda* de cette époque, flattent l'oreille plus que l'esprit. Cette originalité de sa poésie, Mourschid paraît en avoir la conscience lorsqu'il la compare à une vierge qui porte au cou, comme unique parure, les belles qualités de Soulṭân ainsi qu'un collier de perles, et pour laquelle il sollicite de lui un accueil favorable[2].

L'épître de Mourschid est un document authentique, qui nous le montre sortant de sa réserve volontaire et rompant le silence, où il se renferme d'ordinaire, lorsqu'il voit un devoir à remplir, une injustice à redresser. S'il s'était spontanément dessaisi du pouvoir, sa résolution lui avait été dictée par la crainte, non pas des efforts et des responsabilités, mais des compromis et des transactions, et aussi par l'excès, non pas de sa timidité et de son égoïsme, mais de sa loyauté et de sa droiture. Il ne croyait pas la politique conciliable avec les scrupules d'une honnêteté stricte et rigoureuse. La vertu de l'homme de bien était à ses yeux un trésor incomparable : « Dans toutes les espèces, disait-

1. ʿImâd ad-Dîn, *Kharîdat al-ḳaṣr* (ms. 1414 de l'ancien fonds), fol. 114, r° et v°. Sur Aboû Firâs Ibn Ḥamdân, qui mourut en 967 ou en 968, voir Ath-Thaʿâlibi, *Yatîmat ad-dahr* (éd. de Damas, I, p. 22-61; Ibn Khallikân, *Biogr. Diction.*, I, p. 366-369; Hammer, *Literaturgesch. der Araber*, V, p. 49-50, 734-743; W. Ahlwardt, *Ueber Poesie und Poetik der Araber* (Gotha, 1856), p. 37-48, 55, 57, 85. Une rédaction de son *dîwân* a été publiée à Beyroût en 1872; une autre rédaction est dans le manuscrit 30 de la collection Spitta, acquise récemment par la Bibliothèque de l'Université de Strasbourg; voir Th. Nœldeke dans *Zeitschrift der deutschen morgenlændischen Gesellschaft*, XL (1886), p. 314.

2. M. de Slane a traduit en français cette poésie de Mourschid dans *Hist. or. des croisades*, II, II, p. 198-199; déjà Reiske avait traduit en latin deux fragments de cette même épître dans Aboû 'l-Fidâ, *Annales moslemici*, III, p. 555 et 557. Quant au texte, il est encore donné dans ʿImâd ad-Dîn, *Kharîdat al-ḳaṣr*, fol. 114 v°, avec une lacune; Ibn Al-Athîr, *Chronicon*, XI, p. 145; Aboû Schâma, *Kitâb ar-rauḍatain*, I, p. 112.

il[1], il y a entre ce qui est bon et ce qui est mauvais la même proportion qu'entre un bon cheval, qui vaut cent *dînârs* et cinq mauvais chevaux qui valent cent *dînârs* à eux cinq. Il en est de même pour les chameaux, pour les vêtements de tout genre, mais non pour les fils d'Adam. Car cent hommes mauvais ne peuvent être mesurés avec un seul homme de bien. »

Mourschid ne tenait à rien plus qu'à être cet homme de bien, auquel il assigne une place à part parmi les fils d'Adam. Aussi, pour tendre qu'il fût envers ses enfants, il les aurait sacrifiés pour assurer le respect de la parole donnée. « C'est ainsi, dit Ousâma[2], que nous avions chez nous, à Schaizar, comme otages destinés à garantir une dette contractée par Baudouin, roi des Francs[3], envers Housâm ad-Dîn Timourtâsch, fils d'Îlgâzî[4], des cavaliers francs et arméniens. Au moment où, la dette réglée, ceux-ci voulurent retourner dans leurs pays, Khîrkhân, seigneur d'Émesse[5], fit sortir une troupe de cavaliers qui se postèrent en embuscade à l'extérieur de Schaizar. Lorsque les otages s'avancèrent, leurs ennemis se montrèrent et s'emparèrent d'eux. Le crieur public prévint mon père et mon oncle paternel qui montèrent aussitôt à cheval, se postèrent en évidence, et envoyèrent tous ceux qui les rejoignirent à la délivrance des otages. Je vins, moi aussi, et mon père me dit : Suis leurs traces avec tes compagnons, ne reculez pas devant la mort pour le salut de vos otages. Je partis, j'arrivai juste à temps, après avoir galopé la plus grande partie de la journée, je les délivrai eux et leur escorte, je pris quelques cavaliers d'Émesse, mais j'admirai surtout la parole de mon père : Ne reculez pas devant la mort pour le salut de vos otages. »

1. Ousâma, *Autobiographie*, p. 59.
2. Id., *ibid.*, p. 76.
3. Il s'agit de Baudouin II, roi de Jérusalem, et l'anecdote se rapporte aux événements de l'année 518 de l'hégire (1124 de notre ère). Cf. Kamâl ad-Dîn dans Rœhricht, *Beitræge*, etc., I, p. 279 et suiv. et dans *Hist. or. des croisades*, III, p. 644 et suiv. ; et Kugler, *Geschichte der Kreuzzüge*, p. 110. Il semble que la bonne foi de Mourschid et de son fils ait été surprise; car la rançon ne fut jamais payée intégralement.
4. Timourtâsch avait succédé en 1022 à son père Îlgâzi dans le gouvernement de Mâridîn, dans la Haute-Mésopotamie.
5. Khîrkhân, seigneur d'Emesse, y avait remplacé son père Karâdjâ à la mort de celui-ci, en 1113; cf. sur lui, Ousâma, *Autobiographie*, p. 75 et 76.

Les qualités de Mourschid, poussées à l'extrême, dégénéraient parfois en défauts : son ardeur tournait à l'impatience, sa franchise à la raideur, son mépris des convenances sociales à de regrettables emportements. Je serais disposé à croire qu'il s'était imposé la tâche minutieuse, le labeur pénible et suivi de copier le Coran pour témoigner de sa dévotion d'une part, mais aussi, d'autre part, pour combattre sa brusquerie naturelle. Avait-il cédé à un mouvement de colère, son bon cœur reprenait bientôt le dessus, et cherchait à réparer, dans la limite du possible, les conséquences de son entraînement. « Mon père, dit Ousâma[1], avait un écuyer nommé Djâmi'. Les Francs firent une incursion sur notre territoire. Mon père revêtit sa cuirasse et sortit de sa maison pour monter à cheval. Mais sa monture n'était pas prête. Il se tint devant la porte et attendit pendant une heure. Enfin l'écuyer Djâmi' amena le cheval. Il s'était attardé. Mon père, qui avait ceint son épée, l'en frappa sans la sortir du fourreau, mit en pièces les harnais, les sandales d'argent, un manteau et un vêtement de laine que portait l'écuyer et lui fracassa l'os du coude. La main fut emportée du coup. Aussi mon père ne cessa-t-il pas de subvenir à ses besoins et à ceux de ses enfants après lui. Quant à l'épée, elle fut nommée, d'après cet écuyer, l'épée de Djâmi'. » Plus tard Ousâma, à qui son père l'avait donnée, aimait à s'en servir et à en montrer la lame entamée par le tranchant d'un couteau.

L'esprit de Mourschid, replié sur lui-même et abîmé dans la méditation, se laissa facilement égarer par les séduisantes chimères de l'astrologie. Ousâma se gardait de partager la passion que son père ressentait pour une science proscrite par l'orthodoxie musulmane[2]. Les cavaliers de Maḥmoûd, fils de Ḳarâdjâ, prince de Ḥamâ[3], avaient fait incursion sur le

1. Ousâma, *Autobiographie*, p. 86-87.

2. Sur la vanité de l'astrologie d'après la révélation et la raison, voir surtout Ibn Khaldoûn, *Prolégomènes* (tr. de Slane), III, p. 240-249; cf. Hâdji Khalifa, *Lexicon bibliographicum*, VI, p. 306-309; O. Loth, *Al-Kindî als Astrolog* dans *Morgenlændische Forschungen*, p. 261-309.

3. Maḥmoûd, frère de Khirkhân (p. 38), mourut en 1124; voir Ibn Al-Athir dans *Hist. or. des croisades*, I, p. 355.

territoire de Schaizar. Ousâma (il pouvait alors avoir vingt-cinq ans) vit avec terreur, au milieu de la mêlée, son père Mourschid se promenant sans émotion et sans hâte sur une mule à portée des ennemis. « O mon maître, lui dit-il, tu vois l'ennemi campé entre nous et notre territoire, pourquoi ne montes-tu pas sur un de tes chevaux ? J'ai beau t'en presser, tu ne m'écoutes pas. » — « Mon fils, répondit Mourschid, il y a dans mon horoscope que je serai inaccessible à la peur. » — « Or, ajoute Ousâma[1], mon père avait la main longue[2] en astrologie, malgré sa crainte du péché, malgré sa foi, ses jeûnes continuels et sa lecture du Coran. Il m'encourageait à m'instruire à mon tour dans cette science ; mais je m'y refusais et je m'en défendais, bien qu'il me dît sans cesse : Mais sache au moins les noms des étoiles, et distingue celles qui montent de celles qui descendent à l'horizon. Et il persistait à me les faire connaître et à me les nommer. »

La légende a embelli comme à plaisir le récit qui nous a été transmis sur la mort de Mourschid. Il était, dit-on, occupé à exécuter une des admirables copies du Coran où il excellait, lorsque, au commencement de l'année 1137, il apprit tout à coup les projets que l'empereur des Grecs, Jean Comnène, avait conçus contre la Syrie et contre Schaizar. Prenant dans ses mains le livre sacré, Mourschid s'écria : « O Allâh, par la sagesse de celui sur qui tu as fait descendre ta révélation, si tu as décidé que l'empereur des Grecs vienne jusqu'ici, rappelle-moi à toi. » Il mourut peu de jours après. Les Grecs, coalisés avec les Francs, attendirent jusqu'à l'année suivante pour prendre position devant Schaizar et pour dresser devant cette place dix-huit catapultes qu'ils durent abandonner, ainsi que leurs autres machines de guerre, sans avoir réussi à la subjuguer[3].

1. Ousâma, *Autobiographie*, p. 41-42.
2. C'est-à-dire des connaissances étendues.
3. Ibn Al-Athir dans *Hist. or. des croisades*. I, p. 426-431 ; II, II, p. 99-101.

CHAPITRE II

ÉDUCATION ET CARACTÈRE D'OUSÂMA

« Les hommes ressemblent plus à leur temps qu'à leur père », dit un proverbe arabe [1]. Le contraste entre Ousâma et Mourschid, son père, fut encore accentué par les événements graves qui désolèrent la Syrie musulmane au commencement du douzième siècle. Le vieil émir les accepta avec la résignation du fataliste qui ne se révolte jamais contre les volontés d'Allâh. Quant à l'âme du jeune Ousâma, elle bondit sous l'aiguillon des épreuves. Les circonstances en firent un héros, plein de déférence et d'admiration pour un père tel que Mourschid, mais décidé à imiter chez lui le guerrier plutôt que l'ascète, l'adversaire des Francs plutôt que le calligraphe, l'homme d'action résolu plutôt que le mystique absorbé dans la récitation et dans la copie du Coran.

Les femmes qui veillèrent sur l'enfance d'Ousâma lui inculquèrent ces mâles préférences. La condition des femmes à Schaizar favorisait leur autorité sur leurs enfants. L'islamisme réprouvait le célibat pour les hommes comme un péché commis par les seuls « frères du diable [2] ». Tout en limitant le droit à la polygamie, il ne l'avait pas abolie [3]. Mais, du moins, il avait, sans renoncer à la tolérance pour la polyandrie, restreint le *ma-*

1. Freytag, *Arabum proverbia*, II, p. 798.

2. Parole du Prophète d'après le *Mischkât al-maṣâbiḥ*, dans Th. P. Hugues, *A dictionary of Islam* (London, 1885), p. 313 *b*.

3. *Coran*, IV, 3 ; Hartwig Derenbourg, *La science des religions et l'islamisme* (Paris, 1886), p. 62.

triarcat, c'est-à-dire la parenté uniquement fondée sur la descendance par les femmes[1]. A Schaizar, le mariage était considéré comme un acte solennel, le foyer domestique comme un sanctuaire, la naissance des enfants, surtout des garçons, comme une bénédiction d'Allâh[2]. Ousâma, voulant décerner l'éloge le plus flatteur à sa grand'mère paternelle et à sa mère, dit qu'elles ont été de vraies « mères des hommes[3] ». La femme était l'objet d'une adoration chevaleresque, de prévenances délicates[4]. Deux oncles paternels d'Ousâma, Aboû 'l-'Asâkir Soulṭân, alors seigneur de Schaizar, et Aboû 'l-Kâmil-Schâfi', sortent le même jour de la résidence pour aller chercher et pour ramener fièrement leurs deux fiancées, deux sœurs appartenant à l'illustre famille des Banoû Ṣoûfî d'Alep[5]. Une autre fois, Soulṭân apprend qu'une épouse naguère répudiée par lui a été conquise à la guerre par Tancrède. Aussitôt il paie la rançon de la captive, cinq cents dînârs, et la rend à sa famille, ne souffrant pas qu'une femme qui s'était montrée à lui restât prisonnière des Francs[6]. L'inconduite ou la stérilité de la femme étaient les seules causes de nature à entraîner sa déchéance et la rupture du mariage. De nouvelles rivales étaient introduites dans le gynécée et devenaient facilement les favorites, si elles gagnaient la prépondérance par leur fécondité. C'est ainsi que l'émir Soulṭân, après être resté de longues années sans enfants et avoir souffert de cette infériorité vis-à-vis de ses frères[7], contracta deux unions qui lui donnèrent sur le tard des héritiers directs : l'une avec la sœur d'Ibn 'Amroûn, seigneur de Boûḳoubais[8], l'autre avec l'une des filles de Tâdj ad-Daula Toutousch. Cette dernière, princesse de sang royal, était, de la part

1. G.-A. Wilken, *Das Matriarchat bei den alten Arabern* (Leipzig, 1884); W. Robertson Smith, *Kinship and marriage in early Arabia* (Cambridge, 1885); Th. Nœldeke dans la *Zeitschrift der deutschen morg. Gesellschaft*, XL (1886), p. 148-187.

2. Plus haut, p. 2, note 1.

3. Ousâma, *Autobiographie*, p 93.

4. A. von Kremer, *Culturgeschichte des Orients unter den Chalifen*, II, p. 95 et suiv.

5. Ousâma, *Autobiographie*, p. 95. Sur la famille des Banoû Ṣoûfî, voir *Ousâma poète* dans *Nouveaux mélanges orientaux*, p. 145-147 ; Aboû Schâma, *Kitâb ar-rauḍatain*. I, p. 64.

6. Ousâma, *Autobiographie*, p. 52 et 53.

7. Ibn Al-Athîr dans *Hist. or. des croisades*, I, p. 505; II, II, p. 197.

8. Plus haut, p. 17, note 5.

de Soulṭân, l'objet d'une sollicitude si attentive qu'il chargea le jeune Ousâma de la conduire, ainsi que ses enfants, à la forteresse de Maṣyâth[1], qui appartenait alors aux Mounḳidhites, afin de la soustraire aux chaleurs excessives de Schaizar[2].

Ousâma, qui écrivit plus tard une monographie, intitulée *Anecdotes sur les femmes*[3], a parlé avec une sympathie reconnaissante de celles qui prirent soin de son développement physique et moral. Leur tendresse n'était pas une trame subtile de précautions amollissantes. L'affection était dominée chez elles par un sentiment vif des devoirs que l'invasion imposait aux défenseurs de la patrie. Les femmes arabes ont de tout temps déployé une énergie quelque peu farouche dans l'impulsion qu'elles donnaient aux guerriers hésitants : elles se sont employées non pour calmer, mais pour exciter les ardeurs belliqueuses de leur entourage[4]. A l'heure du danger, ce fut sa grand'mère paternelle, presque centenaire[5], ce fut sa mère[6] qui, l'une après l'autre, prémunirent Ousâma contre ses illusions, et dont la clairvoyance lui ouvrit les yeux sur des dangers dont il n'avait aperçu ni l'imminence ni la gravité. La mère et la sœur d'Ousâma, celle-ci de beaucoup son aînée, quittaient leur retraite et intervenaient, lorsque la sécurité de Schaizar leur paraissait compromise, pour relever les courages chancelants, pour distribuer des épées et des casaques rembourrées[7] à qui se laisserait enflammer par leur éloquence. Lors d'une attaque des Ismaéliens en 1108, Ousâma, rentré dans sa maison

1. Yâḳoût, *Mou'djam*, IV, p. 566 : Maṣyâb ou Maṣyâf; Guyard, *Un grand maître des ismaéliens*, dans le *Journal asiatique* de 1877, I, p. 351, et Rœhricht, *Beitræge*, II, p. 221 : Maṣyâf; de même et Maṣyât dans *Hist. or. des croisades*, I (voir *Index*, p. 844); la vraie lecture est Maṣyâth, comme M. de Slane a eu raison d'imprimer dans *Hist. or. des croisades*, III, p. 537. C'est aussi Maṣyâth que l'on lit dans un passage d'Ibn Al-Athîr, *Chronicon* (éd. Tornberg), XI, p. 52, passage d'après lequel Maṣyâth aurait eu pour gouverneur un vassal des Mounḳidhites jusqu'au moment où, en 1140, cette place forte fut conquise par les Ismaéliens.

2. Ousâma, *Autobiographie*, p. 110.

3. Ousâma, *Livre du bâton* (manuscrit de ma collection), fol. 84 r°; 86 v°.

4. Ranke, *Weltgeschichte*, V, II, p. 255; cf. *ibid.*, p. 258, note.

5. Ousâma, *Autobiographie*, p. 93.

6. Ibn Al-Athîr, *Atabeks*, p. 200.

7. Ousâma, *Autobiographie*, p. 92. Le mot persan arabisé *kazâgand* (cf. id., *ibid.*, p. 34, 41, 49, 63, etc.) parait avoir été importé en Europe par les croisades et subsister dans nos mots *casaquin*, *casaque*, pour lesquels on a imaginé des étymologies invraisemblables, dont M. Paul de Lagarde a fait justice dans les *Gœttingische gelehrte Anzeigen* de 1887, p. 247-251. Le *kazâgand* rappelle la *broigne* que portaient les hommes de guerre francs au XIe siècle, avant d'avoir adopté le *haubert* : voir Léon Gautier, *La chevalerie* (Paris, 1884), p. 716-717.

pour y chercher ses armes, rencontra sa mère et sa sœur en observation sur un balcon. « Que fait ici ma sœur ? » demanda-t-il avec inquiétude. — « O mon cher fils, lui répondit sa mère, je l'ai placée sur ce balcon, et je m'y suis placée avec elle pour me rendre compte de la tournure que prendront les événements. Si je m'aperçois que les Baṭéniens[1] vont parvenir jusqu'à nous, je pousserai en avant ma fille pour la précipiter dans la vallée, et je la verrai morte, mais je ne la verrai pas prisonnière avec les laboureurs et les cardeurs de coton »..... « Dans ce même jour, dit Ousâma[2], une vieille femme, nommée Fanoûn, qui avait été au service de mon grand-père, l'émir Aboû 'l-Ḥasan 'Alî, se voila la face, prit une épée, et se lança dans la mêlée. Elle ne cessa de prendre part au combat qu'au moment où nous remontâmes après avoir eu raison des Baṭéniens, grâce à la supériorité du nombre. » Au lendemain de la lutte, ces femmes, « plus sensibles sur le point d'honneur que les hommes[3] », reprenaient dans le cercle de la famille leur existence calme et sereine de piété et de prières, d'amour, d'intimité, d'épanchements, à l'abri des regards indiscrets.

Il y a une figure féminine qu'Ousâma décrit avec une prédilection marquée, parce qu'elle représente pour lui comme l'image de son enfance. Le personnage est de second plan, mais il le tire au premier en évoquant le souvenir des liens qui l'ont uni à sa famille pendant plusieurs générations. Voici d'ailleurs ses paroles[4] : « Mon grand-père Sadîd al-Moulk Aboû 'l-Ḥasan 'Alî, fils de Mouḳallad, fils de Naṣr, le Mounḳidhite, avait une servante nommée Lou'lou'a, qui prit soin de mon père Madj ad-Dîn Aboû Salâma Mourschid, fils de 'Alî[5]. Lorsque celui-ci devint plus âgé et quitta la maison paternelle, elle le

1. Les Baṭéniens et les Ismaéliens sont deux dénominations d'une même secte musulmane : la première appellation fait allusion à ses doctrines secrètes, la seconde la rattache à Ismaël, fils de Dja'far, au septième imâm de la postérité directe d'Alî.

2. Ousâma, *Autobiographie*, p. 92.

3. Id., *ibid.*, *loc. cit.*

4. Id. *ibid.*, p. 137 et 138.

5. Ce passage est le seul de l'*Autobiographie*, dans lequel Ousâma donne aussi complètement le nom de son père.

suivit. Ce fut mon père qui me nourrit, ce fut cette vieille qui m'éleva jusqu'au moment où je fus d'âge à me marier et à quitter la maison paternelle. Elle partit avec moi : à mon tour, je pourvus du nécessaire mes enfants et elle les éleva. Elle était pieuse, pratiquant le jeûne, ponctuelle dans ses prières... Elle vécut près de cent ans, faisant toujours ses prières avec régularité. J'allais la voir dans une maison que je lui avais destinée dans mon habitation. »

L'estime et la considération dont la femme était l'objet à Schaizar rendent Ousâma peu indulgent pour la trop grande liberté d'allures, que les mœurs autorisaient chez les femmes chrétiennes des Francs. « Ils ne savent pas, dit-il[1], ce qu'est le sentiment de l'honneur, ce qu'est la jalousie. Si l'un d'eux se promène avec sa femme, et qu'il rencontre un autre homme, celui-ci prend la main de la femme et se retire avec elle pour causer, tandis que le mari demeure à l'écart, attendant la fin de l'entretien. Si la femme le prolonge outre mesure, le mari la laisse seule avec l'interlocuteur et s'en retourne. » Ousâma cite encore à l'appui de son blâme l'anecdote suivante : « Voici un fait du même genre, dont j'ai été témoin. Lorsque je venais à Naplouse, j'habitais la maison d'un nommé Mou'izz, chez lequel descendaient les Musulmans. Nos fenêtres s'ouvraient sur la route. En face, de l'autre côté, habitait un Franc, qui vendait du vin aux marchands..... Un jour, en entrant dans sa chambre, celui-ci trouva dans son lit un homme couché avec sa femme : Quel motif, dit-il, t'a fait entrer auprès de ma femme. — J'étais fatigué, dit l'autre, je suis entré pour me reposer. — Mais comment, reprit le Franc, as-tu osé pénétrer dans mon lit? — J'ai trouvé une couche unie comme un tapis, et je m'y suis endormi. — Mais ma femme dormait à tes côtés. — Le lit était à elle, aurais-je pu la chasser de sa couche? — Par la vérité de ma religion, répondit enfin le

1. Ousâma, *Autobiographie*, p. 100.

mari, je le jure, si tu recommences, nous viderons ensemble le différend. Voilà, dit Ousâma en terminant, ce qu'est chez un Franc son mécontentement, voilà ce qu'est le comble de sa jalousie. » Le contraste de ce laisser-aller apparent avec le spectacle dont Ousâma fut témoin dans la maison paternelle lui a inspiré sans doute cet excès d'indignation contre des complaisances dont il a forcé les tons : certes il n'eût point éprouvé à ce point le respect de la femme, s'il l'avait connue abêtie, corrompue, avilie par l'atmosphère énervante des harems et par le contact répugnant des eunuques.

Si le rayon de soleil de la tendresse maternelle éclaira et réchauffa l'enfance d'Ousâma, l'énergie du caractère et la culture d'esprit de son père lui furent des stimulants et des modèles dont il ressentit l'influence bienfaisante. Mourschid avait au moins une fille [1]; il avait quatre fils [2]. Les noms des femmes de la famille ne nous ont, en général, pas été conservés. Quant aux « fils de cette semence, qui ont l'éclat des étoiles [3] », ce furent l'émir Nadjm ad-Daula Aboû 'Abd Allâh Moḥammad [4], dont le fils, Schams ad-Daulâ Aboû 'l-Ḥârith 'Abd ar-Raḥmân, alors dernier survivant des Mounḳidhites, se rendit, en 1191, au nom de Saladin, à la cour du Maroc pour obtenir contre les Francs l'appui du prince Almohade Ya'ḳoûb Al-Manṣoûr [5] ; l'émir Bahâ ad-Daula Aboû 'l-Mougîth Mounḳidh, physionomie effacée, qui ne sortit jamais de la pénombre [6]; l'émir 'Izz ad-Daula Aboû 'l-Ḥasan 'Alî, l'auteur d'une Chronique qui a dû être une œuvre historique considérable [7], celui qui « s'est établi sur les

1. Plus haut, p. 43.
2. Plus haut, p. 34.
3. Poésie de Yaḥyâ Al-Ḥaṣkafî (c'est-à-dire de Ḥouṣn Kaifâ) sur les Mounḳidhites, dans 'Imâd ad-Dîn, *Kharîdat al-ḳaṣr*, fol. 115 r°.
4. Ousâma, *Autobiographie*, p. 20 ; 'Imâd ad-Dîn, *Kharîdat al-ḳaṣr*, fol. 114 v° ; Aboû Schâma, *Kitâb ar-rauḍatain*, I, p. 113 ; Ibn Khallikân, *Biographical Dictionary*, IV, p. 344.
5. 'Abd ar-Raḥmân naquit à Schaizar en 1128 et mourut au Caire en 1203 : cf. Ibn Khallikân, *ibid.*, *loc. cit.* : Aboû Schâma, *Kitâb ar-rauḍatain* dans Gœrgens et Rœhricht, *Arabische Quellenbeitræge zur Geschichte der Kreuzzüge* (Berlin, 1879), p. 153-154 ; Ibn Khaldoûn, *Histoire des Berbères*, tr. de Slane, II, p. 215-216 : Id., *Prolégomènes* (tr. de Slane), II, p. 44 ; Al-Maḳḳarî, *Analectes sur l'histoire et la littérature des Arabes d'Espagne*, I, p. 290-291 ; Reinaud, *Extraits des historiens arabes relatifs aux guerres des croisades* (Paris, 1829), p. 290.
6. Ousâma, *Autobiographie*, p. 72, 77, 78.
7. Kamâl ad-Dîn, *Dictionnaire biographique* dans *Hist. or. des croisades*, III, p. 707-710, où Kamâl ad-Dîn prétend avoir consulté et copié l'autographe même, 711-713.

hauteurs, aux sommets les plus élevés[1] » de la gloire, en compagnie du plus illustre de ses frères, l'émir Ousâma, nature complexe, hérissée de contradictions, et dont l'unité est difficile à saisir à travers ses variations et sa mobilité.

Deux surnoms honorifiques[2] sont attribués à Ousàma : celui de Mou'ayyad ad-Daula[3], que son père a dû lui assigner dès sa naissance, comme à un émir de la famille régnante de Schaizar, et celui de Madj ad-Dîn[4], qui lui fut probablement déféré, comme un héritage de son père, lorsque celui-ci mourut en 1137[5]. Son prénom[6] est Aboû 'l-Mouṭhaffar, son nom Ousâma[7]. Selon l'usage arabe, on a renoué la « chaîne[8] » plus ou moins authentique de ses ascendants. Je n'ai nulle intention, à l'exemple de 'Imâd ad-Dîn[9], d'en suivre les anneaux jusques et y compris « Adam, sur lui soit le salut ! » Je me contenterai de la généalogie, telle qu'Ousâma l'a donnée lui-même, lorsqu'il se nomme : Ousàma, fils de Mourschid, fils de 'Alî, fils de Mouḳallad, fils de Naṣr, le Mounḳidhite[10]. Il est parfois appelé plus brièvement Ousâma, fils de Mourschid, le Mounḳidhite[11],

1. Vers cité dans 'Imâd ad-Dîn, *Kharîdat al-ḳaṣr*, fol. 115 r°. 'Alî y est l'objet d'un article spécial, *ibid.*, fol. 111 v°-112 r°. Voir également Ousâma, *Autobiographie*, p. 12, 13, 72. C'est lui qui, dans Ibn Al-Athîr (*Hist. or. des croisades*, I, p. 234), est appelé Aboû 'l-Ḥasan, le Mounḳidhite, prince de Schaizar; cf. aussi Aḥmad Al-Abschîhî, *Al-Moustaṭraf* (éd. de Boûlâḳ), I, p. 232 et 233.

2. Les surnoms terminés en *dîn* « religion » ou *daula* « dynastie » sont appelés en arabe *laḳab*. Ils sont placés soit en tête, soit à la fin du nom : dans ce dernier cas, on les annonce d'ordinaire par une formule indiquant que l'on va mentionner un tel surnom.

3. 'Imâd ad-Dîn, *Kharîdat al-ḳaṣr* dans *Nouveaux mélanges orientaux*, p. 122, 123, 143, 150, et chez tous les auteurs qui ont parlé d'Ousâma. Mou'ayyad ad-Dîn est une variante fautive que l'on rencontre dans 'Imâd ad-Dîn, *Kharîdat al-ḳaṣr*, fol. 1 v°, et aussi fol. 21 v°, ce dernier passage introduisant une poésie dans laquelle Ousâma est nommé Mou'ayyad ad-Daula, enfin dans Aboû Schâma, *Kiṭâb ar-rauḍatain*, I, p. 210 et 264.

4. 'Imâd ad-Dîn, *Kharîdat al-ḳaṣr* dans *Nouveaux mélanges orientaux*, p. 143 et 147; Aboû Schâma, *Kitâb ar-rauḍatain*, II, p. 137; Ibn Khallikân, *Biographical Dictionary*, I, p. 177.

5. Mourschid avait été lui-même surnommé Madj ad-Dîn ; voir plus haut, p. 31, 44.

6. A défaut d'une traduction plus exacte, je rends ainsi le terme technique arabe *kounya*, par lequel on désigne un composé, dont le premier terme est *aboû* « père » ou bien *oummou* « mère », selon qu'il est appliqué à un homme ou à une femme, et dont le second est un nom propre. La *kounya* précède toujours immédiatement le véritable nom propre (*ismoun-khâṣṣoun* ou encore *'alamoun*) de l'individu. D'après Dozy, *Supplément aux dictionnaires arabes*, II, p. 83, presque tous les souverains modernes de la Perse et de l'Inde portent la *kounya* d'Aboû 'l-Mouṭhaffar. Dans Aboû Schâma, *Kitâb ar-rauḍatain*, I, p. 264, et dans la Chronique d'Ibn Tagribardi (manuscrits arabes de la Bibliothèque nationale, ancien fonds, n° 661, fol. 80 r° ; 670, fol. 69 v°), Ousâma est mentionné avec une autre *kounya* : celle d'*Aboû 'l-Hârith* « le lion ».

7. Ousâma, comme Aboû 'l-Ḥârith (voir note précédente), est un des six cents et quelques noms du lion, qui encombrent le lexique arabe. Cette synonymique rebutante a été notée par Freytag. *Einleitung in das Studium der arabischen Sprache* (Bonn, 1861), p. 36. 'Imâd ad-Dîn, *Kharîdat al-ḳaṣr* (*Nouveaux mélanges orientaux*, p. 122), joue sur le nom d'Ousâma et dit de lui : « Un lion, comme son nom l'indique. »

8. Tel est le sens du terme technique *isnâd*.

9. 'Imâd ad-Dîn, *Kharîdat al-ḳaṣr* dans *Nouveaux mélanges orientaux*, p. 122.

10. Ousâma, *Autobiographie*, p. 125. Il donne son nom d'Ousâma seul, *ibid.*, p. 34 et 157.

11. Ibn Al-Athîr dans *Hist. or. des croisades*,

ou encore Ousâma le Mounkidhite [1], ou même Ibn Mounkidh [2], c'est-à-dire le Mounkidhite. La conclusion régulière d'un nom propre arabe est au moins une épithète, d'une formation grammaticale particulière, se rapportant soit à la famille, soit à la race, soit au pays d'origine, soit à la résidence [3]. Les personnages de marque ont le plus souvent plusieurs épithètes de cet ordre, entre lesquelles l'écrivain fait librement son choix, s'il ne veut pas les énumérer toutes. Ibn Khallikân, dans la notice biographique qu'il a consacrée à Ousâma [4], l'appelle à la fois : *Al-Kinânî Al-Kalbî Asch-Schaizarî*, « le membre de la tribu de Kinâna, le descendant de Kalb [5], le natif de Schaizar [6] ».

Le jeune émir avait bon cœur et mauvaise tête. Dès son enfance, il s'apitoyait pour les humbles et pour les opprimés, mais il prenait leur parti par des actes d'une violence intraitable poussée jusqu'à la cruauté. Il n'avait pas dix ans qu'une lâcheté commise sous ses yeux l'indignait et lui fournissait l'occasion de manifester son mépris précoce du sang répandu, son absence de scrupules à commettre un meurtre, s'il lui paraissait justifié. « J'étais un jour, dit-il lui-même [7], sur la porte de la maison paternelle. Je n'avais pas encore dix ans. Voici qu'un écuyer de mon père, nommé Moḥammad Al-'Adjamî, souffleta un tout jeune serviteur de la maison. Celui-ci prit la fuite devant son agresseur et vint se suspendre à mon

I, p. 525 ; II, II, p. 207 ; Aboû Schâma, *Kitâb ar-rauḍatain*, I, p. 105, etc.

1. Ibn Al-Athîr, dans *Hist. or. des crois.*, I. p. 486, 491 ; Aboû 'l-Fidâ, *ibid.*, I, p. 30 et 31 ; ms. 2196 de Gotha (Pertsch, *Die arabischen Handschriften*. IV. p. 217), fol. 8 r° et v° ; Yâḳoût, *Mou'djam*, II, p. 417 ; 'Imâd ad-Dîn, *Kharîdat al-ḳaṣr*, fol. 1 v° ; Aboû Schâma, *Kitâb ar-rauḍatain*, I, p. 52, 64, 97, 98, 115, etc. ; Ibn Khallikân, *Biographical Dictionary*, III, p. 459 ; Ḥâdjî Khalîfa, *Lexicon bibliographicum*, V, p. 58 ; etc., etc.

2. Ousâma, *Autobiographie*, p. 12 et 20, et aussi dans un titre abrégé placé en tête de chacun des cahiers de l'*Autobiographie*, manuscrit arabe 1947 de l'Escurial (voir deuxième partie de ce volume, *Avertissement*, p. IX) ; 'Imâd ad-Dîn, *Kharîdat al-ḳaṣr*, fol. 21 v°, et dans *Nouveaux mélanges orientaux*, p. 143 ; Aboû Schâma, *Kitâb ar-rauḍatain*, I, p. 98 ; vers du vizir égyptien Ṭalâ'i', fils de Rouzzaiḳ, cité *ibid.*, I, p. 117, etc. Cf. Ḥâdjî Khalîfa, *Lexicon bibliographicum*, II, p. 36 ; Dozy et De Goeje, *Catalogus codicum orientalium Bibliothecæ Academiæ Lugduno-Batavæ*, I, p. 123 ; V, p. 137.

3. C'est ce qu'on appelle la *nisba*. Le célèbre polygraphe As-Soyoûṭî, qui vivait dans la seconde moitié du XVe siècle, a composé un dictionnaire de ces épithètes. Le *Liber de nominibus relativis* a été publié par M. Veth (*Lugduni Batavorum*, 1840-1851, 3 fascicules in-4).

4. *Biographical Dictionary*, I, p. 177-181.

5. Sur la tribu arabe de Kalb, dont Kinâna n'est qu'une subdivision, on peut consulter l'article étendu de Wüstenfeld dans son *Register zu den genealogischen Tabellen*, p. 264-266.

6. Il faut deux fois substituer *Asch-Schaizarî* (l'homme de Schaizar) à *Asch-Schîrâzî* (l'homme de Schirâz) dans Ḥâdjî Khalîfa, *Lexicon bibliographicum*, II, p. 36 et III, p. 261.

7. Ousâma, *Autobiographie*, p. 107.

vêtement[1]. Il fut bientôt rejoint par l'autre, tandis qu'il ne lâchait pas ma robe, et reçut un second soufflet. Je frappai Moḥammad avec un bâton que je tenais à la main. Moḥammad me repoussa. Je tirai alors un couteau que j'avais sur moi, je l'en frappai ; la lame pénétra dans son sein gauche et il tomba. Un vieil écuyer de mon père, nommé le *ḳâ'id* Asad, nous rejoignit, s'arrêta près du blessé, examina sa plaie. Lorsque celui-ci revint à lui, les flots de sang en jaillissaient, semblables aux bulles qui se forment à la surface de l'eau. Le patient devint jaune, eut des frissons et perdit connaissance. On le porta dans sa maison. Il habitait avec nous dans la forteresse. Il ne put jamais se remettre de son étourdissement jusqu'à son dernier jour. Enfin, il mourut et fut enterré. »

Les dérivatifs les plus puissants eussent seuls réussi à détourner, à modérer et à contenir chez Ousâma les emportements de sa nature violemment primesautière. On chercha à l'absorber par l'obligation qu'on lui imposa de beaucoup apprendre, par les satisfactions qui furent accordées à la curiosité de son esprit toujours en éveil, par les plaisirs et les exercices de la chasse, par la guerre contre les Francs.

Ousâma eût réservé de pénibles déceptions aux professeurs chargés de son éducation littéraire, s'ils eussent voulu l'astreindre aux rigueurs d'une pédagogie graduée. Son tempérament ne s'accommodait pas d'une marche lente, avec des étapes prévues, dans des chemins tracés d'avance. Il a fallu les facilités de sa mémoire prodigieuse[2] et l'entraînement de sa foi musulmane pour le décider à apprendre par cœur le Coran, et à s'efforcer que son père pût dire de lui, comme de ses frères, qu'il l'avait retenu[3]. Son fanatisme l'eût sans doute empêché d'apprendre les langues étrangères, s'il s'était le moins du

1. Les Musulmans doivent leur appui à quiconque le réclame ; voir A. von Kremer, *Culturgeschichte des Orients*, II, p. 229 et suiv.

2. Ousâma passe pour avoir su par cœur vingt mille vers, rien que des poètes antéislamiques ; c'est du moins ce qu'affirme Ibn Tagribardi (manuscrits de l'ancien fonds 661, fol. 89 r° ; 670, fol. 69 v°). Le *Livre du bâton* (plus haut, p. 16, n. 6) contient une riche collection d'anciennes poésies.

3. Ousâma, *Autobiographie*, p. 146.

4

monde senti attiré vers une pareille étude; mais il ne possédait pas les qualités de persévérance, sans lesquelles elle est nécessairement stérile. Ousâma ne comprenait pas le turc [1]; sa connaissance de la langue des Francs n'allait pas au delà de quelques mots [2].

Les pères sont rarement pour leurs fils, alors même qu'ils prétendent les former à leur image et qu'ils espèrent se survivre en eux, des maîtres s'astreignant à cette exactitude de chaque jour et de chaque heure, indispensable à la discipline des intelligences. La vie en commun permet une trop grande latitude dans les relations pour ne pas contrarier la régularité de l'enseignement. Mourschid le comprit, et, avec un tact parfait, il choisit, pour diriger l'éducation littéraire d'Ousâma, « le schaikh, le savant Aboû ʿAbd Allâh Moḥammad, fils de Yoûsouf, connu sous le nom d'Ibn Al-Mounîra [3] » et « le schaikh, le savant Aboû ʿAbd Allâh de Tolède, le grammairien [4] ». Né à Kafarṭâb [5], Ibn Al-Mounîra composa divers ouvrages sur la poésie de bon aloi, sur la langue du Coran, et aussi une « mer de la syntaxe ».

Quant au grammairien de Tolède, il était, au témoignage d'Ousâma [6], le Sîbawaihi de son époque [7]. « J'ai, dit Ousâma [8], étudié la grammaire sous sa direction pendant près de dix ans [9]. Il avait longtemps été préposé au *Palais de la science* [10] de Tripoli. Lorsque les Francs se furent emparés de cette ville [11],

1. Ousâma, *Autobiographie*, p. 75 et 112.

2. Id., *ibid.*, p. 49 et 104. J'ai abordé ce sujet dans ma *Note sur quelques mots de la langue des Francs au douzième siècle d'après le texte arabe de l'Autobiographie d'Ousâma Ibn Mounkidh*; voir *Mélanges Léon Renier*. Ousâma ne parle point du persan, dont il semble avoir eu une teinture, puisqu'il lui a emprunté plusieurs mots de son vocabulaire.

3. Ousâma, *Autobiographie*, p. 63.

4. Id., *ibid.*, p. 153.

5. ʿImâd ad-Dîn, dans la courte notice qu'il lui a consacrée (*Kharîdat al-ḳaṣr*, fol. 117 r°-118 v°), l'appelle *Al-Kafarṭâbî*. De même Ḥâdjî Khalifa, *Lexicon bibliographicum* (II, p. 22 et 40; IV, p. 331; VI, p. 378), d'après lequel il mourut en 1109.

6. Ousâma, *Autobiographie*, p. 153.

7. C'est ainsi que les Arabes ont transformé presque en nom commun le surnom persan par lequel ils désignent le plus grand de leurs grammairiens. Le texte arabe du *Livre* de Sîbawaihi, dont j'ai publié la plus grande partie (I, Paris, 1881; II, I, Paris, 1885), comprendra environ neuf cents pages, dont 760 ont paru jusqu'à présent. Sîbawaihi mourut vers 796.

8. Ousâma, *Autobiographie, loc. cit.*

9. Les fortes études grammaticales d'Ousâma ont déteint jusque sur son style: voir une phrase de grammairien, égarée par lui dans son *Autobiographie*, p. 103, l. 18.

10. Ibn Al-Athîr dans *Hist. or. des croisades*, I, p. 274; Ibn Khallikân, *Biographical Dictionary*, III, p. 455.

11. Le 12 juillet 1109, comme je le montrerai dans le chapitre troisième. Ousâma n'avait pas encore accompli quinze années musulmanes.

mon père et mon oncle paternel [1] firent venir et confisquèrent à leur profit ce schaikh Aboû 'Abd Allâh. Il était familier avec l'écriture des manuscrits, et, comme calligraphe, son talent se rapprochait de celui d'Ibn Al-Bawwâb [2]. Aboû 'Abd Allâh resta auprès de nous à Schaizar pendant longtemps et copia pour mon père deux Corans entiers; puis il se rendit à Miṣr, où il mourut [3]. »

« J'ai vu merveille, dit encore Ousâma [4], du schaikh Aboû 'Abd Allâh. J'entrai un jour chez lui pour lire sous sa direction. Je le trouvai, ayant devant lui les principaux traités de syntaxe : le Livre de Sîbawaihi [5], les Particularités d'Ibn Djinnî [6], l'Élucidation d'Aboû 'Alî Al-Fârisî [7], les Parterres fleuris [8], les Propositions [9]. Je lui dis : O schaikh Aboû 'Abd Allâh, as-tu vraiment lu tous ces livres? Il répondit : Oui, je les ai lus;

1. Il s'agit de Soulṭân, alors émir de Schaizar.

2. Le célèbre calligraphe Aboû 'l-Ḥasan 'Alî ibn Hilâl, surnommé Ibn Al-Bawwâb, mourut à Bagdâd en 1022 ou en 1032. Voir, sur ce spécialiste, Ibn Khallikân, *Biographical Dictionary*, II, p. 282-285; Aboû 'l-Fidâ, *Annales moslemici*, III, p. 55: Ibn Khaldoûn, *Prolégomènes* (tr. de Slane), II, p. 400 et 403-404; Hammer, *Literaturgeschichte der Araber*, V, p. 496-497.

3. Les dates ne permettent pas d'identifier notre Aboû 'Abd Allâh de Tolède avec le personnage de même nom et de même origine, cité dans Yâḳoût, *Mou'djam*, III, p. 545.

4. Ousâma, *Autobiographie, loc. cit.*

5. Plus haut, page 50, note 7.

6. Ḥâdjî Khalîfa, *Lexicon bibliographicum*, III, p. 141. Aboû 'l-Fatḥ 'Othmân Ibn Djinnî mourut en 1002; voir Ibn Abî Ya'ḳoûb An-Nadîm, *Kitâb al-Fihrist* (éd. Flügel), p. 87; Flügel, *Die grammatischen Schulen der Araber* (Leipzig, 1862), p. 248-252. Les tomes II et IV du *Livre des Particularités* se trouvent, sous les numéros 186 et 187, dans un exemplaire, le seul connu, à la Bibliothèque grand-ducale de Gotha; voir W. Pertsch, *Die arabischen Handschriften*, I, p. 225-226. M. G. Hoberg vient de publier (Lipsiae, 1885) l'opuscule d'Ibn Djinnî sur la flexion. Je me permettrai de soumettre une observation au jeune éditeur. Il traduit le titre (p. 2) : « Abrégé sur la flexion destiné aux princes ». Je comprends l'adjectif relatif *al-mouloûkî*, tiré du pluriel *al-mouloûk*, un peu autrement que lui. Selon moi, l'auteur a voulu dire : « Abrégé de la flexion, telle qu'elle doit être appliquée par les princes »; cf. Ibn Aṭ-Ṭiḳṭaḳâ, *Al-Fakhrî* (éd. Ahlwardt), p. 43, où le texte imprimé (p. 43, l. 1), ainsi que le manuscrit arabe de la Bibliothèque nationale, 893 de l'ancien fonds, portent *al-malikî*, tandis que le manuscrit 982 du même fonds (voir *Journal asiatique* de 1867, II, p. 359-361) porte الملوكى *al-mouloûkî* = تليق بالملوك « qui convient aux rois », comme porte le texte imprimé, p. 42, dernière ligne. C'est ainsi qu'il faut corriger la traduction du même titre *At-Taṣrîf al-mouloûkî* dans Ibn Khallikân, *Biographical Dictionary*, III, p. 576; IV, p. 384.

7. Aboû 'Alî Al-Ḥasan Al-Fasawî Al-Fârisî mourut en 987. Son *Élucidation* (Ḥâdjî Khalîfa, *Lexicon bibliographicum*, III, p. 141) a dû être copiée souvent, car les exemplaires n'en sont pas rares. La bibliothèque de l'Escurial, par exemple, en présente quatre, sous les numéros 42, 43, 125 et 194; voir Hartwig Derenbourg, *Les manuscrits arabes de l'Escurial*, I, p. 29, 30, 78, 115.

8. Cet ouvrage d'Ibn Djinnî s'appelle-t-il *Al-Louma'*, comme j'ai vocalisé d'après Ḥâdjî Khalîfa, *Lexicon bibliographicum*, V, p. 332, ou *Al-Lam'*, comme ont lu Flügel, *Die grammatischen Schulen der Araber*, p. 250, si j'en juge par sa traduction : « La lumière éclatante », et W. Pertsch, *Die arabischen Handschriften*, I, p. 246? J'ai adopté *Al-Louma'* et je me suis conformé, pour ce mot, à l'interprétation qu'a donnée M. Joseph Derenbourg au titre identique de la *Grammaire hébraïque, en arabe*, d'Aboû 'l-Walîd Merwân Ibn Djanâḥ de Cordoue, soixante-sixième fascicule de la *Bibliothèque de l'École des hautes-études* (sciences philologiques et historiques), Paris, 1886.

9. Il y a deux livres très répandus de ce titre, et je ne sais auquel il est fait allusion : celui d'Aboû 'l-Ḳâsim 'Abd ar-Raḥmân Az-Zadjdjâdjî, mort en 950, et celui de 'Abd al-Ḳâhir Al-Djordjânî, mort en 1081 : cf. Ḥâdjî Khalîfa, *Lexicon bibliographicum*, II, p. 624 et 625.

ou plutôt, par Allâh, je les ai transcrits sur mes tablettes, et je les ai appris par cœur. Veux-tu t'en convaincre? Prends un fascicule quelconque, ouvre-le, et lis-moi une ligne du premier feuillet. Je pris un fascicule, je l'ouvris, j'y lus une ligne; il continua de mémoire, jusqu'à ce qu'il eut épuisé toute la collection des fascicules. J'ai vu là un phénomène remarquable, qu'il n'est pas en la puissance des hommes de produire. »

Aboû 'Abd Allâh de Tolède paraît, même dans cette anecdote, plus préoccupé de lui-même que de son élève, tandis qu'Ibn Al-Mounîra aurait aimé accaparer Ousâma pour le culte des lettres, de la rhétorique [1] et de la poésie. « Un jour, raconte Ousâma [2], l'entretien roulait sur les combats, tandis que mon précepteur, le savant schaikh Aboû 'Abd Allâh Moḥammad, fils de Yoûsouf, connu sous le nom d'Ibn Al-Mounîra, prêtait l'oreille. Je lui dis : O mon maître, si tu montais à cheval, si tu revêtais une casaque rembourrée [3] et un heaume, si tu ceignais une épée, si tu te munissais d'une lance et d'un bouclier pour te poster près de la chapelle de l'Oronte, dans un défilé par lequel passeraient les Francs (qu'Allâh les maudisse !), pas un d'entre eux ne t'échapperait. — Par Allâh, tu te trompes, répondit-il ; ils m'échapperaient tous. — Je repris : Ils auraient peur de toi, et ne te reconnaîtraient pas. — Gloire à Allâh, s'écria Ibn Al-Mounîra, je ne me reconnaîtrais pas moi-même ! Puis il ajouta : O Ousâma, jamais homme intelligent ne combat. Je lui dis, en lui énumérant les cavaliers les plus courageux de notre race : O mon maître, celui-ci et celui-là passent-ils donc à tes yeux pour des fous? — Telle n'était pas ma pensée, répliqua Ibn Al-Mounîra ; j'ai seulement voulu dire que l'intelligence est absente à l'heure du combat. Si elle était présente, l'homme ne livrerait pas sa face aux épées, sa

1. Nous parlerons plus loin du traité en quatre-vingt-quinze chapitres, qu'Ousâma écrivit sur les figures de rhétorique et qui nous a été conservé en plusieurs exemplaires, à Berlin, au Caire et à Leyde. Ce doit être une œuvre de sa vieillesse.

2. Ousâma, *Autobiographie*, p. 63-64.

3. Sur le mot *kazâgand*, traduit par « casaque rembourrée », voir plus haut, p. 43, note 7.

poitrine aux lances et aux flèches. Ce n'est point là une conduite dictée par l'intelligence. »

« Mon défunt professeur, continue Ousâma, avait plus d'expérience scientifique que d'expérience guerrière. Car l'intelligence est ce qui dispose l'homme à affronter les épées, les lances et les flèches, par le dégoût qu'inspirent l'immobilité du poltron et la mauvaise réputation[1]. La preuve en est que le plus brave, lorsqu'il songe et réfléchit d'avance aux dangers de la lutte, est en proie à l'agitation, au tremblement, à la pâleur, qu'il s'inquiète, qu'il hésite et qu'il s'effraye avant d'arriver sur le champ de bataille ; mais, une fois qu'il est entré dans la mêlée et qu'il a plongé dans les abîmes du combat, on voit disparaître son agitation, son tremblement, sa pâleur[2]. Tout acte dont l'intelligence est absente, laisse paraître le péché et l'erreur[3]. »

L'oncle d'Ousâma, 'Izz ad-Dîn Aboû 'l-'Asâkir Soulṭân, émir de Schaizar, n'eût pas toléré que son neveu se laissât absorber, soit par le Livre de Sîbawaihi, soit par les Particularités d'Ibn Djinnî, soit même par l'enseignement d'Ibn Al-Mounîra. La poésie elle-même n'aurait trouvé grâce auprès du chef de la famille que comme un délassement permis au retour d'une expédition guerrière : il eût considéré comme un symptôme de décadence, si l'un de ses parents, dans la force de l'âge, avait manié le *ḳalam*[4] sans manier aussi l'épée[5]. Ousâma partageait ces tendances : la vie sédentaire lui pesait. A sa nature exubérante, il ne suffisait pas à la longue d'enregistrer les coups portés par Zaid à 'Amr dans les grammaires[6]. Les

1. Voir la même pensée dans un autre passage d'Ousâma, *Autobiographie*, p. 101, l. 4.

2. Passage reproduit presque dans les mêmes termes, id., *ibid.*, p. 115.

3. Ousâma (*ibid.*, p. 120, l. 20), divise les hommes en deux classes : celui qui est courageux et intelligent, celui qui est lâche et ignorant.

4. On sait que ce nom désigne le roseau, dont les Arabes se servent pour écrire ; cf. la deuxième partie de ce volume, *Avertissement*, p. VIII.

5. Sur l'épée et la plume, les « deux instruments dont le souverain se sert dans la conduite des affaires », voir Ibn Khaldoûn, *Prolégomènes*, II, p. 46-48. De cette conception dérivent les surnoms de *Dhoû 'l-kifâyataini*, « celui qui possède les deux capacités », attribué au vizir Ibn Al-'Amîd (Ibn Aṭ-Ṭiḳṭaḳâ, *Al-Fakhrî*, p. 60, l. 17), de *Dhoû 'l-wizârataini*, « le possesseur des deux vizirats », pris par les vizirs des Omaiades (Ibn Khaldoûn, *Prolégomènes*, II, p. 14), et quelques autres indiqués dans Hammer, *Literaturgeschichte der Araber*, V, p. 631.

6. Les coups infligés par Zaid à 'Amr et par 'Amr à Zaid sont la monnaie courante des exem-

parties de chasse avec son père excitaient plus qu'elles ne calmaient sa soif de combattre. La guerre l'attirait. Son oncle, ayant deviné sa vocation et reconnu ses aptitudes, se chargea de présider lui-même à son éducation militaire.

C'étaient des conseils de patience dont le jeune héros avait surtout besoin : il fallait refréner son audace et lui faire apprécier les avantages d'une tactique réfléchie. Abandonné à sa propre direction, Ousâma fût allé aveuglément provoquer les ennemis dans leurs cantonnements, au lieu d'attendre et de repousser leurs attaques contre la position formidable de Schaizar. « Plus d'une fois, dit-il[1], mon oncle 'Izz ad-Dîn me reprocha de ne point garder dans la lutte tout mon sang-froid, plus d'une fois il me mit à l'épreuve en me posant des questions. » Lorsque Ousâma fut parvenu à vaincre son impétuosité naturelle et à ne plus se laisser entraîner par les suggestions de sa témérité, son oncle, charmé d'une de ses réponses, lui dit un jour : « Tu as dit vrai, je le vois, tu possèdes maintenant la présence d'esprit nécessaire ; le combat ne t'a point fait perdre la tête. » A une autre occasion il lui adressa de nouveau le même compliment : « Tu as dit vrai, tu sais conserver ta présence d'esprit à cette heure[2]. »

Cédant à de sages injonctions, Ousâma avait assoupli son caractère et réglé son courage. Cette transformation était d'autant plus méritoire qu'à ses yeux elle était plus désintéressée. « Je sais, dit-il[3], que s'exposer aux dangers des guerres ne modifie pas l'époque inscrite d'avance pour la mort..... Béni soit Allâh qui fixe les destinées, qui détermine les heures des trépas et des existences ! » — « Que personne, s'écrie-t-il encore avec sa foi dans l'intervention constante de la Providence divine[4], n'aille s'imaginer qu'on puisse avancer la mort en affrontant

ples cités dans les grammaires arabes. Une curieuse anecdote à ce sujet a été insérée dans Hartwig Derenbourg et Jean Spiro, *Chrestomathie élémentaire de l'arabe littéral* (Paris, 1885), p. 21.

1. Ousâma, *Autobiographie*, p. 75.
2. Id., *ibid.*, p. 76.
3. Id., *ibid.*, p, 120-121.
4. Id., *ibid.*, p. 121-122.

les dangers, la retarder par l'excès de la prudence. Ma longévité en fournit l'exemple le plus frappant. Combien de fois il m'est arrivé d'affronter les dangers, de me lancer dans des aventures terrifiantes et périlleuses, de lutter avec des cavaliers, de tuer des lions, de frapper avec les épées, de percer avec les lances, de blesser avec les flèches et avec les arbalètes. Cependant j'ai opposé au terme suprême une citadelle si puissamment fortifiée que j'ai accompli mes quatre-vingt-dix années pleines. »

Si le vieillard, courbé par l'âge, « ainsi qu'un arc, dont son bâton serait la corde[1] », s'exprime encore ainsi, quelle n'avait pas dû être son exubérance, alors que sa jeunesse « était remplie de sève au point de lui faire prendre le galop[2] »? Sa sensibilité nerveuse le rendait avide d'impressions nouvelles : il souffrait d'être condamné à revoir chaque jour sans cesse les mêmes personnes, la même ville, la même configuration de terrain, le même horizon borné par les mêmes montagnes, la même enceinte de murailles, dans laquelle il étouffait. Il possédait des facultés d'énergie qui, pour se produire, réclamaient un champ d'action plus vaste que Schaizar et ses dépendances; et cependant il y restait confiné, comme retenu au bercail par je ne sais quels liens mystérieux. Des bouffées d'ambition lui montaient au cerveau, il rêvait des succès éclatants sur un théâtre plus en vue. Mais, bien que relégué au second rang par l'abdication de son père[3], il ajournait cependant d'année en année une séparation cruelle à tous deux, et continuait à se ronger dans la dépendance et dans l'effacement. Ni le désir de gloire, ni l'orgueil du jeune prince n'étaient satisfaits par des escarmouches, qui ne profitaient pas à sa renommée. Mais au moins elles lui fournissaient l'occasion de dépenser le superflu de ses

1. Vers d'Ousâma, dans 'Imâd ad-Dîn, *Kharîdat al-kaṣr* (*Nouveaux mélanges orientaux*, p. 141).

2. Poésie de la jeunesse d'Ousâma, citée par le même auteur, *ibid.*, p. 128.

3. Au moment de cette abdication, Ousâma n'avait que trois ans; plus haut, p. 31 et 37.

forces vitales, qui se renouvelaient, s'accumulaient, s'agitaient en lui et le consumaient.

Si encore les événements s'étaient pressés à Schaizar dans une succession non interrompue, si, harcelés par leurs adversaires, les Mounḳidhites avaient été condamnés à rester sur le qui-vive et à ne jamais goûter une heure de tranquillité et de repos! Les luttes incessantes, sans un moment pour respirer, voilà ce qu'aurait exigé, comme compensation à sa réclusion forcée, le tempérament impétueux et bouillant d'Ousâma. Mais il avait beau ne ressentir jamais de lassitude, il ne pouvait raisonnablement demander à son oncle 'Izz ad-Dîn de guerroyer toujours, fût-on en paix avec les Francs, avec les Grecs, avec les émirs de la région. Parfois l'ennemi faisait défaut. Les périodes de trêve paraissaient à Ousâma d'une monotonie désespérante. Il se mit en quête d'un ennemi permanent, qui n'aurait pas la tentation de se dérober à ses coups par un traité de paix, et sur lequel il remporterait des victoires, dont il revendiquerait pour lui seul les risques, les difficultés et l'honneur. Il entreprit et soutint une guerre acharnée contre les lions de la contrée.

« Étonne-toi, dit-il avec un soupir de regret, de voir ma main impuissante à manier le roseau pour écrire après qu'elle a brisé les roseaux des lances dans les poitrines des lions[1]. » La Syrie regorgeait de lions qui sortaient à l'improviste des « bas-fonds des forêts[2] », des « cannaies[3] », des taillis[4], des fourrés[5]. Inoffensifs lorsqu'ils étaient gorgés de nourriture ou lorsqu'on

---

1. Vers d'Ousâma dans son *Autobiographie*, p. 122; dans 'Imâd ad-Dîn, *Kharîdat al-ḳaṣr* (*Nouveaux mélanges orientaux*, p. 142); dans Ibn Khallikân, *Biographical Dictionary*, I, p. 178; cf. la seconde partie du présent volume, *Avertissement*, p. VIII. Le vers cité est le troisième d'une poésie en cinq vers, qu'Ousâma avait composée à l'âge de quatre-vingts ans, et qui est donnée complètement par Ousâma, *Autobiographie*, *loc. cit.*, et, d'après lui, par Aboû Schâma, *Kitâb ar-raudatain*, I, p. 114. Ousâma brisa, en effet, un jour sa lance, qui resta enfoncée dans les flancs d'un lion jusqu'à ce qu'il mourût. Cf. *Autobiographie*, p. 93. Les lions et les panthères du Liban sont déjà mentionnés dans le *Cantique des Cantiques*, IV. 8.

2. Le mot *ġâb*, que porte le texte arabe (Ousâma, *Autobiographie*, p. 50 et 81), est souvent employé comme le nom propre de la vallée où coule l'Oronte aux environs d'Apamée : voir plus haut, p. 11.

3. Ousâma, *Autobiographie*, p. 64.

4. Id., *ibid.*, p. 78.

5. Id., *ibid.*, p. 78, l. 9, où il faut lire *al-ġalḳâ*, comme porte le texte imprimé, page 156. l. 5 et 6.

ne les attaquait pas[1], ils assouvissaient leur faim et leur rage sur les chrétiens et sur les musulmans. Ils avaient surpris et dévoré « un des plus vaillants chevaliers entre les Francs d'Apamée », qu'Ousâma nomme « Badrhawâ, qu'Allâh ne le prenne pas en pitié[2] ! » Ce chevalier traversait sur sa mule la vallée d'Ar-Roûdj[3] pour se rendre d'Apamée à Antioche, lorsqu'il fut happé par un lion qui l'emporta dans sa tanière et le mangea vif. Les Mounkidhites, débarrassés d'un ennemi redoutable, n'ignoraient pas que les fauves, leurs alliés d'un jour, retourneraient contre eux, l'occasion aidant, leur férocité sans merci et sans discernement.

« J'ai livré aux lions, dit Ousâma[4], des combats innombrables, j'en ai tué une telle quantité que si, sur d'autres points, j'ai des rivaux, je ne connais personne qui possède au même degré que moi l'expérience de la lutte contre les lions. Je sais, par exemple, que le lion, comme tous les autres animaux, a peur de l'homme et le fuit. Il a une forte dose d'insouciance et de paresse, tant qu'il n'a pas été blessé. Mais, une fois atteint, il est vraiment le lion, et c'est alors qu'il devient effroyable. A-t-il quitté le bas-fond d'une forêt ou un fourré quelconque pour se précipiter sur les cavaliers, il retourne infailliblement à ce même repaire, quand bien même il apercevrait des lumières sur sa route. Instruit par l'expérience, je ne manquais pas, lorsqu'il s'attaquait aux cavaliers, de m'embusquer, avant qu'il eût été blessé, sur son chemin de retour ; au moment où il revenait sur ses pas, je le guettais jusqu'à ce qu'il passât devant moi, et je lui assenais le coup mortel. »

La passion téméraire d'Ousâma pour de telles aventures n'était pas sans inspirer de vives émotions à la sollicitude pater-

1. Jacobi de Vitriaco *Historia orientalis*, l. I, c. 86 dans Bongars, *Gesta Dei per Francos*, I, p. 1100.

2. Ousâma, *Autobiographie*, p. 50. J'ai conjecturé que Badrhawâ pourrait bien être une transcription de *Pedrovant* ; voir ma *Note sur quelques mots de la langue des Francs au douzième siècle* dans les *Mélanges Léon Renier*, p. 9 du tirage à part.

3. C'est ainsi qu'il faut lire dans Ousâma, *Autobiographie*, p. 50, l. 18, et 57, l. 11. Sur les différents noms d'Ar-Roûdj dans les écrivains latins, cf. Rey, *Les colonies franques de Syrie*, p. 350-351.

4. Ousâma, *Autobiographie* p. 81.

nelle de Mourschid. Mais il n'essaya que dans une circonstance de retenir son fils en le traitant d'insensé [1]. Le jeune Ousâma, lorsqu'on lui signalait la présence d'un lion, savait disparaître à temps, sans prévenir personne, afin d'éviter les remontrances et de n'avoir pas à désobéir [2]. Jamais Ousâma ne rapporta la moindre blessure de la chasse aux lions [3]. La seule fois où il faillit être « déchiré », ce fut par une hyène, à la poursuite de laquelle il avait pénétré dans une caverne rocheuse, où il eut à disputer sa vie aux griffes de trois hyènes déchaînées. « Je fus atteint par une hyène, dit-il avec un profond sentiment de dépit, moi qui n'avais jamais été effleuré par les lions [4]. » Aussi ressent-il de la compassion pour un brave, qui, après avoir percé d'une flèche en bois le cœur d'un lion affamé, mourut presque aussitôt, piqué à l'orteil par un scorpion qui s'était introduit dans sa chaussure. « Nous fûmes surpris, dit Ousâma [5], de ce qui advint à ce héros; il avait tué le lion et avait été tué par un scorpion de la grosseur d'un doigt. »

En dehors des hyènes et des lions, il ne manquait point à Schaizar de serpents et d'animaux sauvages pour tailler de la besogne au bras d'Ousâma. « Il arriva, dit-il [6], qu'étant avec mon père dans la cour intérieure de sa maison, j'aperçus un serpent de grande taille, qui avait avancé sa tête sur l'auvent du portique faisant saillie sur les arcades. Mon père s'arrêta pour regarder. Quant à moi, je me saisis d'une échelle qui était dans un coin, je l'appliquai au-dessous de l'endroit où était le serpent, et je montai, tandis que mon père m'observait et me laissait faire. Je saisis un petit couteau que j'avais sur moi, et je l'enfonçai dans le cou du serpent endormi. Entre ma face et la sienne, il y avait moins d'une coudée de distance. Je me mis ensuite à lui pratiquer une entaille dans la tête. Le serpent

1. Ousâma, *Autobiographie*, p. 77.
2. Id., *ibid.*, p. 92-93.
3. Id., *ibid.*, p. 106.
4. Ousâma, *Autobiographie*, p. 107.
5. Id., *ibid.*, p. 81.
6. Id., *ibid.*, p. 76-77.

sortit de son trou et s'enroula autour de ma main ; alors je lui coupai la tête et j'emportai le serpent mort dans notre maison. »

La terreur inspirée par les serpents [1] ne semble pas à notre héros moins ridicule que l'altération du visage et l'effarement de son oncle, l'émir Soulṭân, lorsque ce guerrier célèbre « apercevait un rat et se levait aussitôt de l'endroit où il le voyait [2] ». D'après Ousâma, la bête sauvage la plus difficile à exterminer est la panthère [3], « à cause de sa légèreté et de ses bonds à grande distance, et aussi parce qu'elle pénètre dans les cavernes et dans les amas de rochers, comme l'hyène, tandis que les lions ne quittent jamais les bas-fonds des forêts et les broussailles [4] ». Après avoir décrit les mœurs des panthères, Ousâma raconte comment il en a tué une qui désolait Mou'arzaf [5], village dans la banlieue de Schaizar, puis il ajoute : « Il y avait dans l'église de Ḥounâk [6] une fenêtre à la hauteur de quarante coudées ; chaque jour, à l'heure de midi, une panthère s'élançait pour y dormir jusqu'au soir ; puis, d'un bond également, elle en redescendait. Or, à cette époque, passait à Ḥounâk un chevalier franc, nommé Sire Adam, un des satans parmi les Francs. On lui raconta l'histoire de la panthère. Informez-moi, dit-il, dès que vous la verrez. La panthère vint, selon son habitude, et sauta dans la fenêtre. Un paysan courut prévenir Sire Adam. Celui-ci revêtit sa cotte de mailles, monta à cheval, prit son bouclier et sa lance, et vint dans l'église, qui était alors en ruines. Un seul mur restait debout, avec cette unique fenêtre. Lorsque la panthère aperçut Sire Adam, elle ne fit qu'un bond de la fenêtre sur lui, l'atteignit sur son cheval, lui

1. Ousâma, *Autobiographie*, p. 105. Ousâma y raconte qu'un serviteur (*mamloûk*) de son père, nommé Lou'lou', guerrier très courageux devant l'ennemi, « lorsqu'il voyait dans sa maison un serpent, prenait la fuite et disait à sa femme : A toi de nous débarrasser du serpent. Elle s'avançait alors vers le serpent et le tuait. »

2. Les deux craintes sont assimilées, voir id., *ibid.*, p. 104.

3. Le mot *namir* (ou *namr*, ou *nimr*), que j'ai traduit par panthère, peut également signifier léopard (cf. le *mons Leopardorum*, au nord de Tripoli, sur la côte de Syrie).

4. Ousâma, *Autobiographie*, p. 81-82.

5. J'emprunte la lecture de ce nom à Rousseau, *Description du Pachalik de Haleb*, dans *Mines de l'Orient*, IV, p. 12.

6. Ḥounâk est une des forteresses qui protégeaient Ma'arrat an-No'mân ; cf. Yâḳoût, *Mou'djam*, II, p. 345. La ville de Ma'arrat an-No'mân, est située au nord-est de Schaizar, à mi-chemin entre Alep et Ḥamâ.

fendit le dos, le tua et poursuivit son chemin. Les paysans de Ḥounâk appelaient cette panthère la panthère qui prend part à la guerre sainte. »

A Sire Adam, victime de sa témérité, Ousâma oppose un autre Franc, établi à Ḥaifâ, « ville maritime appartenant aux Francs [1] ». Rencontrant Ousâma, qui était de passage, il lui dit : « Serais-tu disposé à m'acheter un magnifique guépard ? » — « Très volontiers », répliqua notre héros. « Puis, dit Ousâma, il m'amena une panthère qu'il avait apprivoisée, au point qu'elle semblait entrée dans la peau d'un chien. Je repris : Le marché ne me convient pas, car c'est une panthère et non un guépard. Je m'étonnai que cet animal se fût familiarisé et assoupli avec le Franc en question. » Ce ne sont point les panthères domptées et réduites au rôle des chiens domestiques qu'Ousâma eût désiré enfermer comme des prisonnières. S'il avait été tenté d'abord par l'offre d'un guépard, c'est que cet animal est un auxiliaire précieux dans la chasse à courre. Quant aux panthères, il aimait à les dépecer pour les joindre aux têtes humaines [2], aux peaux de lions, d'hyènes, de serpents, trophées qui décoraient les maisons de son père et qui attestaient ses exploits [3].

Ousâma s'appliquait de son mieux à remplir le vide de l'existence qu'il menait à Schaizar. Il y resta presque à demeure jusqu'en 1137. Quelques poésies, épaves de cette époque, nous ont été conservées [4] : elles représentent comme un choix sobre

1. Ousâma, *Autobiographie*, p. 82-83. Le texte porte Ḥaifa (حيفة), orthographe que cite également, comme variante, Yâḳoût, *Mouʿdjam*, II, p. 381, l. 13 et 16, tandis que l'orthographe habituelle est Ḥaifâ (حيفا). Cette ville est au pied du mont Karmel, dans les environs d'Acre, au nord de Jaffa ; elle appartint aux Francs de 494 à 583 de l'hégire (1100-1187 de notre ère), d'après Ibn Al-Athir (*Hist. or. des croisades*, I, p. 208 et 690). Yâḳoût, *Mouʿdjam, loc. cit.*, porte par erreur 573 au lieu de 583.

2. Ousâma, *Autobiographie*, p. 110.

3. « J'ai aperçu, dit Ousâma (*ibid.*, p. 80), la tête d'un lion que l'on portait vers l'une de nos maisons. On vit les chats s'enfuir de cette maison et se jeter du haut des terrasses, à cause de ce spectacle nouveau pour eux. Nous enlevions la peau du lion et nous la lancions de la citadelle vers la plate-forme du bastion. Ni chien ni oiseau d'aucune espèce n'osait en approcher. Lorsque les aigles virent la viande, ils descendirent pour la goûter ; mais, quand ils la flairèrent, ils poussèrent un cri et s'envolèrent. La crainte qu'inspire le lion aux autres animaux ressemble à la crainte que l'aigle fait ressentir aux oiseaux. »

4. ʿImâd ad-Dîn donne certaines poésies d'Ousâma comme « anciennes ». Voir *Kharîdat al-ḳaṣr* dans *Nouveaux mélanges orientaux*, p. 123, 124, 128, 129.

entre les prémices de son œuvre littéraire. Il a facilement dépassé plus tard ces essais de débutant, lorsque, dans son âge mûr et dans sa vieillesse, il a composé à tête reposée les ouvrages qui demeurent son titre de gloire le plus durable[1]. Son activité juvénile réclamait des occupations moins sédentaires : il implorait, comme bienfaits d'Allâh, les marches forcées, les combats acharnés, les expéditions guerrières, les embuscades, les dangers, les privations, les insomnies, les fatigues de tout genre que portait avec légèreté sa santé inaltérable, dont se jouait sa vigueur physique développée par l'exercice.

La constitution robuste d'Ousâma ne fut jamais ébranlée, même par la maladie. L'équilibre ne tardait pas à y être rétabli, et aussitôt Ousâma recommençait à se surmener. La crise la plus aiguë qu'il ait traversée à Schaizar, provint d'un refroidissement accompagné de frissons qui lui avaient raidi les membres au point de le condamner à l'immobilité. Il entassait sur son corps nombre de vêtements et de pelisses, sans parvenir à le réchauffer. « Enfin, raconte Ousâma[2], je me décidai à mander mon médecin, le schaikh Aboû 'l-Wafâ Tamîm. Je me plaignis à lui de ce que j'éprouvais. Procurez-moi, dit celui-ci, une citrouille. On lui en apporta une; il la partagea en plusieurs tranches, et me dit : Manges-en autant que tu pourras. — Mais, lui répondis-je, ô docteur! je suis à la mort par suite d'un refroidissement, et la citrouille est froide; comment se fait-il que cependant je doive en manger ? Le médecin reprit : Mange, comme je te le dis. J'obéis. Aussitôt je transpirai, et mon impression de refroidissement disparut. Ce que tu ressentais, me dit Aboû 'l-Wafâ, provenait d'un échauffement de la bile, et non d'un froid réel. »

Ces interruptions forcées furent peu fréquentes dans la longue carrière que parcourut Ousâma. Sa santé se maintint sans

1. Voir surtout notre chapitre neuvième.

1. Ousâma, *Autobiographie*, p. 137.

infirmités et son esprit sans défaillance [1] pendant les quatre-vingt-seize années lunaires dont Allâh lui accorda la pleine jouissance : il mourut le quinze novembre 1188 [2].

Avant de faire le récit des événements qui se succédèrent dans l'existence presque séculaire d'Ousâma, j'aimerais reconstituer l'aspect extérieur du personnage, j'aimerais évoquer sa physionomie dans les traits essentiels qui la composaient. Un portrait en pied, où l'artiste fait revivre son modèle, éclaire d'une même lumière les faits, en apparence, contradictoires de la biographie. L'islamisme, en s'opposant aux représentations figurées, en proscrivant, à l'imitation du judaïsme, comme une marque d'idolâtrie, la reproduction de l'homme par la peinture ou par la statuaire [3], a exclu l'iconographie des sources d'informations sur le caractère et sur la vie de ses grands hommes.

Des fragments épars dans l'*Autobiographie* d'Ousâma et dans les poésies d'Ibn Al-Ḳaisarânî [4] permettent de combler en partie au moins cette lacune. Lors du premier séjour qu'Ousâma fit à Damas, entre 1138 et 1145, il se fit l'interprète d'une réclamation auprès du roi de Jérusalem, Foulques d'Anjou [5]. « On m'a rapporté, dit le roi, que tu es un noble chevalier. Or, je ne savais pas le moins du monde que tu fusses un chevalier. » — « O mon maître ! répondit Ousâma, je suis un chevalier à la manière de ma race et de ma famille. Ce qu'on y admire surtout dans un chevalier, c'est quand il est mince et

1. Il paraît que sa mémoire seule avait un peu baissé ; voir Ousâma, *Autobiographie*, p. 26.

2. Aboû Schâma, *Kitâb ar-rauḍatain*, I, p. 264 ; II, p. 137 ; Ibn Khallikân, *Biographical Dictionary*, I, p. 179 ; Ibn Tagribardi, manuscrits de la Bibliothèque nationale 661 de l'ancien fonds, fol. 80 r° ; 670 de l'ancien fonds, fol. 69 v°.

3. Bien que cette défense ne soit pas formulée dans le Coran, elle est contenue implicitement dans le passage (*Coran*, LIX, 24) où Allâh est appelé par excellence « le créateur, le formateur ». D'après le *Mischkât al-maṣâbiḥ*, cité dans Th. P. Hugues, *A Dictionary of Islam*, p. 458 *b*, le Prophète aurait lancé sa malédiction sur tous ceux qui s'aviseraient d'imiter par des procédés quelconques les formes des êtres vivants, hommes ou animaux. Alors même que la peinture décorative se hasarda à reproduire des images humaines et des danseuses de fantaisie, on ne se risqua point à copier, dans des portraits ressemblants, les figures des hommes célèbres, pour les transmettre à la postérité. Les écoles théologiques musulmanes paraissent, à l'origine, avoir discuté le caractère absolu de cette interdiction ; cf. A. von Kremer, *Culturgeschichte des Orients*, II, p. 302 et suiv.

4. Aboû ʿAbd Allâh Moḥammad ibn Naṣr ibn Ṣagir Al-ʿAkkâwi naquit à Acre en 1085, fut élevé à Césarée de Palestine (d'où l'appellation d'Ibn Al-Ḳaisarâni, sous laquelle il est connu), et mourut à Damas à la fin de 1153 ; cf. ʿImâd ad-Dîn, *Kharidat al-ḳaṣr*, fol. 7 r° — 25 v° ; Ibn Khallikân, *Biographical Dictionary*, III, p. 155-158.

5. Foulk ibn Foulk, c'est-à-dire Foulques V d'Anjou, quatrième roi de Jérusalem, fils de Foulques IV, comte d'Anjou.

long[1]. » Ousâma, le preux chevalier de Schaizar, « le soleil éclatant de son temps[2] », se faisait donc remarquer par sa taille élancée, par sa haute stature, par son allure élégante et fine, par son corps léger qui permettait un peu trop facilement à son ennemi de le désarçonner[3].

Sa peau était blanche; car, parlant d'un de ses « compagnons parmi les descendants de Kinâna », il le décrit en faisant remarquer que « c'était un nègre[4] ». C'est nous apprendre, en même temps, que les Mounkidhites, descendants, eux aussi, de Kinâna[5], n'étaient pas des noirs, comme quelques-uns de leurs collatéraux.

« L'éclat de la face d'Ousâma, s'est écrié le poète enthousiaste[6], a grandi entre ses deux tempes, et ses deux luminaires brillent dans la nuit. Ne m'interroge pas sur ma passion, car elle est, dans mes paupières, une eau rafraîchissante, dans mes côtes un feu dévorant. » — « Qu'est, dit-il encore amoureusement[7], l'action de l'épée tranchante, acérée, par rapport aux clignements des yeux du séducteur languissant? Qu'est tout ce qu'on rapporte de la magie babylonienne, comparé à l'effet de son regard enchanteur? C'est ainsi que les yeux d'Ousâma faisaient des ravages, mais, ô merveille, le chasseur fuyait sa proie[8] ! »

Le vin, que ses yeux faisaient boire, circulait, dit encore le même poète, dans « des coupes, que tu prendrais pour des étoiles dans un firmament circulaire[9] ». Il y a là, ce semble, une allusion à la forme de la figure d'Ousâma, qui n'était pas allongée, mais plutôt large et arrondie. Les pommettes de ses joues avaient beaucoup de saillie, car elles ont été comparées à des fleurs de grenadier[10]. Elles étaient d'un rose vif tirant sur le

1. Ousâma, *Autobiographie*, p. 48.
2. Expression du poète Ibn Al-Ḳaisarâni sur Ousâma dans ʿImâd ad-Dîn, *Kharîdat al-ḳaṣr*, fol. 22 rº.
3. Ousâma, *Autobiographie*, p. 30.
4. Id., *ibid.*, p. 107.
5. Voir plus haut, p. 14.
6. Nous citons de nouveau Ibn Al-Ḳaisarâni, d'après ʿImâd ad-Dîn, *Kharîdat al-ḳaṣr*, fol. 22 rº.
7. Ibn Al-Ḳaisarâni dans ʿImâd ad-Dîn, *ibid.*, fol. 21 vº.
8. Id., *ibid.*, fol. 22 rº.
9. Id., *ibid.*, *loc. cit.*
10. Id., *ibid.*, *loc. cit.*

rouge, puisque, dans le mirage de son imagination, le poète a cru y reconnaître « des traces de son sang [1]. »

Il ne nous décrit pas la bouche d'Ousâma ; mais celui-ci qui, dans toutes les circonstances, défiait résolûment la douleur, s'est complu à railler lui-même ses souffrances lorsqu'on lui avait arraché une dent. Il a su trouver, pour plaisanter son mal, une comparaison ingénieuse, une boutade fine, un tour spirituel [2] : « J'avais un compagnon, dit-il [3], dont la société ne m'avait jamais causé d'ennui. Il peinait à mon service et travaillait avec assiduité. Je ne l'avais jamais rencontré, tant que nous fûmes inséparables. Lorsqu'il apparut à mes regards, nous nous sommes quittés pour l'éternité. »

1. Ibn Al-Ḳaisarânî dans 'Imâd ad-Dîn, *Kharîdat al-ḳaṣr*, fol. 22 r°, premier vers de ce même morceau.

2. M. Paul de Lagarde a discerné chez Ousâma l'écrivain qui sait être humoriste à l'occasion ; voir les *Gœttingische gelehrte Anzeigen* de 1887, p. 245.

3. 'Imâd ad-Dîn, *Kharîdat al-ḳaṣr* dans *Nouveaux mélanges orientaux*, p. 123 ; Aboû Schâma, *Kitâb ar-rauḍatain*, I, p. 264 ; Ibn Khallikân, *Biographical Dictionary*, I, p. 179. La *Kharîdat al-ḳaṣr* (*ibid*, *loc. cit.*) contient une autre poésie qu'Ousâma avait composée sur une dent qu'il fut obligé de se faire arracher à soixante ans, ce qui indique qu'à cet âge il n'était pas encore édenté.

CHAPITRE III

HISTOIRE LOCALE DE SCHAIZAR. — PREMIÈRES CAMPAGNES D'OUSÂMA (1095-1119)

Lorsqu'en 1098, le père d'Ousâma, l'émir Mourschid, avait refusé de recueillir la succession de son frère aîné, Naṣr, et que volontairement il avait abdiqué la seigneurie de Schaizar [1], il s'était montré moins soucieux de sauvegarder ses intérêts personnels et l'avenir de ses descendants qu'avide d'assurer son repos et son indépendance. L'un de ses frères, nommé, d'après leur grand-père, Aboû 'l-Moutawwadj Mouḳallad et surnommé « la couronne des émirs », était allé s'établir à Miṣr, où il remplit des fonctions auprès du khalife Fâṭimide Al-Âmir biaḥkâm Allâh, ou plutôt auprès du vizir Al-Afḍal, « l'émir des armées », le vrai détenteur de l'autorité en Égypte [2]. Un autre frère de Mourschid, plus jeune et plus ambitieux que lui, 'Izz ad-Dîn Aboû 'l-'Asâkir Soulṭân, qui naguère, du vivant de Naṣr, dominait en son nom à Laodicée [3], se hâta de saisir le pouvoir qui s'offrait à lui et le conserva en y faisant preuve de qualités supérieures [4]. Non seulement il sut protéger le territoire de Schaizar contre les appétits de ses voisins et contre l'invasion étran-

1. Plus haut, p. 31-32.

2. Ousâma, *Autobiographie*, p. 154. Lorsque Al-Afḍal fit proclamer, en décembre 1101, Aboû 'Alî Al-Manṣoûr comme successeur de son père Al-Mousta'lî et comme dixième khalife Fâṭimide avec le titre de *Al-Âmir bi-aḥkâm Allâh* « Le commandeur d'après les décisions d'Allâh », le nouveau souverain était âgé de cinq ans, un mois et quatre jours. Il se débarrassa violemment de son vizir en décembre 1121 et fut lui-même la victime d'un complot en octobre 1130. Cf. Ibn Khallikân, *Biographical Dictionary*, I, p. 159-162; 612-615; III, p. 455-457; Wüstenfeld, *Geschichte der Faṭimiden-Chalifen*, p. 280 et suiv.

3. Plus haut, p. 27.

4. Plus haut, p. 33-34.

gère, mais encore, grâce à des opérations bien conduites et à une politique prudente, il parvint à devenir, par l'offre ou le refus de son concours, un allié disputé, un arbitre recherché dans les luttes et dans les différends qui divisaient les émirs de la contrée.

La part qu'il assuma dans l'éducation de son neveu Ousâma [1] ne prit qu'une place restreinte dans son existence absorbée par la préoccupation des affaires publiques. L'entrée en campagne des Francs risquait d'amener la conquête ou la destruction de Schaizar, peut-être l'une et l'autre, d'entraîner la déchéance de la dynastie Mounkidhite. Soulṭân ne s'était point d'abord laissé ébranler dans son optimisme par la capitulation d'Antioche, le 3 juin 1098 [2]. Il estimait encore qu'on viendrait à bout des Francs sans combat, en faisant le vide devant l'armée des croisés [3]. Les musulmans n'auraient pas besoin de combattre. Les privations rendraient implacables la haine et l'envie qu'éprouvaient déjà les uns contre les autres Raimond de Saint-Gilles et ses Provençaux, Boémond et ses Normands [4]. A la fin de cette même année, la prise successive d'Al-Bâra et de Ma'arrat an-No'mân par les deux princes coalisés et le massacre de la population de ces deux villes [5] dessillèrent les yeux du trop confiant émir et lui révélèrent l'imminence du danger que lui avait longtemps caché la ténacité de ses illusions. Al-Bâra et Ma'arrat An-No'mân occupés par les chrétiens, c'était pour eux, quand ils voudraient, l'accès facile de la route qui remonte la vallée de l'Oronte à travers Apamée, Schaizar, Ḥamâ, Émesse. Le péril fut ajourné, mais non conjuré, par la résolution subite que prirent les Francs d'aller rejoindre la côte, peut-être afin de tendre la main à leurs frères d'Europe impatiemment attendus [6]. Les Francs assiégèrent, détruisirent

1. Plus haut, p. 54.
2. Plus haut, p. 3.
3. M. le comte Riant, *Inventaire des lettres historiques des croisades* dans *Archives de l'Orient latin*, I, p. 191; cf. plus haut, p. 32, note 3.
4. B. Kugler, *Geschichte der Kreuzzüge*, p. 55-56; id., *Albert von Aachen*, p. 196.
5. *Hist. or. des croisades*, I, p. 4 et 196; III, p. 586-587.
6. G. Weil, *Geschichte der Chalifen*, III, p. 170.

en partie, mais ne parvinrent pas à prendre 'Irḳa [1], place forte qui dépendait de Tripoli et dont la défense avait été organisée par le seigneur même de Tripoli, Djalâl al-Moulk 'Alî Ibn 'Ammâr [2].

Pendant que Raimond de Saint-Gilles se sentait impuissant à dompter la résistance de 'Irḳa, Soulṭân se demandait s'il ne rencontrerait pas à ce moment même des dispositions bienveillantes chez le général ennemi et s'il ne préviendrait pas une attaque contre Schaizar par des négociations opportunes. Les familles de Ma'arra réfugiées à Schaizar et aux environs, les Banoû Soulaimân [3], les Banoû Abî Ḥouṣain et quelques autres avaient seules échappé à la mort. Elles redoutaient une nouvelle catastrophe et insistaient pour qu'on entrât dans la voie de la conciliation. Les agissements de Khalaf ibn Moulâ'ib, un brigand plutôt qu'un prince, qui terrorisait la région d'Apamée [4], n'avaient probablement pas été sans exercer quelque influence sur la détermination à laquelle les chrétiens s'étaient arrêtés de ne point s'engager plus avant dans l'intérieur du pays. Mais, d'autre part, ces agissements constituaient une menace permanente pour les Mounḳidhites, qu'ils obligeaient à se tenir sans cesse sur le qui-vive. La prudence conseillait de ne point s'aliéner les Francs. Mourschid ne se serait sans doute jamais décidé à ces transactions, où les concessions font plus ou moins fléchir la rigidité des principes [5]. A la fin de janvier 1099, Soulṭân envoya des messagers à Raimond, campé devant 'Irḳa [6], pour lui offrir le libre passage à travers le terri-

1. Telle est la prononciation classique d'après les géographes arabes ; les modernes disent 'Arḳa ; voyez entre autres la carte de Sachau, *Reise in Syrien ;* (Socin), *Palestine et Syrie*, p. 563 et 565 ; Chauvet et Isambert, *Syrie, Palestine* (Paris, 1882), p. 672.

2. Sur la famille des Ibn 'Ammâr, voir plus haut, p. 17-18.

3. Lisez ainsi, et non pas Soulaim (*Hist. or. des croisades*, III, p. 587), avec le manuscrit, avec Sacy dans Rœhricht, *Beitræge*, I, p. 227, et avec Defrémery, *Mémoires d'histoire orientale*, p. 46.

4. Plus haut, p. 28, note 6.

5. Plus haut, p. 31.

6. Sybel. *Geschichte des ersten Kreuzzuges* (deuxième éd.), p. 391-392 ; M. le comte Riant, *Inventaire*, etc. dans *Archives de l'Orient latin*, I, p. 194, et les passages des historiens occidentaux cités dans la note 2 ; Ibn Al-Athir dans *Hist. or. des Croisades*, I, p. 197, où la traduction doit être rectifiée d'après le passage parallèle d'Ibn Khaldoûn, cité et élucidé dans Defrémery, *Mémoires d'histoire orientale*, p. 46, note. D'après Bar Hebræus, *Chronicon syriacum* (éd. Bruns et Kirsch), I, p. 282 ; II, p. 288 (cf. Kirsch et Bernstein, *Chrestomatia syriaca*, p. 57 ; Fr. Wilken, *Commentatio*

toire de Schaizar et pour acheter sa neutralité au prix de marchés avantageux et de riches présents en or, en argent, en troupeaux, en chevaux, en provisions de tout genre [1]. La démarche de Soulṭân eut plein succès. Son exemple ne tarda pas à être suivi par Djanâḥ ad-Daula Al-Ḥousain, prince d'Émesse, et, quelques mois plus tard, en mai 1099, par Djalâl al-Moulk ʿAlî Ibn ʿAmmâr, seigneur de Tripoli [2].

Les Francs, certains de ne pas être attaqués sur leurs derrières, s'avancèrent résolument vers la Palestine, tandis que les Mounkidhites, rassurés pour eux-mêmes et pour leurs sujets, reprenaient l'existence qu'ils avaient menée avant l'invasion étrangère. Ni Schaizar, ni ses princes ne méritent d'être considérés comme des facteurs appréciables dans les événements dont la Syrie sera le théâtre dans les années qui vont suivre. Nous sommes, du reste, privés d'informations sur les menus faits qui ne présentent qu'un intérêt local. Une incursion des Kilâbites d'Alep [3], sous la conduite de leur émir, Moubârak ibn Schibl, en 1100, les cultures de Schaizar et de Al-Djisr livrées en pâture aux troupeaux des Arabes, voilà le seul épisode qui ait été sauvé de l'oubli, parce qu'il amena une disette dans toute la province [4]. Que n'avons-nous, pour combler ces lacunes, le commencement de l'*Autobiographie* d'Ousâma [5], que ne possédons-nous la Chronique de son frère, l'émir Aboû

de bellorum cruciatorum ex Abulfeda historia, p. 29), les croisés, après avoir vainement assiégé ʿIrḳa pendant quatre mois, auraient levé le siège et seraient venus à Schaizar, où se trouvait l'Arabe Ibn Mounkidh; celui-ci leur aurait fait sa soumission et aurait obtenu leur départ en payant un tribut. La situation respective de ʿIrḳa et de Schaizar donnent peu de vraisemblance à ce récit qui est en contradiction avec les autres documents. Wüstenfeld, *Geschichte der Faṭimiden-Chalifen*, p. 277, semble supposer que ʿIrḳa appartenait aux Mounkidhites, qui auraient consenti à céder aux Francs cette ville, dont les Francs n'avaient pas réussi à s'emparer. C'est évidemment la rédaction d'Ibn Al-Athîr qui, dans sa concision excessive, a égaré mon vénéré maître et ami.

1. Guillaume de Tyr dans *Hist. occ. des crois.*, I, p. 295.

2. M. le comte Riant, *Inventaire*, etc., dans *Archives*, I, p. 194, et les passages des historiens occidentaux, cités dans les notes 3 et 4; B. Kugler, *Albert von Aachen*, p. 197. Sur les négociations de Djanâḥ ad-Daula Al-Ḥousain (cf. sur lui, plus haut, p. 30) avec les Francs, voir encore Ibn Al-Athir dans *Hist. or. des croisades*, I, p. 197; Ibn Khaldoûn dans R. Rœhricht, *Quellenbeitræge zur Geschichte der Kreuzzüge* (Berlin, 1875), p. 6.

3. Sur les Kilâbites et leur rôle politique dans Alep, voir plus haut, p. 14, note 1, et page 17.

4. Kamâl ad-Dîn, *Zoubda*, dans Rœhricht *Beitræge*, I, p. 227; plus exactement dans *Hist. or. des croisades*, III, p. 588. Sur Moubârak ibn Schibl, voir encore *ibid.*, III, p. 708.

5. Il nous manque les vingt et un premiers feuillets, soit un quart de l'ouvrage entier; cf. la deuxième partie de ce volume, *Avertissement*, p. XI, et la savante notice de M. le Dr I. Goldziher dans *Oesterreichische Monatsschrift für den Orient*, 1886, p. 78 a.

'l-Ḥasan 'Alî le Mounḳidhite, en dépit des erreurs qu'il est accusé d'y avoir commises [1] ?

Le jeune Ousâma grandissait auprès de son père et de son oncle. Sa personnalité se dégageait peu à peu. L'instruction qu'il recevait lui faisait acquérir un capital essentiel de connaissances positives, mais sa nature était de celles qui auraient brisé le moule plutôt que de s'y laisser pétrir. Son éducation ne l'avait pas empêché, dès l'âge de dix ans, de manifester violemment par un acte de cruauté son indignation contre des violences qu'il jugeait intempestives [2]. Tout chez lui était poussé à l'extrême, les qualités comme les défauts. Son affection pour son père Mourschid était sans limites et sans mesure. En juillet 1104, il faillit le perdre. L'enfant avait dix ans à peine. Dans son désespoir, il se fit admettre à veiller, avec Zaid le chirurgien, au chevet du malade [3]. Depuis cette époque lointaine, les années avaient passé sur lui, accumulées et encombrées. Le souvenir était demeuré intact chez le vieillard. La commotion du premier choc avait creusé dans ce cœur tendre un sillon trop profond pour que la trace en fût jamais effacée.

C'est l'intensité de l'impression reçue qui ramène plusieurs fois, dans l'*Autobiographie* d'Ousâma [4], comme une idée fixe, sinon la description, du moins la mention du combat auquel Mourschid assista le vingt-neuf schawwâl de l'année 497 (vingt-cinq juillet 1104), et où les Mounḳidhites furent défaits sur le territoire de Kafarṭâb par Saif ad-Daula Khalaf ibn Moulâ'ib, maître d'Apamée [5]. Comme Moubârak ibn Schibl, Khalaf comptait parmi les aventuriers Kilâbites qui s'étaient répandus à travers le monde musulman pour lui demander la satisfaction de leurs ambitions et de leur cupidité. S'il était rentré à Apamée en

1. Kamâl ad-Dîn, *Dictionnaire biographique*, dans *Hist. or. des croisades*, III, p. 707-710; 711-713 ; voir plus haut, p. 46.
2. Plus haut, p. 48-49.
3. Ousâma, *Autobiographie*, p. 39.
4. Ousâma, *Autobiographie*, p. 38, 39, 41, 71, 94.
5. Id., *ibid.*, p. 38. Après le nom, le texte porte un adjectif relatif, qui n'a pas été reproduit ici, parce que la lecture en est douteuse.

1096, c'était avec l'appui de l'Égypte et avec la complicité de l'officier chargé par Rouḍwân, seigneur d'Alep, d'exercer en son nom le commandement dans la ville d'Apamée. On s'était entendu à l'avance ; Khalaf avait promis d'y reconnaître la suzeraineté du khalife Fâṭimide et d'y faire prévaloir les doctrines schî'ites. Mais Khalaf, une fois rentré en possession de son ancien fief, oublia ses engagements, revendiqua son indépendance [1] et redevint, pour les Mounḳidhites, le voisin remuant, dangereux, dépourvu de scrupules, prompt aux agressions, détesté et redouté, dont Aḳ Sonḳor les avait délivrés en 1091 [2]. Par un raffinement qui dénotait, dans le seigneur d'Apamée, avant tout le chef de brigands à la piste des voyageurs à dévaliser, Khalaf avait installé dans un poste d'observation un homme doué d'une vue merveilleuse, qui découvrait et qui lui signalait les caravanes lorsqu'elles étaient encore à la distance d'une journée de marche [3]. « Mon père, dit Ousâma [4], et mon oncle paternel, Soulṭân, payèrent de leur personne dans la bataille qui fut livrée entre eux, d'une part, et, d'autre part, Saif ad-Daula Khalaf ibn Moulâ'ib. Celui-ci y manœuvra contre eux par l'intrigue et par la trahison. Il avait rassemblé et concentré ses troupes sans que, de notre côté, on fût préparé à ce qui advint. Nous avions reçu de lui, en effet, un message nous invitant à une action en commun vers Asfoûnâ [5], où nous devions surprendre les Francs. Nos compagnons y arrivèrent les premiers, mirent pied à terre et s'approchèrent de la forteresse pour la battre en brèche. Pendant qu'ils luttaient, Ibn Moulâ'ib fit main basse sur les chevaux de ceux, parmi nos compagnons, qui s'étaient avancés à pied. Le combat, d'abord dirigé contre les Francs, changea de face et se poursuivit contre nous avec une extrême violence. » Les vaincus réussirent à se frayer une

1. Ibn Al-Athîr et Aboû 'l-Fidâ dans *Hist. or. des croisades*, I, p. 232 et 8.
2. Plus haut, p. 28 et 67.
3. Ousâma, *Autobiographie*, p. 94.
4. Id., *ibid.*, p. 71.
5. Asfoûnâ, ville forte située près de Ma'arrat An-No'mân, avait un moment appartenu au grand-père d'Ousâma, l'émir 'Alî le Mounḳidhite (plus haut, p. 17 et 24). Sur Asfoûnâ, voir Rey, *Les colonies franques*, p. 330.

route vers Schaizar. Ils vinrent à bout de la résistance qui leur fut opposée sur le chemin du retour, aux environs de Kafarṭâb. « Jamais, dit un témoin oculaire à Soulṭân et à Mourschid, je ne vous ai vus en danger comme aujourd'hui [1]. » Ils ne risquaient plus d'être inquiétés une fois à l'abri derrière une position si forte que « cinq femmes auraient suffi à la défendre » [2].

Les deux émirs étaient rentrés à Schaizar dans un état alarmant. Mourschid avait été blessé grièvement à trois reprises [3] et n'avait déserté la lutte qu'à la dernière extrémité. On avait dû le « transporter avec une escorte d'hommes [4] » décidés à le défendre, pour l'arracher à une mort certaine. Quant à l'émir Soulṭân, il « reçut plusieurs blessures, dont l'une à la paupière inférieure de l'œil droit, près du coin de l'œil. La lance s'accrocha au coin de l'œil, à sa partie inférieure. La paupière se détacha complètement et resta suspendue à la peau qui la retenait à l'angle extérieur de l'œil, endommagé, vacillant. Car ce sont les paupières qui seules maintiennent l'œil. Le chirurgien sut recoudre la partie déchirée de l'œil et le guérit. L'œil atteint reprit sa santé d'autrefois, sans qu'on pût le distinguer de l'autre [5]. » Quant à Mourschid, la volonté d'Allâh put seule accomplir le miracle de sa guérison [6].

Dès le lendemain de la bataille, Soulṭân, sans perdre son sang-froid, envoya le fidèle serviteur de son frère Naṣr, Mouwaffaḳ ad-Daula Schim'oûn, qui possédait et méritait sa confiance, porter la nouvelle de son désastre à la cour d'Alep et demander « au roi Roudwân, fils de Tâdj ad-Daula Toutousch [7] » de venir à son secours. Celui-ci ne pouvait, sans danger pour lui-même, laisser écraser Schaizar et les Mounḳidhites. Apamée avait autrefois reconnu la suzeraineté d'Alep

1. Ousâma, *Autobiographie*, p. 71.
2. Expression du grand-père d'Ousâma, l'émir 'Alî le Mounḳidhite (voir p. 70, note 5), dans Aboû 'l-Fidâ, *Annales moslemici*, III, p. 550; cf. Ibn Khaldoûn, *Histoire universelle*, V, p. 243
3. Ousâma, *Autobiographie*, p. 38-39.
4. Ousâma, *Autobiographie*, p. 71.
5. Id., *ibid.*, p. 41.
6. Id., *ibid.*, p. 38.
7. Id., *ibid.*, p. 39. Plus haut, p. 29, l. 10, il convient de lire Soulṭân au lieu de Naṣr dans un passage où il a été fait allusion précédemment aux événements de 1104.

avant l'usurpation de Khalaf[1]. Lui laisserait-on les coudées franches pour de nouvelles extensions de territoire, pour l'accroissement d'une puissance malfaisante et malsaine? D'un autre côté, l'une des femmes de Soulṭân n'était-elle pas la sœur de Rouḍwân[2]? Le messager dut faire valoir ces arguments de raison et de sentiment dans ses entretiens particuliers avec le prince. Admis dans une assemblée nombreuse, où avaient été réunis les écuyers de Rouḍwân, il préféra chercher à les émouvoir en frappant leurs sens et leurs imaginations. Il ouvrit un coffret, qu'il avait apporté, et en retira publiquement deux os de ses côtes, enlevés la veille par la lance d'un cavalier. Schim'oûn s'était mis en travers du coup qui était destiné à son maître. Aussitôt après l'amputation, faisant fi de la douleur, il était parti sans retard pour accomplir une mission que son dévouement ne l'autorisait pas à différer. « Agissez de même à mon service », s'écria Rouḍwân saisi d'admiration[3].

La province d'Alep n'aurait pu être impunément dégarnie de ses défenseurs. Rouḍwân, que la mort de son frère Douḳâḳ, survenue le quatorze juin 1104[4], avait entraîné sous les murs de Damas pour en disputer la possession à l'atâbek Ṭogtakîn, régent au nom de Toutousch, l'un des fils de Douḳâḳ[5], âgé d'un an[6], s'était contenté de satisfactions illusoires, telles que son nom prononcé dans la *khoṭba* et inscrit sur les monnaies, afin de pouvoir rentrer en toute hâte dans sa résidence après ce semblant d'expédition. La sécurité d'Alep lui paraissait sinon compromise, du moins menacée[7]. La principauté chrétienne d'Antioche était revenue de l'émotion causée par la vic-

---

1. Plus haut, p. 70.
2. Plus haut, p. 42-43.
3. Ousâma, *Autobiographie*, p. 40.
4. J'emprunte cette date exacte à Ibn Khallikân, *Biographical Dictionary*, I, p. 274. Sur le roi Douḳâḳ, maître de Damas, voir plus haut, p. 30.
5. Kamâl ad-Dîn, *Zoubda*, dans Rœhricht, *Beiträge*, I, p. 233, et dans *Hist. or. des croisades*, III, p. 593.
6. Ibn Al-Athir et Aboû 'l-Fidâ dans *Hist. or. des croisades*, I, p 223 et 7.
7. Kamâl ad-Dîn, *Zoubda*, dans Rœhricht, et dans *Hist. or. des croisades*, III, loc. cit. Je ne sais pourquoi on a cru devoir, dans le texte, l. 7, substituer ﺴﯩﯩﯩ à l'excellente leçon du manuscrit, ﺴﯩﯩ donnée entre parenthèses comme une erreur de copiste.

toire décisive qu'au commencement de 1104, les musulmans avaient remportée à Ḥarrân, au sud d'Édesse, et qui avait failli consommer la ruine des établissements chrétiens dans le nord de la Syrie. Tandis que le futur roi de Jérusalem, le comte Baudouin du Bourg, alors maître d'Édesse, était amené en captivité, Boémond, prince d'Antioche, n'avait dû son salut et celui de son cousin Tancrède qu'à une retraite convertie, par la poursuite de l'ennemi, en déroute [1]. La gravité de la situation avait décidé Boémond à partir lui-même pour l'Europe afin d'y provoquer un vigoureux effort, proportionné à la difficulté de l'entreprise [2]. Tancrède, « le premier prince d'Antioche après Boémond [3] », fut chargé par celui-ci de la lieutenance jusqu'à son retour. Le dépôt, commis à la garde de Tancrède, n'aurait pu tomber en des mains plus dignes de le recueillir. Hardi sans témérité, prudent sans faiblesse, habile sans duplicité, Tancrède prépara et eut sa revanche. Au mois d'avril 1105, lorsqu'il jugea le moral de ses troupes relevé, il prit l'offensive et enleva à Roudwân la forteresse d'Artâḥ, après lui avoir infligé une défaite sanglante à Tìzîn [4]. Cette bataille fut livrée le vingt avril [5]. « Les Francs envahirent la région d'Alep, répandirent l'épouvante parmi les habitants, pillèrent la contrée et firent de nombreux prisonniers. Ce fut un bouleverse-

1. Ibn Al-Athîr et Aboû 'l-Fidâ dans *Hist. or. des croisades*, I, p. 221-223 et 7 ; Ibn Khaldoûn dans Rœhricht, *Quellenbeitræge*, p. 9-10 ; G. Weil, *Geschichte der Chalifen*, III, p. 185-186 ; B. Kugler, *Geschichte der Kreuzzüge*, p. 82-84.

2. Kamâl ad-Dîn, *Zoubda*, dans Reinaud, *Extraits*, p. 21 ; Defrémery, *Mémoires d'histoire orientale*, p. 52 ; Rœhricht, *Beitræge*, I, p. 232 ; *Hist. or. des croisades*, III, p. 593 ; Kugler, *Geschichte der Kreuzzüge*, p. 84.

3. Ousâma, *Autobiographie*, p. 48. Boémond Ier est nommé dans ce passage *Maimoûn*, et dans un autre (p. 47) *Ibn Maimoûn*. Ailleurs (p. 89 et 90), c'est son fils, Boémond II, qui est appelé *Ibn Maimoûn*, tout comme le philosophe Maïmonide. Sur cette permutation entre les lettres *b* et *m* dans les langues sémitiques, voir Joseph et Hartwig Derenbourg, *Études sur l'épigraphie du Yémen*, I, dans le *Journal asiatique* de 1882, I, p. 386 (p. 28 du tirage à part).

4. Reiske, dans Abulfedæ *Annales moslemici*, III, p. 355, avait, par une confusion des points diacritiques, lu شيزر, *Schaizar*, au lieu de تيزين, *Tìzîn*. Cette erreur a été reproduite par Wilken, *Commentatio*, p. 40, et par Weil, *Geschichte der Chalifen*, III, p. 187. Tornberg, dans son édition d'Ibn Al-Athîr, *Chronicon*, X, p. 271, l. 7, adopte une leçon également corrompue de la même manière : قنسرين, *Ḳinnasrîn*. Les éditeurs des *Hist. or. des croisades* (I, p. 228 et 8) ont reconnu qu'il s'agit, dans Ibn Al-Athîr, comme dans Aboû 'l-Fidâ, de Tìzîn. Cette ville, dominée par la citadelle d'Artâḥ, est située dans la contrée fertile, entre Antioche et Alep (cf. A. von Kremer, *Beitræge zur Geographie Nordsyriens*, p. 31 ; C. Ritter, *Die Erdkunde*, XVII, II, p. 1580). Elle ne doit pas être confondue avec Tìzîn, près de Ḥamâ (Socin, *Palestine et Syrie*, p. 586 ; Chauvet et Isambert, *Syrie, Palestine*, p. 707).

5. J'emprunte cette date précise à Kamâl ad-Dîn, *Zoubda*, dans Defrémery, *Mémoires d'histoire orientale*, p. 53 ; Rœhricht, *Beitræge*, I, p. 233 ; *Hist. or. des croisades*, III, p. 593.

ment général depuis Lailoûn jusqu'à Schaizar. La terreur avait pris la place du calme et de la sécurité [1]. »

Khalaf ibn Moulâ'ib s'était fait oublier, dans sa résidence d'Apamée, pendant que ses adversaires s'entredéchiraient. Les Mounkidhites ne s'opposaient point à ce que Khalaf continuât son système de déprédations et de rapines, pourvu qu'au milieu de la tourmente, ils pussent reprendre haleine dans leur château-fort inexpugnable de Schaizar, sans être exposés aux orages et aux rafales. Un des fils de Khalaf s'était lié intimement avec Aboû 'l-Ḥasan 'Alî le Mounkidhite, frère d'Ousâma [2]. Aucune trève n'avait été conclue entre les deux seigneuries limitrophes; mais, par une entente tacite, elles s'en tenaient à un armistice de fait qui se prolongerait tant qu'il répondrait aux nécessités de la défense contre leurs ennemis communs. Sur ces entrefaites, Roudwân favorisa un complot ourdi par les Ismaéliens contre Khalaf : celui-ci fut assassiné en 1106 [3]. De ses trois fils, l'un périt avec son père, un autre se réfugia à Schaizar auprès de son ami Aboû 'l-Ḥasan 'Alî le Mounkidhite [4], le troisième, Mouṣabbiḥ [5], vint offrir Apamée à Tancrède qui réduisit la place par la famine et y entra en vainqueur le quatorze septembre de cette même année [6].

Tancrède, une fois sa domination étendue jusqu'à l'extrémité nord du *Gâb,* devenait pour les Mounkidhites un ennemi redoutable, avec lequel ils essayeraient de temporiser, tant que leur puissance ne pourrait pas se mesurer avec la sienne. La possession d'Apamée par les Francs, c'était, en perspective,

1. Kamâl ad-Dîn, *Zoubda, loc. cit.*

2. Ibn Al-Athîr dans *Hist. or. des croisades*, I, p. 234.

3. Ousâma, *Autobiographie,* p. 94, dit que Khalaf fut tué, mais sans donner aucun détail, sans indiquer aucune date. Un récit des événements qui précédèrent, accompagnèrent et suivirent la mise à mort de Khalaf se trouve dans Ibn Al-Athîr et dans Aboû 'l-Fidâ (*Hist. or. des croisades,* I, p. 232-235 et 8); Ibn Khaldoûn dans Rœhricht, *Quellenbeitræge*, p. 11 ; G. Weil, *Geschichte der Chalifen*, III, p. 187-190 ; cf. aussi *Hist. or. des croisades,* III, p. 466, 495, 530, 594.

4. Ibn Al-Athîr dans *Hist. or. des croisades*, I, p. 234 ; Ibn Khaldoûn dans Rœhricht, *Quellenbeitræge*, p. 11 ; Weil, *Geschichte der Chalifen*, III, p. 189 ; Defrémery, *Recherches sur les Ismaéliens* dans le *Journal asiatique* de 1854, I, p. 384.

5. Ce nom est donné seulement par Kamâl ad-Dîn, *Zoubda*, dans Defrémery, *Mémoires d'histoire orientale,* p. 53 ; Rœhricht, *Beitræge*, I, p. 234 ; *Hist. or. des croisades*, III, p. 594.

6. Kamâl ad-Dîn, *Zoubda, loc. cit.;* Kugler, *Albert von Aachen,* p. 344.

l'oppression et l'abaissement pour la région de Schaizar [1]. A peine faut-il plus d'une demie-journée de marche pour se rendre d'Apamée à Schaizar [2]. Tancrède n'eût certes pas ajourné cette promenade militaire, s'il n'avait point préféré s'occuper d'assurer ses communications avec l'Occident par la conquête d'un port où pussent aborder et s'abriter les navires de tout calibre. Ce but fut atteint, lorsqu'au milieu de l'année 1108, la ville maritime de Laodicée fut définitivement incorporée dans la principauté d'Antioche [3].

Tandis que Tancrède occupait Laodicée, Guillaume Jourdain, comte de Cerdagne, neveu de Raimond de Saint-Gilles, vint répandre la terreur dans la banlieue de Schaizar [4]. Raimond était mort misérablement, le vingt-huit février 1105, en son château de Saint-Gilles, qu'il avait lui-même élevé dans un faubourg au sud de Tripoli et d'où le spectacle magnifique qui s'offrait à ses yeux entretint, jusqu'à son dernier soupir, le feu de sa convoitise [5]. Fakhr al-Moulk Aboû 'Alî 'Ammâr ibn Moḥammad Ibn 'Ammâr [6], parent, je ne sais à quel degré, de Djalâl al-Moulk 'Alî Ibn 'Ammâr [7], avait succédé à celui-ci comme seigneur de Tripoli vers 1101 [8]. Les Francs n'eurent pas d'adversaire plus persévérant, plus fécond en ressources. Il ne recula pas devant l'incendie pour se débarrasser de son dangereux compétiteur. Lorsque celui-ci eut succombé, Guillaume Jourdain prit le commandement de « la milice chré-

1. Ibn Al-Athir, *Atabeks*, p. 180.

2. Plus haut, p. 11.

3. W. Heyd, *Geschichte des Levantehandels im Mittelalter*, I, p. 160-161. Les objections présentées par M. B. Kugler, *Albert von Aachen*, p. 345, et les arguments par lesquels le même savant essaye de prouver que la prise de Laodicée par les Francs eut lieu dès 1106, ne m'ont point convaincu. La date de 1108, qui me paraît très probable, a été aussi adoptée par H. Prutz, *Kulturgeschichte der Kreuzzüge*, p. 378. Sur les ports militaires du littoral à ce moment et sur leur importance tant stratégique que politique pour leurs possesseurs, voir id., *ibid.*, p. 208.

4. Ousâma, *Autobiographie*, p. 37.

5. Ibn Al-Athir et Aboû 'l-Fidâ dans *Hist. or. des croisades*, I, p. 236 et 9; Reinaud, *Extraits d'auteurs arabes*, p. 22; Ducange, *Les familles d'outre-mer* (éd. Rey), p. 478 : etc.

6. Le nom de ce prince est ainsi donné dans Ibn Al-Athir, *Chronicon* (éd. Tornberg), X, p. 212, et dans Ibn Khallikân, *Biographical Dictionary*, I, p. 142.

7. Plus haut, p. 18, où, dans la note 1, il faut lire 1072 au lieu de 1062, et aussi p. 67 et p. 68.

8. C'est ce qui me paraît résulter d'une comparaison entre Ibn Al-Athir, *Chronicon*, X, p. 211, l. 4 et 5, et p. 212, l. 22; cf. *Hist. or. des croisades*, I, p. 204, l. 7 du texte, où il convient de substituer Djalâl al-Moulk à Djamâl al-Moulk, comme l'a remarqué M. de Slane, *ibid.*, p. 772, et p. 207, l. 2 du texte, contenant le nom qui a été omis dans la traduction.

tienne [1] » massée devant la place et s'intitula, par anticipation, « comte de Tripoli [2]. » Non seulement il se consumait dans l'ennui d'un siège interminable, mais encore il était menacé par les troupes de Ṭogtakîn, atâbek de Damas, qui s'avançait à la tête d'une armée forte en cavalerie, et qui avait déjà enlevé aux Francs plusieurs citadelles de la région, entre autres le casal nommé par eux Alma [3]. Jourdain ouvrit la campagne et détacha de ses troupes immobilisées au moins trois cents cavaliers et deux cents turcopoles [4]. Sans attendre le combat, Ṭogtakîn s'enfuit précipitamment avec toutes ses forces. Après l'avoir poursuivi jusqu'aux environs d'Émesse [5], Jourdain descendit le cours de l'Oronte et arriva dans la vallée qui s'étend au-dessous de Schaizar. Sur la foi d'un *fellâḥ* de la ville haute, Soulṭân et Mourschid sortirent pour surprendre le détachement égaré et qui, leur affirmait-on, se rendrait à merci, sans opposer de résistance. « Lorsque, dit Ousâma [6], ils aperçurent nos compagnons, ils remontèrent sur leurs chevaux, firent une charge, mirent en déroute leurs adversaires et les contraignirent à abandonner jusqu'au dernier le champ de bataille. » Après cette escarmouche couronnée de succès, Jourdain retourna dans ses cantonnements autour de Tripoli.

A la fin de l'année 1108, le vingt-sept novembre [7], « Tancrède, prince d'Antioche, fit une incursion contre Schaizar, poussa devant lui de nombreuses bêtes de somme, tua, fit des

1. « Christianæ militiæ ductor », dans un acte du 22 août 1106, pièce n° 91 dans le *Cartulaire du Saint-Sépulcre*, publié par M. E. de Rozière (Paris, 1849), p. 182.

2. Il est nommé deux fois « le maître de Tripoli » dans Ousâma, *Autobiographie*, p. 37.

3. Ibn Al-Athîr dans *Hist. or. des croisades*, I, p. 270, complété par p. 779-780; Ibn Khaldoûn dans Rœhricht, *Quellenbeitræge*, p. 13, exagèrent sans doute lorsqu'ils parlent de quatre mille cavaliers. La citadelle avec laquelle j'ai identifié le casal Alma, peu distant de Tripoli (Rey, *Les colonies franques*, p. 360), est appelée par nos deux documents de même origine *Al-Akama* (الاكمة). C'est, si je ne m'abuse, une fausse lecture, à la place de *Al-Alma* (الالمة), c'est-à-dire *Alma*, avec l'article arabe, nom latin dont le sens était inintelligible pour des Arabes, tandis que *Al-Akama* signifie « la butte, le tertre ».

4. Ousâma, *Autobiographie*, p. 31, où le mot Turcopoles est expliqué comme étant la dénomination usitée pour « les archers des Francs »; voir ma *Note sur quelques mots de la langue des Francs au douzième siècle* (tirage à part des *Mélanges Léon Renier*), p. 15. Sur ces musulmans indigènes, à la solde tour à tour de leurs coreligionnaires et des Francs, voir surtout Prutz, *Kulturgeschichte der Kreuzzüge*, p. 186 et 539. Ibn Al-Athîr (*Hist. or. des croisades*, I, p. 779) ne parle que des trois cents cavaliers.

5. Ibn Al-Athîr, *ibid.*, I, p. 270.

6. Ousâma, *Autobiographie*, p. 31.

7. Ousâma, *Autobiographie*, p. 52, raconte ces faits comme s'étant passés le jeudi vingt du second rabîʿ, en l'an 502.

prisonniers et campa devant un village, nommé Zalîn [1], où sont des cavernes inaccessibles, comme suspendues aux flancs de la montagne [2]. On ne peut y accéder par aucun chemin qui parte des hauteurs ou qui monte de la plaine. Veut-on se retrancher dans ces cavernes, ce n'est qu'à l'aide de cordes qu'on peut y descendre de la cime. Un Satan d'entre les cavaliers francs s'approcha de Tancrède et lui dit : Fais faire à mon intention une caisse en bois. Quand j'y serai assis, lancez-moi du haut de la montagne vers nos ennemis, en prenant soin d'employer des chaînes de fer assez solidement attachées à la caisse, pour qu'on ne puisse ni les couper avec des épées, ni me faire tomber. On lui fabriqua une caisse, on le lâcha, en retenant les chaînes de fer, dans la direction des cavernes suspendues. Il s'en empara et amena tous ceux qui s'y trouvaient vers Tancrède. C'est que l'intérieur formait une galerie couverte, sans la moindre cachette, et qu'en y tirant des flèches, il atteignait un homme à chaque coup, tant le lieu était étroit, tant la foule y était pressée ! »

Cette anecdote est rapportée par Ousâma dans une série de hauts faits accomplis par un seul homme tenant tête à nombre d'adversaires. « Après le combat, dit Ousâma [3], il y avait eu réconciliation. Tancrède s'avança, demandant qu'on lui cédât un cheval appartenant à un écuyer de mon oncle 'Izz ad-Dîn. C'était un cheval magnifique. Mon oncle le lui fit amener, monté par un Kurde de nos compagnons, nommé Ḥasanoûn, cavalier brave, jeune, sympathique d'allure, élancé, qui ferait prendre les devants au cheval, sous les yeux de Tancrède. Le cavalier lança sa monture et lui fit dépasser tous les autres chevaux qu'on faisait galoper sur la route. Lorsque Ḥasanoûn fut admis en présence de Tancrède, les chevaliers francs exa-

1. Je propose de comparer *Behelselin*, peut-être = *Bait-Zalîn*, château de la principauté d'Antioche, cité d'après Guillaume de Tyr par Rey, *Les colonies franques de Syrie*, p. 332.

2. Cf. les *cavernæ Sysaræ*, chez Gautier le Chancelier, dans H. Prutz, *Quellenbeitræge zur Geschichte der Kreuzzüge*, I, unique (Dantzig. 1876), p. 11, et dans *Hist. occid. des croisades*, V, p. 88.

3. Ousâma, *Autobiographie*, p. 48-49.

minèrent la vigueur de ses avant-bras, admirèrent sa taille fine et sa jeunesse et reconnurent en lui un vaillant cavalier. Tancrède l'honora par des présents. Ḥasanoûn dit alors : O mon maître, je voudrais recevoir de toi une assurance, c'est que, si jamais tu t'empares de ma personne à la guerre, tu me favoriseras en me relâchant. Tancrède lui accorda ce qu'il demandait, ou du moins Ḥasanoûn le supposa, car ces hommes ne parlaient pas d'autre langue que la langue des Francs ; nous ne savions pas le sens de leurs paroles [1]. »

En avril 1109 [2], les Mounḳidhites, rassurés par le départ de Tancrède et par la trêve qu'il avait consentie, commirent l'imprudence, mus par un accès de curiosité, de quitter la citadelle pour assister, dans une communauté des environs, aux cérémonies de la pâque chrétienne. Ousâma, alors à peine âgé de quinze ans, ne se fit point prier pour accompagner son père et son oncle [3]. La plupart des hommes valides partirent à la suite de leurs chefs. L'insouciance était générale. L'attrait de la distraction, une rareté dans ces temps troublés, était encore accru par la nouveauté du spectacle auquel on allait assister. Schaizar restait en arrière, comme un colosse exposé aux coups en l'absence de ses défenseurs. Les Ismaéliens, qui avaient des intelligences dans la place, furent informés de son évacuation momentanée, et résolurent d'en profiter. Leurs doctrines avaient partout, dans le nord de la Syrie, des adhérents secrets, dont la complicité leur était assurée. Une centaine de Baṭéniens parmi ceux qui vivaient à Apamée, à Ma'arrat an-No'mân et à Ma'arrat Maṣrîn [4], s'introduisirent à l'intérieur de Schaizar

1. Hartwig Derenbourg, *Note sur quelques mots de la langue des Francs au douzième siècle*, dans les *Mélanges Léon Renier*, p. 5 du tirage à part.

2. Ibn Al-Athîr et Aboû 'l-Fidâ dans *Hist. or. des croisades*, I, p. 272 et 10. Sibṭ Ibn Al-Djauzî (*ibid.* III, p. 548) recule ces mêmes faits jusqu'en avril 1114. Sous réserve de la date, nous lui avons emprunté en partie notre relation. La date donnée par Sibṭ Ibn Al-Djauzî a été adoptée par Defrémery. *Recherches sur les Ismaéliens* dans le *Journal asiatique* de 1854, I, p. 396.

3. C'est ce que je crois pouvoir conclure d'Ousâma, *Autobiographie*, p. 91-92.

4. Rectifiez ainsi *Ma'arrat Naṣrîn* dans Sibṭ Ibn Al-Djauzî, *Hist. or. des croisades, loc. cit.*, d'après l'*Index* du même volume, p. 759. Ma'arrat Maṣrîn était un village situé au sud-ouest d'Alep ; voir Yâḳoût, *Mou'djam*, IV, p. 574 ; Chauvet et Isambert, *Syrie, Palestine*, p. 714 *b* (*Ma'arrat Mouserim*) ; Rey, *Les colonies franques de Syrie*, p. 347, et sa *Carte du nord de la Syrie*, Paris, 1885 (*Meguaret Meserin*).

sans éveiller l'attention des habitants, et prirent possession de la citadelle dont ils fermèrent les portes après en avoir chassé la garnison. C'était une conduite pleine d'ingratitude envers les Mounḳidhites, leurs bienfaiteurs[1]. Les femmes de Schaizar, ces héroïnes incomparables, distribuèrent des armes à quiconque offrait de s'en servir contre les assaillants[2]. Ousâma semblait avoir amassé dès lors, comme par avance, une collection d'épées et de cuirasses. Sa mère en fit le partage entre les plus ardents d'entre les volontaires. Ousâma, lorsqu'il revint, ne trouva plus dans sa maison que les fourreaux et les gaines[3]. On combattit avec rage. 'Alawân, le chef de ces hallucinés[4], les avait sans doute gorgés de *ḥaschisch* pour les prédisposer à leur rôle d'assassins[5]. Dans leur excitation nerveuse, ils avaient, des hauteurs de la forteresse, jeté dans l'abîme béant trois de leurs adversaires, dont l'un, Noumair, échappa miraculeusement à la mort[6]. Ce fut lui peut-être qui alla prévenir les Mounḳidhites, tandis que les femmes, aussi industrieuses que hardies, suspendaient aux embrasures de leurs fenêtres des câbles, par lesquels leurs maris seraient ramenés subrepticement dans leurs foyers, afin qu'ils pussent surprendre à leur tour les envahisseurs. Aussitôt informés, princes et sujets étaient accourus vers la barbacane[7]. L'un après l'autre, ils s'accrochèrent aux cordes et se laissèrent hisser jusqu'au sommet. Les émirs Mounḳidhites dirigèrent l'opération et rentrèrent les derniers.

1. Ibn Al-Athîr dans *Hist. or. des croisades*, I, p. 272.

2. Plus haut, p. 43-44.

3. Ousâma, *Autobiographie*, p. 92.

4. Id., *ibid.*, p. 91. Je n'ai pas reproduit le nom du père de 'Alawân, parce que ce nom est incertain.

5. Les Ismaéliens pratiquaient le meurtre comme une obligation religieuse. Un corps spécial, celui des *Fidâwi*, exécutait les décisions des chefs et poignardait les victimes. Cf. l'exposé lumineux de Stanislas Guyard dans son Mémoire intitulé : *Un grand maître des assassins au temps de Saladin*; *Journal asiatique* de 1877, I, p. 343-345. M. G. Weil a fait une énumération des principaux personnages qui, au douzième siècle, furent tués par des Ismaéliens; voir sa *Geschichte der Chalifen*, III, p. 208. La mort de Khalaf ibn Moulâ'ib fut aussi leur œuvre (plus haut, p. 74).

6. Ousâma, *Autobiographie*, p. 57. Ousâma renvoie pour les détails à un passage antérieur de son livre; ce passage devait se trouver dans la partie aujourd'hui perdue de l'*Autobiographie*.

7. Je traduis ainsi, à l'exemple de M. de Slane, le terme technique de *bâschoûra*, qui, en fortification, désigne un ouvrage détaché destiné à couvrir et à masquer l'entrée d'une forteresse; cf. *Hist. or. des croisades*, I, p. 759. Le mot se trouve dans Ousâma, *Autobiographie*, p. 14, l. 2 d'en bas, si l'on admet ma correction du texte, et p. 73, l. 2 d'en bas. M. Dozy, *Supplément aux dictionnaires arabes*, I, p. 89, le rend par « bastion ». C'est ainsi qu'est également traduit le pluriel *bawâschir* dans Maçoudi, *les Prairies d'or*, II, p. 319.

La lutte acharnée se termina par la défaite et l'extermination des Ismaéliens. Ils furent passés au fil de l'épée jusqu'au dernier. Leurs complices, les Baṭéniens de Schaizar, furent également mis à mort [1]. L'avertissement profita aux Mounḳidhites, qui, instruits par une aussi chaude alarme, redoublèrent de vigilance. Quant aux Ismaéliens, ils ne tentèrent plus d'attaque contre Schaizar pendant une période d'au moins vingt années [2].

Tancrède, prince d'Antioche, en s'éloignant de Schaizar, s'était dirigé vers Tripoli, dont la résistance s'éternisait, la place assiégée pouvant de trois côtés être ravitaillée par mer [3]. D'autre part, Fakhr al-Moulk Ibn 'Ammâr avait été servi par les divisions et les rivalités des chefs francs. Ceux-ci ne vinrent à bout de son indomptable énergie, de son habileté remuante et audacieuse qu'en coalisant leurs efforts, qu'en achetant chèrement la coopération de la flotte génoise [4]. Tripoli capitula enfin le douze juillet 1109 [5]. Pendant que les vainqueurs pillaient les maisons de quatre, cinq et même six étages et les bazars semblables à des palais magnifiquement décorés [6], pendant que les riches bibliothèques de cette ville savante et le *Palais de la science* étaient saccagés [7], les habitants torturés, dépouillés et

1. Ibn Al-Athîr et Aboû 'l-Fidâ dans *Hist. or. des croisades*, I, p. 272 et 10.

2. Les événements mentionnés par Ousâma, *Autobiographie*, p 118-121, durent se passer vers 530 de l'hégire (1135 de notre ère): car Ousâma (*ibid.*, p. 119), parlant avec éloges du chef (*ar-ra'îs*) Djawâd, qui avait tué un terrible Baténien, ajoute : « Je le vis peu d'années après à Damas en 534. Et, en effet, dans l'année correspondante de notre ère, en 1139, Ousâma vivait à Damas; voir notre chapitre cinquième.

3. Ibn Al-Athîr dans *Hist. or. des croisades*, I, p. 236 et 254.

4. Heyd, *Geschichte des Levantehandels im Mittelalter*, I, p. 155. Sur la composition et la force de la marine génoise, voir Ed. Heyck, *Genua und seine Marine im Zeitalter der Kreuzzüge* (Innsbruck, 1886).

5. C'est après mûre réflexion que je me suis prononcé pour le milieu de juillet 1109, à l'exemple de Weil, *Geschichte der Chalifen*, III, p. 178; de Hagenmayer, *Ekkehardi Hierosolymita*, p. 328, note 23 : de Heyd, *Geschichte des Levantehandels*, I, p. 156; de Kugler, *Geschichte der Kreuzzüge*, p. 91, et *Albert von Aachen*, p. 366, etc. Pour ne parler que des écrivains arabes, la date est ainsi donnée avec précision par Sibṭ Ibn Al-Djauzi (*Hist. or. des croisades*, III, p. 536) et par Ibn Khallikân, *Biographical Dictionary*, III, p 455. Ibn Tagribardî est aussi d'accord, mais il mentionne seulement l'année, comme également Reinaud, *Extraits d'auteurs arabes*, p. 23. Ce même événement est placé juste un an plus tard (avec mention du mois et du quantième) par Ibn Al-Athîr (*Hist. or. des croisades*, I, 274), Aboû 'l-Fidâ (*ibid.*, I, p 10), Ibn Khaldoûn (Rœhricht, *Quellenbeitræge*, p. 13) et, d'après eux, par Wüstenfeld, *Geschichte der Faṭimiden-Chalifen*, p. 285. Voir aussi, en faveur de la date de 1110, sans indication de mois ni de jour, Ibn Abi Ṭayy, cité par Ibn Fourât et traduit par Quatremère dans *Mémoires géographiques et historiques sur l'Égypte* (Paris, 1811), II, p. 507.

6. Les constructions luxueuses de Tripoli au milieu du onzième siècle ont été décrites par Nâṣiri Khosrau ; cf. *Safar nâmèh*, traduction Ch. Schefer (Paris, 1881), p. 40-42.

7. Ibn Al-Athîr dans *Hist. or. des croisades*, I, p. 274; An-Nouwairi dans Reinaud, *Extraits d'auteurs arabes*, p. 24; Prutz, *Kulturgeschichte*

faits prisonniers, Fakhr al-Moulk parvenait à gagner Djabala, et y cherchait un abri provisoire pour y préparer son retour prochain dans sa capitale.

A peine Fakhr al-Moulk, chassé vers le nord, avait-il pris ses quartiers à Djabala, qu'il ordonna une pointe sur Laodicée, qui appartenait aux Francs depuis 1108[1]. « Quelques-uns de ses cavaliers, dit Ousâma[2], sortirent pour attaquer Laodicée, quelques cavaliers francs sortirent de Laodicée à leur rencontre. Les deux escadrons campèrent sur la route, séparés par une colline. Un cavalier franc gravit le versant septentrional de la colline, au moment même où Fâris le Kurde montait de l'autre côté. Chacun d'eux se proposait de reconnaître le pays au nom de ses compagnons d'armes. Ils se rencontrèrent sur le faîte de la colline, se lancèrent l'un sur l'autre, et, au même moment, échangèrent deux coups qui les firent tomber simultanément raides morts. Les chevaux continuèrent à se ruer l'un contre l'autre avec fureur sur la colline, après que leurs maîtres avaient péri. »

La prise de Djabala ne fut pour Tancrède, poursuivant son ennemi, qu'une affaire de jours. Fakhr al-Moulk s'était fait illusion sur ses chances de tenir longtemps dans une ville qu'on n'avait pas approvisionnée en vue d'un siège[3]. Il obtint le vingt-trois juillet une capitulation honorable, avec les honneurs de la guerre pour ses troupes, avec un sauf-conduit pour sa personne[4]. Prenant la direction de l'est, Fakhr al-Moulk se rendit

der Kreuzzüge, p. 54 Sur la grande bibliothèque de Tripoli, on peut surtout comparer un intéressant passage d'Ibn Abî Ṭayy, cité par Ibn Fourât et traduit par Quatremère dans ses *Mémoires géographiques et historiques sur l'Égypte*, II, p. 506-507. Le *Palais de la science*, de Tripoli, comme je traduis *dâr al-ʿilm*, est mentionné par Ousâma, *Autobiographie*, p. 153 (voir plus haut, p. 50) et par Ibn Khallikân, *Biographical Dictionary*, III, p. 455, l. 3 d'en bas. Le khalife Al-Ḥâkim avait fondé au Caire également un *Palais de la science*, où était installée une immense bibliothèque ; cf. Al-Maḳrizi, *Khiṭaṭ*, I, p. 445 et 458, et dans Ibn Khallikân, *Biographical Dictionary*, I, p. xxix et 337 ; A. von Kremer, *Culturgeschichte des Orients*, II, p. 483 ; F. Wüstenfeld, *Die Geographie und Verwaltung von Aegypten nach dem Arabischen des .... el Calcaschandi* (Gœttingen, 1879), p. 80. Ibn Al-Athir (*Hist. or. des croisades*, I, p. 274) parle au pluriel des *Palais de la science* de Tripoli.

1. Plus haut, p. 75.
2. Ousâma, *Autobiographie*, p. 71-72.
3. Ibn Al-Athir dans *Hist. or. des croisades*, I, p. 274.
4. Sibṭ Ibn Al-Djauzi, *ibid.*, III, p. 536 (en corrigeant vingt et un juillet en vingt-trois juillet, la date musulmane étant exacte) ; Ibn Tagribardi, *ibid.*, III, p. 490 ; Heyd, *Geschichte des Levantehandels*, I, p. 136. Yâḳoût, *Mouʿdjam*, II, p. 20,

d'abord à Schaizar. Il amenait avec lui le savant grammairien Aboû 'Abd Allâh de Tolède, auparavant conservateur du *Palais de la science* à Tripoli, qui, dès lors, se consacra à l'éducation supérieure d'Ousâma [1]. Quant au prince fugitif, l'émir Soulṭân l'accueillit à Schaizar avec faveur et respect et lui demanda de s'y fixer [2]. La famille des Ibn 'Ammâr n'était-elle pas, comme celle des Mounḳidhites, une famille de lettrés? On se souvenait d'ailleurs à Schaizar qu'autrefois, en 1072, le prédécesseur et le parent de Fakhr al-Moulk, Djalâl al-Moulk Ibn 'Ammâr, avait traité en égal le père de Soulṭân, Aboû 'l-Ḥasan 'Alî le Mounḳidhite, exilé à Tripoli [3]. Maintenant Fakhr al-Moulk, dépossédé de ses Etats, déchu de son rang, récoltait la reconnaissance pour les services rendus, la sympathie des cœurs, les offres de concours les plus amicales. Ce fut dans les veillées de l'hospitalité largement offerte au vaincu que le jeune Ousâma, alors âgé de quinze années musulmanes, entendit sans doute conter l'histoire des deux cavaliers, dont les chevaux avaient continué la lutte après la mort de ceux qui les montaient [4]. Mais Fakhr al-Moulk Ibn 'Ammâr déclina les offres, pour séduisantes qu'elles fussent, de l'émir Soulṭân. Sa présence à Schaizar ne lui assurait point la sécurité et compromettait celle de ses hôtes. Tancrède ne manquerait point de considérer comme une provocation d'Ibn 'Ammâr, comme une bravade des Mounḳidhites, le séjour à demeure de ce prince dans leur citadelle. De plus, Ibn 'Ammâr n'admettait point que sa carrière fût terminée, et ne redoutait rien tant qu'une retraite prématurée, quand l'avenir lui réservait peut-être une compensation à ses malheurs présents, un relèvement éclatant après une chute profonde. Il partit pour Damas, où il parvint en

parle du vingt-deux de dhoû 'l-ḳa'da, ou 502, c'est à-dire du vingt-trois juin 1109, une erreur d'un mois imputable à l'auteur ou à l'éditeur. Ibn Al-Athîr (*Hist. or. des croisades*, I, p. 274) recule les événements d'une année, comme il l'a fait pour Tripoli; voir plus haut, p. 80.

1. Plus haut, p. 50-52.

2. Ibn Al-Athîr dans *Hist. or. des croisades*, I, p. 275; Ibn Khaldoûn dans Rœhricht, *Quellenbeitræge*, p. 14.

3. Plus haut, p. 18.

4. Plus haut, p. 81.

août 1109[1]. L'atàbek Ṭogtakîn lui fit une réception très flatteuse, lui assigna un palais et lui accorda comme fief Az-Zabdânî et ses dépendances[2], riche canton situé au nord de Damas, suite non interrompue de vergers luxuriants[3]. En 1110, Ṭogtakîn le chargea d'une mission de confiance auprès du khalife de Bagdâd Al-Moustaṭhir[4]. Nous retrouvons encore Fakhr al-Moulk devenu vizir du « roi Mas'oûd » de 1118 à 1120[5], puis offrant, en 1120, ses services à Nadjm ad-Dîn Îlgâzî, prince de Mâridîn, qui les dédaigne[6], ensuite nous perdons sa trace, et l'histoire a gardé le silence même sur l'année de sa mort.

Le départ hâtif de Fakhr al-Moulk Ibn 'Ammâr n'avait point désarmé le bras de Tancrède, qui allait, au milieu de 1110, s'appesantir de nouveau sur les Mounḳidhites. Si, l'année précédente, il s'était montré accommodant sur les conditions de sa retraite, s'il n'avait pas profité de ses avantages et s'était contenté d'intimider les émirs de Schaizar, sa modération provenait, non pas d'un mouvement spontané de bienveillance, mais de la conviction intime que la principauté chrétienne d'Antioche n'était pas appelée à goûter un repos durable tant que subsisterait la seigneurie musulmane de Tripoli. Il avait aidé au succès final de l'entreprise qui avait fait couler tant de sang chrétien. Mais, s'il avait travaillé pour lui-même en contribuant à supprimer un foyer de révolte au centre des établissements latins, la nouvelle conquête lui profita moins directement qu'à ses collaborateurs. Il dut s'effacer devant son suzerain, Baudouin Ier, roi de Jérusalem[7], qui imposa le vasselage au

1. Ibn Al-Athir, *Chronicon*, X, p. 335. L'année 502 de l'hégire est donnée par erreur, comme l'a remarqué Wüstenfeld, *Geschichte der Faṭimiden-Chalifen*, p. 286, note. Seulement, tandis qu'avec Ibn Khaldoûn (Rœhricht, *Quellenbeitræge*, p. 14), il y substitue l'année 504, j'opine en faveur de l'année 503.

2. Ibn Al-Athir et Aboû 'l-Fidâ dans *Hist. or. des croisades*, I, p. 275 et 10; cf. Sibṭ Ibn Al-Djauzi et Tagribardi, *ibid.*, III, p. 537 et 491; Ibn Khaldoûn dans Rœhricht, *Quellenbeitræge*, p. 14.

3. Ritter, *Die Erdkunde*, XVII, II, p. 1270 et suiv.

4. Sibṭ Ibn Al-Djauzi dans *Hist. or. des croisades*, III, p. 538.

5. Ibn Al-Athir dans *Hist. or. des croisades*, I, p. 312 et 327. « Le roi Mas'oûd » (cf. Ousâma, *Autobiographie*, p. 25) avait pris ce titre en attendant qu'il devint sultan, comme l'avait été son grand-père Malik-Schâh et comme l'était son père Moḥammad. Il est l'objet d'une courte notice dans Ibn Khallikân, *Biographical Dictionary*, III, p. 355-356.

6. Ibn Al-Athir dans *Hist. or. des croisades*, I, p. 332.

7. Le Lorrain Baudouin avait été couronné roi

nouveau comté, et qui, Jourdain ayant été presque aussitôt assassiné traîtreusement, donna l'investiture à Bertrand, comte de Toulouse, fils naturel de Raimond de Saint-Gilles [1].

Une année s'était écoulée, ou un peu plus, depuis que Tancrède avait ajourné ses projets sur Schaizar. On était au printemps de 1110. « La trêve expira, nous raconte Ousâma [2], et Tancrède s'avança de nouveau vers nous, à la tête de l'armée d'Antioche. La lutte s'engagea sous les murs de notre ville. Nos cavaliers avaient rejoint l'avant-garde des Francs. Un Kurde d'entre nos compagnons d'armes, nommé Kâmil Al-Maschṭoûb [3], frappa sur eux à coups redoublés. Lui et Ḥasanoûn [4] avaient un égal courage. Entre temps, Ḥasanoûn se tenait avec mon père dans une petite maison qu'il possédait, attendant son cheval, que son écuyer lui ramènerait de chez le vétérinaire, attendant aussi sa cuirasse. Il s'impatienta, se troubla de voir les coups portés par Kâmil Al-Maschṭoûb, et dit à mon père : O mon maître, mets à ma disposition un équipement, fût-il léger. — Ces mulets, répondit mon père, portent des armures, choisis celles qui sont à ta convenance. A ce moment, je me tenais derrière mon père, j'étais un adolescent, et ce fut le premier jour où j'assistai à un combat. Ḥasanoûn passa en revue les cuirasses enfermées dans les gaines sur les dos des mulets ; aucune ne lui allait. Il écumait de colère, dans son ardent désir de se distinguer dans l'action, comme Kâmil Al-Maschṭoûb. Il s'avança sur le pas de sa maisonnette, sans être cuirassé. Un cavalier franc lui barra le passage. Ḥasanoûn frappa de sa lance le cheval de son ennemi sur la croupe. Le cheval prit le mors aux dents et em-

de Jérusalem le jour de Noël, l'an 1100. Son frère, Godefroy de Bouillon étant mort le dix-huit juillet 1100, il lui avait succédé comme roi de Jérusalem. Sur Baudouin Ier, voir la monographie de M. A. Wolff, *Kœnig Balduin I. von Jerusalem* (Kœnigsberg, 1884).

1. Ducange, *Les familles d'outre-mer* (éd. Rey), p. 479 ; Kugler, *Geschichte der Kreuzzüge*, p. 91 ; A. Wolff, *Kœnig Balduin I.*, p. 48.

2. Ousâma, *Autobiographie*, p. 49-50.

3. Le surnom porté par ce guerrier signifie « le balafré » ; nous le trouvons appliqué à un autre Kurde, Saif ad-Dîn 'Alî, dans l'histoire de Saladin, par Bahâ ad-Dîn (*Hist. or. des croisades*, III, p. 83, 141, 197, etc.) et par Ibn Khallikân, *Biographical Dictionary*, I, p. 162, où ce sobriquet est expliqué. Dans un autre passage de l'*Autobiographie* (p. 72), Kâmil Al-Maschṭoûb est cité comme ayant vendu un cheval à l'un des frères d'Ousâma, 'Izz ad-Daula Aboû 'l-Ḥasan 'Alî (voir plus haut, p. 46 et 75.

4. Plus haut, p. 77.

porta Ḥasanoûn, qu'il jeta au milieu d'un escadron des Francs. Ceux-ci le firent captif, lui infligèrent toutes les variétés de tortures et voulurent lui crever l'œil gauche. Mais Tancrède (qu'Allâh le maudisse!) leur dit : Crevez-lui plutôt l'œil droit afin que, lorsqu'il portera son bouclier, son œil gauche étant caché, il ne puisse plus rien voir. On lui creva l'œil droit, comme Tancrède l'avait ordonné. L'on réclama pour sa rançon mille dînârs et un cheval brun qui appartenait à mon père, un cheval magnifique de Khafâdja [1], dont mon père se dessaisit pour racheter Ḥasanoûn.

« Dans cette journée, il était sorti de Schaizar des fantassins nombreux. Les Francs chargèrent contre eux sans ébranler leurs lignes. Alors Tancrède réunit ses soldats et leur dit : Vous êtes mes cavaliers, et chacun de vous touche une solde équivalente à la solde de cent musulmans. Vous avez en face de vous des sergents [2] (il voulait dire par là : des fantassins), et vous ne seriez pas capables de les déloger! Ils répondirent : Nous n'avons de crainte que pour nos chevaux; autrement, nous aurions écrasé et percé de nos lances de tels adversaires. Tancrède reprit : Les chevaux m'appartiennent; celui d'entre vous dont la monture aura été tuée, je la lui remplacerai. Ils

1. Les chevaux de Khafâdja, dénommés d'après la tribu arabe de Khafâdja ibn ʿAmr (cf. plus haut, p. 19), sont des pur sang. Au commencement du quatorzième siècle, le célèbre vétérinaire Aboû Bakr ibn Al-Badr, spécialiste attaché aux écuries du sultan mamloûk d'Égypte Al-Malik An-Nâṣir Moḥammad ibn Ḳalâwoun, a décrit en ces termes le cheval de Khafâdja : « Il a pour traits la rareté du poil au front, la brièveté de la face, la sécheresse des joues, la rondeur des épaules, la ligne bien dressée des jarrets, l'uni des genoux, la délicatesse des lèvres. » Voir Perron, *Le Nâcéri, la perfection des deux arts ou traité complet d'hippologie et d'hippiatrique arabes; traduit de l'arabe d'Abou Bekr ibn Bedr* (Paris, 1852-1860, 2 tomes en 3 volumes), tome II, première division (hippologie), p. 16, 23-24, 389. Sur cet ouvrage, intitulé *Kâmil aṣ-ṣanâʿatain*, dont la Bibliothèque nationale possède un exemplaire (supplément arabe, nº 994), voir Hâdji Khalifa, *Lexicon bibliographicum*, V, p. 26 : Flügel, *Die arabischen, persischen und türkischen Handschriften der kaiserlich-kœniglichen Hofbibliothek zu Wien* (Wien, 1865-1867, 3 vol.) II, p. 530-532; Clément-Mullet, *Le livre d'agriculture d'Ibn-Al-Awam* (Paris, 1864-1867, 2 tomes), II, p. VII-VIII; W. Pertsch, *Die arabischen Handschriften der Bibliothek zu Gotha* (Gotha, 1878-1883, 4 vol.) IV, p. 107-108. Le fils d'Ousâma, Aboû 'l-Fawâris Mourhaf, paraît avoir écrit un manuel du parfait cavalier. Voir Clément-Mullet, *ibid.* II, p. IX.

2. Ce sont des *sergents à pied*, et non des *sergents à cheval* (cf. aussi Ousâma, *Autobiographie*, p. 56). Les troupes des Francs avaient des uns et des autres; voir Prutz, *Kulturgeschichte der Kreuzzüge*, p. 538, et ma *Note sur quelques mots de la langue des Francs au douzième siècle*, tirage à part des *Mélanges Léon Renier*, p. 16. La même transcription arabe se trouve dans Kamâl ad-Dîn, *Zoubda* (*Hist. or. des croisades*, III, p. 561).

Pour l'emploi du mot arabe *djoundî* (جُنْدِىّ) « soldat », que j'ai cité comme ayant, par l'analyse de la forme et du sens, provoqué les transcriptions *sirdjand* et *sirdjandî*, voir Ibn Aṭ-Ṭiḳṭaḳâ, *Al-Fakhrî* (éd. Ahlwardt), p. 360.

exécutèrent alors plusieurs charges de cavalerie contre les hommes de Schaizar, perdirent soixante-dix chevaux, mais ne purent débusquer leurs ennemis des positions occupées par eux. »

Encore une fois Tancrède avait échoué dans sa tentative contre Schaizar. Il se réserva de la renouveler plus tard dans des conditions plus favorables et ordonna incontinent à ses troupes de battre en retraite. Des intérêts supérieurs lui commandaient, du reste, de ne pas éparpiller ses forces, de ne pas les user dans de vaines escarmouches. L'islamisme courbé, mais non abattu, se redressait fièrement et relevait la tête. En décembre 1109 [1], le sultan Seldjoûkide Mohammad-Schâh avait pris la direction du mouvement. Son impulsion énergique secoua l'inertie, entraîna l'union des princes musulmans. L'émir Maudoûd, fils d'Altoûntikîn [2], auquel, l'année précédente, il avait confié le gouvernement de Mauṣil [3], et nombre d'autres émirs de la Mésopotamie, répondirent à l'appel du sultan et mirent le siège devant Édesse dans la première moitié de mai 1110 [4]. La coalition musulmane qu'allait encore renforcer l'atâbek Ṭogtakîn, seigneur de Damas [5], eut pour effet la ligue des princes chrétiens contre l'ennemi commun. Le comte Baudouin du Bourg, prince d'Édesse, parent, neveu ou cousin de Baudouin Ier [6], envoya son cousin, Josselin de Courtenay, prince de Tell Bâschir et d'autres places [7], au camp de Beiroût pour solliciter l'appui du roi de Jérusalem. Après que Beiroût eut capitulé, le 13 mai [8], Baudouin Ier partit pour le nord. Son

1. J'emprunte cette date à Sibṭ Ibn Al-Djauzi dans *Hist. or. des croisades*, III, p. 537, en rectifiant, dans la traduction, 1109 au lieu de 1108.

2. Ibn Al-Athîr dans *Hist. or. des croisades*, I, p. 258.

3. Ibn Al-Athîr, *Atabeks*, *ibid.*, II, II, p. 32.

4. Kamâl ad-Dîn, *Zoubda*, dans Defrémery, *Mémoires d'histoire orientale*, p. 56; Rœhricht, *Beitræge*, I, p. 236; *Hist. or. des croisades*, III, p. 596. Les erreurs chronologiques d'Ibn Al-Athîr ont été relevées et réfutées avec une savante précision par M. Defrémery, *ibid.*, p. 57 et 58.

5. Sibṭ Ibn Al-Djauzi dans *Hist. or. des croisades*, III, p. 540.

6. Ce même Baudouin du Bourg devait succéder à Baudouin Ier, comme roi de Jérusalem, en mars 1118; voir plus loin, p. 110.

7. Ibn Al-Athîr dans *Hist. or. des croisades*, I, p. 269; Ducange, *Les familles d'outre-mer* (éd. Rey), p. 297. M. Sachau a relevé la prononciation Tell Bâschar; voir *Reise in Syrien und Mesopotamien*, p. 163-165.

8. Cette date, dans Wolff, *Balduin I.*, p. 48, es confirmée par Yâkoût, *Mou'djam*, I, p. 785.

exemple fut suivi par Bertrand de Saint-Gilles, comte de Tripoli, et, bien qu'à contre-cœur, aussi par Tancrède, prince d'Antioche.

L'armée de Tripoli se délassa des ennuis de la route par une incursion sur le territoire de Schaizar. « Mon père et mon oncle, dit Ousâma [1], étaient parmi les plus courageux des hommes. J'admirai leur conduite un jour qu'ils étaient sortis pour la chasse aux faucons dans la direction du Tell Milḥ [2], qui abondait en oiseaux aquatiques. A leur insu, l'armée de Tripoli avait fait invasion et s'était répandue dans la contrée. Nous rentrâmes. Mon père relevait de maladie. Mon oncle, avec sa faible escorte, s'avança vers les Francs jusqu'au moment où ceux-ci le virent traverser le gué [3]. Quant à mon père, il laissa son cheval marcher au trot. Je l'accompagnais, et j'étais encore un adolescent. Il tenait à la main un coing qu'il suçait. Lorsque nous fûmes parvenus dans le voisinage des Francs, il me dit : Va de ton côté, entre par la levée [4]. Mais lui, il passa le fleuve aux environs du point occupé par les Francs. »

Roudwân, prince d'Alep, s'était refusé à seconder ses alliés naturels, les généraux du sultan. Avant de s'engager, il avait préféré épier la tournure que prendraient les événements, voulant rester libre de les exploiter à son profit [5]. Les Francs ayant été défaits dans la presqu'île formée par les sinuosités de l'Euphrate, à l'ouest de Ḥarrân, Roudwân, persuadé que Tancrède avait succombé, envahit et ravagea ses états [6]. Mais Tancrède ne tarda pas à reparaître dans sa principauté et à user de représailles. Tandis que Baudouin Ier s'attaquait à Sidon, le dix-neuf octobre 1110, et s'en emparait, le cinq décembre de la même année [7], Tancrède conquérait, dans la pro-

1. Ousâma, *Autobiographie*, p. 41.

2. Le *Tell Milḥ* (cf. id., *ibid*, p. 42) « colline de sel », dans la banlieue immédiate de Schaizar, est peut-être identique aux *Salinæ* de Gautier le chancelier; voir Prutz, *Quellenbeitræge zur Geschichte der Kreuzzüge*, p. 10 ; *Historiens occidentaux des croisades*, V, p. 87. Cf. aussi le *Tell el-Mellah* de Burckhardt dans Ritter, *Die Erdkunde*. XVII, II, p. 1080.

3. Plus haut, p. 13.

4. Plus haut, p. 11.

5. Ibn Al-Athir dans *Hist. or. des croisades*, I, p. 281.

6. Kamâl ad-Din, *Zoubda*, dans Defrémery, *Mémoires*, p. 56-58; Rœhricht, *Beitræge*, I, p. 236-237 : *Hist. or. des croisades*, III, p. 596-597.

7. Ibn Al-Athir dans *Hist. or. des croisades*, I, p. 275; Wolff, *Kœnig Balduin I*, p. 52-53.

vince d'Alep, d'abord le canton d'An-Naḳira, puis, à la fin de décembre, la place forte d'Al-Athârib [1]. Roudwân, enfermé et menacé dans Alep, implora la paix qui lui fut accordée moyennant un tribut de vingt mille dînârs et un présent stipulé de chevaux et d'étoffes. Tancrède, à court de ressources, accepta les conditions qu'il avait repoussées un mois auparavant [2]. Soulṭân, prince de Schaizar, et 'Alî le Kurde, prince de Ḥâmâ, profitèrent de ces dispositions favorables. La cessation des hostilités entre Roudwân et Tancrède pouvait entraîner des conséquences désastreuses pour eux et pour leurs sujets. Le Mounḳidhite acheta la sécurité momentanée de son territoire par une contribution de quatre mille pièces d'or selon les uns [3], de dix mille selon les autres [4]. 'Alam ad-Dîn 'Alî le Kurde [5] obtint à moins de frais son repos, qui risquait moins d'être troublé : on se contenta de le lui faire payer deux mille dînârs [6].

L'année 1111 s'ouvrait sous de tristes auspices pour la Syrie, cette « racine vivace des pays de l'islamisme [7]. » Les croisés et les musulmans s'y étreignaient, toujours plus rapprochés les uns des autres, comme deux athlètes, au moment où l'un va être renversé et terrassé. La cause chrétienne triomphait. La cohésion de toutes les forces musulmanes pouvait seule en arrêter le progrès lent, continu, régulier, sans interruption ni recul. Des habitants d'Alep prirent l'initiative d'aller à Bagdâd, y brisèrent les chaires des prédicateurs, réclamant des actes énergiques au lieu de sermons [8]. Le khalife légitime, Al-Moustaṭhhir

1. Ibn Al-Athîr dans *Hist. or. des croisades*, I, p. 278 ; Kamâl ad-Dîn, *Zoubda*, dans Defrémery, *Mémoires*, p. 58-59 ; Rœhricht, *Beitræge*, I, p. 237-238 ; *Hist. or. des croisades*, III, p. 597-598.

2. Ibn Al-Athîr (*Hist. or. des croisades*, I, p. 279) élève la somme à trente-deux mille dinârs ; voir le même renseignement reproduit dans Aboû 'l-Fidâ (*ibid.*, I, p. 10) et dans Ibn Khaldoûn (avec une légère inexactitude dans Rœhricht, *Quellenbeitræge*, p. 14). J'ai préféré suivre, pour un fait relatif à l'histoire d'Alep, Kamâl ad-Dîn, *Zoubda*, dans Defrémery, *Mémoires*, p. 59 : Rœhricht, *Beitræge*, I, p. 237-238 ; *Hist. or. des croisades*, III, p. 597-598. Ibn Al-Athîr (*loc. cit.*) et ses deux plagiaires font seuls mention des étoffes.

3. Ibn Al-Athîr, Aboû 'l-Fidâ et Ibn Khaldoûn *loc. cit.*

4. Sibṭ Ibn Al-Djauzi dans *Hist. or. des croisades*, III, p. 539.

5. Le nom de ce prince est ainsi donné dans Ousâma, *Autobiographie*, p. 58.

6. Ibn Al-Athîr, Aboû 'l-Fidâ et Ibn Khaldoûn, *loc. cit.*

7. Bahâ ad-Dîn, *Vie de Saladin*, dans *Hist. or. des croisades*, III, p. 58.

8. Ibn Al-Athîr dans *Hist. or. des croisades*, I, p. 279 ; Sibṭ Ibn Al-Djauzi, *ibid.*, III, p. 541 ; Kamâl ad-Dîn, *Zoubda*, dans Defrémery, *Mémoires*, p. 60 : Rœhricht, *Beitræge*, I, p. 239 ; *Hist. or. des croisades*, III, p. 599.

Billâh, « doux, sociable, aimant le bien, détestant l'injustice [1], » ne disposait que de son autorité morale. L'émir des croyants demanda au sultan Seldjoûḳide Moḥammad-Schâh d'intervenir encore une fois, et de réveiller chez les fidèles l'ardeur pour la guerre sainte [2]. S'il faut croire Ibn Al-Athîr, l'empereur de Constantinople, Alexis Comnène, alarmé de la puissance croissante des chrétiens, l'aurait aussi dénoncée au sultan comme un danger que des demi-mesures seraient impuissantes à conjurer [3].

L'armée musulmane, qui allait entreprendre l'œuvre de la délivrance, avait besoin de pouvoir compter au moins sur la neutralité bienveillante des princes qui ne lui accorderaient point leur appui matériel. Maudoûd, prince de Mauṣil, qui avait dirigé les opérations de l'année précédente, espérait retrouver la même unanimité chez les alliés qu'il avait conduits à la victoire. La mésintelligence et la discorde paralysèrent son généreux effort. Rouḍwân, prince d'Alep, malgré la rude leçon qui lui avait été infligée par Tancrède, se montra obstinément récalcitrant à l'appel qui lui fut adressé, persista dans son isolement et n'autorisa pas même l'entrée dans Alep des chefs que les souffrances et les revendications des Alépins avaient décidés à cette seconde campagne [4]. Aucune déception ne fut épargnée au généralissime [5]. Son plan de transporter la lutte en Syrie, au cœur de la domination franque, n'agréa point aux princes de Mésopotamie que la distance effrayait, que le démembrement de la Syrie laissait indifférents. Les défections le forcèrent à lever le siège de Tell Bâschir au moment où Josselin, qui y commandait, était sur le point de se rendre par capitulation [6]. Ṭogtakîn, prince de Damas, qui avait rejoint

1. Ibn Aṭ-Ṭiḳṭaḳâ, *Al-Fakhri* (éd. Ahlwardt), p. 346.

2. Ibn Al-Athîr dans *Hist. or. des croisades*, I, p. 280.

3. Id., *ibid.*, *loc. cit.*

4. Ibn Al-Athîr et Aboû 'l-Fidâ, *ibid.*, I, p. 282 et 11; Sibṭ Ibn Al-Djauzi, *ibid.*, III, p. 542; Kamâl ad-Dîn, *Zoubda*, dans Defrémery, *Mémoires*, p. 62; Rœhricht, *Beitræge*, I, p. 240; *Hist. or. des croisades*, III, p. 600.

5. Je traduis ainsi le titre d'*isbâsallâr*, une déformation arabe du persan *sipâhsâlâr*, titre attribué à Maudoûd dans Ousâma, *Autobiographie*, p. 50; et dans Ibn Khallikân, *Biographical Dictionary*, I, p. 227.

6. Voir les passages cités à la note 4.

Maudoûd, arriva avec lui à Ma'arrat an-No'mân, dans les premiers jours de septembre [1]. Un grand conseil de guerre fut tenu. Le projet d'une expédition vers Tripoli amena la désertion de ceux des princes qui n'avaient pas encore osé abandonner leurs alliés, mais qui cherchaient un prétexte pour rompre le pacte et repasser l'Euphrate. En cette conjoncture, les liens d'amitié qui unissaient Maudoûd à Ṭogtakîn furent resserrés par la communauté des dangers à affronter, des devoirs à remplir. D'un commun accord, ils quittèrent le pays plantureux de Ma'arrat an-No'mân, où leurs troupes s'étaient refaites et approvisionnées, gagnèrent la vallée de l'Oronte et assirent leur camp sur les bords du fleuve, non loin de Schaizar, à un endroit, d'ailleurs inconnu, que Kamâl ad-Dîn Ibn Al-'Adîm nomme Al-Djalâlî [2].

Les Mounḳidhites ne marchandèrent ni leurs sympathies, ni leur concours aux deux potentats qui venaient, au nom du sultan Moḥammad-Schâh, disputer aux Francs les débris de la Syrie musulmane. Soulṭân, émir de Schaizar, avait envoyé jusqu'à Ḥarrân une ambassade pour exprimer ses félicitations, ses vœux, ses appréhensions et ses espérances aux principaux chefs de l'armée alors en formation [3]. Il avait supporté avec impatience les lenteurs du siège de Tell Bâschir, qui retardaient la marche en avant de ses libérateurs. Il se réjouit du revirement qui les amena par étapes jusque dans la banlieue de Schaizar. La trêve qu'il avait conclue avec Tancrède était limitée à quelques mois, jusqu'à l'époque de la moisson [4]. Au moment où la trêve prenait fin, Tancrède apprit que Boémond Ier, son prédécesseur, venait de mourir, en mars 1111, alors que ce

1. La date est donnée d'après Kamâl ad-Din, *Zoubda*, dans Defrémery, *Mémoires*, p. 63 (je ne sais où le savant auteur a pris la mention du jour précis); Rœhricht, *Beitræge*, I, p. 241; *Hist. or. des croisades*, III, p. 600.

2. Kamâl ad-Dîn, *Zoubda*, *ibid.*, seulement p. 601 dans le tome III des *Hist. or. des croisades*. Ousâma, *Autobiographie*, p. 162, l. 9, a voulu peut-être parler de ce même endroit.

3. Sibṭ Ibn Al-Djauzi dans *Hist. or. des croisades*, III, p. 542.

4. Ibn Al-Athir, *ibid.*, I, p. 279; Ibn Khaldoûn dans Rœhricht, *Quellenbeitræge*, p. 14. Sur l'époque où se fait la moisson du blé au nord de la Syrie, entre avril et juin, voir (Socin) *Palestine et Syrie*, p. 48.

prince, provisoirement remplacé par lui, se disposait à quitter l'Europe pour rentrer dans ses États [1]. Vers avril ou, au plus tard, en mai, Tancrède, affermi dans sa situation personnelle par la vacance du pouvoir, avait recommencé à inquiéter ses voisins. Après la conquête du château fort de Bikisrâ'il, situé dans la montagne, en face de Djabala [2], il était revenu faire invasion sur le territoire de Schaizar, avait assiégé la place et s'était mis à construire sur la colline d'Ibn Ma'schar [3], en face de Schaizar, une forteresse dirigée contre cette ville, à fabriquer des briques et à creuser des souterrains pour y déposer le blé [4]. Mais le péril qui menaçait Schaizar s'était trouvé tout à coup conjuré par les nouvelles alarmantes que les assiégés de Tell Bâschir avaient fait parvenir à Tancrède. Celui-ci lâcha prise immédiatement, laissa ses constructions inachevées et résolut de se concerter, non seulement avec Baudoin Ier, roi de Jérusalem, mais encore avec Bertrand, comte de Tripoli, avec Baudouin du Bourg, prince d'Édesse, et avec Josselin, resté maître de Tell Bâschir, pour que l'entente conclue assurât l'échec des tentatives suscitées par les revendications musulmanes. Les Francs se réunirent du côté d'Apamée [5], tandis que Maudoûd et Ṭogtakîn établissaient à Schaizar leur quartier général.

Le généralissime du sultan, Maudoûd, vint camper à l'extérieur de Schaizar le quinze septembre [6]. Il avait fait un détour pour éviter le contact des Francs massés autour d'Apamée. Ses soldats dressèrent leurs tentes au sud et à l'est de la ville, sur les

1. Kugler, *Geschichte der Kreuzzüge*, p. 87.

2. Bikisrâ'il, dont le nom indique une ancienne colonie d'Israël, était juché sur une hauteur entre Ḥamâ et Djabala, d'après Ibn Al-Athîr (*Hist. or. des croisades*, I, p. 719; cf. p. 723), entre Ḥoms et Djabala, d'après Yâḳoût, *Mou'djam*, I, p. 706.

3. Sur cette manière de combattre les places fortes habituelle aux Normands, voir Prutz, *Kulturgeschichte der Kreuzzüge*, p. 194. La colline de Tell Ibn Ma'schar, dénommée probablement d'après celui qui le premier s'y établit, n'est connue que par deux passages de Kamâl ad-Dîn, *Zoubda*, dans Defrémery, *Mémoires*, p. 61 et 64; Rœhricht, *Beitræge*, I, p. 239 et 241 : *Hist. or. des croisades*, III, p. 599 et 601. Sibṭ Ibn Al-Djauzi (*ibid.*, III, p. 542, l. 3 et 543, l. 6 du texte) s'est laissé tromper par la similitude des deux noms et a substitué Tell Bâschir à Tell Ibn Ma'schar.

4. Kamâl ad-Dîn, *Zoubda*, au premier des deux passages indiqués dans la note précédente.

5. Ibn Al-Athîr dans *Hist. or. des croisades*, I, p. 283; Kamâl ad-Dîn, *Zoubda*, le deuxième des passages indiqués à la note 3.

6. Le jeudi, neuf du premier rabi', en l'an 505, d'après Ousâma. *Autobiographie*, p. 50.

bords du fleuve[1]. Le découragement les avait envahis. Dans ce long voyage, leurs rangs s'étaient éclaircis, leur foi dans la victoire avait été ébranlée par le départ successif de tant de compagnons partis avec eux et rentrés avant la bataille[2]. Soulṭân et Mourschid sortirent de Schaizar avec leur famille et leurs troupes pour réagir contre ces symptômes de lassitude et de désespoir. Ils se portèrent à la rencontre de Maudoûd et de Ṭogtakîn, leur offrirent de magnifiques présents et se mirent à leur service[3]. Soulṭân représenta la position des Francs comme critique, celle des musulmans comme très forte et autorisant les prévisions les plus optimistes[4].

Mais, avant d'engager le combat, la raison commandait aux chefs musulmans de mettre en sûreté leurs hommes et de s'assurer des magasins de vivres et d'armes derrière les murs et les fortifications de Schaizar. « C'était à Maudoûd, dit Ousâma[5], qu'en voulait surtout Tancrède, prince d'Antioche, qui commandait à une nombreuse armée[6]. Mon oncle et mon père, lorsqu'ils furent en présence de Maudoûd, lui dirent : Le meilleur parti à prendre pour toi serait de lever ton camp et de venir t'installer parmi nous, tandis que tes troupes dresseraient leurs tentes sur les toits en terrasses de nos maisons. Nous combattrons ensemble les Francs, lorsque nous aurons mis à l'abri tentes et bagages. Maudoûd suivit leur conseil. Le lendemain, dès l'aurore, mon oncle et mon père vinrent à lui, et l'on vit sortir de Schaizar cinq mille hommes bien équipés[7]. Le généralissime se réjouit de ce beau spectacle et reprit courage. Il avait amené des troupes d'élite, qui déployèrent leurs lignes au sud de l'Oronte, tandis que les Francs étaient campés au nord du fleuve et qui les empêchèrent de boire ou de

1. Ousâma, *Autobiographie*, *loc. cit.*, combiné avec Kamâl ad-Dîn, *Zoubda*, *loc. cit.*

2. Plus haut, p. 90.

3. Kamâl ad-Dîn, *Zoubda*, *loc. cit.* Dans ce passage (*Hist. or. des croisades*, III, p. 601), il faut lire, à la ligne 7 du texte, avec le manuscrit, le pluriel واجتمعوا au lieu du singulier واجتمع. Sur les faits, ici relatés, voir encore Sibṭ Ibn Al-Djauzi, *ibid.*, III, p. 543.

4. Ibn Al-Athîr, *ibid.*, I, p. 283.

5. Ousâma, *Autobiographie*, p. 50-51.

6. Sur la composition de cette armée, voir Kugler, *Albert von Aachen*, p. 385-387.

7. Plus haut, p. 9.

puiser de l'eau. » Lorsque les Francs se furent assurés, pendant plusieurs jours de suite, que « tous les passages étaient gardés par des archers turcs[1] », ils prirent la fuite et profitèrent de la nuit pour rentrer dans Apamée.

« L'armée musulmane, dit encore Ousâma[2], voulut profiter de cette déroute et cerner les Francs pour leur couper la retraite. Un de leurs cavaliers se détacha et s'élança contre nos hommes avec une telle impétuosité qu'il arriva jusqu'au milieu d'eux. Son cheval fut tué, son corps criblé de blessures. Il continua la lutte à pied jusqu'à ce qu'il eut rejoint ses compagnons. Les Francs se retirèrent sur leur territoire, les musulmans cessèrent de les poursuivre, et le général en chef Maudoûd se rendit à Damas.

« Quelques mois après, il nous arriva une lettre de Tancrède, gouverneur d'Antioche. Le cavalier, chargé du message, avait une escorte d'écuyers et de compagnons d'armes. Voici quelle était la teneur de la lettre : Cet homme est un chevalier franc très respecté. Il n'est venu que pour accomplir le pèlerinage et il se propose de retourner dans son pays. Il m'a demandé de l'introduire auprès de vous, afin qu'il voie vos cavaliers, et je vous l'ai adressé.

« On s'empressa autour de l'étranger. Il était jeune, beau, portant avec élégance le costume. Seulement il était enlaidi par les cicatrices de nombreuses blessures, et sur sa face ressortait une balafre provenant d'un coup d'épée qui lui avait déchiré la peau depuis le sommet de la tête jusqu'au menton. Je demandai qui il était. C'est, me répondit-on, celui qui s'est élancé seul contre l'armée du général en chef Maudoûd, celui dont le cheval a été tué et qui a continué la lutte jusqu'à ce qu'il eut rejoint ses compagnons. »

Tandis que les Francs, mis en déroute, retournaient à

1. Kamâl ad-Dîn, *Zoubda*, *loc. cit.*

2. Ousâma, *Autobiographie*, p. 51.

Apamée, les musulmans, après avoir enlevé l'arrière-garde de l'armée ennemie, rentrèrent à Schaizar vers le milieu de septembre[1]. Ils y restèrent juste le temps de reprendre haleine; puis Maudoûd, au lieu de se diriger vers ses états, préféra accompagner au retour celui qui s'était montré jusqu'au bout son fidèle auxiliaire pendant cette campagne, Ṭogtakîn, atâbek de Damas. Leur alliance avait tourné à l'intimité, et Maudoûd habitait plus volontiers le « pavillon de l'hippodrome vert » à Damas[2] que sa résidence de Mauṣil. Quant à Tancrède, il était mort le cinq décembre 1112[3] et avait eu pour successeur à Antioche « un Satan d'entre les Francs, nommé Roger[4] ». Celui-ci, fils de la sœur de Tancrède, fut proclamé immédiatement, sous réserve cependant des droits que pourrait dans l'avenir faire valoir le fils alors mineur de Boémond Ier[5].

Le printemps de l'année 1113 me paraît devoir être assigné, comme une date à peu près certaine, à des événements qu'Ousâma rapporte[6] sans prononcer un seul nom propre musulman ou chrétien, sans nous renseigner autrement sur la situation générale que par cette indication quelque peu énigmatique : « Kafarṭâb appartenait alors au maître d'Antioche ». Ousâma avait alors accompli dix-neuf années lunaires. Sa sincérité et sa conscience de narrateur lui interdisant toute relation excepté sur les événements qu'il a vus lui-même ou qui lui ont été affirmés par des témoins dignes de sa confiance[7], nous pouvons nous appuyer sur son dire, comme sur une autorité irrécusable. Seulement nous ne sommes pas toujours assurés qu'un épisode de moindre importance auquel il a pris part, ou dont il a été informé, ne lui cachera pas le fait décisif, le point capital d'une expédition. C'est ainsi qu'au lieu d'insister sur la grande victoire remportée par les musulmans près du lac de Tibériade,

1. Ibn Al-Athir dans *Hist. or. des croisades*, I, p. 283.

2. Sibṭ Ibn Al-Djauzi. *ibid.*, III, p. 547 et 550

3. Ibn Al-Athir, dans *Hist. or. des croisades*, p. 287, place la mort de Tancrède au trente novembre; cf. Defrémery, *Mémoires*, p. 64, note 2.

4. Ousâma, *Autobiographie*, p. 87.

5. Kugler, *Geschichte der Kreuzzüge*, p. 92.

6. Ousâma, *Autobiographie*, p. 84-85.

7. Id., *ibid.*, p. 125.

le trente juin [1], il s'attarde à nous conter dans ses moindres détails l'une des incursions préliminaires que Baudouin Ier, roi de Jérusalem, avait faites dans les mois précédents sur le territoire de Damas. Ṭogtakîn avait imploré l'appui de Maudoûd qui s'était empressé de quitter Mauṣil pour Damas et qui avait franchi l'Euphrate vers le milieu de mai [2].

L'union des Francs pour soutenir la cause de la chrétienté se renouvela, comme en 1110 et en 1111. « C'est Allâh, dit Ousâma [3], qui dispose des trépas et des existences. Les Francs (puisse Allâh leur faire défection !) s'étaient mis d'accord pour attaquer et prendre Damas. Ils concentrèrent dans ce but une armée considérable [4], que vinrent renforcer le seigneur d'Édesse et de Tell Bâschir [5] et le maître d'Antioche [6]. Celui-ci, en faisant route vers Damas, fit halte devant Schaizar. Les princes coalisés mirent aux enchères entre eux les maisons, les bains, les bazars [7] de Damas. Des *bourgeois* [8] les leur achetèrent ensuite et leur en payèrent le prix en pièces d'or. Nul doute pour les assaillants que Damas serait emporté d'assaut et capitulerait.

« Ḳafarṭâb appartenait alors au maître d'Antioche. Il avait détaché de ses troupes cent cavaliers d'élite, et leur avait ordonné de rester à Kafarṭâb pour nous tenir en respect, nous et les habitants de Ḥamâ. Lorsqu'il fut parti pour Damas, tous les musulmans de la Syrie se concertèrent pour attaquer Kafarṭâb, et dépêchèrent un de nos compagnons, nommé Ḳou-

1. Ibn Al-Athîr dans *Hist. or. des croisades*, I, p. 289 ; II, II, p. 35.

2. Id., *ibid.*, I, p. 288.

3. Ousâma, *Autobiographie*, p. 84-85.

4. Ousâma désigne ainsi l'armée de Baudouin Ier, roi de Jérusalem. Cf. Ibn Al-Athir dans *Hist. or. des croisades*, I, p. 228 ; II, II, p. 35. Dans ce deuxième passage, Baudouin est appelé roi de Jérusalem, d'Acre, de Tyr et d'autres lieux.

5. C'est Josselin Ier qui, à propos de la même expédition, si la date adoptée est exacte, est ainsi qualifié dans le deuxième passage d'Ibn Al-Athîr, cité à la note précédente.

6. Il s'agit de Roger, comte d'Antioche ; voir plus haut, p. 94.

7. Le mot employé signifie « Les Césarées » voir Dozy, *Supplément aux dictionnaires arabes*, II, p. 432.

8. Il faut lire ici *al-bourdjâsiyya* « la bourgeoisie » ou « les bourgeois » (cf. Ousâma, *Autobiographie*, p. 104), comme le texte a été rectifié dans ma *Note sur quelques mots de la langue des Francs au douzième siècle*, p. 14 du tirage à part des *Mélanges Léon Renier*. Sur les βουργήσιοι, *burgenses*, « bourgeois », voir Rey, *Les colonies franques de Syrie*, p. 57-68 ; Prutz, *Kulturgeschichte der Kreuzzüge*, p. 119, 214 et suiv., 544. *Literarisches Centralblatt* de 1883, colonne 1016.

naib, fils de Mâlik, pour espionner la ville à leur intention. Il s'y introduisit pendant la nuit, en fit le tour et revint en disant : Réjouissez-vous d'avance du butin et de la délivrance. Les musulmans pénétrèrent dans la ville, mais ils se heurtèrent à une embuscade. Allâh (gloire à lui!) n'en donna pas moins la victoire à l'islâm, et ils tuèrent les Francs jusqu'au dernier.

« Quant à ce Kounaib, qui avait si habilement pratiqué pour eux l'espionnage à Kafarṭâb, il aperçut dans le fossé qui entourait la ville des troupeaux en grand nombre. Après la défaite et le massacre des Francs, il voulut s'approprier ces troupeaux et espéra accaparer le butin. Il se dirigea en courant vers le fossé. Un Franc lança contre lui, du haut de la citadelle, une pierre dont le choc l'étendit raide mort.

« ..... Lorsque l'on dit au maître d'Antioche, qui était campé devant Damas : Les musulmans ont tué tes compagnons ! il répondit : C'est faux, car j'ai laissé à Kafarṭâb cent cavaliers, qui suffiraient à repousser tous les musulmans. Et Allâh (gloire à lui !) décréta qu'à Damas les musulmans triompheraient des Francs, en feraient un carnage effroyable et leur enlèveraient toutes leurs montures. Les Francs partirent de Damas, affaiblis et humiliés. Gloire à Allâh, le maître des mondes. »

Le généralissime Maudoûd, atâbek de Mauṣil, fut assassiné par un Baṭénien dans les parvis de la mosquée de Damas, le vendredi, vingt-six septembre 1113[1]. Moins de trois mois après, Rouḍwân, prince d'Alep, mourait de maladie dans sa capitale, le dix décembre[2]. Après le meurtre de Maudoûd, le sultan désigna comme atâbek de Mauṣil l'émir Ķasîm ad-Daula Aķ Souķor Al-Boursouķî[3] qui, depuis 1105, avait assumé la charge déli-

1. J'emprunte cette date précise à Ibn Khallikân, *Biographical Dictionary*, I, p. 227. Ibn Al-Athîr (*Hist. or. des croisades*, I, p. 290), fournit une date d'un mois antérieure.

2. Kamâl ad-Dîn, *Zoubda*, dans Rœhricht, *Beiträge*, I. p. 243 : *Hist. or. des croisades*, III, p. 602. Ibn Tagribardi (*ibid.*, III, p. 497), le fait mourir dix jours plus tôt.

3. Ibn Al-Athîr et Aboû 'l-Fidâ dans *Hist. or. des croisades*, I, p. 292 et 12; Sibṭ Ibn Al-Djauzi, *ibid*, III, p. 551 ; Ibn Khallikân, *Biographical Dictionary*, I, p. 227. La transmission du pouvoir de Maudoûd à Aķ Sonķor Al-Boursouķi n'est pas mentionnée dans Ibn Al-Athîr, *Atabeks*, p. 36, d'après lequel Maudoûd aurait eu pour successeur immédiat Djouyoûch-Bek.

cate de représenter, en qualité de *schiḥna*, le sultanat d'Ispahan auprès du khalifat de Bagdâd [1]. Deux ans plus tard, Aḳ Sonḳor Al-Boursouḳî tombait momentanément en disgrâce, était relégué dans son fief de Raḥaba, et le titre d'atâbek de Mauṣil était conféré par le sultan Moḥammad-Schâh à un de ses anciens mameloûks, à un Turc, homme juste et estimé, qui se nommait Uzbek et qu'on surnomma *Djouyoûsch-Bek*, c'est-à-dire « le prince des troupes [2] ». La mort de Roudwân porta un coup autrement terrible à l'ordre public dans Alep que celle de Maudoûd dans Mauṣil. Un eunuque, Badr ad-Dîn Lou'lou', usurpa l'autorité et s'arrogea la puissance si absolument qu'Ousâma le désigne comme « le seigneur d'Alep [3] ». Les missionnaires ismaéliens, tout-puissants à Alep sous Roudwân, secrètement affilié à leurs doctrines [4], s'enfuirent d'abord à Al-Ḳoulai'a, bourg voisin de Bâlis, à l'est d'Alep [5]; puis, traqués dans leur retraite, ils s'enfuirent de tous côtés. L'un d'eux, Ibrâhîm Al-'Adjamî, se réfugia à Schaizar [6]. L'anarchie fut déchaînée, comme un fléau, sur la province qui ne reçut de soulagement que lorsque les compagnons de Lou'lou' tuèrent leur chef en 1117 [7]. Les Francs, dont la situation était compromise par leurs revers et leurs divisions, furent encore une fois sauvés par l'inertie et la discorde des musulmans [8]. Chez ceux-ci, on se jalousait trop pour s'entr'aider. Les ambitions et les intérêts de chaque prince pesaient seuls sur le choix de ses

1. Ibn Khallikân, *Biographical Dictionary*, I, p. 227. Sur les applications très diverses du titre de *schiḥna*, voir Quatremère, *Hist. des sultans mamlouks*, II 1, p. 195-197; cf. plus haut, p. 28, note 5.

2. Ibn Al-Athîr et Aboû 'l-Fidâ dans *Hist. or. des croisades*, I, p. 300, 345 et 13. Djouyoûsch-bek est deux fois nommé dans Ousâma, *Autobiographie* (p. 54 et 57) « l'émir des armées Uzbek » (اميرالجيوش اوزبه), la première fois même avec l'addition du titre « seigneur de Mauṣil ». C'est peut-être le nom d'Uzbek qui se cache également sous l'énigmatique اوديا chez Kamâl ad-Dîn, *Zoubda*, dans Rœhricht, *Beiträge*, I, p. 249; *Hist. or. des croisades*, III, p. 610.

3. Ousâma, *Autobiographie*, p. 56.

4. Ibn Al-Athîr et Aboû 'l-Fidâ dans *Hist. or. des croisades*, I, p. 291 et 12; Sibṭ Ibn Al-Djauzî, *ibid.*, III, p. 548-549 : Kamâl ad-Dîn, *Zoubda* (*ibid.*, III, p. 590 et 600 (cf. Rœhricht, *Beiträge*, I, p. 229 et 240).

5. Lisez ainsi, avec le manuscrit, dans *Hist. or. des croisades*, III, p. 603, l. 11 du texte, et 604, l. 6 du texte. La note de la page 603 perd ainsi toute utilité. P. 604, même ligne, lisez, aussi avec le manuscrit, Ḥousâm ad-Daula au lieu de Ḥousâm ad-Dîn. Sur tout ce passage, voir Defrémery, *Recherches sur les Ismaéliens* dans le *Journal asiatique* de 1854, I, p. 394-395.

6. Kamâl ad-Dîn, *Zoubda*, dans *Hist. or. des croisades*, III, p. 604.

7. Ibn Al Athîr et Aboû 'l-Fidâ dans *Hist. or. des croisades*, I, p. 308-309 et 13; Kamâl ad-Dîn, *Zoubda*, dans Rœhricht, *Beiträge*, I, p. 249-250; *Hist. or. des croisades*, III, p. 611.

8. Kugler, *Geschichte der Kreuzzüge*, p. 93

résolutions et de ses actes. L'Ortoḳide Îlgâzî[1] craignait de perdre Mâridîn, Ṭogtakîn Damas, Lou'lou' Alep. Deux années se passèrent en déchirements intérieurs dont les Francs seuls profitèrent.

Lorsqu'en février 1115[2], Boursouḳ, fils de Boursouḳ, prince de Hamadhân[3], fut nommé par le sultan Moḥammad-Schâh généralissime[4] de ses armées et qu'il vint avec des troupes fraîches en Syrie, il se heurta, ainsi qu'à un obstacle imprévu, à une coalition des Francs avec Ṭogtakîn, atâbek de Damas, et avec Îlgâzî, émir de Mâridîn. Les trois alliés avaient entrepris la conquête de Schaizar. « J'assistai, dit Ousâma[5], à une journée où nous fûmes assaillis par l'armée des Francs. Quelques-uns d'entre eux se dirigèrent, avec l'atâbek Ṭogtakîn, vers la *Forteresse du pont*[6] pour l'attaquer. L'atâbek avait conclu dans Apamée un pacte avec l'Ortoḳide Îlgâzî et avec les Francs contre les armées du sultan. Le général en chef, Boursouḳ, fils de Boursouḳ, était arrivé en Syrie et avait établi son camp devant Ḥamâ le dimanche dix-neuf de moḥarram, en l'an 509[7]. Quant à nous, nos ennemis vinrent lutter contre nous, non loin des murs de notre ville, furent vaincus et repoussés. Leur départ fut pour nous une délivrance...

« Je vis dans cette même journée, et je me tenais sur le côté des combattants, un cavalier franc qui avait désarçonné un de nos cavaliers, avait tué sa monture et avait fait de lui un fantassin. Impossible de le reconnaître à la distance qui nous séparait ! Je dirigeai mon cheval vers lui, craignant qu'il ne subît une nouvelle attaque de ce même Franc... Lorsque je l'eus

1. Nadjm ad-Dîn Îlgâzî, prince de Mâridîn, ville forte de la Haute-Mésopotamie (Ed. Sachau, *Reise in Syrien und Mesopotamien*, p. 404-407), est cité dans Ousâma, *Autobiographie*, p. 29, 31, 67, 88 ; voir aussi, plus haut, p. 83, note 3.

2. Ibn Al-Athîr, dans *Hist. or. des croisades*, I, p. 295.

3. Boursouḳ, fils de Boursouḳ, est le *Burso Parthorum dux miliciæ*, de Gautier le Chancelier ; cf. Prutz, *Quellenbeitræge*, p. 10 ; *Historiens occidentaux des croisades*, V, p. 87. A l'exemple d'Ibn Khaldoûn (Rœhricht, *Quellenbeitræge*, p. 16), M. Prutz a confondu Aḳ Sonḳor Al-Boursouḳî (plus haut, p. 96) avec Boursouḳ, fils de Boursouḳ.

4. Boursouḳ est nommé dans Ousâma, *Autobiographie*, p. 54, 56 et 67, *Isbâsallâr*, « le général en chef », fonctions dans lesquelles il succéda à Maudoûd, voir plus haut, p. 89, note 5.

5. Ousâma, *ibid.*, p. 67-68.

6. Voir plus haut, pages 12 et 15.

7. Le quatorze juin 1115. Toujours même réserve pour le jour de la semaine.

atteint, il se trouvait que c'était mon cousin Nâṣir ad-Daula Kâmil, fils de Mouḳallad [1]. Je m'approchai de lui, j'ôtai mon pied de l'étrier, et je lui dis : Monte sur mon cheval. Lorsqu'il s'y fut assis, je tournai la tête de ma monture vers l'ouest, bien que, par rapport à nous, la ville fût à l'est. Où allons-nous? me demanda Kâmil. Je répondis : Vers celui qui a frappé ton cheval, et qui t'a blessé au-dessus des côtes. Kâmil étendit la main, saisit les rênes et dit : Tu ne pourras rien tant que ton cheval portera un homme en plus. Ramène-moi, puis retourne frapper mon adversaire. Je suivis son conseil; je le ramenai, puis je retournai vers ce chien, mais il avait repris sa place parmi ses compagnons. »

L'armée du sultan était formée d'éléments trop homogènes, elle était pénétrée trop profondément du sentiment de sa mission pour ne point persister dans son œuvre, malgré la trahison des princes musulmans qui avaient contracté avec les Francs une alliance contre nature. Après avoir soumis Ḥamâ [2], elle vint établir ses quartiers sur le territoire de Schaizar [3]. L'attitude des Mounḳidhites à l'égard de l'ancien généralissime, Maudoûd, avait été celle de vassaux respectueux pour leur suzerain, de musulmans résignés et décidés aux sacrifices nécessaires pour le triomphe de l'islamisme [4]. Boursouḳ, fils de Boursouḳ, ne mit pas en doute que ces mêmes princes lui donneraient des témoignages aussi certains de leur fidélité et lui accorderaient, sans marchander, comme à son prédécesseur, leur concours loyal et efficace. Le bon esprit dont était animé Soulṭân, émir de Schaizar, se manifesta en effet dans l'accueil empressé qu'il fit à Boursouḳ, dans les présents par

1. Ce Kâmil était le fils de l'un des oncles paternels d'Ousâma Aboû 'l-Moutawwadj Mouḳallad, surnommé *Tâdj al-oumarâ* « la couronne des émirs ». Cf., sur ce Kâmil, Ibn Khallikân, *Biographical Dictionary*, II, p. 554, en supposant que Mouḳallad aurait été omis sur la liste de ses ascendants; sur son père Mouḳallad, qui habitait déjà Miṣr, voir Ousâma, *Autobiographie*, p. 154, et plus haut, p. 65.

2. Ibn Al-Athîr dans *Hist. or. des croisades*, I, p. 296; Kamâl ad-Dîn, *Zoubda*, *ibid.*, III, p. 608 (cf. Rœhricht, *Beiträge*, I, p. 247) : Gautier le Chancelier dans Prutz, *Quellenbeiträge*, p. 10 et dans *Hist. occid. des croisades*, V, p. 87.

3. Kamâl ad-Dîn, *Zoubda*, et Gautier le Chancelier, *loc. cit.*

4. Plus haut, p. 92.

lesquels il essaya de le gagner, ainsi que les principaux chefs de l'armée, dans les renforts qu'il lui envoya sous le commandement de son frère Mourschid, le père d'Ousâma [1]. Seulement, l'expérience de l'hospitalité qui, en 1111, avait été offerte aux troupes dans l'enceinte de Schaizar, ne devait, sous aucun prétexte, être renouvelée [2]. Mieux valait subvenir aux besoins des soldats en campagne que s'exposer encore une fois aux inconvénients d'une occupation [3]. Mourschid, qui connaissait à merveille la région, persuada à Boursouḳ de cantonner son armée dans les villages qui bordent le cours de l'Oronte entre Ḥamâ et Schaizar. Il s'appuierait ainsi sur une base d'opérations très solide pour prendre l'offensive. Quant aux Francs, ils se dérobèrent au combat, cherchèrent à gagner du temps, et se flattèrent de l'espoir que l'ennui d'un campement prolongé et l'approche de l'hiver provoqueraient une débandade générale dans l'armée de Boursouḳ. Ce calcul échoua grâce à l'habileté et à la fermeté du général en chef. Ce ne fut point parmi ses partisans que l'impatience exerça des ravages. Il tint ses troupes en haleine en leur imposant de continuelles incursions, des attaques incessantes. Au plus tard, vers le milieu de septembre 1115, Îlgâzî et Ṭogtakîn, las de s'être morfondus pendant plus de deux mois à Apamée, retournèrent, celui-là à Mâridîn, celui-ci à Damas. Les Francs, abandonnés par leurs alliés musulmans, se dispersèrent et rentrèrent dans leurs provinces respectives [4].

« Voici, dit Ousâma [5] en racontant ce qui se passa sous ses yeux dans la première moitié de septembre 1115, le récit des événements auxquels j'ai assisté en l'an 509 de l'hégire [6]. Mon père était sorti pour rejoindre avec notre armée le général en

1. Gautier le Chancelier dans Prutz, *Quellenbeitræge*, p. 10-11, et plus correctement dans *Hist. occid. des croisades*, V, p. 87-88.
2. Plus haut, p. 92.
3. Gautier le Chancelier, *loc. cit.*
4. Ibn Al-Athîr dans *Hist. or. des croisades*, I, p. 297 ; Gautier le Chancelier dans Prutz, *Quellenbeitræge*, p. 13 ; et dans *Hist. occid. des croisades*, V, p. 89-90.
5. Ousâma, *Autobiographie*, p. 54-57.
6. L'année 509 de l'hégire va du vingt-sept mai 1115 au quinze mai 1116.

chef Boursouḳ, fils de Boursouḳ. Celui-ci avait entrepris l'expédition par ordre du sultan. Il commandait à des troupes nombreuses et à plusieurs émirs, parmi lesquels l'émir des armées Uzbek, prince de Mauṣil [1], Sonḳor Dirâz, maître de Raḥaba [2], l'émir Koundougadî [3], le grand chambellan Bektimour [4]; Zenguî, fils de Boursouḳ [5], un véritable héros, Tamîrek [6], Ismâ'îl le Bakdjien [7], pour ne nommer que les principaux. Ils campèrent devant Kafarṭâb, ville dans laquelle se trouvaient les deux frères de Théophile [8] à la tête des Francs, et attaquèrent la place. L'armée du Khorasan [9] pénétra dans le fossé pour creuser la mine. Les Francs, se sentant perdus, mirent le feu à la citadelle et incendièrent les hourdages. La flamme atteignit et anéantit les chevaux, les bêtes de somme, le menu bétail, les porcs et les captifs. Les Francs restèrent comme suspendus aux murailles sur le sommet de la forteresse.

« Il me vint à l'esprit d'entrer à l'intérieur de la mine, afin de l'examiner. Je descendis dans le fossé, tandis qu'on lançait

1. Sur ce prince, connu sous le nom de *Djouyoûsch-Bek*, voir plus haut, p. 97, note 2.

2. Sonḳor Dirâz « Sonḳor le long » (cf. un personnage appelé Sonḳor *aṭ-ṭawîl* dans Ibn Al-Athîr, *Chronicon*, XII, p. 81) est mentionné par Ibn Al-Athîr dans *Hist. or. des croisades*, I, p. 266, 293, 390, et par Kamâl ad-Dîn, *Zoubda*, *ibid.*, III, p. 657. Ousâma, en le nommant « maître de Raḥaba », semble le confondre avec son homonyme Aḳ Sonḳor Al-Boursouḳî, voir plus haut, p. 97.

3. L'émir Koundougadî fut récompensé des services militaires qu'il avait rendus au sultan Moḥammad-Schâh en étant nommé par lui, en 1119, gouverneur (*atâbek*) de son jeune frère Togroul. L'influence de Koundougadî s'exerça dans un sens opposé à l'entente entre les deux frères : leur réconciliation ne fut définitive que lorsque l'émir mourut dans les derniers jours de 1121 ; voir Ibn Al-Athîr, *Chronicon*, X, p. 239-240, 356, 384-385, 399, 414, 421 et dans *Hist. or. des croisades*, I, p. 784 et 786.

4. Le nom de ce personnage d'ailleurs inconnu signifie « le bey de fer ». Voir Slane, *ibid.*, I, p. 810.

5. Il faut se garder de confondre ce Zenguî avec 'Imâd ad-Dîn Zenguî, l'atâbek de Mauṣil, le père de Noûr ad-Dîn, qui aurait pu aussi être associé à cette expédition ; cf. en effet Ibn Al-Athîr, *Atabeks*, p. 30 et suiv. Ibn Al-Athîr (*Hist. or. des croisades*, I, p. 298) nous apprend que Zenguî, fils de Boursouḳ, était un frère de Boursouḳ, fils de Boursouḳ ; cf. aussi Gautier le Chancelier, dans *Hist. occ. des croisades*, V, p. 93.

6. Tamîrek « le petit Timour » était émir de Sindjâr, ville de la Mésopotamie, à l'ouest de Mauṣil. Il est mentionné dans Ibn Al-Athîr, *Chronicon*, X, p. 281, 346 et 348 (*Hist. or. des croisades*, I, p. 288 et 290), 351 (*ibid.*, I, p. 292).

7. La leçon Al-Balkhî « de Balkh » paraît certaine dans le manuscrit, bien qu'il ne porte aucun point diacritique : cependant, je ne doute pas qu'au lieu de البلخى il ne faille lire البكجى « le Bakdjien ». Sur les émirs dits Bakdjiens, voir Slane dans *Hist. or. des croisades*, II, II, p. 45, note 3. L'émir Ismâ'îl le Bakdjien est cité dans Ibn Al-Athîr, *Chronicon*, X, p. 422.

8. Dans le texte, substituez Théophile (تيوفل) à Manuel (منويل), comme je l'ai suggéré dans ma *Note sur quelques mots de la langue des Francs au douzième siècle*, p. 9 du tirage à part des *Mélanges Léon Renier*. Ousâma, dans un autre passage de son *Autobiographie* (p. 94-95), nous apprend qu'en 1106, c'est-à-dire neuf années auparavant, Kafarṭâb obéissait au « Franc Théophile, ennemi acharné des musulmans, qui leur enlevait leurs troupeaux, les poursuivait de ses vexations et de ses rapines, versait leur sang, détroussait les voyageurs sur les grands chemins. »

9. Ousâma désigne ainsi les troupes venues de la Perse et levées par le sultan d'Ispahan : cf. *Autobiographie*, p. 55, 115, 117. Voir la même expression, chez Ibn Al-Athîr, dans *Hist. or. des croisades*, I, p. 321 : Kamâl ad-Dîn, *Zoubda*, fol. 114 v°.

sur nous une vraie pluie de flèches en bois et de pierres. Je pénétrai dans la galerie et j'y admirai une ordonnance remarquable. Un tunnel avait été percé à partir du fossé jusqu'à la barbacane [1]; sur les côtés, deux étais supportaient une traverse empêchant ce qui était au-dessus de s'écrouler. Le boisage se continuait sans interruption jusqu'aux fondements de la barbacane. Puis les assaillants avaient creusé sous le mur de la barbacane, l'avaient suspendu et étaient parvenus aux fondements du château-fort. Le tunnel était étroit. Il n'existait pour eux aucun autre chemin vers le château-fort. Une fois arrivés à ce point, ils élargirent la galerie percée dans le mur du château-fort, et, détachant successivement les pierres par éclats, firent porter le mur sur des étançons. Le sol, à l'intérieur du tunnel, après des parties sèches [2], était devenu boueux. C'est ce qui me décida à en sortir. Les troupes du Khorasan ne me reconnurent pas. M'eussent-elles reconnu, elles ne m'auraient pas laissé sortir à moins d'une forte contribution.

« Elles étaient occupées à tailler le bois desséché et à l'accumuler dans la galerie. Dès le lendemain matin, elle y mirent le feu. Quant à nous, nous avions endossé nos cuirasses [3] et nous nous étions précipités dans le fossé pour monter à l'assaut de la citadelle, lorsque le château-fort s'effondrerait; en attendant, les pierres et les flèches en bois nous infligeaient une épreuve terrible [4]. Le premier effet du feu fut de faire tomber l'enduit de chaux qui liait les pierres. Il se produisit un craquement, l'ouverture s'élargit, le château-fort s'effondra. Nous nous étions imaginés qu'ensuite nous serions en mesure d'arriver jusqu'à nos adversaires. Mais la face extérieure seule s'était écroulée. Le mur intérieur était resté debout, tel qu'il

1. Le mot *bâschoûra* a été expliqué plus haut, page 79, note 7.

2. Lecture et traduction sont très douteuses. Ma traduction suppose la lecture من اليبيس.

3. Je maintiens mon texte, mais je dois prévenir le lecteur que M. de Kremer propose, au lieu de لبسنا, de lire لبّشنا, qui, dans le dialecte de Syrie, signifie « se hâter » (lettre du six mai 1886).

4. Expression empruntée au *Coran*, II, 46; VII, 137; XIV, 6; etc.

avait été. Nous demeurâmes jusqu'à ce que le soleil nous brûlât ; alors eut lieu le retour dans nos cantonnements, tandis que les pierres lancées contre nous nous faisaient éprouver de grands dommages.

« Après que le repos se fut prolongé jusqu'à midi, voici qu'un fantassin était sorti de nos rangs, tenant son épée et son bouclier, s'était dirigé vers le mur écroulé, dont les extrémités formaient comme les degrés d'une échelle, et avait escaladé la hauteur jusqu'à ce qu'il en eut atteint le point culminant. Lorsque nos autres soldats le virent, dix fantassins environ, munis de leur armement, s'élancèrent sur ses traces, se hâtèrent de gravir la pente l'un derrière l'autre jusqu'à ce qu'ils arrivèrent au château-fort, sans avoir éveillé l'attention des Francs. Le temps de mettre nos cuirasses, et, à notre tour, nous avions quitté nos tentes pour marcher en avant. Le château-fort fut envahi par une armée nombreuse, avant que les Francs se fussent concentrés. Ceux-ci voulurent en finir [1] avec les assiégeants, les criblant de leurs flèches en bois, et blessèrent celui qui était monté le premier. Il descendit, alors qu'à l'envi ses compagnons continuaient à monter. Ils se trouvèrent en face des Francs sur une courtine des murailles du château-fort.

« Devant eux était une tour, dont la porte était gardée par un chevalier [2] couvert d'une cuirasse, portant son bouclier et sa lance, chargé d'en interdire l'accès. De la plate-forme les Francs massés assaillaient nos hommes en lançant dru les flèches en bois et les pierres. Un Turc [3] monta, et nous le regardions faire; il s'avança en affrontant la mort jusqu'à ce qu'il se fut approché de la tour et qu'il eut lancé sur celui qui se tenait à l'entrée un vase rempli de naphte. Je vis, sur cet amas de pierres, le chevalier rouler vers ses compagnons,

1. Le mot est douteux; le sens ne l'est pas.

2. Je traduis ainsi *fâris*, littéralement « cavalier », voir plus haut, p. 62.

3. Probablement un Turcoman. Sur ces enfants perdus de l'armée musulmane, cf. Ibn Al-Athir dans *Hist. or. des croisades*, I, p. 333.

comme un tison ardent. Eux, ils s'étaient jetés à terre, par crainte d'être brûlés vifs. Le Turc revint ensuite vers nous.

« Un autre Turc monta sur cette même courtine. Il avait son épée et son bouclier. On vit sortir de la tour, à la porte de laquelle le chevalier avait monté la garde, un fantassin franc qui s'avançait à sa rencontre, protégé par une double cotte de mailles, brandissant une lance, se passant de bouclier. Le Turc l'aborda, son épée à la main. Le Franc lui porta un coup; mais le Turc, grâce à son bouclier, repoussa loin de lui la pointe de la lance, marcha droit sur le Franc pour le désarmer. Mais celui-ci se détourna, ploya et pencha son dos à la manière du musulman en prières [1], afin de préserver sa tête. Le Turc lui asséna plusieurs coups, qui ne lui firent aucun mal, et le Franc rentra indemne dans la tour.

« La situation de nos soldats devenait de plus en plus solide. Lorsqu'ils se sentirent en nombre, ils pénétrèrent dans la citadelle à l'aide d'échelles. Les prisonniers étaient conduits dans le bas, là où étaient dressées les tentes de Boursouḳ, fils de Boursouḳ.

« Parmi eux je reconnus le fantassin à la lance, qui était sorti à la rencontre du Turc. On l'avait amené avec les autres dans le pavillon [2] réservé à Boursouḳ, fils de Boursouḳ, afin de stipuler pour chacun le prix de sa mise en liberté. Le fantassin attendait patiemment. C'était un sergent [3]. Combien, dit-il, me prendrez-vous? — Nous demandons six cents pièces d'or, lui répondit-on. — Il leur rit au nez [4] et dit : Je suis un sergent;

1. L'arabe *ar-râki'* désigne celui qui pratique les *rak'a*, c'est-à-dire les inclinaisons de corps. qui accompagnent les prières musulmanes. Cf. *Coran*, II, 40, 119; III, 38, etc. Le piquant de l'aventure, c'est qu'un Franc ait, pour parer les coups dont il était menacé par un musulman, imité la posture accoutumée dans les pratiques pieuses de l'islamisme.

2. Le mot arabe est *sourâdiḳ* (cf. *Coran*, XVIII, 28). On appelle ainsi d'abord la « muraille de toile de lin » (Ibn Djobair, *Travels*, éd. W. Wright, p. 177), qui entoure la tente du souverain, puis cette tente elle-même, bien que, pour celle-ci, le terme technique soit *fousṭâṭ*, transcription du byzantin φοσσάτον d'après Dozy, *Supplément aux dictionnaires arabes*, II, p. 360. Sur le luxe que l'on déployait dans ces tentes improvisées, « vrais palais enchantés », voir A. von Kremer, *Culturgeschichte des Orients*, II, p. 298 et suiv.

3. Le texte porte *sardjandi*; voir plus haut, p. 85, note. 2.

4. La traduction littérale serait : « Il leur répondit par un pet », ou bien « par le son d'un pet imité avec la bouche ».

ma solde mensuelle comporte deux pièces d'or. D'où voulez-vous que je m'en procure six cents? Puis il retourna s'asseoir parmi ses compagnons.

« Les prisonniers étaient là en foule. L'émir, le noble chef, l'un des principaux émirs de son temps[1], dit à feu mon père : O mon frère, tu vois ces gens, demandons à Allâh qu'il nous garde d'eux! Or Allâh décréta que nos troupes se dirigèrent de Kafarṭâb à Dânîth[2], que, dès l'aurore, elles y furent surprises par l'armée d'Antioche le mardi, vingt-trois du second rabî', la reddition de Kafarṭâb ayant eu lieu le vendredi, treize du même mois[3]. L'émir en chef fut tué[4], ainsi qu'un très grand nombre de musulmans.

« Mon père vint me retrouver. J'avais pris congé de lui lorsqu'il avait quitté Kafarṭâb, et maintenant l'armée du sultan avait été défaite. Quant à nous, nous étions restés à Kafarṭâb pour veiller à la garde de cette ville, notre intention étant de la restaurer; car le général en chef[5] nous l'avait cédée[6]. Nous faisions sortir les captifs deux à deux, pour qu'on les conduisît enchaînés chez les habitants de Schaizar. Un tel avait eu la moitié du corps brûlée et la cuisse transpercée[7], tel autre avait péri par le feu. Ce qui leur était arrivé nous fut un enseignement salutaire. Nous devions nous résoudre à partir et à re-

---

1. Le texte porte Al-amir as-sayyid asch-scharîf. Il s'agit évidemment du général en chef Boursouk, fils de Boursouk. En effet, Ibn Al-Athîr (Hist. or. des croisades, I, p. 282) l'appelle « l'émir le plus puissant de l'armée ».
2. « Dânîth est une ville dans la province d'Alep, entre Alep et Kafarṭâb », d'après Yâḳoût. Mou'djam, II, p. 540. La fertilité de cet endroit l'a fait nommer Dânîth al-baḳl, « le Dânîth des légumes »; cf. Ibn Al-Athîr dans Hist. or. des croisades, I, p. 332. Rousseau connaît l'orthographe Dânit (دانيت) dans sa Description du Pachalik de Haleb; voir Mines de l'Orient, IV (Vienne, 1814), p. 12; cf. Gautier le Chancelier, dans Prutz, Quellenbeiträge, p. 16, 42, 43, et dans Hist. occid. des croisades, V, p. 93, 119 et 120.
3. Le quinze et le cinq septembre 1115. Cf. Kamâl ad-Dîn, Zoubda, dans Rœhricht, Beiträge, I, p. 248, et dans Hist. or. des croisades, III, p. 609; Kugler, Geschichte der Kreuzzüge, p. 94 et 105.

La concordance des jours est toujours bien étonnante (voir plus haut, page 1, note 1): car, dans un même mois, si le treize tombe un vendredi, le vingt-trois ne saurait tomber un mardi. Kamâl ad-Dîn, Zoubda, loc. cit., parle du mardi vingt, mais évidemment d'après un document semblable au nôtre, où l'on devait également lire le mardi vingt-trois. L'omission de l'unité provient de ce qu'elle est exprimée en arabe par un mot de la même racine que celui qui sert à dénommer le troisième jour de la semaine, le mardi.
4. D'après Ibn Al-Athîr (Hist. or. des croisades, I, p. 298), Boursouk, fils de Boursouk, mourut vers la fin de 1115.
5. Ici revient, comme titre, isbâsallâr. Voir plus haut, pages 89, note 5, et 98, note 4.
6. Kafarṭâb avait précédemment appartenu aux Mounḳidhites; voir plus haut, p. 8. Boursouk leur faisait non pas un don, mais une restitution.
7. Lecture et traduction incertaines.

tourner à Schaizar avec mon père. Chacun s'appropria auparavant ce qu'il trouva à sa portée : tentes, chameaux, mulets, bagages, tout ce dont on pouvait charger les bêtes de somme[1]. Puis l'armée se dispersa.

« Ces revers inattendus furent causés par un stratagème de l'eunuque Lou'lou', qui dominait alors dans Alep[2]. Il s'était engagé envers le maître d'Antioche[3] à user de ruse à l'égard des musulmans et à les diviser. Celui-ci n'aurait plus ensuite qu'à faire sortir d'Antioche son armée pour les tailler en pièces. Lou'lou' avait fait parvenir au généralissime Boursouḳ un message ainsi conçu : Tu m'enverras un émir avec des forces suffisantes pour que je lui livre Alep. Car je crains bien que les habitants n'obéissent pas à ma volonté pour la reddition de la place; aussi voudrais-je que l'émir disposât d'une troupe sur laquelle je pourrais m'appuyer contre les Alépins[4]. Boursouḳ mit en campagne l'émir des armées Uzbek[5], à la tête de trois mille cavaliers. Le lendemain matin, Roger (qu'Allâh le maudisse!) les attaqua et les tailla en pièces. Ainsi fut accomplie la volonté divine!

« Les Francs (qu'Allâh les maudisse!) rentrèrent dans Kafarṭâb, reconstruisirent cette ville et s'y installèrent. Allâh le tout-puissant avait résolu que les captifs francs, pris à Kafarṭâb, recouvreraient la liberté. Car les émirs se les étaient partagés, puis les avaient épargnés afin qu'ils se rachetassent. Il n'y eut d'exception que pour ceux qui étaient tombés entre les mains de l'émir des armées[6]. Car, avant de se mettre en route vers Alep, il avait fait couper le cou à tous les prisonniers qui lui étaient échus en partage.

« Les débris de l'armée musulmane se dispersèrent; ceux

1. L'infinitif *al-taḥammoul* a ici le même sens que la périphrase contenant l'infinitif *al-ḥoumoûl* dans un contexte analogue, chez Ibn Aṭ-Ṭiḳṭaḳâ, *Al-Fakhri*, p. 350, l. 8.

2. Voir plus haut, p. 97.

3. Roger, comte d'Antioche : plus haut, p. 94.

4. Kamâl ad-Dîn rapporte identiquement les manœuvres de Lou'lou'; voir *Zoubda*, dans Rœhricht, *Beitræge*, I, p. 247; *Hist. or. des croisades*, III, p. 608.

5. Il s'agit ici également de *Djouyoûsch-Bek* : voir plus haut, p. 97 et 101.

6. C'est encore *Djouyoûsch-Bek*; voir la note précédente.

des soldats, qui échappèrent à la déroute de Dânîth, retournèrent dans leurs foyers. »

Boursouk, après avoir contraint la ville de Ḥamâ à capituler [1], en avait abandonné la possession à Khîrkhân, fils et successeur de Karâdjâ, seigneur d'Émesse [2], prince plus résolu que scrupuleux [3], à qui, sur l'ordre du sultan, il était tenu de remettre successivement les villes dont il s'emparerait [4]. C'était étendre la puissance d'un voisin peu sympathique aux Mounkidhites. Les émirs de Schaizar s'enfermèrent dans leur domaine inexpugnable, heureux, s'ils n'avaient pu conserver Kafarṭâb, de ne pas être inquiétés du moins dans leurs possessions. L'Oronte continuait à égayer le paysage, à féconder les terres, à enrichir les riverains, depuis Émesse jusqu'à Apamée. Les troupes du Khorasan avaient repassé l'Euphrate. On ne se battait plus. La nature et les efforts de l'homme réparaient partout les désastres de la guerre. L'année 1116 s'annonçait comme une année de paix, de calme, de préparatifs. A la fin de mars, Ṭogtakîn, prince de Damas, se rendit à Bagdâd auprès du sultan Moḥammad-Schâh, qui séjournait à la cour du khalife, essaya de se faire pardonner sa coopération avec les Francs et obtint non seulement son pardon, mais aussi l'octroi d'un manteau d'honneur [5]. A Schaizar et dans les dépendances de la petite seigneurie, tandis que les paysans semaient, labouraient et récoltaient, les princes se livraient à leurs divertissements de prédilection, Soulṭân s'occupant d'administrer et de faire illusion aux Francs sur les forces dont il disposait [6], Mourschid de copier le Coran, de chasser et de pêcher, Ousâma de se mesurer avec les lions de la contrée.

Nous sommes mal informés sur les menus faits qui remplissent le vide d'une année sans événements. C'est par conjec-

1. Voir plus haut, p. 99.
2. Khîrkhân est ainsi désigné dans Ousâma, *Autobiographie*, p. 75 et 76 ; voir plus haut, p. 38, note 3.
3. Ibn Al-Athîr dans *Hist. or. des croisades*, I, p. 288.
4. Ibn Al-Athîr, dans *Hist. or. des croisades*, I, p. 296.
5. Ibn Al-Athîr, *ibid.*, I, p. 300.
6. Ousâma, *Autobiographie*, p. 112, l. 19-20.

ture que je crois pouvoir placer à ce moment un échange de relations courtoises entre Roger, comte d'Antioche, et Soulṭân, émir de Schaizar. « Roger, prince d'Antioche, avait écrit, dit Ousâma[1], une lettre à mon oncle pour lui demander le libre passage d'un de ses chevaliers se rendant à Jérusalem pour une affaire pressante, et une escorte qui le prendrait à Apamée pour le conduire jusqu'à Rafaniyya. Mon oncle organisa l'escorte et se fit amener le chevalier, qui lui dit : Mon maître m'a envoyé pour mener en son nom une négociation secrète; mais j'ai reconnu ton intelligence ; aussi te mettrai-je au courant. Mon oncle répliqua : Comment as-tu appris que j'étais intelligent, toi qui ne m'as jamais vu avant l'heure présente? — C'est, répondit le chevalier franc, que j'ai trouvé la dévastation dans tous les pays que j'ai parcourus, tandis que la contrée de Schaizar est florissante. Or, je me suis convaincu que tu n'as pu atteindre ce résultat que par ton intelligence et par ta bonne administration. Il lui exposa ensuite l'objet de son voyage. »

Lorsqu'un pays est dans un état de crise, les rôdeurs et les vagabonds profitent de ce que l'attention publique est détournée d'eux pour exploiter la misère des temps. Ils suivent, comme des oiseaux de proie, les armées en campagne; dans l'intervalle des combats, ils se précipitent avidement sur toutes les occasions de pillage. En 1117, les maraudeurs de Schaizar allèrent chercher fortune jusqu'à Ḥamâ. Qui sait même si les Mounkidhites ne les avaient pas encouragés secrètement à aller exercer leurs talents sur le territoire de Khîrkhân? L'occasion était propice. Le dix-sept juin, les Francs, ceux de Tripoli sans doute, avaient surpris les faubourgs de Ḥamâ, où ils s'étaient introduits à la faveur d'une éclipse totale de lune[2]. « Ils s'établirent, dit Ousâma[3], dans les fourrés[4] qui, aux alentours, abritent des

1. Ousâma, *Autobiographie*, p. 65.

2. J'emprunte la date et le renseignement à Ibn Al-Athir dans *Hist. or. des croisades*, I, p. 309; cf. Sibṭ Ibn Al-Djauzi, *ibid.*, III, p. 559.

3. Ousâma, *Autobiographie*, p. 64.

4. Lisez في ازوارها et comparez id., *ibid.*, p. 144, 146, 151, 158, 165, 167 ; Aboû 'l-Fidâ, *Annales moslemici* (ed. Reiske). V. p. 182, l. 3. Le singulier est زور (p. 146, l. 21 ; 164, l. 13 ; 165, l. 4), et le mot, inconnu d'ailleurs, semble

semences fécondes. Ils campèrent au milieu des terres ensemencées. On vit alors sortir de Schaizar un ramassis de coquins, qui se mirent à rôder autour de l'armée franque pour commettre sur elle des rapines. Ils virent les tentes dressées en pleine végétation. L'un d'eux se présenta de bon matin chez le seigneur de Ḥamâ. Avant la nuit, dit-il, j'aurai mis le feu à toute l'armée franque. — Si tu fais cela, répondit le seigneur de Ḥamâ, je te donnerai une robe d'honneur. A la tombée du jour, ce bandit sortit avec une poignée d'hommes pour exécuter son dessein. L'incendie fut allumé à l'ouest des tentes, afin que le feu, poussé par les vents, les atteignît. Par l'éclat de la flamme, la nuit était devenue aussi claire que le jour. Les Francs aperçurent les incendiaires, se ruèrent sur eux, et les tuèrent pour la plupart. Quelques-uns échappèrent au massacre en se jetant dans le fleuve et en gagnant à la nage l'autre rive. »

Au même moment ou à peu près, Nadjm ad-Dîn Îlgâzî, prince de Mâridîn, l'ancien allié des Francs, prenait possession d'Alep, où, non sans quelques intermittences, il sut maintenir son autorité, soit en l'exerçant directement, soit en la déléguant à l'un de ses fils ou à l'un de ses neveux, jusqu'à ce qu'il mourut, le trois novembre 1122[1]. Lou'lou' ayant été assassiné par ses gardes du corps vers le premier mai 1117[2], l'émir Schams al-Khawâṣṣ Al-Yâroûḳtâsch, seigneur de Rafaniyya[3], avait d'abord pris le pouvoir; mais, effrayé de la lourde succession qu'il s'était trop empressé de recueillir, il en fit l'abandon au bout d'un mois

désigner un fourré ou un pâturage; pour ce dernier sens, voir en particulier Ousâma, *Autobiographie* p. 158. Le célèbre grammairien, lexicographe et exégète Djâr Allâh Az-Zamakhschari, qui était contemporain d'Ousâma, connaît, pour زأزة, mais avec un *hamza*, le sens de « jardin »; voir *Asâs al-balâga* (éd. de Boûlâḳ), I, p. 256.

1. Ibn Al-Athir et Aboû 'l-Fidâ dans *Hist. or. des croisades*, I, p. 309, 13 et 15; Ibn Al-Athir, *Chronicon*, X, p. 426; Kamâl ad-Dîn dans Freytag, *Selecta ex historia Halebi*, p. xx; Rœhricht, *Beitræge*, I, p. 251 et suiv. et 272; *Hist. or. des croisades*, III, p. 611 et suiv. et 634.

2. C'est, à un ou deux jours près, la date exacte, s'il faut en croire l'historien de Damas, Ibn 'Asâkir, dont le témoignage contemporain des événements relatés est invoqué par Kamâl ad-Dîn, *Dictionnaire biographique*, dans *Hist. or. des croisades*. III, p. 730; cf. aussi *Zoubda* dans Rœhricht. *Beitræge*, I, p. 250; *Hist. or. des croisades*, III, p. 611.

3. Je crois qu'il est ainsi nommé dans Ousâma, *Autobiographie*, p. 58, bien que le manuscrit porte البوساش. D'après M. de Slane (*Hist. or. des croisades*, I, p. 863), *Yâroûḳtâsch* est un composé turc, signifiant « le brillant compagnon. »

à Îlgâzî, soit qu'il s'en fût dessaisi spontanément[1], soit qu'il eût été déposé par la population mécontente[2].

Comme dirait un chroniqueur arabe, j'entre maintenant dans l'année 1118. Elle est marquée par la mort presque simultanée des deux souverains qui avaient présidé aux luttes des musulmans et des chrétiens en 1113 et en 1115. Baudouin Ier, roi de Jérusalem, mourut le deux avril, loin de sa capitale, dans la banlieue d'Al-'Arîsch, au retour d'une expédition en Égypte, au moment même où il venait de franchir la frontière de la Syrie[3]. Le quinze du même mois, le sultan Seldjoûkide Moḥammad-Schâh, qui avait été l'âme de la guerre sainte, mourut de maladie dans sa résidence d'Ispahan, à l'âge de trente-sept ans[4]. Baudouin Ier eut pour successeur son parent, Baudouin du Bourg, seigneur d'Édesse, qui, au moment de sa mort, était justement venu visiter en pèlerin l'Église de la Résurrection, à Jérusalem[5]. Moḥammad-Schâh transmit le sultanat à son fils, le prince Maḥmoûd, qui était alors dans sa quinzième année[6]. Par une singulière coïncidence, quelques mois plus tard, le khalife de Bagdâd, l'émir des croyants, Al-Moustaẓhir Billâh, mourut à son tour, le six août, d'une esquinancie. Son fils, Al-Moustarschid Billâh, hérita de son autorité plus spirituelle que temporelle[7]. La transmission de la royauté, du sultanat et du khalifat, s'opéra, en même temps, sans secousses violentes, à Jérusalem, à Ispahan et à Bagdâd. Chacun des nouveaux potentats, résolu à continuer les traditions de son prédécesseur, commença par consolider sa puissance, par décourager ses rivaux, par rechercher et se ménager des alliances. L'année 1118 se passa, comme l'année 1117, en pourparlers et en négociations. Pen-

1. Kamâl ad-Dîn, *Zoubda*, dans Rœhricht, *Beitræge*, I, p. 251 ; *Hist. or. des croisades*, III, p. 611.
2. Ibn Al-Athîr, *ibid.*, I, p. 309.
3. Aux nombreux textes cités par Wolff, *Kœnig Balduin I. von Jerusalem*, p. 77-78, on peut ajouter Ibn Khallikân, *Biographical Dictionary*, III, p. 456 ; Moudjîr ad-Dîn, *Histoire de Jérusalem et d'Hébron* (trad. Sauvayre), p. 71 ; Wüstenfeld, *Geschichte der Faṭimiden-Chalifen*, p. 288 ; B. Kugler, *Albert von Aachen*, p. 403.
4. Ibn Al-Athîr dans *Hist. or. des croisades*, I, p. 303 ; II, II, p. 37-38.
5. Id., *ibid.*, I, p. 314.
6. Id., *ibid.*, I, p. 303 ; II, II, p. 38.
7. Id., *ibid.*, I, p. 310-312 ; II, II, p. 40-41.

dant qu'on discute des arrangements supérieurs, un bourg comme Schaizar, une seigneurie comme celle des Mounḳidhites, n'ont pas d'histoire.

Le seigneur que Roger, comte d'Antioche, avait fait passer par Schaizar et qu'il avait naguère envoyé à Jérusalem, était certainement porteur de propositions relatives à un traité d'alliance avec Baudouin Ier. Il avait raconté son secret à Soulṭân, qui n'en a peut-être pas fait la confidence, même à son neveu Ousâma. Celui-ci ne nous a rien révélé sur ce qui se dit alors à Schaizar. Mais, en revanche, il s'est expliqué, en homme mis au fait, sur les conditions qui, d'après lui, auraient été stipulées entre Roger et Baudouin II. « Antioche, dit Ousâma[1], obéissait à un Satan d'entre les Francs, nommé Roger. Il se rendit en pèlerinage à Jérusalem, dont le prince était alors le baron[2] Baudouin, un vieillard, tandis que Roger était jeune. Celui-ci dit à Baudouin : Prenons un engagement mutuel. Si je meurs avant toi, Antioche t'appartiendra ; si tu meurs avant moi, Jérusalem est à moi. Ils conclurent un pacte à ces conditions, sur lesquelles ils tombèrent d'accord. » Josselin de Courtenay, seigneur de Tell Bâschir, auquel Baudouin II avait abandonné son comté d'Édesse pour sceller leur réconciliation[3], et Pons, comte de Tripoli[4], avaient accédé à l'union contractée et promettaient des renforts pour défendre, avec Baudouin et Roger, la principauté d'Antioche, que les armées musulmanes paraissaient avoir pour objectif.

Le sultan Maḥmoûd, fils de Moḥammad-Schâh, au lendemain de son avènement, s'était préoccupé de préparer une nouvelle entrée en campagne pour le printemps de 1119. S'il avait peut-être la présomption de la jeunesse, il en avait assurément l'ar-

1. Ousâma, *Autobiographie*, p. 87-88. La traduction de ce passage a été insérée dans *Hist. occ. des croisades*, V, p. 100, note d.

2. Sur la forme *baroûns* ici employée, voir ma *Note sur quelques mots de la langue des Francs au douzième siècle*, p. 15 du tirage à part des *Mélanges Léon Renier*.

3. A la fin de 1118 ou au commencement de 1119 ; cf. Ducange, *Les familles d'outre-mer* (éd. Rey), p. 297 ; B. Kugler, *Geschichte der Kreuzzüge*, p. 106 ; *id.*, *Albert von Aachen*, p. 405.

4. Gautier le Chancelier dans Prutz, *Quellenbeitræge*, p. 37, et dans *Hist. occid. des croisades*, V, p. 115.

deur généreuse, la passion communicative. Il enrôla des troupes considérables, qu'il plaça sous la direction de Ṭogtakîn et d'Îlgâzî, réunis cette fois pour combattre sous le drapeau de l'islâm [1].

Îlgâzî se hâta d'aller occuper le poste d'honneur qui lui était assigné par la confiance du sultan. Quant à Ṭogtakîn, encore retenu à Damas, il se préparait à inquiéter et à arrêter dans leur marche les troupes que Baudouin II destinait à renforcer l'armée chrétienne d'Antioche. Les chefs musulmans se laissèrent gagner à l'impatience de leurs soldats fanatisés. Îlgâzî avait insisté d'abord auprès des émirs pour qu'on attendît l'arrivée de Ṭogtakîn et que l'on concertât avec lui une attaque d'ensemble, afin d'enlever de vive force la position formidable que Roger avait choisie à Al-Balâṭ, dans une gorge étroite « entre deux montagnes, près du défilé de Sarmadâ, au nord d'Athârib [2] ». Roger était venu s'y établir le vingt juin, espérant compenser l'infériorité du nombre par l'avantage que lui assuraient les obstacles naturels d'un terrain accidenté, presque impénétrable, avec une clôture de montagnes. Îlgâzî disposait de quarante mille hommes environ. Il avait résisté à leur fougue jusqu'au moment où, en leur nom, émirs et officiers lui eurent prêté serment « de faire bravement leur devoir, de se battre avec héroïsme et de ne pas reculer, dussent-ils verser tout leur sang pour la guerre sainte [3] ». Le vingt-huit

1. Ibn Al-Athîr dans *Hist. or. des croisades*, I, p. 316, 323-324; II, II, p. 70; Sibṭ Ibn Al-Djauzi, *ibid.*, III, p. 560; Kamâl ad-Dîn, *Zoubda, ibid.*, III, p. 615 et 616 (cf. Rœhricht, *Beitræge*, I, p. 255).

2. Kamâl ad-Dîn, *Zoubda*, dans Rœhricht, *Beitræge*, I, p. 255, et dans *Hist. or. des croisades*, III, p. 617, dont nous avons résumé l'exposition en lui empruntant dates et chiffres. Ousâma, *Autobiographie*, p. 29, nomme aussi Al-Balâṭ l'endroit où Roger fut vaincu et tué. Il se trompe seulement sur la date qu'il fixe au cinq du premier djoumâdâ 513, c'est-à-dire au quatorze août 1119. C'est une confusion de sa part avec la seconde bataille de Dânith (cf. plus loin, p. 120); aussi, lorsqu'il revient (*Autobiographie*, p. 88) sur ce même événement, il reproduit la même date erronée pour la mort de Roger, mais substitue comme champ de bataille Dânith à Al-Balâṭ. Ibn Al-Athîr (*Hist. or. des croisades*, I, p. 324) désigne l'endroit où les Francs furent battus comme « un défilé de montagnes, voisin d'Athârib, et nommé Tell ʿIfrîn », cf. Ibn Khaldoûn dans Rœhricht, *Quellenbeitræge*, p. 18. C'est le même nom sans doute que cache le Tell ʿAḳbarîn de Kamâl ad-Dîn, *Zoubda* dans Rœhricht, *Beitræge*, I, p. 256, ainsi que l'ont fait remarquer les rédacteurs des *Hist. or. des croisades*, III, p. 617, note. Gautier le Chancelier (Prutz, *Quellenbeitræge*, p. 22; *Hist. occid. des croisades*, V, p. 101), donne comme nom populaire pour cette localité *Ager sanguinis* « Le champ du sang ». N'était la distance, on croirait à une traduction latine de *Maʿarrat an-Noʿmân*, qui, pris à la lettre, a la même signification.

3. Kamâl ad-Dîn, *Zoubda, loc. cit.*

juin, les Francs surpris furent défaits et massacrés à Al-Balâṭ par les bataillons turcs menés à la victoire par Nadjm ad-Dîn Îlgâzî l'Ortoḳide. « Il anéantit les Francs, et Roger, prince d'Antioche, fut tué, ainsi que tous ses chevaliers [1]. » Le désastre fut si grand que « de toute l'armée il rentra dans Antioche moins de vingt hommes[2] », qui y répandirent la terreur et annoncèrent, comme une certitude, que les vainqueurs ne tarderaient pas à y faire leur entrée.

« Mon oncle 'Izz ad-Dîn Aboû 'l-'Asâkir Soulṭân, dit Ousâma [3], s'était rendu au camp de Nadjm ad-Dîn Îlgâzî, tandis que mon père était resté en arrière, dans la citadelle de Schaizar. Mon oncle lui avait recommandé de me faire partir pour Apamée à la tête des hommes valides restés avec moi à Schaizar et de les exciter, ainsi que les Arabes [4], à une incursion pour piller les champs cultivés d'Apamée. Une quantité d'Arabes était venue grossir notre population.

« Peu de jours après le départ de mon oncle, le héraut nous appela aux armes. J'entraînai avec moi une petite bande, vingt cavaliers tout au plus. Nous étions convaincus qu'Apamée était dégarnie de cavalerie. A notre suite s'avançait une masse de pillards et de Bédouins. Parvenus à la vallée de Boémond [5], isolés des pillards et des Arabes qui s'étaient dispersés dans les champs, nous vîmes fondre sur nous un détachement considérable de Francs. Il leur était arrivé cette nuit-là même soixante cavaliers et soixante fantassins. Nous fûmes délogés de la vallée, pourchassés. A la fin, nous avions rattrapé ceux de nos hommes qui étaient occupés à dévaster les plantations.

Les Francs poussèrent un cri de guerre retentissant. Je dédaignai la mort, en pensant que tout ce monde y était exposé

1. Ousâma, *Autobiographie*, p. 29.
2. Id., *ibid.*, p. 88.
3. Id., *ibid.*, p. 29-32.
4. Quelques lignes plus loin, ces mêmes Arabes sont appelés des Bédouins. Comme l'expédition de Ḥamâ (plus haut, p. 108-109), l'incursion d'Apamée était surtout destinée à purger le territoire de Schaizar des éléments nuisibles qui s'y étaient introduits subrepticement.
5. Le texte porte *Wâdi Aboû Maimoûn*. Cette vallée a dû être dénommée par les chrétiens, d'après Boémond Ier. Boémond II étant d'ordinaire appelé Ibn Maimoûn ; cf. Ousâma, *Autobiographie*, p. 89, 90, et plus haut, p. 73, note 3.

avec moi. A la tête des Francs s'avançait un cavalier, qui avait rejeté sa cotte de mailles et s'était allégé afin de pouvoir nous dépasser. Je me précipitai sur lui et je l'atteignis en pleine poitrine. Son cadavre s'envola à distance de la selle. Puis je courus sus à leurs cavaliers, qui s'avançaient à la file. Ils reculèrent. Et pourtant je n'avais pas l'expérience des combats, car c'était ma première bataille [1]. J'étais monté sur un cheval rapide comme l'oiseau ; je m'élançai à leur poursuite pour frapper dans leurs rangs, et me dérober ensuite à leurs coups.

« Dans l'arrière-garde des Francs, il y avait un cavalier monté sur un rouan cap de more qui ressemblait à un chameau. Il avait sa cotte de mailles et sa cuirasse. J'avais peur de lui et je ne me souciais pas qu'il dégainât, en faisant un retour offensif contre moi. Tout à coup, il éperonna sa monture, dont je vis avec joie briller la queue. Elle paraissait épuisée. Je m'élançai sur le cavalier, je le frappai, et ma lance traversa son corps, faisant saillie en avant de près d'une coudée. La légèreté de mon corps [2], la violence du coup porté et la rapidité de mon cheval me firent tomber de la selle. Je m'y assis de nouveau, je brandis ma lance, bien convaincu que j'avais tué le Franc, et je rassemblai mes compagnons. Ils étaient tous sains et saufs.

« Un petit *mamloûk* m'accompagnait, tenant en laisse une jument rouanne de rechange, qui m'appartenait. Il montait une belle mule de selle [3], avec une housse aux franges d'argent. Il en descendit, la lâcha et enfourcha la jument, qui prit son vol avec lui jusqu'à Schaizar.

« Aussitôt que je fus de nouveau réuni à mes compagnons, qui s'étaient emparés de la mule, je m'informai de mon écuyer.

1. Le texte dit : « Jamais auparavant je n'avais assisté à une bataille. » Or Ousâma avait déjà vécu vingt-cinq années musulmanes, et son affirmation paraît en désaccord avec ce qu'il dit ailleurs (plus haut, page 98). Pour la première fois, Ousâma était chargé par son oncle et par son père de diriger une expédition. Telle paraît être sa pensée, qu'il a plus ou moins exactement exprimée.

2. Plus haut, page 63.

3. Les mulets et les mules de selle sont encore mentionnés dans Ousâma, *Autobiographie*, p. 9 et 19, où leur est appliquée l'épithète *souroûdji* (féminin *souroûdjiyya*), tirée de *souroûdj*, pluriel de *sardj* « selle ». L'adjectif relatif *souroûdji* est usité en arabe vulgaire de Syrie, d'après Boțros Al-Bistânî, *Mouḥîț al-Mouḥîț*, I, p. 943, I, col. 2. Il ne s'agit donc pas de « mulets de Saroûdj », comme on aurait pu le supposer.

Il s'en est allé, me répondirent-ils. Je compris qu'il allait rentrer dans Schaizar et inquiéter à mon sujet le cœur de mon père. J'apostrophai l'un de nos soldats et je lui dis : Fais hâte vers Schaizar, et informe mon père de ce qui s'est passé.

« Mon écuyer, à peine rentré, avait été invité par mon père à se présenter devant lui. Par quelles épreuves avez-vous passé? demanda Mourschid. — O mon maître, répliqua l'écuyer, les Francs ont fait une sortie contre nous; ils étaient bien mille, et je m'étonnerais s'il y avait un seul survivant en dehors de mon maître. — Mais, dit Mourschid, comment ton maître aurait-il échappé seul au massacre général? — Je l'ai vu, dit l'écuyer, couvert de sa cuirasse, chevaucher sur sa jument grise pommelée.

« Il en était là de son récit, quand le cavalier envoyé par moi survint, apportant la certitude. A mon tour, je rentrai. Mon père m'interrogea, et je lui dis : O mon maître, c'est bien vraiment ma première bataille [1]. Lorsque j'ai vu les Francs en venir aux mains avec nos hommes, j'ai dédaigné la mort, je me suis tourné contre les Francs, pour me faire tuer ou pour sauver tout ce monde. Mon père m'appliqua alors ce vers du poète :

« *Le lâche fuit pour sauver sa tête* [2]*; l'homme brave défend même ceux qui ne lui tiennent pas de près.* »

« Mon oncle arriva quelques jours après, ayant pris congé de Nadjm ad-Dîn Îlgâzî. Il m'envoya aussitôt quérir par un messager, me priant de me rendre auprès de lui à l'heure accoutumée. Il me reçut, ayant à ses côtés un homme d'entre les Francs. Ce chevalier, me dit-il, est venu d'Apamée, il aspire à voir le cavalier qui a frappé le chevalier Philippe [3]. Car les

1. Plus haut, p. 114, note 1.

2. Littéralement « la mère de sa tête », c'est-à-dire la membrane du cerveau connue sous le nom de *pia mater*.

3. J'ignore quel est le chevalier Philippe auquel il est fait allusion. M. le comte Riant me signale un chevalier de Boémond, Philippe de Montoro (de Monte Aureo, dans la région de Salerne), cité dans Duchesne, *Historiæ Francorum scriptores*, IV, p. 92; et dans *Hist. occ. des croisades*. V. p. 361, note *i*. Le texte d'Ousâma est trop vague pour assurer l'identification.

Francs ont été surpris du coup qui lui a été porté, qui a fendu sa cotte de maille à deux endroits de la bordure, et pourtant le chevalier a été sauvé. — Comment, m'écriai-je, a-t-il pu être sauvé? Le chevalier Franc répondit : Le coup s'est émoussé contre la peau des hanches. Je dis : Merveille du destin! Comme il est une forteresse imprenable! Je n'aurais jamais supposé que le chevalier survivrait à un coup pareil! »

Pour habilement qu'avait été combinée la diversion par laquelle Ousâma devait retenir un certain nombre de Francs par une démonstration devant Apamée, ce fait d'armes n'est qu'un incident dans la campagne de 1119, si brillamment inaugurée pour les musulmans par la victoire éclatante d'Al-Balâṭ et par la mort de Roger[1]. Les chrétiens étaient démoralisés par la défaite, les musulmans enhardis par le secours d'Allâh, les portes d'Antioche largement ouvertes devant Îlgâzî, dont la marche triomphale ne se serait heurtée à aucune résistance[2]. La défaite essuyée par la chrétienté aurait menacé d'un brusque écroulement l'édifice qu'elle avait élevé dans le nord de la Syrie au prix de tant d'efforts et de sacrifices, si le vainqueur avait su profiter avec décision de son succès, faire marcher en avant ses troupes saisies d'enthousiasme et, à la faveur de la panique, s'introduire lui-même dans Antioche pour y dicter les conditions d'une paix avantageuse pour lui, onéreuse pour ses ennemis. Îlgâzî, après avoir déployé dans la lutte les qualités du tacticien, se montra inférieur à sa tâche lorsque l'homme d'état fut appelé à recueillir les fruits de la victoire que le général avait remportée. La réalité de la situation et les obligations qu'elle comportait apparurent peut-être à son esprit comme des lueurs fugitives. Mais il détourna ses yeux de ces traits de lumière, ainsi que de fantômes importuns. Son ambition était satisfaite. Ne suffisait-il pas à sa gloire que les troupes

1. Plus haut, p. 113.
2. Kamâl ad-Dîn, *Zoubda*, dans Rœhricht, *Beiträge*, I, p. 258, et dans *Hist. or. des croisades*, III, p. 620.

du sultan, commandées par lui seul, eussent écrasé leurs adversaires, que Roger, prince d'Antioche, fût tombé mortellement frappé dans la mêlée ? N'avait-il pas le droit de réclamer quelque répit avant de se lancer dans de nouvelles entreprises, avant d'assumer la responsabilité de mesures énergiques ? Au lieu de consolider son œuvre, Îlgâzî la détruisit de ses propres mains en laissant aux Francs le loisir de se reconnaître, en suivant les suggestions de son apathie naturelle, en compromettant sa santé dans des orgies incompatibles avec son tempérament. Baudouin II, roi de Jérusalem, rassuré par l'inaction d'Îlgâzî, accourut à marches forcées dans la direction d'Antioche, n'eut pas de peine à y arriver le premier [1], en prit possession [2], toujours sous réserve des droits imprescriptibles de Boémond II [3]. « Lorsque Îlgâzî buvait des liqueurs fermentées, à ce que nous fait savoir Ousâma [4], il contractait une fièvre qui durait vingt jours. Il en but après la défaite et l'extermination des Francs, et fut pris d'un violent accès de fièvre. Lorsqu'il en guérit, le roi Baudouin le baron, à la tête de son armée, était déjà parvenu à Antioche. »

1. Kamâl ad-Dîn, *Zoubda*, dans Rœhricht, *Beitræge*, I, p. 257; *Hist. or. des croisades*, III, p. 619.
2. Ousâma, *Autobiographie*, p. 88.
3. Plus haut, p. 94; Kugler, *Geschichte der Kreuzzüge*, p. 106.
4. Ousâma, *Autobiographie*, p. 88.

CHAPITRE IV

OUSÂMA À SCHAIZAR DEPUIS LA BATAILLE D'AL-BALÂṬ JUSQU'À SON EXIL (1119—1138)

Un panégyriste enthousiaste, félicitant Îlgâzî de sa victoire, lui avait décrit en ces termes la situation respective de l'islamisme et de la chrétienté après la bataille d'Al-Balâṭ : « Le Coran s'est réjoui du triomphe que tu lui as assuré, et l'Évangile a pleuré la perte de ses hommes [1]. » Baudouin II, roi de Jérusalem, se garda de perdre en larmes le temps précieux que son rival perdait dans l'inaction et dans les excès. Tandis qu'Îlgâzî laissait tomber volontairement les fruits de la victoire qu'il venait de remporter, Baudouin se préparait à reprendre la lutte dans des conditions plus favorables, à venger l'échec infligé à Roger, son beau-frère. Il vint à Antioche auprès de sa sœur, et tous deux, loin de s'abandonner à des regrets stériles, cherchèrent à tirer parti de la torpeur où s'endormait leur ennemi, des dispositions viriles, dont étaient animés les vaincus, frémissants de rage, avides de rentrer en scène, impatients de prendre une revanche éclatante. « La sœur de Baudouin, dit Kamâl ad-Dîn [2], lui livra les trésors et les richesses du défunt. Il s'empara des biens et des maisons de ceux qui avaient été tués, et maria leurs veuves aux soldats survivants. Il reconstitua ensuite la cava-

1. Ibn Al-Athîr et Aboû 'l-Fidâ dans *Hist. or. des croisades*, I, p. 325 et 14 ; et dans Reinaud. *Extraits*, p. 42.

2. Kamâl ad-Dîn, *Zoubda*, dans Reinaud, *Extraits*, p. 41 ; Rœhricht, *Beitræge*, I, p. 258 : *Hist. or. des croisades*. III. p. 619-620.

lerie, fit de nouvelles levées de combattants, et s'empara de la souveraineté dans Antioche. Or Îlgâzî n'aurait eu besoin que de se présenter le premier devant Antioche pour y entrer en maître, sans être arrêté par aucune résistance [1]. »

L'enrôlement des hommes valides, l'organisation des forces disponibles, l'ascendant personnel que le roi de Jérusalem exerça sur les esprits des hésitants, la noble ardeur des autres, permirent à Baudouin II de mettre sur pied sans retard une armée qui ne demandait qu'à faire expier au vainqueur la journée d'Al-Balâṭ. A la suite d'un aussi grand désastre, Baudouin put s'applaudir des résultats obtenus, lorsque, moins de deux mois après, le quatorze août 1119 [2], la bataille de Dânîth ne demeura pas seulement indécise entre les deux parties belligérantes, comme le prétend Ousâma, mais se termina par la défaite et par la poursuite des musulmans [3].

« Le deuxième choc entre Îlgâzî et Baudouin, dit Ousâma [4], ne tourna à l'avantage ni de l'un ni de l'autre. Des compagnies franques mirent en déroute des compagnies musulmanes et des compagnies musulmanes mirent en déroute des compagnies franques. De part et d'autre, on perdit beaucoup de monde. Les musulmans firent captif Robert, prince de Ṣihyaun [5], de Balâṭounous [6] et de la région avoisinante. C'était un ancien ami de Ṭogtakîn, maître de Damas, et il avait accompagné Nadjm ad-Dîn Îlgâzî, lorsqu'à Apamée, celui-ci s'était associé aux Francs contre les armées orientales, venues en Syrie, sous le commandement de Boursouḳ, fils de Boursouḳ [7].

1. Voir plus haut, p. 116.

2. C'est la date donnée par Ousâma, *Autobiographie*, p. 29 et 88 (voir, plus haut, p. 112, note 2); Kamâl ad-Dîn, *Zoubda*, dans Rœhricht, *Beitræge*, I, p. 258, et dans *Hist. or. des croisades*, III, p. 620.

3. Kugler, *Geschichte der Kreuzzüge*, p. 107.

4. Ousâma, *Autobiographie*, p. 88.

5. Ṣihyaun est un château-fort, situé dans la province d'Émesse, à trois ou quatre lieues au sud-est de Laodicée. Cf. Ibn Al-Athîr dans *Hist. or. des croisades*, I, p. 721; Yâḳoût, *Mou'djam*, III, p. 438; Rey, *Étude sur les monuments de l'architecture militaire des croisés*, p. 105-113 (notice sur Saone).

6. Balâṭounous ou Platanus est une place forte dans les montagnes, à mi-chemin entre Laodicée et Antioche. Cf. Ibn Al-Athîr dans *Hist. or. des croisades*, I, p. 723, où le château de Balâṭounous est nommé en même temps que Ṣihyaun; et Yâḳoût, *Mou'djam*, I, p. 710. Voir aussi ces deux villes associées dans Quatremère, *Histoire des sultans mamlouks*, I, II, p. 69, note 84.

7. Plus haut, page 98.

« Ce Robert, surnommé le Lépreux[1], avait dit alors à l'atâbek Ṭogtakîn : Je ne sais comment exercer envers toi les devoirs de l'hospitalité, mais dispose des pays que je gouverne, fais-y pénétrer tes cavaliers, qu'ils y passent librement, qu'ils prennent tout ce qu'ils y trouveront, pourvu qu'ils laissent les hommes en liberté et les troupeaux en vie. Pour ce qui est de l'argent et des denrées, ils peuvent en disposer et s'en saisir à leur guise.

« Or, ce même Robert venait d'être fait prisonnier dans une bataille, à laquelle avait pris part Ṭogtakîn, prêtant assistance à Îlgâzî. Robert évalua lui-même sa rançon à dix mille pièces d'or. Îlgâzî dit : Amenez-le vers l'atâbek. Peut-être, en lui faisant peur, lui arrachera-t-il une plus forte contribution. On l'amena. L'atâbek buvait dans sa tente. Lorsqu'il le vit s'avancer, il se leva, mit les pans retroussés de sa robe dans sa ceinture, brandit son épée, sortit vers Robert, et lui trancha la tête. Îlgâzî rejoignit l'atâbek et lui fit des reproches : Nous manquons, lui dit-il, même d'une pièce d'or pour la solde des Turcomans[2]. Voici qu'un prisonnier nous offre dix mille dînârs pour sa rançon. Je te l'envoie pour que, par la terreur, tu lui extorques une plus grosse somme, et voici que tu l'as tué ! L'atâbek répondit : Pour ma part, je n'approuve aucun autre procédé pour exciter la terreur. Puis ce fut le baron Baudouin qui régna dans Antioche. »

Pour la première fois, la Syrie chrétienne du nord obéissait au même souverain que le royaume chrétien de Jérusalem. Le pacte entre Roger et Baudouin II était mis à exécution[3]. Îlgâzî payait chèrement ses erreurs et ses intempérances. Baudouin exploita son succès, non pour faire de nouvelles conquêtes, mais pour ramener dans les limites de leurs domaines respectifs

1. Robert est aussi appelé le *comte lépreux* par Kamâl ad-Dîn, *Zoubda*, dans Rœhricht, *Beitræge*, I, p. 259 et 267 ; *Hist. or. des croisades*, III, p. 621 et 629. D'après Kamâl ad-Dîn, sa capitale aurait été Zardanâ, ville d'ailleurs comprise dans « la région ». C'est le *Rotbertus Fulconis* (alternant avec *Fulcoides*) de Gautier le Chancelier ; voir Prutz, *Quellenbeitræge*, p. 17, 43, 48, 49 ; *Hist. occid. des croisades*, V, p. 93-94, 120, 125, 126.

2. Sur les difficultés qu'éprouvait Îlgâzî à contenter ses mercenaires turcomans, lorsqu'il était à court de ressources, voir Ibn Al-Athîr dans *Hist. or. des croisades*, I, p. 333.

3. Plus haut, p. 111.

ceux des princes musulmans qui avaient vu dans la défaite des Francs une occasion, dont ils avaient profité, pour agrandir leurs possessions ou pour reprendre les territoires dont ils avaient été dessaisis. Les Mounkidhites, enhardis par la victoire d'Îlgâzî à Al-Balâț, avaient poussé jusqu'à 'Allâroûz [1], forteresse située près de Balyoûn, à l'ouest d'Al-Bâra, qui leur avait appartenu autrefois et qu'ils avaient dû céder aux Francs. Dès la fin d'août ou, au plus tard, dans les premiers jours de septembre 1119 [2], Baudouin leur disputa et leur enleva ce poste avancé, dont ils furent autorisés à sortir avec les honneurs de la guerre. Pendant que les Francs guerroyaient plus au sud, à Kafar-Roûmâ [3], aux environs de Ma'arrat an-No'mân, Soulțân [4] les devançait [5] à Kafarțâb, mettait le feu au château de cette ville, et en retirait ceux de ses hommes qui y tenaient garnison. Il rentrait ensuite dans Schaizar sans être inquiété, à la faveur de la trêve générale que Baudouin avait accordée à Îlgâzî, et dont il avait fixé le terme à la fin de 514, c'est-à-dire à la seconde moitié de mars 1121 [6].

Aussitôt la suspension d'armes expirée, l'armée d'Antioche reçut l'ordre d'aller châtier à Schaizar même l'œuvre de destruction que le Mounkidhite avait accomplie à Kafarțâb avant de laisser les Francs s'y établir. « Les Francs, dit Kamâl ad-Dîn [7],

1. J'emprunte ces renseignements à Kamâl ad Dîn, *Zoubda*, dans Rœhricht, *Beitræge*, I, p. 260; *Hist. or. des croisades*, III, p. 622. Sacy dans Rœhricht, *loc. cit.*, nomme cet endroit *El-arouro*; dans les *Hist. or.*, le texte porte علا زور (*sic*), la traduction : « au-dessus de Zour »; cf. l'*Index*, *ibid.*, III, p. 775, d'où ressort la difficulté de placer un même endroit sur les bords de l'Euphrate et à l'ouest d'Al-Bârâ. Le manuscrit de l'Ancien fonds arabe, n° 728, fol. 140 r°, porte clairement علّارور en un seul mot; nous lisons علّاروز « 'Allâroûz », en comparant l'itinéraire d'Eli Smith dans son voyage de 1848; voir Ritter, *Die Erdkunde*, XVII, II, p. 1069. C'est également l'orthographe adoptée par Reiske dans Aboû 'l-Fidâ, *Annales moslemici*, V, p. 158, l. 4, et par M. de Slane, seulement sans redoublement du *lâm* (Alarouz), dans la traduction du passage d'Aboû 'l-Fidâ, *Hist. or. des croisades*, I, p. 171, l. 37. Sur la position de Balyoûn, à l'ouest de Al-Bâra, je me réfère au petit plan inséré par M. Ed. Sachau à la page 86 de sa *Reise in Syrien*.

2. Le texte de Kamâl ad-Dîn, *loc. cit.*, parle du mois de *djoumâdâ al-oûlâ* (du dix août au huit septembre 1119).

3. Sur cette « ville des Roûm », c'est-à-dire des Byzantins, voir Rey, *Les Colonies franques*, p. 343.

4. Le texte porte Ibn Mounkidh, c'est-à-dire le Mounkidhite.

5. Corrigez, d'après le manuscrit, ووصل en ووصلوا dans *Hist. or. des croisades*, III, p. 622, dern. ligne.

6. Kugler, *Geschichte der Kreuzzüge*, p. 107. Kamâl ad-Dîn, *Zoubda*, dans Rœhricht, *Beitræge*, I, p. 262; *Hist. or. des croisades*, III, p. 625, donne une liste instructive des localités qui furent concédées aux Francs pour les faire souscrire à cet armistice. Ma'arrat an-No'mân et Kafarțâb faisaient partie des territoires qu'il avait fallu abandonner à l'ennemi.

7. Kamâl ad-Dîn, *Zoubda*, dans Rœhricht, *Beitræge*, I, p. 264; *Hist. or. des croisades*, III, p. 626.

sortirent d'Antioche pour envahir le paysde Schaizar, y firent des prises innombrables et en ramenèrent quantité de prisonniers. Ils réclamèrent aussi le tribut, qu'ils avaient eu coutume de percevoir[1] avant leur défaite. Soulṭân[2] consentit à le leur payer, à condition qu'ils lui restitueraient tout ce qu'ils lui avaient pris. Mais, cette réserve n'ayant pas été admise[3], Soulṭân leur remit la somme dont il s'était muni, et conclut une trêve avec eux jusqu'à la fin de l'année[4]. »

Au printemps de 1122[5], l'armée d'Antioche se disposa à reprendre l'offensive contre Schaizar. Quelques partisans furent détachés vers la ville pour faire croire à une manifestation isolée facile à réprimer, et pour entraîner les troupes de Schaizar dans une embuscade où l'armée d'Antioche tout entière avait été postée pour guetter leur passage. « Nous vîmes un matin, dit Ousâma[6], à l'heure de la prière de l'aurore, une petite troupe de Francs, dix cavaliers environ, venir jusqu'à la porte de la ville avant qu'elle ne fût ouverte. Ils dirent au portier : Quel est le nom de cette contrée? La porte avait deux battants en bois avec des poutres transversales. Le portier était à l'intérieur. Il répondit : C'est Schaizar. Par un interstice de la porte, les Francs lui lancèrent une flèche de bois; puis, ils s'en retournèrent, au trot de leurs montures.

« De notre côté, on monta à cheval. Mon oncle[7] fut le premier prêt. J'étais avec lui, et les Francs se retiraient sans se presser. Quelques-uns de nos soldats nous rejoignaient l'un après l'autre. Je dis à mon oncle : Ordonne seulement, et je poursuivrai les Francs avec nos compagnons, je saurai bien les désarçonner avant qu'ils soient loin d'ici. Mon oncle, qui était plus expert que moi aux choses de la guerre, me répondit : Il n'y a pas en

1. Plus haut, p. 88.

2. Le texte porte Ibn Mounḳidh, c'est-à-dire le Mounḳidhite.

3. Lisez, avec le manuscrit (fol. 142 r°), فلم يجيبوه au lieu de فلم يجيبوا.

4. Il s'agit, cette fois, de l'année 515, qui prit fin le onze mars 1122.

5. La date de cette escarmouche n'est donnée que par conjecture.

6. Ousâma, *Autobiographie*, p. 42.

7. Soulṭân le Mounḳidhite.

Syrie un seul Franc qui ne connaisse Schaizar. Quelque machination se cache là-dessous.

« Mon oncle appela deux cavaliers montés sur des chevaux agiles, et leur dit : Allez explorer le Tell Milḥ[1]. C'est là que d'ordinaire les Francs se mettaient en embuscade. Arrivés sur le sommet, les deux cavaliers furent attaqués par l'armée d'Antioche tout entière. En hâte, nous nous étions avancés vers les Francs, pour saisir l'occasion de nous mesurer avec eux avant que le combat ne fût terminé. Avec nous étaient Djam'a, de la tribu de Noumair, et son fils Maḥmoûd. Or, Djam'a était notre cavalier et notre schaikh. Son fils Maḥmoûd était tombé au milieu de l'armée franque. Djam'a cria : O cavaliers, sauvez mon fils! Nous revînmes avec lui, à la tête de seize cavaliers, nos lances frappèrent seize cavaliers francs, auxquels notre compagnon fut arraché. »

Les Francs ne bougèrent pas du campement, qu'ils avaient adopté, et ne se laissèrent ni débusquer, ni contraindre à la lutte, tant qu'ils ne prendraient pas l'offensive. Dans cette même année, je crois, « dans une certaine année, dit Ousâma[2], le maître d'Antioche[3] (qu'Allâh le maudisse), déploya devant Schaizar ses cavaliers, ses fantassins, ses tentes. Nous montâmes à cheval pour aller à la rencontre des Francs, pensant qu'ils nous combattraient. Ils étaient venus s'installer au point qu'ils avaient l'habitude d'occuper. Ils s'enfermèrent dans leurs tentes. Un retour offensif, vers le soir, ne les fit pas non plus renoncer à leur immobilité. »

Les Francs se tenaient ainsi en observation, épiant les mouvements de leurs ennemis. Ousâma raconte qu'un jour, les Francs profitèrent de ce qu'il était parti à la tête de « l'armée entière » pour fondre sur Schaizar. C'est en 1122 également, ou au plus tard en mars ou en avril 1123, que l'incident me paraît

1. Plus haut, p. 87, note 2.
2. Ousâma, *Autobiographie*, p. 32.
3. Baudouin II, si notre conjecture sur la date est exacte.

s'être produit. Les Mounkidhites se croyaient en sûreté, sous la sauvegarde d'un nouvel armistice négocié avec les Francs. « Mon père et mon oncle, dit Ousâma [1], nous avaient reconduits à une certaine distance. Puis, ils s'en retournèrent, accompagnés seulement de quelques jeunes *mamloûks* qui traînaient les montures de rechange et portaient les armes. Toutes les troupes étaient avec moi. En approchant de la ville, ils entendirent remuer le tablier [2] du pont, et dirent : Il s'est passé quelque chose sur le pont. Ils stimulèrent leurs chevaux, s'avancèrent avec précaution, et trottèrent dans cette direction. Une trève avait été conclue entre nous et les Francs (qu'Allâh les maudisse !) Et pourtant ceux-ci s'étaient fait précéder par un homme qui leur révéla le secret d'un gué, d'où ils passeraient vers la *Ville du pont* [3], située dans une île, à laquelle on ne pouvait accéder que par un pont suspendu, une masse de pierre et de chaux, protégée contre l'entrée des Francs. Cet espion leur indiqua la place du gué. Ils vinrent en masse d'Apamée sur leurs chevaux, et dès l'aurore ils arrivèrent au passage, qui leur avait été montré, traversèrent le fleuve, s'emparèrent de la ville, pillèrent, firent des prisonniers, tuèrent, envoyèrent une partie des captifs et du butin à Apamée, et s'installèrent dans les maisons. Chacun d'eux plaça comme marque distinctive sa croix sur une maison, ficha en terre devant la porte son étendard.

« Lorsque mon père et mon oncle remontèrent à la citadelle, les habitants les implorèrent et se lamentèrent bruyamment. Or il advint qu'Allâh (gloire à lui !) répandit sur les Francs la terreur et l'impuissance. Les Francs ne reconnurent pas l'endroit où ils avaient franchi le fleuve. Ils lancèrent leurs chevaux, qu'ils montaient couverts de leurs cottes de mailles, sur un

1. Ousâma, *Autobiographie*, p. 109-110.

2. Le texte me paraît porter *tabal*, transcription arabe du latin *tabula;* c'est l'hypothèse que j'ai adoptée dans ma *Note sur quelques mots de la langue des Francs au douzième siècle*, p. 13 du tirage à part des *Mélanges Léon Renier*. Il n'est pas impossible, étant donnée l'absence des points diacritiques, qu'il faille lire *ṭiyal* « longue corde, câble ».

3. Sur la « Ville du pont » et la « Forteresse du pont, » voir plus haut, page 12-13 et 15. Il s'agit du bas Schaizar.

autre point que celui où était le gué de l'Oronte. Le nombre des noyés fut considérable, chaque cavalier plongeant dans l'eau, tombant de sa selle, et s'enfonçant dans l'abîme, tandis que le cheval remontait à la surface. Ceux qui ne périrent pas s'enfuirent en désordre, sans se préoccuper les uns des autres. Voilà ce qu'était devenue une armée considérable, tandis que mon père et mon oncle avaient en tout une escorte de dix *mamloûks* adolescents.

« Mon oncle resta dans la *Ville du pont* (*Al-Djisr*), et mon père retourna à Schaizar... Le lendemain, je revins vers le soir, je fus informé des événements, je me présentai chez mon père et je le consultai si je devais me rendre incontinent auprès de mon oncle à la *Forteresse du pont*. Tu arriveras de nuit, me répondit-il, lorsqu'ils seront endormis. Vas-y plutôt demain matin. Dès l'aurore je me mis en route, je me présentai chez mon oncle et nous montâmes à cheval, afin de visiter l'endroit où les Francs s'étaient noyés. Quantité de nageurs lui offrirent leurs services et retirèrent de l'eau de nombreux cadavres de cavaliers francs. Je dis à mon oncle : O mon maître! ne trancherons-nous pas leurs têtes, pour les envoyer à Schaizar? — Fais-le, si tu veux, me répondit-il. Il nous suffit de trancher vingt têtes environ. Le sang en découlait, comme si la mort les avait atteints à ce moment même, et cependant elle remontait à un jour et une nuit. J'imagine que l'eau avait conservé leur sang dans cet état. Nos hommes s'approprièrent des armes de tout genre, cottes de mailles, épées, bois de lances, casques, chausses de mailles[1]... Le cri de détresse qui retentit au milieu des Francs, leur déroute et leur mort furent dus à une grâce d'Allâh et non à une supériorité de forces ou à une armée. Béni soit Allâh, qui décrète ce qu'il veut! ».

Les Mounkidhites, débarrassés des Francs « par une grâce

1. L'arabe porte *al-kalsât* « calcei; » voir ma *Note sur quelques mots de la langue des Francs au douzième siècle*, tirage à part des *Mélanges Léon Renier*, p. 16.

d'Allâh », aspiraient à un repos bien gagné, après tant de secousses. Mais pour qu'ils pussent en goûter la douceur, ils auraient eu besoin de voisins musulmans qui ne fussent pas des aventuriers audacieux et sans scrupules, comme les fils de Ḳarâdjâ [1], l'un Khîrkhân, prince d'Émesse [2], l'autre Schihâb ad-Dîn Maḥmoûd, prince de Ḥamâ [3]. Le premier, après que Boursouḳ, fils de Boursouḳ, lui eut abandonné la possession de Ḥamâ, sur un ordre formel du sultan [4], avait cédé cette résidence à son frère Maḥmoûd, afin de se consacrer sans partage au bonheur de ses sujets d'Émesse. Il y continuait la tradition de Khalaf ibn Moulâ'ib [5], tandis que Maḥmoûd donnait satisfaction à ses ardeurs belliqueuses en portant la lutte, parfois aussi l'incendie [6], dans la région limitrophe de Ḥamâ, à Schaizar. Au besoin, les deux frères se prêtaient main forte, la seigneurie de l'un formant comme la prolongation de la seigneurie de l'autre.

« A un moment donné, dit Ousâma [7], il y eut un combat entre nous et l'armée de Ḥamâ. Maḥmoûd, fils de Ḳarâdjâ, avait appelé à son secours contre nous l'armée de son frère Khîrkhân, fils de Ḳarâdjâ, seigneur d'Émesse. Il leur était arrivé justement une provision de lances si bien adaptées qu'en les accouplant deux par deux, on obtenait une arme longue de vingt coudées, de dix-huit au moins [8]. Un de leurs détachements me faisait face et je commandais à une petite troupe de quinze cavaliers environ. 'Alawân al-'Irâḳî, un de leurs cavaliers et de leurs

1. C'est ainsi qu'ils sont brièvement désignés dans Ousâma, *Autobiographie*, p. 34.

2. Id., *ibid.*, p. 75. Kamâl ad-Dîn, *Zoubda*, dans Rœhricht, *Beitræge*, I, p. 283 et 293; *Hist. or. des croisades*, III, p. 649 et 658, donne à ce prince le surnom de *Ṣamṣâm ad-Dîn* « Le glaive de la religion ».

3. Ousâma, *Autobiographie*, p. 26, 28, 34, 41, 73, 75, 151.

4. Nous avons relaté cette investiture, qui fut accueillie avec défaveur par les émirs de la Syrie; voir, plus haut, page 107. La « vie criminelle » de Khîrkhân est stigmatisée par Ibn Al-Athîr, dans *Hist. or. des croisades*, I, p. 288. Qu'on se rappelle seulement ce qui a été exposé précédemment, page 38, comment Khîrkhân chercha à faire tomber dans une embuscade les otages francs, lorsqu'ils eurent été mis en liberté par les princes de Schaizar. On verra par la suite que cette tentative criminelle fut faite en mars 1125.

5. Plus haut, p. 28, 67, 69-70.

6. Ousâma, *Autobiographie*, p. 75, où il est seulement question du maître de Ḥamâ, le contexte prouvant qu'il s'agit de Maḥmoûd.

7. Id., *ibid.*, p. 73-76.

8. La coudée est à peine inférieure à un demi-mètre. Or, la longueur des lances arabes moyennes est de dix à onze coudées; cf. Ḥâtim Aṭ-Ṭâ'i, dans Aboû Tammâm, *Ḥamâsa* (éd. Freytag), I, p. 779, l. 1.

braves, s'élança sur nous et s'approcha de nos rangs, mais ne réussit pas à nous ébranler. Il s'en retourna et poussa sa lance en arrière. Lorsque je la vis allongée sur le sol comme une corde[1], sans qu'il pût la relever, je poussai mon cheval vers lui et je le frappai de ma lance. Il avait rejoint ses compagnons. Je reculai, alors que déjà leurs drapeaux flottaient au-dessus de ma tête. Mes compagnons continuèrent la lutte, sous la conduite de mon frère Bahâ ad-Daula Mounḳidh [2], qui repoussa nos adversaires. Mon arme [3] s'était brisée par le milieu contre la casaque rembourrée de 'Alawân. Nous nous étions peu à peu rapprochés de mon oncle, qui me suivait des yeux. Lorsque le combat fut terminé, mon oncle me dit : Où as-tu frappé avec ta lance 'Alawân Al-'Irâḳî? — Je visais, dis-je, son dos, mais le vent a dérangé l'inclinaison de mon arme, et ma lance l'a atteint au côté. — C'était bien conçu, me répondit-il. Tu as maintenant toute ta présence d'esprit [4]. »

Mahmoûd, fils de Ḳarâdjâ, prince de Ḥamâ, importunait et harcelait les Mounḳidhites par des combats incessants. Les rivalités locales fournissaient toujours, à défaut de motifs sérieux, quelque prétexte à conflit. « La guerre entre nous et lui, dit Ousâma [5], était de celles qu'on boit à petites gorgées, les détachements restant toujours en éveil et les troupes rivalisant de rapidité dans la lutte. » On pouvait sans cesse redouter de voir apparaître, sur le territoire même de Schaizar, les éclaireurs de Ḥamâ sortant à l'improviste d'une embuscade et forçant un héros tel qu'Ousâma à « protéger les talons de ses compagnons » [6], c'est-à-dire leur retraite en bon ordre. Des hordes de Turcomans [7] et d'autres mercenaires avaient été réunies et enrôlées pour être opposées aux défenseurs de

---

1. Lecture et traduction sont incertaines.
2. Voir, plus haut, page 46, où, note 6, il faut lire 76 au lieu de 72.
3. Le mot employé est *yarak*; c'est un mot turc. Cf. Zenker, *Dictionnaire turc-arabe-persan*, p. 960 c; Dozy, *Supplément aux Dictionnaires arabes*, II, p. 851.
4. Plus haut, p. 54.
5. Ousâma, *Autobiographie*, p. 26.
6. Id., *ibid.*, p. 28.
7. Nous avons vu, page 103, note 3, et page 121, note 2, qu'à cette époque les Turcomans se louaient, comme mercenaires, à la solde de qui voulait et pouvait les payer.

Schaizar[1] ». En 1124, une réconciliation, intervenue entre Soulṭân et Maḥmoûd, mit un terme à cette guerre aussi nuisible à l'un qu'à l'autre : comprenant enfin la communauté de leurs intérêts, les deux princes se portèrent, avec leurs forces réunies, contre les Francs établis dans leur voisinage à Apamée.

Ce fut dans cette campagne que mourut Maḥmoûd, au moment où, par une pointe hardie, il avait envahi les faubourgs d'Apamée et se croyait maître de la place[2]. Voici le récit des faits tels que les a vus et racontés Ousâma[3] : « Je me trouvais auprès de Schihâb ad-Dîn Maḥmoûd, fils de Ḳarâdjâ. Les différends entre nous et lui étaient apaisés, et il avait envoyé à mon oncle un message pour lui dire : Tu ordonneras à Ousâma de me rejoindre le plus tôt possible[4] avec un seul cavalier, pour que nous allions à la découverte d'un endroit propice à nos embûches et à notre attaque contre Apamée. Mon oncle m'ayant donné des ordres dans ce sens, je montai à cheval, je rencontrai Maḥmoûd et j'allai avec lui examiner toutes les positions.

« Notre armée et la sienne se rassemblèrent bientôt. J'avais le commandement de l'armée de Schaizar, il commandait son armée. Avant d'être arrivés à Apamée, nous étions en présence des cavaliers et des fantassins francs dans la région dévastée qui précède la ville. C'est un terrain où les chevaux évoluent difficilement à cause des pierres, des colonnes et des fondements de murailles détruites[5]. Nous fûmes impuissants à déloger les Francs de cet endroit.

« Un de nos soldats me dit : Tu voudrais les tailler en pièces. — Certes, répondis-je. — Eh bien, reprit le soldat, dirige-nous vers la porte de la citadelle. — Je lui dis : Allez-y.

1. Ousâma, *Autobiographie*, p. 34.

2. Ibn Al-Athîr et Aboû 'l-Fidâ, dans *Hist. or. des croisades*, I, p. 355 et 15.

3. Ousâma, *Autobiographie*, p. 34-36.

4. Le mot, que je traduis ainsi, est douteux. Peut-être faut-il lire كرعة et traduire : « de me rejoindre à Kar'a » ; mais je ne trouve aucune ville de ce nom aux environs d'Apamée.

5. Les ruines éparses sur le sol d'Apamée, aujourd'hui *Ḳal'at al-mouḍîḳ*, ont été étudiées en 1880 et soigneusement décrites par M. Ed. Sachau ; voir sa *Reise in Syrien und Mesopotamien* p. 71-82, et planches XI-XIII.

Mon interlocuteur se repentit de sa parole et reconnut que nos ennemis nous fouleraient aux pieds pour arriver avant nous à leur citadelle. Il chercha à me détourner de ce qu'il m'avait d'abord conseillé. Mais je ne voulus rien entendre, et je pris la direction de la porte.

« A l'instant où les Francs nous virent engagés dans le chemin de la porte, ils revinrent vers nous, fantassins et cavaliers, nous foulèrent aux pieds et passèrent. Leurs cavaliers mirent pied à terre à l'entrée de la porte, et renvoyèrent leurs chevaux, qu'on fit remonter jusque dans la forteresse même. Ils alignèrent les pointes de leurs lances dans l'espace de la porte. Moi et un de mes compagnons, serviteur de mon père, né dans sa maison, nommé Râfi', fils de Soûtakîn, nous nous tenions sous le mur et en face de la porte, atteints par nombre de pierres et de flèches en bois, tandis que Schihâb ad-Dîn [1], avec son escorte, se tenait à distance par crainte des Kurdes [2]...

« Schihâb ad-Dîn se tenait à l'écart du champ de bataille. Et pourtant une flèche lancée de la forteresse l'atteignit et le frappa sur le côté de l'os du poignet, sans pénétrer plus avant que l'épaisseur d'un grain d'orge. Son aide de camp vint me dire de sa part : Reste à ton poste, afin de rallier les troupes dispersées dans le pays, car j'ai été blessé, et je crois sentir ma blessure jusque dans mon cœur. Je m'en retourne ; veille sur nos hommes !

« Il partit. Je ramenai les hommes, je fis halte devant le château fort de Khouraiba (?) [3]. Les Francs y avaient placé une sentinelle pour nous épier de loin, lorsque nous projeterions une incursion vers Apamée.

1. C'est-à-dire Maḥmoûd, prince de Ḥamâ.

2. Les Kurdes étaient les détrousseurs de grands chemins en Syrie. Ils étaient la terreur des populations inoffensives, et leurs châteaux forts passaient pour des repaires de brigands et de pillards. En 1123, c'est-à-dire une année plus tôt, Uzbek, surnommé *Djouyoûsch-Bek* (sur ce personnage, plus haut, p. 97 et 101), avait attaqué les Kurdes et les avait contraints à fuir « dans les lieux montagneux, dans les vallons et dans les défilés. Les routes redevinrent sûres, et la tranquillité se rétablit. » Voir Ibn Al Athîr dans *Hist. or. des croisades*, I, p. 346.

3. La lecture est incertaine. Le texte porte *schifâr ḥarbatihi*, par comparaison avec Ousâma, *Autobiographie*, p. 36, l. 6. Mais un signe placé dans le manuscrit au-dessus du mot lu *schifâr* semble indiquer qu'il doit être déplacé ou supprimé. Reste حربه sans points diacritiques, qui ne signifie assurément pas « que je pillai » ; car le relatif *alladhî* n'aurait pas été omis, et de plus ce sens serait en opposition avec le contexte.

« J'arrivai au déclin du jour à Schaizar. Schihâb ad-Dîn était dans la maison de mon père. Il avait voulu dénouer les bandages de sa blessure et la soigner. Mon oncle l'en empêcha et lui dit : Par Allâh, tu ne dégageras pas ta blessure ailleurs que dans ta résidence. Il répondit : Je suis dans la maison de mon père. C'était mon père qu'il désignait ainsi. Mon oncle reprit : Lorsque tu seras parvenu chez toi, et que ta blessure sera guérie, la maison de ton père sera à ta disposition. Schihâb ad-Dîn se dirigea vers l'ouest et se rendit à Ḥamâ. Il s'y arrêta le lendemain et le surlendemain. Puis sa main noircit, il perdit connaissance et mourut. »

Tandis que Maḥmoûd et Soulṭân, faisant taire leurs dissentiments, unissaient leurs efforts contre Apamée, le nord de la Syrie et la principauté chrétienne d'Édesse avaient été le théâtre d'événements graves, qui firent passer un souffle d'espérance dans les cœurs musulmans. Îlgâzî, qui avait quitté Alep à la fin de mars 1122 pour lever des troupes dans les contrées orientales, repassa l'Euphrate le vingt-cinq juin avec son neveu Noûr ad-Daula Balak, fils de son frère Bahrâm, l'Ortoḳide [1]. Les victoires successives de Balak, associé d'abord aux campagnes d'Îlgâzî, le firent, lui aussi, surnommer *Gâzî*, c'est-à-dire « le victorieux [2] ». En septembre de cette même année, Balak, revenu au delà de l'Euphrate, défaisait dans les environs de Saroûdj [3] et amenait en captivité sous « les toits noirs [4] » de Khartabirt [5], Joscelin, prince d'Edesse et de Saroûdj, ainsi que plus de soixante chevaliers francs [6]. La mort d'Îlgâzî, survenue le trois novembre 1122 [7], supprimait le dernier obstacle opposé à

1. Kamâl ad-Dîn, *Zoubda*, dans Rœhricht, *Beitræge*, I, p. 269, et dans *Hist. or. des croisades*, III, p. 631. Ousâma, *Autobiographie*, p. 89, le nomme plus brièvement Noûr ad-Daula Balak.

2. Kamâl ad-Dîn, *Zoubda*, dans Rœhricht, *Beitræge*, I, p. 269, 271, 273, etc., et dans *Hist. or. des croisades*. III, p. 631, 633, etc.

3. Saroûdj est une place forte, située non loin de l'Euphrate, au sud-ouest d'Édesse; voir plus haut. p. 114, note 3.

4. L'expression appartient à Ousâma, dans une poésie citée par 'Imâd ad-Dîn, *Kharîdat al-ḳaṣr* (*Nouveaux mélanges orientaux*, p. 140), et par Yâḳoût, *Mou'djam*, II, p. 417.

5. Khartabirt (Kharpout), ou encore Ḥouṣn Ziyâd, sur les confins du Diyâr-Bekr et de l'Arménie, est à deux journées de marche vers l'est de Malaṭya, comme les Arabes appellent Mélitène; cf. id., *ibid.*, *loc. cit.*

6. Kamâl ad-Dîn, *Zoubda*, dans Rœhricht, *Beitræge*, I, p. 271, et dans *Hist. or. des croisades*, III, p. 633-634.

7. Id., *ibid.*, dans Rœhricht, *Beitræge*, I, p. 272, et dans *Hist. or. des croisades*, III, p. 634.

l'ardeur guerrière et à l'ambition déchaînée de son neveu. Balak réussit, le dix-huit avril 1123, à s'emparer de la personne de Baudouin II, roi de Jérusalem, qu'il incarcéra également à Khartabirt, après lui avoir infligé une défaite qu'il fit dégénérer en massacre et en pillage [1].

Au commencement d'août 1123, Balak, qui, après s'être emparé successivement de Ḥarrân et d'Alep, s'était avancé dans la direction de Schaizar et de l'Oronte jusqu'à Al-Bâra, apprit tout à coup une fâcheuse nouvelle. Joscelin s'était évadé, ainsi que plusieurs prisonniers enfermés dans les oubliettes de Khartabirt, et était allé fomenter la guerre, réveiller l'inertie des chrétiens. Le roi Baudouin voulait bien être délivré, mais une fuite par surprise lui répugnait comme une lâcheté [2]. Quant à Joscelin, il se vengea de Balak en dévastant par le fer et par le feu la province d'Alep [3]. Un des lieutenants de Baudouin, Sire Alain le Meschin, seigneur d'Al-Athârib [4], sortit de cette ville dans les derniers jours de 1123, et réussit à intercepter un convoi de vivres que les seigneurs de Schaizar destinaient aux défenseurs musulmans d'Alep [5].

La délivrance, sans rançon, de Joscelin et de ses complices avait décidé Balak à transférer Baudouin dans un lieu de détention autre que Khartabirt, dont la population avait été de connivence avec les évadés. Il fit mettre des fers aux pieds de

1. Ḳamâl ad-Dîn, *Zoubda*, dans Rœhricht, *Beitræge*, I, p. 273, et dans *Hist. or. des croisades*, III, p. 635-636.

2. Id., *ibid.*, dans Rœhricht, *Beitræge*, I, p. 274, et dans *Hist. or. des croisades*, III, p. 637. J'ai traduit le mot *djoubb* qui signifie « puits » par « oubliettes ». Dozy, *Supplément aux dictionnaires arabes*, I, p. 169, donne le sens de « cachot souterrain »; voir aussi Quatremère, *Histoire des sultans mamlouks*, I, I, p. 70, note 97, et surtout II, II, p. 95, note 36.

3. Kamâl ad-Dîn, *Zoubda*, dans Rœhricht, *Beitræge*, I, p. 274-275, et dans *Hist. or. des croisades*, III, p. 638-639.

4. Id., *ibid.*, dans Rœhricht, *Beitræge*, I, p. 263 et 273, et dans *Hist. or. des croisades*, III, p. 628 et 635. Alain, seigneur de Cerep (Sarepta = Al-Athârib), porte dans Gautier le Chancelier (Prutz, *Quellenbeitræge*, p. 17; *Hist. occ. des croisades*, V, p. 94) comme épithète, placée après le nom, sans doute comme surnom, *adolescens*, ce qui serait la traduction latine du mot *Meschin*, usité dans la langue des Francs. D'après M. Léon Gautier, *La Chevalerie* (Paris, 1884), p. 202 et 261, le titre de *Meschin* était porté, au douzième siècle, par les jeunes seigneurs avant qu'ils ne fussent armés chevaliers. Alain, seigneur d'Al-Athârib, semble avoir conservé ce surnom bien au delà de l'époque où il convenait à son âge et à son rang. Dans les deux passages de Kamâl ad-Dîn, que nous venons de citer, le complexe obscur auquel se rapporte la note des *Hist. or. des croisades*, III, p. 628 (de même, p. 635), me paraît recouvrir une transcription arabe de *Sire Alain le Meschin*.

5. Kamâl ad-Dîn, *Zoubda*, dans Rœhricht, *Beitræge*, I, p. 276, et dans *Hist. or. des croisades*, III, p. 639.

son royal prisonnier et l'enferma, à Ḥarrân d'abord, puis dans la citadelle d'Alep, à la fin de février 1124[1]. Trois mois plus tard, Balak, après avoir vaincu les chrétiens devant Manbidj[2], et les avoir décimés, fut atteint par une flèche perdue, et expira quelques heures après, le six mai 1124. « Ce coup, dit-il en se sentant frappé mortellement, est un coup mortel pour tous les Musulmans[3]. » Et, en effet, un cri d'allégresse retentit partout à travers les pays occupés par les croisés. « Le dragon, qui avait si amèrement tourmenté le peuple de Dieu, avait enfin succombé[4]. »

Dès le lendemain de la mort de Balak, Ḥousâm ad-Dîn Timourtâsch, fils d'Îlgâzî, seigneur de Mâridîn, « arbora son étendard à Alep, et fut proclamé dans la ville[5] ». Baudouin II, roi de Jérusalem et prince d'Antioche, attendait toujours que les portes de sa prison lui fussent ouvertes par ses sujets vainqueurs ou par un ennemi traitable. Désespérant de recouvrer sa liberté par un coup de main heureux, il ouvrit des négociations avec Timourtâsch, qu'il savait « amoureux avant tout du repos et du bien-être[6] ». Les pourparlers entre les deux princes prirent aussitôt une tournure favorable. Baudouin ne désirait pas plus vivement retourner à Jérusalem que Timourtâsch à Mâridîn. Si celui-là s'efforçait d'échanger enfin ses chaînes contre sa couronne, celui-ci tenait à faire racheter sa liberté par un prisonnier de si haut prix avant qu'on ne le lui enlevât par les armes. D'après Kamâl ad-Dîn[7], « Baudouin s'engagea, sous la foi du serment, à livrer Al-Athârib, Zardanâ, Al-Djizr, Kafarṭâb et 'Azâz. Il promit en outre de payer quatre-vingt mille pièces d'or, dont vingt mille exigibles sur-le-champ. »

1. Kamâl ad-Dîn, *Zoubda*, dans Rœhricht, *Beitræge*, I, p. 277, et dans *Hist. or. des croisades*, III, p. 641.

2. Manbidj est situé à deux journées de marche d'Alep, vers le nord-est, à peu de distance de l'Euphrate, sur la rive droite de l'un de ses affluents, le Sâdjoûr.

3. Kamâl ad-Dîn, *Zoubda*, dans Rœhricht, *Beitræge*, I, p. 279, et dans *Hist. or. des croisades*, III, p. 642.

4. Kugler, *Geschichte der Kreuzzüge*, p. 108.

5. Kamâl ad-Dîn, *Zoubda*, dans Rœhricht, *Beitræge*, I, p. 279, et dans *Hist. or. des croisades*, III, p. 642.

6. Ibn Al-Athîr, *ibid.*, I, p. 356.

7. Kamâl ad-Dîn, *Zoubda*, dans Reinaud, *Extraits*, p. 30, dans Rœhricht, *Beitræge*, I, p. 279, et dans *Hist. or. des croisades*, III, p. 643.

Le traité qui stipulait ces conditions fut conclu dans les derniers jours de juin 1124. « L'émir Aboû 'l-'Asâkir Soulṭân, le Mounḳidhite, avait servi de médiateur entre Baudouin et Timourtâsch[1]. » Dès que la tentative de conciliation avait semblé devoir aboutir à une entente, Baudouin avait été, non seulement tiré de sa prison, mais encore comblé par Timourtâsch de présents[2] et d'attentions. Ne put-il pas se croire libre, lorsqu'il se rendit d'Alep à Schaizar, montant le même cheval[3] que Balak lui avait pris autrefois et qui venait de lui être rendu? Baudouin arriva à Schaizar le dix-neuf juin, tandis que, pour répondre de lui, Soulṭân avait envoyé à Alep ses propres fils et les fils de ses frères[4]. Ousâma, qui avait accompli trente années musulmanes, fut-il compris parmi les garants que Timourtâsch exigea comme caution du dépôt précieux dont les Mounḳidhites avaient accepté la garde? Je crois qu'il partit avec ses frères et ses cousins, qu'il partagea d'abord leur captivité[5], mais qu'il fut autorisé à retourner avant eux auprès de son oncle et de son père, les circonstances ayant réclamé sa présence à Schaizar, alors que Baudouin était relâché, et que les jeunes Mounḳidhites « étaient encore gardés comme otages dans la citadelle d'Alep[6] ». Ousâma parle de ces faits avec le renoncement d'un homme qui n'en a pas gardé un fâcheux souvenir.

« Mon père et mon oncle, dit Ousâma[7], avaient rendu de nombreux services à Baudouin. Fait captif par Noûr ad-Daula Balak, il avait passé, après la mort de Balak, entre les mains de Housâm

---

1. Kamâl ad-Dîn, *Zoubda*, dans Rœhricht, *Beitræge*, I, p. 280, et dans *Hist. or. des croisades*, III, p. 644.

2. Id., *ibid.*, *loc. cit.* Je crois que le dernier des présents énumérés doit être lu وخفاف وزانا « et des bottines lourdes », c'est-à-dire ornementées. Le manuscrit porte وران.

3. Id., *ibid.*, *loc. cit.*, lisez, avec le manuscrit, فركبها et الاولى; lisez aussi le dix-neuf juin au lieu du vingt juin.

4. *Ibid.*, *loc. cit*, lisez « les fils de ses frères, » et non « les fils de sa sœur ». Nous connaissons quatre fils de Soulṭân : Al-Mouwaffaḳ Naṣr (Ousâma, *Livre du bâton*, ms. de ma collection, fol. 115 v°); l'émir Scharaf ad-Daula Aboû 'l-Faḍl Ismâ'îl ('Imâd ad-Dîn, *Kharîdat al-ḳaṣr*, fol. 115 r°-116 r°; Kamâl ad-Dîn, *Dictionnaire biographique*, fol. 52 r°-53 r°; Ibn Schâkir Al-Koutoubî, *Fawât al-wafayât*, I, p. 19); Tâdj ad-Daula (Kamâl ad-Dîn, *Dictionnaire biographique*, fol. 52 v°); enfin Fakhr ad-Dîn Aboû 'l-Fatḥ Yaḥyâ ('Imâd ad-Dîn, *Kharîdat al-ḳaṣr*, fol. 116 r°).

5. 'Imâd ad-Dîn, *Kharîdat al-ḳaṣr*, dans *Nouveaux mélanges orientaux*, p. 131 (cf., id., *ibid.*, p. 126).

6. Kamâl ad-Dîn, *Zoubda*, dans Rœhricht, *Beitræge*, I, p. 281, et dans *Hist. or. des croisades*, III, p. 645.

7. Ousâma, *Autobiographie*, p. 89.

ad-Dîn Timourtâsch, fils d'Îlgâzî, qui nous l'avait envoyé à Schaizar, afin que mon père et mon oncle s'interposassent pour discuter le prix de son rachat. Il fut traité par tous deux avec de grands égards. Car, lorsqu'il était monté sur le trône, nous devions une contribution au maître d'Antioche. Or, il nous en avait relevé gracieusement et, depuis lors, nos relations avec Antioche s'étaient maintenues excellentes. »

Le séjour de Baudouin auprès d'Aboû 'l-'Asâkir Soulṭân devait se prolonger « jusqu'à l'arrivée des otages qu'il livrerait comme garantie des engagements contractés par lui avec Timourtâsch ». Ces otages, au nombre de douze, comprenaient la fille de Baudouin et le fils de Joscelin. Baudouin paya, comme acompte, les vingt mille pièces d'or, dont il avait pressé l'envoi, le prince de Schaizar reçut les gages promis et autorisa Baudouin à quitter la prison de Schaizar le vendredi dix-sept de radjab, c'est-à-dire le trente août 1124[1].

Baudouin, aussitôt qu'il se sentit en sûreté sur le territoire chrétien, dénonça ses engagements envers Timourtâsch et s'en fit délier par Bernard, patriarche d'Antioche, comme de concessions impies[2]. Pour que Soulṭân ne fût point tenté de céder aux supplications des prisonniers francs qui lui avaient été confiés et qui insistaient pour quitter à leur tour Schaizar, Timourtâsch maintint dans la forteresse d'Alep les Mounḳidhites qu'il y avait internés[3]. Ceux-ci n'en furent délivrés qu'en mars 1125 par Aḳ Sonḳor Al-Boursouḳî, atâbek de Mauṣil, qui, le mois précédent, avait rétabli l'ordre et assis son autorité dans Alep. Arrivé à Schaizar le quinze mars, « il se fit

1. Kamâl ad-Dîn, *Zoubda*, dans Rœhricht, *Beitræge*, I, p. 280, et dans *Hist. or. des croisades*, III, p. 644.

2. Kamâl ad-Dîn, *ibid*, *loc. cit.* Dans les *Hist. or. des croisades*, *loc. cit.*, on a supposé qu'il s'agissait du pape. Je ne crois pas me tromper en affirmant que jamais pape n'aurait été appelé « le patriarche », البطريرك, comme porte le manuscrit, exactement reproduit dans Reinaud, *Extraits des historiens arabes*, p. 50 : cf. plus brièvement البطرك dans Ousâma, *Autobiographie*, p. 64. En précisant le nom et la résidence du patriarche auquel Kamâl ad-Dîn fait allusion, nous suivons Kugler, *Geschichte der Kreuzzüge*, p. 110. Prutz, *Kulturgeschichte der Kreuzzüge*, p. 131, admet l'intervention du patriarche, non pas d'Antioche, mais de Jérusalem.

3. Kamâl ad-Dîn, *Zoubda*, dans Rœhricht, *Beitræge*, I, p. 281, et dans *Hist. or. des croisades*, III, p. 645.

livrer les fils des Francs qui s'y trouvaient encore et leur permit de se racheter contre quatre-vingt mille pièces d'or payées comptant [1] ». Les otages mis en liberté avaient à peine quitté le territoire de Schaizar qu'ils tombèrent dans une embuscade, où Khîrkhân, fils de Karâdjâ, seigneur d'Émesse, les guettait au passage. Ce fut Ousâma qui, à l'instigation de son père et de son oncle, s'élança au galop pour les rejoindre et les délivra, eux et leur escorte [2].

La conduite équivoque de Baudouin II envers Timourtâsch n'avait point altéré la cordialité des rapports qu'il entretenait avec les Mounkidhites. Baudouin donnait audience à un de leurs envoyés, en mission auprès de lui à Antioche, lorsque, dans la seconde moitié de l'année 1126 (nous ignorons la date précise) [3], on vint lui annoncer que le jeune Boémond, fils de Boémond Ier, venait de débarquer à As-Souwaidiyya, ville maritime, qui sert de port à Antioche [4], et qui est située à l'embouchure de l'Oronte, et se préparait à faire valoir ses droits sur la principauté. Ses droits avaient été reconnus et réservés expressément par Tancrède et Roger. Baudouin saisit volontiers cette occasion, croyons-nous, de n'être plus obligé à se partager entre Jérusalem et Antioche. « Un navire, dit Ousâma [5], arriva à As-Souwaidiyya. Il en débarqua un jeune homme couvert de vêtements usés. On l'introduisit auprès de Baudouin, auquel il se fit reconnaître comme le fils de Boémond [6]. Baudouin lui livra Antioche, en sortit, et alla établir ses campements en dehors de la ville. Notre représentant auprès du roi Baudouin nous a juré que celui-ci avait dû acheter sur le marché, le soir de ce même jour, l'orge nécessaire à ses chevaux, alors que les greniers

1. Kamâl ad-Dîn, *Zoubda*, dans Rœhricht, *Beitræge*, I, p. 287, et dans *Hist. or. des croisades*, III, p. 651.

2. Plus haut, page 38, d'après Ousâma, *Autobiographie*, p. 76.

3. Ducange, *Les Familles d'outre-mer* (éd. Rey), p. 184 et 382; Kugler, *Geschichte der Kreuzzüge*, p. 110.

4. Yâkoût, *Mou'djam*, I, p. 385; (Socin), *Palestine et Syrie*, p. 574; Chauvet et Isambert, *Syrie, Palestine*, p. 732-735; Rey, *Les Colonies franques de Syrie*, p. 353.

5. Ousâma, *Autobiographie*, p. 89-90.

6. Le texte porte Ibn Maimoûn, et de même trois autres fois dans ce même passage; voir plus haut, p. 73, note 2; 113, note 5.

d'Antioche regorgeaient de denrées. Baudouin retourna ensuite à Jérusalem.

« Le fils de Boémond, ce Satan, fit subir à l'humanité une épreuve terrible. Un certain jour, il vint camper et dresser ses tentes à nos portes avec son armée. Nous étions déjà montés sur nos chevaux pour leur tenir tête. Pas un d'entre eux ne s'avança à notre rencontre. Ils ne quittèrent pas leurs tentes, tandis que nous chevauchions sur une éminence, les observant, n'étant séparés d'eux que par le cours de l'Oronte.

« Le fils d'un de mes oncles paternels, Laith ad-Daula Yaḥyâ, fils de Mâlik, fils de Ḥoumaid[1], sortit de nos rangs dans la direction de l'Oronte. Nous nous imaginions qu'il allait abreuver son cheval. Il s'enfonça dans l'eau, franchit le fleuve et se dirigea vers un petit détachement des Francs, immobile auprès des tentes. Lorsqu'il se fut approché d'eux, un de leurs cavaliers vint à sa rencontre. Les deux adversaires s'élancèrent l'un contre l'autre, mais chacun d'eux esquiva le coup de lance qui lui était destiné.

« J'arrivai en hâte, à ce moment même, vers les deux combattants, avec d'autres jeunes hommes comme moi. Le détachement s'ébranla. Le fils de Boémond monta à cheval, ainsi que ses soldats. Ils se précipitèrent, rapides comme le torrent. Le cheval de mon parent avait reçu un coup de lance. Les premières lignes de nos cavaliers se heurtèrent aux premières lignes de leur cavalerie. Dans nos troupes, il y avait un Kurde, nommé Mîkâ'îl, qui avait assailli leur avant-garde. Sur ses derrières, un cavalier franc l'avait percé de sa lance. Le Kurde, étendu devant lui, gémit bruyamment et poussa de hauts cris. Je le rejoignis. Quant au Franc, il s'était détourné du cavalier Kurde et avait filé loin de ma route à la poursuite de cavaliers à nous, postés en nombre au bord du fleuve, sur notre

1. Cette parenté ne m'est pas claire, à moins que Mâlik n'ait été un frère utérin de Mourschid, le père d'Ousâma.

rive. J'étais derrière lui, éperonnant mon cheval pour qu'il le rattrapât et que je pusse le frapper; mais je n'y réussis pas. Le Franc ne faisait pas attention à moi; il était uniquement préoccupé de nos cavaliers groupés. Enfin il les atteignit, toujours poursuivi par moi. Mes compagnons portèrent à son cheval un coup de lance mortel. Mais ses compagnons étaient sur sa trace, trop nombreux pour que nous puissions rien contre eux. Le cavalier franc partit sur son cheval expirant, rencontra ses soldats, les ramena tous en arrière et s'en retourna sous leur protection. Or, ce cavalier n'était autre que le fils de Boémond, seigneur d'Antioche. Encore adolescent [1], il avait laissé envahir son âme par la terreur. S'il eût permis à ses soldats d'agir, nous eussions été mis en déroute et refoulés jusque dans l'enceinte de notre ville. »

Pendant les années qui suivirent, la banlieue de Schaizar fut infestée à plusieurs reprises par « l'armée d'Antioche [2] » et par les « cavaliers de Ḥamâ [3] ». Les dates exactes nous font défaut. Mais nous pouvons supposer que chaque printemps voyait se renouveler des escarmouches à peu près semblables. Ousâma ne nous a raconté que celles où il a joué un rôle, où il a affronté un danger, où sa vie a été menacée. C'est ainsi qu'il nous fait assister à une victoire de l'armée d'Antioche, où son cheval fut atteint à la nuque par une flèche en bois, sans que l'animal se fût cabré ou emporté, sans qu'il parût même sentir la blessure. A un moment de l'action engagée, Ousâma avait dû se réfugier précipitamment derrière l'un des « murs élevés à hauteur d'homme » qui servent de clôture aux jardins étalés dans la plaine du bas Schaizar. « Les lignes des Francs et moi, dit-il, nous n'étions séparés que par ce mur. » Lors d'une autre incursion de l'armée d'Antioche sur le territoire de Schaizar, peut-être dans la campagne de 1120, où Boémond II

1. Boémond II était un jeune seigneur, à peine âgé de dix-huit ans, lorsqu'il reparut en Syrie; cf. Guillaume de Tyr dans Ducange, *Les familles d'outre-mer* (éd. Rey), p. 184.

2. Ousâma, *Autobiographie*, p. 45-46 et 47.

3. Id., *ibid.*, p. 46.

s'empara du château de Ḳadmoûs [1], peut-être auparavant, ce prince, qui avait plus de témérité que de réflexion [2], accusait ses troupes de mollesse. « Un seul cavalier musulman, dit-il [3], suffit à repousser deux cavaliers d'entre les Francs. Vous n'êtes pas des hommes, vous êtes des femmes. »

Quant aux cavaliers de Ḥamâ, qui se présentèrent devant Schaizar peu de jours après la victoire remportée par l'armée d'Antioche [4], Ousâma se glorifie de les avoir mis en déroute, malgré leur supériorité numérique, malgré la présence parmi eux de chefs musulmans assez connus pour qu'Ousâma se plaise à les énumérer pour rehausser l'éclat de sa victoire. C'étaient Sourhanak [5], Gâzî At-Toullî [6], Maḥmoûd ibn Al-Baldadjî, Ḥaḍr Aṭ-Ṭoûṭ et le généralissime Khoṭlokh [7]. Ces personnages commandaient au nom de Ṭogtakîn, atâbek de Damas, qui avait incorporé Ḥamâ dans ses états après la mort de Schihâb ad-Dîn Maḥmoûd, fils de Ḳarâdjâ, au commencement de l'année 1124 [8]. Ousâma raconte comment, dans cette journée, il s'abstint de frapper Ḥaḍr Aṭ-Ṭoûṭ, qui se fit reconnaître par lui, et remercie Allâh d'avoir sauvé Gâzî At-Toullî, homme excellent, qu'il avait failli transpercer de sa lance [9]. On le voit, les relations de bonne amitié et d'intimité personnelle prévalaient chez Ousâma, même dans la bataille, sur les rivalités locales entre les principautés de Ḥamâ et de Schaizar.

Ṭogtakîn, atâbek de Damas, mourut le treize février 1128 [10].

1. Ibn Al-Athîr, dans *Hist. or. des croisades*, I, p. 387. Sur Ḳadmoûs, voir Ousâma, *Autobiographie*, p. 83; Chauvet et Isambert, *Syrie, Palestine*, p. 705; Rey, *Les colonies franques*, p. 334.

2. Kugler, *Geschichte der Kreuzzüge*, p. 110.

3. Ousâma, *Autobiographie*, p. 47, dans l'hypothèse que ce jugement ait été porté par Boémond II. Plus haut, p. 73, note 3, nous nous sommes demandé si *Ibn Maimoûn* ne désignait pas ici Boémond Ier.

4. Ousâma, *Autobiographie*, p. 46.

5. Sourhanak ibn Abî Manṣoûr, chef Kurde, avait combattu précédemment comme l'un des lieutenants de Schihâb ad-Dîn Maḥmoûd, fils de Karâdjâ, seigneur de Ḥamâ; voir id., *ibid.*, p. 26-27.

6. Gâzî At-Toullî devait devenir, dix ans plus tard environ, chambellan (*ḥâdjib*) de Schihâb ad-Dîn Aḥmad, gouverneur de Ḥamâ au nom de son père Ṣalâḥ ad-Dîn Al-Yâguisiyânî: cf. id., *ibid.*, p. 73. Sur la prononciation de l'adjectif relatif Yâguisiyânî et du surnom Yâguisiyân, « celui qui écrase son ennemi », voir plus haut, p. 29, note 7, et plus loin, p. 143, note 1.

7. C'est ainsi qu'il faut lire; voir l'*Index*, dans Ousâma, *Autobiographie*, p. 171.

8. Ibn Al-Athîr et Aboû 'l-Fidâ dans *Hist. or. des croisades*, I, p. 355 et 15. Sur la mort de Maḥmoûd, voir plus haut, p. 130-131.

9. Ousâma, *Autobiographie*, p. 46-47.

10. Ibn Al-Athîr dans *Hist. or. des croisades*, I, p. 382; Ibn Khallikân, *Biographical Dictionary*, I, p. 274. Je ne sais pas ce qui a fait supposer à M. Rœhricht, *Quellenbeitræge*, p. 30, note 65, que Togtakîn avait été assassiné.

Il avait fait rudement expier à la chrétienté de Syrie son alliance d'un moment avec elle [1]. Son égarement d'un jour n'avait pas eu de lendemain. La chrétienté n'avait désormais pas connu d'adversaire plus acharné et plus redoutable, l'islamisme de champion plus entreprenant et plus résolu. « Le pays se trouva tout à coup dépourvu de protecteur; mais alors se vérifia cette parole du Prophète : Les contrées ne seront jamais sans un lieutenant d'Allâh pour y sauvegarder sa religion [2]. » C'est de Mauṣil que, quelques années auparavant, Maudoûd et Boursouḳ fils de Boursouḳ, étaient venus l'un après l'autre apporter à la Syrie l'espoir de la délivrance, le concours des armées du sultan pour chasser les envahisseurs. C'est de Mauṣil également qu'un vigoureux effort allait être tenté. Un ennemi nouveau, aussi intrépide qu'ambitieux, dont le courage servait les ardeurs du plus violent fanatisme, avait surgi pour les Francs du jour où 'Imâd ad-Dîn Zenguî, fils de Ḳâsim ad-Daula Aḳ Sonḳor « eut obtenu le gouvernement de Mauṣil, de la haute Mésopotamie, de Nisibe et de tous les lieux qu'Al-Boursouḳî avait possédés [3] ». En septembre 1127, Zenguî fut choisi comme atâbek de Mauṣil par le sultan Seldjoûḳide Maḥmoûd et confirmé dans sa dignité par lettres patentes du khalife de Bagdâd, Al-Moustarschid Billâh [4]. « Le roi des émirs », comme Zenguî est appelé par Ousâma [5], le « martyr de la foi », le *schahîd*, comme il a été pieusement surnommé [6], « attaqua les Francs au centre même de leurs établissements et vengea sur eux les coups portés aux monothéistes. Les croissants de l'islâm, après avoir été rétrécis, devinrent des pleines lunes, et les soleils de la foi jetèrent un nouvel éclat, après que leurs lumières avaient cessé de briller. Les Musulmans marchèrent

1. Plus haut, p. 98.

2. Ibn Al-Athîr, *Atabeks*, dans *Hist. or. des croisades*, II, II, p. 70.

3. Id., *ibid.*, p. 63.

4. Id., *ibid.*, p. 63-65; cf. *Hist. or. des croisades*, I, p. 376. Ibn Khallikân, *Biographical Dictionary*, I, p. 540, parle du vingt-six janvier 1127. La différence entre les deux dates indique sans doute l'intervalle entre l'investiture et la prise de possession.

5. Ousâma, *Autobiographie*, p. 22, 74, 77, 115, etc.

6. *Hist. or. des croisades*, I, p. 377, note 1 II, II, p. 30, note 1.

fièrement, portant les amples robes de la victoire, et s'abreuvèrent aux sources, qui coulaient à profusion, de la conquête [1]. »

Zenguî prit en mains, dirigea, organisa, accentua la lutte des Musulmans contre la domination et l'influence chrétiennes. Après avoir affermi sa puissance à Mauṣil, après y avoir posé et consolidé les bases d'une bonne administration [2], il avait traversé l'Euphrate pour s'assurer le concours et briser la résistance des émirs syriens. Dès 1128, après avoir occupé Manbidj et Bouzâʿa, il s'avançait vers Alep, quand il apprit que des discordes intestines venaient d'y éclater [3]. Une députation des habitants vint à sa rencontre « pour lui demander son appui et pour lui offrir leur soumission [4] ». Son entrée dans la ville, désolée par les massacres et par les incendies [5], menacée et pressurée par les Francs [6], provoqua un tel enthousiasme, une telle explosion « de joie et d'allégresse qu'Allâh seul en peut mesurer l'étendue [7] ».

La conquête de Ḥamâ par Zenguî en 1129, si la chronologie d'Ibn Al-Athîr est exacte [8], le quatorze septembre 1130, si Kamâl ad-Dîn est mieux informé [9], amena l'atâbek dans le voisinage immédiat des Mounḳidhites. Ceux-ci se réjouirent plutôt qu'ils ne s'effrayèrent de son approche : ils savaient par l'expérience du passé [10] que l'armée du sultan respecterait l'indépendance de leur principauté. La prudence de leur conduite, leur dévouement à la cause de l'islâm, leur concours, qu'ils savaient faire valoir à l'heure opportune, les protégèrent de nouveau contre toute atteinte. Ousâma parle de cette campagne avec autant

1. Ibn Al-Athîr, *Atabeks*, dans *Hist. or. des croisades*, II, II, p. 62.
2. Id., *ibid.*, p. 65.
3. On peut lire le récit détaillé des troubles qui éclatèrent à cette époque à Alep chez Kamâl ad-Dîn, *Zoubda*, dans Rœhricht, *Beitræge*, I. p. 292-293 ; et dans *Hist. or. des croisades*, III, p. 655-657.
4. Ibn Al-Athîr, *Atabeks*, dans *Hist. or. des croisades*, II, II, p. 69.
5. Kamâl ad-Dîn, *Zoubda*, dans Rœhricht, *Beitræge*, I, p. 292, et dans *Hist. or. des croisades*, III, p. 656.
6. Ibn Al-Athîr, *Atabeks*, dans *Hist. or. des croisades*, II, II, p. 69.
7. Id., *ibid.*, *loc. cit.*
8. Ibn Al-Athîr et Abou 'l-Fidâ dans *Hist. or des croisades*, I. p. 386 et 18 : II, II. p. 70 : Aboû Schâma, *Kitâb ar-rauḍatain*, I. p. 31. l. 3.
9. Kamâl ad-Dîn, *Zoubda*, dans Rœhricht, *Beitræge*, I. p. 295, et dans *Hist. or. des croisades* III, p. 660.
10. Plus haut, p. 90-91 ; 99-101.

d'insouciance que si elle avait eu pour théâtre la Perse ou l'Égypte. L'encombrement des routes força seulement un de ses mamloûks, qu'il avait envoyé à Damas pour une affaire urgente, à regagner Schaizar en se dirigeant vers Tripoli après avoir quitté Ba'albek, au lieu de passer par Ḥoms et Ḥamâ. « Il était advenu, dit Ousâma sans insister autrement [1], que l'atâbek Zenguî avait pris Ḥamâ et qu'il avait établi son camp devant Émesse. » Émesse ne capitula pas, et Zenguî leva le siège pour rentrer dans Alep d'abord [2], puis dans Mauṣil [3].

Ousâma était-il allé à Ḥamâ offrir ses hommages à Zenguî pour solliciter de lui une neutralité bienveillante en faveur de Schaizar? L'avait-il accompagné dans sa tentative malheureuse contre Émesse? Nous ne possédons aucun renseignement sur l'origine des relations entre l'atâbek de Mauṣil et Ousâma. Leurs caractères étaient faits pour sympathiser. Zenguî dut être au premier abord captivé par le charme personnel qu'Ousâma exerçait sur ceux qu'il aspirait à gagner; Ousâma ne manqua pas de se sentir entraîné vers Zenguî par la communauté de leurs espérances, par leur ardeur égale pour la guerre sainte, par l'attrait de l'admiration que lui inspira le roi des émirs [4]. Le rêve d'Ousâma était la concentration des forces musulmanes sous une direction unique; Zenguî mettait son ambition à le réaliser [5] « par son épée, par son coup d'œil et par sa résolution hardie [6] ». Quelle tentation pour notre héros d'aller rejoindre et seconder le défenseur qui venait de surgir pour la foi musulmane, de recueillir une part de l'éclat jeté par cette étoile sur l'islamisme [7] !

Ousâma n'en restait pas moins à Schaizar, lié par l'attache

1. Ousâma, *Autobiographie*, p. 59.
2. Kamâl ad-Dîn, *Zoubda*, dans Rœhricht, *Beitræge*, I, p. 295, et dans *Hist. or. des croisades*, III, p. 660.
3. Ibn Al-Athîr, *ibid.*, I, p. 387.
4. Voir plus haut, p. 140.
5. Le rôle de Zenguî comme le héros musulman de l'époque, comme l'organisateur par excellence de la guerre sainte contre les chrétiens, a été bien compris et heureusement défini par les continuateurs de Ranke; voir L. von Ranke, *Weltgeschichte*, VIII, p. 151.
6. Jugement d'un poète sur Zenguî dans Ibn Al-Athîr, *Atabeks*, p. 133.
7. Expressions d'Ibn Al-Athîr, *ibid.*, *loc. cit.*, dans un panégyrique de Zenguî en prose rimée.

qu'il avait au manoir de ses ancêtres, retenu auprès de Mourschîd vieillissant par un vif sentiment de piété filiale. Ce fut sans doute son père lui-même qui l'encouragea à prendre un parti énergique pour dissiper le malaise croissant que notre héros éprouvait à Schaizar, et dont les progrès alarmaient la tendresse paternelle. L'éloignement pour un certain temps s'imposait à lui comme le seul remède au mal dont il souffrait. D'une part, son naturel ardent ne pouvait s'accommoder de l'inaction forcée et de la vie contemplative, au moment où la Syrie se réveillait d'un long sommeil, sous l'impulsion vigoureuse de Zenguî, secondé par son principal lieutenant, l'émir chambellan Ṣalâḥ ad-Dîn Moḥammad, fils d'Ayyoûb, Al-Yâguîsiyânî [1]. D'autre part, l'oncle d'Ousâma, Soulṭân, émir de Schaizar, s'inquiétait du prestige croissant que son neveu exerçait sur les esprits et sur les cœurs, tandis que ses enfants à lui étaient en bas âge et grandissaient sans éclat à l'ombre de sa renommée [2]. Si la mort le frappait subitement, qui lui succéderait à Schaizar? Le fils de Mourschid ne supplanterait-il pas ses jeunes cousins? La jalousie avait détruit la confiance. Les haines de famille que les Mounḳidhites ne s'étaient jamais avouées et qu'ils avaient longtemps refoulées au fond de leurs cœurs, finirent par se manifester, sinon par des violences, du moins par des taquineries mesquines, plus insupportables mille fois que l'hostilité ouverte et agressive. Une séparation momentanée parviendrait peut-être à prévenir pour Ousâma une rupture définitive.

1. Le surnom *Al-Yâguisiyâni* signifie « le descendant de celui qui écrase son ennemi »; voir plus haut, p. 29, note 7; p. 139, note 6, et mon petit mémoire intitulé : *Un passage sur les Juifs au douzième siècle*, mémoire inséré dans la *Jubelschrift für den 70ten Geburtstag des Herrn Professor Dr Graetz*, p. 128, note 1. C'est le *Akhy-Siân* des sources occidentales (Pigeonneau, *Le cycle de la croisade*, p. 61), prononciation qui a dû être rendue par l'écriture telle qu'elle avait été entendue, et qui me parait apporter un argument de plus contre l'hypothèse de M. Karabacek (*Zeitschrift der deutschen morg. Gesellschaft*, XXXI, p. 153), et contre l'adhésion que lui a donnée, avec une confiance peut-être trop absolue, M. August Müller, *Der Islam im Morgen- und Abendland*, II, p. 109, note 4. Ajoutons qu'Ousâma emploie toujours la forme abrégée *Al-Guisyânî* الغسيانى; cf. *Autobiographie*, p. 33, 58, 70, 73, 74, 116. D'autres fois, il appelle ce même personnage *Salâḥ ad-Dîn*, ainsi *ibid.*, p. 2, 3, 66, 67, 111, 112, 117 et 118. Bien entendu, ce Ṣalâḥ ad-Dîn ne doit pas être confondu avec le fameux Saladin, dont il sera parlé dans notre chapitre dixième. Le titre d'émir chambellan (الامير الحاجب) est donné à Ṣalâḥ ad-Dîn *Al-Yâguisiyânî* par Ibn Al-Athîr dans *Hist. or. des croisades*, I, p. 375 et 455, et par Kamâl ad-Dîn, *ibid.*, III, p. 657.

2. Ibn Al-Athîr, *Atabeks*, p. 107.

Dans ces conjonctures, Ousâma s'expatria, se rendit à Mauṣil et fut agréé par 'Imâd ad-Dîn Zenguî. Celui-ci préparait une nouvelle entrée en campagne, qui permettrait d'utiliser les services qu'Ousâma était impatient de lui rendre. Les opérations militaires avaient été sans doute retardées par les ravages du tremblement de terre qui, en février 1130, avait amoncelé les ruines dans la région de Mauṣil [1]. Moins de deux ans plus tard, en l'année 526 de l'hégire, c'est-à-dire après le vingt-trois novembre 1131 de notre ère, Ousâma reçoit chez lui, à Mauṣil, un vieillard chrétien de la ville, qui vient, appuyé sur son bâton, lui offrir ses souhaits de bienvenue. C'est en vers arabes que s'exprime ce « fils de Théodore », absolument inconnu d'ailleurs [2]. La maison d'Ousâma devient un lieu de rendez-vous. On y récite des vers en attendant les événements. Ses amis sont invités à des réunions où ils seront ses commensaux. Aujourd'hui c'est Al-'Amîd Aboû 'l-Ḥasan ibn Abî 'l-Âmâl qui déclame chez lui un petit poème sans en faire connaître l'auteur [3]; un autre jour, c'est un personnage, surnommé Mouhadhdhab ad-Dîn, qui s'excuse, vu son état d'ivresse, de ne pouvoir prendre part à un repas auquel il a été convié [4].

Mourschid, qui supporte impatiemment l'absence de son fils chéri, imagine de s'en consoler en ouvrant avec lui une correspondance versifiée. De cet échange de lettres il ne nous reste que le fragment d'une réponse d'Ousâma. Ibn Khallikân, qui nous l'a conservé, en a copié les sept vers dans le *dîwân*, ou recueil des poésies de notre héros, d'après son exemplaire autographe [5]. Ce *dîwân* qui, au temps d'Ibn Khallikân, c'est-à-dire vers le milieu du treizième siècle, était entre les mains de tous les hommes, paraît ne plus être actuellement entre les

1. Ibn Al-Athîr, *Chronicon*, X, p. 469.
2. Ousâma, *Livre du bâton* (manuscrit de ma collection), fol. 113 r°.
3. Id., *ibid.*, fol. 113 r° et v°
4. 'Imâd ad-Dîn, *Kharîdat al-ḳaṣr*, dans *Nouveaux mélanges orientaux*, p. 129.
5. Ibn Khallikân, *Biographical Dictionary*, I, p. 178.

mains de personne [1]. Voici, dans un essai de traduction, ce qui a surnagé de cette épître [2] :

Et je ne me plains pas des changements survenus dans les dispositions de ceux que j'aime; s'il y avait avantage à se plaindre d'eux, je me plaindrais.

J'ai fini par me lasser de leurs reproches et par renoncer à les détromper. Aussi n'est-ce plus en eux que je mets mon espérance.

Lorsque leurs sarcasmes faisaient saigner mon cœur, j'ai étouffé [3] *ma souffrance et je me suis replié sur moi-même.*

Et je suis allé [4] *vers eux d'un air bien dégagé, comme si je n'avais ni entendu ni vu.*

Ils m'ont accusé de fautes, que mes mains n'ont point faites [5], *que je n'ai ni ordonnées ni interdites.*

Et non, par Allâh, je n'ai jamais conçu ni projeté de perfidie pareille à la leur [6].

Et le jour de la résurrection sera notre rendez-vous, où un feuillet sacré révélera quelle a été leur faute, quelle a été la mienne.

« Ousâma, ajoute Ibn Khallikân [7], est également l'auteur des deux vers suivants, de même rime et de même mètre, qu'il a insérés dans une lettre adressée à quelqu'un de sa maison; ils sont empreints de la plus vive tendresse [8] :

Avant moi, les hommes ont déploré la souffrance de la séparation; vivants et morts avant moi ont été effrayés par la pensée de l'éloignement.

Mais une douleur pareille à celle qui m'a serré les côtes, je n'en ai jamais entendu parler, je ne l'ai jamais vue.

Enfin, au début de l'année 1132, les préparatifs de la guerre permirent de prévoir une action prochaine. Zenguî avait con-

1. *Nouveaux mélanges orientaux*, p. 115.

2. Ce petit morceau figure également dans le manuscrit de Gotha 2196 (W. Pertsch, *Die arabischen Handscriften*, etc., IV, p. 217), fol. 8 v°. Nous avons eu connaissance et nous avons pu nous servir des feuillets 8-10 relatifs à Ousâma, grâce à M. W. Pertsch qui a bien voulu me les signaler et me les communiquer.

3. Au lieu de كظمتُ, le manuscrit de Gotha porte صبرتُ « j'ai supporté avec patience ».

4. Variante d'après le même : وجئتُ اليهم. dans le même sens.

5. L'édition du texte arabe, par M. de Slane, porte (p. 93) جنتُهم, auquel il faut substituer, d'après le manuscrit cité et d'après les autres éditions, جنتُها.

6. Au lieu de قد اضمروه, leçon du manuscrit de Gotha et de l'édition de Wüstenfeld (où ضمروه est une faute de copie). M. de Slane, dans son texte et dans sa traduction, et l'édition du Caire en trois volumes (I, p. 111) ont admis قد اظهروه.

7. Ibn Khallikân, *Biographical Dictionary*, I, p. 179.

8. Ces deux vers sont également dans le manuscrit 2196 de Gotha, fol. 8 v°, qui ne fournit aucune variante.

tracté une alliance avec le sultan Seldjoûkide Mas'oûd, fils de Moḥammad, fils de Malik-Schâh, pour aller mettre ensemble le siège devant Bagdâd. Le khalife Al-Moustarschid Billâh prit les devants et envoya ses troupes barrer la route aux deux coalisés. La rencontre eut lieu le deux mars [1] à Takrît, ville située sur les bords du Tigre, à mi-chemin entre Mauṣil et Bagdâd. Ce fut un désastre pour l'armée de Zenguî. L'atâbek y aurait trouvé la mort sans le dévouement que lui témoigna le gouverneur même de Takrît, Nadjm ad-Dîn Ayyoûb, le père du grand Saladin. Ayyoûb prit soin de faire disposer sur le Tigre des bacs, afin que Zenguî et ses compagnons d'armes pussent passer sur l'autre rive [2]. Ousâma, qui avait assisté et concouru à ce combat malheureux, en avait écrit une relation dans le livre où il traite des contrées et de leurs princes [3]. Cet ouvrage [4] est malheureusement perdu, et, avec lui, le récit de cette bataille par un témoin oculaire.

Zenguî se hâta de retourner à Mauṣil [5]. Quant à Ousâma, nous ignorons dans quelle retraite, à Mauṣil ou à Schaizar, il alla se consoler de son découragement et de sa déception. Il nous dérobe ses faits et gestes pendant les deux ou trois années qui vont suivre. Fut-il, en janvier 1133, parmi les assiégés de Mauṣil qui, pendant trois mois, repoussèrent les attaques du khalife Al-Moustarchid, intervertirent les rôles, et, selon l'expression piquante d'Ibn Al-Athîr, bloquèrent l'armée assiégeante [6] ? Le danger couru par Schaizar, au milieu de 1133, eut-il la vertu de le ramener au milieu des siens et de lui faire oublier ses griefs contre certains des membres de sa famille? Je

1. Cette date est donnée, d'après Ousâma et Ibn Al-Athîr, dans Ibn Khallikân, *Biographical Dictionary*, IV, p. 482.

2. Ibn Al-Athîr, *Chronicon*, X, p. 475; Ibn Al-Athîr et Aboû 'l-Fidâ, dans *Hist. or. des croisades*, I, p. 561 et 20; II, II, p. 78.

3. Ibn Khallikân, *Biographical Dictionary*, IV, p. 482: cf. id. *ibid.*, III, p. 459; IV, p. 484, et ce dernier passage dans *Hist. or. des croisades*, III, p. 402.

4. Cet opuscule, comme le caractérise Ibn Khallikân (*Biographical Dictionary*, III, p. 459), est peut-être identique à l'Histoire des forteresses, par Ibn Mounḳidh, citée une fois par Aboû 'l-Fidâ; voir le texte arabe de la *Géographie*, p. 255; et St. Guyard, *Géographie d'Aboulféda* (Paris, 1883), p. 32.

5. Ibn Al-Athîr, *Atabeks*, p. 78.

6. Id., *ibid.*, p. 85-86; cf. *Hist. or. des croisades*, I, p. 398-399.

supposerais volontiers qu'Ousâma se partagea entre Mausil et Schaizar, donnant la préférence successivement à celle des deux villes qui, dans la détresse, fit appel à sa bravoure. La principauté de Schaizar, qui avait prospéré sous l'administration de Soulṭân, fut tout à coup menacée par un prince jeune, ambitieux, le petit-fils de Ṭogtakîn, Schams al-Moulouk Ismâ'îl, devenu seigneur de Damas à la mort de son père, Tâdj al-Moulouk Boûrî, le sept juin 1132[1]. Après avoir enlevé Panéas aux Francs, Ismâ'îl se dirigea, en juillet 1133, vers la vallée de l'Oronte. A Ḥamâ, où Zengui avait laissé une garnison insuffisante, non seulement la ville capitula, mais la citadelle ouvrit ses portes. Le seigneur de Damas prit ensuite le chemin de la forteresse de Schaizar, en fit le siège et pilla la région. Soulṭân ouvrit des négociations avec lui et traita de son départ au prix d'une somme qu'il lui fit porter. Schams al-Moulouk s'en retourna à Damas, où il parvint en septembre[2]. La seigneurie de Damas ne comprit pas longtemps le territoire de Ḥamâ. Dès 1135, l'armée de Zengui y campait de nouveau, comme si elle ne l'avait jamais quitté[3].

La leçon ne fut point perdue pour Zengui. Il résolut les mesures nécessaires pour éviter le succès d'un nouveau retour offensif contre Ḥamâ et contre la région de l'Oronte. Sa résidence de Mausil était trop éloignée pour qu'il pût accourir assez vite à chaque alerte. Il appela son premier ministre, l'émir chambellan, Ṣalâḥ ad-Dîn Moḥammad Al-Yaguîsiyânî, au commandement d'une petite province limitrophe de Schaizar, avec Ḥamâ[4] comme ville principale. Ce fief, qui devait s'étendre plus tard vers le nord jusqu'à Kafarṭâb[5], était confié à

1. Ibn Al-Athîr, dans *Hist. or. des croisades*, I, p. 394. 2. Id. et [illegible] Kamâl ad-Dîn, *Rev. Orient. latin*, III, p. [illegible]. 3. [illegible] *Hist. or. des croisades*, I, p. 406, où la note 2 doit être supprimée. 4. Ousâma, *Autobiographie*, p. [illegible]. Le [illegible] [illegible] Ṣalâḥ ad-Dîn Moḥammad [illegible] Al-Yaguîsiyânî [illegible] Kamâl ad-Dîn [illegible] *Hist.* [illegible] avoir adopté une date [illegible] également [illegible] Kamâl ad-Dîn [illegible] *Beiträge*, I, p. [illegible] III, p. [illegible].

des mains bien capables de le défendre. Zenguî pensait s'assurer ainsi une base d'opérations solide, lorsque, l'année suivante, il reviendrait à la charge pour essayer de conquérir Damas. Il redoutait seulement l'ambition sans frein et sans scrupule de son lieutenant : « Ṣalâḥ ad-Dîn ne craint pas Allâh, disait-il de lui [1], et ne me craint pas non plus. » Zenguî donna satisfaction à Ṣalâḥ ad-Dîn par l'autorité dont il l'investit, mais en même temps il s'appliqua à éloigner de Mauṣil un aussi dangereux auxiliaire. Pour ce qui est d'Ousâma, il ne vit pas s'éloigner sans regret Ṣalâḥ ad-Dîn. Celui-ci le favorisait visiblement et lui avait accordé ses bonnes grâces. L'amitié qui les unissait avait fini par se transformer en une intimité absolue et sans réserve. Ousâma dut franchir plus d'une fois la distance qui séparait Mauṣil de Schaizar, de Ḥamâ et de Kafarṭâb, soit pour aller revoir son père, soit pour rejoindre Ṣalâḥ ad-Dîn, soit pour retourner auprès de Zenguî.

Le printemps de 1135 ramena l'atâbek Zenguî sous les murs de Damas. Schams al-Mouloûk Ismâ'îl lui avait offert de lui livrer sa capitale sans combat, pour qu'elle ne tombât pas entre les mains des Francs [2]. A l'instigation de sa mère, Ismâ'îl fut assassiné le premier février 1135 [3] et eut pour successeur à Damas son frère Schihâb ad-Dîn Maḥmoûd, fils de Tâdj al-Mouloûk Boûrî, fils de Ṭogtakîn [4]. Zenguî n'en continua pas moins sa marche dans la direction de Damas et ne se laissa arrêter dans ses projets ni par l'avènement du nouveau prince, ni par l'énergie de la résistance à laquelle il était assuré maintenant de se heurter [5].

Ousâma nous conte un des épisodes de la route, au nord de Damas, afin de nous instruire par un exemple, selon sa coutume et son but dans son *Autobiographie* : « La crainte que l'on

1. Ousâma, *Autobiographie*, p. 116.
2. Ibn Al-Athîr dans *Hist. or. des croisades*, I, p. 403.
3. Id. *ibid.*, I, p. 403-404; Kamâl ad-Dîn, *Zoubda*, dans Rœhricht, *Beitræge*, I, p. 301, et dans *Hist. or. des croisades*, III, p. 668.
4. Le nom est ainsi donné dans Ousâma, *Autobiographie*, p. 73; cf. p. 139 et 141.
5. Ibn Al-Athîr, dans *Hist. or. des croisades*, I, p. 405.

inspire, dit-il [1], est quelquefois profitable à la guerre. C'est ainsi que l'atâbek parvint en Syrie, et je l'accompagnais, en l'année 529 [2]. Damas était son objectif. Nous avions fait halte à Al-Ḳouṭayyifa [3]. Ṣalâḥ ad-Dîn me dit : Monte à cheval, et devance-nous jusqu'à Al-Fousṭaḳa [4]. Ne t'écarte pas de la route, afin qu'aucun de nos soldats ne puisse fuir dans la direction de Damas. Je pris les devants et, après une heure d'attente, voici que Ṣalâḥ ad-Dîn était venu me rejoindre à la tête d'un petit nombre de ses compagnons.

« Un nuage de fumée s'élevait sous nos yeux à 'Adhrâ [5]. Ṣalâḥ ad-Dîn envoya des cavaliers examiner d'où provenait cette fumée. C'étaient des hommes de l'armée de Damas qui faisaient brûler de la paille en abondance dans 'Adhrâ. Ils s'enfuirent. Ṣalâḥ ad-Dîn les poursuivit, et nous l'escortions, trente ou quarante cavaliers tout au plus. Arrivés à Al-Ḳouṣair [6], nous y trouvâmes l'armée de Damas tout entière barrant l'accès du pont. Nous nous trouvions dans le voisinage du caravansérail. Ce fut notre cachette. Nous en faisions sortir cinq ou six cavaliers à la fois, pour que l'armée de Damas les aperçût. Ils revenaient ensuite se mettre à l'abri dans le caravansérail, nos ennemis étant convaincus que nous y avions établi une embuscade.

« Ṣalâḥ ad-Dîn dépêcha un cavalier vers l'atâbek pour lui faire connaître notre situation critique. Tout à coup nous vîmes environ dix cavaliers se diriger vers nous en toute hâte et derrière eux s'avançait l'armée en rangs serrés. Ils parvinrent jusqu'à nous. A ce moment même, l'atâbek venait d'arriver. Son armée le suivait. Zenguî adressa des reproches à

1. Ousâma, *Autobiographie*, p. 111-112.
2. 1134-1135 de notre ère.
3. Al-Ḳoutayyifa (aujourd'hui Al-Ḳouṭaifa) est une ville située sur la route de Palmyre à Damas, au nord-est de cette dernière ; cf. Yâḳoût, *Mou'djam*, IV, p. 144 ; (Socin) *Palestine et Syrie*, p. 545 ; Chauvet et Isambert, *Syrie, Palestine*, p. 649 ; Sachau, *Reise in Syrien*, p. 24 (*Ḳuṭéfe*).
4. Le texte porte clairement *Al-Foustaḳa* « Le pistachier » avec points diacritiques. C'est le nom ou d'un village ou d'un des caravansérails (*khân*) ouverts entre Al-Ḳouṭayyifa et 'Adhrâ ; voir la première carte dans le voyage de M. Sachau.
5. Chacun des endroits cités successivement représente une étape de plus en plus rapprochée de Damas. Sur 'Adhrâ, presque à l'entrée du désert ; de Syrie, voir Yâḳoût, *Mou'djam*, III, p. 625 ; Ibn Al-Athîr, dans *Hist. or. des croisades*, I, p. 435 ; (Socin) *Palestine et Syrie*, p. 545.
6. Mot à mot, « Le châtelet ». C'était la première station lorsqu'on partait de Damas pour se rendre à Emesse ; cf. Yâḳoût, *Mou'djam*, IV, p. 126.

Ṣalâḥ ad-Dîn sur ce qu'il avait fait, et lui dit : Tu t'es lancé précipitamment jusqu'à la porte de Damas avec trente cavaliers pour te faire tailler en pièces, ô Moḥammad [1]. Et il le réprimanda. Tous deux s'exprimaient en turc, et je ne savais pas le sens de leurs paroles [2].

« Lorsque les avant-gardes de notre armée nous eurent rejoints, je dis à Ṣalâḥ ad-Dîn : Ordonne seulement, je prendrai avec moi ceux qui sont arrivés jusqu'à présent, et je fondrai [3] sur les cavaliers de Damas, qui sont postés en face de nous, et je les délogerai. — N'en fais rien, me répondit-il. Pour donner un tel conseil, quand on est au service de Zenguî, il faut n'avoir pas entendu la manière dont il m'a traité. »

La tentative de Zenguî contre Damas était encore une fois avortée. La défense avait été dirigée avec autant de vigueur que d'habileté par un ancien mamloûk de Ṭogtakîn, Mou'în ad-Dîn Anar, que sa grande capacité devait rendre, dans un avenir prochain, tout-puissant à Damas [4]. Ousamâ ira plus tard se mettre à son service et nous aurons alors l'occasion de saisir sa physionomie [5]. Le khalife de Bagdâd, Al-Moustarchid Billâh, s'il ne pouvait disposer en faveur de Mou'în ad-Dîn Anar d'aucun concours matériel, lui apporta du moins son appui moral. Il envoya au camp de Zenguî Aboû Bakr Bischr ibn Karîm Ibn Bischr [6], qui remit à Zenguî des robes d'honneur et lui enjoignit de lever le siège. Zenguî s'y décida vers le milieu de mars [7], rebroussa chemin vers le nord, s'empara de plusieurs places fortes, parmi lesquelles Kafarṭâb, et vint camper

1. Le texte porte *yâ moûsâ*, c'est-à-dire « ô Moïse ». Je doute que cette confusion provienne d'une légende ou d'un proverbe.

2. Voir plus haut, page 50.

3. Le manuscrit porte *aw* « ou » à la place de *wa* « et » ; la correction me paraît indispensable.

4. Ibn Al-Athîr, dans *Hist. or. des croisades*, I, p. 405. Sur la prononciation du nom *Anar*, voir Slane, *ibid.*, I, p. 760. Comme l'ont fait remarquer les éditeurs du troisième volume des *Hist. or. des croisades* (III, p. 672), le manuscrit de Paris de Kamâl ad-Dîn, *Zoubda*, porte partout la vocalisation *Ounar*.

5. Le premier séjour d'Ousâma à Damas sera le sujet de notre chapitre cinquième.

6. Ibn Al-Athîr, *Chronicon*, X, p. 470, et XI, p. 13, l'appelle Aboû Bakr Ibn Bischr de Djazîrat Ibn 'Omar, le second passage étant identique à *Historiens or. des croisades*, I, p. 405, où ont été omis les noms du khalife et de son ambassadeur. Kamâl ad-Dîn, *Zoubda* (*ibid.*, III, p. 670), porte Bischr ibn Karîm Ibn Bischr. Enfin, dans Ousâma, *Autobiographie*, p. 2, et dans Ibn Al-Athîr, *Chronicon*, XI, p. 471, on lit Ibn Bischr.

7. Kamâl ad-Dîn, *Zoubda*, dans *Hist. or. des croisades*, III, p. 670.

devant Schaizar au mois de mai ou de juin. Ousâma profita de l'occasion pour s'arrêter chez son père, au risque d'affronter la mauvaise humeur croissante de son oncle. Celui-ci ne sortit point de Schaizar pour présenter ses hommages à Zenguî, son allié, presque son suzerain. Fut-il détourné d'une pareille démarche par l'âge, par la maladie, par l'orgueil ou par le dépit de l'asile généreusement offert à un neveu tombé en disgrâce auprès de lui? Ce fut Mourschid qui envoya son fils Aboû 'l-Mougîth Mounḳidh [1] pour le représenter auprès de l'atâbek, auprès du protecteur de son autre fils Ousâma [2].

Zenguî regagnait Mauṣil pour faire prendre à ses troupes leurs quartiers d'hiver, lorsqu'il apprit que le prince franc, Raimond, « fils de Pons [3] », était parti de Jérusalem à la tête des armées franques et avait établi son camp devant Ḳinnasrîn, au sud-ouest d'Alep. L'atâbek alla les attaquer et manœuvra si habilement en les harcelant sans cesse qu'ils finirent par opérer leur retraite vers leurs contrées. C'est à cette même bataille que, si je ne me trompe, il est fait allusion dans le passage tronqué qui ouvre la partie conservée de l'*Autobiographie* d'Ousâma [4]. Le khalife Ar-Râschid Billâh est mentionné dans ce fragment : or, il avait succédé à son père, Al-Moustarschid Billâh, le sept septembre 1135, après que celui-ci eut été assassiné par les Bateniens le trente août, et il fut déposé moins d'un an après son investiture, le huit août 1136 [5]. L'émis-

1. Plus haut, p. 46.

2. Kamâl ad-Dîn, *Zoubda*, dans Rœhricht, *Beitræge*, I, p. 301, et dans *Hist. or. des croisades*, III, p. 661. On remarquera que mon interprétation se rapproche surtout de celle qu'a donnée Silvestre de Sacy.

3. Kamâl ad-Dîn, *Zoubda*, dans Rœhricht, *Beitræge*, I, p. 301, et dans *Hist. or. des croisades*, III, p. 671. C'est à ce même passage que nous avons emprunté nos renseignements sur la bataille de Ḳinnasrîn. Le chef des Francs y est désigné comme étant « le fils d'Alphonse » ; si notre conjecture est exacte, il ne serait autre que Raimond, fils d'*Al-Pons*, qui devint comte de Tripoli en 1136, à la mort de son père Pons. Il ne doit pas être confondu avec un autre « fils d'Alphonse » mentionné par Ibn Al-Athîr, dans *Hist. or. des croisades*, I, p. 470 et par Kamâl ad-Dîn, *Zoubda*, dans Rœhricht, *Beitræge*, I, p. 314, comme « le petit-fils de celui qui avait conquis Tripoli de Syrie sur les Musulmans », et qui serait par conséquent un frère de Raimond, fils comme lui de Pons et petit-fils de Bertrand, le premier comte de Tripoli (voir plus haut pp. 84 et 91). Faisons observer pourtant que cet autre « fils d'Alphonse » est donné comme « le seigneur de Tolède » dans Ibn Al-Athîr, *Chronicon*, XI, p. 87 ; voir aussi les rapprochements curieux de Wilken, *Commentatio*, p. 86, note *l*; et Kugler, *Geschichte der Kreuzzüge*, pp. 148-149.

4. Ousâma, *Autobiographie*, p. 2.

5. Ibn Al-Athîr dans *Hist. or. des croisades*, I, p. 409; II, II, p. 90, 95-96, et dans *Chronicon* (éd. Tornberg), XI, p. 27.

saire qu'il envoie auprès de Zenguî est le même Ibn Bischr, que nous avons vu venir au camp de l'atâbek de la part du khalife Al-Moustarschid Billâh [1]. Voici comment s'exprime Ousâma qui évidemment assistait à la bataille : « (Zenguî) avait reconnu que le combat redevenait très meurtrier pour les Musulmans. Or il était arrivé de la part de l'imâm Ar-Râschid, fils d'Al-Moustarchid Billâh, un envoyé auprès de l'atâbek pour le mander [2]. C'était Ibn Bischr. Il prit part à la lutte. Une cuirasse dorée le couvrait. Un cavalier franc, nommé Ibn Ad-Daḳîḳ [3], le frappa de sa lance en pleine poitrine. L'arme lui ressortit par le dos. En revanche, un très grand nombre de Francs furent massacrés. L'atâbek ordonna qu'on réunît leurs têtes dans le champ cultivé qui fait face à la citadelle. On pouvait les évaluer à trois mille têtes. »

Après ce fait d'armes, Zenguî rentra en septembre à Mauṣil, puis, à la fin d'octobre ou au commencement de novembre, il quitta de nouveau cette ville pour répondre à l'appel du khalife et pour se rendre auprès de lui à Bagdâd [4].

On peut supposer qu'Ousâma était parmi les chefs de l'armée de Ḥamâ lorsque, l'année suivante, en mai 1136, elle se mit en marche sous le commandement de l'émir Saif ad-Dîn Souwâr [5], lieutenant de Zenguî dans Alep, pour envahir le territoire de Laodicée qui appartenait aux Francs. Les écrivains musulmans se sont plu à exagérer le dénombrement des prises

1. Plus haut, p. 150.

2. Ibn Al-Athîr nous montre Ar-Râschid envoyant à Zenguî, pour le gagner, un présent de deux cent mille *dinârs*; voir *Chronicon*, XI, p. 23.

3. Ce personnage franc est également nommé Ibn Ad-Daḳiḳ, c'est-à-dire « le fils de la farine », par Kamâl ad-Din; voir Rœhricht, *Beitræge*, I, p. 331. J'avais proposé, comme on me l'avait suggéré, sous toute réserve, d'identifier Ibn Ad-Daḳiḳ avec Roger de Molins, grand maitre de l'Hôpital; cf. ma *Note sur quelques mots de la langue des Francs au douzième siècle*, p. 9-10 du tirage à part des *Mélanges Léon Renier*. Remarquons cependant que Roger de Molins ne devint grand-maitre qu'en 1170. Pouvait-il déjà figurer parmi les cavaliers francs en 1135? Ce n'est pas impossible, mais c'est douteux. Ajoutons que ʿImâd ad-Din *Kitâb ar-rauḍatain*, I, p. 183, signale en 1170 deux chefs francs, le fils de Honfroy, mentionné en même temps qu'Ibn Ad-Daḳiḳ par Kamâl ad-Din, *Zoubda, loc. cit.*, et un autre qui doit être par conséquent identique à notre Ibn ad-Daḳiḳ et qui, dans l'édition imprimée, est nommé Philippe, fils d'Ar-Rafiḳ.

4. Kamâl ad-Din, *Zoubda*, dans Rœhricht, *Beitræge*, I, p. 301, et dans *Hist. or. des croisades*, III, p. 671.

5. Il est ainsi nommé par Ousâma, *Autobiographie*, p. 105 et 106; Kamâl ad-Din, *Zoubda*, dans Rœhricht, *Beitræge*, I, p. 294, 296, 299-304, etc., et dans *Hist. or. des croisades*, III, p. 659, 661, 665 et suiv. Ce même personnage est appelé Aswâr par Ibn Al-Athir et Aboû 'l-Fidâ, *ibid.*, I, p. 400, 416, 424, 22 et 24.

que fournirent cent bourgs livrés au pillage. Les prisonniers auraient été au nombre de sept mille, hommes, femmes et enfants [1]. Les vainqueurs arrivèrent en avril à Schaizar, où ils mirent en lieu sûr une partie de leur butin et de leurs prisonniers [2], tandis que le reste était envoyé à Alep [3].

Ousâma revendiqua sans doute la conduite et la garde du précieux dépôt qui était confié à la vigilance des Mounḳidhites. La santé de son père s'altérait visiblement. Ses pressentiments l'avertissaient qu'il ne tarderait pas à le perdre. L'affection filiale lui imposait donc, comme un devoir, de rester à Schaizar pour assister Mourschid dans les derniers moments qui lui restaient à vivre, pour lui apporter l'appui de sa tendresse et de sa sollicitude. De plus, les enfants, les frères et les femmes d'Ousâma étaient restés à Schaizar. Il y avait conservé sa maison [4] et n'avait jamais considéré Mauṣil que comme un abri provisoire contre des malheurs passagers. Par sa présence, il pourrait atténuer les effets de la crise intérieure, qu'allait amener infailliblement la mort de son père. Nous avons montré comment, d'après la légende, Mourschid, informé des préparatifs que faisait l'empereur des Grecs, Jean Comnène, pour envahir la Syrie, aurait supplié Allâh de le rappeler à lui [5]. Mourschid expira tranquillement sur sa couche le trente mai 1137 [6].

A ce même moment s'ouvrait pour Zenguî la campagne de 1137, retardée par le mois de *ramaḍân* qui, en 531 de l'hégire, commença le vingt-trois mai. L'atâbek, sans attendre la fin du mois de jeûne, quitta Mauṣil le quinze juin. Il avait fait prendre les devants à Ṣalâḥ ad-Dîn, qui vint camper devant Émesse, où Zenguî le rejoignit dans les derniers jours de juin. Ousâma put-il faire abstraction de sa douleur et prendre part, sinon au

1. Ibn Al-Athîr, dans *Hist. or. des croisades*, I, p. 416-417 ; Kamâl ad-Dîn, *Zoubda*, *ibid.* III, p. 672 ; et dans Rœhricht, *Beitræge*, I, p. 302, voir aussi B. Kugler, *Geschichte der Kreuzzüge*, p. 119.

2. Ibn Al-Athîr, dans *Hist. or. des croisades*, I, p. 417.

3. Kamâl ad-Dîn, *Zoubda*, dans Rœhricht, *Beitræge*, I, p. 302, et dans *Hist. or. des croisades*, III, p. 672.

4. Ousâma, *Autobiographie*, p. 3.

5. Plus haut, p. 40.

6. Ousâma, *Autobiographie*, p. 39.

siège d'Émesse, du moins aux événements qui s'ensuivirent? On peut le supposer, mais les preuves convaincantes nous font défaut. Mou'în ad-Dîn Anar commandait alors à Émesse, au nom de Schihâb ad-Dîn Maḥmoûd, seigneur de Damas [1]. Les Francs, dans l'espérance de surprendre l'atâbek, réunirent une armée de secours, cavaliers et fantassins, pour rompre le blocus de la cité musulmane. Zenguî se décida à lever le siège le onze juillet [2], remonta vers le nord-ouest et se porta à la rencontre des Francs. Ses éclaireurs, commandés par Souwâr, leur livrèrent bataille en avant de Bârîn [3], citadelle puissante qui leur appartenait et d'où ils étaient sortis en masse pour arrêter la marche de leurs ennemis. Les Francs furent refoulés à l'intérieur de Bârîn, après une lutte meurtrière où ils perdirent plus de deux mille hommes. Le petit nombre de ceux qui réussirent à s'échapper rentra dans la place « avec leur roi, le comte d'Anjou, roi de Jérusalem [4] », celui qu'Ousâma appelle plusieurs fois « Foulques, fils de Foulques [5] ». Foulques V d'Anjou, fils de Foulques IV, comte d'Anjou, avait succédé sur le trône de Jérusalem à son beau-père, Baudouin II, lorsque celui-ci mourut le trente et un août 1131 [6]. Après avoir consolidé sa puissance à Jérusalem, Foulques venait d'être mis à rude épreuve la première fois qu'il se mesurait avec l'atâbek Zenguî. Après que l'atâbek eût lancé contre le château-fort de Bârîn, ce rival en hauteur de la tête d'Orion [7], tant de flèches

1. Kamâl ad-Dîn, *Zoubda,* dans Rœhricht, *Beitræge*, I, p. 302, et dans *Hist. or. des croisades,* III, p. 672.

2. Ibn Al-Athîr et Aboû 'l-Fidâ, *ibid.*, I, p. 421 et 23.

3. Bârîn, le *Mons Ferrandus* des écrivains chrétiens, est situé au nord-ouest d'Emesse, au sud-ouest de Ḥamâ, plus près de cette dernière ville que de la première. C'est la lecture Bârîn (بارين) et non Ba'rîn (بعرين) que Yâḳoût préconise; voir *Mou'djam*, I, p. 465-466 et 672, et cf. Wilken, *Commentatio*, p. 73, note *t*; *Hist. or. des croisades*, I, p. 809; II, II, p. 105.

4. Kamâl ad-Dîn, *Zoubda,* dans Rœhricht, *Beitræge*, I, p. 302, et dans *Hist. or. des croisades*, III, p. 673, où il faut, ce semble, conserver la leçon du manuscrit فدخل et rectifier ainsi la traduction : « Bien peu réussirent à s'échapper et à entrer dans Bârîn avec leur roi », etc.

5. Ousâma, *Autobiographie*, p. 48, 61, 97, 142, 143; cf. ma *Note sur quelques mots de la langue des Francs au douzième siècle*, p. 10 du tirage à part des *Mélanges Léon Renier*.

6. B. Kugler, *Geschichte der Kreuzzüge*, p. 117.

7. Ibn Al-Athîr, *Atabeks*, p. 106, où se trouve une description hyperbolique, en prose rimée, de la forteresse de Bârîn. La date de 534 de l'hégire, donnée par Ibn Al-Athîr, *ibid.*, p. 105, est évidemment fausse. La vraie date est donnée dans la Chronique « parfaite » d'Ibn Al-Athîr (*Hist. or. des croisades*, I, p. 421-423) et dans la « Crème » de Kamâl ad-Dîn (*ibid.*, III, p. 672-673 et Rœhricht, *Beitræge*, I, p. 302).

de ses arcs et de pierres de ses dix catapultes que le ciel faillit en être voilé [1], la place capitula au milieu d'août [2]. Le roi Foulques reçut un manteau d'honneur, et la garnison sortit avec les honneurs de la guerre. Ces conditions favorables furent accordées par Zenguî, informé que des renforts importants venaient de débarquer, envoyés par les chrétiens d'Europe, répondant à l'appel de leurs frères [3].

Les progrès de Zenguî, ses triomphes en Syrie, la communauté du danger allaient amener une coalition entre l'empereur grec Jean Comnène, les Francs de Jérusalem, de Tripoli et d'Antioche et Mou'în ad-Dîn Anar qui avait dû à l'intervention inattendue des chrétiens le salut d'Émesse. Ce fut au nom du seigneur de Damas que cette alliance fut offerte et conclue par Mou'în ad-Dîn Anar contre un adversaire dont l'audace était accrue par le succès [4].

Schaizar allait être puni de ses complaisances pour Zenguî. Ousâma, dès qu'il apprend que la sécurité du sol natal est menacée, quitte brusquement Mauṣil pour prendre une part active à la défense de sa patrie. Son émotion et la mémoire de son père lui dictent sa conduite, au moment où, au printemps de 1133, l'empereur est sorti de Constantinople avec une armée qu'on dit « innombrable et composée de Grecs, de Francs et de gens appartenant à diverses autres races chrétiennes [5] ». Les Francs de Syrie, après quelques hésitations dictées par la méfiance et par le souvenir du passé, apportent leur concours à Jean Comnène [6]. Ils lui conseillent, après qu'il s'est emparé de Bizâ'a (ou Bouzâ'a, selon d'autres), ville située à une journée d'Alep, au nord-est dans la direction de Manbidj, d'aller attaquer Schaizar, « qui n'appartient pas à l'atâbek et qu'il ne se souciera pas de défendre [7] ». Au grand

1. Ibn Al-Athir, *Atabeks*, p. 107.
2. Kamâl ad-Dîn, *Zoubda, loc. cit.*
3. Ibn Al-Athir, *Atabeks*, p. 108-109.
4. B. Kugler, *Geschichte der Kreuzzüge*, p. 119-120.
5. Ibn Al-Athir, *Atabeks*, p. 98.
6. Kamâl ad-Dîn, *Zoubda*, dans Rœhricht, *Beitræge*, I, p. 304, et dans *Hist. or. des croisades*, III, p. 675.
7. Ibn Al-Athir, *Atabeks*, p. 99.

désespoir d'Ousâma, d'une part, cette suggestion est favorablement accueillie par l'empereur; d'autre part, Zenguî, absorbé par de graves affaires, est empêché tout d'abord de quitter Mauṣil pour venir au secours de Schaizar.

La petite principauté des Mounḳidhites, qui avait su résister à tant de secousses, allait-elle succomber sous les coups de l'envahisseur impitoyable[1] ? Le « roi des Romains[2] » s'avança dans la direction de Schaizar, fit halte à Ma'arrat An-No'mân, qu'il quitta le vingt-six avril. Le vingt-huit, Kafarṭâb capitulait. Le vingt-neuf, les abords de Schaizar ayant été abandonnés par les riverains de l'Oronte qui, au lieu de défendre le *Pont des Mounḳidhites*, s'étaient enfuis à Boûḳoubais[3], Jean Comnène établit son camp à Al-Djisr[4] et amena sans encombre devant Schaizar une armée forte, d'après Kamâl ad-Dîn Ibn Al-'Adîm, de cent mille cavaliers et de cent mille fantassins[5].

L'épouvante se répandit dans toute la région. Ṣalâḥ ad-Dîn lui-même perdit confiance : sentant l'indépendance de Ḥamâ menacée, il se rendit aux conseils pusillanimes de son fils Schihâb ad-Dîn Aḥmad et déserta la défense de sa principauté pour aller rejoindre Zenguî à Mauṣil. Précédemment, il s'était déchargé sur son fils du soin d'administrer la province de Ḥamâ pour se consacrer tout entier à ses fonctions militaires, plus conformes à ses goûts[6]. Ousâma fit tout son possible pour réagir contre l'influence de Schihâb ad-Dîn, impatient de se soustraire au danger et de remettre en d'autres mains le gouvernement de Ḥamâ, devenu trop lourd pour les siennes. « Le roi des Romains, dit Ousâma[7], avait de nouveau quitté son

1. Ibn Al-Athîr dans *Hist. or. des croisades*, I, p. 425-426; Kamâl ad-Dîn, *Zoubda, ibid.*, III, p. 675-676 (cf. Rœhricht, *Beitræge*, I, p. 304-305).

2. C'est ainsi qu'Ousâma nomme l'empereur des Grecs dans son *Autobiographie*, p. 2 et 69; cf. de même Ibn Al-Athîr dans *Hist. or. des croisades*, I, p. 425, et *passim*; Kamâl ad-Dîn, *Zoubda, ibid.*, III, p. 673.

3. Id., *ibid.*, dans Rœhricht, *Beitræge*, I, p. 370 avec la lecture Boufinis), et dans *Hist. or. des croisades*, III, p. 678. Sur Boûḳoubais, voir plus haut, p. 17, note 5.

4. Plus haut, p. 12.

5. Kamâl ad-Dîn, *Zoubda*, dans Rœhricht, *Beitræge*, I, p. 306, et dans *Hist. or. des croisades*, III, p. 677.

6. Ousâma, *Autobiographie*, p. 73. On y lit : « Ḥamâ appartenait à Ṣalâḥ ad-Dîn Moḥammad, fils d'Ayyoûb Al-Guisyânî », puis deux lignes plus loin : « Le gouverneur (*wâlî*) de Ḥamâ était Schihâb ad-Dîn Aḥmad, fils de Ṣalâḥ ad-Dîn ».

7. Id., *ibid.*, p. 2-3.

pays pour se rendre dans les contrées de Syrie en l'an 532. Ils avaient conclu un accord, lui et les Francs (qu'Allâh leur fasse défection !). Les alliés s'étaient concertés pour se porter vers Schaizar et pour l'assiéger[1]. Ṣalâḥ ad-Dîn me dit : Ne sais-tu pas ce qu'a fait mon fils que j'ai subrogé en ma place [2]? Il désignait ainsi son fils Schihâb ad-Dîn Aḥmad. — Eh bien, dis-je, qu'a-t-il fait? — Il a envoyé, me répondit-il, un messager vers moi pour m'inviter à me pourvoir de quelque autre qui se charge d'administrer mon territoire. Je repris : Et toi, qu'as-tu fait? — J'ai, me dit-il, envoyé moi aussi un messager vers l'atâbek pour remettre en sa possession un endroit qui lui appartient. Je m'écriai : Que tu as mal agi ! L'atâbek ne serait-il pas fondé à dire de toi : Lorsque ce sont des morceaux de viande, il les mange ; ne reste-t-il plus que des os, il me les jette. — S'il en est ainsi, demanda-t-il, que me conseilles-tu ? Je lui répondis : Je m'installerais dans la ville. Si Allâh le tout-puissant lui apporte le salut, ce sera grâce à ta bienheureuse intervention, et tu pourras te présenter la tête haute chez ton maître[3]. Si la ville est prise et que nous sommes tués, ce sera un effet de nos destinées et tu n'auras encouru aucun reproche. Il se contenta de répliquer : Personne ne m'a encore tenu pareil langage.

« Je m'imaginais qu'il écouterait mon avis. Je réunis les troupeaux, de la farine en quantité, de la graisse et ce qui nous était nécessaire pour supporter un blocus. J'étais dans ma maison, située à l'ouest de la ville[4], lorsqu'un messager vint me trouver de sa part et me dit : Ṣalâḥ ad-Dîn te fait prévenir qu'après-demain nous nous mettrons en route vers Mauṣil. Prends tes dispositions en conséquence pour le départ. Mon cœur se serra à la pensée d'abandonner mes enfants, mes frères et mes femmes[5] dans une ville assiégée, tandis que je me rendrais à Mauṣil.

1. Lisez *wamoundzalatihâ*.
2. Je ne suis sûr ni du texte ni du sens.
3. Mot à mot : « ton visage sera blanc auprès de ton maître ».
4. Texte et traduction me laissent des doutes
5. Plus haut, p. 153.

« Le lendemain, à l'aurore, je montai à cheval et je me dirigeai vers la tente de Ṣalâḥ ad-Dîn. Je lui demandai l'autorisation de rentrer à Schaizar. C'était pour moi une nécessité absolue. Il me répondit : Lorsque ta famille traverse une telle épreuve, ne t'attarde pas. Mon cheval me transporta rapidement à Schaizar.

« Le spectacle qui s'y offrit à mes yeux attrista mon cœur. Mon fils [1] avait combattu bravement, puis était descendu de sa monture et avait pénétré dans ma maison. Il en avait enlevé tout ce qui s'y trouvait en fait de tentes, d'armes et de selles et s'était chargé de défendre les êtres aimés [2]. Mes compagnons poursuivirent sans relâche une lutte qui fut un malheur terrible, épouvantable. »

D'après Kamâl ad-Dîn [3], les Grecs, dès leur arrivée devant Schaizar, le jeudi vingt-neuf avril 1138, « assirent leur camp sur l'éminence qui domine la ville et y demeurèrent en repos le reste du jour et le lendemain jusque vers le soir. Alors ils montèrent à cheval et livrèrent un assaut à la place. Les assiégés se défendirent. Le Mounkidhite Aboû 'l-Mourhaf Naṣr [4] reçut une blessure dont il mourut dans le mois de *ramadân* [5]. Les Grecs furent repoussés et obligés de se retirer. Le prince d'Antioche [6] s'établit alors dans la mosquée de Samnoûn [7] et

1. Ousâma veut parler de son fils préféré, l'émir ʿAḍoud ad-Daula Aboû 'l-Fawaris Mourhaf; voir plus haut, p. 85, note 1; et Ousâma, *Autobiographie*, p. 21, 97, 168; ʿImâd ad-Dîn, *Kharîdat al-ḳaṣr*, dans *Nouveaux mélanges orientaux*, p. 140, 151, et dans le manuscrit 1414 de l'ancien fonds arabe de la Bibliothèque nationale, fol. 115 v°. 116 r°, 117 r°, 160 r°; Kamâl ad-Dîn, *Dictionnaire biographique*, dans *Hist. or. des croisades*, III, p. 696 et 731; Aboû-Schâma, *Kitâb ar-rauḍatain*, I, p. 225, 264, etc.; Ibn Khallikân, *Biographical Dictionary*, I, p. 144 et 246; IV, p. 565. Plusieurs fils d'Ousâma moururent avant leur père; voir deux fragments d'élégies, publiés d'après la *Kharîdat al-ḳaṣr*, dans *Nouveaux mélanges orientaux*, p. 138 et 141, ce dernier fragment à la mémoire d'un fils nommé ʿAtîḳ. En 1154, Ousâma, lorsqu'il quitta l'Egypte, paraît avoir eu une descendance nombreuse; v. son *Autobiographie*, p. 25.

2. Toute cette fin est très hypothétique, le texte étant très endommagé.

3. Kamâl ad-Dîn, *Zoubda*, dans Rœhricht, *Beitræge*, I, p. 306-307, et dans *Hist. or. des croisades*, III, p. 677-678.

4. Il ne faut pas confondre Aboû 'l-Mourhaf Naṣr, oncle d'Ousâma, frère et prédécesseur de Soulṭân (voir plus haut, p. 27-31), avec cet autre Aboû 'l-Mourhaf Naṣr, cousin d'Ousâma, fils de Soulṭân, dont Kamâl ad-Dîn relate la mort et qui est appelé Al-Mouwaffaḳ Naṣr, fils de Soulṭân, dans Ousâma, *Livre du bâton*, ms. de ma collection, fol. 115 v° (plus haut, p. 134, note 4). Le copiste du manuscrit de la *Zoubda* a certainement été trompé par la ressemblance des deux noms lorsqu'il écrit à la marge du fol. 164 v° : « Ce qui est hors de contestation, c'est que Schaizar avait pour gouverneur non point Naṣr, mais son frère Soulṭân. »

5. Entre le treize mai et le douze juin 1138.

6. M. de Sacy, dans sa traduction, est plus explicite. Il dit : « Raimond, prince d'Antioche ». C'est ainsi en effet que le nomme Kamâl ad-Dîn, *Zoubda*, dans Rœhricht, *Beitræge*, I, p. 305 (voir note 1), et dans *Hist. or. des croisades*, III, p. 676; cf. aussi Kugler, *Geschichte der Kreuzzüge*, p. 122.

7. La mosquée de Samnoûn devait être dans le voisinage immédiat de Schaizar. Elle a sans doute été dénommée d'après le *soûfî* de la fin du

Joscelin [1] sur la place publique destinée à la prière [2]. Le samedi, l'empereur monta à cheval et gravit la montagne qui fait face à la citadelle de Schaizar, montagne connue sous le nom de Djouraidjis (Saint-Georges) [3]. Il y fit dresser ses dix-huit grandes catapultes contre la citadelle, et aussi quatre autres plus petites [4] afin d'interdire aux habitants l'accès de l'eau. L'attaque dura dix jours, pendant lesquels les assiégés eurent beaucoup à souffrir. »

La puissance des machines de guerre vomissant contre Schaizar des pierres et d'autres projectiles, surprit et frappa d'épouvante Ousâma qui, dans ses campagnes antérieures, n'avait jamais rien vu, rien éprouvé de pareil. Voici comment il traduit son impression [5] : « Les Grecs avaient dressé contre Schaizar des machines de guerre effrayantes, qu'ils avaient apportées avec eux de leurs contrées. Elles lançaient des pierres parcourant des distances infranchissables même pour les flèches en bois, des pierres pesant jusqu'à vingt-cinq livres.

« Un jour les Grecs atteignirent la maison d'un de mes amis, nommé Yoûsouf, fils d'Aboû 'l-Garîb. Elle fut surchargée en haut et détruite de fond en comble par une seule pierre.

neuvième siècle de notre ère, Aboû 'l-Ḳâsim Samnoûn ibn Ḥamza, que mentionne Ibn Khallikân, *Biographical Dictionary*, I, p 423 et 426; III, p. 12.

1. Ce Joscelin est appelé *Ibn Djoûslin*, c'est-à-dire « le fils de Joscelin », par Kamâl ad-Dîn, *Zoubda*, dans Rœhricht, *Beitræge*, I, p. 305, et dans *Hist. or. des croisades*, III, p. 676. C'est en effet Joscelin II, fils du *grand* Joscelin, comte d'Edesse; il avait succédé à son père, lorsque celui-ci mourut en 1131; cf. Ducange, *Les familles d'outre-mer* (éd. Rey), p. 298-299.

2. *Mouṣallâ* « lieu de prière » (déjà dans le *Coran*, II, 119) désigne la place publique réservée pour la prière, située le plus souvent à l'entrée et en dehors des villes; cf. Ibn Khallikân, *Biographical Dictionary*, I, p. 116 et 605; Al-Makrizi, *Khiṭaṭ*, I, p. 451; Sacy, *Chrestomathie arabe* (2e éd.), I, p. 191-192; Slane dans *Hist. or. des croisades*, II, II, p. 325, note. Ce même mot désigne aussi le tapis que l'on étend sur le sol pour s'y prosterner; voir Th. P. Hugues, *A dictionary of islam*, p. 224 et 423.

3. M. de Sacy, qui a transcrit Harbahas, « soupçonne qu'il manque ici quelques points diacritiques » (Rœhricht, *Beitræge*, I, p. 307, note 1). Paléographiquement, le manuscrit présente, au-dessous des caractères, un seul point diacritique, placé de telle manière qu'il peut être attribué soit à la troisième, soit à la quatrième lettre du mot. Les rédacteurs des *Hist. or. des croisades* (III, p. 677) ont lu par conjecture Djouraidjis (جرجيس). Leur hypothèse devient certitude, mon exemplaire d'Ousâma, *Livre du bâton*, portant au fol. 66 r° حرجيس c'est-à-dire جرجيس, avec omission seulement du premier point diacritique, comme nom d'une montagne où se rendait souvent Ousâma pour y visiter un habitant de Schaizar retiré pieusement dans une mosquée élevée sur le sommet. C'est sans doute de Djouraidjis que parle Ibn Al-Athîr (*Atabecs*, p. 99), lorsqu'il montre « des Grecs et des Francs ayant pris position sur une colline à l'est de Schaizar ». Saint Georges, vainqueur du dragon, était l'objet d'une adoration privilégiée sur les bords de l'Oronte: voir Ritter, *Die Erdkunde*, XVII, p. 450, 458, 1111, 1124, 1219.

4. Le texte porte *lou'ab*, pluriel de *lou'ba*, mot-à-mot « quatre joujoux ». Peut-être ce mot obscur, dont je ne connais aucun autre exemple, cache-t-il une transcription déformée et écourtée du grec λιθοβόλος.

5. Ousâma, *Autobiographie*, p. 83.

« Sur un château fort, dans la résidence de l'émir, on avait attaché un bois de lance, au bout duquel flottait un drapeau. Le chemin, par lequel les habitants montaient vers la citadelle, passait au-dessous [1]. Une pierre de la catapulte arriva sur le bois de lance, le rompit juste au milieu et s'appesantit sur la fente qui renfermait le fer. Le fer tomba sur la route, pendant qu'un de nos compagnons descendait. De cette hauteur, entraînant avec lui la moitié du bois de lance, il s'enfonça dans ses clavicules et ressortit vers le sol après l'avoir tué.

« Khoṭlokh, un mamloûk de mon père, m'a raconté ce qui suit en propres termes : Pendant le siège de Schaizar par les Grecs, nous nous reposions une fois dans la salle d'entrée [2] de la forteresse avec notre équipement et nos épées. Tout à coup, un vieillard vint à nous en courant et dit : O Musulmans, défendez vos femmes ! Les Grecs sont entrés avec nous. Nous fîmes diligence pour saisir nos épées, partir, rencontrer ceux qui étaient montés par un point découvert du mur où les catapultes avaient pratiqué une brèche, les battre par le choc de nos épées, les expulser, nous élancer à leur poursuite, enfin les ramener de force vers leurs compagnons d'armes, revenir sur nos pas et nous disperser. Je restai avec le vieillard qui avait jeté parmi nous l'effroi. Il s'arrêta et tourna sa face vers le mur pour cracher. Je le quittai; mais aussitôt j'entendis le bruit d'une chute. Je me retournai, et voici que le vieillard avait la tête abattue par une pierre de catapulte, qui l'avait séparée du corps et incrustée dans la muraille, tandis que sa moelle avait coulé tout autour sur le mur. Je relevai la dépouille du vieillard, nous appelâmes sur lui les bénédictions d'Allâh, et nous l'enterrâmes à ce même endroit.

« Une pierre de catapulte frappa également un de nos compagnons qui eut le pied fracturé. On l'apporta auprès de mon

1. Plus haut, p. 9.

2. Je traduis ainsi trois fois *dihlîz* « vestibule ». Voir sur ce mot la monographie de Quatremère, *Histoire des sultans mamelouks*, I, I, pp. 190-192.

oncle, qui était assis dans la salle d'entrée de la forteresse. Faites venir, dit mon oncle, le renoueur. Or il y avait à Schaizar un opérateur, nommé Yaḥyâ, qui excellait à remettre les luxations. On l'amena. Il s'occupa de renouer le pied du malade, et, à cet effet, il s'installa avec lui dans un lieu abrité, à l'extérieur de la citadelle. Malgré les précautions, une pierre vint frapper la tête du blessé et la fit voler en éclats. Le renoueur revint dans la salle d'entrée. Mon oncle lui dit : Que tu as rapidement accompli ton œuvre ! Il répondit : Le patient a été atteint par une seconde pierre, ce qui m'a dispensé de l'opération. »

L'effroi et les ravages causés par les engins meurtriers, que Grecs et Francs maniaient à distance sans risque et sans péril, présageaient la capitulation et la soumission de Schaizar à bref délai, lorsque, par un brusque revirement, après vingt-trois ou vingt-quatre jours de siège, dont les dix premiers seulement furent effectifs [1], l'empereur ordonna tout à coup de battre en retraite et d'abandonner une partie qui paraissait à la veille d'être gagnée. Telle fut la précipitation du départ qu'on ne prit même pas le temps nécessaire pour enlever les catapultes et les machines de guerre, si péniblement transportées jusqu'à Schaizar. D'après Ibn Al-Athîr, on les laissa dans la position où elles se trouvaient ; d'après Kamâl ad-Dîn, on détruisit les unes en y mettant le feu, on oublia de brûler les autres [2].

A quels mobiles obéit l'empereur des Grecs lorsqu'il prit une résolution aussi imprévue ? Faut-il en attribuer le bénéfice aux manœuvres de Zenguî, qui sut exploiter les défiances réciproques des Grecs et des Francs, exciter les uns contre les autres et provoquer une recrudescence de l'antagonisme entre

1 Ibn Al-Athîr et Aboû 'l-Fidâ, dans *Hist. or. des croisades*, I, p. 428 et 24 ; II II p. 100 ; Kamâl ad-Dîn, *Zoubda*, *ibid.*, III, p. 678 (cf. Rœhricht, *Beiträge*, I, p. 307.)

2. Ibn Al-Athîr et Kamâl ad-Dîn, *Zoubda*, *ibid.*, *loc. cit.*

les chrétiens d'Europe et les chrétiens de Syrie? Il est certain que, répondant à l'appel désespéré de Soulṭân, Zenguî était accouru et avait cherché à compenser l'infériorité de ses forces par ses intrigues, par la duplicité de son langage et par ses tentatives pour semer la division dans les rangs de ses ennemis [1]. Seulement on ne s'expliquerait pas que des ruses aussi transparentes eussent entraîné l'abandon de projets sérieusement médités et jusque-là exécutés avec une implacable énergie par celui que sa ténacité a fait appeler par un poète arabe peu respectueux « le chien de la Grèce [2] »? Je ne crois pas non plus que l'empereur se serait laissé détourner de mener à bonne fin une entreprise commencée sous d'heureux auspices par la nouvelle répandue d'une complication encore lointaine qui pourrait entraver ou retarder sa conquête. On propageait le bruit que l'émir Fakhr ad-Dîn Ḳarâ Arslân, fils de Dâwoud, fils de Soḳmân, l'Ortoḳide, prince de Ḥouṣn Kaifâ [3], « aurait passé l'Euphrate à la tête d'une armée de plus de cinquante mille hommes, pour la plupart des Turcomans [4] ». Le fait eût-il été avéré, il n'aurait pas suffi à provoquer une volte-face subite à la veille de la victoire. Tandis que Zenguî envoyait à Bagdâd une ambassade pour solliciter l'appui du sultan Mas'oûd [5], l'émir de Schaizar, Soulṭân, entrait en négociation directe avec l'empereur Jean Comnène, offrait de lui payer incontinent une indemnité de guerre considérable et s'engageait au versement régulier d'une contribution annuelle. Les détails des engagements pris,

1. Ibn Al-Athîr dans *Hist. or. des Croisades*, I, p. 428; Kamâl ad-Dîn, *Zoubda*, *ibid.*, III, p. 678, et dans Rœhricht, *Beitræge*, I, p. 307; cf. Reinaud, *Extraits des historiens arabes*, p. 67.

2. Aboû Madjd Al-Mouslim ibn Al-Khiḍr Ibn Kasim de Ḥamâ, cité par Ibn Al-Athîr et Aboû 'l-Fidâ, dans *Hist. or. des croisades*, I, p. 430 et 24; II ɪɪ, p. 101. La poésie, dont Ibn Al-Athîr et Aboû 'l-Fidâ ne donnent que de courts fragments, est reproduite plus complètement dans Aboû Schâma, *Kitâb ar-rauḍatain*, I, p. 32. Quant au poète, il est l'objet d'une notice étendue dans 'Imâd ad-Dîn, *Kharîdat al-ḳaṣr*, fol. 82 v°-94 v°; cf. Dozy, *Catalogus codicum orientalium bibliothecæ Academiæ Lugduno Batavæ*, II, p. 245. On peut aussi consulter sur lui Hammer-Purgstall, *Literaturgeschichte der Araber*, VI, p. 869; VII, p. 1176-1177.

3. C'est ainsi qu'Ousâma nomme cet émir dans l'*Autobiographie*, p. 115; cf. *ibid.*, p. 139 et 143. Nous aurons l'occasion de faire connaître ce prince lorsque, dans notre chapitre neuvième, nous raconterons le séjour d'Ousâma à Ḥouṣn Kaifâ, dans le Diyâr Bekr. Soḳmân, le grand-père de Ḳarâ Arslân, était un frère de l'Ortoḳide Îlgâzi; voir plus haut, page 98 et suiv.

4. Kamâl ad-Dîn, *Zoubda*, dans Rœhricht, *Beitræge*, I, p. 307, et dans *Hist. or. des croisades*, III. p. 678.

5. Ibn Al-Athîr, *ibid.*, I, p. 428 et suiv.

des stipulations contractées de part et d'autre, nous échappent : mais tout à coup nous voyons l'action militaire se ralentir. On n'essaye plus d'envahir et d'occuper les faubourgs de Schaizar. Au bout de dix jours, les catapultes seules poursuivent leur œuvre de destruction. On ne se combat plus que pour la forme, avec des ménagements et des pauses, comme avec l'intention marquée d'adoucir les transitions vers une réconciliation prochaine. Aussi me rallierais-je volontiers à l'opinion de plusieurs chroniqueurs chrétiens d'alors [1], qui font acheter très cher par l'émir de Schaizar, c'est-à-dire par Soulṭân, sa rentrée en grâce auprès de son redoutable ennemi. A l'exemple de ces historiens clairvoyants, je suis persuadé que les Mounḳidhites, tout en exploitant au profit de Schaizar et en propageant habilement les bruits qui couraient dans la région de renforts envoyés au secours de la ville menacée, ne purent cependant se dégager de l'étreinte de leurs adversaires qu'en acquittant envers eux une rançon fort élevée et en les comblant des présents les plus précieux. C'était du reste leur coutume, lorsqu'ils ne se sentaient pas de force pour combattre et vaincre [2]. L'empereur Jean Comnène brava les murmures de son armée et la ramena en arrière.

L'arrangement conclu assurait de nouveau l'indépendance de Schaizar et la sécurité de sa population, mais il frustrait Zenguî et Ṣalâḥ ad-Dîn, son lieutenant « rusé et plein d'artifice [3] », des profits qu'ils avaient espéré recueillir comme prix de leur tardive intervention. Zenguî « envoya un détachement de cavalerie pour inquiéter les Grecs dans leur retraite » [4]. Quelques succès partiels le consolèrent de son mécompte. « Il parvint à enlever des troupes faisant partie de l'arrière-garde, à ramasser du

1. Voir les passages énumérés dans Fr. Wilken, *Commentatio*, p. 78 ; voir aussi G. Weil, *Geschichte der Chalifen*, III, p. 284, note 2. Le même point de vue que le nôtre a été adopté par les continuateurs de Ranke ; cf. L. von Ranke, *Weltgeschichte*, VIII, p. 152.

2. Plus haut, p. 68, 88, 92, 135.

3. Ibn Al-Athir, dans *Hist. or. des croisades*, I, p. 420.

4. Kamâl ad-Dîn, *Zoubda*, dans Rœhricht, *Beiträge*, I, p. 307, et dans *Hist. or. des croisades*, III, p. 678.

butin, à tuer du monde et à faire des prisonniers. S'étant emparé de ce que l'ennemi avait laissé, il fit déposer le tout dans la citadelle d'Alep. Ce fut ainsi qu'*Allâh épargna aux croyants la peine de combattre*[1]. »

Quant à Ousâma, s'il n'avait recherché que le repos et la sécurité de sa personne, il se serait éloigné précipitamment de Schaizar aussitôt que le sol natal put se passer de son concours. Mais il se sentait retenu et enlacé par ces liens mystérieux que l'amour de la famille jette comme un réseau, dont les âmes sensibles essayent en vain de rompre la trame. A ses yeux, la mort de son père lui imposait un surcroît de devoirs à l'égard de ses femmes, de ses frères, de ses enfants. Le mauvais vouloir de Soulṭân envers les descendants de Mourschid n'avait pas éclaté avec violence, tant que celui-ci vécut. « Lorsque cet émir eut cessé de vivre, ses fils trouvèrent en Aboû 'l-'Asâkir Soulṭân un ennemi déclaré[2]. » Ousâma se devait, devait aux siens d'opposer son énergie et son influence à la persécution et à la tyrannie de son oncle.

Il ne s'était d'ailleurs pas désabusé de ses illusions persistantes et il se flattait encore qu'en faisant toutes les avances, il parviendrait peut-être à conquérir cette sympathie dont il était avide et qui ne venait pas à lui malgré tous ses efforts pour la mériter. N'allait-il pas jusqu'à s'imaginer naïvement que ses chasses aux lions[3], où chacune de ses campagnes était une victoire, où il accomplissait des prodiges d'adresse et de valeur, où ses succès tenaient du miracle, plaideraient en sa faveur auprès de son parent indisposé contre lui ainsi que contre un rival présumé, et le feraient renoncer de lui-même à des préventions outrées ? Tout au contraire, ce fut la jalousie qui envenima la plaie dans le cœur de Soulṭân. Ousâma semblait avoir perdu le souvenir de l'avertissement solennel que, quel-

1. Ibn Al-Athîr, *Atabeks*, p. 100. Le passage en italiques est emprunté au *Coran*, XXXIII, 25.

2. Ibn Al-Athîr, *Atabeks*, p. 199.

3. Plus haut, p. 56-58.

ques années auparavant, du vivant de son père, sa grand'mère paternelle était venue lui donner, alors qu'il rentrait à Schaizar, chargé des dépouilles d'un lion dans les flancs duquel il avait brisé sa lance. « Vers le soir, dit Ousâma [1], nous retournâmes à la ville, rapportant le lion. Voici qu'au milieu de la nuit ma grand'mère paternelle entra chez moi, tenant un flambeau de cire [2]. C'était une femme très âgée, presque centenaire. Je ne mis pas en doute qu'elle me faisait visite pour me complimenter d'avoir échappé à la mort et pour m'exprimer la joie que lui causait mon action d'éclat. J'allai à sa rencontre et je lui baisai la main. Elle me dit avec irritation et colère : O mon cher fils ! quel motif te pousse vers ces aventures où tu risques ta vie, où tu mets en danger ton cheval, où tu brises tes armes, sans autre résultat que de faire germer dans le cœur de ton oncle un levain de haine et d'aversion? — Je répondis : O princesse, si j'ai ainsi exposé ma vie aujourd'hui et bien souvent, c'était que j'espérais me frayer par là un chemin vers le cœur de mon oncle. — Non, par Allâh, reprit-elle, ce n'est point ce qui te rapprochera de lui, mais ce qui t'en éloignera plus encore, ce qui suscitera de sa part une recrudescence de haine et d'antipathie. J'ai reconnu depuis qu'elle m'avait bien conseillé et qu'elle avait dit vrai. Par ma vie, de telles femmes sont les mères des hommes [3]. »

Vers le mois de juillet 1138, Ousâma, pour distraire la monotonie de son séjour prolongé à Schaizar, se résolut à renouveler ses prouesses d'autrefois et, plutôt que de laisser échapper l'occasion de se mesurer avec un lion qui répandait la terreur dans Schaizar, il préféra ne pas se souvenir que son oncle Soulṭân prenait de plus en plus ombrage de son audace et de son intrépidité. Sa grand'mère paternelle n'était

1. Ousâma, *Autobiographie*, p. 93.

2. ʿImâd ad-Dîn nous a conservé deux vers d'Ousâma sur l'éclairage par la combustion de la cire : voir *Kharîdat al-ḳaṣr*, dans *Nouveaux mélanges orientaux*, p. 127.

3. Plus haut, p. 42. Les femmes du Prophète sont ainsi nommées dans Ibn Aṭ-Ṭiḳṭaḳâ, *Al-Fakhri*, p. 108, l. 13, les mères des croyants.

plus là pour le mettre en défiance contre la violence de ses ardeurs et contre la ténacité de son aveuglement. Il ne pouvait plus invoquer et faire intervenir désormais l'autorité de son père pour apaiser la colère de son oncle et pour faire revenir l'émir de Schaizar à un jugement plus équitable sur chacun de ses actes et sur toute sa conduite.

« Voici, dit Ibn Al-Athîr [1], ce qui m'a été raconté, et je cite les paroles mêmes de Mou'ayyad ad-Daula Ousâma, fils de Mourschid [2] : On savait parmi les hommes combien j'étais hardi et entreprenant. Pendant que je me trouvais à Schaizar, quelqu'un vint m'informer qu'auprès d'un puits voisin de sa demeure s'agitait un lion féroce. Je montai à cheval, je saisis mon épée et je me dirigeai vers l'animal pour le tuer. Je n'avais révélé mon intention à personne, pour ne pas être contrecarré dans mon projet. Arrivé près du lion, je mis pied à terre, j'attachai ma monture et je marchai droit sur lui. Quand il m'aperçut, il chercha à m'atteindre, s'élança sur moi, et je lui fendis la tête d'un coup d'épée. Après l'avoir achevé, je coupai la tête du lion, et, l'ayant mise dans le sac à fourrages de mon cheval, je m'en retournai à Schaizar.

« J'entrai chez ma mère et je déposai la tête à ses pieds, en lui racontant ce qui s'était passé. Elle me dit : O mon cher fils, fais tes préparatifs pour quitter Schaizar ; car, par Allâh, ton oncle ne t'autorisera plus, ni toi, ni aucun de tes frères, à y séjourner. Vous êtes trop hardis et trop entreprenants. Le lendemain matin, mon oncle ordonna notre expulsion et décida qu'il y serait procédé sans répit. Il nous fallut nous disperser dans les contrées. »

Sur l'ordre de son oncle 'Izz ad-Dîn Soulṭân, Ousâma prit le

1. Ibn Al-Athîr, *Atabeks*, p. 199; cf. Aboû Schâma, *Kitâb ar-raudatain*, I, p. 112.

2. Il est vraisemblable que le morceau d'Ousâma, que nous empruntons à Ibn Al-Athîr, provient de l'*Autobiographie*, et qu'il se trouvait dans la première partie, aujourd'hui perdue, de cet ouvrage. J'ai fait de vains efforts en Orient et en Occident pour retrouver les vingt-et-un premiers feuillets de cet important ouvrage; voir l'*Avertissement* de la seconde partie du présent volume, p. XI.

chemin de l'exil. Il avait donné à l'émir de Schaizar un prétexte que celui-ci s'était empressé de saisir. En dépit de son courage, Ousâma ressentit une profonde tristesse, plus noble à ses yeux que la résignation [1], lorsque lui fut signifié l'arrêt qui le bannissait de Schaizar. Sa patrie étant fermée pour lui, pouvait-il espérer retourner à Mauṣil auprès de l'atâbek Zenguî? Le trouverait-il disposé à lui pardonner sa brusque désertion de l'année précédente, à s'élever au dessus de ressentiments passagers pour l'accueillir de nouveau avec le même empressement malgré l'ostracisme qui venait d'être prononcé contre lui et à braver son puissant oncle, l'émir Soulṭân? Incertain de l'accueil qui lui était réservé à Mauṣil, porté par sa curiosité naturelle à s'éprendre des horizons nouveaux, confiant dans l'inconnu qui réaliserait peut-être son idéal de bonheur, dégoûté du passé, mais ayant foi dans l'intervention et dans la protection d'Allâh pour lui assurer le plus brillant avenir, ébloui par les faveurs et les espérances qu'on faisait luire à ses yeux comme des mirages séduisants, Ousâma se rendit à Damas [2] auprès de Schihâb ad-Dîn Maḥmoûd, fils de Tâdj al-Moulloûk Boûrî [3], prince de Damas, et auprès de son premier ministre Mou'în ad-Dîn Anar [4].

1. Poésie d'Ousâma, dans 'Imâd ad-Dîn, *Kharîdat al-ḳaṣr* (*Nouveaux mélanges orientaux*, p. 135).

2. Ousâma, *Autobiographie*, p. 3 et 139; 'Imâd ad-Dîn, *Kharîdat al-ḳaṣr*, dans *Nouveaux mélanges orientaux*, p. 122; Aboû Schâma, *Kitâb ar-rauḍatain*, I, p. 113; Ibn Khallikân, *Biographical Dictionary*, I, p. 177, où seulement il faut lire Damas au lieu de Bagdâd, le texte publié par M. de Slane (p. 92) portant exactement *Dimaschḳ*.

3. Ousâma, *Autobiographie*, p. 73, 139, 141. Voir plus haut, p. 148 et 154.

4. Id. *ibid.*, p. 3, 4, 22, 142, etc. Voir plus haut, p. 150 et 154-155.

CHAPITRE V

PREMIER SÉJOUR D'OUSÂMA À DAMAS
(1138—1144)

« Les circonstances, dit Ousâma[1], déterminèrent mon départ pour Damas, tandis que les émissaires de l'atâbek se succédaient pour me desservir auprès du prince de Damas. Je restai dans cette ville pendant huit années, et j'y assistai à nombre de combats. Le prince (qu'Allâh l'ait en pitié !) m'octroya libéralement une redevance et un fief. Il me distingua en m'admettant dans son intimité et en me faisant des honneurs. Ces faveurs s'ajoutaient aux marques de bienveillance dont j'étais l'objet de la part de l'émir Mou'în ad-Dîn (qu' Allâh l'ait en pitié !), aux obligations que je lui avais, à la sollicitude qu'il témoignait pour mes intérêts. »

Le prince de Damas qui, à l'instigation de Mou'în ad-Dîn Anar, son premier ministre et le véritable détenteur de la puissance, avait pris sous sa protection l'illustre exilé, était Schihâb ad-Dîn Maḥmoûd, fils de Tâdj al-Mouloûk Boûrî, fils de Ṭogtakîn. Il avait succédé à son frère aîné Schams al-Mouloûk Ismâ'îl, lorsque celui-ci mourut le 1er février 1135[2]. Un troisième frère, Djamâl ad-Dîn Moḥammad, fils de Boûrî, fils de Ṭogtakîn[3], qui, lui aussi, était appelé à devenir prince de Damas, administrait à ce moment la principauté de Ba'lbek, portion de l'héritage

1. Ousâma, *Autobiographie*, p. 3.
2. Plus haut, p. 148.
3. Le nom est ainsi donné dans Ousâma, *Autobiographie*, p. 74 ; cf. *ibid.*, p. 60.

paternel que leur père avait détachée de la principauté de Damas en vue de lui constituer un fief indépendant[1]. Ses frères ne pardonnèrent point à Djamâl ad-Dîn Moḥammad cet amoindrissement de leur territoire, il n'entretint jamais avec eux des relations de bon voisinage.

Ousâma, qui se rendait à Damas dans l'espoir d'y relever sa fortune ébranlée, se garda bien de compromettre sa situation auprès de Maḥmoûd en s'arrêtant à la petite cour de Moḥammad à Ba'lbek. Il ne céda point à la tentation d'aller saluer dans le prince un de ses anciens compagnons d'armes, aux côtés duquel il avait combattu peu d'années auparavant. La campagne contre Damas, pour laquelle s'étaient coalisés vers 1136, un peu plus tôt, un peu plus tard[2], « le roi des émirs, l'atâbek Zenguî » et « le prince de Ba'lbek, Djamâl ad-Dîn Moḥammad, s'offrant à servir sous ses ordres », campagne à laquelle avaient été associés, sous deux tentes contiguës, Ṣalâḥ ad-Dîn Moḥammad ibn Ayyoûb Al-Yâguîsiyânî et l'émir Ousâma, voilà un événement dont Ousâma doit chercher à effacer plutôt qu'à raviver le souvenir. Si, à cette époque rapprochée, il n'est pas encore entré dans Damas, il a campé aux environs, « sur le territoire de Dârayya[3] » d'abord, puis, le lendemain, à Ḍoumair[4], où il a reçu de Ṣalâḥ ad-Dîn, comme témoignage d'estime pour sa

1. Ibn Al-Athîr dans *Hist. or. des croisades*, I, p. 396.

2. Ousâma, *Autobiographie*, p. 74-75. Si je me suis abstenu de mentionner cette campagne dans le chapitre quatrième, c'est que la date de 530 de l'hégire, donnée par Ousâma, m'inspire des doutes sérieux. L'alliance entre Zenguî et Djamâl ad-Dîn Moḥammad, les relations de ce dernier avec Ousâma, voilà ce qu'il faut retenir d'un long morceau d'ailleurs conçu au point de vue purement anecdotique. L'incertitude de la date m'a fait également omettre une campagne dans laquelle Ousâma combattit aux côtés de Ṣalâḥ ad-Dîn contre l'émir Ḳafdjâḳ, c'est-à-dire contre le chef Turcoman Ḳafdjâḳ, fils de Alp Arslânschâh. Ousâma (*Autobiographie*, p. 117-118) place cette expédition au retour d'une bataille livrée à Bagdâd, c'est-à-dire peut-être en 1132 (voir plus haut, p. 146). J'ai supposé d'autre part que ces événements, qui eurent pour théâtre deux citadelles du Koûhistân, Mâsourra et Al-Karkhînî, eurent lieu vers 1135. J'ai publié en français le récit de cette dernière campagne sous le titre de : *Un passage sur les Juifs au douzième siècle traduit de l'Autobiographie d'Ousâma* dans la *Jubelschrift zum siebzigjæhrigen Geburtstag des Herrn Professor Dr Grætz* (Breslau, 1887), p. 127-130.

3. Dârayya est un grand village, à quatre milles de Damas : voir Yâḳoût, *Mou'djam*, II, p. 536 ; Ibn Al-Athîr, dans *Hist. or. des croisades*, , p. 434 ; Kamâl ad-Dîn, *Zoubda, ibid.*, III, p. 681.

4. Le Ḍoumair de notre texte ne doit pas être confondu avec la ville de ce nom, située à l'entrée du désert de Syrie et mentionnée dans (Socin) *Palestine et Syrie*, p. 545. La distance entre Dârayya et le Ḍoumair actuel n'aurait pas pu être franchie en un jour, comme le suppose le récit d'Ousâma. Il s'agit de Doummar, village riant situé dans la banlieue immédiate de Damas, au nord-ouest, village où 'Abd el-kader avait établi sa résidence après sa soumission à la France. Voir id., *ibid.*, p. 472.

personne et d'admiration pour son équipement « un cheval bai-brun, cadeau récent de l'atâbek, monture inébranlable comme le rocher massif ».

L'abstention d'Ousâma fut un acte de sagesse. Mou'în ad-Dîn Anar dut lui en savoir gré. Sa tactique de ministre dirigeant consistait à flatter les faiblesses de son souverain pour lui imposer plus sûrement ses vues dans la conduite des affaires publiques. Peu à peu il avait confisqué à son profit l'autorité princière, sans en assumer nominalement la responsabilité. A peine au pouvoir, à la fin de 1135 ou au commencement de 1136, Schihâb ad-Dîn Maḥmoûd, devenu maître de Ḥomṣ, en avait cédé la propriété et les revenus à Mou'în ad-Dîn Anar, qui, dès le premier jour, s'y fit représenter par un lieutenant de son choix et ne cessa pas de séjourner à Damas[1]. En juin 1138, un peu plus d'un mois avant l'arrivée d'Ousâma à Damas, la princesse Zoumourroud Khâtoûn, mère de Maḥmoûd[2], ayant épousé l'atâbek Zenguî[3], Mou'în ad-Dîn céda à l'atâbek son apanage de Ḥomṣ en échange, d'après Kamâl ad-Dîn Ibn al-'Adîm, des villes de Bârîn[4], d'Al-Lakma[5] et d'un château-fort appelé *Al-Ḥouṣn asch-scharḳî*, c'est-à-dire « la forteresse orientale[6] ». Mou'în ad-Dîn Anar changea de fief, mais il maintint sa résidence à Damas.

Damas fut la première étape dans la marche d'Ousâma pour s'éloigner du nord de la Syrie et pour se diriger vers le sud. Il s'était détaché de Zenguî[7] qui ne le lui pardonnait pas et qui aurait voulu ne pas voir s'ouvrir devant lui les portes de Damas[8]. L'ancienne amitié de Zenguî pour Ousâma avait fait place à une haine implacable. L'atâbek avait embrassé les rancunes de

1. Ibn Al-Athîr, *Chronicon* (éd. Tornberg), XI, p. 24.

2. Sur cette princesse qui avait fait assassiner un autre de ses fils, Schams al-Mouloûk Ismâ'îl, voir plus haut, p. 148.

3. Kamâl ad-Dîn, *Zoubda*, dans Rœhricht, *Beitræge*, I, p. 308, et dans *Hist. or. des croisades*, III, p. 678-679.

4. Plus haut, p. 154, n. 3.

5. Al-Lakma est placé par Yâḳoût (*Mou'djam*, IV, p. 365) dans les environs de 'Irḳa, c'est-à-dire dans la région de Tripoli, comme cela ressort d'Ibn Al-Athîr, dans *Hist. or. des croisades*, I, p. 270 ; II II, p. 102.

6. J'ignore la position géographique de cette « forteresse orientale ».

7. Plus haut, p. 155.

8. Plus haut, p. 169.

l'émir Soulṭân contre son neveu et se flattait d'obliger Mou'în ad-Dîn Anar à devenir le complice de leur inimitié, l'exécuteur de leurs vengeances. Non seulement Zenguî venait d'épouser la mère de Maḥmoûd, mais encore il lui avait donné l'une de ses filles en mariage [1]. Cette double union avait été contractée pour resserrer l'intimité entre les deux princes, pour cimenter leur alliance.

Mou'în ad-Dîn n'aurait eu garde de se mettre en hostilité ouverte avec Zenguî, dont il redoutait le courroux, dont il espérait désormais sinon l'appui, du moins la neutralité. Damas, qui avait su imposer respect aux Francs, n'avait cessé d'être le point de mire de l'atâbek, qui avait fait mainte tentative pour l'annexer à ses possessions [2]. D'un autre côté, Ousâma et Mou'în ad-Dîn se sentaient entraînés l'un vers l'autre par un courant de vive sympathie. Leurs deux natures étaient faites pour se comprendre. C'était d'une part un prince déshérité qui aspirait à reprendre son rang dans le monde et qui mettait au service de son ambition un charme personnel indéniable, une activité sans frein et une absence absolue de préjugés, c'était de l'autre un ancien mamloûk qui, par son intelligence, son habileté, son attitude à la fois prudente et énergique, sa persévérance, sa bravoure, était parvenu par degrés à forcer tous les obstacles et à imposer sa suprématie à ses maîtres, la déférence à leurs alliés. Mou'în ad-Dîn Anar s'efforça de concilier ses bonnes dispositions pour Ousâma avec les nécessités de la politique, avec les égards qu'il devait aux volontés manifestement exprimées de Zenguî.

Aussi, après avoir accueilli comme il le méritait le noble étranger qui venait plein de confiance s'en remettre à lui pour le présent et pour l'avenir, Mou'în ad-Dîn, assailli par les réclamations de Zenguî, pressa Ousâma de s'éloigner pour quelque

1. Kamâl ad-Dîn, *Zoubda*, dans Rœhricht, *Beitræge*, I, p. 308, et dans *Hist. or. des croisades*, III, p. 679.

2. Plus haut, p. 148-150.

temps et de quitter provisoirement Damas jusqu'au moment prochain où l'orage serait conjuré. Peut-être Mou'în ad-Dîn, pour rendre à Ousâma un départ aussi précipité moins pénible, le chargea-t-il de quelque mission pour sonder à Jérusalem l'état des esprits, en vue d'une alliance avec les Francs. Ce qui est certain, c'est qu'encore en 532 de l'hégire, c'est-à-dire avant le huit septembre 1138 de notre ère, Ousâma se rendit à Jérusalem presque aussitôt après son arrivée à Damas.

« En 532, dit Ousâma[1], je visitai Jérusalem. L'un de ses habitants m'accompagnait pour me montrer les lieux de prières et de bénédictions. Il me conduisit dans un édifice voisin du Dôme de La Roche[2]. A l'intérieur, il y avait des lampes et des rideaux. Mon guide me dit : Nous sommes dans la Maison de la chaîne[3]. Je le questionnai au sujet de la chaîne, et il me répondit : C'est un édifice où, à l'époque des enfants d'Israël, était suspendue une chaîne. S'élevait-il une contestation entre deux enfants d'Israël, et le serment était-il déféré à l'un d'eux, ils entraient ensemble dans cette maison et se plaçaient au-dessous de la chaîne. Le demandeur faisait alors jurer le défendeur, qui ensuite étendait la main et qui, s'il avait dit vrai, atteignait la chaîne. Si au contraire il avait menti, la chaîne s'élevait hors de la portée de sa main et il ne pouvait plus l'atteindre[4]. Or, un des fils d'Israël avait mis en dépôt une perle chez quelqu'un, puis la lui réclama. — Je te l'ai rendue, dit l'autre. Tu peux me citer, ajouta-t-il, auprès de la chaîne. Le dépositaire prit un bâton, le fendit, y creusa une cachette pour la perle qu'il y laissa, puis recolla et graissa la fente. Il saisit ce bâton, entra avec son adversaire dans la Maison de la chaîne et lui dit : Débarrasse-moi de mon

1. Ousâma, *Livre du bâton* (manuscrit de ma collection), fol. 65 r° — 66 r°.

2. Sur la position de la *ḳoubbat aṣ-ṣarkha* dans le *ḥaram asch-scharif*, voir le plan de M. O. Wolff, inséré dans la *Zeitschrift des deutschen Palaestina-Vereins* de 1888, planche I.

3. Ce joli petit bâtiment, situé à l'est de la *ḳoubbat aṣ ṣarkha*, est ordinairement appelé, non pas *bait as-silsila* « la Maison de la chaine », mais *ḳoubbat as-silsila* « le Dôme de la chaine ».

4. Ch. Schefer, *Relation du voyage de Nassiri Khosrau* (Paris, 1881), p. 93. Voir aussi deux variantes de cette légende dans Moudjir ad-Dîn, *Histoire de Jérusalem* (tr. Sauvaire), p. 30, et, je ne sais sur la foi de quelle autorité, dans (Socin *Palestine et Syrie*, p. 183.

bâton. Ce que fit l'adversaire. Il lui jura alors de lui avoir remis la perle, étendit la main et saisit la chaîne, puis rentra en possession de son bâton. Tous deux sortirent. A partir de ce jour, la chaîne remonta vers le faîte de l'édifice. Jamais, dit Ousâma en terminant, je n'ai vu cette histoire relatée par écrit, je l'ai rapportée comme je l'ai entendu raconter [1]. »

Ce fut sans doute dans cette première excursion à Jérusalem qu'Ousâma fit la connaissance de quelques chevaliers du Temple. Il parlera plus tard des Templiers comme de ses amis [2]. L'ordre militaire et religieux, fondé par Hugues de Payens, ne se montrait pas réfractaire aux bonnes relations et même aux transactions avec les infidèles. Cette absence de préjugés fit contracter à ses membres plus d'une alliance qui n'était pas irréprochable aux yeux des purs parmi les croisés [3]. Ousâma, de son côté, n'éprouvait aucune répulsion contre les chrétiens établis en Palestine. Il se défiait seulement des nouveaux arrivants, des pèlerins qui venaient chercher fortune, des vagabonds qui n'étaient partis pour la terre sainte qu'afin d'y rançonner les habitants [4].

Ousâma ne s'attarda pas à Jérusalem. Damas et Mou'în ad-Dîn l'attiraient. La mauvaise humeur de Zenguî avait eu le temps de se calmer, son esprit de se tourner vers d'autres projets. « Incapable de rester en place, Zenguî était toujours en campagne. Pour lui, la housse de la selle était préférable au lit le plus moelleux, le cliquetis des armes était plus doux à son oreille que la voix des chanteuses, la lutte avec l'adversaire le ravissait mieux que les faveurs d'une belle [5]. »

Je ne sais si le prince de Damas, pour honorer le retour de son hôte, ne vint pas à sa rencontre jusqu'à Bâniyâs [6]. En tout

1. Comme l'histoire de la chaîne, l'histoire du bâton est racontée un peu différemment dans Moudjir ad-Dîn, *Histoire de Jérusalem*, p. 30-31 ; cf. aussi G. Weil, *Biblische Legenden der Muselmænner*, p. 213-215. Les parallèles abondent dans toutes les littératures et chez tous les peuples.

2. Ousâma, *Autobiographie*, p. 99.

3. Prutz, *Kulturgesch. der Kreuzzüge*, p. 280-281.

4. Ousâma, *Autobiographie*, p. 99 et 103.

5. Ibn Al-Athîr, *Atabeks*, p. 103.

6. C'est sous cette forme que les Arabes ont rendu à cette ville son ancien nom de Paneas, auquel Philippe, fils d'Hérode, avait substitué le nom de *Caesarea Philippi*. Les chroniqueurs latins l'appellent Belinas. Sur l'orthographe du nom arabe Bâniyâs voir le *Journal asiatique* de 1888, II, p. 440, note.

état de cause, alors même qu'Ousâma serait d'abord rentré à Damas, où dès lors il eut sa maison et son apanage [1], il a gardé le souvenir de ses chasses et dans cette ville et « dans la forêt de Bâniyâs » en compagnie de Schihâb ad-Dîn Maḥmoûd, fils de Tâdj al-Mouloûk [2]. Mou'în ad-Dîn Anar encourageait de telles parties de plaisir qui fournissaient une occupation pour le désœuvrement d'Ousâma, une distraction pour les loisirs d'un maître qu'il tenait éloigné des affaires, qu'il voyait avec satisfaction amuser son oisiveté à ces divertissements.

L'hiver de 1138 et le printemps de 1139 peuvent, sans risque d'erreur, être assignés comme dates aux expéditions en commun de Maḥmoûd et de l'émir Ousâma. « J'ai vu, dit celui-ci, des parties de chasse à Damas au temps de Schihâb ad-Dîn Maḥmoûd, fils de Tâdj al-Mouloûk. On s'attaquait aux oiseaux, aux gazelles, aux onagres et aux chevreuils [3]. J'étais à ses côtés un jour que nous nous étions rendus jusque dans la forêt de Bâniyâs. Sur le sol, l'herbe était touffue. Nous abattîmes nombre de chevreuils. On dressa les tentes dans une enceinte. Nous y étions établis, lorsqu'on vit se dresser dans l'enceinte un chevreuil qui dormait sur l'herbe. Il fut pris au milieu des tentes.

« Pendant que nous rentrions, je m'aperçus que l'un d'entre nous avait vu un petit-gris monter à un arbre. Il en informa Schihâb ad-Dîn. Celui-ci se posta sous l'arbre, visa l'animal à deux ou trois reprises sans l'atteindre, puis y renonça et se retira furieux de l'avoir manqué. Je vis alors un Turc, qui, l'ayant visé, coupa le petit-gris en deux [4] de sa flèche en bois. Ses deux pattes de devant devinrent flasques, et il resta suspendu par les deux pattes de derrière, avec la flèche en bois enfoncée dans le corps, jusqu'au moment où l'on secoua l'arbre

1. Ousâma, *Autobiographie*, p. 3 et 61.

2. Id. *ibid.*, p. 139 et 141. Sur la forêt de Bâniyâs, voir aussi *ibid.*, p. 48.

J'ai traduit ainsi *yaḥmoûr* (cf. *Deutéronome*, xiv, 5 ; I *Rois*, v, 3 ; Ousâma, *Autobiographie*, p. 158, l. 1 et 3 ; 161, l. 2) d'après les indications aussi savantes que précises de M. Paul de Lagarde dans ses *Mittheilungen*, II, p. 251-252.

4. Sur le verbe *wassaṭa* « fendre un corps en deux », voir Quatremère, *Histoire des sultans mamlouks*, I I, p. 72-73, et ma note intitulée : *Un passage sur les Juifs*, p. 3 du tirage à part.

et où il tomba. Si cette flèche en bois avait été ainsi fichée dans le corps d'un fils d'Adam, il serait mort à l'instant même. Gloire au Créateur des créatures ! »

On voit par ces épisodes comment Maḥmoûd exerçait son métier de prince. Une autre anecdote empruntée au *Livre du Bâton* montre que, si on désirait lui alléger les charges du pouvoir, il ne demandait pas mieux que de s'en affranchir. « Voici, dit Ousâma[1], ce dont j'ai été témoin à Damas. Il y avait eu désaccord entre les aveugles et entre l'administrateur de leur *waḳoûf*[2], un certain Ibn Al-Ba'lbakî. Les aveugles s'adressèrent à plusieurs reprises au seigneur de Damas Schihâb ad-Dîn Maḥmoûd, qui, de son côté dit à l'émir[3] Moudjâhid ad-Dîn Bouzân ibn Mâmîn[4] : O Moudjâhid ad-Dîn, débarrasse-moi d'eux, réunis-les dans ta maison, convoque leur représentant dans la direction de la fondation pieuse qui les concerne et améliore leur situation. — A tes ordres, répondit Moudjâhid ad-Dîn, qui me dit : Fais-moi l'honneur de nous accompagner. La réunion se tint dans une grande salle de sa maison[5]. L'intendant Ibn Al-Ba'lbakî et son prédécesseur dans ses fonctions, nommé Ibn Al-Farrâsch[6], comparurent. Comparurent aussi les aveugles au nombre de trois cents environ. Ils s'avancèrent et entrèrent dans la salle, ayant chacun son bâton à la main, qu'ils placèrent

1. Ousâma, *Livre du bâton* (manuscrit de ma collection), fol. 68 v°-69 r°.

2. Ousâma emploie l'infinitif *waḳf*, comme dans les exemples cités par Dozy, *Supplément aux dictionnaires arabes*, II, p. 834.

3. Le manuscrit porte *al-amîr*, que je corrige en *lilamîr*.

4. Si je n'ai trouvé aucun renseignement sur Ibn Al-Ba'lbakî, j'ai été plus heureux pour le Kurde Moudjâhid ad-Dîn Aboû 'l-Fawâris Bouzân, souvent mentionné par Aboû Schâma, *Kitâb ar-rauḍatain*, I, p. 51, 57, 58, 77, 89, 90, 97, 123-124. Nommé gouverneur de Ṣalkhad en octobre 1147, il commanda dans plusieurs circonstances l'armée de Damas et mourut en février 1160. Il fonda deux des collèges de Damas qui d'après lui sont appelés l'un et l'autre *al-madrasa al-moudjâhidiyya*, et dans l'un desquels il fut enterré ; cf. Aboû Schâma, *ibid.*, I, p. 123-124 ; 'Abd al-Bâsiṭ Al-'Almawî, *Description abrégée de Damas*, d'après Michael Meschâḳa's *Cultur-Statistik von Damascus*, aus dem Arabischen uebersetzt von Prof. Fleischer, dans la *Zeitschrift der deutschen morg. Gesellschaft*, VIII (1854), p. 361, et d'après le manuscrit appartenant à M. Paul Ravaisse, fol. 18 r° et v°; Wüstenfeld, *Die Academien der Araber*, p. 47. Il sera parlé de Ṣalkhad (ou Ṣarkhad), p. 178, note 1. La traduction de Fleischer est réimprimée dans le tome III de ses *Kleinere Schriften*.

5. Le suffixe manque dans mon manuscrit.

6. Ibn Al-Farrâsch, c'est peut-être le ḳâḍî Schams ad-Dîn Aboû 'Abd Allâh Moḥammad ibn Moḥammad ibn Moûsâ, connu sous le nom d'Ibn Al-Farrâsch. Il remplit les fonctions de ḳâḍî de l'armée à la fin du règne de Noûr ad-Dîn, c'est-à-dire vers 1170. Cf. 'Imâd ad-Dîn, *Kharîdat al-ḳaṣr* (ms. 1414 de l'ancien fonds arabe), fol. 49 v°, dans Dozy, *Catalogus codicum orientalium bibliothecæ academiæ Lugduno Batavæ*, II, p. 244 'Imâd ad-Dîn (ms. cité, fol. 51 v°), nous apprend qu'il vivait encore en 568 de l'hégire (1172-1173 de notre ère).

ensuite chacun à son côté. La discussion s'engagea. Les uns tenaient pour l'ancien intendant Ibn Al-Farrâsch, les autres pour Ibn Al-Ba'lbakî. Ils se disputèrent et se querellèrent pendant une heure, sans qu'on pût intervenir, tant ils criaient et tant ils étaient nombreux! Puis ils se ruèrent les uns sur les autres. Trois cents bâtons environ furent levés dans la salle, aux mains des aveugles, qui ne savaient pas qui ils frappaient. Le tumulte et le vacarme grandissant me firent regretter d'être venu. Les deux intendants apportèrent dans l'affaire un tel esprit de conciliation que la discorde cessa et que l'affaire se trouva réglée à la satisfaction générale. Nous avions cru d'abord que les aveugles ne s'en iraient plus. »

Un prince aussi inoffensif que Schihâb ad-Dîn Maḥmoûd ne gênait et ne lésait personne. Et pourtant, il se trouva trois misérables pour l'assassiner dans la nuit du vingt-trois au vingt-quatre juin 1139 [1]. Mou'în ad-Dîn Anar s'empressa de lui donner un successeur non moins docile. Dès le lendemain matin, son frère Djamâl ad-Dîn Moḥammad, seigneur de Ba'lbek, prenait possession de la principauté de Damas. Il n'y devait jouer qu'un rôle effacé, Mou'în ad-Dîn continuant à diriger l'ensemble et les détails [2]. Le nouveau prince avait autrefois combattu aux côtés de Zenguî, de Ṣalâḥ ad-Dîn Al-Yâguîsiyânî et d'Ousâma [3]. S'il pouvait compter sur l'émir de Schaizar comme sur un fidèle serviteur, il allait au contraire encourir l'hostilité de ses deux autres compagnons d'armes. Zenguî, excité par la princesse Zoumourroud Khâtoûn, qu'il avait épousée [4], à venger le meurtre de son fils Schihâb ad-Dîn Maḥmoûd, fit partir en avant l'émir chambellan Ṣalâḥ ad-Dîn et le rejoignit à Ḥamâ au commencement d'août [5]. Ils arrivèrent ensemble le dix-huit

1. Kamâl ad-Dîn, *Zoubda*, dans Rœhricht, *Beitræge*, I. p. 308, et dans *Hist. or. des croisades*, III, p. 681; Ibn Khallikân, *Biographical Dictionary*, I, p. 275.

2. Ibn Al-Athîr dans *Hist. or. des croisades*, I, p. 431.

3. Plus haut, p. 170; voir surtout le passage de l'*Autobiographie* qui y est analysé dans la note 1.

4. Plus haut, p. 171.

5. Kamâl ad-Dîn, *Zoubda*, dans Rœhricht. *Beitræge*, I, p. 309, et dans *Hist. or. des croisades*, III, p. 681.

août à Ba'lbek, que Djamâl ad-Dîn Moḥammad venait peu auparavant de quitter pour Damas et de céder comme apanage à Mou'în ad-Dîn[1]. Celui-ci s'était installé dans la place avec Ousâma pour la défendre.

Zenguî, désireux de frapper un grand coup, se souvint à propos qu'un général populaire, dont la présence à son camp produirait une vive impression sur ses troupes, attendait les événements, dans une oisiveté qui lui pesait, à Ṣalkhad, près de Boṣrâ, dans le Ḥaurân, au sud-est de Damas[2]. C'était l'ancien vizir d'Égypte, Rouḍwân ibn Al-Walakhschî[3], surnommé Al-Malik Al-Afḍal « le roi éminent ». Le quatorze juin 1139[4], « à l'instigation du khalife Fâṭimide Al-Ḥâfiẓh, les troupes s'étaient soulevées contre lui. Il avait quitté l'Égypte pour se rendre en Syrie, sa maison et son harem ayant été livrés au pillage. »

Ousâma, après avoir intercalé une anecdote sur Goutte-de-rosée (*Ḳaṭr an-nidâ*), l'une des filles de Rouḍwân, ajoute : « Puis Rouḍwân se rendit à Ṣalkhad auprès de l'atâbek Amîn ad-Daula Goumouschtakîn[5]. Celui-ci honora Rouḍwân, lui donna l'hospitalité et lui offrit ses services. Or, à ce moment, le roi des émirs, l'atâbek Zenguî, fils de Aḳ Sonḳor, assiégeait

1. Ibn Al-Athir, dans *Hist. or. des crois.*, I, p. 432.

2. Sur Ṣalkhad, la ville frontière du royaume de Basan dans la Bible (*Deutéronome*, III, 10; Josué, XII, 5), voir Rey, *Voyage dans le Haouran*, p. 166; (Socin) *Palestine*, p. 433; Chauvet et Isambert, *Syrie, Palestine*, p. 549. C'est la même ville qui est appelée Ṣarkhad dans Yâḳoût, Ibn Al-Athir, Kamâl ad-Dîn et autres auteurs du douzième et du treizième siècle. Ousâma, *Autobiographie*, p. 22, a clairement Ṣalkhad.

3. Le manuscrit d'Ousâma, *Autobiographie*, porte الولحسى, de là ma lecture (p. 22 de mon édition) الولحشى. Je préfère actuellement lire الولخشى avec Wüstenfeld, *Geschichte der Faṭimiden-Chalifen*, p. 307 (Al-Maḳrizi, *Al-Khiṭaṭ*, I, p. 357 et 440, donne deux fois ولخشى sans article). Remarquons enfin les leçons الوكخشى dans *Histor. orient. des croisades*, I, p. 23, et الوكحشى, *ibid.*, I, p. 417.

4. J'emprunte cette date à Ibn Al-Athir, *ibid.*, I, p. 418, où il faut lire 1139 au lieu de 1138. Ce qui suit est tiré d'Ousâma, *Autobiographie*, p. 22-24.

5. Manuscrit et texte imprimé portent l'atâbek Ṭogtakin. Or celui-ci était mort en 1128; voir plus haut, p. 139. Je rectifie d'après Ibn Al-Athir dans *Hist. or. des croisades*, I, p. 418, et dans l'édition Tornberg, XI, p. 32, et d'après Aboû Schâma, *Kitâb ar-rauḍatain*, I, p, 50; voir aussi Wüstenfeld, *Geschichte der Faṭimiden-Chalifen*, p. 309. 'Abd al-Bâsiṭ, *Description abrégée de Damas* (ms. de M. Paul Ravaisse), fol. 10 r°, nous apprend que la première école de droit Schâfi'ite fut fondée à Damas en 514 de l'hégire (1120 de notre ère) par « l'atâbek des armées damascéniennes, surnommé Amîn ad-Daula Rabi' al-islâm (le printemps de l'islamisme) Amîn ad-Dîn Goumouschtakîn, fils de 'Abd Allâh As-Saftiki (?, ms. السفتيكى), gouverneur des forteresses de Boṣrâ et de Ṣarkhad, un émir considérable ». La date de la mort de Goumouschtakîn, 541 de l'hégire (1146-1147 de notre ère), a été laissée en blanc dans le ms. de M. Ravaisse; mais elle est donnée au fol. 6 r° dans un autre exemplaire entré récemment à la Bibliothèque nationale, où il est inscrit sous le numéro 2788 du supplément arabe; cf. aussi Fleischer, Michael Meschâḳa's *Cultur-Statistik von Damascus*, dans la *Zeitschrift der deutschen morg. Gesellschaft*, VIII, p. 358.

Ba'lbek. Il envoya un messager vers Roudwân et insista pour attirer vers lui cet homme parfait, noble, brave, qui était en même temps un écrivain distingué, et pour lequel les troupes se sentaient fort portées, à cause de ses nobles qualités.

« L'émir Mou'în ad-Dîn me dit : Si cet homme s'attache à l'atâbek, il en résultera un grand dommage pour nous. Je lui demandai alors : Quels sont tes projets ? — Il me répondit : Tu iras vers Roudwân. Peut-être le détourneras-tu de se rendre auprès de l'atâbek et le détermineras-tu à venir à Damas. A toi de voir ce que tu croiras devoir faire dans ces conjonctures.

« Je me rendis vers Roudwân à Ṣalkhad. J'eus une entrevue avec lui et avec son frère, surnommé Al-Auḥad « l'Unique[1] », et je m'entretins avec eux deux. Al-Afḍal Roudwân me dit : Je ne suis plus libre ; car j'ai engagé ma parole avec ce sultan que je me joindrais à lui. Me voici donc tenu d'exécuter ma promesse. — Je lui répondis : Qu'Allâh te donne la prééminence ! Pour ma part, je suis sur le point de retourner vers mon maître, car il ne saurait se passer de moi. Il a compté qu'auparavant je te ferais connaître toute ma pensée. — Parle, dit Roudwân. — Lorsque tu seras parvenu au camp de l'atâbek, lui dis-je alors, crois-tu qu'il divisera son armée en deux moitiés, dont l'une partira avec toi pour l'Égypte, dont l'autre restera pour nous assiéger ? — Non certes, répondit-il. — Je repris : Eh ! bien, lorsqu'il aura campé devant Damas, qu'il aura assiégé et pris cette ville après de longs efforts, pourra-t-il, avec des troupes affaiblies, des provisions épuisées, après des marches forcées, se rendre avec toi en Égypte sans renouveler d'abord son équipement et sans reconstituer son armée ? — Non certes, répondit-il. — Je poursuivis : A ce moment, l'atâbek te dira : Nous irons ensemble à Alep pour y renouveler notre appareil de voyage. Puis, lorsque vous aurez atteint Alep, il dira : Nous

1. Peut-être abrégé de Auḥad ad-Daula ou de Auḥad ad-Dîn. J'ai rencontré ce dernier surnom dans Ibn Schaddâd Moḥammad, *Bark asch-Schâm* (ms. coté Cod. Ar. 1466 de la Bibliothèque de l'Academie de Leyde, p. 87 et 88, manuscrit qu'on a bien voulu m'envoyer à Paris.

allons nous avancer jusqu'à l'Euphrate pour recruter les Turcomans. Une fois que vous serez campés sur les bords de l'Euphrate, il te dira : Si nous ne traversons pas l'Euphrate, nous ne pourrons pas enrôler les Turcomans. L'Euphrate traversé, l'atâbek se parera[1] de toi et tirera vanité auprès des sultans orientaux de pouvoir dire : Ce grand d'Égypte est maintenant à mon service. C'est alors que tu souhaiteras revoir une pierre d'entre les pierres de Syrie, mais tu ne le pourras plus. Tu te souviendras à ce moment de ma parole et tu penseras : Il m'avait donné un bon conseil que je n'ai pas écouté.

« Roudwân baissa la tête et resta pensif, ne sachant que dire. Puis il se tourna vers moi et me demanda : Que dois-je décider, puisque tu veux t'en retourner? — Je lui répondis : S'il y a quelque utilité à ce que je reste, je resterai. — C'est le cas, me dit-il.

« Je restai. Il y eut entre nous plusieurs entretiens. Il fut enfin convenu que Roudwân se rendrait à Damas, y recevrait trente mille dînârs, dont la moitié serait payée en espèces et dont l'autre moitié serait représentée par un fief, qu'on attribuerait à son habitation la maison d'Al-'Akîkî[2], et que ses compagnons recevraient une solde.

« Roudwân souscrivit à ces conditions de sa plus belle écriture et me dit : Si tu veux, je partirai avec toi. — Non, lui répondis-je. Je prendrai les devants, j'emporterai d'ici une colombe messagère. Dès que je serai arrivé, que j'aurai installé ta maison et que j'aurai tout disposé, je lâcherai vers toi la colombe et, sur l'heure, je me mettrai en route pour te rencontrer à mi-

1. Lisez تَشَوَّفْ au lieu de يسوق, le manuscrit de l'*Autobiographie* n'ayant ici aucun point diacritique. La cinquième forme de ce verbe est employée dans le même sens chez Abdo-'l-Wâhid, *The history of the Almohades*, edited by Dozy (2e éd. Leyde, 1881), p. 64, l. 6 ; 92, l. 1.

2. On lit dans Adh-Dhahabî, *Al-Moschtabih* (éd. De Jong), p. 367, « Al-Akîkî l'Alide possédait la maison qui devint plus tard le Collège Thâhirite. » Cette école de droit Hanafite et Schâfi'ite, dénommée d'après le sultan mamloûk d'Égypte Al-Malik Ath-Thâhir Baibars *al-madrasa at-thâhiriyya*, fut fondée en souvenir de son père qui était mort à Damas et qui y fut enterré, par Al-Malik As-Sa'îd Berekeh-khân dès son avénement au trône d'Égypte, en octobre 1277. Celui-ci acheta la maison d'Al-'Akîkî qu'il convertit en collège ; voir Aboû Schâma, *Kitâb ar-raudatain*, I, p. 236 ; 'Abd al-Bâsit, *Description abrégée de Damas* (ms. de M. Ravaisse), fol. 14 v°-15 r° ; Quatremère, *Histoire des sultans mamlouks*, I II, p. 162-163.

chemin, afin de l'introduire à Damas. Nos conventions ainsi arrêtées, je pris congé de Rouḍwân et je partis.

« Amîn ad-Daula Goumouschtakîn de son côté désirait que Rouḍwân retournât en Égypte pour y exécuter les promesses qu'il lui avait faites, pour y satisfaire les ambitions qu'il avait éveillées en lui. Amîn ad-Daula rassembla les hommes disponibles et les amena à Rouḍwân après que je l'avais quitté. A peine celui-ci avait-il franchi les frontières de l'Égypte que ses troupes turques le trahirent et pillèrent ses bagages [1]. Il mit sa personne à l'abri dans une des tribus arabes [2] et envoya une députation vers Al-Ḥâfiṭh pour lui demander l'amân. Peu après, il rentra à Miṣr et, sur l'ordre du khalife, fut aussitôt emprisonné, ainsi que son fils. »

Ousâma qui avait d'abord brillamment réussi dans la mission dont il était chargé en avait ensuite compromis le résultat par excès de zèle. Cette expérience devait lui profiter dans les nouvelles négociations auxquelles il allait prendre part, cette fois non seulement avec la confiance, mais aussi avec le concours de Mou'în ad-Dîn Anar. Ba'lbek, après une vigoureuse défense, avait ouvert ses portes à l'atâbek Zenguî le dix octobre 1139 [3], tandis que la citadelle tenait jusqu'au vingt-et-un du même mois [4]. Zenguî, après avoir juré par les serments les plus solennels qu'il épargnerait la garnison de la citadelle, avait fait égorger le gouverneur et ordonné que les autres défenseurs, au nombre de trente-sept, fussent pendus [5]. Un cri d'alarme retentit dans Damas. Les habitants se préparèrent à une défense désespérée plutôt que de s'exposer aux cruautés de l'atâbek Zenguî [6].

1. En septembre 1139, d'après Wüstenfeld, *Geschichte der Faṭimiden-Chalifen*, p. 309.

2. De vraies colonies arabes s'étaient établies en Égypte ; voir Ousâma, *Autobiographie*, p. 18, et *El-Macrizi's Abhandlung ueber die in Aegypten eingewanderten arabischen Stæmme*, herausgegeben und uebersetzt von F. Wüstenfeld (Gœttingen, 1847).

3. Ousâma, *Livre sur les provinces et leurs souverains*, dans Ibn Khallikân, *Biographical Dictionary*, IV, p. 484 (cf. *Hist. or. des croisades*, III, p. 402). Ibn Schaddâd Moḥammad, *Barḳasch-Schâm* (manuscrit de Leyde cité plus haut, p. 179, note), p. 172, met au neuf octobre la reddition de Ba'lbek.

4. Kamâl ad-Dîn, *Zoubda*, dans *Hist. or. des croisades*, III, p. 681, et dans Rœhricht, *Beitræge*, I, p. 309.

5. Kamâl ad-Dîn, *Zoubda*, dans *Hist. or. des croisades*, III, p. 681.

6. Ibn Al-Athîr, *ibid.*, I, p. 433.

Tandis que l'atâbek cherchait à mettre à profit la terreur que ses actes avaient répandue dans la région et proposait au prince de Damas Djamâl ad-Dîn Moḥammad de lui céder, en échange de Damas, Ba'lbek, Ḥomṣ et toute autre ville qu'il exigerait en plus[1], Mou'în ad-Dîn Anar offrait aux Francs de Jérusalem une alliance défensive contre l'ennemi commun. Ceci se passait dans les premiers mois de 1140, car Ousâma nous parle d'un accord qu'il négociait à 'Akkâ (Acre) entre le roi des Francs Foulques d'Anjou et Djamâl ad-Dîn Moḥammad, fils de Tâdj al-Mouloûk[2]. Or ce prince mourut de maladie le vingt-neuf mars 1140[3].

Mou'în ad-Dîn Anar prévoyait le moment où les attaques redoublés de Zenguî finiraient par avoir raison de sa résistance obstinée, si Damas n'était pas délivré par une armée de secours. Les Francs étaient intéressés à renouveler avec Mou'în ad-Dîn l'alliance de 1133 pour ne pas laisser Zenguî s'établir solidement à leurs côtés[4]. Un traité fut encore une fois conclu entre eux et Mou'în ad-Dîn. On s'unirait non seulement pour dégager Damas, mais aussi pour conquérir Bâniyâs, qui serait annexé au royaume de Jérusalem. La campagne réussit au gré des coalisés : Zenguî, après plusieurs retours offensifs, fut obligé de renoncer à la conquête de Damas et finit par retourner à Mauṣil; Mou'în ad-Dîn s'empara de Bâniyâs qu'il remit aux chrétiens[5].

« J'allais et je venais, dit Ousâma[6], vers le roi des Francs pour régler les conditions de la paix entre lui et Djamâl ad-Dîn Moḥammad, fils de Tâdj al-Mouloûk. Je faisais valoir les engagements pris envers feu mon père par le roi Baudouin, père de la reine femme du roi Foulques fils de Foulques[7].

1. Ibn Al-Athîr dans *Hist. or. des croisades*, I, p. 434; Kamâl ad-Dîn, *Zoubda, ibid.*, III, p. 681-682 (cf. Rœhricht, *Beitræge*, I, p. 309).

2. Ousâma, *Autobiographie*, p. 60.

3. Ibn Al-Athîr dans *Hist. or. des croisades*, I, p. 435. Kamâl ad-Dîn, *Zoubda, ibid.*, III, p. 682, et dans Rœhricht, *Beitræge*, I, p. 309, dit seulement qu'il mourut à cette date. Ibn Tagribardi, *An-Noudjoûm* (ms. 661 de l'ancien fonds arabe, fol. 10 v°), dit : « Je ne sais pas s'il fut tué ou s'il mourut de mort naturelle. »

4. Plus haut, p. 155.

5. Ibn Al-Athîr et Kamâl ad-Dîn, *loc. cit.*

6. Ousâma, *Autobiographie*, p. 60-62.

7. Foulques d'Anjou avait épousé Mélisende, la fille aînée de Baudouin II. Sur les engagements pris et insuffisamment exécutés par celui-ci, voir plus haut, p. 133-136.

« Les Francs amenaient successivement devant moi leurs captifs, pour que je les rachetasse. J'étais en train de racheter ceux dont Allâh le tout-puissant avait facilité la délivrance, quand parut un Satan d'entre les Francs, nommé Guillaume Djîbâ[1], monté sur un char qui lui appartenait, poussant à la guerre. Il venait de surprendre un convoi de pèlerins magrébins[2], environ quatre cents individus, hommes et femmes.

« Il continuait à affluer vers moi nombre de prisonniers avec leurs possesseurs. Je rachetai tous ceux que je pouvais. Je remarquai un homme jeune encore qui saluait et s'asseyait sans parler. Je demandai qui il était. On me répondit : C'est un ascète, il appartient à un tanneur. — Je dis au propriétaire : Quel prix me demandes-tu de ce captif? — Il répliqua : Par la sincérité de ma foi, je ne le vendrai qu'avec ce vieillard, tous deux ensemble au prix coûtant, pour quarante-trois dînârs. Je conclus le marché. Je payai la rançon de quelques autres encore tant pour mon compte que pour le compte de l'émir Mou'în ad-Dîn.

« Je versai la somme que j'avais sur moi, et je me portai garant du reste. Rentré à Damas, je m'adressai à l'émir Mou'în ad-Dîn en ces termes : J'ai racheté pour toi des prisonniers que je te destine. Je n'avais pas emporté la somme nécessaire. Maintenant que je suis revenu dans ma maison, si tu les veux, paye leur rançon ; sinon, je la payerai moi-même. — Non pas, dit-il, c'est moi, par Allâh, qui veux les racheter. En revanche je désire les hommes pour prix de ma dépense. Personne au monde n'était plus empressé que Mou'în ad-Dîn à faire du bien, mais aussi à en tirer profit[3].

1. Le sens du surnom *djîbâ* est obscur. La lecture n'est pas douteuse, car, si les points diacritiques manquent ici, le manuscrit les donne nettement à la page suivante. Ce surnom se rapporte peut-être à la possession des deux châteaux-forts que Yâḳoût (*Mou'djam*, II, p. 170 ; cf. Socin, *Palestine et Syrie*, p. 150 ; Isambert et Chauvet, *Syrie et Palestine*, p. 242 ; Prutz, *Kulturgeschichte der Kreuzzüge*, p. 421), place sur la route de Jérusalem à Naplouse et appelle les deux *djîb* voir ma *Note sur quelques mots de la langue des Francs au douzième siècle*, dans les *Mélange Léon Renier*, p. 459 ; p. 11 du tirage à part.

2. En arabe المغاربة ; cf. Ibn Al-Athîr dans *Hist. or. des croisades*, I, p. 419, et la note des éditeurs

3. Je ne suis pas sûr d'avoir bien compris c passage.

« Il paya la rançon de ces hommes, et je retournai quelques jours après à 'Akkâ. Il restait encore auprès de Guillaume Djîbâ trente-huit prisonniers, parmi lesquels une femme mariée à l'un de ceux qu'Allâh le tout-puissant avait délivrés par mon entremise. Je la lui rachetai, mais sans verser immédiatement le montant. Je me rendis à cheval vers la maison de ce maudit, et je lui dis : Tu me vendras bien dix de ces captifs ? — Il répondit : Par la sincérité de ma foi, je ne les vendrai qu'en bloc. — Je repris : La somme que j'ai emportée est insuffisante. Je rachèterai d'abord quelques-uns des captifs, puis viendra le tour des autres. — Il répéta : Je ne les vendrai qu'en bloc.

« Je m'en retournai. Or, Allâh (gloire à lui !) décréta qu'ils s'enfuirent jusqu'au dernier dans cette même nuit. Les habitants des campagnes autour de 'Akkâ étant tous musulmans, à mesure qu'un captif parvenait jusqu'à eux, ils le cachaient et l'aidaient à regagner les régions de l'islâm. Ce maudit les réclama, mais sans pouvoir en rattraper un seul, et Allâh favorisa leur délivrance.

« Le lendemain matin, Guillaume exigea de moi la rançon de la femme, que j'avais rachetée, mais dont je n'avais pas versé le prix. Elle s'était enfuie avec les autres. Je lui dis : Livre-la moi d'abord et tu recevras son prix ! — Il répondit : Son prix m'est acquis depuis hier avant sa fuite. Il me contraignit à faire ce payement. Je m'y résignai facilement, tant j'étais réjoui par la délivrance de ces malheureux ! »

Si Ousâma accorde au moins un souvenir dans son *Autobiographie* à Schihâb ad-Dîn Maḥmoûd et à Djamâl ad-Dîn Moḥammad, tous deux fils de Boûrî et princes de Damas [1], il ne prononce même pas le nom de 'Adb ad-Daula Moudjîr ad-Dîn Abaḳ, fils de Moḥammad, qui fut désigné par son père pour devenir après lui prince de Damas. Abaḳ fut proclamé le vingt-neuf mars 1140 [2]. Mou'în ad-Dîn resta premier ministre, et son

1. Ousâma. *Autobiographie*, p. 60, 73, 74, 139, 141.
2. Ibn Al-Athîr dans *Hist. or. des croisades*, I, p. 435 ; Kamâl ad-Dîn, *Zoubda*, *ibid.*, III, p. 682, et dans Rœhricht, *Beitræge*, I, p. 309.

autorité, sous un prince en bas âge, grandit jusqu'à la toute-puissance. « Abak, dit Ibn Al-Athîr[1], n'eut que l'apparence d'un émir, sans qu'il y eût derrière cette apparence aucune réalité. » Ousâma comprit que, plus que jamais, il devait s'attacher à Mou'în ad-Dîn Anar, son protecteur, dont la générosité avait suspendu à son cou tant de colliers semblables aux colliers des colombes[2].

Zenguî, en s'éloignant de Damas, reçut-il les témoignages extérieurs d'une soumission fictive, avec la promesse que la *khoṭba* serait désormais prononcée en son nom[3] ? Ou bien fut-il contraint de s'éloigner sans aucun dédommagement pour ses longs efforts[4] ? Je ne saurais le dire. Damas même fut épargné, mais toute la campagne des alentours fut livrée au pillage, des bandes indisciplinées battant la contrée, profitant de ce que les habitants n'étaient pas sur leurs gardes[5].

Du côté des Francs, il se commettait encore à l'égard de leurs nouveaux alliés des irrégularités d'autant plus graves qu'elles risquaient de compromettre l'œuvre de paix entre musulmans et chrétiens. Renier, surnommé Brus, qui avait été remis en possession de son fief héréditaire de Bâniyâs par le roi Foulques d'Anjou, alors que cette place eut été reconquise à son profit par les troupes de Mou'în ad-Dîn Anar[6], paraît ne pas s'être rendu compte suffisamment que, placé sur la frontière, il devait être le premier à respecter et à faire observer les conventions entre Damas et Jérusalem. « Un jour, dit Ousâma[7], je demandai justice aux chevaliers francs pour des troupeaux de brebis, que le seigneur de Bâniyâs avait enle-

1. Ibn Al-Athîr, *Chronicon*, XI, p. 96.
2. Vers d'Ousâma sur Mou'în ad-Dîn, dans l'*Autobiographie*, p. 4; voir plus loin, p. 195.
3. Ibn Al-Athîr le prétend dans son *Histoire des atabeks*, p. 105, mais il ne dit rien de semblable dans sa Chronique.
4. D'après Ibn Abî Ṭayy (dans Aboû Schâma, *Kitâb ar-rauḍatain*, I, p. 34), le prince de Damas aurait offert à Zenguî d'acheter sa retraite en lui donnant cinquante mille dînârs et la ville d'Emesse; Nadjm ad-Dîn Ayyoûb, le père de Saladin, que Zenguî avait nommé gouverneur de Ba'lbek, aurait pressé l'atâbek d'accepter ces conditions brillantes : mais celui-ci aurait refusé de souscrire à ce marché pour échouer ensuite dans son entreprise.
5. Ibn Al-Athîr, dans *Hist. or. des croisades*, I, p. 437.
6. Ducange, *Les familles d'Outre-mer* (éd. Rey), p. 245. Voir aussi plus haut, p. 182.
7. Ousâma, *Autobiographie*, p. 48.

vés dans la forêt[1]. Or, la paix régnait entre nous et eux, et j'habitais alors Damas. Je dis au roi Foulques fils de Foulques : Ce seigneur a fait acte d'hostilité contre nous et s'est emparé de nos troupeaux. C'était l'époque, où les brebis mettent bas ; leurs petits sont morts en naissant. Ils nous les a rendus, après avoir causé la perte de leur progéniture.

« Le roi dit aussitôt à six ou sept chevaliers : Allez siéger pour lui faire justice ! Ils sortirent de la salle, se retirèrent et délibérèrent jusqu'à ce qu'ils furent tombés d'accord. Ils rentrèrent alors dans la salle où le roi tenait son audience, et dirent : Nous avons décidé que le seigneur de Bâniyâs a l'obligation de leur rembourser ce qu'il leur a fait perdre par la mort de leurs agneaux. Le roi lui ordonna d'acquitter cette dette. Il me sollicita, me fit un rapport[2] et m'implora jusqu'à ce que j'acceptai de lui comme payement quatre cents dînârs. »

En dépit de tels incidents, que le contact immédiat rendait inévitables, les relations devinrent de plus en plus courtoises, de plus en plus amicales, entre les musulmans de la principauté de Damas et les chrétiens du royaume de Jérusalem. Raymond de Poitiers, prince d'Antioche, ayant aussi accordé son adhésion à la politique de son parent, Zenguî était réduit à l'impuissance[3]. Ce fut à cette époque, nous ignorons en quelle année exactement, qu'Ousâma fut admis à exposer devant le roi Foulques ses théories sur le parfait chevalier de sa race et de sa famille[4]. D'une visite qu'il fit « avec l'émir Mou'în ad-Dîn à Acre chez le roi des Francs Foulques fils de Foulques », les deux voyageurs rapportèrent à Damas un « grand faucon à treize plumes sur la queue », qu'un Génois avait dressé pour la chasse aux grues. Ils admirèrent ce faucon, et le roi Foulques leur en fit présent[5].

Pendant les années de trêve, on ne se contenta pas d'abjurer

1. Sur la forêt de Bâniyâs, voir plus haut, p. 175, note 1.
2. Mot et sens douteux.
3. Kugler, *Geschichte der Kreuzzüge*, p. 120.
4. Plus haut, p. 62-63.
5. Ousâma, *Autobiographie*, p. 142-143.

les haines passées, les sympathies personnelles en vinrent insensiblement à l'intimité, presque à la fraternité. « Il y avait, dit Ousâma[1], dans l'armée du roi Foulques fils de Foulques, un chevalier franc respectable, qui était venu de leurs contrées pour accomplir le pèlerinage et s'en retourner ensuite. Il fit ma connaissance, et s'attacha à moi au point qu'il m'appelait : Mon frère. Nous nous aimions et nous nous fréquentions. Lorsqu'il se disposa à repasser la mer dans la direction de son pays, il me dit : O mon frère, je m'en retourne chez moi, et je voudrais, avec ta permission, emmener ton fils pour le conduire dans nos régions (j'avais avec moi mon fils âgé de quatorze ans)[2]. Il y verra nos chevaliers, il y apprendra la sagesse[3] et la science de la chevalerie. Lorsqu'il reviendra, il aura pris l'allure d'un homme intelligent. Mon oreille fut blessée de paroles qui n'émanaient pas d'une tête sensée. Car mon fils, eût-il été fait prisonnier, la captivité ne lui aurait apporté aucune autre calamité que d'être transporté dans les pays des Francs. Je répondis : Par ta vie, telle était mon intention, mais j'en ai été empêché par l'affection que porte à mon fils sa grand'mère, ma mère. Elle ne l'a laissé partir avec moi qu'en me faisant jurer de le lui ramener. — Ta mère vit donc encore ? me dit-il. — Oui, répondis-je. Il me dit : Ne la contrarie pas. »

Ce sont encore des sentiments du même ordre qu'Ousâma exprime dans le récit suivant, qui se rapporte évidemment à la même période d'apaisement[4] : « Lorsque je visitai Jérusalem, j'entrai dans la mosquée Al-Akṣâ. A côté se trouvait une petite mosquée que les Francs avaient convertie en église[5]. Lorsque j'entrais dans la mosquée Al-Akṣâ, qui était occupée par les Templiers, mes amis[6], ils m'assignaient cette petite mosquée

1. Ousâma, *Autobiographie*, p. 97.

2. Ousâma, bien qu'il ne désigne pas plus explicitement lequel de ses fils l'accompagnait, veut sans doute parler de son fils Aboû 'l-Fawâris Mourhaf ; voir plus haut, p. 85, note 1, et surtout p. 158, note 1.

3. Mot à mot, « l'intelligence ».

4. Ousâma, *Autobiographie*, p. 99.

5. Sur cette église, voir Moudjir ad-Din, *Hist. de Jérusalem* (tr. Sauvayre), p. 74 ; Aboû Schâma, *Kitâb ar-raudatain*, II, p. 113.

6. Ce passage a été signalé récemment par M. Rey, *L'ordre du temple en Syrie et à Chypre. Les Templiers en Terre-Sainte* (Arcis-sur-Aube, 1888).

pour y faire mes prières. Un jour, j'y entrai, je glorifiai Allâh. J'étais plongé dans ma prière, lorsqu'un des Francs fondit sur moi, me saisit et retourna ma face vers l'orient, en disant : Voici comment l'on prie ! Une troupe de Templiers se précipita sur lui, se saisit de sa personne et l'expulsa. Je me remis à prier. Échappant à leur surveillance, ce même homme fondit de nouveau sur moi et retourna ma face vers l'orient, en répétant : Voici comment l'on prie ! Les Templiers s'élancèrent de nouveau sur lui et l'expulsèrent ; puis ils s'excusèrent auprès de moi, et me dirent : C'est un étranger, qui est arrivé ces derniers jours des pays des Francs. Il n'a jamais vu prier personne qui ne soit tourné vers l'orient. Je répondis : J'ai assez prié pour aujourd'hui. Je sortis, en m'étonnant combien ce satan avait le visage décomposé, comme il tremblait et quelle impression il avait ressentie de voir quelqu'un prier dans la direction de la *ḳibla*[1]. »

Mou'în ad-Dîn et Ousâma, qui s'entendaient à merveille et qui ne pouvaient plus se passer l'un de l'autre, profitèrent de cette détente momentanée pour faire ensemble des promenades dans la région des Francs. Les deux inséparables explorèrent non seulement Acre et Jérusalem, mais encore, dans les états du roi Foulques, Naplouse, Sabasṭiyya[2], Ḥaifa, Tibériade. La date de leurs excursions en commun reste indéterminée entre 1140 et 1143.

A Naplouse, il leur arrive plus d'une fois de faire halte pour couper en deux la route de Jérusalem à Damas[3], il se trouve même qu'un jour, « le vicomte, gouverneur de cette ville[4] », Ulric ou Orric[5], les invite à s'arrêter pour apprécier sa manière de rendre la justice, une contestation étant portée devant son tribunal.

1. C'est-à-dire, dans la direction de la Mecque.
2. Nom donné par Hérode à l'ancienne Samarie en l'honneur d'Auguste (en grec : Σεβαστός). J'écris Sabasṭiyya avec mon manuscrit d'Ousâma, *Livre du bâton*, fol. 91 r°, tandis que Yâḳoût, *Mou'djam*, III, p. 33, préconise l'orthographe Sabasṭiya.
3. Ousâma, *Autobiographie*, p. 103.
4. Expression d'Ousâma, *ibid.*, p. 102 : cf. ma *Note sur quelques mots de la langue des Francs au douzième siècle d'après l'Autobiographie d'Ousâma*, dans les *Mélanges Léon Renier*, p. 463, p. 15 du tirage à part.
5. J'emprunte le nom du vicomte à Ducange, *Les familles d'outre-mer*, p. 412, et à H. F. Delaborde, *Chartes de Terre-Sainte*, p. 31, 35, 44, etc.

Les barrières sont rompues, la défiance paraît dissipée. Les illustres voyageurs pénètrent partout. « Je visitai, dit Ousâma[1], le tombeau de Jean, fils de Zacharie[2], dans une ville nommée Sabasṭiyya, sur le territoire de Naplouse. Puis, à l'heure de la prière, je me rendis dans un enclos entouré de murs, situé en avant de l'endroit où était placé le tombeau. Il y avait là une porte qui était poussée. Je l'ouvris, j'entrai et je vis une église, où je rencontrai environ dix vieillards à la tête rasée comme des flocons de coton cardé. Ils avaient pris leur *ḳibla* vers l'orient[3]. Sur la poitrine de chacun d'eux se voyait un bâton, entrecroisé à la partie supérieure d'une traverse recourbée comme le devant d'une selle[4]. C'est sur ces bâtons qu'ils prennent des engagements[5], et l'on reçoit chez eux l'hospitalité[6]. Je fus là témoin d'un spectacle qui émut mon cœur. Mais je fus attristé et peiné de n'avoir jamais vu chez les musulmans zèle pareil au leur. Quelque temps après, Mou'în ad-Dîn Anar[7] me dit un jour, alors que moi et lui nous cheminions près de la Maison des paons[8] : J'aimerais bien faire halte pour me rendre vers les schaikhs. — A tes ordres, lui répondis-je. Nous mîmes pied à terre pour nous diriger vers une habitation large, longue. Nous y entrâmes. Je la croyais déserte. Mais voici qu'elle renfermait environ cent tapis de prière. Sur chacun d'eux était un ṣoûfî. La sérénité[9] et l'humilité de ces hommes étaient visibles. Je les regardai avec un sensible plaisir et je rendis grâce à Allâh de m'avoir montré

1. Ousâma, *Livre du bâton* (manuscrit de ma collection), fol. 91 r° et v°.

2. Le tombeau de Saint Jean-Baptiste aurait été placé à cet endroit, et cette tradition s'appuie sur le témoignage de Saint Jérôme ; voir (Socin) *Palestine et Syrie*, p. 360 ; Isambert et Chauvet, *Syrie, Palestine*, p. 405.

3. Plus haut, p. 187-188.

4. Ousâma décrit en ces termes la croix capitulaire aux extrémités recourbées, brodée sur l'habit des ecclésiastiques appartenant au chapitre de Saint-Jean à Sabasṭiyya.

5. Si j'ai bien compris ce passage, il ferait allusion à des engagements pris sur la sainte croix.

6. Comme tous les chapitres de Terre sainte, le chapitre de Saint-Jean de Sabasṭiyya exerçait l'hospitalité.

7. Le manuscrit porte Ounar, ainsi vocalisé ; voir plus haut, p. 150, note 4.

8. La Maison des paons (*dâr aṭ-ṭawâwîs*) était installée à Damas. Dans la Description abrégée de cette ville, par 'Abd al-Bâsiṭ (manuscrit appartenant à M. Paul Ravaisse), fol. 36 v°, ce couvent de ṣoufis est appelé الخانقاه الطاووسيه « le Monastère des paons ». Le fondateur, le roi Douḳâḳ fut enterré dans une coupole, appelée la Coupole des paons قبّة الطواويس et faisant partie d'une grande mosquée située à l'intérieur. La Maison des Paons, ouverte vers 1100, fut pillée en 1229.

9. En arabe : *as-sakina* ; voir *Coran*, XLVIII, 4 et 18. Sur cet état de l'âme, qui est considéré comme le commencement de la certitude, cf. Al-Djordjâni, *Ta'rifât*, éd. Flügel, p. 125 et 294.

chez des musulmans un zèle supérieur à celui que j'avais constaté chez les moines chrétiens. Jamais auparavant je n'avais aperçu les ṣoûfîs dans leur habitation, jamais je n'avais connu leur méthode [1]. »

Dans la ville maritime de Ḥaifa, grâce à la trêve, les chrétiens qui y sont établis vivent dans un tel calme et se laissent aller aux douceurs d'une si parfaite insouciance qu'ils passent leur temps à apprivoiser des bêtes féroces. Nous avons vu Ousâma leur prouver que ce n'est pas à lui qu'on peut offrir une panthère pour un guépard [2].

Nulle part, sur le territoire des Francs, on ne témoigne autant de bon vouloir à Mou'în ad-Dîn Anar et à son compagnon qu'à Tibériade. Le gouverneur de cette ville, Guillaume de Bures, « un des principaux chefs chrétiens [3] », se fait une fête de les accompagner lui-même sur le chemin depuis Acre jusqu'à Tibériade. On cause en route comme de vieux amis. Une anecdote sur la mort d'un chevalier franc et sur l'intervention singulière d'un moine chrétien provoque de la part d'Ousâma une citation du vieux poète antéislamique Zohair [4]. Les interlocuteurs se comprenaient-ils toujours dans ces entretiens? Avaient-ils recours aux services des interprètes arabes si nombreux à cette époque en Palestine [5] ? Le doute est permis à cet égard. Guillaume de Bures savait peut-être à la rigueur quelque peu d'arabe; Ousâma n'avait que des notions vagues et confuses sur la langue des Francs [6].

1. Le mot *ṭarîḳa,* qu'emploie Ousâma, est emprunté à la terminologie des *ṣoûfîs*; il indique pour eux le deuxième degré d'initiation, la période d'ascétisme; voir à ce sujet Dozy, *Essai sur l'histoire de l'islamisme* (traduction Chauvin), p. 337-338.

2. Ousâma, *Autobiographie*, p. 82-83, cité plus haut, p. 60.

3. Id., *ibid.*, p. 101. L'arabe porte كليام دبور. L'identification avec Wilhelmus de Buri est certaine. Au dos d'une charte du vingt-huit octobre 1153, on lit : « Carta de bonis quas (*sic*) dedit W. de Buri apud Tiberiadis (*sic*) super. » Le texte de cette charte a été publié par M. Delaville le Roux, *Les archives, la bibliothèque et le trésor de l'ordre de Saint-Jean de Jérusalem à Malte* (Paris, 1883), p. 15 (cf. aussi p. 83 et 90). Sur Guillaume de Bures, prince de Tibériade, voir aussi H.-F. Delaborde, *Chartes de Terre-Sainte*, p. 27, 29, 32, etc.

4. L'hémistiche auquel je fais allusion se lit dans Ousâma, *Autobiogr.*, loc. cit., et dans Ahlwardt, *The Divans of the six ancient arabic Poets*, p. 81.

5. C'étaient des Arabes qui exerçaient les métiers d'écrivains et d'interprètes dans les pays latins; voir Prutz, *Kulturgeschichte der Kreuzzüge*, p. 145.

6. J'ai traité cette question dans ma *Note sur quelques mots de la langue des Francs au douzième siècle d'après l'Autobiographie d'Ousâma*, note qui fait partie des *Mélanges Léon Renier*, p. 453-465.

Tout en cherchant à se distraire par de telles excursions, Ousâma maintenait sa résidence à Damas. Il y avait sa maison, la « Maison d'Ibn Mounḳidh[1] ». Sa famille était venue l'y rejoindre[2]. Son frère aîné, 'Izz ad-Daula Aboû 'l-Hasan 'Alî, y séjournait[3]. Mou'în ad-Dîn Anar ne s'en éloignait plus volontiers; car la jalousie n'eût pas manqué d'exploiter contre lui la plus légère défaillance. Étranger au pays, « le meilleur des Turcs », comme l'appelle Ousâma[4], il n'avait garde de laisser le champ libre aux tentatives de ses adversaires, aux menées des ambitieux qui souffraient de voir la puissance immobilisée dans les mêmes mains robustes.

La cessation des hostilités rendait également Mou'în ad-Dîn impopulaire dans cette classe de gens qui maraude à la suite des troupes et qui vit, sinon de la guerre, du moins du désordre qui en est la conséquence. La paix prolongée leur avait fait des loisirs, comme à Ousâma. Ces vagabonds, pour s'occuper, épiaient et saisissaient les occasions de rapines et de pillages. A défaut des lions, plus rares à Damas qu'à Schaizar, à défaut des ennemis qu'on ne combattait plus, l'émir Ousâma, condamné à l'inaction alors qu'il était dans la force de l'âge, prit plaisir à poursuivre avec acharnement les brigands qui arrêtaient les

1. Description abrégée de Damas, par 'Abd al-Bâsiṭ (manuscrit appartenant à M. Paul Ravaisse), fol. 24 v°. Il y est aussi fait mention au fol. 10 v° de la Maison d'Ousâma, et au fol. 42 r° des Bains d'Ousâma, mais l'un et l'autre ont été dénommés d'après l'émir 'Izz ad-Din Ousâma, qui était né à Alep et qui vécut un demi-siècle plus tard (cf. 'Abd al-Bâsiṭ, fol. 10 v°; Ibn Al-Athîr et Aboû 'l-Fidâ, dans *Hist. or. des croisades*, II I, p. 32, 42, 85, etc.; I, p. 70 et 86). L'historien de Beyroût, Ṣâliḥ ibn Yaḥyâ ibn Ṣâliḥ ibn Al-Ḥosain ibn Amîr al-Garb, est-il bien informé ou fait-il confusion avec notre Ousâmâ Ibn Mounḳidh, lorsqu'il dit (ms. 821 de l'ancien fonds arabe, fol. 9 r°), après avoir mentionné la prise de Beyroût sur les Francs par le sultan Saladin le vingt-neuf du premier djoumâdâ en l'an 583 de l'hégire (sept août 1187) ? « Le sultan nomma gouverneur de Beyroût Saif ad-Dîn 'Alî ibn Aḥmad Al-Maschṭoûb (le balafré), un émir considérable; puis il lui donna pour successeur Ousâma Ibn Mounḳidh, l'un des rois Mounḳidhites, qui jouissait d'une si grande autorité auprès du sultan que celui-ci s'adressait exclusivement à lui quand il avait besoin d'un conseil et d'un avis. Et c'est ce même 'Izz ad-Dîn Ousâma qui construisit la forteresse de 'Adjloûn. Un heureux hasard m'a fait posséder un exemplaire autographe du diwân de ses poésies. » D'après 'Abd al-Bâsiṭ (fol. 24 v°), la Maison d'Ibn Mounḳidh à Damas y serait devenue plus tard le collège connu sous le nom de *al-madrasa al-'izziyya al-djouwâniyya*.

2. Plus haut, p. 158, note 1; 187, note 2.

3. Ousâma, *Autobiographie*, p. 12, raconte que son frère Aboû 'l-Ḥasan 'Alî quitta Damas avec lui, c'est-à-dire en 1144. Lorsque plus haut, p. 46, j'ai parlé d'Ousâma et de ses frères, je ne connaissais pas un passage d'Ibn Tagribardi, *An-Noudjoûm* (ms. 661 de l'ancien fonds, fol. 20 v°), d'après lequel Aboû 'l-Ḥasan 'Alî était le fils aîné et Ousâma le fils cadet de Mourschid. Ibn Al-Athîr semble en être informé, v. *Hist. or.* I, p. 503.

4. Poésie d'Ousâma, chez 'Imâd ad-Dîn, *Kharîdat al-ḳaṣr*, dans *Nouveaux mélanges orientaux*, p. 145. et chez Aboû Schâma, *Kitâb ar-rawḍatain*, I, p. 113. Voir plus loin, p. 198.

caravanes, enlevaient les marchandises et organisaient de véritables campagnes contre les ballots d'étoffes écrues ou travaillées, expédiées hors de la ville.

« Un jour, dit Ousâma[1], j'étais à Damas avec Mou'în ad-Dîn, lorsqu'un cavalier vint lui dire : Les brigands ont fait main basse sur une caravane, qui passait sur la colline, emportant des étoffes de coton écru. Mou'în ad-Dîn me dit : Tu vas chevaucher dans leur direction. — Je répondis : A toi d'ordonner; dis aux officiers de ta garde [2] de faire monter à cheval tes troupes pour t'accompagner. — Il reprit : Qu'avons-nous besoin des troupes ? — J'insistai : En quoi, dis-je, leur concours peut-il nous nuire [3] ? — Il répéta : Nous n'avons pas besoin d'eux.

Mou'în ad-Dîn était un cavalier intrépide ; mais, dans certaines circonstances, l'audace est un excès et une calamité. Nous partions vingt cavaliers au plus. Le lendemain matin, Mou'în ad-Dîn lança deux cavaliers par ci, deux autres par là, encore un sur une autre piste pour explorer les chemins. Nous deux également, nous nous avançions à la tête de quelques hommes. Lorsqu'il fut temps de faire notre prière de l'après-midi, Mou'în ad-Dîn dit à un de mes écuyers : O Sawindj [4], monte examiner vers l'ouest, dans quel sens nous devons nous tourner pour prier. Celui-ci nous avait à peine salués qu'il revenait en hâte, disant : Ces hommes sont dans la vallée ; ils portent sur leurs têtes des pièces d'étoffes écrues. Mou'în ad-Dîn ordonna de monter à cheval. Je lui dis : Laisse-nous quelque répit pour revêtir nos casaques rembourrées. Puis, lorsque nous les approcherons, nous saisirons les têtes de leurs chevaux et nous les frapperons de nos lances, sans qu'ils sachent si nous sommes plus ou moins nombreux. — Non, répondit-il, c'est lorsque nous les aurons rejoints que nous revêtirons nos casaques.

1. Ousâma, *Autobiographie*, p. 112-114
2. Je traduis *asch-schâwischiyya*; cf. Quatremère, *Histoire des sultans mamlouks*, I I, p. 136, note.
3. Lisez *yaḍourrounâ*.
4. Ce nom d'origine persane (*sawindj* « joie, allégresse »), était à la mode à Damas, puisque Boûrî le donna même à l'un de ses fils. Cf. Ibn Al-Athîr dans *Hist. or. des croisades*, I, p. 386 et 402.

« Il monta à cheval et se dirigea avec nous vers les brigands. Nous les atteignîmes dans la vallée de Ḥalboûn [1], vallée étroite, où la distance entre les deux montagnes est à peine de cinq coudées [2] et aux deux côtés de laquelle les montagnes sont escarpées, très élevées. Le défilé ne livre passage qu'à un cavalier après l'autre.

« Les brigands formaient une troupe de soixante-dix fantassins, munis d'arcs et de flèches en bois. Nous étions arrivés jusqu'à eux, mais nos écuyers étaient en arrière avec nos armes, fort à distance de nous. Nos adversaires étaient, les uns dans la vallée, les autres au pied de la montagne. Je m'imaginai que les premiers étaient de nos compagnons, et je les pris pour des laboureurs de la campagne, que la frayeur aurait entraînés jusque-là; à mes yeux, les seconds seuls étaient les brigands.

« Je brandis mon épée, et je m'élançai contre ceux-ci. Mon cheval, en grimpant sur le roc escarpé, faillit rendre le dernier soupir. Lorsque je fus arrivé, et que mon cheval s'arrêta, incapable de se mouvoir, l'un d'eux agita sa flèche en bois dans sa main [3] pour me frapper. Je poussai un cri retentissant, et je l'intimidai. Il retira sa main de sur moi, et je fis aussitôt redescendre mon cheval. J'avais peine à croire que je leur échappais.

« L'émir Mou'în ad-Dîn gravit le sommet de la montagne, espérant [4] y trouver des laboureurs qu'il comptait exciter au combat. Il me cria d'en haut : Ne lâche pas nos ennemis jusqu'à ce que je revienne, et demeura caché à nos regards. Je revins vers

1. Sur le *Wâdî Ḥalboûn*, cf. Ritter, *Die Erdkunde* XVII II, p. 1316 et suiv.; Gesenii *Thesaurus philologicus criticus*, p. 473 et 474: Eb. Schrader, *Die Keilinschriften und die Bibel*, 2e éd. (Giessen, 1883), p. 426. Le *vin de Ḥelbôn* » (ὁ Χαλυβώνιος οἶνος) est mentionné dans Ezéchiel, XXVII, 18 ; Strabon, *Géographie*. XV, 22; Athénée, *Deipnosophistes*, I, 28, etc. Le passage biblique nomme Damas dans le même verset. Le nom s'est conservé sans changement jusqu'à nos jours. Cf. J. G. Wetzstein, dans la *Zeitschrift der deutschen morg. Gesellschaft*, XI, p. 490; (Socin) *Palestine et Syrie*, p. 518 ; Chauvet et Isambert, *Syrie, Palestine*, p. 647.

2. Moins de deux mètres et demi.

3. Le manuscrit porte très clairement فى فوله. J'ai supposé قُول qui, en turc oriental, signifie « main ». M. de Kremer (lettre du 6 mai 1886) m'a proposé فى فوقه « dans sa coche », c'est-à-dire « il encocha sa flèche en bois ». M. Nœldeke (*Wiener Zeitschrift für die Kunde des Morgenlandes*, I, p. 243), corrige قوله en قوسه, première conjecture que j'avais faite, mais que j'avais repoussée comme trop contraire à la leçon du manuscrit.

4. Lisez يظنّ au lieu de نظر.

ceux qui étaient dans la vallée ; j'avais enfin reconnu que c'étaient les brigands. Je fis une charge contre eux, à moi seul, tant l'endroit était resserré ! Ils s'enfuirent en laissant tomber les étoffes de coton écru qu'ils portaient, et je leur enlevai deux mulets [1] qu'ils amenaient et qui portaient également des étoffes de coton écru. Ils montèrent jusqu'à une caverne située sur la pente de la montagne. Nous les voyions sans pouvoir nous frayer un chemin jusqu'à eux.

L'émir Mou'în ad-Dîn revint vers le soir, mais sans avoir fait de nouvelles recrues. Si l'armée avait été avec nous, pas un de ces brigands n'aurait eu la vie sauve, et nous aurions recouvré toute leur capture. »

Marcher à la tête de l'armée de Damas, tel eût été le rêve caressé par l'émir Ousâma. Un déploiement de forces considérables pour châtier quelques brigands lui aurait procuré une victoire facile, qu'il regrette de ne pas avoir remportée. Le séjour prolongé de Damas ne lui offrait plus la variété d'impressions dont sa nature remuante avait besoin. Ses cheveux avaient blanchi [2], mais son ardeur ne s'était pas refroidie. Il souffrait de son inaction, et cependant il n'eût pas pris l'initiative d'un nouvel exil. Damas était devenu pour lui une seconde patrie à laquelle il avait voué une profonde affection. Il l'aimait, comme il avait autrefois aimé Schaizar. Ce coin de terre lui plaisait. Il y avait fixé sa résidence et celle de sa famille, il s'y était établi comme pour toujours. Vouloir l'en éloigner, c'était le viser au cœur [3], c'était causer un déchirement de tout son être. Aussi, dans la quiétude de sa retraite, envisageait-il comme un bonheur continu et sans fin cette existence un peu monotone de bien-être et de paix, contre laquelle il se révoltait, mais dont il savourait les délices.

Ousâma s'obstinait à ne pas voir que, s'il persistait à rester,

1. Le texte parle d'une manière plus vague de « deux bêtes de somme ».

2. Plus haut, p. 1.

3. Poésie d'Ousâma citée p. 195.

sa présence n'inspirait plus l'enthousiasme des premiers jours. Son prestige était entamé, et la situation en 1144 était sensiblement moins bonne pour lui qu'au moment de son arrivée en 1138. L'engouement dont il avait été l'objet au début s'était changé en lassitude et en impatience. Il avait par désœuvrement trempé dans nombre d'intrigues, s'était compromis en s'associant à plus d'une démarche inconsidérée. S'il avait été plus clairvoyant, il aurait fait un suprême effort de volonté pour se dérober à une disgrâce prochaine et à une impopularité toujours croissante. Mais une telle résolution était au-dessus de ses forces. Peu à peu, il allait devenir à Damas un personnage suspect, comme il l'avait été précédemment à Schaizar[1], comme il le deviendra partout où, après avoir inspiré la sympathie, il lassera la bienveillance de ses patrons par son humeur brouillonne, par son besoin d'immixtion dans les affaires privées et publiques.

A mesure qu'Ousâma perd du terrain, il cherche à en regagner, se cramponne avec acharnement à l'espoir de relever son crédit, et proteste plus vivement que jamais de son attachement pour Mou'în ad-Dîn. Il va même jusqu'à lui dire dans une de ses poésies[2] :

Mou'în ad-Dîn, combien de colliers ta générosité attache à mon cou, ainsi que les colliers des colombes[3].

Tes bienfaits font de moi ton esclave volontaire : les cœurs généreux prodiguent la becquée[4] *de leurs bienfaits.*

Ce n'est que de ton affection que je me réclame encore, si nobles que soient ma race et mes actions.

N'as-tu pas su que, pour avoir fait remonter ma famille à ta personne, chaque archer m'a visé au cœur ?

Sans toi, mon naturel intraitable n'aurait jamais subi de violence, que je n'eusse laissé la trace de mon sabre.

Mais j'ai redouté le feu allumé par tes ennemis contre toi, et pourtant j'avais agi pour éteindre l'incendie.

1. Plus haut, p. 164.
2. Ousâma, *Autobiographie*, p. 4.
3. Plus haut, p. 185.
4. Lisez زِقّ ; رِقّ est une faute d'impression.

Une vaste conspiration s'ourdissait à Damas contre Mou'în ad-Dîn et Ousâma. Les mécontents de tous les partis, sous le couvert des revendications locales, s'insurgeaient contre l'intrusion de ces étrangers. Le mouvement était dirigé par le chef de la municipalité de Damas, le *ra'is* Mou'ayyad ad-Daula Aboû 'l-Fawâris Al-Mousayyab, fils de 'Alî, fils d'Al-Housair, plus connu sous le nom d'Ibn Aṣ-Ṣoûfî[1]. Il se flattait de ramener « les jours des Damascéniens[2] », mais surtout, selon l'expression d'un écrivain avisé, d'inaugurer « les jours des Banoû 'ṣ-Ṣoûfî[3] ». Autrefois expulsé de Damas avec sa famille, relégué à Ṣalkhad, il avait été rappelé dans l'année qui avait précédé l'arrivée d'Ousâma, et Mou'în ad-Dîn avait commis l'imprudence de lui confier l'administration de la ville[4]. C'était un marchepied dont il devait se servir pour essayer de supplanter Mou'în ad-Dîn auprès du jeune prince Abaḳ, pour se faire élever par celui-ci aux plus hautes dignités[5]. Dix ans plus tard, ce même Ibn Aṣ-Ṣoûfî tiendra Moudjîr ad-Dîn Abaḳ bloqué dans la citadelle de Damas[6], et fera preuve envers lui de la même ingratitude qui l'avait mis en 1144 à la tête de l'opposition contre Mou'în ad-Dîn.

Dans le danger commun, Ousâma se rapproche de son protecteur, tandis que celui-ci au contraire se détache de lui comme d'un allié dangereux. Les voyages à Jérusalem et en Palestine avaient établi entre eux deux une intimité que l'un cherchait à resserrer, l'autre à dénouer. Du palais de l'atâbek, sa rési-

1. Le nom est ainsi donné (seulement avec Mou'ayyad ad-Dîn au lieu de Mou'ayyad ad-Daula) dans Ibn Al-Athir, *Chronicon* (éd. Tornberg). XI, p. 35, avec la correction indiquée par le *Supplementum*, p. 10. Dans l'Histoire de Damas (*Toḥfat dhawî 'l-albâb*), par Ṣalâḥ ad-Dîn Aṣ-Ṣafadî (ms. de M. Schefer), fol. 139 v°, il est appelé le *ra'is* Aboû 'l-Fawâris Al-Mousayyab, fils de 'Alî le ṣoûfî. Dans la Description de Damas, intitulée *Tanbîh aṭ-ṭâlib*, par Mouḥyî ad-Dîn An-Nou'aimî (ms. de M. Schefer), fol. 283 v°, est mentionné « le tombeau de Mou'ayyad ad-Daula Ibn Aṣ-Ṣoûfî, de Damas, vizir du seigneur de Damas Abaḳ ». 'Abd al-Bâsiṭ (ms. de M. Ravaisse), fol. 51 v°, dit que la mort d'Ibn Aṣ-Ṣoûfî rejouit les hommes, et cela en l'an 549, c'est-à-dire en 1154 de notre ère. Cette date est également donnée par Fleischer, Michael Meschâḳa's *Cultur-Statistik von Damascus*, dans la *Zeitschrift der deutschen morg. Gesellschaft*, VIII, p. 372 et dans le troisième volume de ses *Kleine Schriften*.

2. Aboû Schâma, *Kitâb ar-rauḍatain*, I, p. 264.

3. 'Imâd ad-Dîn, *Kharîdat al-ḳaṣr*, dans *Nouveaux mélanges orientaux*, p. 145. C'est à tort peut-être que plus haut, p. 42, note 5, nous avons identifié les Banoû 'ṣ-Ṣoûfî d'Alep aux Banoû 'ṣ-Ṣoûfî de Damas.

4. Ibn Al-Athir, *Chronicon*, XI, p. 35.

5. Aboû Schâma, *Kitâb ar-rauḍatain*, I, p. 65.

6. Ibn Al-Athir, *Atabeks*, p. 189.

dence[1], qu'il ne quitte plus, Mou'în ad-Dîn observe les événements pour intervenir au moment opportun. Son conseiller n'est plus Ousâma. Il n'a pas rompu avec lui, mais il le tient à distance. Avec une maladresse inexplicable, il s'est attaché à un de ses compatriotes, à un Turc, comme pour braver l'opinion. Ce nouveau favori, c'est 'Ain ad-Daula Ṭoum'ân Al-Yâroûḳî[2]. « Ce Ṭoum'ân, dit un historien arabe[3], était un serviteur turc qui avait appartenu à l'atâbek, au roi des émirs Zenguî, fils de Aḳ Sonḳor, et qui s'était enfui à Damas. Zenguî insista pour qu'on le lui livrât. Mou'în ad-Dîn le protégea en raison de leur origine commune et le garda auprès de lui. Zenguî ayant insisté, Mou'în ad-Dîn le laissa partir chez les Arabes et le pourvut du nécessaire, mais le réintégra plus tard dans son service à Damas. » Tel était l'homme de confiance, qu'Ousâma souffrait de se voir substitué dans l'esprit de celui qu'il considérait comme son unique famille.

Ousâma allait être soumis à une bien plus rude épreuve. Mou'în ad-Dîn poussa la condescendance envers Ṭoum'ân et la faiblesse à l'égard d'Ibn Aṣ-Ṣoûfî, jusqu'à laisser rendre une sentence de bannissement contre Ousâma et sa famille. 'Imâd ad-Dîn prétend que « le séjour de Damas était devenu insupportable à Ousâma, comme le séjour trop prolongé d'une maison dégoûte une âme noble[4] ». Ousâma, sans avouer qu'il a obéi à un ordre formel et irrévocable, donne par son récit la sensation d'un départ précipité. On dirait qu'il a été poussé violemment dehors, sans avoir eu le temps de préparer sa retraite :

« Diverses causes, dit-il[5], m'obligèrent à gagner l'Égypte. Il

1. Aboû Schâma, *Kitâb ar-rauḍatain*, I, p. 64.

2. Ousâma le nomme « l'émir 'Ain ad-Daula Al-Yâroûḳî » dans son *Autobiographie*, p. 11, et Ṭoum'ân dans une poésie citée plus loin, p. 200. 'Ain ad-Daula Al-Yâroûḳî est ainsi désigné par Ibn Al-Athîr dans *Hist. or. des croisades*, I, p. 661 ; II II, p. 250, 256 et 257, et par Ibn Khallikân, *Biographical Dictionary*. IV, p. 494 et 495. Kamâl ad-Dîn, *Zoubda*, fol. 181 v°, porte 'Ain ad-Daula ibn Yâroûḳ.

3. Aboû Schâma, *Kitâb ar-rauḍatain*, I, p. 113.

4. 'Imâd ad-Dîn, *Kharîdat al-ḳaṣr*, dans *Nouveaux mélanges orientaux*, p. 122, et dans Ibn Khallikân, *Biographical Dictionary*, I, p. 177. Dans ce dernier passage, lisez Damas au lieu de Bagdâd, comme d'ailleurs M. de Slane avait lu dans son édition (p. 92) ; cf. plus haut, p. 167, n. 2.

5. Ousâma, *Autobiographie*. p. 3-4.

s'égara bien des ustensiles de ma maison ainsi que beaucoup d'armes que je ne pus emporter avec moi, et les pertes que j'éprouvai dans mes possessions furent pour moi une nouvelle catastrophe. Et cependant l'émir Mou'în ad-Dîn me voulait du bien, m'aimait et était très affligé de me laisser partir, mais il avouait son impuissance à me soutenir. Ce fut au point qu'il m'envoya son secrétaire, le chambellan Maḥmoûd Al-Moustarschidî [1], qui me dit en son nom : Par Allâh, si je disposais de la moitié des hommes, je me mettrais à leur tête pour battre l'autre moitié ; si je disposais seulement du tiers des hommes, je me mettrais à leur tête pour battre les deux autres tiers et je ne t'abandonnerais pas. Mais la population entière s'est coalisée contre moi, et je n'ai plus sur elle aucune autorité. En quelque lieu que tu sois, l'amitié que je te porte te restera fidèle. »

Aussi est-ce à Mou'în ad-Dîn Anar qu'aussitôt installé à Miṣr à la fin de 1144, Ousâma écrit une longue épître en vers [2] pour exposer ses griefs et pour se disculper des accusations, dont il était l'objet de la part d'Ibn Aṣ-Ṣoûfî et de ses partisans. Voici la teneur de cette apologie, avec ses longueurs, ses expressions vagues, ses ambiguités et ses réticences :

« *Ils se sont détournés* [3] ; *car, lorsque nous espérions leur justice, ils ont manqué à l'équité. Plût au ciel qu'ils eussent décidé sur nous d'après ce qu'ils ont su !*

1. Le chambellan Maḥmoûd Al-Moustarschidî, sur lequel nous n'avons aucun renseignement, est cité à propos des événements de l'an 553 de l'hégire (1158 de notre ère) dans Aboû Schâma, *Kitâb ar-rauḍatain*, I, p. 121.

2. Le texte de cette poésie qui a été conservée intégralement dans 'Imâd ad-Dîn, *Kharidat al-ḳaṣr*, (fol. 107 r°) a été publié par moi dans les *Nouveaux mélanges orientaux*, p. 145-147. Elle est introduite par le préambule suivant : « C'est d'Ousâma qu'est un poème connu qu'il envoya à Damas, lorsqu'il en fut sorti pour se rendre en Égypte à l'époque des Banoû 'ṣ-Ṣoûfî. Il l'adressa à l'émir Atsiz, et il y fait allusion aux Banoû 'ṣ-Ṣoûfî. Lui-même me l'a récité comme de sa composition ; il renferme plusieurs centons. » Sur les quarante-six vers, dont se compose cette poésie, quatre sont signalés à la marge du manuscrit comme des réminiscences ; ce sont les vers seizième, quarante-deuxième à quarante-quatrième. Atsiz اتسز est évidemment une erreur de copiste pour Anar انر, comme le prouve l'épigraphe des dix-huit vers extraits de cette « longue poésie » par Aboû Schâma, *Kitâb ar-rauḍatain*, I, p. 113 : « Et Ousâma, parvenu en Égypte, écrivit une épître en vers à l'atâbek Mou'în ad-Dîn Anar, maître de Damas, pour lui adresser des objurgations sur les causes de leur séparation. » Ce passage manque dans notre meilleur manuscrit du *Kitâb ar-rauḍatain* (supplément arabe, n° 788), qui présente au fol. 56 r°, l. 5 d'en bas, une lacune qui s'étend depuis la page 113 jusqu'à la page 127 du tome I de l'édition imprimée à Boûlâḳ.

3. Lisez وَلَّوْا, avec un taschdîd qui a été omis dans le manuscrit et dans mon édition.

Ce qui les inquiète n'a jamais traversé ma pensée, et jamais mon pied ne m'a entraîné à ce qui les a indisposés.

Je n'ai violé aucun engagement contracté avec eux, et jamais mon cœur n'a été envahi par aucun soupçon au sujet de leurs promesses.

Que j'aimerais savoir comment je me suis attiré leur rupture, pourquoi ils se sont détournés avec ennui et dégoût du lien qui nous unissait !

Pour moi, j'ai conservé ce qu'ils ont rejeté ; je me suis tu devant leurs accusations ; j'ai tenu ma parole, lorsqu'ils ont trahi la leur ; je suis resté attaché à ceux qui se sont séparés de moi.

J'ai été frustré de leur amitié que j'espérais. Il n'y a profit que pour celui que favorisent les destins !

Depuis que je leur suis désagréable, mes exploits leur paraissent un fétu dans leurs yeux, ma renommée une obstruction dans leurs oreilles.

Et pourtant, si l'on me disait : Qu'aimes-tu et quel est l'objet de tes désirs dans la parure du monde? je répondrais : Eux !

Ils sont en effet l'horizon de mes deux prunelles, la halte que souhaite mon cœur, ces hommes qui ont été ou injustes ou coupables envers moi.

Ils ont changé à mon égard ; moi, je ne demande à les échanger contre personne ; car ils me suffisent, qu'ils aient prononcé sur moi une sentence juste ou inique.

O cavalier, qui songes à traverser le désert[1]*, et les chameaux blancs reculent parfois devant ce qu'atteignent nos pensées,*

Porte à mon émir Mou'în ad-Dîn un message de la part d'un exilé qui est au loin, mais dont l'affection est proche ;

Et dis-lui : Tu es le meilleur des Turcs[2]*; tu as été rendu supérieur*[3] *par la délicatesse, la religion, la bravoure, la générosité.*

Personne n'est plus impartial que toi pour accueillir une plainte : j'en ai une à exhaler, où tu es juge et partie.

Est-ce que, dans l'arrêt, ô toi dont la race illustre, dont la vie intègre marquent parmi les hommes,

Mon droit strict sera méconnu, après le témoignage de mes bons avis, de ma vie pure et de mes services[4] *?*

Je n'aurais pas imaginé que tu oublierais le droit que me confèrent mes relations avec toi ; certes les relations sont des garanties entre gens clairvoyants.

1. C'est-à-dire le désert de Syrie.
2. Plus haut, p. 191.
3. Il faut corriger فضلك en فَضَّلَكَ, qui seul permet de scander le vers.
4. Substituez والخَدَمُ à والخِدَمُ.

Et je ne me serais point figuré que les criailleries des ennemis[1] *briseraient l'affection que nous avons l'un pour l'autre.*

Mais ceux qui jouissent de ta confiance n'ont point cessé leurs récriminations, jusqu'à ce que tu n'as plus pu distinguer les lumières et les ténèbres.

Ils t'ont vendu à vil prix, ne cherchant que leur intérêt ; et, s'ils ne t'avaient pas eu, leur lot eût été la perdition et le néant.

Par Allâh, ils t'ont mal conseillé, lorsque tu les a consultés[2], *et, dans leurs opinions, ils étalent tous une passion suspecte.*

Combien, dans leur intervention, ils ont dénaturé d'idées ; que de ravages ont produits leurs efforts désordonnés !

Où subsisteront les sentiments de l'honneur et les nobles dédains de l'âme, puisque leur ignominie contagieuse t'a infligé une part d'humiliation ?

Pourquoi, par pudeur ou par devoir, ne t'es-tu pas abstenu de faire ce à quoi se sont refusés Arabes et barbares ?

Tu nous a livré, alors que les épées indiennes[3] *étaient rentrées dans le fourreau, et que pas une goutte de sang n'avait abreuvé les pointes des lances samharites*[4].

Et je croyais fermement que celui qui a partagé ton foyer y pourrait attendre sans terreur et les cheveux blancs et la décrépitude,

Et que ton client, comme un client de Samau'al[5], *n'aurait à craindre aucun ennemi, à ne redouter l'atteinte d'aucune vengeance*[6].

Toum'ân[7] *ne mérite pas*[8] *qu'on lui accorde plus de confiance qu'à Ousâma ; mais un trait de plume a produit ce qui est.*

A supposer que nous aurions commis des fautes sans excuse possible, quel crime ont commis[9] *les enfants et les femmes ?*

Tu les as fait tomber entre les mains[10] *des Francs, dans ton ardeur à rechercher les bonnes grâces d'ennemis, dont les actions irritent le Clément*[11].

1. Lisez : وإن أُجلب الاعداءُ.

2. Lisez استشرتَهم.

3. « Les émirs arabes portaient, au douzième siècle, le sabre à lame droite du type indien. » Rey, *Les colonies franques en Syrie*, p. 31.

4. Sur les lances de Samhar, voir Al-Ḥarîrî, *Maḳâmât* (éd. Reinaud et J. Derenbourg), p. 226 ; Chenery, *The Assemblies of Al Ḥariri* (London, 1867), p. 446 ; Schwarzlose, *Die Waffen der alten Araber* (Leipzig, 1886), p. 218 et 220.

5. Samau'al ibn ʿAdiyâ, le plus célèbre parmi les poètes juifs des Arabes, est considéré par eux comme le type de la fidélité à la foi jurée ; voir *Agânî* (éd. de Boûlâḳ), XIX, p. 98 et suiv. ; Sacy, *Chrestomathie arabe*, II, p. 475 ; Freytag, *Arabum Proverbia*, II, p. 828 et suiv. ; W. Wright, *An arabic Reading-book* (London, 1878), p. 13, enfin la monographie de M. Nœldeke dans ses *Beitræge zur Kentniss der alten Poesie der Araber* (Hannover, 1864), p. 57 et suiv.

6. Lisez النَّقَم.

7. Sur ʿAin ad-Daula Toum'ân Al-Yâroûḳî, voir plus haut, p. 197, note 2.

8. Lisez باولى.

9. Lisez جَنَى.

10. Le texte imprimé à Boûlâḳ (*Kitâb ar-rauḍatain*, I, p. 113) porte : « Tu leur as fait rencontrer la faveur des Francs », ce qui ne donne aucun sens plausible.

11. Lisez يُسْخِط الرحمنَ فعلُهم. Sur cette

Ce sont eux les vrais ennemis[1]*; puisse Allâh te défendre contre leur méchanceté! ils se croient les auxiliaires et les serviteurs indispensables!*

Lorsque tu conquiers une gloire solide, ils restent dans leurs foyers; lorsque tu l'affermis, ils la démolissent.

Et s'il te survenait une catastrophe imprévue, ils souriraient tous de ce qui te ferait pleurer,

Au point que, verraient-ils se dessiner sous leurs yeux l'ombre qu'elle projetterait sur l'instrument de tes résolutions, sur ton épée tranchante, acérée[2]*,*

Tu boirais jusqu'à la lie une fin d'existence, tout entière troublée, toi qui leur offrais les eaux suaves et fraîches de ta générosité.

Et si un intrigant leur rapportait, en te les attribuant, des paroles mensongères, celui-là serait coupable et mériterait d'être incriminé!

Mais ils ont favorisé tous ceux dont tu t'es détourné, et c'est ton intime que l'on éloigne et que l'on lèse[3]*,*

Afin de détruire et d'effacer la trace de tes bienfaits. N'était leur ignorance, ils auraient souffert de se repaître ainsi d'iniquités.

Fais leur subir une épreuve semblable à la mienne pour mieux les apprécier. En face des épreuves, les hommes donnent leur mesure.

Y a-t-il parmi eux un seul homme qui me vaille, qui, selon les circonstances, sache faire briller la pointe de son épée ou de son ḳalam?

Y a-t-il un seul d'entre eux qui, lorsque dans le danger les bras des adversaires l'étreignent, y meuve à l'aise sa main et sa bouche?

Mais ta volonté les a rapprochés, et m'a éloigné. Que nous aurions mieux fait de nous partager la faculté d'aimer!

Je ne me suis pas irrité[4] *de mon éloignement, puisque tu t'en es réjoui. On supporte sans souffrance une blessure qui te fait plaisir.*

Je ne suis pas non plus affligé d'avoir quitté une contrée, où l'on ne distingue pas les faucons gris-cendrés des vautours[5]*.*

Ma main s'était attachée à lui, comme à mon soleil; puis elle s'est retirée vide, sinon que le regret la remplissait.

appellation de Dieu (*Ar-Raḥmân*), voir *Coran*, xvii, 110; xxv, 61; Nœldeke, *Geschichte des Qorâns*, p. 92; Sprenger, *Das Leben und die Lehre des Moḥammad*, II, p. 198 et suiv.; *Corpus inscriptionum semiticarum*, pars quarta, (Paris, 1889), p. 17 et 18.

1. Ousâma désigne ainsi, non pas les Francs, mais ses ennemis de Damas.

2. Lisez الخَكِمُ.

3. Lisez au passif ويُهتضَم.

4. Lisez سخطتُ

5. Lisez والرَّخَم. Le faucon est considéré comme l'animal rusé par excellence (Ousâma, *Autobiographie*, p. 45), le vautour de l'espèce *rakhama* ici particulièrement désignée comme une bête stupide, dont la destruction est toujours licite: voir Lane, *An arabic-english Lexicon*, p. 1059 c; Freytag, *Arabum Proverbia*, I, p. 405 et 507; II, p. 711; et *Selecta ex historia Halebi*, p. 87. Ce nom est biblique (*Lévitique*, xi, 18; *Deutéronome*, xiv, 17).

Demeure en paix ! Car, tant que tu vivras[1], *le destin exaucera mes vœux et tous les malheurs dont il me frappera me paraîtront encore des bienfaits*[2]. »

1. Lisez عشت.
2. Lisez نعم.

ANGERS, IMPRIMERIE A. BURDIN ET Cie, RUE GARNIER, 4.

CHAPITRE VI

OUSÂMA EN ÉGYPTE (1144-1154)

Ousâma quitta Damas alors que l'année 538 de l'hégire n'était pas encore achevée, c'est-à-dire avant le trois juillet 1144[1]. La caravane nombreuse comprenait au départ la mère d'Ousâma, ses femmes et ses enfants[2], son frère aîné, 'Izz ad-Daula Aboû 'l-Hasan 'Alî[3], un autre de ses frères, Nadjm ad-Daula Aboû 'Abd Allâh Moḥammad[4], sans compter la famille entière et un grand train de mamloûks[5], officiers d'ordonnance, serviteurs, écuyers, esclaves, valets tenant en laisse les chevaux de rechange, palefreniers traînant les bêtes de somme, sur lesquelles on avait chargé tout ce qu'elles pouvaient porter. Le frère aîné d'Ousâma, qui s'était joint à lui avec des compagnons dévoués, était à peine entré dans les possessions de l'Égypte qu'il s'arrêta à Ascalon pour s'y fixer[6]. Ousâma paraît lui avoir confié provisoirement la garde d'un cortège trop étendu pour ne pas être gênant, et avoir continué son chemin, presque seul, avec son escorte personnelle, en vue de reconnaître le terrain et de sonder les dispositions de ses nouveaux hôtes. En dehors d'Ascalon, j'ignore quelles furent les étapes de ce voyage, précipité au début comme une fuite, ralenti vers la fin soit par des obstacles matériels à surmonter, soit par des négociations

1. Ousâma, *Autobiographie*, p. 59.
2. Id., *ibid.*, p. 17.
3. Id., *ibid.*, p. 12.
4. Id., *ibid.*, p. 20.
5. Id., *ibid.*, p. 59.
6. Id., *ibid.*, p. 12.

préparatoires à entamer prudemment et à mener avec discrétion. Ousâma ne parvint à Miṣr que le jeudi trente novembre 1144[1].

Pour parvenir de Damas à Miṣr, la route directe ne permettait guère d'éviter le royaume chrétien de Jérusalem. On pouvait ou suivre le cours du Jourdain jusqu'à la capitale et gagner ensuite Ascalon, ou bien se diriger par Bâniyâs ou par Kounaiṭira vers la côte, pour la longer ensuite dans toute son étendue à partir d'Acre ou de Ḥaifa. Ousâma comptait trop d'amis parmi les Francs pour qu'on lui refusât le libre passage sur leur territoire. Si, comme je le supppose, il fut admis, non seulement à le traverser, mais encore à y faire halte avec sa suite d'hommes et de femmes, il put constater la crise violente dans laquelle se débattait l'existence même du royaume. Foulques, fils de Foulques, qui l'avait autrefois accueilli avec bienveillance, était mort d'une chute de cheval à Acre en novembre 1143[2]. L'aîné de ses fils, l'héritier de sa couronne, Baudouin III, lui avait succédé à l'âge de treize ans. Quant à la reine mère Mélisende[3] qui exerçait la régence, elle manquait trop de dignité et d'énergie pour contribuer à raffermir un pouvoir ébranlé. Ousâma ne nous a point fait la confidence de ses impressions, où la sympathie ne dépassait certes pas la mesure de ce qu'exigeaient les convenances, où l'indifférence superbe, peut-être même l'espoir de la revanche, se dissimulait sous le calme impénétrable de l'impassibilité musulmane.

Ce qu'Ousâma persistait à ressentir le plus vivement, c'était son désespoir de quitter la terre de Syrie, où il avait laissé son cœur, pour aller, véritable égaré, à Miṣr[4]. En continuant sa

1. Ousâma, *Autobiographie*, p. 4.

2. J'emprunte cette date à Kogler, *Geschichte der Kreuzzüge*, p. 127; cf. les *Annales de la Terre Sainte*, publiées par Rœhricht, dans les *Archives de l'Orient latin*, II II, p. 431. M. le Marquis de Vogüé, *ibid.*, I, p. 564, parle du treize novembre 1142, probablement d'après Guillaume de Tyr, dans *Hist. occ. des Croisades*, I, p. 707, et l'année 1142 est également donnée par Prutz, *Kulturgeschichte der Kreuzzüge*, p. 56 et 345. D'autre part, la date de 1144 a été adoptée par les éditeurs des *Hist. occ. des Croisades*, I. p. 701; par M. Paulin Paris, *Guillaume de Tyr et ses continuateurs*, II, p. 87: par M. Rey dans Ducange, *Les Familles d'outre-mer*, p. 16, note 6; par Besant and Palmer, *Jerusalem* (new ed., London, 1888), p. 287 et 294.

3. Plus haut, page 182, note 7.

4. Vers d'Ousâma cité par 'Imâd ad-Dîn, *Kharîdat al-ḳaṣr*, dans *Nouv. mélanges orient.*, p. 135.

marche vers le sud, Ousâma s'éloignait de plus en plus de sa patrie, de Schaizar; en cherchant un asile auprès du khalife Fâṭimide, alors même qu'il restait libre de ne pas renier ses opinions, il faisait litière de l'orthodoxie sounnite dans laquelle il avait été élevé et dans laquelle il avait vécu. L'exemple ne lui avait-il pas été donné par l'un de ses oncles, Aboû 'l-Moutawwadj Mouḳallad, surnommé « la couronne des émirs », qui avant lui était allé à Miṣr, où il avait rempli des fonctions publiques auprès du khalife Schî'ite Al-Âmir bi-aḥkâm Allâh [1]? Ce précédent ne soulageait pas les scrupules d'Ousâma. Il avait comme le pressentiment des chutes successives où sa conscience allait descendre et il ne se pressait pas d'arriver. Et pourtant il devait être informé de la réception cordiale que lui ménageait le vieux khalife Al-Ḥâfiṭh li-dîn Allâh, alors âgé de soixante-treize années musulmanes [2].

« Mon arrivée à Miṣr [3], dit Ousâma [4], eut lieu le jeudi deux du second djoumâdâ, en l'an 539 [5]. Aussitôt Al-Ḥâfiṭh li-dîn Allâh m'enjoignit de rester [6], ordonna qu'en sa présence on me revêtit d'un manteau d'honneur, me donna une riche garde-robe et cent dînârs, me fit introduire [7] dans ses bains et m'assigna comme résidence une maison magnifique parmi les maisons d'Al-Afḍal, fils de l'Émir des armées [8]. On y avait laissé les nattes, les tapis

1. Plus haut, p. 65.

2. Plus haut, p. 178 et 181. 'Abd al-Madjid Aboû 'l-Maimoûn, khalife avec le titre de *Al-Ḥâfiṭh li-dîn Allâh* « Le gardien de la religion d'Allâh » (Ousâma, *Autobiographie*, p. 141), fils de l'émir Aboû 'l-Ḳâsim Moḥammad et petit-fils du khalife Fâṭimide Al-Moustanṣir Billâh, monta sur le trône d'Égypte en 1130 après l'assassinat de son cousin le khalife Al-Âmir bi-aḥkâm Allâh. Sur son règne, qui se prolongea pendant vingt ans moins cinq mois, voir Wüstenfeld, *Geschichte der Faṭimiden-Chalifen*, p. 300-312.

3. Ousâma emploie indifféremment les noms de Miṣr et de Al-Ḳâhira « Le Caire ». Nous nous sommes chaque fois conformé rigoureusement au texte.

4. Ousâma, *Autobiographie*, p. 4.

5. Le trente novembre 1144; voir plus haut, p. 204.

6. A moins qu'il ne faille lire comme je le propose dans la note 1 du texte et traduire « me manda ».

7. Le texte étant peut-être corrompu, comparez l'expression analogue dans Ousâma, *Autobiographie*, p. 65, l. 18.

8. Al-Afḍal, fils de Badr Al-Djamâlî « l'émir des armées », fut assassiné en décembre 1121 par ordre du khalife Al-Âmir bi-aḥkâm Allâh, après avoir dirigé comme vizir les affaires d'Égypte pendant vingt-huit années consécutives sous trois khalifes; voir Wüstenfeld, *Geschichte der Faṭimiden-Chalifen*, p. 270-289. Dans le ms. 801 A de l'ancien fonds arabe, fol. 52 v°, dans un passage intercalé qui ne fait pas corps avec le livre, on lit: « Et le khalife resta quarante jours dans les maisons d'Al-Afḍal, et ce sont le Palais de la royauté (دار الملك) à Miṣr, le Palais du vizirat (دار الوزارة) au Caire, et d'autres maisons encore. » Sur le Palais de la royauté, dans le voisinage duquel fut, environ un siècle plus tard, établi le collège appelé *al-madrasa al-mou'izziyya*, voir Al-Maḳrîzî, *Al-Khiṭaṭ*, I, p. 483-485. Le Palais d'Al-Afḍal est mentionné par Ibn Al-Athîr, dans *Hist. or. des*

et une installation complète, avec quantité d'ustensiles en cuivre. Tout cela m'était octroyé à titre définitif. Aussi restai-je longtemps[1] à Miṣr honoré, respecté, comblé de faveurs non interrompues, tirant les revenus d'un fief prospère. »

Si les cent dînars font l'effet d'une aumône mesurée avec parcimonie plutôt que d'un présent royal, en revanche une maison ayant appartenu à un grand seigneur comme Al-Afḍal devait présenter le confort et le luxe des habitations les mieux organisées et les plus somptueuses. Les richesses que ce personnage avait amassées paraissent fantastiques pour l'époque, alors même que l'estimation en aurait été grossie par l'imagination orientale. Bien qu'on eût enlevé les objets les plus précieux pour les porter au Château des khalifes[2], ce qu'on avait dédaigné de prendre constituait encore pour Ousâma les éléments d'une « installation complète ». De plus Al-Ḥâfiṭh lui attribuait un fief important, Koûm Aschfîn[3], dans la banlieue au nord-ouest du Caire, apanage en plein soleil où les jardins potagers, comme dans toute la campagne des environs, étaient en abondance et prospéraient[4], où les ennemis d'Ousâma trouvèrent, dix ans plus tard, pour les lui prendre « deux cents têtes de bœufs, mille moutons et des greniers regorgeant de denrées[5] ».

croisades, I, p. 363. Ibn Khallikân, *Biographical Dictionary*, I, p. 660, nomme Al-Afḍal comme le fondateur du Palais du vizirat. Al-Makrîzi, *Al-Khiṭaṭ*, I, p. 438, dit : « Dans le voisinage de ce Grand palais de l'est, en face de la Place de la Porte de la fête (رحبة باب العيد) se trouve le Grand Palais du vizirat, que l'on appelle le Palais d'Al-Afḍal ou encore le Palais du sultan. » La demeure qui fut assignée à Ousâma était donc au nord-est du Grand Palais des khalifes ; voir la planche 3 chez Paul Ravaisse, *Essai sur la topographie du Caire d'après Makrîzi* dans les *Mémoires publiés par les membres de la mission archéologique française au Caire*, I, III (Paris, 1887), entre les pages 470 et 471.

1. Lisez مدّةً اقامةً avec I. Goldziher dans *Oesterreichische Monatschrift für den Orient*, XII (1886), p. 79.

2. Manuscrit 801 A de l'ancien fonds arabe, fol. 52 v°, 55 r° ; Wüstenfeld, *Geschichte der Faṭimiden-Chalifen*, p. 290, où l'on trouvera le résultat de l'inventaire pratiqué sous la direction du khalife Al-Âmir ; cf. Ibn Khallikân, *Biographical Dictionary*, I, p. 614.

3. Ousâma, *Autobiographie*, p. 19, où il faut lire اشفين ; cf. Yâkoût, *Al-Mouschtarik* (éd. Wüstenfeld), p. 377 ; *État des provinces et des villages de l'Égypte*, dressé en l'année 1376, traduit de l'arabe par M. Silvestre de Sacy, dans sa *Relation de l'Égypte, par Abd-Allatif* (Paris, 1810), p. 598 et 599 ; Kûm Ajfên sur la *Map of the environs of Cairo*, dans Baedeker, *Lower Egypt* (Leipzig, 1878), carte placée entre les pages 302 et 303 ; كوم الشفين dans le recensement général de l'Égypte de 1882, d'après une communication de M. E. Amélineau.

4. Al-Makrîzi, *Al-Khiṭaṭ* (éd. de Boûlâḳ), I, p. 443, l. 1.

5. Ousâma, *Autobiographie*, p. 19.

Lorsqu'Ousâma se sentit rassuré sur les conditions matérielles de son existence, il ne tarda pas à faire venir sa mère ainsi que les autres personnes de sa famille et de sa maison auprès de lui à Miṣr[1]. Son frère aîné ne le rejoignit pas et préféra s'établir à Ascalon[2]. Mais l'intimité de ses parents et alliés n'aurait point donné pleine satisfaction aux goûts d'Ousâma pour le commerce du monde. Heureusement pour lui, comme à Mauṣil et comme à Damas, il exerça dès le premier jour son ascendant sur ceux qui l'approchèrent. Sa société fut recherchée, et il se prêta d'autant plus volontiers aux relations nouvelles qui s'offrirent à lui qu'il avait en horreur la solitude[3]. C'est ainsi qu'en 539 de l'hégire, c'est-à-dire avant le vingt-trois juin 1145, il s'entretient déjà avec un des premiers poètes, avec un des principaux littérateurs de Miṣr, Aboû 'l-Ḥousain Aḥmad Ibn Az-Zoubair, surnommé *Al-ḳâḍî ar-raschîd* « le ḳâḍî bien dirigé[4] » qui revient du Yémen où il est allé, en septembre 1144, remplir une mission dont il a été chargé par le khalife Al-Ḥâfiṭh[5]. Ousâma compose à l'intention de son illustre ami une collection de notices biographiques[6], il encourage son fils 'Aḍoud ad-Dîn Aboû 'l-Fawâris Mourhaf à retenir et à réciter les poésies de cet auteur, poésies pour lesquelles Mourhaf semble avoir conservé toujours une prédilection marquée[7].

Si Ousâma se répand, il ne se livre pas. Son attitude est expectante. La leçon qu'il a reçue à Damas lui profite. Il l'oubliera lorsque sa blessure sera cicatrisée et que les imprudences de sa

1. Ibn Mîsar (ms. 801 A de l'ancien fonds arabe), fol. 82 rº, aux événements de l'année 539 de l'hégire, c'est-à-dire antérieurement au vingt-trois juin 1145 de notre ère, relate non seulement l'arrivée de l'émir Mou'ayyad ad-Daula Ousâma Ibn Mounḳidh, mais encore celle de ses frères et de ses enfants.

2. Ousâma, *Autobiographie*, p. 12.

3. Poésie d'Ousâma, dans *Nouveaux mélanges orientaux*, p. 135

4. Ousâma, *Livre du bâton* (ms. de ma collection), fol. 113 vº. Le manuscrit porte 537 de l'hégire, mais je suppose qu'il faut lire تسع au lieu de سبع, avec un simple changement dans les points diacritiques. D'après Ibn Khallikân, *Biographical Dictionary*, I, p. 143, le ḳâḍî bien dirigé mourut au Caire en mai 1166. Ibn Tagribardi, *An-Noudjoûm* (ms. 661 de l'ancien fonds arabe), fol. 43 rº, place sa mort une année plus tard. Voir aussi sur Ar-Raschîd Ibn Az-Zoubair, plus haut, p. 18, note 2.

5. Ibn Misar (ms. 801 A de l'ancien fonds arabe), fol. 82 rº.

6. Ibn Khallikân, *Biographical Dictionary*, I, p. 177; II, p. 343. D'après le premier de ces deux passages, les notices ainsi réunies étaient datées de Miṣr, en l'an 541 (1146-1147 de notre ère).

7. Id., *ibid.*, I, p. 144.

nature reprendront le dessus. Actuellement il cherche à gagner les cœurs, il se préoccupe de plaire et de se concilier des sympathies. Le khalife Al-Ḥâfiṭh le protège visiblement, mais l'autorité de ce vieillard dépasse à peine les limites de son palais. Les mêmes symptômes de décadence, qu'Ousâma venait de constater dans le royaume de Jérusalem, annonçaient le déclin de la dynastie Fâṭimide. La révolte, les rivalités, les complots, l'anarchie avaient transformé le Caire en un champ de bataille livré aux luttes et aux violences des partis. L'émeute grondait sans trêve. Durant ces troubles, il devenait difficile de ne pas se compromettre. On était aisément suspecté de tiédeur pour certains intérêts ou d'ardeur pour les intérêts contraires. Il ne faisait pas bon vivre dans cette atmosphère. Ousâma comprit que la neutralité du spectateur s'imposait tout d'abord à lui, nouveau venu que le souvenir de son passé avait certes précédé à Miṣr, étranger qui s'était trop souvent ingéré dans les intrigues, exilé qui eût été embarrassé de trouver un autre refuge à l'heure présente. Tant que sa conduite s'inspirera des conseils de la prudence, Ousâma vivra tranquille, largement pourvu, considéré à Miṣr, mais il y sera irrévocablement perdu, comme il l'a été partout où il a séjourné précédemment, dès qu'il abusera de sa sécurité pour conspirer, de son aisance pour soudoyer des complices, de la confiance qu'il inspire pour s'associer aux menées qui se trament dans l'entourage des khalifes Fâṭimides.

Tant qu'Al-Ḥâfiṭh vécut, Ousâma s'abstint de s'engager trop avant dans les détours de la politique. Il observait les fluctuations de l'opinion et se réservait. Un exemple lui avait montré que, si l'on hésiterait à le bannir d'Égypte, on pourrait l'interner dans quelque ville éloignée de la capitale. Du jour au lendemain le père d'un de ses amis avait été nommé gouverneur d'Aṭ-Ṭoûr[1], dignité à laquelle on n'était jamais élevé que par

1. Il s'agit ici, non pas de Thabor près d'Acre, mais de la ville maritime, située dans le golfe de Suez, au sud-ouest de la presqu'île sinaïtique, d'après laquelle elle est dénommée Aṭ-Ṭoûr, nom du mont Sinaï dans le *Coran* (II, 60, 87 ; IV, 153 ; etc.). Sur le district d'Aṭ-Ṭoûr et de Fârân, voir

disgrâce. « C'était, dit Ousâma[1], une province écartée qui appartenait à l'Égypte. Al-Hâfiṭh li-dîn Allâh voulait-il éloigner un émir, il lui confiait le gouvernement d'Aṭ-Ṭoûr, région limitrophe des pays habités par les Francs[2]. »

De telles faveurs ne séduisaient pas Ousâma. S'il devait renoncer au séjour de Miṣr et à la jouissance de son fief opulent, il ne s'y serait décidé qu'à condition de recouvrer son ancienne résidence de Damas. Il en était parti le cœur serré, il continuait à suivre avec anxiété et avec un sentiment profond de solidarité les péripéties des événements dont cette ville était le théâtre. L'atâbek Zenguî n'avait plus renouvelé ses tentatives infructueuses contre elle et semblait avoir renoncé à ses projets lorsqu'il fut assassiné le quatorze septembre 1146[3]. Ousâma n'avait pas eu de protecteur plus dévoué, il n'avait pas eu non plus d'adversaire plus implacable. Quelles conséquences aurait pour lui ce dénoûment inattendu? Les fils de Zenguî, Saif ad-Dîn Gâzî et Noûr ad-Dîn Maḥmoûd[4], qui s'étaient partagé la succession de leur père, lui tiendraient-ils rigueur si les circonstances le ramenaient dans le voisinage de la Syrie? Ayant appris que Mou'în ad-Dîn Anar, en juin 1147, avait battu les Francs venus dans le Ḥaurân au secours de Ṣalkhad et de Boṣrâ[5] et qu'il avait remporté cette victoire avec le concours de Noûr ad-Dîn accouru d'Alep avec ses troupes[6], Ousâma n'ose point adresser ses félicitations à Noûr ad-Dîn, dont il ignore les dispositions à son égard, mais il expédie de Miṣr à Damas une épître en vers pour célébrer les hauts faits de Mou'în ad-Dîn. Voici le commencement de cette poésie[7]:

Wüstenfeld, *Die Geographie und Verwaltung von Aegypten nach dem Arabischen des ..... el-Calcaschandi* (Gœttingen, 1879), p. 100, cf. p. 170-171.

1. Ousâma, *Autobiographie*, p. 59.

2. Les pays habités par les Francs sont une allusion à leurs possessions méridionales relevant de la seigneurie de Karak et de Montréal, et en particulier au monastère de Sainte-Catherine du mont Sinaï, où résidait l'évêque de Fârân mentionné comme suffragant de l'archevêque latin de Karak : voir Rey, *Les colonies franques de Syrie*, p. 293 ; cf. Heyd, *Geschichte des Levantehandels*, II, p. 444, surtout note 5.

3. Ibn Al-Athîr dans *Hist. or. des Croisades*, I, p. 453; II II, p. 132. Ibn Tagribardi, *An-Noudjoûm, ibid*, III, p. 504, recule de douze jours et Ibn Khallikân, *Biographical Dictionary*, I, p. 541, de dix jours le meurtre de Zenguî.

4. C'est le fameux Noûr ad-Dîn, dont il sera parlé longuement dans le chapitre septième.

5. Plus haut, p. 178, note 2.

6. Aboû Schâma, *Kitâb ar-rauḍatain*, I, p. 50-51.

7. Id., *ibid.*, I, p. 64.

Chaque journée est une conquête évidente, une victoire, un triomphe sur les ennemis, un accroissement de puissance.

Tu as justifié ton surnom de Mou'în ad-Dîn (auxiliaire de la religion); certes les surnoms sont un présage et un augure.

Tu es en vérité l'épée de l'islamisme; car aucune de tes deux lames, ô épée, n'a connu la mauvaise fortune.

Tu n'as pas cessé de réfléchir à la guerre sainte dans le secret de ta pensée, puis tu as agi publiquement, aussitôt qu'il a été possible de se montrer.

Toute la réserve des rois s'évanouit, mais tes deux réserves sont celles qui durent : la récompense d'Allâh et la reconnaissance des hommes.

Mou'în ad-Dîn acceptait les hommages d'Ousâma, mais il ne le rappelait pas auprès de lui à Damas. Ousâma n'avait d'autre ressource que de rester à Miṣr, où l'on était heureux de le garder, où sa présence ne se heurtait à aucun obstacle, pourvu que sa conduite ne donnât lieu à aucun reproche. Sa prudence fut soumise à une rude épreuve, lorsqu'au commencement d'avril 1148, on vit reparaître inopinément au Caire l'ancien vizir d'Al-Ḥâfiṭh, Rouḍwân Al-Walakhschî, autrefois surnommé Al-Malik Al-Afḍal « le roi éminent ». C'était avec lui qu'Ousâma avait naguère entamé des négociations au nom de Mou'în ad-Dîn[1]. Rouḍwân, emprisonné dans les dépendances du palais le vingt-neuf novembre 1139, s'y était fait oublier jusqu'au moment où il réussit à s'évader le treize avril 1148[2].

« Au moment où j'arrivai à Miṣr, dit Ousâma[3], Rouḍwân était enfermé dans un bâtiment accolé au Palais[4]. A l'aide d'un clou en fer, il finit par percer le mur sur une épaisseur de quatorze coudées[5]. Il sortit dans la nuit du mercredi au jeudi. L'un des émirs, son parent, informé de ses intentions, se tenait auprès

1. Plus haut, p. 178-181.
2. J'emprunte ces dates précises à Wüstenfeld, *Geschichte der Faṭimiden-Chalifen*, p. 309.
3. Ousâma, *Autobiographie*, p. 24.
4. La prison de Rouḍwân semble avoir été dans la construction adossée au mur oriental du Grand Palais, entre la Porte de la fête (*bâb al-'id*) et la Porte du Palais des épines (*bâb ḳaṣr asch-schauk*), construction qui avait conservé de sa destination première le nom de خزانة البنود « Trésor des étendards », et qui était réservée à la captivité des émirs, des vizirs et des personnages considérables; cf. Al-Maḳrizi, *Al-Khiṭaṭ*, I, p. 423-425; II, p. 188; Quatremère, *Histoire des sultans mamlouks*, II, II, p. 20; P. Ravaisse, *Essai*, planche 3.
5. Environ sept mètres.

du Palais pour l'attendre, ainsi que l'un de ses protégés, appartenant à la tribu de Lawâta[1]. Tous trois marchèrent jusqu'au Nil, qu'ils traversèrent à la hauteur de Gîzeh[2]? Sa fuite mit le Caire en agitation. Le lendemain matin, il se montra à Gîzeh dans un salon de réception[3], où la foule se pressa autour de lui, pendant que l'armée de Miṣr se disposait à le combattre. Puis, le vendredi matin, il passa sur l'autre rive du Nil pour atteindre le Caire, tandis que l'armée égyptienne, sous la direction de Ḳaimâz[4], le maître de la porte[5], revêtait ses cottes de mailles pour le combat. Lorsque Rouḍwân les eut rejoint, il les mit en déroute et entra au Caire.

« J'étais monté à cheval et je m'étais dirigé avec mes compagnons vers la porte du Palais, avant que Rouḍwân ne fût entré dans la ville. Je trouvai la porte fermée, sans que personne se tînt aux abords. Je revins sur mes pas et je ne bougeai plus de ma maison.

« Rouḍwân s'était établi dans la mosquée Al-Aḳmar[6]. Les émirs se rendirent en foule vers lui, apportant des vivres et de l'argent. Al-Ḥâfiṭh, de son côté, avait massé une troupe de nègres dans le Palais. Ils burent, s'énivrèrent, puis on leur ouvrit la porte et ils sortirent, demandant la tête de Rouḍwân. Le tumulte qui se produisit fit monter à cheval tous les émirs, qui abandonnèrent Rouḍwân et se dispersèrent. A son tour, il quitta la mosquée, mais sa monture n'y était plus ; son écuyer l'avait prise et était parti.

1. Sur la tribu berbère des Lawâta, voir Ibn Khaldoûn, *Histoire des Berbères*, I, p. 231-236 ; sur ses ramifications en Égypte, Wüstenfeld, *El-Macrizi's Abhandlung ueber die in Aegypten eingewanderten arabischen Stæmme*, p. 71-78.

2. Gizeh fait face au vieux Caire, à Fousṭâṭ, sur l'autre rive du Nil.

3. Lisez فى منظرة, comme l'a proposé M. le baron de Kremer dans la *Wiener Zeitschrift für die Kunde des Morgenlandes*, II, p. 267. Ma traduction s'appuie sur Quatremère, *Histoire des sultans mamlouks*, II, ii, p. 15, note 22.

4. C'est Tâdj al-Mouloûk Ḳaimâz, un des principaux émirs du Caire d'après Ibn Tagribardi, *An-Noudjoûm* (ms. 661 de l'ancien fonds arabe), fol. 24 r°, cité dans Quatremère, *Histoire des sultans mamlouks*, I, i, p. 28, note 26.

5. La maîtrise de la porte, dont fut également investi Nâṣir ad-Daula Yâḳoût avant qu'il ne devînt gouverneur d'Ascalon (Ousâma, *Autobiographie*, p. 11) d'après Ibn Tagribardi, *An-Noudjoûm* (ms. cité), fol. 23 v°, était une dignité à peine inférieure au vizirat, s'il faut en croire Wüstenfeld *Die Geographie und Verwaltung von Aegypten nach dem Arabischen des.... el-Calcaschandi*, p. 181 ; cf. aussi Ibn Misar (ms. 801 A de l'ancien fonds arabe), fol. 79 r°, 82 r°.

6. Ce fut le prédécesseur d'Al-Ḥâfiṭh, le khalife Fâṭimide Al-Âmir, qui, en 519 de l'hégire (1125 de notre ère), construisit au Caire, près de la Porte des victoires (*bâb al-foutoûḥ*), la mosquée nommée *al-masdjid al-aḳmar* « la mosquée blanche comme la lune », décrite par Al-Maḳrizi, *Al-Khiṭaṭ*, II, p. 290-293 ; cf. P. Ravaisse, *Essai*, p. 475, note 3.

« Un jeune garde du corps[1] vit Rouḍwân arrêté sur le seuil de la mosquée, et lui dit : O mon maître, ne veux-tu pas prendre ma place sur mon cheval? — Bien volontiers, dit Rouḍwân. Le jeune homme s'avança vers lui au trot, l'épée à la main, inclina la tête en se penchant comme pour descendre, et frappa Rouḍwân de son épée. Celui-ci tomba. Les nègres, l'ayant rejoint, le tuèrent. Les gens de Miṣr se partagèrent les morceaux de sa viande, dont ils mangèrent pour se donner du courage[2]. »

Ousâma avait su réprimer ses velléités d'intervention dans cette querelle intérieure. Après être monté à cheval, il avait disparu assez vite pour ne pas éveiller les soupçons, pour échapper aux commentaires malveillants auxquels aurait pu donner lieu toute équivoque dans sa conduite. Il était du reste comme absorbé par les nouvelles qu'il recevait de Syrie. Les échos de la deuxième croisade parvenaient jusqu'à lui. Les musulmans venaient, il est vrai, de reconquérir Édesse[3], mais les chrétiens allaient tenter, en juillet 1148, un vigoureux effort contre Damas avec des forces fraîches et considérables, sous la direction de puissants monarques venus d'Europe au secours de l'Orient latin. « A peine, dit Ousâma[4], le roi franc des Allemands fut-il

---

1. Les jeunes gens de la garde (صبيان الخاصّ) sont aussi mentionnés dans Ousâma, *Autobiographie*, p. 4, l. 20; 6, l. 13 et 21. Sur cette organisation de jeunes prétoriens, voir Ibn Misar (ms. 801 A de l'ancien fonds arabe), fol. 72 r°, où l'on dit qu'ils constituaient une bande (طائفة) ; et surtout fol. 86 r°, où l'on lit : « Le vingt-six de ramaḍân 544 (vingt-sept janvier 1150) Al-'Âdil Ibn As-Sallâr ferma les portes du Caire et des châteaux, fit arrêter les jeunes gens de la garde particulière et les fit tuer jusqu'au dernier (voir plus bas, p. 237). Or ils formaient une troupe considérable. Les jeunes gens de la garde particulière se recrutaient parmi les fils des soldats, des émirs et des serviteurs de la dynastie. L'un d'eux venait-il à mourir en laissant des fils, on les amenait à Sa Majesté le khalife, on les plaçait dans des établissements spéciaux, on s'occupait de leur enseigner l'équitation, et on les désignait comme les jeunes gens de la garde particulière. » Cf. aussi Wüstenfeld, *Calcaschandi's Geographie und Verwaltung von Aegypten*, p. 180.

2. Ibn Tagribardi, *An-Noudjoûm* (ms. 661 de l'ancien fonds arabe), fol. 14 v°, ne dit pas de Rouḍwân qu'il mourut (نوفي), mais qu'il fut mutilé (نمثل). Un sombre tableau de l'anthropophagie en Égypte à la fin du douzième siècle a été tracé dans Silvestre de Sacy, *Relation de l'Égypte, par Abd-Allatif* (Paris, 1810), p. 360-369. La superstition, encore aujourd'hui répandue dans certains pays de l'Extrême-Orient, d'après laquelle le cœur et le foie de l'homme étant considérés comme le siège du courage, on pourrait, en les mangeant, s'assimiler les qualités de bravoure dont ils ont le dépôt, a été étudiée par M. Henri Gaidoz dans *Mélusine*, III (5 mai 1887), p. 385 et suiv. Ce préjugé explique le sobriquet donné à Hind, mère du premier khalife Omayyade Mou'âwiya (660 à 680 de notre ère). Cette femme ayant mutilé le cadavre de son ennemi Ḥamza pour manger son foie, elle fut appelée « la mangeuse de foies » ; voir Maçoudi, *Les prairies d'or*, IV, p. 439 ; Ibn At-Tiktakâ, *Al-Fakhrî*, p. 126. On peut encore consulter sur l'anthropophagie comme moyen de se donner du cœur la *Revue des traditions populaires*, II (1887), p. 480 ; le *Bulletin de la société d'anthropologie*, XI (1888), articles de MM. Bordier et Mortillet.

3. Ibn Al-Athîr, *Atabeks*, p. 156-157.

4. Ousâma. *Autobiographie*, p. 70. Ce passage est cité par Aboû Schâma, *Kitâb ar-raudatain*, I, p. 52.

parvenu en Syrie que tous les Francs de Syrie s'y coalisèrent pour attaquer Damas. » L'empereur d'Allemagne Conrad III, le roi de France Louis VII et Baudoin III, roi de Jérusalem, après s'être usés dans des efforts isolés, disposaient encore de plus de cinquante mille hommes, lorsqu'ils résolurent de frapper un coup d'éclat par la prise de cette ville puissante, d'où la domination musulmane n'avait jamais été déracinée, dont Mou'în ad-Dîn Anar avait mis en état de défense les murailles, les tours, et jusqu'aux maisons de campagne transformées en ouvrages avancés et destinées à entraver la marche des assaillants [1]. Lorsqu'Ousâma apprit que cette campagne avait abouti à un désastre pour les croisés et à la retraite successive de l'empereur Conrad en septembre 1148, du roi Louis au printemps de 1149, il dut se sentir soulagé comme d'un poids qui l'opprimait ; mais en même temps il dut souffrir de son absence et de son isolement tandis que ses anciens compagnons d'armes remportaient sans lui une pleine victoire.

Cependant Ousâma, s'il ne témoigne pas une joie triomphante, ne laisse non plus transpirer ni jalousie, ni regrets, en parlant de la victoire remportée par les musulmans. Il raconte seulement en ces termes [2] un épisode du vingt-cinq juillet 1148 : « Les troupes et les habitants de Damas sortirent de la place pour combattre leurs ennemis. On remarquait dans le nombre [3] le jurisconsulte Al-Findalâwî [4] et le schaikh austère 'Abd ar-Raḥmân Al-Ḥalḥoûlî [5] (qu'Allâh les ait tous deux en pitié !),

1. Kugler, *Geschichte des Kreuzzüge*, p. 149.

2. Ousâma, *Autobiographie*, p. 70-71 ; cf. Ibn Al-Athîr dans *Hist. or. des croisades*, I, p. 468 ; II II, p. 160 ; Ibn 'Asâkir, *Histoire de Damas* (ms. 687 du supplément arabe), fol. 40 v° — 42 r° ; Kamâl ad-Dîn, *Dictionnaire biographique* (ms. 726 de l'ancien fonds arabe), fol. 53 v° ; 'Abd al-Bâsiṭ, *Description abrégée de Damas* (ms. de M. Paul Ravaisse), fol. 39 v°.

3. Lisez *wafî* ; on aperçoit dans le manuscrit la trace du *wâw* omis dans mon édition.

4. Houdjdjat ad-Dîn Aboû 'l-Hadjdjâdj Yoûsouf, fils de Dhoû Nâs Al-Findalâwî, originaire du Magreb, était, d'après les auteurs cités dans la note précédente, un jurisconsulte mâlikite avancé en âge, un illuminé qui s'adonnait à la vie ascétique, un pieux musulman qui ne négligeait aucune des pratiques de la dévotion. Yâḳoût, *Mou'djam*, III, p. 919, lit Dournâs au lieu de Dhoû Nâs. L'édition Tornberg d'Ibn Al-Athîr (*Chronicon*, XI, p. 85) porte *Dhoû Bâs*, avec la variante *Nâs* dans le *Supplementum*, p. 18.

4. Ḥalḥoûl est un village déjà cité dans Josué, xv, 58, et situé dans le voisinage de Jérusalem. Cf. Yâḳoût, *Mou'djam*, II, p. 316, où est relatée la mort héroïque de « 'Abd ar-Raḥmân, fils de 'Abd Allâh, fils de 'Abd ar-Raḥmân Al-Ḥalḥoûlî Al-Dja'dî, traditionniste austère, né à Alep ».

deux des meilleurs parmi les musulmans. Lorsqu'ils furent proches des chrétiens, le jurisconsulte dit à 'Abd ar-Raḥmân : Ne sont-ce pas les Roûm [1]? — Mais oui, répondit 'Abd ar-Raḥmân. — Al-Findalâwî reprit : Jusqu'à quand resterons-nous immobiles? — Viens, dit 'Abd ar-Raḥmân ; allons défendre le nom d'Allâh le tout-puissant ? Ils s'avancèrent tous deux et luttèrent jusqu'à ce qu'ils furent tués dans un même endroit. Puisse Allâh les prendre en pitié ! »

Pour une nature comme celle d'Ousâma, un rôle tout passif comme celui auquel il s'était condamné par raison, ne pouvait être rempli avec suite que si, par un autre emploi conforme à ses goûts, il se dédommageait de sa puissante activité. La chasse lui permit à Miṣr, comme partout ailleurs auparavant, d'utiliser agréablement ses forces perdues. Il s'y adonna sans relâche et le khalife mit à sa disposition l'attirail parfait réuni à grands frais pour les divertissements de la cour.

« J'ai vu, dit Ousâma [2], les chasses de Miṣr. Al-Ḥâfiṭh li-dîn Allâh 'Abd al-Madjîd Aboû Maimoûn (qu'Allâh l'ait en pitié !) possédait de nombreux oiseaux de proie, faucons, sacres [3] et gerfauts apportés d'au delà des mers [4]. Un grand veneur [5] était préposé à leur garde et les faisait sortir deux jours par semaine, la plupart d'entre eux perchés sur les mains de leurs hommes. Quant à moi, toutes les fois qu'ils étaient conduits en chasse, je montais à cheval pour me distraire par le spectacle qu'ils m'offraient.

« Le grand veneur se rendit au jour auprès d'Al-Ḥâfiṭh et lui dit : Ton hôte, un tel, nous accompagne régulièrement, comme s'il espérait prendre part à ce que nous faisons. — Al-

1. Al-Findalâwî fait confusion : ce sont les Francs, et non pas les Roûm, qui s'étaient coalisés contre les défenseurs de Damas.

2. Ousâma, *Autobiographie*, p. 141-142.

3. Sur le nom arabe صقر *ṣaḳr*, qui a passé dans les langues romanes, voir Paul de Lagarde, *Mittheilungen*, II, p. 252.

4. L'epithète de « maritime », appliquée aux diverses espèces de faucons, a été diversement expliquée ; voir Dozy et Engelmann, *Glossaire des mots espagnols et portugais tirés de l'arabe* (2e éd.), p. 232 ; Dozy, *Supplément aux dictionnaires arabes*, I, p. 53 ; L. de Eguilaz, *Glosario etimologico de las palabras españolas de origen oriental* (Granada, 1886), p. 332.

5. Je traduis ainsi l'arabe *zimâm*. Sur ce mot, voir Quatremère, *Histoire des sultans mamlouks*, I II, p. 65-66.

Ḥâfiṭh répondit : Amène-le désormais, qu'il trouve une distraction dans nos oiseaux de proie.

« Il advint que nous étions sortis ensemble. L'un des fauconniers tenait à l'intérieur d'une maison[1] un faucon ayant les yeux rouges. Nous aperçûmes des grues. Le chef dit au fauconnier : Avance-toi, lance sur elles ton faucon aux yeux rouges. Ce qu'il fit. Les grues s'envolèrent. Mais le faucon en atteignit une à grande distance de nous et s'assit sur elle. Je dis à l'un de mes écuyers monté sur un excellent cheval : Pousse ta monture vers le faucon, descends de cheval, enfonce le bec de la grue dans la terre, maintiens-le et laisse ses deux pieds sous tes deux pieds jusqu'à ce que nous t'ayons rejoint. Mon écuyer partit et se conforma à mes instructions. Le fauconnier arriva ensuite, tua la grue et nourrit le faucon. Puis le grand veneur, à son retour, fit son rapport à Al-Ḥâfiṭh sur ce qui s'était passé et sur les ordres que j'avais donnés à mon écuyer. Il termina en disant : Ses propos ont été ceux d'un chasseur de profession. Al-Ḥâfiṭh répondit : Quelle autre occupation cet homme a-t-il, sinon le combat et la chasse ?

« Les fauconniers emportaient aussi des sacres qu'ils lançaient sur les hérons[2] au vol. Le héron apercevait-il le sacre, il tournoyait et s'élevait en l'air, tandis que le sacre décrivait plusieurs tours à un autre endroit pour s'élever ensuite au-dessus du héron, puis faire sa pointe et le saisir.

« Il y a dans cette région des oiseaux aquatiques qu'on

1. Il s'agit de « la mue sur la pierre », que M. L. Gautier, *La chevalerie*, p. 178-179, décrit en ces termes : « Elle s'accomplit dans une chambre éloignée de tout bruit et où couche le fauconnier, qui fait sortir l'oiseau et en prend les soins les plus délicats. »

2. La forme *balschoûb*, adoptée par Ousâma (également dans un autre passage de l'*Autobiographie*, p. 160), est calquée plus exactement sur le mot copte que *balschoûm* ou *balschoûn*, comme les Arabes orthographient d'ordinaire ; cf. Dozy, *Supplément aux dictionnaires arabes*, p. 111 ; Paul de Lagarde, *Mittheilungen*, II, p. 252. M. Maspero m'écrit à la date du 20 juin 1889 : « Le mot *balaschoûn* est le seul que j'aie jamais entendu en Égypte, et je crois qu'il dérive plus ou moins directement de πελέκανος. Mes matelots et les fellahs de la Haute Égypte en ont fait un terme générique pour désigner tous les oiseaux d'eau à plumage blanc ou dans lequel le blanc domine, qu'on voit posés en longues files sur les bancs de sable du Nil. J'ai souvent demandé comment on appelait un pélican, un héron blanc ou tel autre gros oiseau que je voyais et dont je désirais savoir le nom et je n'ai jamais obtenu d'autre réponse que *balaschoûn*. Il serait bien possible que le mot eût le sens aussi vague dans le texte d'Ousâma. »

nomme *al-boudjdj*[1], qui ressemblent à l'espèce d'oies appelée *naḥḥâm*[2], et que l'on chasse également. Or les oiseaux aquatiques se laissent facilement prendre dans les bras du Nil. Les gazelles sont rares en Égypte, mais on y rencontre le bœuf des Banoû Isrâ'îl[3], animal de petite taille, dont les cornes sont pareilles à celles d'un bœuf, le reste du corps n'étant pas à l'avenant, un coureur rapide.

« On voit sortir du Nil une bête que l'on nomme la jument fluviatile[4], qui ressemble à la vache de taille inférieure, avec de tout petits yeux. Elle n'a pas plus de poils que le buffle. A la mâchoire inférieure elle a des dents longues ; les dents de sa mâchoire supérieure forment des creux dont on voit les orifices au-dessous de ses yeux. Son cri ressemble à celui du cochon. Elle ne peut vivre que dans un étang où il y a de l'eau. Elle mange du pain, du chanvre et de l'orge. »

Ce fragment d'histoire naturelle dénote une quiétude d'esprit qu'Ousâma n'a pas souvent connue, qu'il aurait été incapable de goûter longtemps. Les hommes vont reprendre dans sa vie la place que les animaux n'y ont occupée que par intermittence. Il dut être péniblement affecté en apprenant que son ancien pro-

1. D'après Ad-Damiri, *Ḥayât al-ḥaiwân* (éd. de Boûlâḳ), I, p. 143, le *boudjdj* est un oiseau aquatique. Bien que le manuscrit range seulement le *boudjdj* parmi les oiseaux, j'ai cru devoir ajouter dans la traduction le mot « aquatiques » à cause du passage d'Ad-Damiri d'abord, puis en raison du contexte.

2. C'est la vocalisation du manuscrit. L'animal en question est décrit comme une espèce d'oie au plumage rouge, peut-être un flamant.

3. Je suppose que les Banoû Isrâ'il sont une dénomination abrégée pour le *tîh banî Isrâ'îl* « Désert des Banoû Isrâ'îl » (Ousâma, *Autobiographie*, p. 10), désert à la fois limitrophe de l'Égypte, de l'Arabie et de la Palestine. Quant au bœuf ainsi désigné, il paraît devoir être identifié à l'antilope appelée بقر الوحش « bœuf sauvage », que l'on continue à chasser en Égypte. Sur les différents animaux que les Arabes comprennent sous le nom de bœuf sauvage, voir Silvestre de Sacy, d'après Ad-Damiri, dans Belin de Ballu, *La chasse, poëme d'Oppien* (Strasbourg, 1787), p. 187-199, et dans sa *Chrestomathie arabe* (2e éd.), II, p. 435-436 ; Dozy, *Supplément aux dictionnaires arabes*, I, p. 102. Il ne peut en tout cas y avoir aucun rapport entre ce mammifère et l'insecte surnommé « la vache des Banoû Isrâ'îl » (بقرة بنى اسرائل dans Ad-Damiri, *Ḥayât al-ḥaiwân* (éd. de Boûlâḳ), I, p. 191, et dans Dozy, *Supplément aux dictionnaires arabes*, loc. cit., d'après une autre source.

4. L'hippopotame est ordinairement nommé فرس البحر, expression employée ici par Ousâma ; cf. Ad-Damîrî, *Ḥayât al-ḥaiwân* (éd. de Boûlâḳ), II, p. 261-262 ; Al-Makrizi, *Al-Khiṭaṭ*, I, p. 65, traduit dans Quatremère, *Mémoires géographiques et historiques sur l'Égypte*, II, p. 15 ; Lane, *An arabic-english Lexicon*, p. 2367 *c* ; Dozy, *Supplément aux dictionnaires arabes*, II, p. 252. Si l'on compare la description de l'hippopotame dans S. de Sacy, *Description de l'Égypte, par Abd-Allatif*, p. 143-145, on sera étonné que l'animal dont parle Ousâma soit comparé à une vache de taille inférieure, que, de plus, il soit considéré comme appartenant au sexe féminin, qu'il vive dans les étangs, enfin qu'il se contente d'une nourriture végétale. Ce serait donc un jeune hippopotame du sexe féminin qu'Ousâma aurait eu l'occasion de voir.

tecteur Mou'în ad-Dîn Anar était mort le trente août 1149 [1]. Son nouveau protecteur Al-Ḥâfiṭh déclinait visiblement, les derniers jours de sa vie étant attristés par le spectacle des dissensions intestines qui désolaient sa capitale. La guerre civile avait de nouveau éclaté entre les nègres appartenant aux divers corps d'armée qui encombraient la ville et qui s'y disputaient la prépondérance. « On ne pouvait plus, dit un historien [2], ni circuler au Caire, ni monter à Miṣr. » La bataille qui mit aux prises les fidèles du khalife et les factieux s'engagea le vingt-trois septembre 1149. Al-Ḥâfiṭh vieilli était devenu incapable de rien diriger, de rien empêcher. Son effacement ressemblait à une abdication. Depuis plus de dix ans, il avait laissé la fonction de vizir vacante dans la crainte de se donner un maître [3], mais en même temps il s'était privé d'un puissant auxiliaire au moment où il en aurait eu le plus besoin. Sa santé est vacillante, son esprit chancelle et le mécanisme du gouvernement se détraque dans ses mains débiles. Moins d'un mois après l'ouverture des hostilités, Al-Ḥâfiṭh meurt de maladie dans le Pavillon de la perle où il a été transporté [4], le dix octobre 1149, âgé de soixante-dix-sept années musulmanes [5].

Voici la narration d'Ousâma [6] sur ces événements, qui ne nous ont jamais été racontés avec une telle abondance et une telle précision de détails : « Les nègres, alors fort nombreux, étaient animés de mauvais sentiments et ressentaient de l'aversion les uns contre les autres. On voyait d'une part les Raiḥânites, fidèles serviteurs d'Al-Ḥâfiṭh, d'autre part les Djouyoûschites [7],

1. Aboû Schâma, *Kitâb ar-rauḍatain*, I, p. 64 ; Ibn Khallikân, *Biographical Dictionary*, I, p. 275.

2. Ibn Misar (ms. 801 A de l'ancien fonds arabe), fol. 84 v°, où est également donnée la date du dix-huit djoumâdâ premier 544, c'est-à-dire du vingt-trois septembre 1149.

3. Ibn Al-Athir dans *Hist. or. des croisades*, I, p. 419 ; Wüstenfeld, *Geschichte der Faṭimiden-Chalifen*, p. 309.

4. Ibn Tagribardi (ms. 661 de l'ancien fonds arabe), fol. 4 r°. Sur le Pavillon de la perle, une splendide villa de plaisance, située à l'ouest du Petit Palais, sur les bords du canal, près de la Porte du pont, voir Nâṣiri Khosrau, *Sefer nameh*, p. 134, et la note de M. Schefer, où est résumé Al-Makrizi, *Al-Khiṭaṭ*, I, p. 467-469 ; voir aussi Al-Makrizi, *Al-Khiṭaṭ*, II, p. 24.

5. Ibn Misar, loc. cit. ; Ibn Al-Athir dans *Hist. or. des croisades*, I, p. 474 ; Ibn Khallikân, *Biographical Dictionary*, II, p. 180 ; Al-Maḳrizi, *Al-Khiṭaṭ*, I, p. 357 ; II, p. 30.

6. Ousâma, *Autobiographie*, p. 4-11.

7. Lisez ici et dans ce qui suit الريحانيّة et الجيوشيّة d'après Ibn Misar (ms. cité), fol. 73 r° et 84 r° ; Djamâl ad-Din Al-Ḥalabi, dans

les Alexandrins et les Farḥites [1]. Les Raiḥânites étaient seuls pour faire face à tous les autres unis contre eux. Une partie des jeunes gens de la garde particulière [2] faisaient cause commune avec les Djouyoûschites. Les troupes affluaient dans les deux camps. Al-Ḥâfiṭh tenta une médiation ; ses représentants allèrent et vinrent et il s'efforça d'amener la pacification ; mais il échoua dans ses démarches auprès des combattants massés aux alentours de son palais. Dès le lendemain matin, la rencontre eut lieu au Caire. Les Djouyoûschites et leurs alliés remportèrent la victoire sur les Raiḥânites, qui laissèrent mille morts sur le Petit Marché de l'Émir des armées [3], au point que tout l'emplacement en fut chargé. Nous ne cessions pas d'être sous les armes nuit et jour, dans la crainte d'une attaque des Djouyoûschites, comme autrefois avant mon arrivée au Caire [4].

« Après le massacre des Raiḥânites, on se figurait généralement qu'Al-Ḥâfiṭh, dans son mécontentement, sévirait contre leurs meurtriers. Mais Al-Ḥâfiṭh était malade, à toute extrémité et mourut (qu'Allâh l'ait en pitié !) deux jours après. Il n'y eut pas deux chèvres pour se disputer à coups de corne sa succession [5]. Le khalifat échut à Aṭh-Ṭhâfir bi-amr Allâh [6], le plus

Wüstenfeld, *Geschichte der Faṭimiden-Chalifen*, p. 303, 304 et 331, d'après le manuscrit 1555 de Gotha ; Al-Makrîzi, *Al-Khiṭaṭ*, II. p. 2, l. 7-10 ; 3, l. 8 ; cf. P. Ravaisse, *Essai*, p. 425, note 5.

1. Lisez والفرحيّة, et comparez le nom d'une rue désignée d'après cette milice dans Al-Makrizi. *Al-Khiṭaṭ*, II, p. 14, 24, 36 ; cf. P. Ravaisse, *Essai*, p. 423, note 6.

2. Plus haut, p. 212, note 1.

3. En arabe : سويقة امير الجيوش. L'émir des armées d'après lequel ce « petit marché » est nommé, c'est Badr Al-Djamâlî ; voir plus haut, p. 205, n. 8. L'emploi du diminutif surprend Al-Makrizi (cf. *Al-Khiṭaṭ*, II, p. 101) ; car, dit-il, « ce petit marché est un des plus grands marchés du Caire ». Il s'étendait au nord du Petit Palais, entre le quartier de Bardjouwân et le quartier de la Farḥiyya (cf. note 1) ; on le traversait pour se rendre de la Porte des conquêtes (*bâb alfoutouḥ*), de la Place entre les deux palais (*bain al-ḳaṣrain*), ou de la Porte du secours (*bâb an-naṣr*) vers la Porte du pont (*bâb al-ḳanṭara*) et les bords du Nil. Voir encore Al-Makrizi, *Al-Khiṭaṭ*, II, p. 21 et 36.

4. Ousâma fait allusion aux événements de scha'bân 528 (juin 1134). A cette époque, les Raiḥânites tenaient pour Aboû Tourâb Haidara, l'un des fils d'Al-Ḥâfiṭh, que celui-ci avait désigné pour lui succéder, les Djouyoûschites pour un frère plus âgé, Aboû 'Ali Ḥasan, qui, par la désignation de son frère, se considérait comme lésé dans ses droits au khalifat. D'après Ibn Misar, fol. 73 r°, dans les luttes qui se prolongèrent, les deux corps d'armée auraient perdu dix mille hommes. Les Djouyoûschites, vainqueurs, bloquèrent Al-Ḥâfiṭh dans son palais pour lui imposer leurs conditions. Voir Wüstenfeld, *Geschichte der Faṭimiden-Chalifen*, p. 303-305.

5. Ce proverbe arabe s'applique à une chose peu désirable, que personne ne se soucie de posséder ; voir Freytag. *Arabum proverbia*, II, p. 507.

6. Aboû Manṣoûr Ismâ'il. surnommé *Aṭh-Ṭhâfir bi-amr Allâh*, « Le vainqueur par l'ordre d'Allâh, » ou, d'après Djamâl ad-Dîn Al-Ḥalabi (Wüstenfeld, *Geschichte der Faṭimiden-Chalifen*. p. 312), *Aṭh-Ṭhâfir li-a'dâ' Allâh*, « Le vainqueur des ennemis d'Allâh », était âgé de dix-sept ans et quelques mois (Ibn Tagribardi, *An-Noudjoûm*, fol. 16 v°) lorsqu'il succéda à son père le dix octobre 1149 ; voir plus haut, p. 217.

jeune de ses fils[1]. Celui-ci prit pour vizir Nadjm ad-Dîn Ibn Maṣâl[2], un vieillard très âgé, tandis que l'émir Saif ad-Dîn Aboû 'l-Ḥasan ʿAlî Ibn As-Sallâr était alors relégué dans l'administration d'une province[3]. Celui-ci recruta et rassembla des troupes, marcha sur Le Caire et s'y rendit dans sa propre maison. De son côté, Aṭh-Ṭhâfir bi-amr Allâh convoqua les émirs dans le Palais du vizirat[4], et envoya vers nous le régisseur des palais[5], chargé de nous dire : « O émirs, ce Nadjm ad-Dîn est mon vizir et mon représentant. Que quiconque m'obéit lui obéisse et se conforme à ses ordres. — Les émirs s'écrièrent : Nous sommes les esclaves soumis et fidèles de notre maître. L'intendant rapporta cette réponse.

« Ce fut à ce moment qu'un émir vénérable, nommé Lakroûn, prit la parole en ces termes : O émirs, laisserons-nous massacrer ʿAlî Ibn As-Sallâr? — Non, par Allâh, répondirent-ils. — Dans ce cas, dit Lakroûn, agissez. Ils partirent tous, sortirent du Château, sellèrent leurs chevaux et leurs mulets et apportèrent leur concours à Saif ad-Dîn Ibn As-Sallâr.

Lorsque Aṭh-Ṭhâfir vit ce mouvement et qu'il eut essayé en vain de l'enrayer, il mit à la disposition de Nadjm ad-Dîn Ibn Maṣâl des sommes considérables et lui dit : Rends-toi dans le Ḥauf[6], réunis des hommes, groupe-les, fais-leur des distributions d'argent et repousse avec eux Ibn As-Sallâr.

1. Quatre frères plus âgés d'Aṭh-Ṭhâfir étaient morts du vivant de leur père, qui avait, en désignant Aṭh-Ṭhâfir comme son successeur, évincé deux autres de ses fils, l'émir Yoûsouf et l'émir Aboû 'l-Amâna Djibrîl ; sur ces deux derniers, voir Ousâma, *Autobiographie*, p. 15 et 16, traduite plus loin, p. 248-249.

2. L'émir Nadjm ad-Dîn Aboû 'l-Fatḥ Salîm ibn Moḥammad Ibn Maṣâl était originaire de Loukk, un village aux environs de Barḳa. C'est pourquoi Ibn Tagribardi (fol. 4 v° et 20 r°) l'appelle le Magrébin. Aṭh-Ṭhâfir lui conféra les titres de « chef éminent, supérieur, émir des armées » (السيّد الاجلّ المفضّل امير الجيوش). Son vizirat ne dura que quarante jours. C'est d'après l'autographe d'Ibn Khallikân que j'ai adopté la lecture Ibn Maṣâl sans *taschdîd* ; voir Slane dans Ibn Khallikân, *Biographical Dictionary*, II, p. 350 et 353. Ibn Misar, fol. 85 r°, donne la vocalisation Ibn Mouṣâl.

3. Ibn As-Sallâr était alors *wâlî* de la province d'Alexandrie ; cf. Ibn Misar, loc. cit. ; Ibn Al-Athîr et Aboû 'l-Fidâ dans *Hist. or. des croisades*, I, p. 475 et 28 ; Ibn Khallikân, *Biographical Dictionary*, II, p. 350 et 351.

4. Plus haut, p. 205, note 8.

5. Lisez de même زمام القصور dans Wüstenfeld, *Calcaschandi's Geographie und Verwaltung von Aegypten*, p. 183, l. 16. Sur l'emploi du mot *zimâm* dans la hiérarchie des fonctionnaires égyptiens, voir plus haut, p. 224, note 5.

6. Lisez ici et à la l. 19 : الحوف. Il y avait en Égypte, d'après Yâḳoût (*Mou'djam*, II, p. 365).

« Ibn Maṣâl se mit en route pour exécuter ces instructions. Mais Ibn As-Sallâr entra au Caire et pénétra dans le Palais du vizirat. L'armée entière fut d'accord pour lui promettre obéissance. Il traita les troupes avec bonté. Il m'ordonna à moi, ainsi qu'à mes compagnons, de séjourner dans sa maison, et m'y assigna un endroit où j'habiterais.

« Dans le Ḥauf, Ibn Maṣâl avait rassemblé en grande quantité des hommes de Lawâta [1], des soldats de Miṣr, des nègres et des Arabes. Roukn ad-Dîn 'Abbâs, beau-fils de 'Alî Ibn As-Sallâr [2], était sorti de la ville et avait établi ses campements en dehors de Miṣr. Le lendemain matin, une bande de Lawâta, commandée par un parent d'Ibn Maṣâl, apparut tout à coup et se dirigea vers la tente qu'il occupait. Un certain nombre d'hommes de Miṣr quittèrent 'Abbâs en fuyant. Quant à lui, il resta ferme à son poste avec ses officiers d'ordonnance et ceux de ses soldats qui tinrent bon jusqu'au soir de cette attaque par surprise [3].

« Ibn As-Sallâr, informé de ce qui s'était passé, me fit venir pendant la nuit. J'habitais sa maison. Il me dit : Ces chiens (il entendait par là les soldats de Miṣr), ont retenu l'émir (il désignait ainsi 'Abbâs) dans de vains amusements [4] jusqu'au moment où une bande de Lawâta s'est élancée à la nage contre lui. Ils se sont alors enfuis, quelques-uns sont même rentrés dans leurs maisons au Caire, bien que l'émir s'y opposât. — Je répon-

deux régions appelées le Ḥauf, l'une à l'est, dans la direction de la Syrie, l'autre à l'ouest, dans le voisinage de Damiette. Il s'agit évidemment du Ḥauf oriental qui confinait au Caire; voir Wüstenfeld, *Calcaschandi's Geographie und Verwaltung von Aegypten*, p. 96-97; cf. p. 98-100.

1. Lisez ici, à la ligne suivante, et p. 6, l. 3, لواتة « Lawâta »; voir plus haut, p. 211, note 1.

2. 'Abbâs est nommé plus complétement par Ousâma (*Autobiographie*, p. 13), Roukn ad-Dîn 'Abbâs, fils d'Abou 'l-Foutoûḥ, fils de Tamîm, fils de Bâdîs, avec omission seulement d'Al-Mou'izz, père de Tamîm et fils de Bâdîs. Il descendait directement par son père de la dynastie Ṣinhâdjite des Zîrides, qui exerça d'abord dans le Maroc et dans l'Afrique du Nord la lieutenance au nom des Fâṭimides d'Egypte, qui s'affranchit ensuite de leur suzeraineté; cf. Ibn Al-Athîr, dans *Hist. or. des croisades*, I, p. 475; Ibn Khallikân, *Biographical Dictionary*, IV, p. 101-102: Ibn Khaldoûn, *Histoire des Berbères* (tr. de Slane), II, p. 9-29; Wüstenfeld, *Geschichte der Faṭimiden-Chalifen*, p. 314-315. Quant à la mère de 'Abbâs, qui s'était remariée à Ibn As-Sallâr, elle s'appelait Boullâra; voir id., *ibid.*, loc. cit.; Ibn Al-Athîr, *Annales* (éd. Tornberg), X, p. 73 et 332; XI, p. 94, et dans *Hist. or. des croisades*, I, p. 475; Ibn Khallikân, *Biographical Dictionary*, II, p. 351; IV, p. 100; Al-Makrîzî, *Al-Khiṭaṭ*, II, p. 447, où le texte imprimé porte بلاوة, au lieu de بلارة.

3. Je maintiens l'exactitude de mon texte, ma traduction s'appuyant sur Lane, *An arabic-english Lexicon*, p. 686 *b*.

4. Lisez peut-être بالفوارغ, que j'ai traduit;

dis : O mon maître, à l'aube nous monterons à cheval pour attaquer cette engeance et, avant le milieu de la matinée, nous en aurons fini avec eux, si Allâh le tout-puissant le veut. — C'est bien, dit Ibn As-Sallâr, monte à cheval au point du jour.

« Le lendemain, à la première heure, nous fîmes une sortie contre nos adversaires. Pas un seul d'entre eux n'échappa, excepté ceux à qui leurs chevaux firent traverser le Nil à la nage. Le parent d'Ibn Maṣâl fut fait prisonnier et eut le cou tranché.

« L'armée tout entière, sous les ordres de ʿAbbâs, fut alors dirigée contre Ibn Maṣâl. ʿAbbâs le rencontra devant Dalâṣ[1], mit en déroute ses partisans, et tua Ibn Maṣâl lui-même. Il n'y eut pas moins de dix-sept mille hommes tués, nègres et blancs. La tête d'Ibn Maṣâl fut apportée au Caire, et il ne resta plus personne qui s'obstinât ou qui se révoltât[2] contre Saif ad-Dîn.

« Ath-Thâfir revêtit Ibn As-Sallâr du manteau du vizirat, et le surnomma *Al-Malik Al-ʿÂdil* « le roi juste ». Il fut chargé du pouvoir, malgré la répugnance et l'aversion qu'il inspirait à Ath-Thâfir, qui nourrissait contre lui de mauvaises pensées et qui avait même conçu la résolution de le mettre à mort.

« Le khalife convint avec quelques-uns des jeunes gens de sa garde particulière et avec d'autres personnes dont il obtint le concours et qu'il soudoya[3] qu'on envahirait la maison d'Ibn As-Sallâr et qu'on le mettrait à mort. On était au mois de ramaḍân[4]. Les conjurés se réunirent dans une maison voisine de celle qu'occupait le vizir, pour attendre que la nuit leur prêtât son ombre

si l'on maintient avec mon édition بالقوارع, mot qui est un doublet de بشوارع, il conviendra de traduire « sur les grands chemins. » Le manuscrit n'a que les traits des lettres sans points diacritiques.

1. Dalâṣ est le nom d'un district de la Haute-Égypte, que l'on désigne d'après sa ville principale, et qui fait partie de la province de Bahnasâ ; cf. Yâkoût, *Mouʿdjam*, II, p. 581 ; Ibn Misar, fol. 85 v° ; *État des provinces et des villages de l'Égypte*, dans Sacy, *Description de l'Égypte, par Abd-Allatif*, p. 689 ; Quatremère, *Mémoires géographiques et historiques sur l'Égypte*, I, p. 505-506 et 519-520 ; Slane dans Ibn Khallikân *Biographical Dictionary*, II, p. 353 ; Wüstenfeld, *Calcaschandi's Geographie und Verwaltung von Aegypten*, p. 93.

2. Le sens n'est pas douteux ; quant au texte, doit-il être maintenu tel que je l'ai imprimé, ou convient-il d'accepter la correction تشاقفة proposée par M. Goldziher, *Oesterreichische Monatschrift für den Orient*, XII, p. 79 ?

3. Lisez ممن استمالهم وانفق فيهم.

4. D'après Ibn Misar, fol. 86 r°, le vingt-six de ramaḍân 544, c'est-à-dire le vingt-sept janvier 1150

propice et que les compagnons d'Al-'Âdil[1] se fussent dispersés.

« J'étais ce soir-là dans sa société. Lorsque ses commensaux eurent fini de souper et qu'ils eurent pris congé de lui, le vizir, informé en toute hâte par un de ses fidèles de ce qu'on tramait contre lui, manda deux hommes d'entre ses gardes du corps, et ordonna que ses gardes du corps feraient invasion en masse[2] dans la maison où ses ennemis étaient réunis. Cette maison, par la volonté d'Allâh, qui avait résolu de ne pas les faire périr tous, avait deux portes, l'une voisine, l'autre éloignée de la maison d'Al-'Âdil. Une première troupe pénétra par la porte la plus rapprochée avant que les autres ne fussent parvenus à la seconde porte par laquelle passèrent et sortirent nombre de fuyards, entre autres environ dix jeunes gens de la garde particulière du khalife, amis de mes officiers d'ordonnance, qui vinrent à moi pendant cette nuit pour que nous les cachions. Le lendemain matin, la ville entière était occupée à rechercher les fuyards. Tous ceux sur lesquels on réussit à mettre la main furent tués.

« Une des choses étonnantes[3] que je vis en ce jour fut la fuite d'un nègre d'entre les conspirateurs qui chercha une retraite à l'étage supérieur de ma maison, tandis qu'on le poursuivait l'épée à la main. Il s'éleva au-dessus du sol à une hauteur considérable. Dans la cour de ma maison était un grand figuier. Du toit en terrasse, il sauta dans la direction de cet arbre, y tomba juste, puis descendit, entra par un couloir étroit qui était là tout près et qui aboutissait à un salon, marcha sur un flambeau de cuivre, le brisa, et alla se cacher derrière un tas de bagages amoncelés dans le salon. Ceux qui le poursuivaient étaient montés après lui. Je poussai un cri retentissant pour les effrayer, et je les fis rejoindre par mes officiers

1. Al-'Âdil est employé comme abréviation d'Al-Malik Al-'Âdil. Ibn As-Sallâr est ainsi désigné par Ibn Al-Athîr et Aboû 'l-Fidâ, dans *Hist. des croisades*, I, p. 475, 486, 28, 30.

2. La garde personnelle d'Ibn As-Sallâr ne comprenait pas moins de six cents hommes ; cf. Wüstenfeld, *Geschichte der Faṭimiden-Chalifen*, p. 315.

3. Lisez عجيب.

d'ordonnance, qui les éloignèrent. J'allai trouver ce nègre. Il avait ôté un riche costume qu'il portait et me dit : Prends-le pour toi. Je répondis : Qu'Allâh te comble de ses faveurs ! Je n'en ai pas besoin. Je fis sortir cet homme sous bonne escorte, et il fut sauvé.

« Je m'assis alors sur un banc de pierre dans le vestibule de ma maison. Voici qu'entra vers moi un jeune homme qui salua et s'assit. J'admirai sa conversation et ses réparties. Nous étions en train de causer, lorsqu'on vint l'appeler ; aussitôt il se laissa emmener. J'envoyai l'un de mes officiers d'ordonnance que je chargeai de le suivre et de me rapporter la cause de cet appel pressant. L'endroit où je me tenais était voisin du palais d'Al-'Âdil. Dès que le jeune homme eut été introduit devant le vizir, celui-ci ordonna de lui couper le cou, et incontinent il fut mis à mort. Mon officier d'ordonnance revint vers moi, il s'était informé de la faute si cruellement punie. On lui répondit : Ce jeune homme écrivait de faux firmans [1]. Gloire à celui qui fixe la durée des existences et l'heure des trépas !

« La guerre civile avait fait de nombreuses victimes parmi les soldats de Miṣr et parmi les nègres.

« Le vizir Al-Malik Al-'Âdil me donna comme instruction de m'équiper pour me rendre vers Al-Malik Al-'Âdil Noûr ad-Dîn [2] (qu'Allâh l'ait en pitié !) et me dit : Tu emporteras de l'argent et tu te rendras vers lui pour qu'il mette le siège devant Tibériade et pour qu'il détourne de nous l'attention des Francs. Cette diversion nous permettra, en partant d'ici, d'aller ravager Gazza. Or les Francs (puisse Allâh leur faire défection !) avaient commencé à reconstruire Gazza [3] pour se mettre en mesure de

1. Littéralement : « contrefaisait les *tauḳi'*. » On appelait ainsi le chiffre ornementé du prince, que l'on traçait artistiquement à la main en tête des firmans. Sur les bureaux du protocole à Miṣr, voir Wüstenfeld, *Calcaschandi's Geographie und Verwaltung von Aegypten*, p. 189-190.

2. Il s'agit du grand Noûr ad-Dîn, fils de Zengui ; cf. plus haut, p. 209.

3. Ce fut à la fin de 1149 ou au plus tard en 1150 que Baudouin III, roi de Jérusalem, entreprit la restauration de Gazza, qui était en ruine, pour en confier la garde aux Templiers : voir Guillaume de Tyr, dans *Hist. occ. des croisades*, I, p. 777-779 ; cf. p. 976 ; Aboû Schâma, *Kitâb ar-rauḍatain*, I, p. 69, l. 5 d'en bas ; Quatremère, *Histoire des sultans mamlouks*, I, II, p. 234.

bloquer ensuite Ascalon[1]. Je répondis : O mon maître, si Noûr ad-Dîn allègue des excuses, ou que d'autres préoccupations l'arrêtent, que m'ordonnes-tu? — Il me dit : Dans le cas où il dresserait ses tentes devant Tibériade, donne-lui la somme qui sera entre tes mains. Si, au contraire il est empêché par un obstacle quelconque, distribue-la aux troupes dont tu disposeras. Monte alors vers Ascalon, restes-y pour combattre les Francs, et annonce-moi ton arrivée pour que je te transmette des ordres en conséquence.

« Al-'Âdil me remit six mille dînârs de Miṣr[2] et toute une charge de bête de somme en étoffes de Dabîḳ[3], en soie brochée d'or[4], en fourrures de petit-gris[5], en brocart de Damiette[6], en turbans. Il mit à ma disposition des guides arabes, sous la conduite desquels je partis. Il ne m'avait laissé aucun prétexte de ne point voyager, en me fournissant tout ce dont j'avais besoin, gros et menu.

« Lorsque nous fûmes arrivés près d'Al-Djafr[7], les guides me dirent : Voici un endroit qui ne peut pas manquer de contenir

1. Ascalon était le dernier boulevard de la puissance des Fâṭimides en Syrie; voir plus haut p. 203, et Ibn Al-Athîr dans *Hist. or. des croisades*, I, p. 490.

2. Le dînâr de Miṣr était une pièce d'or valant de onze à douze francs ; voir Slane, *ibid.*, II II, p. 248 ; cf. Sauvaire, *Matériaux pour servir à l'histoire de la numismatique et de la métrologie musulmanes*, p. 224-226.

3. Dabîḳ était un village d'Egypte, entre Al-Faramâ et Tinnis, où l'on fabriquait une étoffe de laine appelée *dabîḳî*; voir Al-Waschschâ, *Kitâb al-mouwaschschâ* (éd. Brünnow), p. 124, l. 12, 15 et 19 ; poésie d'Ousâma dans l'*Autobiographie*, p. 120, l. 10 ; Yâḳoût, *Mou'djam*, II, p. 548 ; Quatremère, *Mémoires géographiques et historiques*, I, p. 340 ; A. von Kremer, *Culturgeschichte des Orients*, II, p. 289 ; Wüstenfeld, *Calcaschandi's Geographie und Verwaltung von Aegypten*, p. 197.

4. Sur l'étoffe appelée *siḳlâṭoûn*, comme porte notre texte, voir, en dehors de Dozy, *Supplément aux dictionnaires arabes*, I, p. 663, Wüstenfeld, *Geschichte der Faṭimiden-Chalifen*, p. 162 ; H. Ethé dans les *Actes du sixième congrès international des orientalistes*, II (Leide, 1885), p. 205, note 1 ; A. de Biberstein Kazimirski, *Menoutscheri* (Paris, 1887), p. 44, note 2.

5. En arabe : *mousandjab*, que nous avons plutôt conjecturé que lu ; voir Dozy, *Dictionnaire détaillé des noms de vêtements chez les Arabes* (Amsterdam, 1845), p. 328. Les fourrures de petit-gris entraient pour une bonne part dans la confection des robes d'honneur en Egypte ; voir le long passage d'Al-Maḳrîzî, cité et traduit par Quatremère, *Histoire des sultans mamlouks*, II II, p. 70-79.

6. Le texte porte simplement : *wad-dimyâṭî* « et en fabrication de Damiette ». Ailleurs, Ousâma, *Autobiographie*, p. 127, l. 19, raconte que le khalife de Bagdâd Al-Mouktafî Billâh portait « un vêtement de Damiette ». Les ateliers de Damiette avaient la spécialité des étoffes précieuses ; voir Yâḳoût, *Mou'djam*, II, p. 603 ; A. von Kremer, *Culturgeschichte des Orients unter den Chalifen*, II, p. 289.

7. L'emploi du singulier, plusieurs fois répété dans ce paragraphe, a lieu de nous étonner. C'était par le pluriel de ce mot *al-djifâr* « les puits », qu'on désignait le désert de sable qui s'étend, sur un parcours de six à sept jours, entre l'Égypte et la Palestine ; voir Yâḳoût, *Mou'djam*, II, p. 90 ; id., *Mouschtarik*, p. 104 ; Wüstenfeld, *Jâcût's Reisen*, dans la *Zeitschrift der deutschen morg. Gesellschaft*, XVIII, p. 465-466 ; *État des provinces et des villages de l'Égypte*, dans Sacy, *Description de l'Egypte, par Abd-Allatif*, p. 604 ; Wüstenfeld, *Calcaschandi's Geographie und Verwaltung von Aegypten*, p. 111. Al-Djafr était sans doute l'un des puits fréquents sur cette route, puits où les voyageurs avaient l'habitude de faire étape,

des Francs [1]. Sur mon ordre, deux d'entre les guides montèrent sur deux dromadaires [2], pour nous précéder à Al-Djafr. Au bout d'un moment [3], ils revinrent, leurs dromadaires les ramenant au grand galop. Les Francs, s'écrièrent-ils, sont près d'Al-Djafr. Je ne bougeai pas, je réunis les chameaux chargés de mes bagages et quelques hommes [4] de ma caravane, et je les ramenai vers l'ouest [5]. Puis j'interpellai six cavaliers qui étaient à mon service, et je leur dis : Précédez-nous, je m'avance sur vos traces. Ils se mirent à trotter, tandis que je les suivais. L'un d'eux revint vers moi et me dit : Pas âme qui vive près d'Al-Djafr. Peut-être les guides ont-ils pris des corbeaux pour des hommes. Les guides et lui se disputèrent.

« Je fis alors revenir ceux qui avaient ramené les chameaux en arrière et je continuai ma route. Parvenu à Al-Djafr, j'y remarquai de l'eau, des herbes et des arbres. Voici que tout à coup il surgit de cette prairie un homme vêtu de noir que nous fîmes prisonnier. Mes compagnons, qui s'étaient disséminés, s'emparèrent d'un autre homme, de deux femmes et de plusieurs jeunes gens.

« Une de ces femmes vint à moi, s'accrocha à mon vêtement et dit : O maître, je dépends de ta générosité. — Je répondis : Tu peux être sans crainte ; qu'as-tu ? — J'ai, dit-elle, que tes compagnons m'ont enlevé un morceau d'étoffe, un animal qui brait, un animal qui aboie, enfin un objet précieux. — Je dis à mes officiers d'ordonnance : Que celui qui a pris quoi que ce soit le rende. — L'un d'eux apporta un morceau d'étoffe,

1. Les guides faisaient allusion aux Francs du Dâroûm, le poste le plus avancé des chrétiens vers le sud-ouest de la Palestine ; voir Rey, *Les colonies franques de Syrie*, p. 402-403.

2. Mot à mot : « sur deux animaux de Mahra » ou « de Mahara ». D'après Maçoudi, *Les prairies d'or*, I, p. 333-334, cette race exceptionnelle de chameaux provenait des Mahara, habitants d'Asch-Schihr, sur la côte méridionale de l'Arabie. C'était « le sang pur, la haute race des chameaux », et aussi le « chameau grand coureur, infatigable », d'après Perron, *Le nâcéri*, I, p. 466-467. J'ai traduit par « dromadaire, » avec Dozy, *Supplément aux dictionnaires arabes*, II, p. 621. Voir encore le mot *mahari* dans Littré, *Dictionnaire de la langue française*, III, p. 378, et V (*Dictionnaire étymologique des mots d'origine orientale*, par Marcel Devic), p. 46.

3. Lisez avec le manuscrit لبثنا.

4. Lisez ورفاقا.

5. Lisez الغرب.

long à peine de deux coudées [1]. C'est le morceau d'étoffe, dit la plaignante. — Un autre apporta un fragment de sandaraque [2]. C'est, dit-elle, l'objet précieux. — Je demandai : Où sont restés l'âne et le chien? — On me répondit : Quant à l'âne, on l'a jeté dans la prairie, après lui avoir lié les pieds de devant et les pieds de derrière. Le chien a été lâché, il court d'un endroit à l'autre.

« Je réunis mes prisonniers, et je fus frappé de leur état lamentable d'affaissement physique. Ils avaient la peau desséchée sur les os. Je leur dis : Qui êtes-vous donc? — Nous sommes, répondirent-ils, des rejetons d'Oubayy [3]. Or, les Banoû Oubayy sont une tribu d'Arabes Ṭayyites [4]; ils ne mangent que des charognes [5] et disent : Nous sommes les plus parfaits des Arabes. Il n'y a parmi nous ni mutilé, ni lépreux, ni malade atteint d'une maladie chronique, ni aveugle. Lorsqu'un hôte s'assied à leur foyer, ils égorgent pour lui un animal vivant, et lui font préparer une nourriture à part. — Je leur dis : Quelles circonstances vous ont amenés jusqu'ici ? — Ils répondirent : Nous avons à Ḥismâ [6] plusieurs tas de *dhoura* [7] enfouis que nous sommes venus prendre. — J'insistai : Depuis quand êtes-vous arrivés? — Ils répondirent : Depuis la fête

1. Moins d'un mètre.

2. Sur la gomme appelée sandaraque, voir Ch. Schefer dans Nâṣiri Khosrau, *Sefer nameh*, p. 108, note 1.

3. Oubayy, fils de Khalaf, fut tué par le Prophète à la bataille d'Ouḥoud ; voir Caussin, *Essai sur l'histoire des Arabes avant l'islamisme*, III, p. 107. Ibn Doraid, *Genealogisch-etymologisches Handbuch*, p. 80 (cf. Al-Baiḍâwi, *Commentarius in Coranum*, edidit Fleischer, I, p. 508 ; Wüstenfeld, *Register*, p. 346), raconte qu'Oubayy était venu apporter à Moḥammad un os en putréfaction, puis s'était mis à le piler et à souffler ensuite pour disséminer dans l'air cette poussière, en demandant : « Qui fera revivre cet os, ô Moḥammad ? » C'est à quoi se rapporterait le verset du *Coran*, xxxvi, 78 : « Il nous a proposé un exemple et a oublié sa propre création. Il a dit : Qui fera revivre les os « cariés? » J'ai cité cette histoire à cause de sa ressemblance avec le récit, que les rejetons d'Oubayy font à Ousâma de la nourriture à laquelle ils ont été réduits avant de le rencontrer.

4. Les Ṭayyites occupaient des régions situées au nord-ouest de la péninsule arabique. Ces montagnards (Wüstenfeld, *Register*, p. 436-438) représentaient les Arabes aux yeux des populations limitrophes de la Syrie, de la Palestine et de la Perse qui désignent les Arabes sous la dénomination généralisée de Ṭayyites.

5. La viande des animaux morts est une nourriture sévèrement interdite par le *Coran* (ii, 168, v, 4 ; vi, 146 ; etc.)

6 Sur la montagne et la plaine de Ḥismâ au nord-ouest de l'Arabie, dans le désert de Syrie, voir Yâkoût, *Mou'djam*, II, p. 267-268 ; C. Ritter, *Die Erdkunde*, *Vergleichende Erdkunde von Arabien*, II (Berlin, 1847), p. 313-314 ; Sprenger, *Die alte Geographie Arabiens*, p. 144 et suiv.

7. C'est une espèce de grand millet, qu'on appelle en arabe ذرة, sans redoublement du *râ*. Voir pourtant la forme *dhourra* dans Sacy, *Description de l'Égypte, par Abd-Allatif*, p. 120 ; Marcel Devic, *Dictionnaire étymologique*, p. 32 de l'édition in-folio ; J. Wellhausen, *Muhammed in Medina* (Berlin, 1882), p. 119, note 2, dans un passage relatif à cette même tribu de Oubayy.

qui a suivi le ramaḍân[1] nous sommes ici, sans avoir vu de nos yeux la moindre provision. — De quoi vivez-vous alors? demandai-je. — D'os cariés[2], répondirent-ils en désignant ainsi les os gâtés qu'ils ramassaient; nous les pilons, nous y ajoutons de l'eau et des feuilles d'arroche, plante répandue dans cette région. Cela suffit à notre subsistance. — Je repris : Mais comment nourrissez-vous vos chiens et vos ânes? — Ils dirent : Les chiens mangent comme nous ; quant aux ânes, on les bourre d'herbe sèche. — Je leur dis encore : Pourquoi donc n'êtes-vous pas entrés à Damas? — Ils reprirent : C'est que nous avons craint la peste[3]. Or, jamais peste ne mit les gens aussi bas que n'étaient ces malheureux. Cela se passait le jour après la Fête des victimes[4]. Je m'arrêtai jusqu'à l'arrivée de mes chameaux : je distribuai une partie des provisions qui nous accompagnaient. Je coupai en deux un morceau d'étoffe rayée, qui était roulé autour de ma tête, et je le partageai entre les deux femmes. La joie causée par les provisions faillit troubler la raison d'hommes affamés; je leur dis : Ne restez pas ici; les Francs vous feraient captifs!

« Une aventure singulière de ce voyage fut ce qui m'advint un soir, alors que j'avais fait halte pour réciter les prières du coucher du soleil et de la nuit[5], en les abrégeant et en les confondant[6]. Les chameaux étaient partis. Je m'arrêtai sur une hauteur, et je dis à mes officiers d'ordonnance : Allez dans tous les

1. « On célèbre, le premier jour du mois de schawwâl, la fête la plus joyeuse que connaisse l'islamisme, celle de la rupture du jeûne (*'îd al-fiṭr*)... qui, dans certains pays, dure trois jours. » Dozy, *Essai sur l'histoire de l'islamisme*, traduit par V. Chauvin (Leyde, 1879), p. 139. Ce jour de fête, en 544, avait coïncidé avec le premier février 1150.

2. En arabe : الرمّة; cf. رميم dans le *Coran*, XXXVI, 78.

3. Nous ne sommes nullement informés qu'une peste aurait désolé la région de Damas en 1149 ou en 1150. Les Banoû Oubayy n'auraient pas fait allusion si longtemps après à l'épidémie terrible de 1142 sur laquelle on peut comparer M. A von Kremer, *Ueber die grossen Seuchen des Orients nach arabischen Quellen* (Wien, 1880), p. 15, 59, 60, 64. Peut-être apprenons-nous à connaître ici un épisode nouveau de l'histoire des pestes en Syrie, à moins que les Banoû Oubayy n'aient donné un renseignement inexact à Ousâma.

4. En arabe *'îd al-aḍḥâ*. Cette fête tombe le dix du douzième mois, de dhoû 'l-ḥidjdja (cf. Lane, *An arabic-english Lexicon*, p. 1774). Ces Arabes erraient donc dans le pays depuis soixante-dix jours environ, lorsque Ousâma les rencontra le onze avril 1150.

5. Ce sont les quatrième et cinquième prières de la journée musulmane. Sur les heures précises, indiquées par les deux mots arabes *magrib* et *'aschâ*, voir Gesenius, *Thesaurus... linguæ hebrææ*. p. 1063.

6. Texte et traduction douteuses.

sens à la recherche des chameaux, puis revenez vers moi. Je ne bougerai pas d'ici. Ils galopèrent de tous côtés, mais sans résultat. L'un après l'autre, ils me rejoignirent et me dirent : Nous n'avons rien aperçu, et nous ne savons pas quelle direction ils ont prise. — Je répondis : Nous implorerons le secours d'Allâh le tout-puissant et nous nous laisserons conduire par le coucher des étoiles [1]. Notre abandon dans le désert, loin de nos chameaux, avait rendu notre situation très pénible. Or il y avait parmi les guides un certain Djzziyya [2], plein de vigilance et de sagacité. Lorsqu'il s'aperçut de notre retard, il comprit que nous nous étions égarés à distance, sortit un briquet, monta sur son chameau et fit jaillir dans l'air des étincelles qui se répandirent par-ci par-là. Si loin que nous fussions, ce spectacle nous frappa. Nous avions bientôt pris le chemin du feu, qui nous ramenait directement à eux. N'était la faveur d'Allâh et ce qu'il inspira à ce guide, nous étions perdus !

« Voici une autre péripétie de ce voyage. Avant de partir, le vizir Al-Malik Al-'Âdil [3] m'avait dit : Tu ne feras rien savoir [4] aux guides que tu amènes de la somme que tu emportes ! En conséquence, je plaçai quatre mille dînârs dans une sacoche sur un mulet de selle [5] tenu en laisse près de moi par un de mes écuyers ; je plaçai les deux autres mille dînârs, de l'argent pour mes frais d'entretien, une bride en or et des dînârs magrébins [6] dans une autre sacoche sur un cheval conduit en laisse à ma suite par un de mes écuyers. A chaque station que

1. L'expression d'Ousâma est علی النوء ; voir Al-Ḥarîrî, *Maḳâmât* (éd. Reinaud et J. Derenbourg), p. 215, avec le substantiel commentaire de M. Silvestre de Sacy, p. 215-216, et aussi Th. Chenery, *The assemblies of Al Ḥariri* (London 1867), p. 443-445.

2. La lecture du nom est incertaine.

3. En d'autres termes, le vizir Ibn As-Sallâr.

4. Lisez لا تُعلِم.

5. L'épithète *souroûdjî*, appliquée aux mulots, a été expliquée plus haut, p. 114, note 3.

6. Le manuscrit porte وسرفسار ددىاىىر معرىىه que je crois devoir compléter en وسرفسار ذ[هب ود]نانير مغربيّة. Sur le premier mot qui est d'origine persane, voir Ibn Schâkir Al-Koutoubî, *Fawât bi 'l-wafayât* (éd. de Boûlâḳ), I, p. 123, citation d'Ousâma ; cf. A. von Kremer, *Beiträge zur arabischen Lexicographie*, I, p. 74. Quant au deuxième mot, il accompagne le premier dans le passage d'Ousâma, cité par Ibn Schâkir, et dans Ibn Abî Ouṣaibi'a, *Classes des médecins* (éd. A. Müller), II, p. 178, l. 8 ; cf. A. Müller, *Ueber Text und Sprachgebrauch von Ibn Abî Uṣeibi'a's Geschichte der Aertzte*, dans les *Sitzungsberichte der kænigl. bayer. Akademie der Wissenschaften*, philosophisch-philologische Classe (1884), p. 950. La conjecture proposée paraîtra d'autant plus plausible que, le manuscrit

je faisais, je plaçais les sacoches au centre d'un tapis dont je ramenais les extrémités sur elles ; j'étendais ensuite un deuxième tapis sur le premier, et je dormais sur les sacoches. A l'heure du départ, je me levais le premier ; les deux écuyers venaient recevoir leur dépôt, et ce n'est que lorsqu'ils avaient serré les deux sacoches sur les animaux maintenus à nos côtés que je montais à cheval, que je réveillais mes compagnons, et que nous nous préoccupions de poursuivre notre route.

« Un soir nous fîmes halte dans le Désert des fils d'Israël [1]. Lorsque je me levai pour donner le signal du départ, l'écuyer chargé de tenir en laisse le mulet vint, prit la sacoche, la jeta sur les hanches du mulet et tourna autour de l'animal pour le sangler. Le mulet lui glissa des mains et partit au galop, emportant la sacoche. Je montai aussitôt sur mon cheval que mon valet tenait tout préparé, et je dis à l'un de mes écuyers : En avant ! en avant ! Je galopai à la poursuite du mulet, sans parvenir à l'atteindre ; il courait comme un onagre, et mon cheval était épuisé par la longueur de la route. L'écuyer me rejoignit. Je lui dis : Cours par ici, tu rattraperas le mulet. Il revint en disant : Par Allâh, ô mon maître, je n'ai pas vu le mulet, mais j'ai rencontré sur mon chemin cette sacoche que j'ai ramassée. Je répondis : C'était précisément de la sacoche que je m'étais mis en quête. La perte du mulet m'importe peu. Je retournai au campement. En attendant, le mulet était rentré au galop dans l'écurie et y occupait sa place. Il n'avait voulu en fuyant que se débarrasser des quatre mille dînârs.

« Après plusieurs étapes, nous étions arrivés à Boṣrâ [2] et nous avions trouvé Al-Malik Al-'Âdil Noûr ad-Dîn devant Damas [3].

ne portant pas de points diacritiques, c'est entre deux *dâl* voisins qu'a été faite l'omission. Enfin le reliquat en dinârs magrébins, se composait de dinârs des souverains du Magrib et de l'Égypte, c'est-à-dire des khalifes Fâṭimides, sur lesquels je renvoie à Sauvaire, *Matériaux pour servir à l'histoire de la numismatique et de la métrologie musulmanes*, p. 229-230.

1. Plus haut, p. 216, note 3.

2. Sur Boṣrâ, dans le Ḥaurân, au sud-est de Damas, voir plus haut, p. 178.

3. Aboû Schâma, *Kitâb ar-rauḍatain*, I, p. 70, parle d'une tentative que Noûr ad-Dîn aurait faite contre Damas et qui aurait été suivie d'un arrangement conclu au commencement de mouḥarram 545, c'est-à-dire vers le premier mai 1150 ;

L'émir Asad ad-Dîn Schîrkoûh[1] (qu'Allâh l'ait en pitié!) venait aussi d'arriver à Boṣrâ. Ce fut avec lui que j'allai rejoindre l'armée. J'y parvins le dimanche soir. Le lendemain matin, j'eus un entretien avec Noûr ad-Dîn sur l'objet de ma mission. Il me dit : O prince, sache que les habitants de Damas sont nos ennemis, et que les Francs sont nos ennemis. Il n'y aura de sécurité d'aucune part, si je m'avance entre les uns et les autres[2]. — Je lui dis : Tu me permettras bien d'enrôler quelques-uns de ceux qui n'ont pas été admis dans les troupes régulières. Je les prendrai et je te les ramènerai. Tu m'associeras l'un de tes chefs à la tête de trente cavaliers, afin que tout se passe en ton nom. — Noûr ad-Dîn répondit : Fais à ta guise. Jusqu'au lundi suivant, j'avais enrôlé huit cent soixante cavaliers, avec lesquels je me dirigeai au cœur des régions occupées par les Francs. Les cors[3] retentissaient lorsque nous faisions halte et aussi lorsque nous partions en campagne. Noûr ad-Dîn avait envoyé pour m'accompagner 'Ain ad-Daula Al-Yâroûḳî[4], à la tête de trente cavaliers.

« A mon retour[5], je passai devant Al-Kahf et Ar-Raḳîm[6]. Je

cf. Ibn Tagribardi dans *Hist. or. des croisades*, III, p. 506-507.

1. Asad ad-Dîn Schîrkoûh, fils de Schâdhi, était le frère de Nadjm ad-Dîn Ayyoûb, père de Saladin. Noûr ad-Dîn, du vivant de son père Zengui, avait attaché Schîrkoûh à sa personne. Arrivé au pouvoir, il le combla de faveurs et le nomma général en chef de ses troupes. Schîrkoûh mourut au Caire le vingt-trois mars 1169; cf. Ibn Al-Athîr, dans *Hist. or. des croisades*, I, p. 561 et 562; II II, p. 213-215 et 253; Ibn Khallikân, *Biographical Dictionary*, I, p. 626-628.

2. On se rappelle qu'Ousâma devait lui demander de faire une démonstration contre Tibériade, c'est-à-dire dans la région entre les musulmans de Damas et les chrétiens de Jérusalem; voir plus haut, p. 223.

3. Sur les *cors sarrazinois*, importés d'orient en occident par les croisés, cf. H. Lavoix fils, *Histoire de l'instrumentation* (Paris, 1878), p. 9; Rey, *Les colonies Franques*, p. 47; Prutz, *Kulturgeschichte der Kreuzzüge*, p. 192 et 541; D. Leopoldo de Eguilaz, *Glosario etimológico de las palabras españolas ... de origen oriental* (Granada, 1886), p. 112-114. C'est un instrument à embouchure qu'Ibn Khaldoûn, *Prolégomènes* (tr. de Slane), II, p. 411, décrit ainsi : « Le *boûḳ* consiste en un tuyau de cuivre, long d'une coudée, et qui s'élargit de telle sorte que l'extrémité d'où sort l'air est assez évasée pour admettre la main légèrement fermée... On souffle dedans au moyen d'un petit tuyau qu y transmet l'air de la bouche. »

4. Il a été parlé de 'Ain ad-Daula Ṭoum'ân Al-Yâroûḳi, l'ancien adversaire d'Ousâma, plus haut, p. 197, note 2.

5. Le texte porte : « sur mon chemin », mais j'ai voulu indiquer qu'Ousâma, après être monté vers le nord jusqu'aux abords de Damas, nous décrivait une de ses étapes pour se rendre ensuite à Ascalon en évitant les territoires possédés par les Francs.

6. Al-Kahf « la caverne » et Ar-Raḳîm (Yâḳoût, *Mou'djam*, IV, p. 33, et II, p. 804) sont les dénominations de deux endroits au nord de Karak et à l'est de la mer Morte, dans l'Arabie Pétrée, où l'on place la légende des Sept-Dormants. Sur cette légende, voir Koch, *Die Siebenschlæferlegende* (Leipzig, 1883) et Guidi, *Testi orientali inediti sopra i sette dormienti di Efeso* (Roma, 1885). D'après certains interprètes, Ar-Raḳîm aurait été le nom du chien de garde, d'après d'autres ce serait le nom de la table en pierre portant une inscription (*raḳîm*) où les Sept-Dormants auraient gravé leurs noms. Le chapitre XVIII du *Coran* raconte l'histoire des « compagnons de la caverne et d'Ar-Raḳîm », comme ils sont nommés au verset 8. Al-Kahf me paraît désigné sous le nom de *Cavæ, castrum in Arabia situm*, par Guibert de Nogent, dans *Hist. occ. des croisades*, IV, p. 262. Quant au village d'Ar-Raḳîm, il existe encore

m'y arrêtai et j'entrai prier dans la mosquée[1]. Mais je ne m'engageai pas dans le défilé qui y débouche. Un des émirs turcs qui étaient avec moi, nommé Berschek, arriva avec l'intention de pénétrer dans cette passe étroite. Je lui dis : Que vas-tu faire là-bas? Prie plutôt au dehors. — Il répondit : Il n'y a de Dieu qu'Allâh! Suis-je donc un bâtard[2], que je ne puis pénétrer dans cette gorge reserrée? — Que dis-tu là? lui répliquai-je. — Il reprit : Cet endroit est de ceux où jamais le fils d'une femme adultère ne pénétrera, dont il ne pourra jamais forcer l'accès. Sa parole eut pour effet que je me levai aussitôt, que j'entrai aussi dans cette passe, que j'y priai et que j'en sortis. Et pourtant, Allâh le sait, je n'ajoutais pas foi à ses paroles. La plupart des soldats vinrent, entrèrent et accomplirent leurs dévotions.

« Un de mes officiers, Barâḳ Az-Zoubaidî, se faisait servir par un esclave noir très dévôt, assidu à la prière, un homme des plus minces et des plus longs. A son tour, cet esclave, arrivé au même endroit, fit avec persistance des efforts pour entrer. Mais il n'y réussit pas. Le malheureux se mit à pleurer, s'affligea, soupira de regret et s'en retourna en voyant son incapacité d'entrer. »

La démarche d'Ousâma pour gagner le concours et l'alliance de Noûr ad-Dîn avait échoué. Son long voyage ne lui avait fourni que des renforts insignifiants accordés de mauvaise grâce et qui n'arrivèrent peut-être même pas à leur destination. 'Ain ad-Daula Ṭoum'ân Al-Yâroûḳî, délégué par Noûr ad-Dîn à la tête de trente cavaliers, n'osa sans doute pas résister aux ordres for-

entre Karak et Rabba d'après Chauvet et Isambert, *Syrie, Palestine*, p. 501.

1. La construction d'une mosquée sur cet emplacement est ordonnée dans le *Coran*, XVIII, 20.

2. Lisez انا حرام زا حتّى, comme le propose M. de Goeje dans la *Wiener Zeitschrift für die Kunde des Morgenlandes*, III (Wien, 1889), p. 114. La conjecture de M. de Goeje devient certitude, le manuscrit portant trace de l'*alif* initial, sinon d'une manière distincte, du moins avec beaucoup de vraisemblance. حرام زا, abréviation vulgaire pour le persan حرام زاده répondrait à l'arabe ابن حرام cité par Dozy, *Supplément aux dictionnaires arabes*, I, p. 278. M. de Goeje appelle l'attention sur deux passages d'Ibn Djobair, *Travels* (éd. Wright) p. 116 et 162, où une tradition analogue est rapportée sur la caverne où, lors de l'hégire, le Prophète passa une nuit avec Aboû Bekr. M. I. Goldziher (*Oesterreichische Monatschrift für den Orient*, XII, p. 79) a réuni d'autres comparaisons intéressantes, entre autres un passage très curieux des *Voyages d'Ibn Batoutah*, I,

mels de son maître, mais il ne dut pas longtemps s'attacher à la fortune de son ancien ennemi, de celui qu'il avait contribué à faire expulser de Damas[1]. Ousâma, s'il n'y était pas revenu, en avait assez approché pour s'assurer qu'il n'avait pas encore chance d'y être favorablement accueilli. Il s'était décidé à reprendre le chemin de l'Égypte, en se gardant cette fois de passer par le royaume chrétien de Jérusalem, en évitant les villes et les forteresses des Francs. Ce fut en contournant la mer Morte à l'est d'abord, puis au sud, qu'après de longues pérégrinations, après des fatigues et des difficultés de toute sorte, il rejoignit enfin son frère 'Izz ad-Daula Aboû 'l-Ḥasan 'Alî, établi depuis 1144 à Ascalon[2].

Ousâma s'était séparé de Noûr ad-Dîn en mai 1150. Je fixerais volontiers, sans appuyer cette conjecture sur autre chose que sur des présomptions, aux derniers mois de cette même année le moment où les deux frères, qui s'étaient probablement revus plus d'une fois dans l'intervalle, se retrouvèrent ensemble à Ascalon, limite extrême de la domination des khalifes Fâṭimides, ville que les Francs établis à Gazza et aux alentours convoitaient depuis longtemps sans avoir pu s'en emparer[3].

« Un matin, dit Ousâma[4], nous arrivâmes enfin au point du jour à Ascalon. A peine avions-nous installé nos armes et nos bagages près de la place publique destinée à la prière[5], que les Francs nous saluèrent en nous attaquant dès que le soleil fut levé. Nâṣir ad-Daula Yâḳoût[6], gouverneur d'Ascalon, accourut vers nous, en disant : Enlevez, enlevez vite vos bagages ! — Je lui répliquai : Tu as donc peur ! Les Francs ne nous les prendront certes pas. — Il est vrai, dit-il, que j'ai peur. — Je le rassurai en

p. 339, relatif à cette même caverne, et un récit sur une superstition analogue dans Drummond-Hay, *Marokko und seine Nomaden-Stæmme* (Stuttgart, 1846), p. 217 et 219.

1. Plus haut, p. 197.

2. Plus haut, p. 203.

3. Plus haut, p. 203 et 223 : cf. Ibn Al-Athir, dans *Hist. or. des croisades*, I, p. 490.

4. Ousâma, *Autobiographie*, p. 11-13.

5. En arabe *al-mouṣallâ* ; cf. plus haut, p. 159, note 2.

6. Nâṣir ad-Daula Yâḳoût avait déjà été, sous le khalifat d'Al-Ḥâfiṭh Billâh, un émir considérable, un « maître de la porte » (plus haut, p. 211, note 5) qui avait suppléé Al-Ḥâfiṭh malade pendant trois mois et qui avait ensuite refusé le vizirat. Quelques années plus tard, il devait échanger son gouvernement septentrional d'Ascalon contre celui de

disant : Ne crains rien. Ils nous voyaient nous avancer dans la plaine et s'efforçaient de nous barrer la route, lorsque nous n'étions pas encore parvenus dans Ascalon. Nous ne les avons pas redoutés alors. Pourquoi les redouterions-nous, aujourd'hui que nous sommes près d'une ville qui nous appartient?

« Les Francs restèrent immobiles à peu de distance pendant un certain temps; puis ils retournèrent dans leurs régions, rassemblèrent une armée contre nous et vinrent nous assaillir avec cavaliers, fantassins et objets de campement, afin de cerner Ascalon. Nous étions sortis pour les atteindre et les fantassins d'Ascalon avaient aussi opéré une sortie. Je fis le tour de cette troupe de fantassins, et je leur dis : O nos compagnons d'armes, retournez derrière vos murailles, et laissez-nous aux prises avec les Francs. Si nous sommes vainqueurs, vous nous rejoindrez. S'ils sont victorieux, vous serez là en réserve sains et saufs dans l'enceinte. Dans ce cas, gardez-vous bien de revenir à la charge.

« Je les quittai et je me dirigeai vers les Francs. Déjà ceux-ci avaient fait le tracé de leurs campements et se préparaient à dresser leurs tentes. Entourés et pressés par nous, ils n'eurent pas le temps de replier les toiles. Ils les abandonnèrent déployées comme elles l'étaient et reculèrent.

« Lorsque les Francs se furent éloignés de la ville, un certain nombre des habitants, qui étaient rentrés dans leurs foyers[1], les poursuivirent, renonçant aux défenses de la place et à leur sécurité. Les Francs se retournèrent, fondirent sur eux et en tuèrent plus d'un. Les fantassins, que j'avais tenus à l'écart, furent mis en déroute, ne purent pas battre en retraite et jetèrent sur le sol leurs boucliers[2]. A notre tour, nous reprîmes le combat contre les Francs, qui furent vaincus et rentrèrent dans leurs régions situées aux environs d'Ascalon. Quant aux fantassins

Koûṣ, au sud de la Haute-Egypte, province qui s'étend jusqu'à la ville frontière d'Ouswân ; voir Ibn Tagrîbardî, *An-Noudjoûm*, fol. 23 v° — 24 r°.

1. Peut-être convient-il de lire من المتولّين. Si le texte est incertain, le sens n'est pas douteux.

2. Pour manifester leur intention de s'avouer vaincus et de renoncer à la lutte.

mis en déroute, ils s'empressèrent en revenant de récriminer l'un contre l'autre et dirent : Ibn Mounḳidh a fait preuve de plus d'expérience que nous. Il nous avait conseillé de rebrousser chemin. Nous n'en avons rien fait avant d'avoir été repoussés et d'avoir essuyé un affront.

« Mon frère 'Izz ad-Daula Aboû 'l-Ḥasan 'Alî (qu'Allâh l'ait en pitié!), avec ses compagnons d'armes, se trouvait parmi ceux qui étaient venus avec moi de Damas à Ascalon[1]. Il était un des plus brillants cavaliers entre les musulmans. Il combattait pour les intérêts de la religion, non pour ceux de ce monde. Nous étions un jour sortis d'Ascalon pour faire une incursion et tenter la lutte contre Bait Djibrîl[2]. Lorsqu'après y être arrivés et l'avoir attaqué, nous fûmes sur le retour, je vis qu'il devait se passer quelque chose de grave devant Ascalon. J'ordonnai à mes compagnons de faire halte. Du feu fut allumé et jeté sur les piles de blé fauché. Alors nous changeâmes nos positions. Je restai en arrière de nos troupes. Les Francs (qu'Allâh les maudisse!) avaient quitté toutes les forteresses du voisinage, où était massée leur nombreuse cavalerie, et s'étaient concentrés pour assiéger Ascalon sans trêve jour et nuit. C'étaient eux qui cette fois avaient pris l'offensive contre nos compagnons.

« L'un de ceux-ci vint à moi au galop, et me dit : Les Francs sont là. Je rejoignis nos compagnons, et déjà ils avaient devant eux les avant-gardes des Francs, qui sont (qu'Allâh les maudisse !) les guerriers les plus prudents du monde. Ils avaient gravi une éminence, où ils s'étaient postés; nous, de notre côté, nous

1. Plus haut, p. 203.

2. C'est ainsi qu'Ousâma appelle (de même *Autobiographie*, p. 60) la ville fortifiée de Bait Djibrin, nom dans lequel, d'après Al-Djawâliḳi, *Mou'arrab* (éd. Sachau), p. 50, et Yâḳoût, *Mou'djam*, I, p. 776 ; II, p. 19, il faut voir une variante de Bait Djibril. Même orthographe d'ailleurs chez Ibn Al-Athir dans *Hist. or. des croisades*, I, p. 697 ; et Ibn Misar, *ibid.*, III, p. 472. Cette localité, située à mi-chemin environ entre Gazza et Jérusalem, avait été confiée en 1136 aux Hospitaliers comme place frontière entre l'Égypte et le royaume de Jérusalem ; cf. Prutz, *Kulturgeschichte der Kreuzzüge*, p. 246. Le roi Foulques était venu lui-même en février 1138 à Bait Djibrîn pour présider à la restauration de cette « ville autrefois célèbre »; cf. le très curieux mémoire de M. l'abbé Martin, *Les premiers princes croisés et les Syriens Jacobites de Jérusalem* dans le *Journal asiatique* de 1889, I, p. 35-37.

étions montés sur une éminence leur faisant face. Au milieu, une foule de nos compagnons débandés, et les gardiens de nos montures conduites en laisse passaient au-dessous des Francs. Aucun de leurs cavaliers ne descendait vers eux par crainte d'une embuscade ou d'une ruse de guerre. S'ils étaient descendus, ils auraient capturé nos compagnons jusqu'au dernier.

« Nous faisions face aux Francs avec des forces inférieures, nos troupes ayant été précédemment mises en déroute. Les Francs restèrent immobiles sur l'éminence qu'ils occupaient jusqu'au moment où nos compagnons cessèrent de défiler. Alors ils se ruèrent sur nous, et nous fûmes repoussés devant eux, la lutte étant circonscrite entre nous. Ils n'avaient pas besoin de grands efforts pour nous atteindre. Car ceux dont les chevaux ne bronchèrent pas furent tués; ceux dont les chevaux s'affaissèrent furent emmenés comme prisonniers. Ensuite les Francs quittèrent le champ de bataille.

« Allâh (qu'il soit exalté!) décréta pour nous le salut, grâce à leur système de temporisation. Si nous avions été en nombre comme ils l'étaient et que nous eussions remporté la victoire sur eux, comme ils la remportèrent sur nous, nous les aurions exterminés.

« J'étais resté quatre mois dans Ascalon pour combattre les Francs. Dans cette campagne, nous avions surpris Youbnâ[1], nous y avons tué environ cent hommes et fait des captifs. Au bout de cette période, je reçus une lettre d'Al-Malik Al-'Âdil, pour me rappeler. Je retournai à Miṣr. Mon frère 'Izz ad-Daula Aboû 'l-Ḥasan 'Alî resta dans Ascalon jusqu'au moment où l'armée de cette ville partit pour conquérir Gazza. Ce fut là que mon frère fut tué en martyr. Il avait compté parmi les savants[2], les cavaliers et les dévôts[3] d'entre les musulmans. »

---

1. Telle est la prononciation des géographes arabes (Yâkoût, Mou'djam, IV, p. 1007), à laquelle se rattache la leçon de mon manuscrit (Ousâma, Autobiographie, p. 13, note 1). Cette localité, l'ancienne Yabnéh biblique (Josué, xv, 11; 2 Chr. xxvi, 6), le siège du sanhédrin et d'une célèbre académie juive, l'Ibelin des croisés, était une ville maritime située entre Ascalon et Jaffa, à peu de distance de Ramla. Elle porte encore aujourd'hui le nom de Yebnâ; voir (Socin) Palestine et Syrie, p. 236; Chauvet et Isambert, Syrie, Palestine, p. 219.

2. Aboû 'l-Ḥasan 'Alî était l'auteur d'une chronique célèbre; voir plus haut, p. 46.

3. 'Imâd ad-Dîn, Kharîdat al-kaṣr, fol. 111 v°,

Al-Malik Al-'Âdil, c'est le vizir Ibn As-Sallâr qui, après n'avoir pas toléré la présence constante d'Ousâma, s'impatiente de son absence continue et regrette qu'il s'éternise dans la province d'Ascalon. L'émir de Schaizar revint à Miṣr avant la fin de l'année 546 de l'hégire, c'est-à-dire avant le sept avril 1152. Car l'annaliste des « rois de Miṣr et du Caire », Ibn Tagrîbardî nous apprend qu'en 546 l'émir 'Alî ibn Mourschid le Mounḳidhite mourut en martyr à Ascalon[1]. Qu'il ait succombé dans la guerre sainte à Gazza ou à Ascalon, la date vaut d'être retenue; car elle est notre seul point de repère pour retrouver l'époque approximative où se sont passés les événements secondaires, il est vrai, dont nous avons parlé, mais sur lesquels, à ma connaissance, nous ne sommes renseignés que par l'*Autobiographie* d'Ousâma.

Ousâma, réintégré dans sa demeure et dans son apanage, rappelé à Miṣr par un ordre du vizir, ne se présentait plus comme le suppliant d'autrefois qui implorait un asile après avoir encouru la disgrâce de ses anciens bienfaiteurs. Il rentrait la tête haute, l'esprit tout plein d'ardeurs inassouvies. Il apportait un regain de vitalité qu'il aspirait à dépenser pour regagner le temps perdu, une recrudescence d'enthousiasme pour le nouveau et pour l'imprévu. Ses cinquante-six années musulmanes n'avaient ni affaibli son tempérament, ni ébranlé sa confiance, ni calmé son ardeur pour les agitations de la vie. Son exubérance de santé réclamait une surabondance d'occupations dans lesquelles elle pût déborder. Ce besoin d'épuiser ses forces par l'action et la pensée s'accommodait mal de la réserve imposée à un étranger au nom de l'hospitalité même qui lui était offerte ! Mais Ousâma n'était pas homme à se laisser arrêter longtemps par des considérations de pure convenance. Un tel sacrifice en se prolongeant serait devenu pour lui un supplice intolérable. Il

parle à la fois de sa science, de sa continence et de sa piété.

1. Ibn Tagrîbardî, *An-Noudjoûm* (ms. 661 de l'ancien fonds arabe), fol. 20 v°.

avait autrefois subi l'obligation de se maîtriser, il était bien décidé à secouer désormais le joug de la contrainte qui avait jusqu'ici gêné ses mouvements à Miṣr. Sa nature inquiète réclamait de nouvelles aventures comme un aliment dont elle ne pouvait plus se passer, ses facultés sans emploi cherchaient un terrain favorable pour s'exercer et se répandre. Les circonstances ne servirent que trop ses desseins, les événements se prêtèrent avec une sorte de complaisance à ses velléités et il n'eut qu'à se laisser aller à ses penchants que non seulement aucun obstacle ne vint contrarier, mais qu'au contraire les hommes et les choses autour de lui semblèrent conspirer à flatter, à encourager, à précipiter.

Le vizir Ibn As-Sallâr n'était pas bien en cour auprès du khalife Aṭh-Ṭhâfir, qui ne lui avait jamais pardonné la mort d'Ibn Maṣâl et s'était laissé forcer la main pour lui conférer le vizirat [1]. Ils se défiaient l'un de l'autre et prenaient chacun de son côté leurs précautions. Leur dissentiment s'était encore aggravé lorsque, le vingt-sept janvier 1150, Ibn As-Sallâr avait supprimé la garde particulière du khalife [2]. La faiblesse et l'impuissance du prince lui avaient fait ajourner sa vengeance, mais il la tenait en réserve pour l'heure où s'offrirait à lui l'instrument de ses rancunes. Ibn As-Sallâr ne se faisait aucune illusion sur la longanimité dont il était l'objet, s'entourait avec autant de soin qu'il en mettait à isoler le khalife [3], éloignait du Caire les importuns et les ambitieux, destituait les hauts fonctionnaires dont il suspectait le dévoûment à sa personne [4], tuait ceux dont il croyait avoir intérêt à se débarrasser [5], dominait par la terreur, bravait la haine, qu'elle vînt d'en haut ou d'en bas, et encourait, sans être intimidé, l'indignation générale.

Son entourage ne valait pas mieux que lui. Son beau-fils

1. Plus haut, p. 221.
2. Plus haut, p. 212, note 1.
3. Al-Maḳrîzî, *Al-Khiṭaṭ*, II, p. 30; Wüstenfeld, *Geschichte der Faṭimiden-Chalifen*, p. 315.
4. Ibn Miṣar, fol. 87 v°.
5. Id., fol. 86 r° et v°; Ibn Khallikân, *Biographical Dictionary*, II, p. 351; Wüstenfeld, *Geschichte der Faṭimiden-Chalifen*, p. 317.

'Abbâs[1] le jalousait et ne demandait qu'à lui être substitué comme vizir; son petit-fils Nâṣir ad-Dîn Naṣr entretenait avec le khalife des relations d'intimité qui donnaient lieu à des interprétations fâcheuses. Ousâma, de retour au Caire, où Ibn As-Sallâr l'avait mandé, ne reçut sans doute pas de lui les satisfactions et les faveurs qu'il espérait, car ses sympathies allèrent bientôt à 'Abbâs et à son fils Naṣr.

Au commencement de 1153, Ousâma partit avec eux pour la guerre sainte. Ibn As-Sallâr leur avait enjoint d'aller tenir garnison dans la forteresse d'Ascalon pour la défendre contre les attaques incessantes des Francs. « C'était l'usage, dit Ibn Mîsar[2], de renouveler tous les six mois les troupes de Miṣr affectées à ce poste de combat. L'année précédente les Francs avaient établi leur camp devant Ascalon et l'avaient assiégé. Le roulement avait amené cette fois le tour de 'Abbâs qui partit emmenant, entre autres émirs, Malham[3], Aḍ-Ḍirgâm[4], Ousâma Ibn Mounkidh. Ousâma était le familier de 'Abbâs. Lorsqu'ils eurent dépassé Bilbîs[5], 'Abbâs et Ousâma se rappelèrent Miṣr et son climat délicieux, tandis qu'ils allaient affronter les fatigues du voyage et la lutte avec l'ennemi. 'Abbâs gémit à cette pensée, et se mit à blâmer Al-'Âdil[6] et à s'irriter contre son beau-père qui l'avait choisi pour cette expédition. Ousâma lui dit : Si tu veux, tu seras sultan d'Égypte[7]. — Et par quelles voies? demanda

1. Plus haut, p. 220, note 2.

2. Ibn Misar, fol. 87 v° ; cf. Reinaud, *Extraits des historiens arabes*, p. 100 ; Ibn Al-Athîr dans *Hist. or. des croisades*, I, p. 486 et 491-492 ; Ibn Khallikân, *Biographical Dictionary*, II, p. 352 ; Weil, *Geschichte der Chalifen*, III, p. 297 ; Wüstenfeld, *Geschichte der Faṭimiden-Chalifen*, p. 316.

3. Malham ou Milham était un des frères de l'émir Aḍ-Ḍirgâm ; cf. Wüstenfeld, *Geschichte der Faṭimiden-Chalifen*, p. 332.

4. L'émir Aḍ-Ḍirgâm (ou Aḍ-Ḍourgâm, selon le ms. d'Ibn Misar), devint vizir du khalife Fâṭimide Al-'Âḍid en août 1163 et fut tué moins d'un an après, en mai 1164 ; cf. Ibn Al-Athîr dans *Hist. or. des croisades*, I, p. 528 et 534 ; Wüstenfeld, *Geschichte der Faṭimiden-Chalifen*, p. 329-332 ; voir aussi le chapitre septième de ce livre.

5. Telle est la prononciation correcte d'après Yâkoût, *Mou'djam*, I, p. 712, la prononciation vulgaire étant, d'après lui, Bilbais. Cette ville de la Basse-Égypte, à dix lieues environ au nord-est du Caire, sur la route de la Syrie, était le chef-lieu de la province nommée Asch-Scharkiyya « l'orientale »; voir Wüstenfeld, *Calcaschandi's Geographie und Verwaltung von Aegypten*, p. 110, d'après lequel, à la fin du quatorzième siècle, on prononçait Boulbais.

6. C'est-à-dire Ibn As-Sallâr ; voir plus haut, p. 222, note 1.

7. Le titre du sultan n'apparait dans l'histoire d'Égypte qu'avec Saladin. Comme l'a remarqué M. Wüstenfeld, *Geschichte der Faṭimiden-Chalifen*, p. 316, note, si Ousâma a vraiment tenu ce propos, il a employé un terme qu'il avait importé de Syrie pour désigner la plus haute dignité après le khalifat.

'Abbâs. — Ousâma répliqua : Ton fils que voici est uni à Aṭh-Ṭhâfir par les liens de la plus vive affection. Adresse-toi au khalife par l'entremise de ton fils pour qu'à la place de ton beau-père ce soit toi qui deviennes sultan. Car le khalife t'agréera et a horreur de lui. S'il accepte ta proposition, alors fais mourir ton beau-père. 'Abbâs fit aussitôt venir son fils Naṣr, lui fit la confidence de ce qui avait été convenu avec Ousâma, et l'envoya à Miṣr. Par une heureuse coïncidence, l'entrée de Naṣr dans la ville échappa à la vigilance d'Al-'Âdil, ce qui permit à Naṣr d'avoir une entrevue avec Aṭh-Ṭhâfir, de lui faire connaître la situation et d'arriver avec lui à une entente. Naṣr se rendit ensuite à la maison de sa grand'mère, la femme d'Al-'Âdil [1], et informa celui-ci que son père l'avait fait revenir de Bilbîs pour lui épargner les difficultés du voyage. Le lendemain matin, Al 'Âdil se rendit au point du jour à Miṣr, fit équiper les navires de guerre, régla les frais d'entretien de leurs équipages, et leur fit prendre la mer pour renforcer 'Abbâs. Il ne rentra qu'à la nuit au Caire exténué et ne tarda pas à s'endormir sur sa couche. Naṣr, fils de 'Abbâs, se dirigea sur lui à l'improviste, lui trancha la tête et l'apporta à Aṭh-Ṭhâfir dans le Château [2]. Sur-le-champ il lâcha la colombe vers Bilbîs. 'Abbâs partit sans tarder et arriva au Caire le dimanche douze de mouḥarram (neuf avril 1153). Il trouva un certain nombre des Turcs qu'Al-'Âdil avait attachés à sa personne mécontents et furieux de ce qui s'était passé. En vain il s'efforça de les rassurer, sans parvenir à gagner leur confiance. Ils s'éloignèrent droit devant eux jusqu'à Damas. Le vizirat d'Al-'Âdil avait duré trois ans et demi. Lorsque [3] sa tête fut apportée au Palais, Aṭh-Ṭhâfir s'avança par la Porte d'or [4]. On hissa la tête pour que le peuple pût la voir. Ensuite, sur l'ordre du khalife, elle fut portée au

1. Boullâra ; voir plus haut, p 220, note 2.
2. Au Grand Palais oriental des khalifes ; voir plus haut, p. 205, note 8.
3. A partir d'ici, la fin du passage a été non seulement traduite, mais publiée par Reinaud, *Extraits d'historiens arabes*, p. 101, note 1.
4. Sur la Porte d'or, a l'ouest du Grand Palais oriental, voir Ravaisse, *Essai*, p. 448-457.

Palais des finances[1] et déposée au Trésor des têtes[2] pour y être conservée. »

Ousâma, lorsqu'il dépose de ces événements qu'il a provoqués, s'il ne les a pas accomplis, se garde bien d'avouer qu'il en a été non seulement le complice, mais l'instigateur. A l'entendre, on le croirait un témoin désintéressé, un observateur curieux. Avec intention il ravale son rôle pour défendre sa réputation. Mais la vérité a prévalu et il n'a réussi ni à rayer cette page sanglante de son histoire, ni à justifier sa conduite.

Voici comment il raconte à sa manière le meurtre d'Ibn As-Sallâr, en essayant de dégager sa responsabilité[3] : « Et quant à la sédition dans laquelle fut tué Al-Malik Al-'Âdil Ibn As-Sallâr (qu'Allâh l'ait en pitié !), celui-ci avait envoyé à Bilbîs[4] des troupes commandées par le fils de sa femme, Roukn ad-Dîn 'Abbâs, fils d'Aboû 'l-Foutoûḥ, fils de Tamîm, fils de Bâdîs[5], pour protéger la région contre les Francs. 'Abbâs avait amené son fils Nâṣir ad-Dîn Naṣr (qu'Allâh l'ait en pitié !), qui resta quelques jours avec son père à la tête des troupes, puis rentra au Caire sans avoir reçu d'Al-'Âdil ni autorisation, ni congé. Al-'Âdil désapprouva son retour et lui ordonna de rejoindre l'armée, dans la pensée où il était que le jeune homme était revenu au Caire pour s'amuser, pour se distraire et par ennui d'un séjour prolongé dans une garnison.

« Mais le fils de 'Abbâs s'était concerté avec Aṭh-Ṭhâfir et, d'accord avec lui, il avait enrôlé quelques jeunes écuyers du khalife par lesquels il ferait assaillir Al-'Âdil dans son palais au moment où il entrerait le soir dans son harem et où il se serait endormi. Naṣr se réservait alors de le tuer et s'était entendu avec un des ostâdârs[6] du palais pour qu'il l'informât aussitôt

1. Sur les quatorze bureaux du ministère des finances, voir Wüstenfeld, *Calcaschandi's Geographie und Verwaltung von Aegypten*, p. 191-195.

2. Ce musée des têtes paraît avoir été placé dans le Grand Palais du vizirat, qui contenait certainement un trésor des têtes en 558 de l'hégire (1163 de notre ère) ; voir Al-Maḳrîzî, *Al-Khiṭaṭ*, I, p. 439, traduit dans Ravaisse, *Essai*, 2e partie.

3. Ousâma, *Autobiographie*, p. 13-14.

4. Plus haut, p. 238, note 5.

5. Plus haut, p. 220, note 2.

6. Ces majordomes du palais avaient beau être

que son maître sommeillerait. La maîtrise de la maison appartenait à la femme d'Al-'Âdil, qui était la grand'mère de Naṣr, et auprès de laquelle il était admis sans avoir à demander audience.

« Lorsqu' Al-'Âdil s'endormit, l'ostâdâr en apporta la nouvelle à Naṣr qui, avec six de ses hommes, fondit sur lui dans la maison, où il reposait. Ils le tuèrent. Naṣr lui coupa la tête, qu'il apporta à Aṭh-Ṭhâfir. Cet événement eut lieu le jeudi six de mouḥarram en l'an 548 (trois avril 1153)[1].

« Al-'Âdil avait dans son palais ses mamloûks et les troupes en faction, environ mille hommes, mais ils étaient dans le Palais du salut[2], et il fut tué dans le gynécée. Ils sortirent du Palais, et la lutte se déchaîna entre eux et entre les partisans d'Aṭh-Ṭhâfir et de Naṣr. Mais elle s'apaisa dès que celui-ci eut apporté la tête d'Al-'Âdil sur la pointe de sa lance. Les fidèles d'Al-'Âdil, en la voyant, se partagèrent en deux partis : les uns sortirent du Caire pour offrir leurs services et jurer obéissance à 'Abbâs ; les autres jetèrent leurs armes[3], se présentèrent devant Naṣr, fils de 'Abbâs, baisèrent la poussière à ses pieds et s'attachèrent à sa personne. »

Ousâma continue en ces termes le récit des événements qui s'ensuivirent[4] : « Quelques jours après, son père 'Abbâs rentra un matin au Caire et s'installa dans le Palais du vizirat[5]. Aṭh-Ṭhâfir le revêtit du manteau d'honneur et lui confia la direction des affaires. Quant à Naṣr[6], il fréquentait sans cesse le khalife et avait des relations intimes avec lui, au grand déplaisir de

recrutés parmi les eunuques et les castrats ; ils n'en étaient pas moins très considérés à la cour des Fâṭimides et avaient le privilège des emplois où l'on approchait le khalife ; voir Al-Maḳrizi, *Al-Khiṭaṭ*, II, p 222 ; Quatremère, *Histoire des sultans mamlouks*, I ı, p. 25-27; Wüstenfeld, *Calcaschandi's Geographie und Verwaltung von Aegypten*, p. 179-180 ; Ravaisse, *Essai*, p. 468, note 1.

1. Cette date exacte est donnée de même par Ibn Khallikân, *Biographical Dictionary*, II, p. 352 ; Reinaud, *Extraits*, p. 101 ; Weil, *Geschichte der Chalifen*, III, p. 297 ; Wüstenfeld, *Geschichte der Faṭimiden-Chalifen*, p. 317.

2. Le Palais du salut, sur lequel nous ne sommes pas renseignés, était, ce semble, une dépendance du Palais du vizirat.

3. De même plus haut, p. 233, n. 2.

4. Ousâma, *Autobiographie*, p. 14-15.

5. Le Palais du vizirat que l'on appelait aussi le Palais d'Al-Afḍal (p. 205, note 8) était situé au nord-est du Grand Palais oriental, au nord de la Place de la Porte de la Fête (رحبة باب العيد) ; cf. Al-Maḳrizi, *Al-Khiṭaṭ*, I, p. 438 ; Ravaisse, *Essai*, planche 3.

6. A partir de cette phrase, l'*Autobiographie*

'Abbâs, qui s'indignait contre son fils, parce qu'il n'ignorait pas le système, qui consiste à frapper les hommes les uns par les autres [1], pour les réduire à néant et pour les dépouiller jusqu'à spoliation complète de tout ce qu'ils possèdent.

« Un soir, 'Abbâs et Naṣr me firent appeler auprès d'eux. Ils étaient en tête-à-tête, s'adressant l'un à l'autre des reproches. A plusieurs reprises 'Abbâs apostrophait son fils qui baissait la tête avec la grâce du léopard, réfutant chaque point successivement. A chaque réponse, 'Abbâs qui s'échauffait se mettait à le blâmer et à le réprimander de plus belle. Je dis à 'Abbâs : O mon maître Al-Afḍal [2], pourquoi accuser ainsi mon maître Nâṣir ad-Dîn et lui adresser des objurgations, qu'il écoute patiemment ? Fais retomber sur moi ton blâme ; car je suis associé à tout ce qu'il fait, j'ai ma part dans ses péchés, comme dans ses nobles actions. Mais du reste, quelle est sa faute ? Il n'a lésé aucun de tes compagnons, n'a montré aucune négligence dans l'administration de ton bien, et aucune pensée de son âme n'a porté atteinte au prestige de ta puissance, puisque tu as atteint ce haut rang. Sa conduite ne mérite pas ton blâme. 'Abbâs ne s'entêta pas, et son fils me tint compte de mon attitude.

« Aṭh-Ṭhâfir conçut alors le projet de pousser Naṣr à tuer son père, dont il deviendrait le successeur comme vizir. Le khalife combla Naṣr des plus riches présents. Un jour, j'étais chez Naṣr, lorsqu'il reçut de la part d'Aṭh-Ṭhâfir vingt plateaux [3] en argent, contenant vingt mille dînârs. Quelques jours s'écoulèrent sans cadeaux ; puis un nouvel envoi réunit en vêtements de tout genre une collection telle que je n'en avais jamais vu aupa-

est résumée dans Aboû Schâma, *Kitâb ar-rauḍatain*, I, p. 97-98.

1. On lit de même dans Al-Ḥarîrî, *Maḳâmât* (éd. Reinaud et J. Derenbourg), p. 173 : « Sers-toi d'une armée pour frapper l'autre, tu conquerras ainsi les délices de l'existence. »

2. Aboû Schâma, *Kitâb ar-rauḍatain*, I, p. 98, l. 26, dit : « 'Abbâs était surnommé Al-Afḍal Roukn ad-Dîn ; son prénom était Aboû 'l-Faḍl ;... et c'est à son sujet qu'Ousâma Ibn Mounḳidh dit le vers suivant : « La générosité d'Al-Afḍal le seigneur s'est étendue à tous les hommes et, en se répandant, a enrichi comme les pluies abondantes. »

3. En arabe, *ṣîniyya*, littéralement « chinoiserie », n'était employé à l'origine que pour les plats en porcelaine de Chine.

ravant de pareille. Après une interruption de quelques jours, le khalife lui fit porter cinquante plateaux d'argent, contenant cinquante mille dînârs. Après un nouveau délai fort court, il lui fit amener trente mulets de selle et quarante chameaux avec leur attirail, leurs sacs à grains et leurs brides.

« Entre Aṭh-Ṭhâfir et Naṣr circulait sans cesse un messager, nommé Mourtafi', fils de Faḥl. Telle était mon intimité avec le fils de 'Abbâs qu'il ne me permettait de le quitter ni pendant la nuit, ni pendant le jour. Je dormais, la tête appuyée sur son oreiller.

« Un soir, j'étais avec lui dans le Palais de la *schâboûra* [1], lorsqu'arriva Mourtafi', fils de Faḥl. Ils causèrent ensemble pendant le premier tiers de la nuit, tandis que je me tenais à l'écart. Puis, Naṣr se retourna, m'invita à m'approcher, et me dit : Où étais-tu donc ? — Près de la fenêtre, lui répondis-je, occupé à lire le Coran ; car aujourd'hui je n'avais pas eu le temps de terminer ma lecture quotidienne [2]. Alors Naṣr commença à me révéler quelques points de leur entretien pour voir ce que j'en penserais ; il désirait être fortifié par moi dans la résolution coupable, qu'Aṭh-Ṭhâfir cherchait à lui faire prendre. Je lui dis : O mon maître, puisse Satan ne pas te faire trébucher [3] ! Puisses-tu ne pas te laisser tromper [4] par qui veut t'égarer ! Car le meurtre de ton père est une autre affaire que le meurtre d'Al-'Âdil. Aussi ne fais pas une chose, pour laquelle tu serais maudit jusqu'au jour du jugement dernier [5]. Naṣr baissa la tête,

1. La lecture est certaine, le manuscrit ayant exceptionnellement les points diacritiques. S'il ne faut point intervertir l'ordre des lettres et lire *bâschoûra*, « barbacane » comme je l'ai supposé plus haut, page 79, note 7, le mot *schâboûra* signifie « tempe » d'après M. A. von Kremer, *Beiträge zur arabischen Lexicographie*, I, p. 80, à moins qu'il ne faille comparer, ainsi que me le propose M. Maspero, شَبُّور, شَبُّورَة, *schabboûr*, *schabboûra*, qui désigne en Égypte le brouillard, surtout la brume assez épaisse qui se lève le matin sur le Nil et se résout en rosée. Le Palais de la tempe ou de la brume n'est pas plus mentionné par les topographes du Caire que le Palais de la barbacane.

2. Les musulmans pieux se font une règle de relire sans cesse le Coran tout entier, par exemple en un mois ou en une semaine ; cf. Sprenger, *Das Leben und die Lehre des Moḥammad*, III, p. xxv

3. Allusion à *Coran*, III, 149.

4. Lisez وتنخدع, verbe sur lequel retomberait encore la négation. Sur l'emploi de cette forme, voir Dieterici, *Mutanabbi und Seifuddaula* (Leipzig, 1847), p. 153.

5. Cf. *Coran*, XI, 63, 101 ; XXVIII, 42 ; XXIX, 24.

coupa court à notre conversation, et ce fut pour nous deux le moment de nous endormir. »

Sur les instances du khalife, Naṣr avait consenti à le débarrasser de son père : il avait résolu dans ce but de recourir non pas à l'épée, mais au poison. Mais il se laissa convaincre par son fidèle ami Ousâma et renonça à ses desseins. De son côté, 'Abbâs, en apprenant les intentions de Naṣr, se tint sur ses gardes et se proposa de le faire emprisonner. Mais il en fut également dissuadé par Ousâma, qui lui fit honte de ses projets contre son fils, et lui dit : « Si tu faisais pareille chose, personne ne se fierait plus à toi et tu serais abandonné des hommes[1]. »

Après avoir apaisé la première fureur de 'Abbâs, Ousâma continua son œuvre auprès de lui dans une autre entrevue secrète. Il comprenait d'autant mieux la nécessité de le gagner à sa cause qu'elle était plus gravement compromise. Les émirs et les troupes ne lui avaient point pardonné sa participation au meurtre d'Ibn As Sallâr, proféraient contre lui des menaces de mort et avaient réclamé sa tête au khalife. 'Abbâs lui-même était accusé de ne point favoriser leurs rancunes et de protéger Ousâma. « Comment, dit Ibn Mounkidh à 'Abbâs, peux-tu supporter les propos honteux que j'entends tenir sur ton fils? » — « De quoi s'agit-il? », s'écria 'Abbâs. — « Le peuple, répondit Ousâma, prétend qu'Aṭh-Ṭhâfir a commerce avec ton fils Naṣr et soupçonne le khalife de faire avec lui ce qu'on fait avec les femmes. » 'Abbâs fut atterré et eut peine à se remettre. « Mais, quelle conduite adopter? » demanda-t-il. — « Que n'assassines-tu le khalife? répliqua Ibn Mounkidh; alors le déshonneur s'éloignera de ta personne[2]. »

Naṣr avait été conquis par la beauté du khalife[3] ; quant au

1. Ibn Tagribardi, *An-Noudjoûm*, d'après Sibṭ Ibn Al-Djauzi, dans *Hist. or. des Croisades*, III, p. 505, où lisez سبط au lieu de سبت et لم يثق au lieu de لم يبق (ms. لم يتّق).

2. Ibn Al-Athir et Aboû 'l-Fidâ, dans *Hist. or. des Croisades*, I, p. 492 et 30; Ibn Misar, fol. 88 v°; Al-Makrizi, *Al-Khiṭaṭ*, II, p. 30; Ibn Tagribardi, *An-Noudjoûm*, fol. 18 r° et 23 r°; Reinaud, *Extraits des historiens arabes*, p. 103; Wüstenfeld, *Geschichte der Faṭimiden-Chalifen*, p. 319-320, qui suit un texte plus développé.

3. Ibn Misar, fol. 89 r°; Ibn Khallikân, *Biographical Dictionary*, I, p. 222.

khalife, sous l'empire de la beauté de Naṣr, il lui donna comme apanage le territoire de Ḳalyoûb [1], au nord du Caire, tout près de Koûm Aschfîn, le fief d'Ousâma [2]. Celui-ci ayant rencontré Naṣr chez son père, Naṣr lui dit : « Notre maître m'a octroyé le canton de Ḳalyoûb. » Ousâma répondit : « Ce n'est pas brillant comme don nuptial. » Cette réflexion sonna mal aux oreilles de Naṣr et de son père. Naṣr éprouva du dégoût pour une telle situation, et tous deux convinrent de tuer le khalife [3].

La réconciliation du père et du fils fut scellée par l'accord de leurs sentiments et de leurs volontés. Ils contractèrent entre eux contre Aṭh-Ṭhâfir une alliance dans laquelle Ousâma entra en tiers [4]. Ce fut lui qui conçut le plan de l'assassinat avec sa sûreté de coup d'œil, ce fut lui qui en dirigea l'exécution avec sa résolution inexorable. Décidément ce n'était pas son intelligence qui avait baissé, mais sa moralité qui avait été obscurcie par la crainte d'une mort violente. Il se croyait en état de légitime défense, puisqu'on prétendait attenter à ses jours. Son amour de la vie, plus fort que jamais, parlait plus haut que ses scrupules et faisait taire les murmures de sa conscience. Sans laisser percer son intervention dans l'acte criminel dont il était l'inspirateur, il réussit à lui imprimer un mouvement rapide et décisif, sauf ensuite à condamner publiquement chez ses coopérateurs « les hontes d'une impiété telle que la réprouvent Allâh et toutes les créatures [5] ».

Les événements favorisaient la tentative des conjurés. Si jamais Aṭh-Ṭhâfir avait compté des partisans parmi les habitants de sa capitale, ils devaient y être bien clairsemés depuis qu'Ascalon, livré à l'ennemi par une armée sans cohésion et

1. Sur la riche province de Ḳalyoûb, riveraine du Nil, au nord-ouest du Caire, voir Wüstenfeld, *Calcaschandi's Geographie und Verwaltung von Aegypten*, p. 109-110.

2. Plus haut, p. 206.

3. Ibn Al-Athîr dans *Hist. or. des Croisades*, I, p. 492; Ibn Misar, fol. 88 v°; Ibn Tagribardî, *An-Noudjoûm*, fol. 23 r°, qui parle de la province entière de Ḳalyoûb (ناحية قليوب كلها.)

4. Ibn Khallikân, *Biographical Dictionary*, I, p. 657; II, p. 426.

5. Ousâma, *Autobiographie*, p. 16; voir plus loin, p. 249.

sans discipline, avait ouvert ses portes aux Francs le dix-neuf septembre 1153[1]. L'anarchie s'était répandue du Caire aux extrémités. Les jalousies et les rivalités des chefs avaient neutralisé la bravoure des soldats. L'Égypte était dépossédée de la dernière place forte qui ne lui eût pas encore été enlevée en Palestine. Aṭh-Ṭhâfir lui-même avait naguère envoyé des troupes d'élite pour défendre contre les chrétiens des pays environnants ce boulevard isolé au milieu de leurs possessions[2]. Le khalife, impuissant, méprisé, haï, ne songeait plus à la protection et à l'intégrité du territoire, mais seulement au plaisir et à la débauche. Pour le frapper, il suffirait de le surprendre dans un de ces rendez-vous joyeux, où il se laissait facilement attirer par la recherche des distractions et des amusements. Ousâma était trop avisé pour ne point épier le moment où il s'oublierait dans une heure d'insouciance et d'abandon.

Cette attaque à l'improviste et les conséquences qu'elle eut pour Ousâma ainsi que pour ses complices qu'il désavoue et dont il n'aurait pas voulu partager le sort, sont racontées avec force détails dans l'*Autobiographie* : « 'Abbâs, dit Ousâma[3], connut les projets que son fils avait ourdis contre lui. Il le cajola, chercha à le gagner et se concerta avec lui pour mettre à mort Aṭh-Ṭhâfir. Le khalife et Naṣr étaient des compagnons du même âge. Ils sortaient ensemble la nuit en gardant l'incognito. Naṣr invita un jour le khalife à venir dans sa maison, située au Marché des fabricants d'épées[4]. Il avait disposé dans une des ailes

1. Telle est la date exacte donnée par Bahâ ad-Dîn Ibn Schaddâd, *Anecdotes et beaux traits de la vie du sultan Yousof*, dans *Hist. or. des Croisades*, III, p. 99 (cf. Ibn Khallikân, *Biographical Dictionary*, IV, p. 518); Wüstenfeld, *Geschichte der Faṭimiden-Chalifen*, p. 318. La date de 545 (1150-1151) donnée par Ibn Tagribardi, *An-Noudjoûm*, fol. 20 r°, se rapporte sans doute à une prise de possession provisoire qui ne dura pas.

2. Plus haut, p. 238.

3. Ousâma, *Autobiographie*, p. 15-18 ; voir aussi le résumé donné d'après l'*Autobiographie* dans Aboû Schâma, *Kitâb ar-rauḍatain*, I, p. 97-98.

4. « La Maison de Naṣr, dit Ibn Misar (fol. 88 v°), est la maison qui fut appelée successivement la Maison de Djabr ibn Al-Ḳasam, puis la Maison d'Al-Ma'moûn Ibn Al-Baṭâ'iḥi et qui est aujourd'hui le Collège des fourbisseurs (المدرسة السيوفيّة) ». Al-Maḳrizi, *Al-Khiṭaṭ*, I, p. 462, l'appelle la Maison d'Al-Ma'moûn et en décrit ainsi la situation : « Elle était dans le voisinage de la Rue de la Chaîne... ; elle avait été autrefois appelée la maison de Ḳawwâm ad-Daula Ḥaboûb, puis Al-Ma'moûn Moḥammad ibn Fâtik la restaura. » Ni le Djabr de l'un, ni le Ḥaboûb de l'autre ne sont des personnages connus. Cependant Ibn Khaldoûn, *'Ibar*, IV, p. 76, et Ibn Tagribardi, *An-Noudjoûm*, fol. 24 v°, parlent d'un émir égyptien Ibn Ḳawwâm ad-Daula, maître de la porte ; voir Wüstenfeld, *Geschichte der Faṭimiden-Chalifen*,

de sa maison une poignée de ses compagnons. Lorsque la compagnie eut pris place, ces hommes s'élancèrent sur le khalife et le tuèrent. Cet événement eut lieu la veille au soir du jeudi, dernier jour du mois de mouḥarram, en l'année 549[1] (dans la soirée du quinze au seize avril 1154).

« Naṣr jeta le cadavre d'Aṭh-Ṭhâfir dans un souterrain[2] de sa maison. Le khalife était venu, accompagné d'un esclave noir, qui ne le quittait jamais, et qu'on appelait Sa'îd ad-Daula. On le mit également à mort.

« Le lendemain matin, 'Abbâs se rendit au palais selon son habitude, afin d'apporter ses salutations pour la journée du jeudi. Il s'assit dans un salon de la partie du palais où siège le vizir[3], comme s'il attendait le moment où Aṭh-Ṭhâfir accueillerait ses hommages. Lorsque l'heure où le khalife lui donnait audience chaque jour fut passée, 'Abbâs manda le régisseur du palais[4] et lui dit : Qu'a notre maître pour avoir manqué l'audience du salut? Le régisseur ne savait que répondre. 'Abbâs s'emporta contre lui et lui dit : Pourquoi ne me réponds-tu pas? — Il répliqua : O mon maître, notre maître, nous ne savons pas où il est. — Les pareils de notre maître, reprit le vizir, ne sont jamais égarés[5]. Retourne pour faire une nouvelle enquête. — Le régisseur partit, revint et dit : Nous n'avons pas

p. 326. Quant à Al-Ma'moûn, le célèbre vizir du khalife Fâṭimide Al-Âmir, il était né en 1085 et fut assassiné par ordre du khalife le quatre octobre 1125; voir id., *ibid.*, p. 291-296, cf. aussi p. 323. Ṭalâ'i' Ibn Rouzzîk, lorsqu'il s'empara du Caire dans les premiers jours de juin 1154 (plus loin, p. 250), s'installa dans la Maison d'Al-Ma'moûn; cf. Ibn Misar, fol. 90 r°; Ibn Khallikân, *Biographical Dictionary*, II, p. 426; Ibn Tagribardi, *An-Noudjoûm*, fol. 23 r°. Enfin Saladin y établit le Collège ḥanafite des fabricants d'épées, qu'il fonda et dota en scha'bân 572 de l'hégire (février 1177 de notre ère); cf. Al-Makrizi, *Al-Khiṭaṭ*, II, p. 365-366. Ibn Tagribardi, *An-Noudjoûm*, fol. 23 r°, appelle ce même palais la Maison de 'Abbâs. Sur l'emplacement exact du Marché des fourbisseurs et de l'Hôtel d'Al-Ma'moûn, voir Ravaisse, *Essai*, p. 436, note 2; 438, note 1; et planche 3.

1. Même date exacte dans Ibn Misar, fol. 88 v° et 89 v°; Al-Bondâri, *Histoire des Seldjoucides de l'Irâq* (éd. Houtsma), p. 244; Al-Makrizi, *Al-Khiṭaṭ*, II, p. 20; Ibn Tagribardi, *An-Noudjoûm*, fol. 19 v°; Wüstenfeld, *Geschichte der Faṭimiden-Chalifen*, p. 320. Ibn Khallikân, *Biographical Dictionary*, I, p. 222, donne aussi cette date, mais comme une opinion de quelques-uns, après avoir prétendu d'abord que cet événement eut lieu en réalité quinze jours plus tôt, le quinze mouḥarram; cf. Ibn Tagribardi, *An-Noudjoûm*, fol. 17 r°.

2. Je traduis ainsi *djoubb*; voir plus haut, p. 132, note 2; Ibn Misar parle d'une fosse creusée sous une table de marbre; cf. Reinaud, *Extraits des historiens arabes*, p. 103.

3. Le texte porte مجلس الوزارة; Ibn Tagribardi, *An-Noudjoûm*, fol. 22 r°, dit مقطع الوزارة.

4. Plus haut, p. 219, note 5.

5. La négation *mâ* ne se trouve pas dans Aboû Schâma et paraît avoir été biffée dans notre manuscrit. Si on la supprime du texte, la phrase deviendra interrogative : « Les pareils de notre maître sont-ils égarés? » *Mâ* manque de même dans Abou Schâma, deux lignes plus loin, avant *yabkâ*.

trouvé notre maître. — 'Abbâs s'écria : Le peuple ne saurait rester sans khalife. Entre chez les princes, frères d'Aṭh-Ṭhâfir. Qu'un d'entre eux sorte ! Nous lui prêterons le serment de fidélité. — Le régisseur revint presque aussitôt lui dire : Les princes te font savoir : Nous n'avons aucune part au pouvoir, le père d'Aṭh-Ṭhâfir nous en ayant déshérités, lorsqu'il l'a transmis à notre frère Aṭh-Ṭhâfir. Après lui, c'est à son fils qu'appartient l'autorité. — Eh ! bien, dit alors 'Abbâs, amenez-le, ce fils, que nous le proclamions khalife.

« Or 'Abbâs avait tué Aṭh-Ṭhâfir et s'était proposé de dire que celui-ci avait été tué par ses frères et de punir leur crime par leur mort. Le fils d'Aṭh-Ṭhâfir parut. C'était un enfant[1], qu'un des eunuques[2] du Château portait sur son épaule. 'Abbâs le prit et le souleva dans ses bras. L'assemblée pleura. Puis 'Abbâs, sans abandonner son fardeau, entra dans la salle d'audience d'Aṭh-Ṭhâfir, où se tenaient les fils d'Al-Ḥâfiṭh, l'émir Yoûsouf et l'émir Djibrîl, ainsi que le fils de leur frère[3], l'émir Aboû 'l-Baḳâ[4].

« Nous étions assis dans le portique. Le palais contenait plus de mille hommes des troupes de Miṣr. Nous n'éprouvions aucun trouble, lorsque tout à coup une troupe sortit de l'audience vers la salle, et l'on entendit le cliquetis des épées s'acharnant sur une victime. Je dis à un écuyer arménien qui me servait : Regarde qui l'on vient de tuer. Il revint immédiatement et me dit : Ces gens ne se conduisent pas en musulmans. C'est mon

1. Dans ce passage tel qu'il est cité dans Aboû Schâma, *Kitâb ar-rauḍatain*, I, p. 98, on lit à cet endroit : « C'est à peine s'il avait cinq ans. » Il se nommait Aboû 'l-Ḳâsim 'Îsâ et fut proclamé khalife avec le titre de Al-Fâ'iz bi-naṣr Allâh « le victorieux par le secours d'Allâh » ; cf. Ibn Al-Athîr et Aboû 'l-Fidâ, dans *Hist. or. des Croisades*, I, p. 493 et 30 ; Ibn Khallikân, *Biographical Dictionary*, II, p. 425 ; Al-Maḳrîzî, *Al-Khiṭaṭ*, I, p. 357 ; etc.

2. En arabe *oustâdh* ; voir plus haut, p. 240, note 6.

3. Lisez وابن اخيهم. Si ce passage est omis dans Aboû Schâma, il porte avec raison quelques lignes plus loin (*Autobiographie*, p. 16, l. 7 بن اخيه au lieu de بن اختة, aussi bien dans l'édition de Boûlâḳ, loc. cit., que dans le ms. 707 A de l'ancien fonds arabe, fol. 51 r°. D'après Wüstenfeld, *Geschichte der Faṭimiden-Chalifen*, p. 321, ce neveu des princes aurait été un fils de leur frère aîné, Ḥasan, qui était mort empoisonné par son père, le huit mars 1135 (cf. id., *ibid.*, p. 306). Ibn Tagribardi, *An-Noudjoûm*, fol. 22 v°, nous apprend qu'il se nommait Ṣâliḥ.

4. Aboû Schâma n'a pas ce passage, mais quelques lignes plus loin (*Autobiographie*, p. 16, l. 7), il lit وابو البقاء avec l'orthographe la plus correcte.

maître Aboû 'l-Amâna (il désignait ainsi l'émir Djibrîl) qu'ils ont tué. L'un d'eux a fendu le ventre du cadavre, pour en retirer les intestins. Ensuite 'Abbâs sortit, portant sous son aisselle la tête de l'émir Yoûsouf découverte, labourée par un coup d'épée, laissant ruisseler des flots de sang. Aboû 'l-Baḳâ, le fils du frère[1] de l'émir Yoûsouf, se trouvait avec Naṣr, fils de 'Abbâs. On fit entrer[2] l'oncle et le neveu dans un salon du Château, où ils furent tués. Il y avait dans le palais mille épées nues !

« Ce jour fut un des plus pénibles que j'aie endurés. Car je vis les hommes se vautrer dans les hontes d'une impiété, telles que le réprouvent Allâh et toutes ses créatures[3].

« Une curieuse aventure, qui advint en ce même jour, fut que 'Abbâs, voulant entrer dans la salle du conseil, en trouva la porte verrouillée à l'intérieur. Or, il y avait un vieil eunuque, chargé d'ouvrir et de fermer la salle d'audience. Il était surnommé Amîn al-Moulk. Après de nombreux essais, on finit par forcer la serrure. On entra, et l'on trouva le gardien derrière la porte. Il était mort subitement et tenait la clef dans sa main.

« Quant à la guerre civile, qui éclata dans Miṣr, et où 'Abbâs vainquit les troupes de la ville, elle eut pour cause le malaise ressenti par tous les cœurs, lorsque 'Abbâs eut fait aux enfants d'Al-Ḥâfiṭh (qu'Allâh l'ait en pitié !) ce qu'il leur fit. L'hostilité et la haine restèrent d'abord à l'état latent. Celles des filles d'Al-Ḥâfiṭh, qui se trouvaient encore dans le palais, écrivirent au champion des musulmans[4], à Aboû 'l-Gârât Ṭalâ'i' Ibn Rouzzîk[5]

1. Lisez ابن اخيه ; voir plus haut, p. 248, note 3.

2. Notre correction est prise dans le texte tel qu'il est donné par Aboû Schâma.

3. Plus haut, p. 245. Ici s'arrête la citation dans Aboû Schâma.

4. Littéralement « le cavalier des musulmans ». J'emprunte la traduction de ce surnom aux *Hist. or. des Croisades*, III, p. 506, où Ibn Tagribardi l'applique également à Ibn Rouzzik. D'après Al-Maḳrizi, *Al-Khiṭaṭ*, II, p. 393, Ibn Rouzzik, en devenant vizir, fut appelé Al-Malik Aṣ-Ṣâliḥ « le roi vertueux » et aussi « le champion des musulmans ». Une variante de ce surnom est Fâris ad-Dîn « le champion de la religion », comme il est surnommé par Aboû Ya'lâ chez Aboû Schâma, *Kitâb ar-rauḍatain*, I, p. 97, l. 17 et 23. Remarquons encore qu'il est désigné comme un Arménien d'origine par Ibn Al-Athîr et Aboû 'l-Fidâ dans *Hist. or. des Croisades*, I, p. 519 et 33, ainsi que par Ibn Khallikân, *Biographical Dictionary*, II, p. 426, et par Ibn Tagribardi, *An-Noudjoûm*, fol. 23 r° et 39 r°.

5. Ṭalâ'i' était alors âgé de cinquante-deux années musulmanes. En dehors de sa biographie dans Ibn Khallikân, *Biographical Dictionary*, I, p. 657-661, on peut consulter sur Ṭalâ'i' la courte notice d'Al-Maḳrizi, *Al-Khiṭaṭ*, II, p. 293-294; Wüstenfeld, *Geschichte der Faṭimiden-Chalifen*, p. 322-327. La prononciation Ibn Rouzzik que j'ai

(qu'Allâh l'ait en pitié!) pour implorer son secours. Celui-ci enrôla des combattants, et sortit de son gouvernement[1] pour se diriger vers Le Caire. 'Abbâs donna des instructions pour qu'on équipât la flotte et qu'on y apportât des provisions, des armes et de l'argent. Il prit le commandement de l'armée de mer et de terre, le jeudi dix de ṣafar en l'an 549 (vingt-six avril 1154). Il ordonna à son fils Nâṣir ad-Dîn Naṣr de rester au Caire, et me dit : Tu resteras avec lui.

« Lorsque 'Abbâs fut sorti de son palais pour arrêter la marche d'Ibn Rouzzîk, ses soldats le trahirent[2] et fermèrent les portes du Caire. La lutte s'engagea entre nous et eux sur les routes et dans les avenues, leurs cavaliers nous combattant pour nous barrer le passage, et leurs fantassins[3] nous atteignant avec des flèches en bois et avec des pierres du haut des terrasses, tandis que les femmes et les enfants nous jetaient des pierres par les fenêtres. La lutte ne dura entre nous et eux qu'un seul jour, depuis le matin jusqu'au coucher du soleil. 'Abbâs remporta la victoire. Les rebelles ouvrirent les portes du Caire et s'enfuirent. 'Abbâs s'attacha à leurs pas tant qu'ils restèrent sur le territoire de Miṣr et en fit périr un grand nombre. Puis il retourna dans son Palais et reprit son droit d'ordonner et d'interdire[4]. Il résolut d'incendier la *Barḳiyya*[5] parce que les mai-

adoptée est recommandée par M. P. de Jong dans son annotation sur Adh-Dhahabi, *Al-Moschtabih*, p. 241, note 7.

1. D'après Ibn Al-Athîr et Aboû 'l-Fidâ, dans *Hist. or. des Croisades*, I, p. 493 et 30, et aussi d'après Ibn Khallikân, *Biographical Dictionary*, I, p. 657 ; II, p. 426, Ibn Rouzzîk administrait un petit district, situé dans la Haute-Égypte et nommé Mounyat Bani Khaṣîb. Ce territoire était situé dans la province d'Al-Ouschmoûnain ; voir l'*État des provinces et des villages de l'Égypte*, dans Silvestre de Sacy, *Description de l'Égypte, par Abd-Allatif*, p. 697. C'est sans doute le même endroit que Yâḳoût, *Mou'djam*, IV, p. 675, appelle Mounyat Abi 'l-Khouṣaib. Ibn Misar, fol. 89 v°, prétend qu'Ibn Rouzzîk était alors préposé à la province nommée Ousyoûṭiyya d'après Ousyoûṭ, sa capitale, mais le fait partir de Mounyat Al-Khaṣîb (*sic*) le samedi, huit du premier rabî', c'est-à-dire le vingt-trois mai 1154. Ibn Khaldoûn, *'Ibar*, IV, p. 75, et Ibn Tagribardi, *An-Noudjoûm*, fol. 19 v°, réunissent sous les ordres d'Ibn Rouzzîk les deux provinces d'Al-Ouschmoûnain et d'Al-Bahnasâ. Al-Maḳrizi, *Al-Khiṭaṭ*, I, p. 357, l'appelle le *wâli* d'Al-Ouschmoûnain. Wüstenfeld, *Geschichte der Faṭimiden-Chalifen*, p. 322, sans doute sur l'autorité de Djamâl ad-Dîn 'Ali d'Alep, prétend que Ṭalâ'i' était préfet d'Al-Ouschmoûnain et résidait à Mounyat Bani Khouṣaib. C'est ainsi que M. Wüstenfeld vocalise ce dernier mot à l'exemple de Yâḳoût.

2. Lisez خامر.

3. Lisez خيّالتهم et ورجّالتهم.

4. L'autorité du vizir est caractérisée dans les mêmes termes chez un poète cité par Ibn Aṭ-Ṭiḳṭaḳâ, *Al-Fakhri*, p. 209, lig. 2.

5. Un quartier à l'est du Caire avait été ainsi dénommé parce qu'il était habité par les milices *Barḳiyya*, originaires de la région de Barḳa sur la frontière de l'Égypte et de l'Afrique. Cf. Al-Maḳrizi, *Al-Khiṭaṭ*, I, p. 383 ; II, p. 12, 78, 326 ; Ibn Tagribardi, *An-Noudjoûm* (éd. Juynboll), II,

sons des soldats étaient groupées dans ce quartier. Je cherchai par la douceur à modifier ses idées, et je lui dis : O mon maître, lorsque le feu brûlera, l'incendie consumera ce que tu veux, mais aussi ce que tu ne veux pas, et tu ne sauras comment l'éteindre. Je réussis à le détourner de son projet, et j'obtins la grâce de l'émir Al-Mou'taman, fils d'Aboû Ramâda[1], après que 'Abbâs avait ordonné son exécution. Je demandai excuse pour lui, et sa faute lui fut pardonnée.

« La rébellion s'apaisa. Elle avait effrayé 'Abbâs, en lui démontrant l'hostilité des troupes et des émirs, en le convaincant qu'il n'y avait point place pour lui au milieu d'eux. Sa résolution fut bientôt définitive : il s'éloignerait de Miṣr et se rendrait en Syrie auprès d'Al-Malik Al-'Adil Noûr ad-Dîn (qu'Allâh l'ait en pitié !), dont il implorerait l'assistance.

« Les messages entre le personnel des châteaux et Ibn Rouzzîk se succédaient sans trêve. Depuis mon entrée en Égypte, j'étais uni à lui par des liens d'amitié et par des relations suivies. Un envoyé vint me trouver de sa part pour me dire : 'Abbas ne peut rester en Égypte. Il doit en sortir pour aller en Syrie. Alors moi, je m'emparerai du pouvoir. Quant à toi, tu sais ce que nous ressentons l'un pour l'autre. Aussi ne t'associeras-tu pas à son départ. Il ne manquera pas, ayant besoin de toi en Syrie, de t'inviter à le suivre et d'insister pour t'emmener avec lui. Aussi vrai qu'Allâh est le seul dieu[2], ne t'attache pas à ses pas ; car tu auras ta part dans tout avantage que je recueillerai. Ce furent les satans qui soufflèrent[3] tout cela aux oreilles de 'Abbâs, ou peut-être le soupçonna-t-il, connaissant l'affection qui existait entre moi et Ibn Rouzzîk.

p. 419 ; Wüstenfeld, *Calcaschandi's Geographie und Verwaltung von Ægyptien*, p. 102-104 ; Paul Ravaisse, *Essai*, planche 2.

1. L'émir Al-Mou'taman (cf. Aboû Schâma, *Kitâb ar-rauḍatain*, I, p. 178, l. 1) est peut-être l'eunuque Mou'taman al-Khilâfa, selon d'autres Mou'taman ad-Daula, Nadjâḥ, que le khalife Al-'Aḍid, son élève et son beau-frère, fit mettre à mort en juillet 1169 : cf. Ibn Al-Athir et Aboû 'l-Fidâ, dans *Hist. or. des Croisades*, I, p. 566-568 et 40 ; Ibn Khaldoûn, *'Ibar*, IV, p. 80 ; Wüstenfeld, *Geschichte der Faṭimiden-Chalifen*, p. 344-346.

2. Comparez le même serment dans Ibn Aṭ-Tiḳṭaḳâ, *Al-Fakhri*, p. 99, l. 4.

3. Expression du *Coran*, VII, 19 ; XX, 118.

« Voici quelques détails[1] sur la sédition qui contraignit 'Abbâs à quitter l'Égypte et amena son meurtre par les Francs. Lorsqu'il soupçonna l'accord entre moi et Ibn Rouzzîk, ou bien lorsqu'il en eut été informé, il me fit venir et me fit prêter des serments solennels, ne laissant aucune échappatoire, que je partirais avec lui et que je l'accompagnerais. Ma parole ne lui paraissant pas une garantie suffisante, il envoya pendant la nuit son ostâdâr[2], qui avait accès dans son gynécée et qui emmena dans sa maison mes femmes, ma mère et mes enfants, en me disant de sa part : Je prends à ma charge en ton lieu et place toute dépense que comportera leur entretien pendant la route, et je les ferai transporter avec la mère de Nâṣir ad-Dîn[3]. 'Abbâs disposa[4] pour son voyage ses chevaux, ses chameaux et ses mulets. Il possédait deux cents chevaux et juments tenus en laisse entre les mains des serviteurs selon l'habitude égyptienne, deux cents mulets de selle et quatre cents chameaux pour porter ses bagages[5].

« 'Abbâs était adonné avec ardeur à l'étude des étoiles et, sous l'influence d'un horoscope favorable, il avait fixé son départ au samedi quinze du premier rabî' en cette même année (trente mai 1154)[6]. J'étais auprès de lui, lorsque se présenta un de ses serviteurs qu'on appelait 'Antar le grand[7], qui gérait ses affaires grandes et petites, et qui lui dit : O mon maître, qu'avons-nous à espérer de notre départ pour la Syrie? Prends

1. On peut comparer un fragment analogue dans Aboû Schâma, *Kitâb ar-rauḍatain*, I, p. 98, l. 33-36.

2. Plus haut, p. 240, note 6. Aboû Schâma, *loc. cit.*, dit « un de ses ostâdârs ».

3. C'est-à-dire : avec sa femme Boullâra, la mère de Naṣr. « Et avec ses sœurs », ajoute Aboû Schâma, *loc. cit.*

4. Lisez واهتمّ.

5. Le même recensement est donné d'après le *Diwân* ou recueil des poésies d'Ousâma dans le *Kitâb ar-rauḍatain*, I, p. 98, lig. 8 et 9. Sur le *Diwân* d'Ousâma et sur sa disparition, voir mon *Ousâma poète*, dans les *Nouveaux mélanges orientaux*, p. 115.

6. D'après le *Diwan* d'Ousâma, au vendredi quatorze; voir Aboû-Schâma, *Kitâb ar-rauḍatain*, I, p. 98, l. 9 et 10. Au quatorze également, d'après Ibn Khallikân, *Biographical Dictionary*, II, p. 426. Sur l'influence des horoscopes pour la fixation du jour affecté à une entreprise ou à un voyage, cf. J. de Goeje, *Mémoire sur les Carmathes* (2e édition), p. 120 et suiv.; Ravaisse, *Essai*, p. 421.

7. Le manuscrit de l'*Autobiographie* porte Antar, avec les points diacritiques. Aboû Schâma, *Kitâbar-rauḍatain*, p. 98, l. 12, d'après le *Diwân* d'Ousâma, appelle ce majordome 'Anbar, et, au lieu de l'épithète *Al-Kabir*, ajoute : « Et tous les serviteurs de 'Abbâs étaient placés sous sa direction. » Sur 'Anbar, nom propre donné à des esclaves ou à des eunuques, voir Quatremère, *Histoire des Mongols de la Perse*, p. 336-367 et 396, note 189.

tes trésors, tes femmes, tes aides de camp et tes fidèles, conduis-nous vers Alexandrie ; c'est de là qu'après avoir réuni des troupes fraîches nous reviendrons attaquer Ibn Rouzzîk et ses partisans. Si nous sommes victorieux, tu reprendras possession de ton palais et de ton autorité. Si nous échouons, nous retournerons à Alexandrie, où nous nous fortifierons et où nous nous mettrons en état de défense contre notre ennemi. Mais 'Abbâs le rabroua[1] et déclara son opinion erronée. Et pourtant il était dans le vrai !

« Le vendredi (vingt-neuf mai 1154), en se levant, 'Abbâs me fit appeler dès l'aube. J'étais à peine arrivé auprès de lui que je lui dis : O mon maître, lorsque je passe mon temps dans ta société depuis l'aurore jusqu'à la nuit, comment pourrais-je vaquer à mes préparatifs de voyage ? — Il me répondit : Il y a chez nous des messagers venus de Damas ; tu les expédieras, puis tu iras faire tes préparatifs.

« Auparavant, il avait fait appeler un certain nombre d'émirs et leur avait demandé le serment de ne pas le trahir et de n'ourdir aucun complot contre lui. Il avait fait venir aussi les chefs de certaines tribus arabes, de Darmâ, Zouraiḳ, Djoudhâm[2], Sinbis[3], Ṭalḥa, Dja'far[4] et Lawâta[5], et leur avait fait prêter un serment identique par le Coran et par le divorce[6]. Nous étions sans défiance au moment où je me trouvais auprès de 'Abbâs le matin du vendredi, lorsque tout à coup des hommes armés parurent et se précipitèrent sur nous, conduits par les émirs

1. Lisez فنهره.

2. Lisez من كَرْماء وزُريق وجُذام ; cf. Wüstenfeld, *El-Macrizi's Abhandlung ueber die in Aegypten eingewanderten arabischen Stæmme*, p. 46 et 50-59 ; Fresnel, *L'Arabie vue en 1837-1838*, dans le *Journal asiatique* de 1871, I, p. 61.

3. D'après Al-Makrizî, Sinbis était une tribu arabe émigrée en Égypte. Voir Wüstenfeld, *ibid.*, p. 48-50.

4. Sur les rejetons de Ṭalḥa et de Dja'far, que l'on associe généralement en Égypte, cf. Wüstenfeld, *ibid.*, p. 60-62.

5. Lawâta est une tribu berbère; voir plus haut, p. 211, note 1.

6. La clause principale d'un pareil serment, c'est qu'en le prêtant, l'on s'engageait, en cas de parjure, à être légalement séparé de ses femmes. Voir Al-Moubarrad, *Al-Kâmil* (éd. Wright), p. 270 ; A. von Kremer, *Culturgeschichte des Orients*, II, p. 238 ; Robertson Smith, *Kinship and marriage in early Arabia*, p. 77. Le serment par le Coran et par le *ṭalâḳ* « la répudiation » se retrouve chez Kamâl ad-Dîn, *Zoubda*, dans *Hist. or. des Croisades*, III, p. 681 ; cf. aussi Ibn Aṭ-Ṭiḳṭaḳâ, *Al-Fakhri* (éd. Ahlwardt), p. 245, l. 2, dans Sacy, *Chrestomathie arabe* (2e éd.), I, p. 22, l. 2 du texte, 18, dernière ligne, de la traduction, et la formule de serment solennel d'après An-Nowairi, *ibid.*, p. 47-48, note 45.

mêmes, qui la veille s'étaient laissé arracher un serment de fidélité.

« 'Abbâs ordonna de seller ses bêtes de somme. Elles furent sellées et arrêtées devant la porte de son palais. Il y avait entre nous et les révoltés de Miṣr comme une barrière, qui les empêchait de nous atteindre, par suite de l'encombrement produit en avant de nous par l'accumulation des bêtes de somme. Voici que 'Antar le grand, le majordome de 'Abbâs, celui qui lui avait donné un si excellent avis, sortit vers les gens de son maître, et il était leur chef, s'emporta contre eux et les invectiva en disant[1] : Retournez dans vos maisons, et laissez paître librement les bêtes de somme. Les palefreniers, les muletiers et les chameliers partirent. Les bêtes de somme restèrent à l'abandon. Le pillage s'y exerça sans obstacle. »

'Antar le grand avait trahi son maître, après lui avoir prodigué les meilleurs conseils, mais sans être parvenu à le convaincre. « Il avait passé, dit Ousâma ailleurs[2], au camp des hommes de Miṣr pour lutter avec eux contre 'Abbâs. Ce fut pour celui-ci une faveur d'Allâh le tout-puissant que cette agglomération des bêtes de somme ; car elle ferma la route entre lui et ses ennemis et les empêcha de l'atteindre. Or ils formaient une masse compacte, tandis que nous étions une poignée d'hommes, cinquante tout au plus. Car les serviteurs et les mamloûks de 'Abbâs, au nombre de douze cents, avec leurs chevaux magnifiques et leurs panoplies, et huits cents cavaliers turcs étaient sortis ensemble par la Porte de la victoire[3] et avaient établi leurs campements dans la plaine qui la sépare du Ra's Aṭ-Ṭâbiyya[4], pour fuir le combat. Les hommes du Caire se mirent à piller les chevaux, les chameaux et les mulets. »

1. Dans le *Diwân*, Ousâma ajoute ici : « aux chameliers, aux muletiers et aux écuyers. » (Aboû Schâma, *Kitâb ar-rauḍatain*, I, p. 98, l. 12).

2. Ousâma, *Diwân*, dans Aboû Schâma, *ibid.*, l. 13.

3. En arabe : *Bâb an-naṣr*. Cette porte s'élevait dans la direction du Nil. Elle fut déplacée et reconstruite au nord-est du Caire en 1092 par Badr Al-Djamâlî. Voir Nâṣiri Khosrau, *Sefer Nameh* (trad. Schefer), p. 131 ; Al-Maḳrizi, *Al-Khiṭaṭ*, I, p. 381 ; Ravaisse, *Essai*, p. 421, note 3.

4. J'ai ajouté le *taschdid* sur ce nom inconnu d'ailleurs, d'après le manuscrit 707 A de l'ancien fonds arabe, fol. 51 r°, qui porte الطابيّة.

Je reviens à l'*Autobiographie* au point même où je m'en suis séparé. Ousâma continue en ces termes[1] :

« 'Abbâs me dit : Sors, amène à notre aide les Turcs, qui ont leurs quartiers près de la Porte de la victoire ; les payeurs les rétribueront largement. Lorsque j'arrivai à eux et que je leur adressai cet appel, ils montèrent tous à cheval, et ils n'étaient pas moins de huit cents cavaliers, mais ils sortirent du Caire par la Porte de la victoire afin de se dérober au combat. Les mamloûks de 'Abbâs étaient plus nombreux que les Turcs ; ils sortirent également par la Porte de la victoire, et je retournai vers le vizir pour l'en informer[2].

« Je m'occupai[3] ensuite de faire sortir mes femmes, qu'il avait fait transporter dans son palais. En même temps que j'y réussis, je fis sortir les femmes de 'Abbâs. Puis, lorsque la route fut libre, et que les bêtes de somme eurent été volées jusqu'à la dernière, les hommes de Miṣr parvinrent jusqu'à nous et nous expulsèrent. Nous n'étions qu'une poignée d'hommes ; ils formaient une masse compacte.

« Après que nous eûmes dépassé la Porte de la victoire, ils s'élancèrent vers les issues de la ville, les fermèrent et revinrent piller nos maisons. Chez moi, ils prirent dans la grande salle de mon habitation quarante sacs magnifiques en cuir, contenant une quantité considérable d'argent, d'or et de vêtements, et enlevèrent dans mon écurie trente-six chevaux et mules destinés à être montés, avec leurs selles et leur attirail en parfait état et aussi vingt-cinq chameaux. Quant à mon fief de Koûm Aschfîn[4], ils y firent main basse sur deux cents têtes de bœufs appartenant aux fermiers[5], sur mille moutons et sur des greniers regorgeant de denrées.

1. Ousâma, *Autobiographie*, p. 18-20.
2. Lisez عرّفته.
3. Lisez اشتغلت.
4. Plus haut, p. 206.
5. La traduction suppose للتنّائين selon la conjecture de M. A. von Kremer dans la *Wiener Zeitschrift für die Kunde des Morgenlandes*, II, p. 266, avec renvoi à M. J. de Goeje, *Glossarium* de son Ibn Al-Fakîh, *Compendium libri Kitâb al-boldân*, p. XVIII. Cette correction serait parfaite, si le manuscrit n'avait pas clairement للمساحبر.

« Nous n'étions pas encore bien loin de la Porte de la victoire, que les tribus arabes, dont 'Abbâs avait réclamé le serment de fidélité, se concentrèrent et nous combattirent depuis le vendredi dès l'aube jusqu'au jeudi vingt du premier rabî' (vingt-neuf mai au quatre juin 1154)[1]. La lutte se poursuivait pendant toute la journée. Lorsque la nuit devenait noire et que nous faisions halte, ils nous laissaient d'abord nous endormir en paix, pour ensuite détacher contre nous une centaine de cavaliers montés, poussant leurs chevaux sur l'une des ailes de notre camp, et élevant tout à coup la voix dans un cri retentissant. Ceux de nos cavaliers qui, prenant peur, sortaient à leur rencontre, devenaient leurs prisonniers.

« Il m'arriva un jour de me trouver séparé de mes compagnons. J'étais monté sur un cheval blanc, le plus mauvais de mes trotteurs. Mon écuyer l'avait sellé, sans que nous eussions prévu ce qui arriverait. Je n'avais emporté aucune autre arme que mon épée. Les Arabes fondirent sur moi. J'étais hors d'état de les repousser, et mon cheval était incapable de me conduire vite hors de leur portée. Déjà leurs lances m'avaient effleuré. Je me dis : Si je sautais à bas de mon cheval et brandissais mon épée pour essayer de me défendre ! Je rassemblai tout mon courage pour sauter. Mais mon cheval fit un faux pas : je tombai sur des pierres et sur un sol escarpé. Le choc produisit une lésion dans la peau de ma tête, et mon étourdissement fut tel que je restai sur place, sans savoir où j'en étais.

« Quelques-uns des Arabes s'arrêtèrent devant moi et me virent adossé, avec la tête découverte, sans connaissance. Mon épée avait été projetée avec les harnais du cheval. Un Arabe m'asséna deux coups avec l'épée, en disant : Donne-lui bonne

Paléographiquement, je serais tenté de transformer avec M. de Landberg ce mot et les deux suivants en للبساتين والوسيّة « appartenant aux jardins et aux terres communales ». Mais, pour le sens, je préfère me rallier à l'opinion de M. A. von Kremer.

1. Ibn Khallikân, *Biographical Dictionary*, I, p. 657, place la fin de cette lutte au dix-neuf du premier rabî' (trois juin 1154).

mesure[1] ! Je ne savais rien de ce qui se disait autour de moi. On s'empara ensuite de mon cheval et de mon épée.

« Les Turcs m'aperçurent et s'empressèrent vers moi. Nâṣir ad-Dîn Naṣr, fils de 'Abbâs, m'envoya un cheval et une épée. Enfin je partis, ne disposant pas même d'un bandage pour comprimer mes blessures. Je n'en puis pas moins glorifier aujourd'hui encore Celui dont la royauté est éternelle !

« Notre caravane se mit en route. Aucun de nous n'avait de provisions suffisantes. Lorsque je voulais boire de l'eau, je descendais de cheval pour en puiser dans le creux de ma main. Quand je pense que, le soir qui avait précédé mon départ, j'étais assis dans une des salles d'entrée de ma demeure, sur une sorte de trône, et qu'on m'avait présenté seize charges de réceptacles pleins d'eau et Allâh le tout-puissant sait combien de cruches et d'outres en peau.

« Je compris que je ne pourrais pas emmener avec moi les gens de ma famille. De Bilbîs je les fis retourner auprès d'Al-Malik Aṣ-Ṣâliḥ Aboû 'l-Gârât Ṭalâ'i' Ibn Rouzzîk (qu'Allâh l'ait en pitié !). Il les traita avec faveur, leur assigna une maison et se chargea de subvenir à leurs besoins.

« Lorsque les Arabes, qui nous combattaient, se disposèrent à retourner en Égypte, ils vinrent à nous, nous demandant notre garantie pour l'époque où nous serions revenus[2].

« Nous avions continué à avancer, lorsque le dimanche, vingt-trois du premier rabî' (sept juin 1154), l'armée des Francs massée nous surprit dès l'aurore à Al-Mouwailiḥ[3]. 'Abbâs fut

1. Expression imitée du *Coran*, LV, 8.

2. Le *Dîwân* fournit un véritable commentaire sur cette phrase : « Les Arabes, dit Ousâma, vinrent trouver 'Abbâs et lui réclamèrent une garantie pour leurs biens, leurs personnes et leurs maisons. Car ils s'imaginaient que 'Abbâs les rejoindrait au Caire. Puis ils se séparèrent de lui ; ils étaient plus de trois mille cavaliers. » (Aboû Schâma, *Kitâb ar-rauḍatain*, I, p. 98, lig. 23-24).

3. Lisez ici et p. 21, l. 18, المُوَيْلِح, comme l'a proposé M. J. de Goeje (*Wiener Zeitschrift für die Kunde des Morgenlandes*, III, p. 114). De mon côté j'étais arrivé à la même conjecture, mais sans me dissimuler les difficultés d'une identification plausible. Ibn Misar (fol. 90 r°); Ibn Khallikân, *Biographical Dictionary*, II, p. 426 ; et Ibn Tagribardi, *An-Noudjoûm*, fol. 23 r°, nous apprennent que les fuyards, pour se rendre en Syrie, avaient pris la direction d'Aila, c'est-à-dire qu'ils s'étaient avancés vers l'est à travers la péninsule du Sinaï et le Désert des Banoû Isrâ'îl (plus haut, p. 216, note 3) pour ensuite remonter à travers la route des pèlerins, vers la région de Damas par la Vallée de Moïse (plus bas, p. 261,

tué [1], ainsi que son fils Housâm al-Moulk [2] ; son autre fils Nâsir ad-Dîn Nasr fut fait captif. Les Francs prirent à 'Abbâs ses trésors et ses femmes, et tuèrent ceux qui tombèrent entre leurs mains. Parmi leurs prisonniers était mon frère Nadjm ad-Daula Aboû 'Abd Allâh Mohammad [3]. »

Ousâma ne se soucie nullement de suivre son jeune frère Mohammad et son ami Nasr traînés en captivité. Encore ont-ils échappé à la mort, tandis que le vizir 'Abbâs, une si belle prise cependant, pour qui la sœur du khalife Ath-Thâfir [4], avide de venger son frère, offrait aux Francs une rançon opulente, a succombé sur le champ de bataille. Les compagnons d'armes du vizir ont déserté sa cause et poursuivi leur route vers la Syrie, à l'instigation et sous la conduite d'Ousâma Ibn Mounkidh [5]. Les chemins sont difficiles et infestés d'ennemis. Mais, avec des efforts et de la prudence, on peut espérer de s'y frayer un passage. Ousâma laisse les Francs occupés de leurs captures en hommes et en butin et s'avance résolument sur la route au bout de laquelle il entrevoit le salut et une vie nouvelle. S'il eût été libre de choisir sa résidence, il aurait aimé retourner à Schaizar, d'où il avait disparu depuis assez longtemps pour qu'on y eût oublié et pardonné son passé. Dans sa détresse présente, il avait imploré l'appui de son cousin, l'émir Nâsir ad-Dîn Mohammad, fils et successeur de son oncle 'Izz ad-Dîn Soultân, prince

note 2). Sur Aila, voir surtout Quatremère, *Mémoire sur les Nabatéens*, réimprimé dans ses *Mélanges d'histoire et de philologie orientales*, p. 93-101. La lutte dans la banlieue du Caire s'était terminée le quatre juin 1154. Al-Mouwailih, dont il est question ici, est donc situé, par rapport au Caire, à la distance qu'on peut franchir en trois jours. Cette station était sans doute nommée d'après la chaine de montagnes qui porte le même nom et qui se trouve à la séparation de la péninsule du Sinaï et de l'Arabie Pétrée. Les Francs qui attaquent la caravane sont ceux de Krak et de Montréal, qui avaient peut-être un fort détaché ou un poste à Al-Mouwailih. M. Rey, *Les colonies franques de Syrie*, p. 394, a fait remarquer combien nous sommes peu renseignés sur les possessions des Francs au-delà du Jourdain ; voir aussi ce que le même auteur a dit à ce sujet dans sa *Note sur les territoires possédés par les Francs à l'est du lac de Tibériade, de la mer Morte et du Jourdain*, dans le tome XLI des *Mémoires de la Société nationale des Antiquaires de France* (Paris, 1881).

1. Ibn Al-Athîr et Aboû 'l-Fidâ dans *Hist. or des Croisades*, I, p. 494 et 30.

2. D'après le *Diwân* d'Ousâma, dans Aboû Schâma, *Kitâb ar-raudatain*, I, p. 98, l. 25, ce Housâm al-Moulk était le fils cadet de 'Abbâs.

3. Plus haut, p. 46, note 4. Le même renseignement est donné par Aboû Schâma, *Kitâb ar-raudatain*, I, p. 113, l. 24.

4. Ibn Khallikân, *Biographical Dictionary*, II, p. 427 ; Ibn Tagribardi, *An-Noudjoûm*, fol. 23 r° ; Wüstenfeld, *Geschichte der Fatimiden-Chalifen*, p. 323. Ibn Misar, fol. 91 r°, parle d'une tante paternelle (عمّة) d'Ath-Thâfir.

5. Ibn Misar, loc. cit.

de Schaizar. Il en avait appelé auprès du fils du verdict autrefois prononcé contre lui par le père. L'une des suppliques en vers inspirée par cette situation nous a été conservée comme la plus remarquable des apologies[1]. Mais Ousâma a eu beau chercher à se disculper dans le langage le moins agressif et rappeler plutôt les bienfaits que les injustices de son oncle. Sa prière a été repoussée[2], tandis qu'au contraire Al-Malik Al-'Âdil Noûr ad-Dîn qui n'est pas son parent, mais qui a eu l'occasion de l'apprécier[3], le sollicite de se rendre à Damas où lui-même vient d'entrer en vainqueur le vingt-six avril 1154[4]. Ce sera de Damas qu'Ousâma négociera la libération de son frère Moḥammad[5]. Ce sera là sans doute qu'il apprendra la triste fin de Nâṣir ad-Dîn Naṣr. Le jeune homme, tombé entre les mains des Templiers, fut vendu par eux, moyennant soixante mille dînârs égyptiens[6], au vizir Ibn Rouzzîk, transporté au Caire dès le onze juin 1154 dans une cage de fer, mutilé par les femmes d'Aṭh-Ṭhâfir avec une sauvage cruauté, sinon par l'ordre du vizir, du moins avec sa tolérance, enfin crucifié vivant à la Porte de Zawîla, au sud du Caire, le trente juin, pour n'être ensuite détaché de son gibet que deux ans plus tard, le six mars 1156[7].

1. Mouslim ibn Maḥmoûd de Schaizar, *Djamharat al-islâm* (ms. arabe de la Bibliothèque de l'Université de Leide), fol. 248 v° — 249 v°. Cette pièce de quarante-neuf vers ne contient qu'un seul nom propre, au vers quatorze, celui de 'Izz ad-Dîn, c'est-à-dire de Soulṭân, oncle d'Ousâma et père du prince auquel est adressée cette amplification de rhétorique présentée par Mouslim comme le modèle du genre. La table des matières de l'Encyclopédie musulmane, composée par Mouslim vers 1125, a été publiée dans le *Catalogus codicum orientalium Bibliothecæ Academiæ Lugduno Batavæ*, I (2e éd., 1889), p. 287-296 ; voir pour le poème d'Ousâma, p. 294.

2. Aboû Schâma, *Kitâb ar-rauḍatain*, I, p. 113, l. 25. L'émir Nâṣir ad-Dîn Moḥammad ne figure pas sur la liste des fils de Soulṭân donnée plus haut, p. 134, note 4; il y est seulement désigné par son surnom de Tâdj ad-Daula. Kamâl ad-Dîn, *Zoubda* (ms. 728 de l'ancien fonds arabe, fol. 174 r°), en parlant du tremblement de terre qui détruisit Schaizar en août 1157, appelle l'émir, qui y dominait alors et qui périt dans la catastrophe, Tâdj-ad-Daula le Mounḳidhite. Nous reviendrons sur cet événement dans notre chapitre septième.

3. Plus haut, p. 223 et 229-232.

4. Ibn Al-Athîr, *Atabeks*, p. 191; Aboû Schâma, *Kitâb ar-rauḍatain*, I, p. 96, l. 5 et 10. Noûr ad-Dîn avait commencé son dernier siège de Damas le dix-neuf avril d'après Ibn Khallikân, *Biographical Dictionary*, III, p. 339.

5. Aboû Schâma, *Kitâb ar-rauḍatain*, I, p. 113, l. 25-26.

6. Guillaume de Tyr, dans *Hist. occ. des Croisades*, I, p. 833-834, où le surnom de Naṣr, Nâṣir ad-Dîn, est à peine défiguré en *Noseredinus*. Ce qui est rapporté sur son ambition d'être régénéré par le christianisme, sur son initiation à sa foi nouvelle et aux « lettres romanes », parait de pure fantaisie. Le temps manquait. La présence et la prépondérance des Templiers dans les possessions méridionales des Francs, voilà la conclusion intéressante qu'on est amené à tirer de ce que Naṣr fut leur prisonnier et qu'ils s'approprièrent sa rançon. M. Prutz, *Kulturgeschichte der Kreuzzüge*, p. 281, s'est étrangement mépris sur la personnalité de Nâṣir ad-Dîn Naṣr.

7. Ibn Al-Athîr et Aboû 'l-Fidâ dans *Hist. or. des Croisades*, I, p. 495 et 31; Ibn Khallikân, *Biographical Dictionary*, II, p. 427, où, l. 17, lisez 16th au lieu de 27th, d'après le texte publié

Pendant que Naṣr subissait des tortures qui déshonoraient Ibn Rouzzîk et souillaient Le Caire, Ousâma continuait son voyage sans se retourner en arrière, sans se laisser décourager par les difficultés et par les périls. « Lorsque, dit Ousâma[1], les Francs eurent fait une sortie contre nous sur le chemin que nous suivions au sortir de Miṣr, qu'ils eurent tué ʿAbbâs fils d'Aboû 'l-Foutoûḥ, et fait prisonnier son fils aîné Naṣr[2], nous prîmes la fuite vers une montagne voisine. Les hommes la gravirent à pied. Ils marchaient tenant leurs chevaux par la bride. Quant à moi, j'étais sur une mazette. Impossible pour moi de marcher. Je montai en chevauchant, bien que les pentes de cette montagne fussent tout en pierres et en cailloux. Chaque fois que ma monture s'y heurtait, elle ruisselait de sang à la plante des pieds. Je la frappai pour qu'elle montât, mais elle ne put continuer et se mit à redescendre, emportée par les pierres et par les cailloux. Je mis pied à terre, je l'empêchai de bouger et je m'arrêtai, incapable d'avancer. Un homme descendit vers moi du haut de la montagne, saisit l'une de mes mains, tandis que de l'autre je tenais ma rosse, et me hissa au sommet. Non, par Allâh, je ne sais pas qui il était, et je ne l'ai jamais revu. »

C'est à cette retraite sur un mamelon inaccessible aux chevaux qu'Ousâma fait aussi allusion, lorsqu'après avoir parlé de sa rencontre avec l'armée des Francs le sept juin 1154[3], il ajoute[4] : « Enfin ils se lassèrent de nous combattre, après que nous nous étions retranchés à l'abri de leurs coups sur les montagnes. Notre voyage se continua à travers les régions des Francs dans des conditions plus pénibles que la mort, sans les provisions nécessaires aux hommes, sans fourrages pour les

par M. de Slane lui-même, p. 552; Ibn Tagribardi, *An-Noudjoûm*, dans *Hist. or. des Croisades*, III, p. 508; Wüstenfeld, *Geschichte der Faṭimiden-Chalifen*, p. 323.

1. Ousâma, *Autobiographie*, p. 69-70.

2. Le texte porte : « Lorsqu'ils eurent tué ʿAbbâs... et son fils aîné Naṣr. » Je suppose qu'au lieu de وابنه il faut lire en intercalant un mot qui est tombé parce qu'il commençait aussi par un *alif* : وا[سروا ا]بنه.

3. Plus haut, p. 257.

4. Ousâma, *Autobiographie*, p. 20-22.

chevaux, jusqu'aux montagnes des Banoû Fahîd[1] (qu'Allâh les maudisse !) dans la Vallée de Moïse[2].

« Notre montée s'effectua par des chemins aussi étroits qu'escarpés jusqu'à une vaste plaine et jusqu'à des hommes, vrais satans lapidés[3]. Tous ceux d'entre nous qu'ils purent saisir isolément, ils les tuèrent.

« Ce pays devait être habité par quelque émir Ṭayyite, descendant de Rabî'a[4]. Je demandai : Quel émir de la tribu de Rabî'a est ici présent? On me répondit : Manṣoûr, fils de Guidafl[5]. Or c'était un de mes amis. Je donnai deux dînârs à un homme de service qui irait trouver Manṣoûr, et qui lui dirait : Ton ami Ibn Mounḳidh te salue et te prie de venir vers lui demain de bon matin.

« Notre nuit fut troublée par la crainte que nous ressentions. Lorsque l'aurore brilla, les habitants s'équipèrent et se postèrent près de la source. Nous ne vous laisserons pas, dirent-ils, boire notre eau, quand nous, nous mourons de soif. Or, cette source aurait suffi aux besoins de Rabî'a et de Modar[6]. Et combien

1. Faut-il lire Fahîd avec la vocalisation que je crois, sans en être bien sûr, distinguer dans mon manuscrit, ou bien Fouhaid avec M. Wüstenfeld, *El-Macrizi's Abhandlung über die in Aegypten eingewanderten arabischen Stæmme*, p. 48? Quoi qu'il en soit, cette tribu est donnée par Al-Maḳrîzî, loc. cit., comme faisant partie de Zoubaid et comme s'étant confondue dans la région du Dâroûm avec la tribu Ṭayyite de Djarm.

2. Le Wâdî Moûsâ, le *Vallis Moysi* d'Albert d'Aix et de Guillaume de Tyr (*Hist. occ. des Croisades*, IV, p. 644 et 693 ; I, p. 712-713), est une localité bâtie dans le site pittoresque de Petra, l'ancienne métropole nabatéenne ; cf. Quatremère, *Mémoire sur les Nabatéens*, réimprimé dans ses *Mélanges d'histoire et de philologie orientale*, p. 67-82 ; (Socin) *Palestine et Syrie*, p. 308-314 ; Chauvet et Isambert, *Syrie, Palestine*, p. 48-57 ; Rey, *Les colonies franques en Syrie*, p. 396-402 ; H. Hildesheimer, *Beiträge zur Geographie Palestinas*, p. 51-55.

3. Littéralement : « jusqu'à une vaste terre et à des hommes et à des satans lapidés. » Ce dernier terme fait allusion au « Satan lapidé » du *Coran*, III, 31 ; XV, 17 ; XVI, 100 ; LXXXI, 25.

4. Yâḳoût, *Mou'djam*, III, p. 332, nous apprend qu'en 509 de l'hégire (1115-1116 de notre ère) des Arabes Ṭayyites de Rabî'a étaient établis à Asch-Schaubak, au nord du Wâdî Moûsâ. Baudouin Ier construisit, en 1115 précisément, le château-fort de Mont-Réal (Mons Regalis) pour protéger les chrétiens qui occupaient cette région. La seigneurie de Montréal comptait un grand nombre de Bédouins parmi ses hommes liges. Les émirs Ṭayyites de Rabî'a dont parle Ousâma, n'avaient donc point quitté les environs d'Asch-Schaubak, puisqu'il les y retrouve en juin 1154. Voir Paoli, *Codice diplomatico del sacro militare ordine Gierosolimitano* (Lucca, 1733-1737), I, p. 31, n° 29 ; Rey, *Étude sur les monuments de l'architecture militaire des croisés*, p. 274.

5. Personnage inconnu ; manuscrit عدفل ici et plus loin.

6. Cette locution proverbiale réunit les deux tribus arabes de Rabî'a et Modar, fils de Nizâr, dont les descendants allèrent peupler la Mésopotamie divisée d'après eux en Diyâr Rabî'a et Diyâr Modar ; cf. Caussin de Perceval, *Essai sur l'histoire des Arabes avant l'islamisme*, I, p. 192. M. Sprenger, *Das Leben und die Lehre des Mohammad*, III, p. CXXXVIII, évalue à cinq ou six millions le nombre des Nizârites répandus à l'époque du Prophète, d'une part, en Arabie centrale depuis la mer Rouge jusqu'au golfe Persique, d'autre part le long de l'Euphrate jusque dans les plaines de la Mésopotamie. On comprend l'hyperbole d'une source capable d'abreuver tout ce monde. La phrase a l'allure d'un dicton populaire.

n'avaient-ils pas d'autres sources semblables sur leur territoire! Mais leur but était uniquement de provoquer la lutte entre nous et eux et de s'emparer de nos personnes.

« Nous en étions là, lorsque Manṣoûr, fils de Guidafl, arriva, leur adressa des reproches et les invectiva. Ils se dispersèrent. Manṣoûr me dit : Monte à cheval. Nos chevaux nous descendirent par un chemin plus étroit et plus accidenté que celui par lequel j'étais monté. Nous étions parvenus sains et saufs dans le fond de la vallée, après avoir failli périr. Je réunis pour l'émir Manṣoûr mille dînârs de Miṣr[1], et je lui en fis présent. Il nous quitta. Nous poursuivîmes notre route, et enfin, avec ceux qui avaient échappé aux massacres des Francs et des Banoû Fahîd, nous atteignions la contrée de Damas le vendredi cinq du dernier rabîʿ, dans cette même année (le dix-neuf juin 1154). Notre délivrance, après les périls d'un tel voyage, fut un signe manifeste de la providence d'Allâh et de son admirable protection.

« Dans cette série d'événements, il m'arriva une histoire étonnante. Aṭh-Ṭhâfir avait envoyé à Naṣr, fils de ʿAbbâs, un cheval d'amble[2], petit, gracieux, franc d'origine. J'avais quitté le Caire pour me rendre dans un village, qui m'appartenait[3], tandis que mon fils Aboû 'l-Fawâris Mourhaf[4] tenait société au fils de ʿAbbâs. Nous voudrions, dit celui-ci, pour ce cheval d'amble une selle élégante, une selle de Gazza[5]. Mon fils lui répondit : O mon maître, je t'en connais une vraiment exceptionnelle.— Où est-elle? demanda-t-il. —Mon fils répliqua : Dans la maison de ton serviteur, mon père. Il possède une selle de Gazza magnifique. — Fais-la apporter, dit Naṣr. Celui-ci envoya dans ma maison un messager qui prit la selle. Naṣr en fut

1. Plus haut, p. 224, note 2.

2. Le mot persan *rahwâr* est donné correctement, sans les déformations que les Arabes lui font ordinairement subir ; cf. Al-Djawâlîḳî, *Kitâb al-mouʿarrab*, éd. Sachau, p. 71 ; Zenker, *Dictionnaire turc-arabe-persan*, p. 459 et 473.

3. A Koûm Aschfîn sans doute, voir plus haut, page 206.

4. Plus haut, page 85, note 1 ; 158, note 1 ; 187, note 2.

5. Sur le goût pour les selles magnifiques en Égypte, voir Al-Maḳrîzî, *Al-Khiṭaṭ*, I, p. 418 ; A. von Kremer, *Culturgeschichte des Orients unter den Chalifen*, II, p. 293 ; Wüstenfeld, *Calcaschandi's Geographie und Verwaltung von Aegypten*, p. 176. Si mon texte est exact, il renferme la première allusion que j'aie rencontrée à la fabrication de Gazza pour cet article de luxe.

enchanté et la fit attacher sur le cheval d'amble. Cette selle était montée de Syrie avec moi sur l'un des chevaux tenus en laisse; elle était contrepointée, avec une bordure noire, d'un très bel effet. Elle pesait cent-trente *mithkâl*[1]. Lorsque je revins de mon fief, Nâṣir ad-Dîn me dit : Nous nous sommes mal conduits à ton égard, et nous t'avons enlevé cette selle de ta maison. Je répondis : O mon maître, quel bonheur pour moi d'avoir pu te servir!

« Lorsque plus tard les Francs nous attaquèrent à Al-Mouwailiḥ[2], j'avais avec moi cinq de mes mamloûks montés sur des chameaux, les Arabes leur ayant pris leurs chevaux. Au moment où les Francs survinrent, nombre de chevaux erraient librement. Mes écuyers descendirent des chameaux, interceptèrent la course des chevaux et en prirent cinq qui leur servirent de montures. Or, sur l'un des chevaux dont ils s'étaient emparés était placée cette même selle d'or que le fils de 'Abbâs s'était appropriée naguère.

« Parmi les survivants de notre caravane étaient Ḥousâm al-Moulk, cousin de 'Abbâs[3], et un frère utérin de 'Abbâs, fils d'Al-'Âdil[4]. Ḥousâm al-Moulk avait entendu raconter l'histoire de la selle. Il dit, pendant que je prêtais l'oreille : Tout ce qu'a possédé ce malheureux (il désignait ainsi Naṣr) a été pillé, que ce soit par les Francs ou par ses compagnons d'armes. — Je dis alors : Peut-être fais-tu allusion à la selle d'or? — Précisément, répondit-il. J'ordonnai qu'on apportât la selle, puis je dis à Ḥousâm al-Moulk : Lis le nom inscrit sur la selle, si c'est celui de 'Abbâs, celui de son fils ou le mien. Et qui, du temps d'Al-Ḥâfiṭh, pouvait chevaucher à Miṣr sur une selle d'or, si ce n'est moi? Or, mon nom était brodé en noir sur le tour de la selle,

1. Le *mithkâl* est l'unité de poids représentée dans la monnaie par le dinâr; cf. Sauvaire, *Matériaux pour servir à l'histoire de la numismatique et de la métrologie musulmanes*, p. 35-48. Le poids du *mithkâl* paraît avoir oscillé entre trois et quatre grammes.

2. Plus haut, p. 257.

3. Ce Ḥousâm al-Moulk ne doit pas être confondu avec le frère de 'Abbâs mentionné plus haut, p. 258.

4. Al-'Âdil est ici Ibn As-Sallâr qui avait épousé Boullâra, mère de 'Abbâs; voir plus haut, p. 220.

dont le milieu était contrepointé. Lorsqu'il l'eut constaté, il me fit des excuses et garda le silence. »

Les rodomontades d'Ousàma sont les cris d'un homme qui enfle sa voix pour se donner du courage. S'il a retrouvé par hasard sa selle d'or contrepointée, c'est tout ce qui lui reste de sa splendeur passée, de l'époque où seul parmi les habitants de Miṣr il pouvait se permettre un pareil luxe. Il regrette le bien-être qu'il a perdu et n'a, pour se consoler, ni les agréments du voyage, ni la société des femmes qui lui sont chères. Ousàma, qui les avait d'abord emmenées, ainsi que ses enfants et les gens de sa maison, avait cru prudent de ne point laisser dépasser Bilbîs au grand train de monde qui l'accompagnait[1]. Cette escorte nombreuse, avec une longue suite de bagages et de serviteurs, eût été dispersée et pillée avant d'arriver à Damas. Et d'ailleurs, le nouveau vizir de Miṣr, Al-Malik Aṣ-Ṣâliḥ Ibn Rouzzîk, était personnellement très favorable à Ousâma. Il admettait pour lui l'opportunité d'un éloignement momentané, mais il s'était offert à veiller, comme sur un dépôt sacré, sur la famille sans chef, qui se réfugiait sous sa protection au Caire. « Je t'ai fait parvenir, écrivait Ousâma à Ibn Rouzzîk[2], mes femmes et mes enfants, pour que tu sois l'arbitre de leur sort. » Ibn Rouzzîk les installa dans une maison, leur octroya d'abondants revenus, et leur témoigna une extrême bienveillance. Pendant ce temps, après le cours de ses pérégrinations, où sa vie avait été plusieurs fois en danger, Ousàma rentrait à Damas le dix-neuf juin 1154[3], abandonné, exténué, sans ressources, usé par les privations et les souffrances, vieilli par l'excès des fatigues, aspirant au repos comme d'ordinaire il aspirait aux agitations, ayant le besoin le plus urgent de reprendre haleine avant de se lancer de nouveau dans les aventures. Noûr

1. Plus haut, p. 257.

2. Aboû Schâma, *Kitâb ar-rauḍatain*, I, p. 98, dernière ligne, et p. 99, l. 1.

3. Plus haut, p. 262. Aboû Ya'lâ, chez Aboû Schâma, *ibid.*, I, p. 97, l. 25, place l'arrivée à Damas de ceux qui échappèrent au désastre vers la fin du second rabî', c'est-à-dire peu de jours avant le treize juillet. Il y eut probablement des retardataires, tandis qu'Ousâma ne manqua pas de prendre les devants.

ad-Dîn, qui avait ressenti le charme de sa personne, lorsqu'il l'avait rencontré aux environs de Damas en 1150[1], mais qui n'avait pas essayé de le retenir, lui fit cette fois un accueil empressé. C'était le premier étranger de distinction dont il reçut les hommages dans sa conquête nouvelle; car deux mois ne s'étaient pas encore écoulés, depuis que, le vingt-six avril, il avait forcé par surprise la Porte Orientale de Damas[2].

1. Plus haut, p. 229-232.

2. Plus haut, p. 259.

CHAPITRE VII

DEUXIÈME SÉJOUR D'OUSÂMA À DAMAS
OUSÂMA ET NOÛR AD-DÎN (1154-1164)

L'occupation de Damas réalisait, au profit de Noûr ad-Dîn, une conquête que Zenguî, son père, avait tentée à plusieurs reprises, mais sans avoir jamais pu incorporer à ses États cette ville qu'il avait sans cesse regardée d'un œil de convoitise. Une première fois, Noûr ad-Dîn avait cru toucher au but, lorsque, quelques mois après la mort de Mou'în ad-Dîn Anar[1], en mai 1150, il avait mis le siège devant Damas et que le prince Moudjîr ad-Dîn Abaḳ était venu lui-même à son camp, avec le chef de la municipalité, le *ra'is* Mou'ayyad ad-Daula Ibn Aṣ-Ṣoûfî, offrant de reconnaître sa suzeraineté, de le mentionner en troisième ligne au prône après le khalife de Bagdâdh et après le sultan Seljoûḳide, enfin de graver son nom sur les monnaies d'or et d'argent[2]. Le quatre novembre suivant, Moudjîr ad-Dîn Abaḳ avait fait exprès le voyage d'Alep avec ses conseillers intimes pour y renouveler auprès de Noûr ad-Dîn l'hommage de son obéissance et pour lui confirmer sa promesse de le servir en qualité de lieutenant à Damas. Il n'était ensuite rentré dans sa capitale que le vingt-huit novembre[3]. Mais cette soumission, imposée par les nécessités du moment, n'avait été

1. Plus haut, p. 217.
2. Ibn Tagribardi, *An-Noudjoûm*, dans *Hist. or. des Croisades*, III, p. 506-507. Sur le *ra'is* Mou'ayyad ad-Daula Ibn Aṣ-Ṣoûfî, voir plus haut, p. 196.
3. Aboû Schâma, *Kitâb ar-raudatain*, I, p. 83.

qu'un leurre, dont Noûr ad-Dîn n'avait point tardé à reconnaître l'inanité. Plus de quatre années s'étaient écoulées depuis que cette capitulation apparente avait avorté. Cette fois, Noûr ad-Dîn ne paraissait plus disposé à laisser contester son autorité. Ses adversaires courbaient la tête. Moudjîr ad-Dîn Abaḳ qui avait d'abord continué la résistance dans la citadelle de Damas, fut bientôt contraint à la rendre et s'estima heureux de recevoir comme compensation un grand apanage dont Ḥoms serait la capitale, puis, comme il y continuait ses menées, il fut dépouillé de son fief et reçut en échange la ville de Bâlis, qu'il abandonna presque aussitôt pour aller s'établir à Bagdâdh, où il expira en 1169[1]. Quant à Ibn Aṣ-Ṣoûfî, il ne laissa pas à Noûr ad-Dîn le temps d'exercer sur lui sa vengeance ; il mourut de maladie à Damas le dix-neuf mai 1154[2].

Ousâma revenait à Damas à l'heure propice où les favorisés d'hier allaient perdre leur crédit, les dépossédés recouvrer leurs biens, les exilés rentrer dans leurs foyers. Ibn Aṣ-Ṣoûfî, qui lui avait naguère témoigné tant de malveillance, venait de mourir à propos comme emporté par la défaite et par l'impopularité. Noûr ad-Dîn confia le gouvernement de sa nouvelle province au général en chef de son armée, à l'oncle de Saladin, Asad ad-Dîn Schîrkoûh, qui avait pris une part décisive à la campagne si glorieusement terminée[3]. Celui-ci connaissait Ousâma et se montra bienveillant pour l'hôte qui lui arrivait rempli d'amertume sur le passé, d'espérance pour l'avenir. Noûr ad-Dîn ne prolongea pas son séjour à Damas au delà du temps nécessaire pour s'y concilier les sympathies par le redressement des injustices et par l'abolition de certains impôts vexatoires. La population entière, ḳâḍîs, jurisconsultes et marchands,

1. Ibn Al-Athîr, dans *Hist. or. des Croisades*, I, p. 497 ; II II, p. 192 ; Kâmal ad-Dîn, *Zoubda*, dans Rœhricht, *Beitræge*, I, p. 318 ; Ibn Khallikân, *Biographical Dictionary*, I, p. 275 ; III, p. 342 ; Adh-Dhahabî dans Ibn Tagribardî (ms. 666 de l'ancien fonds arabe), fol. 45 r°.

2. Aboû Ya'lâ dans Aboû Schâma, *Kitâb ar-rauḍatain*, I, p. 97, l. 15. J'ai donné l'année seulement, plus haut, p. 196, note 1.

3. Ibn Abî Ṭayy dans Aboû Schâma, *Kitâb ar-rauḍatain*, I, p. 96, l. 15. Sur Asad ad-Dîn Schîrkoûh, voir plus haut, p. 230, note 1.

se confondit en actions de grâce à Allâh pour le remercier d'avoir favorisé un prince aussi équitable, en prières pour la prolongation de ses jours et pour la victoire de ses drapeaux[1]. L'enthousiasme était monté à son comble. L'avénement de Noûr ad-Dîn s'annonçait comme une ère de réparation pour tous ceux qui avaient eu à souffrir des régimes précédents. Ousâma s'abandonna bientôt à l'illusion qu'il n'avait jamais quitté Damas, qu'il se réveillait d'un mauvais rêve, que son bonheur n'avait été troublé par aucune secousse, que ses souvenirs d'Égypte n'avaient existé que dans son imagination.

Une ombre dans ce tableau enchanteur, c'était pour lui l'absence de sa famille restée à Miṣr. Sa mère y était morte. Ses femmes, ses enfants et la famille de ses frères attendaient ses décisions pour venir le rejoindre à Damas. D'autre part, Al-Malik Aṣ-Ṣâliḥ Ṭalâ'i' Ibn Rouzzîk, vizir du khalife Fâṭimide Al-Fâ'iz et ami personnel d'Ousâma[2] « lui adressait, pour le faire revenir au Caire, des lettres auxquelles Ousâma répondait par des compliments afin de mieux assurer le bien-être de ses femmes et de ses enfants[3] ». Grandes étaient les perplexités d'Ousâma entre les appels pressants d'Ibn Rouzzîk et l'insistance que Noûr ad-Dîn mettait à le retenir.

Noûr ad-Dîn se chargea de réclamer lui-même auprès d'Ibn Rouzzîk la restitution du précieux dépôt confié à sa garde. « Il entra, dit Ousâma[4], en correspondance avec Al-Malik Aṣ-Ṣâliḥ pour le prier de mettre en route mes femmes et mes enfants, qui étaient demeurés à Miṣr et qu'il traitait avec bienveillance. Le vizir renvoya le messager chargé de la demande, et s'excusa en disant qu'il s'effrayait pour eux des Francs. Puis il m'écrivit en ces termes : Tu reviendras à Miṣr, car tu sais dans quelles relations nous sommes ensemble. Mais, si tu éprouves

1. Aboû Ya'lâ dans Abou Schâma, *Kitâb ar-rauḍatain*, I, p. 96, l. 35-37, l. 2.
2. Plus haut, p. 251.
3. Aboû Schâma, *Kitâb ar-rauḍatain*, I, p. 99, l. 1. Lisez avec les manuscrits يتلطف au lieu de يلطف.
4. Ousâma, *Autobiographie*, p. [illegible].

trop de répulsion contre les gens du Château[1], tu te rendras à la Mecque[2], je te ferai parvenir un décret t'octroyant la ville d'Ouswân, et je mettrai à ta disposition les renforts nécessaires pour que tu sois en mesure de combattre les Abyssins. Car Ouswân est une ville frontière sur les confins des territoires musulmans[3]. C'est là que je te ferai rejoindre par tes femmes et par tes enfants. Je consultai Al-Malik Al-'Âdil[4] et je cherchai à pénétrer son opinion. O un tel, me dit-il, tu n'es certes pas disposé, alors que tu es délivré de Miṣr et de ses luttes intestines, à y retourner. La vie est trop courte pour cela. C'est moi qui ferai les démarches en vue d'obtenir pour ta famille un sauf-conduit du roi des Francs[5] et qui enverrai quelqu'un pour ramener tes proches. Et en effet ce prince (qu'Allâh l'ait en pitié !) détacha un messager qui obtint et me fit parvenir[6] de la part du roi un sauf-conduit valable sur terre et sur mer.

« Je mis en route l'un de mes serviteurs, porteur du sauf-conduit, ainsi que d'une lettre d'Al-Malik al-'Âdil et aussi d'une lettre que j'adressais à Al-Malik Aṣ-Ṣâliḥ[7]. Celui-ci les fit parvenir jusqu'à Damiette sur un bateau du domaine privé[8],

1. Aboû Schâma, *Kitâb ar-rauḍatain*, I, p. 99, l. 2, dit qu'Ibn Rouzzik attribuait le refus d'Ousâma à « la répugnance de son cœur pour les châteaux et à son désir de fuir les habitants de Miṣr ».

2. Aboû-Schâma, *ibid.*, *loc. cit.*, ajoute في الموسم « dans la saison du pèlerinage », c'est-à-dire en février 1155.

3. Aboû Schâma, *ibid.*, l. 3-5, donne comme variante : « Mon mandataire, qui te rencontrera à la Mecque, te livrera la ville d'Ouswân, je t'y enverrai ta famille et je te pourvoirai d'argent. Ouswân est, comme tu sais, la ville frontière entre nous et entre les nègres, et une telle frontière n'arrêtera pas un homme tel que toi. » Aboû Schâma poursuit : « Il lui fit en outre de nombreuses promesses, lui exposa son désir et sa sollicitude de l'avoir à ses côtés et lui rappela leur vieille amitié. » Ouswân (d'après d'autres : As-Souwân) est une ville importante à l'extrémité sud de la Haute-Égypte.

4. C'est-à-dire Noûr ad-Din ; plus haut, p. 251.

5. Le roi de Jérusalem, le « roi des Francs », était alors Baudouin III.

6. Peut-être, le manuscrit n'ayant pas de points diacritiques, au lieu de وصّلنيه que j'ai traduit, convient-il de lire, comme je l'avais pensé d'abord, وصليبه et de traduire : « qui obtint le sauf-conduit sur lequel le roi avait appliqué sa croix. » Les rois de Jérusalem avaient une croix sur leur cachet, comme sur leurs monnaies. Pour les monnaies on peut consulter Henri Lavoix, *Monnaies à légendes arabes, frappées en Syrie par les croisés* (Paris, 1877) et Schlumberger, *Numismatique de l'Orient latin* (Paris, 1878). Pour les croix sur les sceaux, cf. les planches de Kugler, *Geschichte der Kreuzzüge*, p. 112 et 114 ; Rey, *Les colonies franques de Syrie*, p. 28, 52, 53, 59, 277, etc.

7. « Ousâma, dit Aboû Schâma (*Kitâb ar-rauḍatain*, I, p. 99, lig. 6 et suiv.), écrivit à Al-Malik Aṣ-Ṣâliḥ pour s'excuser auprès de lui et pour lui demander d'autoriser le départ de ses proches. Il y eut entre lui et Al-Malik Aṣ-Ṣâliḥ échange de lettres et de poésies sans interruption jusqu'à ce que celui-ci les mit en route, au nombre de cinquante et quelque, avec des honneurs et des marques de respect qui se continuèrent jusqu'à la limite de son territoire. On rapporte que les gens des châteaux et les émirs s'opposèrent au départ : Nous abandonnons, dirent-ils, des gages qui nous servent de garantie contre toute entreprise de la part d'Ousâma. »

8. Lisez الخاصّ.

les munit des sommes et des provisions nécessaires à leurs besoins, et leur donna ses instructions. A partir de Damiette, ils larguèrent les voiles en pleine mer sur un navire franc. Lorsqu'ils approchèrent d'Acre, où se trouvait le roi (puisse Allâh ne point le prendre en pitié !) le roi envoya sur un frêle esquif quelques hommes, qui avec leurs haches brisèrent le navire, sous les yeux de mes parents. Le roi monta à cheval, resta sur la rive, pillant tout ce qu'il y rencontrait.

« Mon serviteur arriva jusqu'à lui à la nage, en apportant le sauf-conduit, et lui dit : O mon maître le roi, ceci n'est-il pas ton sauf-conduit? — En effet, répondit le roi, mais il est d'usage chez les musulmans que lorsqu'une de leurs embarcations fait naufrage en face d'une ville, les habitants de cette ville ont le droit d'y exercer le pillage [1]. — Nous feras-tu prisonniers? demanda mon serviteur. — Non, répondit le roi. Celui-ci (qu'Allâh le maudisse !) les réunit dans une maison et alla jusqu'à fouiller les femmes de manière à enlever tout ce que la troupe possédait.

« Il y avait sur le navire des parures, que les femmes y avaient déposées, des costumes, des perles, des épées, des armes, de l'or et de l'argent, une valeur d'environ trente mille pièces d'or.

« Le roi fit main basse sur le tout, et remit aux voyageurs cinq cents pièces d'or, en leur disant : Que cette somme serve à votre rapatriement. Or, ils n'étaient pas moins de cinquante personnes, hommes et femmes.

« A ce moment j'accompagnais Al-Malik Al-'Adil Noûr ad-Dîn

1. Des prétextes analogues sont allégués par les Francs de Laodicée ; voir Ibn Al-Athîr dans *Hist. or. des Croisades*, I, p. 584 ; II II, p. 280. Sur ce droit *de bris et de naufrage* qui paraît avoir été revendiqué en Orient et en Occident, on peut lire une savante note de Reinaud, *Extraits d'auteurs arabes*, p. 150. Sur son exemplaire que je possède M. Reinaud a indiqué comme document complémentaire Burckhardt, *Voyages en Arabie*, II, p. 200. Des doctrines contraires à la confiscation sont soutenues dans les *Assises de Jérusalem* (éd. Beugnot), II, p. 47, et aussi dans un traité conclu en 1277 entre Boémond VI, prince d'Antioche et comte de Tripoli, et Jacques Contarini, doge de Venise, traité publié par M. E. Rey dans ses *Recherches géographiques et historiques sur la domination des latins en Orient* (Paris, 1877), p. 47 à 50. Le même savant m'a communiqué le texte inédit d'un traité conclu entre la république de Gênes et Philippe de Montfort, prince de Tyr, en date du cinq mars 1264, où les mêmes principes conformes au droit des gens sont affirmés. Aussi, pour justifier sa conduite, Baudouin III qui aimait le butin (Kugler, *Geschichte der Kreuzzüge*, p. 166) prétend-il user de représailles et appliquer aux musulmans un usage musulman.

dans les régions du roi Mas'oûd, à Ra'bân et à Kaisoûn[1]. Le salut de mes enfants, des enfants de mon frère et de nos femmes me rendit facile à endurer la perte de mon bien. Je ne fus sensible qu'à la perte de mes livres. Il y avait quatre mille volumes, rien que des ouvrages précieux. Leur disparition est restée pour moi un crève-cœur tant que j'ai vécu. »

Cette première campagne de Noûr ad-Dîn dans la direction de l'Asie Mineure eut lieu au printemps de 1155[2]. Ousâma qui vivait encore isolé à Damas ne s'y sentait retenu par aucun de ces liens affectueux dont il ne savait pas toujours s'affranchir. En parlant du roi Mas'oûd, il commet un anachronisme, ce sultan Seldjoûkide d'Iconium étant mort le premier octobre 1152[3]. Ce fut son fils et successeur, Ḳilidj Arslân II dont les États furent envahis par Noûr ad-Dîn qui, après y avoir conquis nombre de citadelles et de forteresses, les évacua bientôt, sa base d'opérations étant trop éloignée et cette démonstration lui ayant suffi pour affirmer son indépendance vis-à-vis des sultans Seldjoûḳides.

Ousâma retourna vers Damas avec Noûr ad-Dîn, en passant par Alep et par Ḥamâ. Dans laquelle de ces deux villes eut-il la bonne fortune de se rencontrer avec le célèbre littérateur, le schaikh, l'imâm Houdjdjat ad-Dîn Aboû Hâschim Moḥammad ibn Moḥammad Ibn Ṭhafar, « l'un des meilleurs musulmans au point de vue de la piété et de la science », comme Ousâma le caractérise[4]? Pour résoudre ce petit problème d'histoire littéraire, il faudrait d'abord savoir où résidait dans « le royaume Noûrien », comme s'exprime Ibn Ṭhafar, « son frère, son pro-

1. Ra'bân et Kaisoûn (ou encore Kaisoûm) sont deux forteresses situées dans la région de Samosate, la première à l'est, la seconde à l'ouest de cette ville. Elles sont mentionnées ensemble, parmi les places fortes au nord d'Alep, par Ibn Al-Athîr dans *Hist. or. des Croisades*, I, p. 262 et 293.

2. Aboû Ya'lâ dans Aboû Schâma, *Kitab-ar-rauḍatain*, I, p. 100, l. 20-25, qui donne seulement la date de 550, c'est-à-dire entre le sept mars 1155 et le vingt-quatre fevrier 1156.

3. 'Imâd ad-Dîn, dans Al-Bondârî, *Histoire des Seldjoucides de l'Iraq* (éd. Houtsma, Lugduni Batavorum, 1889), p. 227 ; Ibn Khallikân, *Biographical Dictionary*, III, p. 355. Ibn Al-Athîr et Aboû 'l-Fidâ sont tombés dans la même erreur qu'Ousâma en reculant la mort du roi Mas'oûd jusqu'en 551 de l'hégire ; voir *Chronicon* (éd. Tornberg), XI, p. 138, et *Hist. or. des Croisades*. I, p. 31. Il convient aussi de rectifier la date de 549 donnée *ibid.*, I, p. XIV.

4. Ousâma, *Autobiographie*, p. 83.

tecteur », le très illustre schaikh, le chef considéré, le savant, le docteur éminent Ṣafî ad-Dîn Aboû 'r-Riḍâ Aḥmad ibn Hibat Allâh ibn Aḥmad, ibn 'Alî ibn Ḳournâṣ[1]. Mes efforts pour recueillir sur ce personnage un autre témoignage que celui d'Ibn Ṭhafar ont échoué et dès lors je ne puis assigner ni une date précise, ni un endroit fixe à l'entrevue amicale qui eut lieu entre Ousâma et l'auteur de la *Consolation pour les princes*[2]. Elle eut en tout cas lieu vers 1155, après les pérégrinations d'Ibn Ṭhafar à travers les régions occidentales[3] et après son recours à Noûr ad-Dîn dans des conditions analogues à celles qui avaient amené à Damas Ousâma implorant également un asile, demandant lui aussi à être défendu contre des persécuteurs acharnés.

« Ousâma était encore à Alep dans l'armée de Noûr ad-Dîn, lorsqu'un de ses amis de Damas vint l'y rejoindre pour lui annoncer l'arrivée de ceux qu'il avait laissés à Miṣr, femmes, enfants, compagnons. Les bateaux qui les portaient s'étaient brisés sur le rivage d'Acre et, les Francs ayant pillé tout ce qui s'y trouvait, ils étaient arrivés à Damas en n'y apportant que leurs personnes. Le commandant des Francs[4] leur avait remis cinq cents dînârs, grâce auxquels ils se seraient remis en état et auraient loué des montures pour se faire porter jusqu'à Damas. Ousâma répondit à la communication de son ami par les vers suivants :

C'est à Allâh que je me plains d'une séparation, à cause de laquelle mes paupières se sont injectées de sang, et mon cœur s'est consumé dans les soucis.

Elle s'est prolongée au point que mon âme a cherché un refuge dans les souhaits, et que les désirs ardents l'ont fait voler dans tous les sens.

1. Ibn Ṭhafar, préface du *Khair al-bischar*, dans Michele Amari, *Bibliotheca arabico-sicula*, texte arabe, p. 692-694 ; version italienne, II, p. 634-637 de l'édition in-8.

2. Je traduis ainsi le titre arabe سلوان المطاع du recueil d'apologues composé par Ibn Ṭhafar et traduit en italien par Michele Amari (*Conforti politici*, Firenze, 1851).

3. Ousâma, *Autobiographie*, p. 83 ; Amari, *Conforti politici*, Introduzione, p. xxi.

4. Aboû Schâma (*Kitâb ar-rauḍatain*, I, p. 99, l. 9-14), à qui j'emprunte ce passage, dit positivement « le commandant des Francs » (متملّك الافرنج) et non « le roi des Francs », comme s'exprime Ousâma ; voir plus haut, p. 270.

Et, lorsque Allâh a décidé que nous nous rencontrerions, le malheur de ma destinée s'est mis en travers sur la route de ma joie. »

L'impatience d'Ousâma ne connaît plus de bornes à partir du moment où il sait sa maison de Damas habitée de nouveau par les êtres chers à son cœur. Il brûle de se retrouver au milieu d'eux, de reprendre à la tête de sa famille son rang de chef aimé, écouté, plein de sollicitude, passionné pour les joies de l'intérieur. Enfin « le service d'Al-Malik Al-'Âdil Noûr ad-Dîn [1] » lui permet de relâcher son concours vers l'automne de 1155. Il s'empresse d'aller se délasser parmi les siens, réparer ses forces dans un milieu où il sera entouré d'affection et de soins. Ce bonheur calme ne saurait le satisfaire que pour un temps et sa nature ne se serait pas accommodée d'une inaction trop prolongée. Mais après tant d'agitations, avec l'âge, il était devenu capable de savourer le repos, d'en éprouver le charme, d'en subir les attraits. On se rappelle quels sacrifices il avait consentis autrefois pour ne point quitter le manoir de Schaizar, pour ne pas se séparer des émirs de sa race, des Mounḳidhites [2]. Il avait depuis lors contracté des alliances, eu plusieurs enfants, groupé autour de lui quelques-uns de ses frères avec leur descendance, réuni des amis fidèles devenus partie intégrante de sa vie, reconstitué son entourage, l'ancien ayant rompu violemment avec lui. Cette atmosphère, où il allait respirer de nouveau, rétablirait l'équilibre de son organisme troublé, répandrait une chaleur vivifiante dans son esprit fatigué, dans son âme ulcérée.

Aussitôt qu'Ousâma sentit à Damas le sol assuré sous ses pieds et qu'il eut complété son installation, une de ses premières préocupations fut pour son frère Nadjm ad-Daula Aboû 'Abd Allâh Moḥammad qui, en juin 1154, avait été fait prisonnier par les Francs [3]. « Allâh, dit Aboû Schâma [4], avait réservé à

1. Expression d'Ousâma, *Autobiographie*, p. 114.
2. Voir surtout les dernières pages de notre chapitre quatrième.
3. Plus haut, p. 257-259.
4. Aboû Schâma, *Kitâb ar-rauḍatain*, I, p. 113, l. 25-27.

Ousâma la récompense de sa vertu et des éloges qu'il prodiguait à Al-Malik Al-'Âdil Noûr ad-Dîn. Celui-ci lui fit don d'un chevalier, parmi les chefs des Templiers, surnommé *Al-Maschtoûb*[1], pour lequel les Francs[2] avaient offert de payer dix mille dinârs. Ousâma échangea ce seigneur contre son frère, qu'il délivra ainsi de sa captivité. »

L'accession de ce nouvel hôte avait donné un regain de force et de sécurité à la colonie Mounkidhite de Damas. La seule déception, dont Ousâma fût inconsolable, consistait dans la perte des richesses bibliographiques qu'il avait amassées en Égypte. Ses collections de livres dispersées, c'étaient ses projets de publications ajournés, c'était la nécessité, malgré son grand fonds de savoir, de se procurer des instruments de travail pour remplacer ceux qui lui avaient été ravis. Les occasions d'acquérir des manuscrits précieux ne se présenteraient pas pour l'amateur à Damas comme à Miṣr. La littérature arabe n'a jamais été aussi goûtée sur sa terre natale que dans ses patries d'adoption. L'Égypte et l'Espagne[3] lui ont assuré les meilleurs terroirs. En Syrie, Tripoli avait été jusqu'en 1109 un centre où les Banoû 'Ammâr avaient réuni dans le *Palais de la science* les bibliothèques les mieux fournies[4]. Incontestablement ils avaient dû s'approvisionner en Égypte où l'abondance des livres était telle qu'en 1171 Saladin, procédant à un inventaire du Palais des Fâṭimides, au Caire, n'y trouva pas moins de deux millions six cent mille volumes, parmi lesquels douze cent vingt copies de la *Chronique* d'Aṭ-Ṭabarî[5]. Ousâma, pendant son séjour à Miṣr,

---

1. Il s'agit, je pense, de Bertrand de Blanchefort, sixième grand maître des Templiers, fait prisonnier le dix-neuf juin 1157 par Noûr ad-Dîn à Ṣafad (Saphet); cf. Guillaume de Tyr dans *Hist. occ. des Croisades*, I, p. 842; Aboû Schâma, *Kitâb ar-rauḍatain*, I, p. 108, l. 4 et suiv., où la même date est donnée pour la victoire de Noûr ad-Dîn, sans que les noms des prisonniers soient énumérés, l'auteur se contentant de les désigner comme « des chefs, des gouverneurs de forteresses et de provinces »; E. Rey, *L'ordre du Temple en Syrie et Chypre*, p. 12. M. Rey pense qu'il s'agit d'un grand officier de l'ordre du Temple, mais non du grand maître, dont la rançon aurait été bien plus forte. Les musulmans avaient sans doute donné à leur captif le sobriquet *Al-Maschtoûb* « le Balafré » à cause d'une blessure qui lui aurait laissé des traces sur la figure. Sur ce surnom, voir plus haut, p. 84, n. 3; 191, n. 1.

2. Lisez الْفِرَنْج.

3. Pour l'Espagne, voir mon *Dîwân de Nâbiga Dhobyânî*, p. 70-71.

4. Plus haut, p. 80.

5. 'Imâd ad-Dîn, *Dîwân*, dans Aboû Schâma, *Kitâb ar-rauḍatain*, p. 200, où, l. 4, l'édition de

n'avait pas laissé échapper cette bonne aubaine : il avait fait la chasse, non seulement aux grues et aux hérons[1], mais encore aux livres rares et aux copies authentiques. Or il ne lui restait plus rien à Damas de ces pièces de choix qu'il avait réunies avec un goût délicat de lettré. Comme il le dit lui-même, son désespoir de bibliophile persista tant qu'il vécut[2].

Sans être atteint directement, Ousâma fut encore plus péniblement affecté en apprenant la catastrophe par laquelle, au mois d'août 1157, sombrèrent Schaizar et les Mounḳidhites. Un tremblement de terre épouvantable, le tremblement de terre de Ḥamâ, comme on a l'habitude de le nommer, détruisit treize villes, dont huit sur le territoire musulman et cinq dans les possessions des Francs. C'était d'une part Alep, Ḥamâ, Schaizar, Kafarṭâb, Apamée, Ḥomṣ (Émesse), Ma'arrat an-No'mân, Tell Harrân, d'autre part, Ḥouṣn Al-Akrâd (la Citadelle des Kurdes)[3], 'Irḳa[4], Laodicée, Tripoli, Antioche[5]. Mais nulle part le fléau ne sévit avec plus de violence qu'à Ḥamâ et à Schaizar. A Ḥamâ, un des professeurs avait quitté son école pour une affaire pressante. Dans l'intervalle, le tremblement de terre fit ses ravages, jeta bas l'école et laissa tous les élèves écrasés sous les ruines. « Aucun parent, dit-il, ne revint chercher son enfant[6]. » A Schaizar, les secousses ébranlèrent la citadelle, au moment où non seulement les habitants s'abandonnaient à une douce quiétude, mais encore où le gouverneur avait organisé des réjouissances publiques pour fêter la circoncision de l'un de ses fils. A cette occasion, un festin réunissait au château les

---

Boûlâḳ a omis وسـتّـمـائـة الف, les éditeurs ayant sans doute trouvé le chiffre de deux millions suffisant ; cf. Ibn Al-Athir dans *Hist. or. des Croisades*, I, p. 580 ; II II, p. 285 ; Quatremère, *Mémoire sur le goût des livres chez les Orientaux*, publié dans le *Journal asiatique* de 1838, réimprimé dans ses *Mélanges d'histoire et de philologie orientales*, p. 1-39 (en particulier, p. 21).

1. Plus haut, p. 215.
2. Plus haut, p. 272.
3. C'est le *Krak des chevaliers* qui s'élevait sur une croupe des montagnes séparant la vallée de l'Oronte du comté de Tripoli ; voir Rey, *Étude sur les monuments de l'architecture militaire des croisés*, p. 39-67, et du même *Les Colonies franques de Syrie*, p. 125-129.
4. Plus haut, p. 67, note 4.
5. Ibn Al-Djauzi, écrivain contemporain de ces événements (mort le dix-sept juin 1201), cité par Ibn Al-Fourât et traduit par A. von Kremer, *Ueber die grossen Seuchen des Orients* (Wien, 1880), p. 60.
6. Ibn Al-Athir dans *Hist. or. des Croisades*, I, p. 504 ; II II, p. 196.

Mounkidhites de Schaizar. Le prince possédait un cheval qu'il aimait et dont il avait peine à se séparer. Pas de réunion à laquelle le prince assistât, sans que son cheval favori fût maintenu devant la porte. Il était ainsi placé, lorsque survint le tremblement de terre. Les hommes se levèrent pour sortir. L'un d'eux arriva jusqu'à la sortie, mais le cheval se rua sur lui et le tua. Les autres ne purent échapper, l'édifice s'écroula sur eux tous, et ils périrent. Tâdj ad-Daula Nâṣir ad-Dîn Moḥammad, fils et successeur de 'Izz ad-Dîn Aboû 'l-'Asâkir Soulṭân, le Mounḳidhite, émir de Schaizar [1], mourut, ainsi que ses enfants. Il ne survécut que la princessse, sœur de Schams al-Mouloûk [2], femme de Tâdj ad-Daula qui fut retirée vivante de sous les ruines. Scharaf ad-Daula Ismâ'îl [3], autre fils de Soulṭân, était absent et ne reparut à Schaizar qu'après la catastrophe, pour y voir la femme de son frère dans l'abaissement, après qu'elle avait été dans les honneurs [4].

Au cri de détresse, que les événements arrachent au cœur d'Ousâma, ne se mêle aucune parole de rancune ou de récrimination. Les souvenirs de jeunesse, les regrets sur l'absence et la séparation, l'attachement au sol natal, les pensées compatissantes aux coups imprévus qui ont atteint des parents, voilà les nobles sentiments qui remplissent son âme, et pour lesquels il a rencontré des accents d'une sincérité pénétrante.

Nous avons dormi, dit-il [5], *sans penser à la mort et à la vie future, et nous nous sommes levés au matin, prenant la réalité pour des rêves.*

1. Plus haut, p. 258 et 259.

2. Schams al-Mouloûk est Ismâ'îl, fils de Boûrî, prince de Damas, qui fut assassiné le premier février 1135. Voir plus haut, p. 148 et 169.

3. Scharaf ad-Daula Aboû 'l-Faḍl Ismâ'îl, fils de Soulṭân, est l'objet d'une notice dans 'Imâd ad-Dîn, *Kharîdat al-ḳaṣr*, fol. 115 r°-116 r°. « C'était un jeune homme distingué qui, après la prise de Schaizar, vint se fixer à Damas, où il mourut en 561. » Il vécut donc encore jusqu'en 1166 de notre ère. Plusieurs poésies de lui sont citées par 'Imâd ad-Dîn, *loc. cit.*; Kamâl ad-Dîn, *Zoubda* (manuscrit 728 de l'ancien fonds de la Bibliothèque nationale), fol. 174 v° - 175 r°; Ibn Schâkir Al-Koutoubî, *Fawât al-wafayât*, I, p. 19; voir sur lui, plus haut, p. 134, note 4.

4. Ibn Al-Athîr dans *Hist. or. des Croisades*, I, p. 506, reproduit presque sans changement, mais complété d'après Kamâl ad-Dîn, *Zoubda*, fol. 174 r° et v°, à qui a été empruntée la notice sur les deux membres de la famille, seuls épargnés dans le désastre général.

5. Ousâma, *Diwân*, dans Aboû Schâma, *Kitâb ar-rauḍatain*, I, p. 105, l. 19-107, l. 3. Des deux manuscrits de Paris du *Kitâb ar-rauḍatain* (ancien fonds arabe, n° 707 A et Supplément arabe, n° 788) le premier seul comprend, aux fol. 55 r°-56 r°, les poésies, que j'ai traduites. J'en ai pu collationner le texte avec le manuscrit arabe 64 du cabinet de M. Ch. Schefer qui a bien voulu le mettre à ma disposition. Le passage s'y trouve au fol. 120 r°-122 r°.

Nous aussi, nous avons été ébranlés par ces tremblements de terre. Qui s'est réveillé? Combien, parmi ceux qui s'étaient endormis, dorment!

« Et Ousâma dit encore :

O vous, qui ne vous préoccupez pas de l'étourdissement produit par la mort, ni de l'heure où aucune salive ne pénétrera plus dans le gosier,

Jusqu'à quand durera cette indifférence et cette insouciance? Le voyageur de nuit s'est arrêté stupéfait, et le chemin même a disparu.

Les tremblements de terre n'ont secoué ce pays d'indifférents que pour les tirer de leur torpeur.

« Et Ousâma dit encore au sujet des tremblements de terre, alors que les hommes, privés de leurs maisons et de leur confort, s'étaient abrités dans des huttes, qu'ils s'étaient faites avec des planches, dans l'espoir qu'elles résisteraient aux tremblements de terre :

O le plus miséricordieux des miséricordieux, prends en pitié tes serviteurs atteints par ces tremblements de terre, qui sont la mort et la destruction.

Leur pays les a ballottés comme des voyageurs sur une mer agitée par les souffles des vents.

La moitié d'entre eux[1] *a péri dans la tourmente, et l'autre moitié observe l'endroit pour lequel, dans le passé, ont combattu leurs aïeux.*

Ils ont échangé leurs demeures blanchies à la chaux contre des huttes, vrais tombeaux avec une planche comme toit.

On dirait qu'ils sont sur des esquifs, qui se seraient approchés de la rive sans que les passagers pussent y aborder, ni fuir de leurs embarcations.

« Et Ousâma dit dans une élégie sur ceux de ses parents qui, par suite des tremblements de terre, étaient morts dans la citadelle de Schaizar :

La mort ne s'est pas avancée pas à pas pour tuer les gens de ma race, pour les anéantir deux par deux ou chacun séparément.

Et je prenais patience loin d'eux, en homme qui compte sur l'avenir, et je louais[2] *chez eux tout acte grave ou sans importance.*

J'imitais mes devanciers; combien y en a-t-il qui ont perdu un frère, qui ont vécu séparés de leur famille, de leurs amis[3]*!*

Mais le petit de la chamelle de la mort a mugi au milieu de leur réunion[4]*; ils sont tombés roides sur leurs mentons sans opposer de résistance;*

1. Lisez en tête de ce vers, avec les manuscrits, ونصفهم.

2. واحمد est douteux; le manuscrit de la Bibliothèque nationale porte واحمل, celui de M. Schefer واجمل, sans doute une erreur de copiste pour واحمل.

3. Le ms. Schefer porte واوطانا, « de leur famille, de leurs habitations ».

4. Lisez avec le manuscrit de la Bibliothèque nationale لكنّ سَقْبَ المنايا; le manuscrit Schefer porte سقت, qu'il faudrait lire سقّت

Et ils ont été surpris dans le cours de leur vie par un coup imprévu, qui leur a fait boire du poison dans les coupes de la mort.

Ils sont morts tous en un clin d'œil, et la famille s'est éteinte. Ce que tu vois présente-t-il un seul homme à tes yeux[1] *?*

Quel malheur pour moi que la perte[2] *de ces hommes, qui auraient persévéré dans l'esprit de famille, si les natures violentes étaient capables de douceur !*

Après que je les ai perdus, la fatalité ne m'a plus laissé un cœur auquel je puisse imposer patience et consolation.

S'ils pouvaient me voir, ils diraient : Les plus heureux d'entre nous sont morts, et le plus misérable d'entre nous a seul survécu pour le souci et pour la tristesse.

La mort n'a pas épargné un seul d'entre eux pour me raconter leur fin, pour m'exposer clairement leurs dernières paroles.

Ils ont été anéantis, eux tous avec leurs constructions. Merveilleuse catastrophe, qui a détruit habitants et habitations !

Ces palais, leurs palais[3], *sont devenus leurs tombeaux ; c'est là qu'ils séjournaient auparavant !*

Quel malheur que les tremblements de terre aient fait disparaître ma race ! Lorsque je pense à eux, je me fais l'effet d'un ivrogne, qui trébuche dans le monde.

Après ces tremblements de terre, jamais, tant que je vivrai, je ne me présenterai autrement que le cœur brisé, la tête perdue.

Ils ont abattu mes parents les plus rapprochés et ont mutilé des hommes mûrs, des jeunes gens et des enfants,

Qui n'ont pas été protégés contre le fléau par leur citadelle ; et leur ville n'avait en aucun temps redouté ces maux, que les circonstances amènent inopinément.

Si Schaizar a été dépeuplé de tels héros, c'étaient eux qui en avaient fait une place aux murailles bien protégées contre les épées blanches et les fers des lances.

C'étaient eux qui l'avaient mise en état de défense ; et, si tu les y avais regardés, tu y aurais aperçu des lions et des hyènes.

Ces lions, que tu voyais déchaînés dans la mêlée[4], *deviennent, au jour de la générosité, comme une pluie abondante qui se répand, après avoir été un objet de terreur dans les ténèbres.*

pour le mètre et qui ne donnerait aucun sens satisfaisant. Il est fait allusion dans le vers d'Ousâma au petit de la chamelle miraculeuse, que les Thamoûdites, malgré la recommandation de leur prophète Ṣâliḥ, avaient percée d'une flèche. Le petit, avant de rentrer dans le roc d'où il était sorti avec sa mère, poussa un triple mugissement pour appeler sur les rebelles la vengeance céleste. Cf. Az-Zamakhschari, *Al-Kaschschâf* (éd. de Boûlâḳ), I, p. 269 ; Al-Baiḍâwi, *Commentarius in Coranum* (éd. Fleischer), I, p. 333. « Le petit de la chamelle a mugi contre eux » est devenu chez les Arabes une expression proverbiale pour annoncer la destruction d'un peuple. Cf. Al-Moubarrad, *Kâmil* (éd. Wright), p. 4, lig. et suiv. ; Freytag, *Arabum Proverbia*, II, p. 327.

1. Je lis avec les deux manuscrits للعين.

2. Sur le sens du premier hémistiche, voir Lane, *An arabic-english lexicon*, p. 2031. La même locution se retrouve employée de même dans Ibn Aṭ-Ṭiḳṭaḳâ, *Al-Fakhrî*, p. 222, l. 7.

3. Lisez avec les manuscrits قصورهم.

4. Je lis avec les manuscrits فى الوغى.

Fils de mon père et fils de mon oncle paternel, mon sang est leur sang, bien qu'ils m'aient témoigné de l'opposition et de la haine.

Ce qui apaise pour mon âme la douleur de leur départ, c'est qu'ils m'ont précédé dans un voyage où j'ai hâte de les rejoindre.

« Et le vizir d'Égypte, Aṣ-Ṣâliḥ Ibn Rouzzîk écrivit à Ousâma une épître en vers pour le consoler sur la mort des siens. Voici le commencement de cette poésie :

Puisse mon père servir de rançon pour ta personne, qui m'est sans cesse présente, qui m'est à la fois éloignée et proche !

O mes amis de Syrie, si[1] *vous êtes absents, mon affection pour vous n'est pas absente.*

Les jours écoulés nous ont violemment privés[2] *de votre voisinage ; mais rien n'empêche de réunir ce qui a été séparé violemment.*

La Syrie a été prise en dégoût par ses enfants ; aussi est-il reconnu qu'aucun homme sensé ne saurait y rester.

Si les guerres s'en éloignent un moment, elles y sont remplacées par des tremblements de terre et autres calamités.

Le terrain y a été ébranlé au soir où la voix du tonnerre a résonné dans la vallée, et où les héros ont été mis en émoi.

Les murs s'y sont courbés, le vent du nord et le vent du sud s'étant coalisés pour les faire pencher[3].

Le dormeur ne s'y est point réveillé de ses visions, et seuls les ouragans s'y sont réveillés.

Je vois l'éclair se réjouir de nos malheurs, rire en montrant ses dents, tandis que la plaine a le front ridé sous un ciel nuageux.

On a prétendu que l'éclair faisait fondre les nuages ; pourquoi a-t-il fallu que les rochers fondissent également ?

Est-ce pour un péché que la décision d'Allâh a frappé le pays ? Ainsi que les hommes, les contrées ont leurs péchés.

Mon idée, et les idées sont comme les flèches qu'on lance, les unes manquent, les autres atteignent le but,

C'est qu'il en a été ainsi, parce qu'au matin la ville de Jérusalem, où l'islâm n'a plus la part qui lui revient,

Le berceau de la révélation avant qu'Allâh n'envoyât son Prophète, le lieu du pèlerinage et du sanctuaire,

A abrité les porcs et le vin, et que la croix y a rivalisé avec la crécelle[4].

Si leur Messie voyait ce qui s'est passé, il serait mécontent d'un acte dont ils prétendent qu'il doit lui être attribué.

1. Lisez avec les manuscrits لئن.

2. Il faut lire غصبتنا, comme portent les deux manuscrits.

3. Le manuscrit de la Bibliothèque nationale porte avec raison بذمرها. Ce vers manque dans le manuscrit Schefer.

4. De tout temps les chrétiens établis dans les

Les chrétiens ont montré de la répulsion pour servir le maître des hommes[1], *les chrétiens dont le Dieu a été crucifié*[2] *!*

Ce qui navre mon âme, ce sont ces maisons vides, sans habitants, où il n'y a plus personne pour répondre[3].

Réfléchis, ô Madj ad-Dîn[4], *au malheur qui a atteint tes compatriotes, et prends patience, car les événements frappent à coups redoublés.*

Le signe qui vous caractérise[5], *ce sont les vicissitudes de vos existences, comme personne autre que vous n'en a jamais rencontré.*

De même, le roseau a sa partie antérieure brisée au jour de la terreur, mais ses nœuds subsistent. »

Les peuples qui se partageaient la Syrie s'étaient acharnés sur les villes détruites. La plupart de leurs défenseurs gisaient sous les décombres, les survivants étaient atterrés par le spectacle auquel ils venaient d'assister, stupéfaits de tant de deuils imprévus. Les Francs furent les premiers à pénétrer au commencement d'octobre 1157 dans Schaizar, où ils avaient eu des intelligences secrètes, où ils purent librement tuer du monde, faire des prisonniers et emporter du butin[6]. Ils en furent délogés par une troupe, où les Ismaéliens avaient la prépondérance[7]. Ceux-ci, établis depuis 1140 à Maṣyâth dans le voisinage immédiat des Mounḳidhites, à la suzeraineté desquels ils avaient enlevé cette possession[8], n'avaient jamais renoncé à l'espoir de reprendre avec succès contre Schaizar la tentative avortée de 1109[9]. Mais Noûr ad-Dîn ne permit pas que leur territoire se complétât par l'annexion de cette place forte. Ils durent bientôt battre en retraite devant l'armée qui vint en prendre possession en son nom. Un de ses émirs, qui guerroyait dans les alentours, reçut l'ordre de marcher sur Schaizar et de s'en

pays musulmans, pour appeler les fidèles aux offices, avaient suppléé au manque de cloches en employant des crécelles (*nâḳoûs*), formées par deux pièces de bois de dimension inégale que l'on frappait bruyamment l'une contre l'autre. Au douzième siècle, ces instruments primitifs pénétrèrent jusque dans les minarets des mosquées transformées en églises ; Cf. Ibn Djobair, *Travels* (éd. Wright), p. 307, à propos d'Acre, passage publié à nouveau et traduit dans *Hist. or. des Croisades*, III, p. 450, sans que le sens de نواقس ait été compris.

1. C'est-à-dire Allâh.

2. L'ordre que nous avons suivi dans la fin de ce morceau est celui de nos deux manuscrits et non celui du texte imprimé.

3. Les deux manuscrits portent غريب, « où ne passe même pas un voyageur ».

4. Madj ad-Dîn est un des surnoms honorifiques d'Ousâma ; voir plus haut, p. 47.

5. Les deux manuscrits portent ان تخصصكم « si quelque chose vous caractérise ».

6. Ibn Al-Athîr, *Atabeks*, p. 200 ; Aboû Schâma, *Kitâb ar-rauḍatain*, I, p. 109, l. 18.

7. Aboû Schâma, *ibid.*, l. 18-19.

8. Plus haut, p. 43, note 1.

9. Plus haut, p. 78-80.

emparer. Le prince y rejoignit son officier, occupa la ville, en releva les murailles et les maisons, en fit la restauration [1]. Noûr ad-Dîn, encore pendant son séjour à Schaizar, s'empressa d'abolir les maltôtes et les droits de marché sur tout son territoire. C'était un sacrifice de cent cinquante mille dînârs qu'il consentait [2]. Il se retira ensuite, laissant la garde de la région à son frère de lait Madj ad-Dîn Ibn ad-Dâya [3]. Habile et prudent, Ibn ad-Dâya avait donné sa mesure dans la lieutenance d'Alep dont Noûr ad-Dîn l'avait investi depuis 1150 [4]. Il assumait une tâche pénible en acceptant d'administrer un pays en ruines, où le nombre des victimes, au témoignage d'Ousâma [5], n'avait pas été inférieur à dix mille âmes.

Ousâma, après avoir exhalé sa plainte, croit avoir assez fait pour ses souvenirs d'enfant et de jeune homme, pour la mémoire des Mounḳidhites. Il cherche un refuge contre ses émotions dans la résignation aux volontés d'Allâh. Sa foi musulmane l'oblige à s'incliner sans protester devant les décrets de la Providence divine. Ce fut l'attitude qu'Ousâma s'empressa d'adopter, lorsqu'il fut informé que le ḳâḍî Kamâl ad-Dîn Ibn Asch-Schahrouzoûrî [6] avait récité les deux vers suivants à Noûr ad-Dîn [7] :

La royauté des Mounḳidhites a pris fin, et sa hauteur dépassait toutes les hauteurs [8].

1. Ibn Al-Athîr dans *Hist. or. des Croisades*, I, p. 506 ; II II, p. 309 ; Kamâl ad-Dîn, *Zoubda*, dans Rœhricht, *Beitræge*, I, p. 319.

2. Le montant de ce dégrèvement est ainsi donné par Kamâl ad-Dîn, *Zoubda*, fol. 175 r° ; cf. Ibn Al-Athîr, *Atabeks*, p. 301-302.

3. Aboû Schâma, *Kitâb ar-rauḍatain*, I, p. 110, l. 2, d'après Ibn Abî Ṭayy (cf. I, p. 132, l. 33). Sur Madj ad-Dîn Aboû Bakr Ibn ad-Dâya (le fils de la nourrice), voir Ibn Al-Athîr, dans *Hist. or. des Croisades*, I, p. 481 et 552-553 ; II II, p. 225 ; Bahâ ad-Dîn, *ibid.*, III, p. 50 ; Kamâl ad-Dîn, *Zoubda*, dans Rœhricht, *Beitræge*, I, p. 316, 320 ; Ibn Khallikân, *Biographical Dictionary*, IV, p. 493 ; Aboû 'l-Fidâ dans *Hist. or. des Croisades*, I, p. 29, 36, 40.

4. Kamâl ad-Dîn, *Zoubda*, dans Rœhricht, *Beitræge*, I, p. 316.

5. Ousâma, *Dîwân*, dans Aboû Schâma, *Kitâb ar-rauḍatain*, I, p. 105, l. 21.

6. Le ḳâḍî Kamâl ad-Dîn Aboû 'l-Faḍl Moḥammad ibn 'Abd Allâh Ibn Asch-Schahrouzoûrî avait rempli des missions de confiance au temps de Zengui et jouissait auprès de Noûr ad-Dîn d'un tel crédit que celui-ci le nomma juge suprême de tous ses États, surintendant des fondations pieuses et de la trésorerie. Né à Mauṣil en 492 de l'hégire (1098-1099 de notre ère), il mourut à Damas le six de mouḥarram 672 (quinze juillet 1176) ; voir sur ce personnage éminent Ibn Al-Athîr dans *Hist. or. des Croisades*, I, p. 428-429, 577, 593, 595, 616 ; II II, p. 97-98, 104, 110-113, 303-304, 306 ; Ibn Khallikân, *Biographical Dictionary*, II, p. 646-649 ; Ibn Aṭ-Ṭiḳṭaḳâ, *Al-Fakhrî*, p. 84-85.

7. Les vers, avec ce qui suit, sont empruntés à Aboû Schâma, *Kitâb ar-rauḍatain*, I, p. 113, l. 29-114, l. 1.

8. Les deux manuscrits portent فوق السماء « s'élevait au-dessus du ciel ».

Instruisez-vous par cet exemple, réfléchissez et dites : Gloire à celui dont la royauté est immuable.

« Or le texte, dit Aboû Schâma, porte : La royauté des Barmécides; mais, en le récitant, le ḳâḍî l'avait modifié, dans l'intention où il était d'en faire l'application aux Mounḳidhites. Ousâma continua les deux vers par ces autres :

Toute royauté marche vers son déclin ; le doute sur la religion n'atteint pas le croyant.

La royauté, qui ne prend pas fin par une révolution, prend fin par la mort de celui qui la possède.

Allâh est le maître de ses serviteurs ; il subsiste, pendant que périssent ceux qui se donnent pour ses rivaux ou ses associés.

C'est pourquoi dis à quiconque opprime les créatures : Tu t'es laissé égarer par sa patience et par sa mansuétude ;

Tu oublies des péchés, qui seront comptés contre toi, dont Allâh sait ce qu'il faut retenir, ce qu'il faut effacer.

Que de dévots, dont la dévotion est une apparence, que leur fausse dévotion a fait damner dans la vie future !

Prends tes précautions, car Allâh n'ignore jamais si son serviteur est sincère ou menteur.

Noûr ad-Dîn, longtemps cloué dans Alep par une maladie dont il faillit mourir, put enfin, après sa guérison inespérée, rentrer le sept avril 1158 [1] à Damas, où son arrivée fut célébrée par des cérémonies publiques et des actions de grâce enthousiastes. Les Francs qui, juste deux ans auparavant, s'étaient vus contraints de partager avec Noûr ad-Dîn le territoire de Ḥârim [2], avaient profité de l'inaction, à laquelle il était condamné, pour s'avancer, à une journée de marche à l'est d'Antioche, jusqu'à la citadelle occupée par ses troupes, et pour s'appliquer à la réduire en y lançant des pierres avec leurs machines de guerre. La place capitula en février 1158 [3] et fut réintégrée comme une possession nécessaire, dans les états soumis à Renaud de Châtillon, prince d'Antioche. Noûr ad-Dîn, entré en

1. Abou Schâma, *Kitâb ar-rauḍatain*, I, p. 115, lig. 3 : « le six du premier rabî' 553 ».

2. Ibn Al-Athîr dans *Hist. or. des Croisades*, I, p. 501 ; II II, p. 194. J'emprunte la date exacte d'avril 1156 à Aboû Ya'lâ dans Aboû Schâma, *Kitâb ar-rauḍatain*, I, p. 103, l. 9.

3. Id., *ibid.*, I, p. 114, lig. 31-33 ; Guillaume de Tyr dans *Hist. occid. des Croisades*, I, p. 851-853.

convalescence, ne pouvait songer à la lui disputer aussitôt après l'avoir perdue : mais il présida sans retard à la réorganisation de son armée et se prépara à rallumer le feu de la guerre sainte[1].

J'emprunte textuellement ce qui suit au *Livre des deux Jardins* d'Aboû Schâma[2] : « Aboû Ya'lâ dit : Dans les premiers jours de *rabî'* Ier (commencement d'avril 1158), la nouvelle arriva de la région de Miṣr qu'une fraction considérable de son armée était sortie dans la direction de Gazza et d'Ascalon, avait envahi leurs territoires, s'était heurtée à tous les Francs maudits qui s'y trouvaient[3] et qu'Allâh le Tout-Puissant avait fait remporter la victoire sur eux aux musulmans. Tel fut le nombre des morts et des prisonniers qu'à peine une poignée d'hommes échappa à la déroute. Les musulmans pillèrent le pays conquis, et s'en retournèrent sains et saufs, victorieux. On a rapporté que le chef de l'expédition maritime enleva aux polythéistes plusieurs vaisseaux remplis de Francs, qui furent tués et faits prisonniers en masse. Il s'appropria de leurs troupeaux, de leurs richesses et de leurs biens meubles une quantité innombrable et revint triomphant, chargé de butin[4].

« Je dis : Et de Miṣr, le vizir d'Égypte Al-Malik Aṣ-Ṣâliḥ Aboû 'l-Gârât Ṭalâ'i' Ibn Rouzzîk[5] adressa à Mou'ayyad ad-Daula Ousâma le Mounkidhite une poésie, dans laquelle il lui exposait les résultats de cette expédition, excitait Noûr ad-Dîn à combattre les polythéistes, afin de reconnaître la faveur d'Allâh, qui l'avait guéri et sauvé de la maladie dont nous avons parlé naguère. Il arrivait souvent à Ibn Rouzzîk de correspondre avec Ousâma, pour lui demander de faire connaître à Noûr ad-

1. Aboû Ya'lâ dans Aboû Schâma, *Kitâb ar-rauḍatain*, p. 115, lig. 5.

2. Id. *ibid.*, I, p. 115, l. 5-120, l. 9, avec collation de deux manuscrits, celui de la Bibliothèque nationale et celui de M. Schefer.

3. Lisez بجمعها avec les deux manuscrits.

4. Cette victoire des troupes égyptiennes sur les croisés est celle dont parle Ibn Misar dans Reinaud, *Extraits des historiens arabes*, p. 106, et dans *Hist. or. des Croisades*, III, p. 471. Elle fut remportée par Schams al-Khilâfa Aboû 'l-Aschbâl Ḍirgâm le quinze ṣafar 553 de l'hégire, c'est-à-dire le dix-huit mars 1158 de notre ère, aux environs de Gazza. Il sera parlé plus loin du champ de bataille et de son emplacement.

5. Plus haut, p. 257.

Dîn l'une ou l'autre expédition, en vue de le pousser[1] à y prendre part. Voici le commencement de cette poésie :

N'est-ce pas ainsi que, par l'aide d'Allâh, aboutissent les fermes résolutions ; que, lors du combat, sont tirées du fourreau les épées tranchantes ;

Que les ennemis sont délogés des hauteurs[2] de leur puissance, qu'il ne reste d'autre marchepied que les lances brunes ;

Que les armées de l'impiété sont attaquées dans l'intérieur[3] de leurs maisons, que sont foulés aux pieds leurs territoires, leurs nez étant abattus par terre[4] ;

Que les nobles accomplissent le vœu qu'ils se sont imposé, alors même que dans ce but il faut sacrifier quelques nobles existences ?

Nous avions fait vœu que nos troupes partiraient en ṣafar[5], et la première moitié du mois ne s'était pas repliée que déjà nos troupes se repliaient, chargées de butin[6].

Nous les avons envoyées d'Égypte en Syrie, en leur faisant traverser des déserts sans eau, où les chameaux au poil fauve impriment la trace durable de leurs pas[7].

Elles ne se sont pas laissé effrayer par la distance, et leur résolution n'a été ébranlée ni par les épreuves de la soif, ni par les rafales du simoun.

Elles voyagent en plein midi, tandis que le passereau repose au fond de son nid, et elles s'avancent vers les ennemis, alors que dort la nuit elle-même.

Elles rivalisent de vitesse avec des chevaux, qui ne s'arrêtent jamais, qui, en arrivant au but, semblent autant de grands vautours.

C'est Dirgâm[8] qui conduit cette armée à la poursuite de tout hérétique, le ḍirgâm (*lion*) *n'acceptant pour compagnon d'armes que les* ḍirgâms.

Il s'est adjoint 'Ain az-Zamân[9], Ḥâtim et Yaḥyâ[10], et cependant Ḥâtim y rencontra la mort.

Cette armée s'est heurtée aux troupes massées des Francs, que de tels braves devaient facilement mettre en déroute.

1. Lisez avec les deux manuscrits يحدّه.

2. Les deux manuscrits portent avec raison من طود عزّهم.

3. Nous corrigeons d'après les deux manuscrits en في عقر دارها.

4. Une tradition du Prophète, citée dans le commentaire de Silvestre de Sacy sur Al-Ḥariri, *Maḳâmât* (éd. Reinaud et J. Derenbourg), p. 3, montre « les hommes renversés sur leurs narines dans le feu de l'enfer ».

5. Entre le quatre mars et le premier avril 1158.

6. Nouvelle allusion à la bataille du dix-huit mars 1158 ; voir plus haut, p. 284, note 4.

7. Lisez avec les deux manuscrits خدّ العيس ; la faute du second mot est corrigée dans l'errata de l'édition de Boûlâḳ.

8. Aṣ-Ṣâliḥ joue sur le nom du généralissime de son armée, Schams al-Khilâfa Aboû 'l-Aschbâl Ḍirgâm (ou Aḍ-Ḍirgâm). Nous avons cité plus haut, p. 238, note 4, plusieurs textes qui le concernent ; ajoutons Ibn Khallikân, *Biographical Dictionary*, I, p. 609 et 611 ; IV, p. 485 et 486 ; Al-Maḳrizi, *Khiṭaṭ*, II, p. 12-13.

9. 'Ain az-Zamân est mentionné parmi les émirs du corps *Al-Barḳiyya*, dont le principal était Ḍirgâm, dans Al-Maḳrizi, *Khiṭaṭ*, II, p. 12. Wüstenfeld, *Geschichte der Faṭimiden-Chalifen*, p. 330, le nommé 'Ain az-Zamâm. Sur les milices *Barḳiyya*, voir plus haut, p. 250, note 5.

10. Je ne suis pas autrement renseigné sur ces deux officiers.

Les lances aux reflets bleus ont atteint les Francs et se sont recourbées en les perçant; pas un atome de ces impies n'a été sauvé.

La guerre, une fois commencée, a repris avec plus de violence, toutes les fois qu'une nouvelle armée est venue nous barrer le chemin.

Ceux qui virent s'avancer ces masses serrées les comparaient à une pleine mer dont les vagues s'entre-choquent.

Nos soldats ont de nouveau brandi[1] *leurs épées; des têtes ont été tranchées, et des chefs francs ont succombé.*

Et, ce jour-là, il ne survécut pas un messager, dont on eût dit : Voici le seul qui a échappé aujourd'hui!

Nous les massacrions avec préméditation l'un après l'autre; nos jeunes étalons aux durs sabots les foulaient aux pieds.

En conséquence, dites à Noûr ad-Dîn, dont l'ardeur n'a pas été entamée, et que les nuits d'angoisse n'ont pas vaincu :

Prépare-toi à attaquer sérieusement la terre de l'ennemi, et ne te laisse pas abattre par la perte de Ḥârim[2].

De telles pertes ne méritent pas qu'on se fasse des soucis, ni que les rois s'en mordent les pouces.

Ton Seigneur t'a accordé de telles faveurs que nous sommes assurés de son affection pour toi.

Il t'a ramené à la vie, après que les hommes s'étaient imaginé que tu avais rencontré ce dont Allâh est le dispensateur,

Au moment même où le sol a été frappé du fléau qui l'a atteint, où se sont appesanties sur lui ces terribles catastrophes,

Où l'armée de l'impiété a dressé ses tentes dans la région de Schaizar, où l'on a poussé devant soi des captifs, où des choses interdites ont été considérées comme permises.

Telle a été l'histoire de la Syrie, de sa ruine, et de ceux qui en prennent possession, tandis qu'elle t'échappe.

Aussi, lève-toi et prouve ta reconnaissance envers Allâh le Magnifique par une expédition contre les Francs, car la reconnaissance[3] *envers Allâh est un devoir pour les créatures.*

Quant à nous, ainsi que tu l'as appris, nous leur inspirons la terreur, et nous jurons avec énergie que nous ne leur accorderons pas la paix.

Nos campagnes contre eux se poursuivront sans relâche, et nous ne laisserons échapper aucun de ceux que nous aurons mis en déroute.

Notre flotte est double des armées que nous lançons contre eux par terre, et ils n'ont pas de forteresse qui puisse les protéger contre elle.

Nous espérons qu'elle anéantira ceux d'entre eux qui ont survécu, et que seront amoncelés leurs captifs et notre butin.

1. Lisez avec les manuscrits : الى سلّ السيوف.

2. Plus haut, page 283.

3. Bien entendu, il faut lire فشكرُ.

« Et c'est à Ousâma qu'Aṣ-Ṣâliḥ écrivit encore[1] :

O maître, que son esprit élève jusqu'aux sommets les plus élevés,

Et qui en fais profiter les autres quand ils éveillent sa sympathie par un effet de sa supériorité,

Tu es mon vrai ami, si loin que tu habites; et tu es doué du plus charmant naturel.

Nous te faisons savoir[2] que nos armées ont accompli des actes d'héroïsme, comme on en accomplissait au temps du paganisme.

Deux cents détachements de nos braves ont fondu sur les ennemis,

Pour faire une première incursion au matin et une seconde encore au soir.

Malheur aux Francs, auxquels ils ont infligé de cruelles épreuves,

Dont ils ont promené les têtes comme des ornements sur les têtes des lances samharites[3],

Tandis que des pierres lancées avaient fait d'aussi larges brèches dans l'une que dans l'autre armée,

Et que, de part et d'autre, nombre de prisonniers s'étaient laissé conduire en souriant à la mort!

Lève-toi donc; car tu as dû être prévenu, ô Madj ad-Dîn[4], de la gravité de la situation;

Va trouver Noûr ad-Dîn, et apprends-lui cet événement.

Car c'est lui qui n'a jamais cessé de se montrer pur dans ses actes et dans ses intentions.

Il anéantira les armées de l'impiété avec les épées blanches, flexibles, fabriquées dans les Maschârif[5],

Et peut-être lèvera-t-il des forces suffisantes pour détruire les débris de cette engeance,

Que ce soit pour défendre sa religion, ou son autorité, ou sa dignité.

« Aṣ-Ṣâliḥ écrivit encore à Ousâma[6] :

O Mounḳidhite[7], tu es, en dépit de la distance, un ami pour nous, et quel excellent ami tu es!

Jamais, avec la pureté de tes actes, tu ne t'opposeras à la demande de quiconque réclame son dû.

C'est pourquoi nous considérons comme opportun un échange suivi de correspondance avec toi;

Et nous t'informons en secret de nos préoccupations, puisque personne n'est plus apte que toi à les accueillir.

1. Cette fois, comme le montre le premier vers, nous n'avons pas le commencement de l'épître.

2. Les manuscrits portent avec raison ننبئك.

3. Plus haut, p. 200, note 4.

4. C'est-à-dire Ousâma; cf. plus haut, p. 281, note 4.

5. C'est-à-dire dans la région montagneuse du Haurân et dans des bourgades de Syrie aux environs de Damas; voir Yâḳoût, *Mou'djam*, IV, p. 536; Sacy, *Chrestomathie arabe* (2e édit.), III, p. 53-54; Schwarzlose, *Die Waffen der alten Araber*, p. 131.

6. Ce n'est de nouveau qu'un fragment; le commencement ne nous a pas été conservé.

7. Lisez, avec les manuscrits : ايّها المنقذىّ انت.

Ce dont nous sommes préoccupés avant tout, c'est de la guerre sainte contre l'impiété. Écoute, car nous pouvons te le prouver :

Nos détachements de cavalerie se sont attachés à eux, les ont harcelés dès le matin et jusque dans la nuit,

Et ont envahi leurs maisons, dont les habitants ont été détruits par une série de massacres et d'incendies.

Avant de nous élancer au combat, nous avions attendu le rétablissement de Noûr ad-Dîn ; nous étions convaincus qu'il guérirait.

Et maintenant qu'il a reçu un sauf-conduit d'Allâh, il peut marcher en avant sans que rien[1] *l'arrête sur sa route.*

Pour une mission si grave, personne, ô Madj ad-Dîn[2], *ne te vaut; fais entrer Noûr ad-Dîn en campagne, car tu es capable d'y réussir;*

Dis à ce prince, qui ne s'est laissé séduire par aucun mauvais conseil, et vers l'esprit duquel toute bonne pensée a trouvé accès :

Tu es, pour couper le mal que médite le tyran des impies[3], *l'objet de nos espérances et de notre attente ;*

Cherche à conquérir ton salaire dans la guerre sainte, afin que tu rencontres la bienveillance d'Allâh; et que sa bienveillance est belle!

« Ousâma répondit à Aṣ-Ṣâliḥ par une poésie, dont voici un fragment[4] :

O émir des armées[5], *l'islâm et la foi n'ont jamais cessé de trouver en toi un appui inébranlable.*

L'appel à la guerre sainte a été propagé, et un roi né pour les nobles entreprises y a répondu : Me voilà !

Un roi juste[6], *que la foi a pris pour sa lumière*[7], *dont le soleil levant a répandu partout son éclat sur l'islâm.*

Aucun autre souci ne pourrait entraver pour lui, ni la guerre sainte contre l'impiété, ni la justice, ni les bonnes œuvres.

Comme le sabre tranchant, il a la partie de l'avant bien polie, douce au toucher, avec une lame effilée[8].

Telle est sa temporisation que les dupes la prendraient pour de l'insouciance; et pourtant c'est elle qui assure l'anéantissement des ennemis.

Conservez-vous tous deux comme chefs pour l'islâm, tant que les éclairs aux vibrations brillantes ressortiront comme des broderies sur la robe noire des ténèbres.

1. Corrigez أمر d'après les manuscrits.

2. C'est de nouveau Ousâma, comme page 287.

3. Le mot طاغية « tyran » est particulièrement appliqué aux empereurs de Constantinople ; voir Lane, *An arabic-english lexicon*, p. 1857 *a*. Il s'agit en effet de Manuel Comnène, empereur de Constantinople, qui en 1156 avait reparu au nord de la Syrie, et qui se préparait à y intervenir de nouveau en 1159 ; voir B. Kugler, *Geschichte der Kreuzzüge*, p. 165-166 ; G.-F. Hertzberg, *Geschichte der Byzantiner*, p. 301.

4. La réponse se rapporte au dernier morceau, dont Ousâma adopte le mètre et la rime.

5. Plusieurs vizirs d'Égypte, entre autres Badr Al-Djamâli portèrent ce titre honorifique ; voir Ousâma, *Autobiographie*, p. 4, et plus haut, p. 205, n. 8 ; 218, n. 3.

6. C'est ainsi que Noûr ad-Dîn est surnommé Al-Malik Al-'Âdil « le roi juste » ; voir plus haut, p. 225.

7. Allusion transparente au surnom Noûr ad-Dîn « lumière de la foi ».

8. Je lis avec les manuscrits ذليق.

« Aṣ-Ṣâliḥ écrivit de nouveau à Ousâma :

Dis à Ibn Mounḳidh[1], *qui s'est acquis la perfection du mérite,*

Et aux talents duquel, pour ce motif, les hommes ont publiquement fait appel :

Combien ne t'avons-nous pas envoyé déjà de poésies en hâte, sans trève!

Tu t'en es détourné, alors qu'elles demandaient dans tes belles actions le gage de ton attachement.

Pourquoi ne pas nous avoir au moins prodigué les paroles, si tu ne prodiguais pas les actes en notre faveur?

Et pourtant nous te jurions d'être patients et endurants dans nos relations d'amitié,

Et nous te divulguions les événements, à mesure qu'ils se déroulaient, courts ou longs.

Nos détachements de cavalerie se sont détachés[2] *pour se rendre en Syrie, en évitant les sables*[3],

En poussant devant eux vers les ennemis leurs escouades de chevaux, qui se suivaient sans interruption,

Qui partaient légers pour l'expédition et qui nous reviendraient chargés.

Enfin nos ennemis prirent leur parti de quitter leurs habitations;

Et, sur la forteresse d'Al-Wou'aira[4], *on vit paraître une armée qui n'y avait jamais tenté la lutte,*

Alors qu'elle s'isola de ceux qui l'entouraient, au sud comme au nord.

Nos chevaux venus de Miṣr y montèrent, en supportant le poids de leurs cavaliers,

Tandis que les casques brillaient, ainsi que les sabres de l'Inde[5], *et les pointes des lances altérées de sang.*

Au lendemain matin, on aurait cru que jamais tribu n'avait fait halte dans ces régions.

En même temps, sur la colline d'Al-'Idjâl[6], *nos troupes remplirent de cadavres les hauteurs,*

1. C'est-à-dire : à Ousâma. Cf. plus haut, p. 48.

2. J'ai essayé de rendre le jeu de mots de سارت سرايانا.

3. En s'avançant plus à l'est, veut-il dire, et sans traverser le désert de Syrie.

4. « Le Wou'aira, est, dit Yâḳoût (*Mou'djam*, IV, p. 934), une forteresse des monts Asch-Scharâ, près du Wâdi Moûsâ. » Cf. Ibn Al-Athir dans *Hist. or. des Croisades*, I, p. 734; Ibn Misar, *ibid.*, III, p. 472, d'après lequel l'attaque du château d'Al-Wou'aira par les troupes égyptiennes eut lieu effectivement en mai 1158 et dura huit jours; Rey, *Les colonies franques*, p. 395 et 398. Sur le Wâdi Moûsâ, voir Ousâma, *Autobiographie*, p. 20, et plus haut, p. 261, n. 2.

5. Plus haut, p. 200, note 3.

6. Ce Tell al-'Idjâl, dont je ne trouve nulle part ailleurs la mention, me semble devoir être identifié au Tell al-'Adjoûl (Ibn Al-Athir dans *Hist. or. des Croisades*, II, i, p. 174 et 175; Aboû l-Fidâ, *ibid.*, I, p. 74 et 103) qui domine le village de 'Adjlân, l'ancien Églôn conquis par Josué (*Josué*, x, 3, 34; xii, 12; etc.), et qui est situé aux environs de Gazza, tous ces noms rappellent l'adoration palestinienne des veaux. (Socin) *Palestine et Syrie*, p. 333, place le Tell al-'Adjoûl à une heure au sud de Gazza. En effet, dans le récit des mêmes événements par Ibn Misar (*Hist. or. des Croisades*, III, p. 471), on lit Tell al-'Adjoûl, ainsi que dans une poésie, d'Al-Ḳâḍî Ar-Raschid, l'ami d'Ousâma (plus haut, p. 207), où les principaux faits de cette campagne sont brièvement rappelés; cf. Aboû Schâma, *Kitâb ar-rauḍatain*, I, p. 117, lig. 24 et suiv., surtout lig. 33. Il semble qu'une colonne de troupes égyptiennes était entrée en Palestine par la route qui longe la côte, et avait remporté des avantages près de Gazza, tandis qu'une autre colonne s'avançait parallèlement à travers l'Arabie Pétrée.

Quand Amaury [1] *passa, sans éprouver aucune inquiétude pour ses compagnons d'armes,*

Et que notre armée lui enleva des hommes qu'il aimait et des richesses,

Et que le détachement de notre cavalerie, conduit par Ibn Farîdj le Ṭâ'ite [2], *après de persévérants efforts,*

Se détacha vers la ville d'Abraham (Hébron) [3] *et s'y établit de manière à n'y laisser subsister aucun vide.*

Si Noûr ad-Dîn réglait sa conduite à l'égard des Francs, en prenant exemple sur la nôtre,

Si publiquement il mettait en mouvement ses armées pour leur livrer combat,

S'il tenait envers nous et envers ses sujets les engagements qu'il a pris,

Je verrais pour les Francs en masse la perspective d'être emprisonnés dans leurs forteresses,

Et ils prépareraient leur départ pour l'occident ou remonteraient vers le nord [4].

Mais lorsque Noûr ad-Dîn n'a voulu que repousser nos avis et se tenir à l'écart,

Nous avons eu recours, pour le succès de notre cause, à la décision de notre Créateur; qu'il soit exalté!

« Ibn Mounḳidh [5] répondit à Aṣ-Ṣâliḥ par une poésie, où l'on lit [6] :

O le plus excellent des vizirs par tes qualités naturelles, le plus noble dans tes actes,

Tu as averti un serviteur d'Allâh [7]; *comme il y a longtemps que tu l'avertis avec gravité et autorité!*

Tu lui as fait des reproches, tout en lui attribuant une illustration et une gloire inaccessibles aux hommes.

1. Amaury, frère du roi Baudouin III, après avoir été son lieutenant, lui succéda sur le trône de Jérusalem, lorsqu'il mourut le dix février 1162. Il y a dans le texte un jeu de mots intraduisible entre le verbe et le nom propre : مرّ مرّى.

2. Aboû 'l-Fidâ dans *Hist. or. des Croisades*, I, p. 94, connaît un certain Ibn Farîdj, qui aurait été vizir de Ḥamâ en 1220. Nous avons peut-être ici un homonyme de ce personnage. La lecture est fort douteuse. Le ms. Schefer n'a que le point diacritique du *fâ* initial. Le texte imprimé et le manuscrit de la Bibliothèque nationale ont une leçon bien singulière. On y lit : Ibn Firandj « le fils de Franc ». Si cette leçon était exacte, une telle dénomination, surtout pour un Arabe de l'ancienne tribu de Ṭayy, aurait lieu de nous étonner. Serait-ce par hasard un vainqueur des Francs, de même que les Romains désignèrent comme *Africanus* un vainqueur des Africains, comme *Britannicus* un vainqueur des Bretons, comme au IIIe siècle de notre ère, ils surnommèrent *Francicus* l'empereur Probus après sa victoire sur les Francs? La tribu de Ṭayy désigne en Syrie non seulement les Arabes en général, mais tous les musulmans.

3. Ibn Misar (*Hist. or. des Croisades*, III, p. 472) parle d'un corps d'armée égyptien qui, le huit juin 1158, se serait porté dans la direction de Jérusalem. L'occupation d'Hébron, le Saint-Abraham des croisés, par les Égyptiens ne fut pas de longue durée; car elle ne semble avoir laissé aucune trace ni dans les chroniques orientales, ni chez les historiens occidentaux.

4. L'alternative est l'évacuation de la Syrie par les Francs ou leur concentration dans la principauté d'Antioche.

5. C'est-à-dire Ousâma; plus haut, p. 48 et 289.

6. La réponse emprunte le mètre et la rime à l'épître précédente d'Aṣ-Ṣâliḥ. Voir de même page 288, note 4.

7. Le texte dit simplement : un serviteur.

Mais ces reproches lui brûlent les flancs[1] *d'un feu toujours allumé;*

Tant il souffre de ce que des dispositions favorables pour lui se soient changées en mauvais vouloir et aient penché dans l'autre sens!

Quant aux détachements de cavalerie qui partent légers et reviennent chargés[2],

C'est ainsi que les solliciteurs qui se pressaient à ta porte sont revenus chargés d'éloges et de richesses.

La marche de ta cavalerie dans un pays quelconque y réclame le plus vaste espace pour y circuler;

C'est ainsi que ton mérite et ta justice, qui se valent, se sont donné carrière et ont circulé dans les affaires du monde.

Conserve-toi donc pour nous, afin que nous voyions en toi un modèle parmi les fils de la terre,

Raffermis en toi l'affection pour Noûr ad-Dîn, et inspire-la aux autres hommes.

Car c'est lui qui protège contre l'abaissement les contrées de la Syrie dans leur ensemble,

C'est lui qui anéantit successivement les possessions et les agglomérations des Francs.

Un tel roi, fier de sa puissance, regarde avec dédain le temps et le monde.

Il a comblé les larges brèches, et n'y a pas laissé subsister le moindre vide[3].

Lorsqu'il apparaît aux regards des hommes, leurs yeux voient la perfection.

Vous êtes restés tous deux pour les musulmans une défense, pour le monde un embellissement.

« Et Aṣ-Ṣâliḥ écrivit à Ousâma dans[4] une poésie, que nous avons citée précédemment à propos des tremblements de terre[5] :

Par ma vie, celui qui donne de bons conseils en faveur de la foi, son salaire lui sera compté auprès d'Allâh;

La guerre sainte contre l'ennemi par l'action et par la parole est prescrite à tout musulman.

Tu occupes le rang le plus élevé dans les deux domaines[6], *depuis que, dans le feu des combats,*

Tu t'es montré plein de bravoure, un maître dans l'art de manier la lance, un guerrier invulnérable dans la lutte,

1. Au lieu de جوانبه, les manuscrits portent جوانحه qui a le même sens.

2. Réponse à page 289, l. 18.

3. Réponse à page 290, l. 7.

4. Lisez في avec les manuscrits.

5. Page 280-281, où a été traduit le commencement de cette poésie.

6. Les deux domaines dans lesquels Ousâma occupe le rang le plus élevé sont celui de l'épée et celui de la plume. Sur ces deux maîtrises, voir plus haut, p. 53, n. 5.

Et que, lorsque tu récites tes vers[1], *tu es le poète original dans son langage, l'orateur éloquent.*

Donnes-tu un conseil, l'énergie n'empêche pas que la sagesse soit ton lot[2].

Ta pensée, toujours en éveil dans l'irrésolution des esprits, est une croix pour les croisés.

Aussi, lève-toi maintenant sans tarder; car c'est grâce à tes pareils qu'on parvient toujours à son but.

Fais parvenir de notre part un message à Noûr ad-Dîn; tu peux sans crainte le lui transmettre.

Dis-lui (puisse sa royauté durer, et puisse-t-il revêtir un manteau neuf sur le vêtement de sa prospérité!) :

O toi, le juste[3], *toi qui es pour la religion une jeunesse, et pour les guerres un brandon,*

Qui précédemment n'as jamais cessé par ta résolution de dissiper les chagrins de l'islâm,

Et qui as fait poindre pour les Francs, lorsqu'ils se sont trouvés en face de toi, un jour terrible entre tous,

Sache que, si l'on se proposait de tarir la haine qu'ils nous inspirent, la répulsion qu'elle a amassée dans chacun de nos cœurs remplirait encore un puits profond.

Ce ne sont pas mes pareils qui manquent de traduire en actes leurs paroles, ce n'est pas toi qu'on essayerait d'abuser.

Nous t'avons écrit aujourd'hui en termes clairs; que répondras-tu à notre épître?

L'objet, que nous avons en vue, c'est que, de notre part et de la vôtre, un terme extrême soit fixé pour notre entrée en campagne.

Nous possédons des armées, dont la plus faible serait à l'étroit dans la plaine la plus vaste;

Et nous nous chargeons de faire couler sur la Syrie, ainsi que des pluies abondantes, des richesses largement répandues,

Ou de te la faire voir rougissante comme la fiancée, lorsque partout le sol y aura été teint du sang des ennemis.

Sur la tête de ses habitants, dès que l'aurore percera les nuages, on entendra résonner le cliquetis des épées,

Et, aussitôt que les Francs quitteront leurs citadelles, la concentration de leurs troupes entraînera la prise et le pillage de ce qu'ils auront abandonné.

Il en sera ainsi par la puissance d'Allâh, et qui cherche à vaincre mon Dieu sera vaincu.

1. Les deux manuscrits portent حرّضت, « lorsque tu excites », leçon que je n'ai pas cru devoir adopter.

2. Le manuscrit de la Bibliothèque nationale porte مصيب « que ta sagesse n'atteigne le but »; le manuscrit Schefer يصيب même sens, également possible.

3. Allusion transparente au surnom de « Roi juste » *Al-Malik Al-ʿÂdil*, attribué à Noûr ad-Dîn ; cf. plus haut, p. 288, n. 6.

« Et Aṣ-Ṣâliḥ écrivit encore à Ousâma :

O voyageur, qui fais hâte vers la Syrie, dont les chameaux et les chevaux luttent de vitesse,

Dirige ta route vers une ville où est la demeure de Madj ad-Dîn[1], *lui qui n'a ressenti aucun effroi dans l'habitation qu'il occupe avec sa famille,*

Informe-toi de ses nouvelles, et confirme-lui de notre part des salutations mêlées de reproches ;

Dis-lui : Quel excellent ami tu nous gardes aujourd'hui en réserve pour plus tard ! Mais tu es l'ami blasé.

Nous ne nous serions jamais imaginé que, soit au loin ou près de nous, ton état tournerait envers nous à l'indifférence.

Nous n'avons reçu ni écrit, ni réponse, ni parole en retour de nos assurances,

Et pourtant nous persévérons à t'écrire, puisque notre correspondance jusqu'ici a été insuffisante à provoquer de ta part un noble dévouement.

Pour te faire connaître la victoire qu'Allâh nous a fait remporter ; et belle est sa grâce !

Il nous est advenu, après ce que nous avons raconté dans des écrits, arrivés jusqu'à toi par l'entremise d'un de nos messagers,

Qu'une partie de notre flotte a atteint une quantité de Francs, que nos plus chaudes espérances n'atteignaient pas ;

Notre flotte était partie sans grand équipage ; mais Allâh et la pureté des intentions fortifient toujours les faibles.

Ceux des Francs, que notre flotte épargna, ne trouvèrent ensuite accès nulle part sur la côte de Syrie,

Et le même sort réunit des combattants d'Acre et de Tortose[2], *dont aucune recherche ne put apprécier le nombre,*

Des Templiers pour la plupart, que les Francs lançaient en avant et poussaient sur leurs ennemis.

Le grand maître de l'ordre[3], *fait captif au milieu de ses troupes, fut amené vers nous, le cou chargé de chaînes,*

Après que beaucoup d'hommes furent restés sur place, tués par nos épées, après qu'il y eut des noyés et des soldats en déroute.

Telle a été la faveur d'Allâh, et t'énumérer les bienfaits[4] *d'Allâh serait trop long.*

1. Comme précédemment page 281, note 4), Madj ad-Dîn désigne Ousâma.

2. Les manuscrits, ainsi que le texte imprimé, portent *Anṭarasoûs ;* le nom arabe de Tortose est plus souvent *Anṭarṭoûs* ; cf. Yâḳoût, *Mou'djam*, I, p. 388. Longue est la ligne des côtes, qui remonte vers le nord depuis Acre, en face de Tibériade, jusqu'à Tortose, presque en face de Ḥamâ ; aussi « aucune recherche ne put-elle apprécier le nombre » des combattants. Ce furent les Templiers qui élevèrent des fortifications d'une même architecture à Acre et à Tortose. Cf. Rey, *Les colonies franques*, p. 114, 360, 454, 456, 457, etc. Notre passage permet de supposer que la cession de Tortose aux Templiers est non seulement antérieure à 1161, mais à 1158. Voir pourtant Rey, *Sommaire du supplément aux familles d'outre-mer* (Chartres, 1881), p. 11 ; Henri de Curzon, *La règle du Temple* (Paris, 1886), p. 306.

3. Il s'agit ici avec beaucoup plus de certitude que p. 275 (voir note 1) de Bertrand de Blanchefort qui, selon nous, n'aurait quitté sa captivité de Noûr ad-Dîn que pour devenir moins d'un an après le prisonnier des Égyptiens.

4. Lisez avec les manuscrits ايادى.

Fais parvenir[1] *notre parole à Al-Malik Al-'Âdil*[2], *car c'est en lui que je mets ma foi et mon espérance !*

Dis-lui : Combien de temps différeras-tu le payement de ta dette envers les infidèles ? Prends garde qu'Allâh ne s'irrite que soit différé le règlement de la sienne.

Rends-toi à Ḳouds (Jérusalem), et tâche que cette résolution te soit comptée auprès d'Allâh ; car ta venue apaisera les soifs les plus violentes.

Mais si ta marche en avant est par trop retardée, alors Allâh nous suffira ; quel excellent protecteur !

« Ousâma répondit à Aṣ-Ṣâliḥ par une poésie, dont voici un passage[3] :

O émir des armées[4], *ô le plus équitable des juges dans tes actes et dans tes paroles,*

Tu as jeté un tel éclat par tes nobles qualités sur les hommes de ton temps que les plus obscurs ont été mis en lumière,

Et par ton incursion tu as divisé les Francs en deux moitiés, dont l'une a été faite captive et l'autre mise à mort.

Redouble d'efforts pour suppléer le serviteur d'Allâh[5] *dans sa tâche et pour lui adresser ton appel éloquent, écouté ;*

Car il avait projeté une entreprise belliqueuse, qui aurait presque fait pencher la terre et les montagnes.

Mais lorsque les destins nous arrêtent, alors Allâh nous suffit ; quel excellent protecteur !

« Aṣ-Ṣâliḥ adressa comme réponse à Ousâma sa poésie rimant en *ṭâ*, dont voici le premier vers :

Elle est la pleine lune[6] ; *mais les Pléiades sont ses pendants d'oreille, et sur sa poitrine les étoiles d'Orion forment un collier.*

« Puis, après avoir décrit les épées, Aṣ-Ṣâliḥ ajouta[7] :

Nous avons réservé la violence de leur choc pour les Francs ; car c'est sur eux plutôt que sur personne au monde qu'elles sont appelées à fondre avec impétuosité.

Ils avaient correspondu pour implorer la paix ; nous leur avons répondu

1. Je préfère la leçon des manuscrits ابلغن.

2. C'est-à-dire à Noûr ad-Dîn ; plus haut, p. 225, 288, 292.

3. Poésie reproduisant, avec intention, mètre et rime de la précédente ; de même plus haut, p. 288 et p. 290.

4. Nous avons fait remarquer page 288, note 5, l'application constante de ce titre aux vizirs d'Égypte.

5. Le « serviteur d'Allâh » désigne ici Noûr ad-Dîn.

6. Cette jeune fille comparée à une pleine lune paraît être la poésie, qu'Ousâma venait d'adresser à Aṣ-Ṣâliḥ. La même comparaison presque dans les mêmes termes se retrouve dans une poésie de Mourschid, le père d'Ousâma. Cf. Ibn Al-Athîr, *Atabeks*, p. 199, lig. 4 et suiv.

7. Cette ligne manque dans le texte imprimé.

par notre présence; ce que celle-ci inscrivait, c'étaient les lignes d'un camp, et non les lignes d'une épître[1]*;*

C'étaient aussi les raies tracées par nos cavaliers visitant sans relâche les demeures des Francs, et marquant sur eux avec les épées tranchantes et avec les lances les formes des lettres et les points diacritiques[2].

Lorsqu'ils furent rejetés de la plaine dans un ravin desséché, touffu, et que les pointes de nos lances eurent pour eux fait office de peignes,

Nous y avons repoussé loin de nous le fils d'Alphonse[3]*, et il n'était maintenu sur sa selle que parce qu'on l'y avait lié et attaché.*

C'est pourquoi dites à Noûr ad-Dîn : Il n'y a pas en médecine, pour qui craint les blessures, d'autre procédé que de les cautériser ou de les percer.

Mais il convient mieux à un homme intelligent, à un homme sensé, de couper les racines de la maladie[4]*, lorsque pareil remède doit triompher du mal invétéré.*

Renonce à une certaine inclination vers les Francs et à une suspension des hostilités, qui a fait manquer le but à d'autres qu'eux, tandis qu'eux ne l'ont pas manqué.

Considère la situation. Combien de conditions tu leur as imposées précédemment, que de fois ils les ont violées traîtreusement !

Retrousse les pans de ta robe[5]*, car nous t'avons fourni tout le concours que tu avais demandé; expédie-nous tes armées et qu'elles viennent sans retard*[6]*. »*

Malgré les adjurations réitérées d'Aṣ-Ṣâliḥ, Noûr ad-Dîn ne bougea pas. Il traita cette correspondance littéraire en jeu d'esprit, qui ne lui apprenait rien, puisque, dans ses résidences de Damas et d'Alep, il était mieux placé que le vizir de Miṣr pour connaître les événements de Syrie et pour en apprécier les conséquences immédiates. Sa politique d'attente, de circonspection et d'égoïsme ne pouvait d'ailleurs être servie par un

---

1. Lisez avec les manuscrits الخَطّ لا الخَطّ, « a ligne, qui n'était pas la ligne ». J'ai précisé dans la traduction.
2. On sait qu'en arabe plusieurs consonnes, dont le dessin est identique, ne diffèrent que par « les points diacritiques ». L'auteur continue la comparaison du vers précédent.
3. Nous avons rencontré plus haut (p. 151, note 3) un « fils d'Alphonse » que nous avons identifié avec Raymond II, fils de Pons, comte de Tripoli. Celui-ci ayant été tué par les Ismaéliens en 1152 (Guillaume de Tyr, dans *Hist. occ. des Croisades*, I, p. 791), je suppose que le personnage, auquel Aṣ-Ṣâliḥ fait allusion, est Bertrand, fils naturel d'Alphonse Jourdain, comte de Toulouse. Telle est du moins l'opinion de M. Rey qui a bien voulu me donner la primeur des renseignements inédits qu'il va publier sur ce personnage dans un mémoire relatif au comté de Tripoli. Cet aventurier qui, avec l'appui des Allemands, s'était rendu maître d'Al-'Ouraima et peut-être de Safita, et qui avait élevé des prétentions sur le comté de Tripoli, fut dépouillé de ses états et amené en captivité par Noûr ad-Dîn à Damas vers la fin de 1148 (Ibn Al-Athîr dans *Hist. or. des Croisades*, I, p. 470-471 ; II II, p. 162-163 ; Ka, mâl ad-Dîn, *Zoubda*, dans Rœhricht, *Beitræge*-I, p. 314). Rendu à la liberté onze ans plus tard, nous le voyons donc se remettre aussitôt en campagne pour aller dans le sud avec une troupe de partisans guerroyer contre l'invasion égyptienne.
4. De même plus haut, p. 288, l. 15.
5. C'est-à-dire « hâte-toi », les Arabes retroussant les pans de leurs robes pour donner plus d'aisance à leurs mouvements.
6. Lisez avec les manuscrits ولن يبطوا.

meilleur interprète qu'Ousâma, dont les rares réponses évitent les précisions des engagements formels pour se mouvoir dans les obscurités d'un langage ambigu, où promesses comme refus sont insaisissables. Le vers et la rime cachent habilement les détours d'une diplomatie fuyante. Le vide du fond se dissimule sous l'harmonie de la forme. Chez les Arabes, le genre épistolaire, alors même qu'il a brisé les entraves d'une métrique roide et compliquée, s'est généralement arrêté à mi-chemin, et n'est pas arrivé jusqu'à l'expression simple de la pensée dans un langage naturellement élégant; il s'en est tenu le plus souvent à remplacer le rythme du vers par le parallélisme plus flexible de la prose rimée[1].

Si Noûr ad-Dîn s'était laissé séduire par les offres de concours et par les allégations d'Aṣ-Ṣâliḥ, s'il avait contracté avec lui l'alliance sollicitée par l'entremise d'Ousâma, le royaume de Jérusalem et les possessions des croisés au sud du Jourdain n'auraient pas pu résister à l'attaque simultanée de deux puissants ennemis venus à la fois du nord-est et du sud-ouest. Heureusement pour la sécurité de l'Orient latin, Aṣ-Ṣâliḥ ne parvint à convaincre Noûr ad-Dîn ni par son éloquence persuasive, ni par une ambassade qu'il lui envoya, à laquelle les Francs essayèrent de barrer la route et qui n'en arriva pas moins à destination le seize octobre 1158[2]. En effet le chambellan de Noûr ad-Dîn, Maḥmoûd Al-Moustarschidî[3] qui avait été porter à Miṣr la réponse dilatoire de son maître aux demandes pressantes d'Aṣ-Ṣâliḥ, revint accompagné d'un des principaux émirs égyptiens, chargé d'offrir à Noûr ad-Dîn des armes, des étoffes précieuses égyptiennes, des chevaux arabes pour une somme de trente mille dînârs, de verser à son trésor soixante-dix mille dînârs

1. Un échantillon de cette rhétorique épistolaire est la curieuse correspondance échangée en 571 de l'hégire (1175-1176 de notre ère) entre Al-Ḳâḍî Al-Fâḍil Ibn Al-Baisânî qui était alors à Miṣr, et Ousâma qui se trouvait à Damas où il s'était établi pour la troisième fois sur l'appel de Saladin; voir mon *Ousâma poète* dans *Nouveaux mélanges orientaux*, p. 116 et 147-152. Nous reviendrons sur le contenu de ces lettres dans notre chapitre neuvième.

2. J'emprunte cette date exacte à Aboû Yaʿlâ dans Aboû Schâma, *Kitâb ar-rauḍatain*, I, p. 121, l. 33-34.

3. Plus haut, p. 198, n. 1.

en pièces d'or comme contribution à la guerre sainte, enfin de lui remettre une lettre autographe contenant plusieurs pièces de vers composées pour l'exciter à combattre les Francs[1]. Aṣ-Ṣâliḥ échoua dans sa tentative et ses présents n'eurent pas plus de succès que ses épîtres. Il se heurtait à un parti pris d'autant plus inébranlable que de légères escarmouches avec les Francs, où ceux-ci avaient été vainqueurs[2], lui donnaient un semblant de légitimité. Noûr ad-Dîn persistait à se réserver afin d'être un jour, selon l'expression d'Ousâma, « pour les musulmans une défense, pour le monde un embellissement »[3].

Plutôt que de faire la chasse aux Francs, Noûr ad-Dîn et Ousâma se divertissaient à poursuivre des lièvres dans la région de Ḥamâ, en compagnie de Asch-Scharîf As-Sayyid Bahâ ad-Dîn[4], et les renards de Ḳarâḥisâr sur le territoire d'Alep[5] avec Nadjm ad-Dîn Aboû Ṭâlib ibn 'Alî Kourd[6]. Parti de Ḥamâ pour retourner à Damas, Ousâma obéissait à son instinct de curiosité et quittait son compagnon de voyage, l'émir Ḳoṭb ad-Dîn Khosroû ibn Talîl[7] pour visiter l'église de Ba'lbek, sur l'acropole de l'antique Héliopolis[8]. Les deux amis se rejoignaient ensuite sur une montagne voisine, d'où ils surveillaient des brigands venus des pays occupés par les Francs pour infester la vallée.

1. Aboû Schâma, *Kitâb ar-rauḍatain*, I, p. 121, l. 34-37; Ibn Misar dans *Hist. or. des Croisades*, III, p. 472-473.

2. Aboû Schâma, *Kitâb ar-rauḍatain*, I, p. 120-121.

3. Plus haut, p. 291, l. 26-27.

4. Ousâma, *Autobiographie*, p. 143. Ce noble Bahâ ad-Dîn, descendant du Prophète ou d'Ali, ne saurait être confondu avec le célèbre Bahâ ad-Dîn Ibn Schaddâd, l'historien de Saladin, qui naquit à Mauṣil le cinq mars 1145, et qui en 1158 n'aurait eu que treize ans. Ousâma est trop peu explicite pour que l'on puisse identifier le personnage.

5. Ousâma, *Autobiographie*, p. 143, où, l. 18, lisez, قراحصار, nom d'une vaste plaine au nord d'Alep (Yâḳoût, *Mou'djam*, IV, p. 44).

6. Ousâma, *Autobiographie*, p. 144. Le père de ce personnage est nommé par Ousâma, *ibid.*, p. 58, « 'Alam ad-Dîn 'Alî Kourd, seigneur de Ḥamâ »; voir plus haut, p. 88.

7. Ḳoṭb ad-Dîn Khosroû ibn Talîl était un émir kurde, dont l'oncle Aboû 'l-Haidjâ Al-Houdbânî fonda une petite dynastie à Irbil. Ousâma (*Autobiographie*, p. 65) avait connu l'émir Faḍl, fils d'Aboû 'l-Haidjâ et par conséquent oncle de Khosroû. Celui-ci, après avoir été favorisé par Noûr ad-Dîn, devint un de ses émirs les plus considérables, les plus ambitieux et les plus indépendants. Voir sur lui Ibn Al-Athîr, *Atabeks*, p. 255-257, d'après lequel il vivait encore en 564 de l'hégire (1168-1169 de notre ère) : Ibn Khallikân, *Biographical Dictionary*, IV, p. 494, qui nous apprend la fondation au Caire du collège nommé *al-madrasa al-ḳoṭbiyya* par ce Ḳoṭb ad-Dîn. Sur Aboû 'l-Haidjâ, cf. Ibn Al-Athîr, dans *Hist. or. des Croisades*, I, p. 371; II II, p. 56; Ibn Khallikân, *Biographical Dictionary*, I, p. 162; Ibn Khaldoûn, *'Ibar*, IV, p. 299; V, p. 54.

8. En supposant que j'aie eu raison de lire بعلبك (le manuscrit porte نعسل) dans le texte de l'*Autobiographie*, p. 114, l. 12. L'église de Ba'lbek occupe l'édifice arabe situé à l'ouest de l'acropole, dont on peut voir des plans dans (Socin), *Palestine et Syrie*, p. 520; Chauvet et Isambert, *Syrie, Palestine*, p. 613.

Si l'escorte d'Ousâma et de Khosroû perdit deux hommes et trois chevaux en allant imprudemment provoquer ces brigands, les deux émirs rentrèrent sains et saufs à Damas pour reprendre leur service auprès d'Al-Malik Al-'Âdil Noûr ad-Dîn [1].

Dès le commencement de 1159 [2], une nouvelle maladie, plus grave que la première, fut contractée par Noûr ad-Dîn dans la citadelle d'Alep [3] et la nouvelle de sa mort se propagea avec une telle vraisemblance que sa succession fut considérée comme ouverte. Son prompt rétablissement déconcerta son plus jeune frère Nouṣrat ad-Dîn Amîr Amîrân qui s'était déjà rendu maître d'Alep à l'exception de la citadelle [4]. Quant au principal émir de Noûr ad-Dîn, Asad ad-Dîn Schîrkoûh, devenu presque le collègue du prince dans le gouvernement [5], il avait jeté son dévolu sur la province de Damas. Mais, bien conseillé par son frère Nadjm ad-Dîn Ayyoûb, le père de Saladin, il s'était désisté de ses prétentions pour aller apporter d'abord ses hommages au moribond, pour subordonner ensuite son attitude aux événements [6]. Noûr ad-Dîn, après cette alerte, guérit si vite que l'un de ses frères Ḳoṭb ad-Dîn Maudoûd, atâbek de Mauṣil, mandé par lui pour sauvegarder les intérêts des musulmans, apprit presque en même temps la gravité de son mal et sa convalescence [7].

Ḳoṭb ad-Dîn, parti de Mauṣil à la tête d'une armée dans la direction de Damas, s'arrêta en route et envoya son vizir Djamâl ad-Dîn Aboû Dja'far Moḥammad, fils de 'Alî, à Damas d'abord, puis à Alep, pour éclaircir ses doutes sur la situation [8]. Dans

1. Ousâma, *Autobiographie*, p. 114.

2. J'emprunte cette date à Aboû Ya'lâ dans Aboû Schâma, *Kitâb ar-rauḍatain*, I, p. 122, l. 11-12.

3. Ibn Al-Athîr dans *Hist. or. des Croisades*, I, p. 517 ; Kamâl ad-Dîn, *Zoubda*, dans Rœhricht, *Beitræge*, I, p, 319. Ni l'un ni l'autre ne connaissent la première maladie (plus haut, p. 283). Aboû Ya'lâ et à sa suite Aboû Schâma, en reprochant à Ibn Abî Ṭayy d'avoir confondu les deux maladies successives, croient que Noûr ad-Dîn tomba malade la première fois à Alep, la seconde fois à Damas. Je crois que c'est une erreur et que les deux accidents se produisirent à Alep.

4. Ibn Al-Athîr et Aboû 'l-Fidâ dans *Hist. or. des Croisades*, I, p. 517-518 et 32; Kamâl ad-Dîn, *Zoubda*, dans Rœhricht. *Beitræge*, I, p. 320.

5. Expression d'Ibn Al-Athîr, *Atabeks*, p. 305.

6. Ibn Al-Athîr et Aboû 'l-Fidâ dans *Hist. or. des Croisades*, I, p. 517-518 et 32; Kamâl ad-Dîn, *Zoubda*, fol. 175 r° et v°.

7. Aboû Ya'lâ dans Aboû Schâma, *Kitâb ar-rauḍatain*, I, p. 122, l. 16 à 28.

8. Id., *ibid.*, p. 122, l. 29-37. Le vizirat de Djamâl ad-Dîn d'Ispahan, surnommé Al-Djawâd « le généreux », se prolongea à Mauṣil pendant plus de vingt années consecutives. Il sera parlé un peu plus loin de sa mort. On peut, sur cet homme à la fois énergique et bon, comparer Ibn Al-Athîr et Aboû 'l-Fidâ dans *Hist. or. des Croisades*, I, p. 455-456, 473-474, 542 et 35; Ibn Al-

laquelle de ces deux villes Djamâl ad-Dîn eut-il l'occasion de se rencontrer avec Ousâma qui parle de leur vieille amitié, de leurs relations suivies et de leur intimité [1]? Je ne sais; car Ousâma se partageait sans doute entre l'une et l'autre, entre le séjour de sa famille à Damas, où il se réchauffait à son foyer, et la résidence de son maître, où il épiait toute amélioration dans l'état du malade. Si Ousâma prit position entre les divers prétendants qui, à cette époque critique, se disputèrent le pouvoir, ce fut certes dans le sens de la fidélité à Noûr ad-Dîn, de l'attachement au protecteur qui l'avait recueilli et dont il avait naguère traduit la pensée auprès du vizir d'Égypte Al-Malik Aṣ-Ṣâliḥ.

Le ton vague où avait été maintenue de parti pris cette correspondance poétique, l'allure compassée des réponses d'Ousâma, auraient découragé un esprit moins obstiné que celui d'Aṣ-Ṣâliḥ. La mort prématurée du khalife Fâṭimide Al-Fâ'iz, le dix-sept radjab 555 (vingt-trois juillet 1160)[2] lui fournit l'occasion qu'il saisit de renouer avec Ousâma l'entretien un moment interrompu. Ce jeune prince, après six années et cinq mois de règne, était mort à l'âge de onze ans et demi. Aṣ-Ṣâliḥ était bien décidé à lui donner un successeur qu'il tiendrait également en tutelle. Aṣ-Ṣâliḥ mit sur le trône et choisit bientôt pour gendre un enfant de neuf ans, cousin d'Al-Fâ'iz, qui reçut le surnom d'*Al-'Âḍid li-Dîn Allâh*[3], et qui fut le dernier des khalifes Fâṭimides. « Aṣ-Ṣâliḥ Ibn Rouzzîk, dit Aboû Schâma[4], fit part de ces événements à Ibn Mounkidh Ousâma en ces termes :

Félicite-moi d'une faveur dont la reconnaissance ne saurait atteindre la mesure; souhaite-moi la patience pour un malheur que je supporte impatiemment.

Al-Fâ'iz le pur, l'imâm est mort, et après lui Al-'Âḍid le pur a recueilli chez nous la succession de l'imâmat,

Athir, *ibid.*, II II, p. 147, 226-232, etc.; 'Imâd ad-Dîn dans Al-Bondârî. *Histoire des Seldjoucides de l'Irâq* (éd. Houstma), p. 209-213, 221, 225; Ibn Djobair, *Travels* (éd. Wright), p. 124; Aboû Schâma, *Kitâb ar-rauḍatain*, I, p. 134-139; Ibn Khallikân, *Biographical Dictionary*, III, p. 295-299.

1. Ousâma, *Autobiographie*, citée dans Aboû Schâma, *Kitâb ar-rauḍatain*, p. 138, l. 33-34.

2. Ibn Khallikân, *Biographical Dictionary*, II, p. 427; Wüstenfeld, *Geschichte der Faṭimiden-Chalifen*, p. 324.

3. Id., *ibid.*, p. 325.

4. Aboû Schâma, *Kitâb ar-rauḍatain*, I, p. 124, l. 15-20.

Deux imâms dirigés dans la voie d'Allâh. Il y a un mystère dans le rappel de l'un vers la grâce d'Allâh et dans l'élévation de l'autre.

Continue à vivre et sois conservé pour les hommes, toi qui es leur caution, toi qui écartes d'eux toute chance d'accident. »

Les flatteries d'Aṣ-Ṣâliḥ n'exercèrent pas plus d'influence sur Ousâma que n'en avaient exercé ses remontrances. Les affaires d'Égypte le laissaient aussi froid, aussi insensible que s'il n'y avait jamais habité. Que lui importait le nom de l'imâm proclamé à Miṣr, puisqu'il était décidé, non seulement à ne jamais plus y élire domicile, mais encore à éviter même d'y passer? C'est ainsi que, bien résolu à faire en 1160 le pèlerinage de La Mecque, il se gardera de rappeler à Aṣ-Ṣâliḥ ses offres et ses promesses de 1154[1]. Il préférera toute autre route même plus longue, pourvu qu'il soit dispensé de revoir le théâtre où se sont passées tant de scènes tragiques, pourvu que, malgré sa sympathie personnelle pour le vizir, il ne retourne pas vers un pays et vers une population qui lui inspirent une répulsion invincible.

Il était grand temps pour Ousâma, s'il voulait se garder contre toute surprise, de se mettre en règle avec Allâh et de ne point différer l'accomplissement du devoir qui est imposé à tout musulman, homme ou femme, de ne point quitter la vie de ce monde sans s'être associé à la pieuse visite de la Ka'ba et des lieux saints[2]. Le pèlerinage et les cérémonies de La Mecque sont des obligations dont ne peut s'affranchir quiconque aspire à être admis au moins dans le cinquième ciel, lorsque son âme sortira de l'enveloppe corporelle ainsi qu'une goutte d'eau s'échappe d'une outre[3]. Ousâma était âgé de soixante-sept années musulmanes, lorsqu'il s'avisa enfin de prendre ses précautions pour être frappé en état de sainteté, lorsqu'il arriverait au terme inscrit d'avance qui ne peut être ni avancé ni reculé[4].

1. Plus haut, p. 270.
2. Dozy, *Essai sur l'histoire de l'islamisme*, p. 140.
3. Al-Gazâlî, *La Perle précieuse*, traité d'eschatologie musulmane publié... avec une traduction française par Lucien Gautier (Genève, 1878), p. 11 et 5.
4. Ousâma, *Autobiographie*, p. 120.

Bien que certains documents placent le pèlerinage d'Ousâma en 556 de l'hégire, en 1161 de notre ère[1], je n'hésite pas à adopter pour cet événement le mois de dhoû 'l-ḥidjdja 555, c'est-à-dire de décembre 1160. Le témoignage d'Ousâma lui-même est décisif. Il nous a raconté l'une de ses étapes et a daté de 555 cet épisode de son voyage[2]. De son itinéraire, autant qu'il nous est connu, nous pouvons induire qu'il ne figura pas dans la caravane de Damas qui, sous la direction du généralissime Asad ad-Dîn Schîrkoûh, déploya ses mille participants en grand appareil, avec une pompe éclatante, avec une abondance d'approvisionnements et de vêtements tout à fait remarquable[3], sur la route directe qui conduit à Médine et à La Mecque par Taimâ et Khaibar[4].

Ousâma n'attendit pas pour quitter Damas que cette armée de pèlerins s'ébranlât, semblable à une ville entière qui se mettrait en mouvement[5]. Il prit les devants pour aller rejoindre la troupe de ceux qui partiraient de Bagdâdh, afin de revêtir avec eux l'*irḥâm* en laine blanche, ce costume de tout ḥadjî riche ou pauvre, avant de pénétrer en leur compagnie sur le territoire consacré. Le chef de cette expédition annuelle était cette fois-ci l'émir Zain ad-Dîn 'Alî ibn Baktikîn connu en raison de sa taille étriquée sous le sobriquet de 'Alî Koûdschek « 'Alî le petit ». C'était sur lui, alors qu'il était jeune, que l'atâbek Zenguî avait porté le jugement suivant. « Il craint Allâh le Tout-Puissant, mais il ne me craint pas »[6]. Comme Djamâl ad-Dîn, 'Alî Koûdschek était à Mauṣil l'un des ministres de Ḳoṭb ad-Dîn,

---

1. Ibn Al-Athîr dans *Hist. or. des Croisades*, I, p. 525; II ıı, p. 207 ; Ibn Abî Ṭayy dans Aboû Schâma, *Kitâb ar-rauḍatain*, I, p. 124, l. 21-23. Le passage d'Ibn Al-Athîr est reproduit dans Aboû Schâma, *ibid.*, I, p. 127.
2. Ousâma, *Autobiographie*, dans Aboû-Schâma, *ibid.*, I, p. 138, l. 33.
3. Ibn Abî Ṭayy dans Aboû Schâma, *ibid.*, I, p. 124, l. 21-22.
4. Ibn Khallikân, *Biographical Dictionary*, I, p. 628, rectifié d'après l'édition du texte arabe de Wüstenfeld, fasciculus tertius, p. 121, et d'après édition de Boûlâḳ en trois volumes, I, p. 407.

Sur Taimâ et Khaibar, voir Wüstenfeld, *Die von Medina auslaufenden Hauptstrassen* (Gœttingen, 1862), p. 13-18; et du même savant, *Das Gebiet von Medina* (Gœttingen, 1873), p. 69-73.
5. A von Kremer, *Culturgeschichte des Orients unter den Chalifen*, II, p. 22.
6. Ousâma, *Autobiographie*, p. 116; cf. *ibid.*, p. 131. Dès 539 (1144-1145) l'atâbek Zenguî avait nommé 'Alî Koûdschek gouverneur de la citadelle de Mauṣil ; voir Ibn Al-Athîr dans *Hist. or. des Croisades*, I, p. 448 et 457; II ıı, p. 128-129 et 166 ; Aboû Schâma, *Kitâb ar-rauḍatain*, I, p. 41.

le frère préféré de Noûr ad-Dîn. Or Ḳoṭb ad-Dîn s'était déchargé sur Djamâl ad-Dîn de tout le fardeau du pouvoir. Il ne s'opposa pas au départ de 'Alî Koûdschek qui allait porter à Bagdâdh des témoignages de respect au nouveau khalife Al-Moustandjid Billâh, lui qui, deux ou trois ans auparavant, avait coopéré au siège de cette ville par le sultan Seldjoûḳide Moḥammad fils de Maḥmoûd sous le khalifat d'Al-Mouḳtafî li-amr Allâh [1].

Ousâma, après avoir quitté Damas, monta vers le nord dans la direction d'Alep et, après avoir passé devant Émesse et Ḥamâ, après avoir été peut-être revoir Schaizar, visita la mosquée de Sarmîn [2] afin d'y faire ses dévotions. Le lendemain ou le surlendemain il arrivait à Alep, où l'on peut présumer que, dans ses entretiens avec Noûr ad-Dîn, il engagea son prince à venir avec lui remercier Allâh d'une guérison qui tenait du miracle. Mais la santé de Noûr ad-Dîn n'était pas encore assez robuste pour lui permettre de risquer sa vie dans des pérégrinations lointaines, d'affronter des fatigues excessives, alors même que, balancé doucement par la marche toujours égale de son chameau, il se serait avancé sans secousse, moelleusement assis dans son palanquin ainsi que dans une petite tente [3]. Noûr ad-Dîn sut résister à la tentation et ne se laissa pas persuader. Il donna son adhésion à l'idée, mais en différa l'exécution jusqu'à l'année suivante. Et en effet, s'il faut en croire un historien de La Mecque [4], en 556 de l'hégire, à la fin de novembre 1161, eut

---

1. Ibn Al-Athîr, *Atabeks*, p. 202-203, 206-207.
2. Sur la mosquée de Sarmîn, avec ses neuf coupoles, cf. Ibn Baṭoûṭa, *Voyages* (éd. Defrémery et Sanguinetti), I, p. 146. On y faisait régulièrement la prière du vendredi, d'après M. Ch. Schefer dans Nâṣiri Khosrau, *Sefer Nâmeh*, p. 34, note 2. Je propose de lire سرمين au lieu de شيزر dans Ibn Al-Athîr, *Chronicon* (éd. Tornberg), XI, p. 188; de شريين dans *Hist. or. des Croisades*, I, p. 525, et dans le manuscrit 707 A de l'ancien fonds arabe de la Bibliothèque nationale, fol. 66 r°; de سريرين dans le ms. Clarke 7 de la Bodléienne, dans le manuscrit Schefer du *Kitâb ar-rawḍatain*, et dans l'édition imprimée à Boûlâḳ de ce livre, I, p. 127; de شريرر dans Ibn Al-Athîr, *Atabeks*, p. 207; de شبريدر dans deux manuscrits d'Ibn Al-Athîr conservés à la Bibliothèque nationale (Supplément arabe n° 740, V, p. 188, et 740 *bis*, V, fol. 197 r°, celui-ci avec les points diacritiques du *schîn* seulement). Cependant la lecture سبريدن ne doit pas être rejetée absolument, puisque la Bibliothèque nationale possède une monnaie de Syrie où serait inscrit ce nom de ville; cf. Henri Lavoix, *Catalogue des monnaies musulmanes de la Bibliothèque nationale. Khalifes orientaux* (Paris, 1887), p. 26, n° 87, à moins que Stickel ait raison d'en douter; voir *Zeitschrift der deutschen morg. Gesellschaft*, XLIII (1889), p. 685.

3. A. von Kremer, *Culturgeschichte des Orients*, II, p. 22.

4. Taḳî ad-Dîn Al-Fâsî, historien du commencement du quinzième siècle, dans Wüstenfeld,

lieu le pèlerinage du sultan Noûr ad-Dîn Maḥmoûd fils de Zenguî.

D'Alep Ousâma s'avança à petites journées dans la direction de l'est, vers Mauṣil, où il savait d'avance l'accueil empressé et sympathique que lui réservait son ami le vizir Djamâl ad-Dîn. « Je m'y rencontrai, dit Ousâma[1], avec Djamâl ad-Dîn, vizir de Mauṣil, en l'an 555, alors que je me dirigeais vers le lieu du pèlerinage. Nous étions liés tous deux par un passé remontant bien haut d'amitié, de relations suivies et d'intimité[2]. Il mit à ma disposition une maison[3], à l'intérieur de Mauṣil. Mais je refusai, et je campai sous ma tente sur la rive du fleuve[4]. Aussi longtemps que j'y restai, il chevauchait chaque jour, passant sur le pont dans la direction de Ninève[5], tandis que l'atâbek Ḳoṭb ad-Dîn dirigeait sa promenade vers l'hippodrome[6]. Djamâl ad-Dîn me faisait dire : Monte à cheval, car je fais halte pour t'attendre. Je montais à cheval, je sortais avec lui, et nous causions.

« Un jour, je me trouvai en tête à tête avec lui sans mes compagnons, et je lui dis : J'ai sur le cœur une chose, qui me hante depuis que nous nous sommes retrouvés, et que je voulais toujours te dire, mais jamais je ne réussissais à être seul avec toi. Voici enfin l'occasion qui se présente aujourd'hui. — Parle, dit le vizir. — Je répondis : Je te répéterai la parole d'Asch-Scharîf Ar-Riḍâ[7] :

La conduite que t'ont dictée envers quelqu'un les secrets penchants de ton affection n'aurait pas dû t'attirer les désagréments d'un blâme;

Mon affection pour toi repousse tes bontés pour moi, afin que je ne te voie jamais trébucher.

Die Chroniken der Stadt Mekka, II, p. 255; IV, p. 225.

1. Ousâma, *Autobiographie*, dans Aboû Schâma, *Kitâb ar-rauḍatain*, I, p. 138, l. 32-139, l. 6. Ce passage appartient assurément aux vingt et un feuillets du début qui manquent dans le manuscrit de l'Escurial.

2. Plus haut, p. 299.

3. Lisez avec les manuscrits بدار.

4. Ce fleuve est le Tigre.

5. Le château de Ninève, à l'est de Mauṣil, n'en est séparé que par le Tigre; cf. Ibn Al-Athîr, *Atabeks*, p. 277.

6. L'hippodrome de Mauṣil s'étendait devant le Palais du gouvernement (دار الملك); voir Ibn Al-Athîr, *ibid.*, p. 139.

7. Le poète Asch-Scharîf Ar-Riḍâ, un descendant d'Al-Ḥousain, le fils d'Ali, naquit à Bagdâdh en 970 et y mourut en 1015. Cf. Ibn Khallikân, *Biographical Dictionary*, III, p. 118-123; Hartwig Derenbourg, *Les manuscrits arabes de l'Escurial*, I, p. 221-223.

« Or, tu as ouvert largement ta main pour dépenser ton bien en aumônes, en bonnes œuvres et en bienfaits, tandis que les sultans reculent devant de telles dépenses et ne savent pas s'y résigner. Que doivent-ils ressentir, si un particulier prend tout cela sur sa fortune personnelle! C'est ce qui autrefois a perdu les Barmécides [1]. Réfléchis pour ton bien comment tu pourras sortir de la voie où tu es entré. Il garda le silence un bon moment, puis il me dit : Puisse Allâh te récompenser! J'ai su éviter ce que tu redoutes.

« Je pris congé de lui, je me rendis dans le Ḥidjâz [2], et je revins de La Mecque par la route de la Syrie [3]. Djamâl ad-Dîn fut destitué et mourut en prison [4]. »

Au retour du pèlerinage, Ousâma commença vraisemblablement par se reposer à Damas dans sa maison, mais il ne tarda pas à partir pour Alep afin de rendre compte à Noûr ad-Dîn de ses actes et de ses impressions. Il s'arrêta de nouveau dans la mosquée de Sarmîn [5] qu'il avait visitée l'année précédente. Son enthousiasme lui inspira les vers suivants qu'il écrivit sur le mur intérieur de l'édifice [6] :

Sois loué, ô mon Seigneur! Combien tu m'as accordé de faveurs et de grâces, dont ma reconnaissance ne peut embrasser l'étendue!

Cette année-ci, je suis entré dans la mosquée alors que je revenais de l'expédition, riche grâce au salaire que tu m'as attribué.

C'est d'ici que l'année dernière mes chameaux se sont mis en route vers la maison d'Allâh, où sont l'angle et la pierre noire [7].

J'exécutai les saintes prescriptions et je fis tomber de sur mes épaules le poids du fardeau qu'y avaient accumulé les péchés de ma jeunesse [8].

1. Plus haut, page 283.

2. On appelle ainsi la région occidentale de l'Arabie avec sa bordure de montagnes, qui constitue pour elle une « barrière » (*ḥidjâz*) contre la mer. C'est dans le Ḥidjâz qu'Ousâma se rendait à Médine et à La Mecque.

3. Au retour, Ousâma choisit la route la plus directe.

4. Djamâl ad-Dîn mourut de maladie en juillet ou en août 1164, après une détention d'une année. Cf. Ibn Al-Athîr et Aboû 'l-Fidâ dans *Hist. or. des Croisades*, I, p. 542 et 35; II ii, p. 226; Ibn Khallikân, *Biographical Dictionary*, III, p. 298.

5. Mêmes observations que plus haut, page 302, note 2.

6. Les vers et le récit du fait sont empruntés à Ibn Al-Athîr, dans *Hist. or. des Croisades*, I, p. 525-526; II ii, p. 207-208, et d'après lui dans Aboû Schâma, *Kitâb ar-rauḍataïn*, I, p. 127.

7. La « maison d'Allâh » est la Ka'ba de La Mecque. C'est dans un « angle », à l'extérieur du monument, que la « pierre noire », était incrustée. Dès lors les fidèles n'avaient pas besoin de pénétrer dans le temple pour la toucher et la baiser. Cf. A. von Kremer, *Culturgeschichte des Orients*, II, p. 6; Schefer dans Nâṣiri Khoṣrau, *Sefer Nâmeh*, p. 198.

8. Ainsi que l'a remarqué Hammer, *Literaturgeschichte der Araber*, VII, p. 80, ce dernier vers fait allusion au *Coran*, xciv, 2 et 3.

Après avoir cité ces vers, Aboû Schâma ajoute[1] : « Cette inscription m'a rappelé celle dont Ousâma est également l'auteur et qu'on lit dans la ville de Ṣoûr (Tyr)[2]. Il était entré dans la Maison d'Ibn Abî 'Akîl[3], et avait remarqué que la dorure y était détruite et effacée. Il inscrivit sur une table de marbre les vers suivants :

Défie-toi des biens de ce monde, et ne te laisse pas égarer par cette courte vie.

Recherche les traces de ceux d'entre nous que ce monde a renversés par ses déceptions;

Ils avaient élevé et cimenté les édifices et les châteaux que tu vois.

Après les avoir habités[4], *ils ont été transportés dans le séjour des tombeaux.* »

En 1162, Ousâma, pour achever d'expier « les péchés de sa jeunesse », secoua sa torpeur et, en dépit de son âge, résolut de prendre part à la guerre sainte. L'impulsion lui fut donnée par Noûr ad-Dîn qui n'avait jamais pardonné aux Francs leur conquête de Ḥârim[5]. S'il les avait laissés respirer pendant des années, si même, par ses complaisances, il avait rendu illusoire leur défaite par les troupes d'Aṣ-Ṣâliḥ, c'est que d'un côté le souci de sa santé avait longtemps paralysé toutes ses facultés, c'est que d'autre part il rêvait pour lui-même la conquête de l'Égypte affaiblie. L'ami d'Ousâma, le vizir Aṣ-Ṣâliḥ Ibn Rouzzîk avait été assassiné le onze septembre 1161 à la sortie du Palais par des émirs conjurés postés sur son passage[6]. En mourant, il se reprocha de n'avoir pas poursuivi ses avantages en s'emparant de Jérusalem et en extirpant la puissance des Francs[7].

1. Aboû Schâma, *Kitâb ar-rauḍatain*, I, p. 127, l. 18-23.

2. Ousâma, *Autobiographie*, p. 101, raconte une aventure qui lui advint « dans la ville de Ṣoûr », mais en laissant, comme ici, la date dans le vague.

3. Aboû Schâma, *Kitâb ar-rauḍatain*, I, p. 127, l. 24, dit : « Cet Ibn Abî 'Akîl est Aboû 'l-Ḥasan Moḥammad, fils de 'Abd Allâh, fils de 'Iyâḍ Ibn Abî 'Akîl, gouverneur de Tyr. Il était surnommé 'Ain ad-Daula. Il mourut en 465 (1072 de notre ère) et désigna comme son successeur à Tyr son fils An-Nafîs. » Ibn Al-Athîr, *Chronicon* (éd. Tornberg), X, p. 40 et 116, le nomme le ḳâḍî 'Ain ad-Daula Ibn Abî 'Akîl, de même Wüstenfeld, *Geschichte der Faṭimiden-Chalifen*, p. 264 et 269, qui vocalise Ibn Abî 'Oukail.

4. Lisez avec les manuscrits سكناها.

5. Plus haut, page 283.

6. Ibn Al-Athîr dans *Hist. or. des Croisades*, I, p. 519-520; Ibn Khallikân, *Biographical Dictionary*, I, p. 659; Wüstenfeld, *Geschichte der Faṭimiden-Chalifen*, p. 327.

7. Ibn Khallikân, *Biographical Dictionary*, I, p. 608; Wüstenfeld, *Geschichte der Faṭimiden-Chalifen*, p. 327

Après lui, les ressorts de l'autorité se détendirent à tel point que, dans une même année, en 1163, le vizirat d'Égypte fut occupé successivement par trois titulaires, Al-'Âdil Ibn Rouzzîk, petit-fils d'As-Ṣâliḥ, Schâwar et Ḍirgâm[1]. Noûr ad-Dîn n'avait qu'à persévérer par rapport à l'Égypte dans sa politique d'expectative et d'observation jusqu'au moment fatal où l'un des compétiteurs l'y appellerait comme un sauveur, en le suppliant d'intervenir pour la restauration de la discipline et pour la répression de l'émeute permanente[2].

Noûr ad-Dîn ne fut pas heureux dans les entreprises qu'il dirigea contre la principauté d'Antioche en 1162. Ses calculs furent déjoués. Il avait laissé les croisés se mouvoir et s'étendre, il les avait soutenus et encouragés par son inaction prolongée, sans réfléchir qu'ensuite ils en tireraient bénéfice contre lui-même. Malgré l'activité qu'il déploya dans l'attaque de Ḥârim, Noûr ad-Dîn fut contraint de lever le siège. Ousâma, l'un des émirs qui l'avaient accompagné dans cette expédition, eut la douleur de voir l'armée musulmane, après un effort soutenu, battre en retraite. Le héros, rajeuni par son pèlerinage, montra une « bravoure que personne ne pouvait surpasser »[3]. Noûr ad-Dîn, qui avait en vain tenté de prendre la citadelle, ne parvenant même pas à livrer bataille, rentra dans Alep[4].

Au printemps de 1163, Noûr ad-Dîn reprit l'offensive pour avoir sa revanche. Il se complaisait à des illusions de victoires et de conquêtes, et ne doutait pas cette fois du succès. Des forces considérables tiendraient la campagne et infligeraient une défaite au comte de Tripoli Raymond III qu'il avait choisi pour le faire servir d'exemple. « Noûr ad-Dîn, dit Ibn Al-Athîr[5],

1. Ibn Al-Athîr dans *Hist. or. des Croisades*, I, p. 528.

2. Ce fut à l'instigation de Schâwar qu'en avril 1164, Noûr ad-Dîn fit pénétrer en Égypte ses troupes commandées par Asad ad-Dîn Schirkoûh; cf. Ibn Al-Athîr dans *Hist. or. des Croisades*, I, p. 532-534; Aboû Schâma, *Kitâb ar-rauḍatain*, I, p. 129-133; Wüstenfeld, *Geschichte der Fatimiden-Chalifen*, p. 330-332. Au sujet de Ḍirgâm, voir plus haut, p. 285, n. 8.

3. Ibn Al-Athîr dans *Hist. or. des Croisades*, I, p. 525; II II, p. 207; et dans Aboû Schâma, *Kitâb ar-rauḍatain*, I, p. 127.

4. Ibn Al-Athîr, *ibid.*; Kamâl ad-Dîn, *Zoubda*, dans Rœhricht, *Beitræge*, I, p. 321.

5. Ibn Al-Athîr, *Atabeks*, p. 208, presque tex-

rassembla toutes ses troupes, pénétra sur le territoire des Francs et campa dans la Boukai'a[1], au pied de la Citadelle des Kurdes[2], qui appartenait aux Francs. Son dessein était d'envahir leur pays et d'assiéger Tripoli. » Il fut assailli par les Francs, dont l'armée avait été grossie de renforts importants, envoyés par l'empereur de Constantinople Manuel Commène et transportés jusqu'à Tripoli sur les navires de sa flotte réorganisée[3]. Les musulmans essuyèrent un échec d'autant plus pénible qu'il était plus inattendu. Ce fut en pleine sécurité qu'il les surprit. Leur avant-garde, culbutée par une attaque imprévue, poursuivie de près, se replia en désordre sur le reste de l'armée et y produisit un si grand désarroi que les combattants, effarés et hors d'haleine, ne purent ni monter à cheval ni prendre leurs armes. Noûr ad-Dîn lui-même n'échappa à la mort que par la précipitation de sa fuite et grâce au dévouement d'un Kurde qui se fit tuer pour le sauver[4].

Le danger auquel Noûr ad-Dîn venait d'échapper l'avait profondément affecté. C'était un avertissement d'Allâh. Il s'engagea, sur les instances de ses conseillers, à faire pénitence, revêtit les vêtements les plus grossiers, abolit un certain nombre de dîmes, de surtaxes et de redevances, interdit les exactions, s'abstint de coucher sur un lit et renonça à toute sorte de plaisirs. Les Francs lui ayant fait des propositions de paix, il ne voulut point y prêter l'oreille[5]. Son unique préoccupation était

tuellement reproduit dans sa *Chronique ;* voir *Hist. or. des Croisades*, I, p. 530.

1. La Boukai'a « petite plaine », est appelée la Bochea dans le récit du même événement par Guillaume de Tyr ; voir *Hist. occ. des Croisades*, I, p. 894-895. Cette « petite plaine », encaissée entre les derniers contreforts des monts des Nouṣairis et les premiers de la chaîne du Liban, porte encore aujourd'hui le même nom ; voir (Socin), *Palestine et Syrie*, p. 562 ; Chauvet et Isambert, *Syrie, Palestine*, p. 673.

2. Plus haut, p. 276, n. 3.

3. Sur cette réorganisation de la marine grecque, voir Herzberg, *Geschichte der Byzantiner*, p. 313. Guillaume de Tyr est muet sur cette intervention des troupes byzantines ; voir *Hist. occ. des Croisades,* loc. cit. Une poésie d'un contemporain, Aboû 'l-Faradj 'Oubaid Allâh ibn As'ad de Mauṣil, habitant d'Émesse, confirme la présence dans l'armée franque des بنو الاصافر c'est-à-dire des Grecs de l'empire d'Orient ; voir Aboû Schâma, *Kitâb ar-rauḍatain*, I, p. 128, l. 25. Sur ce poète, surnommé Ibn Ad-Dahhân et qui peut-être se nommait 'Abd Allâh au lieu de 'Oubaid Allâh, cf. Ibn Khallikân, *Biographical Dictionary*, II, p. 36-40.

4. Ibn Al-Athir dans *Hist. or. des Croisades*, I, p. 531 ; II II, p. 209 ; Kamâl ad-Dîn, *Zoubda*, dans Rœhricht, *Beitræge*, I, p. 321 et 322.

5. Kamâl ad-Dîn, *Zoubda*, *ibid.*, I, p. 323 ; cf. Ibn Al-Athir dans *Hist. or. des Croisades*, I, p. 532 ; II II, p. 211.

de « se préparer à recommencer la guerre sainte, de faire subir à l'ennemi la peine du talion et de l'attaquer jusque dans l'intérieur des maisons, pour réparer son échec, combler la brèche béante, effacer le stigmate de faiblesse, et faire reluire l'éclat de sa puissance »[1]. En 1164, son armée « étant redevenue aussi belle que si elle n'eût pas éprouvé de pertes »[2], Noûr ad-Dîn conçut le plan de remonter vers le nord, d'enlever Ḥârim au nouveau prince d'Antioche Boémond III, et de mener à bien l'entreprise, contre laquelle il avait échoué deux années auparavant.

Bien que les textes ne fassent point mention d'Ousâma dans le récit de ces événements, je suis persuadé que sa présence au milieu des émirs attachés à la fortune de Noûr ad-Dîn peut sans témérité être induite de sa coopération certaine à la première attaque de Ḥârim. Malgré son âge avancé, il continuait à montrer une « bravoure, que personne ne pouvait surpasser[3] ». D'autre part son activité et son expérience le désignaient pour la conduite de certaines négociations délicates, où l'autorité de ses soixante et onze années musulmanes assurait la soumission à son arbitrage. C'est à son influence que j'attribue en particulier le revirement de l'émir Fakhr ad-Dîn Ḳarâ Arslân, fils de Dâwoud, fils de Soḳmân, l'Ortoḳide, prince de Ḥouṣn Kaifâ[4], qui, bien que lié par une ancienne amitié avec Noûr ad-Dîn[5], commença par déclarer publiquement qu'il ne bougerait pas et qu'il ne se jetterait pas au milieu des dangers à la suite d'un prince « usé par l'excès des jeûnes et des prières », qui cependant ordonna le lendemain à ses troupes de hâter leurs préparatifs pour la guerre sainte, et se mit lui-même à leur tête,

1. Ibn Al-Athîr dans *Hist. or. des Croisades*, II, II, p. 219.

2. Id. *ibid.*, II, II, p. 210.

3. Plus haut, page 306.

4. Plus haut, p. 162, note 3. Aux passages de l'*Autobiographie* d'Ousâma sur Ḳarâ Arslân qui y sont cités ajoutez p. 62. On ne sait pas exactement à quelle date Ḳarâ Arslân succéda à son père Dâwoud; ce fut en 1138 au plus tard d'après les indications données plus haut dans le texte de la page 162, à moins qu'à cette époque Ḳarâ Arslan fût encore le lieutenant de son père; il mourut sur le trône en 562 de l'hégire, (1166-1167 de notre ère); cf. Ibn Al-Athîr dans *Hist. or. des Croisades*, I, p. 551; Ibn Khaldoûn, *'Ibar*, V, p. 218.

5. Ibn Al-Athîr dans *Hist. or. des Croisades*, I, p. 473; cf. II II, p. 172.

fermement résolu à rejoindre et à seconder Noûr ad-Dîn devant Ḥârim[1].

Les circonstances se présentaient sous un jour favorable. Le roi de Jérusalem Amaury, depuis son avénement, le dix février 1162, avait toujours les yeux tournés vers l'Égypte. Miṣr l'attirait. Sans négliger tout à fait la défense de son territoire, il se laissa facilement entraîner, vers le milieu de 1164, à intervenir avec le meilleur de son armée[2] dans les luttes intestines de l'Égypte. Au même moment, Noûr ad-Dîn, après une lutte acharnée, avec des alternatives de confiance et de désespoir, finit par remporter une victoire chèrement disputée. Il réalisa la conquête de Ḥârim le douze août 1164[3].

Noûr ad-Dîn et ses alliés devaient leur succès à « leurs armées de paons, qui faisaient la roue et se pavanaient dans leurs armes resplendissantes sous les rayons d'un soleil éclatant »[4]. Au nombre des prisonniers étaient le prince d'Antioche Boémond III, le comte de Tripoli Raymond III, Joscelin II, comte d'Édesse, le duc commandant la division grecque[5]. Fakhr ad-Dîn Karâ Arslân, qui commandait l'aile droite de l'armée musulmane, contribua d'une manière décisive au succès de cette journée, où d'après les écrivains arabes, plus de dix mille Francs périrent sur le champ de bataille[6].

Après que les Francs eurent été ainsi « envoyés à l'abreuvoir de la mort »[7], Ḳarâ Arslân retourna dans ses états et y amena avec lui, comme un butin précieux, l'émir Ousâma Ibn Mounḳidh, pour lequel il avait conçu la plus vive sympathie. Le charme personnel d'Ousâma lui avait toujours gagné les cœurs : à

1. Ibn Al-Athir dans *Hist. or. des Croisades*, I, p. 537-538 ; II II, p. 219-220 ; Kamâl ad-Din, *Zoubda*, dans Rœhricht, *Beitræge*, I, p. 325.

2. Guillaume de Tyr parle de « toute son armée », voir *Hist. occ. des Croisades*, I, p. 894.

3. Ibn Al-Athir, *Atabeks*, p. 223.

4. Ibn Al-Athir, *ibid.*, p. 221.

5. Cette fois Guillaume de Tyr signale le chef des renforts byzantins ; il le nomme (*Hist. occ. des Croisades*, I, p. 896) *Calamannus praeses Ciliciae, domini Imperatoris consanguineus, et imperialium in illa provincia procurator negotiorum.*

6. Ibn Al-Athir dans *Hist. or. des Croisades*, I, p. 539-540 ; II II, p. 221 à 223 ; Kamâl ad-Dîn, *Zoubda*, dans Rœhricht, *Beitræge*, p. 327 ; Kugler, *Geschichte der Kreuzzüge*, p. 169. 'Imâd ad-Dîn, dans Aboû Schâma, *Kitâb ar-rauḍatain*, I, p. 133, l. 16, parle de vingt mille Francs tués dans une seule bataille.

7. Ibn Al-Athir, *Atabeks*, p. 223.

aucune époque de sa longue vie, personne ne l'avait approché sans être fasciné par lui, sans l'aimer par l'entraînement d'un penchant irrésistible. Pour forcer sa décision, Ḳarâ Arslân n'eut pas besoin de grands efforts. La famille d'Ousâma suivit-elle son chef? C'est ce que j'ignore. Quant à Ousâma lui-même, dix ans s'étaient écoulés depuis que, fuyant l'Égypte, il était pour la deuxième fois venu s'établir à Damas. Bien que le pèlerinage de 1160 eût coupé à propos la longueur de son séjour auprès de Noûr ad-Dîn, il avait dû, dans les derniers temps, éprouver des mécomptes, ressentir des froissements d'amour-propre. La vie ascétique, que Noûr ad-Dîn avait adoptée, et qu'il avait imposée à son entourage, gênait Ousâma, comme une contrainte non justifiée, dont Ḳarâ Arslân lui offrait la délivrance.

« C'est Noûr ad-Dîn, dit Aboû Schâma[1], qu'Ousâma avait en vue, lorsqu'il a dit :

Notre sultan vit dans l'abstinence; et, à son exemple, les hommes ont vécu dans l'abstinence; ils se précipitent tous vers les bonnes œuvres.

Ses jours sont, comme le mois de jeûne, purs de toute infraction et l'on y supporte la faim et la soif.

« Je dirai à mon tour : Qu'Allâh prenne en pitié Noûr ad-Dîn! Il ne prodiguait l'argent des musulmans que pour la guerre sainte et pour ce dont l'utilité revenait aux serviteurs d'Allâh. Il était, dit-on, dans les principes de 'Abd Allâh, fils de Mouḥairiz, qui se distingua parmi les fondateurs de l'islâm[2] en Syrie...... Un jour, devant Ibn Ad-Dailamî[3], un des hommes les plus charitables qui ait vécu, on rappela le fils de Mouḥairiz. C'était un avare, dit un des assistants. — Ibn Ad-Dailamî se fâcha, et répondit : Il se montrait généreux lorsqu'il s'agissait de satisfaire Allâh, avare, lorsqu'il s'agissait de vous satisfaire.

1. Aboû Schâma, *Kitâb ar-rauḍatain*, I, p. 229, l. 25-230, l. 5. Les deux vers sont également cités par 'Imâd ad-Dîn, *Kharidat al-ḳaṣr*, dans *Nouveaux mélanges orientaux*, p. 133-134, et par Khalîl Ibn Aibak Aṣ-Ṣafadî, *Toḥfat dhawî 'l-albâb* (ms. Schefer), fol. 147 r°.

2. Le texte porte من سادات التابعين بالشأم. 'Abd Allâh, fils de Mouḥairiz, vécut dans la seconde moitié du premier siècle de l'hégire; cf. Ibn Al-Athîr, *Chronicon*, V, p. 13; Adh-Dhahabî, *Liber classium* (éd. Wüstenfeld), I, p. 9.

3. Ce personnage vivait au milieu du deuxième siècle de l'hégire ; cf. Adh-Dhahabî, *ibid.*, I, p. 15.

Quant à la poésie d'Ibn Mounḳidh, on ne peut en tirer aucun enseignement, puisque le même poète prononça l'éloge suivant de Noûr ad-Dîn, dans la nuit de la naissance du Prophète[1] :

Tout homme a chaque année une nuit où il laisse brûler le feu qu'il a allumé.

Mais Noûr ad-Dîn se distingue des autres hommes; car il entretient deux feux, le feu d'hospitalité et le feu de guerre sainte.

Sa générosité et sa bravoure les retournent sans cesse, car, pour lui, l'année tout entière est la nuit de la naissance du Prophète.

Il a sur les hommes généreux une autorité qui ressort avec plus d'éclat que les colliers sur les cous.

Aucun roi n'a plus d'élévation dans ses bienfaits, plus de force pour se défendre, la main plus large pour prodiguer des biens héréditaires.

Il donne spontanément les cadeaux les plus riches, sans qu'on les lui demande et sans réclamer que l'on s'engage envers lui.

Puisse-t-il ne pas cesser d'être heureux et de régner toujours, tant que durera le monde! Puisse-t-il ne jamais périr!

«... Nous avons réfuté la poésie d'Ibn Mounḳidh par une autre de ses poésies[2], ainsi que tu le vois. Les poètes et la plupart des hommes méritent qu'on leur applique ce qu'a dit Allâh le Tout-Puissant, en décrivant une certaine catégorie de gens : « Si on leur en donne une part, ils sont satisfaits, s'ils n'en « reçoivent rien, alors ils s'emportent[3]. » Il est des temps, où les dépenses pour donner chôment, et Allâh fait ce qu'il veut[4]. »

1. Sur les sept « nuits bénies », qui sont célébrées avec solennité dans tous les pays du monde musulman, voir Sacy, *Chrestomathie arabe* (2e éd.), I, p. 452. La nuit de la nativité, célébrée le douze du troisième mois, du premier rabî', était consacrée à des distribution d'aumônes parmi les pauvres, de friandises et de rafraichissements dans l'entourage des princes. Cf. Lane, *Modern Egyptians*, II, p. 171; Hughes, *A Dictionary of Islam*, p. 346-347.

2. Lisez بشعرة avec les manuscrits de la Bibliothèque nationale et de M. Schefer.

3. *Coran*, IX, 58. Le passage est relatif aux aumônes.

4. « Et Allâh fait ce qu'il veut » se lit *Coran*, XIV, 32.

CHAPITRE VIII

OUSÂMA DANS LE DIYÂR BEKR (1164-1174)
L'ŒUVRE LITTÉRAIRE D'OUSÂMA

Si la susceptibilité d'Ousâma avait été blessée, lorsque, dans l'esprit de Noûr ad-Dîn, il s'était senti effacé et déprécié au profit de jeunes rivaux, s'il avait crû devoir quitter Damas autant par lassitude d'une vie uniforme que par soumission à la tyrannie de son caractère ombrageux, il se rendait avec confiance dans le Diyâr Bekr[1], assuré de faire figure à la petite cour du prince Ortoḳide Fakhr ad-Dîn Ḳarâ Arslân. Les consolations d'une retraite honorée, la perspective d'un bonheur paisible et obscur, pouvait-on imaginer dénoûment plus désirable d'une vie longue, où avaient sévi tant d'orages et de tourmentes? Pour Ousâma, dont la complexion vigoureuse avait résisté aux atteintes de l'âge, au risque de violenter son inclination, il aurait dû s'adresser à lui-même le conseil qu'il eut la sagesse de donner à l'un de ses contemporains[2] :

O insensé, calme-toi! Ta vie a atteint sa limite.
Combien de temps peut survivre celui qui a dépassé soixante-dix ans?
Combien de temps peut-il survivre?
As-tu oublié la mort, ou bien Allâh t'en a-t-il épargné la brûlure?

1. Diyâr Bekr signifie « habitations de Bekr », c'est-à-dire de Bekr, fils de Wâ'il, ancienne tribu arabe, qui était établie à la frontière nord-est de l'Arabie, sur les confins de la Mésopotamie; cf. Wüstenfeld, *Register zu den genealogischen Tabellen*, p. 110. Ces nomades remontèrent le cours du Tigre pour s'installer dans la région qui fut dénommée d'après eux, et qui s'étendit presque également au nord et au sud du fleuve. Voir Yâḳoût, *Mou'djam*, II, p. 636 et 637. La géographie moderne d'une partie de cette région a été l'objet d'une remarquable et très complète monographie; voir Socin, *Zur Geographie des Ṭûr 'Abdîn* dans la *Zeitschrift der deutschen morgenlændischen Gesellschaft*, XXXV (1881), p. 237-269, avec une carte spéciale par H. Kiepert.

2. 'Imâd ad-Dîn, *Kharîdat al-ḳaṣr*, dans *Nouveaux mélanges orientaux*, p. 138.

L'asile ouvert à Ousâma, s'il l'eût considéré, non pas comme un lieu d'exil momentané, mais comme un séjour définitif de calme et de repos, eût assuré à ses vieux jours le contentement d'une vie paisible, et il s'y serait éteint sans éclat et sans bruit, mais sans tristesse et sans déceptions. Le Diyâr Bekr est une région de forteresses et de montagnes[1], qui avait sauvegardé son indépendance entre la Syrie, l'Asie Mineure, l'Arménie et la Perse. Au douzième siècle, deux dynasties, issues de la même souche, y régnaient parallèlement, établies l'une à Mâridîn, l'autre à Ḥouṣn Kaifâ[2]. Pour ces petites principautés, l'amitié et la protection de leurs voisins constituaient des garanties d'indépendance autrement solides que les défenses naturelles d'un pays accidenté, que les remparts savamment construits, que les châteaux forts réputés imprenables.

Fakhr ad-Dîn Ḳarâ Arslân, après s'être associé à la campagne de Noûr ad-Dîn contre les Francs[3], était rentré dans sa résidence de Ḥouṣn Kaifâ. Il en fit les honneurs à son compagnon de voyage, et celui-ci put admirer à loisir l'admirable situation de la ville assise sur les deux rives du Tigre, et dominée par une puissante citadelle qui lui a donné son nom[4]. Les deux rives étaient reliées par un pont hardiment suspendu. Quarante ans plus tard, le célèbre voyageur et géographe Yâḳoût s'exprimait ainsi : « Dans aucun des pays que j'ai parcourus, je n'ai vu de pont plus grand que celui-ci. Il ne se compose que d'une seule arche, que soutiennent deux arches plus petites[5]. » La position et la configuration de Ḥouṣn Kaifâ rappelaient celles de Schaizar. Plus d'une fois, Ousâma, en contemplant le spectacle qu'il

1. Schams ad-Dîn Moḥammad de Damas, *Manuel de la cosmographie du moyen âge*, traduit par Mehren (Copenhague, 1874), page 260.

2. Les listes de ces princes et les dates de leurs morts ont été données par M. de Slane, dans l'*Introduction* aux *Hist. or. des croisades*, I, p. XXIV et XXV.

3. Plus haut, page 308.

4. Ḥouṣn Kaifâ est la forme arabisée du nom araméen *Ḥeṣnô de-kêfô*, « la citadelle de pierre » ; cf. Socin, *loc. cit.*, p. 239 ; A. Müller, *Der Islam*, II, p. 138, n. 2.

5. Yâḳoût, *Mouʿdjam*, II, p. 277 ; cf. Wüstenfeld dans la *Zeitschrift der deuts. morg. Gesellschaft*, XVIII, p. 437. Le pont de Ḥouṣn Kaifâ fut refait à neuf par Fakhr ad-Dîn Ḳarâ Arslân à son retour de cette campagne en 560 de l'hégire (1165 de notre ère) ; voir J. de Goeje, *Bibliotheca geographorum arabum*, II, p. 152, note, où il faut lire 560 (٥٦٠) au lieu de 510 (٥١٠).

avait sous les yeux[1], dut se laisser aller à la poésie des souvenirs et voir revivre dans son imagination les années de sa jeunesse, alors que, confiné auprès de son père Mourschid dans le manoir de Schaizar, il n'entendait d'autre bruit que le fracas de l'Oronte, se précipitant dans les bas-fonds pierreux et bouillonnant à travers les rochers.

Ousâma avait dû naguère, sinon s'arrêter quelque temps, du moins passer à Ḥouṣn Kaifâ, y faire halte pour se reposer et saisir l'occasion d'admirer le paysage, de le comparer avec le merveilleux pays où s'était écoulée sa jeunesse, lorsque, vers 1134, il avait accompagné l'atâbek Zenguî de Mauṣil à Khilâṭ, alors la capitale de l'Arménie, sur la rive nord-ouest du lac Wân[2]. J'avais soupçonné une lacune dans nos renseignements sur Ousâma à cette époque[3], sans me douter que l'*Autobiographie* permettait de la combler dans une certaine mesure[4]. Voici le passage auquel je fais allusion : « L'atâbek Zenguî avait demandé en mariage la fille du seigneur de Khilâṭ[5]. Celle-ci avait perdu son père, et sa mère administrait la région. D'autre part Ḥousâm ad-Daula Ibn Dilmâdj, seigneur de Badlîs[6], avait envoyé demander la main de cette même personne pour son fils. L'atâbek conduisit une armée magnifique jusqu'à Khilâṭ, sans suivre la route habituelle, afin d'éviter le chemin de Badlîs. Il traversa les montagnes à la tête de ses troupes. Nous campions sans tentes, chacun se choisissant un emplacement sur la

1. Le nom même du château était une invitation à le regarder. D'après Nâṣiri Khosrau, on l'appelait *Ḳif ounṭhour*, « Arrête-toi, regarde ». Les Arabes, d'autre part, le désignaient, sans doute en raison de sa haute coupole, comme *ra's al-goûl*, « la Tête de l'ogre » ; voir Schefer, *Sefer Nâmeh*, p. 23.

2. Sur Khilâṭ et sa fertilité, voir E. Prym et A. Socin, *Kürdische Sammlungen*, p. 74, note 6.

3. Plus haut, p. 146.

4. Ousâma, *Autobiographie*, p. 66-67.

5. La dynastie régnante à Khilâṭ était celle des Schâh-Armen, dont le fondateur Soḳmân Al-Ḳouṭbî mourut en 506 de l'hégire (1112-1113 de notre ère) et eut pour successeur son fils Ṭhahir ad-Dîn Ibrâhîm, qui mourut en 521 (1127). Un frère d'Ibrâhîm, Aḥmad qui lui avait succédé étant mort l'année suivante, le pouvoir passa à un enfant de six ans Soḳmân II, fils d'Ibrâhîm, sous la régence de sa grand'mère Înânadj, fille d'Ourkoumâz. Le « seigneur de Khilâṭ » est ici Soḳmân Ier, dont la fille est recherchée par l'atâbek Zenguî et dont la veuve administre la région. Sur cette succession d'événements, voir Aboû 'l-Fidâ, *Annales moslemici*, III, p. 376-379 ; 428-429 ; et dans *Hist or. des croisades*, I, p. 11 et 17.

6. Ḥousâm ad-Daula Ibn Dilmâdj doit sans doute être assimilé au prince de Badlîs qu'Ibn Al-Athîr appelle Ṭougân Arslân fils d'Altakin et qui mourut en 532 de l'hégire (1137-1138 de notre ère): cf. *Chronicon*, X, p. 389 et 436 ; XI, p. 43 ; et *Hist. or. des croisades*, I, p. 324 et 354.

voie jusqu'à ce que nous atteignîmes Khilâṭ. L'atâbek établit sa tente aux environs; quant à nous, nous entrâmes dans la forteresse de cette ville et nous inscrivîmes le chiffre de la dot. Puis, lorsque l'affaire fut conclue[1], l'atâbek ordonna que Ṣalâḥ ad-Dîn[2] prît le gros de l'armée et se rendît à Badlîs pour opérer contre cette place forte. Nous montâmes à cheval au commencement de la nuit et, après avoir voyagé, nous étions le lendemain matin devant Badlîs. Ḥousâm ad-Daula, qui en était le seigneur, sortit vers nous, nous rencontra dans la banlieue, installa Ṣalâḥ ad-Dîn dans l'Hippodrome, lui offrit une brillante hospitalité, se mit à son service et but avec lui dans l'Hippodrome, en lui disant : O mon maître, que prescris-tu? Car ce n'est pas sans dessein que tu t'es absenté et que tu as fait un voyage fatigant jusqu'ici. — L'atâbek, répondit Ṣalâḥ ad-Dîn, s'est irrité de ce que tu as demandé en mariage la même personne dont il était aussi le prétendant. Tu t'es engagé envers eux pour dix mille dînârs que nous te réclamons. — A tes ordres, répondit-il. Aussitôt il fit apporter à Ṣalâḥ ad-Dîn une partie de la somme et lui demanda pour le reste un court délai dont il fixa le terme. Nous n'eûmes plus qu'à nous en retourner. » Ce fut aux abords de Khilâṭ qu'Ousâma fut contraint de se faire arracher une dent, dont il se sépara comme d'un compagnon, dont la société ne lui avait jamais causé d'ennui [3].

Ces réminiscences du passé ne furent pas sans influence sur les résolutions d'Ousâma. A Ḥouṣn Kaifâ, le site était charmant, l'accueil empressé. Ḳarâ Arslân s'enorgueillissait, comme d'une parure pour sa petite principauté, d'y posséder un personnage aussi célèbre qu'Ousâma et aspirait à ne point se laisser enlever sa précieuse conquête. Quant au vieil émir,

1. Le mariage eut lieu vers le mois de juin 1134; voir Kamâl ad-Din Ibn Al-'Adim, *Zoubda*, dans *Hist. or. des croisades*, III, p. 666-667.

2. Il s'agit de Ṣalâḥ ad-Din Moḥammad Al-Yâguisiyâni, surnommé l'émir chambellan, qui fut alors le généralissime des armées de Zengui; voir plus haut, p. 143, 147, 157.

3. Ibn Khallikân, *Biographical Dictionary*, I, p. 179. Les vers qu'Ousâma écrivit sur la perte de ce compagnon ont été traduits plus haut, p. 64.

pour illustre qu'il fût, il avait laissé quelques parcelles de sa popularité partout où il avait séjourné. Le Diyâr Bekr lui offrait un terrain qu'il avait à peine entrevu, où il était un homme nouveau qui oublierait son passé, où personne ne le lui rappellerait. Malgré son âge, il se sentait attiré par la séduction de l'inconnu et disposé à lui prêter des charmes imaginaires. A chaque étape de sa longue existence, il avait éprouvé comme un regain de vie et de jeunesse. Ayant quitté Damas sans esprit de retour, ne prévoyant pas que Saladin l'y rappellerait dix ans plus tard pour le combler de faveurs, Ousâma n'opposa aucune résistance au bon vouloir de son protecteur et se laissa installer à Ḥouṣn Kaifâ, non loin de la mosquée appelée *Masdjid Al-Khiḍr*[1], près du lieu de retraite qu'un saint homme, Moḥammad As-Sammâʿ, occupait dans les dépendances de la mosquée[2]. Si les enfants d'Ousâma n'avaient point d'abord suivi leur père dans son voyage, où l'explorateur était devenu un émigrant, ils ne tardèrent pas à le rejoindre après que son établissement à Ḥouṣn Kaifâ parut durable[3]. Son frère aîné Aboû 'l-Ḥasan ʿAlî était mort en 1151[4]. Le deuxième fils de Mourschid, c'était Ousâma lui-même[5]. Un de ses deux frères plus jeunes que lui, Aboû 'l-Mougîth Mounḳidh[6], était venu aussi dans le Diyâr Bekr, où, à un moment donné, il s'était établi à Âmid. Kamâl ad-Dîn Ibn Al-ʿAdîm[7] nous a conservé quelques lignes d'une lettre qu'Ousâma envoya à son frère installé dans cette ville par l'entremise d'un certain Tâdj al-ʿOulâ qui la lui fit remettre par le ḳâḍî Bahâ ad-Dîn Aboû Moḥammad Al-Ḥasan ibn Ibrâhîm Ibn Al-Khaschschâb. Dans cette lettre, Ousâma vantait les mérites de Tâdj al-ʿOulâ et se louait de s'être rencontré avec cet homme

1. Sur le prophète surnaturel, appelé Al-Khiḍr dans la croyance musulmane, voir *Coran*, XVIII, 64; Sprenger, *Das Leben und die Lehre des Moḥammad*, II, p. 466. Plusieurs localités en Égypte, en Syrie, en Perse et même dans l'Inde, avaient leur *Masdjid Al-Khiḍr*; cf. Yâḳoût, *Mouʿdjam*, I, p. 114; Goeje, *Bibliotheca geographorum arabum*, III, p. 209 et 433; Ibn Baṭoûta, *Voyages*, IV, p. 61.

2. Ousâma, *Autobiographie*, p. 126.

3. ʿImâd ad-Dîn, *Kharîdat al-ḳaṣr*, dans *Nouveaux mélanges orientaux*, p. 122.

4. Plus haut, p. 234-236.

5. Ibn Tagribardi, *An-noudjoûm* (ms. 661 de l'ancien fonds arabe), fol. 20 v°.

6. Plus haut, p. 46.

7. Kamâl ad-Dîn Ibn Al-ʿAdîm, *Dictionnaire biographique des hommes illustres d'Alep* (ms. 726 de l'ancien fonds arabe), fol. 147 v°.

supérieur, chez lequel il avait vu « des vagues d'une grande mer dans toutes les sciences », et qu'il désignait comme « l'émir, le maître, l'unique, l'excellent, le savant ʿAlâ ad-Dîn Aboû 'l-ʿIzz Al-Aschraf, fils d'Al-Aʿazz Al-Ḥasanî ». Ce descendant d'Ali, qui comptait Ousamâ parmi ses maîtres, prétendait être né dans le mois de rabîʿ second en 497 de l'hégire (janvier 1104 de notre ère). Mais cette assertion paraît suspecte à Kamâl ad-Dîn; car Tâdj al-ʿOulâ vint à Alep dans le mois de djoumâdâ second 600 (février 1204) et y mourut le dernier jour de ṣafar 610 (vingt juillet 1213); ce qui, au témoignage même de son fils Scharaf al-ʿOulâ Hâschim, laisserait supposer qu'il vécut cent treize années musulmanes[1].

Le sentiment de la famille avait toujours rétabli l'équilibre dans la vie d'Ousâma troublée par l'esprit d'aventures. Il lui fallait autre chose que la tente du nomade pour abriter sa tête, que la cellule du solitaire pour donner satisfaction aux élans de son cœur. Il y avait une maison d'Ousâma dans toutes les villes dans lesquelles Ousâma avait vécu successivement. Ce fut pour lui un besoin permanent de se créer un intérieur et d'attirer à lui une société autre que celle des mercenaires, esclaves, écuyers, mamloûks, servantes. La nécessité d'un entourage sympathique s'était encore accrue pour lui avec l'âge. Ses soixante et onze années musulmanes, alors même qu'Ousâma les portait allègrement, lui commandaient de ne point vivre dans l'abandon et dans le délaissement, mais de faire appel à celles des affections intimes dont il pouvait encore invoquer le secours. Cette même tendresse qu'il avait témoignée à sa grand'mère paternelle, à son père, à sa mère, à sa sœur aînée, à ses frères, même aux émirs Mounḳidhites qui s'étaient détournés de lui, il la reporterait désormais exclusivement sur ceux qui lui étaient les plus chers au monde, sur les survivants d'entre ses fils devenus des hommes[2].

---

1. Kamâl ad-Dîn Ibn Al-ʿAdîm, *Dictionnaire biographique d'Alep*, fol. 147 rº et 150 vº.

2. Ousâma avait survécu à plusieurs de ses enfants; voir ʿImâd ad-Dîn, *Kharîdat al-ḳaṣr*, dans

Une fois ces affaires réglées, la vigueur du tempérament d'Ousâma lui permit de rechercher à Ḥouṣn Kaifâ sa distraction favorite de tous les temps et de tous les séjours, les courses à la poursuite du gibier. Une monographie sur ses chasses, qui forme comme un appendice de son *Autobiographie*[1], débute par l'énumération de ses campagnes continuées, dit-il, pendant « soixante-dix années de sa vie »[2]. Voici, à l'entendre, les états de service qu'il peut faire valoir : « Ce fut, dit-il[3], au commencement de mon existence, à Schaizar ; puis avec le roi des émirs, l'atâbek Zenguî, fils d'Aḳ Sonḳor ; plus tard, à Damas, avec Schihâb ad-Dîn Maḥmoûd, fils de Tâdj al-Mouloûk[4] ; ensuite à Miṣr ; puis encore avec Al-Malik Al-'Adil Noûr ad-Dîn Aboû 'l-Mouṭhaffar, fils de l'atâbek Zenguî ; enfin, dans le Diyâr Bekr, avec l'émir Fakhr ad-Dîn Ḳarâ Arslân, fils de Dâwoud, l'Ortoḳide. »

« Il y avait là (à Ḥouṣn Kaifâ), dit encore Ousâma[5], des perdrix, des gelinottes[6] en quantité, et aussi des francolins. Quant aux oiseaux aquatiques, ils occupaient la rive du Tigre, sur un espace trop développé pour que les faucons eussent prise sur eux. Les habitants chassaient surtout les chamois et les chèvres de la montagne. Ils dressaient des filets et les tendaient au travers des vallées ; puis ils traquaient la bête, jusqu'à ce qu'elle tombât dans leurs filets. Les chamois abondaient dans la contrée, et il était facile de les prendre ainsi. On procédait de même pour les lièvres. »

Ḳarâ Arslân avait établi sa capitale à Ḥouṣn Kaifâ, non point

Nouveaux mélanges orientaux, p. 138-139, 141 ; et plus haut, p. 158, note 1.

1. Ousâma, *Autobiographie*, p. 139-168.
2. Id., *ibid.*, p. 167.
3. Id., *ibid.*, p. 139.
4. Maḥmoûd, fils de Tâdj al-Mouloûk Boûrî ; voir plus haut, p. 169.
5. Ousâma, *Autobiographie*, p. 143.
6. Le texte paraît porter *az-zarkh*, avec l'orthographe mentionnée par Dozy, *Supplément aux dictionnaires arabes*, I, p. 584. Casiri, *Bibliotheca Arabico-Hispana Escurialensis*, I, p. 319, a un point diacritique de moins sur la dernière lettre, et c'est pourtant à lui que j'ai emprunté ma traduction du mot. Le manuscrit 898 de l'Escurial (Casiri, 893) contient quatre-vingt-onze miniatures, comprenant environ deux cent cinquante représentations très exactes d'animaux. Les couleurs vives y ressortent sur un fond or, et l'artiste est même parvenu à produire des effets de relief surprenants. Or, si Casiri, dans sa transcription, a pu omettre un point diacritique, il a dû être guidé sûrement pour son interprétation par l'image, qui accompagnait son texte.

par une prédilection pour cette ville, mais parce qu'il ne possédait pas Amid, la vraie métropole du Diyâr Bekr. Le point de mire de son ambition n'avait jamais varié : à plusieurs reprises il s'était préoccupé, il avait conçu l'espoir de s'établir dans Âmid, mais sans y réussir[1]. Entre les deux dynasties Ortokides, un prétendant hardi, vizir d'un prince qu'il s'était assujéti, Kamâl ad-Dîn Ibn Nîsân, s'était constitué, dans Âmid, un petit fief indépendant qui, en 1183, fut enlevé à son fils Bahâ ad-Dîn Ibn Nîsân par Saladin[2]. Les fortifications d'Âmid étaient formidables. Le cours du Tigre dessinait, autour du rocher sur lequel cette ville est construite[3], comme le croissant d'une nouvelle lune[4]. Les pierres noires de ses murailles crénelées et de ses tours, ses quatre portes tout en fer, sa deuxième enceinte également crénelée construite en cette même pierre noire[5], la mettaient à l'abri de la conquête, à moins d'un coup de main favorisé par des intelligences dans la place.

Ķarâ Arslân avait discerné que l'entreprise était aussi diplomatique que militaire; mais il ne sut pas tirer parti des négociations qu'il avait engagées avec succès et en compromit le résultat final par des maladresses. Le frère d'Ousâma, Aboû 'l-Mougîth Mounķidh, était-il déjà dans Âmid et avait-il participé à la conspiration[6]? Ousâma ne nous renseigne pas à ce sujet. Voici ce qu'il rapporte[7]: « L'émir Fakhr ad-Dîn Ķarâ Arslân, fils de

1. Ousâma, *Autobiographie*, p. 62, l. 6 et 7; Aboû Schâma, *Kitâb ar-rauḍatain*, II, p. 40, lig. 4. Michel le Syrien, *Chronique*, dans *Hist. arm. des croisades*, I, p. 357, parle d'une tentative de Ķarâ Arslân contre Âmid qui aurait avorté en 1495 de l'ère syrienne (entre octobre 1163 et octobre 1164).

2. Ibn Al-Athîr, *Chronicon*, XI, p. 324-326; Bahâ ad-Dîn, *Vie de Saladin*, dans *Hist. or. des croisades*, III, p. 19 et 71; Aboû Schâma, *Kitâb ar-rauḍatain*, II, p. 39 et 40; Aboû 'l-Fidâ dans *Hist. or. des croisades*, I. p. 52 et 109. Si j'ai cru pouvoir affirmer qu'il y a eu dans Âmid deux Ibn Nîsân, c'est qu'Ousâma appelle celui qui fut attaqué par Ķarâ Arslân « l'émir Kamâl ad-Dîn ʿAlî Ibn Nîsân » (*Autobiographie*, p. 62), qu'Ibn Al-Athîr (*Atabeks*, p. 323) mentionne « Kamâl ad-Dîn Ibn Nîsân, vizir du prince d'Âmid », comme un homme d'un certain âge en 1178, et que ce même Ibn Al-Athîr (*Chronicon*, XI, p. 324 et 325), en parlant de celui dont Saladin conquit l'apanage pour le céder ensuite à Noûr ad-Dîn Moḥammad, fils de Ķarâ Arslân, le nomme « Bahâ ad-Dîn Ibn Nîsân ».

3. Nâṣiri Khosrau, *Sefer Nâmeh*, p. 26. La description d'Âmid au XIe siècle, qui s'y trouve p. 26-29, serait tout entière à citer.

4. Yâķoût, *Mouʿdjam*, I, p. 66; cf. Wüstenfeld dans *Zeitschrift der deuts. morg. Gesellschaft*, XVIII, p. 437.

5. Nâṣiri Khosrau, *Sefer Nâmeh*, p. 26 et 27. Aujourd'hui encore, les Turcs appellent cette ville *Ķarâ Âmid*, « Âmid la noire ». Voir Slane dans *Hist. or. des croisades*, I, p. 806.

6. Plus haut, p. 317.

7. Ousâma, *Autobiographie*, p. 72. Pour être exact, Ousâma devrait dire Ķarâ Arslân, fils de Dâwoud, fils de Soķmân; voir plus haut, p. 308.

Soḳmân, l'Ortoḳide, avait fait de nombreuses tentatives contre la ville d'Âmid pendant le temps que je restai à son service ; mais elles avaient échoué l'une après l'autre. Avant le dernier effort qu'il tenta, il avait reçu un messager envoyé par un émir kurde, inspecteur des rôles [1] à Âmid. Ce messager avait amené plusieurs affidés de son maître, et avait stipulé au nom de celui-ci que l'armée des assaillants le rejoindrait dans une nuit désignée d'avance, qu'il les ferait monter par des cordes, et qu'Âmid tomberait en leur pouvoir.

« Dans ces conjonctures, Ḳarâ Arslân s'ouvrit de ses intentions à un Franc, nommé Yâroûḳ [2], qui servait sous ses ordres et qui, à cause de son déplorable caractère, inspirait à toute l'armée des sentiments de haine et d'aversion. Yâroûḳ monta à cheval et partit en avant à la tête d'une partie de l'armée ; puis les autres émirs montèrent à cheval et le suivirent. A un certain moment, il ralentit sa marche, et fut devancé par les émirs qui arrivèrent sous les murs d'Âmid.

« L'émir kurde et ses compagnons les aperçurent du haut de la citadelle, d'où ils leur lancèrent des cordes, en leur disant : Montez. Aucun d'eux ne monta. Le Kurde et ses compagnons descendirent de la citadelle, brisèrent les verroux fermant l'une des portes de la ville [3], et dirent : Entrez. Personne n'entra.

« Cette singulière attitude provenait de la confiance que Fakhr ad-Dîn avait accordée à un jeune homme ignorant, au lieu de consulter, dans un cas aussi grave, les émirs les plus expérimentés.

« L'émir Kamâl ed-Dîn 'Alî Ibn Nîsân fut informé de ce qui se passait. Les habitants et les troupes fondirent aussitôt sur

---

1. Je traduis ainsi مديون, dénominatif de ديوان. Sur de tels verbes dénominatifs, voir Sibawaihi, *Kitâb*, II, p. 133, l. 16-17.
2. Ousâma paraît s'être trompé sur la nationalité du personnage, à moins que ce ne fût un Turcoman converti au christianisme et désigné pour ce motif comme un *Ifrandjî*. Sur de telles conversions, voir Ousâma, *Autobiographie*, p. 97. La confusion pourrait aussi provenir de la tendance, d'ordinaire chrétienne il est vrai, d'attribuer aux héros musulmans une origine franque; cf. R. Roehricht, *Sagen und Mythen aus den Kreuzzügen*, dans la *Zeitschrift für deutsche Mythologie*, XXIII, p. 417-421.
3. Le texte semble dire « la porte de la ville ». C'est sans doute la porte orientale, appelée *Bâb Ad-Didjla*, « Porte du Tigre ». Cf. Nâṣiri Khosrau, *Sefer Nâmeh*, p. 27.

leurs ennemis, dont les uns furent tués, d'autres se jetèrent dans le vide, d'autres enfin furent faits prisonniers. Parmi ceux qui s'étaient ainsi précipités, il y en eut un qui, dans sa chute à travers les airs, étendit la main comme s'il voulait saisir quoi que ce soit pour s'y rattacher. Sa main rencontra une des cordes qui avaient été lancées au début de la nuit et dont on ne s'était pas servi pour monter. Il s'y accrocha, échappa seul de tous ses compagnons et fut quitte pour quelques écorchures aux mains par le contact de la corde.

« J'assistai à cette scène. Le lendemain matin, le gouverneur d'Âmid se mit à la poursuite de ceux qui avaient intrigué contre lui, et les fit périr. Cet homme fut le seul qui survécut. Gloire à celui qui, lorsqu'il a décrété le salut de quelqu'un, l'arracherait même du gosier d'un lion ! Dans ma bouche, c'est là une réalité, et non un exemple[1]. »

Ousâma, tout en maintenant ses quartiers à Ḥouṣn Kaifâ, s'en éloignait volontiers pour faire des excursions dans le Diyâr Bekr. Il avait compté monter dans Âmid, où son frère l'attendait peut-être, par l'une des cordes qu'un traître avait lancées pour livrer la place aux troupes de Ḳarâ Arslân. En scha'bân 561 de l'hégire (juin 1166 de notre ère), il visita Mayyâfâriḳîn, ville forte du Diyâr Bekr, dont les pierres blanches contrastaient avec l'aspect sombre d'Âmid[2]. Peut-être Ousâma revenait-il justement d'assister aux événements qui se déroulèrent devant Âmid et auxquels il aurait ainsi assigné une date. Ousâma ne parle point de cette coïncidence qui n'est donnée ici que par conjecture. Il se contente d'alléguer deux vers sur les misères de la vieillesse, qui lui ont été récités en scha'bân 561 aux abords de Mayyâfâriḳîn par le prédicateur Madjd ad-Dîn Aboû 'Imrân Moûsâ, fils du prédicateur, modèle de la loi, Yaḥyâ de Ḥouṣn Kaifâ[3].

1. Ousâma fait allusion aux dangers que lui ont fait courir les lions et auxquels il a échappé, parce qu'Allâh avait décrété son salut. Voir p. 56-58.

2. Nâṣiri Khosrau, *Sefer Nâmeh*, p. 24-25 et 28.

3. Ousâma, *Livre du bâton* (manuscrit de ma collection), fol. 115 v°. Voici ce que porte le texte

Fakhr ad-Dîn Ḳarâ Arslân mourut-il en 562 de l'hégire, c'est-à-dire au plus tard en octobre 1167 de notre ère, comme le prétendent les historiens arabes[1]? Ou bien doit-on se fier de préférence au témoignage des monnaies frappées à son nom jusqu'en 570 de l'hégire (1174-1175 de notre ère)[2]? Ce qui, au premier abord, semble corroborer la justesse de cette donnée numismatique, c'est qu'on n'a trouvé jusqu'ici la mention de son fils et successeur Noûr ad-Dîn Moḥammad sur aucune pièce antérieure à 571 (1175-1176)[3]. Mais, d'autre part, se hasarde-t-on à considérer comme un anachronisme le maintien sur les monnaies de Ḳarâ Arslân huit années après sa mort, ce point de vue paraît confirmé par la désignation sur les coins datés de 570 du khalife 'Abbaside Al-Moustandjid Billâh, qui expira, comme on le sait d'une manière irrécusable, le neuf de rabî' second 566, c'est-à-dire le vingt décembre 1170[4]. La difficulté me paraissait donc tranchée en faveur des historiens lorsqu'on m'a signalé un *fals* en cuivre, également de 570, où se lit clairement le nom de l'imâm Al-Moustaḍî' bi-amr Allâh, le fils et le successeur comme khalife de l'imâm Al-Moustandjid Billâh[5]. Si cette pièce n'est pas apocryphe, elle est un élément dont il faut tenir compte pour résoudre ce problème compliqué de chronologie. Remarquons cependant qu'en dépit de son authenticité probable, nous avons le droit d'être sceptiques sur la vérité de ce qui y a été inscrit dans une région, où l'on avait maintenu arbitrairement le nom du khalife Al-Moustandjid

inédit : انشدنى الخطيب مجد الدين ابو عمران موسى بن الخطيب قدوة الشريعة يحيى الحصكفى بظاهر ميّافارقين فى شعبان سنة احدى وستّين وستّمائة. C'est le père de l'interlocuteur d'Ousâma qui est sans doute l'objet d'une longue monographie dans 'Imâd ad-Dîn, *Kharîdat al-ḳaṣr* (ms. 1414 de l'ancien fonds), fol. 222 v°-241 r°.

1. Ibn Al-Athîr dans *Hist. or. des croisades*, I, p. 551-552; cf. Aboû 'l-Fidâ, *Annales moslemici*, III, p. 604; Ibn Khaldoûn, *'Ibar*, V, p. 218.

2. S. L. Poole et R. S. Poole, *Catalogue of Oriental Coins in the British Museum*, III (1887), p. 121. Le Cabinet des médailles et antiques de notre Bibliothèque nationale possède un exemplaire de cette frappe.

3. I. Pietraszewski, *Numi Mohammedani*, Fasciculus I, un. (Berolini, 1843), p. 76, n°s 276 et 277; S. L. Poole et R. S. Poole, *Catalogue*, III, p. 125. Le Cabinet des médailles possède deux pièces de Noûr ad-Dîn Moḥammad avec la date de 571.

4. Ibn Al-Athîr dans *Hist. or. des croisades*, II, p. 272; Aboû 'l-Fidâ, *ibid.*, I, p. 40.

5. *The international Numismata orientalia*. Stanley Lane Poole, *The Coins of the Urtuḳi Turkumans* (London, 1875), p. 16, n° 6.

Billâh à une époque où sa mort était un fait avéré. Pourquoi être tenu d'admettre une exactitude plus rigoureuse pour ce qui concerne le prince régnant de Ḥouṣn Kaifâ, le pouvoir y étant héréditaire? Enfin le silence absolu d'Ousâma dans l'*Autobiographie* sur Noûr ad-Dîn Moḥammad peut provenir, comme je l'ai supposé, d'une incompatibilité d'humeur entre le nouveau prince et l'hôte favori de son père; mais on peut aussi l'expliquer en remarquant qu'Ousâma quitta le Diyâr Bekr en 1174, alors que, d'après les monnaies, Noûr ad-Dîn Moḥammad n'avait pas encore succédé à son père Ḳarâ Arslân.

Il ressort de ce qui précède que, si j'ai cru devoir entasser les arguments contraires à l'opinion des historiens, ces arguments n'ont nullement apporté la conviction dans mon esprit. Fakhr ad-Dîn Ḳarâ Arslân mourut en 1167, ou bien il se survécut à lui-même après avoir perdu l'usage de ses facultés et, ses forces vitales ayant précédé l'anéantissement de son corps, l'autorité fut déléguée de son vivant à son fils Noûr ad-Dîn Moḥammad. Cette déchéance supposée de Ḳarâ Arslân par les défaillances de la vieillesse présenterait l'avantage d'atténuer le conflit entre les assertions des chroniqueurs et les documents apportés par les numismates. Mais ce n'est là qu'une hypothèse destinée à corriger la gêne d'une contradiction dont on aimerait à se débarrasser. Que Noûr ad-Dîn Moḥammad ait pris la place de son père mort ou de son père s'éteignant par degrés dans une longue agonie, cette alternative n'a exercé aucune influence sur la marche des événements et ils vont être racontés, tels qu'ils se déroulèrent à Ḥouṣn Kaifâ après qu'en 1167 Noûr ad-Dîn Moḥammad y eut raffermi les assises chancelantes du pouvoir.

Quant à l'avénement de Ḳarâ Arslân, la date n'en est, à ma connaissance, donnée par aucun des historiens arabes, si avares de renseignements pour ce qui concerne les Ortoḳides du Diyâr Bekr, surtout la branche de Ḥouṣn Kaifâ. Bar Hebræus, dans sa *Chronique syriaque*, la fixe à l'an 1455 de l'ère des Grecs, c'est-à-dire entre le premier octobre 1143 et le premier octobre 1144[1]. Ibn Al-Athîr désigne pour la première fois Ḳarâ Arslân comme prince de Ḥouṣn Kaifâ en racontant ce qui se passa en 544 de l'hégire (1149-1150 de notre ère)[2], tandis qu'il nomme encore son père Roukn ad-Daula Dâwoud, fils de Soḳmân, l'Ortoḳide, prince de Ḥouṣn Kaifâ, comme ayant été défait par l'atâbek Zenguî en 535 (1140-1141 de notre ère)[3].

Ḳarâ Arslân devait être très avancé en âge, lorsqu'il succomba ou lorsqu'il abdiqua en 1167. Car nous sommes informés que, dès 528 de l'hégire (1133-1134 de notre ère), il défendit, comme lieutenant de son père Dâwoud, la forteresse d'Aṣ-Ṣaur dans le Diyâr Bekr[4] contre les attaques de l'atâbek Zenguî qui s'était d'abord épuisé en vains efforts contre Âmid[5]. Lorsque la maladie de Ḳarâ Arslân s'aggrava au point de ne plus laisser d'espoir, il envoya un messager à Noûr ad-Dîn Maḥmoûd, maître de la Syrie, dont les vastes États confinaient à son petit territoire. « Nous avons, lui fut-il dit en son nom, été unis dans la guerre sainte contre les infidèles, j'aimerais qu'en faveur de ce souvenir tu consentisses à veiller sur mon fils. » Puis il expira, et eut pour successeur son fils Noûr ad-Dîn Moḥammad.

Dans la seconde moitié de l'année 1167, Ousâma, sans doute pour se consoler d'avoir perdu son bienfaiteur, voyagea dans le Diyâr Bekr, et rechercha la société des musulmans les plus pieux. C'est ainsi qu'à la fin d'août, dans la petite ville d'Is'ird[6], il rendit visite à un saint homme, le schaikh, l'imâm, le prédi-

1. Gregorii Abulpharagii sive Bar-Hebraei *Chronicon syriacum* (ed. Bruns et Kirsch, Lipsiæ, 1789, 2 vol.), I, p. 325; II, p. 332; Gregorii Barhebraei *Chronicon syriacum* (ed. Bèdjân, Parisiis, 1890), p. 305; cf. Michel le Syrien, *Chronique*, dans *Hist. arm. des croisades*, I, p. 339. La plus ancienne monnaie que nous connaissions de Fakhr ad-Dîn Ḳarâ Arslân n'est pas antérieure à l'année 556 de l'hégire (1161 de notre ère); voir S. L. Poole et R. S. Poole, *Catalogue*, III, p. 118. La date de 556 y est exprimée par ثنو d'après la numération littérale. Le Cabinet des médailles possède six exemplaires semblables à ceux du British Museum.

2. Ibn Al-Athîr dans *Hist. or. des croisades*, I, p. 473; II II, p. 172.

3. Id., *Chronicon*, XI, p. 52.

4. Yâḳoût, *Mou'djam*, III, p. 435, dit n'avoir jamais vu forteresse plus imposante qu'Aṣ-Ṣaur dans sa position merveilleuse sur le sommet d'une montagne aux environs de Mâridîn, avec son beau faubourg et son marché florissant. Sur cet endroit, voir E. Prym und A. Socin, *Kürdische Sammlungen*, I, p. 86, note 21.

5. Ousâma, *Autobiographie*, p. 115; Ibn Al-Athîr, *Chronicon*, XI, p. 7.

6. Sur Is'ird, voir *Avant-propos*, p. VIII, note 2.

cateur Sirâdj ad-Dîn Aboû Ṭâhir Ibrâhîm, fils d'Al-Ḥosain, fils d'Ibrâhîm, qui y faisait le prône[1], et qui régala son hôte d'histoires édifiantes.

L'accueil empressé, qu'Ousâma rencontrait dans de telles excursions, le dédommageait un peu de la froideur et de l'indifférence qu'affecta à son égard Noûr ad-Dîn Moḥammad dès son avénement. Le prince alla même, ce semble, jusqu'à reprendre à l'émir vieilli et rendu inutile par l'âge une partie de ce que la munificence de son père lui avait accordé. « Affaibli par les années, dit Ousâma[2], j'étais devenu impuissant à servir les sultans, je cessai de vivre sur le seuil de leurs palais, je séparai mes destinées de leurs destinées, je demandai à être relevé de mes fonctions, et je leur rendis les biens dont ils m'avaient gratifié. Je ne savais que trop combien l'abaissement produit par la caducité fait perdre les forces nécessaires pour remplir de lourdes tâches, et combien le schaikh âgé est pour l'émir une marchandise hors de vente. Je me confinai dans ma maison, je fis de l'obscurité mon trait distinctif, je finis par trouver une vraie satisfaction dans mon isolement à l'étranger et dans ma retraite, loin de ma patrie et du sol natal. Ma répugnance finit par s'apaiser au point que je n'éprouvai plus aucune amertume. Je pris patience, comme le captif s'habitue à ses chaînes, comme le voyageur altéré supporte la violence de la soif, tant qu'il ne trouve pas à l'étancher. »

De toutes les vertus, la résignation était celle dont, jadis, Ousâma s'était montré le moins capable. « Mieux vaut pour moi, disait-il un jour, la tristesse que la patience[3] ! » Et pourtant le « captif » de Ḥouṣn Kaifâ, réduit à la gêne, humilié par la ruine de son influence, tenu à l'écart, ne renonçait pas à l'hospitalité d'une ville, où son séjour était plutôt toléré qu'encou-

1. Ousâma, *Autobiographie*, p. 125.
2. Id., *ibid.*, p. 122.
3. 'Imâd ad-Dîn, *Kharîdat al-ḳaṣr*, dans *Nouveaux mélanges orientaux*, p. 135. Personne n'a mieux loué la patience qu'Ousâma, personne ne l'a moins pratiquée ; cf. à ce sujet trois vers d'Ousâma qu'admire Ibn Schâkir Al-Koutoubî, *Fawât bi-'l-wafayât*, I, p. 244-245, et quatre autres vers d'Ousâma, cités également avec éloge par Ad-Damirî, *Ḥayât al-ḥaiwân*, I, p. 55.

ragé. A l'exception de courtes absences, il continuait à y attendre des jours meilleurs. Le temps avait emporté la plupart de ses amis et des êtres qui lui étaient chers. « Ils ont rendu le dernier soupir, s'écriait-il avec un accent de profond regret[1], et leur perte a été ma mort. C'est sur moi qu'il faut pleurer, et non sur eux. Je leur ai survécu, et je ressemble à un homme frappé d'immobilité dans un désert sans issue. »

Et cependant Ousâma ne désespérait pas de l'avenir. Il avait laissé partir en avant auprès de Saladin à Miṣr, pour y sonder le terrain, son fils préféré, l'émir 'Aḍoud ad-Daula Aboû 'l-Fawâris Mourhaf[2], qu'il rejoindrait plus tard lorsque celui-ci l'appellerait, et qui, de près ou de loin, ne manquerait pas de travailler à sa délivrance. Ousâma paraît lui avoir dissimulé, pendant quelque temps, l'état d'abandon et de pénurie auquel il était condamné. Mourhaf ne connut vraiment la réalité et ne fut mis par son père dans la confidence entière de ce qu'il endurait, qu'après lui avoir envoyé, avec une lettre pressante, un solliciteur qui, héritier de biens immeubles, ne parvenait pas à en prendre possession. Ousâma répondit en ces termes[3] :

O Aboû 'l-Fawâris, mon destin ne m'a rien fait éprouver de plus pénible qu'en fermant ma main à la générosité.

Ton protégé a vu mes dons se détourner de lui, comme d'un importun; c'est que ma fortune a tourné,

Et que je suis devenu à l'égard d'un cueilleur, qui secouerait mes branches, habitué qu'il est à la cueillette de ma libéralité, comme un arbre au bois desséché.

C'est à la même époque et au même ordre de sentiments que se rapportent deux autres fragments de poésies, dont le premier a été tiré également d'une épître en vers qu'Ousâma avait adressée à son fils Mourhaf[4] :

O Aboû 'l-Fawâris, si je souffre de fermer ma main après l'avoir largement ouverte avec générosité et munificence,

1. 'Imâd ad-Dîn, *Kharîdat al-ḳaṣr*, dans *Nouveaux mélanges orientaux*, p. 136.

2. Voir plus haut, p. 85, note 1; 158, note 1; 187, note 2; etc.

3. Ousâma dans 'Imâd ad-Dîn, *Kharîdat al-ḳaṣr* (*Nouveaux mélanges orientaux*, p. 140).

4. Ousâma dans 'Imâd ad-Dîn, *Kharîdat al-ḳaṣr* (*Nouveaux mélanges orientaux*, p. 140).

La faute en est à la mort, qui a différé son heure pour moi jusqu'à un temps, qui, dans son iniquité, a enchaîné les mains de ma libéralité par ma ruine.

« Ousâma dit encore :

Mes épreuves m'ont amené à fuir la société du monde, au point que j'ai pris en aversion même la société de mon ombre.

Je n'y ai pas trouvé un ami, lorsque le malheur m'a frappé. J'ai dit : Comment pourrais-je en triompher sans le concours d'un ami?

Chacun d'eux prodigue son amitié là où règne le bonheur ; ils sont les ennemis de qui possède peu.

Vis loin d'eux, dans la retraite ; car, dans ton isolement, tu trouveras une délicieuse consolation de ce qu'ils t'évitent et voudraient t'humilier. »

Depuis longtemps Ousâma s'était habitué à ne répondre aux sarcasmes que par le dédain, soit en évitant le contact de ses détracteurs, soit en les visitant, le sourire sur les lèvres, comme s'il n'avait rien vu, rien entendu[1]. Cette dernière attitude, toute d'affectation moqueuse, ne paraissait plus assez méprisante au vieillard. Sa présence lui paraissait un trop grand honneur pour ses adversaires, presque une concession imméritée qu'il leur refuserait désormais. L'abstention et le recueillement, une fierté quelque peu sauvage, le souci de sa dignité, dirigeraient maintenant la conduite d'Ousâma en face des injustices, des provocations et des railleries : il avait renoncé aux feintes d'indifférence, au maintien des relations aimables avec ses ennemis, à l'oubli simulé des injures.

Ousâma, de plus en plus replié sur lui-même, n'avait pas seulement conservé la vigueur native et la souplesse de ses facultés intellectuelles, il les avait encore accrues et développées. Son esprit avait su se soustraire à la décrépitude de la sénilité. L'âge, loin d'affaiblir les ressorts de sa pensée, lui avait donné une maturité fondée sur l'expérience, sur la connaissance des hommes et des choses. Dans ses loisirs de Ḥouṣn Kaifâ, que de temps libre pour rêver, pour se souvenir, pour observer,

1. Vers d'Ousâma, cité par Ibn Khallikân, *Biographical Dictionary*, II, p. 512.

pour lire, pour étudier, pour copier, pour écrire ! C'était un nouveau champ ouvert à l'activité d'Ousâma. Il s'y lança avec la même ardeur qu'il avait autrefois déployée pour combattre les lions ou pour nouer des intrigues politiques. Cette évolution dut être favorisée par la jouissance de riches bibliothèques, soit qu'Ousâma fût parvenu à former une nouvelle collection, en remplacement de celle qu'il avait perdue[1], soit que Ḥouṣn Kaifâ lui fournît des ressources, fussent-elles même très inférieures à celles que Saladin, après la prise d'Âmid en 1183, rencontra dans cette ville. D'après le biographe de Saladin Ibn Abî Ṭayy, la bibliothèque d'Âmid n'aurait pas alors compris moins d'un million quarante mille ouvrages[2]. Faisons la part de l'exagératior orientale ; il restera encore une accumulation de documents qui permet de présumer qu'à Ḥouṣn Kaifâ on n'était pas non plus dépourvu d'instruments d'étude et de travail.

Déjà précédemment Ousâma avait dû amasser des notes qu'il utilisa dans la rédaction définitive de ses ouvrages. Ce fut à Ḥouṣn Kaifâ que le littérateur prit le dessus sur l'homme de combat et que, s'il n'abandonna pas tout à fait la lutte, il renonça à l'épée et à la lance pour ne plus manier d'autre arme que le *ḳalam* glissant sur les feuillets. Ce fut aussi à Ḥouṣn Kaifâ sans doute qu'Ousâma, avec sa curiosité active, avec sa merveilleuse facilité d'apprendre, se mit à approfondir le droit Ḥanafite et devint en ces matières un maître que l'on citait comme une autorité[3]. La doctrine d'Aboû Ḥanîfa, empreinte de tolérance, de conciliation et d'orthodoxie indulgente[4], avait séduit Ousâma en quête à la fois d'excuses pour ses anciennes erreurs et d'occupations agréables pour se délasser de ses peines présentes.

Il ne sera point hors de propos, je pense, d'interrompre

1. Plus haut, p. 272.
2. Ibn Abî Ṭayy dans Aboû Schâma, *Kitâb ar-rauḍatain*, II, p. 39, l. 13.
3. Kâmal ad-Dîn Ibn Al-ʿAdîm, *Dictionnaire biographique des hommes illustres d'Alep* (ms. 726 de l'ancien fonds arabe), fol. 38 vº.
4. A von Kremer, *Culturgeschichte des Orients unter den Khalifen*, I, p. 491-498.

quelques instants l'exposé des faits auxquels est consacré cette biographie pour dresser une liste aussi complète que possible des livres qu'Ousâma mit à point pendant son séjour dans le Diyâr Bekr, livres pour lesquels il ne nous est pas possible d'assigner à chacun le rang qu'il occupe dans la série de ses écrits, ni de fixer des dates précises et authentiques[1]. La seule donnée qu'Ousâma nous ait fournie à cet égard, c'est lorsque trop rarement il se cite lui-même d'après un ouvrage antérieur qu'il désigne explicitement. Si notre inventaire est clos par la mention de l'*Autobiographie*, c'est que l'auteur n'y a mis la dernière main que bien plus tard, lors de son troisième séjour à Damas.

Les numéros d'ordre que je vais donner avec les titres n'ont la prétention que d'établir un ordre chronologique relatif, sous réserve des corrections que de nouvelles découvertes pourront y apporter.

1° *Kitâb al-badî'* « Le Livre du stile original »[2], traité en quatre-vingt-quinze chapitres sur l'art poétique. Ousâma paraît avoir emprunté cette division au plus ancien ouvrage arabe composé trois siècles auparavant sur le même sujet par le khalife d'un jour, 'Abd Allâh Ibn Al-Mou'tazz[3]. La Bibliothèque royale de Berlin possède le traité d'Ousâma dans une excellente copie, en tête de laquelle est donné un titre plus développé *Kitâb al-badî' fî 'l-badî'* « Livre intitulé : L'original sur le stile original ». Ce jeu de mots ne me paraît pas émaner d'Ousâma qui, dans sa préface, cite ses garants, en reconnaissant qu'il n'a rien innové et qu'il s'est contenté de puiser aux meilleures sources pour écrire une compilation qui dispense ses lecteurs d'y recourir désormais[4]. La Bibliothèque khédivale du Caire possède également

1. Quelques titres ont été relevés dans E.-A. Strandman, *De viris illustribus* (Helsingforsiæ, 1868), p. 56 (numéro LXXI).

2. Hâdji Khalifa, *Lexicon bibliographicum*, II, p. 36 (numéro 1744) et V, p. 58 (numéro 9936).

3. Id., *ibid.*, II, p. 32; V, p. 58 (numéro 9937). Un exemplaire de cet opuscule est conservé à la Bibliothèque de l'Escurial sous le numéro 328 voir Hartwig Derenbourg, *Les manuscrits arabes de l'Escurial*, I, p. 207. Cf. aussi O. Loth, *Ueber Leben und Werke des Abdallah Ibn ul-Mu'tazz*, œuvre posthume publiée à Leipzig en 1882 par les soins de M. le professeur A. Müller.

4. Voici le passage tel qu'il m'a été communi-

ce manuel, peut-être aussi dans la rédaction primitive[1], tandis qu'à Leyde, la Bibliothèque de l'Académie compte au nombre de ses manuscrits arabes un résumé anonyme intitulé « Abrégé de l'introduction à la poésie » et attribué à l'auteur lui-même, « l'émir Madjd ad-Dîn Mou'ayyad ad-Daula Ibn Mounkidh »[2]. Il semble qu'Ousâma, pour écrire ce livre, ait fait un effort pour s'abstraire des tristesses qu'il avait éprouvées, pour se confiner dans l'étude des figures de rhétorique appliquées à la poésie. La seule marque d'origine que j'aie constatée en parcourant le manuscrit de Leyde, c'est que deux vers cités sont de l'émir Sadîd al-Moulk[3], c'est-à-dire d'Aboû 'l-Ḥasan 'Alî, grand-père d'Ousâma, et qu'un autre vers est attribué à son oncle Aboû 'l-Mourhaf Naṣr, qu'il appelle l'émir 'Izz ad-Daula[4]. Ousâma s'est oublié lui-même parmi les poètes dont il a choisi des vers comme exemples.

2° *Ta'rîkh al-ḳilâ' wa 'l-ḥouṣoûn* « L'histoire des citadelles et des forteresses » d'Ibn Mounḳidh est alléguée par Aboû 'l-Fidâ[5], lorsqu'il place en 454 de l'hégire (1062 de notre ère) la construction de la forteresse de Boulounyâs, destinée à défendre la côte de Syrie en face d'Émesse[6]. J'identifie ce livre avec l'opus-

qué par M. le professeur Dr Hartwig Hirschfeld d'après le manuscrit de Berlin : هذا كتاب جمعت فيه ما تفرّق فى كتب العلماء المتقدّمين المصنَّفة فى نقد الشعر وذكر محاسنه وعيوبه فلهم فضيلة الابتداع ولى فضيلة الاتباع والذى وقفت عليه كتاب البديع لابن المعتزّ وكتاب الحالى والعاطل (ms. والعطل) للحاتمى وكتاب الصناعتين للعسكرى وكتاب اللمع للعجيمى وكتاب نقد الشعر لقدامة وكتاب العمدة لابن رشيق فجمعت من ذلك احسن ابوابه وذكرت منه احسن مثالاته ليكون كتابى مغنيا عن هذه الكتب لتضمّنه احسن ما فيها. Le manuscrit de Berlin, 134 de la deuxième collection Wetzstein, comprend 219 feuillets, dont 20 d'une main plus moderne, parmi lesquels le dernier feuillet portant la date de 1170 de l'hégire (1756-1757 de notre ère). M. le professeur Ahlwardt m'a écrit à la date du 28 mai 1883 : « L'ouvrage m'a tellement intéressé que je l'ai copié il y a bien des années. »

1. *Catalogue des manuscrits de la Bibliothèque khédiviale* (en arabe), IV, p. 124. M. Vollers, bibliothécaire en chef, dans une lettre du 7 novembre 1886, dit que le manuscrit, du septième ou huitième siècle de l'hégire, remplit 139 feuillets et qu'il présente à la fin une lacune d'un ou deux feuillets.

2. مختصر مقدّمة الشعر; voir J. de Goeje et Th. Houtsma, *Catalogus codicum arabicorum Bibliothecæ Academiæ Lugduno-Batavæ*, I (Leyde, 1888), p. 152-153; cf. aussi des extraits contenus dans une encyclopédie et signalés *ibid.*, p. 22.

3. Manuscrit de Leyde CCXCIII, fol. 55 v°.

4. *Ibid.*, fol. 59 v°.

5. Aboû 'l-Fidâ, *Géographie*, p. 255 du texte arabe (éd. Reinaud et Slane), II II, p. 32 de la traduction française par Stanislas Guyard.

6. Yâkoût, *Mou'djam*, I, p. 729, et aussi IV,

cule qu'Ibn Khallikân désigne comme un petit ouvrage d'Ousâma sur les rois des contrées, qui vécurent de son temps, monographie où étaient relatés les événements au moins jusqu'à la fin de 1170[1]. Les notices n'y étaient rangées ni d'après les noms des personnages, ni d'après la succession des années, mais d'après un classement géographique, où chaque ville était l'objet d'un article spécial[2]. Si Ousâma s'est hasardé à parler de Ḥouṣn Kaifâ et des Ortoḳides, il n'a pas dû tracer un portrait flatté de Noûr ad-Dîn Moḥammad qui n'avait pas continué à son égard l'attitude bienveillante et sympathique de son père Fakhr ad-Dîn Ḳarâ Arslân.

3° *Azhâr al-anhâr* « Les fleurs fluviales »[3], titre vague qui ne nous révèle rien sur le contenu de ce qu'il recouvre. Un court fragment de cet ouvrage, sauvé dans la « Vie des hommes illustres d'Alep », par Kamâl ad-Dîn Ibn Al-'Adîm[4], permet de supposer que la seconde partie du titre, celle qui ordinairement annonce le sujet traité et qui toujours rime avec la première, devait être *fî 'l-akhbâr* « au sujet des récits », ou quelque chose d'analogue. Ce recueil devait être anecdotique, si j'en juge par le seul morceau qui en ait été conservé. Ousâma y rapporte un épisode du voyage dans le Yémen du ḳâḍî Aboû 'n-Namir Ibn

p. 500, où même date et même renseignement sont empruntés à la Chronique d'Aboû Gâlib Houmâm ibn Al-Mouhadhdhab, de Ma'arrat an-No'mân.

1. Ibn Khallikân, *Biographical Dictionary*, III, p. 459; IV, p. 484.

2. Id., *ibid.*, IV, p. 482. C'est à cet ouvrage que me paraît emprunté un passage cité d'après Ousâma, fils de Mourschid, dans Ibn Schâkir Al-Koutoubî, *Fawât bi 'l-wafayât*, I, p. 124 (cf. plus haut, p. 228, note 6). Dans ce passage sont mentionnés l'émir d'Alep Asad ad-Daula 'Aṭiyya ibn Ṣâliḥ ibn Mirdâs et son panégyriste, le poète promu par lui au rang d'émir, Aboû 'l-Fatḥ Al-Ḥasan ibn 'Abd Allâh ibn Aḥmad ibn 'Abd al-Djabbâr Ibn Abî Ḥaṣîna. L'anecdote qui est rapportée a dû se passer à Alep entre la fin de 454 et le milieu de 457 de l'hégire, entre décembre 1062 et août 1065; cf. Freytag, *Selecta ex historia Halebi*, p. xvIII. Sur Ibn Abî Ḥaṣîna, mort en 473 de l'hégire (1080-1081 de notre ère), voir Hammer, *Literaturgeschichte der Araber*, VI, p. 988; VII, p. 984.

3. Ḥâdji Khalîfa, *Lexicon bibliographicum*, I, p. 261 (numéro 544).

4. Kamâl ad-Dîn Ibn Al-'Adîm, *Dictionnaire biographique des hommes illustres d'Alep*, manuscrit 1290 du British Museum (*Catalogus*, p. 593), fol. 129 v°. l. 5 et suiv. Voici le texte arabe tel qu'il m'a été transmis par mon excellent élève et ami, M. Paul Casanova, membre de la Mission française archéologique du Caire : ابو النمر ابن العنزىّ القاضى من بيت كبير بالشام مشهور ولهم اتّصال بملوكها وحرمة عندهم واصلهم من كفرطاب وسكنوا حماة بعد استيلاء الفرنج على كفرطاب وهذا القاضى ابو النمر كتب عند مؤيّد الدولة اسامة بن مرشد بن منقذ فانّنى نقلت من خطّ اسامة من الكتاب الموسوم بأزهار الأنهار قال الخ.
Sur les Francs à Kafarṭâb, voir plus haut, p. 94 et 95.

Al-ʿAnazî, d'après le récit que lui en avait fait, dans la forteresse de Schaizar, ce personnage « appartenant à une famille considérable et bien connue de Syrie, que les rois de cette région s'étaient attachée et qu'ils protégeaient. Cette famille, originaire de Kafarṭâb, s'était établie à Ḥamâ, après que les Francs se furent emparés de Kafarṭâb. » Le sultan du Yémen, sur le point de châtier les habitants d'une ville soulevée contre lui, ne peut résister aux instances d'une femme qui naguère l'avait sauvé tout enfant, l'avait allaité, caché et réservé pour la royauté. Ibn Al-ʿAnazî avait assisté à cette scène, en avait raconté les détails à Ousâma qui les avait reproduits dans ses « Fleurs fluviales ». Ibn Al-ʿAdîm, à son tour, avait copié ce passage d'après l'autographe de l'auteur.

4° *At-ta'khir al-baladi* « La chronique de La Mecque ». Si j'ai ainsi traduit le titre, c'est que La Mecque est souvent appelée *al-balad al-ḥarâm* « la ville sacrée »[1] ou encore *al-balad al-amin* « la ville sûre »[2], c'est aussi qu'au témoignage d'Ousâma lui-même, sa Chronique « rappelait les mérites des combattants de Bedr ». Parmi eux, Ousâma semble avoir choisi certaines figures pour les décrire : c'est ainsi qu'il s'est étendu sur « les vertus, les mérites, les conquêtes, les décisions et l'heureuse influence sur l'islamisme » du deuxième khalife ʿOmar ibn Al-Khaṭṭâb[3].

5° *Naṣiḥat ar-rouʿât* « L'avis sincère aux gouvernants ». Toute notre information sur ce traité de politique, c'est qu'une série de chapitres, formant un tout détaché, y était consacré aux « vertus, à la piété, à la vie exemplaire, à l'austérité » du huitième khalife Oumayyade ʿOmar ibn ʿAbd Al-ʿAzîz[4].

6° *At-tadjâ'ir al-mourbiḥa wal-masâʿi al-moundjiḥa* « Les

1. Yâkoût, *Mouʿdjam*, I, p. 715; cf. le titre de l'ouvrage sur La Mecque d'Al-Fâsi dans Wüstenfeld, *Chroniken der Stadt Mekka*, II, p. x et xiv; et Snouck Hurgronje, *Mekka*, I, p. xvi.

2. Yâkoût, *Mouʿdjam*, IV, p. 618.

3. Manuscrit de Berlin 832 de la collection Landberg, fol. 1 v°; voir le fac-similé de cette page en tête du volume, d'après une photographie que je dois à l'obligeance de M. le Dr Richard Stettiner.

4. Manuscrit de Berlin 833 de la collection Landberg, fol. 1 v°. Voici le passage : وقد كنت اوردت من مناقبه وورعه وحسن سيرته وزهده فى كتابى المترجم بنصيحة الرعاة ما جاء مفرقا فى اثناء ابواب الكتاب

commerces lucratifs et les efforts amenant le succès ». Nous ne connaissons que le titre de cet ouvrage du schaikh Ousâma, fils de Mourschid[1].

7° *Akhbâr an-nisâ* « Les anecdotes sur les femmes ». Deux fois, Ousâma, dans son *Livre du bâton*, renvoie pour des renseignements complémentaires à son ouvrage spécial, dont nous venons d'inscrire le titre[2]. Un des sujets favoris qu'il aimait à traiter, c'était d'évoquer par le souvenir les femmes qu'il avait connues, de leur prodiguer ses éloges, de mettre en lumière leur bravoure, d'exprimer sa reconnaissance aux « mères des hommes »[3].

8° *Kitâb al-'aṣâ* « Le livre du bâton », monographie des bâtons célèbres, depuis la verge avec laquelle Moïse fit jaillir l'eau du rocher jusqu'au bois sur lequel l'émir vieilli appuie son corps recourbé, devenu semblable à un arc dont son bâton serait la corde[4]. Ce sont les hors-d'œuvre[5] qui donnent une saveur particulière à cet ouvrage où l'auteur a consigné plusieurs événements de sa vie, sans qu'ils fussent rattachés à son sujet autrement que par le lien le plus fragile. L'espoir que j'avais exprimé d'une édition critique de ce texte s'est évanoui, le projet ayant été abandonné[6]. Une occasion s'étant présentée, j'ai publié et traduit en français la préface, dans laquelle Ousâma, après avoir exposé l'origine, la conception et les précédents de son Livre du bâton, prévoit en ces termes les chances de succès qu'il

1. Ḥâdjî Khalifa, *Lexicon bibliographicum*, II, p. 191.

2. Ousâma, *Livre du bâton* (manuscrit de ma collection), fol. 84 r° et 86 r°; cf. plus haut, p. 43. Voici ce que portent identiquement les deux passages : وقد ذكرت هذا الخبر بتمامه في كتابي المترجم باخبار النساء

3. Ousâma, *Autobiographie*, p. 87-97; 137-138; et en particulier p. 93, l. 21; voir plus haut, p. 43-45.

4. Vers d'Ousâma, dans *Nouveaux mélanges orientaux*, p. 141; cf. *Avant-propos*, p. vii.

5. Ousâma, *Livre du bâton*, fol. 38 r°, dit : « J'ai cité cette poésie bien qu'elle ne réponde pas à mon but, à cause de sa grâce et de sa beauté. » Formule analogue au fol. 115 r°.

6. Voir plus haut, p. 16, note 6, et comte C. de Landberg, *Critica arabica*, II, p. 78. Je croyais, au moment où je rédigeais ma note, à un troisième exemplaire du *Kitâb al-'aṣâ* et je me trompais. Les deux seuls exemplaires connus en Europe sont mon manuscrit de 122 feuillets in-8°, écrit au xvie ou au xviie siècle, à l'exception des feuillets 112-122 d'une main plus moderne, et le manuscrit récent de Leyde qui porte le numéro CCCCLXII dans J. de Goeje et Th. Houtsma, *Catalogus codicum arabicorum Bibliothecæ Academiæ Lugduno-Batavæ*, I, p. 280. Un curieux, M. Fernand-Michel, qui signe Antony Réal, s'est rencontré avec Ousâma, lorsqu'il a composé son *Histoire philosophique et anecdotique du bâton depuis les temps les plus reculés jusqu'à nos jours.* (Paris, sans date, vi et 322 pages in-12.)

peut faire valoir : « Si mon livre que voici, dit-il, manque de cette érudition qui embellit tant d'ouvrages et qui attire l'attention de l'élite des hommes, en revanche il contient nombre de récits et de poésies qui lui gagneront des sympathies et qui lui vaudront le suffrage des lecteurs[1]. » C'est à propos du Livre du bâton que fut échangée une curieuse correspondance entre Al-Kâḍî Al-Fâḍil Ibn Al-Baisânî[2] et « Madjd ad-Dîn Mou'ayyad ad-Daula, le schaikh des émirs, le plus digne de confiance des savants, la gloire de la religion, l'essence des deux supériorités, la quintessence de ce que possède l'émir des croyants »[3]. Les deux lettres que j'ai publiées[4] sont de 571 de l'hégire (1175-1176 de notre ère). Al-Kâḍî Al-Fâḍil était alors à Miṣr et Ousâma à Damas. Mais auparavant Ousâma avait expédié du Diyâr Bekr, où il séjournait encore, son livre « qui ne rencontrerait sur sa route le bâton de l'allègement qu'une fois arrivé à Miṣr »[5]. L'homme d'État auquel son humble serviteur faisait hommage d'une œuvre fraîchement éclose dont il lui réservait la primeur ne semble point s'être hâté de lui adresser ses remerciements. Il ne paya sa dette que fort tardivement, lorsque Saladin, en appelant Ousâma auprès de lui à Damas, eut par son exemple fait recouvrer l'estime et la considération au plus âgé des émirs, délaissé, oublié et mortifié dans sa retraite douloureuse de Ḥouṣn Kaifâ. Nous aurons l'occasion de signaler ce revirement en faveur d'Ousâma et de faire connaître plus en détail les deux épîtres en prose rimée qui en furent une éclatante manifestation lorsque, dans le chapitre suivant, nous raconterons l'initiative de Saladin avec ses conséquences, le troisième

1. *Recueil de textes étrangers*, publié par A. Lanier, imprimeur, 14, rue Séguier, Paris, MDCCCLXXXVIII, p. 3-8, en particulier p. 8.

2. Sur ce grand chancelier de Saladin, né à Ascalon en 1135 et mort en 1200 au Caire, où il fut le vizir de Saladin et de ses deux successeurs son fils Al-Malik Al-'Azîz et son petit-fils Al-Malik Al-Manṣoûr, voir mon *Ousâma poète* dans *Nouveaux mélanges orientaux*, p. 116, note 2.

3. Expressions d'Al-Kâḍî Al-Fâḍil sur Ousâma, dans 'Imâd ad-Dîn, *Kharîdat al-ḳaṣr*, *ibid.*, p. 147. L'émir des croyants, c'est le khalife 'Abbaside Al-Moustaḍî' bi-amr Allâh, dont l'autorité avait été rétablie en Égypte, lorsque la dynastie des Fâṭimides fut renversée par Saladin en 1171; cf. Aboû Schâma, *Kitâb ar-rauḍatain*, I, p. 200-203. Sur l'imâm Al-Moustaḍî' voir aussi plus haut, p. 323.

4. 'Imâd ad-Dîn, *Kharîdat al-ḳaṣr*, dans *Nouveaux mélanges orientaux*, p. 147-152.

5. 'Imâd ad-Dîn, *Kharîdat el-ḳaṣr*, *ibid.*, p. 152, l. 6.

séjour d'Ousâma à Damas, sa réhabilitation tardive par un prince épris de toutes les supériorités.

9° *Kitâb an-naum wa 'l-aḥlâm* « Livre du sommeil et des songes ». Voici en quels termes Ousâma rend compte de cet ouvrage[1] : « J'y ai mentionné le sommeil et les songes, les diverses opinions de ceux qui s'en sont occupés, les heures propices aux visions, les paroles mêmes des savants qui en ont parlé, avec citations à l'appui des vers arabes qui s'y rapportent. J'ai développé mon exposition et j'y ai épuisé le sujet. »

10° *Dîwân Ousâma Ibn Mounḳidh* « Le recueil des poésies d'Ousâma Ibn Mounḳidh »[2]. Un cadre aussi mobile se prête, sans risquer d'être brisé, aux additions et aux retranchements. Les morceaux historiques peuvent même s'y glisser, du moment qu'ils expliquent l'origine des poésies. C'est ainsi que, sous prétexte de commentaire, la prose s'est introduite dans le Recueil des poésies d'Ousâma[3]. Si l'auteur commença dans le Diyâr Bekr à rassembler les vers épars qu'il avait partout jetés au vent sous l'inspiration des circonstances et des événements, rien ne prouve que, rentré à Damas, il n'ait pas trié ce qu'il avait admis d'abord pour en élaguer les morceaux de moindre valeur à ses yeux, qu'il n'y ait pas inséré jusqu'au dernier moment les productions tardives de son esprit, celles pour lesquelles un vieillard ressent toujours le plus de tendresse. Le petit extrait, conservé dans un manuscrit de Gotha[4], contient un vers dans lequel Ousâma vante, non sans coquetterie, la chaleur de ses sentiments, malgré ses cheveux blancs, bien que quatre-vingt-seize années de sa vie soient écoulées. On voit qu'Ousâma ne cessa de rimer qu'en cessant de vivre. Il doit avoir circulé dans le monde musulman, entre le Diyâr Bekr et l'Égypte, des éditions successives, avec un fond commun, avec certaines parties

1. Ousâma, *Autobiographie*, p. 137.
2. Hâdjî Khalifa, *Lexicon bibliographicum*, III, p. 261 (numéro 5285).
3. Abou Schâma, *Kitâb ar-rauḍatain*, I, p. 98, l. 8 et suiv.; cf. plus haut, p. 252, note 5.
4. Manuscrit de Gotha 2196, fol. 8-10; voir W. Pertsch, *Die arabischen Handschriften der herzoglichen Bibliothek zu Gotha*, IV, p. 217. M. Pertsch, après m'avoir signalé ce fragment, l'a mis à ma disposition avec sa bonne grâce habituelle.

qui se renouvelaient sans cesse. L'auteur cite déjà, dans son Livre du bâton, un *diwân* de ses poésies[1]. Un soir, en 570 de l'hégire (1174-1175 de notre ère), 'Imâd ad-Dîn Al-Kâtib passa la soirée en tête à tête avec Saladin dont il était le familier. « Il parlait, dit 'Imâd ad-Dîn[2], de plusieurs poètes contemporains et tenait par devers lui le *diwân* de l'émir Mou'ayyad ad-Daula Ousâma, *diwân* dont il était amoureux, dont l'étude absorbait sa pensée toute occupée à l'admirer. » Y avait-il déjà à cette époque deux volumes comme ceux qu'un siècle plus tard, Ibn Khallikân vit « entre les mains de tous les hommes » et dont il consulta un exemplaire autographe[3]? C'est ce qu'on peut d'autant moins préciser que l'ouvrage paraît irrémédiablement perdu. Il ne nous en reste que les trois feuillets de Gotha, deux fragments dans une anthologie conservée au British Museum[4], l'article étendu que j'ai publié d'après 'Imâd ad-Dîn[5], les citations assez nombreuses dans le *Livre du bâton*[6], rares dans l'*Autobiographie*[7], aussi importantes que considérables dans *Les deux jardins* d'Aboû Schâma[8], enfin deux morceaux assez longs qu'Amîn ad-Dîn Aboû 'l-Ganâ'im Mouslim ibn Maḥmoûd de Schaizar a insérés dans son Encyclopédie de l'islâm[9]. Ce sont, d'une part, une épître d'excuses adressée par Ousâma à son cousin, « seigneur de la forteresse de Schaizar[10] », d'autre part

1. Ousâma, *Livre du bâton* (ms. cité), fol. 43 v°.

2. 'Imâd ad-Dîn dans Aboû Schâma, *Kitâb ar-rauḍatain*, I, p. 247.

3. Ibn Khallikân, *Biographical Dictionary*, I, p. 177; cf. mon *Ousâma poète*, dans *Nouveaux mélanges orientaux*, p. 115.

4. Ms. 641 du Bristish Museum (*Catalogus*, p. 302-309), fol. 30, les deux mêmes vers que j'ai publiés dans les *Nouveaux mélanges orientaux*, p. 125, l. 7-10, et fol. 164, huit vers inédits que mon ancien élève, M. Paul Ottavi, a bien voulu copier pour moi. Voici comment ces vers sont introduits :
وممّا نقلته من مجموع ظفرب به ما
مثاله وممّا نقلته من مجموع بخطّ رجل
من بنى العديم ما مثاله انشدنى
محبّ الدين ابو عبد الله محمّد بن ابى
الفوارس بن ابى علىّ بن الامان (sic)
الشيزرىّ بالهول من اعمال سنجار
لمويّد الدولة بن منقذ

5. *Ousâma poète*, dans *Nouveaux mélanges orientaux*, p. 121-155.

6. Ousâma. *Livre du bâton*, fol. 43 v°; 44 r° et v°; 74 r°; 109 v°; 110 r°; 113 r°; 115 v°: 116 r°; 118 r°; 119 v°; 120 r° et v°; 121 r° et v°; 122 r°.

7. Ousâma. *Autobiographie*, p. 4, 119, 120, et deux fois p. 122.

8. Aboû Schâma, *Kitâb ar-rauḍatain*, I, p. 64, 98, 99, 105, 106, 113, 114, 117, 118, 119, 127, 156, 177, 229, 237, 264.

9. J. de Goeje et Th. Houtsma, *Catalogus codicum arabicorum Bibliothecæ Academiæ Lugduno-Batavæ*, I, p. 287-296 (numéro CCCCLXXX).

10. Ms. de Leyde, fol. 248 v°-249 v°; cf. plus haut, p. 259, note 1, et Hammer, *Literaturgeschichte der Araber*, VI, p. 881.

la transformation en strophes de cinq hémistiches d'une poésie composée par Mihyâr[1].

11° *Kitâb al-i'tibâr* « Livre de l'instruction par les exemples », autobiographie d'Ousâma, dont le texte forme la deuxième partie du présent volume. Les vingt et un premiers feuillets qui manquent au manuscrit unique conservé à l'Escurial n'ont pas encore été retrouvés. La description contenue dans l'*Avertissement* qui précède l'édition[2] conserve donc sa valeur. Si je la rédigeais aujourd'hui, j'émettrais seulement des doutes sur un point. Ai-je utilisé l'exemplaire qui fut écrit avec une religieuse fidélité par un arrière-petit-fils d'Ousâma, et en faveur duquel le fils de l'auteur, 'Adoud ad-Dîn (*sic*) Mourhaf, rédigea une attestation le quatre juillet 1213, ou bien ai-je eu à ma disposition le travail d'un copiste consciencieux, exact et aussi impersonnel qu'anonyme, qui aurait reproduit à la fois avec une minutie scrupuleuse le texte de l'*Autobiographie* et le certificat d'origine de la rédaction adoptée par la famille? Si l'on admet la seconde hypothèse, les fautes grammaticales, les incorrections, les vulgarismes et même la parcimonie des points diacritiques ne démontreraient pas l'ignorance du modeste collaborateur qui aurait mis son travail, sans le signer, sous le patronage de son devancier, mais paraîtraient plutôt des arguments qui plaideraient pour son respect du passé et pour sa probité littéraire. Des raisons paléographiques ne permettent pas en tout cas d'admettre une date postérieure à la première moitié du treizième siècle pour l'exemplaire qui, après de nombreuses péripéties, avait fini par échouer dans les liasses de l'Escurial. Quant à la composition, elle ne fut arrêtée d'une manière définitive qu'après 1181, alors qu'Ousâma était plus que nonagénaire[3]. Mais un certain nombre des paragraphes, dont se compose

1. Ms. cité, fol. 255 r°-256 v°. Le poète Abou 'l-Hasan Mihyâr Ad-Dailamî, après avoir été un adorateur du feu (*madjoûsi*), devint musulman en 394 de l'hégire (1003-1004 de notre ère) et mourut en 428 (1037): cf. Ibn Khallikân, *Biographical Dictionary*, III, p. 517-520; Hammer, *Literaturgeschichte der Araber*, V, p. 692-695; VI, p. 793-795; 1013; VII, p. 1123-1124.

2. *Avertissement*, p. VIII-XI.

3. Ousâma, *Autobiographie*, p. 119 et 122.

cette marqueterie, avaient dû être rédigés précédemment, et le vieillard n'a fait que les y insérer en ajoutant parfois une transition pour présenter un simulacre d'ordonnance. Les notes qui restèrent sans emploi après cet essai de classement furent réparties dans deux appendices, le premier consacré à des souvenirs sur quelques musulmans pieux rencontrés pour la plupart dans le Diyâr Bekr[1], l'autre aux aventures de chasse que nous avons eu l'occasion de passer en revue successivement[2]. Comme pour le *dîwân*, je présume qu'il y a eu, de l'*Autobiographie*, plusieurs éditions, dont nous possédons la plus complète d'après la dernière révision de l'auteur[3].

Ousâma consacrait à la composition de ses ouvrages originaux le temps qu'il passait à Ḥouṣn Kaifâ, où ses matériaux étaient réunis, où il pouvait les accroître par des lectures et par des recherches. Voyageait-il dans la principauté loin de sa maison et de son outillage, il se délassait en transcrivant non pas le Coran, comme autrefois son père[4], mais ses livres de prédilection, pour se divertir et pour leur donner une plus large publicité.

Parmi ses contemporains il se sentait surtout attiré par le talent du célèbre historien et prédicateur Aboû 'l-Faradj 'Abd ar-Raḥmân Ibn Al-Djauzî, descendant à la vingtième génération du khalife Aboû Bekr, né à Bagdâdh vers 508 de l'hégire (1114-1115 de notre ère), mort dans cette même ville le douze de ramaḍân 597, c'est-à-dire le seize juin 1201[5]. Je ne sais si les deux écrivains avaient jamais entretenu des relations personnelles. Ce qui est incontestable, c'est qu'au milieu du treizième siècle, Ibn Khallikân eut sous les yeux un autographe d'Ousâma qui contenait la monographie d'Ibn Al-Djauzî relative aux sur-

1. Ousâma, *Autobiographie*, p. 125-138.

2. Id., *ibid.*, p. 139-168; cf. plus haut, p. 33-34, 54, 56-60, 165-166, 176, 214-216, 297-298, 319.

3. Aboû Schâma, *Kitâb ar-rauḍatain*, I, p. 97-98, donne une rédaction très écourtée de l'*Autobiographie*, p. 15-18; voir plus haut, p. 246-254. Je ne sais d'après quelle édition Ḥâdjî Khalîfa mentionne ce livre; voir *Lexicon bibliographicum*, V, p. 45 (numéro 9858).

4. Plus haut, p. 34-36, 40.

5. Sur ce polygraphe, voir Ibn Khallikân, *Biographical Dictionary*, II, p. 96-98; Wüstenfeld, *Ueber die Quellen des Werkes : Ibn Khallikani vitæ illustrium virorum*, p. 23-24; Hammer, *Literaturgeschichte der Araber*, VII, p. 219, 643, 703-704; Wüstenfeld, *Die Geschichtschreiber der Araber*, p. 102-104; *Hist. or. des croisades*, I, p. LXI; III, p. 514.

noms honorifiques[1]. D'autre part, deux manuscrits de Berlin, les numéros 832 et 833 du nouveau fonds Landberg[2], contiennent, dans leurs éléments les plus anciens[3], un exemplaire écrit dans la seconde moitié du huitième siècle de l'hégire (seconde moitié du quatorzième siècle de notre ère), complété un siècle plus tard[4], d'une œuvre d'Ibn Al-Djauzî, intitulée : « Le lever des deux luminaires, biographie des deux 'Omar »[5]. Or, chacun des deux tomes ouvre par une préface d'Ousâma qui fait œuvre, non seulement de copiste, mais encore d'éditeur.

On lit en effet en tête du tome premier[6] : « Voici ce que dit Ousâma, fils de Mourschid, fils de 'Alî, fils de Mouḳallad, fils de Naṣr, le Mounḳidhite (qu'Allâh lui soit favorable, à lui, à ses deux parents et à tous les musulmans !) : J'ai étudié dans la ville d'Is'ird, en schawwâl 567, le livre intitulé: Les vertus de l'émir des croyants Aboû Ḥafṣ 'Omar, fils d'Al-Khaṭṭâb (puisse Allâh lui être favorable !), œuvre du schaikh, de l'imâm, du savant, de l'austère, du défenseur de la sounna, Aboû 'l-Faradj 'Abd Ar-Raḥmân ibn 'Alî ibn Moḥammad ibn 'Alî Ibn Al-Djauzî (qu'Allâh lui soit favorable !). Rien n'y est rapporté qui ne s'appuie sur les imâms les plus dignes de foi. Or mon intention est de supprimer ces chaînes d'autorités sur des événements plus clairs que le jour, trop célèbres pour qu'on puisse les repousser en les niant. Les mérites de 'Omar sont attestés par son influence salutaire sur l'islamisme et par l'appui qu'il prêta à la foi pour répondre à l'appel du Prophète (qu'Allâh lui accorde sa bénédiction et lui

1. Ibn Khallikân, *Biographical Dictionary*, III, p. 354. Sur cet ouvrage, voir Ḥâdjî Khalîfa, *Lexicon bibliographicum*, II, p. 574 (numéro 3959); V, p. 50 (numéro 9895).

2. Ahlwardt, *Kurzes Verzeichniss der Landberg'schen Sammlung arabischer Handschriften* (Berlin, 1885), p. 81.

3. I, fol. 1-16; II, fol. 1-10.

4. La date ajoutée après coup que porte le dernier feuillet du manuscrit 833, c'est-à-dire 856 de l'hégire (1452 de notre ère), si elle n'est pas rigoureusement exacte, l'est au moins approximativement.

5. Le titre, dans une écriture relativement moderne, du manuscrit 832 (fol. 1 r°) porte : هذا كتاب مطلع النيّرين فى سيرة العمرين عمربن الخطّاب وعمربن عبد العزيز تصنيف الشيخ الامام العالم التقىّ الزاهد الورع الكامل ابى الفرج عبد الرحمان بن علىّ بن الجوزى البغداذى الحنبلى الاثرى. Cf. Ḥâdjî Khalîfa, *Lexicon bibliographicum*, III, p. 640 (numéro 7333); VI, p. 155 (numéro 13044).

6. Voir le texte dans le fac-similé reproduit en face de la page 1.

donne la paix !). Or les hommes se divisent en deux catégories : les uns ont la supériorité de savoir, de reconnaître et d'avoir foi, les autres ont le cœur envahi par le doute, contestent et repoussent. Or, celui qui reconnaît la vérité et qui sait ne pourrait pas être fortifié dans sa foi par des allégations d'autorités, tandis que le négateur, l'incrédule, ne sera point non plus détourné de sa rébellion par les citations les plus authentiques. »

Quant au tome second[1], Ousâma l'a fait précéder de l'introduction suivante : « Voici ce que dit Ousâma, fils de Mourschid, fils de 'Alî, fils de Mouḳallad, fils de Naṣr, le Mounḳidhite (puisse Allâh lui pardonner à lui, à ses deux parents et à tous les musulmans !) : Après avoir loué Allâh le Tout-Puissant pour l'étendue de ses bienfaits et pour sa grâce, avoir prié pour Moḥammad qui clôt la série de ses prophètes et de ses envoyés, j'ajouterai que j'ai étudié les Mérites de l'émir des croyants 'Omar, fils de 'Abd Al-'Azîz (puisse Allâh lui être favorable !), œuvre du schaikh, de l'imâm, du savant Djamâl ad-Dîn Aboû 'l-Faradj 'Abd Ar-Raḥmân, fils de 'Alì, fils de Moḥammad, fils de 'Alî, Ibn Al-Djauzî (qu'Allâh lui soit favorable !). Il y appuie ses assertions en les rapportant aux schaikhs les plus instruits. Dans ma précipitation, je n'ai pas pu recourir à ceux qui sont détenteurs de la tradition pour lire ce livre sous leur direction et m'appuyer sur

1. M. le Dr Richard Stettiner, de Berlin, a bien voulu photographier pour moi les deux feuillets contenant les deux préfaces d'Ousâma. C'est d'après sa photographie que je donne ici le texte inédit contenu au fol. 1 v° du manuscrit 833 : قال اسامة بن مرشد بن علىّ بن مقلّد ابن نصر بن منقذ غفر الله له ولوالديه ولجميع المسلمين بعد حمد الله تعالى على جزيل نعمه وفضله والصلوة على محمّد خاتم انبيـــائه ورسله انّنى وقفت على مناقب امير المومنين عمر ابن عبد العزيز رضى الله عنه تـأليف الشيخ الامام العالم جمال الدين ابى الفرج عبد الرحمن بن علىّ بن محمد بن علىّ [ابن] الجوزىّ رضى الله عنه يرويه باسناده الى المشايخ العلماء فلم اظفر فى عاجل الحال بمن لديه رواية اقرأه عليه واسند الرواية عليه وقصّر بلوغى الثمانين بسطة الامل عن ان ارجو روايته فى المستقبـل فجرّدتـه من الاسانيد وحذفت ما فيه من التكرار اذ كان القصد فى ايراد الاحاديث من طرق شتّى الروايـــات واذا حذفت الاسانيد فليس فى تكرارهـا فائدة رتبته بخطّى واضفته الى مناقب جدّه امير المومنين عمر بن الخطّاب رضى الله عنه

leur autorité. Or mes quatre-vingts ans m'interdisent de m'abandonner à l'espoir que je pourrai vérifier ces citations dans l'avenir. Aussi les ai-je omises dans cet exemplaire et y ai-je supprimé toutes les répétitions, mon but unique étant de relater les événements qui nous sont parvenus par les voies les plus diverses. Une fois que j'avais supprimé les allégations d'autorités, les répétitions devenaient absolument inutiles. J'ai copié ce livre de mon écriture et je l'ai rattaché aux Mérites de l'ancêtre de 'Omar, fils de 'Abd Al-Azîz, je veux dire aux Mérites de 'Omar, fils d'Al-Khaṭṭâb (puisse Allâh lui être favorable !) »

En juin 1172, Ousâma était donc retourné à Is'ird, où nous l'avons déjà vu faire une première excursion à la fin d'août 1167 [1]. Ses quatre-vingts ans, dont il parle, n'étaient pas encore accomplis, mais il était vraiment dans sa quatre-vingtième année musulmane. L'esprit de tolérance qui l'anime maintenant lui dicte un aveu plein de franchise, lorsqu'il divise les hommes en deux catégories : les croyants auxquels il se dispense d'apporter des preuves et les sceptiques qu'il désespère, qu'il n'essayera même pas de convaincre.

En dehors du prosateur Ibn Al-Djauzî, Ousâma semble avoir voulu préserver de l'oubli certains poètes. Parmi ces derniers mentionnons Al-Ouṣailiḥ, le professeur de Kafarṭâb, dont Ibn Al-'Adîm dit avoir entendu réciter les vers par Aboû 'l-Ḥasan Moḥammad ibn Aḥmad de Cordoue, d'après Mou'ayyad ad-Daula Aboû 'l-Mouṭhaffar Ousâma Ibn Mounḳidh [2]. Nous avons vu Ousâma s'exercer sur un morceau de Mihyâr Ad-Dailamî pour le transformer et pour le rajeunir [3]. Mais c'étaient surtout les membres de sa famille dont Ousâma aimait à répandre et à faire connaître les poésies [4]. Son fils Mourhaf, l'éditeur de son *diwân*, continua et dépassa la tradition paternelle en révélant

1. Plus haut, p. 325.

2. Kamâl ad-Din Ibn Al-'Adim, *Dictionnaire biographique des hommes illustres d'Alep* (ms. 726 de l'ancien fonds), fol. 169 v°. Le poète est nommé الأُصيلح المعلم الكفرطابىّ.

3. Plus haut, p. 338.

4. 'Imâd ad-Din, *Kharidat al-ḳaṣr*, fol. 113 v°.

plus d'un poète qui lui dut ou une réparation ou un accroissement de célébrité[1].

Après avoir décrit l'œuvre littéraire d'Ousâma, revenons à l'exposé des événements auxquels il fut mêlé ou bien qu'il observa en spectateur vigilant, avec la perspective d'en profiter. Son intervention ne s'exerça d'abord que par des poésies, mais elles sont des épîtres intéréssées aux grands de la terre par lesquels il ne veut pas se laisser oublier. Dans les premiers mois de l'année 1169, il vit tout à coup une puissance nouvelle grandir avec tous les symptômes de la victoire. Il démêla bien vite que le mouvement, parti de l'Égypte, s'étendrait à l'Arabie, à la Syrie, au 'Irâḳ, au Diyâr Bekr, à la Mésopotamie et jusqu'en Arménie. L'équilibre factice était partout rompu. On attendait un sauveur. Noûr ad-Dîn n'avait pas réalisé les espérances qu'il avait d'abord éveillées dans le monde musulman. Son système de temporisation à l'égard des Francs, sa politique égoïste avaient amené une série de déceptions dont le résultat était une impression de lassitude générale chez ses sujets, un regain de confiance chez ses ennemis. Les chefs francs qui étaient partis avec enthousiasme pour l'Égypte, convaincus qu'ils allaient, avec la complicité du khalife Fâṭimide Al-'Âḍid et d'une partie de la population musulmane, s'y établir en maîtres, qui avaient opposé leur outrecuidance aux sages remontrances de leur roi Amaury[2], ne tardèrent pas à s'apercevoir que la lutte avait changé d'aspect, l'armée de direction et qu'un adversaire implacable avait surgi, pour arrêter leur marche en avant, dans Ṣalâḥ ad-Dîn Aboû 'l-Mouthaffar Yoûsouf, fils d'Ayyoûb et neveu d'Asad ad-Dîn Schîrkoûh. Saladin[3] connaissait l'Égypte. Deux fois,

1. 'Imâd ad-Dîn, *Kharîdat al-ḳaṣr*, fol. 160 r°; Ibn Khallikân, *Biographical Dictionary*, I, p. 144; IV, p. 565.

2. Ibn Al-Athîr dans *Hist. or. des croisades*, I, p. 554.

3. Déformation usuelle du surnom *Ṣalâḥ ad-Dîn* « salut de la foi ». Ibn Khallikân a écrit sur Saladin la plus complète de ses biographies; cf. *Biographical Dictionary*, IV, p. 479-563; *Hist. or. des croisades*, III, p. 397-430. Bahâ ad-Dîn Ibn Schaddâd (Ibn Khallikân, *Biographical Dictionary*, IV, p. 417-435 et dans *Hist. or. des croisades*, III, p. 379-393), qui avait approché Saladin, a rapporté les « Anecdotes sultaniennes et les beaux traits de Yoûsouf » dans une monographie qui a été publiée et traduite en latin par Alb.

en 1164 et en 1167, il y avait fait campagne avec son oncle Schîrkoûh qui, par une intervention armée, devait y faire prévaloir l'autorité du khalifat orthodoxe de Bagdâdh représentée par Noûr ad-Dîn contre une sorte de parti national ayant formé avec les Francs une coalition[1], comme il ne s'en reproduisit plus dans ces contrées jusqu'au temps de Napoléon Ier[2]. Dans la seconde campagne, celle de 1167, Saladin, nommé gouverneur d'Alexandrie, y avait été bloqué par les troupes franco-égyptiennes et avait été contraint de rentrer en Syrie après la capitulation de la place[3].

A la fin de 1168, le dernier khalife Fâṭimide Al-ʿÂḍid[4], vainquant ses répugnances personnelles et se dégageant des liens qui l'avaient uni aux Francs[5], prit le parti d'écrire à son ancien adversaire, à Noûr ad-Dîn, pour implorer son appui, pour solliciter son concours. Noûr ad-Dîn comprit que la conquête de l'Égypte par les Francs entraînerait celle de la Syrie, résolut de rompre avec son passé d'abstention, comprit la gravité de la situation et l'urgence d'une action aussi prompte qu'énergique. Il combattit les hésitations de son général Asad ad-Dîn Schîrkoûh, qui différait son entrée en campagne : « Si tu retardes, lui dit-il, ton départ pour l'Égypte, nos intérêts exigeront que je me mette en route moi-même. Si nous ne nous occupons pas de ce pays, il tombera au pouvoir des Francs, et il n'y aura plus place pour nous en Syrie à côté d'eux. » — « Mon oncle, dit Saladin[6], se tourna alors vers moi, et me dit : Yoûsouf, fais tes préparatifs. En recevant cet ordre, je me sentis frappé au cœur

Schultens (Lugduni Batavorum, 1733, in-folio), qui a eu les honneurs d'une édition révisée, avec une traduction française, par M. de Slane, dans *Hist. or. des croisades*, III, p. 1-374. Dans le *Kitâb ar-rauḍatain* « Livre des deux jardins » d'Aboû Schâma, le « jardin » de Saladin est plus considérable que celui de Noûr ad-Dîn. Il ne faut employer qu'avec une réserve critique la traduction allemande, publiée sous le titre de *Arabische Quellenbeitræge zur Geschichte der Kreuzzüge, übersetzt und herausgegeben von Dr E.-P. Goergens unter Mitwirkung von R. Rœhricht. Erster Band. Zur Geschichte Ṣalâḥ ad-Dîn*'s (Berlin, 1879, in-8).

1. Ibn Al-Athîr dans *Hist. or. des croisades*, I, p. 533 et 546; II II, p. 215 et 230; Ibn Khallikân, *Biographical Dictionary*, IV, p. 485 et 488, et dans *Hist. or. des croisades*, III, p. 404-405.

2. L. von Ranke, *Weltgeschichte*, VIII, p. 228.

3. Ibn Al-Athîr, dans *Hist. or. des croisades*, I, p. 549-550; II II, p. 240.

4. Voir plus haut, page 299.

5. Guillaume de Tyr (*Hist. occ. des croisades*, I, p. 909-913) a raconté le menu de ces négociations entre chrétiens et musulmans.

6. Ibn Al-Athîr et Aboû 'l-Fidâ dans *Hist. or. des croisades*, I, p. 563 et 38; II II, p. 254-255.

comme d'un coup de poignard, et je répondis : Par Allâh, si l'on m'accordait la royauté sur l'Égypte entière, je ne m'y rendrais pas. J'ai enduré à Alexandrie trop de souffrances, que je n'oublierai jamais... Noûr ad-Dîn m'enjoignit de partir... J'obéis comme un homme que l'on conduirait à la mort... A peine mon oncle, que j'avais accompagné, eut-il établi son autorité en Égypte qu'il mourut. Allâh me donna alors la souveraineté sur ce pays, faveur à laquelle je n'aurais jamais osé prétendre. »

Le vingt-trois mars 1169, Asad ad-Dîn Schîrkoûh mourut subitement, après avoir administré l'Égypte pendant deux mois et cinq jours[1]. Saladin, lorsqu'il fut délivré ou qu'il se fut débarrassé du seul rival qui lui barrât le chemin du pouvoir, refusa d'abord d'y pénétrer, et il fallut des « chaînes pour le conduire au paradis »[2]. Cette résistance de pure forme ne demandait qu'à capituler : trois jours après la mort de son oncle, Saladin lui succéda dans la direction des affaires égyptiennes[3], mais en affectant d'y exercer la lieutenance au nom de Noûr ad-Dîn. Quant au khalife Fâṭimide Al-ʿÂḍid, il abdiqua en réalité le jour où il remit à Saladin la pelisse, la robe, le turban et les autres emblèmes du vizirat[4], où il décerna à ce « deuxième Joseph[5] » le titre de sultan[6], où il lui accorda spontanément dans un diplôme[7] le sur-

1. Ibn Al-Athîr dans *Hist. or. des crois.*, I, p. 561 ; II, II, p. 253 ; Bahâ ad-Dîn, *ibid.*, III, p. 48 ; Aboû Schâma, *Kitâb ar-rauḍatain*, I, p. 160 ; Ibn Khallikân, *Biographical Dictionary*, I, p. 628 ; IV, p. 490 et 491, et dans *Hist. or. des crois.*, III, p. 408.

2. Ibn Al-Athîr, *Atabeks*, p. 256.

3. Le vingt-six mars 1169 ; cf. Ibn Abî Ṭayy dans Aboû Schâma, *Kitâb ar-rauḍatain*, I, p. 173, lig. 19.

4. Ibn Al-Athîr, *Atabeks*, p. 256 ; Ibn Abî Ṭayy dans Aboû Schâma, *Kitâb ar-rauḍatain* I, p. 173 (Reinaud, *Extraits des historiens arabes*, p. 138).

5. Bahâ ad-Dîn, dans *Hist. or. des croisades*, III, p. 51 ; Aboû Schâma, *Kitâb ar-rauḍatain*, I, p. 124, l. 34 ; Ibn Khallikân, *Biographical Dictionary*, IV, p. 493 ; Reinaud, *Extraits*, p. 139.

6. « Sous le règne de Hâroûn Ar-Raschîd, dit Ibn Khaldoûn, on donna le titre de sultan à Djaʿfar, fils de Yaḥyâ, le Barmécide, pour indiquer qu'il avait la direction générale du gouvernement et l'entière administration de l'empire. » Voir *Prolégomènes* (tr. de Slane), II, p. 9. Ce précédent qui nous ramène avant 187 de l'hégire (803 de notre ère), année où Djaʿfar fut mis à mort, est, je crois, le plus ancien qu'on puisse invoquer pour le titre conféré à Saladin. Auparavant le mot *soulṭân* n'était employé que dans son sens abstrait de « royauté, puissance », comme fréquemment dans le *Coran* ; cf. I. Goldziher, *Muhammedanische Studien*, II, p. 150, n. 5. Vers le troisième siècle, les khalifes ʿAbbâsides furent désignés comme sultans, lorsqu'on les considérait en dehors de leur imâmat pour ne faire allusion qu'à leur pouvoir temporel ; cf. Ibn Khallikân, *Biographical Dictionary*, IV, p. 305, et la note de M. de Slane, *ibid.*, p. 334.

7. Le diplôme d'investiture, dont il est parlé par Ibn Abî Ṭayy dans Aboû Schâma, *Kitâb ar-rauḍatain*, I, p. 173, lig. 19, est conservé à la Bibliothèque royale de Berlin dans le manuscrit 1264 de la deuxième collection Wetzstein. La copie de Berlin, d'après ce que m'apprend M. M. Steinschneider, d'après une notice de M. Rœhricht, ne remplit pas moins de 98 feuillets in-8.

nom honorifique d'*Al-Malik An-Nâṣir*[1], « le roi défenseur », ce qui, par extension, signifie en arabe « le roi victorieux ».

La réclusion d'Ousâma n'était pas une prison fermée aux bruits du dehors : il prêtait l'oreille comme pour surprendre le secret de l'avenir en écoutant les échos qui lui arrivaient du présent. Bien que Saladin persistât à reconnaître et à proclamer la suzeraineté de Noûr ad-Dîn[2], des indices évidents annonçaient que l'élévation de Saladin amènerait la chute de la dynastie de Noûr ad-Dîn[3]. Ousâma s'empressa de saluer le soleil levant, dans l'espoir d'être un jour éclairé et réchauffé par ses rayons. Autrefois, il avait connu Saladin, lorsqu'en 1154, alors âgé de dix-sept ans, il était venu à Damas avec son père Nadjm ad-Dîn Ayyoûb pour offrir ses services à Noûr ad-Dîn, qui les avait acceptés[4]. Au même moment, ou à peu près, Ousâma, après avoir fui précipitamment l'Égypte et les châteaux, implorait avec humilité à la cour de Damas un asile et un abri, qu'on lui accordait avec empressement[5]. Le caractère de Saladin était-il alors dessiné dans ses contours essentiels, et l'émir Mounḳidhite avait-il, en sa perspicacité, prévu les grandeurs futures du jeune homme? D'un autre côté, Saladin, devenu tout-puissant en Égypte, se souvint-il du malheureux qui végétait à Ḥouṣn Kaifâ, et lui fit-il parvenir un des manteaux d'honneur que, pour célébrer sa nouvelle dignité, il fit distribuer aux hommes les plus distingués du monde musulman[6]? J'imagine que Saladin ne tarda pas à être rejoint dans sa résidence de Miṣr par le fils préféré d'Ousâma, par Aboû 'l-Fawarîs Mourhaf, un des plus aimés parmi ses familiers[7] et ses commensaux[8], son inséparable compagnon jusqu'à la fin de sa vie, en Égypte comme en Syrie[9]. Mourhaf

1. Ibn Al-Athîr dans *Hist. or. des croisades*, I, p. 564 ; II II, p. 256.
2. Id., *ibid.*, I, p. 565 ; II II, p. 257.
3. Id., *ibid.*, I, p. 557 ; II II, p. 250.
4. Ibn Khallikân, *Biographical Dictionary*, IV, p. 485, et dans *Hist. or. des croisades*, III, p. 402.
5. Plus haut, p. 264-265.
6. Aboû Schâma, *Kitâb ar-rauḍatain*, I, p. 176, l. 5.
7. 'Imâd ad-Dîn cité par Aboû Schâma, *ibid.*, I, p. 264, l. 28.
8. 'Imâd ad-Dîn, *Kharîdat al-ḳaṣr*, dans *Nouveaux mélanges orientaux*, p. 123, l. 3.
9. 'Imâd ad-Dîn dans Aboû Schâma, *Kitâb ar-rauḍatain*, I, p. 264, l. 29 ; cf. Ibn Khallikân, *Biographical Dictionary*, I, p. 144.

plaida sans doute la cause de son père auprès de Saladin avec une éloquence persuasive, mais sans le décider à une démarche auprès du vieil émir pour l'engager à venir lui aussi à Miṣr. L'impopularité d'Ousâma auprès des khalifes Fâṭimides, les fâcheux souvenirs que son nom réveillait dans les esprits, étaient de trop grands obstacles à son retour pour que Saladin songeât à les forcer et à faire échouer l'œuvre lente de conciliation qu'il avait entreprise, en la compromettant par de véritables provocations à l'opinion publique. Il se garda prudemment de braver d'anciennes rancunes plus vives que jamais après quinze années, mais de loin il fit tomber quelques « gouttes » de ses bienfaits sur le sol desséché, et Ousâma, rafraîchi par la rosée de ses faveurs, lui adressa une épître en vers dont voici le commencement[1] :

O toi, qui vis dans les demeures de l'affection, tes signes distinctifs sont les gouttes de tes bienfaits, et l'on admire chez toi la générosité abondante, torrentielle[2] du Victorieux[3].

Grâce à lui, l'Égypte a retrouvé la beauté et l'éclat de sa jeunesse, après avoir été courbée par l'âge ;

Que de prétendants à sa main elle a repoussés comme indignes d'elle, jusqu'à ce qu'elle a été demandée en mariage par un prétendant, lui offrant son épée comme dot !

Il l'a défendue, comme le lion défend sa tanière ; il l'a protégée, comme le bord d'une paupière défend un œil contre l'atteinte du fétu de paille.

On y voyait une mer en fureur[4], devenue au lendemain matin une mer formée par les flots doux et limpides de sa générosité.

« Ousâma, dit Aboû Schâma, écrivit également sur Saladin dans une autre poésie :

Tu n'es rien moins que le soleil ; sans toi, une ombre épaisse n'aurait à tout jamais cessé de couvrir l'Égypte,

Et l'iniquité de Pharaon n'aurait pas cessé d'y régner comme aux temps où Pharaon fut impie et se révolta.

Tu as rendu clairvoyants ces hommes auparavant plongés dans l'erreur et dans l'aveuglement ; tu as dirigé les égarés dans la bonne voie.

1. Poésies d'Ousâma dans Aboû Schâma, *Kitâb ar-rauḍatain*, I, p. 177, l. 1 et suiv.

2. Lisez المغدوق avec les manuscrits.

3. En arabe : *An-Nâṣir*, allusion au titre d'*Al-Malik An-Nâṣir*, porté par Saladin ; cf. plus haut, p. 346, l. 1.

4. Lisez avec les manuscrits : عجاج, bien que اجاج du texte imprimé soit aussi possible.

« Voici encore un autre fragment d'Ousâma sur Saladin :

Dis aux rois : Cédez le pas sur les sommets de la puissance au Roi magnanime, au Victorieux[1].

Il donne aux milliers, et les rencontre ensuite en souriant, le visage dégagé, alors que les lances s'entre-croisent. »

A la fin de 1169, Saladin réussit à dégager Damiette qu'attaquaient de concert Francs et Grecs, liés par un traité conclu entre Amaury, roi de Jérusalem, et Manuel, empereur de Constantinople[2]. Les deux alliés furent contraints de battre en retraite, et leur déception fut comparée à celle de l'autruche partie pour obtenir deux cornes et rentrée sans oreilles[3]. Ousâma s'empressa d'adresser ses félicitations dans une poésie, qui débute ainsi[4] :

Veille sur l'Égypte; pas de repos printanier à Dhoû Salam[5]*!*

et qui contient les vers suivants :

Le Victorieux, le Roi[6]*, qui remplit ses engagements, qui, par la rosée de son bienfait, tient lieu des pluies continuelles;*

Qui, après avoir dégainé les épées tranchantes au jour du combat, les fait rentrer dans les fourreaux pour accorder les bienfaits et les bouchées de lions[7]*;*

Qui a conservé la puissance royale, après que l'on avait aspiré à l'en dépouiller, grâce au tranchant de sa lame indienne[8]*, esclave obéissante;*

Et a repoussé le tyran des Francs[9]*, qui voit évanouies dans un rêve les espérances qu'il avait conçues sur la royauté d'Égypte.*

Il s'est éloigné, et son campement est vide, après avoir été rempli d'abord d'aspirations, puis de désespoir et de regret.

Les vaincus poussent de profonds soupirs sur la conquête qui leur a échappé. Si seulement la mer cessait de siffler en étalant ses vagues semblables à des charbons ardents!

1. En arabe : *Al-Malik An-Nâṣir*, surnom de Saladin.

2. Bahâ ad-Dîn Ibn Schaddâd dans Aboû Schâma, *Kitâb ar-rauḍatain*, I, p. 180, lig. 31, et dans *Hist. or. des croisades*, III, p. 50.

3. Ibn Al-Athîr, *ibid.*, I, p. 570 ; II II, p. 260.

4. Poésies d'Ousâma dans Aboû Schâma, *Kitâb ar-rauḍatain*, I, p. 156, lig. 12 et suiv.

5. *Dhoû Salam* ou *Wâdî Salam* (cf. Yâḳoût, *Mou'djam*, III, p. 122) signifie « un vallon planté de *salam* », sorte d'acacia. On comprend que cette appellation soit devenue presque un nom commun pour les endroits où poussait le *salam*. Cf. le casal Beni-Salem, relevant de Montréal, dans Rey, *Les Colonies franques*, p. 396; Rœhricht, *Studien zur mittelalterlichen Geographie und Topographie Syriens*, dans la *Zeitschrift des deutschen Palæstina-Vereins*, X, p. 266.

6. En arabe : *An-Nâṣir Al-Malik*, interversion du titre de Saladin *Al-Malik An-Nâṣir*; cf. plus haut, note 1.

7. Le sens est obscur; je donne ma traduction comme une hypothèse.

8. Sur les lames indiennes des émirs arabes, voir plus haut, p. 200, n. 3.

9. Le roi des Francs Amaury me paraît désigné par l'expression طاغية الافرنج « le tyran des Francs », bien que le substantif *ṭâguiya* « tyran » soit le plus souvent appliqué aux empereurs de Constantinople, ainsi que nous l'avons montré plus haut, p. 288, n. 3.

Ces hommes, n'était leur ignorance, auraient reconnu que le salut est déjà une victoire, lorsqu'on s'est proposé d'atteindre les lions dans leurs tanières.

Quant à eux, ils avaient beau être des lions du Scharâ[1], *ils ont été anéantis par une royauté, devant laquelle les lions sont vaincus comme les brebis.*

« Voici comment Ousâma s'est encore exprimé dans une autre poésie :

Tu as redressé la colonne de la religion, lorsque le tyran des Banoû Sa'd[2] *essaya de la faire pencher pour le tyran des Francs, ces barbares*[3].

Tu as fait la guerre sainte pour combattre les impies, jusqu'à ce que tu les as repoussés en les couvrant d'opprobre, en leur infligeant les mécomptes de l'humiliation et de la défaite.

Par ta bravoure tu as réduit à néant une royauté qu'on croyait éternelle, et une réputation aussi ancienne que glorieuse.

Mais ta réputation à toi se propagera dans les contrées comme l'aurore, qui déroule les plis de son manteau, et répand sa rosée. »

Les présents de Saladin se succédèrent sans doute sans interruption vers Ousâma, comme les poésies d'Ousâma vers Saladin. Le vieil émir reprenait courage, se sentait protégé par « un roi victorieux » aux succès duquel son avenir, puisque sa vie se prolongeait, était attaché indissolublement, qui finirait par assurer à ses dernières années une retraite moins tranquillle et plus conforme à ses goûts que les solitudes du Diyâr Bekr. Dès que sa condition le lui permit, Ousâma reprit l'habitude des

1. Les Arabes comparent les guerriers courageux aux « lions du Scharâ », mais ils donnent au mot *Scharâ* les sens les plus divers, comme on peut s'en convaincre en lisant Yâkoût, *Mou'djam*, III, p. 318 et suiv.; Lane, *An arabic-english lexicon*, p. 1545. Il s'agit, je crois, du mont Schâra dans la région de Petra ; cf. (Socin) *Palestine et Syrie*. p. 315 et 317.

2. Quel est le tyran des Banoû Sa'd, qui sont les descendants de Sa'd ici mentionnés? Convient-il de chercher dans les Banoû Sa'd les habitants de l'Égypte qui auraient de nouveau favorisé par des communications secrètes, et aussi peut-être par un concours occulte, les entreprises des Francs? Voir Ibn Al-Athir dans *Hist. or. des croisades*, I, p. 555; II II, p. 247. Or, parmi les tribus arabes établies en Égypte, il y avait plusieurs branches de Banoû Sa'd. Cf. Wüstenfeld, *El-Macrizi's Abhandlung über die in Aegypten eingewanderten arabishen Stæmme* (Gœttingen, 1847, in-8), p. 14 et 15, ainsi que le tableau généalogique placé par M. Wüstenfeld à la fin de cette plaquette. La difficulté serait de trouver un personnage assez considérable pour être appelé le « tyran » de ces Sa'dites. Ce n'est pas sans réserve que j'émets une autre conjecture qui me séduit sans me convaincre absolument. Ibn Al-Athir (*Hist. or. des croisades*, I, p. 569; II II. p. 259) nous apprend que les Francs de Syrie avaient demandé à leurs frères d'Espagne des renforts pour l'expédition d'Égypte. Ce vœu aurait-il été exaucé et l'Espagne aurait-elle fourni un contingent, commandé par Mohammad, fils de Sa'd, connu sous le nom d'Ibn Mardânisch « le fils de Martin ». Cet aventurier, un des Banoû Sa'd, n'était pas chrétien, mais il descendait d'une famille chrétienne. Ibn Al-Athir (*ibid.*, I, p. 573) parle d'un accord qui était intervenu entre ce « roi de l'Espagne occidentale et les Francs ». M. Pascual de Gayangos a traduit sa biographie d'après Ibn Al-Khatib dans *The History of the Mohammedan Dynasties in Spain* (London, 1840-1842, 2 vol. in-4°). II, p. 519 (cf. *ibid.*, II, p. 314).

3. Le mot *al-goutm* signifie « ceux qui ignorent l'arabe », par conséquent les *barbari*.

voyages, dont il mesura seulement l'étendue et la durée à ce que lui permettaient ses forces et ses moyens. Sa demeure fut maintenue à Ḥouṣn Kaifâ, où il rentrait se reposer après chacune de ses échappées. Sa pointe la plus audacieuse vers le nord fut lorsqu'il remonta le cours de l'Euphrate jusqu'à Khartbart, en pleine Arménie, excursion dont il a lui-même parlé en ces termes [1] :

Les toits des maisons à Kharbart sont noirs; le feu leur a fait revêtir les costumes de deuil.

Ne t'étonne pas qu'ils nous dominent; le destin, qui nous régit, n'a-t-il pas une tendance au noir?

La blancheur du beffroi lui est un vêtement plein d'élégance. La lumière ne brille qu'au milieu des ténèbres.

Mais l'éclat des cheveux blancs manque de charme et les serviteurs d'Allâh, de toute classe, préfèrent la noirceur des cheveux.

Le feuillet usé par des écritures superposées [2] n'est pas un agent de science, et aucune science n'est possible sans les reflets châtoyants de l'encre [3].

Dans la seconde moitié de mai 1170, Ousâma prit la direction opposée et descendit le cours du Tigre pour se rendre à Mauṣil, où autrefois, vers 1130, le père de Noûr ad-Dîn, le roi des émirs, l'atâbek Zenguî, lui avait fait un accueil empressé, avait agréé ses services pendant plusieurs années et dans plusieurs campagnes [4]. Depuis lors, Ousâma n'était retourné à Mauṣil qu'une seule fois, à la fin de 1160, sur le chemin du pèlerinage de La Mecque [5]. Les glorieux souvenirs de son passé n'étaient peut-être oubliés, ni par l'atâbek régnant, Ḳoṭb ad-Dîn Maudoûd, fils de Zenguî et par conséquent frère de Noûr ad-Dîn [6], ni par

1. 'Imâd ad-Dîn, *Kharidat al-ḳaṣr*, dans *Nouveaux mélanges orientaux*, p. 140-141; les vers sont également cités dans Yâḳoût, *Mou'djam*, II, p. 417. Est-ce à cause du mètre, comme le prétend Yâḳoût (*loc. cit.*), qu'Ousâma appelle cette ville plus brièvement Kharbart, ou bien cette prononciation, qui a prévalu, était-elle déjà de son temps usitée dans le pays?

2. J'ai imprimé المخدّ d'après le manuscrit de la *Kharidat al-ḳaṣr*; je préfère et j'ai traduit la leçon de Yâḳoût المخطّ. La fabrication orientale du papier (*carta tomi*) même pour les usages européens est attestée dès l'année 716 de notre ère; cf. un diplôme du roi mérovingien Chilperich II dans Pardessus, *Diplomata*, II, p. 309. Sur l'industrie du papier dans l'Orient musulman, voir A. von Kremer, *Culturgeschichte des Orients*, II, p. 304-309. Il s'agit de véritables palimpsestes.

3. L'encre désignée, *al-midâd*, est l'encre noire fabriquée avec de la suie; cf. *Fihrist*, II, *Anmerkungen*, p. 5; cf. I, *Text*, p. 359, l. 25.

4. Plus haut, p. 144-146.

5. Plus haut, p. 303-304.

6. Ḳoṭb ad-Dîn fut atâbek de Mauṣil depuis novembre 1149 jusqu'à sa mort qui eut lieu le six septembre 1170. J'emprunte cette date exacte à

les survivants de l'époque lointaine où il avait habité Mauṣil. Ousâma choisit, pour ce nouveau séjour de courte durée, le mois de ramaḍân, où il était tenu d'observer strictement le jeûne quotidien depuis le moment où chaque matin « le fil blanc de l'aurore se détache du fil noir[1] » jusqu'à la nuit. Ousâma était revenu à Mauṣil, sans arrière-pensée de s'y fixer, mais il préférait accomplir ses actes de dévotion dans une mosquée plus grande au milieu d'une communauté plus nombreuse; peut-être aussi avait-il reçu et accepté une invitation de l'atâbek Ḳoṭb ad-Dîn qui aurait eu la sagesse de ne pas lui tenir rancune, et de lui pardonner l'indifférence qu'il lui avait témoignée en 1160 au profit de son vizir Djamâl ad-Dîn[2]. Celui-ci étant mort en 1164 dans la prison où Ḳoṭb ad-Dîn l'avait enfermé après l'avoir destitué[3], le sentiment de jalousie avait disparu avec la rivalité d'influence. Le seul fait avéré, c'est qu'Ousâma ne prolongea pas son séjour à Mauṣil; car, le trois décembre 1170, il devisait de nouveau dans la banlieue de Ḥouṣn Kaifâ avec « le ḳâḍî, l'imâm Madjd ad-Dîn Aboû Soulaimân Dâwoud, fils de Moḥammad, fils d'Al-Ḥasan, fils de Khâlid Al-Khâlidî »[4]. Celui qui portait ce nom paraît avoir joué un rôle dans l'histoire locale d'Irbil et de la Mésopotamie[5]; l'histoire générale n'a ni enregistré son nom, ni conservé sa mémoire.

Ousâma, dans deux passages de son *Autobiographie*, a reproduit une partie des récits qui lui ont été faits par deux de ses interlocuteurs à Mauṣil en 1170, et les cite comme garants de ce qu'il rapporte. Ce sont d'une part « le poète de Bagdâdh Al-Mou'ayyad »[6], c'est-à-dire Moḥammad, fils d'Aboû Sa'îd Al-

Bahâ ad-Dîn Ibn Schaddâd, dans *Hist. or. des croisades*, III, p. 50-51, et à Ibn Khallikân, *Biographical Dictionary*, III, p. 459, qui se prononce plutôt en faveur d'une autre date vague, le mois de schawwâl, c'est-à-dire entre le dix-huit juin et le seize juillet. D'après Ibn Khallikân (*loc. cit.*), Ousâma, dans son opuscule sur les princes ses contemporains (plus haut, p. 331-332), aurait, à tort certainement, reculé la date de cet événement jusqu'à la fin du second rabî' 556, c'est-à-dire jusqu'aux premiers jours de janvier 1171.

1. *Coran*, II, 183.
2. Plus haut, p. 301-303.
3. Plus haut, p. 304, n. 4.
4. Ousâma, *Autobiographie*, p. 128 (l'*Index*, p. 171, porte à tort 48).
5. Yâḳoût (*Mou'djam*, I, p. 188-189) a inséré dans son article sur Irbil une poésie de Noûschirwân de Bagdâdh, l'aveugle, surnommé le Satan du 'Irâḳ, à l'éloge du ra'is Madjd ad-Dîn Dâwoud, fils de Moḥammad.
6. Ousâma, *Autobiographie*, p. 53.

Mou'ayyad ibn Moḥammad ibn 'Alî Al-Aloûsî, le père et le fils d'illustres poètes qui avaient vécu à Mauṣil, où le père était mort en septembre 1162 [1]. Le fils raconte à Ousâma que son père a été gratifié d'un fief par le khalife. Ce bienfaiteur est Al-Moustandjid Billâh qui, dès son avènement au khalifat en 1160, s'était empressé de rendre la liberté à Al-Mou'ayyad, que son père et son prédécesseur au khalifat, Al-Mouḳtafî avait tenu en prison pendant dix années [2]. Le second interlocuteur d'Ousâma est désigné par lui comme « le très honoré Schihâb ad-Dîn Aboû 'l-Fatḥ Al-Mouṭhaffar, fils d'As'ad, fils de Mas'oûd, fils de Bakhtakîn, fils de Sabouktakîn, ce dernier un affranchi de Mou'izz ad-Daula Ibn Bouwaih » [3].

Le *Livre du bâton* contient aussi deux noms de personnes qui s'entretinrent avec Ousâma pendant son séjour à Mauṣil. L'un d'eux l'y rencontra dans la seconde moitié de mai, l'autre dans celle de juin. Celui-là, qui est nommé « le scharîf, l'imâm Schams ad-Dîn Aboû 'l-Madjd 'Alî, fils de 'Alî, fils d'An-Nâṣir lil-ḥaḳḳ Al-Ḥousainî le Ḥanafite », cite deux vers que le Khodjâ Bouzourdj, c'est-à-dire le premier ministre, tenant son bâton, aurait prononcés sur sa caducité à l'âge de plus de quatre-vingts ans [4]. Un mois plus tard, trois vers par un Magrébin, également sur le bâton de vieillesse, étaient récités à Ousâma par l'émir, le chef Schihâb ad-Dîn Aboû 'Abd Allâh Moḥammad, fils de Schihâb ad-Dîn, Al-'Alawî Al-Ḥousainî [5]. Les deux interlocuteurs d'Ousâma, qui descendaient de Ḥousain fils d'Ali, n'ont laissé de trace ni dans les annales du monde oriental, ni même dans l'histoire locale de Mauṣil [6].

1. Ibn Khallikân, *Biographical Dictionary*, III, p. 503-507 ; 'Imâd ad-Dîn, *Kharîdat al-ḳaṣr*, d'après Dozy, *Catalogus codicum orientalium Bibliothecæ Lugduno-Batavæ*, II, p. 213.

2. Ibn Khallikân, *Biographical Dictionary*, III, p. 504.

3. Ousâma, *Autobiographie*, p. 127. Le Boûyide Mou'izz ad-Daula régna en 'Irâḳ pendant près de vingt-deux ans et mourut à Bagdâdh en 967 ; cf. Ibn Khallikân, *Biographical Dictionary*, I, p. 155-157.

4. Ousâma, *Livre du bâton* (manuscrit de ma collection), fol. 118 r° et v°. Le premier ministre est sans doute celui qui est appelé Khodjâ Bouzourdj Niṭhâm ad-Dîn dans la préface du *Livre du bâton*; voir A. Lanier, *Recueil de textes étrangers*, p. 7 ; voir aussi Ousâma, *Autobiographie*, p. 128-129.

5. Ousâma, *Livre du bâton*, fol. 118 r°.

6. En tout cas, aucun des quatre interlocuteurs d'Ousâma à Mauṣil n'est nommé dans Ibn Al-Athir, *Histoire des atabeks de Mosul*, qui forme

Ce fut vers la fin de mai 1170 qu'Al-Mouṭhaffar raconta à Ousâma, qui nous l'a répété, comment « Al-Mouḳtafî bi-amr Allâh, l'émir des croyants » avait un jour visité à l'improviste, en compagnie de son vizir (on ne dit pas lequel) « la mosquée de Ṣandoûdiyâ, dans la banlieue d'Al-Anbâr, sur la rive occidentale de l'Euphrate ». Cette mosquée était dénommée d'après « l'émir des croyants, Ali ». Quant au khalife, « il portait, à son entrée dans le monument, un vêtement en brocart de Damiette[1], il avait ceint une épée dont les ornements étaient en fer, personne ne soupçonnant qu'il fût l'émir des croyants, excepté ceux qui le connaissaient ». Vient ensuite avec force détails une scène entre le khalife et le gardien de la mosquée, au bout de laquelle le khalife se retire après lui avoir inscrit de sa main une petite pension, qu'il sollicitait, de trois dînârs par mois. « S'il avait demandé plus, dit en terminant Al-Mouṭhaffar, l'émir des croyants lui aurait octroyé une plus grosse somme. »

La mort de l'atâbek Ḳoṭb ad-Dîn le six septembre 1170[2] et aussitôt après les intrigues de Fakhr ad-Dîn 'Abd Al-Masîḥ[3], qui aspirait à usurper le pouvoir à Mauṣil, provoquèrent l'intervention d'Al-Malik Al-'Âdil Noûr ad-Dîn qui, sous prétexte de veiller sur les enfants de son frère, partit aussitôt de Tell Bâschir, traversa l'Euphrate le quatorze septembre à Ḳal'at Dja'bar, puis se rendit successivement à Ar-Raḳḳa et à Nisibe où il fut bientôt rejoint par un autre Noûr ad-Dîn, Moḥammad, fils de Ḳarâ Arslân, seigneur de Ḥouṣn Kaifâ et du Diyâr Bekr[4]. Ousâma n'eut garde d'attendre à Mauṣil l'arrivée de ces deux princes. Il savait d'avance qu'il ne trouverait de sympathie ni chez l'un ni chez l'autre. Depuis que les événements l'avaient déterminé à quitter Damas et à rendre publique sa rupture avec Noûr ad-

le tome II, deuxième partie, des *Historiens orientaux des croisades*.

1. Plus haut, p. 224, note 6.

2. Plus haut, page 350, note 6.

3. C'est-à-dire « serviteur du Messie », du Christ. Ce nom indiquait clairement l'origine chrétienne du personnage; aussi Noûrad-Dîn le contraignit-il à adopter celui de 'Abd Allâh « serviteur d'Allâh » pour bien marquer le caractère définitif de sa conversion à l'islamisme. Cf. Ibn Al-Athîr, *Atabeks* p. 279.

4. Ibn Al-Athîr, *ibid.*, p. 276; Bahâ ad-Dîn Ibn Schaddâd dans Aboû Schâma, *Kitâb ar-rauḍataïn*, I, p. 189, l. 2 d'en bas.

Dîn, il s'était ouvertement rangé du parti de Saladin, contre lequel la méfiance de son suzerain grandissait et prenait plus de consistance à mesure que chaque succès rompait à son profit des attaches plus apparentes que réelles. Dès qu'Ousâma craignit de se rencontrer à Mauṣil avec Noûr ad-Dîn, il s'empressa de regagner Ḥouṣn Kaifâ, que l'absence du prince Ortoḳide rendait pour lui un séjour moins insupportable.

A la fin de novembre 1170, Ousâma, rentré dans sa maison, vit passer devant ses yeux un éclair d'espérance trop vite dissipé. « Saladin, dit Ibn Al-Athîr[1], sortit de l'Égypte, pénétra sur le territoire des Francs, fit des incursions dans les contrées d'Ascalon et de Ramla et fondit sur le faubourg de Gazza, qu'il livra au pillage. Le roi des Francs[2] s'avança en toute hâte à la tête d'une armée peu nombreuse, afin de repousser l'invasion. Mais Saladin combattit ce détachement et le mit en déroute. Le roi des Francs réussit à s'échapper, après avoir été sur le point d'être fait prisonnier. »

Si le vainqueur se contenta à l'égard des Francs d'une démonstration hostile sans chercher à pousser ses succès, c'est qu'il ne sentait pas ses derrières assurés en Égypte, c'est qu'il comprenait la nécessité d'y « affermir son pied[3] » avant d'éparpiller au dehors les troupes, dont la concentration pouvait d'un jour à l'autre devenir une nécessité pressante à l'intérieur. Ou-

1. Ibn Al-Athîr dans *Hist. or. des croisades*, I. p. 577; cf. ʿImâd ad-Dîn dans Aboû Schâma, *Kitâb ar-rauḍatain*, I, p. 191, l. 26; Aboû 'l-Fidâ, *Annales moslemici*, III, p. 632; Wüstenfeld, *Geschichte der Faṭimiden-Chalifen*, p. 348. Cette campagne, dont Guillaume de Tyr (*Hist. occ. des croisades*, I, p. 973-979) a donné le récit, est relatée avec de curieux détails dans une épître en prose rimée d'Al-Ḳâḍi Al-Fâḍil Ibn Al-Baisânî, citée, d'après Ibn Abi Ṭayy, par Aboû Schâma, *Kitâb ar-rauḍatain*, I, p. 192, l. 21-p. 193, l. 19. D'après une poésie du jurisconsulte, historien et poète ʿOumâra, né dans le Tihâma du Yémen (*ibid.*, I, p. 193, l. 20 et suiv.), Saladin serait arrivé jusqu'à Hébron et aurait fait trembler Jérusalem « la maison sanctifiée » (*al-bait al-mouḳaddas*), ainsi que l'appellent les musulmans. « C'est une maison, dit-il, telle que, si tu parviens à en forcer l'entrée, et Allâh peut le faire, il n'y aura plus ensuite pour toi de porte fermée en Syrie. » Nadjm ad-Dîn Aboû Moḥammad Oumâra ibn Abi 'l-Ḥasan ʿAli fut exécuté par ordre de Saladin au Caire le six avril 1174. Voir sur lui Aboû Schâma, *Kitâb ar-rauḍatain*, I, p. 224-225, où, p. 225, l. 4-9, une poésie d'Oumâra est rapportée d'après ʿAḍoud ad-Dîn Aboû 'l-Fawâris Mourhaf, fils d'Ousâma Ibn Mounḳidh; Ibn Khallikân, *Biographical Dictionary*, I, p. 610-611; 659-660; II, p. 367-371; Hammer, *Literaturgeschichte der Araber*, VII, p. 689-690; 934-941; 1200-1201; Wüstenfeld, *Calcaschandi's Geographie und Verwaltung von Aegypten*, p. 222-224; du même, *Die Geschichtschreiber der Araber*, p. 90-91.

2. Amaury, roi de Jérusalem.

3. Expression d'Ibn Al-Athîr dans *Hist. or. des croisades*, I, p. 565.

sâma essaya, mais en vain, d'amener Saladin au cœur de la Syrie et de l'exciter à ne pas abandonner les résultats d'une campagne dont les débuts avaient été si heureux. Il dépensa sans résultat son talent et son ardeur poétiques pour l'encourager à ne pas retourner au Caire, mais à continuer la lutte et à poursuivre les avantages que la glorieuse bataille d'Ascalon lui permettait d'espérer. La parole du conseiller ne fut pas écoutée, malgré l'éloquence persuasive de son épître en vers. Dans l'intérêt de la cause qu'il défendait, il commit une maladresse en mêlant à ses arguments un appel en faveur de sa personne. D'ailleurs la volonté de Saladin était trop enracinée pour être fléchie, même par un solliciteur tel qu'Ousâma, s'adressant à lui en ces termes [1] :

Réjouis-toi, ô prince qui as la main la plus longue pour répandre justice, choc impétueux et gouttes de rosée.

Pour salaire et pour souvenir de cela, tu auras dans ce monde la reconnaissance, au lendemain de ta vie les jardins du paradis [2].

Ne regarde pas avec dédain ton œuvre; car tu as accompli avec ardeur l'obligation de la guerre sainte.

Tu as conquis [3] *la terre des ennemis, et tu as anéanti de leurs héros des masses innombrables.*

Nous n'avions jamais vu roi attaquer ainsi les Francs jusque dans leurs foyers.

Dirige-toi maintenant vers la Syrie, où les anges purs t'accueilleront par un concert d'éloges [4].

Car il y a là un malheureux, tourné vers toi, espérant que, dans ta justice, tu guériras son existence meurtrie.

Allâh, par sa grâce, t'accordera les fruits de ta victoire, comme il l'a promis dans son livre [5].

Combien tu es généreux pour les hommes qui ne t'ont rien donné, inspiré par la justice, et laissant tomber ce que tu possèdes comme une rosée du ciel!

La réparation, qu'Ousâma implorait pour son existence meurtrie, fut ajournée, comme aussi la conquête de la Syrie par Sa-

1. Poésie d'Ousâma dans Aboû Schâma, *Kitâb ar-rauḍatain*, I, p. 237, l. 11-19.

2. Ce vers manque dans le manuscrit Schefer.

3. Je lis avec les manuscrits وحزت.

4. Le manuscrit Schefer porte جعهم مددا. Le sens de cette variante est : « où l'armée des anges purs t'amènera des renforts. »

5. S'il est fait allusion à un passage du *Coran*, je ne le reconnais pas. Le manuscrit Schefer a منه au lieu de فيه.

ladin. Celui-ci était trop sage pour devancer la marche des événements. Le vieil émir qui l'avait imploré fut dédommagé de sa déception par des promesses pour l'avenir et des cadeaux immédiats. Des raisons graves avaient obligé Saladin à différer l'exécution d'un plan bien arrêté dont la réalisation eût été alors prématurée, mais qu'il ne pouvait abandonner sans un renoncement de soi-même, qui n'était ni dans sa nature, ni dans ses habitudes. Quant à Ousâma, il finit par se résigner au nouveau délai qui lui était imposé, et resta provisoirement en attente à Ḥouṣn Kaifâ jusqu'à l'heure de la délivrance, sauf à multiplier ses absences et ses excursions dans les régions avoisinantes, tant que ses forces continueraient à le lui permettre.

Ousâma est mentionné dans la liste des hommes illustres qui vinrent en visiteurs à Irbil[1]. Il s'y était arrêté dans sa jeunesse à l'époque où il combattait dans l'armée de Zenguî, et il s'y était entretenu avec « l'émir Faḍl, fils d'Aboû 'l-Haidjâ, seigneur d'Irbil »[2]. La vraisemblance autorise à supposer qu'il s'y laissa attirer de nouveau et qu'il y fit une station dans l'une des années qui suivirent 1170, afin de revoir son ami, « le ḳâḍî, l'imâm Madjd ad-Dîn Aboû Soulaimân Dâwoud, fils de Moḥammad »[3].

Le treize février 1173, Ousâma, qui était né le quatre juillet 1095, avait accompli ses quatre-vingts années musulmanes. S'il étale ses infirmités avec un accent de découragement, il laisse quand même percer une nuance de coquetterie sur les avantages qu'il possède encore. En même temps que, de parti pris, il peint avec des couleurs sombres le tableau de sa vieillesse, il les corrige par la bonne humeur de son allure et par des comparaisons destinées à provoquer des compliments de la part d'aimables contradicteurs dont il semble appeler le témoignage en

1. Scharaf ad-Dîn Al-Moubârak Ibn Al-Moustaufî, *Histoire d'Irbil* (cf. Ḥâdjî Khalîfa, *Lexicon bibliographicum*, II, p. 107; VI, p. 293) dans Ibn Khallikân, *Biographical Dictionary*, I, p. 177. Sur cette forteresse de la Mésopotamie, bâtie sur un plateau, au sud de Mauṣil, entre les deux Zâb, voir Yâḳoût, *Mou'djam*, I, p. 186-189; Aboû 'Abd Allâh Moḥammad de Damas, *Manuel de la cosmographie du moyen âge*, p. 258.

2. Ousâma, *Autobiographie*, p. 65; cf. Ibn Al-Athîr, *Chronicon*, X, p. 447.

3. Plus haut, p. 351.

sa faveur. Pour en être convaincu, il suffit de lire les cinq vers qu'il composa pour montrer « la pureté de sa vie autrefois abondante troublée par le mélange des privations »[1].

Avec mes quatre-vingts années, le temps[2] *a flétri ma peau*[3], *et j'ai enduré la faiblesse de mon pied, le tremblement de ma main;*

Lorsque j'écris, alors je trace des traits ressemblant à la pointe de l'épée[4] *d'un homme effrayé; on les dirait tracés par un vieillard aux paumes vacillantes, saisi de frayeur.*

Aussi étonne-toi d'une main incapable de manier le ḳalam, *après qu'elle a brisé les lances dans le poitrail du lion.*

Si je marche, soutenu par mon bâton, il n'y a pas terrain si dûr que mon pied alourdi n'y enfonce, comme dans la vase.

Dis à celui qui souhaite une longue existence : Regarde les conséquences de la longévité et de la sénilité !

Ousâma dit encore au sujet de son bien-être disparu, de sa vie qui avait trop duré parmi les humains[5] :

Les destins paraissent m'avoir oublié, au point que je me sens harassé comme une chamelle exténuée[6] *d'avoir longtemps voyagé dans le désert.*

Lorsque mes quatre-vingts ans me laissent encore obtenir une faveur d'Allâh, si je veux me lever la nuit pour prier, je suis comme brisé en morceaux.

J'accomplis ma prière en restant assis; et me prosterner, lorsque je désire me mettre à genoux, m'est un supplice.

Cet état m'a servi d'avertissement que le temps du voyage suprême est proche, et que l'heure du départ est arrivée.

En avril 1173, Ousâma accomplit ses dévotions du ramaḍân à Houṣn Kaifâ, où, pendant les veillées, il se distrait dans la société d'un haut dignitaire[7], qui a fait le pèlerinage de La Mecque,

1. Expression d'Ousâma, *Autobiographie*, p. 122, pour introduire les cinq vers qu'on trouve ici traduits. On les lit également dans Ousâma, *Livre du bâton*, fol. 110 r° de mon manuscrit; Aboû Schâma, *Kitâb ar-rauḍatain*, I, p. 144, l. 3-7. Le troisième vers est cité par 'Imâd ad-Dîn, *Kharîdat al-ḳaṣr* (*Nouveaux mélanges orientaux*, p. 142); Ibn Khallikân, *Biographical Dictionary*, I, p. 178. Voir plus haut, p. 56.

2. Je lis الدهر avec le texte de l'*Autobiographie*. Dans le *Livre du bâton* et dans Aboû Schâma, *Kitâb ar-rauḍatain*, *loc. cit.*, on lit الضعف « la faiblesse ».

3. Manuscrits du *Kitâb ar-rauḍatain* : جسمى « mon corps ».

4. Le texte imprimé et le manuscrit de Paris du *Kitâb ar-rauḍatain* portent خط ; le ms. Schefer et le *Livre du bâton* ont comme nous حدّ.

5. Ousâma, *Autobiographie*, p. 122 ; 'Imâd ad-Dîn, *Kharîdat al-ḳaṣr*, dans *Nouveaux mélanges orientaux*, p. 142.

6. Je lis رذيّة, en ajoutant seulement un point diacritique à la leçon donnée dans les manuscrits de l'*Autobiographie* et dans la *Kharîdat al-ḳaṣr* ; j'ai imprimé دريئة « monture » dans mon édition de l'*Autobiographie* d'après une variante à la marge du manuscrit.

7. Il est désigné par le titre vague d'*al-ḳâ'id*

et qu'il appelle avec plus de familiarité que de clarté Aboû 'Alî[1]. Celui-ci lui raconte une anecdote relative à l'émir Zain ad-Dîn 'Alî Koûdschek, le chef du pèlerinage dans lequel Ousâma s'était enrôlé naguère en 1161[2]. Depuis lors 'Alî Koûdschek était mort selon les uns le dix-sept août[3], selon d'autres en septembre 1168[4]. Il pratiquait la générosité en poussant la bonne grâce jusqu'à la plaisanterie et jusqu'à l'apparence de la crédulité naïve[5]. C'est un acte de charité aimable et persévérante qui lui est attribué par Aboû 'Alî à l'égard d'un brasseur perclus des jambes qui reçut de lui quatre ânes et quatorze pièces d'or. L'atâbek Zenguî qui fut le premier à reconnaître ses mérites et qui le nomma, en 1144 ou en 1145, gouverneur de la citadelle de Mauṣil[6], prétendait le caractériser en disant de lui qu'il craignait Allâh plus que les atâbeks[7].

Ousâma, tout en prêtant une oreille attentive aux confidences de ses compagnons et de ses amis, ne perdait pas de vue les événements extérieurs et attendait avec impatience l'heureuse conjoncture qui mettrait fin à ses misères et le ferait sortir de sa captivité. Il était encore à Ḥouṣn Kaifâ, lorsqu'il apprit que Noûr ad-Dîn était mort à Damas, d'une esquinancie, le quinze mai 1174, au moment même où il préparait une expédition en Égypte pour l'arracher à la domination de Saladin[8]. Le dernier khalife Fâṭimide Al-'Âḍid, en expirant le treize septembre 1171, ignorait que, pendant sa maladie, la déchéance de sa dynastie avait été prononcée le jour où le prône avait cessé d'être fait en son nom et où y avait été substitué le nom du khalife 'Abbaside Al-Moustaḍî'[9]. Saladin, maître sans conteste de l'Égypte,

(cf. Dozy, *Supplément aux dictionnaires arabes*, II, p. 417).

1. Ousâma, *Autobiographie*, p. 130-131.
2. Plus haut. p. 301-302.
3. Ibn Khallikân, *Biographical Dictionary*, II, p. 535.
4. Ibn Schaddâd cité par Ibn Khallikân, *ibid.*, et IV, p. 488, ainsi que dans *Hist. or. des croisades*, III, p. 46.
5. Ibn Al-Athîr, *Atabeks*, p. 242-243.
6. Plus haut, p. 301, note 6.
7. Ousâma, *Autobiographie*, p. 116 ; cf. plus haut, p. 301.
8. Ibn Al-Athîr et Aboû 'l-Fidâ dans *Hist. or. des croisades*, I, p. 602 et 44 ; II II, p. 292.
9. Ibn Al-Athîr et Aboû 'l-Fidâ, *ibid.*, I, p. 580 et 41 ; II II, p. 282 ; Kamâl ad-Dîn dans Rœhricht, *Beitræge*, I, p. 331 ; cf. plus haut, p. 335, n. 3.

n'allait pas retarder son entrée en Syrie pour y disputer la succession de Noûr ad-Dîn à des héritiers impuissants, incapables de lui barrer le chemin, d'entraver son agression, sa victoire et sa conquête.

En schawwâl 569, c'est-à-dire après le cinq mai 1174, Ousâma continue à converser à Ḥouṣn Kaifâ avec un homme possédant sa confiance [1]. L'anecdote qu'il se laisse raconter et qu'il a reproduite a pour héros un ancien ami intime de son père, « l'émir Nadjm ad-Daula Mâlik ibn Sâlim, seigneur du château fort de Dja'bar » [2] et un artiste attaché au service de ce prince, « le joueur de luth Aboû 'l-Faradj ».

La pensée d'Ousâma est ailleurs. Il sait que sa délivrance lui viendra de Saladin, que son fils Mourhaf n'attend qu'une occasion favorable pour briser ses chaînes. Le mirage de 1170 s'était bien vite dissipé, Saladin n'ayant fait que paraître en Syrie dans les territoires limitrophes de l'Égypte [3]. Après la mort d'Al-'Âḍid en 1171, le sultan ne quitta pas l'Égypte. Il prit possession du palais et s'arrogea l'autorité suprême, sans affecter de faire asseoir sur le trône un enfant ou un roi fainéant. Bien que ses visées fussent dirigées vers la Syrie, son action, pendant les années 1172 et 1173, se réduisit à de légères escarmouches vers le territoire d'Al-Karak et de Schaubak [4]. Pour gagner du temps, il poussa la condescendance jusqu'à reconnaître le fils de Noûr ad-Dîn, Al-Malik Aṣ-Ṣâliḥ Ismâ'îl, lorsque celui-ci,

1. Ousâma, *Livre du bâton* (manuscrit de ma collection), fol. 52 v°-53 v°.

2. L'émir Oukailite Schihâb ad-Dîn Nadjm ad-Daula Mâlik ibn Schams ad-Daula Sâlim ibn Mâlik est mentionné plusieurs fois dans l'*Autobiographie* d'Ousâma, p. 67, 74, 96, 166, 167. Il avait remplacé, comme seigneur du château fort de Dja'bar (قلعة جعبر), son père Sâlim, lorsque celui-ci mourut en 519 de l'hégire (1125 de notre ère); cf. Ibn Al-Athîr, *Chronicon*, X, p. 444; Aboû 'l-Fidâ dans *Hist. or. des Croisades*, I, p. 16. Nous ignorons la date de sa mort; il vivait encore en 1128 (Kamâl ad-Dîn, *Zoubda*, *ibid*., III, p. 657), mais sa mort est assurément antérieure à 1146, puisque son fils 'Alî, son successeur, défendit la forteresse contre l'atâbek Zenguî (Ibn Al-Athîr et Aboû 'l-Fidâ, *ibid.*, I, p. 451-452; 26-27; II II, p. 130-131). Ce fut sur son petit-fils Schihâb ad-Dîn Sâlim que Noûr ad-Dîn la conquit en 1168 (Ibn Al-Athîr et Aboû 'l-Fidâ, *ibid.*, I, p. 552 et 36; II II, p. 244). Le château fort de Dja'bar, nommé d'après son fondateur (Ibn Khallikân, *Biographical Dictionary*, I, p. 329), est situé sur une colline qui domine la rive orientale de l'Euphrate, entre Bâlis et Ar-Raḳḳa, voir plus haut, p. 353.

3. Plus haut, p. 354.

4. 'Imâd ad-Dîn et Ibn Schaddâd dans Aboû Schâma, *Kitâb ar-rauḍatain*, I, p. 206, et dans *Hist. or. des croisades*, III, p. 53; Ibn Al-Athîr, *ibid.*, I, p. 581; Kamâl ad-Dîn, *Zoubda*, dans Rœhricht, *Beiträge*, I, p. 331.

après la mort de son père, reçut, des émirs et des dignitaires de Damas, le serment de fidélité[1]. C'était un tout jeune homme, sans volonté et sans énergie. Il laissait le champ libre aux compétitions des ambitieux qui comptaient le tenir en tutelle. Son cousin Saif ad-Dîn Gâzî, atâbek de Mauṣil, Sa'd ad-Dîn Goumouschtikîn, eunuque de Noûr ad-Dîn, élevé à la direction des affaires dans Alep, empressé à circonvenir Al-Malik Aṣ-Ṣâliḥ à Damas, enfin Schams ad-Dîn Ibn Mouḳaddam, un de ces aventuriers sans principes que les révolutions font surgir tout à coup, s'efforçaient, chacun à son profit, de supplanter et d'annuler le prince qu'ils s'étaient mis d'accord pour élire. Ibn Mouḳaddam écrivit à Saladin, qui n'avait pas quitté l'Égypte, pour le supplier de prévenir, en occupant Damas, une guerre civile, dont les Francs aux aguets seraient seuls à tirer avantage[2]. Le sultan prit la route de la Syrie, se présenta devant la ville, dont les portes lui furent ouvertes par les émirs, y entra sans coup férir, fut accueilli comme un libérateur, et quitta sa résidence de Miṣr pour se fixer à Damas. « Je ne suis venu ici, disait-il avec un air de componction, que pour servir mon maître, le fils de mon maître, et pour obtenir en sa faveur la restitution des villes que son cousin lui a enlevées[3]. » Saladin n'hésita pas à prononcer, vers la fin de septembre 1174[4], cette déclaration publique, empreinte d'un complet désintéressement et d'une sublime abnégation, à laquelle on n'osa pas opposer de démenti, mais qui ne trompa personne.

Pendant que les événements se précipitaient et que Damas la bien-aimée[5] se soumettait à Saladin, Ousâma, sans se croire oublié, s'agitait dans son impatience. Il était las de son existence s'écoulant d'une manière uniforme à Ḥouṣn Kaifâ, sans autre diversion que d'assister à l'agonie et à la mort de saints

1. Ibn Al-Athîr dans *Hist. or. des croisades*, I, p. 607; II II, p. 294.

2. Ibn Abî Ṭayy dans Aboû Schâma, *Kitâb ar-rauḍatain*, I, p. 237, l. 5 et 6.

3. Ibn Al-Athîr, *Atabeks*, p. 322.

4. Ibn Al-Athîr dans *Hist. or. des croisades*, I, p. 614.

5. Ibn Al-Athîr, *Atabeks*, p. 321.

musulmans, comme Moḥammad As-Sammâʿ, ou de fréquenter des anachorètes habitués aux jeûnes et aux macérations, comme Aboû ʿAbd Allâh Moḥammad Al-Boustî[1]. Ousâma éprouvait une vive admiration pour la vertu de ces hommes qui se sacrifiaient dans toutes les abstinences, mais il eût préféré être convié à des spectacles moins austères : plus que jamais la vie de ce monde l'attirait, en le captivant par le charme et les séductions de ses enchantements d'une manière plus irrésistible que la perspective lointaine des récompenses dans la vie future.

Lorsque la renommée apporta dans le Diyâr Bekr la nouvelle que Saladin avait pris possession de Damas, Ousâma fut absorbé par une pensée unique : être admis dans l'intimité du prince et reprendre le rang qu'il avait occupé naguère dans la faveur de Mouʿîn ad-Dîn Anar, plus récemment dans celle de Noûr ad-Dîn Maḥmoûd[2]. Il aspirait au moment où la familiarité des entretiens avec son souverain serait substituée pour lui à la raideur obligée de la correspondance[3]. L'impatience d'Ousâma avait passé toute borne. Il regardait avec un frisson de fièvre, dans la colère de son attente inquiète, le magnifique bâton d'ébène que son fils Mourhaf lui avait envoyé d'Égypte pour servir d'appui à sa marche chancelante[4]. Ousâma ne se faisait pas d'illusions. Saladin lui paraissait devoir quitter Damas aussitôt que la citadelle, dont le gouverneur, l'eunuque Raiḥân, différait inutilement la soumission, aurait capitulé. Pendant que les négociations avec Raiḥân étaient confiées à l'expérience du ḳâḍî Kamâl ad-Dîn Ibn Asch-Schahrouzoûrî[5], Saladin s'occupait, d'une part de constituer à Damas un gouvernement fort,

1. Ousâma, *Autobiographie*, p. 126; voir plus haut, p. 317.

2. Voir les chapitres cinquième et septième de ce récit.

3. Plus haut, p. 343, 347-349.

4. Ousâma, *Livre du bâton* (manuscrit de ma collection), fol. 121 r°. Le mot arabe employé est آبنوس, avec un *medda*, la première syllabe étant longue dans un vers d'Ousâma; cf. d'ailleurs Lane, *An Arabic-English Lexicon*, p. 10 *a*.

5. Ibn Al-Athîr et Aboû 'l-Fidâ dans *Hist. or. des croisades*, I, p. 616 et 45. Aux passages sur le ḳâḍî Kamâl ad-Dîn Ibn Asch-Schahrouzoûrî cités plus haut, p. 282, note 6, où il faut lire 572 au lieu de 672, on peut encore ajouter ʿImâd ad-Dîn, dans Aboû Schâma, *Kitâb ar-rauḍatain*, I, p. 262-263.

juste et conciliant, d'autre part d'y laisser des traces de son passage par des générosités envers les solliciteurs qui réclamaient avec avidité ses dons, envers les poètes et les prosateurs qu'il faisait rechercher pour les combler de ses largesses, pour les attirer dans son intimité comme les plus agréables des commensaux, des familiers, des conseillers, des amis [1].

Les poésies d'Ousâma avaient été goûtées, comme elles le méritaient, par Saladin qui en était « épris au point de les déclarer supérieures à tout ce qui existait d'autre dans ce genre » [2]. Une impression aussi favorable, reçue et gardée par l'esprit du sultan, le prédisposait à nouer des relations d'amitié avec l'illustre émir, dont les vers avaient d'un côté procuré une jouissance littéraire à ses prédilections d'amateur éclairé, et avaient, d'autre part, célébré dignement ses louanges, en termes qui l'avaient flatté et satisfait. Le fils d'Ousâma, Mourhaf, éprouva la joie de trouver enfin un terrain propice sur lequel il n'eut pas besoin de dépenser beaucoup d'efforts pour plaider la cause gagnée d'avance de son cher exilé.

La piété filiale de Mourhaf trouva dans le cœur de Saladin un écho d'autant plus retentissant que le sultan lui-même, à peine arrivé à Damas, s'empressa d'installer son domicile privé dans la maison d'Al-ʿAḳîḳî, où avait habité autrefois son père Nadjm ad-Dîn Ayyoûb [3]. Il y vivait et n'en sortait guère que pour aller tenir ses audiences publiques dans une résidence plus vaste, le Palais de justice (*dâr al-ʿadl*), construit par Noûr ad-Dîn aussitôt

1. Saladin « avait aussi peu d'estime pour l'argent que pour la poussière ». Lorsqu'il mourut le quatre mars 1193, son trésor particulier ne contenait qu'un dînâr et quarante-sept dirhams. Sur la générosité de Saladin et sur sa sollicitude envers les lettrés, voir Ibn Al-Athîr et Aboû 'l-Fidâ, dans *Hist. or. des croisades*, I, p. 69-70; II 1, p. 74; Ibn Schaddâd, *ibid.*, III, p. 18-20; ʿAbd al-Laṭîf, lui-même un pensionné de Saladin, dans Ibn Abi Ouṣaibiʿa, *Classes des médecins* (éd. A. Müller), II, p. 206, passage traduit par Silvestre de Sacy dans Abd-Allatif, *Description de l'Égypte*, p. 467-468 (cf. *Hist. or. des croisades*, III, p. 437-438); A. von Kremer, *Mittelsyrien und Damascus*, p. 68; plus haut, p. 355; plus bas, p. 367 et 370.

2. ʿImâd ad-Din, dans Aboû Schâma, *Kitâb ar-rauḍatain*, I, p. 264, l. 28; cf. id., *ibid.*, I, p. 247, l. 20-23.

3. Ibn Al-Athir, dans *Hist. or. des croisades*, I, p. 616; Ibn Schaddâd, *ibid.*, III, p. 59, et dans Aboû Schâma, *Kitâb ar-rauḍatain*, I, p. 236; Kamâl ad-Din, *Zoubda* (ms. 728 de l'ancien fonds arabe), fol. 189 v°; cf. ʿImâd ad-Din dans Aboû Schâma, *Kitâb ar-rauḍatain*, I, p. 236, l. 7; Ibn Al-Athir, *Chronicon*, VIII, p. 343, l. 17, où il faut lire الشريف العقيقى; Ibn Khallikân, *Biographical Dictionary*, IV, p. 505; Aboû 'l-Fidâ, *Annales moslemici*, II, p. 442; IV, p. 18; et plus haut p. 180, note 2.

après la conquête de Damas, organisé en tribunal suprême par le ḳâḍî Kamâl ad-Dîn Ibn Asch-Schahrouzoûrî[1].

A l'instigation de Mourhaf, Saladin, sans hésiter et sans tarder, adopta une résolution décisive. Par un mouvement spontané de sympathie pour le père et pour le fils, il prit l'initiative d'appeler aussitôt Ousâma à sa cour, comme un hôte désiré, comme un ami de cœur attendu, comme un personnage pour lequel les circonstances l'avaient jusque-là contraint à refouler son attachement, mais dont il pourrait désormais rechercher, comme un régal, la société, en lui offrant une large hospitalité dans son voisinage. Saladin le pressa sans doute de venir le rejoindre à Damas, où il se reposait entre deux campagnes, en attendant qu'il allât combattre les musulmans et les chrétiens de Syrie. Il avait brusqué son départ de Miṣr et n'avait pas encore dit à l'Égypte un éternel adieu. Mais il se réservait dorénavant Damas la bien-aimée comme un asile, où il se réfugierait à chaque période de loisir, pour goûter un repos nécessaire, pour respirer à l'aise dans une atmosphère de calme moral, de supériorité intellectuelle[2].

Le vieil émir, malgré ses quatre-vingt-deux ans, retrouva dans l'instant la vigueur de sa jeunesse pour répondre sans retard à l'appel chaleureux qui lui était adressé, pour accourir à Damas[3]. Des compliments de bienvenue saluèrent le retour d'Ousâma et provoquèrent de sa part cette déclaration qu'il fit avec joie[4] :

J'ai loué mes cheveux blancs d'avoir prolongé mon existence, en dépit des péchés que j'y avais accumulés,

1. Ibn Al-Athîr, dans *Hist. or. des croisades*, I, p. 605 et 708; II II, p. 305-306, sans qu'aucune date précise soit assignée à cette institution, qui paraît remonter à 1155 ou à 1156 au plus tard. Saladin la continua dans le bâtiment considérable qui lui était destiné; cf. Aboû Schâma, *Kitâb ar-rauḍatain*, I, p. 252, l. 7; 253, l. 2 et 23; 262, l. 33.

2. Aboû Schâma, *Kitâb ar-rauḍatain*, I, p. 263, 275; II, p. 5, 28, 50.

3. 'Imâd ad-Dîn, *Kharîdat al-ḳaṣr*, dans *Nouveaux mélanges orientaux*, p. 123; Ibn Khallikân, *Biographical Dictionary*, I, p. 177.

4. Vers d'Ousâma dans Aboû Schâma, *Kitâb ar-rauḍatain*, I, p. 264, l. 13 et 14, et dans Adh-Dhahabî, *Ta'rîkh al-islâm* (manuscrit 753 de l'ancien fonds arabe), fol. 15 r°. Le texte de l'article consacré à Ousâma (*ibid.*, fol. 13 v°-15 v°) sera publié dans un des appendices placés après la *Vie d'Ousâma*.

Parce que j'ai vécu assez longtemps pour rencontrer, après l'ennemi[1], *un sincère, un vrai ami.*

1. Ousâma fait allusion à la haine irréconciliable que lui avait témoignée le prince de Ḥouṣn Kaifâ, Noûr ad-Dîn Moḥammad, fils de Ḳarâ Arslân; voir plus haut, p. 326, 332, 353.

CHAPITRE IX

TROISIÈME SÉJOUR D'OUSÂMA A DAMAS (1174-1188). OUSÂMA ET SALADIN. — MORT D'OUSÂMA.

« Je fus mandé, dit Ousâma[1], par une lettre missive de notre maître *Al-Malik An-Nâṣir Ṣalâḥ ad-Dîn*[2], le sultan de l'islâm et des musulmans, celui qui sert de trait d'union pour l'affirmation de la foi, qui frappe les adorateurs des croix, qui élève le drapeau de la justice et des bonnes œuvres, qui ressuscite l'autorité de l'émir des croyants[3], Aboû 'l-Mouṭhaffar Yoûsouf, fils d'Ayyoûb. Puisse Allâh embellir l'islâm et les musulmans en lui accordant longue vie, les fortifier par les épées et les conceptions aiguisées de notre maître, leur concéder la faveur de s'abriter à son ombre étendue, comme il leur a concédé la faveur de remplacer les sources impures par les abreuvoirs de sa générosité ! Puisse Allâh faire pénétrer jusqu'aux extrémités de la terre sa puissance élevée d'ordonner et de défendre[4], établir ses sabres tranchants comme des arbitres sur les cous de ses ennemis[5] ! Car sa clémence a creusé des mines pour m'atteindre dans les contrées[6], alors que j'y vivais, séparé de lui par les montagnes et les plaines, dans un coin perdu de la terre, n'ayant plus ni fortune ni famille.

1. Ousâma, *Autobiographie*, p. 123-124.
2. Le texte donne la formule plus complète : *Ṣalâḥ ad-Dounyâ wa-'d-Dîn*.
3. Allusion au rétablissement, dès 1171, dans les offices religieux publics, de la khoṭba pour le khalife de Bagdâdh Al-Moustaḍî'. Voir plus haut, p. 335, note 3, et 358.
4. Sur cette expression indiquant l'autorité d'un prince ou d'un vizir, voir plus haut, p. 250, note 4.
5. Lisez اعاديه.
6. « Les contrées » sont le Diyâr Bekr « les demeures de Bekr », un pluriel également.

« Tout à coup, il m'arracha à la morsure des malheurs, grâce à sa belle initiative, me transporta à sa noble cour par un effet de sa bienveillance large et abondante, répara ce que le temps avait brisé de ma personne, et, dans sa grandeur d'âme, remit en vogue le vieillard qui, hors lui, n'aurait pas trouvé preneur. Il répandit sur moi les faveurs les plus étonnantes, m'autorisa, dans sa générosité, à m'emparer, comme d'un butin, de ses dons les plus parfaits[1], au point que, grâce à sa libéralité débordante, il me récompensa de mes services antérieurs auprès d'autres princes. Il m'en tenait compte[2] et y avait égard avec tant de sollicitude qu'il paraissait y avoir assisté, en avoir été témoin. Ses cadeaux prenaient le chemin de ma maison pendant mon sommeil, et affluaient vers moi, alors que j'étais accroupi[3], que je restais assis.

« Maintenant, grâce à sa munificence, je suis de plus en plus comblé chaque jour de biens et d'honneurs; grâce à la noblesse de ses intentions, il m'a mis, moi, le plus humble des serviteurs d'Allâh, à l'abri des chances d'accidents. Sa grâce m'a rendu ce que m'avait arraché le temps par des chocs terribles; il a versé sur moi ses largesses après que sa règle et sa tradition[4] m'avaient tant alloué que les cous les plus solides ne sauraient porter le plus léger de ses bienfaits ; et sa générosité n'a laissé subsister aucun de mes désirs dont j'aie à souhaiter la satisfaction, que je passe mon temps à lui réclamer jour et nuit.

« Sa miséricorde s'est étendue à tous les serviteurs d'Allâh, ses bénédictions ont fait revivre les contrées. Il est le sultan qui a restauré la tradition des khalifes bien dirigés[5], qui a relevé la colonne de la dynastie et de la foi, la mer dont l'eau ne s'épuise

1. Lisez وانهبنى من إنعامه أَهْنَأَ المواهب.

2. Lisez فهو يَعْتَدُّ لى.

3. Lisez وانا مُحْتَبٍ قاعد.

4. Je traduis ici et plus loin *sounna* d'après J. Goldziher, *Muhammedanische Studien*, II, p. 11.

5. Expression imitée du *Coran*, XLIX, 7, par laquelle on désigne les quatre khalifes orthodoxes, successeurs immédiats du Prophète, c'est-à-dire Aboû Bekr, 'Omar, 'Othmân et Ali.

point[1] par le grand nombre de ceux qui s'y désaltèrent, le donateur prodigue, dont la libéralité ne s'arrête pas, malgré les rangs serrés des visiteurs. La nation n'a pas cessé de se sentir, par ses épées comme dans une forteresse imprenable, par sa générosité comme dans un printemps aux pluies bienfaisantes, par sa justice comme dans des rayons de lumière, qui dissipent les ténèbres des vexations, et qui éloignent la main étendue de l'ennemi violent[2], par son autorité puissante comme sous des ombrages touffus, dans un bonheur ininterrompu, le bonheur nouveau[3] suivant la trace du bonheur passé, tant que se succéderont la nuit et le jour, tant que tournera le globe céleste.

J'ai prié, alors que les deux anges qui tiennent les registres[4] avaient dit Amen[5], *et qu'Allâh assis sur son trône s'était rapproché de celui qui l'avait prié ;*

Alors que le Glorifié avait dit à ses serviteurs : Invoquez-moi, car j'écoute, j'exauce[6]. »

Ousâma, mandé par une lettre missive de Saladin, parvint à Damas dans les premiers jours d'octobre 1174. Il fut, je le suppose, réintégré dans son ancienne habitation, avec les dépendances qu'elle comprenait. Ce fut là sans doute que Saladin lui ménagea une demeure très large, lui prépara un lieu de retraite délicieux[7]. Ousâma avait survécu à tous ceux de ses parents qui, autrefois, avaient occupé avec lui la « maison d'Ibn Mounkidh », aux amis qui l'y avaient visité, lorsque Mou'în ad-Dîn Anar la lui avait offerte, lorsque Noûr ad-Dîn la lui avait restituée[8]. Saladin, dans sa bonté inventive, imagina de faire croire au vieil Ousâma qu'il n'avait pas quitté autrefois Damas sans esprit

1. Lisez لا يَنضُب.
2. Lisez الغاشم.
3. Lisez آنِف.
4. Sur les deux anges, dont l'un se tient à la droite et l'autre à la gauche du musulman, pour enregistrer ses bonnes et ses mauvaises actions, voir le *Coran* (vi, 62 ; lxxxii, 10), qui fait connaître cette catégorie d'anges et les cite au pluriel ; mais surtout, pour expliquer le duel, Al-Ḳazwînî, *'Adjâ'ib al-makhloûḳât* (éd. Wüstenfeld), p. 60 ; Lane, *Modern Egyptians*, I, p. 112.
5. Lisez أمين, et comparez Ousâma, *Autobiographie*, p. 182, l. 5.
6. Voir *Coran*, xi, 64.
7. Aboû Schâma, *Kitâb ar-rauḍatain*, I, p. 264, l. 30-31.
8. Plus haut, p. 191, 274, 318. Voir une poésie

de retour, puisqu'il y rentrait dans l'habitation même dont il avait eu la jouissance, à deux reprises, pendant tant d'années, puisqu'il allait y satisfaire de nouveau sa prédilection pour le séjour des villes et pour le commerce des hommes. Jusqu'au dernier jour de sa longue existence, il aimera la société, la conversation et la correspondance. Quelle fête pour lui que d'approcher un sultan tel que Saladin, de mêler sa voix à celle des anges purs qui allaient l'accueillir en Syrie [1], d'encourager l'ambition d'un prince qui ne rêvait pas moins que la création d'un royaume unique, englobant l'Arabie, l'Égypte et la Syrie, s'étendant depuis Aden, Zabîd et Ouswân jusqu'à Alep et Antioche [2], d'applaudir au génie conquérant et civilisateur de Saladin, qui, dans ses hautes conceptions, aspirait à la domination de vastes contrées, d'où il extirperait la féodalité musulmane pour procéder ensuite systématiquement à la destruction de la féodalité chrétienne ! Saladin savait-il qu'en 1158, le vizir d'Égypte Talâ'i' Ibn Rouzzîk avait conçu le même plan et avait, par l'entremise d'Ousâma, essayé de faire adopter à Noûr ad-Dîn une coalition pour écraser les Francs par une action combinée des troupes égyptiennes et syriennes [3] ?

Mourhaf introduisit son père chez Saladin, qui se délassait du gouvernement par des veillées littéraires, auxquelles il conviait l'élite des Damascéniens instruits. Le passé d'Ousâma éveilla la curiosité des assistants, son grand âge lui assura leur respect, son talent et sa bonne grâce lui gagnèrent les cœurs, la protection bien visible du sultan rehaussa encore son prestige. Il prit souvent la parole dans ce cercle d'amateurs capables de le comprendre, et y récita tantôt ses anciennes poésies,

d'Ousâma sur son isolement après la perte de ceux qu'il avait aimés, dans *Nouveaux mélanges orientaux*, p. 136.

1. Plus haut, p. 355.

2. Plus haut, p. 345-349 ; campagne de Schams ad-Daula Toûrânschâh, frère aîné de Saladin, dans le Yémen en radjab 569 de l'hégire (février 1174 de notre ère) d'après Ibn Al-Athîr et Aboû 'l-Fidâ dans *Hist. or. des croisades*, I, p. 590, 598 et 43 ; Ibn Schaddâd, *ibid.*, III, p. 54-55 ; Aboû Schâma, *Kitâb ar-raudatain*, I, p. 216-217 ; Ibn Khallikân, *Biographical Dictionary*, I, p. 254 ; campagnes de Saladin en Syrie depuis la prise de Damas jusqu'à sa mort le quatre mars 1193.

3. Plus haut, p. 284-295.

ses œuvres de prédilection[1], tantôt des productions nouvelles, qui ne leur étaient pas inférieures. La sénilité ne l'avait pas atteint, et, chez l'octogénaire, la source de poésie était loin d'être tarie. Son bonheur débordait. Il éprouvait le besoin de s'épancher et n'était nullement retenu par l'impuissance de composer, par la difficulté d'écrire.

« L'éloge d'Al-Malik An-Nâṣir Ṣalâḥ ad-Dîn, sultan de l'Égypte, de la Syrie et du Yémen »[2], était le sujet mis à l'ordre du jour, non seulement par les succès, mais encore par les belles qualités, par les nobles actions, par l'accueil de Saladin. Ousâma loua son bienfaiteur avec autant de conviction que de talent. Ses panégyriques sont des modèles du genre. Il commençait probablement par les soumettre à celui qui les inspirait, avant de les déclamer en public. Les confidences, la lecture en particulier, l'accord sur certaines retouches précédaient et préparaient les séances plénières. L'homme d'État oubliait ses préoccupations pour converser et discuter avec le poète.

Ces rendez-vous intimes resserrèrent les liens entre Saladin et son hôte. Mourhaf était admis en tiers à ces entretiens et y intervenait parfois comme un arbitre écouté, compétent, discret. Les relations cordiales qui se nouèrent alors ne furent pas éphémères. « Lorsque Saladin était à Damas, il tenait des conférences avec Ousâma et le traitait avec familiarité, envisageait et étudiait des questions de littérature avec cet homme de sens, d'expérience, de sagesse accomplie. Il le consultait dans les cas embarrassants, et réclamait ses lumières s'il était dans les ténèbres. S'éloignait-il de lui pour des expéditions guerrières, il lui écrivait et lui racontait les événements et les combats, et insistait pour connaître son avis, pour dissiper les soucis et résoudre les difficultés qui le tourmentaient[3]. »

1. ʿImâd ad-Dîn, *Kharîdat al-ḳaṣr*, dans *Nouveaux mélanges orientaux*, p. 123, 124, 125, 128, 129.

2. ʿImâd ad-Dîn, *Kharîdat al-ḳaṣr*, *ibid.*, p. 141.

3. Id., dans Aboû Schâma, *Kitâb ar-rauḍatain*, I, p. 264, l. 31-33.

Voici le commencement d'une poésie dont nous ne possédons que les sept premiers vers; ils semblent refléter la joie d'Ousâma, ravi d'être entré en liaison avec Saladin [1] :

Les vicissitudes du temps ont exaucé la parole du mécontent et ont différé la guerre du roi guerrier.

Les jours ont placé à distance la réalisation de son projet et de sa volonté. Qu'il est noble dans ce qu'il recherche !

C'est lui que les vicissitudes ont distingué; car, si le jour choisi par lui le trahissait, le massacre[2] de ses armées le jetterait dans les ténèbres:

Lorsqu'il s'élance, les cœurs de ses ennemis sont dès le matin tordus comme un lambeau d'étoffe[3] aux mains d'un joueur.

Qui résisterait au Victorieux, au Roi[4], qui a dans la paume de sa main deux mers d'épées et de présents?

Lorsqu'il voyage la nuit, tu t'imaginerais que la plaine est devenue un océan, dont les vagues sont arrondies comme des œufs, blanches comme des épées tranchantes.

Il a maîtrisé les cœurs en se faisant aimer et redouter ; il les a conduits à une libre soumission par crainte de la tyrannie.

Cet autre morceau, plus complet, plus étendu, procède du même sentiment, et je suppose qu'il a été versifié à la même époque[5] :

Si je gémis, c'est en pensant au commencement de ma jeunesse et de ma vie; si je me réjouis, c'est en pensant à une bravoure, à une ardeur au combat,

Aux jours où[6] je ne me laissais pas guider[7] par ma vive affection tout d'abord, où la passion ne me tenait pas non plus en bride;

Et quand les femmes, pour me faire affront, me reprochaient mon ardeur à me jeter en aveugle dans la mêlée, au lieu de m'adonner au vin et à l'amour;

Et quand les hommes revêtus d'une armure étaient persuadés que l'on ne peut se rencontrer avec moi sans se rencontrer avec mon épée.

Je les considérais, ces lions, comme mes victimes destinées à être déchirées; car ils étaient la bague où s'exerçaient mon glaive et le fer de ma lance.

Et les vrais lions, lorsque je les combattais, recevaient de pareils coups par la force de ma main et par ma présence d'esprit.

1. ʿImâd ad-Dîn, *Kharîdat al-kaṣr*, dans *Nouveaux mélanges orientaux*, p. 141.

2. Lisez نَقْعُ.

3. Traduction par à peu près ; voir un vers tout semblable de ʿAmr ibn Koulthoûm dans Lane, *An Arabic-English Lexicon*, p. 729 c.

4. Interversion du surnom *Al-Malik An-Nâṣir* porté par Saladin.

5. ʿImâd ad-Dîn, *Kharîdat al-kaṣr*, dans *Nouveaux mélanges orientaux*, p. 143-144.

6. Lisez أيّامَ.

7. Lisez مِقْوَدِى.

Combien ai-je brisé de lances dans leurs poitrails, combien en ai-je laissés renversés sur leurs mufles[1],

Jusqu'à ce que la dizaine qui commence à soixante-dix a raccourci mon pas[2] *et que la faiblesse a fait fléchir mes assises !*

Les jours de ma vie m'ont usé, au point que mon avant-bras et les bouts de mes doigts sont impuissants à frapper avec le glaive en acier de l'Inde[3].

Et de plus, combien les années ne m'ont-elles pas apporté de catastrophes dans ma fortune, dans ma famille, dans mes lieux de séjour !

Mon dédain triomphait de ces malheurs, mais maintenant ma branche est devenue raide et la main de celui qui veut la courber ne réussirait pas à la ployer.

Je ne m'humilie pas et je ne m'assouplis pas, si éprouvée qu'ait été dans le passé ma patience à supporter les événements.

Or voici que le temps présent désirait encore mon affaiblissement, il avait conçu des projets irréalisables,

Quand le Vainqueur, le Roi[4] *couronné, a vaincu pour moi, et que ses qualités éminentes lui ont fait tracer en ma faveur une lettre de sauf-conduit.*

Je redoutais, avant de le connaître, un revirement dans mon existence ; or ce sont mes aboyeurs[5] *qui avaient renouvelé de tels revirements.*

Je suis son hôte, et le main des dangers est impuissante à atteindre qui jouit de l'hospitalité du sultan.

C'est un roi qui accorde la liberté à des prisonniers, puis qui les asservit de nouveau par ses présents.

Les plus hautains des rois se sont abaissés devant lui ; et aussi les hommes dont les ḳalams *brillent sont devenus comme des aigrettes brillantes sur ses couronnes*[6].

Il a rempli les cœurs d'amour et de respect, il en a banni la haine et l'hostilité.

J'ai reçu de lui des marques d'honneur, par lesquelles je me suis élevé au-dessus de l'éclat des étoiles, des cadeaux[7] *qui m'ont enrichi,*

Dans un mélange continuel de considération et de générosité, qui me mettait dans l'incapacité de compter ses bienfaits.

En effet, sa rosée a remplacé[8] *mon ancienne opulence, et sa vie m'a consolé des parents que j'avais perdus.*

Aussi ferai-je hommage à ses hautes qualités de panégyriques qui demeureront au delà des années et des siècles,

1. Plus haut, p. 56-58 ; 165-166.

2. Lisez خُطَوِى ; cf. *Nouveaux mélanges orientaux*, p. 142, l. 1. Cette vocalisation est donnée pour la même expression dans une poésie inédite d'Ousâma que contient mon manuscrit de son *Livre du bâton*, fol. 119 v°.

3. Plus haut, p. 200, note 3.

4. Nouvelle interversion du surnom *Al-Malik An-Nâṣir* ; voir plus haut, p. 370.

5. Lisez أَعْوانِى.

6. Je ne suis pas sûr de comprendre ce passage; j'ai supposé qu'il se rapportait à ceux qui manient habilement le *ḳalam*, chanceliers, écrivains et lettrés. Les couronnes sont celles du Roi couronné (ligne 16).

7. Lisez وَنائِلُ.

8. Lisez أَخْلَفَ.

Éloges[1] *où je dépasserai Zohair, comme Al-Malik An-Nâṣir a dépassé Ibn Sinân*[2].

O défenseur de l'islamisme, lorsque les rois lui avaient fait défection, ô restaurateur de la foi,

C'est par toi qu'Allâh a affermi l'armée de ses partisans, avili l'armée des infidèles et des impies.

Lorsque tu as vu[3] *les hommes séduits par Satan vers l'hérésie et la révolte,*

Tu as dégainé ton épée au milieu des ennemis, non point par ambition de la royauté, mais pour obéir au Miséricordieux.

Tu les as frappés de coups inouis en abaissant par ton sabre ce qu'ils avaient élevé en fait de croix.

Tu t'es irrité au nom d'Allâh, qui t'a donné la question à trancher, comme s'irrite un vengeur ardent,

Puis tu as tué ceux qui combattaient avec acharnement, et tu as marqué ceux qui cherchaient leur salut dans la fuite[4] *d'opprobre, de mépris,*

Et tu as prodigué les richesses des trésors publics, après qu'elles étaient devenues caduques, trop de cachets ayant été apposés par les trésoriers,

Au milieu de la masse des soldats de la guerre sainte, des combattants, des lutteurs, des rivaux,

Entre tous ceux qui entrent dans la mêlée avec une épée blanche, effilée, qui en remontent avec une épée rougie, pleine de sang,

Qui se plonge dans les feux des combats, comme une bête altérée plongée dans les abreuvoirs des étangs[5].

Ce sont des hommes, au sujet desquels, lorsqu'ils assistent à la bataille, on dit : Qu'est-ce qui a amené ici les lions de Khaffân[6] *?*

S'ils avaient sapé les montagnes, ils en auraient ébranlé les fondements par les épées blanches et par les boucles des lances.

Car ils sont la réserve pour les luttes contre tes ennemis, pour la conquête des contrées rebelles.

C'est toi qui leur as enseigné à frapper les jeunes gazelles et ils se sont offerts pour ta rançon, ô cavalier des cavaliers.

Demeure sain et sauf pour toujours, ô toi qui n'as pas ton pareil[7] *en noblesse et en grandeur d'âme,*

1. Lisez مِدَحًا.

2. Ousâma avait étudié et goûté particulièrement le diwân du poète antéislamique Zohair ibn Abî Soulmâ Al-Mouzani ; cf. Ousâma, *Autobiographie*, p. 101, l. 21, hémistiche de Zohair donné sans nom d'auteur (plus haut, p. 190) ; Id., *Le Livre du bâton* (ms. de ma collection) f° 52 r° ; ʿImâd ad-Dîn, *Kharidat al-ḳaṣr*, dans *Nouveaux mélanges orientaux*, p. 151, l. 4 ; Ahlwardt, *The Divans of the six ancient Arabic poets*, p. 40, l. 14, 15, 17, 18 ; 42, l. 14 ; 43, l. 13, 15, 16 ; 44, l. 6, 8, 9, 11 ; 45, l. 6, 19 ; 46, l. 1 ; 47, l. 1, 12, 13 ; 48, l. 4 ; 97, l. 11 (citations cotées W de la Rhétorique d'Ousâma ; cf. plus haut, p. 330-331). — Harim, fils de Sinân, ainsi que sa famille, ascendants et descendants, a été loué par Zohair ; cf. Caussin de Perceval, *Essai sur l'histoire des Arabes avant l'islamisme*, II, p. 529-530.

3. Lisez رَأَيْتَ.

4. Lisez الفِرارُ.

5. Lisez الغُدرانِ.

6. Khaffân est une localité, voisine de Koûfa, sur une des routes du pèlerinage, où les lions étaient en abondance ; cf. Al-Hamdâni, *Djazîrat al-ʿArab* (éd. D. H. Müller), p. 127, l. 15 ; 241, l. 9 ; Yâḳoût, *Mouʿdjam*. II, p. 456 ; Freytag, *Arabum Proverbia*, I, p. 334-335.

7. Lisez من ما له.

Et sois heureux pendant le mois sacré[1]*; car il annonce en faveur de tes bonnes qualités l'appui et la miséricorde d'Allâh,*
Sous un règne, dont les bienfaits se sont étendus à tous les hommes, pour lequel chaque langue implore l'éternité.

Ousâma, en souhaitant au sultan le bonheur, c'est-à-dire le repos, pour le prochain ramaḍân, espérait que le printemps de 1175 ramènerait à Damas le sultan qui, en dépit des objurgations de son hôte, se disposait à en partir pour essayer d'annexer les territoires sans la possession desquels Damas ne constituait pour lui qu'une conquête peu solide. Mais, avant tout autre projet, le sultan ne pouvait pas laisser derrière lui une petite troupe d'insurgés qui lui disputaient la forteresse de Damas. Ils étaient commandés par l'eunuque Raiḥân qui résista pendant plus de deux mois, aux arguments du ḳâḍî Kamâl ad-Dîn Ibn Asch-Schahrouzoûrî, chargé de le convaincre que le fils de Noûr ad-Dîn, Al-Malik Aṣ-Ṣâliḥ Ismâ'îl, n'avait plus aucune chance de recouvrer l'autorité. Cette victoire, plus diplomatique que militaire, fut enfin remportée par l'habile négociateur, le vingt-sept septembre 1174[2]. Dès le lendemain, Saladin s'arracha aux délices de Damas, aux étreintes de ses amis, aux flatteries de ses courtisans, pour entreprendre, en plein hiver, dans une année de gelée et de neiges[3], une campagne pénible, qui ne pouvait être reculée sans compromettre les résultats acquis.

Les étapes de cette campagne, où le sultan n'osa pas livrer de bataille rangée avec des troupes insuffisantes, avant l'arrivée des renforts attendus d'Égypte, furent Ḥomṣ, Ḥamâ, Alep, Ma'arrat an-No'mân et Ba'lbek. Ousâma se désola de ne plus être assez alerte pour aller courir les aventures à la suite de son prince. Jamais il ne se résigna à vieillir, jamais il n'admit que son genou[4] fût

1. Il s'agit évidemment du ramaḍân qui, en 570 de l'hégire, dura du vingt-six mars au vingt-quatre avril 1175. Sur l'importance du ramaḍân aux yeux d'Ousâma, voir son *Autobiographie*, p. 117, l. 17.

2. Ibn Schaddâd, *Vie de Saladin*, dans *Hist. or. des croisades*, III, p. 59; Kamâl ad-Dîn, *Dictionnaire biographique des hommes illustres d'Alep*, *ibid.*, III, p. 690 ; Ibn Khallikân, *Biographical Dictionary*, IV, p. 505.

3. Ibn Abi Ṭayy, dans Aboû Schâma, *Kitâb ar-rauḍatain*, I, p. 239.

4. Ousâma, dans *Nouveaux mélanges orientaux*, p. 128.

moins vaillant que sa tête. Son esprit avait conservé une puissance qui contrastait avec ses misères physiques. Ses quatre-vingt-deux années avaient fini par épuiser sa vigueur et le condamnaient à la retraite. Ousâma raille lui-même sa décrépitude avec une verve maligne, compare sa vieillesse aux chaînes d'un prisonnier, plaisante sur son corps recourbé ainsi qu'un arc dont son bâton serait la corde[1], met en parallèle ses cheveux blancs comme le jour et les ténèbres de sa vieillesse[2], et soupire à la pensée qu'il « mourra demain sur sa couche, comme meurt le premier venu, quand la mort aurait dû l'atteindre au jour du combat, entre les lances et les épées altérées »[3].

C'est d'un œil attentif qu'il suit les événements en spectateur vigilant, puisque les rôles actifs lui sont désormais interdits. Il apprend que Saladin a pénétré dans la ville, mais non dans la citadelle de Ḥomṣ, le huit décembre, qu'il est entré à Ḥamâ le vingt-huit du même mois, qu'enfin le trente il a établi son camp devant Alep[4].

Le quatre janvier 1175[5], 'Imâd ad-Dîn Al-Kâtib, d'Ispahan, ancien président de la chancellerie de Noûr ad-Dîn, qui, après la mort de ce prince, avait jugé prudent de quitter Damas[6], y rentra pour solliciter de Saladin la réparation publique d'une injustice publique. Malheureusement pour Ousâma, 'Imâd ad-Dîn ne fit que passer par Damas sans s'y arrêter. Une grave maladie l'avait retenu à Mauṣil, alors que, désespéré de l'inaction, il se proposait d'aller à Bagdâdh offrir ses services à l'émir des croyants Al-Moustaḍî' Billâh. La conquête de Damas

1. Ousâma, dans *Nouveaux mélanges orientaux*, p. 141 et 142 ; cf. l'*Avertissement* placé devant le texte, p. VII.

2. Id., *ibid.*, p. 126.

3. Poésie inédite d'Ousâma dans son *Livre du bâton* (manuscrit cité), fol. 119 v°.

4. Ibn Al-Athîr et Aboû 'l-Fidâ, dans *Hist. or. des croisades*, I, p. 617-618 et 45 ; Ibn Schâddâd, *ibid.*, III, p. 59 ; Kamâl ad-Dîn, *Dictionnaire biographique des hommes illustres d'Alep*, *ibid.*, III, p. 699 ; *Zoubda*, fol. 189 v°-190 r°.

5. Ibn Khallikân, *Biographical Dictionary*, III, p. 302. La plupart des détails qui suivent sont empruntés à l'article substantiel consacré par Ibn Khallikân (*ibid.*, III, p. 300-306) à ce personnage qui naquit à Ispahan en 1125 et mourut à Damas en 1201. De la littérature sur 'Imâd ad-Dîn je détache encore Hammer, *Literaturgeschichte der Araber*, VII, p. 339 ; 659-661 ; Wüstenfeld, *Die Geschichtschreiber der Araber*, p. 100-102 ; Houtsma, *Recueil de textes relatifs à l'histoire des Seldjoucides*, II, p. XXX-XXXVI ; Hartwig Derenbourg, *Ousâma poète*, dans *Nouveaux mélanges orientaux*, p. 117-119.

6. 'Imâd ad-Dîn, dans Aboû Schâma, *Kitâb ar-rauḍatain*, I, p. 231, l. 8-15.

par Saladin avait modifié ses projets. Il supportait mal les délais imposés par sa lente convalescence. Toutes ses pensées étaient tournées vers Saladin et Damas. Il quitta enfin Mauṣil le premier décembre et, mal guéri, mit plus d'un mois à parcourir la route dite *ṭarîḳ al-barriyya* (voie du désert)[1]. Le sultan avait alors dressé ses tentes sur le mont Djauschan, à l'ouest d'Alep, et y avait déployé ses étendards[2]. 'Imâd ad-Dîn s'empressa de quitter Damas pour le rejoindre.

Il cheminait à petites journées, lorsqu'il fut informé qu'à l'instigation de Sa'd ad-Dîn Goumouschtakîn, un attentat contre la vie de Saladin avait été ourdi par Sinân, grand maître des Ismaéliens[3], mais qu'il avait échoué grâce aux indiscrétions, qui lui coûtèrent la vie, de Khamârtakîn, seigneur de Boûḳoubais, grâce au dévouement de l'émir chambellan Ṭogrîl, qui tua l'assassin, parvenu au seuil de la tente du sultan[4]. Celui-ci n'en avait pas moins continué à harceler les défenseurs d'Alep, lorsqu'il se décida à lever le siège, le vingt-six janvier 1175, en apprenant qu'une armée de secours considérable s'avançait pour débloquer la place. Saif ad-Dîn Gâzî II, atâbek de Mauṣil, effrayé des progrès et de l'énergie de Saladin, avait équipé de nombreuses troupes, dont il avait confié le commandement à son frère 'Izz ad-Dîn Mas'oûd[5]. Saladin fit volte-face vers Ḥamâ, y prit ses quartiers le deux février[6], puis se rendit à Ḥomṣ, dont la citadelle capitula le vingt et un mars, quelques jours après que 'Imâd ad-Dîn, retardé par une rechute douloureuse, mais enfin soulagé de ses souffrances, était arrivé au camp en parfaite santé[7]. Il rencontra à Ḥomṣ le grand chancelier de Miṣr,

1. 'Imâd ad-Dîn, dans Aboû Schâmâ, *Kitâb ar-rauḍatain*, I, p. 245, l. 21.

2. Aboû Schâma, *Kitâb ar-rauḍatain*, I, p. 328, l. 27; Kamâl ad-Dîn, *Zoubda*, dans Rœhricht, *Beiträge*, I, p. 286, et dans *Hist. or. des croisades*. III, p. 649 et 650; et aussi dans le manuscrit 728 de l'ancien fonds arabe, fol. 190 r°.

3. St. Guyard, *Un grand maître des assassins au temps de Saladin*, dans le *Journal asiatique*, avril-mai-juin 1877, p. 324-489, et en particulier, p. 367 et p. 398-408.

4. Ibn Abî Ṭayy dans Aboû Schâma, *Kitâb ar-rauḍatain*, I, p. 239; Ibn Al-Athîr dans *Hist. or. des croisades*, I, p. 618-619.

5. Id., *ibid.*, I, p. 620; Ibn Schaddâd, *Vie de Saladin*, *ibid.*, III, p. 59; Kamâl ad-Dîn, *Dictionnaire biographique*, *ibid.*, III, p. 699.

6. Ibn Al-Athîr et Aboû 'l-Fidâ, *ibid.*, I, p. 620 et 46.

7. Vers de 'Imâd ad-Dîn sur cet événement dans Aboû Schâma, *Kitâb ar-rauḍatain*, I, p. 239, l. 24-26; les cinquante-six premiers vers de cette même

Al-Kâḍî Al-Fâḍil Ibn Al-Baisânî[1], qui se souciait peu de voyager partout avec le sultan, qui désirait se consacrer exclusivement aux affaires d'Égypte, et qui avait été travaillé en faveur de 'Imâd ad-Dîn par l'émir Nadjm ad-Dîn Ibn Maṣâl, fils de l'ancien vizir d'Égypte[2]. Ibn Al-Baisânî tenta une démarche auprès de Saladin et demanda en insistant que 'Imâd ad-Dîn lui fût adjoint pour la correspondance politique[3]. La tentative n'eut d'autre résultat pratique que de faire admettre 'Imâd ad-Dîn en présence de celui qu'il prétendait servir, mais qui, sans le repousser, préférait ajourner la décision[4]. Il espérait vaincre à la longue l'indifférence manifeste du sultan pour sa collaboration. 'Imâd ad-Dîn ne quitta plus Saladin, malgré les mauvaises dispositions à son égard, malgré les préventions que les intrigues de ses rivaux envieux et l'insolence de ses détracteurs avaient enracinées dans l'esprit du prince[5]. Et pourtant leurs relations dataient de 1167, pourtant c'était Nadjm ad-Dîn Ayyoûb, le père de Saladin, qui avait présenté 'Imâd ad-Dîn à son fils[6]. Saladin et 'Imâd ad-Dîn voyageaient maintenant de concert, tous deux s'arrêtaient ensemble aux mêmes endroits[7], mais sans que le sultan se départît de sa froideur envers le compagnon obstiné et l'historiographe persévérant qui n'en continuait pas moins à enregistrer, en prose rimée et en vers, les hauts faits qui se déroulaient sous ses yeux : la prise de Ba'lbek le vingt-neuf mars[8], la victoire décisive qu'Allâh fit remporter par Saladin, dont les troupes avaient reçu, à la dernière heure, des renforts d'Égypte avec dix chefs, sur des forces supérieures dirigées par 'Izz ad-

poésie, *ibid.*, I, p. 245-247. Quant à la date, elle est donnée d'après 'Imâd ad-Dîn également, *ibid.*, I, p. 245, l. 22 et 23 ; de même, Ibn Al-Athîr et Aboû 'l-Fidâ, dans *Hist. or. des croisades*, I, p. 620 et 46.

1. Plus haut, p. 335, note 2.
2. Plus haut, p. 219.
3. 'Imâd ad-Dîn, dans Aboû Schâma, *Kitâb ar-rauḍatain*, I, p. 251.
4. Ibn Khallikân, *Biographical Dictionary*, III, p. 302.
5. 'Imâd ad-Dîn, dans Aboû Schâma, *Kitâb ar-rauḍatain*, I, p. 248, l. 3-6 ; 251, l. 2-3.
6. Ibn Khallikân, *Biographical Dictionary*, III, p. 301.
7. Aboû Schâma, *Kitâb ar-rauḍatain*, I, p. 247, l. 20 ; Ibn Khallikân, *Biographical Dictionary*, III, p. 302.
8. 'Imâd ad-Dîn, dans Aboû Schâma, *Kitâb ar-rauḍatain*, I, p. 247, l. 8-9 et 10-19 ; cf. Ibn Al-Athîr, *Chronicon*, XI, p. 278, l. 3, où il faut lire رابع شهر رمضان ; cf. *ibid.*, *Supplementum variarum lectionum*, p. 42.

Dîn Mas'oûd, aux Cornes de Ḥamâ le treize avril, enfin le retour offensif du sultan contre Alep, dont les gouvernants achetèrent sa retraite par la cession de Ma'arrat an-No'mân, de Kafarṭâb et de Bârîn [1].

Pendant que le pied de Saladin s'affermissait de plus en plus dans la Syrie centrale [2], l'émir Ousâma, resté à Damas, comme un traînard incapable de marcher avec les armées, souffrait d'être ainsi abandonné même par son fils Mourhaf, le compagnon de table et aussi le compagnon d'armes du sultan. Ils n'étaient ni l'un ni l'autre rentrés à Damas pour y fêter le ramaḍân, bonheur qu'Ousâma leur avait souhaité, non sans une pointe d'égoïsme [3].

Une consolation pour le vieillard déçu lui fut donnée par la visite d'Al-Ḳaḍî Al-Fâḍil qui, après avoir pris congé du sultan à Ḥomṣ, semble avoir passé par Damas avant de rejoindre son poste de Miṣr [4]. Il lui apporta des nouvelles de Saladin, de Mourhaf et de 'Imâd ad-Dîn, s'excusa de n'avoir pas encore répondu à l'envoi du *Livre du bâton*, qu'Ousâma lui avait adressé du Diyâr Bekr, en l'accompagnant d'une lettre [5], consulta sans doute son interlocuteur pour l'expédition des affaires courantes ou au moins affecta de faire appel à son expérience, enfin lui promit « d'établir ses droits d'après des règles qui s'imposaient ». Il dut s'éloigner après quelques jours passés dans une familiarité bienfaisante pour Ousâma, sans avoir pu, avant leur séparation, lui faire goûter les satisfactions légitimes que, par son intervention, il comptait lui obtenir.

Les déceptions étaient moins amères à Damas que partout ailleurs. Il faisait bon y vivre pour un amoureux des belles-lettres

1. 'Imâd ad-Dîn, dans Aboû Schâma, *Kitâb ar-rauḍatain*, I, p. 248, l. 24; Ibn Abi Ṭayy, *ibid.*, I, p. 250, l. 5-15; Kamâl ad-Dîn, *Zoubda*, fol. 190 v°; Ibn Al-Athîr et Aboû 'l-Fidâ, dans *Hist. or. des croisades*, I, p. 621 (où lisez 19 de ramaḍân et 13 avril), 46 et 837; Ibn Schaddâd, *ibid.*, III, p. 60, et dans Aboû Schâma, *Kitâb ar-rauḍatain*, I, p. 248, l. 15-16; Kamâl ad-Dîn, *Dictionnaire biographique des hommes illustres d'Alep*, dans *Hist. or. des croisades*, III, p. 700.

2. Expression d'Ibn Al-Athîr, *ibid.*, I, p. 621.

3. Plus haut, p. 373.

4. Voir plus bas, p. 385, dans la lettre d'Al-Ḳâḍî Al-Fâḍil à Ousâma, un passage d'où j'ai cru pouvoir déduire ces conclusions.

5. Plus haut, p. 335.

et de la science comme Ousâma. Damas, *ce paradis terrestre*, pour lequel 'Imâd ad-Dîn éprouvait une passion brûlante[1], offrait des ressources littéraires sans rivales dans le reste de la Syrie musulmane. On y rencontrait des écrivains et des manuscrits. Les nombreux collèges étaient bien fournis en chaires et en professeurs[2]. Les Séances d'Al-Ḥarîrî, un des livres de prédilection d'Ousâma[3], devait être, comme dans la Niṭhâmiyya de Bagdâdh[4], un sujet inépuisable de leçons attrayantes, qu'Ousâma pouvait suivre assidûment[5]. Les cours de droit ḥanafite trouvaient en Ousâma mieux qu'un auditeur, mieux qu'un amateur. Il y était passé maître, et des jurisconsultes alléguaient son autorité[6]. Sa réputation comme professeur n'était pas moins bien établie. Déjà, dans son deuxième séjour à Damas, il avait dû enseigner à quelques disciples choisis, dont quelques-uns se sont fait un nom dans la littérature arabe, les sciences du Coran et des traditions, la rhétorique et les belles-lettres, ces disciplines où il se retrempait autrefois après les combats, qui remplissaient maintenant le vide de son existence. En effet, l'illustre polygraphe Aboû Sa'd Ibn As-Sam'ânî, mort à Merw le vingt-six décembre 1166[7], qui mentionne Ousâma dans son Supplément à l'histoire de Bagdâdh[8], est cité dans une liste qui nous a été conservée

1. 'Imâd ad-Din, dans Aboû Schâma, *Kitâb ar-rauḍatain*, I, p. 246, l. 10.

2. F. Wüstenfeld, *Die Academien der Araber und ihre Lehrer* (Göttingen, 1837), p. 30-93.

3. Ousâma, *Livre du bâton* (manuscrit de ma collection), fol. 59 r°-60 r°.

4. Hartwig Derenbourg, dans *Morgenländische Forschungen* (Leipzig, 1875), p. 110.

5. Je pense, par exemple, aux leçons publiques qu'Al-Bandahi, le commentateur le plus prolixe des Séances, faisait au couvent ṣoûfî de Soumaisâṭ, à Damâs. Voir Ibn Khallikân, *Biographical Dictionary*, III, p. 99; Reinaud et J. Derenbourg, *Les Séances de Hariri*, Introduction, p. 62-63.

6. Kamâl ad-Din, *Dictionnaire biographique des hommes illustres d'Alep* (manuscrit 726 de l'ancien fonds arabe), fol. 38 v°; cf. plus haut, p. 329. Sur les 52 Écoles de droit ḥanafite de Damas, voir Fleischer, *Michael Meschaka's Cultur-Statistik von Damascus*, dans la *Zeitschrift der deuts. morg. Gesellschaft*, VIII, p. 361-364.

7. Tâdj al-islâm Aboû Sa'd 'Abd al-Karim ibn Moḥammad as-Sam'âni, né à Merw en scha'bân 506 (février 1113), après avoir fait de grands voyages pour s'instruire, composa nombre d'ouvrages, parmi lesquels un Supplément en quinze volumes à l'Histoire de Bagdâdh, par Al-Khaṭib Al-Bagdâdhî, mort en septembre 1071, auteur de l'Histoire en quatorze volumes. 'Imâd ad-Dîn, à son tour, écrivit son Torrent sur le Supplément, en trois volumes, comme un appendice critique au Supplément d'As-Sam'âni, qu'il appelle aussi la Chronique d'As-Sam'âni, sans tenir compte des ouvrages qu'il continue (voir *Kharîdat al-ḳaṣr*, dans *Nouveaux mélanges orientaux*, p. 125, l. 19 et 21). Sur ces histoires successives de Bagdâdh, où la précédente sert de point de départ à la suivante, cf. Ibn Khallikân, *Biographical Dictionary*, I, p. 75-76; II, p. 156-159; Ḥâdji Khalifa, *Lexicon bibliographicum*, II, p. 119; Hammer, *Literaturgeschichte der Araber*, VI, p. 571-572; VII, p. 213 327-328; 674-677; 687-688; F. Wüstenfeld, *Die Geschichtschreiber der Araber*, p. 69; 87-88; 102; et plus haut, p. 35, note 2.

8. 'Imâd ad-Dîn, *Kharîdat al-ḳaṣr*, dans *Nouveaux mélanges orientaux*, p. 123.

des plus distingués entre ceux qui, à différentes époques, assistèrent à ces conférences. « Ce furent, dit Adh-Dhahabî dans sa Chronique de l'islâm[1], Aboû 'l-Ḳâsim Ibn 'Asâkir le *ḥâfiṭh*[2], Aboû Sa'd Ibn As-Sam'ânî, Aboû 'l-Mawâhib Ibn Ṣaṣrâ[3], le *ḥâfiṭh* 'Abd al-Ganî[4], le fils d'Ousâma l'émir Aboû 'l-Fawâris Mourhaf, Al-Bahâ 'Abd ar-Raḥmân, Schams ad-Dîn Moḥammad ibn 'Abd al-Kâfî, 'Abd aṣ-Ṣamad ibn Khalîl ibn Mouḳallad Aṣ-Ṣâ'ig (l'orfèvre), 'Abd al-Karîm ibn Naṣr Allâh ibn Abî Sourâḳa[5], et d'autres. » Pas plus que le professeur, l'écrivain ne se reposait : il composait de nouveaux livres, copiait et annotait un petit nombre d'ouvrages bien choisis[6], bouleversait son recueil de poésies pour y insérer de nouveaux morceaux sans trop le grossir, enfin, soucieux de sa renommée, élaguait et complétait, coupait et remaniait ses Mémoires[7].

L'étude et le travail distrayaient Ousâma sans lui suffire. L'absence de Saladin l'affligeait. Il se croyait oublié. Aussi, quelle ne fut pas sa joie quand la nouvelle lui fut confirmée que le sultan, après avoir conclu un armistice avantageux avec Al-Malik Aṣ-Ṣâliḥ, fils de Noûr ad-Dîn, avait pris la route de Damas et était arrivé le six mai à Ḥamâ, où le khalife Al-Moustaḍî' Billâh avait envoyé une ambassade chargée de lui remettre les plus magnifiques manteaux d'honneur, les étendards noirs des 'Abbasides et le diplôme scellé par la chancel-

1. Manuscrit 753 de l'ancien fonds arabe, fol. 13 v°.

2. C'est le célèbre historien de Damas Aboû 'l-Ḳâsim 'Alî ibn Al-Ḥaṣan ibn Hibat Allâh Ibn 'Asâkir, né à Damas en septembre 1105, mort dans cette même ville en février 1176, sur lequel on peut consulter Ibn Khallikân, *Biographical Dictionary*, II, p. 252-255 ; Adh-Dhahabî, *Liber classium* (éd. Wüstenfeld), III, p. 43-44 ; Hammer, *Literaturgeschichte der Araber*, VII, p. 217 ; 691-693 ; 1299 ; Wüstenfeld, *Die Geschichtschreiber der Araber*, p. 92-93. Les parties de l'œuvre d'Ibn 'Asâkir conservées à Londres, au British Museum (Add. 7248, 23351-23353) et à la Bibliothèque nationale de Paris (Supplément arabe, 687), m'ont démontré, à ma grande déception, que chez lui, dans le choix des notices qu'il a données, le point de vue théologique prévaut sur l'intérêt historique et littéraire des biographies.

3. Aboû 'l-Mawâhib Al-Ḥasan ibn Hibat Allâh ibn Abî 'l-Barakât Maḥfoûṭh..... Ibn Ṣaṣrâ, le grand *ḥâfiṭh* de Damas, naquit en 537 de l'hégire (1142 de notre ère) et mourut en 586 (1190 de notre ère); cf. Adh-Dhahabî, *Ta'rîkh al-islâm*, fol. 25 v°-26 r° ; Id., *Liber classium*, III, p. 50; Hammer, *Literaturgeschichte der Araber*, VII, p. 701.

4. Le *ḥâfiṭh* Taḳi ad-Dîn 'Abd al-Ganî, de Jérusalem, fils de 'Abd al-Wâḥid, naquit en 541 de l'hégire (1146 de notre ère) et mourut en rabî' I 600 (novembre 1203) à Miṣr; cf. Adh-Dhahabî, *Ta'rîkh al-islâm* (ms. cité), fol. 127 r°-128 r° ; id., *Liber classium*, III, p. 50 ; Hammer, *Literaturgeschichte der Araber*, VII, p. 232-233.

5. Je manque de renseignements sur ces quatre derniers personnages.

6. Plus haut, p. 339-342, et Ibn Khallikân, *Biographical Dictionary*, III, p. 285.

7. Plus haut, p. 335, 337, 338-339.

lerie souveraine, l'investissant du sultanat dans les pays d'Égypte et de Syrie[1] ! Quelques dispositions nécessaires pour assurer le gouvernement des pays nouvellement annexés retardèrent de quelques jours le retour si ardemment désiré par Ousâma et par 'Imâd ad-Dîn qui, sans se connaître, éprouvaient, à distance l'un de l'autre, un même sentiment. « Je me souviens, dit celui-ci[2], que nous traversâmes l'Oronte pour revenir, au moment d'une éclipse de soleil, par un jour sombre, les cœurs étant saisis de frayeur, les feux éteints, les traces des pas effacées, les étoiles se montrant à l'horizon. Nous arrivâmes à Ḥomṣ, puis à Ba'lbek, puis dans les Biḳâ' (la Coelésyrie), et nous parvînmes à Damas en dhoû 'l-ḳa'da. » 'Imâd ad-Dîn ne nous dit pas le quantième du mois et nous laisse dans l'incertitude sur l'époque exacte, entre le vingt-quatre mai et le vingt-deux juin 1175.

Saladin victorieux rapportait à Ousâma sa part dans la conquête récente. Avec une délicatesse de bon aloi, il affecta de lui faire non pas une aumône, pour large qu'elle fût, mais une restitution de biens, dont il rendait au propriétaire légitime la jouissance fortuitement interrompue. Ousâma se vit offrir et accepta avec reconnaissance, dans la région de Ma'arrat an-No'mân, « un fief qu'on présumait lui avoir appartenu autrefois »[3]. Il se prêta de bonne grâce à la fiction ingénieuse de son bienfaiteur et ne s'enquit point des titres qu'il avait à récupérer ce patrimoine inattendu. Avec sa maison de Damas et son domaine des champs dans une contrée très fertile, les jours de misère et de tristesse sont passés, la vie se présente sous un aspect moins sombre, et le vieillard oublié par les destins[4] accepte avec plus de résignation le délai qu'ils lui imposent.

La rosée des bienfaits le rajeunit ; il se redresse et fait ses préparatifs pour une visite à cette terre inconnue, héritage sup-

1. 'Imâd ad-Dîn et Ibn Abî Ṭayy, dans Aboû Schâma, *Kitâb ar-rauḍatain*, I, p. 250.
2. 'Imâd ad-Dîn, *ibid.*, I, p. 250, dernière ligne-251, l. 1.
3. 'Imâd ad-Dîn, *ibid.*, I, p. 264, l. 30-31.
4. Vers traduits plus haut, p. 357.

posé de ses ancêtres les Mounḳidhites[1]. Il réclame à son illustre médecin Al-Mouhadhdhab Ibn An-Naḳḳâsch[2] une forte dose d'huile de baume pour frotter son genou raidi et lui adresse une épître en vers, dont voici un fragment[3] :

Mon genou obéit à Al-Mouhadhdhab dans la science, dans toutes les décisions qu'il prend avec sagesse ;
Il se plaint à lui que la durée de la vie et le cours du temps lui aient imprimé une telle faiblesse.
En lui est un grand besoin du baume[4] *qui le raffermira pour le voyage.*
Tout ceci est un reste de forces quelconque chez celui dont deux mains, lui apportant le baume, ont supprimé les quatre-vingts ans,
Tant il désire vivre après une longue existence, bien que la mort soit le but suprême de l'homme !

On sella la monture d'Ousâma, cheval, chameau ou dromadaire, il fut hissé dans un palanquin aux coussins moelleux, son genou fut enduit du baume qui devait le guérir ou au moins l'assouplir et le soulager ; Mourhaf, retenu par Saladin, lui donna une petite escorte chargée de veiller sur sa sécurité, et le vieil émir, toujours vaillant, toujours curieux des spectacles nouveaux, quitta Damas en fêtes, sa demeure large et opulente, son prince, son fils et ses amis, en plein été, pour aller, à travers les routes brûlantes, inspecter ses cultures et s'entendre avec ses fermiers. Lorsqu'il eut pris avec ceux-ci des arrangements pour que les revenus et les bénéfices de l'exploitation lui fussent régulièrement envoyés à Damas, il s'empressa de retourner vers Saladin. Dès le mois de juillet 1175, il fait une halte à Ḥamâ pour s'y entretenir avec le schaikh Aboû 'l-Ḳâsim Al-

---

1. Le pays plantureux de Ma'arrat an-No'mân avait été convoité, mis à contribution, mais il n'avait pas été conquis par les seigneurs de Schaizar ; cf. Ousâma, *Autobiographie*, p. 154, et plus haut, p. 25, 27, 66, 67, 78, 90, 122.

2. Mouhadhdhab ad-Dîn Aboû 'l-Ḥasan 'Alî ibn Abî 'Abd Allâh 'Îsâ ibn Hibat Allâh An-Naḳḳâsch (le ciseleur), natif de Baghdâdh, mourut à Damas le trente juin 1178, après avoir été le médecin de Noûr ad-Dîn et de Saladin. On peut consulter sur lui Ibn Abî Ouṣaibi'a, *Classes des médecins* (éd. A. Müller), I, p. 285, et surtout II, p. 162-163, où sont cités les vers d'Ousâma : Aboû Schâma, *Kitâb ar-rauḍatain*, II, p. 5 ; D' Leclerc, *Histoire de la médecine arabe*, II, p. 41.

3. 'Imâd ad-Dîn, *Kharîdat al-ḳaṣr*, dans *Nouveaux mélanges orientaux*, p. 128 ; Ibn Abî Ouṣaibi'a, *Classes des médecins*, II, p. 163.

4. Lisez البَلَسان.

Khidr ibn Mouslim Ibn Ḳousaim, originaire de cette ville [1], et aussi pour y réconforter son corps brisé par la fatigue.

Lorsque Ousâma revint à Damas pour y mener une vie large et confortable, ainsi que le lui permettait l'accroissement de sa fortune immobilière, il ne tarda pas à y recevoir une lettre d'Al-Ḳâḍî Al-Fâḍil Ibn Al-Baisânî qui avait d'abord égaré le Livre du bâton [2], qui ensuite, après avoir retrouvé le précieux exemplaire, n'avait pas eu le loisir de l'étudier, qui venait d'achever en mouḥarram 571, c'est-à-dire en août 1175, sa réponse, commencée depuis plus de six mois, à la lettre d'Ousâma qui accompagnait l'envoi. Le grand chancelier s'était absorbé dans les occupations du protocole. Rentré à Miṣr, il ne se laissa plus distraire même par les nécessités les plus urgentes de ses fonctions et s'empressa d'envoyer à Damas ses compliments longtemps attendus, vivements désirés, avec l'assurance qu'il n'avait rien oublié de ses promesses.

'Imâd ad-Dîn nous a conservé l'épître d'Ibn Al-Baisânî, qui lui fut communiquée un ou deux mois plus tard par Ousâma. Celui-ci eut la faiblesse de se faire lire en même temps à haute voix sa propre réponse. 'Imâd ad-Dîn se prêta à ce caprice d'Ousâma qui écouta cette lecture d'une oreille attentive, la savoura avec délices et se rendit compte que son épître avait été exactement reproduite [3].

De telles élucubrations s'accommodent assez mal d'une traduction française. Le vague des idées y est le plus souvent insaisissable. C'est une harmonie confuse, où le cliquetis des mots résonne, où les rimes riches font impression sur l'oreille, où les tournures de phrase pompeuses, avec des locutions violemment

1. Ousâma, *Autobiographie*, p. 125 et 127. J'ai lu Ḳousaim avec le second passage, le père de l'interlocuteur d'Ousâma étant appelé Ibn Ḳousaim Aboû 'l-Madjd de Ḥamâ, en tête de la longue notice que lui a consacrée 'Imâd ad-Dîn, *Kharîdat al-ḳaṣr* (manuscrit 1414 de l'ancien fonds arabe), fol. 82 v°-94 v° ; cf. Dozy, *Catalogus codicum orientalium Bibliothecae Academiae Lugduno-Batavae*, II, p. 245.

2. Plus haut, p. 335. Ce qui suit est emprunté au contenu de la lettre qui est traduite plus bas, p. 383-388.

3. 'Imâd ad-Dîn, *Kharîdat al-ḳaṣr*, dans *Nouveaux mélanges orientaux*, p. 147-152.

accouplées, retentissent avec fracas. Un aussi haut degré de prétention littéraire est cause qu'une foule de passages restent obscurs [1]. La précision de notre langue a des rigueurs sans pitié contre ce luxe d'expressions chatoyantes qui font ressortir le vide de la pensée. Si je me suis néanmoins décidé à une reproduction aussi fidèle que possible de ces deux morceaux, c'est que j'ai voulu donner une idée du genre épistolaire tel qu'il était pratiqué par les Arabes au douzième siècle, même dans la correspondance politique. Si le talent a baissé, la mode n'a pas changé depuis cette époque, et ces échantillons du style fleuri d'alors sont admirés, comme des modèles, par les rédacteurs officiels astreints aux formulaires d'aujourd'hui.

Après avoir, dans son article sur Ousâma [2], emprunté de nombreux spécimens de ses poésies à son *dîwân,* ʿImâd ad-Dîn poursuit en ces termes [3] : « Je me suis proposé de choisir dans sa prose rimée ce qui en fera briller l'aube, ce qui en fera ressortir l'aurore. J'ai trouvé de lui une réponse provoquée par une lettre qu'Al-Ḳâḍî Al-Fâḍil Ibn Al-Baisânî lui avait adressée de Miṣr, après y être retourné [4], tandis que nous, nous séjournions à Damas en l'an 571. J'ai placé en tête l'épître d'Al-Fâḍil, qui est bien tournée, curieuse, ouvragée, originale, un amas de perles, un scintillement d'aigrettes blanches :

« Elle m'est parvenue, la lettre du grand personnage [5], très haut, affermi, secondé, honoré, *Madjd ad-Dîn* [6], le modèle des combattants dans la guerre sainte, le doyen des émirs, le plus digne

1. Le style des ouvrages gnomiques de la vieille Égypte a été apprécié de cette même manière dans des termes que j'emprunte au *Rapport annuel* de M. Ernest Renan, dans le *Journal asiatique* de juillet 1872, p. 48. Voir aussi G. Maspero, *Du genre épistolaire chez les anciens Égyptiens* (Paris, 1873).

2. ʿImâd ad-Din, *Kharîdat al-ḳaṣr*, dans *Nouveaux mélanges orientaux*, p. 121-154.

3. Id., *ibid.*, p. 147.

4. Plus haut, p. 377.

5. Le manuscrit porte الحضرة الشاميّة, comme j'ai imprimé. Ousâma serait appelé « le personnage de Syrie », titre qui lui conviendrai doublement, puisqu'il était né à Schaizar et puisqu'il habitait Damas. Cependant je n'hésite pas à préférer la leçon الحضرة السامية, plus conforme aux usages constants de la chancellerie ; cf. Dozy, *Supplément aux dictionnaires arabes*, I, p. 208.

6. Le surnom honorifique, revendiqué par Ousâma comme un souvenir de son père, à la mort de celui-ci, en 1137. Voir plus haut, p. 47, où il faut lire dans le texte et dans la note 5, Madjd au lieu de Madj.

de confiance des savants, *Mou'ayyad ad-Daula*[1], la gloire de la religion, l'homme aux deux supériorités[2], plein d'un attachement pur pour l'émir des croyants[3]; puissent les jardins de ta réputation ne jamais cesser de se faire pendant, les accidents mortels de rester loin de toi à grande distance, les bénédictions de s'attacher à ton côté en auxiliaires, les nuits de resplendir comme les perles par les lumières de ton bonheur, les jours cruels de se détourner à ton profit de toute autre supériorité, et tes décisions rapides de laisser pour les exalter une troupe à laquelle se rallient[4] les nobles caractères, lorsqu'ils n'ont plus d'autre refuge[5] !

« Celui qui t'écrit a été mis sur la voie d'une chose égarée[6] par une passion, qui s'est postée en embuscade pour la chercher, qui a tenu comme lumière un feu tel que celui auprès duquel Moïse entendit l'appel de Dieu, se familiarisa avec la vertu et rencontra la bonne direction[7]. C'est dans sa poitrine le feu de l'amour, qui n'a pas recueilli, comme le feu destiné à Abraham, la rosée des paupières pour devenir fraîcheur et salut[8], qui n'a vu dans leur eau qu'un nouvel excitant pour son brasier allumé.

« Allâh est témoin d'une transformation dans mes connaissances par le contenu de ton livre, non pas d'un de ces entraînements vers l'absurde que repousse et que renie l'intelligence. Ton serviteur avait l'esprit à l'envers, était confus, baissait les yeux[9] par pudeur, avait le regard enchaîné, fixé vers la terre,

1. Le surnom honorifique décerné à Ousâma dans la famille des Mounkidhites; voir plus haut, p. 47.

2. Les deux supériorités sont l'habileté à manier l'épée et la plume; voir plus haut, p. 53, note 5; plus bas, p. 386.

3. Plus haut, p. 205; voir la même expression appliquée à Mourhaf, fils d'Ousâma, dans la souscription de l'*Autographie*, p. 168.

4. Lisez تتحيّز, et comparez le *Coran*, VIII, 16.

5. Lisez فيئة, que le manuscrit semble porter les deux fois. A la première rime, je crois devoir maintenir فئة.

6. Lisez فأنشدهُ, les verbes étant tous à la troisième personne du singulier, que le sujet soit exprimé ou sous-entendu.

7. Allusion au feu du buisson ardent d'après le *Coran*, XXVII, 7.

8. Bien que le manuscrit porte clairement يكون, il faut lire تكون, avec le feu comme sujet, en comparant le *Coran*, XXI, 69, presque textuellement reproduit. Il s'agit du bûcher que Nemrod aurait allumé pour punir le monothéisme obstiné d'Abraham; cf. G. Weil, *Biblische Legenden der Muselmænner*, p. 71-76.

9. Lisez غضيض الطرف.

la langue embarrassée pour parler; tant il était honteux depuis qu'il s'était séparé d'un homme de ton mérite[1] sans avoir établi pour ses droits des règles qui s'imposaient par Allâh, qui étaient évidentes, la nécessité ne t'ayant pas permis d'établir ta demeure auprès de celui qui est ainsi privé de ta familiarité[2]! Ni cette courte apparition, ni le nuage estival n'ont différé le voyage commencé (comme il était prochain!), non plus que les jours écoulés au loin (comme ils avaient été pénibles!), tandis que les jours passés dans le voisinage l'un de l'autre, comme ils avaient été bienfaisants!

Et certes un homme dont le cœur supporte de telles épreuves, et qui sait à quoi s'en tenir à leur égard, est vraiment très patient[3].

« Et ton serviteur revient à la description du noble livre : il s'est prosterné devant son *miḥrâb* et a prononcé des oraisons; il a apprécié ses lignes tracées, semblables à des bouches souriantes; il est resté immobile devant lui comme l'amoureux reste immobile devant les ruines qui lui parlent de la bien-aimée, sans qu'il puisse articuler une parole; il a eu les paupières inondées en djoumâdâ et pleurait encore au déclin du mouḥarram[4]; il lui a renouvelé des protestations d'amour sans espoir; il a craint que son assaut ne parviendrait pas jusqu'au champ de bataille. Ta lettre disait[5] :

Certes nous te saluons; portez-vous bien, ô ruines!

« Et j'aimerais, par Allâh, que l'auteur de cette lettre entrât dans les cœurs et sortît des prunelles. C'est lui qui a récité au rebours de cela :

Quant à des contrées, les ornements dont elles m'avaient paré ne sont

1. Ce passage me fait supposer qu'Ibn Al-Baisânî avait eu avec Ousâma à Damas des relations personnelles, alors même que très fugitives.

2. Lisez أُنْسُهَا أَذِنَتْ.

3. Lisez أَنَّهُ et وَيَتَحَبَّرُ.

4. Plus haut, p. 382.

5. Je n'ai pas trouvé cet hémistiche cité dans le Livre du bâton, tel que je le possède dans mon manuscrit. C'est pourquoi j'ai cru que الكتاب représentait ici, non pas le Livre du bâton, mais la lettre d'Ousâma, à laquelle répond Ibn Al-Baisânî, lettre dont nous connaissons l'objet, mais non la teneur.

plus des ornements; quant à une époque, ce qu'elle m'avait procuré m'a trahi.

« Et ton serviteur ne pense pas qu'il y ait un seul homme pour lequel le Roi[1] ne puisse pas quelque chose, lui qui s'élève au-dessus des humains, ni que les nuages se détournent d'aucun jardin parfumé, eux qui donnent la première pluie aux champs. Et je lui avais écrit[2] dans ce sens, espérant ne point subir de délai et renonçant à ce que le bon droit commandait d'abandonner. C'est Allâh que tu dois invoquer pour qu'une issue honorable termine un reste prolongé de l'existence. Car tu es maintenant le Noé des belles-lettres, et ton déluge est la science que tu montres en avant; aussi rien de surprenant que sa vie et la tienne atteignent la même durée, puisqu'il est avéré que tes actes t'assureront l'éternité dans le paradis et la célébrité dans ce monde. En effet les deux demeures se jalousent les supériorités de ta gloire et sont incapables d'élever, avec des mesures, ton salaire jusqu'à la hauteur de ce que tu vaux.

« Et de plus, tu as affermi ton rang au-dessus de ce monde ivre[3] depuis si longtemps que, dans la limite fixée à l'existence, tu as atteint les quatre-vingts ans, et que les jours écoulés, grâce aux armes guerrières de ton épée et aux armes pacifiques de ton *ḳalam*, ont notifié la punition des criminels. Tu ne t'es mis à porter le bâton après l'épée qu'au moment où la guerre, déposant ses charges, t'a proposé la paix. Tu n'as saisi le signe de Moïse[4] que pour, grâce à lui, faire jaillir[5] les lumières des pensées et pour frapper leurs océans. Et ce signe n'est pas autre chose qu'une lance à laquelle ta main suffit comme fer; il n'est pas autre chose qu'un cheval généreux, qui écarte de toi les années, les bouts de tes doigts te servant de rênes.

1. Le roi victorieux (*Al-Malik An-Nâṣir*) Saladin.

2. Lisez كتبتُ.

3. Lisez السّكْرى. La comparaison d'un pays chancelant avec la marche titubante de l'ivrogne rappelle *Isaïe*, xix, 14; xxiv, 20.

4. Le signe de Moïse est son bâton; cf. le *Coran*, xvii, 103; xx, 18-24. La verge miraculeuse de Moïse est l'objet d'un long morceau, auquel il est fait allusion ici, dans Ousâma, *Livre du bâton*, fol. 3 v°-20 v° de mon manuscrit.

5. Lisez لتُفجّر et comparez le *Coran*, xvii, 93

« Pour ce qui concerne la description du bâton, si le livre qui a été compilé par toi sur ce sujet est à ma portée au titre qu'il fait double emploi avec mon bâton, et qu'il a été ajouté à tes belles actions qu'on ne peut compter ou qu'il est compté dans leur nombre, je te dirai qu'il y a quelque temps ton serviteur a regardé à Alep plusieurs écrits de la main du maître, de ton fils [1], qui témoignaient d'une affliction et d'une maladie. Et peut-être que maintenant il s'est guéri de l'une et de l'autre, que son visage a l'œil rafraîchi, que son regard est redevenu comme il était accoutumé d'être, que sa langue t'a fait la confidence de sa narration appuyée sur des autorités sûres [2], a humecté la soif violente de celui qui était altéré, a pris soin du jeûneur maigre comme une nouvelle lune, que la face du temps, qui t'irritait à cause de lui, t'a contemplé en te prodiguant ses sourires et que, pour les échéances de l'intimité avec lui, elle est la garantie, la caution. Ton serviteur salue ton fils, comme la rosée salue les feuilles de rose, et désire recueillir son amitié fidèle comme fruit de ce qu'il a planté naguère.

« Et le livre, œuvre de ta haute personnalité, est tombé sur ton serviteur, comme le collier attaché au cou des colombes qu'elles ne peuvent retirer, qui les remplit de stupeur, sans qu'elles cessent de roucouler. Ce livre a apporté sur mes chagrins un collier, mais un collier incrusté avec les perles de mes larmes, et aucun insigne de la joie ne saurait en délivrer ton serviteur qui s'afflige et se tourmente de notre séparation. Lorsqu'il a reçu ce présent, il était encore plein de confiance ; mais il craint que cette triste condition ne brise ses relations, surtout avec un homme dont les idées sont tellement d'accord avec les siennes. Car c'est toi dont le livre ressemble au musc [3];

1. Le fils d'Ousâma, c'est ʿAḍoud ad-Dîn Aboû 'l-Fawâris Mourhaf, qu'Ibn Al-Baisâni avait fréquenté intimement à Miṣr, tous deux y étant les familiers de Saladin ; plus haut, p. 346-347.

2. Mourhaf est l'auteur d'une chronique, à laquelle, je crois, il est fait allusion ; cf. Kâmal ad-Dîn. *Dictionnaire biographique des hommes illustres d'Alep*, dans *Hist. or. des croisades*, III, p. 696 et 731.

3. Lisez كالمسك.

le parfum qui s'en dégage ne permet pas qu'il soit perdu.

Lorsque tu écrivais ce livre, tu écrivais en ma faveur un sauf-conduit; lorsque tu me l'as envoyé, tu m'as envoyé un retour de bonne fortune.
Si je l'achetais du sang de mon cœur, ce serait trop peu. Accorde-le moi généreusement; car, quand ai-je jamais connu tes refus?

« Voici la réponse de Mou'ayyad ad-Daula[1] et je la lus devant lui, tandis qu'il prêtait une oreille attentive :

Elle m'est parvenue, ta lettre; puissé-je être la rançon d'une pensée qui y a assemblé les plus précieuses des perles, des lignes!
J'en ai brisé[2] le cachet rouge, et ses effluves ont répandu une odeur de musc, un parfum d'ambre.
Et j'y ai ramené[3] mes méditations, stupéfait de voir comment les expressions s'y étaient transformées en pierres précieuses.

« Ton serviteur est au service de ta dignité élevée, très brillante, unique, supérieure, éminente[4]; puisse Allâh la maintenir éminente en en élevant les degrés dans le Paradis, comme il l'a rendue éminente par la sublimité de l'éloquence et de la parole, comme il lui a fait réaliser ses espérances de bonheur, comme il a scellé ses actes par les plus nobles actions, comme il a embelli par la durée de sa vie ce monde et lui a accordé libéralement sa part de miséricorde dans l'autre monde par une paix étendue sur elle matin et soir, grâce à une prière, dont la pureté ne sera cachée par rien qui l'empêche d'être exaucée, grâce à un éloge de ses qualités éminentes qui seraient mises à l'étroit et enserrées dans les plus vastes plaines! Ton panégyriste et ton louangeur sont dans l'impossibilité de rien dire : car l'éminence n'est qu'une gorgée d'eau de ta mer débordante, une goutte de ton nuage pluvieux : elle est la marque distinctive pour laquelle tu es sans rival ; elle a progressé dans sa marche en avant pendant ces derniers temps, lorsqu'elle a

1. C'est-à dire d'Ousâma ; plus haut, p. 47 et 384

2. Lisez وفضضتُه.

3. Lisez واعدتُّ.

4. Ousâma joue sur le surnom honorifique *Al-Kâḍi Al-Fâḍil* (le kâḍi éminent) d'Ibn Al-Baisânî. Partout où l'on rencontrera l'adjectif « éminent » dans ma traduction, ce sera pour rendre cette intention de l'auteur.

déployé cette éloquence dont les merveilles n'avaient pas encore orné ce monde, lorsqu'elle a apporté des versets en si beau langage qu'ils ont failli être récités dans les *miḥrâbs*. Dès qu'on les a entendu lire[1], les intelligences et les oreilles s'y sont précipitées, il y a eu accord et unanimité pour en reconnaître les merveilles[2].

« Aussi, gloire à celui qui l'a rendu éminent[3] par l'éloquence au-dessus de tous les hommes, et a avili en sa faveur le stile orné qui, excepté chez lui, ne paraît plus être un stile, de sorte que les intelligences sont incapables de le suivre sur sa route, que les imaginations désespèrent de le rejoindre, stupéfaites devant l'élégance de ses idées ! C'est de la sorcellerie, mais permise ; ce sont des perles, mais dont la mer contient une eau douce, courante.

« Qu'il ne croie pas[4] seulement (puisse Allâh prolonger par sa vie le charme de notre temps et de nos contemporains ; puisse-t-il lui faciliter les manifestions de sa vertu éminente qu'il voudrait cacher !), que son serviteur marche dans la voie de l'hypocrisie[5] en parlant de lui, d'un témoignage d'emprunt en décrivant sa perfection ! Non, par Allâh, telle n'est point sa manière d'agir, ce n'est point son intention, ni son habileté envers un personnage aussi haut placé, mais c'est un témoignage qu'on ne peut céler, un jugement prononcé conformément à la vérité. Et n'était que ton serviteur a conservé quelque trace de l'audace de la jeunesse, il se serait abstenu d'ouvrir une correspondance ou de répondre à ta lettre. Mais il se fie à la noble bienveillance et à la belle indulgence de ta dignité[6] élevée ; il est convaincu que ton éminence est apte à cacher l'affaiblissement et à réparer les misères de ton serviteur, tandis qu'il

1 Supprimez le *soukoûn* dans استنطقت, à cause de l'*alif waṣla* qui suit.

2. Lisez باعجازها.

3. Lisez فَضَّلَه.

4. Lisez ولا يَظُنّ.

5. Voir deux vers d'Ousâma sur l'hypocrisie de son temps dans *Nouveaux mélanges orientaux*, p. 127.

6. Lisez المجلس.

évitera de mentionner la passion qu'il ressent pour ta noble vue, sa mélancolie à distance de ton service aimé, et tandis qu'il se bornera à répéter ce qu'a dit Zohair[1] :

Si au soir leur maison est éloignée de moi[2], *ils n'en sont pas moins mes seuls amis, alors même qu'ils sont au loin*[3].

« Quant à la faveur que tu as faite[4] à ton serviteur de le mentionner dans tes communications officielles, cela me rappelle Moïse mentionnant son frère Aron (la paix soit sur lui !) dans ses entretiens avec Dieu[5]; et cependant il n'y avait pas égalité entre Moïse parlant de son frère et ta haute dignité parlant de son protégé ! C'est là un bienfait qu'elle a ajouté à ses bontés antérieures, qui fait pendant pour ma reconnaissance aux autres générosités de sa puissance.

« C'est parce que tu as fait mention à cette place élevée de ton serviteur, qui lui ne cesse pas de mentionner ta faveur qui le comble sans relâche, qu'il a eu l'honneur d'être rapproché d'un maître[6], dont l'asservissement et la considération l'avaient déjà honoré, dont les faveurs lui avaient permis de se passer et l'avaient rendu indépendant des autres hommes. Si je m'adresse à lui, il m'accorde ce que je lui demande, au point de satisfaire mon désir et mes espérances ; s'il se refuse à rendre sa générosité inutile par l'excès de sa générosité, il me surprend par l'initiative spontanée de ses dons et de sa prodigalité.

« Aussi ton serviteur, honoré par celui qui le tient en esclavage[7], a-t-il une couronne et un trône, est-il, par l'abondance

1. La prédilection d'Ousâma pour Zohair a été notée précédemment ; voir plus haut, p. 372, note 2.

2. Lisez إِن تُمْسِ دارُهُمُ مِنّى مُباعَدةً.

3. Ce vers paraît appartenir à la poésie dont le commencement a été publié par M. Ahlwardt, *The Divans of the six ancient Arabic poets*, p. 189.

4. Lisez أَنْعَمَ et comparez ce qui a été dit plus haut, p. 384, note 6.

5. *Coran*, xx, 30-35.

6. Bien que le texte porte à trois reprises مالِك et non مَلِك, j'ai cru qu'il s'agissait d'Al-Malik An-Nâṣir Saladin. Trois fois de suite مالك est opposé à رِقّه, et je les ai considérés dans les deux derniers passages comme en état d'annexion : « le maître de sa servitude ». Le duel de شرّفاه m'a fait maintenir ici ma lecture en dépit des objections qu'elle soulève.

7. Lisez مالِكِ رِقِّهِ.

de ses faveurs, dans un verger, au bord d'un étang [1]; et cela, par les bénédictions de ta haute dignité, par les heureux effets de ton intelligence, par ton point de vue aimable et tes intentions excellentes envers ton serviteur.

« Mais à son état de félicité que ses vœux [2] n'auraient pas osé atteindre se mêle une tristesse, qui a menacé sa couche moelleuse [3], qui a piétiné sur le grain noir au fond de son cœur; c'est que sa vie s'en va, ainsi que sa vigueur naturelle, sans qu'il ait pu les dépenser au service de celui qui le tient en esclavage [4] et donner sa tête pour lui, afin de rendre publiques la loyauté et la sincérité de sa soumission.

« Le serviteur se console de son infériorité entre tous les serviteurs, malgré sa préoccupation de servir son prince, en adressant une invocation pieuse dans la nuit très obscure. Puisse Allâh (gloire à lui !) accueillir cette invocation pieuse que le serviteur lui adresse, et donner au prince la victoire [5] sur ceux qui renient ses bienfaits, en souvenir de Moḥammad et de sa famille !

« Quant à la faveur que tu m'as faite [6] de mentionner le plus humble de tes serviteurs Mourhaf [7], il te servira en embrassant tes pieds, et ton serviteur répétera ce qu'Aboû 'l-Fityân Ibn Ḥayyoûs a dit au sujet du service d'Aboû 'l-Ḥasan (qu'Allâh ait pitié de lui !) à Maḥmoûd ibn Ṣâliḥ [8] :

Puisqu'une vie trop longue n'a pas encore ébréché le tranchant de sa langue, il n'a pas besoin de moi comme interprète de sa pensée.

1. Ousâma pense évidemment à son domaine de Ma'arrat an-No'mân.

2. Lisez أمانيه ou أمانيّه.

3. Cf. un vers d'Ousâma, *Autobiographie*, p. 119, l. 19.

4. Lisez مالِكِ رِقِّهِ.

5. Le verbe *naṣara* est ici employé pour rappeler le surnom honorifique de Saladin : *Al-Malik An-Nâṣir* « le roi victorieux ».

6. Lisez أَنْعَمَ.

7. Mourhaf, fils d'Ousâma ; voir plus haut, p. 387.

8. L'émir Moustafâ 'd-Daula Aboû 'l-Fityân Moḥammad ibn Soulṭân ibn Moḥammad Ibn Ḥayyoûs Al-Ganawî naquit à Damas en ṣafar 394 (décembre 1003) et mourut à Alep en scha'bân 473 (février 1081) ; voir plus haut, p. 18, note 4. Aboû 'l-Ḥasan paraît être le grand-père d'Ousâma 'Izz ad-Daula Sadîd al-Moulk Aboû 'l-Ḥasan 'Alî ibn Mouḳallad, bien que l'on attendrait l'indication de la parenté par جدّى « mon grand-père » ; voir plus haut, p. 16-27. Enfin le prince d'Alep est le Mirdâsite Tâdj al-Mouloûk Maḥmoûd ibn Naṣr ibn Ṣâliḥ ; voir plus haut, p. 16-19. Le vers est sans doute emprunté à la longue poésie dont Ibn Khallikân a donné un extrait ; cf. *Biographical Dictionary*, III, p. 142.

« Il répondra lui-même à ton noble souci et à ta grande bienveillance.

« Pour ce qui est de tes développements dans le passage consacré au Livre du bâton et de l'honneur que tu lui as fait, au point de présumer [1] qu'il est le plus beau de mes ouvrages, il t'avait été adressé [2] du Diyâr Bekr, pour ne jeter le bâton de l'allégement [3] qu'une fois arrivé à Miṣr, suivant en cela la trace du bâton apporté par l'interlocuteur de Dieu [4], auprès de ta noble seigneurie. Seulement mon livre est un signe d'acquiescement à ta suzeraineté éminente et qui rend éminent ; il se prosterne, comme se sont prosternés les magiciens [5], pour te glorifier et te célébrer ; recueille de ta générosité la grâce que tu lui accordes d'oublier son infériorité ; et se réfugie dans ta noblesse contre les suggestions de ta science et de ton examen.

« Ce sera honorer ton serviteur que de lui envoyer, fût-ce une ligne, dans sa solitude, dans sa vie désœuvrée [6] sans occupations, afin de l'élever en dignité et de lui faire sentir qu'il s'est maintenu à son rang solidement établi de bonne réputation. Et ton opinion à cet égard (puisse Allâh prolonger tes jours !) restera très haute, avec l'agrément d'Allâh, qu'il soit exalté ! »

Cette correspondance fut-elle reprise et Ibn Al-Baisânî eut-il la charité d'envoyer, fût-ce une ligne, au prétendu solitaire de Damas ? Nous ne sommes pas renseignés à cet égard, et le nom

1. Lisez تَطَوَّلَ, وشَرَّفَه et تَوَهَّمَ.

2. Lisez peut-être فعند, bien que le manuscrit porte وعند, à moins de supposer une négligence de stile.

3. Lisez يُلْقِي. La locution « jeter le bâton », avec l'emploi du verbe أَلْقَى, est assez fréquente dans le *Coran* ; ainsi VII, 104 et 114 ; XXVI, 31 et 44 ; etc. Elle se complète comme dans notre texte et signifie alors « parvenir au terme de son voyage ». On lit dans le *Livre du bâton* d'Ousâma, fol. 30 v° : تقول للمسافر اذا آب واستقرّت به دارُه أَلْقَى عصى التيسار, et aussi fol. 40 v° : يقال فلانٌ أَلْقَى عصى التيسار اذا اقام وترك السفر وكان العرب عنت بقولها القى عصاه اى وصل الى بُغْيته ومراده او وطنه ومراده وراحته ومظنّة استراحته (ms. ومطنه). Il convient donc de rectifier la traduction donnée plus haut, p. 335, l. 14.

4. L'interlocuteur de Dieu, c'est Moïse ; cf. le *Coran*, IV, 162 ; Dozy, *Supplément aux dictionnaires arabes*, II, p. 486, et les exemples qui y sont cités ; voir plus haut, p. 384 et 390.

5. *Coran*, VII, 117 ; XX, 73 ; XXVI, 45.

6. Lisez والفراغ.

d'Ousâma n'est prononcé, que je sache, dans aucun des volumes parvenus jusqu'à nous qui contiennent les épîtres à la fois politiques et littéraires d'Al-Ḳâḍî Al-Fâḍil[1]. Notre émir n'est point mentionné non plus dans les lettres du grand chancelier de Miṣr, qu'Aboû Schâma a insérées, ou intégralement ou par fragments considérables, dans son Livre des deux jardins.

Tandis qu'Ibn Al-Baisânî continuait à diriger la chancellerie d'Égypte, Saladin se décidait enfin à ne plus repousser le concours de 'Imâd ad-Dîn pour les affaires de Syrie. Les deux collègues devaient se prêter un mutuel appui, mettre à l'unisson leurs talents d'écrivains pour faire valoir la pensée du sultan. Ses résistances contre les ambitions de 'Imâd ad-Dîn avaient fini par être vaincues. Il le relevait d'une disgrâce injuste. Tant de persévérance avait touché son cœur. La recommandation et la garantie de l'émir Nadjm ad-Dîn Ibn Maṣâl, la démarche personnelle que le grand chancelier de Miṣr, Al-Ḳâḍî Al-Fâḍil Ibn Al-Baisânî, avait faite auprès de lui à Ḥomṣ[2], produisaient leur effet tardivement, mais d'une manière efficace, après des réflexions prolongées.

Saladin imposa silence à la calomnie acharnée contre 'Imâd ad-Dîn et appela le candidat opiniâtre à la direction de la chancellerie syrienne, poste qu'il avait occupé au temps de Noûr ad-Dîn[3]. Ces hautes fonctions, où le secrétaire donnait une expression à la pensée de son maître, amenait naturellement entre eux un échange d'épanchements quotidiens qui reposait sur la confiance et nécessitait des confidences intimes. Saladin, après s'être laissé fléchir non sans protester, mit beaucoup de bonne grâce dans sa bienveillance, 'Imâd ad-Dîn apporta une extrême condescendance dans sa soumission. Quant à Ousâma, Saladin

1. *Ousâma poète*, dans *Nouveaux mélanges orientaux*, p. 116, note 2. Depuis la rédaction de cette note, j'ai examiné les manuscrits de Londres Add. 7307, 7465, 25756 et 26122 (numéros DCCLXXVIII, DCCLXXIX, MDXL et MDXLI du catalogue imprimé, p. 350, 698 et 699) et j'ai pu constater que le nom d'Ousâma ne s'y rencontre pas une seule fois.

2. Plus haut, p. 375-376.

3. Ibn Khallikân, *Biographical Dictionary*, III, p. 301.

continuait à le traiter comme l'un des préférés entre ses familiers, mais le hasard voulait que 'Imâd ad-Dîn et lui, tout en déplorant de ne s'être jamais vus, restaient ignorés l'un à l'autre et attendaient, avec un égal regret et un même espoir, l'heure, qui sans cesse se dérobait devant eux, où il se trouveraient face à face dans la communauté de leurs goûts, dans la similitude de leurs aspirations littéraires, dans leur assiduité identique, mais jusqu'ici séparée, auprès du même sultan, dans l'admiration respectueuse qu'éprouvaient pour lui, sans un consentement préalable, ces deux esprits si bien faits pour se comprendre et pour sympathiser.

« J'avais étudié, ainsi parle 'Imâd ad-Dîn lui-même[1], le Supplément d'As-Sam'ânî[2], où j'avais remarqué la biographie et l'éloge d'Ousâma. A Ispahan déjà, Al-'Âmirî[3] m'avait récité ce qu'il avait retenu de ses poésies. Je désirais depuis fort longtemps me trouver avec lui, et, malgré la distance, j'observais l'horizon pour voir si sa pluie était imminente, lorsque je le rencontrai enfin à Damas dans le mois de ṣafar de l'année 571. »

Cet entretien préliminaire eut donc lieu au plus tôt le vingt et un août, au plus tard le dix-huit septembre 1175. Il ne fut pas sans lendemain et se renouvela tous les jours suivants. L'émir et le secrétaire d'État semblaient vouloir rattraper le temps perdu. 'Imâd ad-Dîn ne croyait pas déroger en se rendant chez Ousâma[4] qui exerçait sur lui son charme personnel, comme il l'avait exercé sur tous ceux qui l'avaient approché[5]. L'occasion était propice à ces conversations désintéressées, que ne troublait

1. 'Imâd ad-Dîn, *Kharîdat al-ḳaṣr*, dans *Nouveaux mélanges orientaux*, p. 123.

2. Plus haut, p. 378, note 7.

3. Madjd al-'Arab Mouṭhaffar ad-Daula Aboû Firâs 'Alî ibn Moḥammad ibn Gâlib Al-'Âmirî était né en 'Irâḳ et avait passé plusieurs années de sa jeunesse à Schaizar, où Mourschid, père d'Ousâma, l'avait traité avec considération et l'avait loué dans des vers très flatteurs; cf. 'Imâd ad-Dîn, *Kharîdat al-ḳaṣr* (ms. 1414 de l'ancien fonds arabe), fol. 114 r° et v°. En 1142, Al-'Âmirî vint à Ispahan (Id., *ibid.*, ms. 1147 de l'ancien fonds arabe, résumé par Slane dans Ibn Khallikân, *Biographical Dictionary*, II, p. 32), et ce fut en 1150 qu'il y récita des vers d'Ousâma devant 'Imâd ad-Dîn. « J'entendais, dit celui-ci, vanter le mérite d'Ousâma dans ma jeunesse, lorsque j'étais à Ispahan » ('Imâd ad-Dîn, dans Aboû Schâma, *Kitâb ar-rauḍatain*, I, p. 26).

4. 'Imâd ad-Dîn, *Kharîdat al-ḳaṣr*, dans *Nouveaux mélanges orientaux*, p. 120.

5. Plus haut, p. 207, 265, 317, 368.

aucun bruit du dehors. Saladin se recueillait, la politique s'arrêtait dans sa marche, la correspondance et la vie publique chômaient. La terre elle-même se reposait et l'année s'annonçait en Syrie comme une année de disette [1]. 'Imâd ad-Dîn s'informa avec sollicitude du passé littéraire d'Ousâma, le questionna sur l'authencité de certains vers qui lui étaient attribués [2], et, si j'excepte la date de sa naissance [3], ne chercha à recueillir aucun renseignement précis sur ses antécédents. Ce fut entre eux une suite courtoise de souvenirs poétiques, de citations, d'appréciations aimables sur eux-mêmes et sur les autres, de compliments réciproques avec force hyperboles où chacun d'eux renchérissait sur son interlocuteur, de débats sans conclusions, de victoires sans blessures.

'Imâd ad-Dîn n'a pas essayé de reproduire avec exactitude ce qui se passa dans l'un de ces rendez-vous à telle ou telle date. Il en a donné un tableau d'ensemble qui gagnerait à être débarrassé des hors-d'œuvre. Le commencement surtout [4] présente un vrai fouillis de phrases creuses dans le goût de l'époque, de formules dithyrambiques, d'exclamations étounées sur la nouveauté des idées et l'originalité des expressions. C'est là un défaut dont 'Imâd ad-Dîn ne s'est jamais corrigé, ni dans ses lettres, ni dans ses ouvrages. Quel dommage que ce témoin oculaire, si bien placé pour apprécier les hommes et être informé des choses, ait partout enveloppé sa pensée dans un langage apprêté, artificiel et pompeux, cadencé et riche d'assonances, que prisent les amateurs de clinquant, mais dont ses contemporains avaient déjà dénoncé l'attirail étalé sans mesure, les oripeaux surannés [5] ! Ousâma a été favorisé d'une sobriété relative dans la notice que 'Imâd ad-Dîn lui a consacrée et dans laquelle il a surtout inséré

1. Aboû Schâma, *Kitâb ar-rauḍatain*, I, p. 252, l. 5.

2. 'Imâd ad-Dîn, *Kharîdat al ḳaṣr*, dans *Nouveaux mélanges orientaux*, p. 125.

3. Id., *ibid.*, p. 123 ; cf. plus haut, p. 1.

4. 'Imâd ad-Dîn, *Kharîdat al-ḳaṣr*, p. 123-125.

5. Aboû Schâma, *Kitâb ar-rauḍatain*, dans l'*Introduction* de M. de Slane aux *Hist. or. des croisades*, I, p. XLIX ; cf. Hartwig Derenbourg, dans *Nouveaux mélanges orientaux*, p. 118-119.

nombre de ses poésies notées sous sa dictée et qui, sans cette heureuse coïncidence, auraient été perdues avec son *diwân*[1].

Saladin ne dédaignait pas de se mêler en arbitre à ces tournois de paroles. Al-Ḳâḍî Al-Fâḍil y manquait, étant retourné en Égypte, plein de confiance dans les aptitudes de son nouveau collègue 'Imâd ad-Dîn[2]. Mourhaf ne s'abstenait pas d'y faire entendre sa voix et d'y réciter des vers de sa composition, quelques-uns même relatifs à son père[3]. Les veillées du sultan avaient été reprises et les courtisans de la victoire y accouraient en rangs serrés. Le prestige de Saladin s'était accru par ses succès qui ne l'avaient pas grisé, par sa modération qui n'était pas de la faiblesse, par son accueil affable qui n'avait l'allure ni de la familiarité, ni de l'abaissement. Lorsque la discussion se traînait languissante, Saladin entamait avec 'Imâd ad-Dîn une partie d'échecs, la seule diversion qui lui fît oublier les préoccupations de son âme ambitieuse que les retards exaspéraient[4]. « Un soir, dit 'Imâd ad-Dîn[5], nous nous étions réunis à Damas chez Al-Malik An-Nâṣir Ṣalâḥ ad-Dîn qui jouait aux échecs. L'émir Ousâma me dit : Ne te réciterai-je pas les deux vers de ma composition sur les échecs ? — Très volontiers, lui dis-je. L'auteur me les récita alors :

Regarde le joueur d'échecs : il réunit les pièces avec ardeur, puis, après les avoir réunies, il les lance ;
De même l'homme recherche avec effort les biens de ce monde et les amasse jusqu'à ce qu'en mourant, il abandonne ces biens et leurs avantages.

Ousâma n'a pas besoin de nous en faire la confidence. Il n'était pas joueur d'échecs ; autrement, il n'eût point appliqué une comparaison aussi dédaigneuse à un divertissement dont le sérieux contraste plutôt avec la poursuite des biens passagers et fragiles de ce monde.

1. Plus haut, p. 337.
2. Abou Schâma, *Kitâb ar-rauḍatain*, I, p. 252, l. 6.
3. 'Imâd ad-Dîn, *Kharîdat al-ḳaṣr* (ms. 1414 de l'ancien fonds arabe), fol. 117 r°.
4. Sur la passion de Saladin pour le jeu d'échecs, voir des vers d'Al-As'ad ibn Mamâtî, cités d'après 'Imâd ad-Dîn dans Aboû Schâma, *Kitâb ar-rauḍatain*, I, p. 270-271.
5. 'Imâd ad-Dîn, *Kharîdat al-ḳaṣr*, dans *Nouveaux mélanges orientaux*, p. 133 ; Adh-Dhahabî, *Ta'rîkh al-islâm* (manuscrit 753 de l'ancien fonds arabe), fol. 14 v°.

Ousâma ne songea plus à railler, lorsqu'en ramaḍân 571, c'est-à-dire avant le douze avril 1176, il vit Saladin quitter sa résidence de Damas, en compagnie de son zélé secrétaire 'Imâd ad-Dîn Al-Kâtib, de son familier Mourhaf, de ceux qui, par leur intimité, consolaient le vieillard et le père, qui lui faisaient supporter les ennuis de la longévité. Alep était de nouveau l'objectif principal de la campagne qui s'ouvrait après quelques mois de trêve et de préparation[1]. Les renforts égyptiens s'avançaient par derrière pour coopérer avec l'armée insuffisante levée par le sultan dans ses possessions syriennes[2]. 'Imâd ad-Dîn énumère les étapes suivantes : Al-Gasoûla, Ḥamâ, la plaine de Boûḳoubais, puis, après la traversée de l'Oronte aux alentours de Schaizar, retour en arrière vers les Cornes de Ḥamâ où déjà, l'année précédente, Saladin avait livré bataille aux troupes de Mauṣil. Elles étaient revenues à la charge, sous la direction du prince lui-même Saif ad-Dîn Gâzî qui commandait, disait-on, à vingt mille cavaliers, sans compter les réserves musulmanes et les Francs qui avaient promis leur concours. Le choc des deux armées eut lieu à Tell as-Soulṭân, Saladin étant remonté à la rencontre de l'ennemi dans la direction d'Alep. Après une lutte acharnée, la victoire vivement disputée fut remportée par Saladin, qui paya de sa personne, le dix de schawwâl[3], c'est-à-dire le vingt-deux avril 1176.

Saladin s'imagina d'abord que son succès chèrement acheté allait lui ouvrir les portes d'Alep. Il arriva devant la place le vingt-cinq avril, y dressa sa tente pendant quatre jours, puis se résolut sagement à différer sa tentative de conquête jusqu'au moment où il se serait rendu maître de toutes les forteresses situées dans la région qui entoure Alep[4]. Ce fut pendant cette

1. 'Imâd ad-Dîn, dans Aboû Schâma, *Kitâb ar-rauḍatain*, I, p. 254, dernière ligne.

2. Ibn Schaddâd, *Vie de Saladin*, dans *Hist. or. des croisades*, III, p. 61.

3. 'Imâd ad-Dîn, dans Aboû Schâma, *Kitâb ar-rauḍatain*, I, p. 255 ; Yâḳoût, *Mou'djam*, I, p. 867 ; ibn Al-Athîr et Aboû 'l-Fidâ, dans *Hist. or. des croisades*, I, p. 692 et 46 ; Ibn Schaddâd et Kamâl ad-Dîn, *ibid.*, III, p. 62 et 700 ; Ibn Khallikân, *Biographical Dictionary*, IV, p. 507.

4. Ibn Abî Ṭayy, dans Aboû Schâma, *Kitâb ar-rauḍatain*, I, p. 256, l. 32 ; Kamâl ad-Dîn, *Zoubda* (manuscrit 728 de l'ancien fonds arabe), fol. 192 r°.

courte halte que ʿImâd ad-Dîn reçut d'Ousâma un rappel pressant en vers. L'émir attristé craignait d'avoir été oublié. L'abandon où il est laissé lui arrache ce cri de détresse, sans aucune allusion aux derniers événements [1] :

O ʿImâd ad-Dîn, tu es, pour tout suppliant qui invoque ton secours, la meilleure des colonnes [2].
Tu te lèves pour le secourir avec noblesse, alors que ne se dérangent ni les parents ni les amis.
Tes qualités personnelles ont assuré ton élévation, ainsi que ce que tu as reçu en partage de noblesse native.
Je m'ouvre à toi de ma mélancolie à cause de toi, du désir qui m'entraîne vers toi, de ce que ton éloignement m'a fait éprouver.
Je reste à Damas et tous ceux qu'elle enserre y sont, à cause de ton départ, des étrangers réduits à l'isolement.
Si quelqu'un, mis au courant de tes belles qualités, cherchait à trouver ton pareil, il n'y réussirait pas.
C'est par toi que notre époque a brillé; puissent ne pas monter sur elle, pour la perte de ton élévation [3], les vêtement noirs de deuil!

A ces quelques vers ʿImâd ad-Dîn rattache le « commencement d'une lettre » qu'il avait reçue d'Ousâma et qui me paraît avoir été destinée, d'une part à occuper les loisirs de celui qui l'a écrite, de l'autre à secouer la torpeur apparente d'un protecteur trop négligent à son gré. Voici ce morceau de même date ou à peu près, certainement écrit sous la même impression de révolte contre son isolement à Damas, contre l'indifférence de ceux par lesquels il se croit négligé, auxquels il éprouve le besoin de se rappeler avec insistance [4] :

O ma colonne, alors que je n'ai pas d'appui [5], et que ma voix est altérée de soif dans le danger imminent,
Je te le jure par celui qui, par sa volonté sage, m'a ramené [6] aux points culminants du sommet de la plus haute montagne,

1. ʿImâd ad-Din, *Kharidat al-kaṣr*, dans *Nouveaux mélanges orientaux*, p. 152.

2. Jeu de mots avec le surnom ʿ*Imâd ad-Din*, « la colonne de la religion ».

3. Je n'ai pas pu rendre le jeu de mots entre علائك et عُلاك.

4. ʿImâd ad-Din, *Kharidat al-kaṣr*, dans *Nouveaux mélanges orientaux*, p. 152-153.

5. عمادى et معتمد doivent rappeler le surnom ʿ*Imâd ad-Din.*

6. Le verbe بوّأ est ainsi appliqué à Allâh dans le *Coran*, vii, 72 ; x, 93 ; xxii, 27.

Depuis que je me suis séparé de toi, toute intimité a disparu pour moi, et l'éclat de mon aurore ressemble à une nuit ténébreuse.

Vers qui exhalerais-je une plainte, en l'absence de celui qui accueillait la plainte de mon chagrin nocturne?

Et lorsque je serai guéri, en bonne santé, dans une situation de haut rang et de félicité, mon souci[1] *s'apaisera.*

« Le serviteur de ta haute dignité te sert par son éloge et par son invocation,

Et te salue par un signe de tête de loin, comme le noyé fait un signe en agitant son doigt.

« Il éprouve, malgré le peu de temps qui s'est écoulé depuis qu'il jouissait de ta vue, une telle ardeur de désir, une telle mélancolie au souvenir de ton service que les *ḳalams* sont impuissants à les décrire, que leur vent embrasé brûlerait les feuillets. Il abandonne la montagne[2] de la plainte pour le séjour de l'invocation, et il supplie Allâh de te préserver par sa garde dans tes voyages et dans tes stations, de te prodiguer ses faveurs par sa grâce et par ses bienfaits. »

Saladin dut renoncer à conquérir Alep. Il y conclut un traité avec les gouvernants le vingt-neuf juillet 1176[3] et se dirigea vers les forteresses des Ismaéliens pour les châtier d'un second attentat que, six semaines auparavant, ils avaient commis sur sa personne et auquel il avait échappé par miracle, alors qu'il assiégeait la forteresse de 'Azâz[4], au nord-ouest d'Alep. Saladin bloqua étroitement Maṣyâth, la plus importante et la mieux retranchée des forteresses que les Ismaéliens possédaient sur les flancs des monts Soummâk[5]. Sinân, grand maître des Ismaéliens, parvint à s'échapper en gravissant une montagne voisine, du haut de laquelle il dominait la citadelle et le camp des ennemis. Saladin, frémissant encore au souvenir des dangers qu'il avait courus, averti de ceux auxquels, en persistant, il exposait sa

1. Lisez همّى.
2. Mot et sens douteux.
3. 'Imâd ad-Dîn, dans Aboû Schâma, *Kitâb ar-rauḍatain*, I, p. 261, l. 27; Ibn Al-Athîr et Aboû 'l-Fidâ, dans *Hist. or. des croisades*, I, p. 625 et 47.
4. 'Imâd ad-Dîn et Ibn Abî Ṭayy, dans Aboû Schâma, *Kitâb ar-rauḍatain*, I, p. 258-259.
5. Plus haut, p. 43, note 1.

vie, leva le siège précipitamment, contracta une alliance avec ses « assassins »[1] et partit pour Damas, où il arriva le vingt-cinq août[2]. Il campait encore devant Maṣyâth, vers le premier ṣafar 572, c'est-à-dire vers le neuf août 1176, quand il reçut d'Ousâma une épître, véritable dithyrambe en son honneur, qui manquait de mesure, mais non d'originalité[3] :

Puisses-tu ne pas cesser, ô roi de l'islâm, de vivre dans des félicités[4], *dont sont inséparables les deux causes de bonheur, la victoire*[5] *et la conquête.*

Tu fais périr[6] *les ennemis et tu t'appropries leur royaume, en appelant à ton aide les deux pénétrants, le sabre et le destin.*

Car tu es l'Alexandre de ce monde ; devant ta lumière se sont cachées les deux obscurcissantes, l'injustice sombre[7] *et la vexation.*

Tu as amené pour notre temps les jours de la jeunesse, alors qu'y avaient répandu leur ombre les deux preuves de décrépitude, la chevelure blanche et la vieillesse.

La pluie de ta rosée a comblé les musulmans, car de ses nuages sont tombés les deux satisfaisants, le lait et les outres remplies[8].

Et tu as marché dans une attitude d'équité envers les hommes, comme te l'ont prescrite les deux justes, la loi divine et les sourates du Coran.

Aussi fie-toi à une victoire que tu remporteras sur les mécréants[9] ; *certes ils seront anéantis*[10] *par les deux meurtrières, la trahison et les épées affilées.*

Ils ont été amenés à se replier, lorsqu'ils ont vu s'avancer dans leur royaume leurs deux agitantes, la crainte et la nécessité de la défense ;

Et la fuite ne les délivrera pas ; car ton courage a lancé à leur poursuite les deux qui atteignent le but, les lances et les glaives[11].

Et demain, grâce à ton épée tranchante et à ton armée, leurs deux historiens disparaîtront, la réalité présente et les traces du passé ;

Et, fussent-ils même montés sur les cimes du Thahlân[12], *ils auraient été livrés à ton sabre par les deux défenseurs, le château fort et l'armure.*

1. J'emploie avec intention cette expression que ces mangeurs de ḥaschisch ont acclimatée dans notre langue. Ma narration est résumée de Stanislas Guyard, *Un grand maître des assassins au temps de Saladin*, dans le *Journal asiatique* de 1877, I, p. 367-369 ; 398-408.

2. ʿImâd ad-Dîn, dans Aboû Schâma, *Kitâb ar-rauḍatain*, I, p. 262, l. 17.

3. Id., *Kharîdat al-ḳaṣr*, dans *Nouveaux mélanges orientaux*, p. 153-154.

4. Lisez فِى نِعَمٍ.

5. Allusion au titre honorifique de Saladin, *Al-Malik An-Nâṣir* « le roi victorieux ».

6. Lisez تُرْدِى.

7. Jeu de mots entre المُظْلِمان et الظُّلْم.

8. Lisez وَالبِدَرُ. « Le lait et les outres remplies » signifient les riches présents et les sommes considérables.

9. Les mécréants ne sauraient être les Ismaéliens, mais le terme employé *al-kouffâr* s'applique toujours aux chrétiens.

10. Lisez يُرْدِيهِم.

11. Lisez السُّمْرُ والبُتْرُ.

12. Lisez ذُرَى ثَهلان. Le Thahlân est une montagne de l'Arabie centrale dans la région appelée Ḍariyya. Son escarpement était proverbial. Voir Al-Bakrî, *Mouʿdjam*, p. 221 et 636 ; Freytag, *Arabum proverbia*, I, p. 271 ; Wüstenfeld, *Die Strasse von Baçra nach Mekka mit der Landschaft Dharija*, p. 40.

La supériorité du sultan sur tous ceux qui l'ont précédé, a été proclamée par ce qu'ont reçu en dépôt[1] *les deux rapporteurs, les livres et les existences.*

Sa justice garantit la sécurité des brebis[2] *assurées de paître librement, sans que les effrayent les deux chasseurs, le loup et la panthère.*

Sa main généreuse, lorsqu'elle répand les premières pluies, fend par ses vagues les deux bouillonnantes, la mer et la pluie.

Les nobles qualités réunies en lui trouvent d'accord pour les exalter les deux plus nobles, l'information et le récit.

Aussi conserve-toi, vis et reste pour l'islâm, tant que continueront à se mouvoir les globes célestes et les deux luminaires, le soleil et la lune,

En échappant aux revirements du sort, dont seront impuissants à te gratifier les deux destructeurs, le danger et les vicissitudes.

« L'esclave, puisque la distance l'a empêché de servir son maître, a renié son temps. Il n'est plus d'ailleurs ce qu'il était : les jours écoulés ont détraqué ce qu'ils avaient laissé subsister de ses forces diminuées, ont réclamé le payement de ce qu'ils lui avaient prêté de facultés affaiblies, lui ont fait goûter les aliments de l'exil, et ont fait entrer sur lui le souci[3] par toutes les portes. Aussi est-il à l'écart dans sa demeure, privé de tout ce dont jouissent les hommes, et, comme il a dit lui-même :

« *Je suis parmi les habitants de Damas, et ils sont nombreux comme les grains de sable, seul, isolé.*

Je n'ai plus chez eux de familier, et toute familiarité entre nous a été contrariée par les liens de l'amitié[4].

Ils s'imaginent, lorsqu'ils me voient, que je suis un messager envoyé vers eux par les survivants des 'Âdites[5].

Et mon isolement est pour moi une bonne direction; car la passion entraîne toujours loin des droits chemins[6]. »

Saladin ne resta à Damas que du vingt-cinq août[7] au dix septembre 1176[8]. Il délégua la lieutenance de la Syrie à son frère Schams ad-Daula Toûrânschâh, qui avait conquis pour lui le

1. Lisez اسْتُودِعَ.

2. Lisez الشَّاءُ.

3. Lisez الهمّ.

4. C'est-à-dire les liens de l'amitié entre Saladin et Ousâma. Lisez الأُلفةَ أَسبابُ الوداد

5. En d'autres termes, que je suis un revenant des 'Âdites, une des races exterminées de l'Arabie légendaire; cf. *Coran*, xxvi, 123-140; xli, 12-15.

6. Expression imitée du *Coran*, xl, 30 et 41.

7. Plus haut, p. 400.

8. Aboû Schâma, *Kitâb ar-rauḍatain*, I, p. 264 dernière ligne; 265, l. 2; cf. Ibn Schaddâd, *Vie de Saladin*, dans *Hist. or. des croisades*, III p. 63.

Yémen[1] et qui y avait associé à sa fortune un petit cousin d'Ousâma, Madjd ad-Dîn Saif ad-Daula Aboû 'l-Maimoûn Al-Moubârak ibn Kâmil ibn Moukallad ibn 'Alî Ibn Mounkidh Al-Kinânî[2]. Saladin était absorbé par son désir de retourner à Miṣr. Ousâma ne semble pas avoir été admis auprès de lui pendant qu'il prenait ses dispositions pour hâter son changement de résidence. Les attaches de familiarité étaient rompues entre eux. Ousâma avait toujours excellé à gagner plutôt qu'à retenir les affections. Son principal appui auprès du sultan, son fils Mourhaf, paraissait avoir besoin de tout son crédit pour ne point tomber, lui aussi, en disgrâce, comme son père. Quant à 'Imâd ad-Dîn, il partit avec Saladin, chanta en vers chacune de leurs étapes, jusqu'au moment où ils entrèrent au Caire en grande pompe et en somptueux appareil, le vingt-deux septembre[3].

'Imâd ad-Dîn avait rendu visite à Ousâma et lui avait promis de s'employer pour lui, afin de lui faire obtenir de Saladin une marque de bienveillance qu'il avait sollicitée. Pour ne point laisser 'Imâd ad-Dîn se soustraire par négligence à l'engagement qu'il avait consenti à prendre par sympathie, Ousâma lui adressa quelques vers pour « essayer de l'exciter » à intercéder en sa faveur[4] :

O 'Imâd ad-Dîn, notre maître est généreux; ses présents sont comme la première pluie des nuages.

Dans ses nobles actions, il réalise les souhaits, lui imposerais-tu de rendre la jeunesse;

Et la meilleure excuse pour toi de n'avoir pas encore terminé mon affaire serait dans une décision qui y apporterait du changement. Car quelle excuse pourrais-tu alléguer de ne pas me répondre[5]?

C'est la dernière manifestation d'Ousâma, dont nous soyons

1. Ibn Al-Athir, dans *Hist. or. des croisades*, I, p. 627; Ibn Schaddâd, *Vie de Saladin, ibid.*, III, p. 54-55, et 63. D'après ce dernier passage, Al-Malik Al-Mou'aththam Schams ad-Daula Toûrânschâh mourut à Alexandrie le vingt-sept juin 1180; de même Ibn Khallikân, *Biographical Dictionary*, I, p. 285.

2. Al-Moubârak naquit à Schaizar en 526 de l'hégire (1132 de notre ère) et mourut au Caire en ramaḍân 589 (septembre 1193). Je lui ai consacré une monographie dans mon chapitre dixième.

3. 'Imâd ad-Dîn, dans Aboû Schâma, *Kitâb ar-rauḍatain*, I, p. 265, l. 3-266, l. 26.

4. Id., *Kharîdat al-kaṣr*, dans *Nouveaux mélanges orientaux*, p. 154.

5. Vers obscur traduit par conjecture.

informés, pour se concilier les bonnes grâces du sultan. Elle ne paraît pas avoir amené la décision que 'Imâd ad-Dîn était chargé de recommander instamment à l'agrément de Saladin. A partir de ce moment, le vieil émir se concentre dans ses réflexions et dans ses travaux littéraires. Sa vie matérielle est assurée. S'il n'a pas obtenu la pleine satisfaction de tous ses désirs, il n'a non plus été dépossédé, ni de la maison, ni du domaine qui lui avaient été attribués. Son orgueil blessé souffre du vide que l'âge a fait autour de lui. Son fils Mourhaf est parti pour l'Égypte avec Saladin. Personne ne le recherche, surtout depuis que Saladin s'est lassé de le protéger. Il s'est produit des froissements entre eux. Le sultan a peut-être découvert que depuis longtemps Ousâma ne professe plus une orthodoxie d'une pureté irréprochable[1]. Ses convictions avaient été entamées en Égypte sous l'influence du khalifat Fâṭimide[2]. Je ne sais quels sentiments intimes son âme a nourris à Damas d'abord, puis dans le Diyâr Bekr. Son évolution religieuse est peut être restée mystérieusement cachée au fond de sa conscience. Il essaye encore de dissimuler ses sympathies pour la famille d'Ali, mais les apôtres des idées schî'ites se vantent d'avoir déterminé sa conversion. « Le célèbre historien Ibn Abî Ṭayy Yaḥyâ, dit Adh-Dhahabî[3], a mentionné Ousâma dans son

1. L'orthodoxie musulmane de Saladin n'admettait pas les transactions ; cf. Ibn Al-Athîr, dans *Hist. or. des croisades*, II I, p. 75; Ibn Schaddâd, *Vie de Saladin*, *ibid.*, III, p. 7-14 ; L. von Ranke, *Weltgeschichte*, VIII, p. 233-234.

2. Plus haut, p. 205.

3. Adh-Dhahabî, *Ta'rîkh al-islâm* (manuscrit 753 de l'ancien fonds arabe), fol. 15 r°. L'article consacré à Ousâma paraîtra dans un appendice à la fin de la *Vie d'Ousâma*. Le peu que l'on sait sur Ibn Abî Ṭayy Yaḥyâ a été très bien résumé par M. de Slane dans son *Introduction* aux *Hist. or. des croisades*, I, p. L : « Yaḥyâ ibn Ḥamida, surnommé Ibn Abî Ṭayy et originaire d'Alep, mourut, selon Ḥâdjî Khalifa, en 630 de l'hégire (1232-1233 de note ère). Son père, un des notables de cette ville, en avait été expulsé par l'ordre de Noûr ad-Dîn parce qu'il professait des opinions hétérodoxes. Ḥamida appartenait très probablement à cette branche de la secte schî'ite qui se distinguait par la croyance aux douze imâms et dont les doctrines s'étaient propagées en Syrie pendant la domination des Fâṭimides et sous la protection de ces princes. Ibn Abî Ṭayy avait suivi les principes religieux de son père ; autrement il n'aurait pas écrit une biographie des poètes schî'ites ni un traité sur les mérites des douze imâms. » Ses autres ouvrages biographiques et historiques ont été indiqués par F. Wüstenfeld, *Die Geschichtschreiber der Araber*, p 114. L'orthodoxie sounnite qui a prévalu n'a pas permis qu'aucun ouvrage d'Ibn Abî Ṭayy parvint jusqu'à nous, pas même sa *Vie de Saladin*, dont Aboû Schâma et Al-Makrîzî nous ont conservé de copieux extraits. Dans ce désastre il n'est resté que son commentaire sur la *Lâmiyyat al-'Arab* d'Asch-Schanfarâ, sauvé dans le manuscrit autographe à la Bibliothèque royale de l'Escurial, où il porte le numéro 314; voir Hartwig Derenbourg, *Les manuscrits arabes de l'Escurial*, I, p. 197. L'auteur, qui écrivit cet exemplaire en 618 de l'hégire (1221 de notre ère), se nomme lui-même Yaḥyâ ibn Abî Ṭayy Ḥamîd ibn Ṭhâfir ibn 'Alî Al-Ḥalabî Al-Gassânî. Ce manuscrit fait autorité pour le nom de son père qu'il appelle Ḥamîd et non Ḥamida.

Histoire des Schî'ites en ces termes, qu'il met dans la bouche de son père : Je me suis rencontré avec lui à plusieurs reprises. Il était imâmien[1], croyant sincère ; seulement il cachait son point de vue et affectait les dehors pieux, la dévotion[2]. Comme il possédait une fortune abondante, il comblait de présents les Schî'ites pour leurs pauvres, généreux pour leurs schérifs[3]. »

Ousâma ne convient pas de son apostasie. Il se sent attiré par les mérites des douze imâms, comme l'ont été la plupart des esprits supérieurs du monde musulman. Mais en même temps il fouille dans ses souvenirs, il travaille assidûment à ses mémoires pour instruire par son exemple[4] ses contemporains et les générations à venir. Sa vie actuelle est remplie de sa vie passée. Il songe à ses combats contre les lions, contre le gibier, contre les hommes. L'obscurité qui se répand, de plus en plus profonde, sur sa réclusion est éclairée, comme par une lumière intense, par l'éclat de ses tueries innombrables de bêtes féroces[5], de ses chasses poursuivies pendant soixante-dix années[6], de ses hauts faits dans les batailles où il a déployé autant d'habileté que de bravoure.

Ses états de service, comme on dirait aujourd'hui, constituent vraiment un ensemble admirable. Il s'est plu à en donner la nomenclature avec une fierté légitime. Avons-nous cette liste entière? Elle s'arrête court après le séjour d'Égypte, après les événements de l'année 1154, et serait susceptible de suppléments. Aussi aurais-je placé la rédaction de ce morceau au moment où Damas devenait pour la deuxième fois le lieu de refuge d'Ousâma, s'il ne parlait pas explicitement de ses quatre-vingt-dix années, s'il n'avait pas omis volontairement tout ce qui con-

1. Partisan des douze imâms comme khalifes légitimes ; cf. la note 3 de la page précédente ; Ibn Khaldoûn, *Prolégomènes*, I, p. 402-405 ; 409-410 ; 431 de la traduction française ; T. P. Hughes, *A Dictionary of Islam*, p. 572-574.

2. Sur la pieuse fraude appelée *taḳiyya*, voir id., *ibid.*, p. 628.

3. C'est-à-dire pour les descendants d'Ali.

4. L'instruction par les exemples, tel est le titre de l'*Autobiographie* ; voir plus haut, p. 338.

5. Plus haut, p. 56-59. Sur les lions de la Syrie et de la Perse, voir une note importante de Quatremère, *Histoire des Mongols*, p. 152-159.

6. Ousâma, *Autobiographie*, p. 167, dernière ligne ; cf. *Avertissement* en tête du texte arabe, p. XI.

cerne Damas. Est-ce l'auteur qui a brusquement interrompu son exposé pour se laisser entraîner ailleurs par les suggestions de sa mémoire capricieuse? Est-ce le compilateur qui a pratiqué des coupures maladroites dans le passage tiré par lui d'un volume qu'il avait entre les mains et dans lequel Ousâma racontait sur lui-même ce qu'il avait vu en fait d'événements terrifiants?

« J'ai assisté, dit Ousâma[1], à des batailles et à des combats dont le danger était redoutable, j'ai été brûlé par la flamme de leur feu, j'ai connu la guerre dès l'âge de quinze ans[2] jusqu'à ce que je suis parvenu à la limite des quatre-vingt-dix années; et, resté parmi les derniers, je suis devenu l'ami de ma demeure, me tenant à l'écart des guerres, n'étant plus compté pour rien à cause de mes soucis, n'étant plus convoqué pour la suppression de mes malheurs, après avoir été le premier que les petits doigts se pliaient pour montrer, le plus parfaitement muni pour écarter les dangers, le premier qui s'avançait vers l'étendard lorsque ses compagnons attaquaient l'ennemi, le dernier qui dégainait dans la lutte pour défendre les derrières de l'armée[3] :

De combien de combats j'ai été le témoin; plût au ciel que dans l'un d'eux j'eusse été tué avant que mon corps fût renversé[4] !

Car être tué est plus beau, plus brillant pour le héros, avant que le temps ne s'évanouisse et ne l'épuise.

Aussi vrai que tu as un père, je ne ne me suis jamais abstenu d'affronter la mort sur le champ de bataille; ma lame apportera ce témoignage en ma faveur.

Mais la décision d'Allâh m'a retardé jusqu'au terme fixé pour mon trépas. Que me reste-t-il donc à faire?

« Voici quelles sont les grandes batailles auxquelles j'ai as-

1. Ousâma, *Autobiographie*, dans Adh-Dhahabi, *Ta'rîkh al-islâm*, manuscrit 753 de l'ancien fonds arabe de la Bibliothèque nationale, fol. 15 r° et v°; manuscrit Or. 52 du Musée britannique, fol. 18 v°. Cette récapitulation était sans doute placée après la préface, au commencement, dans la partie perdue de l'*Autobiographie*. Ce texte inédit paraîtra dans un appendice à la fin de la *Vie d'Ousâma*.

2. Plus haut, p. 84.

3. Je traduis ainsi لحماية الاعقاب; cf. Ousâma, *Autobiographie*, p. 34, l. 17.

4. Lisez de même ينكس, *ibid.*, p. 119, dernière ligne; et نكسنى, p. 122, l. 14; cf. النكس dans Aboû Schâma, *Kitâb ar-rauḍatain*, II, p. 172, l. 15.

sisté. Parmi elles je signalerai le combat entre nous et les Ismaéliens, dans la citadelle de Schaizar, lorsqu'ils assaillirent la forteresse en 507[1]; la lutte entre l'armée de Ḥamâ et l'armée de Ḥomṣ en 525[2]; la bataille de Takrît entre l'atâbek Zenguî, fils d'Oḳ Sonḳor, et entre Ḳarâdjâ, seigneur du Fârs, en 526[3]; la bataille entre Al-Moustarschid Billâh et l'atâbek Zenguî devant Bagdâdh en 527[4]; la bataille entre l'atâbek Zenguî et les Ortoḳides unis au seigneur d'Âmid devant Âmid en 528[5]; la bataille de Rafaniyya entre l'atâbek Zenguî et les Francs en 531[6]; la bataille de Ḳinnasrîn entre l'atâbek et les Francs, sans qu'il y ait eu une vraie rencontre, en 532[7]; un combat entre les Égyptiens et Rouḍwân Al-Walakhschî en 542[8]; un combat entre les nègres de Miṣr sous le règne d'Al-Ḥâfiṭh en 544[9]; un combat qui fut livré entre Al-Malik Al-'Âdil Ibn As-Sallâr et les partisans d'Ibn Maṣâl dans cette même année[10]; un autre combat entre les partisans d'Al-'Âdil et entre Ibn Maṣâl, dans cette même année également, à Dalâṣ[11]; une sédition où fut tué Al-'Âdil Ibn As-Sallâr en 548[12]; une sédition où furent tués Aṭh-Ṭhâfir, ses deux frères et son cousin en 549[13]; la rébellion des gens de Miṣr et de 'Abbâs ibn Abî 'l-Foutoûḥ dans la même année[14]; une autre rébellion un

1. Plus haut, p. 97. Les renseignements sur cette attaque sont sans doute dans les parties perdues de l'*Autobiographie*; cf. dans la partie publiée, p. 57, dernière ligne; 86, l. 10; 91, l. 7.

2. Plus haut, p. 142. Il y a là une légère divergence de date.

3. Plus haut, p. 146. Les deux manuscrits portent صاحب مرس; je n'hésite pas à lire فرس, orthographe défectueuse pour فارس. Le personnage cité par Ousâma ne doit pas être confondu avec le seigneur d'Émesse dont il a été parlé à la page 127. C'est Ḳarâdjâ (ou encore Ḳarâdjah) surnommé *As-Sâḳî* (l'échanson), que le sultan Seldjoûḳide Mouguith ad-Dîn Maḥmoûd ibn Moḥammad ibn Malikschâh, dès son avènement dans les derniers jours de l'année 511 de l'hégire (avril 1118 de notre ère), nomma wâlî de la province de Fârs; cf. Al-Bondarî, *Histoire des Seldjoucides de l'Irâq* (éd. Houtsma), p. 123, l. 13; 158, l. 4 et 5, où, à propos de la bataille de Takrît, il est appelé صاحب فارس اتابك قراجه; la préface de M. Houtsma, p. xxv. Dans Ibn Al-Athîr, *Atabeks*, p. 78, Ḳarâdjâ l'échanson est appelé صاحب خوزستان وفارس « le seigneur du Khoûzistân et du Fârs », également dans la relation de la victoire qu'il remporta sur Zengui.

4 Plus haut, p. 146. Ce passage, emprunté au manuscrit de Londres, omis dans celui de Paris, tranche la question que j'ai posée, si Ousâma fit la campagne de 1133 dans l'armée de Zengui. Il faut probablement lire ici Mauṣil au lieu de Bagdâdh; cf Ibn Al-Athîr et Aboû 'l-Fidâ, dans *Hist. or. des croisades*, I, p. 398 et 20; II II, p. 85-86.

5. Plus haut, p. 315-316.

6. Plus haut, p. 154, sans que Rafaniyya soit mentionné dans mon récit, ni dans mes documents orientaux. Cependant Ousâmâ, *Autobiographie*, p. 34, l. 7, dit : « J'étais un jour auprès de l'atâbek, alors qu'il assiégeait Rafaniyya. » Voir aussi le récit de cette campagne par Guillaume de Tyr, dans *Hist. occid. des croisades*, I, p. 643.

7. Plus haut, p. 151, où la date donnée d'après Kamâl ad-Dîn est antérieure de deux années.

8. Plus haut, p. 210-212.

9. Plus haut, p. 217-218.

10. Plus haut, p. 219-220.

11. Plus haut, p. 220-221.

12. Plus haut, p. 238-241.

13. Plus haut, p. 245-249.

14. Plus haut, p. 249-251.

mois plus tard, lorsque l'armée se souleva contre lui[1]; un combat entre nous et les Francs dans cette même année[2]. »

« Ensuite, reprend Adh-Dhahabî, Ousâma se met à raconter les merveilles de ce qu'il a vu dans ces combats et à décrire le courage et la bravoure dont il y a donné des preuves; puisse Allâh le prendre en pitié ! »

Ce cri de protestation contre l'envahissement de la vieillesse, Ousâma ne cesse pas de le pousser. Ses quatre-vingt-dix ans sont un tournant de son existence, qu'il considère comme une occasion d'épancher toute sa mauvaise humeur. N'ayant plus de familier pour lui faire entendre ses doléances, il prend le public pour confident de sa peine. Il ne parle plus à personne, mais il continue à écrire.

« J'ai longtemps ignoré, dit Ousâma[3], que la maladie de la vieillesse est générale, s'attaquant à tous ceux que la mort a oubliés. Mais, maintenant que j'ai gravi le sommet des quatre-vingt-dix ans, que le passage des jours et des années m'a épuisé, je suis devenu comme Djawâd le marchand de fourrages[4] et non pas comme le prodigue, le dissipateur. La faiblesse m'a figé au sol, la vieillesse a fait rentrer une partie de mon corps dans l'autre, au point que je ne me suis plus reconnu moi-même, que j'ai soupiré sur ce que j'étais hier et que j'ai dit en décrivant mon état[5] :

Lorsque j'atteins de la vie un terme que je désirais, je souhaite le trépas.

La longueur de mon existence ne m'a pas laissé d'énergie pour combattre les vicissitudes du temps, quand elles m'attaquent en ennemies.

Mes forces sont affaiblies et j'ai été trahi par les deux alliés en qui j'a-

1. Plus haut, p. 252-254.
2. Plus haut, p. 257-258.
3. Ousâma, *Autobiographie*, p. 119-120.
4. Ousâma (*ibid.*, p. 119) raconte les prouesses du ra'îs Djawâd qui à Schaizar avait tué un Ismaélien, après que celui-ci avait blessé grièvement deux de ses compagnons d'armes. « Peu d'années se passèrent, ajoute Ousâma, jusqu'au moment où je le vis à Damas en 534. Il était devenu marchand de fourrages, vendeur d'orge et de paille, et avait vieilli au point d'être devenu semblable à l'outre usée, de ne plus pouvoir chasser les rats de sa marchandise. » L'an 534 de l'hégire commença le vingt-huit août 1139.
5. Cette poésie se trouve aussi dans le *Livre du bâton* (manuscrit de ma collection), fol. 121 v°. Nous avons le commencement du morceau, comme le montre la double rime dans le premier vers.

vais mis ma confiance, ma vue et mon ouïe, alors que je suis monté jusqu'à cette limite.

Car, lorsque je me lève, je m'imagine soulever une montagne; si je marche, je crois marcher attaché avec des chaînes.

Je rampe, le bâton dans cette main que j'ai connue portant dans les combats une lance fauve[1] *et une épée en acier de l'Inde.*

Je passe la nuit sur la couche la plus moelleuse dans l'insomnie et dans l'agitation, comme si j'étais étendu sur des rochers.

L'homme est renversé de haut en bas[2] *dans la vie. C'est au moment même où il arrive à la perfection et à la plénitude qu'il retourne à ses commencements.*

« Et c'est moi pourtant qui disais autrefois à Miṣr pour condamner le bien-être et le laisser-aller de l'existence (comme elle a rapidement et promptement marché vers son dénoûment !) :

Regarde les vicissitudes de ma vie, comme elle m'a accoutumé, après que mes cheveux sont devenus blancs[3], *à de nouvelles habitudes!*

Et dans cette transformation qu'a apportée le revirement du temps il y a un enseignement par l'exemple : Quel est l'état que les jours écoulés n'aient point modifié?

J'avais été un brandon de guerre; toutes les fois que la guerre s'éteignait, je la rallumais en frottant comme des briquets les épées blanches sur les gardes des sabres.

Mon seul souci était de lutter avec mes rivaux que je considérais comme des proies que je déchirerais[4]*; car ils tremblaient devant moi,*

Qui faisais pénétrer plus de terreur qu'une nuit, qui m'élançais plus impétueux qu'un torrent, plus entreprenant sur le champ de bataille[5] *que la mort.*

Or je suis devenu comme la jeune fille flexible, langoureuse, qui repose sur les coussins rembourrés, derrière le voile et les rideaux.

J'ai failli tomber en poussière par la durée de mon séjour, comme l'épée indienne est rouillée par une trop longue attente dans les fourreaux.

Après les cottes de mailles de la guerre, je suis enveloppé dans des manteaux en étoffes de Dabîḳ[6]*; malheureux que je suis, malheureux manteaux!*

L'aisance n'est ni ce que je recherche, ni ce que je poursuis; la jouissance n'est ni mon affaire, ni ma préoccupation.

Et je n'aimerais atteindre ni la gloire dans une vie d'abondance, ni la célébrité sans briser[7] *les épées blanches et les fers des lances.*

1. Lisez أَسْمَرًا.

2. Lisez يُنْكَسُ et comparez plus haut, p. 405, note 4.

3. Ousâma avait eu des cheveux blancs dès l'âge de quarante ans; voir plus haut, p. 1.

4. Même expression plus haut, p. 370.

5. Lisez فِى الهيجاء.

6. Plus haut, p. 224, note 3.

7. Expression empruntée à la lutte contre les lions, dans le poitrail desquels les lances sont brisées; voir plus haut, p. 56 et 371.

« Et je m'imaginais alors que le favori du temps n'est jamais usé, que son héros n'est jamais détraqué, et que, lorsque je retournerais en Syrie, j'y retrouverais mes jours comme je les avais connus, sans que le temps y eût rien changé pendant mon absence. Mais, lorsque je revins, les promesses de mes désirs me prouvèrent le mensonge de mes illusions, et cette imagination s'évanouit comme l'éclat du mirage... Si les cœurs étaient purifiés de la souillure des péchés, s'ils s'en remettaient à celui qui connaît les mystères[1], ils sauraient[2] que s'exposer aux dangers des guerres n'abrège pas l'éloignement du terme inscrit d'avance. Car j'ai vu, au jour où nous nous combattions, nous et les Ismaéliens, dans la forteresse de Schaizar[3], un enseignement par l'exemple[4], qui démontre à l'homme courageux et intelligent, et même à l'homme lâche et stupide[5] que la durée de l'existence est fixée, marquée par le destin, sans que le terme en puisse être avancé ni retardé. »

Après avoir raconté deux anecdotes, Ousâma reprend[6] : « Qu'on n'aille pas s'imaginer que la mort peut être avancée par la témérité à affronter le danger, ni retardée par l'excès de la prudence. En effet, ma vie prolongée fournit l'instruction la plus frappante par l'exemple. Car que d'effrois j'ai bravés, combien de fois me suis-je précipité dans les lieux redoutables et au milieu des dangers! combien ai-je combattu de cavaliers, tué de lions! Que de coups j'ai portés avec les épées, d'atteintes avec les lances! Que de blessures j'ai faites avec les flèches et avec les arbalètes! Je n'en suis pas moins par rapport au trépas dans une forteresse inaccessible, au point que j'ai accompli mes quatre-vingt-dix ans, et que j'ai considéré mon état de santé et

1. Lisez عالِم الغيوب, imité de عَلّام الغيوب dans le *Coran*, v, 108 et 116 ; ix, 79 ; xxxiv, 47.

2. Lisez عَلِمَتْ.

3. Voir sur cette campagne de 507 de l'hégire (1113-1114 de notre ère) plus haut, p. 406.

4. Cf. le titre de l'*Autobiographie* d'Ousâma.

5. J'ai traduit الجاهل d'après Goldziher, *Muhammedanische Studien*, I, p. 219-228, d'après lequel le paganisme antéislamique (*al-djâhiliyya*) est non pas, le temps de l'ignorance, comme on l'a prétendu, mais le temps de l'absurdité, de la barbarie.

6. Ousâma, *Autobiographie*, p. 121-122.

de vie comme conforme à la parole du Prophète : La santé me suffit comme maladie. En effet, ma délivrance de ces dangers a eu comme conséquence ce qui est plus pénible que la mort violente et le combat. Et mourir à la tête d'un détachement de l'armée m'eût été plus doux que les difficultés de l'existence. Parce que ma vie a duré trop longtemps, les jours écoulés m'ont repris tous les plaisirs qui en faisaient le charme, et la souillure de la privation a troublé la limpidité de mon existence prospère [1]. »

Ousâma, dans son égoïsme de vieillard, ne prend plus intérêt qu'à lui-même et se désintéresse des événements, puisqu'ils ne le touchent plus directement. La nouvelle lui en parvient-elle seulement dans sa retraite où il gît, oublié non seulement par la mort, mais encore par les vivants ? Le fils d'Ousâma, Mourhaf, « l'un des émirs de Miṣr », comme il est appelé [2], ne fait plus à Damas que de courtes apparitions, lorsque Saladin l'y ramène dans ses voyages et dans l'intervalle de ses expéditions. C'est ainsi qu'il avait dû rentrer avec le sultan, en compagnie de ʿImâd ad-Dîn, le vingt-trois schawwâl 573 [3] (quatorze avril 1178), dans les derniers jours de radjab 574 [4] (vers le dix janvier 1179), puis, après une absence de quatre années, cruelle pour Ousâma, qui lui a arraché son cri de détresse, le dix-sept ṣafar 578 [5] (vingt-deux juin 1182). Par une heureuse coïncidence, le fils arrivait précisément au moment où le père gémissait de son isolement, au moment où il était devenu nonagénaire.

Tandis que Saladin remplissait la Syrie de ses exploits, que, renonçant au séjour de l'Égypte, il annexait enfin Alep à ses états un an jour pour jour après être revenu à Damas, le dix-

1. Puis viennent les deux poèmes traduits plus haut, p. 357.

2. Ad-Dhahabi, *Ta'rîkh al-islâm* (manuscrit 753 de l'ancien fonds arabe), fol. 205 v°.

3. ʿImâd ad-Dîn, dans Aboû Schâma, *Kitâb ar-rauḍatain*, I, p. 275, l. 32-33 ; cf. Ibn Al-Athîr, dans *Hist. or. des croisades*, I, p. 633.

4. ʿImâd ad-Dîn, dans Aboû Schâma, *Kitâb ar-rauḍatain*, II, p. 5, l. 20 ; Goergens et Rœhricht, *Arabische Quellenbeitræge*, p. 3

5. Ibn Al-Athîr et Aboû 'l-Fidâ, dans *Hist. or. des croisades*, I, p. 651 et 50, le onze ṣafar. Notre date s'appuie sur ʿImâd ad-Dîn, dans Aboû Schâma, *Kitâb ar-rauḍatain*, II, p. 28, l. 20 ; Ibn Schaddâd, *Vie de Saladin*, dans *Hist. or. des croisades*, III, p. 68.

sept ṣafar 579 (onze juin 1183 de notre ère)[1], qu'il étendait sa puissance jusqu'aux confins de la Mésopotamie; tandis que, maître du nord, il allait dans le sud porter à la chrétienté des coups redoutables, dont le plus terrible, la bataille de Ḥiṭṭîn, du deux au quatre juillet 1187[2], consommait la ruine du royaume latin et, dès le deux octobre suivant, ramenait triomphalement l'islamisme, absent depuis juillet 1099, dans Jérusalem, où le sultan était accueilli comme un libérateur[3], l'émir Ousâma continuait à végéter, loin du bruit et des agitations, sans souci, mais sans honneur, ne comptant plus parmi les humains, méconnu par Saladin, désabusé du monde, accablé par l'âge, survivant à ses contemporains et à lui-même, blessé physiquement et moralement, dégoûté des amertumes répandues sur ses dernières années, suppliant Allâh de ne point prolonger sans merci ses souffrances, aspirant à la mort comme autrefois à la vie, n'éprouvant plus d'autre satisfaction que la sollicitude obstinée de son fils Mourhaf, d'autre volupté que celle de regarder avec fierté les étapes du chemin parcouru.

Des éclairs brillaient encore parfois dans cette nuit téné-

1. Ibn Al-Athîr et Abou 'l-Fidâ, dans *Hist. or. des croisades*, I, p. 662 et 50 (le dix-huit ṣafar); Ibn Schaddâd, *Vie de Saladin*, *ibid.*, III, p. 72, et dans Abou Schâma, *Kitâb ar-rauḍatain*, II, p. 42; Kamâl ad-Dîn, *Zoubda*, dans Freytag, *Selecta ex historia Halebi*, p. xxiii, et dans id., *Chrestomathia arabica*, p. 109, l. 17; Ibn Khallikân, *Biographical Dictionary*, IV, p. 510; Guillaume de Tyr, dans *Hist. occ. des croisades*, I, p. 1114; Goergens et Rœhricht, *Arabische Quellenbeitræge*, p. 49-50.

2. La colline de Ḥiṭṭîn (قرن حطّين), au pied de laquelle est encore maintenant le village de ce nom aujourd'hui prononcé Ḥaṭṭîn, est située à quelques lieues de Tibériade à l'ouest, dans la direction d'Acre; cf. Yâḳoût, *Mouʿdjam*, II, p. 291; R. Rœhricht, *Die Kæmpfe Saladin's mit den Christen in den Jahren* 1187 *und* 1188, dans *Beitræge sur Geschichte der Kreuzzüge*, I, p. 172-173; (Socin), *Palestine et Syrie*, p. 387; Chauvet et Isambert, *Syrie, Palestine*, p. 451-452; Rey, *Les colonies franques de Syrie*, p. 440. Sur la bataille où les Francs, « des lions au début, furent transformés en brebis dispersées », voir, en dehors des auteurs que je viens de citer, ʿImâd ad-Dîn, *Kitâb al-fatḥ*, p. 22-28; Ibn Al-Athîr et Abou 'l-Fidâ, dans *Hist. or. des croisades*, I, p. 683-687 et 56; Ibn Schaddâd, *ibid.*, III, p. 94-97; Abou Schâma, *Kitâb ar-rauḍatain*, II, p. 75-85; Ibn Khallikân, *Biographical Dictionary*, IV, p. 514-515, où p. 514, l. 8, il faut lire 24 au lieu de 14, les éditions du texte portant عشرى au lieu de عشر; Reinaud, *Extraits d'auteurs arabes*, p. 194-197; G. Weil, *Geschichte der Chalifen*, III, p. 403-404; Goergens et Rœhricht, *Arabische Quellenbeitræge*, p. 62-67; Kugler, *Geschichte der Kreuzzüge*, p. 193-196.

3. Aux documents énumérés dans la note précédente et où la prise de Jérusalem est mentionnée quelques pages plus loin que la bataille de Ḥiṭṭîn, ajoutez Mouḥyî ad-Dîn Ibn Az-Zakî, première *khoṭba* à la prière publique du vendredi suivant dans Ibn Khallikân, *Biographical Dictionary*, II, p. 634-641; Al-Ḳâḍî Al-Fâḍil Ibn Al-Baisânî, épître au khalife ʿAbbaside An-Nâṣir li-dîn Allâh sur ces événements; *ibid.*, IV, p. 520-528; Rœhricht, *Beitræge*, I, p. 193-201, le discours d'Ibn Az-Zakî y étant reproduit p. 201-208; *Hist. or. des croisades*, III, p. 412-423; Djalâl ad-Dîn As-Soyoûṭî, dans Goergens et Rœhricht, *Arabische Quellenbeitræge*, p. 268-270; Sauvaire, *Histoire de Jérusalem*, p. 71-76; L. von Ranke, *Weltgeschichte*, VIII, p. 241.

breuse. Le cœur n'avait pas cessé de battre avec une extrême violence dans ce corps meurtri. A quatre-vingt-seize ans, il appelait encore de ses vœux une réconciliation avec Saladin au moment même où le sultan, après sa victoire décisive sur les Francs et après la conquête de leur capitale, songeait à poursuivre son œuvre, à s'emparer des places fortes du littoral et à refouler les chrétiens hors de la Palestine. Les accents lyriques du vieillard ne parvinrent peut-être même pas jusqu'aux oreilles de Saladin. Il était absorbé par trop de préoccupations graves pour s'éprendre de bagatelles comme les vers suivants échauffés par l'ardeur du désir et du sentiment[1] :

Je vous ai été passionnément attaché dans l'expansion de ma jeunesse. Je disais alors : A l'arrivée des cheveux blancs, c'en sera fait!

Mais voici que ma vieillesse et mes quatre-vingt-seize années n'ont fait qu'augmenter en moi un amour juvénil, un esclavage,

Par le souvenir d'un lien qui, au lendemain d'un soupçon[2], ornait notre passion de retenue et de noblesse,

Par un œil tourné vers moi, par un salut rendu, qui était plus doux que l'eau la plus limpide pour étancher la soif,

Par un échange de conversation chaste que tu prendrais, lorsqu'elle frappe l'ouïe, pour des perles enfilées.

Plût au ciel que les vicissitudes des nuits vinssent à mon secours pour ramener un temps qui naguère s'est écoulé dans la joie! »

Le souhait d'Ousâma ne fut pas exaucé. Il n'obtint pas de Saladin la consolation suprême du pardon et du relèvement. La mort le délivra enfin de ses peines à Damas[3], le jeudi vingt-trois de ramaḍân 584 de l'hégire[4], le seize novembre 1188 de notre ère. Il était âgé de quatre-vingt-dix-sept années musulmanes. Son enterrement eut lieu le lendemain. Ousâma fut inhumé à l'est du mont Ḳâsiyoûn, qui domine le village d'Aṣ-Ṣâliḥiyya, situé

1. Ousâma, dans le manuscrit 2196 de Gotha, fol. 9 v°. Ce texte, avec ce que le manuscrit de Gotha contient d'Ousâma et sur Ousâma, sera publié dans un appendice spécial de ce volume.

2. Manuscrit : ربدة.

3. Et non pas à Ḥamâ, comme l'a prétendu avec une notoire invraisemblance Ibn Tagribardi, *An-Noudjoûm*, ms. 661 de l'ancien fonds arabe, fol. 80 r° ; ms. 670 du même fonds, fol. 69 v° ; cf. Hammer, *Literaturgeschichte der Araber*, VII, p. 953-954, d'après Ibn Tagribardi.

4. Aboû Schâma, *Kitâb ar-rauḍatain*, II, p. 179 ; Adh-Dhahabi, *Ta'rîkh al-islâm* (ms. 753 de l'ancien fonds arabe), fol. 15 v° ; Strandmann, *De codice manuscripto* (Helsingforsiæ, 1866), p. 42 ; id., *De viris illustribus* (Helsingforsiæ, 1868), p. 56.

dans la banlieue de Damas, au nord-ouest de la ville. C'est au pied de cette montagne sainte qui, au jour du jugement dernier, sera seule épargnée dans le bouleversement général, que reposaient les musulmans les plus pieux, les émirs les plus considérés [1]. « Je suis entré, disait Ibn Khallikân [2] un siècle plus tard environ, dans le mausolée d'Ousâma, qui est sur la rive septentrionale de la rivière Yazîd [3], j'ai récité un fragment du Coran sur sa tombe, et j'ai prié Allâh de lui accorder sa miséricorde. »

1. Yâkoût, *Mou'djam*, IV, p. 13 ; Ibn Khallikân, *Biographical Dictionary*, I, p. 179 et 549 ; II, p. 641, 648, 661 ; etc. ; A. von Kremer, *Topographie von Damascus*, II, p. 26 ; Fleischer, *Michael Meschâka's Cultur-Statistik von Damascus*, dans la *Zeitschrift der deutschen morgenlændischen Gesellschaft*, VIII, p. 368-372.

2. Ibn Khallikân, *Biographical Dictionary*, I, p. 179-180.

3. La rivière Yazîd est un bras du Barada qui s'en sépare devant Doummar et qui baigne Aṣ-Ṣâliḥiyya, au pied du mont Ḳâsiyoûn ; voir A. von Kremer, *Topographie von Damascus*, I, p. 4-5 ; II, p. 26.

CHAPITRE X

LES DERNIERS MOUNKIDHITES

I. — MOURHAF, FILS D'OUSÂMA

Un chevalier franc d'une culture supérieure, au moment de retourner en Europe vers 1140, avait proposé à Ousâma d'amener son fils Mourhaf pour lui faire donner une éducation occidentale [1]. Le jeune garçon avait alors quatorze ans, étant né à Schaizar en 520 de l'hégire [2] (1126 de notre ère). Si l'émir musulman était assez dépourvu de préjugés pour appeler le pèlerin chrétien son frère et pour entretenir avec lui les relations de la plus cordiale amitié, il ne pouvait consentir à l'apostasie de son fils, à l'exil volontaire de l'adolescent qu'il voulait former à son image. Mourhaf fut son élève de prédilection, profita de son exemple et de ses leçons [3], se modela sur lui, non seulement pour la bataille, l'équitation, les sciences, la littérature et la poésie, mais encore pour la longévité.

Les vies d'Ousâma et de Mourhaf se confondent pendant de longues années, à Schaizar d'abord où, dès l'âge de douze ans,

1. Ousâma, *Autobiographie*, p. 97; passage traduit plus haut, p. 187. La supposition de la note 2 est confirmée par la date de la naissance de Mourhaf. L'offre du chevalier n'était pas aussi insensée que le prétend Ousâma, s'il est vrai qu'un fils de Saladin alla parfaire son éducation au couvent de Sainte-Geneviève à Paris. Voir Roehricht, *Beitræge*, II, p. 222; Heyd, dans *Archives de l'Orient latin*, II I, p. 378; Roehricht, *Sagen und Mythen aus den Kreuzzügen*, dans la *Zeitschrift für deutsche Philologie*, XXIII, p. 419.

2. Adh-Dhahabi, *Ta'rîkh al-islâm* (manuscrit 753 de l'ancien fonds arabe), fol. 205 v°. C'est à ce même obituaire que j'ai emprunté la date exacte de la mort de Mourhaf.

3. Plus haut, p. 379.

Mourhaf se chargeait de défendre les êtres aimés [1], à Damas sous Mou'în ad-Dîn Anar [2], à Miṣr dans l'intimité de Nâṣir ad-Dîn Naṣr, fils du vizir Roukn ad-Dîn 'Abbâs [3], à Damas encore au « service d'Al-Malik Al-'Âdil Noûr ad-Dîn » [4]. Le père et le fils ne se détachèrent l'un de l'autre que lorsque celui-là prolongea malgré lui son séjour dans le Diyâr Bekr, lorsque celui ci, ébloui par la grande figure de Saladin, dont l'éclat se dressait à l'horizon de l'islamisme, se laissa attirer par l'admiration et par l'espérance à Miṣr, où il fut accueilli dans la familiarité du sultan, où il le décida à offrir le séjour de Damas comme un abri pour la vieillesse d'Ousâma [5].

'Aḍoud ad-Dîn (ou, selon d'autres, 'Aḍoud ad-Daula) [6] Aboû 'l-Fawâris Mourhaf, « l'émir supérieur, le savant éminent, le chef parfait, le compagnon des rois et des sultans, l'autorité reconnue par les Arabes, l'homme plein d'un attachement pur pour l'émir des croyants » [7], survécut à son père et aussi à son protecteur Saladin qui expira, après une courte maladie, le quatre mars 1193 [8]. Il avait à son tour gravi le sommet des quatre-vingt-dix années musulmanes [9], lorsque, le jeudi treize de ṣafar 610 (quatre juillet 1213 de notre ère), il apposa sa signature sur un exemplaire de l'*Autobiographie* d'Ousâma, en faveur duquel son attestation autographe était réclamée par un de ses petits-fils, qui ne se nomme pas, comme une garantie que la copie faite par lui était conforme à l'original. Voici la formule d'approbation : « C'est la rédaction authentique ; je l'affirme,

1. Plus haut, p. 158.
2. Plus haut, p. 187.
3. Plus haut, p. 262-263.
4. Plus haut, p. 274.
5. Plus haut, p. 327; 346-349; 355; 359; 362; 363; 368-369; cf. 'Imâd ad-Dîn, dans *Nouveaux mélanges orientaux*, p. 140.
6. 'Imâd ad-Dîn, *Kharîdat al-ḳaṣr* (manuscrit 1414 de l'ancien fonds arabe), fol. 117 r°, et Adh-Dhahabî, *Ta'rîkh al-islâm*, fol. 205 v°, portent 'Aḍoud ad-Daula ; on rencontre 'Aḍoud ad-Dîn dans la souscription de l'*Autobiographie*, p. 168, ce qui me paraît faire autorité ; dans 'Imâd ad-Dîn cité par Aboû Schâma. *Kitâb ar-rauḍatain*, I, p. 225, l. 4 ; Ibn Khallikân, *Biographical Dictionary*, I, p. 144 et 240. Voir plus haut, p. 156, note 1 ; 327.
7. Note finale après Ousâma, *Autobiographie*, p. 168 ; cf. l'*Avertissement* qui précède le texte, p. x. L'expression خالصة امير المؤمنين est appliquée à Ousâma par Ibn Al-Baisânî ; cf. *Nouveaux mélanges orientaux*, p. 147, l. 15 ; et plus haut, p. 384, note 3.
8. Voir entre autres Ibn Schaddâd, *Vie de Saladin*, dans *Hist. or. des croisades*, III, p. 367. Ibn Schaddâd assista aux derniers moments du sultan. Cf. aussi plus haut, p. 362, note 1 ; 368, note 2.
9. Plus haut, p. 407.

moi son grand-père Mourhaf, fils d'Ousâma Ibn Mounkidh, en glorifiant Allâh et en lui adressant mes prières »[1].

Le passé littéraire de Mourhaf l'avait posé en arbitre vénéré dans sa famille, apprécié de ses contemporains, pour trancher les questions de critique avec la sûreté de son esprit exercé, de son expérience acquise à bonne école. Parmi les ouvrages dont il est l'auteur, je ne suis en mesure de citer que les suivants :

1° *Âdâb roukoûb al-fâris* « Règles de l'équitation ». M. de Hammer, dans son *Aperçu encyclopédique des sciences de l'islamisme*[2], a, sur la foi de je ne sais quelle autorité, sans doute d'après un passage du manuscrit, attribué à Aboû 'l-Fawâris Ibn Mounkidh le traité contenu dans le manuscrit 168 de sa collection, aujourd'hui coté 1474 à la Bibliothèque de la Cour impériale-royale de Vienne[3]. Ce manuel du parfait cavalier, soi-disant « copié d'un livre trouvé dans les trésors de notre maître Salomon, fils de David », est divisé en quatre sections consacrées à l'art de monter à cheval, à la manière de dompter les chevaux rétifs, aux qualités et aux défauts des montures, à l'hippiatrique. Nous n'avons malheureusement ni le témoignage de Mourhaf lui-même, ni aucune donnée bibliographique d'autre provenance, pour contrôler l'assertion d'un savant qui puisait à toutes les sources sans assez s'enquérir de leur degré de pureté. Mais, d'autre part, d'où lui serait venu pareil renseignement sur un personnage aussi peu connu que le fils d'Ousâma?

2° Une vaste Compilation (*madjmoû'*)[4] comprenant des extraits variés sur divers points d'histoire et de littérature. L'auteur semble avoir puisé ses documents dans une riche bibliothèque, peut-être dans celle d'Ousâma[5], à moins qu'il n'ait, lui aussi,

1. Souscription du manuscrit, dans Ousâma, *Autobiographie*, p. 168 ; cf. l'*Avertissement* placé devant le texte arabe, p. x.

2. (J. von Hammer), *Encyclopædische Uebersicht der Wissenschaften des Orients* (Leipzig, 1804), p. 456 ; Clément-Mullet, *Le livre de l'agriculture d'Ibn Al-Awam*, II, p. IX ; voir plus haut, p. 85, note 1.

3. G. Flügel, *Die Arabischen, Persischen und Türkischen Handschriften der kaiserlich-kœniglichen Hofbibliothek zu Wien*, II, p. 542-543.

4. J'emprunte ce qui est une dénomination pour des Collectanea plutôt qu'un titre (voir pourtant Hâdji Khalifa, *Lexicon bibliographicum*, V, p. 407-410) à Kamâl ad-Din, *Dictionnaire biographique des hommes illustres d'Alep* (manuscrit Additamenta 23354 du Musée Britannique), fol. 149 r°.

5. Plus haut, p. 272.

formé une collection de livres et de documents inscrits sur des rouleaux[1], lettres ou notices. C'est au recueil composé par Mourhaf d'après ses lectures qu'appartiennent deux passages cités par Kamâl ad-Dîn Ibn Al-'Adîm, l'un sur l'assassinat d'Al-Akhras, fils du roi Roudwân, tué par le roi son père le huit septembre 1114, l'autre sur la date à laquelle Schams al-Mouloûk Ismâ'îl, fils de Boûrî, seigneur de Damas, succomba assassiné par ordre de sa mère Zoumourroud Khâtoûn le premier février 1135[2]. Un chapitre spécial était peut-être consacré aux fils victimes de la haine ou de la jalousie de leurs parents. D'un autre côté, nous sommes informés que les poètes de Ma'arrat an-No'mân fournissaient un contingent à cette espèce d'encyclopédie[3]. On peut se demander si Mourhaf n'avait pas adopté un classement géographique des poètes dont il donnait des morceaux choisis, à l'exemple de son ami 'Imâd ad-Dîn Al-Kâtib[4]. La famille des Mounkidhites paraît avoir été particulièrement favorisée dans cette sélection ; car c'est d'après Mourhaf que 'Imâd ad-Dîn allègue avec éloge des poésies de Scharaf ad-Daula Aboû 'l-Fadl Ismâ'îl, fils d'Aboû 'l-'Asâkir Soultân, mort à Damas en 561 de l'hégire (1166 de notre ère), et aussi du frère de celui-ci, l'émir Fakhr ad-Dîn Aboû 'l-Fath Yahyâ, fils de Soultân, dont Mourhaf rapporte qu'il fut tué au siège de Ba'lbek en 540 de l'hégire (1145-1146 de notre ère)[5]. Ni son père, ni lui-même ne manquaient dans cette monographie des Mounkidhites. Mourhaf, qui avait plus de mémoire que d'originalité, avait publié aussi des vers d'autres poètes, ainsi d'un ami de son père pendant le séjour en Égypte, le kâdî Aboû 'Alî Al-Hasan ibn 'Alî ibn 'Abd Allâh Ibn Abî Djarâda, qui, né à Alep, s'établit à Misr, où il fut admis dans la familiarité du vizir As-Sâlih Ibn Rouzzîk et où il mourut en

1. Kamâl ad-Dîn, *Dictionnaire biographique*, dans *Hist. or. des croisades*, III, p. 731.
2. Id., *ibid.*, III, p. 731 et 696 ; cf. plus haut, p. 89, 148, 169, 171, 177.
3. Id., *ibid.*, dans le manuscrit de Londres, fol. 149 r°.
4. Voir les tables des matières de la *Kharîdat al-kasr*, dans Dozy, *Catalogus codicum orientalium Bibliothecae Academiae Lugduno-Batavae*, II, p. 208-288.
5. 'Imâd ad-Dîn, *Kharîdat al-kasr*, fol. 115 v°-116 r°; cf. plus haut, p. 134, note 4 ; 277.

djoumâdâ premier 551 (juillet 1156 de notre ère)[1]; d'un autre ami de son père à la même époque, Aboû 'l-Ḥousain Aḥmad Ibn Az-Zoubair, surnommé *Al-Ḳâḍî Ar-Raschîd*, de la bouche duquel il avait recueilli plusieurs de ses poésies[2]; d'Aboû 'l-Ḥadjdjâdj Yoûsouf Ibn Al-Khallâl, célèbre sous son surnom de Mouwaffaḳ ad-Dîn (le favorisé de la foi), président de la correspondance officielle sous le khalifat du Fâṭimide Al-Ḥâfiṭh, le maître et le prédécesseur d'Al-Ḳâḍî Al-Fâḍil Ibn Al-Baisânî, qui prit soin de lui jusqu'à sa mort, le vingt-trois de djoumâdâ second 566 (deux mars 1171)[3]; du fameux poète et jurisconsulte yéménite ʿOumâra qui fut exécuté au Caire par ordre de Saladin le six avril 1174[4]. Je ne sais quand la série fut close, un tel assemblage de récits et de citations présentant un cadre mobile qui se prête aux additions, aux retouches, aux remaniements.

3° *At-Taʿlîḳ fî 't-taʾrîkh* « L'Annotation historique »[5], composition analogue à la précédente, avec la seule différence que le champ en est délimité et que la poésie n'y dispute point à l'histoire la place d'honneur. L'attribution de certains passages à l'un ou à l'autre de ces répertoires et le partage entre les deux ne reposent que sur des conjectures. Une seule fois Ibn Khallikân cite l'Annotation[6]. Il s'agit de fixer la date exacte à laquelle mourut Nadjm ad-Dîn Ayyoûb, père de Saladin. Mourhaf se serait trompé de neuf jours par une confusion entre le lundi dix-huit de dhoû 'l-ḥidjdja 568 (trente et un juillet 1173 de notre ère),

1. ʿImâd ad-Dîn, *Kharîdat al-ḳaṣr*, fol. 160 r°. Au fol. 162 r° se trouvent des vers adressés par Ibn Abî Djarâda à « l'émir Mouʾayyad ad-Daula Ousâma » pour déplorer son départ de Miṣr.

2. Ibn Khallikân, *Biographical Dictionary*, I, p. 144. Al-Ḳâḍî Ar-Raschîd mourut au Caire en mai 1166; voir plus haut, p. 18, note 2; 207. ʿImâd ad-Dîn a consacré des notices aux divers membres de cette famille de poètes dans sa *Kharîdat al-ḳaṣr*; voir le sommaire du manuscrit 1374 de l'ancien fonds arabe dans Dozy, *Catalogus*, etc., II, p. 264.

3. Ibn Khallikân, *Biographical Dictionary*, IV, p. 565; Adh-Dhahabî, *Taʾrîkh al-islâm* (manuscrit arabe Or. 51 du Musée Britannique), fol. 22 r°, où est cité Mourhaf fils d'Ousâma.

4. ʿImâd ad-Dîn, *Kharîdat al-ḳaṣr* (manuscrit 1414 de l'ancien fonds arabe), fol. 257 v°-258 r°, dans une longue notice consacrée à ʿOumâra, fol. 257 r°-262 v°; Aboû Schâma, *Kitâb ar-rauḍatain*, I, p. 225, l. 4; voir plus haut, p. 354, note 1, où la littérature citée peut être complétée par le morceau de ʿImâd ad-Dîn; par As-Soyoûṭî, *Ḥousn al-mouḥâḍara*, I, p. 228; par Al-Djanadî, *As-Soulouk*, manuscrit 767 du Supplément arabe, fol. 65 v°-66 v°.

5. Kamâl ad-Dîn, *Dictionnaire biographique des hommes illustres d'Alep* (manuscrit 726 de l'ancien fonds arabe), fol. 120 r°.

6. Ibn Khallikân, *Biographical Dictionary*, I, p. 246; cf. le texte publié par M. de Slane, I (unique), p. 125, l. 26.

où eut lieu la chute de cheval qui détermina sa mort, et le mercredi vingt-sept (neuf août), où il fut emporté par la maladie contractée à la suite de cet accident[1]. Une édition de ce livre, écrite de la main de l'auteur, portait la date de 570 de l'hégire (1174-1175 de notre ère)[2].

Mourhaf, en contribuant à la gloire de son père dont il éditait les ouvrages et à la mémoire duquel il avait voué un véritable culte, en rappelant les mérites de ses contemporains qu'il exaltait et dont il faisait valoir les productions, avait fondé sa propre réputation : il s'était créé à Miṣr une clientèle de disciples et d'admirateurs. ʿImâd ad-Dîn ne manque jamais une occasion de consulter[3] cet émir « qui possédait la gloire la plus durable, l'illustration la plus noble, le plus haut lignage[4] ». Deux savants de premier ordre se réclament de lui comme d'une autorité supérieure : ce sont, à ce que nous apprend Adh-Dhahabî dans sa Chronique de l'islamisme[5], Zakî ad-Dîn Al-Moundhirî[6] et Schihâb ad-Dîn Al-Ḳoûṣî[7]. Mourhaf mourut à Miṣr, âgé de quatre-vingt-treize années musulmanes, le deux de ṣafar 613[8] (vingt et

1. De même Ibn Al-Athîr et Aboû 'l-Fidâ, dans *Hist. or. des croisades*, I, p. 594 et 43.

2. Kamâl ad-Dîn, *Dictionnaire biographique* (manuscrit 726 de l'ancien fonds arabe), fol. 120 rº.

3. ʿImâd ad-Dîn, *Kharîdat al-ḳaṣr*, fol. 115 vº; 116 rº; 160 rº; id. dans Aboû Schâma. *Kitâb ar-rauḍatain*, I. p. 225, et dans Ibn Khallikân, *Biographical Dictionary*, I, p. 144; IV, p. 565.

4. ʿImâd ad-Dîn, *Kharîdat al-ḳaṣr*, fol. 117 rº.

5. Adh-Dhahabî, *Ta'rîkh al-islâm* (manuscrit 753 de l'ancien fonds arabe), fol. 205 vº.

6. Le *ḥâfiṭh* Zakî ad-Dîn Aboû Moḥammad ʿAbd al-ʿAṭhîm ibn ʿAbd al-Ḳawî ibn ʿAbd Allâh ibn Salâma ibn Saʿîd Al-Moundhirî Al-Miṣrî Asch-Schâfiʿî naquit à Miṣr le premier de schaʿbân 581 (vingt-huit octobre 1185) et mourut le quatre de dhoû 'l-ḳaʿda 656 (trois novembre 1258). Il dirigea pendant une vingtaine d'années à Miṣr le Collège des traditions qui y avait été fondé en 622 de l'hégire (1225 de notre ère) par Al-Malik Al-Kâmil Naṣr ad-Dîn Moḥammad, fils d'Al-Malik Al-ʿÂdil et par conséquent neveu de Saladin. Zakî ad-Dîn Al-Moundhirî est l'auteur d'un Dictionnaire biographique qu'Al-Maḳrîzî désigne sous le titre de المعجم المترجم ; voir *As-Soulоûk li-maʿrifat douwal al-moulоûk*, manuscrit 672 de l'ancien fonds arabe, fol. 35 rº. Sur Al-Moundhirî, voyez Ibn Schâkir Al-Koutoubî, *Fawât al-wafayât*, I, p. 296; Adh-Dhahabî, *Liber classium* (éd. Wüstenfeld), III, p. 59; As-Soyoûṭî, *Ḥousn al-mouḥâḍara*, I, p. 201 et 233; II, p. 188; Quatremère, *Histoire des sultans mamlouks*, I 1, p. 80-81; Slane dans Ibn Khallikân, *Biographical Dictionary*, I, p. 89-90; Hammer, *Literaturgeschichte der Araber*, VII, p. 260-261; Wüstenfeld, *Die Geschichtschreiber der Araber*, p. 128.

7. Adh-Dhahabî, *Al-Moschtabih* (éd. P. de Jong), p. 357, nomme ce Schihâb ad-Dîn « le traditionniste, l'imâm Schihâb ad-Dîn Aboû 'l-ʿArab Ismâʿîl Al-Ḳoûṣî ». En effet il était originaire de Ḳoûṣ, centre commercial alors très important de la Basse-Égypte (Al-Maḳrîzî, *Al-Khiṭaṭ*, I, p. 236-237), où il naquit en mouḥarram 574 (juin 1178). As-Soyoûṭî (*Ḥousn al-mouḥâḍara*, I, p. 233) l'appelle Aboû 'l-Maḥâmidî (*sic*) Ismâʿîl ibn Ḥâmid ibn Abî 'l-Ḳâsim Al-Anṣârî et nous apprend qu'il mourut à Damas le dix-sept de rabîʿ premier 623 (vingt-six avril 1226). Il avait composé un Dictionnaire (*Mouʿdjam*; cf. Ḥâdjî Khalîfa, *Lexicon bibliographicum*, V, p. 626, l. 4 et 9), peut-être même une série de dictionnaires (*Maʿâdjim*; cf. Al-Maḳḳarî, *Analectes sur l'histoire et la littérature de l'Espagne*, I, p. 659, l. 5), qu'il avait intitulée « la Couronne des dictionnaires » (id., *ibid.*, l. 19). A ce que nous apprend Al-Maḳḳarî (*loc. cit.*), cet ouvrage commençait par un panégyrique du sultan Al-Malik Al-ʿÂdil, frère de Saladin.

8. Adh-Dhahabî, *Ta'rîkh al-islâm*, fol. 205 vº.

un mai 1216 de notre ère). Devenu « l'un des émirs de Miṣr », il n'en était sorti, depuis qu'il avait accompagné Saladin à Damas en 1182[1], que peut-être pour aller revoir de temps en temps son père, pour lui apporter des consolations filiales, pour assister ses derniers moments le seize novembre 1188[2]. Le climat et la société de Miṣr convenaient au tempérament, à l'intelligence et aux goûts de Mourhaf. Sa santé ne paraît pas avoir été sensiblement altérée, si ce n'est une seule fois, à distance de sa résidence et de sa maison, en 1175, par une maladie qui l'avait cloué dans Alep et qui avait inspiré à ses amis les plus vives inquiétudes[3].

Nous connaissons les noms de deux fils de Mourhaf, dont l'un s'appelait Mourhaf comme son père et ajouta un supplément à son Annotation historique, dont il possédait le manuscrit autographe, écrit en 570 de l'hégire (1174-1175 de notre ère)[4]. Près d'un demi-siècle plus tard, il fut envoyé en ambassade auprès des Francs par le sultan Al-Malik Al-Kâmil, fils d'Al-Malik Al-'Âdil, par conséquent neveu de Saladin. C'était à l'époque où les Francs étaient campés aux confins de Damiette[5], c'est-à-dire en 1221. Mourhaf fils de Mourhaf, pour occuper ses loisirs, la guerre chômant autour de la place forte, écrivait chaque jour un exemplaire complet du Coran[6]. Un autre fils de Mourhaf, qui s'amusait à copier des vers de poètes illustres, surtout de ses ancêtres Mounkidhites, se nommait Ḥousâm ad-Dîn Aboû Bakr Moḥammad[7].

Parmi les petits-fils de Mourhaf il y en a un auquel nous devons de posséder l'*Autobiographie* de son arrière grand-père Ousâma[8].

1. Plus haut, p. 410.
2. Plus haut, p. 412.
3. Lettre d'Al-Ḳâḍî Al-Fâḍil Ibn Al-Baisânî à Ousâma, publiée d'après 'Imâd ad-Dîn, *Kharîdat al-ḳaṣr*, dans *Nouveaux mélanges orientaux*, p. 149 ; voir la traduction française, plus haut, p. 387.
4. Plus haut, p. 420.
5. Kamâl ad-Dîn, *Dictionnaire biographique*, fol. 120 r°. Le texte porte بثغر دمياط المحروسة. Mourhaf fils de Mourhaf fut l'un des négociateurs qui, après avoir échoué d'abord, signèrent avec les Francs la convention du vingt-sept août 1221. Sur les pourparlers qu'une victoire des musulmans fit aboutir à un accord, voir Ibn Al-Athîr, dans *Hist. or. des croisades*, II 1, p. 122-124.
6. Kamâl ad-Dîn, *Dictionnaire biographique*, fol. 120 r°.
7. Id., *ibid.*, fol. 119 v°. D'après Aibak Aṣ-Ṣafadî, *Al-wâfî bi 'l-wafayât* (manuscrit Additamenta 23357 du Musée Britannique), fol. 46 v°, Ḥousâm ad-Dîn serait né au Caire en 583 de l'hégire (1187 de notre ère) et serait mort à Damas en 653 (1255 de notre ère).
8. Plus haut, p. 388 et 416 ; voir aussi l'*Avertissement* placé en tête du texte arabe, p. x.

II. — AL-MOUBÂRAK ET HIṬṬÂN, PETITS-COUSINS D'OUSÂMA

Une autre branche des Mounḳidhites s'est illustrée au service de Saladin. Mourschid, le père d'Ousâma, comptait parmi ses frères Tâdj al-Oumarâ Aboû 'l-Moutawwadj Mouḳallad, le premier des émirs de Schaizar qui fût allé chercher fortune en Égypte[1]. Son fils, Nâṣir ad-Daula Kâmil était sans doute revenu sur les bords de l'Oronte au manoir familial. Car c'est là qu'Ousâma l'avait connu et sauvé d'un danger[2], c'est là que lui était né en 526 de l'hégire[3] (1131-1132 de notre ère), un fils dont l'histoire a enregistré le nom et relaté les actes, l'émir Madjd ad-Din Saif ad-Daula Aboû 'l-Maimoûn Al-Moubârak.

Dès sa jeunesse, Al-Moubârak eut le goût des voyages. Son éducation se fit à l'étranger. L'un de ses maîtres, sous la dictée duquel il écrivit, Aboû 'Abd Allâh Aḥmad ibn Hibat Allâh ibn Moḥammad ibn Aḥmad ibn Mouslim Al-Fourḍî Al-Mouḳri', natif de Baṣra, s'était établi à l'ouest de Bagdâdh, dans le grand bourg d'Ad-Daskara, sur les bords du canal appelé Nahr al-malik (rivière du roi) qui relie le Tigre et l'Euphrate. Il y présida au prône jusqu'à sa mort et groupa autour de lui nombre d'élèves

1. Plus haut, p. 65 ; 99, note 1 ; 265. Ibn Khallikân (*Biographical Dictionary*, II, p. 554), en donnant la généalogie d'Al-Moubârak, a omis son grand-père Mouḳallad. De même Bahâ ad-Din Al-Djanadî, sans doute d'après Ibn Khallikân, dans son histoire biographique du Yémen, spécialement consacrée aux jurisconsultes (الفقهاء) et intitulée السلوك فى طبقات العلماء والملوك. « La Direction dans les classes des savants et des rois » (manuscrit 767 du supplément arabe), fol. 189 v°. Sur cet ouvrage, voir Ḥâdjî Khalifa, *Lexicon bibliographicum*, II, p. 159 ; III, p. 613 ; Slane, *Catalogue*, p. 377 ; Dozy. *Catalogus*, II, p. 198 ; la description détaillée d'un Abrégé par Moḥammad ibn Moḥammad Ibn Asir, qu'a donnée Flügel dans la *Zeitschrift der deutschen morg. Gesellschaft*, XIV, p. 527-534, et d'après lequel Al-Djanadî serait mort en 832 de l'hégire (1428-1429 de notre ère). C'est à tort que Wüstenfeld, *Die Geschichtschreiber der Araber*, p. 167, a corrigé 832 en 732, la date de 775 se trouvant dans l'ouvrage au fol. 178 v°. Quant à l'auteur, il faut rectifier la liste de ses ascendants ; car j'ai noté trois passages (fol. 95 r° ; 105 r° ; 172 r°), où il appelle son père Yoûsouf ibn Ya'ḳoûb. Al-Djanadî s'appelait donc le ḳâḍi Bahâ ad-Din Aboû 'Abd Allâh Moḥammad ibn Yoûsouf ibn Ya'ḳoûb Al-Djanadî.

2. Ousâma, *Autobiographie*, p. 68; cf. plus haut, p. 99.

3. Ibn Khallikân, *Biographical Dictionary*, II, p. 556; Adh-Dhahabi, *Ta'rîkh al-islâm*, fol. 45 v°; Al-Djanadî, *As-Souloûk*, fol. 189 v°.

assidus, attirés par la renommée de son enseignement[1]. Al-Moubârak se rendit jusqu'à La Mecque pour y suivre quelques leçons d'un savant qui avait la spécialité des traditions, Aboû Ḥafṣ 'Omar Al-Mayyânischî, aux cours duquel se pressait l'élite des jeunes gens, venus tant de l'Espagne que des régions orientales[2].

La trace d'Al-Moubârak nous échappe après ses études terminées. Nous savons seulement qu'il fit carrière dans l'administration des finances égyptiennes[3], épiant une occasion propice d'échapper à la vie obscure des bureaux. La délivrance qu'il demandait ne lui fut accordée qu'au commencement de radjab 569 de l'hégire[4] (depuis le cinq février 1174 de notre ère). Le frère aîné de Saladin, Schams ad-Daula Toûrânschâh, fils d'Ayyoûb, surnommé *Al-Malik Al-Mou'aththam* (le roi fortifié), s'était laissé fasciner par les images séduisantes du « Yémen bienheureux » que 'Oumâra, le poète et le savant yéménite[5], étalait sous ses yeux, faisant défiler devant lui une série de conquêtes certaines, le château de Goumdân, les villes d'Al-Ḥouṣaib, d'Abyan et de Ṣan'â, les provinces de Ṭaraf et de Dja'far[6]. 'Oumâra,

1. Yâḳoût, *Mou'djam*, III, p. 876; Adh-Dhahabî, *Al-Mouschtabih* (éd. de Jong), p. 41 et 404. Le disciple le plus célèbre d'Aḥmad ibn Hibat Allâh Al-Fourḍî est l'imâm, le traditionniste du 'Irâḳ, 'Abd al-'Azîz Ibn Al-Akhḍar, né à Bagdâdh en 524 de l'hégire (1130 de notre ère), mort le six de schawwâl 611 (huit février 1215); cf. Adh-Dhahabî, *Liber classium* (éd. Wüstenfeld), III, p. 51. Sur les monuments anciens élevés à Ad-Daskara, voir Ibn Al-Faḳîh (éd. J. de Goeje), p. 158; cf. Yâḳoût, *Mou'djam*, II, p. 575.

2. Aboû Ḥafṣ 'Omar ibn 'Abd al-Madjîd ibn 'Omar ibn Ḥosain Al-Ḳoraschî Al-'Abdarî Al-Mahdawî Al-Mayyânischî, schaikh du sanctuaire de La Mecque (شيخ الحرم), naquit à Mayyânisch, village situé dans la banlieue d'Al-Mahdiyya, vint de bonne heure à La Mecque où il tint école jusqu'à ce qu'il y mourut en djoumâdâ premier 581 (août 1185); cf. Ibn Djobair, *Travels* (éd. W. Wright), p. 4 et 124; Yâḳoût, *Mou'djam*, IV, p. 709; Adh-Dhahabî, *Ta'rîkh al-islâm*, fol. 6 r° et 45 v°; Taḳî ad-Dîn Al-Fâsî, dans Wüstenfeld, *Chroniken der Stadt Mekka*, II, p. 109; Al-Maḳḳarî, *Analectes*, I, p. 498; 564; 875 et 877: Ḥâdjî Khalîfa, *Lexicon bibliographicum*, V, p. 354.

3. Adh-Dhahabî, *Ta'rîkh al-islâm*, fol. 45 v°, dit: وقد ولى سيف الدولة امر الدواوين بمصر مدّة.

4. 'Imâd ad-Dîn, dans Aboû Schamâ, *Kitâb ar-rauḍatain*, I. p. 216; Ibn Schaddâd, dans *Hist. or. des croisades*, III, p. 55; Ibn Al-Athîr, *ibid.*, I, p. 596; Ibn Khallikân, *Biographical Dictionary*, I, p. 284.

5. Sur 'Oumâra, voir plus haut, p. 354, note 1; p. 419, note 4.

6. Vers de 'Oumâra, dans Aboû Schâma, *Kitâb ar-rauḍatain*, I, p. 216, l. 36-217, l. 17. P. 217, l. 10, lisez بين الحُصَيْبِ وأَبْيَنٍ. Le manuscrit 707 A de l'ancien fonds arabe, fol. 115 r°, porte وابين, mais il a, comme l'édition imprimée, الحُصَيْن (le manuscrit Schefer a fautivement الحصون), bien qu'il faille certainement lire Al-Ḥouṣaib, l'ancien nom de Zabîd, la capitale du Yémen à cette époque, avant qu'on eût adopté pour cette ville le nom de la vallée de Zabîd où elle est située; cf. Al-Hamdânî, *Djazîrat al-'Arab* (éd. D. H. Müller), p. 53, l. 24; 119, l. 24, d'après la tribu qui y habitait, Al-Ḥouṣaib ibn 'Abd Schams; Yâḳoût, *Mou'djam*, II, p. 280 et 915; Ibn Baṭoûṭa, *Voya-*

qui préparait une conspiration contre Saladin, tendait à lui faire disséminer ses forces pour les affaiblir [1]. Le tableau enchanteur qu'il traçait du Yémen s'embellissait encore des promesses de concours qu'adressait au nom des scharîfs, fils de Soulaimân [2], un scharîf, nommé Hâschim ibn Gânim Al-Ḥasanî [3], en lutte avec le khâridjite [4] ʿAbd an-Nabî, fils de ʿAlî, qui, après son frère Mahdî, était devenu roi et imâm du Yémen [5]. Toûrânschâh se fit

ges, II, p. 167, l. 6, où il faut lire الحُصَيْب ; Sprenger, *Die alte Geographie Arabiens*, p. 65 ; Schefer, dans Nâṣiri Khosrau, *Séfér nâméh*, p. 191, note 2. On connait le château de Goumdân, la forteresse qui défend Ṣanʿâ ; voir D. H. Müller, *Die Burgen und Schlösser Südarabiens*, I, p. 8, 19. J'en ai récemment indiqué la mention sur une inscription sabéenne ; cf. Hartwig Derenbourg, *Les monuments sabéens et ḥimyarites de la Bibliothèque nationale* (*Cabinet des médailles et antiques*), p. 13-14. La province de Ṭaraf semble désigner le pays situé au sud-ouest de La Mecque, dans le Tihâma du Yémen, le long de la mer Rouge, avec ʿAththar comme capitale. Cette région, qui s'étend depuis Hali jusqu'à Asch-Schardja, est ici dénommée d'après Ibn Ṭaraf, ou plus complètement d'après Soulaimân ibn Ṭaraf, émir qui, au milieu du quatrième siècle de l'hégire (vers 960 de notre ère), y avait usurpé le pouvoir et y battait monnaie ; cf. Ibn Ḥauḳal dans J. de Goeje, *Bibliotheca geographorum Arabum*, II, p. 20 ; Al-Mouḳaddasi, *ibid.*, III, p. 124, et le passage curieux qui y est cité à la note *k* ; Johannsen, *Historia Iemanæ*, p. 124 ; Sauvaire, *Matériaux pour servir à l'histoire de la numismatique et de la métrologie musulmanes* (extrait du *Journal asiatique*), p. 185-186 du tirage à part. Si je me suis cru autorisé à expliquer ainsi ce que ʿOumâra a indiqué par la Province de Ṭaraf (pour la Province d'Ibn Ṭaraf), c'est que, pour le Mikhlâf de Djaʿfar, il y a unanimité pour en traduire le nom par Province de Djaʿfar, c'est-à-dire de Djaʿfar, l'affranchi d'Ibn Ziyâd, celui-ci étant Aboû Soufyân Moḥammad ibn ʿAbd Allâh ibn Ibrâhîm Ibn Ziyâd, le fondateur de Zabid d'après les instructions du khalife Al-Ma'moûn, en schaʿbân 204 de l'hégire (janvier 820 de notre ère), le premier des princes Ziyâdites qui gouvernèrent le Yémen jusqu'en 407 (1016-1017 de notre ère). Ibn Ziyâd, pour honorer son « affranchi », devenu son conseiller et son ministre, à qui il devait non seulement les plans et la construction de la forteresse d'Al-Moudhaikhira, mais la consolidation de sa dynastie, appela *Mikhlâf Djaʿfar* la région dont la ville principale est At-Taʿkour et qui s'étend le long de la côte au sud d'Asch-Schardja dans le Tihâma du Yémen, sans qu'il soit possible d'en préciser la limite méridionale. Voir ʿOumâra dans Yâḳoût, *Mouʿdjam*, IV, p. 472 ; les divers passages cités dans l'*Index*, *ibid.*, VI, p. 196 *c* ; Aboû 'l-Fidâ, *Annales moslemici*, II, p. 122-125 ; Johannsen, *Historia Iemanae*, p. 120-123 ; Wüstenfeld, *Jemen im* XI. (XVII.) *Jahrhundert*, p. 115, 116, 119, 125.

1. ʿImâd ad-Dîn, dans Aboû Schâma, *Kitâb ar-rauḍatain*, I, p. 220, l. 13-14.

2. Ibn Abi Ṭayy, *ibid.*, I, p. 217, l. 24. Le manuscrit de la Bibliothèque nationale porte les Banoû Soulaim. Sur la famille respectée et redoutée en Arabie des Soulaimâni, voir Al-Djanadi, *As-Souloûk*, fol. 65 v°, où, à propos du Mikhlâf As-Soulaimâni, dans le Tihâma du Yémen, on lit : نسبة الى الشرفاء بنى سليمان بيت عزّ وكروم ; Snouck Hurgronje, *Mekka*, I, p. 62-63.

3. Je n'ai trouvé aucun renseignement sur cet Alide, descendant d'Al-Ḥasan.

4. Sur les Khâridjites « dissidents », ces ennemis de l'influence étrangère qui affirmaient l'émancipation des individus et des peuples, voir Slane, dans Ibn Khaldoûn, *Histoire des Berbères* I, p. 203-204 ; Brünnow, *Die Charidschiten unter den ersten Omayyaden* (Leiden, 1884) ; J. Goldziher, *Muhammedanische Studien*, I, p. 138, 154, 197, 248 ; II, p. 389. Cette épithète est donnée à ʿAbd an-Nabî par ʿImâd ad-Dîn, dans Aboû Schâma, *Kitâb ar-rauḍatain*, I, p. 216, l. 20 et 26 ; Ibn Schaddâd, dans *Hist. or. des croisades*, III, p. 55, l. 3 ; Ibn Khaldoûn, *ʿIbar*, V, p. 287, l. 6.

5. ʿImâd ad-Dîn, dans Aboû Schâma, *Kitâb ar-rauḍatain*, I, p. 216, l. 30-31 ; cf. Johannsen, *Historia Iemanæ*, p. 5 et 143-146. L'ouvrage de Johannsen est un résumé, fait d'après le manuscrit arabe 141 de Copenhague, du بغية المستفيد فى اخبار مدينة زبيد « L'objet du désir de l'homme qui veut s'instruire dans les événements de la ville de Zabid », par Wadjih ad-Dîn Aboû ʿAbd Allâh ʿAbd ar-Raḥmân ibn ʿAlî Asch-Schaibânî, surnommé Ibn Ad-Daibaʿ. En dehors de l'exemplaire de Copenhague, qui m'a été envoyé à Paris, sur la recommandation d'un maitre dans les études arabes, M. le professeur A. F. van Mehren, je connais deux exemplaires au Musée Britannique, Add. 27540 et Or. 3265, un exemplaire dans la collection de M. Schefer, enfin le numéro 47 de l'Institut des langues orientales de Saint-Pétersbourg. Je dois à M. le baron de Rosen, d'après ce dernier manuscrit, une copie du chapitre VI, autant qu'il se rapporte à Al-Moubârak et à Ḥiṭṭân les Mounḳidhites.

autoriser par Noûr ad-Dîn et par Saladin [1] à entreprendre cette expédition, une prise de possession plutôt qu'une campagne, si l'on pouvait compter sur la complicité des scharîfs. Al-Moubârak fut choisi par Toûrânschâh pour lui servir de lieutenant civil autant que militaire. Général, administrateur, savant et poète, l'émir Al-Moubârak connaissait l'Arabie, pour avoir vécu à La Mecque où, en passant, il ne manqua pas d'apporter ses hommages à son vieux maître, n'était retenu dans sa conduite par aucun de ces scrupules qui sont un honneur, mais aussi une entrave pour l'envahisseur, ne craignait pas les responsabilités qu'il assumait vaillamment avec l'audace d'un Mounkidhite fidèle aux traditions de la famille.

Le lundi neuf de schawwâl [2] (treize mai 1174 de notre ère), deux jours avant la mort de Noûr ad-Dîn [3], les belligérants pénétrèrent dans Zabîd, où les avaient rejoints le scharîf Hâschim ibn Gânim, et tous les scharîfs, fils de Soulaimân, commandant à des renforts considérables [4]. ʿAbd an-Nabî fut fait prisonnier. Traîné d'abord dans le cortège du vainqueur jusqu'à Aden, il fut ensuite confié à la garde d'Al-Moubârak que Toûrânschâh avait installé comme le représentant de son autorité à Zabîd [5] et avait dispensé de le suivre, tandis qu'il s'éloignait avec les autres émirs pour conquérir Aden, Taʿizz, Ṣanʿâ, At-Taʿkour, Al-Djanad, les villes et les forteresses du Yémen [6].

Toûrânschâh était parti pour le Yémen dans le secret espoir d'y réparer l'insuffisance de ses revenus égyptiens obérés par

1. Ibn Al-Athîr, dans *Hist. or. des croisades*, I, p. 596 ; Ibn Abî Ṭayy, dans Aboû Schâma, *Kitâb ar-raudatain*, I, p. 217, l. 20 ; Ibn Khallikân, *Biographical Dictionary*, I, p. 284 ; II, p. 554.

2. J'emprunte cette date précise à Ibn Ad-Daibaʿ, *Bougyat al-Moustafîd* (manuscrit 47 de l'Institut des langues orientales de Saint-Pétersbourg), fol. 28 v°, et à Al-Djanadî, *As-Soulouk* (manuscrit 767 du supplément arabe), fol. 189 r°. Johannsen a donné la date du vingt-sept schawwâl (*Historia Iemanæ*, p. 146), le manuscrit arabe 141 de Copenhague (fol. 22 v°) portant يوم الاثنين السابع من شوّال, qu'il a altéré dans sa traduction.

3. Plus haut, p. 358.

4. Ibn Abî Ṭayy, dans Aboû Schâma, *Kitâb ar-raudatain*, I, p. 217, l. 23-24.

5. ʿImâd ad-Dîn, dans Aboû Schâma, *Kitâb ar-raudatain*, I, p. 216, l. 19-20 ; p. 217, l. 34 ; Ibn Al-Athîr, dans *Hist. or. des croisades*, I, p. 598 ; Ibn Abî Ṭayy, dans Aboû Schâma, *Kitâb ar-raudatain*, I, p. 217, l. 28 ; Ibn Khallikân, *Biographical Dictionary*, I, p. 287 ; II, p. 554 ; Al-Djanadî, *As-Soulouk*, fol. 189 r° ; Johannsen, *Historia Iemanae*, p. 147-148.

6. Ibn Al-Athîr, dans *Hist. or. des croisades*, I, p. 598 ; Ibn Abî Ṭayy, dans Aboû Schâma, *Kitâb ar-raudatain*, I, p. 217, l. 25-26 ; Al-Djanadî, *As-Soulouk*, fol. 189 r°.

l'excès de ses générosités [1]. Il chargea Al-Moubârak d'interner à Zabîd le royal captif, de confisquer sa fortune, de lui arracher ses biens après qu'il avait perdu sa couronne, de lui extorquer les richesses que son père, son frère et lui avaient amassées. Sous le coup de l'épouvante, 'Abd an-Nabî, pour sauver sa vie, céda aux injonctions de son gardien qui ne cessait de le tourmenter et de le presser sans relâche [2]. 'Abd an-Nabî se dessaisit de sommes considérables. Il alla même jusqu'à révéler à Al-Moubârak l'existence de trésors enfouis dans un monument qu'il avait élevé à la mémoire de son père près du tombeau où celui-ci était enterré. On retira de ces cachettes de l'or et de l'argent en masse. La femme de 'Abd an-Nabî, Al-Ḥourra, qui partageait la captivité de son mari, abandonna, elle aussi, au vainqueur son avoir personnel et lui fit connaître les endroits où il avait été déposé [3].

'Abd an-Nabî, déchu et dépouillé, conservait encore son prestige auprès des habitants de Zabîd que les exactions et les cruautés d'Al-Moubârak exaspéraient. On l'accusait d'y accumuler les morts violentes afin d'accaparer et de piller les propriétés [4]. Il se formait un parti d'opposition auquel le nom de l'ancien « roi et imâm » [5] servait de ralliement. Les instructions données à Al-Moubârak l'autorisaient, l'encourageaient même à se procurer des ressources aussi abondantes que possible autrement que par des moyens irréprochables, mais elles lui interdisaient le meurtre de 'Abd an-Nabî. Le gouverneur de Zabîd passa outre. Il se défit d'un rival, resté redoutable jusque dans sa prison. Les raisons, par lesquelles il se justifia auprès de Toûrânschâh d'avoir outrepassé ses volontés, triomphèrent facilement de ses molles résistances. Il approuva l'acte

1. Ibn Abî Ṭayy, dans Aboû Schâma, *Kitâb ar-rauḍatain*, I, p. 216, l. 31-32.

2. Al-Djanadî, *As-Souloûk*, fol. 189 r°, porte :

وجعل يعذّبه ويصادره

3. Ibn Al-Athîr, dans *Hist. or. des croisades*, I, p. 597; cf. Aboû 'l-Fidâ, *ibid.*, I, p. 43.

4. Ibn Khallikân, *Biographical Dictionary*, II, p. 554.

5. Plus haut, p. 424.

de cruauté de son lieutenant[1]. D'après un historien du Yémen, il l'aurait même provoqué, au moment où il se disposait à retourner en Égypte, et aurait, en radjab 571 de l'hégire (janvier 1176 de notre ère), fait dresser des gibets à la porte du khân de Zabîd pour y pendre les trois frères, les derniers prétendants de la dynastie Mahdite, ʿAbd an-Nabî, Aḥmad et Yaḥyâ[2].

Pendant qu'Al-Moubârak le Mounḳidhite résidait à Zabîd, un *ṣoûfî*, nommé Al-Moubârak ibn Khalaf[3], célèbre pour la supériorité de son esprit et de son caractère, vint s'établir dans cette ville. Il s'y fit aimer et respecter. Son influence grandissante et les sympathies qu'il sut gagner dans la population donnèrent ombrage à l'esprit inquiet du Mounḳidhite. Al-Moubârak s'imagina voir surgir un nouveau rival qui, comme autrefois ʿAlî ibn Mahdî, s'emparerait de la ville et y fonderait une nouvelle dynastie. Il ne se sentit rassuré qu'après l'avoir fait assassiner.

« A partir de ce moment (je cite textuellement[4]), il y eut rupture entre lui et le sommeil au point qu'il faillit en mourir. Il se plaignit de son sort à un jurisconsulte qui lui dit : Si tu rétablis le prône (la *khoṭba*) dans l'ancienne mosquée principale qu'ont élevée les Abyssins, tu peux espérer parvenir à la guérison. Il se conforma à cet avis et récupéra le sommeil. »

« La mosquée principale à laquelle il est fait ici allusion, ajoute Ibn Ad-Daibaʿ[5] qui écrivait à Zabîd à la fin du neuvième siècle de l'hégire (fin du quinzième siècle de notre ère), est

1. Ibn Abi Ṭayy, dans Aboû Schâma. *Kitâb ar-raudatain*, I, p. 217, l. 29-30.

2. Al-Djanadi, *As-Souloûk*, fol. 189 v°. Voici le passage : عزم [شمس الدولة] على سفر البلاد والعود اليها فامر بشنق اولاد ابن مهديّ وهم اذذاك ثلثة فى الاسر عبد النبىّ واحمد ويحيى فشُنقوا على باب خان زبيد. Puis, parlant du radjab 571, il ajoute : الشهر الذى شُنق به بنو مهدىّ

3. Dans ce récit que j'emprunte à Ibn Ad-Daibaʿ, *Bougyat al-moustafid* (manuscrit 47 de l'Institut des langues orientales de Saint-Pétersbourg), fol. 29 r°; manuscrit 141 de Copenhague, fol. 23 r°; et à Al-Djanadi, *As-Souloûk* (manuscrit 767 du supplément arabe), fol. 189 v°, celui-ci porte Al-Moubârak, celui-là Moubârak, sans l'article (cf. Johannsen, *Historia Iemanæ*, p. 148).

4. Ibn Ad-Daibaʿ et Al-Djanadî, *loc. cit.*, tous deux identiques d'après une source commune.

5. Ibn Ad-Daibaʿ, fol. 29 r°, dernière ligne-fol. 29 v° du manuscrit de Saint-Pétersbourg; fol. 23 r° de celui de Copenhague. Al-Djanadi n'a point ces détails.

encore de notre temps la mosquée où les fidèles de Zabîd se réunissent le vendredi. Elle est à l'entrée de la ville, près de la Porte des palmiers[1]. Le premier qui la construisit fut Al-Ḥosain ibn Salâma[2] et elle fut renversée par Mahdî fils de 'Alî le Mahdite après la mort de son père, resta en ruines plus de quinze années, puis fut renouvelée par Al-Moubârak fils de Kâmil, dont le nom fut inscrit sur une pierre à droite du *miḥrâb*; mais une couche de chaux l'a fait disparaître entièrement. La partie construite par le Mounḳidhite, c'est la façade avec ses colonnes en bois[3]. Quant aux deux ailes orientale et occidentale, au derrière du monument et au minaret, ils émanent de Saif al-islâm Ṭogtakîn l'Ayyoûbite[4], qui les termina en 582 (1186-1187 de notre ère).

« Parmi les traces que l'on montre encore aujourd'hui comme provenant du Mounḳidhite, il y a la mosquée d'Al-Manâkh[5] à Zabîd et la façade de la cathédrale..... qui vient d'être restaurée avec ses colonnes d'après le plan primitif. » Ajoutons que la mosquée d'Al-Manâkh avait été dotée de revenus considérables, les contributions payées pour nombre de terrains municipaux lui ayant été attribuées[6].

1. C'est sans doute par cette porte que les habitants de Zabid sortaient pour célébrer les samedis des palmiers, au commencement de la maturité, et lors de la complète maturité des dattes; voir Ibn Baṭoûṭa, *Voyages*, II, p. 167-168. Cette porte, au sud-ouest de la ville, a conservé son nom, comme l'a constaté le six juillet 1878 le voyageur italien Renzo Manzoni; voir sa relation intitulée *El Yèmen* (Roma, 1884), p. 354.

2. L'émir nubien Aboû 'Abd Allâh Al-Ḥousain ibn Salâma, gouverneur du Tihâma yéménite, vizir d'Aboû 'l-Djaisch ibn Ziyâd, mourut en 428 de l'hégire (1036-1037 de notre ère). Il avait le goût des constructions et, dans les derniers jours de 442 (mai 1051), Nâṣiri Khosrau, au sortir de La Mecque, rencontra un puits qui portait son nom; cf. Nâṣiri Khosrau, *Séfér Nâméh*, p. 214, ainsi que la note de M. Schefer. Sur ce personnage, voir encore 'Oumâra Al-Yamani, dans Yâḳoût, *Mou'djam*, II, p. 127; cf. Yâḳoût, *ibid.*, III, p. 495; IV, p. 244 et 577; Ibn Al-Athir, *Chronicon*, IX, p. 310.

3. Cette façade, longue de trente mètres, était ornée de cinquante-six colonnes en 1842, lorsque cette ville fut visitée par le lieutenant de vaisseau Passama; cf. *Bulletin de la Société de géographie*, 1843, tome XIX, p. 167.

4. Sur ce frère de Saladin, voir Ibn Khallikân, *Biographical Dictionary*, II, p. 655-656; et plus bas, p. 431, note 1; 441-444.

5. J'ai adopté la leçon المناخ, avec Ibn Khordâdbèh, *Kitâb al-masâlik* (éd. J. de Goeje), p. 141, l. 1; Al-Hamdâni, *Djazîrat al-'Arab* (éd. D. H. Müller), p. 100, l. 24-26; Ibn Ad-Daiba', *Bougyat al-moustafid*, fol. 29 v°, d'après la copie de M. le Baron Victor Rosen, tandis que le manuscrit de Copenhague (fol. 23 r°) porte المناح; D. H. Müller, *Südarabische Studien*, p. 47 et 53, tandis que cette famille légendaire de rois yéménites divinisés est appelée Al-Manâḥ المناح dans Al-Djanadî, *As-Soulouk*, fol. 189 v° à deux reprises; A. von Kremer, *Ueber die südarabische Sage* (Leipzig, 1866), p. 98-99; A. Sprenger, *Die alte Geographie Arabiens* (Bern, 1875), p. 310.

6. C'est au moins ainsi que j'ai interprété la phrase suivante d'Al-Djanadî, *As-Soulouk*, fol. 189 v° : وله مع مقدّم الجامع بزبيد المسجد المعروف بمسجد المناح (*sic*) غلّته (ms. علته) عقار كثير (ms. كسر) من زبيد.

Al-Moubârak ibn Kâmil le Mounḳidhite continua ainsi à embellir Zabîd et à y bâtir des édifices saints pour expier ses malversations premières et les massacres de ses débuts, tant que son suzerain, le frère aîné de Saladin, Schams ad-Daula Toûrânschâh, poursuivit la conquête de l'Arabie méridionale. Mais, au printemps de 1176, Schams ad-Daula, lorsqu'il eut contracté à Zabîd une maladie de langueur[1] et que la lassitude lui eut fait prendre en dégoût le Yémen[2], tourna des yeux pleins de désirs vers l'Égypte et la Syrie, où de graves événements se déroulaient en son absence. Quant à Al-Moubârak, il songeait à quitter la terre d'exil pour aller jouir à Miṣr des biens qu'il avait amassés à Zabîd et pour se faire assigner par le sultan une situation supérieure à celle qu'il avait occupée autrefois dans l'administration des finances égyptiennes.

Schams ad-Daula lui ayant fait connaître ses projets de départ, Al-Moubârak, atteint d'hydropisie[3], les encouragea en improvisant[4] les deux vers suivants :

Et, lorsque Allâh veut du mal à un homme et qu'il veut le faire vivre infortuné,

Il lui inspire le désir d'entreprendre sans motif un voyage bien loin de Miṣr et il lui fait habiter la région de Zabîd.

Le gouverneur poète ne s'était pas acclimaté. Il aspirait à suivre son protecteur et, pas plus que lui, il ne désirait prolonger son séjour dans la province qu'ils avaient tous deux ajoutée aux états de Saladin. Fut-il admis à partir en même temps que Schams ad-Daula[5], ou bien, tout en étant autorisé à une abdication en faveur de son frère Moḥammad, dit Ḥiṭṭân[6], dut-il

---

1. Al-Maḳrizi, *Al-Khiṭaṭ*, II, p. 38, l. 9.
2. Ibn Abî Ṭayy, dans Aboû Schâma, *Kitâb ar-rauḍatain*, I, p. 259, l. 30.
3. Ibn Abî Ouṣaibi‘a, *Classes des médecins*, II, p. 115.
4. Al-Maḳrizi, *Al-Khiṭaṭ*, II, p. 38, l. 9-11, où (l. 9) il faut lire فارتحل.
5. Ibn Khallikân, *Biographical Dictionary*, II, p. 554; Adh-Dhahabi, *Ta'rîkh al-islâm*, fol. 45 v°; Al-Djanadi, *As-Soulouk*, fol. 189 v°.
6. C'est ainsi qu'il faut lire et non point Ḥaṭṭân;

cf. Ibn Doraid, *Kitâb al-ischtiḳâḳ* (éd. Wüstenfeld), p. 138, l. 22; Wüstenfeld, *Register zu den genealogischen Tabellen*, p. 229; Goldziher, *Muhammedanische Studien*, I, p. 138. Dans Al-Djanadi, *As-Soulouk*, fol. 190 r°, on lit: وأمّا حطّان (ms. وهو) فهو لقب محمّد بن كامل أخي سيف الدولة « Et quant à Ḥiṭṭân, c'est un surnom de Moḥammad ibn Kâmil, frère de Saif ad-Daula », c'est-à-dire d'Al-Moubârak.

ajourner son voyage pour ne point bouleverser l'organisation politique qu'il avait contribué puissamment à mettre en œuvre [1] ? Le Yémen ne devait pas être laissé à l'abandon et peut-être fallait-il ménager les transitions avant d'inaugurer une nouvelle direction des affaires. D'autre part, Ḥiṭṭân avait été assez intimement associé aux actes de son frère Al-Moubârak pour qu'on pût le supposer apte à assumer, sans danger pour la conquête, le gouvernement de Zabîd et de la partie du Tihâma qui s'y rattache.

Ce qui est hors de doute, c'est que Schams ad-Daula Toûrânschâh rejoignit Saladin à Damas entre avril et juin 1176 [2] et qu'Al-Moubârak ne tarda point à reparaître à Miṣr, où l'influence de Toûrânschâh lui ménagea un rôle prépondérant dans le relèvement de l'administration financière [3]. Sa situation élevée, à la hauteur de laquelle étaient son intelligence et sa finesse, suscita contre lui des jalousies, mais qui demeurèrent impuissantes contre le patronage efficace de son chef dont la protection ne l'abandonna jamais. Saladin, qui se l'était d'abord laissé imposer, le distingua et le considéra comme l'un de ses émirs [4]. Il lui concéda, pour récompenser ses services, une maison magnifique [5] sur la place qui, sous les Ayyoûbites, fut appelée d'après lui la *Raḥbat Ibn Mounḳidh*, après avoir été successivement dénommée d'après l'émir Nâṣir ad-Daula Yâḳoût, wâlî de Ḳoûs [6], et d'après son fils, l'émir Rabî' al-islâm Moḥammad ibn Yâḳoût. Cette place, qui, dans la première moitié du quinzième siècle, était devenue la *Raḥbat Khawand*, la place de la Princesse, était située au sud-ouest du Caire,

1. Ibn Al-Athîr, *Chronicon*, XI, p. 311 ; Ibn Abî Ṭayy, dans Aboû Schâma, *Kitâb ar-rauḍatain*, I, p. 260, l. 3 ; Ibn Ad-Daiba' dans Johannsen, *Historia Iemanæ*, p. 149.

2. Plus haut, p. 401.

3. Je traduis l'expression d'Ibn Khallikân (p. 618 de l'édition de Slane): وشادّ الديوان بالديار المصريّة. La nature des fonctions qu'elle désigne est expliquée avec de nombreux exemples à l'appui, par Quatremère, *Histoire des sultans mamlouks*, I 1, p. 110-112.

4. Ibn Khallikân, *Biographical Dictionary*, II, p. 554.

5. Sur le luxe de ces édifices isolés les uns des autres, de vrais palais, voir Nâṣiri Khosrau, *Séfér Nâméh*, p. 133.

6. Sur ce personnage considérable, voir plus haut, p. 232, note 6.

dans un ancien quartier, au bout de la rue de Zawîla[1]. En dehors de cet hôtel, Al-Moubârak acquit du sultan un village sur la rive orientale du Nil, dans la banlieue du Caire, Al-'Adawiya, non loin de Dair aṭ-ṭîn[2].

Al-Moubârak, guéri par le médecin juif Aboû 'l-Bayân Ibn Al-Moudawwar As-Sadîd[3], continua son existence heureuse de dignitaire laborieux, expérimenté et considéré, de parvenu enrichi, dépensant son argent avec largesse et discernement, plus fier de sa race que de sa fortune, jusqu'au moment où son appui le plus solide vint à lui manquer : Toûrânschâh, qui avait résolument imposé silence à ses détracteurs, qui en toute occasion s'était porté garant pour lui auprès de Saladin, mourut à Alexandrie dans les derniers jours de juin 1180[4]. La digue qui retenait les jalousies et les appétits étant rompue, les haines et les ambitions se déchaînèrent avec violence contre l'adversaire satisfait pour détruire les assises de son bonheur. On réveilla des souvenirs endormis, on discuta l'origine de cette fortune subitement accumulée, on la reprocha, comme un crime, au Mounḳidhite, on prétendit que naguère, dans le Yémen, nombre de personnes avaient été mises à mort, leurs propriétés confisquées, leurs biens saisis pour entrer dans les trésors de l'émir[5]. Ces dénonciations, renouvelées avec assurance et avec acharnement, furent d'abord repoussées par Saladin, qui finit par se laisser entraîner à des résolutions tardives. Il n'y eut point de prescription pour Al-Mou-

1. Al-Maḳrîzî, *Al-Khiṭaṭ*, II, p. 50. *Ibid.*, II, p. 4, se trouve reproduit le passage de Yâḳoût, *Mou'djam*, II, p. 960-962, d'après lequel j'ai lu Zawîla. M. Quatremère a parlé de la place de la Princesse et a expliqué cette dénomination dans son *Histoire des sultans mamlouks*, I 1, p. 66.

2. 'Imâd ad-Dîn, dans Aboû Schâma, *Kitâb ar-rauḍatain*, II, p. 25, l. 27-28; Ibn Al-Athîr, *Chronicon*, XI, p. 311, l. 10-11. Sur cet endroit, cf. Yâḳoût, *Mou'djam*, III, p. 624, et II, p. 676. D'après ce dernier passage, Al-'Adawiya est contigu à Dair aṭ-ṭîn (couvent de l'argile), petit endroit situé au sud du Caire, dont parle Ibn Baṭoûṭa, *Voyages*, I, p. 94-95, et qui figure sur les cartes 4-6 de Baedeker, *Lower Egypt* (Leipzig, 1878). Al-'Adawiya est mentionné dans l'*État des provinces et des villages de l'Égypte*, dressé en l'année 1376, traduit de l'arabe par M. Silvestre de Sacy, dans sa *Relation de l'Égypte, par Abd-Allatif* (Paris, 1810), p. 598, l. 1.

3. Ibn Abî Ouṣaibi'a, *Classes des médecins*, II, p. 115.

4. Plus haut, p. 402, note 1, j'ai donné, comme date précise, le vingt-sept juin 1180. Al-Djanadî, *As-Soulouk*, fol. 189 v°, parle du dernier jour de moḥarram 576, c'est-à-dire du vingt-six juin 1180. Al-Maḳrîzî, *As-Soulouk* (manuscrit 672 de l'ancien fonds arabe), fol. 25 v°, fixe la mort de Toûrânschâh au cinq ṣafar 576, c'est-à-dire au premier juillet 1180. Ibn Ad-Daiba', *Bougyat al-moustafîd* (Johannsen, *Historia Jemanæ*, p. 148), dit vaguement : en ṣafar 576.

5. Ibn Al-Athîr, *Chronicon*, XI, p. 311 ; Ibn Khallikân, *Biographical Dictionary*, II, p. 554.

bârak : l'accusé fut condamné sans égard aux années écoulées depuis les méfaits et les concussions qu'on lui reprochait, sans sauvegarde des droits de la défense, sans qu'entrât en ligne de compte, pour atténuer la rigueur de la décision prise, sa parfaite honorabilité privée et publique depuis son retour à Miṣr.

Un voile sembait cacher aux yeux d'Al-Moubârak la gravité de la conspiration. Sa conviction était qu'elle devait échouer. Il se croyait de force à en triompher, en y opposant l'indifférence et le mépris. Dans la sécurité de son orgueil, il méconnaissait cette loi constante qu'après les sommets les catastrophes sont fatales[1]. L'année 1180 se termina sans encombre. Au milieu ou à la fin de 1181, peut-être dans l'un des premiers mois de 1182 (nous sommes seulement informés que ce fut en 577 de l'hégire)[2], les illusions d'Al-Moubârak firent place à la plus amère déception, lorsque sa disgrâce le frappa, comme un coup de foudre, en pleines réjouissances, au milieu d'une fête attristée par un dénoûment imprévu.

L'émir Mounḳidhite avait organisé dans son fief d'Al-'Adawiya un grand banquet auquel il avait convoqué toutes les illustrations du monde politique groupé autour de Saladin[3]. Il avait envoyé quérir et acheter en ville toutes sortes de victuailles qu'il comptait offrir à ses invités d'élite. Au nombre des convives se trouvait 'Imâd ad-Dîn Al-Kâtib qui a raconté les événements auxquels il assista, en compagnie des plus distingués entre les notables de la capitale. Au moment où les assistants étaient en belle humeur, ils se virent cernés par l'émir Bahâ ad-Dîn Ḳarâḳoûsch[4], qui fit

1. ما بعد الغايات الّا الآفات, expression proverbiale dans Ibn Aṭ-Ṭiḳṭaḳâ, *Al-Fakhri*, p.269, l. 5.

2. 'Imâd ad-Dîn, dans Aboû Schâma, *Kitâb ar-rauḍatain*, II, p. 25; Ibn Al-Athîr, *Chronicon*, XI, p. 311; Ibn Khallikân, *Biographical Dictionary*, II, p. 555; Ibn Tagribardi, *An-Noudjoûm* (ms. 661 de l'ancien fonds arabe), fol. 75 r°, où il est supposé qu'Al-Moubârak était encore dans le Yémen.

3. Je rends ainsi أعيان الدولة الصلاحيّة dans Ibn Al-Athîr, *Chronicon*, XI. p. 311, l. 10. Tout mon récit est emprunté à ce paragraphe, combiné avec le témoignage de 'Imâd ad-Dîn, dans Aboû Schâma, *Kitâb ar-rauḍatain*, II, p. 25, l. 26 et suiv.

4. En dehors de 'Imâd ad-Dîn, *loc. cit.*, Ibn Tagrîbardî nomme aussi Bahâ ad-Dîn Ḳarâḳoûsch comme ayant présidé à cette arrestation. Seulement, d'après ce chroniqueur (manuscrit 661 de l'ancien fonds arabe, fol. 75 r°), Ḳarâḳoûsch aurait été envoyé dans le Yémen, où séjournait encore Al-Moubârak; ce qui me paraît fort invrai-

irruption dans la salle, arrêta Saif ad-Daula et l'enferma dans le Palais. Non seulement l'on avait persuadé à Saladin qu'Al-Moubârak s'était approprié les richesses soustraites aux habitants de Zabîd, mais on avait été jusqu'à lui assurer qu'il voulait fuir pour éviter un juste châtiment et que les provisions, destinées en apparence pour le festin, devaient lui servir pour retourner dans le Yémen et pour y soulever les populations contre leur souverain.

Si Al-Moubârak fut un moment victime de son opulence, elle assura son salut en lui permettant de racheter sa liberté. Lorsque Saladin s'aperçut qu'il avait été l'agent de basses intrigues, il se départit bien vite de son attitude rigoureuse envers Al-Moubârak et se prêta à des transactions qui apportaient des ressources nouvelles à ses générosités [1]. Saladin reçut de son prisonnier quatre-vingt mille dînârs en monnaie de Miṣr, environ vingt mille en propriétés, sans parler des obligations auxquelles il s'engagea et qu'il tint loyalement envers deux des frères du sultan, envers Al-Malik Al-'Âdil Saif ad-Dîn et Tâdj al-mouloûk Boûrî.

« Al-Moubârak, dit en propres termes 'Imâd ad-Dîn [2], sortit de captivité, honoré, considéré, réhabilité, respecté. Le sultan

semblable. Ḳarâḳoûsch, cet eunuque blanc, dont le surnom signifie en turc « l'oiseau noir », avait appartenu à Asad ad-Dîn Schîrkoûh, oncle de Saladin; de là l'ethnique Al-Asadî qui lui est attribué. Après la mort de Schîrkoûh le vingt-trois mars 1169, Saladin hérita de Ḳarâḳoûsch que, dans cette même année, il nomma surintendant du Palais. C'est en cette qualité qu'il présida aux grandes constructions par lesquelles il renouvela l'aspect du Caire, la troisième enceinte, la Citadelle de la montagne, le pont et les arches de Djîza, la chaussée qui y conduisait de Miṣr, sans parler d'autres monuments civils et religieux. Saladin, qui avait pris Acre en juillet 1187, l'en nomma gouverneur l'année suivante. Quand les Francs eurent reconquis cette ville le douze juillet 1191, Ḳarâḳoûsch devint leur prisonnier et ne fut mis en liberté contre une forte rançon que le vingt octobre 1192. Ḳarâḳoûsch mourut au Caire le sept avril 1201. Il ne faut pas confondre ce Bahâ ad-Dîn Ḳarâḳoûsch avec son homonyme, le mamloûk Scharaf ad-Dîn Ḳarâḳoûsh, dont il sera parlé plus loin. Voici quelques-unes de mes sources sur le premier : 'Imâd ad-Dîn, *Al-Fatḥ* (éd. Landberg), p. 118-119, 247, 338, 448 ; 'Abd al-Laṭîf, *Relation de l'Égypte*, par Silvestre de Sacy, p. 171, 172, 208-213; Ibn Al-Athîr et Aboû 'l-Fidâ, dans *Hist. or. des croisades*, I, p. 568 et 580; 40 et 67; II 1, p. 19-20; Ibn Schaddâd, *ibid.*, III, p. 120, 135, 176, 183, 231, 239, 304, 317, 355; Aboû Schâma, *Kitâb ar-rauḍatain*, I, p. 192, 199; II, p. 125, 188, 208, 230, 244; Ibn Khallikân, *Biographical Dictionary*, II, p. 431, 520-521; IV, p. 498, 534, 537 ; Al-Maḳrîzî, *As-Souloûk*, fol. 22 r°-24 r°; 35 r°; 36 v°; 38 v°; 40 v°; 41 v°; 43 v°; 45 v°; 47 v°; 48 r°; 52 v°; id., *Al-Khiṭaṭ*, I, p. 496; II, p. 3, 88, 197, 235; Hammer, *Literaturgeschichte der Araber*, VII, p. 150-151; Wüstenfeld, *Geschichte der Faṭimiden-Chalifen*, p. 344, 346, 351 ; Casanova, *Karakouch (sa légende et son histoire)*, Le Caire, Imprimerie nationale, 1892.

1. Plus haut, p. 362, note 1.

2. 'Imâd ad-Dîn, dans Aboû Schâma, *Kitâb ar-rauḍatain*, II, p. 25, l. 33-36.

le combla plus que jamais de ses faveurs et lui fit remettre pour la somme qu'il avait touchée de lui un écrit revêtu de sa signature portant qu'il la considérait comme une dette à sa charge. Ensuite Saladin acheta de lui des propriétés à Miṣr pour trente mille dînârs et lui accorda tout ce qu'il demandait, par un effet de sa préférence et de sa prédilection. Il augmenta l'étendue du fief d'Al-Moubârak, dont Allâh bénit les entreprises et les partisans. Cet émir en effet, par la largeur de son intelligence, par la solidité de son jugement supérieur, n'excitait jamais de plaintes, n'était jamais accusé d'avoir provoqué aucun malheur. »

La vie d'Al-Moubârak ne fut plus affligée par aucun incident comme celui qui avait failli en troubler le cours paisible et favorisé. Lorsqu'il fut sorti de prison, Saladin lui donna un gage public de sa confiance renouvelée en le nommant son chambellan, en lui conférant sa suppléance à Miṣr [1]. Ce petit vizirat, qui relevait sans intermédiaire du sultan, donnait à son délégué, titulaire de ces hautes fonctions, la direction toute-puissante des affaires dans une grande ville, comme au représentant direct de celui qui l'avait désigné pour y être son substitut. Le gouverneur de la capitale, ce qu'était Al-Moubârak au Caire, avait plus d'initiative et plus d'autorité qu'un premier ministre. L'absence continue de Saladin qui s'éloigna de Miṣr le onze mai 1182 pour ne plus revenir en Égypte[2], avait converti, au profit d'Al-Moubârak, cet office d'administrateur en une sorte de vice-royauté.

Al-Moubârak recouvrait ainsi sa lieutenance de Zabîd, transportée sur un plus vaste terrain, en pleine maturité d'esprit,

1. ʿImâd ad-Dîn, *Al-Fatḥ* (éd. Landberg), p. 481, reproduit dans Aboû Schâma, *Kitâb ar-rauḍatain*, II, p. 218, l. 4; Al-Maḳrîzî, *Al-Khiṭaṭ*, II, p. 86, l. 8, où il faut substituer la date de 578 à celle de 598 donnée par erreur. Je ne me rends pas compte du titre donné à Al-Moubârak, *ibid.*, II, p. 120, l. 17, où il est appelée le « suppléant » (*nâ'ib*) d'Al Malik Al-Mouʿizz Saif al-islâm Ṭhahir ad-Dîn Ṭogtakîn sur la royauté du Yémen à propos des magasins de denrées en réserve (حكر) d'Ibn Mounḳidh. Peut-être Ṭogtakin, frère de Saladin, s'était-il plu à lui conférer cette dignité honoraire en souvenir de ses antécédents dans le Yémen. Sur les privilèges de ces régents qui suppléaient et remplaçaient le prince, voir la note substantielle de Quatremère, *Histoire des sultans mamlouks*, I II, p. 93-98; pour Miṣr en particulier, Wüstenfeld, *Calcaschandi's Geschichte und Verwaltung von Aegypten*, p. 181, 186-187.

2. ʿImâd ad-Dîn, dans Aboû Schâma, *Kitâb ar-rauḍatain*, II, p. 28, l. 9-10; Ibn Al-Athîr et Aboû 'l Fidâ, dans *Hist. or. des croisades*, I, p. 651 et 50; Al-Maḳrîzî, *As-Souloûk* (manuscrit cité), fol. 27 v°.

avec les leçons de l'âge et de l'expérience. Ce qui témoigne le mieux de l'importance qu'il sut donner à la dignité dont il fut revêtu, c'est qu'il sut éveiller le zèle des flatteurs, l'imagination des panégyristes. Parmi ces derniers, il convient de signaler le poète Al-Kâḍî Al-Wadjîh [1] Riḍâ ad-Dîn Aboû 'l-Ḥasan 'Alî ibn Abî 'l-Ḥasan Yaḥyâ ibn Aḥmad, appelé d'ordinaire Ibn Adh-Dharawî [2]. Il joua sur le nom d'Al-Moubârak qui signifie « le béni » et sur celui de Mounḳidh qui signifie « libérateur » dans une poésie qui se répandit dans la société de Miṣr à l'instar d'un proverbe [3] :

Bénie est la vie de ceux qui se présentent à la porte d'Al-Moubârak [4].
Existe-t-il un libérateur pour ceux qui espèrent, si ce n'est Ibn Mounḳidh?

Ibn Adh-Dharawî disparut trop tôt pour voir et pour peindre cette période de calme dans le bien-être, pendant laquelle le Mounḳidhite ne faillit, ni ne se déroba un moment à la tâche qu'il avait assumée. Il se délassait du gouvernement et des affaires en cultivant la poésie, doté ainsi qu'il l'était de toutes les aptitudes qui distinguaient les descendants des émirs de Schaizar. Il a été l'un de leurs meilleurs poètes et quelques-uns de ses vers, sauvés de l'oubli, justifient sa réputation [5].

1. Selon d'autres, Wadjîh ad-Dîn.

2. Ibn Adh-Dharawî, s'il n'a pas composé que des panégyriques, a célébré en vers les grands hommes de son temps : Saladin, Al-Ḳâḍî Al-Fâḍil Ibn Al-Baisânî, Al-Moubârak, Ḥousâm ad-Dîn Lou'-lou' *al-ḥâdjib*. Aboû Schâma (*Kitâb ar-rauḍatain*, II, p. 27, l. 13-14) prétend qu'il mourut au Caire en 577 de l'hégire (1181-1182 de notre ère) vers l'âge de quarante ans, mais il dément lui-même cette assertion qui ne doit pas être strictement exacte en citant *ibid.*, II, p. 30, l. 2 et 21) des félicitations en vers adressées par lui à Ḥousâm ad-Dîn Lou'lou' à l'occasion de victoires remportées l'année suivante. Aux deux passages que je viens de citer sur Ibn Adh-Dharawî j'ajouterai Kamâl ad-Dîn, *Dictionnaire biographique des hommes illustres d'Alep* (manuscrit 726 de l'ancien fonds arabe), fol. 118 v° et 119 r°; Aboû Schâma, *Kitâb ar-rauḍatain*, I, p. 209, l. 1-16; 218, l. 5-9; II, p. 6, l. 35-7, l. 14; 14, l. 28-33; 27, l. 14-32; Ibn Khallikân, *Biographical Dictionary*, II, p. 555; III, p. 592; IV, p. 138 et 552, ainsi que dans *Hist. or. des croisades*, III, p. 430; Ibn Schâkir Al-Koutoubî, *Fawât al-wafayât*, II, p. 94-96.

3. Expression d'Ibn Khallikân, *Biographical Dictionary*, II, p. 555, où le vers est donné avec un texte un peu différent de celui que j'ai emprunté à Kamâl ad-Dîn, *Dictionnaire biographique des hommes illustres d'Alep* (manuscrit cité), fol. 119 r°, et à Aboû Schâma, *Kitâb ar-rauḍatain*, I. p. 218, l. 10. Ibn Khallikân lit en effet : مبارك وفد العيس « Bénie est la venue des chamelles fauves à la porte d'Al-Moubârak ».

4. Le texte porte Moubârak, sans l'article; de même dans le passage cité, p. 436, note 1.

5. 'Imâd ad-Dîn, dans Aboû Schâma, *Kitâb ar-rauḍatain*, I, p. 217, l. 34-218, l. 4; Ibn Khallikân, *Biographical Dictionary*, II, p. 556; Adh-Dhahabî, *Ta'rîkh al-islâm* (manuscrit cité), fol. 45 v°; Al-Djanadî, *As-Soulouk* (manuscrit cité), fol. 189 v°; Ibn Wahhâs Al-Khazradjî, *Al-Kifâya wa-'l-i'lâm* (manuscrit 805 de Leyde; Warner, 302), fol. 58 v°; Hammer, *Literaturgeschichte der Araber*, VII, p. 136. Je remercie la direction de la Bibliothèque de Leyde et le savant *Interpres legati Warneriani*, M. J. de Goeje, qui m'ont fait envoyer à Paris le manuscrit d'Al Khazradjî pour qu'il pût profiter à cette étude.

Les documents se taisent sur cette existence aplanie dans un pays qui se reposait après tant de révolutions et de secousses. Nous sommes seulement informés qu'en mouḥarram 586 (février 1190) Saif ad-Daula Aboû 'l-Maimoûn Al-Moubârak, par ordre supérieur, se chargea de réorganiser les bureaux de l'administration à Miṣr et qu'on lui adjoignit pour cette besogne un collaborateur « seigneur d'Alep », d'ailleurs absolument inconnu, Al-Asad ibn 'Âḳî [1]. Madjd ad-Dîn Saif ad-Daula, c'est-à-dire Al-Moubârak, apparaît de nouveau dans une pièce datée du huit scha'bân 586 (trente septembre 1190), où les présents que le Mounḳidhite 'Abd ar-Raḥmân, fils de Moḥammad et neveu d'Ousâma, apportera au khalife du Maroc Aboû Yoûsouf Ya'ḳoûb, doivent être l'objet d'une répartition préalable réglée par son illustre parent, « l'émir éminent, le général en chef, le grand savant » [2].

Nous passons sans transition à l'année 588 de l'hégire (1192 de notre ère). « Alors que, cetteannée-là, nous étions à Jérusalem, dit 'Imâd ad-Dîn [3], le sultan reçut une lettre qui lui avait été adressée de Miṣr par Saif ad-Daula Ibn Mounḳidh qui y exerçait sa suppléance et dont les actes avaient mis en lumière la capacité. On y lisait qu'un tel s'est porté garant d'une transaction commerciale pour une certaine somme, puis qu'il ne s'est pas gêné pour chercher à en prélever deux mille dînârs, que plusieurs fois il s'est présenté au siège du gouvernement [4], a usé de ruse pour obtenir gain de cause, a travesti les faits et a menti. Au même moment, l'on vint avertir le sultan que cet homme était à la porte. Il s'imaginait sans doute que par lui il se rapprocherait de son but. Le sultan lui fit répondre : Certes

1. Aux événements de l'année 586 de l'hégire, on trouve le passage suivant dans Al-Maḳrizî, *As-Soulouk* (manuscrit 672 de l'ancien fonds arabe), fol. 35 r° : وفيها تولّى سيف الدولة ابو الميمون مبارك [ابن] كامل بن منقذ شدّ الدواوين بمصر وباشر الاسد صاحب حلب بن عاقى معه الديوان فى محرّم.

2. Aboû Schâma, *Kitâb ar-rauḍatain*, II, p. 171, l. 21-22. On trouvera plus loin une traduction écourtée de ce morceau.

3. 'Imâd ad-Dîn, *Al-Fatḥ*, p. 481 ; cf. Aboû Schâma, *Kitâb ar-rauḍatain*, II, p. 218, l. 4 et suiv.

4. Il est dit simplement : « à la porte ».

Ibn Mounḳidh te recherche. Aussi fais diligence pour ne point tomber sous ses yeux. » Cette anecdote insignifiante prouve seulement que Saladin évitait tout prétexte de contrarier le suppléant de Miṣr, qu'il laissait sa justice s'accomplir sans se permettre d'intervenir pour entraver la liberté de ses décisions.

Saladin mourut à Damas le mercredi quatre mars 1193 [1]. Toutes proportions gardées, sa succession fut l'objet des mêmes compétitions que, quinze siècles auparavant dans les mêmes pays, celle d'Alexandre le Grand. Le faisceau fut rompu : l'Égypte échut à l'un des fils de Saladin, Al-Malik Al-'Azîz 'Imâd ad-Dîn 'Othmân, au détriment de son fils aîné désigné par lui, Al-Malik Al-Afḍal Noûr ad-Dîn 'Alî [2]. Quelle fut l'attitude d'Al-Moubârak à cette époque troublée ? Fut-il maintenu dans ses fonctions, ou les résigna-t-il volontairement, comme devenues trop lourdes pour ce que ses forces pouvaient encore porter ? Les historiens et les biographes ne fournissent aucune réponse à ces questions. Un peu plus de six mois après Saladin, Al-Moubârak mourut au Caire le huit de ramaḍân en l'an 589 de l'hégire, le sept de septembre en l'an 1193 de notre ère [3].

L'un des fils d'Al-Moubârak, l'émir Djamâl ad-Dîn Aboû 'ṭ-Ṭâhir Ismâ'îl [4], professait pour son père la même admiration que 'Aḍoud ad-Dîn Aboû 'l-Fawâris Mourhaf pour Ousâma. Il ne manquait jamais une occasion de l'alléguer comme une autorité irrécusable [5]. Ismâ'îl naquit au Caire dans le troisième tiers du mois de radjab 569 (vers le premier mars 1174), au moment même où son père se disposait à accompagner dans l'expédition du Yémen Schams ad-Daula Toûrânschâh [6]. « Cet Ismâ'îl, dit Kamâl ad-Dîn Ibn Al-'Adîm [7], était un émir éminent, un

1. Plus haut, p. 362, note 1 ; 416.

2. Ibn Al-Athîr, dans *Hist. or. des croisades*, II ı, p. 75.

3. Ibn Khallikân, *Biographical Dictionary*, II, p. 556 ; Al-Djanadî, *As-Souloûk*, fol. 189 v°, d'après Ibn Khallikân ; Ibn Wahhâs Al-Khazradjî, *Al-Kifâya wa-'l-i'lâm* (manuscrit 805 de Leyde), fol. 59 v°.

4. Ismâ'îl, fils d'Al-Moubârak, est l'objet d'une notice dans Kamâl ad-Dîn, *Dictionnaire biographique des hommes illustres d'Alep* (manuscrit 726 de l'ancien fonds arabe), fol. 118 v°-120 r°. Nous avons puisé dans cette notice la majeure partie de nos renseignements.

5. Adh-Dhahabî, *Ta'rîkh al-islâm* (manuscrit 753 de l'ancien fonds arabe), fol. 45 v°.

6. Plus haut, p. 425.

7. Kamâl ad-Dîn, *Dictionnaire biographique*

poète [1]. Il servit Al-Malik Al-ʿÂdil Aboû Bakr l'Ayyoûbite [2] et son fils Al-Malik Al-Kâmil Moḥammad [3]. Al-Malik Al-Kâmil le combla d'honneurs en lui confiant des missions à Alep et dans d'autres villes, puis en le nommant wâlî de Ḥarrân [4]. Il vint dans notre ville d'Alep, y resta quelques jours, mais je n'eus pas la chance de me rencontrer avec lui..... Dans les voyages qu'il fit à l'étranger au nom du sultan Al-Malik Al-Kâmil, il fit preuve d'activité et de talent. Il excellait comme médiateur, sachant se concilier les sympathies par le charme de son extérieur et de ses manières, par la suavité de son langage, par la justesse de ses arguments. Ce sultan le désigna pour diriger les affaires civiles et militaires dans la ville de Ḥarrân, où il mourut en ramaḍân 626 de l'hégire (juillet-août 1229 de notre ère)..... Il n'était pas seulement un poète et un lettré, mais un lecteur assidu du Coran. Pendant l'ambassade dont il fut chargé par Al-Malik Al-Kâmil vers les Francs..... alors campés devant Damiette [5], il achevait chaque jour une copie de la parole d'Allâh. »

Lorsqu'en 1177 Al-Moubârak quitta Zabîd et le Yémen pour rejoindre Schams ad-Daula Toûrânschâh, frère aîné de Saladin, et pour se fixer en Égypte, il fut autorisé à se faire remplacer comme gouverneur du Tihâma du Yémen par l'un de ses frères le Mounkidhite Moḥammad ibn Kâmil, connu sous son surnom de Ḥiṭṭân [6]. Celui-ci profita de ce que le départ de son frère,

(manuscrit cité), *loc. cit.* Mon extrait porte la trace de ce qu'il y a de décousu dans la notice de Kamâl ad-Dîn.

1. Kamâl ad-Dîn, *ibid.*, fol. 119 r° et v°, cite deux fragments de poésies d'Ismâʿîl, qu'il dit avoir transcrits d'après un autographe de l'émir Ḥousâm ad-Dîn Aboû Bakr Moḥammad, fils de Mourhaf, fils d'Ousâma, le Mounkidhite.

2. Al-Malik Al-ʿÂdil Saif ad-Dîn Aboû Bakr Moḥammad, frère de Saladin, naquit à Damas en mouḥarram 540 (juillet 1145), enleva successivement à Al-Malik Al-Afḍal, fils aîné de son frère, Damas en juin 1196, l'Égypte en février 1200, et mourut à ʿÂliḳîn, près de Tibériade, le trente et un août 1218. Voir Ibn Al-Athîr et Aboû 'l-Fidâ, dans *Hist. or. des croisades*, I, p. 89-90; II 1, p. 148-149; Ibn Khallikân, *Biographical Dictionary*, III, p. 235-239; plus haut, p. 433.

3. Al-Malik Al-Kâmil succéda à son père Al-Malik Al-ʿÂdil comme sultan d'Égypte après avoir été pendant vingt ans son *nâ'ib* à Miṣr. Il était né le dix-neuf août 1180; il mourut le huit mars 1238; cf. Ibn Khallikân, *ibid*, III, p. 240-248; Aboû 'l-Fidâ, dans *Hist. or. des croisades*, I, p. 114.

4. Ḥarrân, situé dans la Mésopotamie septentrionale, à une journée de marche au sud-est d'Édesse, a été visité par M. Ed. Sachau le samedi treize décembre 1879. Il y a reconnu, sur un fragment d'inscription arabe encastrée dans un mur, le nom de Saladin. Sa description de la ville et des ruines est fort intéressante; voir Ed. Sachau, *Reise in Syrien und Mesopotamien* (Leipzig, 1883), p. 217-227.

5. Ismâʿîl prit part aux négociations qui aboutirent au traité signé entre Al-Malik Al-Kâmil et les Francs le vingt-sept août 1221; cf. Ibn Al-Athîr, dans *Hist. or. des croisades*, II 1, p. 124.

6. Ibn Ad-Daibaʿ, *Bougyat al-moustafid* (ma-

suivant celui de Toûrânschâh, lui laissait les coudées franches : il pressura les populations et leur arracha, pour se les approprier, des trésors exorbitants. De plus il battit monnaie à son nom, comme un souverain indépendant[1]. La mort de Toûrânschâh dans les derniers jours de juin 1180 à Alexandrie[2] redoubla l'audace de ses lieutenants dans le Yémen, Ḥiṭṭân à Zabîd, 'Izz ad-Dîn 'Othmân Az-Zandjîlî à Aden, Mouṭhaffar ad-Dîn Ḳâymâz à Al-Djanad et à Al-Ta'kour, Yâḳoût At-Ta'izzî à Ta'izz, le Kurde Hâroûn à Schibâm[3]. Chacun d'eux cherchait à empiéter sur le territoire des autres, et la guerre civile se propageait, entretenue par les rivalités entre 'Othmân Az-Zandjîlî et Ḥiṭṭân, favorisée par l'absence des chefs supérieurs, par la suppression de tout contrôle.

Saladin résolut de mettre fin à cette anarchie au moment où en 1181 elle était parvenue à son comble. Il avait Al-Moubârak sous la main et lui fit expier les troubles du Yémen[4]. Il envoya dans la province même un certain nombre d'émirs chargés de rétablir l'ordre. A leur tête partit l'émir Ṣârim ad-Dîn Ḳoutloug Abah[5], à ce moment *wâlî* de Miṣr, et qui réserva ses droits afin de retrouver à son retour le poste élevé qui, en son absence, serait occupé par ses remplaçants. Dans une construction neuve et splendide que sa femme faisait élever, il donna un magnifique banquet d'adieu, auquel assistèrent 'Imâd ad-Dîn Al-Kâtib et d'autres personnages du Caire[6].

Saladin écrivit aux émirs du Yémen d'assister Ḳoutloug dans sa lutte contre Ḥiṭṭân qu'il devait expulser de Zabîd pour y prendre sa place. Ḳoutloug débarqua à Aden, reçut la soumis-

nuscrits de Copenhague et de Saint-Pétersbourg), ainsi qu'Al-Khazradjî, *Al-Kifâya wa-'l-i'lâm* (manuscrit de Leyde) portent Khaṭṭâb (خطّاب).

1. Johannsen, *Historia Iemanæ*, p. 149.
2. Plus haut, p. 402, note 1 ; 431, note 4.
3. En dehors des manuscrits cités, p. 438, note 6, voir 'Imâd ad-Dîn, dans Aboû Schâma, *Kitâb ar-rauḍatain*, II, p. 26, l. 1-2 ; Ibn Abî Ṭayy, *ibid.*, I, p. 260, l. 3-6 ; Ibn Al-Athîr, dans *Hist. or. des croisades*, I, p. 598 ; Al-Djanadî, *As-Soulouk* (ms. cité), fol. 189 v°.
4. Plus haut, p. 431-433.
5. J'emprunte le surnom sous lequel était connu ce chef turc et qui signifie « l'heureux oncle » à Ibn Al-Athîr, *Chronicon*, XI, p. 311. Tous mes autres documents ont dénaturé le mot en l'orthographiant Khoṭlobâ (خطلبا).
6. 'Imâd ad-Dîn, dans Aboû Schâma, *Kitâb ar-rauḍatain*, II, p. 26, l. 3-5.

sion des petits princes dont il traversa les territoires, et se dirigea avec eux pour attaquer Ḥiṭṭân dans Zabìd. Celui-ci n'attendit pas les coalisés; mais, à leur approche, il s'enfuit dans la forteresse de Ḳawârîr [1]. Ḳoutloug s'installa à Zabîd, où un émissaire du Mounḳidhite Ḥiṭṭân vint le trouver et lui apporta des présents, tandis que Ḥiṭṭân lui-même guerroyait avec une poignée de partisans fidèles dans la région entre Zabîd et la Mer d'Al-Ḳoulzoum (Mer Rouge), ou, comme dit un écrivain arabe [2], « entre Al-Ahwâb et Al-Houwait, dans la campagne qui s'étend depuis la montagne de Zabîd jusqu'à la mer ».

Des relations de bon voisinage s'établirent entre Ḳoutloug et Ḥiṭṭân. Elles ne durèrent pas, l'envoyé de Saladin étant presque aussitôt tombé si gravement malade que sa mort paraissait imminente. Il fit mander en secret Ḥiṭṭân qui répondit immédiatement à son appel, arriva de nuit, reçut de ses mains le gouvernement de Zabìd. Ḳoutloug mourut après cet entretien suprême avant l'aurore [3].

Ḥiṭṭân recommença à gouverner Zabîd et le territoire environnant. ʿOthmân Az-Zandjîlî s'empressa de rassembler ses armées pour le lui disputer. Il vint mettre le siège devant Zabîd, mais sans succès. La défiance de Ḥiṭṭân à l'égard des projets de ʿOthmân s'était accentuée au point que, dès qu'il pressentait un mouvement quelconque de celui-ci dans sa province, il montait dans la forteresse de Ḳawârîr pour s'y défendre contre son aggresseur [4].

1. Al-Djanadi, *As-Soulouk*, fol. 190 r°. Ibn Ad-Daibaʿ, *Bougyat al-moustafid*, et Al-Khazradji, *Al-Kifâya wa-'l-iʿlâm*, fol. 59 v°, qui racontent les mêmes faits, les placent en 574 de l'hégire (1178-1179 de notre ère), ce qui est absolument invraisemblable (voir Johannsen, *Historia Jemanæ*, p. 150). La vraie date est celle d'Ibn Al-Athir, *Chronicon*, XI, p. 311, et d'Ibn Khallikân, *Biographical Dictionary*, II, p. 553, d'après lesquels ces événements eurent lieu en 577 de l'hégire (1181-1182 de notre ère). Ḳawârir était un des forts détachés qui défendaient l'accès de Zabid; cf. Yâḳoût, *Mouʿdjam*, IV, p. 197; Johannsen, *Historia Iemanæ*, p. 279-280.

2. Ibn Ad-Daibaʿ, *Bougyat al-moustafid* (manuscrit de Copenhague), fol. 24 v°; (manuscrit de Saint-Pétersbourg), fol. 31 r° et v°. Tous deux portent Al-Houwaib; j'ai lu Al-Houwait donné sans variantes dans Yâḳoût, *Mouʿdjam*, IV, p. 996. Le passage d'Ibn Ad-Daibaʿ est traduit dans Johannsen, *Historia Iemanæ*, p. 150; cf. p. 253-254; 278.

3. La date de 576 donnée *ibid.* d'après Ibn Ad-Daibaʿ doit être rejetée; tous les événements relatés sont de 577, comme aussi la mort de Ḳoutloug Abah.

4. Al-Djanadi, *As-Soulouk*, fol. 190 r°; Al-Khazradji, *Al-Kifâya wa-'l-iʿlâm*, fol. 59 v°.

La situation du Yémen, avec ses princes désunis, avec Ḥiṭṭân solidement établi à Zabîd, ne se modifia pas jusqu'au moment où Saladin se décida à une intervention énergique pour la sauvegarde de sa conquête. Un frère de Saladin, Al-Malik Al-ʿAzîz Ṭhahîr ad-Dîn Aboû 'l-Fawâris Saif al-islâm Ṭogtakîn, du jour où Toûrânschâh, son autre frère, avait quitté le Yémen en 1176[1], s'était mis en tête d'y continuer l'œuvre inachevée, et ses regards s'étaient tournés fixement vers le Yémen. N'osant s'ouvrir de ses intentions à son illustre frère Saladin, qui tenait en respect les autres Ayyoûbites, il pria le poète Ibn Saʿdân de Ḥalab de suggérer à Saladin, en lui récitant une poésie composée par lui à cet effet, l'envoi dans le Yémen d'une expédition commandée par Saif al-islâm Ṭogtakîn[2].

Bien que l'autorisation demandée eût été accordée avant la fin de 577 de l'hégire[3], au commencement de 1182 de notre ère, bien que ʿIzz ad-Dîn ʿOthmân Az-Zandjîlî insistât auprès de Saladin par des lettres pressantes sur l'urgence d'une action prompte pour mettre un terme à l'arrogance et aux incursions de son adversaire Ḥiṭṭân[4], les préparatifs durèrent jusqu'en novembre 1183. Pendant que Ṭogtakîn se dirigeait vers l'Arabie à la tête de mille cavaliers et de cinq cents fantassins[5], le Yémen continuait à être désolé par des discordes civiles dont, le vingt-sept novembre 1183, Al-Djanad fut le théâtre, Ḥiṭṭân y jouant le rôle principal[6].

Sur ces entrefaites, Ṭogtakîn parvint à La Mecque le deux de ramaḍân 579, le dix-neuf décembre 1183. L'émir de La Mecque, Moukthir ibn ʿÎsâ, alla le recevoir à l'entrée, en apparence pour le saluer, en réalité pour l'assurer de sa soumission[7]. En péné-

1. Plus haut, p. 429.
2. Ibn Abî Ṭayy, dans Aboû Schâma, *Kitâb ar-rauḍatain*, II, p. 26, l. 5-16. Le poète ʿÎsâ ibn Saʿdân Al-Ḥalabî est cité par Yâḳoût comme un contemporain qu'il n'avait pas connu personnellement; voir *Mouʿdjam*, I, p. 443; II, p. 21, 514, 537-538; III, p. 847-848; IV, p. 374; Hammer, *Literaturgeschichte der Araber*, VII, p. 968.
3. ʿImâd ad-Dîn, dans Aboû Schâma, *Kitâb ar-rauḍatain*, II, p. 26, l. 16-18; Ibn Khallikân, *Biographical Dictionary*, I, p. 655.
4. Ibn Al-Athîr, *Chronicon*, XI, p. 316.
5. Ibn Ad-Daibaʿ, *Bougyat al-moustafîd*, *loc. cit.*; Al-Khazradjî, *Al-Kifâya wa-'l-iʿlâm*, fol. 59 v°.
6. Al-Djanadî, *As-Soulouk*, fol. 190 r°.
7. Ibn Djobair, *Travels* (éd. W. Wright), p. 145. Ibn Ad-Daibaʿ, *Bougyat al-moustafîd*, fol. 31 v°,

trant dans la ville sainte, il y fut accueilli avec une respectueuse déférence mêlée de crainte par le scharîf Foulaita, fils de Mouṭâ'in le Hâschimite, seigneur de La Mecque à cette époque[1]. Le scharîf lui fit faire le tour des lieux saints et lui témoigna beaucoup de zèle. Saif al-islâm l'en récompensa par un manteau d'honneur magnifique, évalué à mille mithḳâls[2].

Il partit ensuite pour le Yémen. Ḥiṭṭân vint à sa rencontre jusqu'à la ville d'Al-Kadrâ[3]. Saif al-islâm, pour lui faire honneur, mit pied à terre et se réjouit de ce premier entre les lieutenants de son frère qui se présentait ainsi à lui. Il dit à Ḥiṭṭân avec effusion : « Après mon frère, c'est toi qui es mon frère. » Il lui donna ensuite, ainsi qu'aux principaux chefs de ses troupes, des manteaux d'honneur. Les deux nouveaux amis, les deux « frères », se rendirent ensemble à Zabîd, où leur arrivée eut lieu le samedi vingt-neuf janvier 1184[4].

Ṭogtakîn avait beau faire des efforts en vue de rendre sa suprématie moins lourde pour Ḥiṭṭân, le combler de présents, lui prodiguer les marques de sympathie et de considération, l'attirer dans son voisinage et dans son intimité à Zabîd, lui accorder des faveurs inattendues, le rassurer et le tranquilliser sur ses intentions, Ḥiṭṭân pressentait qu'après avoir été renversé du pouvoir, il devait s'attendre à tout, et, s'il eût osé, il se fût de

dans le manuscrit de Saint-Pétersbourg, dit plus vaguement : en ramaḍân 579, tandis que le manuscrit de Copenhague, et, d'après lui, Johannsen, *Historia Iemanæ*, p. 150, portent ramaḍân 577. Quant à Al-Khazradji, *Al-Kifâya wa-'l-i'lâm*, fol. 59 v°, il place l'entrée à La Mecque en ramaḍân 576, ce qui est inacceptable. Je n'admets pas non plus la date de 578, donnée par 'Imâd ad-Dîn, dans Aboû Schâma, *Kitâb ar-rauḍatain*, II, p. 26, et par Ibn Al-Athîr, *Chronicon*, XI, p. 316. Il faut, pour des motifs contraires, repousser comme trop tardive la date de 581 donnée par Al-Fâsi, dans Wüstenfeld, *Chroniken der Stadt Mekka*, II, p. 214.

1. Le nom est ainsi donné par Al-Khazradji, tandis qu'Ibn Ad-Daiba' appelle le père Mouṭâ'im ; cf. Johannsen, *Historia Iemanæ*, p. 150. J'ai adopté Mouṭâ'in d'après Al-Fâsi, dans Wüstenfeld, *Chroniken der Stadt Mekka*, II, p. 214 ; Snouck Hurgronje, *Mekka*, Stammtafel I, entre les pages 24 et 25. Quant à ce scharîf Foulaita, il apparaît pour la première fois, à ma connaissance, dans l'histoire de La Mecque.

2. Ibn Ad-Daiba', *loc. cit.* Mille mithḳâls en or valaient environ huit cents dînârs ; cf. Sauvaire, *Matériaux*, p. 47. Dans le passage correspondant, Al-Khazradji dit seulement que jamais on n'avait vu pareil manteau d'honneur.

3. Al-Kadrâ est situé au nord-ouest de Zabîd, la dernière ou l'avant-dernière étape pour qui vient de La Mecque, probablement le point où commençait le district reconnaissant l'autorité de Ḥiṭṭân ; cf. Al-Hamdâni, *Djazîrat al-'Arab*, p. 54, l. 1 ; 72, l. 3-5 ; 188, l. 17 ; Yâḳoût, *Mou'djam*, I, p. 702 ; III, p. 126 et 202 ; IV, p. 244 et 678 ; Johannsen, *Historia Iemanæ*, p. 279 ; Sprenger, *Die Post- und Reiserouten des Orients*, p. 109 et 156.

4. Ibn Ad-Daiba', *loc. cit.* ; la date exacte, d'après Al-Djanadi, *As-Soulouk*, fol. 190 v°, reproduit aussi dans Al-Khazradji, *loc. cit.*

nouveau réfugié, comme naguère, dans la forteresse de Ḳawârîr, pour surveiller et prévenir les événements dont la menace le terrifiait. Aux yeux de Ḥiṭṭân, la sécurité parfaite, dont il semblait jouir à Zabîd, était un leurre, et, s'il affectait la confiance, il ne l'éprouvait à aucun degré. Il demanda en grâce à Ṭogtakîn de lui formuler un congé en règle qui lui permît de retourner en Syrie. Mais celui-ci refusa d'abord, alléguant son désir de conserver auprès de lui un ami et un allié. Sur les instances réitérées du Mounḳidhite, celui-ci fut enfin autorisé à quitter le Yémen et à partir pour se rendre auprès de Saladin[1].

Ḥiṭṭân, au comble de la joie, enivré par la pensée de la délivrance, au lieu de profiter silencieusement des bonnes dispositions qu'un instant de mauvaise humeur pouvait faire évanouir, étala ses richesses pour n'en point laisser une parcelle dans le pays où il les avait amassées. Ce fut un va-et-vient de bêtes de somme et de convois transportant ses biens, ses trésors et ses bijoux vers les *Djanâbidh*, trois coupoles situées à l'ouest de la ville, faisant face à la porte de Sahâm, en dehors de l'enceinte fortifiée[2]. « Ḥiṭṭân, dit ʿImâd ad-Dîn Al-Kâtib[3], y entassa ce qu'il possédait, petit et grand, nouvellement acquis et hérité, argent et joyaux, jacinthes et émeraudes, vases et ustensiles, chevaux et juments arabes, trésors innombrables acquis dans le Yémen. Puis il fit accroupir ses chameaux, les expédia avec leurs charges et se fit précéder par ses bagages, se croyant sauvé, victorieux, débarrassé par sa précipitation... Et d'après ce qui fut rapporté au sultan au sujet de son or et de ses biens périssables est ce dont le doigt du comptable se sent impuissant à supputer les détails et l'ensemble. Il y avait plus de soixante-dix gaines à

1. ʿImâd ad-Dîn, dans Aboû Schâma, *Kitâb ar-rauḍatain*, II, p. 26, l. 19; Ibn Al-Athîr, *Chronicon*, XI, p. 316.

2. Ibn Ad-Daibaʿ, *Bougyat al-moustafîd* (manuscrit de Copenhague), fol. 40 v°; Al-Djanadî, *As-Souloûk*, fol. 190 v°, où sont nommés les saints enterrés dans ces trois monuments; Al-Khazradjî *Al-Kifâya wa-'l-iʿlâm*, fol. 59 v°, d'après Al-Djanadî; Renzo Manzoni, *El Yèmen* (Roma, 1884), p. 354.

3. ʿImâd ad-Dîn, dans Aboû Schâma, *Kitâb ar-rauḍatain*, II, p. 26, l. 19-24.

cottes de mailles remplies d'or rouge monnayé, une valeur estimée à un million de dînârs. »

Au moment où Ḥiṭṭân se croyait certain de sauver sa personne et sa fortune, Ṭogtakîn le rappela pour prendre congé de lui, sous prétexte qu'il ne voulait pas le laisser partir sans l'accompagner jusqu'à une certaine distance et sans chevaucher à ses côtés. Ḥiṭṭân commit l'imprudence de revenir sur ses pas, malgré les avertissements du passé. A peine rentré, il fut jeté dans un cachot et l'on fit main basse sur ses trésors qui furent rapportés, confisqués, et ajoutés à ce que Ṭogtakîn avait précédemment amassé.

On n'entendit plus parler de Ḥiṭṭân qui, après avoir été dépouillé, fut d'abord interné dans une forteresse, puis assassiné[1]. Ce fut, dit-on, dans le château fort de Ta'izz que, quelques jours après son incarcération, Ḥiṭṭân fut étranglé avant que fût terminé l'an 579 de l'hégire, avant le treize avril 1184 de notre ère, sur l'ordre de Ṭogtakîn, avec la complicité de Yâḳoût At-Ta'izzî[2].

III. — 'ABD AR-RAḤMÂN, NEVEU D'OUSÂMA

Un neveu d'Ousâma, fils de l'un de ses deux frères plus jeunes que lui, de Nadjm ad-Daula Aboû 'Abd Allâh Moḥammad[3], fut distingué par Saladin, qui le chargea en 1190 d'une mission diplomatique à la cour du Maroc. Schams ad-Dîn Tâdj ad-Daula[4]

1. 'Imâd ad-Dîn, dans Aboû Schâma, *Kitâb ar-rauḍatain*, *loc. cit.*; Ibn Al-Athîr, *Chronicon*, XI, p. 316; Ibn Khallikân, *Biographical Dictionary*, II, p. 555; Adh-Dhahabî, *Ta'rîkh al-islâm*, fol. 45 v°; Al-Maḳrîzî, *Al-Khiṭaṭ*, II, p. 173; Al-Djanadî, *As-Soulouk*, fol. 190 v°; Al-Khazradjî, *Al-Kifâya wa-'l-i'lâm*, fol. 59 v°.

2. Ibn Ad-Daiba', *Bougyat al-mqustafîd*, dans Johannsen, *Historia Iemanæ*, p. 150; Al-Djanadî, *As-Soulouk*, fol. 190 v°; Al-Khazradjî, *Al-Kifâya wa-'l-i'lâm*, fol. 60 r°.

3. Plus haut, p. 46, 191, 258, 259, 274-275. Moḥammad vivait encore en 1155; j'ignore la date de sa mort.

4. J'emprunte ces deux surnoms honorifiques aux pièces officielles, traduites en grande partie plus loin, p. 447 et 455; cf. Aboû Schâma, *Kitâb ar-rauḍatain*, II, p. 170, l. 14 et 15; 173, l. 20. Al-Maḳḳarî, *Analectes*, I, p. 299, porte aussi Schams ad-Dîn, tandis qu'Ibn Khallikân, *Biographical Dictionary*, IV, p. 344; Aboû Schâma, *Kitâb ar-rauḍatain*, II, p. 188, l. 36, et Adh-Dhahabî, *Ta'rîkh al-islâm*, fol. 126 v°, ont Schams ad-Daula; voir plus haut, p. 46, note 5.

Aboû 'l-Ḥârith[1] 'Abd ar-Raḥmân le Mounḳidhite[2] (ainsi se nommait cet ambassadeur extraordinaire) était né à Schaizar en 523 de l'hégire[3] (1128-1129 de notre ère). Il eut pour maître à Alexandrie le célèbre traditionniste qui y tenait école, Aboû Ṭâhir Aḥmad As-Silafî d'Ispahan. « 'Abd ar-Raḥmân était un littérateur instruit, un homme de grandes capacités, un poète excellent, un habile rédacteur de pièces officielles, d'une famille de héros et d'émirs[4]. »

Ce grand émir[5] avait été choisi par Saladin en 1190 pour plaider une cause bien difficile à gagner : il devait en effet mettre en évidence les intérêts communs de Saladin et de l'émir Almohade du Maroc Al-Manṣoûr Aboû Yoûsouf Ya'ḳoûb contre les Francs et démontrer à celui-ci, par les arguments que lui suggéreraient son talent, sa foi et son patriotisme, le devoir qui s'imposait à lui, comme prince musulman, d'envoyer une flotte dans les eaux de la Méditerranée pour intercepter leurs communications maritimes.

Les Francs, après leurs revers de 1187, se recueillaient, resserrés dans les limites étroites des domaines qu'ils avaient réussi à préserver des atteintes, épaves d'autant moins solides qu'elles étaient menacées de toute part. Le salut pour eux ne pouvait venir que du dehors. Abandonnés à eux-mêmes, ils étaient perdus irrévocablement et avec eux la cause de la chrétienté en Palestine, pour laquelle tant de sang avait été versé.

1. Au lieu de cette *kounya*, on en trouve une autre, Aboû 'l-Ḥazm, dans une pièce diplomatique traduite plus loin; voir page 455, d'après Aboû Schâma, *Kitâb ar-rauḍatain*, II, p. 173, l. 20.

2. Quand j'ai rédigé la note 5 de la page 46, je croyais, sur la foi d'Ibn Khaldoûn, *Histoire des Berbères*, II, p. 216, que Abd ar-Raḥmân était « le dernier survivant des Mounḳidhites »; j'ignorais alors que Mourhaf, fils d'Ousâma, vécut jusqu'en mai 1216; voir p. 421.

3. Ibn Khallikân, *Biographical Dictionary*, IV, p. 344; Adh-Dhahabi, *Ta'rîkh al-islâm*, fol. 126 v°.

4. Adh-Dhahabi, *ibid.*, *loc. cit.* Le texte porte سمع بالثغر من ابى طاهر السلفى et j'ai interprété بالثغر comme l'équivalent de بثغر الاسكندرية; cf. la vie d'Aboû Ṭâhir As-Silafî dans Ibn Khallikân, *Biographical Dictionary*, I, p. 88, et le texte arabe correspondant. As-Silafî naquit à Ispahan vers 472 de l'hégire (1079 de notre ère) et mourut à Alexandrie en 576 (1180 de notre ère). Sur lui, en dehors d'Ibn Khallikân, *loc. cit.*, voir Yâḳoût, *Mou'djam*, VI, p. 299; Ibn Al-Athîr, *Chronicon*, XI, p. 310; Aboû Schâma, *Kitâb ar-rauḍatain*, II, p. 16; Adh-Dhahabi, *Liber classium*, III, p. 39; Ibn Tagribardi (ms. 661 de l'ancien fonds arabe), fol. 74 r°; As-Soyoûṭi, *Ḥousn al-mouḥâḍara*, I, p. 200; Al-Maḳḳari, *Analectes*, d'après l'index, II, p. 868 *b*.

5. الامير الكبير dans Adh-Dhahabi, *Ta'rîkh al-islâm*, fol. 126 v°.

Dans cette extrémité, les rois et les chefs survivants des croisés, réfugiés dans leurs dernières forteresses, bannis de leur capitale, avaient adressé à leurs frères d'Europe un appel pressant qui avait été entendu. A l'instigation du pape Grégoire VIII et de son successeur Clément III, l'Europe s'était décidée à diriger largement des renforts, chefs et soldats, vers l'Orient, sous la conduite des plus puissants souverains, Frédéric Ier Barberousse, empereur d'Allemagne, Philippe-Auguste, roi de France, et Richard Cœur de Lion, roi d'Angleterre. L'effort de la troisième croisade allait se concentrer sur Acre [1]. Les opérations se poursuivaient entre les généraux de Saladin d'une part et de l'autre le dernier roi de Jérusalem, Guy de Lusignan, allié à son ancien ennemi Conrad de Monferrat, avec des alternatives de victoires et de défaites pour les deux armées, lorsque, le matin du dix septembre 1190 [2], la nouvelle parvint au sultan que les Allemands, ayant réussi à traverser Constantinople, l'Asie Mineure et l'Arménie, étaient arrivés jusqu'à Tripoli, et que bientôt ils apparaîtraient sur le théâtre de la lutte.

L'empereur Frédéric Ier avait organisé cette expédition et avait quitté ses États en 1189 malgré ses soixante-huit ans. Après avoir échappé à la perfidie et à la trahison de l'empereur grec Isaac l'Ange, après avoir livré de nombreux combats, enlevé Icone aux Seldjoûḳides, supporté toutes les privations et toutes les fatigues, il était presque parvenu au but de son pénible voyage, quand, par un temps froid, sans s'être accordé un repos nécessaire, il commit l'imprudence de traverser à la nage la rivière Salaf, l'ancien Calycadnus, près de Séleucie. Il en fut retiré inanimé et mourut le dix juin 1190. Ses troupes n'en poursuivirent pas moins leur route, sous le commandement de son fils cadet, le prince Frédéric V de Souabe, qui les fit entrer le

1. Ibn Schaddâd, *Vie de Saladin*, dans *Hist. or. des croisades*, III, p. 122-239; R. Roehricht, *Die Belagerung von Akkâ* (1189-1191), dans les *Forschungen zur deutschen Geschichte*, XVI, p. 483-524.

2. Je donne cette date précise, d'après Ibn Schaddâd, *Vie de Saladin*, dans *Hist. or. des croisades*, III, p. 182. 'Imâd ad-Dîn, *Al-Fatḥ* (éd. Landberg), p. 287, parle du six scha'bân, c'est-à-dire du huit septembre.

vingt et un juin à Antioche où Boémond III les accueillit, mais où elles furent décimées par la peste et par la maladie. Frédéric V n'arriva au camp des croisés devant Acre avec les débris de son armée que le sept octobre. « Le roi des Allemands » ou encore « Le fils du roi des Allemands », comme il est appelé dans les documents arabes, y fut emporté à son tour par la maladie dès le dix ou le vingt janvier 1191 [1].

Ce fut sous l'impression du danger dont l'arrivée des Allemands menaçait ses conquêtes syriennes que Saladin résolut de tenter une démarche pour opposer à la coalition des chrétiens le faisceau des forces mulsulmanes. 'Abd ar-Raḥmân le Mounḳidhite fut chargé d'exposer la situation à Aboû Yoûsouf Ya'ḳoûb, roi du Maroc, de sonder ses intentions, de l'amener à une intervention millitaire, où ses vaisseaux viendraient grossir la flotte égyptienne, de lui montrer les avantages d'une diversion qui immobiliserait une partie des combattants, de lui vanter la solidarité entre les vrais croyants contre leurs adversaires. Les instructions écrites, qui furent remises au négociateur avant son départ, furent rédigées en prose rimée par le grand chancelier de Miṣr, Al-Ḳâḍî Al-Fâḍil Ibn Al-Baisânî, s'inspirant de la pensée de Saladin. Voici les parties saillantes de ce morceau qui est daté du vingt-huit scha'bân 586 [2] (trente septembre 1190) :

« L'émir supérieur, le généralissime de noble race, le savant respecté, Schams ad-Dîn... Tâdj ad-Daula..... implorera le concours d'Allâh et se rendra par la voie qu'il lui aura aplanie vers Sa Majesté musulmane du Maroc (puisse Allâh protéger son côté ; puisse-t il donner la victoire à ses armes et à ses navires !).

1. 'Imâd ad-Dîn, *Al-Fatḥ*, p. 260-271 ; 287-289 ; 316 ; Ibn Al-Athîr, dans *Hist. or. des croisades*, II 1, p. 22-27 ; Ibn Schaddâd, *ibid.*, III, p. 148 ; 159-167 ; 180-182 ; 185-187 ; 200 ; 208-209 ; Kamâl ad-Dîn, *Zoubda*, dans Freytag, *Chrestomathia arabica*, p. 131-132 ; Aboû Schâma, *Kitâb ar-rauḍatain*, II, p. 150-151 ; 154-157 ; 159 ; 161-162 ; Aboû 'l-Fidâ, dans *Hist. or. des croisades*, I, p. 62 ; Roehricht, *Quellenbeitræge zur Geschichte der Kreuzzüge*, II, p. [illegible] ; Kugler, *Geschichte der Kreuzzüge*, p. [illegible] ; L. von Ranke, *Weltgeschichte*, VIII, p. [illegible].

2. Il faut lire de même p. [illegible], à la place du huit scha'bân. Ce morceau a été copié, d'après l'autographe de l'auteur, par Aboû Schâma : voir *Kitâb ar-rauḍatain*, II, p. [illegible], et, sans perdre de vue l'original, Goergens und Roehricht, *Arabische Quellenbeiträge*, p. [illegible].

« La lettre qui lui est destinée lui est envoyée par ton entremise sans être scellée afin que tu saches[1] en quels termes elle est conçue. Notre intention, c'est que tu lui racontes les événements depuis notre arrivée en Égypte, où nous n'avons pas cessé d'apporter des innovations, où nous avons aboli l'hérésie, supprimant les illégalités, observant le vendredi et le célébrant par la prière publique. C'est de Miṣr que nos expéditions se sont succédé sans interruption vers les régions des impies : contre le roi musulman de Syrie[2], grâce à l'unanimité de la soumission à notre volonté ; contre le roi franc de Syrie[3], grâce à notre domination consentie par tous les musulmans et à l'accord[4] des rois placés sous le patronage de notre autorité, sans compter le détail de nos incursions antérieures, dans lesquelles nous avons fouillé l'intérieur des habitations franques. Allâh le Tout-puissant a ainsi préparé les causes de leur destruction qu'il prévoyait dans sa science, la grande défaite que par la suite nous leur avons infligée, et la prise de Jérusalem. Un aussi magnifique présent accordé par Allâh à l'islamisme nous a conduits à nous emparer des frontières, à conquérir les villes, à multiplier parmi nos ennemis les morts et les prisonniers. Les survivants d'entre eux ont alors demandé assistance aux Francs de l'occident, qui leur ont envoyé des secours nombreux, puissants, solides, importants, considérables, avec hâte et empressement. Pas un jour qui n'amène de nouvelle recrues, des provisions, des richesses abondantes, de larges subsides. Or notre frontière a été assiégée par l'ennemi et, à notre tour, nous y avons assiégé l'ennemi. Il n'a pu ni s'attaquer à notre frontière, ni nous attaquer, mais il y a tracé pour sa défense des fossés qui nous ont empêchés nous de l'attaquer. Il a approché de notre frontière des tours embrasées[5],

1. Lisez لتعلم avec le manuscrit 707 A de l'ancien fonds arabe, fol. 248 r°.

2. Allusion à Al-Malik Aṣ-Ṣâliḥ Ismâ'îl, à qui Saladin avait enlevé d'abord la ville, puis la forteresse de Damas le vingt-sept novembre 1174 ; voir plus haut, p. 360-362, 373, où il faut lire novembre au lieu de septembre.

3. Le roi de Jérusalem, Guy de Lusignan, dépossédé de sa résidence, le deux octobre 1187 ; plus haut, p. 411 et 446.

4. Le manuscrit porte واصفاق, ce qui donne le même sens que واتّفاق de l'édition imprimée.

5. 'Imâd ad-Dîn, *Al-Fatḥ*, p. 243-244 ; Ibn

a fait deux sorties contre notre armée, dont la plus faible partie a vaincu l'ennemi en nombre[1]. Au début, les Francs avaient profité de l'occasion, nos troupes n'étant pas encore concentrées, avaient manœuvré librement, nos dispositions n'étant point prises[2] pour le combat, et s'étaient précipités avec un aveuglement, où s'est manifesté le secours d'Allâh réveillé en notre faveur, ainsi que sa défection à leur égard. En effet Allâh a infligé à l'ennemi la mort violente et a fait tomber sur lui la destruction terrible. L'un de ses deux mouvements offensifs a laissé sur le terrain vingt mille cadavres des impies[3].....

« Tu rappelleras aussi que nos flottes sont parvenues trois fois à la frontière, qu'elles ont incendié la plupart de leurs vaisseaux et qu'elles ont introduit dans la place des vivres par la décision de l'épée la plus pure[4]. L'ennemi persiste cependant et s'acharne grâce aux renforts qui continuent à lui arriver. C'est ainsi que l'empereur des Allemands s'avance à la tête de troupes dont les masses sont amassées, de richesses dont les accumulations sont accumulées. Si nos soldats l'avaient rejoint, il aurait échoué ; s'il ne les avait pas devancés en pénétrant dans Antioche, il aurait été perdu et il aurait succombé[5].

« Tu rappelleras aussi qu'Allâh a anéanti[6] le tyran[7] des Allemands et qu'il l'a saisi[8], comme autrefois Pharaon, pour le noyer dans la mer de ce monde, le chemin le plus sûr pour être brûlé dans le feu de l'autre[9]. Si Allâh avait envoyé contre cet adversaire une flotte puissante, bien équipée, qui lui aurait coupé

Schaddâd, *Vie de Saladin*, dans *Hist. or. des croisades*, III, p. 155-156.

1. Lisez avec le manuscrit : فكسر العدوّ الكثير أقلّه.

2. Le manuscrit correctement مأخوذة.

3. Il s'agit de la bataille connue sous le nom d'Al-ʿÂdiliyya, parce que les troupes de Saladin furent conduites à la victoire le vingt-cinq juillet 1190 par son frère Al-Malik Al-ʿÂdil Saif ad-Dîn ; cf. ʿImâd ad-Dîn, *Al-Fatḥ*, p. 272-279 ; Ibn Al-Athîr, dans *Hist. or. des croisades*, II I, p. 26-27 ; Ibn Schaddâd, *ibid.*, III, p. 167-171 ; Aboû Schâma, *Kitâb ar-rauḍatain*, II, p. 158-160.

4. Ces « trois fois » sont entre le douze juin et le seize septembre 1190. Cf. ʿImâd ad-Dîn, *Al-Fatḥ*, p. 256, 283, 284 ; Ibn Schaddâd, dans *Hist. or. des croisades*, III, p. 158, 178 et 183.

5. Id., *ibid.*, III, p. 180.

6. Le verbe قصم ici employé est emprunté au *Coran*, XXI, 11.

7. Le texte porte طاغية ; voir plus haut, p. 288, note 3 ; 348, note 9.

8. Expression du *Coran*, LXIX, 10.

9. C'est ainsi qu'Al-Ḳâḍî Al-Fâḍil indique la mort de Frédéric Barberousse le dix juin 1190 ; voir plus haut, p. 446.

toute communication avec la mer et avec son royaume, nous aurions pris l'ennemi ou par la faim et le blocus ou, s'il avait préféré le combat, nous l'aurions pris grâce à la protection d'Allâh le Tout-puissant, qui dispose de la victoire. Aussi, dans le cas où les flottes du Maroc sont mises à notre disposition, avec leur appareil au complet, l'équipage témoignant de l'ardeur au combat, ne manifestant aucune répugnance contre la lutte, alors le plus tôt sera le mieux, et toi, ô émir [1], tu auras été le premier qu'Allâh ait choisi et mis en campagne.

« L'envoi d'une flotte souffre-t-il des difficultés, soit parce que l'équipement est insuffisant, soit parce qu'on éprouve là-bas des préoccupations, ou qu'on s'y dispose à combattre un autre ennemi [2] avec des forces intactes, à la faveur de l'occasion favorable, dis alors qu'on peut porter secours par des voies diverses, par des chemins différents, par des moyens de toute espèce : tantôt ce sont des hommes et tantôt c'est de l'argent que l'on offre. Or nous n'avons considéré comme digne de notre appel, comme capable de nous aider, comme méritant notre demande, comme disposé à nous secourir que ce noble prince, et nous n'avons imploré de lui que ce qui lui incombe, ce qu'il peut facilement réaliser, ce qui est dans son pouvoir..... Il ne saurait se complaire dans la pensée que l'impiété aiderait l'impiété, tandis que l'islamisme n'aiderait pas l'islamisme ...

« Si l'on t'interroge au sujet des deux mamloûks Boûzibâ [3] et Ḳarâḳoûsch [4] et qu'on te mentionne ce qu'ils ont fait aux confins

1. L'interpellé est l'émir ʿAbd ar-Raḥmân le Mounḳidhite.

2. L'autre ennemi, c'est l'Espagnol, qui cherchait à se dégager de la domination marocaine et à secouer le joug de l'étranger; cf. Ibn Al-Athîr, dans *Hist. or. des croisades*, II ɪ, p. 36, 78-84; Ibn Khallikân, *Biographical Dictionary*, IV, p. 335-351; ʿAbd al-Wâḥid, *History of the Almohades*, p. 189-225; Ibn Khaldoûn, *Histoire des Berbères*, II, p. 205-210; Al-Maḳḳarî, *Analectes*, les passages cités à Al-Manṣoûr Yaʿḳoûb, dans l'Index, II, p. 908 *b*; D. Pascual de Gayangos, *The History of the Mohammedan Dynasties in Spain*, II, p. 319-323.

3. Le texte imprimé porte بيوزبا. J'ai lu بوزبا avec le manuscrit 707 A de l'ancien fonds arabe dans notre passage (fol. 248 v°), tandis qu'il lit بوزبا au fol. 252 v° (Aboû Schâma, *Kitâb ar-rauḍatain*, II, p. 177, l. 18). Ibn Al-Athîr, *Chronicon*, XI, p. 312 (aussi dans *Hist. or. des croisades*, I, p. 669) et 345, porte بوزابه.

4. En parlant plus haut (page 432, note 4) de Bahâ ad-Dîn Ḳarâḳoûsh, nous avons prémuni contre la confusion possible entre lui et le mamloûk Scharaf ad-Dîn Ḳarâḳoûsh Al-Ghouzzî. Celui-ci était un Arménien au service d'Al-Malik Al-Mouṭhaffar Taḳî ad-Dîn ʿOmar fils de Schahânschâh

du Maroc avec les gens de rebut qui les accompagnaient, qu'ont rejetés même les champs de bataille, réponds que ces deux mamloûks, avec leurs partisans, n'appartenaient point à l'élite des mamloûks et des émirs, qu'ils n'étaient point des plus remarquables entre les eunuques et les affranchis..... Et ces deux mamloûks n'étaient pas de ceux qu'on rappelle lorsqu'ils s'absentent, dont on déplore la disparition.....

« Si l'on t'interroge sur la garnison égyptienne et sur ce qu'on a fait des troupes dont elle se compose, que l'émir[1] fasse savoir qu'un parti avait adressé des messages aux impies et leur avait offert de livrer la région, que l'islamisme avait couru un danger terrible, l'impiété ayant vu se rapprocher d'elle tout ce qui en était le plus éloigné, que l'armée n'a pas été punie, mais seulement les principaux criminels .... apôtres d'infidélité et d'erreurs, combattant Allâh par leurs efforts criminels sur la terre...

« Pour ce qui est du présent envoyé par l'entremise de l'émir, la répartition en sera indiquée dans le rescrit de l'émir supérieur, du général en chef, du grand savant, Madjd ad-Dîn Saif ad-Daula[2], rescrit qui sera annexé au cadeau dont il est ici fait mention.

« Le voisinage de l'hiver impose les bonnes résolutions, les engagements au nom d'Allâh et la précipitation avant que la mer ne soit fermée, à l'ouverture de l'hiver.

« Et Allâh (gloire à lui !) secondera l'émir, facilitera sa tâche, dirigera sa démonstration, veillera sur lui d'un œil vigilant, le fortifiera d'un secours efficace, lui fera supporter le voyage, le fera revenir vers sa famille, élargira sa poitrine[3] et lui atténuera

fils d'Ayyoûb. Son maître, neveu de Saladin, l'avait renvoyé dès 1172 de l'Égypte. Il alla guerroyer en Afrique où il mena une vie d'aventures, de désordres, de conspirations, de conquêtes, de massacres et de pillages qui troubla le pays et laissa une impression pénible, dont Saladin tient à dégager sa responsabilité. Ḳarâḳoûsh fut mis à mort en 1190. Sur lui, je citerai Ibn Al-Athîr et Aboû 'l-Fidâ, dans *Hist. or. des croisades*, I, p. 590 et 669, 43 et 55 ; Aboû Schâma, *Kitâb ar-raudatain*, II, p. 21, 27, 38, etc. ; 'Abd al-Wâḥid, *History of the Almohades*, p. 210 et 254 ; Ibn Khaldoûn, *Histoire des Berbères*, I, p. 48, 138, 161, 281 ; II, p. 91-93, 210-211 ; IV, p. 260.

1. L'émir 'Abd ar-Raḥmân le Mounḳidhite.

2. Madjd ad-Dîn Saif ad-Daula, bien que sa parenté avec 'Abd ar-Raḥmân soit passée sous silence, n'est autre que le Mounḳidhite Al-Moubârak, voir plus haut, p. 422 et 436.

3. Expression du *Coran*, vi, 125 ; xvi, 108 ; xx, 26 ; etc

la difficulté, si Allâh le veut dans sa toute-puissance. Écrit le vingt-huit scha'bân 586. »

'Abd ar-Raḥmân fut de plus accrédité auprès d'Aboû Yoûsouf Ya'ḳoûb, khalife du Maroc, par une lettre qu'il était chargé de lui remettre et qui émanait de « l'humble qui se confie à la miséricorde d'Allâh, Yoûsouf Ibn Ayyoûb », c'est-à-dire de Saladin. Al-Ḳâḍî Al-Fâḍil qui désapprouvait, comme un déshonneur, cet appel à la flotte marocaine et qui ne se faisait pas d'illusions sur la réponse dédaigneuse qui serait faite à des sollicitations indignes de son sultan, avait abandonné la rédaction de cette pièce à son collègue 'Imâd ad-Dîn Al-Kâtib[1]. Voici les principaux passages de l'épître, que celui-ci écrivit, conformément aux instructions de Saladin, pour l'Almohade, « qui élève les monothéistes au-dessus des hérétiques »[2] :

« ..... Le temps des relations amicales et la saison de la correspondance ont été les félicitations pour la prise de Jérusalem et pour le repos qui en est résulté en faveur de l'islamisme jusqu'à la sieste du midi et jusqu'à la halte nocturne, et aussi la conquête des villes frontières qu'Allâh a faite afin de les donner à l'islamisme et d'élargir les poitrines[3] des musulmans... Et ce qui reste dans la main de l'impiété de ses anciennes possessions, ce sont la ville frontière de Tripoli, Ṣoûr (Tyr) et la cité d'Antioche[4]..... A peine les impies de Syrie eurent-ils été délogés des villes qu'ils occupaient que, sans tarder, ils appelèrent à leurs secours, dans leur effroi, leurs pays d'origine de l'occident, qui leur accordèrent des fantassins et des cavaliers, des vieillards et des jeunes gens, des troupes et des guerriers isolés, par terre et par mer, sur des navires et sur des montures, à travers les

1. Aboû Schâma, *Kitâb ar-rauḍatain*, II, p. 175, l. 31.

2. Id., *ibid.*, II, p. 171, l. 37. L'épître a été reproduite intégralement, *ibid.*, II, p. 171, l. 26-173, l. 30. Nous avons omis dans notre traduction les formules longues et banales placées en tête.

3. Même expression du *Coran*; voir page 451, note 3.

4. En 1190, Guy de Lusignan, roi de Jérusalem, et Conrad, marquis de Montferrat, se partageaient les revenus et la défense de Tyr; Raimond IV était comte de Tripoli, tandis que son père Boémond III était prince d'Antioche; cf. Ducange, *Les familles d'outre-mer*, p. 497-498; 484-485; 196; Kugler, *Geschichte der Kreuzzüge*, p. 198-199.

plaines et les sols escarpés, avec des ressources immédiates et des réserves. Ils n'ont pas eu besoin de rois pour trouver des campements, ni de muserolles pour être dirigés; mais chacun est parti en obéissant à l'appel de son patriarche[1], sans avoir besoin de recourir à la résolution de son roi.

« Plusieurs rois sont sortis pour les aider, portant des noms étrangers[2]. ..... Parmi eux, le roi des Allemands amena de loin des soldats, encore purs devant Allâh le Tout-puissant[3], qui remplirent les défilés, se pressèrent en foule, portés par leurs montures, tandis que d'autres chevauchèrent sur les flots de la mer, sur les vagues mugissantes ..... Les impies apportèrent aux assiégés de Syrie tout ce qu'on peut apporter, et leur remplirent les lèvres de tout ce qu'ils pouvaient désirer, subsistance et nourriture, machines de guerre et armes, tuniques et boucliers, fer battu et lances, pièces contrôlées d'or et d'argent, au point qu'ils ont muni leurs contrées de combattants et de trésors pour la bataille immédiate et pour la bataille différée, que le soleil ne se lève pas à l'horizon sans que monte de la mer un navire apportant à nos ennemis des hommes pour remplacer les morts, des provisions pour être substituées à celles qui ont été mangées. Chaque jour ils acquièrent de nouveaux avantages et des accroissements continuels de forces, leur situation d'assiégeants n'a rien de pénible pour eux, et la mer leur a donné ce que la terre leur a refusé. Aussi se sont-ils réjouis bruyamment[4]. ..... Ils se sont établis devant Acre, où la mer est leur auxiliaire. ..... Leur quantité a maintenant atteint cent mille, ou plus encore ..... Quant au nombre de leurs navires, il dépasse celui des

1. Le patriarche, c'est ainsi que me paraît désigné par un terme archaïque et recherché le patriarche de Rome, le pape, « le souverain de Rome la grande dont la parole chez les Francs, comme la parole du Prophète chez les musulmans, n'est pas mise en discussion ». Voir Al-Mas'oûdi, *Kitâb at-tanbîh*, dans *Les prairies d'or*, IX, p. 243; Ibn Al-Athîr dans *Hist. or. des croisades*, II I, p. 29-30; et surtout les curieuses observations d'Ibn Khaldoûn, *Prolégomènes*, I, p. 474-476.

2. Frédéric Barberousse, Philippe-Auguste et Richard Cœur de Lion; voir plus haut, p. 446.

3. Le rédacteur du document vise l'accession tardive de l'Allemagne au mouvement des croisades, dont l'impureté ne l'aurait pas encore entachée devant Allâh, mais il oublie la présence de l'empereur Conrad III au siège de Damas, de juillet à septembre 1148; voir plus haut, p. 212-213.

4. La morale eût trouvé fort à reprendre dans ce qui se passait au camp chrétien devant Acre; cf. Roehricht, *Beitræge zur Geschichte der Kreuzzüge*, II, p. 202-203, note 144.

nôtres, mais nous avons lutté contre eux pour une cause plus juste qui a multiplié nos forces.

« L'ennemi est resté dans ses positions, assiégeant notre ville frontière, assiégé par nous avec la plus inébranlable vigueur. Il ne peut pas attaquer, parce que nous sommes derrière lui, ni sortir en avant, parce qu'il craint d'être décimé. Nous ne pouvons pas non plus arriver jusqu'à lui, parce qu'il a élevé des murs, creusé des fossés, qu'il s'est cantonné et renfermé derrière une ceinture de pierres.

« Lorsque le roi des Allemands mit en mouvement son armée et sa réputation plus puissante encore, lorsque ses troupes maudites revinrent sur les traces de l'ancienne invasion en Syrie ..... les âmes des mécréants s'affermirent, leurs têtes s'obstinèrent à s'imaginer qu'ils nous chasseraient de nos campements, qu'ils nous expulseraient de nos tentes. Mais nous avions envoyé à sa rencontre nos armées du nord ; car il s'avançait de ce côté à travers des accidents de terrain et des obstacles, laissant voir qu'il était abattu par une maladie, et sa maladie était celle qui régnait dans cette région. Son père, le tyran[1], le roi des Allemands, l'ancien de la malédiction, le maudit, qui avait conduit ses troupes vers la prison de Sidjdjîn[2], était mort en route noyé et avait plongé dans l'eau qui l'avait plongé dans un étouffement[3]. Il lui était resté un fils qui est maintenant son successeur comme chef, qui conduit l'armée en détresse. Peut-être que, s'il les a fait parvenir à Acre par mer, c'est qu'il craignait pour eux le voyage par terre. Et, si nos compagnons avaient devancé les armées allemandes avant leur entrée dans Antioche[4], ils auraient mis la main sur lui avec promptitude, et la mer de leurs épées, arrivée la première, eût renversé le tyran auparavant, au lieu que ce fût le fleuve. Mais à Allâh de faire prévaloir

1. En arabe الطاغية ; voir plus haut, p. 449, note 7.

2. *Coran*, LXXXIII, 7 et 8. D'après certains interprètes, Sidjdjîn serait une vallée de l'enfer.

3. Plus haut, p. 446.

4. Plus haut, p. 449.

sa volonté sur ses créatures, d'agir pour que le tyran ne s'avance que vers le désastre.....

« Et Son Excellence le sultan de l'islamisme, le chef des combattants de la guerre sainte vers la Demeure de la paix[1], ... a pour préoccupation bien dirigée, dirigeante, que l'occident de l'islamisme prête aux musulmans une assistance plus forte que l'assistance prêtée par les infidèles de l'occident aux infidèles de l'orient, qu'il remplisse la mer de navires flottants ainsi que des bannières, et de villes qui courent sur l'Océan.....

« Et le sultan, de la citadelle de sa dignité très pure et de son rang très lumineux, a envoyé l'émir supérieur, le combattant de la guerre sainte, l'homme de confiance, le prince de noble lignage, Schams ad-Dîn, le clairon[2] de l'islamisme et des musulmans, l'ambassadeur des rois et des sultans, Aboû 'l-Ḥazm[3], Abd ar-Raḥmân le Mounḳidhite... Et l'on n'a choisi pour ce message que celui qui en est le plus digne... Écrit en scha'bân de l'année 586...

Aboû Schâma, après avoir donné le texte intégral de cette épître, ajoute[4] : « Le présent consistait en un exemplaire complet, très précieux, du Coran[5] dans un coffret farci de musc, trois cents mesures d'ambre, dix colliers composés de six cents grains, vingt livres de bois d'aloès dans une corbeille, cent un dirhems d'huile de baume, cent deux arcs avec leurs cordes, vingt selles, vingt lames d'épées indiennes, sept cents flèches en bois, grandes et moyennes, artistement travaillées, garnies de plumes[6], dans deux caisses de bois qu'elles remplissaient.

1. *Coran*, vi, 127 ; x, 26. Comme dans ces deux passages, la Demeure de la paix est ici le Paradis.

2. Je traduis ainsi نفير (cf. *Coran*, xvii, 6). Le manuscrit porte نور « la lumière » de l'islamisme.

3. C'est Aboû 'l-Ḥârith qui est son prénom habituel ; voir plus haut, p. 445.

4. Aboû Schâma, *Kitâb ar-rauḍatain*, II, p. 173, l. 30-36.

5. Ibn Khaldoûn, *Hist. des Berbères*, II, p. 216, parle de deux copies précieuses signées de noms illustres (مصحفين كريمين منسوبين) : cf. Dozy, *Supplément aux dictionnaires arabes*, II, p. 663. Nous n'insisterons pas sur les autres différences entre Aboû Schâma et Ibn Khaldoûn pour ce qui concerne la composition du présent sultanien.

6. Lisez : مريّش (manuscrit مريّش), et comparez Freytag, *Arabum Proverbia*, I, p. 568 ; II, p. 624, 648 ; Schwarzlose, *Die Waffen der alten Araber*, p. 286-288.

« Le Mounḳidhite mit à la voile au départ d'Alexandrie une galère qui emporta cent vingt hommes, le treize de ramaḍân 586 (quatorze octobre 1190), qui arriva à Tripoli, où commence cette région [1], le vingt-cinq de schawwâl (vingt-cinq novembre), et il y fit halte jusqu'au huit de dhoû 'l-ḳaʿda (sept décembre). Puis il s'avança dans le pays, et, le jeudi sept de dhoû 'l-ḥidjdja (cinq janvier 1191), il eut une entrevue avec le vizir Aboû Yaḥyâ, fils d'Abou Bakr, fils de Moḥammad, fils du schaikh Aboû Ḥafṣ, auquel il remit la lettre du sultan. Le vingt du même mois (dix-huit janvier), il fut admis à voir et à saluer Yaʿḳoûb, et, dans ce même jour, le cadeau du sultan fut porté au trésor de ce prince. »

Nous ne connaissons pas les étapes de ce long voyage. Il nous a été seulement rapporté que le Mounḳidhite débarqua à Al-Mahdiyya [2]. Je suppose qu'à partir de ce point son voyage s'effectua à petites journées par la voie de terre jusqu'à Maroc (Marrâkousch), où les Almohades avaient fixé le siège de leur khalifat et leur résidence [3], où ils s'étaient bâti des palais magnifiques [4].

Ni la proposition de Saladin, ni ses présents ne furent accueillis avec enthousiasme. Le khalife Al-Manṣoûr Aboû Yoûsouf Yaʿḳoûb se montra froid et réservé, sinon envers le messager, du moins envers le message. La rédaction de la lettre missive assurait d'avance l'échec de la démarche et faillit même empêcher l'audience d'être accordée [5]. Saladin, en sa qualité de solliciteur, était libre de se ravaler à la situation inférieure de « l'humble qui se confie à la miséricorde d'Allâh » [6]; mais, en dépit des compliments inusités qu'après la doxologie il prodigua au prince, si abondants que jamais créature n'en avait

---

1. Ibn Khaldoûn dit de même à propos de Tripoli de Barbarie, « la ville du Maġrib la plus rapprochée de l'Égypte »; cf. *Histoire des Berbères*, II, p. 165, l. 1.
2. Ibn Khaldoûn, *ibid.*, II, p. 215.
3. Ibn Al-Athîr, dans *Hist. or. des croisades*, I, p. 525; II 1, p. 35-36, 81, 83, 84; Ad-Dimischḳi, *Cosmographie du moyen âge* (trad. Mehren), p. 334.
4. ʿAbd al-Wâḥid, *History of the Almohades*, p. 262, l. 19.
5. Remarquez les treize jours écoulés entre la réception de la lettre et l'admission de ʿAbd ar-Raḥmân auprès du prince.
6. Plus haut, p. 452.

reçu de pareils[1], « odorants comme l'ambre et la rose »[2], il lui refusa le seul hommage qui lui fût allé au cœur, qui eût pu lui inspirer une décision favorable. Fut-ce à un scrupule de conscience à l'égard de l'imâm An-Nâṣir li-dîn Allâh, qui aurait relevé le khalifat de Bagdâdh si l'œuvre de destruction et d'écroulement n'eût pas été aussi avancée, fut-ce à un sentiment personnel d'orgueil que Saladin obéit? Il se crut autorisé à remplacer par une brillante énumération de dignités et de qualités le titre d'Émir des croyants, que Ya'ḳoûb revendiquait comme un droit et comme un héritage, après que son grand-père 'Abd al-Mou'min et son père Aboû Ya'ḳoûb Yoûsouf, ses deux prédécesseurs, se l'étaient arrogé comme un privilège pour eux et pour leur dynastie[3].

On a prétendu que l'épître de Saladin, en déniant à Ya'ḳoûb le rang d'Émir des croyants, lui aurait, par une sorte de transaction, attribué celui d'Émir des musulmans[4]. Or, c'était là le titre que l'Almoravide Yoûsouf ibn Tâschifîn avait adopté vers 1100 pour marquer clairement sa dépendance vis-à-vis l'Émir des croyants, le khalife de Bagdâdh, l'Abbaside Aboû 'l-'Abbâs Al-Moustaṭhhir Billâh[5]. Il paraît invraisemblable et la teneur du document, tel que nous le possédons, permet de ne pas

1. Appréciation d'Al-Ḳâḍî Al-Fâḍil Ibn Al-Baisânî, dans Aboû Schâma, *Kitâb ar-rauḍatain*, II, p. 175, l. 2.

2. Lettre de Saladin à Ya'ḳoûb, chez id., *ibid.*, II, p. 171, l. 35. Je me suis abstenu de traduire cet amas de phrases, intéressantes, non par ce qui y est dit, mais par ce qui y est omis volontairement.

3. Al-Ḳâḍi Al-Fâḍil, dans Aboû Schâma, *Kitâb ar-rauḍatain*, II, p. 175, l. 3, 4 et 11; Aboû Schâma, *ibid.*, II, p. 174, l. 3-4; Ibn Khallikân, *Biographical Dictionary*, II, p. 183; IV, p. 335 et 344; Ibn Khaldoûn, *Prolégomènes*, I, p. 468; II, p. 45; *Histoire des Berbères*, II, p. 184, 198; Al-Makkari, *Analectes sur l'histoire et la littérature des Arabes d'Espagne*, I, p. 290, traduit dans Gayangos, *The History of the Mohammedan Dynasties in Spain*, II, p. 323; Reinaud, *Extraits des historiens arabes*, p. 290. Une monnaie d'Aboû Yoûsouf Ya'ḳoûb l'appelle امير المومنين بن امير المومنين بن امير المومنين « l'Émir des croyants, fils de l'Émir des croyants, fils de l'Émir des croyants ». Voir Henri Lavoix, *Catalogue des monnaies musulmanes de la Bibliothèque nationale*, II, *Espagne et Afrique* (Paris, 1891), p. 302, n° 729. Ces témoignages irrécusables semblent contredits par Ibn Abi Zar', qui, dans son *Rauḍ al-ḳarṭâs*, applique à ces princes le titre d'Émir des musulmans; cf. la traduction française de A. Beaumier (Paris, 1860), p. 268, 271, 286, 288, 290, etc.; pour ce qui concerne en particulier Ya'ḳoûb, voir *ibid.*, p. 195, 303, 309, 313, etc. A cette dernière page, il est aussi nommé Émir des croyants dans un document cité par l'auteur.

4. Ibn Khallikân, *Biographical Dictionary*, IV, p. 344; Al-Makkari, *Analectes*, I, p. 290.

5. Ibn Khallikân, *Biographical Dictionary*, IV, p. 448, 463 et 469; Ibn Khaldoûn, *Prolégomènes*, I, p. 467: *Histoire des Berbères*, II, p. 82. Ibn Abi Zar' (*Rauḍ al-ḳarṭâs*, p. 193 de la traduction française), le fait proclamer Émir des croyants, mais en infirmant lui-même cette assertion par les données numismatiques qui suivent immédiatement.

supposer que Saladin ait poussé la maladresse jusqu'à un pareil manque d'égards envers l'Almohade qu'il voulait gagner à sa cause, qu'une parole aussi imprudente lui eût aliéné à tout jamais.

Il a été raconté d'autre part [1] que le Mounḳidhite, parvenu au terme de son voyage, apprit que Ya'ḳoûb guerroyait en Espagne. 'Abd ar-Raḥmân, désappointé, se serait avancé jusqu'à Fez à la rencontre du souverain dont il aurait attendu le retour pour lui transmettre aussitôt la requête de Saladin. Le refus du khalife occidental ayant été définitif dès la première entrevue, le Mounḳidhite serait retourné en Égypte.

Ce récit semble être de pure fantaisie, comme aussi la nouvelle répandue plus tard que Ya'ḳoûb serait revenu sur ses préventions et, l'imagination grossissant encore la légende après l'avoir créée, se serait décidé à envoyer une flotte de cent quatre-vingts navires, dont l'intervention aurait empêché les chrétiens d'aborder en Syrie [2].

Ce qui paraît avéré, c'est que 'Abd ar-Raḥmân, arrivé à Maroc, admis sur la recommandation du vizir Aboû Yaḥyâ dans le Palais des Banoû 'Abd al-Mou'min, y exposa devant le khalife les projets d'alliance de son maître, mais se heurta tout d'abord à un vice de forme qui compromit et paralysa les efforts du négociateur. La situation politique n'était point d'ailleurs favorable à la conclusion d'un accord comme celui qu'avait rêvé Saladin. Aboû Yoûsouf Ya'ḳoûb venait de faire campagne en Espagne et était parvenu à une entente avec les Francs, lui garantissant la possession de Silves et de plusieurs autres places fortes conquises dans cette expédition [3]. Allait-il renoncer au résultat de ses victoires par des entreprises inconsidérées ?

1. Ibn Khaldoûn, *Histoire des Berbères*, II, p. 216.
2. Ibn Khaldoûn, *ibid.*, *loc. cit.*; E. Mercier, *Histoire de l'Afrique septentrionale*, II, p. 123.
3. Ibn Al-Athîr, dans *Hist. or. des croisades*, II I, p. 35-36; Ibn Abi Zar', *Rauḍ al-ḳarṭâs*, trad. française, p. 307-308; Ibn Khaldoûn, *Histoire des Berbères*, II, p. 212, avec de légères divergences de dates; Al-Makkari, *Analectes*, II, p. 694-695; Gayangos, *Mohammedan Dynasties*, II, p. 320.

Allait-il indisposer les Francs d'Espagne réconciliés avec lui, en s'attaquant de gaîté de cœur aux Francs de Syrie et d'Europe coalisés contre Saladin?

L'Émir des croyants du Maroc saisit avec empressement le prétexte que Saladin lui fournissait par ses réserves et par son obstination pour ne point s'engager dans un conflit où il n'avait rien à gagner, où il avait tout à perdre. Quant à l'ambassadeur, il fut comblé de prévenances et de cadeaux ; les richesses affluèrent vers lui, « non point à cause de Saladin, mais à cause de sa race illustre et de sa supériorité personnelle » [1]. Il lui fut alloué une récompense de quarante mille dirhems pour un panégyrique en quarante vers, ce qui constitue pour un poème, fût-il le chef-d'œuvre d'un homme de génie, la plus généreuse des récompenses. Voilà, en appliquant une expression moderne à des choses anciennes, les droits d'auteur les plus élevés qui aient jamais été payés. Les huit vers qui nous ont été conservés ne semblent pas justifier ces largesses qu'expliquent plutôt le vif courant de sympathie qui se portait vers le Mounkidhite et le désir d'atténuer pour lui dans la mesure du possible l'ennui d'un échec irrémédiable [2] :

Je remercie une mer houleuse que j'ai traversée pour arriver à une mer de générosité, dont les bienfaits n'ont pas de rives,

A la résidence de la piété, à la Ka'ba de la bonne direction, à celui qui, par sa réputation, élève encore celle de ses ancêtres,

A toi, ô Émir des croyants [3], *à la porte espérée duquel les montures n'ont pas cessé d'être poussées.*

1. Al-Maḳḳarî, *Analectes*, I, p. 291 ; Gayangos, *Mohammedan Dynasties*, II, p. 323.

2. Les huit vers nous ont été rapportés par Aboû Schâma, *Kitâb ar-rauḍatain*, II, p. 174, l. 14-21. Les quatre premiers et les deux derniers se trouvent aussi dans Al-Maḳḳarî, *Analectes*, I, p. 290. Je traduis d'après Aboû Schâma.

3. Bien que mes deux textes et le manuscrit de Paris du *Kitâb ar-rauḍatain* portent امير المسلمين, bien que cette lecture puisse être défendue par les passages cités du *Rauḍ al-ḳarṭâs* (voir p. 457, note 3), j'ai traduit comme si ʿAbd ar-Raḥmân avait écrit امير المؤمنين que comporte le mètre et qui devait se trouver dans la rédaction primitive. Il me semble probable que ʿAbd ar-Raḥmân, revenu auprès de Saladin, largement récompensé par Yaʿḳoûb de son panégyrique, mais blessé et irrité de son échec, aura pris lui-même l'initiative de cette retouche pour éviter le blâme du sultan et aussi pour se donner à lui-même une légère satisfaction d'amour-propre.

J'ai traversé, pour parvenir jusqu'à toi, le continent et la mer, dans la conviction que ta rosée abondante[1] *me garantirait le succès.*

Aucun bruit terrifiant de la terre ne m'a épouvanté; aucune tempête maritime ne m'a effrayé.

Celui dont la recherche s'élève jusqu'aux sommets les plus élevés fait peu de cas des choses que l'on convoite.

En me dirigeant vers toi, j'ai espéré atteindre les hauteurs et je les ai atteintes, puisque tes moindres présents sont encore les plus élevés, les plus exagérés.

Aussi, puisses-tu renouveler sans cesse tes nobles actions et tes libéralités ! Puissent de longs jours te faire réaliser toutes tes espérances !

ʿAbd ar-Raḥmân ne se laissa pas abattre par les premiers refus qu'il essuya. Il revint à la charge et s'installa à Maroc, où il passa toute l'année 587 de l'hégire, jusqu'en janvier 1192 de notre ère. Les marques de bienveillance du khalife ne suffisaient pas à cicatriser sa blessure. D'autre part, Al-Ḳâḍî Al-Fâḍil Ibn Al-Baisânî, pour lui faire prendre patience et l'encourager dans son insistance obstinée, s'était chargé de lui raconter, au nom du sultan, les événements de Syrie et d'atténuer à ses yeux la gravité de la capitulation d'Acre (douze juillet 1191)[2]. Malgré les artifices du stile, la défaite de l'islamisme oriental était, sans aucun doute, un nouvel obstacle qui venait de surgir sur la route déjà mal aplanie où le négociateur s'avançait avec plus de courage et de volonté que d'avantages. Les alliances vont rarement aux vaincus.

Voici en quels termes Al-Ḳâḍî Al-Fâḍil présente la situation à Schams ad-Dîn le Mounḳidhite[3].

« Le nombre des Francs qui ont été tués devant Acre a dépassé cinquante mille. A ce nombre nous n'ajoutons rien[4] par complaisance, notre mesure est plutôt indulgente. C'est dans cette

1. Je lis avec l'édition d'Al-Maḳḳarî : بـأَنّ نَداكَ الغَمْرُ (manuscrit du *Kitâb ar-rauḍatain* : بان يداك الغمر).

2. ʿImâd ad-Dîn, *Al-Fatḥ*, p. 397; Ibn Al-Athîr, dans *Hist. or. des croisades*, II ɪ, p. 44; Ibn Schaddâd, *Vie de Saladin*, *ibid.*, III, p. 238, et dans Aboû Schâma, *Kitâb ar-rauḍatain*, II, p. 188; Kamâl ad-Dîn, *Zoubda*, dans Freytag, *Chrestomathia arabica*, p. 135; Aboû 'l-Fidâ, dans *Hist. or. des croisades*, I, p. 63.

3. Aboû Schâma, *Kitâb ar-rauḍatain*, II, p. 188, l. 35-189, l. 9.

4. Je lis avec le manuscrit 707 A de l'ancien fonds de la Bibliothèque nationale, fol. 259 v°, لا يطلقه التسمّح.

année que sont arrivés les deux rois de France et d'Angleterre, ainsi que d'autres rois, sur des navires maritimes servant aux transports, sur lesquels ils ont transporté les chevaux et les cavaliers, les combattants et les machines de guerre. Chaque navire est parvenu, apportant une ville entière, a cerné la cité frontière, barrant le chemin à qui voulait y introduire des armes, y faire entrer des approvisionnements.

« L'ennemi a conquis et occupé la ville par une paix dure comme la bataille. S'il n'était pas entré par la porte, il serait entré par la brèche. Nous n'avions pas été rendus impuissants par ce qui nous avait atteints dans le chemin d'Allâh[1] et nous n'avions pas été affaiblis, nous n'avions pas reculé en arrière, nous n'avions point lâché pied, mais nous étions restés dans nos positions, attendant qu'ils se montrent pour que nous luttions avec eux, qu'ils sortent pour que nous les combattions, qu'ils se déploient pour que nous les roulions, qu'ils se dispersent pour que nous les réunissions. Nous nous étions postés sur leurs routes, nous avions campé devant leurs défilés, nous tenions[2] les extrémités[3] de leurs retranchements.

« Notre besoin le plus urgent, c'est l'appui maritime, ce sont les flottes du Magreb. Car c'est grâce à elles que sera repoussée toute hostilité contre nous[4], que notre hostilité à nous sera renforcée. L'émir[5] transmettra ce qui lui est parvenu du danger que court l'islamisme, de la gravité des événements, l'annoncera publiquement en remplaçant le prédicateur du vendredi, et hâtera son retour, mais après avoir obtenu la réponse favorable. Lorsque l'émir voyagera en compagnie de sa flèche victorieuse, il se fera précéder par la bonne nouvelle du succès, et il saura que le drapeau aura été élevé en l'honneur d'une

1. C'est-à-dire dans le combat, comme il est si souvent dit dans le Coran pour désigner la guerre sainte.

2. Lisez واخذنا.

3. Le manuscrit porte باطوا, leçon dont le sens ne diffère pas de باطراف du texte imprimé.

4. Je lis عادِيَتُنا les deux fois, bien que le manuscrit ait d'abord عاديّتنا, puis عاديتنا sans taschdid.

5. L'émir est évidemment ʿAbd ar-Raḥmân le Mounkidhite.

victoire annoncée d'avance. Car l'islamisme a les yeux tournés obstinément[1] vers la région du Maroc[2] et des pensées qui le rapprochent de la faveur secrète d'Allâh. Une preuve suffisante de sa belle confiance, c'est que ses yeux ont repoussé l'atmosphère orientale pour se porter vers l'ouest, c'est que sa pensée a imaginé la réalisation de ce projet, tous nos navires rassemblés pour prendre tous les leurs de vive force. »

L'épître d'Al-Ḳâḍî Al-Fâḍil Ibn Al-Baisânî intimait au Mounḳidhite 'Abd ar-Raḥmân, par ordre de Saladin lui-même, une prolongation de son séjour à Maroc, des démarches officielles pour exposer à Aboû Yoûsouf Ya'ḳoûb la portée pour l'islamisme des derniers événements, de nouveaux efforts pour obtenir l'intervention des navires du Magreb. 'Abd ar-Raḥmân ne se rebuta pas, tant qu'il entrevit une lueur d'espoir. Peut-être n'avait-il pas suffisamment compris à l'origine la distinction entre la considération dont sa personne était l'objet et l'assentiment à ses vues qu'il espérait déterminer. A ses yeux alors, la réussite de sa mission n'était qu'une affaire de temps et de persévérance. Il admettait les pronostics favorables exprimés avec tant de confiance dans l'épître d'Al-Ḳâḍî Al-Fâḍil.

Sa déception n'en fut que plus amère, lorsqu'il finit par s'apercevoir de sa déconvenue. Avec sa nature nerveuse de Mounḳidhite, il se précipita d'un bond des sommets les plus élevés aux abîmes les plus profonds. Les regrets du passé, la méfiance de l'avenir furent exprimés par lui en traits empreints de noire mélancolie[3] :

Mon existence s'est achevée dans l'exil et dans l'éloignement ; et mon émigration a réduit à néant ma fortune nouvelle et ancienne.

Les jours écoulés ont usé la fraîcheur de ma jeunesse, et, après de si graves événements, mon briquet ne donne plus de feu.

1. Je lis avec le manuscrit يقآبها, d'accord avec le sens et avec la rime.

2. Mot à mot : vers le monde occidental.

3. Aboû Schâma, *Ḳitâb ar-rauḍatain*, II, p. 174, l. 22-26, d'après une copie émanant d'une source autorisée (بخطّ بعض الثقات, comme il faut lire avec le manuscrit 707 A de l'ancien fonds arabe, fol. 250 v°).

La démarche qui m'avait été confiée parmi les hommes m'a absorbé au point que j'ai négligé les pratiques qui m'auraient sauvé au jour de ma résurrection.

Le repos de la vie future ne m'est donc pas assuré [1], *et dans ce monde je n'ai pas non plus atteint ce que je poursuivais.*

Deux autres vers de ʿAbd ar-Raḥmân, où il fait parler un de ses écuyers, provoquant l'hilarité par sa tunique usée, par son costume en loques, ont également été conservés [2], et je ne les rappelle ici que pour mémoire.

Le Mounḳidhite se décida enfin à quitter Maroc le dix de mouḥarram 588 [3] (vingt-sept janvier 1192). Pour adoucir l'amertume de ses déboires, il visita au retour des contrées qu'il n'avait pas encore parcourues et modifia sur certains points son premier itinéraire. C'est ainsi qu'après avoir passé ou à Tunis ou dans les environs, il traversa le Baḥr ar-Roûm, la mer Méditerranée, et appareilla pour la Sicile. A-t-il pénétré dans l'intérieur des terres ou s'est-il contenté d'explorer les endroits situés sur la côte? Nous sommes seulement informés d'une excursion qu'il fit à l'entrée sud-est de l'île, près de Schikla (Scicli), à la fontaine intermittente de ʿAin al-aḵwât « la Fontaine des heures », ainsi nommée parce qu'elle jaillissait cinq fois par jour aux heures prescrites pour les cinq prières légales des musulmans. Ce phénomène avait, nous dit-on, frappé le Mounḳidhite qui en a parlé dans sa relation de voyage, mais sans indiquer l'endroit, sans donner aucun détail [4].

ʿAbd ar-Raḥmân débarqua à Alexandrie le vingt-huit du second djoumâdâ en 588 [5], c'est-à-dire le onze juillet 1192. Saladin lui pardonna-t-il d'avoir échoué dans une tentative, d'avance caduque par la conception, rendue pénible par les délais qu'il

---

1. Lisez نَقِيبٌ.
2. Aboû Schâma, *Kitâb ar-rauḍatain*, II, p. 174, l. 27-29.
3. Id., *ibid.*, II, p. 174, l. 1.
4. Ibn Faḍl Allâh, *Masâlik al-abṣâr*, dans Amari, *Bibliotheca Arabo-Sicula*, p. 156-157 du texte arabe; édition in-8° de la traduction italienne, I, p. 261; cf. Al-Edrîsî, *Nouzhat al-mouschtâḳ*, *ibid.*, p. 37-39 du texte; I, p. 74-75 de la traduction italienne, et dans Amari e Schiaparelli, *L'Italia descritta nel « Libro del re Ruggero »* compilato da Edrisi (Roma, 1883), p. 34-35. La Fontaine des heures existe encore aujourd'hui; on l'appelle Donna Luccata.
5. Aboû Schâma, *Kitâb ar-rauḍatain*, II, p. 174, l. 2.

avait lui-même imposés au négociateur malheureux, condamnée à l'insuccès en dépit de ses efforts renouvelés? Al-Moubârak, qui vécut encore à Miṣr plus d'une année[1], plaida-t-il la cause de son petit cousin pour lui éviter une disgrâce imméritée? Le fils d'Ousâma, Mourhaf[2], intervint-il en faveur de son parent malheureux, dont le dévouement et l'abnégation méritaient, non pas une punition, mais une récompense? La sagesse de Saladin fut-elle assez clairvoyante pour lui inspirer des résolutions généreuses envers un serviteur fidèle, victime du devoir accompli, trahi par les événements? L'honneur du Mounḳidhite était resté intact dans la défaite : il avait combattu avec acharnement de toutes ses forces pour remporter la victoire. Elle lui avait échappé par un concours de circonstances qui avaient rendu inutiles les ressources déployées de son énergie, de sa ténacité, de son talent, de son éloquence, de son charme personnel. Je suppose qu'il reçut du sultan une réparation légitime, qu'il fut consolé de ses déceptions et que ses dernières années s'écoulèrent heureuses dans des travaux qui mirent en évidence sa capacité et ses lumières.

Ce fut à Miṣr que 'Abd ar-Raḥmân, fils de Nadjm ad-Daula Moḥammad et neveu d'Ousâma, expira en l'année 600 de l'hégire[3], c'est-à-dire soit à la fin de 1203, soit au commencement de 1204 de notre ère. Nous ignorons le mois et le jour.

1. Plus haut, p. 437.

2. Mon élève et ami, M. Paul Casanova, m'a signalé un passage sur Mourhaf, qui m'avait échappé et qui devrait figurer plus haut, p. 420. On lit en effet dans Al-Maḳrizi, *Al-Khiṭaṭ*, I, p. 496, dernière ligne-497, l. 2 : « Le *ḥâfiṭh* Djamâl ad-Din Yoûsouf Al-Yagmouri a dit : J'ai trouvé la note suivante de la main d'Al-Mouhadhdhab Aboû Ṭâlib Moḥammad ibn 'Alî Ibn Al-Khaimî : J'ai entendu raconter par l'émir 'Aḍoud ad-Din Mourhaf, fils de Madjd ad-Din Mou'ayyad ad-Daula Ibn Mounḳidh que le Palais renfermait dix-huit mille êtres vivants, dont dix mille hommes et femmes nobles et huit mille serviteurs, employés subalternes, servantes, mulâtresses, enfants. » Il résulte de ce passage que Mourhaf avait déjà rejoint Saladin au Caire, lorsque celui-ci, après la mort du dernier khalife Fâṭimide Al-'Âḍid, prit possession du Palais des khalifes en septembre 1171 ; voir plus haut, p. 327, 346, 358-359. Quant aux autorités, d'après lesquelles nous a été conservé ce témoignage de Mourhaf, ce sont : 1° le *ḥâfiṭh* Djamâl ad-Din Aboû 'l-Maḥâsin Yoûsouf ibn Aḥmad Al-Asadî Ad-Dimischḳî Al-Yagmourî, qui mourut à Al-Maḥalla, ville de la province du Caire, âgé de plus de soixante-dix ans, en 673 de l'hégire, en 1274-1275 de notre ère (voir Quatremère, *Histoire des sultans Mamlouks*, I II, p. 125), 2° le *schaikh* Mouhadhdhab ad-Din Aboû Ṭâlib Moḥammad ibn Abî 'l-Ḥasan 'Alî ibn 'Alî ibn Al-Moufaḍḍal ibn At-Tâmagâz, connu sous le nom d'Ibn Al-Khaimî, l'un des maîtres d'Ibn Khallikân, né à Al-Ḥilla en janvier 1155, mort au Caire en mai 1245 (cf. Ibn Khallikân, *Biographical Dictionary*, I, p. 287, 397, 548-549 ; III, p. 585 ; Ibn Schâkir Al-Koutoubî, *Fawât al-wafayât*, II, p. 243-244).

3. Ibn Khallikân, *Biographical Dictionary*, IV,

A l'exception des personnages mentionnés et étudiés dans ce chapitre dixième, je ne trouve plus aucune trace des Mounḳidhites[1], émirs de Schaizar. L'arrière-petit-fils d'Ousâma, celui qui nous a conservé son *Autobiographie*[2], s'aperçoit, à peine visible dans l'ombre où il s'est maintenu par un excès de modestie, comme la figure la plus moderne entre leurs descendants, dont la renommée puisse enregistrer, à défaut du nom qui ne nous a pas été transmis, du moins le souvenir.

p. 344; Adh-Dhahabi, *Ta'rikh al-islâm*, fol. 126 v°.

1. Il ne convient de rattacher à notre sujet, ni Mounḳidh, émir des Banoû Schihâb, qui aurait livré bataille aux croisés et les aurait délogés du Wâdî 't-Taim, ni Moḥammad ibn Mounḳidh, homonyme d'un frère d'Ousâma, qui se maria en 571 de l'hégire (1175-1176 de notre ère). Sur ces contemporains de nos Mounḳidhites, voir F. Wüstenfeld, *Fachr ed-Din der Drusenfürst und seine Zeitgenossen* (Gœttingen, 1886), p. 77; Baron de Slane, *Catalogue des manuscrits arabes de la Bibliothèque nationale*, p. 374-375, à propos du manuscrit 711 du supplément arabe. Le combat de Wâdî 't-Taim est sans doute celui qui fut livré en 523 de l'hégire (1129 de notre ère) ; voir Ibn Al-Athîr et Aboû 'l-Fidâ, dans *Historiens or. des croisades*, I, p. 383-384 17-18.

2. Plus haut, p. 421.

CHAPITRE XI

IMPRESSIONS D'OUSÂMA SUR LES FRANCS

La guerre sainte, c'est-à-dire la propagande religieuse par les armes et la conquête au nom de la foi, voilà une conception essentiellement musulmane que les croisades ont retournée contre l'islamisme. Les papes et les prédicateurs, qui, en 1095, avaient suscité les décisions des princes, échauffé les masses, réveillé la chrétienté d'Occident de sa torpeur, qui avaient entraîné nobles, bourgeois, artisans et cultivateurs à quitter leurs foyers, leurs plaisirs et leurs travaux pour la délivrance de Jérusalem et des Lieux saints, n'avaient certes pas eu conscience qu'ils renouvelaient l'œuvre où leurs précurseurs étaient le Prophète, ses partisans, ses khalifes et ses généraux. Ce qui distingua bien vite l'action des premiers croisés, c'est qu'après les tâtonnements du début, ils cherchèrent à imposer leur autorité plutôt que leurs croyances, à s'annexer les régions en refoulant au dehors les anciens habitants, sans chercher à les convertir, à créer des royaumes, des duchés, des comtés et des seigneuries aux dépens des princes vaincus et dépossédés, mais demeurés dans l'exil de fidèles serviteurs d'Allâh, à se conduire en colons et non en apôtres, à affermir l'Orient latin comme une enclave solidement enfoncée dans l'Orient arabe.

Les deux féodalités, une fois les grandes batailles terminées, une fois les territoires respectifs délimités provisoirement, une fois la tranquillité assurée de part et d'autre par une possession, pour précaire qu'elle fût, s'observaient et se recueillaient, prenaient certaines précautions pour la sauvegarde de leurs frontières contre les tentatives de voisins trop immédiats [1], mais coexistaient sans secousses violentes et se développaient dans un contact incessant, avec des intérêts devenus communs, avec un égal besoin de sécurité. Sans apostasie d'aucun côté, elles se pénétrèrent dans les idées, dans les sciences, dans les mœurs, dans les arts, dans les échanges commerciaux, jusque dans les idiomes, comme elles s'étaient pénétrées dans le partage de la Syrie et de la Palestine.

L'*Autobiographie* d'Ousâma reflète avec plus d'exactitude que de profondeur certains détails de cette situation. Les vues d'ensemble échappent, ici comme partout, à notre auteur, mais, à défaut d'autre mérite, il a l'avantage de la sincérité. La langue des Francs qu'il ne comprenait pas [2], tandis que plus d'un de ses coreligionnaires la savait [3], a laissé son empreinte dans nombre de passages que naguère j'ai essayé de grouper en un mémoire spécialement consacré à ce sujet [4]. Mais ce n'est là qu'un hors-d'œuvre qui s'est glissé, comme par surprise, dans les souvenirs personnels, notés au jour le jour [5], de l'émir de Schaizar.

Où son expansion coule de source, c'est lorsqu'il raconte avec un accent de vérité incontestable, d'une part ses combats contre les Francs, de l'autre ses relations personnelles cordiales avec plusieurs d'entre eux. Puisque les chrétiens persistaient à traiter Moḥammad de pseudo-prophète, les musulmans de barbares [6] et l'islamisme de mécréance où le diable a mis toute la terre [7],

1. Ousâma, *Autobiographie*, p. 146.
2. Id., *ibid.*, p. 49 ; voir plus haut, p. 78 et 190.
3. Kamâl ad-Dîn, *Zoubda*, dans Freytag, *Chrestomathia arabica*, p. 134, l. 3 ; Prutz, *Kulturgeschichte der Kreuzzüge*, p. 145 et 531.
4. Hartwig Derenbourg, *Notes sur quelques mots de la langue des Francs au douzième siècle*, dans les *Mélanges Léon Renier*, p. 453-465.
5. Plus haut, p. 339.
6. Guilelmi Tripolitani Ordinis Prædicatorum *Tractatus de statu Saracenorum et de Mahomete pseudopropheta et eorum lege et fide*, dans Prutz, *Kulturgeschichte der Kreuzzüge*, p. 575, 582, 583, etc.
7. Guillaume de Tyr, dans *Hist. occid. des croisades*, I, p. 211.

Ousâma s'était soulagé en priant Allâh de maudire les chrétiens[1], de les reléguer[2], de n'avoir aucune pitié pour leurs morts récents[3], en flétrissant les Francs comme des impies[4] et des satans[5]. Ce sont propos de littérateur imposés par la tradition, destinés à couvrir la retraite d'un esprit large et sans préjugés. Il vit dans une atmosphère d'apaisement et de tolérance générales : s'il écoute sa nature, elle le porte plutôt à exagérer qu'à atténuer les dispositions conciliantes de ses contemporains[6].

Le moyen âge musulman désigne ordinairement sous le nom de *Francs* les peuples latins[7], dispersés dans les contrées de l'Europe[8], réunis par un lien commun, la sujétion à l'autorité spirituelle du pape[9], tandis que les *Roûmî* sont les chrétiens de l'empire byzantin[10]. Ceux-là ne sont pas seulement des Français, des Flamands et des Normands, mais aussi des Allemands, des Anglais, des Espagnols, des Italiens, des Danois et des Norvégiens.

Lorsque Ousâma eut l'occasion de faire ses premières armes contre les Francs entre 1110 et 1119[11], la France et la Normandie seules étaient encore représentées parmi les initiateurs de la croisade. Plus tard, il se mesura avec les Francs dans tant de campagnes que, devenu vieux et jetant un regard en arrière sur son passé, il se crut en droit de dire, sans excès de vanité[12]: « J'ai lutté avec les Francs dans des combats et sur des terrains si nombreux que je ne puis les compter. »

1. Ousâma, *Autobiographie*, p. 32, 57, 61, 68, 70, 96, 103, 121.
2. Id., *ibid.*, p. 2, 7, 36, 48, 84, 87.
3. Id., *ibid.*, p. 25, 50.
4. Id., *ibid.*, p. 32.
5. Id., *ibid.*, p. 61, 82, 87, 89. Dans Ibn Al-Athir, *Atabeks*, p. 62, les chrétiens sont appelés « les satans des croix ».
6. Dès janvier 1099, Soulṭân, oncle d'Ousâma, négocie avec Raimond de Saint-Gilles ; plus haut, p. 67-68 ; cf. p. 88, 182, etc.
7. « Franci, qui Latini verius appellantur. » Burchardus de Monte Sion, *Descriptio terrae sanctae*, cité par Prutz, *Kulturgeschichte der Kreuzzüge*, p. 522.
8. « Sic enim universos occidentales populos nominare solent. » Ekkehardi Uraugiensis abbatis *Hierosolymita*, herausgegeben von H. Hagenmeyer (Tübingen, 1871), p. 170 ; *Historiens occ. des croisades*, V, p. 24.
9. « C'était, remarque M. H. Prutz, une unité comparable à celle d'un khalifat chrétien. » Voir *Kulturgeschichte der Kreuzzüge*, p. 110.
10. Les empereurs de Constantinople se considéraient comme les héritiers directs des empereurs romains ; cf. plus haut, p. 156.
11. Plus haut, p. 84, 98, 100, 113-114, 406.
12. Ousâma, *Livre du bâton* (manuscrit de ma collection), fol. 74 r°. Le texte du passage entier paraitra dans le chapitre douzième.

Ce souvenir provoque chez Ousâma la réflexion suivante : « L'esprit de sagesse est plus efficace dans la guerre que l'intrépidité. » Il ajoute : « Jamais je n'ai vu les Francs, après nous avoir mis en déroute, s'acharner à nous poursuivre. Leurs cavaliers ne dépassent pas le trot et la marche régulière[1], par crainte d'un artifice qui réussirait contre eux. » Enfin il se vante de sa compétence en ces matières par les vers suivants :

Si tu voyages sur l'étendue de la terre, à la recherche d'un homme expérimenté, ayant fait ses preuves dans les combats,

Qui en a porté la charge, soit dans la lutte ouverte, soit dans les embûches tendues, depuis son enfance jusqu'à ce qu'il est devenu un vieillard blanchi par l'âge,

Qui a tué les lions, qui est descendu dans l'arène avec les héros sur le champ de bataille et qui a conduit au combat le guerrier armé,

Tu ne trouveras pas mon pareil, à qui son jugement fait voir clair dans ce qui lui a été invisible.

Ousâma ne ménage pas son admiration à la tactique prudente des Francs, « les premiers hommes pour se tenir sur leurs gardes dans la guerre »[2]. Il constate, non sans regret, combien les chefs excellent à éviter le combat, lorsqu'il leur est offert dans des conditions d'infériorité pour leurs troupes, au grand désespoir de ceux qui les avaient provoqués et harcelés, dans l'espoir de lasser leur patience[3]. Mais cette temporisation et cette circonspection, ce souci d'abandonner à l'ennemi l'initiative de l'attaque, n'excluent pas la bravoure de sergents[4] intrépides, bien équipés, couverts de la tête aux pieds de cottes de maille franques[5], récompensés par une solde de deux dînârs par mois[6], solde égale à celle de cent musulmans[7]. Ils se jetteraient tête baissée dans les dangers, s'ils n'étaient contenus par une direction intelligente qui met un frein à leur témérité[8]. La valeur

1. Le texte porte والنقل, qui n'est pas très clair; voir cependant ينقلا ويخبّا dans Ousâma, *Autobiographie*, p. 109, l. 15 et 16.

2. Ousâma, *Autobiographie*, p. 12, l. 16.

3. Id., *ibid.*, p. 32, l. 4-6; plus haut, p. 100, 461.

4. Ousâma, *Autobiographie*, p. 49, l. 21, où ce mot est expliqué par رجّالة « des fantassins »; 56, l. 7; cf. ma *Note sur quelques mots de la langue des Francs*, p. 16 du tirage à part, et plus haut, p. 85, note 2.

5. Ousâma, *Autobiographie*, p. 75, l. 1.

6. Id., *ibid.*, p. 56.

7. Id., *ibid.*, p. 49; plus haut, p. 85.

8. Qu'on se rappelle, par exemple, la témérité de Sire Adam, se faisant tuer dans l'église de

des hommes ne tarderait pas autrement à dégénérer en bestialité. « Quiconque, dit Ousâma[1], est au courant des qualités des Francs, est porté à glorifier et à sanctifier Allâh le Tout-Puissant. Car il a vu en eux des bêtes qui ont la supériorité du courage et de l'ardeur au combat, mais aucune autre, de même que les animaux ont la supériorité de la force et de l'agression. » Dans un autre passage, Ousâma exprime cette même idée, mais en s'abstenant de toute comparaison blessante : « Les Francs, dit-il[2], ne possèdent aucune des hautes qualités qui font la supériorité des autres hommes, à l'exception de la bravoure. »

Ce fut sous ce jour seulement qu'Ousâma put apprécier d'abord les Francs, surtout pendant les années de sa jeunesse à Schaizar. On était au fort de la lutte, et dans les deux camps on se combattait sans merci. Les plus anciens souvenirs du passé rappelaient à Ousâma le Franc Théophile, seigneur de Kafarṭâb, un voisin désagréable des Mounḳidhites, qui, vers 1106, accueillit 'Abd ibn Abî 'r-Raidâ et fut le complice de ce musulman qui « conduisait les Francs au pillage des musulmans, s'acharnait à les molester, à les dépouiller, à verser leur sang, au point qu'il détroussait les voyageurs sur les chemins »[3]. En septembre 1115, Ousâma devait retrouver les deux frères de ce Théophile à la tête des Francs qui défendaient Kafarṭâb[4]. Dans l'intervalle, le jeune Ousâma avait un jour vu rentrer à Schaizar quatre guerriers qui y furent accueillis par des sarcasmes, par le mépris, le blâme et le dédain de tous. Ils étaient partis à quatre contre un seul adversaire, Badrhawâ, « un des plus vaillants chevaliers

Ḥounâk par « la panthère qui prend part à la guerre sainte »; plus haut, p. 59-60.

1. Ousâma, *Autobiographie*, p. 97, l. 7-9.

2. Id., *ibid.*, p. 48, l. 1-2. D'autres témoignages musulmans en faveur du courage des croisés ont été réunis par Prutz, *Kulturgeschichte der Kreuzzüge*, p. 56-57 et 508 (lisez dans ces deux endroits Amaury Ier au lieu de Foulques). Je citerai seulement, parmi ceux qu'on pourrait ajouter à cette liste : Ibn Al-Athir, dans *Hist. or. des croisades*, II, II, p. 263; Aboû Schâma. *Kitâb ar-rauḍatain*, I, p. 58; El-Cazwini's *Cosmographie* (éd. Wüstenfeld), II, p. 388; Ibn Khaldoûn, *Prolégomènes*, II, p. 82-83.

3. Ousâma, *Autobiographie*, p. 94-95; cf. plus haut, p. 101, note 8, où le passage traduit se rapporte, comme je le vois maintenant, non pas à Théophile lui-même, mais à son protégé, dont il était le complice et dont il dirigeait la main, 'Abd ibn Abî 'r-Raidâ.

4. Ousâma, *Autobiographie*, p. 54, l. 13, où il faut lire تيوفل au lieu de منويل ; cf. plus haut, p. 101.

entre les Francs d'Apamée ». Cela se passait après que cette ville eut été conquise par eux le quatorze septembre 1106 [1]. Badrhawâ se détacha de l'armée d'Antioche dans les rangs de laquelle il était venu camper sur les bords de l'Oronte, aperçut quatre cavaliers de Schaizar qui avaient passé sur l'autre rive du fleuve et, ayant asséné à l'un d'eux un léger coup de lance qui ne l'atteignit même pas, rentra dans ses campements, tandis que les quatre s'enfuyaient précipitamment vers la ville. Ousâma ne fut pas le dernier parmi ceux qui leur souhaitèrent la bienvenue en disant : « Quatre cavaliers se laissent mettre en déroute par un seul cavalier ! Il a suffi pour vous disperser ! Il a frappé de sa lance l'un de vous ; les trois autres auraient dû le tuer. Mais non, vous vous êtes couverts de honte [2] ! » Le héros de ce tournoi, Badrhawâ, ne tarda pas à être mangé vif par un lion sur la route d'Apamée à Antioche [3].

Ousâma n'eut, pendant son séjour dans sa famille jusqu'en 1138, que des occasions fugitives d'entrevoir certains Francs ailleurs que sur les champs de bataille [4]. Il avait bien aperçu en 1112 un chevalier franc respecté, qui, son pèlerinage accompli, passa par Schaizar pour retourner en Europe et qui s'était fait introduire auprès des Mounkidhites par une lettre de Tancrède, prince d'Antioche. Mais Ousâma n'avait pu que constater les cicatrices de ses nombreuses blessures, sa jeunesse, sa beauté,

1. Plus haut, p. 74.

2. Ousâma, *Autobiographie*, p. 50.

3. Plus haut, p. 57, où l'on verra (note 2) mon assimilation de ce nom avec Pedrovant.

4. Parmi les Francs, dont Ousâma nous a décrit es prouesses, il y en a un qui prit part à la campagne de 1135 et qu'il nomme Ibn Ad-Daķiķ ; voir plus haut, p. 152, où, dans la note 3, j'ai rappelé, mais en faisant des réserves, que j'avais identifié ce personnage avec Roger de Molins, grand maître de l'Hôpital. Aux passages cités sur cet Ibn Ad-Daķiķ, on peut ajouter Ibn Al-Athir, *Atabeks*, p. 261, où il est nommé قريب بن الدقيق, avec la variante قرين بن الرقيق, peut-être, d'après M. de Slane, une transcription arabe qui recouvre le nom de Guermond de Péquigny. Le manuscrit de l'*Autobiographie* porte clairement ابن الدقيق et c'est incontestablement ainsi qu'i faut lire. M. Julien Havet, dans la *Revue historique* de septembre-octobre 1890, p. 166, suppose, dans ce nom, « prononcé vulgairement *Ben ed-daqiq*, une arabisation un peu fantaisiste, mais point trop infidèle, d'un nom chrétien très commun, *Benedictus*, en français d'alors probablement *Benedeit* ». M. Clermont-Ganneau s'est demandé si le chevalier Philippe, mentionné p. 115, note 3, d'après l'*Autobiographie*, p. 31, ne devait pas être identifié avec Ibn Ad-Daķiķ, l'un des deux personnages francs cités par Aboû Schâma, *Kitâb ar-raudatain* (I, p. 183, l. 27) s'appelant Philippe Ibn Ad-Daķiķ, comme je l'ai dit p. 152, note 3. Il faut probablement rectifier de même le passage d'Ibn Al-Athir, *Atabeks*, p. 261, où Ķarîb (قريب) serait pour Philippe (فليب).

son élégance à porter le costume[1]. Vers 1116, Roger, comte d'Antioche, avait, à son tour, demandé le libre passage par Schaizar en faveur d'un chevalier se rendant à Jérusalem pour une affaire pressante. Mais Ousâma avait seulement appris que ce chevalier, chargé d'une négociation secrète, en avait fait la confidence à son oncle Soulṭân[2]. Bien des années s'étaient ensuite écoulées jusqu'à ce qu'Ousâma, en 1131 ou en 1132, reçut dans sa maison à Mauṣil les souhaits de bienvenue d'un vieillard chrétien, « le fils de Théodore », qui avait composé en son honneur des vers arabes[3]. A Schaizar même, il dut converser avec plus d'un médecin chrétien[4].

Ces préliminaires superficiels ne parurent point à Ousâma lui fournir des documents assez sérieux pour qu'il se permît de hasarder un jugement motivé sur ses adversaires de la veille. Il ne se crut suffisamment renseigné que lorsqu'il les eut approchés chez eux sur leur territoire. Son premier séjour à Damas, entre 1138 et 1144, fut coupé par plusieurs voyages en Palestine, dans les années 1140 à 1143[5]. Il en profita pour se créer et pour entretenir avec les chevaliers francs les plus distingués cette intimité des relations personnelles[6], plus instructive pour un œil clairvoyant comme le sien que les récits des personnages les plus autorisés, que les témoignages des observateurs les moins suspects.

Le premier résultat de son examen impartial, de sa curiosité intelligente, fut de tracer une ligne de démarcation entre les Francs naturalisés et acclimatés et leurs coreligionnaires de passage, sans attaches dans le pays. C'était, d'une part, l'élite des croisés de la première heure installée dans de vastes domaines, désireuse de conserver des biens considérables après les avoir chèrement conquis, ralliée aux idées de calme et de

1. Plus haut, p. 93.
2. Plus haut, p. 108 et 111.
3. Plus haut, p. 144.
4. Ousâma, *Autobiographie*, p. 97.
5. Plus haut, p. 188.
6. Plus haut, p. 186-187.

paix, satisfaite et ombrageuse, ayant trouvé en Syrie une patrie hospitalière qui lui avait presque fait oublier l'autre; d'autre part, c'étaient des nuées de pèlerins de tout genre et de toute qualité, attirés en Orient par l'appât du butin, avides de lucre, désireux de faire fortune rapidement, impatients d'agir, en quête de combats et d'aventures, pleins d'ambitions et d'appétits, dénués de scrupules, qui ne comprenaient point la quiétude de leurs frères et traitaient volontiers ces parvenus de lâches et de traîtres.

« Il n'est, dit Ousâma[1], personne parmi ceux qui habitent de fraîche date les territoires francs, qui ne se montre pas plus inhumain que ses prédécesseurs fixés chez nous et familiarisés avec les musulmans. » Ousâma dit encore dans le même sens[2] : « Entre les Francs, nous en voyons qui sont venus se fixer au milieu de nous et qui ont cultivé la société des musulmans. Ils sont bien supérieurs à ceux qui, plus récemment, les ont rejoints dans les régions qu'ils occupent. Ils constituent en effet une exception qu'il ne faut point ériger en règle. »

Ousâma poursuit en ces termes :

« C'est ainsi que j'envoyai un de mes compatriotes à Antioche pour régler une affaire. A ce moment, le chef de la municipalité[3] y était Theodoros Sophianos[4]. Nous avions l'un avec l'autre des liens d'amitié. Son autorité prévalait à Antioche. Il dit un jour à mon compatriote : Je suis invité par un Franc de mes amis, tu viendras avec moi, afin que tu voies leurs usages.

« Voici ce que m'a raconté mon compatriote : J'allai avec lui, et nous entrâmes dans la maison d'un chevalier parmi les

1. Ousâma, *Autobiographie*, p. 99. Mou'in ad-Din Anar, le compagnon d'Ousâma dans une partie au moins de ces excursions, appuie sur cette même distinction; voir Ibn Al-Athîr, dans *Hist. or. des croisades*, I, p. 469; II II, p. 161; cf. Prutz, *Kulturgeschichte der Kreuzzüge*, p, 60-61; L. von Ranke, *Weltgeschichte*, VIII, p. 159; plus haut, p. 174.

2. Ousâma, *Autobiographie*, p. 103-104.

3. En arabe : *ar-ra'is*; voir plus haut, p. 106.

4. Quel est ce Theodoros? Le nom de son père Aṣ-Ṣafî (ms. الصفى) est-il une transcription arabe d'un nom grec, et le personnage était-il un Θεόδορος Σοφιανός? cf. Σοφιάδης et Σοφιανός dans Pape-Benseler, *Wörterbuch der griechischen Eigennamen* (Braunschweig, 1863-1870), p. 1430. En général, les Grecs affluaient à Antioche, mais on se défiait plutôt de leur « fourberie traditionnelle » qu'on ne leur laissait la haute main dans l'administration. Cf. Prutz, *Kulturgeschichte der Kreuzzüge*, p. 155 et 533.

chevaliers de vieille roche, qui étaient arrivés avec la première expédition des Francs. Il avait été rayé des rôles pour l'impôt [1] et dispensé de tout service militaire, et de plus avait été doté à Antioche d'un fief, d'où il tirait sa subsistance. Sur son ordre, on apporta une table magnifique, dressée avec des mets d'une excessive pureté et d'une perfection absolue. Cependant, mon hôte s'aperçut que je m'abstenais de manger. Mange, me dit-il, tu t'en trouveras bien. Car moi non plus, je ne mange pas de la nourriture des Francs, mais j'ai des cuisinières égyptiennes [2], et je ne me nourris que de leur cuisine. De plus, il n'entre jamais dans ma maison aucune viande de porc. Je me décidai à manger, mais avec circonspection. Ensuite nous prîmes congé de notre hôte.

« Quelques jours après, je passais sur la place du marché, lorsqu'une femme franque s'attacha à moi, proférant des cris barbares dans leur langue, et je ne comprenais pas un mot de ce qu'elle me disait. Un rassemblement se forma autour de moi. C'étaient des Francs, et j'eus la conviction que ma mort était proche. Mais voici que ce même chevalier s'était avancé. Il me vit, s'approcha et dit à la femme : Qu'as-tu donc à faire avec ce musulman ? — Il est, répondit-elle, le meurtrier de mon frère Hurso [3]. Or Hurso était un chevalier d'Apamée, qui avait été tué par un soldat de l'armée de Ḥamâ.

« Le chevalier chrétien fit des reproches à la femme, et lui dit : Tu as devant toi un bourgeois [4], c'est-à-dire un commerçant, qui ne combat pas, qui n'assiste même pas aux combats. Il réprimanda ensuite la foule assemblée, qui se dispersa. Puis il me prit par la main et m'accompagna. Ce fut grâce à ce repas que j'échappai à une mort certaine. »

1. De telles exemptions d'impôt sont signalées dans Prutz, *Kulturgeschichte*, p. 250.

2. Cf. Al-Makrizi, *Al-Khiṭaṭ*, I, p. 367, l. 31 et suiv.

3. Vu l'époque probable, ce n'est point le Templier Hurso, mentionné d'après Hugonis *Chronicæ continuatio*, p. 475, dans Rœhricht, *Beitræge*, I, p. 170 (voir aussi Delaborde, *Chartes de Terre sainte*, p. 90).

4. Sur la transcription arabe *bourdjâsî* du mot néo-latin de la langue des Francs *burgensis*, voir plus haut, p. 95, note 8.

La situation privilégiée des chevaliers par rapport aux bourgeois et aux autres Francs est un sujet d'étonnement pour Ousâma.

« Il n'y a, chez eux, dit-il[1], de prééminence et de préséance que pour les cavaliers. Les cavaliers sont vraiment leurs seuls hommes[2]. Aussi, leur demande-t-on de donner des conseils, de rendre la justice, de porter des jugements. » Un arrêt de cette *cour seigneuriale*, convoquée par le roi de Jérusalem, « Foulques, fils de Foulques », et composée de « six à sept chevaliers »[3], provoque les réflexions suivantes d'Ousâma[4] : « La décision, une fois que les cavaliers l'ont prononcée, ni le roi, ni aucun chef des Francs ne peut ni l'altérer ni l'atténuer[5]. Le chevalier est à leurs yeux un très grand personnage. » Ousâma profite de la circonstance pour rapporter les compliments que le roi de Jérusalem, Foulques d'Anjou, lui aurait adressés sur son talent de cavalier ; il ajoute non sans fierté : « En effet je suis un chevalier à la manière de ma race et de ma famille[6]. »

Chez les chrétiens, l'ordalie suppléait dans bien des cas à l'insuffisance des juges et aux lacunes de la législation. Le fatalisme musulman d'Ousâma[7] aurait dû le disposer favorablement pour une pratique, qui invoque le jugement de Dieu dans les différends humains. Le combat judiciaire, invoqué contre un témoignage faussement accusateur, n'aurait-il pas dû paraître une solution naturelle aux serviteurs d'Allâh, qui « donne la victoire à qui il veut »[8] ?

1. Ousâma. *Autobiographie*, p. 48.

2. « Au seul noble est réservé le droit d'être fait chevalier : le chevalier, c'est tout simplement le cavalier ; c'est l'ancien homme libre assez riche pour s'équiper complètement à cheval. » P. Viollet. *Les établissements de saint Louis*, I, p. 171-172. M. Viollet cite à l'appui de ce passage un capitulaire d'Astulf de 750, d'après Boretius, *Beitræge zur Kapitularienkritik*, p. 165. Remarquons que le mot arabe *fâris* « cavalier » aboutit au sens de *cabellarius* « chevalier ». Cf. Lane. *An Arabic-English Lexicon*. p. 2368. Plus tard, « on attacha les titres de chevalier et d'écuyer à certains offices de magistrature, alors que l'exercice de la justice se détachait du commandement militaire. Le roi créa des chevaliers es-lois, dont la mission n'avait rien de commun avec celle de paraître sur les champs de bataille. » Voir A. Maury, dans la *Revue des Deux-Mondes* du 15 décembre 1882, p. 795.

3. Plus haut, p. 185-186.

4. Ousâma, *Autobiographie*, p. 48 ; cf. L. von Ranke, *Weltgeschichte*, VIII, p. 105.

5. Voir la même observation chez Ibn Schaddâd, dans *Hist. or. des croisades*, III, p. 14.

6. Plus haut, p. 62.

7. Ousâma, *Autobiographie*, p. 22, 31, 43, 44, 51, 62, etc. ; plus haut, p. 54-55, 409, 410.

8. *Coran*, xxx, 4.

Voici en quels termes Ousâma raconte ce qu'il a vu[1] : « A Naplouse j'assistai à un spectacle curieux. On introduisit deux hommes pour le combat singulier, le motif étant le suivant. Des brigands d'entre les musulmans avaient envahi un domaine dans la banlieue de Naplouse. Un cultivateur avait été soupçonné d'avoir guidé les brigands vers cet endroit. Le cultivateur prit la fuite, mais revint bientôt, le roi[2] ayant fait emprisonner ses enfants. Traite-moi avec équité, dit l'accusé, et permets que je me mesure avec celui qui m'a désigné comme ayant introduit les brigands au cœur du village. Le roi dit alors au seigneur qui avait reçu en fief le village : Fais venir l'adversaire. Le seigneur rentra dans son village, jeta son dévolu sur un forgeron qui y travaillait, et lui dit : C'est toi qui iras te battre en duel. Car le possesseur du fief se préoccupait surtout[3] qu'aucun de ses laboureurs n'allât se faire tuer, de peur que ses cultures ne fussent ravagées.

« Je vis ce forgeron. C'était un jeune homme fort, mais qui, en marchant ou en s'asseyant, avait toujours envie de réclamer quelque chose à boire. Quant à l'autre, au provocateur du combat singulier, c'était un vieillard au courage robuste, faisant claquer ses doigts en signe de défi[4], affrontant la lutte sans inquiétude. Le vicomte[5], gouverneur[6] de la ville, vint, donna à chacun des deux combattants la lance[7] et le bouclier, et fit ranger tout autour la foule en cercle.

1. Ousâma, *Autobiographie*, p. 102-103; voir plus haut, p. 188. La « seigneurie de Naples » (Rey, *Colonies franques*, p. 425 et suiv.) relevait du royaume de Jérusalem; mais elle avait eu en 1120 ses *Assises* (Prutz, *Kulturgeschichte der Kreuzzüge*, p. 124), dont les résolutions étaient restées en vigueur et tranchaient sur les usages adoptés par les autres *cours des bourgeois*.

2. Le roi est le roi de Jérusalem Foulques d'Anjou.

3. Lisez إشفاقًا من المقطَع.

4. Lisez بِزنجر.

5. Les vicomtes remplissaient surtout des fonctions municipales; ils concentraient dans chaque ville l'autorité locale sous ses faces diverses : administration, armée, justice. Le vicomte présidait la *cour des bourgeois*, composée de douze jurés. Cf. Sybel, *Geschichte des ersten Kreuzzuges* (2e éd.), p. 440 et 445; Rey, *Les colonies franques de Syrie*, p. 58; Prutz, *Kulturgeschichte der Kreuzzüge*, p. 178 et 214. Le vicomte de Naplouse se nommait alors Ulric ou Orric; voir plus haut, p. 188.

6. En arabe : *schihna*, c'est-à-dire gouverneur, chargé de maintenir l'ordre dans la cité, comme il ressort des exemples cités plus haut, p. 28, note 5; 97, note 1, et dans Dozy, *Supplément aux dictionnaires arabes*, I, p. 733.

7. Mot à mot : « le bâton ». Cf. Dozy, *ibid.*, II, p. 135. Les chrétiens avaient adopté « la lance arabe emmanchée d'un roseau ». Voir Rey, *Les colonies franques*, p. 28 et 32. Sur les duels

« L'attaque s'engagea. Le vieillard pressait le forgeron en arrière, le rejetant vers le cercle, puis revenait vers le milieu de l'arène. Il y eut un échange de coups si violents que les rivaux restèrent debout, semblant ne former qu'une seule colonne de sang.

« Le combat se prolongea, et pourtant le vicomte leur recommandait d'en hâter le dénoûment. Plus vite ! leur criait-il. Le forgeron profita de son expérience à manier le marteau. Quand le vieillard fut épuisé, le forgeron lui asséna un coup qui le renversa, et lui fit tomber derrière le dos la lance qu'il tenait à la main. Le forgeron s'accroupit sur le vieillard, afin de lui enfoncer ses doigts dans les yeux, mais il ne pouvait y parvenir à cause des flots de sang qui en découlaient ; il se releva, et de sa lance le frappa à la tête avec tant de violence qu'il l'acheva.

« Aussitôt on attacha au cou du cadavre une corde, avec laquelle on l'enleva et on le pendit au gibet [1].

« Le seigneur, qui avait délégué le forgeron, lui donna une grande propriété, le fit monter à cheval dans sa suite, l'amena et partit. Vois par cet exemple ce que sont la jurisprudence et les décisions juridiques des Francs.

« D'autre part, j'eus l'occasion de me rendre avec l'émir Mou'în ad-Dîn à Jérusalem [2]. Nous fîmes halte à Naplouse. Là il vit venir à lui un aveugle, jeune encore, portant un beau costume, un musulman, qui lui apporta des douceurs et lui demanda la permission d'entrer à son service à Damas. Mou'în ad-Dîn y consentit.

« Je m'informai sur cet homme, et j'appris que sa mère avait été mariée à un Franc, et qu'elle avait tué son mari. Son fils usait de ruse contre les pèlerins francs, et se servait d'elle pour

entre vilains à pied, tandis que les gentilhommes combattaient à cheval, voyez les *Établissements de saint Louis*, édition P. Viollet, II, p. 143 et 144 (I, ch. 87) ; Beaumanoir, *Coutumes de Beauvoisis*, éd. Beugnot, II, p. 379.

1. Dans les *Assises de Naplouse* (voir Mansi, *Collectio conciliorum amplissima*, tome XXI, la honte de la pendaison est également infligée au prétendu coupable après sa mort. Voir aussi sur la pendaison posthume E. Amélineau dans le *Journal asiatique* de 1887, I, p. 179.

2. Ousâma vint de Damas à Jérusalem en compagnie de Mou'în ad-Dîn Anar entre 1140 et 1143 voir plus haut, p. 188 et 473.

l'aider à les assassiner. Les Francs l'avaient finalement soupçonné de pareils méfaits, et lui avaient appliqué la coutume franque.

« On avait installé une grande barrique, et on l'avait remplie d'eau, puis on avait placé en travers une planchette de bois [1]. Alors l'homme qui était l'objet des suspicions fut garrotté, suspendu par ses omoplates à une corde et précipité dans la barrique. S'il était innocent, il enfoncerait dans l'eau, et on l'en retirait au moyen de cette corde, sans qu'il fût exposé à y mourir. Avait-il au contraire commis quelque faute, impossible pour lui de plonger dans l'eau. Le malheureux, lorsqu'on le jeta dans la barrique, fit des efforts pour aller jusqu'au fond, mais il n'y réussit pas, et dut se soumettre aux rigueurs de leur jugement [2] (qu'Allâh les maudisse !). On lui passa sur les yeux le poinçon d'argent rougi au feu, et on l'aveugla. »

Ce n'est pas seulement pour recueillir, spectateurs impassibles, les arrêts souverains de la justice divine que les Francs se réunissaient sur les places publiques de la Palestine ; ils se donnaient également le plaisir en commun de divertissements, où, sans arrière-pensée et sans effusion de sang, ils goûtaient la joie gauloise de rire à gorge déployée et de se désopiler la rate. Ousâma, en grave musulman, qui a toujours son oiseau perché sur la tête [3], est rebelle à ces accès de bonne humeur franche, épanouie et bruyante, pour les sujets en apparence les plus futiles. La gaîté, lorsqu'elle déborde, paraît folie à qui ne la partage pas.

« Je me trouvai à Tibériade, dit Ousâma [4], alors que les Francs célébraient l'une de leurs fêtes. Les cavaliers étaient sortis de la

1. J'imagine que la planchette flottait à la surface, formant une espèce de plancher comme un radeau. Selon le poids qu'elle portait, elle se maintenait au-dessus de l'eau ou y enfonçait.

2. Nombre de textes, relatifs aux épreuves par l'eau froide, ont été réunis par Du Cange, *Glossarium mediæ et infimæ latinitatis*, éd. Henschel, I, p. 342-345. Cf. aussi Semichon, *La paix et la trève de Dieu*, 2e éd. (Paris, 1869), I, p. 66 ; J. Tuchmann, dans la *Mélusine*, IV, col. 184-188.

3. On désigne par cette locution proverbiale le flegme, l'immobilité et la contenance réfléchie des musulmans. Voir Al-Mas'oûdi, *Les prairies d'or*, texte et traduction par C. Barbier de Meynard, IV, p. 312-313 ; Ibn Al-Athîr, *Atabeks*, p. 315.

4. Ousâma, *Autobiographie*, p. 101-102. Il s'agit encore de l'époque, où Foulques d'Anjou régnait à Jérusalem, pendant le premier séjour d'Ousâma à Damas. Voir plus haut, p. 190. Ce passage a été traduit par moi dans la *Mélusine*, IV, col. 333.

ville pour se livrer à des jeux de lances[1]. Ils avaient entraîné avec eux deux vieilles femmes décrépites, qu'ils plaçèrent à une extrémité de l'hippodrome, tandis qu'à l'autre on maintenait un porc, suspendu et placé en avant sur un quartier de roc. Les chevaliers ordonnèrent une course à pied entre les deux vieilles. Chacune d'elles s'avançait, escortée par un détachement de cavalerie, qui lui obstruait la route; à chaque pas qu'elles faisaient, elles tombaient et se relevaient, aux grands éclats de rire des spectateurs. Enfin l'une d'elles arriva la première, et saisit le porc comme prix de sa victoire. »

Si l'on fait abstraction des malédictions obligatoires, formules creuses sans lesquelles le mot *Al-Ifrandj* « les Francs » sonnerait mal à une oreille musulmane, Ousâma ne s'abaisse, ni à ravaler, ni à dénigrer les croisés, lui que l'un d'eux appelait : mon frère[2], lui qui n'a pas hésité à nommer les Templiers : mes amis[3], lui qui ne se crut pas déshonoré, parce qu'il se rendit à la cour du roi Foulques[4], parce qu'il répondit aux avances de Guillaume de Bures, prince de Tibériade, et d'Ulric, vicomte de Naplouse[5]. S'il a repoussé avec hauteur l'offre d'un chevalier franc qui, vers 1140, voulait amener son fils Mourhaf en Europe pour lui ménager le bénéfice d'une éducation occidentale[6], ce n'est point par intolérance, mais c'est qu'à ses yeux la culture orientale d'alors représentait un niveau supérieur de civilisation. Les convictions d'Ousâma sont accommodantes. Il s'indigne de la répugnance que les chrétiennes manifestent pour les unions avec les musulmans[7], et blâme la sévérité de l'Église à l'égard des mariages mixtes.

Voici ce curieux passage. Il se rapporte à une époque où les chrétiens possédaient, non seulement Apamée, mais encore

1. *Hastiludia*, dit Herman Corner dans sa Chronique. Voir Ekkard, *Corpus historicorum medii aevi*, II, p. 941. Sur ces passe-temps militaires, cf. Rey, *Les colonies franques*, p. 34.
2. Plus haut, p. 187 et 415.
3. Plus haut, p. 187.
4. Plus haut, p. 182 et 185.
5. Plus haut, p. 188 et 190.
6. Plus haut, p. 187 et 415.
7. Voir plus haut, p. 478, la contre-partie, l'histoire d'une femme musulmane qui, mariée avec un Franc, s'en débarrasse en le tuant.

Rafaniyya. C'était après 1126[1]. « On transféra, dit Ousâma[2], dans la maison de mon père plusieurs jeunes captives provenant des Francs. Or ils sont une race maudite qui ne s'allie pas avec qui est d'autre origine. Mon père distingua une jeune fille belle, dans la fleur de l'âge. Il dit à l'intendante de sa maison : Fais-la entrer dans le bain, répare le désordre de son costume, et donne-lui l'attirail nécessaire pour voyager. L'intendante obéit.

« Mon père confia la jeune fille à l'un de ses écuyers et la fit conduire vers l'émir Schihâb ad-Dîn Mâlik ibn Sâlim ibn Mâlik, seigneur du château fort de Dja'bar[3], son ami, avec une lettre où il lui écrivait : Nous avons fait sur les Francs une capture, dont je t'ai envoyé une part.

« La jeune fille lui plut et le charma. Il se la réserva et elle mit au monde pour lui un fils, qu'il nomma Badrân[4]. Son père le désigna comme son héritier présomptif. Il grandit, son père mourut; Badrân gouverna le pays et ses habitants, sa mère conservant le droit d'ordonner et de défendre[5].

« Elle s'entendit avec des gens, qui la descendirent du château fort[6] avec une corde et l'amenèrent à Saroûdj[7], qui appartenait alors aux Francs. Elle se maria avec un Franc, avec un cordonnier, tandis que son fils était le seigneur du château fort de Dja'bar.

« Parmi ceux qui arrivèrent dans la maison de mon père il y avait une vieille, accompagnée d'une de ses filles, jeune et belle, et d'un fils robuste. Celui-ci se convertit à l'islamisme et sa conversion fut de bon aloi, étant donnée son ardeur à prier et à jeûner. Il apprit l'art de travailler le marbre, à l'école d'un marbrier qui ornait la maison de mon père. Au bout d'un certain

1. Ibn Al-Athîr et Abou 'l-Fidâ, dans *Hist. or. des croisades*, I, p. 373 et 16.

2. Ousâma, *Autobiographie*, p. 96-97.

3. Sur cet émir 'Oukailite et son fief, voir plus haut, p. 359, note 2.

4. Il est parlé de cet émir Badrân par Kamâl ad-Dîn, *Dictionnaire des hommes illustres d'Alep*, dans *Hist. or. des croisades*, III, p. 728.

5. De même, p. 250 et 365.

6. Dans le texte *Al-kal'a* (Alcala) = *Kal'at Dja'bar*; cf. de même Ousâma, *Autobiographie*, p. 67, l. 9 et 10.

7. Saroûdj, au sud-ouest d'Édesse, en Mésopotamie, fut conquis par les Francs dès 1101, après Édesse; cf. Ibn Al-Athîr et Abou 'l-Fidâ, dans *Hist. or. des croisades*, I, p. 207, 6 et 7.

temps, mon père le maria avec une femme d'une famille pieuse et lui fournit tout ce dont il avait besoin pour ses épousailles et pour son installation. Sa femme lui mit au monde deux fils qui grandirent. Ils avaient cinq et six ans, quand leur père, l'ouvrier Raoul, dont ils étaient la joie, partit avec eux et avec leur mère, emportant tout ce qu'il avait dans la maison pour rejoindre les Francs à Apamée. Il redevint chrétien, lui et ses enfants, après des années d'islamisme, de prière et de foi. Puisse Allâh purifier le monde de cette engeance ! »

Voilà une boutade un peu brutale arrachée à Ousâma par le dépit de voir un nouveau converti faire fi aussi légèrement de ses « années d'islamisme ». Il n'admet pas une telle désertion de la part de ceux qui ont été admis à contempler la beauté sans égale du monothéisme musulman. Son indulgence irait plutôt aux croisés restés fidèles sans interruption à la foi de leurs pères.

Quant à la princesse qui s'était évadée du château fort de Dja'bar, où son fils musulman détenait le pouvoir, pour aller épouser à Saroûdj un obscur cordonnier franc[1], sa conduite dut déconcerter Ousâma, si plein d'admiration pour les « mères des hommes[2] » qui avaient entouré son enfance à Schaizar, si attaché de tout temps aux femmes de sa famille et de son entourage[3], par contre si hostile à la liberté d'allures, à la coquetterie, aux écarts qu'il attribue aux chrétiennes. Ce serait ici le lieu d'insérer un passage assez piquant qui a été traduit dans ce qui précède et auquel on voudra bien se reporter[4].

Pour corroborer sa démonstration et pour justifier la rigueur de son jugement sur la tolérance excessive des Francs, Ousâma cite encore à l'appui de son opinion les deux anecdotes suivantes[5] : « Nous avions chez nous un baigneur, nommé Sâlim,

1. Plus haut, p. 481.
2. Ousâma, *Autobiographie*, p. 93, citée plus haut, p. 42 et 165.
3. Plus haut, p. 40-45, 165, 203, 207, 264, 269-272.
4. Plus haut, p. 45 46.
5. Ousâma, *Autobiographie*, p. 100-101.

originaire de Ma'arrat an-No'mân, employé au service de mon père (qu'Allâh l'ait en pitié !). Sâlim nous dit un jour : J'avais installé des bains à Ma'arrat an-No'mân, pour en vivre. Un chevalier d'entre les Francs y entra. Or ils ont une répugnance contre notre usage d'avoir au bain le caleçon serré à la ceinture. Mon client étendit la main, détacha mon caleçon et le jeta. Il me vit alors. Or j'avais peu de temps auparavant rasé mes poils du pubis.

« Il me cria : Sâlim ! Je m'approchai de lui. Il étendit la main sur mon pubis et dit : Sâlim est magnifique[1] ! Par la vérité de ma religion, fais-m'en autant. Il s'étendit sur le dos, et la partie du corps dont il s'agissait ressemblait chez lui à sa barbe. Je lui rasai ce membre. Il y passa la main et s'aperçut que la peau y était devenue lisse.

« Il me dit alors : O Sâlim, par ta religion, je t'en conjure, fais cette même opération à la dame[2]. Or, dans leur langue, la dame, c'est l'épouse. C'est à sa femme qu'il pensait. Il envoya un de ses serviteurs prévenir la dame pour qu'elle vînt. Le serviteur se rendit auprès de la dame, l'amena et la fit entrer. A son tour, elle s'étendit sur le dos. Le chevalier répéta : Fais lui ce que tu m'as fait. Je lui rasai ces mêmes poils, pendant que son mari était assis, me regardant faire. Celui-ci me remercia et me remit ensuite le salaire qui me revenait pour ma peine. »

Après avoir reproduit le récit du baigneur, Ousâma prend la parole pour son compte : « Considérez, dit-il, cette contradiction absolue. Voilà des hommes sans jalousie et sans point d'honneur. D'un autre côté, ils sont doués d'un grand courage. Or, en général, le courage tire son origine uniquement du point d'honneur et du souci que l'on a d'éviter toute atteinte à sa réputation.

1. Je ne puis traduire le jeu de mots entre *Sâlim*, nom propre, et *sâlim*, participe. La phrase peut signifier : « Parfait, magnifique ! »

2. La forme donnée est *dâmâ* (داما). Voir ma *Note sur quelques mots de la langue des Francs* dans les *Mélanges Léon Renier*, p. 463-464.

« Il m'arriva, poursuit Ousâma, une aventure du même genre. J'étais entré dans les bains publics à Tyr (Ṣour)[1], et j'y avais pris place dans une salle réservée. Un de mes serviteurs me dit : Il y a dans le bain, en même temps que nous, une femme[2]. Lorsque je sortis de l'eau, je m'assis sur l'un des bancs en pierre[3]. Et voici que la femme, qui avait été dans le bain, était sortie elle aussi, et me faisait face. Elle était rhabillée et se tenait avec son père. Je n'étais pas sûr de son sexe et je dis à l'un de mes compagnons : Par Allâh, regarde donc si c'est une femme, et j'aimerais bien si tu t'informais qui elle est. Il me quitta tandis que je le suivais des yeux, pendant qu'il relevait la queue de sa robe et parvenait jusqu'à elle. Le père se tourna vers moi et me dit : C'est ma fille, sa mère est morte, et elle n'a plus personne pour soigner la toilette de sa tête. Aussi l'ai-je fait entrer avec moi au bain pour lui faire des ablutions à la tête. Je répondis : Tu as bien fait ! C'était de ta part une œuvre pie. »

Ousâma accorde des circonstances atténuantes à ce père plein de sollicitude pour sa fille, sans admettre en principe la prosmiscuité entre les hommes et les femmes dans les bains publics. A un autre point de vue, Ousâma accuse les Francs de ne pas être sensibles sur le point d'honneur : il leur conteste le respect des engagements contractés, les accuse de mauvaise foi et leur refuse sa confiance. Cette impression, profonde chez lui, ne l'empêcha pas de rendre justice à un chrétien de Tripoli, nommé Yoûnân, qui, en 1129 ou en 1130, ayant pris une caravane de musulmans sous sa protection, quitta ses foyers pour venir les défendre contre une troupe nombreuse de brigands qui les avait assaillis et ne souffrit pas qu'on mangeât un seul rond de pain

1. Sans doute entre 1140 et 1143 ; voir plus haut, p. 188.

2. D'après le contexte, c'était une femme des Francs. Mais, quelles que fussent sa nationalité et sa religion, elle n'était pas autorisée à fréquenter les bains publics mixtes aux mêmes heures que les hommes. Voir Lane, *Modern Egyptians*, II, p. 41 ; id., *Arabian Society in the Middle Ages*, p. 182.

3. Les bancs de pierre, adossés au mur, où se reposent de leurs fatigues ceux qui sortent du *ḥammâm*, sont appelés *maṣâṭib*. Malgré sa formation arabe, ce mot est sans doute un dérivé du grec σταβάδιον, qui a aussi passé dans la langue talmudique. Voir J. Lévy, *Neuhebræisches und chaldæisches Wœrterbuch über die Talmudim und Midraschim*, I, p. 117.

de leurs provisions[1]. Les autres faits dont Ousâma a été témoin, le déterminent à considérer la noble conduite de Yoûnân comme une exception. Ousâma était bien jeune, lorsque vers 1109, en dépit d'une trêve, les Francs s'introduisirent dans Schaizar dégarni de troupes, plantèrent leurs croix sur les maisons abandonnées, envoyèrent à Apamée captifs et butins après avoir pénétré dans la ville par le gué dont un espion leur avait révélé le secret[2]. Il avait accompli trente années musulmanes, quand Baudouin II, roi de Jérusalem, captif à Schaizar, après avoir stipulé le prix de son rachat, se fit délier de ses engagements par Bernard, patriarche d'Antioche, comme de concessions impies[3]. En pleine paix, Renier, surnommé Brus, seigneur de Panéas, trahissait vers 1140 la parole de son suzerain, le roi de Jérusalem, Foulques d'Anjou, en enlevant dans la forêt des troupeaux de brebis[4]. A la même époque, Ousâma fut assailli par un Templier dans la mosquée Al-Akṣâ de Jérusalem, où il était entré pour y accomplir ses dévotions. Quand il eut été délivré par les autres membres de l'ordre, indignés d'un pareil sacrilège, ils s'empressèrent autour de lui et excusèrent le coupable, « un étranger, arrivé récemment des pays des Francs[5] ». En 1154, Baudoin III, roi de Jérusalem, après avoir accordé un sauf-conduit à la famille d'Ousâma, qui revient d'Égypte par mer, prétend user de représailles envers les musulmans en détruisant le navire et en faisant main basse sur une valeur d'environ trente mille pièces d'or[6]. Les princes arabes, instruits par ces expériences, ont plus d'une fois, durant le treizième siècle, exigé la garantie des Templiers dans les conventions qu'ils conclurent avec les Latins[7].

La loyauté des Templiers leur avait gagné les plus vives sympathies de leur « ami » Ousâma. Il semble avoir entretenu avec

1. Ousâma, *Autobiographie*, p. 59. La date est donnée d'après ce qui a été dit plus haut, p. 141-142.
2. Ousâma, *Autobiographie*, p. 109 ; plus haut, p. 13 et 78.
3. Plus haut, p. 135 ; cf. p. 182.
4. Plus haut, p. 185-186.
5. Plus haut, p. 188.
6. Plus haut, p. 270-271.
7. E. Rey, *L'ordre du Temple en Syrie et à Chypre* (Arcis-sur-Aube, 1888), p. 7.

eux des relations suivies. Ce sont ses Francs de prédilection. A Jérusalem il avait accepté, comme son lieu habituel de prières, l'un de leurs oratoires situé dans les dépendances de la mosquée Al-Akṣâ[1]. Il se promenait dans le Ḥarâm ash-Scharîf en compagnie de ceux-là mêmes qui avaient transformé les sanctuaires de l'islamisme en églises chrétiennes. Ce fut probablement sous la conduite des Templiers qu'il visita la Maison de la chaîne[2] et aussi, un peu plus à l'ouest, le Dôme de La Roche[3]. Mou'în ad-Dîn Anar ne s'intéressait pas moins qu'Ousâma à ces promenades, dont celui-ci excusait l'inconvenance par une exclamation sévère contre les profanateurs. « Je vis, dit Ousâma[4], l'un des Templiers rejoindre l'émir Mou'în ad-Dîn (qu'Allâh l'ait en pitié !), alors qu'il était dans le Dôme de La Roche. Veux-tu, lui demanda-t-il, voir Dieu[5] enfant? — Oui certes, répondit Mou'în ad-Dîn. Le Templier nous précéda, jusqu'à ce qu'il nous montra l'image de Marie, avec le Messie (sur lui soit le salut !) enfant dans son giron[6]. Voici, dit le Templier, Dieu[7] enfant. Puisse Allâh s'élever très haut au-dessus de ce que disent les impies ! »

A Sabasṭiyya, sur le territoire de Naplouse, Ousâma ne ménage pas son admiration à l'hospitalité telle qu'elle est pratiquée par les ecclésiastiques appartenant au chapitre de Saint-Jean. Si Mou'în ad-Dîn Anar ne le retenait pas, il serait tenté de faire des comparaisons désobligeantes pour les musulmans. Mais il revient à des sentiments autres, après avoir été introduit par son seigneur et compagnon dans un monastère de ṣoûfîs, dans la Maison des paons à Damas[8].

1. Plus haut, p. 187.
2. Plus haut, p. 173-174.
3. Plus haut, p. 174, notes 2 et 3, il a été imprimé deux fois *as-ṣarkha* au lieu de *as-ṣakhra*.
4. Ousâma, *Autobiographie*, p. 99-100.
5. En arabe : « Allâh enfant ».
6. 'Alî al-Harawî visita en 1173 la *ḳoubbat as-ṣakhra* et vit à l'ouest de la grille une porte en plomb, au-dessus de laquelle on remarquait une figure de Jésus en or et enrichie de pierres précieuses ; voir Ch. Schefer, *Extraits d'Aly el-Herewy*, dans les *Archives de l'Orient latin*, I. p. 601, et la note 37 de la même page ; cf. 'Imâd ad-Dîn, dans Aboû Schâma, *Kitâb ar-raudatain*, II, p. 113, l. 23-29 ; Moudjir ad-Dîn, *Histoire de Jérusalem* (tr. Sauvaire), p. 75.
7. De nouveau Allâh, qui fait jeu de mots avec Allâh, employé aussitôt après dans son sens habituel.
8. Plus haut, p. 189-190.

La nature d'Ousâma le porte toujours à s'éprendre du nouveau, hommes et choses, sauf ensuite à ne pas s'entêter dans ses engouements. La médecine des Francs le compta parmi ses partisans d'abord, puis parmi ses détracteurs. A la fin du onzième siècle et au commencement du douzième, la médecine était exercée en Syrie par des indigènes « syriens, nestoriens, jacobites, juifs, ou même musulmans »[1]. C'était une profession à la fois considérée et largement rétribuée. Déjà, vers 800, les soins du chrétien nestorien Djibrîl (Gabriel), fils de Bakhtîschoû', n'avaient pas coûté au khalife Hâroûn Ar-Raschîd, en émoluments et en cadeaux, moins de deux cent quatre-vingt mille francs par an[2]. Personne ne pouvait se flatter d'être jamais ainsi avantagé; mais il n'y avait pas moins là des perspectives séduisantes pour les jeunes gens bien doués, instruits, amoureux de la vie sédentaire, aspirant à l'influence morale plus encore qu'aux profits matériels, entraînés vers l'étude par l'ambition de dominer un jour par leur maîtrise l'humanité entière, sans distinction de rang ou de religion, dans sa communauté d'infirmités, de souffrances, de maladies.

Ousâma, dans son *Autobiographie*, n'a pas seulement étudié la médecine des Francs, en tant qu'ils étaient ses contemporains. Il a recueilli, dans les annales de sa famille, les souvenirs d'un praticien célèbre qu'il n'avait pas connu personnellement. On racontait à Schaizar pendant sa jeunesse les menus faits qu'il a fidèlement reproduits dans le premier des deux suppléments[3] qu'il a ajoutés comme des appendices à ses Mémoires. Plusieurs pages[4] y sont consacrées à Youḥannâ Ibn Boṭlân d'Alep, ou, comme il est généralement appelé par les biographes,

1. E. Rey, *Les colonies franques de Syrie*, p. 180.

2. A. von Kremer, *Culturgeschichte des Orients*, II, p. 180.

3. جعلته الحاقا فى الكتاب, dit Ousâma, *Autobiographie*, p. 125, l. 3. Pour justifier ce sens, je rappellerai le titre de l'ouvrage grammatical arabe d'Ibn Djanâḥ, intitulé *Al-Moustalḥiḳ* « Celui qui cherche à compléter », publié et traduit dans *Opuscules et traités* d'Aboû 'l-Walîd Merwân Ibn Djanâḥ de Cordoue, par Joseph et Hartwig Derenbourg (Paris, 1880), p. 1-246. Le premier supplément d'Ousâma à son *Autobiographie* y occupe les pages 125-138.

4. Ousâma, *ibid.*, p. 135-137.

Aboû 'l-Hasan Al-Moukhtâr ibn Al-Ḥasan ibn 'Abdoûn ibn Sa'doûn Ibn Boṭlân, un chrétien de Bagdâdh[1], qui avait exercé à Alep avant d'entrer au service de l'arrière-grand-père d'Ousâma, Aboû 'l-Moutawwadj Mouḳallad ibn Naṣr Ibn Mounḳidh[2]. Ibn Boṭlân vivait encore à Antioche en 1063[3]. Sa mort ne doit pas être de beaucoup postérieure à cette date.

« Un homme, dit Ousâma, se présenta chez Youḥannâ Ibn Boṭlân, le médecin célèbre par ses connaissances, par sa science et par sa supériorité dans la pratique de son art. Il le trouva dans sa boutique[4] à Alep et se plaignit à lui d'une maladie bien apparente. Il était atteint d'hydropisie, avait le ventre gonflé, le cou aminci, le teint altéré[5]. Ibn Boṭlân lui dit : O mon fils, je n'ai point de remède pour toi et la médecine est impuissante à l'égard de ton mal. Le patient partit ; puis, au bout d'un certain temps, il passa devant Ibn Boṭlân qui était dans sa boutique. La maladie avait disparu, le corps avait maigri, la mine était excellente. Ibn Boṭlân l'appela, et lui dit : N'es-tu pas celui qui s'est présenté chez moi naguère, étant atteint d'une hydropisie ? Tu avais le ventre gonflé, le cou aminci et c'est bien à toi que j'ai dit n'avoir aucun remède pour te guérir ? — En effet, répliqua-t-il. — Par quel procédé, reprit le médecin, t'es-tu soigné au point que ton mal a disparu ? — L'homme répondit : Par Allâh, je ne me suis soigné en aucune façon. Je suis un indigent sans ressources et personnne ne s'inquiète de moi, excepté

1. J'ai naguère admis la vraisemblance de cette identification ; voir ma *Note sur quelques mots de la langue des Francs,* dans les *Mélanges Léon Renier*, p. 459-460 ; p. 11-12 du tirage à part ; voir aussi plus haut, p. 15, note 5. Notre Bibliothèque nationale possède plusieurs œuvres d'Ibn Boṭlân, sous les nos 2918, 2° ; 2945 ; 2947, 3° ; voir Slane, *Catalogue*. p. 522, 526 et 527. En tête du manuscrit 2945, l'auteur est nommé بوانين, ce qui me paraît une déformation de يوانيس, transcription du grec Ἰωάννης. Cette présomption devient presque certitude, l'un des ouvrages d'Ibn Boṭlân portant, d'après Ibn Abî Ouṣaibi'a, *Classes des médecins* (éd. A. Müller), I, p. 243, l. 20-21, la souscription suivante dans un autographe de l'auteur : فرغت من نسخها انا مصنّفها يوانيس الطبيب المعروف بالمختار ابن الحسن بن عبدون الخ. « J'ai terminé cette copie du livre que j'ai composé, moi Jean le médecin, connu sous le nom d'Al-Moukhtâr ibn Al-Ḥasan ibn 'Abdoûn, etc. »

2. Plus haut, p. 14-16.

3. Ibn Abî Ouṣaibi'a, *Classes des médecins*, I, p. 243, l. 16 ; Dr Leclerc, *Histoire de la médecine arabe*, I, p. 489-490.

4. Je traduis littéralement ici et plus loin le mot *doukkân*.

5. Lisez وتغيّرت سحنته.

ma mère, une vieille femme épuisée par l'âge. Or elle possédait dans une petite jarre du vinaigre dont elle versait chaque jour quelques gouttes sur mon pain. — Ibn Boṭlân dit alors : Est-il resté un peu de ce vinaigre ? — Oui, répondit son interlocuteur. — Viens avec moi, dit le médecin, montre-moi la jarre qui contenait le vinaigre. L'homme précéda Ibn Boṭlân jusqu'à sa maison et lui fit examiner la jarre au vinaigre. Ibn Boṭlân en vida le contenu et trouva au fond deux vipères dépecées[1]. O mon cher fils, dit alors Ibn Boṭlân, pour te soigner avec ce mélange de vinaigre et de vipères de manière à ce que tu guérisses, il n'y a qu'Allâh, le Glorieux, le Puissant.

« Cet Ibn Boṭlân avait en médecine des trouvailles merveilleuses. C'est ainsi qu'un homme vint à lui, tandis qu'il était dans sa boutique à Alep. Cet homme n'avait plus de voix et pouvait à peine se faire comprendre lorsqu'il parlait. Quel est ton métier ? lui demanda Ibn Boṭlân. — Il répondit : Je suis un cribleur. — Apporte-moi, dit le médecin, une demi-livre de vinaigre piquant. Il le lui apporta, reçut l'ordonnance de le boire, le but, s'assit un moment, fut pris de vomissements et rejeta, avec ce vinaigre, de la boue en abondance. Sa gorge fut dégagée et sa voix rétablie. Ibn Boṭlân dit alors à son fils et à ses élèves : Ne soignez aucun malade par ce procédé, car vous le tueriez. Cet homme avait dans l'œsophage des grains de poussière provenant du crible, qui s'y étaient attachés. Rien ne pouvait les en faire sortir, hors le vinaigre.

« Ibn Boṭlân était attaché au service de mon arrière-grand-père Aboû 'l-Moutawwadj Mouḳallad ibn Naṣr Ibn Mounḳidh. Il se manifesta chez mon grand-père Aboû 'l-Ḥasan 'Alî ibn Mouḳallad ibn Naṣr Ibn Mounḳidh[2] (qu'Allâh l'ait en pitié !) une atteinte de lèpre, alors que celui-ci était un jeune enfant. Cela troubla son père qui se préoccupa de sa maladie et fit appeler

1. Sur le sens du verbe écrit défectueusement, comparez le passage d'Ousâma, *Autobiographie*, p. 110, l. 22, où est la forme correcte.
2. Plus haut, p. 16-27.

Ibn Boṭlân. Regarde, lui dit-il, l'accident qui s'est produit dans le corps de 'Alî. Le médecin regarda et dit : Je voudrais cinq cents dînârs pour le soigner et le débarrasser de cela. — Mon arrière-grand-père[1] répondit : Si tu soignais 'Alî, je ne me croirais pas quitte envers toi avec cinq cents dînârs. Lorsque Ibn Boṭlân eut remarqué la fureur de mon arrière-grand-père, il s'écria : O mon maître, je suis ton serviteur, ton esclave, dans ta dépendance. Ce que j'ai dit, je ne l'ai dit qu'en plaisantant. Les taches ne sont chez 'Alî que la dartre de la jeunesse. Lorsqu'il deviendra un adolescent, elles disparaîtront. Ne t'en fais donc aucun souci. Aucun autre médecin ne te promettra non plus de le soigner, en négociant l'achat de tels et tels médicaments[2]. Car cela s'en ira de soi-même quand il aura grandi. Son pronostic se réalisa.

« Il y avait à Alep, entre les femmes les plus distinguées, une femme nommée Barra. Elle fut atteinte d'un refroidissement à la tête. Elle y accumulait le coton de choix, le bonnet, les étoffes veloutées, les longues bandes roulées, au point qu'on eût dit sur sa tête un immense turban. Et pourtant elle demandait du secours contre le froid. Elle manda Ibn Boṭlân et se plaignit à lui de sa maladie. Il lui dit : Procure-moi pour demain matin cinquante *mithḳâls*[3] de camphre sentant fort[4], que l'on te prêtera ou que tu loueras à quelque parfumeur[5], car la quantité lui retournera intégralement. Elle avait le camphre, lorsque Ibn Boṭlân arriva dès l'aurore, jeta tout ce qu'elle avait sur la tête et lui bourra les cheveux avec ce camphre. On remit ensuite sur sa tête tout ce qui l'enveloppait, quand la malade gémissait sur le froid. Elle s'endormit un moment et se réveilla, en se plaignant de chaleur et de lassitude excessives à la tête.

1. Le texte porte ici et quelques lignes plus bas : Mon grand-père; mais c'est, dans la pensée de l'auteur, une expression vague, comme chez nous celle d'aïeul, et le sens n'est pas douteux.

2. Passage obscur, dont le texte doit être altéré.

3. Environ 220 grammes, d'après H. Sauvaire, *Matériaux pour servir à l'histoire de la numismatique et de la métrologie musulmanes*, II (poids), p. 148.

4. Sur le camphre *riyâḥî* (peut-être *ribâḥî*), voir Dozy, *Supplément aux dictionnaires arabes*, I. p. 499 et 568.

5. Lisez الطيبيين.

Elle enleva successivement, objet par objet, ce qui y était entassé au point qu'il n'y resta qu'un fichu. Ensuite elle secoua ses cheveux pour en faire tomber le camphre. Son refroidissement avait cessé. Elle se contenta désormais sur la tête d'un seul fichu. »

Ce hors-d'œuvre rétrospectif rappelle à Ousâma un refroidissement accompagné de frissons dont il fut affligé à Schaizar. Son médecin était un musulman, le schaikh Aboû 'l-Wafâ Tamìm qui, de même qu'Ibn Boṭlân, combattait la fièvre par des réfrigérants[1]. Si Ousâma avait appelé à son chevet un médecin musulman, c'était par l'effet d'une préférence personnelle, car à Schaizar même il ne manquait pas de médecins chrétiens, tolérés et même favorisés par les émirs Mounḳidhites, comme en font foi les récits que l'on va lire :

« Parmi les curiosités de la médecine chez les Francs, dit Ousâma[2], je raconterai que le gouverneur de Mounaiṭira[3] avait écrit à mon oncle pour le prier de lui adresser un médecin, qui s'y chargerait de plusieurs cures urgentes. Mon oncle arrêta son choix sur un médecin chrétien, nommé Thâbit[4] (?). Celui-ci ne resta absent que pendant dix jours, puis remonta vers nous. Ce fut un cri général : Comme tu as rapidement obtenu la guérison des malades ! — Thâbit répondit : On a fait venir devant moi un chevalier pour un abcès, qui lui avait poussé à la jambe, et une femme que rongeait[5] une fièvre de consomption. J'ai appliqué au chevalier un petit cataplasme ; son abcès s'est ouvert et a pris bonne tournure ; quant à la femme, je lui ai interdit certains aliments, et je lui ai rafraîchi le tempérament.

1. Ousâma, *Autobiographie*, p. 137 ; cf. plus haut, p. 61.

2. Ousâma, *Autobiographie*, p. 97-99.

3. Mounaiṭira est un petit château fort gardant un des cols du Liban, à un kilomètre environ d'Afḳa. C'était un des fiefs du comté de Tripoli jusqu'en 1166, année où Noûr ad-Dîn l'enleva par surprise (Ibn Al-Athîr, dans *Hist. or. des croisades*, I, p. 545). M. Rey, *Colonies franques*, p. 368 (article Manethora ou Le Moinestre, ce premier nom d'après Guillaume de Tyr, XXI, 11), n'a pas remarqué que dans *Hist. or. des croisades*, I, p. 797, l'explication du mot par « petit belvédère » avait été retirée par M. de Slane. Ce nom est probablement d'origine araméenne, et l'étymologie doit en être cherchée dans la racine *neṭar* « garder, protéger ».

4. Le nom est douteux ; manuscrit نابت.

5. Lisez لحقها.

« J'en étais là, lorsque survint un médecin franc, qui dit : Cet homme est incapable de les guérir. Puis, s'adressant au chevalier : Que préfères-tu, lui demanda-t-il, de vivre avec une seule jambe, ou de mourir avec tes deux jambes ? — J'aime mieux, répondit le chevalier, vivre avec une seule jambe. — Qu'on m'amène, dit alors le médecin franc, un chevalier robuste, avec une hache tranchante. Chevalier et hache ne tardèrent pas à paraître. J'assistais à la scène. Le médecin étendit la jambe du patient sur un billot de bois, puis dit au chevalier : Abats-lui la jambe avec la hache ; qu'un seul coup la détache. Sous mes yeux, le chevalier asséna un coup violent, sans que la jambe se détachât. Il asséna au malheureux un second coup, à la suite duquel la moelle de la jambe s'écoula et le chevalier expira sur l'heure. Quant à la femme, le médecin l'examina, et dit : C'est là une femme, dans la tête de laquelle est un satan, dont elle est possédée. Rasez-lui les cheveux ! On accomplit sa prescription et elle se remit à manger, comme ses compatriotes, de l'ail et de la moutarde. Sa consomption empira. Le médecin dit alors : C'est que le satan lui a pénétré dans la tête. Saisissant le rasoir, le médecin lui fendit la tête en forme de croix, et lui écorcha la peau dans le milieu si profondément, que les os furent mis à découvert. Il frotta ensuite la tête avec du sel. La femme à son tour expira sur l'heure.

« Après leur avoir demandé si mes services étaient encore réclamés et, après avoir obtenu une réponse négative, je revins, ayant appris à connaître de leur médecine ce que jusque-là j'avais ignoré.

« J'avais assisté, continue Ousâma, à un fait, où leur médecine se montra sous un jour absolument opposé. Le roi des Francs [1] avait pour trésorier un de leurs chevaliers, nommé Bernard [2] (puisse Allâh le maudire !), qui comptait parmi les

1. Le « roi des Francs » est Foulques d'Anjou.

2. Le texte porte Bernâl, sans points diacritiques. Il va sans dire que ce Bernard le trésorier ne doit pas être confondu avec son homonyme du

plus détestables et les plus criminels d'entre eux. Un cheval lui avait lancé à la jambe une ruade qui détermina chez lui des douleurs au pied [1]. On fit des incisions à quatorze endroits; mais les blessures, dès qu'elles étaient fermées sur un point, se rouvraient sur un autre. Je faisais des vœux pour la mort de cet impie. Mais il reçut la visite d'un médecin franc, qui enleva les emplâtres et se mit à laver les blessures avec du vinaigre très acide. Les blessures se cicatrisèrent; il revint à la santé et se releva, semblable à un satan.

« Entre les procédés étonnants de la médecine des Francs, je parlerai aussi de ce qui advint à un artisan, nommé Aboû 'l-Fatḥ qui habitait parmi nous à Schaizar. Il avait un fils, dont le cou était gonflé de scrofules. Toutes les fois qu'une tumeur se fermait, il s'en ouvrait une autre. Aboû 'l-Fatḥ se rendit à Antioche pour une affaire, et prit avec lui son fils. Un Franc remarqua l'état du malade, et demanda qui il était. L'artisan répondit: C'est mon fils. Le Franc dit alors : Tu me jureras par ta foi que, si je te donne une recette pour le guérir, tu n'accepteras de personne, à qui tu feras part de ce remède, aucun salaire. Dans ce cas, je vais t'apprendre un moyen de guérir ton fils. L'artisan jura, et son interlocuteur lui dit : Tu prendras pour ton fils de la soude [2] non pilée, que tu feras cuire et que tu arroseras d'huile d'olive et de vinaigre très acide : tu feras des frictions avec ce mélange jusqu'à ce qu'il ait été absorbé par l'endroit sensible. Procure-toi ensuite du plomb fondu, dont tu corrigeras l'effet en y ajoutant de la graisse, répands-le sur les scrofules et tu les feras disparaître. L'artisan appliqua ce traitement à son fils qui

treizième siècle, dont M. de Mas Latrie, après D. Martenne (*Amplissima collectio*, vol. V) et M. Guizot (*Collection des mémoires relatifs à l'histoire de France*, tome XIX) a publié en 1871 la chronique pour la *Société de l'histoire de France*. J'ignore quand a vécu un Antoine Bernard, *Mastro Scudiere*, cité dans les notes de Pauli, *Codice diplomatico del sacro ordine militare di Malta* (Lucca, 1733-1737), I, p. 580. Les fonctions, que le comte Bernard semble avoir remplies à la cour de Jérusalem, faciliteront grandement son identification. Je serais porté à y voir le *Bernardus, cancellarius* de Du Cange, *Les familles d'outre-mer* (éd. Rey), p. 654; cf. Delaville le Roulx, *Les archives, la bibliothèque et le trésor de l'ordre de Saint-Jean de Jérusalem à Malte* (Paris, 1883), p. 106 et 112.

1. Lisez فعَمِلَتْ عليه رِجْلُهُ.

2. Lisez اشنان.

guérit. Les plaies se cicatrisèrent, et la santé revint, aussi florissante qu'auparavant. Je recommandai ce mode de traitement à quiconque était frappé par cette maladie. Il fut toujours employé avec succès et arrêta le mal, dont bien des gens se plaignaient. »

Le passage suivant, séparé de ce que je viens de traduire par diverses anecdotes relatives aux Francs, qui ont été relatées dans ce qui précède[1], se rapporte au même ordre d'observations[2] : « Un autre procédé surprenant de leur médecine est celui que nous a rapporté Guillaume de Bures, seigneur de Tibériade[3], l'un des principaux chefs[4] chrétiens. Celui-ci accompagnait l'émir Mou'în ad-Dîn, qui se rendait d'Acre à Tibériade. J'étais du voyage. On causa en chemin, et voici ce que Guillaume de Bures nous raconta : Il y avait, dit-il, chez nous dans nos contrées un chevalier très puissant. Il tomba malade et fut sur le point de mourir. Notre dernière ressource fut d'aller vers un prêtre chrétien[5] d'une grande autorité, et de lui confier le malade, en lui disant : Tu viendras avec nous pour examiner le chevalier un tel. Il y consentit et se mit en route avec nous. Notre conviction était qu'il n'aurait besoin que d'imposer ses mains sur lui pour le guérir. Lorsque le prêtre vit le malade, il dit : Apportez-moi de la cire. Nous lui en avions aussitôt apporté un peu qu'il pétrit pour en faire des fils minces comme les articulations des doigts. Il les lui enfonça dans les narines. Le chevalier mourut sur l'heure. Nous dîmes au prêtre : Eh bien, il est mort ! — Oui, il se tourmentait, répondit le prêtre. Je lui ai bouché le nez afin qu'il mourût et qu'il reposât. » Ousâma passe à un autre sujet en citant un hémistiche de Zohair :

Laisse ceci et remets-toi à parler de Harim[6].

1. Plus haut, p. 482-484.
2. Ousâma, *Autobiographie*, p. 101.
3. Plus haut, p. 190.
4. Lisez مقدّما.
5. L'arabe *ḳouss* est un mot arabisé, emprunté au syriaque *ḳaschischâ* « vieillard » (*schaikh*), puis « prêtre chrétien », traduction du grec πρεσβύτερος. Ce même mot se retrouve dans Ousâma, *Autobiographie*, p. 132, l. 9.
6. Plus haut, p. 190, note 4 ; p. 372, note 2 ; p. 390, note 1. Harim ibn Sinân était d'une libéralité proverbiale et comblait de ses présents Zohair qui le comblait de ses éloges ; cf. Arnold, *Septem mo'allaḳât*, p. 68 et 75 ; le diwân de Zohair publié par M. Ahlwardt (*The Divans of the six an-*

A partir de l'époque à laquelle Ousâma en 1144 quitta pour la première fois sa résidence de Damas, les rapports entre lui et les Francs se firent intermittents, rares, pour cesser ensuite complètement. Il dut passer par le royaume de Jérusalem en se rendant à Miṣr en novembre 1144 ; mais son affliction d'exilé et son impatience de connaître l'accueil qui lui était réservé par le khalife Fâṭimide Al-Ḥâfiṭh lui firent sans doute abréger toutes les étapes de ce voyage, en particulier son séjour dans un pays troublé, où la mort de son ancien protecteur Foulques d'Anjou avait amené le désarroi et l'anarchie [1]. En juillet 1148, sans quitter sa résidence de Miṣr, il se réjouit de l'échec subi par le roi franc des Allemands, comme il désigne l'empereur Conrad III [2]. Il alla de sa personne en 1150 défendre avec succès Ascalon, qui appartenait à l'Égypte, contre les attaques des Francs, après une vaine tentative pour obtenir de Noûr ad-Dîn une diversion sur Tibériade [3]. Lorsqu'il fuit Miṣr, les Francs lui barrèrent la route en juin 1154 à Al-Mouwailiḥ, il parvint à leur échapper et poursuivit son chemin vers Damas « dans des conditions plus pénibles que la mort » [4]. Le roi de Jérusalem Baudouin III ne mérita pas précisément la reconnaissance d'Ousâma en interceptant, malgré un sauf-conduit en règle, le navire qui, au printemps de 1155, lui amenait à Damas sa famille et ses livres. Ses femmes et ses enfants lui furent rendus après avoir été dépouillés de leurs biens, sa bibliothèque de lettré, de savant et

cient Arabic poets), p. 75-102 ; 188-194 ; 218-219 ; le même diwân avec le commentaire d'Al-A'lam dans les *Primeurs arabes* présentées par le comte de Landberg, fascicule II (Leyde, 1889).

1. Plus haut, p. 204.

2. Plus haut, p. 212-213.

3. Plus haut, p. 223-235. La mission diplomatique confiée à Ousâma et son action militaire sont signalées par Moḥammad ibn 'Alî ibn Ibrâhîm ibn Khalîfa ibn Ibrâhîm Ibn Schaddâd Al-Anṣârî Al-Ḥalabî, mort au Caire en avril 1285, dans son ouvrage intitulé : الاعلاق الخطيرة في ذكر امراء الشام والجزيرة, manuscrit du Musée Britannique, Additamenta 23335, fol. 185 r° et v°. Il faut bien se garder de confondre cet Ibn Schaddâd avec le chancelier et le biographe de Saladin, qui mourut à Alep en 1234. Ascalon n'ouvrit ses portes aux Francs que trois ans plus tard, le dix-neuf septembre 1153, d'après la date donnée plus haut, p. 246 ; voir aussi maintenant M. R. Rœhricht, *Amalrich I., Kœnig von Jerusalem* (1162-1174), dans les *Mittheilungen des Instituts für œsterreichische Geschichtsforschung*, XII (1891), 3. Heft., p. 432-493 ; en particulier, p. 433, suite de la note 3 de la p. 432. Je ferai remarquer au savant auteur de cette monographie que Yâḳoût (*Mou'djam*, III, p. 674), donne aussi cette même date, altérée par une distraction de l'éditeur dans son résumé du *Zeitschrift der deutschen morgenlændischen Gesellschaft*, XVIII, p. 164.

4. Plus haut, p. 257-263.

d'amateur fut perdue pour lui et il ne s'en consola jamais [1]. En dépit de la vivacité de ses regrets et de l'ardeur de son indignation, Ousâma ne montra pas beaucoup d'empressement, lorsque le vizir d'Égypte Al-Malik Aṣ-Ṣâliḥ Ṭalâ'i'Ibn Rouzzîk le pressa en 1158 de négocier l'entrée en campagne de Noûr ad-Dîn et de s'entremettre pour que les deux armées unissent leurs efforts afin de combattre ensemble les polythéistes [2]. Non seulement Ousâma se déroba prudemment à de telles ouvertures, mais encore il ne se fit pas scrupule, passant dans le voisinage, de se faire montrer par les chrétiens l'église de Ba'lbek [3]. En 1162, revenu de ses erreurs, il sollicita l'honneur de prendre part à la guerre sainte, et combattit dans l'armée de Noûr ad-Dîn parmi les émirs qui tour à tour échouèrent devant Ḥârim et finirent le douze août 1164 par l'enlever au prince d'Antioche Boémond III [4].

Ousâma, alors âgé de soixante et onze années musulmanes, ne fut plus appelé désormais, ni à combattre les Francs, ni à entrenir avec eux des relations d'aucune sorte. Ils ne perdirent à sa retraite dans le Diyâr Bekr d'abord, à Damas ensuite, ni un ennemi irréconciliable, ni un partisan décidé. Les circonstances l'avaient tantôt rapproché, tantôt éloigné d'eux, mais ils ne lui inspirèrent, à aucune époque de sa vie, ni la haine du fanatique, ni l'attachement outré du renégat. Si le roi de Jérusalem Amaury Ier, monté sur le trône le dix février 1163, est appelé par lui « le tyran des Francs, qui voit évanouies dans un rêve les espérances qu'il avait conçues sur le trône d'Égypte [5] » ou encore « le tyran des Francs, ces barbares » [6], ce n'est point que l'ardeur de sa passion ait allumé dans son cœur un feu dévorant contre les ennemis de sa foi et de sa patrie ; c'est bien plutôt que la vision de Saladin l'absorbe, que ses yeux sont

1. Plus haut, p. 269-276.
2. Plus haut, p. 284-297.
3. Plus haut, p. 297.
4. Plus haut, p. 305-309.
5. Plus haut, p. 348.
6. Plus haut, p. 349.

tournés fixement vers le soleil levant, c'est que l'avenir du vieillard pour le temps qui lui reste à vivre dépend exclusivement des succès du jeune homme. L'égoïsme sénile l'a envahi de plus en plus, ainsi qu'une paralysie morale qui a respecté son intelligence, mais qui n'a pas laissé intacte chez lui la notion du juste et du vrai. Ses dernières diatribes contre les Francs n'ont été écrites que comme des panégyriques de Saladin[1].

Le titre même de ce chapitre onzième annonce que je n'ai pas trouvé dans l'œuvre d'Ousâma de jugements réfléchis, de comparaisons saillantes, d'observations profondes. Il a fallu se contenter d'impressions recueillies avec justesse et communiquées avec sincérité. On regrettera que l'auteur de l'*Autobiographie* et du *Livre du bâton* n'ait pas, en parlant des Francs, exprimé plus de surprise sur la nouveauté des doctrines, des pratiques et des habitudes qu'ils avaient importées en Syrie, qu'il n'ait pas tenté un parallèle entre les deux religions et les deux peuples, qu'il se soit attaché à des détails insignifiants et à des anecdotes sans portée, qu'il n'ait pas fait un choix plus judicieux dans ses souvenirs, dans ses appréciations, dans les exemples destinés à instruire ses contemporains[2]. La série des notes sur les chrétiens, que nous avons données tout au long, sans en rien omettre, ne contient pas, je ne dirai pas, une réflexion de haute volée, mais pas même un mot sur le christianisme.

Ce serait d'ailleurs commettre une injustice que de faire à Ousâma un reproche de cette infériorité. Les plus éminents de ses contemporains musulmans en Syrie et en 'Irâḳ étaient incapables de s'élever jusqu'aux vues d'ensemble. C'étaient des esprits d'étroite envergure, se mouvant dans un champ trop peu large pour généraliser. Les derniers représentants de la philosophie arabe ne vécurent pas dans l'Orient musulman, mais en Espagne et au Magreb[3]. Comment Ousâma, l'émir de Schaizar,

1. Plus haut, p. 355, 365, 370-373, 400-401.

2. Qu'on se souvienne qu'Ousâma a intitulé son *Autobiographie* l'Instruction par les exemples.

3. E. Renan, *Averroès et l'Averroïsme* (2e éd.

transplanté à Mauṣil, à Damas, à Miṣr, à Ḥouṣn Kaifâ, aurait-il conçu la notion des lois qui régissent les phénomènes, recherché les principes supérieurs et les causes immanentes des faits et des actes, étudié les hommes autrement que dans les manifestations de leur vie extérieure? Par quel privilège serait-il parvenu à saisir l'enchaînement qui relie la variété des événements et des conceptions, à en faire la synthèse, à créer ou à adopter un système? Par quelle faveur spéciale aurait-il échappé à l'imperfection de son époque, de son pays, de sa race? Je ne puis que lui appliquer une deuxième fois[1] le proverbe arabe : « Les hommes ressemblent plus à leur temps qu'à leur père. »

p. 1-7; 28-29; Dr Leclerc, *Histoire de la médecine arabe*, II, p. 9.

1. Freytag, *Arabum proverbia*, II, p. 798, cité plus haut, p. 41.

CHAPITRE XII

TEXTES ARABES INÉDITS, PAR OUSÂMA ET SUR OUSÂMA

A. *Extraits du Livre du bâton, par Ousâma Ibn Mounḳidh.*

Le *Livre du bâton* est conservé dans deux exemplaires dont l'un m'appartient et a servi aux nombreuses traductions et citations disséminées dans la *Vie d'Ousâma.* C'est un volume, haut de $0^{m},20$, large de $0^{m},14$, comprenant 122 feuillets en écriture orientale, dont les dix derniers ont été ajoutés après coup. Quinze lignes sur chaque page, quelquefois, beaucoup plus rarement, seize. Le manuscrit, dans ses parties plus anciennes, est antérieur à l'année 1121 de l'hégire (1709 de notre ère), date inscrite au fol. 1 r° par l'un des possesseurs successifs. D'après certains indices paléographiques, je le considère comme écrit au dix-septième siècle de notre ère.

On lit en tête : كتاب العصا تأليف السيّد الفاضل العالم الامير ابى المظفّر أُسامة بن مُرْشِد بن علىّ بن مقلَّد بن نصر بن منقذ الكنانى تَوَلَّى اللهُ مكافأته « Livre du bâton, œuvre du chef éminent, du savant, de l'émir Aboû 'l-Mouṭhaffar Ousâma ibn Mourschid ibn ʿAlî ibn Mouḳallad ibn Naṣr Ibn Mounḳidh Al-Kinânî[1]. Puisse Allâh se char-

1. A la note 5 de la page 48 ajoutons que, d'après Al-Hamdânî, *Djazîrat al-ʿArab* (éd. D. H. Müller), p. 132, l. 16, au commencement du dixième siècle de notre ère, la tribu de Kinâna dominait à Schaizar.

ger de le rétribuer! » J'ai désigné par la lettre A ce manuscrit, acquis en 1883 du schaikh de Médine Amîn Al-Madanî[1].

C'est de même provenance qu'est le manuscrit entré à la Bibliothèque de Leyde vers la même époque avec toute la collection dont il faisait partie. Un inventaire provisoire lui avait donné le numéro 370[2]; le premier volume de la deuxième édition du Catalogue lui assigne le numéro 2093 et le décrit sous la cote CCCCLXXII[3]. Il mesure $0^m,205$ en hauteur, $0^m,145$ en largeur, se compose de 94 feuillets d'une écriture orientale assez négligée, pauvre en points diacritiques, soignée et vocalisée à partir du feuillet 80. Vingt-et-une à vingt-trois lignes à la page. La date de 1094 de l'hégire (1683 de notre ère), donnée dans la souscription, n'a rien de trop invraisemblable, bien que la copie paraisse peut-être encore plus moderne. Dans ce qui suit, j'ai appelé ce manuscrit B, ayant eu la bonne fortune de pouvoir le comparer, grâce à l'extrême libéralité de ceux qui dirigent la Bibliothèque de l'Académie de Leyde et qui me l'ont envoyé à Paris pour que je pusse l'étudier plus commodément. Les titres des manuscrits A et B sont, à quelques épithètes près plus nombreuses dans A, absolument identiques.

J'ai fait connaître le contenu du Livre du bâton[4] et j'ai publié naguère[5], plus tard traduit en français dans ce volume même

1. Le portrait fort ressemblant de ce libraire aussi instruit qu'habile se trouve en tête de la plaquette, où ses impressions sur le Congrès des orientalistes tenu à Leyde en 1883 ont été mises à la portée du public lisant le hollandais; voir *Het Leidsche Orientalistencongres. Indrukken van een Arabisch congreslid*, traduction hollandaise par C. Snouck Hurgronje (Leide, 1883).

2. C. Landberg, *Catalogue de manuscrits arabes provenant d'une bibliothèque privée à El-Medîna* (Leide, 1883), p. 109.

3. J. de Goeje et Th. Houtsma, *Catalogus codicum arabicorum bibliothecæ Academiæ Lugduno-Batavæ*, editio secunda, volumen primum (Lugduni Batavorum, 1888), p. 280.

4. Plus haut, p. 334-336.

5. *Ousâma poète*, notice inédite tirée de la *Kharîdat al-kaṣr*, par 'Imâd

une correspondance échangée sur cet ouvrage entre l'auteur et Al-Kâḍî Al-Fâḍil Ibn Al-Baisânî [1]. Cette monographie des bâtons célèbres commence par la verge de Moïse, avec laquelle il fit jaillir l'eau du rocher, et se termine par le bâton d'ébène, sur lequel l'émir vieilli appuyait son corps recourbé, devenu semblable à un arc dont son bâton serait la corde. Dans sa nomenclature, entremêlée d'études sur les locutions où entre le mot *al-'aṣâ* « le bâton » et ses synonymes, Ousâma n'omet pas la jument *al-'aṣâ* qui avait appartenu à Djadhîma Al-Abrasch, roi de Ḥîra, parce qu'elle avait été appelée « le bâton » [2].

A était seul à ma disposition, lorsque j'ai publié et traduit en français la préface du Livre du bâton dans un album typographique où l'imprimerie Lanier avait réuni les spécimens des caractères qu'elle possède [3]. La forme était le principal, mais pourquoi le fond n'aurait-il pas été, lui aussi, rendu digne du décor, pourquoi un morceau inédit n'aurait-il pas été mis en lumière, à la faveur de ce spectacle surtout fait pour le plaisir des yeux? La publicité de ce beau livre ayant été restreinte, j'ai cru devoir reproduire ici, cette fois d'après deux manuscrits [4], la rédaction arabe de la préface, en renvoyant pour la traduction et l'annotation au *Recueil de textes étrangers*.

Il a été donné une certaine ampleur aux extraits que j'ai empruntés au Livre du bâton. Cet ouvrage ne sera jamais édité intégralement et les espérances conçues autrefois à ce sujet ne

ad-Dîn Al-Kâtib (1125-1201), dans les *Nouveaux mélanges orientaux* (Paris, 1886), p. 147-152.

1. Plus haut, p. 383-392.

2. A, fol. 69 r° — 74 v°; B, fol. 53 v° — 57 r°. Sur cette jument illustre, voir surtout Caussin de Perceval, *Essai sur l'histoire des Arabes avant l'islamisme*, II, p. 33-34; Perron, *Le Nâcéri*, I, p. 311-312; 386-387.

3. *Recueil de textes étrangers*, publié par A. Lanier, imprimeur, 14, rue Séguier (Paris, 1888), p. 3-8.

4. Je me suis abstenu de relever, comme variantes, les erreurs et les négligences de copie trop évidentes.

paraissent pas devoir être réalisées [1]. Raison de plus pour faire connaître exactement le cadre, alors même que les circonstances ne permettent pas d'étaler toutes les richesses dont il est rempli. Sans omettre aucun des passages traduits ou cités plus haut, j'ai publié en outre plusieurs fragments intéressants pour la lexicographie avec une partie des exemples en vers qui en justifient les assertions, et aussi toutes les poésies d'Ousâma que l'auteur a insérées lui-même comme se rattachant à son étude spéciale. Ce choix montrera d'une part l'érudit puisant avec abondance aux sources anciennes, d'autre part le maître faisant valoir les ressources de la langue arabe avec autant de souplesse que de talent. Ousâma n'a pas été seulement un émir vaillant et un coureur d'aventures intrépide, il se révèle comme un savant et comme un écrivain. Sa vieillesse surtout lui a donné le loisir de s'épancher sur elle avec une variété d'accents surprenante. Il s'est diverti à ces descriptions de son affaissement et de son corps appuyé sur un bâton dans des poèmes brillants et sereins, qui montrent clairement combien, si le pied était alourdi, la tête avait conservé de vigueur et de puissance. Ce n'est point sans intention qu'il avait réservé ses élucubrations personnelles pour la fin de son volume. Elles servent de conclusion au Livre du bâton. Nous avons cru devoir les reproduire dans leur ensemble, comme un complément à notre *Ousâma poète* [2].

بسم الله الرحمن الرحيم وبه ثقتي الحمد (A, fol. 1 v°-3 v°; B, fol. 1 v°-3 r°)

لله ربّ العالمين ، وصلواته على سيّدنا محمّد خاتم النبيّين ، وعلى آله الطيّبين

1. Plus haut, p. 16, note 6; cf. p. 334.
2. *Ousamâ poète*, notice inédite tirée de la *Kharîdat al-kaṣr*, par ʿImâd ad-Dîn Al-Kâtib (1125-1201), dans les *Nouveaux mélanges orientaux*, p. 113-155.

الطاهرين ، وعلى اصحابه البررة المتّقين ، وازواجه الطاهرات امّهات المؤمنين ، صلوةً دائمةً الى يوم الدين ، وبعد فانّ النفس ترتاح لما سمعت ، وتُلحّ فى الطلب اذا مُنعت ، وكان الوالد السعيد مجد الدين ابو سلامة مُرشِد بن علىّ بن مقلَّد بن نصر بن مُنْقِذ رضى الله عنه حدّثنى انه لمّا توجّه الى خدمة السلطان ملك شاه رحمه الله وهو اذذاك باصفهان قصد القاضى الامام الصدر العالم ابا يوسف القزوينىّ رحمه الله عائدا ومسلّما بمعرفة قديمة كانت بينهما ويدٍ كانت عنده للجدّ سديد الملك ذى المناقب ابى الحسن علىّ بن مقلَّد رحمه الله وذاك أنّ القاضى المذكور سافر الى مصر فى ايّام الحاكم صاحب مصر فأحسن اليه واكرمه ووصله بصلات سنيّة فاستعفى منها وسأله ان يجعل صلته كتبا يقترحها[1] من خزانة كتبه فاجابه الى ذلك فدخل الخزانة واختـار منها ما اراد[2] من الكتب ثم ركب فى مركب وتلك الكتبُ معه يريد بلاد الاسلام التى فى الساحل فتغيّر عليه الهوى فرمى بالمركب الى مدينة اللاذقيّة وفيها الروم فبعل بامره وخاف على نفسه وعلى ما معه من الكتب فكتب الى جدّى سديد الملك رحمه الله تعالى كتابًا يقول فيه قد حصلتُ بمدينة اللاذقيّة بين الروم[3] ومعى كتب الاسلام وقد وقعتُ لك رخيصا ، فهل اجدك حريصا ، فسيّر اليه من يومه ولده عمّى عزّ الدولة ابا المرهف نصرا رحمه الله وسيّر معه خيلا كثيرا من غلمانه وجنده وظَهْرًا لركوبه وحمل أثقاله فاتاه وحمله وما معه فاقام عند جدّى

1. B يطرحها.
2. B ما اراده.
3. A sans بين الروم.

رحمه الله مدّة طويلة وكانت له بالوالد رحمه الله عناية والف فلمّا اجتاز ببغداذ قصده ليجدّد به عهدًا فحدّثنى رحمه الله قال دخلتُ عليه ومعى الشيخ ابو الحسن علىّ بن البُوَيْن الشاعر وهو كاتب كان[1] لجدّى رحمه الله فوجدتّه قد بلغ من العمر ما غيّر ما كنتُ اعرفه فيه ونسى كثيرا ممّا كان يذكره فلمّا رآنى عرفنى بعد السؤال لانه فارقنى وانا صبىّ ورآنى وانا رجل فاستخبرنى عن طريقى فعرفته توجّهى الى دركاه السلطان فقال تُبلِغ خواجا بزرك نظام الدين سلامى وتعرّفه انّ الجزء الاوّل من التفسير الذى قد[2] جمعته قد ضاع وهو تفسير بسم الله الرحمن الرحيم وآسأله ان يأمر باستنساخه من النسخة التى فى خزانته وينفذه لى وكان جمع تفسير القرآن فى مائة مجلّد وكان لضعفه وكبره مستندا بين الجالس والمستلقِى على فراش له وحوله كتب كثيرة وهو يكتب فسلّم عليه الشيخ ابو الحسن بن البُوَيْن فلم يعرفه وقال من انت قال انا[3] خادمك علىّ بن البُوَيْن كاتب الامير سديد الملك قال البُوَيْن اىّ شىء هو لعن الله البُوَيْن ثم فكّر هُنَيْهة وقال انت الشاعر النحوىّ الكاتب قال نعم فانشد [سريع]

قالوا السّلامىّ[4] فقلتُ اَطْبُقِى   ذا مُحْلَبانُ الضَّرْعِ لَبّانُ

ثمّ عاد الى حديثه معى فلمح الشيخَ ابا الحسن وقد اخذ كتابا من تلك الكتب

1. B sans كان.
2. A sans قد.
3. A sans انا.
4. B قالوا لسلامى.

التى حول[1] فراشه فقال يدخل الجاهل على الانسان فينبسط ويقرأ[2] ما عنده من الكتب اى انّى من اهل العلم ما أحوجك ان يكون ما فى يدك فوقها فالقاه من يده وكان الكتاب كتاب العصا ولى منذ سمعت هذا نحوا من ستّين سنة أتطلّب كتاب العصا بالشأم ومصر والعراق والحجاز والجزيرة وديار بكر فلا اجد من يعرفه وكلّما تعذّر وجوده ازددتّ حرصا على طلبه الى ان حدانى اليأس منه على أن جمعتُ هذا الكتاب وترجمتُه بكتاب العصا[3] ولا ادرى اكان ذلك الكتاب على هذا الوضع ام على وضع غيره غيرَ انى قد بلّغتُ[4] النفس مناها وكانت حاجة فى نفس يعقوب قضاها ولا ارتاب فى انّ مؤلّف ذلك الكتاب وقع له معنى فاجاد فى تأليفه وتنميقه وانا فاتنى مطلوب ففرغت الى تجويزه وتلفيقه وكتابى هذا وان كان خاليا من العلوم التى يتجمّل التصانيف بها ويرغب اولو الفضل فى طلبها فما يخلو من اخبار واشعار تميل النفوس اليها ويحسن موقعها ممّن وقف[5] عليها وقد افتتحتُه بذكر عصا موسى عليه السلام ثم ذكر عصا سليمن بن داود عليهما السلام ثم افضتُ فى ذكر الاخبار والاشعار التى يأتى فيها ذكر العصا ولا أدّعى انّنى اتيت على ذكر العصا فيما جمعته وانما اوردتّ منه ما حفظتُه وسمعته وبالله عزّ وجلّ اعوذ واعتصم ، من ان تكتب يدى ما

1. B حولى.

2. B فيقرأ.

3. A et B بكتاب العصى, de même dans le titre de B. Nous nous abstiendrons de relever cette inexactitude d'orthographe, fréquente dans les deux manuscrits.

4. A sans قد ; B ابلغتُ (ms. ابلعت).

5. B وقع.

يؤثّم ويُصمّ ، ومن رحمته تعالى اطلب الصفح والغفران ، عن اشتغالى بالترّهات عن تلاوة القرآن ، وهو سبحانه اقرب مدعوّ ، واكرم مرجوّ ،

فصل فى تسمية العَصَا (A, fol. 28 r°-29 v°; B, fol. 20 v°-21 v°) قال ابو بكر محمّد بن دُرَيْد رحمه الله انما سُمّيت العصا عَصًا لصلابتها مأخوذ[1] من قولهم عَصَّ الشيء وعَصَى وعَسَا اذا صَلُبَ واعتَصت النَّواةُ اذا اشتدّتْ فانما العصا مَثَل تُضرَب للجماعة يقال شَقّ فلانٌ عصا المسلمين والجماعة ، وفى الحديث عن النبىّ صلّعم اياك وقَتْـلَ العصا يريد المُفارقَ للجماعة فيُقتَل وأَلْقَى الرجُلُ عصاه اذا اطمأنَّ مكانَه ويقال عَصًا وعَصَوان والجمع العُصىّ وأَعْصَى الكَرْمُ اذا خرج عيدانُه ، وفى الحديث عن النبىّ صلّعم لا تَرفعْ عصاك عن اهلك يراد به الادب ، ويقال لعظام الجناح عُصِىّ وعصوتُ الجرح اى داويتُه والعِصْيانُ خلاف الطاعة قال دُرَيْد بن الصِّمّة [طويل]

فلمّا عَصَوْنى كنتُ منهم وقد أَرى غَوايتَهم وأنّنى غيرُ مُهْتَدِ[2]

وقد سُمّيت الهراوةَ وجمعها هَراوَى قال ابن فارس فى كتاب مُجمل اللغة هَرَوْتُه بالهراوة اذا ضربتَه بها قال العبّاس بن مِرْداس السُّلَمىّ أَبياتا ذكر فيها الهراوة انا ذاكرها ومورِدها لحسنها وجزالتها وهى من مختار الشعر وقد اختارها ابو تمّام حَبيب بن أَوْس الطائىّ فى حَماسته فى باب الادب وهى[3] [وافر]

1. Après مأخوذ, B ajoute ذلك.
2. *Kitâb al-Agânî*, IX, p. 4; *Khizânat al-adab*, IV, p. 513.
3. *Hamasæ carmina... edidit...* Freytag, p. 513-514; versio latina, II, p. 257-259.

تَرى الرجُلَ النَّحيفَ فتزدريه　　وفى أثوابه أَسَدٌ يَزيرُ

ويُعجبك الطَّرِيرُ فتَبتليه　　فيُخلف ظنَّك الرجُلُ الطَّرِيرُ

فما عِظَمُ الرجال لهم بفَخْرٍ　　ولكنْ فخرُهم كَرَمٌ وخيرُ

ضعافُ الطيرِ أَطولُها جُسومًا　　ولم يَطُلِ البُزاةُ ولا الصُّقورُ

بُغاثُ الطيرِ أَكثرُها فِراخًا　　وأُمُّ الصَّقرِ مِقلاتٌ نَزُورُ[1]

بغاثُ الطير صغارُها وفيها ثلاث لغات ضمّ الباء وفتحها وكسرها والمِقْلاتُ التى لا يعيش لها ولد

لقد عَظُمَ البعيرُ بغير لُبٍّ　　فلم يَستغنِ بالعِظَم البعيرُ

يُصرِّفه الصَّبيُّ بكلّ وجهٍ　　ويَحبِسه على الخَسْفِ الجَرِيرُ

الجرير حبل يكون فى راس البعير

وتَضربه الوَليدةُ بالهَراوَى　　فلا غِيَرٌ لديه ولا نَكيرُ

فإنْ أَكُ فى شِرارِكمُ قليلًا　　فإنّى فى خِيارِكمُ كثيرُ

ذكر ابو هلال العَسْكَرىّ اللُّغَوىّ رحمه الله فى كتاب الأوائل ، قال اوّلُ من خطب على العصا وعلى الراحلة قُسّ بن ساعدة الايادىّ[2] فمّا ورد عنه من خطبته[3] قوله ايّها النـاس اسمعوا وعُوا من عاش ماتَ ، ومن مات فات ،

1. A et B مقلاه نزور.

2. Maçoudi, *Les prairies d'or*. Texte et traduction par C. Barbier de Meynard et Pavet de Courteille, I, p. 133-135; *Khizânat al-adab*, IV, p. 25.

3. A خطبه.

وكلّ ما هو آتٍ آت ، ليلٌ داج ، وسماءٌ ذاتُ أبراج ، ونجومٌ تَزْهَر ، وبحارٌ تَزْخَر ، وجبالٌ مُرْساه ، وارضٌ مُدْحاه ، وأنهارٌ مُجْراه ، ما بالُ الناس يَذهبون ، فلا يرجعون ، أَرَضُوا فاقاموا ، ام تركوا فناموا ، يُقسِمُ قُسٌّ بالله قسما لا اثم فيه انّ لله دينا هو أرْضَى وأفضلُ من دينكم الذى انتم عليه انّكم لَتَأتون من الامرِ مُنْكَرًا ثم انشأ يقول [كامل]

فى الذاهبينَ الاوّلـيـن من القرون لنا بَصائرْ
لمّـا رأيتُ مَـوارِدًا للقوم ليس لها مَصادرْ
ورأيتُ قومى نحوهـا يَمضى الأصاغرُ والأكابرْ
لا يَرجع المـاضى الـىّ ولا من الباقين غابرْ
أيقنـتُ أنّى لا محـا لةَ حيث صار القومُ صائرْ

قال المؤلّف اطال الله بقاءه العربُ (A, fol. 30 v°-31 v°; B, fol. 22 v°-23 v°) تقول فلانٌ ممّن قَرعتْ له العصا اذا كان يُرجَع الى الصواب ويَنقاد الى الحقّ[1] ويستقيم عند رَبْعه اذا نُبّه ، وتقول فلانٌ صُلْبُ العصا اذا كان ذا نجدة وحزامة وتقول اذا تفرّقت الخلطاء واختلفت أراء العشيرة ومَرِجَ الامرُ انشقّت العصا وتقول للمسافر اذا آب واستقرّت به دارُه أَلقَى عصا التَّسْيار[2]

قرعُ العصا قال النبيّ صلّعم قُرعتْ عصًا على عصًا أَلا فرحٌ لها قوم وحزن

1. A وينقاد الحقّ.

2. Rectifier d'après cela les textes donnés plus haut, p. 392, note 3, où j'ai imprimé deux fois النيسار au lieu de التسيار; cf. p. 335 et 515.

آخرون ، قال الحجّاج بن[1] يوسف الثّقفىّ فى بعض خُطَبه والله لأعصبنّكم عَصْبَ السَّلَمة ولأَلْحُوَنّكم لَحْوَ العصا ولأضربنّكم ضَرْبَ غرائب الابل يا اهل العراق ، يا اهل الشّقاق والنّفاق ، ومَساوى الاخلاق ، انّى والله سمعتُ لكم تكبيرا ليس بالتكبير الذى يراد به الله فى الترغيب ، ولكنه التكبير الذى يراد به الترهيب ، يا عبيد العصا وأَشباهَ الاماء انما مَثَلى ومَثَلكم ما قاله ابن بَرّاقة الهمدانىّ [طويل]

وكنتُ اذا قومٌ غزونى غزوتُهم فهل انا فى ذا ياهْلَ هَمْدانَ ظالمُ
متى تجمعِ القلبَ الذّكىَّ وصارمًا وأنْفًا حَمِيًّا تجتنبْك المَظالمُ

والله لا يَقرع عصًا على عصًا الاّ جعلها كأَمْسِ الدابر . وقال وَعْلة بن الحارث ابن ربيعة[2] [كامل]

وزعمتَ أنّا لا حلومَ لنا انّ العصا قُرعت لذى الحِلْمِ
اَقتلتَ سادتَنا بغير دم الاّ لتُوهِنَ آمِنَ العَصْمِ

وقال كُثَيّر بن عبد الرحمن الخُزاعىّ [طويل]

وقد قرع الواشون فيها لك العصا وانّ العصا كانت لذى الحِلْمِ تُقْرَعُ

ذو الحِلْم عامر بن الظَّرب[3] العَدْوانىّ وكان حَكَمًا للعرب يُرجَع الى حُكمه ورأيه

1. A sans بن. Sur tout ce passage, cf. Al-Moubarrad, *Al-Kâmil* (éd. Wright), p. 152-153.

2. Le premier de ces deux vers, précédé par quatre et suivi par deux autres vers du même morceau, est dans *Hamasæ carmina*... edidit Freytag, p. 96-100; versio latina, I, p. 178-183. Le second des deux vers publiés ci-dessus y est omis. Le poète est nommé Al-Ḥârith ibn Wa'la Adh-Dhouhlî; voir *Kitâb al-Agânî*, XIX, p. 139.

3. A الصرب; B الضرب; voir *Hamasæ carmina*, p. 174; Ibn Doraid, *Isch-*

فكَبُرَ وافناه الكِبَرُ والدهر وتغيّرت احواله فأنكر الثانى عليه من ولده امرا من حُكمه فقال له انّك ربّما أخطأت فى الحكم ويُحمَل عنك فقال اجعلوا لى أمارة أَعرِفُها فاذا أخطأتُ وقُرِعتُ لى العصا رجعتُ الى حكم الصواب فكان يَجلس أمامَ بيته يَحكم ويجلس ابنُه فى البيت ومعه العصا فاذا زلّ وهفا[1] قُرِع له الجفنةُ بالعصا[2] وايّاه عَنَى المتلمِّس بقوله[3] [طويل]

لذى الحِلْمِ قبل اليوم ما تُقرَع العصا   وما عُلِّمَ الانسانُ الّا ليَعْلَمَا

صُلْبُ العصا (A, fol. 39 r°; B, fol. 28 v°-29 r°) يقال فلانٌ صُلْبُ العصا اذا كان جَلْدا قويّا على السفر والسير قال الراعى يصف راعيا [رجز]

صُلْبُ العصا بضَرْبة دَمّاها   اذا اراد رَشَدًا أَغواها

قوله بضَربة اى بسيرة قال الله تبارك وتعالى[4] وَاِذَا ضَرَبْتُمْ فِى الْأَرْضِ اى سافرتم وقوله دمّاها اى تركها كالدُّمَى واحدتها دُمْيَةٌ وهى الصُّوَر فى المحاريب

tiḳâḳ (éd. Wüstenfeld), p. 164; *Les séances de Hariri*, commentaire par Silvestre de Sacy, p. 665; Freytag, *Arabum Proverbia*, I, p. 56; Caussin de Perceval, *Essai sur l'histoire des Arabes*, II, p. 260.

1. A et B وهفى.

2. A sans بالعصا.

3. Ce vers est cité dans le commentaire d'Al-Ḥarîrî, *Maḳâmât*, p. 665. Il fournit à Ousâma l'occasion de développements que nous n'avons pas cru devoir insérer, non plus que le morceau composé de neuf vers, dont les quatre premiers et les trois derniers ont été publiés par R. E. Brünnow, *The twenty-first volume of the Kitâb al-Aghânî*, p. 187, notre vers à la ligne 8.

4. *Coran*, IV, 102.

وقوله أَغواها اى رعاها الغواءَ[1] وهو نبت تَسمن عليه الابل ، وقال المجَشِّر[2]
الضَّبّى [طويل]

فــان يَكُ مـدلولا علىّ فـانّنى كـريمك لا عُمٌّ ولا انا فانِ
وقد عجمتْنى العـاجماتُ فأسأَرتْ صَليبُ العصا جِلْدا على الحَدَثانِ
صَبوراً على عَضّ الحروب وضربِها اذا قُلّصتْ عن الـفم الشفتـانِ

(A, fol. 42 r°; B, fol. 32 r°) انشقّتِ العصا العربُ تقول فلانٌ شَقّ العصا اذا كان لا يدخل تحت حكم ولا طاعة مخالفا لامر الآمرينَ ، ويُستعمل شَقّ العصا فيمن يَتفرّق عنه أَحبابُه ، ويَطعن عنه أَصحابُه ، فيَظهر مكنونُ سرّه ، ويبوح مخفىُّ امره ، لضرورة البين الداعية الى ذلك قال ابو العَلاء احمد بن عبد الله بن سليمن المَعَرّى فى كتابه المسمَّى بالقائف مَرَّ ركبٌ بشجرة مَوْزيّة فاقتَضب انسان منهم عصا ثم شقّها ثم جعل[3] يقتدح قريبا من الشجرة فاورى الزند فقالت الشجرة يا هذا ما اسرع ما ظهر سرُّك وسوف ترغب الركبُ فى اتّخاذ زناد منّى فأحور عيدانا فى ايدى القوم فقال لا تلمْنى المغرورة أَظهرتْ سرّى ضرورة

(A, fol. 43 v°-45 r°; B, fol. 33 r°-34 r°) وقال قيس بن ذَرِيح[4] [طويل]

1. Je ne trouve ni ce mot, ni ce sens, dans aucun des dictionnaires qui sont à ma portée.

2. A المحشِّر; B المحشر.

3. B قعد.

4. *Kitâb al-Agânî*, IX, p. 131.

الى الله أَشكو نِيَّةً شَقّتِ العصا   هى اليومَ شَتّى وهْى أمس جميعُ
مضى زمنٌ والناسُ يَستشفعون بِى   فهل لى الى لُبْنَى الغَداةَ شفيعُ

واوّلُ هذه القصيدة

سَقَى طَلَلَ الدار التى انتم بها   حَناتِمُ وَبْلٍ صَيِّفٍ وربيعُ

قال المؤلّف اطال الله علاه وقد صرّعتُ هذه الابيات جميعا واثبتّها فى ديوان شعرى وانا ذاكر تصريع هذين البيتين لما فيهما من ذكر العصا قال غفر الله له

أيَرجو لىَ اللاحى من الذنب مُخْلَصًا   وقلبى اذا ما رُضْتَه بالأَسَى عَصَا
ولو أنّ ما بى بالحَصَى فَاقَ الحَصَا
الى الله أَشكو نِيَّةً شَقّتِ العَصَا   هى اليومَ شَتَّى وهْى امس جميعُ
اطاعت بنا لُبْنَى افتراءَ التكذّبِ   وصَدَّ التَّجَنِّى غيرُ صَدّ التجنُّبِ
فيا لك من دهرٍ كثيرِ التقلُّبِ
مضى زمنٌ والناسُ يَستشفعون بِى   فهل لى الى لُبْنَى الغداةَ شفيعُ

وقال المؤلّف اطال الله بقاءه ايضا ابياتا فى ذكر العصا وهى [طويل]

رَمَتْنا الليالى بافتراق مشتِّتِ   أَشَتَّ وأَنْأَى من فراق المُحَصَّبِ
تَخالفت الأَهواءُ وانشقّت العصا   وشَعَّبَنا وَشْكُ النَّوَى كلَّ مَشْعَبِ
وقد نَثَرَ التوديعُ من كلّ مُقْلة   على كلّ خَدّ لؤلؤا لم يثقَّبِ

المصراع الثانى من البيت الاوّل من قصيدة لامرئ القيس بن حُجْر الكندىّ

واسمه حُنْدُجٌ[1] والحُنْدُجة الرملة الصغيرة واوّل القصيدة [طويل]

خَلِيلَىَّ مُرَّا بى على أُمِّ جُنْدُبِ نُقَضِّ[2] لُبانات الفُؤاد المعذَّبِ

ومنها البيت

فللّه عينا من رأى من تفرّقٍ أَشَتَّ وأَنْأَى من فراق المحصَّبِ

وقال ابو الحسن مِهيار بن مَرْزَوَيْه الدَّيْلَمىّ[3] من جملة قصيدة له [رجز]

ما قصّرتْ يدُ الزمان شدَّ ما تَطول[4] فى نَقْصى وفى نَقْص مِرَرْ[5]

عَصًا شَظَايَا ومَشيبٌ زائغٌ ومنزلٌ ناءٍ وأَحبابٌ غُدُرْ

وصاحبٌ كالداء ان أَخفيتَه غَوَّرَ وهو قائلٌ اذا استترْ

وقال المؤلّف اطال الله بقاءه [كامل]

زِدْنى جوًى[6] يا حُبّهم وأَضلّنى يا مُرْشِدى[7] عن منهج السّلوانِ

1. Slane, *Le diwan d'Amro'lkais*, p. 23, 36-37; Ahlwardt, *The Divans of the six ancient Arabic poets*, p. 116 du texte, 55 des notes.

2. A نقضى.

3. Sur ce poète, voir plus haut, p. 338, note 1. J'ai publié plus bas un arrangement par Ousâma de l'une de ses poésies en strophes de cinq hémistiches et complété à cette occasion l'énumération des documents qui le concernent.

4. A يطول.

5. A مُرَر.

6. A et B جوا.

7. B يا من شدا, peut-être pour يا مُرشدا.

لا تَنْـهَ[1] عَنْهم فـانّ صَبـابَتِى   لا تَستطيع تُطيع من ينهانى
أَحببتهم أَزمـانَ غُصْنِى ناضرٌ[2]   حتّى عَسَا وعَصَى بِنانُ ألْحانى
فَارجعْ بيأسك لستَ اوّلَ آمرِئٍ   شَقَّ الغَرامُ عصاه بـالعِصْيانِ

وقال ايضا [منسرح]

كم ذا التَّجَنِّى وكَثْرَةُ العِلَـلِ   لا تأمنوا من حوادث المِلَلِ
ولا تقـولوا صَبٌّ بنـا كَلِفٌ   فأوّلُ اليـأسِ اخـرُ الأَمَـلِ
ولستُ ممّن يريد شَقَّ عصًـا   اَلذَّنْبُ ذنبى والحُبُّ شَفَّعَ لى
هَبُونِىَ اخْطـأتُ عامـدًا فهبـوا   حَجْلَةَ عُذْرى ما كان من زَلَلى

وقال امرؤ القيس بن حُجْر الكِنْدىّ[3] [وافر]

اذامـا لم تكـن ابلٌ فمِعْزًى   كأنّ قـرون جِلّتهـا العُصِىُّ
فَتَملأُ بيتنـا أَقِطـا وسَمْنـا   وحَسْبُك من غِنًى شِبَعٌ ورِىُّ

اى كفاك وكذلك حَسْبُكَ اللهُ[4] اى كفاك الله

العرب تقول طارتْ عصا بنى فلان شِقَقًا (A, fol. 46 r°; B, fol. 35 r° et v°)

وقال الأَسَدىّ [متقارب]

1. A et B لا تنهى.

2. A غصنى ناظر ; B عصى ناصر.

3. Slane, *Le diwan d'Amro 'lkais*, p. 39, 40, 58 et 59; Ahlwardt, *The Divans of the six ancient Arabic poets*, p. 162 du texte, 85 des notes.

4. *Çoran*, VIII, 65.

عصا الشَّمْل من أَسَدٍ آرَأَها قد انصدعتْ كما انصدَعَ الزَّجاجُ[1]

ويقال فلانٌ شَقَّ عصا المسلمين ولا يقال شَقَّ ثوبا ولا غيرَ ذلك ممّا يقع عليه اسمُ الشقّ

أَلْقَى العصا (A, fol. 49 v°-51 r°; B, fol. 38 v°-39 v°) يقال فلانٌ أَلْقَى عصا التَّسْيار[2] اذا اقام وترك السفر وكان العرب عنتْ بقولها أَلْقَى عصاه اى وصل الى بُغْيته ومراده او وطنه ومراده وراحته ومظنّة[3] استراحته قال الأَصمعيّ واسمه عبد الملك بن قُرَيب قصيدة مدح بها جعفر بن يحيي البرمكيّ ورحل اليه فمات[4] قبل ان يصل اليه وذكر فيها العصا وهى قصيدة طُولَى انا مورد منها نبذة لاجل العصا وهى[5] [متقارب]

فحَطَّتْ اليها مَناقيلَها وأَلقتْ عصا السَّفَر المُسْفِرِ

وقال راشد بن عبد الله [طويل]

وخبّرها الرُّوّادُ أَنْ ليس بينها وبين قُرَى نَجْرانَ والدَّرْبِ كافرُ

فألقتْ عصاها واستَقرّتْ[6] بها النَّوَى كما قَرَّ عينا بالاياب المُسافِرُ

1. Pour scander ce vers, on a dû lire كَانْصَدَعَ, sans tenir compte de *mâ*, bien que la proposition *ka* ne devienne pas régulièrement conjonction.

2. Rectifier d'après cela ce texte donné plus haut, p. 392, note 3; cf. aussi p. 335 et 508, note 2.

3. B ومطيه.

4. A ومات.

5. J'ai détaché ce seul vers du morceau, auquel Ousâma en emprunte seize.

6. A واستقر.

وقال اخر [طويل]

فألقتْ عصا التَّسيار عنها وخيَّمتْ بأَجْباءِ عَذْبِ الماء بِيضٍ محافِرُهْ

الجَبَا ما حول البئر مفتوح الجيم مقصور وجمعه أَجْباءٌ ممدود وقوله بيض محافره يريد انه يحفر فى ارض سوداء ولا من دِمْن بل هى ارضٌ صلبة وقوله خيَّمتْ اى اتَّخذت خيمة فاقامت رُوى ان قُتيبة بن مسلم لمّا تسنّم منبرَ خراسان سقط القضيب من يده فتطيّر له صديقُه وتشاءم عدوّه فعرف ذلك قُتيبةُ[1] فحمد اللهَ تعالى وأَثنى عليه ثم قال ليس كما سَرَّ العدوَّ وساءَ الصديقَ بل كما قال الشاعر

فألقتْ عصاها واستقرّتْ بها النَّوَى كما قَرَّ عينًا بالاياب المسافرُ

(A, fol. 51 v°; B, fol. 40 r°) قال المؤلّف اطال الله بقاءه قال جدّى الامير سديد الملك والمناقب ابو الحسن علىّ بن مقلّد رحمه الله يخاطب بعض وُلاة حلب [كامل]

خيَّمتَ فى حَلَبِ العَواصِمِ بعد ما قلّدتَ خوفَك نازحَ الأَقطارِ

لا تَرْضَها دارَ الثَّواء ولا تَقِلْ فى مِثْلها تُلْقِى عصا التَّسْيارِ

اِسْتَحْيِ من أَجْداث قومك أن ترى عُرْضَ البسيطة وهْى دارُ قَرارِ

(² A, fol. 52 v°-53 v°; B, fol. 41 r° et v°) قال المؤلّف اطال الله بقاءه حدّثنى من أثق به فى شوّال سنة تسع وستّين وخمسمائة بحصن كيفا قال كان فى خدمة

1. A sans قتيبة.
2. Plus haut, p. 359.

الامير نجم الدولة مالك بن سالم صاحب قلعة جعبر رجل عوّاد يقال له ابو الفَرَج حدّثنى كنتُ يوما فى مجلس الامير نجم الدولة وهو يشرب الى ان سكر وانصرفتُ الى منزلى فما كان اكثرُ من مضىّ ساعتين من الليل اذ وافانى رسوله فقال الامير يستدعيك فقلت ما زلتُ حتّى سكر قال هو امرنى باحضارك فضيتُ معه فرأيت الامير جالسا فقال يا ابا الفرج بعد انصرافكم نُمتُ فرأيت انسانا يغنّينى صوتا حفظتُه ثم أُنْسيتُه واريد ان تذكّره لى فقلت يا مولاى آذكُرُ لى منه كلمة فقال ما أَذكُرُ منه شيئا ولكن آعرِضْ علىّ ما يَحضرك فعرضتُ عليه أصواتا كثيرة وهو يقول ما هذا الصوت[1] الذى رأيتُه ثم قال انصرفْ وآفكرْ[2] لعلّك تذكّره فانصرفتُ وأَصبحتُ من بكرة طلعتُ الى خدمته فقال يا ابا الفرج اىّ شىء كان من الصوت قلت يا مولاى لا يَعلم الغيبَ الاّ اللهُ[3] سبحانه وتعالى قال والله لئن لم تذكّره لَأخرجنّك من القلعة فقلت واللهِ يا مولاى ما أَدْرى ما أُذكّره من صوت ما سمعتُه ولا ذكرتَ لى منه كلمة واحدة فقال خُذوه وأُخرجوه فاخرجونى الى البُدُل[4] فاقمتُ فيه يوما ثم ردّنى وعدتُّ فى الخدمة كما كنت فانا يوما فى المجلس أُغْنَى اذ قال لى بعض الفرّاشين على الباب رجل يَطلبك فخرجتُ اليه فرأيت رجلا عليه عمامة مطلّسة كعمائم المغاربة فسلّم علىّ وقال قد قصدتُّك لتوصل لى فى الحضور بمجلس الامير فانا رجل

1. B sans الصوت.
2. A sans وافكر.
3. Emprunt abrégé au *Coran*, XIII, 66.
4. B البلبل. J'ai reproduit A, y compris les voyelles.

مُغَنٍّ [1] فدخلتُ واعلمتُه به وقلت يا مولاى ان كان مُجيدا سمعتَه واستخدمتَه والاّ وهبتَه شيئا وانصرف فأَذِنَ له فدخل فسلّم وجلس فشدّ عُودَه وغنّى [2] [طويل]

وخبّرها الرُّوّادُ أنْ ليس بينها وبين قُرَى نَجْرانَ والدَّرْبِ كافِرُ
فألقتْ عصاها واستقرّت [3] بها النَّوَى كما قَرَّ عينًا بالاياب المُسافِرُ

فقال الامير لا اله الاّ الله هذا والله الصوت الذى رأيتُه فى منامى وطلبتُه منك فعجبتُ انا ومن حضر لهذا الاتّفاق

عصا الأَعرج

(A, fol. 57 v°; B, fol. 45 r°) وقال المؤلّف اطال الله بقاءه فى أَعْرَج بيتين [4] على سبيل الرياضة ذكرها وان لم يكن فيهما ذكرُ العصا [بسيط]

عابوا هَوَى شادنٍ فى رجله قِصَرٌ من شُكْرِ أَلحاظه فى مَشْيه ثَمَلُ
وما هَوَى خُوطِ بانٍ ماسَ من هَيَفٍ عَيْبٌ وانْ كان عيبا فهْو محتَمَلُ

([5] A, fol. 65 r°-67 r°; B, fol. 51 r°-52 r°) فصل قال المؤلّف اطال الله بقاءه زرتُ بيت المَقْدس فى سنة اثنتين وثلاثين وخمسمائة وكان معى من اهله من يعرّفنى المَواضع التى يصلّى فيها ويُتبرّك بها فدخل بى الى بيتٍ جانبَ قُبّة الصَّخْرة فيه

1. A معن ; B معنى.
2. Plus haut, p. 515, l. 12 et 13.
3. A واستقر.
4. A بيتان.
5. Passage traduit plus haut, p. 173-174.

قناديل وستور فقال لى هذا بيت السلسلة فاستخبرتُه عن السلسلة فقال لى هذا بيت كانت فيه على عهد بنى اسرائل سلسلة اذا كان بين اثنين من بنى اسرائل محاكمة ووجبت اليمين على احدهما دخلا هذا البيتَ فوقفا تحت السلسلة واستَحلف المدّعِى على المدّعَى عليه ثم يَمدّ يده فان كان صادقا أَمسك السلسلة وان كان كاذبا طالت عن يده فلا يصل اليها فأَودَع رجل من بنى اسرائل جوهرا عند رجل ثم طلبه منه فقال اعطيتُك ايّاه فقال تحاكمْنى الى السلسلة فمضى المستودِعُ فاخذ عصًا فشقّها وحفر فيها للجوهر وتركه فيها ثم أَلصقها عليه ودهنها واخذها فى يده ودخل مع خصمه بيتَ السلسلة فقال للخصم امسكْ عنّى هذه العصا فمسكها ثم حلف له أنّه سلّم الجوهر اليه ومدّ يده فأَمسك السلسلةَ ثم عاد اخذ العصا وخرجا فارتَفعت السلسلةُ من ذلك اليوم ولم أَرَ هذا الحديث مسطورا وانما اوردتُّه كما سمعتُه قال المؤلّف اطال الله بقاءه كان عندنا بشيزر رجل زاهد من خيار المسلمين اسمه جرّار[1] رحمه الله وكان منقطعا على مسجد على جبل جريجس[2] لا يخرج منه الاّ على صلوة الجمعة وكنتُ أَزوره فيه وأَتبرّك به فحدّثنى عنه بعض من كان يخالطه أنّه قال اردتُّ زيارة الشيخ ياسين[3] رحمه الله وأَظنّه كان بمَنْبِج فخرجتُ انا ورفقة لى وفى نفسى أن أَطلب منه عصًا فلمّا صرنا بالقرب من منبج ومعنا فضلة من زادنا فتحنا رُجْمَ[4] حجارة ودفنّاها

1. A جرارا ; B حرار.
2. B حرىس ; cf. plus haut, p. 159, note 3.
3. B يس ; cf. *Coran*, xxxvi, 1.
4. J'emprunte cette vocalisation à A.

فيه ثم رددنا عليه الحجارة ودخلنا على الشيخ رحمه الله فاقمنا عنده ما اقمنا ثم ودّعناه وعزمنا على المسير فاحضر لنا زادا وقال احملوا هذا فانّ زادكم اكله الثعلب واحضر عصا واخرج من تحت عمامته طاقية وقال لى خذ هذه العصا وهذه الطاقية فودّعنا وانصرفنا وانا مسرور بالعصا والطاقية ونحن نَعجب من قوله عن الزاد فلمّا صرنا الى الموضع الذى فيه الزاد طلبناه فلم نجده واذا الوحشُ قد اكلتْه فسرنا ثم افترقنا وركب كلُّ رجل منّا قصده فوصلتُ الى ارض شيزر واذا الفرنج قد اغاروا على البلد وهم منتشرون فيما بينى وبين قصدى فوقع فى نفسى أن اخرجتُ الطاقية من تحت عمامتى ووضعتها على رأس العصا ومشيتُ على الطريق والفرنج عن يمينى وشمالى وبين يدىَّ والعصا فى يدى وعليها الطاقية فلا والله ما عارضنى منهم احد كأنّ الله سبحانه وتعالى أَعْمَى أَبْصَارَهُمْ[1] عنّى فما نالنى منهم سوءٌ حتّى وصلتُ الى مَأْمنى قال المؤلّف اطال الله بقاءه ولعلّ من يقف على هذا الحديث يَدفعه ويكذّبه ، وقد جرى بشيزر ما هو اعجبُ من هذا وانا حاضر نزل الفرنج خذلهم الله علينا فى بعض السنين وكان الماء بيننا وبينهم وهو اذذاك زائد لا يُمكن خَوْضُه فما كان لنا اليهم سبيل ولا لهم الينا فلمّا تبيّنوا ذلك انتشروا فى الارض ودخلوا فى البساتين يرعون خيلهم فجاء منهم نفر الى بستان على جانب الماء ومعهم خيلهم فتركوها تَرعى فى قَصيل فى البستان وناموا فتجرّد رجالٌ من اصحابنا وسبحوا اليهم ومعهم سيوفهم فقتلوا منهم وجرحوا بعضهم وانتشر الصياح فى الفرنج وهم فى

1. *Coran*, XLVII, 25.

خيمهم ففزعوا وجاءوا مثل السيل كلّ من ظفروا به قتلوه وانتهى بعضهم الى مسجد ممّا يليهم يُعرَف بمسجد ابى المجد بن سُمَيَّة[1] ونحن نراهم ولا سبيل لنا اليهم وفى المسجد رجل يُعرَف بحَسَن الزاهد رحمه الله واقف يصلّى على سطحه وعليه ثياب سود صوفا وباب المسجد مفتوح فجاء الفرنج وترجّلوا ودخلوا المسجدَ ونحن نقول الساعةَ يقتلون الشيخ فلا والله ما قطع صلوتَه ولا تحرّك من مُصلّاه ونحن نظنّ أنّهم يرونه كما نراه الّا أنّ الله سبحانه وتعالى اعمى ابصارهم عنه وحماه من كيدهم وخرجوا من المسجد بأجمعهم وانصرفوا والشيخُ رحمه الله فى مصلّاه كما كان وما العيانُ كالاخبار والسّماع

قال المؤلّف اطال الله بقاءه ([2]A, fol. 68 v°-69 r°; B, fol. 53 r° et v°)

حضرتُ بدمشق وقد وقع بين العُمْيان وبين رجل كان يَتولّى وَقْفَهم يُعرَف بابن البعلبكّى خُلْفٌ فلقوا فيه صاحبَ دمشق شهاب الدين محمود بن تاج الملوك بورى رحمه الله عدّةَ مرار فقال للامير[3] مجاهد الدين بُزان بن مامين أَىْ مجاهدَ الدين تالله خلّصْنى منهم وآجْمَعْهم وأَحضِرْ نائبهم فى الوقف وآفْصِلْ[4] حالهم فقال السمع والطاعة وقال لى مجاهد الدين تفضّلْ وآحضرْ معنا فاجتمعنا فى ايوان كبير فى دار وحضر النائب ابن البعلبكّى ونائب كان قبله يقال له ابن الفرّاش

1. Ousâma, *Autobiographie*, p. 68, dernière ligne, et voir l'anecdote entière, *ibid.*, p. 68-69.

2. Traduit plus haut, p. 176-177.

3. A et B الامير; voir plus haut, p. 176, note 3.

4. J'ai traduit « et améliore leur situation », en lisant وافضل (A et B وافصل); je traduirais, d'après le texte adopté : « et règle leur situation ».

وحضر العميانُ فى نحو من ثلثمائة رجل فحملوا قُدّامهم ودخلوا الايوانَ كلّ واحد وعصاه معه فى يده وضعها الى جنبه ثم تَجَارَوُا[1] الحديثَ فكان بعضهم هواه مع النائب الاوّل ابن الفرّاش وبعضُهم هواه مع ابن البعلبكّى فتنازعوا وتخاصموا ساعة ولا يُندخل بينهم لعلوّ أصواتهم وكثرتهم ثم تواثبوا فارتَفع فى الايوان نحوٌ من ثلثمائة عصًا فى ايدى العميان لا يَدرون من يضربون وعلا الضجيج والصياح حتّى ندمتُ على حضورى فتلطّفا الامرَ حتّى سكنت الفتنة بينهم ومشّيا[2] امرَهم على ما ارادوا وما صدقنا أنّهم يَتصرّفون[3]

العَصَا فرسُ جَذِيمَةَ الأبرش

قال المؤلّف اطال الله بقاءه ومع ما ([4]A, fol. 74 r° et v°; B, fol. 57 r°) اوردتّه فيه من قول اصحاب السِّيَر وأشعار الشعراء[5] فلا يحقّق ذلك من مارس الحروب وعرف مكايدها واتّقاء الرجال التغرير[6] والتخوّف من سوء عواقب الحيلة وضعفَ المكيدة والحزمُ فى الحرب ابلغ من الاقدام وقد حاربتُ الفرنج

1. B نحاور الحدث.

2. A ومشينا.

3. J'ai traduit en lisant ينصرفون (A يصرفون); mon texte s'appuie sur B يتصرفون et signifie : « que les aveugles céderaient ».

4. Traduit plus haut, p. 469-470.

5. Il s'agit des mille soldats introduits, prétendaient historiens et poètes, par Kousair ibn Sa'd Al-Lakhmî au cœur de la ville où résidait Zabba, la reine qui avait tué son ami Djadhîma al-Abrasch, en les dissimulant dans des sacs à blé, dans des coffres et dans des caisses (فى الجواليق والتوابيت والصناديق); cf. Caussin de Perceval, *Essai sur l'histoire des Arabes*, II, p. 37-38.

6. A العزر.

خذلهم الله فى مواقف ومواطن لا أُحْصِى عددها كثرةً فما رأيتُهم قط كسرونا فلجّوا فى طلبنا ولا يَزيدون خيلَهم عن الخبب والنقل خوفا من مكيدة تُتَمّ عليهم فكيف يحكّم من فى رأسه لُبٌّ على نفسه حتّى يَدخل فى غِرارةٍ مشدودة[1] عليه وفى تابوت وكيف يَخفى الرجل اذا ربطتْ عليه غِرارةٌ وحطر لى أن قلتُ عند انتهائى الى هذا الموضع أبياتا انا ذاكرها وهى [كامل]

لو سرْتَ فى عَرْض البسيطة طالبًا رجلا خبيرا بالحروب مجرَّبا
عانَى الحروبَ مُجاهرًا ومُخاتلًا طفْلًا الى أن عاد همًّا أَشْيَبا
قَتَلَ الاسودَ ونازَل الأَبطالَ فى الـهَيْجاء وٱقتـادَ الكَمىَّ المُحْرَبا
لم تَلْقَ مِثْلى من يَكاد يُريه حُسْـنُ الرأى ما قد كان عنه مُغَيَّبا
وأَرَى مَسيرَ الأَلْف تَطلب وِتْرَها ضِمْنَ الغَرائر فِرْيَةً وتكذُّبا

فصل قال الفرزدق فى قصيدة مدح بها (A, fol. 75 r°; B, fol. 58 r°) هشام بن عبد الملك [طويل]

رايتُ بنى مَرْوانَ جَلّتْ سيوفُهم عَشًا كان فى الأبصار تحت العَمائمِ
عصا الدّين والعُودَيْنِ والخاتَمَ الّذى به اللّهُ يُعْطِى مُلْكَه كلَّ قـائمِ

عصا الدين السيف والعُودان العصا والمنْبر

رأيتُ العَشاواتِ ٱنجلتْ حين أُعطيتْ هِشاما عصا الدين الّذى لم تخاصِمِ

1. A مسدوده.

فصل قال معن بن اوس المُزَنىّ[1] (A, fol. 79 v°-80 r°; B, fol. 61 v°) [وافر]

اذا اجتمع القبائلُ كنتُ رِدْفًا   أَمامَ الماسحينَ لك السِّبالاَ
فلا تعْصى عصا الخُطَباءِ فيهم   وقد تَكفى المقادةَ والمقالاَ

وقال اخَر فى عصا الخِطابة [متقارب]

اذا اقتَسم الناسُ فضلَ الفخارِ   أَطَلْنا الى الارض ميلَ العصىّ

تقول العرب ما تزال تحفظ اخاك حتّى تاخذ القَناة فعند ذلك يَفضحك او يَمدحك تقول اذا قام الخطيبُ والقناةُ بيده فقد قام المقامَ الذى يخرج منه مذموما او محمودا وقال جرير بن عَطيّة [بسيط]

مَن للقَناة اذا ما عَىَّ قائلُها   ام للأَعنّة يا عمرو بن عمّارِ

عن عبد الله بن رؤبة بن العجّاج قال سأل رجل رؤبة عن أَخطبِ بنى تميم فقال خداشُ بن لبيد بن بيْبة بن خالد يعنى البَعيث الشاعر وانما قيل له البَعيث لقوله[2] [طويل]

تَبعّثَ منّى ما تَبعّثَ بعد ما   أُمِرّت حِبالى كلَّ مِرّتها شَزْرَا[3]

1. A et B المرى.
2. *Hamasæ carmina*... edidit...Freytag, p. 183; versio latina, I, p. 327.
3. B شرزا (A شُرُرا).

قال ابو اليَقْظان كانوا يقولون أَخطبُ بنى تميم البَعيث اذا أَخذ القناة فهَزّها ثم اعتَمد بها على الارض ثم رفعها يريد بالقناة العصا قال يونس لئن كان مغلَّبا فى الشعر لقد غلب فى الخُطَب العربُ تقول اعتَصى بالسيف اذا جَعَلَ السيف عصًا وقال عمرو بن الاطْنابة [خفيف]

وفتًى يَضرب الكتيبة بالسيـــف اذا كانت السيوفُ عصيًّا

وقال مُحْرِز [كامل]

نزلوا اليهم والسيوفُ عصيُّهم وتذكّروا دِمَنًا لهم وذُحولاَ[1]

فصل جامع (A, fol. 82 r°; B, fol. 63 r° et v°) قال عمرو بن بحر الجاحظ الدليل على انّ العصا ماخوذ من اصل كريم ومعدن شريف اتّخاذُ سليمن بن داود عليهما السلام العصا لخطبته وموعظته ومقاماته وطول صلواته وتلاواته وانتصابه فجعلها لتلك الخصال ، وقول الله عزّ وجلّ[2] فَلَمَّا قَضَيْنَا عَلَيْهِ ٱلْمَوتَ مَا دَلَّهُمْ عَلَى مَوْتِهِ إلاَّ دَابَّةُ ٱلْأَرْضِ تَأْكُلُ مِنْسَأَتَهُ والمِنْسأةُ هى العصا ، وقال ابو طالب حين قام يَذُمّ الرجل الذى ضرب ابا نُبْقَةَ[3] واسمه علقمة حين تخاصما[4] [طويل]

1. B ودحاولا.
2. *Coran*, XXXIV, 13.
3. A نِبقة; B نبعه.
4. Al-Djauharî, *Ṣaḥâḥ*, racine نسأ; Schwarzlose, *Die Waffen der alten Araber*, p. 210.

أَمِنْ اجلِ حبلٍ ذى زِمامٍ ضربتَه بِمِنْسأةٍ قد جاء حبلٌ وأَحبُلُ

والمِحْجَنة العصا المعوّجة وفى الحديث المرفوع (A, fol. 82 v°; B, fol. 63 v°) أنّه صلّى الله عليه وسلّم طاف بالبيت يَستلم الأركانَ بمِحجنة وفى الحديث أنّ ابا بكر رضى الله عنه أَفاضَ من جمعٍ وهو يَخرش بعيره بمِحجنة

والعربُ تقول لو كان فى العصا سيرٌ (A, fol. 83 v°; B, fol. 64 r° et v°) للمُقِلّ والضعيف قال ابو تمّام حبيب بن اوس الطائىّ[1] [بسيط]

يا لكِ من همّةٍ ورأىٍ لو أنّه فى عصاكِ سَيْرُ
رُبَّ قليلٍ حَدَا[2] كثيرا كم مَطَرٍ بَدْؤُه مُطَيْرُ
صبرًا على الحادثات صبرًا ما فعل الله فهو خيرُ

وتقول العرب قد أَقبل فلانٌ وعصاه اذا اصابه السَّواف وهو ذهاب المال وموتُه فرجع وليس معه الاّ العصا فانّه لا يفارقها ان كان معه ابل أوّلا قال حُمَيْد بن سعيد [كامل]

واليومَ يَنتزع العصا من ربّها ويَلوكُ ثِنَى لسانِه المَنْطِقُ

قيل كانت العرب تقاتل بالعصىّ (A, fol. 84 r°-85 r°; B, fol. 65 r° et v°)

1. *Les séances de Hariri*, commentaire par Silvestre de Sacy (2e éd.), p. 232.

2. Ap. قليل, A et B احدى.

فلهذا قال الأَعْشَى ميمون بن قيس بن جندل [1] [كامل]

لَسْنا نضارب بالعصىّ ولا نقاذف بالحجارَهْ

الاّ بكلّ مهنَّدٍ عَضْبٍ من البيض الذّكارَهْ

قَضِمِ [2] المضارب باترٍ يَشفى النفوسَ من الحَرارَهْ

وقال جَنْدَل الطُّهَوِىّ [3] [رجز]

حتّى اذا دارت عصانا تَجرى صاحت عصىٌّ من قَنًا وسِدْرِ

تقول العرب العصا من العُصَيّة والأَفْعَى من الحيّة تريد انّ الامر الكبير يَحدث من الصغير والعرب تسمّى الصغيرَ الرأس رأسَ العصا وكان عُمَرُ بن هُبَيْرَةَ [4] صغير الرأس فقال فيه سُوَيد بن الحارث [طويل]

مَنْ مُبلِغٌ رأسَ العصا أنّ بيننا ضَغائنَ لا تُنْسَى وان هى سُلَّت

رَضِيتَ لقَيْسٍ بالقليل ولم تكن أَخًا راضيا أنْ صدرُ نَعْلك زَلَّت

اى لم تكن قيسٌ تَرضى لك بالقليل وقال ابو العَتاهية فى والبَةَ بن الحُباب وقومه وكانت رؤوسهم صغارا [طويل]

1. Ousâma donne, avant ces trois vers, trois autres vers du même morceau, parmi lesquels le premier.

2. A قُضْم.

3. A الظُّهَوِىّ.

4. A et B عمر بن ابى هبيرة (B عمرو).

رؤوسُ عِصِيٍّ كُنَّ فى عَوْدِ أَثْلَةٍ لها قادِحٌ يَفْرِى وآخَرُ مُحْرِبُ

وفى حديث زَواج رسول الله صلّى الله عليه وسلّم خَديجَةَ بنت خُوَيْلِد رضى الله عنهما وقد تكلّم ابو طالب وذكر رُغْبته فيها فقال قائل منهم [1] ابنُ اخيك الفَحْلُ لا يُقْرَع بالعصا [2] أَنْفُهُ وذاك أنّ الفحل اللئيم اذا اراد الضراب فى الابل ضربوا انفه بالعصا ، وفى خُطْبة الحجّاج [3] والله لأَعصبنّكم عَصْبَ السَّلَمة ولأَضربنّكم ضَرْبَ غرائب الابل وذلك أنّ الأشجار تُعَصب أَغصانُها لتَجتمع ثم تُخْبَط بالعصا لِيَسقط ورقُها وهَشيمُ العيدان لتأكله الماشية

قال المؤلّف اطال الله بقاءه ([4]A, fol. 90 v°-91 v°; B, fol. 69 v°-70 r°)

زُرْتُ قبر يحيى بن زكرياء عليهما السلام بقرية يقال لها سَبَسْطِيَّة [5] من أَعمال نابُلُس فلمّا صلّيتُ خرجت الى ساحة بين يدى الموضع الذى فيه القبر مَحُوط عليها واذا باب مردود ففتحتُه ودخلت واذا كنيسة فيها نحو من عشرة شيوخ رؤوسهم مكشوفة كأنّها القطن المندوف وقد استقبلوا الشرقَ وفى صدورهم عصىٌّ فى رؤوسها عوارضُ معوجّةٌ على قدر صدر الرحل وهم مُعهدون عليها [6] ويُمَنِح بين ايديهم بقَراء فرأيتُ منظرا يَرِقّ له القلب وساءنى وآسفنى اذ لم أَر

1. A قائلهم.
2. A العصا; B sans ce mot.
3. De même plus haut, p. 509, l. 1 et 2.
4. Traduit plus haut, p. 189-190.
5. J'ai écrit Sabasṭiyya, comme si le *yâ* avait un *taschdîd*; de même aussi (Socin), *Palestine et Syrie*, p. 360-362; l'orthographe est épelée sans *taschdîd* par Yâḳoût, *Mou'djam*, III, p. 33. A سَبَسْطِيَه.
6. Ap. الرحل, B منهم وهم معتمدون عليها.

فى المسلمين من هو على مثل اجتهادهم فمضتْ على ذلك مدّةٌ فقال لى يوما معين الدين أَنَر[1] رحمه الله وانا وهو نسير عند دار الطّوا.يس أَشتهى أَنزلُ أَزور المشايخ قلت الامر كذلك فنزلنا ومشينا الى منزل عرضىّ طويل فدخلناه وانا أَظُنّ انّ ما فيه احدا واذا فيه نحو من مائة سجّادة وعلى كلّ سجّادة رجل من الصّوفيّة عليهم السّكينة والخشوع عليهم ظاهر فسرّنى ما رأيتُ منهم وحمدتُ الله عزّ وجلّ ورأيت فى المسلمين من هو اكثرُ اجتهادا من اولئك القسوس لم أَكن قبل ذلك رأيت الصوفيّة فى دارهم ولا عرفتُ طريقهم

ويقال يومٌ أَطولُ من ظلّ القَناة وأَحرّ من (A, fol. 104 r°; B, fol. 79 r°) دمع المِقْلاة قال عبد الله بن الدُّمَيْنة[2] [طويل]

ويومٍ كظلّ الرّمْح قصّر طولَه دَمُ الزّقّ عنّا وٱصطفاقُ المَزاهرِ

ويقال رجل كالقناة وفرس كالقناة قال عُرْوة بن الورد[3] [طويل]

متى ما يجئ يوما الى المال وارثى يَجِدْ جُمْعَ كفّ غيرِ مَلْأَى ولا صفْرِ
يَجِدْ[4] فَرَسا مثل القناة وصارما حُساما اذاما هُزَّ لم يَرْضَ بالهَبْرِ

1. A أَنُر; voir p. 150, note 4; p. 189, note 7.

2. Freytag, *Arabum proverbia*, II, p. 43, avec une autre attribution de poète.

3. *Hamasæ carmina*... edidit... Freytag, p. 778; versio latina, II, p. 657, où ces deux vers sont attribués à Ḥâtim aṭ-Ṭâ'î.

4. A يَجِد.

(A, fol. 104 v°; B, fol. 79 v°) ويقال للرجل اذا لم يكن معه عصا باهلٌ وناقة باهلٌ اذا كانت بغير صرار

(A, fol. 107 v°; B, fol. 81 v°) فصل في بديع ما جاء في عصا الكِبَر

(A, fol. 109 v°-110 r°; B, fol. 83 r° et v°) وقال المولى مؤيَّد الدولة مؤلّف هذا الكتاب اطال الله بقاءه في المغنى [كامل]

أَسَفِي على عصر الشباب تَصرّمتْ   أيّامُـه لا بـل عـلى أيّامي
لم أَبكِهِ أَسَفـا على مَرَحِ الصِّبَى   ووصـالِ[1] غانيـةٍ وشُرْبِ مُدامِ
لكن على جَلَدِي وخَوْضِي مَعْرَكا   يَرتاعُ فيـه الموتُ من اقدامي
بيـدي حُسـامٌ كلَّمـا جرّدتُـه   يومَ الوَغَى أَغمدتُّه في الـهـامِ
والصدرَ مُعتدلُ[2] الكعوبِ حطمْتُه   في صدر كَبْشِ كتيبةٍ قُمْقـامِ
ونزالِ فُرْسانِ الـهيـاج وكلّهم   فَرَقٌ لهول تقحّمي ومُقـامي
وقِتْلِي الأُسْدَ الضَّوارِيَ نُحْطُهـا   كالرَّعْدِ قَعْقَعَ في متونِ غَمـامِ
تَلْقَى اذا لاقيتَهـا أَسَدا لـه   بَـأسٌ[3] يُبيحُ به حَمَى الآجـامِ
لو أنّ عينَ ابي زُبَيْدٍ عـايَنَتْ   فَتَكاتِهِ لَأَقَرَّ بـالاحْـجـامِ
فحملتُ من بعد الثمانين العصـا   متيقّنـا انذارَهـا لِحِمـامي[4]

1. B اوْ وَصْلِ, que le mètre et le sens comportent également.
2. A ولصدر معتدل الكعوب.
3. B بأسًا.
4. A انذارُها ; B لِحِمامِ.

وقال ايضا اطال الله بقاءه فى المعنى [1] [بسيط]

مع الثمانين عاث الضّعف فى جَلَدى [2] وساءنى ضعف رجْلى واضطرابُ يدى

اذا كتبتُ فخطّى خَطُّ مضطرب كخطّ مرتعش الكفّين مرتعد

وان مشيتُ وفى كفّى العصا ثقلتْ رجْلى كأنّى أخوضُ الوَحْلَ [3] فى الجَلَد

فأعْجَبْ لضعف يدى عن حملها قلما من بعد حَطْم القَنا فى لَبّة الأسَد

فقُلْ لمن يتمنّى طولَ مُدّته هذى عواقبُ طول العُمْر والمَدَد [4]

([5] A, fol. 112 v°-113 v°; B, fol. 85 v°-86 r°) قال المؤلّف اطال الله بقاءه

دخل [6] علىّ بالموصل سنة ستّ وعشرين وخمسمائة رجل من اهل الموصل نصرانىّ يُعرَف بابن تُدْرُس [7] وهو شيخ كبير يمشى على عصا ليسلّم علىّ وأنشدنى والعصا بيده قبل السلام [خفيف]

أَحْمَدُ اللهَ اذ سَلِمْتُ الى أن صرتُ أَمْشى وفى يدى عُكّازهْ

نِعْمةٌ ليتنى بقيتُ عليها خالدا لا أُشالُ فوق جِنازهْ

1. Ousâma, *Autobiographie*, p. 122; Aboû Schâma, *Kitâb ar-rauḍatain*, I, p. 114, l. 3 à 7, et non p. 144, comme il a été imprimé plus haut, p. 357, note 1, au-dessous de la traduction française de ces cinq vers.

2. A حلدى; B خَلَدى, le manuscrit de l'*Autobiographie* clairement جلَدى.

3. B الماء.

4. B والمُدد.

5. Plus haut, p. 144.

6. A partir de ce mot, A est une copie moderne de B, faite avec une certaine liberté de changements et de corrections.

7. Cette vocalisation d'après B.

وقال اخر [طويل]

عصيتُ العصا ايّامَ شَرْخِ شيبتى فلمّا آنقضى شرخُ الشّباب أَطعتُها
أُحَمِّلُها ثِقْلى ويَحسب كلُّ من رآها بكفّى أنّنى قد حملتُها

وقال المؤلّف رحمه الله [رمل]

حَمَلَتْ ثِقْلِىَ فى السَّهْل العصا وَثَبَتْ فى حينِ حاولتُ الحُزُونا[1]

واذا رِجْلِىَّ خانتْنى[2] فلا نُوَمُ[3] عندى للعصا فى أن تَخُونَا

قال المؤلّف وانشدنى العَميد ابو الحسن علىّ بن ابى الآمال بالموصل فى سنة ستّ وعشرين وخمسمائة ولم يُسَمِّ القائل[4] [كامل]

ما زِلْتُ أَرْكَبُ شاكلاتِ الرَّبْرَبِ حتّى مشيتُ على العصا كالأَحْدَبِ
وتَزِلُّ رجلى كلّما ثبّتّها فكأنّنى أَمْشى الوَجَى فى الطّلَبِ
أَأَزِيدُ ثالثةً وأَنقُصُ عن مَدَى مَشْىِ آثنتين لقد أَتيتُ بمُعجِبِ
واللّيثُ لو بلغتْ سُنُوه سِنّى او قاربتْ أَمْسَى فَرِيسةَ ثَعْلَبِ

قال وانشدنى القاضى الرشيد احمد بن الزُّبير بمصر سنة تسع[5] وثلاثين وخمسمائة

1. A الحزونا.
2. A رحيلى جابيّ ; B رحلى حاسى.
3. A et B dans le premier hémistiche.
4. Plus haut, p. 144.
5. A et B سبع ; pour cette correction, voir plus haut, p. 207, note 4. Sur les relations personnelles entre Al-Ḳâḍî ar-Raschîd Ibn Az-Zoubair

للشاعر[1] المعروف بالمُكَرْبِل[2] [وافر]

تَقَوَّسَ بعد طول العُمْرِ ظَهْرِى وداسَتْنِى الليالى أَىَّ دَوْسِ
فَأَمْشِى والعصا تَمْشِى أَمامى كأَنَّ قِوامها وَتَرٌ لِقَوْسِ

قال المؤلّف رحمه الله انشدنى ([3]A, fol. 115 v°-116 r°; B, fol. 87 v°-88 r°) الخطيب مجد الدين ابو عِمْران موسى بن الخطيب قُدْوة الشريعة يحيى الحَصْكَفِىّ رحمه الله بظاهر مَيّافارِقِينَ فى شعبان سنة احدى وستّين وخمسمائة [طويل]

كَبُرْتُ الى أن صِرْتُ أَمْشِى على العصا لِتُخْبَرَ ما أَعْدَى الزمانُ من الوَهْنِ
يقولون ما تَشكى وهل من شِكايةٍ أَشَدُّ على الانسان من كِبَرِ السِّنِّ

قال وانشدنى ايضا لبعضهم [طويل]

ولكنّنى أَلزمتُ نفسى حَمْلَها لأُعْلِمَها أنّ المقيم على سَفَرْ

قال وانشدنى بها الموفَّق نصر بن سلطان[4] لبعضهم [خفيف]

et Mourhaf, le fils d'Ousâma, auxquelles il est fait allusion p. 207, voir aussi ʿImâd ad-Dîn, *Kharîdat al-ḳaṣr* (manuscrit 1374 de l'ancien fonds arabe), fol. 1 r°.

1. A et B الشاعر.

2. Ce poète satirique se nommait Aboû Alî Ḥasan ibn Saʿîd Al-ʿAsḳalânî. Il est l'objet d'une notice dans ʿImâd ad-Dîn, *Kharîdat al-ḳaṣr* (manuscrit 1374 de l'ancien fonds arabe), fol. 198 r°-200 v°; voir aussi fol. 10 r°, et cf. Dozy, *Catalogus codicum Bibliothecæ Academiæ Lugduno-Batavæ*, II, p. 271.

3. Plus haut, p. 322.

4. Plus haut, p. 134, note 4.

كلّ أَمْرِى اذا تفكّرتَ فيه   وتأمّلتَه تراه طَريفا
كنتُ أَمْشِى على اثنتين قَوِيًّا   صِرْتُ أَمْشِى على ثلاثٍ ضَعيفا

قال المؤلّف رحمه الله [بسيط]

اذا تَقَوَّسَ ظهرُ المرء من كِبَرٍ   فعادةَ[1] القوس يمشى والعصا وَتَرُ
فالموتُ أَرْوَحُ شىءٍ يَستريح به   والعَيْشُ فيه له التعذيبُ والضَّرَرُ

وقال ايضا[2] فى المعنى [طويل]

اذا عاد ظهرُ المرء كالقوس والعصا   له حين يَمشى وهْى تَقدمه وَتَرْ
وملَّ تكاليفَ الحيوة وطولَها   وأَضعفَه من بعد قوّته الكِبَرْ
فانّ له فى الموت أَعظَمَ راحةٍ   وأَمْنٍ من الموت الذى كان يَنتظِرْ

وقال المؤلّف رحمه الله[3] (A, fol. 118 r° et v°; B, fol. 89 v°-90 r°) [رجز]

حنانىَ الدهرُ وأَفنتنى الليالى والغِيَرْ
فصرتُ كالقوس ومن عصاىَ للقوس وَتَرْ
أَهْدِجُ فى مَشْيِى وفى خَطْوِى فُتورٌ وقِصَرْ

1. B فعادةُ.

2. Entre ايضا et فى, A et B هى.

3. 'Imâd ad-Dîn, *Kharîdat al-kaṣr*, dans *Nouveaux mélanges orientaux*, p. 141-142.

كأنّنى مقيَّدٌ وانما القيدُ الكبَرُ
والعُمْرُ مثلُ الماء فى اخرِه يأتى الكَدَرُ

وانشدنى الامير السيّد شهاب الدين ابو عبد الله محمّد بن شهاب الدين العَلَوىّ الحُسينىّ بالموصل فى شوّال سنة خمس وستّين وخمسمائة لبعض المغاربة[1] [بسيط]

ولى عصا فى طريق السيْرِ أَحْمَدُها بهـا أُقَدِّمُ فى تـأخيرهـا قَدَمى
كأنّها وهْى فى كفّى أَهُشّ بها على ثمانين عامًا لا على غَنَمى
كأنّنى قوسُ رامٍ وهْى لى وتَرٌ أَرْمى عليها رِماءَ[2] الشيب والهَرَمِ[3]

قال المصنّف رحمه الله وحدّثنى الشريف الامام شمس الدين ابو المَجْد علىّ بن علىّ بن الناصر للحقّ الحُسينىّ الحَنَفىّ بالموصل فى شهر رمضان سنة خمس وستّين وخمسمائة[4] قال خرج خواجا بُزُرك وفى يده عصا وهو يُنشِد هذين البيتين [منسرح]

بعد الثمانين ليس لى قوّةٌ[5] لَهْفى على قوّة الصبوّهْ
كأنّنى والعصا بكفّى أخو[6] موسى ولكن بلا نبوّهْ

1. Plus haut, p. 352.
2. A et B زماءَ.
3. B والهِرَم.
4. Plus haut, p. 352.
5. B قوّةٌ.
6. J'ai ajouté, pour compléter le premier hémistiche, اخو qui ne se trouve pas dans mes deux manuscrits.

قال وانشدنى ايضا قال انشدنى والدى ابو الحسن علىّ قال انشدنى والدى ابو طالب يحيي قال انشدنى والدى الامير ابو شُجاعٍ وقد علتْ سِنّه وحمل العصا [بسيط]

أَهْدَى لِى الدهرُ رِجْلا منه ثالثةً ما كان أَحسنَنى أَمْشى بثنتَيْن
أَمْشى بها وهْى تَمْشى بى مُعاوَنةً ما كان أَحسنَنى أَمشى بلا عَوْن
هَديّةٌ كنتُ آباها فصيّرها الىّ بالرَّغْم منّى قُرّةُ العَيْن
بانَ الشَّبابُ وجاء الشيبُ يَصْحَبه يا لَيْتَها صُحْبةٌ تَبقى بلا بَيْن

قال المؤلّف رحمه الله (A, fol. 119 r°-122 r°; B, fol. 91 r°-94 r°) [كامل]

وَيْحَ السِّنينَ ومرِّها ما ذا بنا هى فاعلَهْ
جَعَلَتْ عصاىَ ولم تكن شُغْلى لكفّى شاغلَهْ
محمولةٌ هى فى المُجا ز وفى الحقيقة حاملَهْ
والعُمْرُ أَلجأَنى اليها والقُوَى المتخاذلَهْ
والنَّفْسُ عمّا سوف تَلْقَى حين تُسلِم غافلَهْ
وجميعُ مكروهاتِها فى العِيشة المتطاولَهْ

وقال المؤلّف رحمه الله [سريع]

قَصَّرَ خَطْوى وَقَنا صَعْدتى مُزَوَّرُ دهرٍ خاتِلٍ خاتلِ
وصار كفّى مالكًا للعصا من بعد حَمْلِ الأَسمرِ الذابلِ

أَمْشِى بِضعف وٱنحناء على   عصاىَ مَشْىَ الصائد الخاتل
كأنّنى لم أَمْشِ يومَ الوَغَى   الى نزال البَطَل الباسل
ولم أَشُقّ الجيشَ لا أَخْتَشِى   من الرّدَى كالقَدَر النازل
فٱنظرْ الى ما فعل العُمْرُ بى   من طوله لم أَحْظَ بالطائل
يا حَسْرتا انّى غدا ميّتٌ   على فراشى ميتةَ الخامل
هلّا أتانى الموتُ يومَ الوَغَى   بين القنا والأَسَل الناهل

وقال ايضا   [كامل]

نظرتْ الى ذى شيبة متهدّم   أَفنى وكم[1] أَفنى من الأَعوام
يَمْشى وتَقدمُه[2] العصا وقد ٱنحنى   فكأنّها وَتَرٌ لقوس الرامى
ورأتْ سماتِ الأَرْيَحيّة والنَّدَى   ودلائلَ المعروف والاقدام
وٱستَخبرتْ عنّى فقلتُ لها ٱمرؤٌ   نائِى المَواطن من كِرام الشام
نَبَتِ الديارُ بها وضاق فَسيحُها   عنه ففارَقَها بغير مَلام
قالت مِنَ ٱىّ الناسِ أنتَ فقلتُ من   أَولاد مُنْقِذ[3] فى ذُرًى وسَلام
من مَعْشَرٍ أَبدًا تَروح رماحُهم   بدم العِدَى مخضوبةَ الأَعلام
تَحمى البلادَ سيوفُهم وتُبيح ما   تَحميه دونَهمُ سيوفُ الحامى[4]

1. A et B ما, peut-être pour وما; وكم variante dans A et B.

2. B ويقدمه.

3. B منقذ; A sans voyelles.

4. B الحامِ; A de même, mais sans voyelles.

النازلين بكلّ ثغر خائف   والآمنين معرّة الحرّام
واذا أتاهم مستجير خائف   أوى الى حرم من الأحرام
واذا أناخ السائلون بنحوهم   عادوا ثقال الظهر بالانعام
كم فيهم عند الحقوق اذا عرت   من باذل متنزّع بسّام
تغنى يداه اذا هما همتا ندى   فى المحل عن صوب الغمام الهامى[1]
يتهلّلون طلاقة ويخافهم   لسطاهم الآساد فى الآجام
قالت فاينهم فقلت أبادهم   دهر وهل باق على الأيام
ووددت لو ناهلتهم كأس الردى   ووردت قبلهم حياض حمام
فحيوة مثلى بعد عزّ باذخ   ومعاشر غلب ومال نام
ونفاد امر لا يردّ مطيعه[2]   فيما قضى القاضى من الأقوام
لا شكّ من غصص الحمام وراحتى   بالموت غاية منيتى ومرامى
فبكت بزفرة موجع لو صادفت   جمرا لذاب من الزفير الحامى[3]

وقال ايضا   [كامل]

حملت ثقلى بعد ما شبت العصا   فتحمّلته تحمّل المتكاره
ومشت به مشى الحسير بوقره[4]   لا يستقلّ مقيّدا بعشاره

1. B الهام; A de même, mais sans voyelles.
2. B مطيعة, avec la conjecture وطاعة.
3. B الحام; A de même, mais sans voyelles.
4. B وقره.

ما آدها ثقلى ولكن ثقل ما   أبقى الشباب من أوزاره

ورجاى معقود بمن أعطى اخا السبعين عهدة عتقه من ثاره

وقال ايضا [وافر]

عوضت من الحياة فكل عمرى   تصرم بالحوادث والخطوب

فما ظفرت يدى بسرور يوم   بغير هموم حادثة مشوب

صبى كالسكر أعقبه شباب   تقضى بالوقائع والحروب

ووافى بعده شيب بغيض   فلا سقيا لأيام المشيب

أرانى طيب لذاتى ولهوى   يعد من الجهالة والعيوب

وأدانى الى كبر[1] وضعف   وأدواء جفين على الطبيب

اذا رمت النهوض هممت أنى   حملت ذرى الشناخب من عسيب

فان أنا قمت بعد الجهد أمشى   فمشي حين أعجل كالدبيب

تسيرنى العصا هونا وخلفى   مسير الموت كالريح الهبوب

وأفنى الموت اخوانى وقومى   وأترابى فها أنا كالغريب

وفيها قد لقيت ردى وموت   ولكن ليس قلبى كالقلوب

وقال ايضا [رجز]

ان ضعفت عن حمل ثقلى رجلى   وداسنى[2] عثارها فى السهل

1. A وادانى الكبر B ; وارالى الكبر.

2. A, après avoir copié وراسى sur B, l'a corrigé heureusement en وداسنى.

أَمْشِي كما يَمْشِي الوَجِي[1] في الوَحْلِ مَشْيَ الأَسِيرِ موثَّقًا بالكَبْلِ
فللعصا عندي عُذْرُ المُبْلِي[2] ان عَجَزَتْ او ضَعُفَتْ عن حَمْلِ

وقال ايضا وكتب بها فى كتاب الى ولده الامير عَضُد الدين ابى الفوارس مُرْهَف الى مصر يَطلب منه عصا من آبَنوس[3] [طويل]

أُرِيدُ عصا من آبَنُوسٍ تُقِلُّنِي فانّ الثمانين استَعادت[4] قُوَى رِجْلِي
ولو بعصا مُوسَى اتَّقيتُ آدَها على ما بها من قوّة حملُها ثِقْلِي
ولكن تَمَنِّينا الرَّجاءَ بباطلٍ وكم قَدَرٍ ما تُرْجِى المنايا وكم تُمْلِي
اذا بلغ المرءُ الثمانين فالرَّدَى يُناجيه بالتَّرحال من جانب الرَّحْلِ

وقال ايضا[5] [كامل]

لمّا بلغتُ من الحيوة الى مَدًا قد كنتُ أَهْواه تمنّيتُ الرَّدَا
لم يُبْقِ طُولُ العُمْر منّى مُنّةً[6] أَلْقَى بها صرفَ الزمان اذا اعْتَدَا
ضَعُفَتْ قُوَاىَ وخانَنى الثِّقَتان من بَصَرِى وسَمْعِى حين شارفتُ المَدَا
فاذا نهضتُ حَسِبْتُ أَنّى حاملٌ جبلًا وأَمْشِى ان مَشَيْتُ مُقَيَّدَا

1. B الوَجَا ; A de même, mais sans voyelles.

2. B المبلُ ; A de même, mais sans voyelles.

3. Plus haut, p. 361, note 4.

4. B استَعادَتْ.

5. Ousâma, *Autobiographie*, p. 119; traduction française, plus haut, p. 407-408.

6. A et B مُنْيَة.

وأَدِبُّ فى كفّى العصا وعهدتُّها فى الحرب تحمل أَسمرًا ومهنّدا
وأَبيتُ فى لينِ المِهاد مسهّدًا قَلقًا كأَنّى افترشتُ الجَلْمدا
والمرء يُنْكَسُ[1] فى الحيوة وبينما بلغ الكمالَ وتمّ عاد كما بَدَا

وقال ايضا [طويل]

أَلُوم الرَّدَى كم خُضْتُه متعرّضا له وهُو عنّى مُعْرِض متجنّبُ
وكم أَخذتْ منّى السيوفُ مَآخذَ الـ ـحمام ولكنّ القَضاء مغيَّبُ
الى أن تجاوزتُ الثمانين وآنقضتْ بُلَهْنِيَةُ العَيْش الذى فيه يُرْغَبُ
وأَصبحتُ أَستهدى العصا فتَميلُ بى لضُعْفِى عن قصدى كأنّى أُنَكّبُ
فمكروهُ ما يَخْشَى النفوسُ من الرَّدَى أَلَذُّ وأَحلَى من حيوتى وأَعذَبُ

وقال ايضا [كامل]

قد كان كفّى مَأْلَفًا لمهنّدٍ تُفْدَى[2] القلوبُ له وتُفْرَى الهامُ

قوله تُفْدَى من الفِداء وهو الحِماء[3]

ولَأَسْمَرٍ لَدْنِ الكعوبِ وحازه حيث استَمَرَّ الفِكْرُ والأَوهامُ
يَتزايَلُ الأَبطالُ عنّى مثْلَما نَفَرَتْ من الأَسَد الهَصورِ نعامُ

1. A et B ينكش ; cf. plus haut, p. 405, note 4; 408, note 2.

2. A تُفْرَى.

3. A قوله تعدى من العدا وهى الحما ; B قوله تفرى من الفرا وهى الحمّاء.

فرجعتُ أَحملُ بعد سبعين العصا　　فَاعْجَبْ لما يأتى به الأيّامُ
واذا الحِمامُ أَتى مُعاجَلةَ الفَتَى　　فَحَيَاتُه لا تَكذِبنَّ حِمامُ

قال مؤيَّد الدولة مؤلِّف هذا الكتاب رحمه الله هذا اخِر ما قلتُه وجمعتُه وأَلَّفتُه ورصّفتُه فى ذكر العصا وبه نجز الكتاب ، بعون الملك الوهّاب ،

B. *Extrait du Dîwân d'Ousâma Ibn Mounḳidh, d'après le manuscrit* 2196 *de Gotha.*

Les fragments qui vont suivre m'ont été communiqués dès avril 1882 par l'éminent bibliothécaire de Gotha, M. Wilhelm Pertsch. J'avais alors fait appel à son érudition, qui n'a d'égale que son obligeance, pour mes premières recherches relatives à Ousâma. Il me signala aussitôt la présence sur ses rayons d'un volume sans titre, anthologie anonyme, dont les feuillets 8-10 étaient consacrés à mon émir syrien[1]. Le même pli qui m'apportait le renseignement contenait également les trois feuillets détachés du livre et, si j'ai pu les étudier à mon jour et à mon heure, je le dois à cet acte de généreuse et confiante initiative. Je tiens à remercier publiquement M. Pertsch, si empressé à communiquer dans l'intérêt de la science les richesses dont il est le gardien et que les voyages n'ont pas entamées. C'est malheureusement un témoignage posthume de reconnaissance que j'adresse à mon ami regretté Heinrich Thorbecke, de passage à Paris lorsque ce document me fut communiqué, avec l'aide duquel je l'ai déchiffré et étudié[2].

1. Wilhelm Pertsch, *Die arabischen Handschriften der herzoglichen Bibliothek zu Gotha*, IV, p. 217. Le cinquième volume de ce bel ouvrage, contenant les additions et les tables, vient de paraître (Gotha, 1892). Il mérite les même éloges que les précédents ; voir mes articles dans la *Revue critique* de 1882, I, p. 201-211 ; 221-229.

2. Heinrich Thorbecke est mort à Mannheim le trois janvier 1890, sans avoir donné sa mesure. Car, à l'exemple de notre maître Fleischer, il

منتخَب من شعر أُسامة بن مُنقذ رحمه الله هو[1] اسامة بن مُرشد بن علىّ ابن مقلَّد بن نصر بن مُنقذ الكنانىّ الكلبىّ الشيزرىّ الملقَّب مؤيَّد الدولة مجد الدين كان من أكابر بنى مُنقذ أصحاب قلعة شَيزَر وعلمائهم وشُجعانهم له تصانيف عديدة فى فنون الأدب ذكره العماد الكاتب فى الخَريدة وأثنى عليه وقال[2] سكن دمشق ثم نبتْ به كما تَنبو الدارُ بالكريم، فانتقل الى مصر وبقى بها مؤمَّرًا يشار اليه بالتعظيم، الى ايّام الصالح ابن رُزِّيك[3] ثم عاد الى الشام وسكن دمشق ثم رماه الزمان الى حُصْن كَيفا فاقام به حتّى ملك السلطان صلاح الدين دمشق فاستدعاه وهو شيخ قد جاوز الثمانين مولدُه السابع والعشرين من جمادى الاخرة سنة ثمان وثمانين واربع مائة بقلعة شَيزَر وتوفّى فى ثالث عشرى شهر رمضان سنة اربع وثمانين وخمسمائة بدمشق ودفن بسفح جبل قاسيُونَ رحمه الله تعالى وعفا عنه وعنّا وعن جميع المسلمين

بســم الله الرحمن الرحيم

قال أُسامة بن منقذ رحمه الله تعالى من جملة أبيات كتب بها الى ابيه[4] [وافر]

travaillait pour maintenir le niveau de nos études en se dévouant à la tâche commune, en corrigeant d'avance et en redressant sur épreuves les erreurs de ses confrères, avec une insouciance généreuse de lui-même et de sa renommée.

1. Ce qui suit est emprunté à Ibn Khallikân, *Dictionnaire biographique*, p. 92 de l'édition de Slane (I, p. 177 de la traduction anglaise); n° 83 de l'édition Wüstenfeld.

2. 'Imâd ad-Dîn, *Kharîdat al-ḳaṣr*, dans *Nouveaux mélanges orientaux*, p. 122-123.

3. Corriger ainsi *ibid.*, p. 122, l. 20.

4. Voir les références, les variantes et un essai de traduction, plus haut, p. 143.

وما أَشكو تلوّن اهل وُدّى ولو أَجدتْ شكيّتهم شكوتُ
مَلِلْتُ عتابهم ويَئستُ منهم فما أَرجوهمُ فيمن رجوتُ
اذا أَدمتْ قوارصُهم فؤادى صبرتُ على أَذاهم وانطويتُ
وجئتُ اليهمُ طَلْقَ المُحَيّا كأَنّى ما سمعت ولا رأيتُ
تَجنَّوْا لى ذنوبا ما جنتْها يداىَ ولا أَمرتُ ولا نَهَيتُ
ولا واللّه ما أَضمرتُ غدرا كما قد أَضمروه ولا نويتُ
ويومُ الحشر مَوْعِدُنا وتَبدو صحيفةُ ما جَنَوْه وما جَنيتُ

وقال وكتب بها فى صدر كتاب[1] [وافر]

شَكَا أَلَمَ الفراق الناسُ قبلى ورُوّع بالنَّوَى حىٌّ ومَيْتُ
وأمّا مِثْلُ ما ضَمّتْ ضلوعى فانّى ما سمعت ولا رأيتُ

وقال ايضا[2] [كامل]

لا تَستعِدْ[3] جَلَدا على هُجْرانهم فقُواكَ تَضعفُ[4] عن صدود دائمِ
واعلمْ بأنّك ان رجعتَ اليهمُ طَوعًا والّا عُدتَ عَودةَ راغمِ

1. Traduit plus haut, p. 145.

2. Ibn Khallikân, *Dictionnaire biographique*, p. 92 de l'édition de Slane (I, p. 177 de la traduction anglaise).

3. Les diverses éditions imprimées portent لا تَستعِرْ qui est possible. J'adopte la leçon du manuscrit لا تستعِدْ et je traduis : « Ne cherche pas de nouveau à témoigner de l'indifférence pour leur rupture » ; ce qui convient parfaitement au contexte.

4. Manuscrit : يضعف.

وقال ايضا [كامل]

نفسى الفداء لظالم متعتّب | متباعد بالهَجْر وهو قريبُ
قمرٌ عليه من ذوائبه دُجًى | يهتزّ[1] منه على القضيب كثيبُ
يمشى وقد فَعَلَ الصّبى بقوامه | فعْلَ الصّبا بالغصن وهو رطيبُ
فى وجهه ماء الملاحة حابرٌ[2] | فقلوبنا الظّمأى عليه تلوبُ
للحاظه فى القلب وقعُ سهامه | لكنّ تلك تطيش وهى تصيبُ
أشتاقه وهو السّوادُ لناظرى | من لى بحُسْن الصبر حين يغيبُ
أحببتُ فيه اللائمين لانّه | يحلو بسمعى ذكره ويطيبُ
ومنحتُه كلّ الهوى دون الورى | طرًّا وما لى من هواه نصيبُ
ومن العجائب فعله بى فى الهوى | ما يفعل الأعداء وهو حبيبُ
ان جار اذ حكّمتُه فى مُهجتى | فالعدلُ فى شرْع الغرام غريبُ
والصّبّ يستحلى مرارات الهوى | فيه ويعذُبُ عنده التعذيبُ

وقال ايضا [سريع]

يا ظالمًا يُعرض عنّى اذا | دعوتُ غضبانًا على ظالمِ
أظنّه أنتَ والاّ فلم | تخْشَ[3] دُعائى دون ذا العالمِ

1. Manuscrit : يهتر. Je ne note pas tous les passages où j'ai suppléé à l'absence des points diacritiques.

2. Manuscrit : حابر ; peut-être convient-il de lire حائر ou جائز.

3. Manuscrit : فلم تخشى, peut-être à lire فلِمْ تخشى.

يا ربِّ لا تَسمعْ فيه وإن كان دُعاءَ[1] المُغْرَمِ الهائمِ

وقال ايضا [سريع]

نفسى فَدَتْ بَدْرَ تَمامٍ اذا عاتَبَنى بالجِدّ او بالمُزاحْ
سَدَدتُّ بالتقبيل فاهُ على مِسْكٍ ودُرٍّ ورُضابٍ وراحْ

وقال ايضا[2] [طويل]

عَلِقْتُ هواكم فى بُلَهْنيةِ الصِّبَى فقلتُ اذا وافَى المشيبُ تَصَرَّمَا
فقد زادنى شيبي وتسعون حِجَّةً وستٌّ مضتْ لى صَبْوَةً وتَتَيُّمَا
بتَذْكارِ وصلٍ كان فى غَدِ رِيبةٍ يَزِينُ هوانا عِفَّةً وتكرُّمَا
بنَظْرةِ عينٍ او بردِّ تحيّةٍ أَلَذَّ من الماء الزُّلال على الظَّمَا
ورَجْعِ حديثٍ فى عَفافٍ تخالُهُ اذا ما وعاه السمعُ دُرًّا منظَّمَا
فليتَ الليالى أَسعفَتْنى صروفُها ورَدَّتْ زمانا بالسرور تَقَدَّمَا

وقال ايضا [بسيط]

يا ربِّ خُذْ بيدى من ظُلْمِ مقتدرٍ علىَّ قد لَجَّ فى صَدّى وهِجْرانى
لَيِّنْ قَساوَتَه لى او فيَسِّرْ لى صبرا لأَحْظَى بوصلٍ او بسُلْوانِ
او فاطْفِ جَمْرةَ خَدَّيْه وأَنفُطْ جَفْنَيْه اللّذين أَراقا ماءَ أَجفانى

هذا مثل قول ابن المعتزّ [بسيط]

1. Ce mot manque dans le manuscrit.
2. Fragment traduit plus haut, p. 412.

يا ربّ ان لم يكن فى قربه طَمَعٌ   وليس لى فَرَحٌ من طول جفوته
فَابْرِ السَّقامَ الّذى فى غُنْجِ مُقْلته   وَاسْتُرْ مَحاسن خدّيه بلِحْيته

وقال ايضا [كامل]

غضبوا وقالوا باح دمعُك بالهوى   والذَّنْبُ للهجر الّذى أَبكانِ
هَبْ أَنّنى أُخْفِى بُكائى فما الّذى   يُخْفِى ضَناىَ وصدُّهم أَضنانى
كيف السبيلُ الى رِضَى متجرّمٍ   يَأْبَى قَبولَ العُذْر وهْو الجانى

وقال ايضا [طويل]

أَطاعَ الهوى من بعدهم وعصى الصبرُ   فليس له نَهْىٌ عليه ولا أَمْرُ
وعاوَدَه الوجدُ القديمُ فشَفَّه   جَوًى ضاقَ عن كِتْمانه الصدرُ والصبرُ
كانّ النَّوَى لم يَخترم غيرَ شَمْله   ولم يَجْرِ الّا بالّذى ساءه القدرُ
وهل لبنى الدّنيا سرورٌ وانّما   هو العَيْشُ والبُؤْسَى أَوِ الموتُ والقبرُ

C. *Poésie d'Ousâma,* *extraite d'une Anthologie poétique conservée au Musée Britannique.*

L'un de mes anciens élèves les plus méritants, M. Paul Ottavi, une force vive enlevée à la science par les devoirs de la vie publique, a bien voulu, sur ma demande, copier naguère au Musée Britannique deux morceaux que le Catalogue indiquait comme émanant d'Ousâma Ibn Mounḳidh. Ils ont été recueillis à la fin du onzième siècle de l'hégire, au dix-septième siècle de notre ère, dans une chrestomathie poétique dont le compilateur se nommait Ismâ'îl, fils de Tâdj ad-Dîn Al-Maḥâsinî, petit-fils de Ḥasan Al-Boûrînî[1]. Ce sont d'abord, au fol. 30 r°, deux vers que j'ai renoncé à reproduire ici, puisqu'ils avaient été publiés précédemment dans les *Nouveaux mélanges orientaux*, p. 125, l. 7-10, et que la copie de Londres ne fournissait pas la moindre variante. Par contre, voici le second passage tel qu'il se trouve au fol. 164 v°[2] :

وممّا نقلتُه من مجموع ظفرتُ به ما مثالُه وممّا نقلتُه من مجموع بخطّ رجل

1. *Catalogus codicum orientalium qui in Museo Britannico asservantur.* Pars secunda, codices arabicos amplectens, p. 302, 304, 308; n° DCXLI (Additamenta 9656); voir plus haut, p. 337, note 4.

2. M. le D[r] Ch. Rieu, avec son empressement accoutumé, a révisé sur le manuscrit la copie de M. Ottavi et je le remercie très cordialement de m'avoir rendu ce nouveau service.

من بنى العديم[1] ما مثاله انشدنى مُحِبّ الدين ابو عبد الله محمّد بن ابى الفوارس بن[2] ابى علىّ بن الأُمّان[3] الشيزرىّ بالهول من أَعمال سِنْجار لمؤيّد الدولة بن مُنقذ [رمل]

ما يريدُ الشّوقُ من قلبٍ مُعنًّى[4] ذَكَرَ الآلافَ والوَصْلَ فحَنَّا
حَسْبُهُ مِن شوقه ما عنده وكفاه من هواه ما أَجَنَّا
كلّما شاهَدَ شَمْلًا جامعًا طار وَجْدًا وهَفَا شوقًا وأَنَّا
فرَثَى مِن رحمةٍ عاذلُهُ ورأى الحاسدُ فيه ما تَمَنَّى
وَيْحَهُ مِن حُرَقٍ تَعتادُهُ وهُمومٍ جَمَّةٍ تَطرُقُ وَهْنَا
يا زمانَ الوصل سَقْيًا لك من زمنٍ لو كان قُرْبُ الدار عنّا
قل لأحبابٍ نَأَتْ دارُهُمُ وعلى قُرْبِهِمُ أَقْرَعُ سِنَّا
ساءَ ظنّى باصطبارى بعدكم ولقد كنتُ بكم أَحْسَنَ ظَنَّا

1. Les Banoû 'l-'Adîm sont les descendants du célèbre historien Kamâl ad-Dîn Ibn al-'Adîm; cf. F. Wüstenfeld, *Die Geschichtschreiber der Araber*, p. 130, d'après le témoignage du géographe Yâḳoût.

2. Manuscrit : ابن.

3. Vocalisé par conjecture d'après l'adjectif; cf. cette même épithète appliquée à l'auteur de la *Bourda*, dans Slane, *Catalogue des manuscrits arabes de la Bibliothèque nationale*, p. 570 *b*.

4. Manuscrit : معنّى; la rectification a pour cause la double rime dans ce vers, le premier de la poésie.

D. *Deux poésies d'Ousâma, d'après l'Encyclopédie de l'islamisme, par Mouslim de Schaizar.*

La Bibliothèque académique de Leyde possède l'unique exemplaire connu d'une anthologie poétique, intitulée جمهرة الاسلام ، ذات النثر والنظام « Encyclopédie de l'islamisme, en prose et en vers ». L'auteur, Amîn ad-Dîn Aboû 'l-Ganâ'im Mouslim ibn Maḥmoûd de Schaizar, avait appris de son père à connaître et à apprécier le talent littéraire d'Ousâma. En effet, celui-ci, Aboû 'th-Thanâ Maḥmoûd ibn Ni'ma ibn Arslân, que 'Imâd ad-Dîn Al-Kâtib rencontra à Damas en 563 de l'hégire (1167-1168 de notre ère) et qui y mourut après 565 (1169-1170 de notre ère) y avait composé dès les premiers mois de 539 (fin de 1144 de notre ère) un poème pour répondre à l'épître en vers, dans laquelle Ousâma, après avoir fui Damas et s'être réfugié à Miṣr, exhalait des plaintes au sujet d'Ibn Aṣ-Ṣoûfî [1]. Mètre et rime ont été empruntés à la poésie d'Ousâma qu'il se propose de réfuter, et son nom est donné en toutes lettres au vers 14, comme celui du personnage auquel est destiné « le message d'un conseiller sincère [2]. » Aboû 'th-Thanâ Maḥmoûd est lui-même

1. L'épître d'Ousâma a été publiée dans les *Nouveaux mélanges orientaux*, p. 145-147, et traduite plus haut, p. 198-202.

2. 'Imâd ad-Dîn, *Kharîdat al-ḳaṣr* (manuscrit 1414 de l'ancien fonds arabe), fol. 117 v°-118 v°. Sur Aboû 'th-Thâna Maḥmoûd, voir encore Ibn Khallikân, *Biographical Dictionary*, I, p. 656; III, p. 117; Hammer, *Literaturgeschichte der Araber*, VII, p. 758, 1011-1012.

représenté dans l'Encyclopédie de son fils par une poésie enthousiaste sur la levée du siège de Schaizar par l'empereur des Grecs en mai 1138[1].

En dehors de l'Encyclopédie, Mouslim avait composé un autre recueil qui semble perdu et qu'il avait intitulé عجائب الأسفار وغرائب الأخبار « Merveilles des voyages, et curiosité des récits[2]. » Ce vulgarisateur, homme de goût, avait-il fait quelques emprunts à l'œuvre d'Ousâma pour les mêler à son choix d'anecdotes? On peut le supposer, puisque l'émir de Schaizar avait possédé dans un temps la sympathie et le cœur de son père[3], puisqu'il était son compatriote, puisque deux poésies d'Ousâma ont été insérées dans l'Encyclopédie de l'islamisme[4].

L'importance de cette compilation, dédiée au dernier prince Ayyoûbite du Yémen, Al-Malik Al-Mas'oûd Ṣalâḥ ad-Dîn Yoûsouf ibn Al-Malik Al-Kâmil, n'a échappé à aucun de ceux qui ont eu l'occasion de la manier. Dozy a donné en 1851 la table des matières complète dans la première édition du Catalogue de Leyde[5]. E. Roediger en a fait l'objet d'une communication dans le Journal de la Société asiatique allemande[6]. MM. de Goeje et Houtsma, en refondant le Catalogue des manuscrits arabes de Leyde, n'ont pas abrégé, mais amélioré la notice de leur devancier[7]. Ce volume précieux m'a été confié il y a quelques années et j'ai été vraiment soulagé, lorsque je m'en suis dessaisi, effrayé que j'étais de la responsabilité que j'avais encourue, ne

1. Mouslim, *Djamharat al-islâm* (manuscrit de Leyde), fol. 54 v°; cf. plus haut, p. 161.
2. Ḥâdjî Khalîfa, *Lexicon bibliographicum*, IV, p. 185, n° 8056.
3. 'Imâd ad-Dîn, *Kharîdat al-ḳaṣr* (manuscrit cité), fol. 118 r°.
4. Mouslim, *Djamharat al-islâm*, fol. 248 v°-249 v°; 255 r°-256 r°.
5. Dozy, *Catalogus*, I, p. 274-281; cf. V, p. 166.
6. *Zeitschrift der deutschen morgenländischen Gesellschaft*, XIV (1860), p. 489-499.
7. J. de Goeje et Th. Houtsma, *Catalogus*, I (1888), p. 287-296.

prenant pas le temps d'y puiser toutes les notices qui auraient pu m'intéresser. J'y ai du moins étudié la part faite à Ousâma dans cette collection de petits chefs-d'œuvre, postérieure certainement à 622 de l'hégire (1225 de notre ère), une poésie de Mouslim composée à cette date y figurant dans le livre neuvième parmi les poèmes en vers radjaz [1]. Il semble qu'Abou 'l-Ganâ'im Mouslim n'ait pas longtemps survécu à la publication de son anthologie poétique [2].

Le manuscrit est daté de 697 (1297-1298 de notre ère). Il est dû à un copiste instruit, qui a omis nombre de points diacritiques, mais qui, en compensation, n'a pas été avare de voyelles. Si, dans l'appareil critique, j'avais noté toutes mes restitutions, alors que les conjectures ou les corrections s'imposaient ou se justifiaient d'elles-mêmes, j'aurais encouru le reproche d'avoir accumulé en vain une masse inutile de notes parasites. Je n'ai posé les termes du problème que lorsqu'il comportait plusieurs solutions plausibles [3].

L'épître en vers, dans laquelle Ousâma, en 1154, cherche à se disculper auprès de « son cousin, le seigneur de la forteresse de Schaizar », Nâṣir ad-Dîn Tâdj ad-Daula Moḥammad, fils de 'Izz ad-Dîn Soulṭân [4], ne nous a été conservée que par Mouslim et le texte a dû être établi d'après le seul manuscrit qui nous soit parvenu. J'ai été plus heureux pour le second morceau, la transformation par Ousâma en strophes de cinq hémistiches [5]

1. J. de Goeje et Th. Houtsma, *Catalogus*, I (1888), p. 291.

2. Ibn Khallikân, *Biographical Dictionary*, I, p. 656. Sur Mouslim, voir encore Hammer, *Literaturgeschichte der Araber*, VII, p. 483 et 1057.

3. M. G. van Vloten a fait une collation fructueuse des deux textes avec le manuscrit; je l'en remercie.

4. Plus haut, p. 259; cf. *ibid.*, notes 1 et 2.

5. L'on nomme *takhmîs* (تخميس) l'adaptation d'une poésie en strophes de cinq hémistiches dont les trois premiers sont ajoutés artificiellement et riment avec le premier des deux dont se compose le vers emprunté à l'original, placé à la fin de la strophe; voir Freytag, *Darstellung der arabischen Verskunst*, p. 408-411, et plus haut, p. 512, l. 7-12.

d'une poésie composée par le secrétaire poète Aboû 'l-Hasan Mihyâr ibn Marzawaihi Ad-Dailamî[1]. Le dîwân de cet ancien mage est conservé à Gotha et à Munich. M. le conseiller intime W. Pertsch, bibliothécaire de Gotha, m'écrit à la date du huit novembre 1892 qu'il n'y a rien trouvé, ni dans le manuscrit 26, ni dans le manuscrit 2235, 2[2]. J'ai été dédommagé de cette déception par les résultats de l'enquête dont s'est chargé à Munich M. le Dr Aumer. Il y a examiné, sur ma demande, le manuscrit 516, copie moderne du Dîwân de Mihyâr, exécutée en Égypte et provenant du fonds Quatremère[3]. Or les fol. 88 r°-89 r° contiennent le poème original qu'Ousâma avait pris comme thème de ses développements. M. le Dr Aumer a pris la peine de le transcrire pour me mettre en mesure de le collationner. Les variantes que je dois à cette aimable collaboration sont désignées dans mes notes par la lettre A, le manuscrit de Leyde étant représenté par la lettre L.

(L, fol. 248 v°) الباب السابع فى الاعتذار أُسامةُ بن مُرشِد مؤيّد الدولة

يَعتذر الى ابن عمّه صاحب قلعة شَيْزَرَ عن قول بلغ عنه [بسيط]

أَطاعَ ما قاله الواشى وما هَرَفَا فعاد يُنكِر منّا كُلّمَا عَرَفَا
وصَدَّ حتّى استَمَرَّ الصدُّ منه فلو أَلَمَّ بى منه طَيْفٌ فى الكَرَى صَدَفَا

1. Il a été parlé plus haut de Mihyâr; cf. p. 338, note 1; p. 513, note 3. On peut en outre consulter à son sujet Aboû 'l-Hasan 'Alî Al-Bâkharzî, *Doumyat al-kasr* (manuscrit 1410 du Supplément arabe), fol. 60 r°-61 v°; Ibn Al-Athîr, *Chronicon*, IX, p. 152, 158, 215, 231, 265, 310; Aboû 'l-Fidâ, *Annales moslemici*, III, p. 91; Hartwig Derenbourg, *Les manuscrits arabes de l'Escurial*, I, p. 309 et 352.

2. W. Pertsch, *Die arabischen Handschriften der herzoglichen Bibliothek zu Gotha*, I, p. 57; IV, p. 250.

3. J. Aumer, *Die arabischen Handschriften der k. Hof- und Staatsbibliothek in Muenchen*, p. 214.

عنّى وعندى له العُتْبَى فوا عجبًا   من مُعْتَبٍ ما جنى ذنبًا وما اقترفا
ملّكتُه طائعًا قلبًا تعسّفه   وقلّ ما يَملك الأَحرارَ من عسفا
لى منه ما ساءنى من هَجْرِه وله   منّى الرِّضَى بقضاياه وان جنفا
أَلْقاهُ بعد التّصافى مُعرضا حَنِقا   وبعد اقباله بالوُدّ مُنحرفا
يا هاجرِينَ أَلا جرمٌ سوى مَلَك   دعا فهبُّوا الى داعيه اذ هتفا
ما لى أَرى بيننا والدارُ جامعةٌ   قريبةٌ من تجنّيكم نوًى قُذُفا
لا تَعجلوا بفراقٍ سوف يُدركنا   كَفَى بنا فرقةً رَيْبُ المَنُون كَفا
صِلُوا فؤادا اذا سكّنتُ رَوْعتَه   هفا ودمعا اذا نهنهتُه وكفا
لكم هواى وان جُرتُم وجَوْرُكُم   مستحسَنٌ منكُم لو لم يكن سرفا
كذاك حظّى من الأَحباب مُذ سكنت   نفسى اليه حَبانى الهَجْرَ والشّنفا
حتّى لقد عبّر[1] الحدَّ العَثورُ فلا   لَعًا له ما حدا ما كان مُطرّفا
وابتزّنى رأىُ عِزّ الدين[2] مستلبًا   من بعد ما عمّنى احسانُه وضفا
أَضافنى عَتْبُه همّا شَجِيتُ به   أَبادَ عن ناظرى طيبَ الكَرَى ونفا
أَتَتْه عنّى أَحاديثٌ مزخرفةٌ   ما ان بها عنه وهو الأَلمعىّ خفا
لكنّه صادفتْ من قلبه مَلَلا   لم يَستبِنْ صحّةَ الدَّعْوَى ولا كشفا
وما الرِّضَى ببعيدٍ من خلائقه   وهى السّلافةُ راقتْ رِقّةً وصفا

1. Peut-être غيّر (L عبر).

2. 'Izz ad-Dîn Aboû 'l-'Asâkir Soulṭân, l'ancien émir de Schaizar, l'oncle d'Ousâma et le père de l'émir Nâṣir ad-Dîn Moḥammad, auquel cette épître est adressée, voir p. 259, note 1; p. 277, 553.

هو الجَوادُ الّذى يَلقاه مادحُه   وان غَلَا فوق ما أَثْنَى وما وَصَفَا
معدَّلٌ فى النَّدَى لكنّ راحتَه   تَأْبَى مع العدل الّا البَذْلَ والسَّرَفَا
صَعْبُ الاباء اذا ما هُيِّجَتْ سَوْرَتُه   نَزْرُ الرِّضَى فاذا آسْتَعطفتَه عَطَفَا
بادى الحُقود على أَعدائه فاذا   نالتْهُمْ قُدْرَةٌ منه حَبَا وعَفَا
تَغْشَى مَوارِدُ من أَخلاقه كَرُمتْ   وِرْدًا وتَرْتادُ منها رَوْضَةً أُنُفَا
مُشْتَهِرٌ بالمَعالى لا يَزال على   تقلّب الدهر مشعوفا بها كَلِفَا
ان أَخلف الغيثُ لم يُخلف مَواهبُه   او فَظَّ دهرٌ على أَربابه لَطُفَا
عَدْلُ القَضيّة الّا فى مَواهبه   لم يَقض فى المال الّا جارَ وآعتَسَفَا
منزَّهُ الخُلُقِ[1] عن فعلٍ يُعابُ به   فما تَرَى لكمالٍ عنه منصرَفَا
تَمَّ نُعْماه ذا نَقْصٍ وذا شَرَفٍ   كأنّه البحرُ يَحْوِى الدُّرَّ والصَّدَفَا
يا من حَوَى قَصَباتِ السَّبْقِ أَجمعَها   فما تُرَى اثنان فى تفضيله آختلفا
أَنفقتُ مذهبَ عُمْرى فى رضاك وما   رأيتُ مُنْفِقُ[2] عُمْرًا واجدًا خَلَفَا
لكنّنى اعتَضتُ منه حُسْنَ رأيك لى   فنلتُ منه العُلَى والعزَّ والشَّرَفَا
حتّى اذا أنا ماثلتُ النجومَ عُلًى   وقلتُ قد نلتُ من أيّامىَ الزُّلَفَا
أَرَيْتَنى بعد بِشْرٍ هَجْرةً وقِلًى   وبعد بِرٍّ ولُطْفٍ قَسْوَةً وجَفَا
قَعَدتُّ صِفْرَ يَدٍ مِمّا ظَفِرْتُ به   كأنّ ما نلتُه من كفّى آختُطِفَا
هَبْنِى أَتيتُ بجَهْلٍ ما قُذِفتُ به   فأين حِلْمُك والفضلُ الّذى عُرِفَا

1. L الخلف.

2. مُنْفِقُ pour مُنْفِقًا, par suite d'une licence poétique; cf. Sacy, *Grammaire arabe* (2e éd.), II, p. 500.

ولا ومَن يعلمُ الأسرارَ حلفةَ من   يبرّ فيما أتى ان قال او حلفا
ما حدّثتنى نفسى عند خلوتها   بما تعنّفنى فيه اذا انكشفا
لكنّها شقوةٌ حانت واقضيةٌ   حبتنى الهمّ مذ عامين والاسفا
تداولتنى امورٌ غيرُ واحدة   لو حمّل الطود ادنى ثقلها نسفا
واقصدتنى سهامُ الحاسدين على   فوزى بقربك حتّى قرطسوا الهدفا
وبعد ما نالنى ان جدتَ لى برضًى   فقد غفرتُ لدهرى كلّما سلفا
وذاك ظنّى فان يصدق فانت لما   رجوتُ اهلٌ وان يخفق فوا اسفا
حاشاك تغدو ظنونى فيك مخفقةً   او ينثنى املى باليأس منصرفا
وجنّتى من زمانى حسنُ رأيك لى   اكرمْ بها جنّةً لا البيضَ والزغفا
الفتُ منك حنوًّا مذ كنتُ وقد   فقدتُه وشديدٌ فقدُ ما الفا
وغيرُ مستنكرٍ منك الحنوّ على   مثلى ولو زاغ يوما ضلّةً وهفا
فعدْ لاحسنِ ما عوّدتَ من حسنٍ   يا من اذا جاد وفّى او اذمّ وفا
واسلمْ لنا ثالثا للنيّرين على   وازددْ اذا نقصا واشرقْ اذا انكسفا
ايّامنا بك اعيادٌ باجمعها   فدمْ لنا ما دجا ليلٌ وما عكفا

الباب الثالث من المخمّس (A, fol. 88 r°; L, fol. 255 r°)

قصيدةٌ لمهيار خمّسها مؤيّدُ الدولة بن مُنْقذ [طويل]

أُسـابقُهـا للبين وهى عَجُـولُ تأنّ فمـا هـذا المسيرُ قَفُـولُ
وقُلْ لى فانّ المُسْتهـام سَؤُولُ
لِمَن طالعاتٌ فى السّراب أُفولُ يُقَوِّمُهـا الحـادونَ وهى تَميلُ

تجانَفْنِ[1] عن وَعْثِ الطريق ومَهْلِه وأَعْرضْن عن خِصْبِ[2] المَراد ومَحْلِه
فهنّ على جَوْرِ الغَرام وعدله
نَواصِلُ[3] مِن جَوٍّ خوائضُ مثله صُعُودٌ على حُكْم الطريق نُزولُ

اذا أُجفلتْ فى البيد جَفْلَ نَعامِها كأنّ أَفاعى الرَّمْل ثُنْىُ زِمامِها
ثَنَتْ لِيتَها نحو الصَّبا بابْتسامها
هَواها وَرَاها[4] والسُّرَى عن أَمامها فهنّ صَحيحـاتُ النَّواظرِ حُولُ

1. Lecture douteuse; L تحانفن

2. L حضب.

3. L, d'après ma copie, lit فواصل.

4. Pour وراءها, à cause du mètre; cf. Sacy, *Grammaire arabe* (2e éd.), II, p. 493. A وراء qui est aussi possible, mais qui s'oppose moins bien à عن أمامها.

بها مثلَ ما بالظاعنينِ كآبةٌ[1]   وصبرُها بعد الفراقِ خلابةٌ

وللشوق منها اذ دعاها اجابةٌ

تَضاغَى وفى فَرْطِ التَّضاغى صَبابةٌ   وتَرْغو وفى طولِ الرُّغاءِ غَليلُ

أَهِلّةُ بيدٍ والأَهِلّةُ فوقَها   اذا لَمَحَتْ أَجبالَ سَلْمى ورَوْقَها

كفى شَوْقَها نساءُ الحُداةِ وسَوْقَها

تُرادُ على نَجْدٍ ويَجْذِبُ شَوْقَها   مَظَلُّ عِراقيِّ الثَّرَى ومَقيلُ

أَلا قَلَّما تَصْفُو مع البينِ عيشةٌ   وفى الشَّوْقِ للنائى هُمومٌ مُطيشةٌ

ولو انّ أَوْطانَ المُفارقِ بِيشةٌ

وما جَهِلَتْ أنّ العِراقَ[2] مَعيشةٌ   ورَوْضٌ تُرَنِّيهِ صَبًا وقَبولُ

وفى الرَّكْبِ مسلوبُ العَزاءِ قَعيدُهُ   يَزيدُ اذا هبَّ النسيمُ وَقودُهُ

وما كلُّ أَسبابِ الغَرامِ تَقودُهُ

1. Cette quatrième strophe soulève à la rime une difficulté qui se présente de nouveau à la sixième, à la neuvième et à la dix-neuvième. Dans ces quatre strophes, le premier hémistiche se termine par un *hâ marboûṭa* surmonté d'une voyelle avec *tanwîn*. Dans la poésie de Mihyâr, le maintien de la consonne vocalisée ne faisait pas question, le *tanwîn* du premier hémistiche n'étant supprimé que dans le premier vers à double rime d'une *ḳaṣîda*. La situation n'est pas identique dans un genre où la rime du premier hémistiche est quatre fois répétée : elle devient, je pense, assujettie aux règles de la rime, d'après lesquelles le *tanwîn* est rejeté, la voyelle brève finale devenant longue par position. C'est à ce principe que je me suis conformé, sans oser prétendre que je ne me sois pas trompé.

2. A الحجاز.

وَلٰكِنَّ سِحْرًا بَابِلِيًّا عُقُودُهُ   لِتَخْتَلَّ[1] أَلْبَابٌ بِهِ وَعُقُولُ

وَقَدْ حَمَلَتْ لَدْنَ القَوَامِ رَشِيقَهُ   حَلَى المِسْكُ فَاهُ وَالمُدَامَةُ رِيقَهُ

فَأَضْحَى نُهًى نَاءٍ المَحَلِّ سَحِيقَهُ

تُجَانِبُ إِنْ ضَلَّ الحَمَامُ طَرِيقَهُ   إِلَى أَنْفُسِ العُشَّاقِ وَهْيَ دَلِيلُ

وَإِنِّي لَأَشْكُو مِنْ فِرَاقِكِ[2] هَزَّةً   وَرَوْعَةَ شَوْقٍ فِي الحَشَا مُسْتَقِرَّةً

وَقَدْ وَقَرَتْ فِي القَلْبِ عَيْسُكِ حَزَّةً

حَمَلْنَ وُجُوهًا فِي الخُدُورِ أَعِزَّةً   وَكُلُّ عَزِيزٍ يَوْمَ دَجْنٍ ذَلِيلُ

كَتَمْتُ هَوَى ظَمْيَاءَ[3] كِتْمَانَ مُعْلِنٍ   وَنَهْنَهْتُ دَمْعًا عَاصِيًا غَيْرَ مُذْعِنِ

وَقَدْ قَالَتِ الأَظْعَانُ لِلسَّلْوَةِ اظْعَنِي

يَسِمْنَ العُقُولَ كَالسُّيُورِ[4] بِأَعْيُنٍ   قَوَاتِلَ لَا يُودَى لَهُنَّ قَتِيلُ

مُحِبٌّ إِذَا مَا اللَّيْلُ غَارَتْ نُجُومُهُ   تَأَوَّبَهُ بَثُّ الهَوَى وَهُمُومُهُ

وَفِي الخِدْرِ بَدْرٌ آفِلٌ لَا يَرِيمُهُ

وَفِيهِنَّ حَاجَاتٌ وَدَيْنٌ غَرِيمُهُ[5]   مَلِيٌّ وَلٰكِنَّ المَلِيَّ مَطُولُ

1. A تحلل ; L لجتل.

2. L فراقكُ.

3. L ici et dans les autres passages : طميا ; A plus bas ظمياء.

4. A فى الستور.

5. Cet hémistiche est donné par L comme le troisième de la strophe, le précédent y étant le quatrième. J'ai interverti d'après A. A et L عزيمه.

لُبانةُ نفسٍ مستمرٌّ عَنـاؤُهَـا عَياءٌ على مرّ الليالى دَواؤُهَا
قضى حبّها أن لا يُصابَ شفاؤُهَا
يَخِفُّ على اهلِ القِبابِ قَضاؤُهَا لنـا وهْى مَن فى الرقابِ ثَقِيلُ

وقفتُ على رَبْعٍ لِظَمْياءَ أَقْفَرا سقتْه دموعى ما أَراضَ ونَوَّرا
وقلتُ لِخِدْنَىَّ الخَلِيَّيْنِ أَعْـذُرا
أَنَى الرَّكْبُ بالبيضاءِ الاّ تذكَّرا وقد تُعْرَفُ[1] الآثارُ وهْى مُحُولُ

سأَلتُ آبْتِلاآتِ[2] الحِمَى فتمايلتْ كموحَدةٍ من حِيرةٍ قد تزايلتْ
ففاضتْ دموعٌ كالغُروبِ تَسايلتْ
ولمّا وقفْنـا بالديار تَشاكَلتْ[3] جسومٌ بَراهـنّ البِلَى وطُلولُ

دعانى الهوى واستوقفتْنا المَعارفُ وأَدْمَى الحَشا والشوقُ للكَلِمِ قارِفُ
حَمائمُ وُرْقٍ فى الغُصونِ هَواتِفُ
فبـالٌ بداءٍ[4] بين جَنْبيه عارفٌ وبالٌ بمـا جرّ الفِراقُ جَهولُ

نَعَمْ هذه الأَطلالُ قَفْرٌ فأَرْبِعِى وحدّثتْها عَهْدَ المَشوقِ المودِّعِ
سأَسقِى ثَراها الرِّىَّ من سُحْبِ أَدْمُعى

1. A تصرف.
2. L ابتلات.
3. A تشابهت.
4. L فناك لداء.

وأَسْئَل[1] عن ظَمْياءَ صَمّاءَ[2] لا تَعِى فأَرْضَى[3] بما قالت وليس تَقُولُ

تُصدّق ظَمْياءُ العَذولَ اذا افترَى وأُكْذِبُ سمعى فى هواها وما أَرَى
وأَقْنَعُ منها بالخَيال اذا سَرَى

ويُعجِبُنى منها بزُخْرُفِها الكَرَى[4] دُنُوٌّ الى طول البِعاد يؤُولُ

مَلِلْتِ فما تَدنى اليك شَفاعَةٌ وعندك للواشينَ سَمْعٌ وطاعةٌ
وحِفْظُ عهودِ الغادرينَ اضاعةٌ

وما[5] أنتِ يا ظَمْياءُ الّا يَراعَةٌ تَميلُ مع الأَرواح حيث تَميلُ

لَأَنتِ لنفسى داؤُها ودَواؤُها وراحتُها لو نِلْتُها وشفاؤُها
اذا بِنْتِ بانتْ ارضُها وسماؤُها

وان كان سُولًا للنفوس بَلاؤُها فانّكِ للبَلْوَى وانّكِ سُولِى[6]

1. A ونسال.
2. A عمياء.
3. A فرصا.
4. A وتعجبنا منها بزخرفة الكرى.
5. A وهل انت.
6. Ce vers est encore suivi de six autres dans A.

E. *Biographie de Soulṭân, oncle d'Ousâma, par Ibn 'Asâkir.*

Thiḳat ad-Dîn Aboû 'l-Ḳâsim 'Alî ibn Al-Ḥasan ibn Hibat Allâh Ibn 'Asâkir composa un dictionnaire des Damascéniens illustres. Né à Damas le premier mouḥarram 499 (treize septembre 1105), il y mourut le onze radjab 571[1] (vingt-cinq janvier 1176). Le titre de son volumineux ouvrage, تاريخ دمشق « Chronique de Damas »[2], pourrait tromper sur le contenu qui est exclusivement biographique. J'ai signalé le point de vue théologique qui, chez ce *ḥâfiṭh* schâfi'ite, a prévalu dans le choix des articles[3]. Ce n'est point pourtant dans cet ordre d'idées qu'a été conçue la notice sur Soulṭân, empruntée par moi au manuscrit Additamenta 23352, aujourd'hui MCCLXXX du Musée Britannique[4], fol. 52 r° et v°. J'ai plus d'une fois restitué les points diacritiques omis, sans signaler ces corrections nécessaires.

1. Yâḳoût, *Mou'djam*, passages très nombreux, énumérés dans l'*Index*, VI, p. 564-565; Ibn Khallikân, *Biographical Dictionary*, II, p. 252-255; Aboû 'l-Fidâ, *Annales moslemici*, IV, p. 28-29; Adh-Dhahabî, *Liber classium*, III, p. 43-44; Hammer, *Literaturgeschichte der Araber*, VII, p. 691-693; 1299; Wüstenfeld, *Die Geschichtschreiber der Araber*, p. 92-93.

2. Ḥâdjî Khalîfa, *Lexicon bibliographicum*, II, p. 129, n° 2218. Cette antinomie a été remarquée par W. Pertsch, *Die arabischen Handschriften der herzoglichen Bibliothek zu Gotha*, III, p. 356.

3. Plus haut, p. 379, note 2.

4. Rieu, *Catalogus*, p. 592 *b*.

سُلْطان بن علىّ بن مقلَّد بن نصر بن منقذ.... بن كنانة.... بن قُضاعة ابو العساكر الكنانىّ وُلد باطْرابُلُس سنة اربع وستّين واربعمائة وسمع من الفقيه ابى السَّمْح ابرهيم الخنَفىّ صحيحَ البُخارىّ بشيزر وولى امْرتَها بعد اخيه نصر ابن علىّ وله شعر انشدنا ابنُه ابو الفضل اسمعيل قال انشدنا والدى لنفسه يُوصينا [كامل]

أَبَنِىّ لستُ بعالِمٍ ما أَصْنَعُ ‖ بكُمُ أَأَجمعُ شَمْلَكم ام أَصْدَعُ
ما قطَّعَ الأَرْحامَ جاهلُكم بما ‖ أَبداه بل كَبِدى بذاك تُقَطَّعُ
أَصبحتُ أَعْمَى بل أَصَمَّ تكلُّمًا ‖ أَمسيتُ أَنظرُ[1] منكمُ او أَسمعُ
واذا يَئِستُ[2] من الصَّلاح لفعلكم ‖ أَمَّلتُ أَصلَكُمُ الزَّكِىَّ فأَطْمَعُ
وأَقولُ جَدُّكمُ أَجلُّ التُّركِ من ‖ سَلْجُوقَ تاجُ الدولة[3] المتورِّعُ
أَضحى لأَمرِ الله متَّبِعًا وان ‖ أَضحى له كلُّ الخلائقِ يَتْبَعُ
وأَبوكمُ من ليس يُنكَرُ أَنّه الـ ‖ ـنَّدْبُ الكَمِىُّ الأَلمعىُّ الأَروعُ
دارَ[4] الجيوشُ برأيِه وبسيفه ‖ عن شَيْزَرٍ فتفرَّقوا وتصدَّعوا

1. Manuscrit : امست انطر.
2. Manuscrit : ياست.
3. D'après ce passage, Tâdj ad-Daula Toutousch, fils d'Alp Arslân et frère du sultan Seldjoûḳide d'Ispahan Malik Schâh, aurait non seulement entretenu des relations cordiales avec Sadîd al-Moulk ʿAlî, émir de Schaizar (plus haut, p. 20, 22, 25), mais lui aurait encore donné une de ses filles en mariage. Une autre princesse, parmi les filles de Tâdj ad-Daula Toutousch, avait épousé Soulṭân et lui avait donné des enfants; voir plus haut, p. 42-43.
4. Manuscrit : داد. Allusion aux événements de 1133; voir plus haut, p. 155-164.

قد رَدَّ عنها الرومَ والافرنجَ والــأَتراكَ والأَعرابَ حين تَجَمَّعوا
أُوصيكم بتُقَى الّذى أَعطاكمُ مُلْكًا تَذلّ له الملوكُ وتَخْضَعُ
وبحِفظ بعضِكم لبعض ما غَدَا نَجْمٌ يَغورُ بأُفْقه او يَطلعُ
لا يَشْمَتوا بكمُ الوُشاةُ وحاذِروا أَقوالَهم فهى السِهامُ المُنْقَعُ

ورد الخبر أنّ الامير ابا العساكر بن منقذ توفّى يوم السبت للنصف من شوّال سنة ثلاث واربعين وخمسمائة

F. *Deux poèmes d'Ibn Al-Kaisarânî sur Ousâma, d'après la Kharîdat al-kaṣr de ʿImâd ad-Dîn Al-Kâtib.*

ʿImâd ad-Dîn nous a conservé les commencements de deux poèmes consacrés par le lettré (*al-adîb*) Aboû ʿAbd Allâh Moḥammad ibn Naṣr Ibn Al-Ḳaisarânî Al-ʿAkkâwî à l'émir Mou'ayyad ad-Daula Ibn Mounḳidh, c'est-à-dire à Ousâma. J'ai parlé plus haut (p. 62-64) de ces deux morceaux et de leur auteur, un contemporain d'Ousâma qui dut le fréquenter pendant son premier séjour à Damas (1138-1144). Mon texte s'appuie sur les feuillets 21 v°-22 r° du manuscrit unique, conservé à la Bibliothèque nationale de Paris, sous le numéro 1414 de l'ancien fonds arabe [1], aujourd'hui coté 3329, parmi les sept volumes qu'elle possède de cette précieuse anthologie, réunis sous les cotes 3326-3332 [2].

وله من قصيدة فى الامير مؤيَّد الدولة بن منقذ [سريع]

أَين مَضاء الصارم الباترِ من لَحَظاتِ الفاتنِ الفاترِ
وأَين ما يُؤثَر عن بابلٍ من فعلِ هذا الناظرِ الساحرِ

1. Sur ce manuscrit, voir mon *Ousâma poète* dans les *Nouveaux mélanges orientaux*, p. 119-120.
2. Slane, *Catalogue des manuscrits arabes*, p. 582-583.

ظَبْيٌ اذا لَوَّحَ منه الهوى   بواصلٍ صرَّح عن هاجرِ

يوهمُنى فى قوله باطنا   والحُكْمُ محمولٌ على الظاهرِ

نام وأَغرى[1] الوجدَ بى فانظروا   ما أَولعَ النائمُ بالساهرِ

ثم اغتدى يَقنصنى نافرًا   يا عَجَبًا للقانص النافرِ

عاتبتُه فى عَبْرتى زاجرًا   خوفًا على الأسرار من زاجرِ

فاعتذرتْ عينى الى عينه   مَعْذرةَ الوافى الى الغادرِ

أَضْنَى الهوى قلبى ليَطْوِى به   مَسافةَ البين على ضامرِ

وطار فانقضَّ عليه الجَوَى   بكاسرِ الجفنِ على كاسرِ[2]

وقَهْوةٍ تحسبُ كاساتها   كواكبًا فى فَلَكٍ دائرِ

رَعَتْ بها ليلَ النَّوى فانجلى   عن شمس هذا الزمن الناضرِ

وأَبعدَ الأخطارَ تقريبُها   مؤيَّدُ الدولة من خاطرى

...وله ايضا من قصيدة فى مؤيّد الدولة   [خفيف]

كيف قلتم ما عند عينيه ثارُ   وبخدَّيه من دمى آثارُ

لو شهدتم اعراضَه وخضوعى   لم يكن فى قضيّتى انكارُ

يا لقَومى وكيف تُنكر قتْلى   لَحَظاتٌ جُحودُها اقرارُ

ان تطلّبتمُ من الطَّرف والوجنةِ عُذرى ففيهما أَعذارُ

1. Manuscrit : واعرى.
2. Manuscrit : على كاسر.

اَو سَأَلتم اَىَّ البديعينِ أَذْكَى جَلَّ نارى ام ذلك الجُلَّنارُ
ما أَرانى ليلى بغيرِ نَهارٍ غيرِ ليلٍ يَلوحُ فيه نَهارُ
زاد اشراقُ وجهه بين صُدْغَيْهِ وفى الليل تُشرِق الأَقمارُ
لا تَسَلْنى عن الهوى فهْو فى الأَجْفان ماءٌ وفى الجوانح نارُ
ويَظُنّ العَذولُ أَنّ مَشيبي ضاحكٌ عنه لِمّةٌ وعِذارُ
لم أَشِبْ غيرَ أَنّ نار فُؤادى أُلهِبتْ فاعتَلى الدّخانَ شَرارُ

G. *Extraits du Dictionnaire des hommes illustres d'Alep, par Kamâl ad-Dîn Ibn Al-'Adîm.*

Les collections européennes ne renferment que deux volumes détachés, provenant de deux exemplaires de cet ouvrage intitulé بغية الطلب ، فى تأريخ حلب « Le désir de la recherche sur l'histoire d'Alep. » Le volume que possède la Bibliothèque nationale de Paris paraît être le deuxième, peut-être le troisième de l'ouvrage; il comprend une partie des noms commençant par la lettre *alif*. Après avoir occupé le numéro 728 de l'ancien fonds arabe, il a reçu la cote 2138 dans le nouveau classement. Des extraits de ce manuscrit ont été publiés et traduits en français par M. Barbier de Meynard dans les *Historiens orientaux des croisades*, III, p. 691-732.

Le Catalogue du Musée Britannique m'a fait connaître la présence à Londres d'un manuscrit consacré à divers compléments. L'auteur, après avoir épuisé l'alphabet, a réuni sous diverses

1. Je rectifie le titre donné par Slane, *Catalogue des manuscrits arabes*, p. 311 et 379 (de même, Pertsch, *Die arabischen Handschriften*, III, p. 313) d'après Slane lui-même, *Introduction* aux *Hist. or. des croisades*, I, p. LVI, et Barbier de Meynard, *ibid.*, III, p. 691; cf. Ḥâdjî Khalîfa, *Lexicon bibliographicum*, II, p. 59, n° 1877; p. 125, n° 2205. C'est par erreur que l'on a cru à un autre volume du même ouvrage qui serait représenté par le manuscrit 729 de l'ancien fonds arabe; voir Rieu, *Catalogus*, p. 593, note *c*; Wüstenfeld, *Die Geschichtschreiber der Araber*, p. 130. Sur le contenu réel de ce manuscrit 729, aujourd'hui 2143, voir Slane, *Catalogue*, p. 380.

rubriques les personnages qui ne sont pas cités d'après leurs noms propres, mais d'après d'autres dénominations de genres divers. C'est le manuscrit arabe MDDXC, porté à l'inventaire comme Additamenta 23354[1]. Il a été successivement étudié dans l'intérêt de ce travail par M. Paul Casanova et par moi. Les articles sont plus courts que dans le volume de Paris. L'auteur touche à la fin de son labeur et laisse sentir sa hâte d'en finir.

Aboû 'l-Ḳâsim 'Omar ibn Aḥmad ibn Hibat Allâh... ibn Abî Djarâda Kamâl ad-Dîn Ibn Al-'Adîm Al-'Ouḳailî Al-Ḥalabî Al-Ḥanafî, d'une famille où la fonction de ḳâḍî d'Alep était héréditaire, naquit dans cette ville à la fin de 586 de l'hégire (commencement de 1191 de notre ère) et, après une vie agitée, mourut au Caire le vingt-neuf de djoumâdâ premier 660 (vingt-un avril 1262). Sur lui, voir Aboû 'l-Fidâ, *Annales moslemici*, IV, p. 634-637 ; Ibn Schâkir Al-Koutoubî, *Fawât al-wafayât*, II, p. 101-102; Silvestre de Sacy, dans Michaud, *Biographie universelle* (2e éd.), XXI, p. 508 ; Freytag, *Selecta ex historia Halebi*, p. XXXIII-XLIV; F. Wüstenfeld, *Die Geschichtschreiber der Araber*, p. 130-131.

اسمعيل بن ابرهيم (Manuscrit 728 de l'ancien fonds arabe, fol. 38 v°[2])

ابن احمد الشيبانىّ ابو الفضل القاضى الحنفىّ المعروف بابن الموصلىّ... تولّى القضاء نيابةً يَحكم على مذهب ابى حنيفة رضى اللّه عنه بدمشق الى ان مات... وكان فقيها فاضلا حنفىّ المذهب مشكور السيرة... وروى عن ابى المظفَّر أسامة ابن مرشد بن منقذ... وكان مولده ببصرى فى اربع عشر ربيع الاخر سنة

1. Rieu, *Catalogus*, p. 593.
2. Plus haut, p. 329 et 278.

اربع واربعين وخمسمائة وتوفّى رحمه الله بدمشق يوم الاربعاء تاسع جمادى الاولى سنة تسع وعشرين وستّمائة

(*Ibid.*, fol. 41 r°) اسمعيل بن ابرهيم بن ابى علىّ حدّث بجُزْء ابرهيم بن هُدْبة عن مؤيّد الدولة أسامة بن مرشد بن علىّ بن منقذ وتوفّى فى حدود الستّمائة

(*Ibid.*, fol. 52 r°-53 r°[1]) اسمعيل بن سُلْطان بن علىّ بن مقلّد بن نصر ابن منقذ ابو الفضل بن ابى العساكر بن ابى الحسن ن ابى المتوّج الملقّب شرف الدولة الكنانىّ الشيزرىّ وقد سبق تمامُ نسبه فى ترجمة أسامة بن مرشد بن علىّ اميرٌ شاعر فاضل من اهل شيزر وُلد ونشأ بها وكان ابوه سلطان اميرها بعد ابيه علىّ[2] ثم وليها تاج الدولة اخوه[3] واخوه اسمعيل مقيم بها تحت كنفه الى [أن] أخربتْها الزلزلة ومات اخوه وجماعة من اهله تحت الردم وتوجّه نور الدين محمود بن زنكى بن اق سنقر الى شيزر فتسلّمها وكان اسمعيل غائبا عنها فانتقل عند ذلك الى دمشق واستوطنها الى ان مات بها روى عنه شيئا من شعره الحافظ ابو القاسم بن عساكر[4] ولم يُفرِد له ترجمةً فى تأريخ دمشق وروى عنه مُرهَف بن الصنديد الشيزرىّ[5] وابو الفتح عثمان بن عيسى بن منصور

1. Plus haut, p. 134, note 4; 277, note 3; 418; 564.

2. Kamâl ad-Dîn omet Naṣr, frère aîné de Soulṭân, émir de Schaizar avant lui; voir plus haut, p. 27-32.

3. Nâṣir ad-Dîn Tâdj ad-Daula Moḥammad, fils de Soulṭân et frère d'Ismâ'îl ; cf. plus haut, p. 258, 259, 277, 553, 554.

4. Voir plus haut, p. 563-565.

5. C'est Ousâma qui est ici désigné comme *aṣ-ṣindîd* (manuscrit الصنديذ) de Schaizar, c'est-à-dire « le héros de Schaizar ». Nulle part ailleurs

البَاَطِيّ النحويّ[1] انشدنى ابو عبد الله محمّد بن ابى الفوارس بن ابى علىّ بن الأُمّان الشيزرىّ املاءً من لفظه بالهول من بلد سنجار[2] قال انشدنى القاضى وجيه الدين مُرهَف الشيزرىّ قال انشدنى شرف الدولة يعنى ابا الفضل اسمعيل ابن ابى العساكر بن علىّ بن مقلّد لنفسه وكانت الزلزلةُ قد خربت شيزر فى سنة اثنتين وخمسين وخمسمائة وسقطت القلعة على اخيه واولاده وزوجته الخاتون اخت شمس الملوك يعنى بنت بورى بن طغتكين[3] فسلمت المرأةُ وحدها دونهم ونُبشت من الردم وخلصت وجاء نور الدين محمود الى شيزر وطلب من امرأته ان تُعلمه بالمال وهدّدها فذكرت انّ الردم سقط عليها وعليهم ونُبشت هى دونهم ولا تَعلم بشىء وان كان لهم شىء فهو تحت الردم وكان شرف الدولة غائبا فحضر بعد الزلزلة وعاين ما فعلتْ بشيزر واخيه وشاهد امرأة اخيه بعد العزّ فى ذلك الذلّ فعمل [كامل]

ليس الصباحُ مِن المساء بأَمثلِ فأقولُ للّيل الطويل أَلا آنْجَلِ[4]

nous n'avons rencontré cette désignation pour Ousâma. L'émir Mourhaf, fils d'Ousâma, le Mounkidhite est allégué par 'Imâd ad-Dîn (*Kharîdat al-kaṣr*, fol. 115 v°) comme lui ayant récité deux vers d'Ismâ'îl.

1. Né à Mauṣil à la fin de ramaḍân 524 (quatre septembre 1130), Aboû 'l-Fatḥ 'Othmân mourut à Miṣr en ṣafar 599 (octobre 1202); cf. 'Imâd ad-Dîn, *Kharîdat al-kaṣr*, fol. 200 v°-202 r°; Yâkoût, *Mou'djam*, I, p. 721; Dozy, *Catalogus*, II, p. 255.

2. Voir l'introduction du poème publié sous la lettre C, plus haut, p. 550.

3. Voir plus haut, p. 277.

4. Manuscrit انجلى, de même que dans la *Zoubda* de Kamâl ad-Dîn Ibn Al-'Adîm (manuscrit 728 de l'ancien fonds arabe), fol. 174 v°-175 r°, où sont cités ces mêmes vers, moins le deuxième et le troisième.

شَآّــتْ يدُ الأيّــام أنّ قسيّهــا ما أَرسلتْ سهما فأَخْطَى مقتلى
لى كلّ يوم كربةٌ مــن نكبة يَحمى لها جفنى وقلبى يَصطلى
يا تاجَ دولةِ هاشمٍ بل يا آبا الـــتّيجان بل يا قصدَ كلّ مؤمّـل
لو عاينتْ عينــاك قلعةَ شَيْزَرٍ والسّتْرُ دون نسائها لم يُسْبَـل
لرأيتَ حُصْنا هائلَ المرأى غَدَا مُتهلْهلا مثــل النّقــا المتهلهـل

كذا انشدنيه المتهلهل وينبغى ان يكون المتهيّل

لا يَهتدى فيه السّعــاةُ لمسالكٍ فكأنّما يَسْرِى[1] بقــاعٍ مهـولِ

قال فيها يذكر امرأة اخيه المذكورة

نزلتْ على رغم الزمان ولو حَوَتْ يُمْنــاك قائمَ سيفهــا لم تَنْزل[2]
فَتَبدّلتْ عن كِبْرهــا بتواضُــعٍ وتَعوّضتْ عن عزّهــا بتذلّلِ

كتب الينا القاضى الاشرف حمزة بن علىّ بن عثمان المخزومىّ بالديار المصريّة
قال انشدنا ابو الفتح عثمان بن عيسى بن منصور بن هيحون البلطىّ النحوىّ
واخبرنا ابو الحسن محمّد بن احمد بن علىّ قال اجاز لنا البلطىّ قال انشدنى
الامير شرف الدولة ابو الفضل اسمعيل بن ابى العساكر سلطان بن علىّ بن
منقذ بدمشق لنفسه[3] [كامل]

1. *Zoubda* : تسرى.

2. *Bougyat aṭ-ṭalab* : لم ينزل.

3. Ces deux vers se trouvent aussi dans 'Imâd ad-Dîn, *Kharîdat al-ḳaṣr*,

ومُهفهفٍ كَتَبَ الجَمالُ بخدّه سطرا يَدلّه[1] ناظرَ المتأمّل
بالغتُ فى استخراجه فوجدتّه لا رأىَ الّا رأىَ اهلِ المَوصل

قال الباطىّ وانشدنى ايضا لنفسه يصف النحل والزنبور[2] [كامل]

ومغرّدين ترنّما فى مجلس فنفاهما لأذاهما الأقوامُ
هذا يَجود بما يَجود بعكسه هذا فيُحمَد ذا وذاك يُلامُ[3]

اى الذى يُعطى هذا عَسَلٌ و لذى يعطى هذا لَسْعٌ وهو عكسُه انبأنا ابو عبد الله محمّد بن اسمعيل بن عبد الجبّار بن ابى الحجّاج المقدسىّ قال اخبرنا عماد الدين ابو عبد الله محمّد بن محمّد بن حامد الكاتب فى كتاب خريدة القصر قال[4] وتوفّى يعنى اسمعيل بن سلطان بن منقذ سنة احدى وستّين وخمسمائة بدمشق

اسمعيل بن المبارك بن كامل بن مقلّد بن (*Ibid.*, fol. 118 v°-120 r°[5]) علىّ بن مقلّد[6] بن نصر بن منقذ ابو الطاهر بن ابى الميمون الكنانىّ الشيزرىّ الاصل المصرىّ المولد والمنشأة وقد استقصينا نسبه فى ترجمة ابن عمّ جدّه أسامة

fol. 115 v°, et dans Aboû Schâkir Al-Koutoubi, *Fawât al-wafayât*, I, p. 15.

1. Après سطرا, 'Imâd ad-Dîn et Aboû Schâkir : يحبّر.
2. Ces deux vers sont dans 'Imâd ad-Dîn, *Kharîdat al-ḳaṣr*, *loc. cit.*
3. Kamâl ad-Dîn : يدام.
4. 'Imâd ad-Dîn, *Kharîdat al-ḳaṣr*, fol. 115 v°.
5. Plus haut, p. 437-438.
6. Manuscrit : المعلد (*sic*).

ابن مرشد بن علىّ واسمعيل هذا امير فاضل شاعر خدم الملك العادل ابا بكر ابن أيّوب وولدَه الملك الكامل محمّد بن ابى بكر وسيّره [1] الملك الكامل رسولا الى حلب وغيرها من البلاد وواليا على حرّان فقدم علينا حلبَ واقام بها ايّاما ولم يتّفق لى اجتماع به وروى شيئا من الحديث عن الحافظ ابى طاهر السّلَفىّ وشيئا من شعر ابى الحسن علىّ بن يحيى بن الذروىّ [2] روى لنا عنه ابو المحامد اسمعيل بن حامد القوصىّ [3] وابو بكر محمّد بن عبد العظيم المنذرىّ [4] ومحمّد بن علىّ الصابونىّ... انشدنا ابو المحامد [5] اسمعيل بن حامد القوصىّ قال انشدنا الامير الكبير ابو الطاهر [6] اسمعيل بن سيف الدولة المبارك بن منقذ قال انشدنى القاضى وجيه الدين ابو الحسن علىّ بن يحيى بن الذروىّ مديحا فى والدى الامير سيف الدولة قصيدتَه الذاليّة ومطلعُها [7] [طويل]

لك اللهُ عرِّجْ بى على ربعهم فذى رسومٌ يفوح المسكُ من عَرْفِها الشَّذى
وذا يا كليمَ الشوقِ وادٍ مقدَّسٌ لذى الحُبّ فاخلعْ ليس يمشيه مُحتَذِى
وقفنا فسلّمنا على كلّ منزل نلذُّ فيه الـمينَ كلّ تَلذُّذِ

1. Manuscrit : وشيره.

2. Plus haut, p. 435, note 2.

3. Plus haut, p. 420, note 7. A mes citations sur ce personnage ajoutez la notice que lui a consacrée Kamâl ad-Dîn dans son *Dictionnaire biographique* (manuscrit de Paris), fol. 48 v°-50 r°. Ismâ'îl Al-Ḳoûṣî mourut, non pas en 623, comme il a été imprimé par suite d'une erreur typographique, mais en 653, comme le montre la date correspondante de notre ère, exactement donnée.

4. Plus haut, p. 420, note 6, sur le père de cet Aboû Bakr Moḥammad.

5. Manuscrit : ابو حامد.

6. Manuscrit : ابو طاهر.

7. Ibn Khallikân, *Biographical Dictionary*, II, p. 555; texte arabe

ولم يُبْكِنى الّا وكانَ[1] مجدِّدٌ   لأَشجان قلبٍ بالغرام مجذِّذِ
فيا حَرَقى ذا آخِرَ الدمع فاشْربى   ويا سَقَمى ذى فَضْلة القلب فاغْتذى
وبى ظَبْىُ أُنْسٍ كَمَّل الله حُسْنَه   وقال لأَفواه الخلائق عَوِّذى
جَلا تحت ياقوت اللَّمى ثغرَ جوهرٍ   وطيبُ وأَبدى[2] شاربا من زُمُرُّذِ
وبى عُذَّلٌ أَبدى التشاغُلَ عنهم   اذا اخذوا فى عذلهم كلَّ مأْخَذِ
يقولون مَن هذا[3] الّذى مُتَّ فى الهوى   به أَسفًا يا ربِّ لا علموا الّذى
ورُبَّ أَديبٍ لم يجد فى ارتحاله[4]   جَوادًا اذا ما قال هات يقلْ خُذِ[5]
أَقول له اذ قام[6] يَرحل مُسْغِبًا   وسلّمه طولُ السقام وقد حَذِى
مبارَكُ[7] عَيْشِ الوَفْد بابُ مبارَكٍ   وهل مُنْقِذُ القُصّاد الّا ابنُ مُنْقِذِ

انشدنى جمال الدين محمّد بن علىّ الصابونىّ[8] قال انشدنا جمال الدين اسمعيل بن المبارك بن منقذ لنفسه [خفيف]

صار داءُ الهوى لقلبىَ عادَه   فلهذا جفاه من كان عادَه
لو اتاه هجوده رشفاه   كان يَشتاق سُقْمَه وسُهادَه

dans l'édition de Slane, I (unique), p. 619; dans l'édition Wüstenfeld, n° 563; dans l'édition de Boûlâḳ en trois volumes, II, p. 205-206.

1. Manuscrit الا اد كان (*sic*).

2. Manuscrit et textes imprimés : اللما et وابدا, excepté l'édition de Boûlâḳ, avec laquelle je lis اللمى et وابدى. Manuscrit sans وطيب.

3. Manuscrit : من دا (*sic*).

4. Manuscrit : فى ارتجاله.

5. Manuscrit et édition Wüstenfeld خذى.

6. Manuscrit : قال.

7. Vers traduit plus haut, p. 435.

8. Manuscrit : علىّ بن الصابونىّ.

أَلِفَ الهمَّ والكآبةَ حتّى   لو اتاه سرورُه ما ارادَهْ
ليس ذا قسوةً ولكنْ مُرادى   أن يَنال الحبيبُ منْ[1] ما ارادَهْ
ان حَرَمْتُ الوصالَ منه حَياةً   فلعلّى فيه أَنال الشّهادَهْ
يا رشيقَ القَوامِ أَخجلتَ بالبا   ن يثنّى غصونُه المَيّادَهْ
قد سلبتَ الفُؤادَ والطرفَ جمعا   ذا سُوَيْداءَه[2] وذاك سَوادَهْ
هل ترى فيهما تَكَوَّنُ صُدْغا   ك فخَطّا على العذار مدادَهْ
قل لنَبْلِ القِصىِّ ما انت الاّ   عند لَحْظ الحبيب شوكُ القَتادَهْ
ولقُرْب السيوف انت جُفونٌ   لعيون تَذودنا مَيّادَهْ
ولغيب السَّحاب سُحْقًا بَتاتى   كأسنا قد أَبان فيك الزَّهادَهْ
انت تَسقى وتَحجب البدر عنّا   وهْو يَسقى وبدرُه فى زيادَهْ
مَنْطقَتْه العيونُ حُسْنا ولولا   خَشْيةٌ من سَناه كُنَّ قلادَهْ

ونقلتُ هذه الابيات الدّاليّة من خطّ الامير حُسام الدين ابى بكر محمّد بن مُرهَف بن اسامة بن منقذ[3] للامير جمال الدين اسمعيل بن الامير سيف الدولة المبارَك[4] بن منقذ وذكر انّه سمع منه هذه الابيات ونقلتُ من خطّه من شعر ابن عمّه اسمعيل المذكور [رجز]

1. Manuscrit : منى.
2. Manuscrit : سوبداه.
3. Plus haut, p. 421.
4. Manuscrit : مبارك.

طَبِّى اللّحـاظُ وهى فى أَجفانهـا   قد قَتل الانسـانُ من انسانهـا
مشهورةٌ قَتْلتهـا مشهورةٌ   فكيف تُرْدى وهى فى أَجْفانهـا
أُسْدُ الحِمَى وان غَدَتْ فاتكةً   تَفِرُّ بعد البـأس من غِزلانهـا
لو لم تكن رمـاحَهـا قُدودُهـا   ما كانت الأَلحاظُ من خُرصانهـا
بَكَيْتُ وَجْدا بهم حتّى بكت   حَمـائمُ الأَيْك على أَغصانهـا
فان تكن صادقةً فى نوحهـا   مِثْلى وداعى الشوقِ من أَشجانها
لم تُلْبِس الأَطْواقَ فى أَعنـاقهـا   وتُخْضَبِ الحِنّـاءِ فى بَنانهـا[1]

قال لى ابو بكر محمّد بن عبد العظيم اسمعيلُ بن المبارك احد امراء الدولتين العادليّة والكامليّة سمع بالاسكندريّة ابا طاهر احمد بن محمّد بن احمد السِّلَفى الاصبهانىّ وبمصر من والده وحدّث وسُئل عن مولده فقال فى العشرين من رجب سنة تسع وستّين وخمسمائة بالقاهرة وتوفّى فى شهر رمضان سنة ستّ وعشرين وستّمائة بمدينة حرّان اخبرنا شهاب الدين ابو المحامد اسمعيل بن حامد القوصىّ قال وهذا الامير جمال الدين اسمعيل بن منقذ رحمه الله كان اميرا وكاملا وكبيرا فاضلا وندبه السلطان الملك الكامل رحمه الله رسولا الى المغرب فأَبان عن نهضة وكفاية وحُسن سفارة لما كان جامعا له من حُسن صورة وسيرة وعذوبة لفظ وسداد عبارة وولّاه ولايةَ مدينة حرّان وجمع له بين الولاية والامارة وتوفّى بها فى شهور سنة سبع وعشرين قال ومولده بمصر فى شهور سنة تسع وستّين وخمسمائة فى العشرين من ذى القعدة قرأْتُ فى

1. Manuscrit : فى نباها.

تعليق وقع الىّ بخطّ مُرهَف بن مرهف بن اسامة بن مرشد بن منقذ[1] ذيّل به على تعليق فى التأريخ بخطّ ابيه مُرهَف بن اسامة بن منقذ فى سنة سبعين وخمسمائة وُلد اسمعيل بن المبارك[2] بن كامل بن منقذ أنبأنا ابو محمّد عبد العظيم ابن عبد القوىّ المُنذرى قال فى ذكر من توفّى سنة ستّ وعشرين وستّمائة فى كتاب التكملة لوفيات النَّقَلة وفى شهر رمضان توفّى الامير الاجلّ ابو الطاهر اسمعيل بن الامير الاجلّ سيف الدولة ابى الميمون المبارَك بن كامل بن مقلَّد ابن علىّ بن نصر بن منقذ الكنانىّ الشيزرىّ الاصل المصرىّ المولد والدار المنعوت بالجمال بحرّان ودُفن بظاهرها سمع بالاسكندريّة من الحافظ ابى طاهر احمد بن محمّد الاصبهانىّ وبمصر من والده سيف الدولة ابى الميمون المبارَك وحدّث وتولّى حرّان وغير ذلك سمعتُ منه وسألتُه عن مولده فقال فى العشرين من رجب سنة تسع وستّين وخمسمائة بالقاهرة وكان له شعر وادب كثير وتلاوة القران الكريم وترسّل عن السلطان الملك الكامل الى الفرنج خذلهم الله تعالى وهم اذذاك بثغر دمياط المحروس فبلغنا أنّه كان يَختم بها فى كلّ يوم ختمة

الأَشرف بن الأَعزّ بن هاشم بن القاسم بن محمّد (*Ibid.*, fol. 146 v°-150 v°) ابن سعد الله..... ابو هاشم وقيل ابو ألاعزّ وقيل ابو العزّ الحَسَنىّ الرَّمْلىّ النسابة المعروف بتاج العُلَى وبابن النـاقلة[3]..... حدّث عن ابى اسحق بن فضلان

1. Plus haut, p. 421.
2. Manuscrit : مبارك.
3. Manuscrit الناوله, corrigé d'après le fol. 147 v°.

الطرسوسىّ وسمع اسامة ابن مرشد المُنقذىّ ... قدم حلب فى جمادى الاخرة سنة ستّمائة... وكان اصله من الكوفة وانتقل بعضُ سلفه الى الرملة وكان يذكر انّ مولده فى شهر ربيع الثانى سنة سبع وتسعين واربعمائة وأَظُنّنى سمعته يذكر ذلك..... وكان كثير من الناس يكذّبونه فى زعمه ذلك فانّه كان يدّعى انّ عمره مائة وثلاث عشرة سنة وكان غير مأمون على [ما] ينقله كثير الكذب فيما يخبر به...[1] ظفرتُ بكتاب كتبه مؤيّد الدولة اسامة بن مرشد بن علىّ بن منقذ الكنانىّ الى اخيه ابى المغيث منقذ بن مرشد على يد تاج العلى[2] الى آمد دفعه الى القاضى بهاء الدين ابى[3] محمّد الحسن بن ابرهيم بن الخشّاب يَتضمّن التنبيه على فضل تاج العلى وذُكَر مناقبه فنقلتُ من خطّ اسامة فى أَثناء الكتاب عبدُك يُنهى أنّه اجتمع بالامير السيّد الاحد الأوحد العالم عَلاء الدين ابى العزّ الأشرف بن الأعزّ الحَسَنىّ ادام الله علوّه فرأى آذىّ بحرٍ لجميع العلوم زاخر، مضاف الى النسب الشريف الفاخر، جليسه منه بين روضة وغدير، وادب بارع وفضل غزير، قد احتوى على فنون الادب، وأَحكم معرفة السِّيَر والنَّسَب، وما أَصفُ لك يا مولاى فضله، غير أنّنى والله ما رأيت مثله، وما انت يا مولاى جُعلتُ فداءك ممّن ينبّه على فضيلة ولا يُحَثّ على مكرمة فاصرفْ همّتك الى ما تَلقاه به من الاكرام والتبجيل، لفضل علمه الغزير وشرفه الاصيل، نقلتُ من خطّ العماد ابى عبد الله محمّد بن محمّد بن حامد

1. Il a été fait allusion à ce qui suit plus haut, p. 317-318.
2. Manuscrit : تاج العلاّ.
3. Manuscrit : ببهاى الدين ابو محمد.

الاصبهانىّ فى كتاب السيل والذيل الذى ذيّل به على خريدة القصر... قال الشريف شرف الدين الأشرف بن الأعزّ بن هاشم الحسنىّ الرملىّ المعروف بالناقلة[1] النسّابة المقيم بحصن كيفا مولده بحُمْران بين مكّة والمدينة وقد سافر الى بلاد المغرب والمشرق والاندلس وصقلّية ومصر وأذْرَبيجان وغيرها حضر عندى بالخيمة على آمد فى خامس المحرّم سنة تسع وسبعين وخمسمائة ورأيته مفوّها منْطِقا ورأيتُه بسيماء الشباب فسألتُ عن سنّه فقال أَربيتُ على الخمسين فهذا يدلّ على أنّ مولده كان فى حدود الثلاثين قبلها وقد كان العمادُ يَظنّ أنّ سنّه اصغرُ ممّا ادّعاه وتدرّج بعد ذلك الى ان ادّعى انّ مولده سنة سبع وتسعين واربعمائة... توفّى تاج العلى[2] النسّابة بحلب فى يوم الاحد سلخ صفر من سنة عشر وستّمائة

([3]*Ibid.*, fol. 169 v°) الأُصَيْلح المعلّم الكفرطابىّ كان معلّما بكفرطـاب وله شعر اخبرنا ابو الحسن محمّد بن احمد القُرْطُبىّ عن مؤيّد الدولة ابى المظفّر اسامة بن مرشد بن علىّ بن منقذ قال كان الأُصيلح معلّما فى كفرطـاب وكان يوسف بن المنيرة[4] ابو استاذى حائكا ثم تأدّب وصار معلّما فقال فيه الأُصَيْلح [خفيف]

اىّ عقلٍ لحائكٍ فى الأَنامِ لا ولو قيِدَ نحوَه بزِمامِ

1. Peut-être faut-il lire بابن الناقلة; cf. p. 579, l. dernière.
2. Manuscrit : تاج العلا.
3. Plus haut, p. 342.
4. Manuscrit : المغيرة. J'ai rectifié d'après l'*Autobiographie*, p. 63; cf. plus haut, p. 50.

نصفُه نازلٌ مع الجِنّ فى البِئْــــر وباقيه قاعدٌ فى قِيــامِ[1]

(Manuscrit de Londres, Additamenta 23354, fol. 62 v°-63 r°) ابو

صالح[2] ابن المهذَّب المَعَرّىّ وهذا غير ابى صالح محمّد بن علىّ بن المهذّب الذى

كان فى عصر ابى العلاء بن سليمان[3] فانّ هذا متأخّر العصر بعد الخمسمائة

اخبرنا ابو الحسن محمّد بن ابى جعفر احمد بن علىّ الفَنَكىّ بدمشق قال انشدنى

مؤيّد الدولة اسامة بن مرشد بن منقذ لنفسه وذكر أنّه قالها على لسان الشيخ

ابى صالح ابن المهذَّب رحمه الله وكانت فيه حِدّة مع فضل وعلمٍ وتُقًى وكان نزل

بشيزر وفريق من العرب معهم جارية اسمها شَوْقُ مستحسَنة وكَتَبَ الأبياتَ

ورمى بها نُسَخا بشيزر فوقع منها بيد الشيخ ابى صالح رحمه الله فقامت قيامتُه

ولم يدر احد من عمل الابيات فقال له الشيخ العالم ابو عبد الله محمّد بن

يوسف المعروف بابن المنيرة رحمه الله وهو مؤدّبه[4] هذه الابيات التى قد رُميتْ

ما يُحسِن تقولها الاّ انا والقاضى ابو مُرشِد ابن سليمان[5] او انت وانا وابو مرشد

1. Manuscrit : نصفه نازل فى البير مع الجــن وباقيه قاعد فى قيام ; entre فى et البير, un signe qui indique peut-être la transposition des mots.

2. Le chapitre d'où est tirée cette notice, comme aussi la suivante, est consacré aux hommes illustres que l'on désigne ordinairement par les prénoms (*kounya*), dans lesquels *Aboû* entre comme premier terme de la composition; voir Rieu, *Catalogus*, p. 593.

3. Le célèbre poète aveugle, Aboû 'l-ʿAlâ Aḥmad ibn ʿAbd Allâh ibn Soulaimân Al-Maʿarrî At-Tanoûkhî naquit à Maʿarrat an-Noʿmân en décembre 973 et y mourut en mai 1057 ; voir sur lui Nâṣiri Khosrau, *Sefer-Nameh*, traduction Schefer, p. 35-36, et la note 1 de la page 36 ; 'Imâd ad-Dîn, *Kharîdat al-ḳaṣr*, fol. 119 r° et v°; Ibn Al-Athîr, *Chronicon*, IX, p. 438; Aboû 'l-Fidâ, *Annales moslemici*, III, p. 162-167.

4. Plus haut, p. 50-53 et 581.

5. 'Imâd ad-Dîn, *Kharîdat al-ḳaṣr*, fol. 127 r° (cf. Dozy, *Catalogus*, II,

ما قلناها وما قالها غيرُك وهي [منسرح]

قولا لريم في حلة العرب   اليك أشكو ما يصنع اسمك بي

بما استخارت عيناك سفك دمي   وأخذ قلبي في جملة السلب

لولاك والدهر كله عجب   ما حضرت في ذمة العرب

جارك أولى برعي ذمته   ان أنت راعيت حرمة الصقب

هذا هوى كنت في بلهنية[1]   عنه فيا للرجال للعجب

أيسترق الكريم ذا النسب الـ   ـواضح عند مستعجم النسب

ويحمل الثأر من به خور   عن احتمال الحجال والقلب

نشدتك الله في احتمال دمي   معشري ما يفوتهم طلبي

ما فات قومي آل المهذب من   قبلي ثار في سالف الحقب

ولا تريق دما لدى أدب   يسطو بأقلامه على القضب

ابو النمر ابن العنزى[2] القاضى من بيت كبير (*Ibid.*, fol. 129 r° et v°)

p. 247), l'appelle Aboû Mourschid Soulaimân et raconte qu'il mourut à Schaizar, où il s'était réfugié après la prise de Ma'arrat an-No'mân par les Francs. Lisez dans le passage cité par Dozy وتوفى بها au lieu de وكونى بها, comme il ressort clairement du manuscrit.

1. Manuscrit : فى لهبنه. Le mot que j'ai restitué appartient au vocabulaire d'Ousâma; voir *Autobiographie*, p. 122, l. 13; *Livre du bâton*, plus haut, p. 541, l. 7, où il faut lire avec un *ḍamma* sur le *bâ*; voir aussi p. 547, l. 6.

2. C'est-à-dire de la tribu de 'Anaza ibn Asad, qui est encore aujourd'hui établie sur les confins de la Syrie et de la Mésopotamie d'après Burckhardt, *Notes on the Bedouins*, p. 1, cité par Wüstenfeld, *Register zu den genealogischen Tabellen*, p. 82; voir aussi Caussin de Perceval, *Essai sur l'histoire des Arabes*, I, p. 191.

بالشأم مشهور ولهم اتّصال بملوكها[1] وحرمةٌ عندهم واصلُهم من كفرطاب وسكنوا حماة بعد استيلاء الفرنج على كفرطاب[2] وهذا القاضى ابو التّمر كتب عنه مؤيّد الدولة اسامة بن مرشد بن منقذ فانّى نقلت من خطّ اسامة من كتابه الموسوم بأزهار الأنهار[3] قال حدّثنى القاضى ابو التمر [ابن] العنزىّ رحمه الله بحصن شيزر قال سافرتُ الى اليمن فاتاه[4] الخبر بعصيان بلد من بلاده فركب وسار اليه وانا صحبته وهو فى خلق كثير على الركاب واقسم ليستبحن دماءهم واموالَهم فسرنا حتّى نزلنا على المدينة وأَمَرَنا بالتأهّب لقتالهم وهجم المدينة فرأينا امرأة قد خرجت من المدينة وجاءت تتخطّأ الناسَ حتّى وصلت الى

1. Allusion au « Roi des Arabes » Doubais ibn Sadaka al-Asadî, un rejeton d'Asad, comme les Banoû ʿAnaza. Tous les princes de cette famille portaient le titre de roi. Doubais fut mis à mort à la fin de 529 de l'hégire, en août ou en septembre 1135, par ordre du sultan Seldjoûkide Masʿoûd. Voir Al-Ḥarîrî, *Maḳâmât* (éd. Reinaud et J. Derenbourg), p. 507; et *Introduction*, p. 27; ʿImâd ad-Dîn, *Kharîdat al-ḳaṣr* (manuscrit 1447 de notre ancien fonds arabe), fol. 108 vº-119 vº, parmi les rois des Arabes établis à Al-Ḥilla, et dans Al-Bondârî, *Histoire des Seljoucides de l'Irâq* (éd. Houtsma) p. 178-179; Ibn Al-Athîr et Aboû 'l-Fidâ, dans *Hist. or. des croisades*, I, p. 509 et 22; Kamâl ad-Dîn, *Zoubda*, *ibid.*, III, p. 661-664, et dans Rœhricht, *Beiträge*, I, p. 296-299; Ibn Khallikân, *Biographical Dictionary*, I, p. 504-507; Hammer, *Literaturgeschichte der Araber*, VI, p. 865-867; VII, p. 1254-1255.

2. La première occupation de Kafarṭâb par les Francs eut lieu dès le deux rabîʿ Ier 490 (dix-sept février 1097); cf. Kamâl ad Dîn, *Zoubda*, dans Rœhricht, *Beiträge*, I, p. 216; Sibṭ Ibn Al-Djauzî et Ibn Tagrîbardî, dans *Hist. or. des croisades*, III, p. 517 et 482.

3. Plus haut, p. 332-333.

4. Le suffixe se rapporte au « Sultan du Yémen », sans doute nommé dans ce qui précédait immédiatement. C'était, je suppose, Manṣoûr ibn Al-Fâtik ibn Djayyâsch Ibn Nadjâḥ, qui mourut empoisonné en 519 de l'hégire (1125 de notre ère); cf. Ibn Ad-Daibaʿ, *Bougyat al-moustafîd*, dans Johannsen, *Historia Iemanæ*, p. 136-138; Ibn Khaldoûn, *ʿIbar*, IV, p. 218.

السلطان وانا عنده فسلّمتُ عليه فرَحبَ بها واكرمها واجلسها ثمّ قال لها ما حاجتك قالت جئتُك أن تَهَبَ لى هذه المدينة واهلها فقال هؤلاء قد اظهروا العصيان والشّقاق وقد أَقسمتُ ان أَستبيح دماءهم واموالهم فقالت بل تَرجع عن هذا الى المعتاد من صفحك وكرم عَفْوك وتهب لى ذنبهم ودماءهم واموالهم فقال ما أَفعلُ ولا أُفسد مملكتى وأَستدعى عصيانَ رعيّتى بصفحى عن هؤلاء المنافقين فغضّتْ وقامت وقالت نسيتَ حقّى وحرمتى واطرحتَنى حتّى أَنّى أَسئلك فى مدينة من مداينك لتَقضى بها حقّى ولا تجيب[1] سؤالى ثم ولّتْ فأَطرق وقال رُدّوها فلمّا عادت اعتذر اليها وتلطّفها وقال قد وهبتُ لك البلد واموال اهلها ودماءهم وها انا راحل ثم امر النّاسَ بالرحيل ونفّذ مَن رتّب امر البلد وسار فسألتُ عن تلك المرأة فقيل لى انّ هذه امرأة كانت تُرْضعه وكان ابوه مالكَ هذه البلاد فقام عليه اخوه فقتله وملك البلاد وهذا اذذاك طفل فتطلّبه عمّه ليقتله فخبّته هذه المرأة بينها وبين نسائها وأَخفتْه وخرجت به من البلد فربّتْه فى خمول واختَفَى حتّى كبر وجار عمّه على الرعيّة وأَساء اليهم فوثبوا عليه فقتلوه ونفذوا خلف هذا واحضروه وملّكوه عليهم كما ترى فهى تذكّره بما فعلتْه فى حقّه وهو يَرعى لها ذلك الصّنْع

1. Manuscrit : توجب.

II. *Extraits de la* Crème de l'histoire d'Alep, *par Kamâl ad-Dîn Ibn Al-'Adîm.*

Kamâl ad-Dîn Ibn Al-'Adîm, après avoir achevé son Dictionnaire des hommes illustres d'Alep, ne se crut pas encore quitte envers sa ville natale. Il conçut le projet d'en écrire l'histoire, année par année, en faisant un nouvel emploi des documents qu'il avait amassés pour son répertoire classé lettre par lettre, qu'il venait de terminer. Il n'attendit pas la conquête et la destruction d'Alep par les Tatares le vingt-cinq janvier 1260 pour y résigner ses fonctions héréditaires de ķâḍì et pour renouveler les voyages de sa jeunesse studieuse. Trois ans auparavant, le dix-huit février 1257, il achevait à Bagdâdh une copie des Longues histoires, par Aboû Ḥanîfa de Dînawar[1]. La vie agitée et nomade qu'Ibn Al-'Adîm mena depuis lors jusqu'à ce qu'il mourut au Caire en avril 1262 le contraignit à restreindre son programme et à ne publier que la rédaction abrégée, intitulée : زبدة الحلب ، من تاريخ حلب « La Crème du lait frais de l'histoire d'Alep. »

Ce résumé substantiel nous a été conservé dans le manuscrit 728 de l'ancien fonds arabe, exemplaire coté aujourd'hui 1666 dans le Catalogue de notre Bibliothèque nationale[2]. Ce volume,

1. Aboû Ḥanîfa Ad-Dînawarî, *Kitâb al-akhbâr aṭ-ṭiwâl*, publié par Vladimir Guirgass (Leide, 1888) ; Baron Victor Rosen, *Les manuscrits arabes de l'Institut des langues orientales*, p. 16-17 ; Hartwig Derenbourg, dans la *Revue critique* de 1888, II, p. 61.

2. Slane, *Catalogue*, p. 311.

copié sur l'autographe de l'auteur, a été achevé le onze rabî' second 666, c'est-à-dire le trente décembre 1267, moins de six ans après sa mort [1]. Le manuscrit du Musée asiatique de Saint-Pétersbourg, provenant de Rousseau, a été copié sur celui de Paris, comme le prouve une lacune d'un feuillet, identique dans l'un et dans l'autre [2].

Le volume conservé à Paris, provenant des acquisitions faites dans le Levant sur l'initiative et pour le compte de Colbert [3], coté autrefois 5158 dans sa bibliothèque [4], a été mis à contribution dans des publications diverses. On y a puisé largement sans en épuiser le contenu. A mon tour, j'y ai glané après mes devanciers quelques épis de choix. Une édition complète est encore désirable [5], même après qu'elle a été déflorée par les extraits considérables communiqués dans les manuscrits et ouvrages suivants :

1° Manuscrits acquis en 1813 par la Bibliothèque nationale [6], contenant des copies du texte arabe et des traductions françaises et latines, faites vers 1770 par Dom Georges-François Berthereau et son collaborateur, un Syrien nommé Joseph Schâhîn, que le savant bénédictin s'était adjoint pour cette tâche. Les manuscrits de cette collection, où Kamâl ad-Dîn est mis à contribution, portent aujourd'hui dans le fonds français les numéros 9063-9065, 9067, 9069, 9071 [7].

1. Souscription du manuscrit, fol. 268 r°.

2. Baron Victor Rosen, *Notices sommaires sur les manuscrits arabes du Musée asiatique* (Saint-Pétersbourg, 1881), p. 98.

3. L. Delisle, *Le cabinet des manuscrits*, I, p. 446-448.

4. Note de Joseph Ascari, datée de 1735 et insérée en tête du volume; voir Slane, *Catalogue*, p. 311.

5. Vœu exprimé par M. le Baron de Slane, dans l'*Introduction* aux *Hist. or. des croisades*, I, p. LVII.

6. L. Delisle, *Le cabinet des manuscrits*, II, p. 283.

7. Baron de Slane, *Introduction* aux *Hist. or. des croisades*, I, p. III et IV; Comte Riant, *Inventaire des matériaux rassemblés par les Bénédictins au dix-huitième siècle pour la publication des Historiens des croisades*, dans les *Archives de l'Orient latin*, II I, p. 114-115, 117, 119.

2° Extraits traduits en français au commencement du siècle par Silvestre de Sacy pour l'historien des croisades F. Wilken[1]. Ils sont conservés à la Bibliothèque royale de Berlin, parmi les manuscrits français in-4°, sous le numéro 78. Cette traduction a été publiée en 1874 par M. R. Rœhricht dans le premier volume de ses Documents relatifs à l'histoire des croisades[2].

3° G. W. Freytag, *Selecta ex historia Halebi*, e codice arabico Bibliothecæ regiæ Parisiensis edidit, latine vertit et adnotationibus illustravit. Lutetiæ Parisiorum, e Typographia regia, 1819.

4° Id., *Regierung des Saadh-Aldaula zu Aleppo,* arabisch mit Uebersetzung und Anmerkungen. Bonn, 1820.

5° Reinaud, *Extraits des historiens arabes*, faisant partie des Croisades de M. Michaud, traduits en partie et revus pour le reste par M. l'abbé Reinaud. Paris, Boucher, 1822, in-8°. Une nouvelle édition, « entièrement refondue et considérablement augmentée, par M. Reinaud », a été imprimée, par autorisation du Roi, à l'Imprimerie royale », en 1829. Elle est rattachée, comme quatrième volume, à la seconde édition de Michaud, *Bibliothèque des croisades.*

6° G. W. Freytag, *Lokmani fabulæ* et plura loca ex codicibus maximam partem historicis selecta edidit. Bonnæ ad Rhenum, 1823, p. 41-71.

7° Leonis Diaconi *Historiarum libri X*, dans le *Corpus scriptorum historiæ Byzantinæ*, deuxième volume publié à Bonn en 1828, p. 389-394.

8° J. J. Mueller, *Historia Merdasidarum*, ex Halebensibus Cemaleddini annalibus excerpta. Bonnæ (1830)[3].

1. F. Wilken, *Geschichte der Kreuzzüge*, Leipzig, 1807-1832, 7 tomes en 9 volumes.

2. R. Rœhricht, *Beiträge zur Geschichte der Kreuzzüge*, I, p. 209-346; cf. II, p. 401-402, corrections d'après le compte-rendu de MM. G. Monod et C. Defrémery, inséré dans la *Revue critique*, n° 1 de 1875.

3. Cette brochure, de IV et CVIII pages, ne porte aucune date. Celle

9° G. W. Freytag, *Chrestomathia arabica grammatica historica.* Bonnæ ad Rhenum, 1834, p. 177-252.

10° C. Defrémery, *Récit de la première croisade et des quatorze années suivantes*, traduit de l'arabe de Kémâl-Eddîn, et accompagné de notes historiques et géographiques, dans *Mémoires d'histoire orientale*, I, p. 35-65.

11° G. W. Freytag, *Geschichte der Dynastien der Hamdaniden in Mosul und Aleppo*, dans la *Zeitschrift der deutschen morgenlændischen Gesellschaft*, X (1856), p. 432-498 ; XI (1857), p. 177-252.

12° Barbier de Meynard, *Extraits de la Chronique d'Alep*, par Kemal ed-Dîn, texte arabe et traduction française, dans *Historiens orientaux des croisades*, III (Paris, Imprimerie nationale, 1884), p. 571-690.

A cette liste on pourra ajouter les quelques passages inédits qui suivent :

(Manuscrit 728 de l'ancien fonds arabe, fol. 91 r° et v°) وامّا سديد الملك

ابو الحسن بن منقذ فانّه استشعر من تاج الملوك[1] أن يقبضه وكان اخاه من
الرضاعة فاجتمع باسباسلار ابى حرب المعروف بجُرَيْبَةَ[2] أَلفافا وكان صاحب
سرّ محمود ونديمه وكان لابن منقذ اليه احسان كثير وصنائع جمّة فقال له قد
استشعرتُ من تاج الملوك فانظرْ ما تعمله معى فقال تكلّفنى ان يقول الامير اريدُ

que j'ai donnée est empruntée à Zenker, *Bibliotheca orientalis*, I, p. 97, n° 818.

1. Il s'agit du Mirdâsite Tâdj al-Mouloûk Maḥmoûd, fils de Naṣr, fils de Ṣâlih, auquel Alep se soumit le premier septembre 1060 ; voir plus haut, p. 16-17. Les événements rapportés sont de 1072.

2. Lecture douteuse ; manuscrit بحريبه, avec l'ombre d'un point sur le *ḥâ*.

أَقبِضُ على فلان فأُخبِرك بذلك لا والله ولكن انا أُنفذ اليك مع عجوز عندى الفْى دينار فاذا نفّذتَ طلبتُها منك فشأنَك ونفسَك فبقيتْ تلك الدنانير عنده مدّة ثم نفّذ العجوزَ يَطلبها وكان قد أَصلح حاله للسفر فدفع اليها الدنانير وركب من يومه وخرج من حلب الى كفرطاب فاستَصحب منها ما اراد وسيّر حُسينَ ابن كامل بن الدَّوخ الى سديد الملك بن منقذ يسئله الاجتماع به فاجتمعا فقال له حسين ايش رأيك فى الدخول الى حلب فقال ما اقول لك شيئا لانّ الك مالا عظيما فان اشرتُ عليك بتركه كنتُ مَلوما عندك ولكنّى اقول لك ما أَعمَلُ وانت ترى رأيك والله لا نظرتُ محمودا ابدا وسار الى طرابلس فكتب محمودٌ الى ابن عمرون يأمره بالقبض عليه ويَبذل له ثلثة الف درهم ورفنيّة[1] فلم يُظفَر به وسار ابن منقذ حتّى وصل الى طرابلس فى سنة خمس وستّين فاق ابن عمّار واخاه فكاتبهما محمودٌ فتنكّرا له وعزم ابنُ منقذ على الطلوع الى مصر فاتّفق موتُ امين الدولة بن عمّار فشَدَّ ابنُ منقذ من جلال الملك علىّ ابن عمّار وعاضَده بمماليكه ومَن طلع معه من اهل كفرطاب فاخرجوا اخا امين الدولة وتولّى جلال الملك وعَظُمَ محلّ ابن منقذ عنده حتّى كان حكمُه فى طرابلس مثله وكاتبه محمودٌ بتطييب قلبه فلم يثق به ولم يعُدْ الى حلب حتّى مات[2] وفى سنة خمس وستّين واربعمائة وقيل فى شوّال (*Ibid.*, fol. 93 v°-94-r°)

1. Manuscrit : ورومه.

2. Vient ensuite l'anecdote de la correspondance entre Ibn An-Naḥḥâs, secrétaire de Maḥmoûd, et Sadîd al-Moulk 'Alî Ibn Mounḳidh ; voir plus haut, p. 18, et Ibn Khallikân, *Biographical Dictionary*, II, p. 343.

سنة اربع وستّين وفد ابو الفِتْيان بن حَيُّوس[1] على محمود بن نصر بن صالح وكان سديدُ الملك بن منقذ اجتمع به بطرابلس ورأى نفور بنى عمّار منه لاجل ميله الى الدولة المصريّة فاشار عليه ان يَقصد محمودا بحلب فقصده صحبةَ نصر بن سديد الملك بن منقذ فاحضره محمود وكان قد جلس فى مجلسه وامر باحضار الشراب فشرب أَقداحا ثم قال ارفعوا الخمر فانّ ابن حيّوس يَحضرنى مُمتدِحا وفى نفسى أن أَهَبَهُ جائزة سنيّة فان كان الشراب فى مجاسى قيل وهبه وهو سكران فرفع [الخمر] وحضر الامير ابو الفِتْيان فانشده قصيدته الميميّة التى اوّلها [طويل]

قفوا فى القلَى حيث انتهيتم تذمّمًا ولا تَقتفوا مَن جارَ لمّا تحكّمَا
أَرى كلَّ مُعْوَجِّ المودّة يصطفَى لديكم ويَلقى حتفَه مَن تقوّمَا

وهى قصيدة طويلة أَحسنَ فيها كلَّ الاحسان وذكر اشارةَ ابن منقذ عليه بقصده فقال

سأشكُرُ رايا مُنقذيّا أَخَانِى ذُراكَ فقد أَولى جميلا وأَنعمَا

فوهب له الف دينار ذهبا فى صينيّة فضّة وجعلها له رسما عليه فى كلّ سنة واحتفر الخندقَ بجانب فجاءه ابو الفتيان فقال هذه أَعمال يَعجز عنها كِسْرَى وذو الأَكتاف فقال محمود ما كان الامير ابو الحسن يُنقذه حتّى زيّدته[2]

1. Plus haut, p. 18, note 4; p. 19, et Hammer, *Literaturgeschichte der Araber*, VI, p. 1133.
2. Mot lu par conjecture; voir plus haut, p. 19, note 1.

(*Ibid.*, fol. 101 v°-102 r°) وكان سديد الملك بن منقذ قد وفد على شرف الدولة[1] ونزل معه على حلب وكان شرف [الدولة] قد عزم على الرحيل عن حلب لما حَلَّ بهم من الضجر ومصابرة اهل حلب وغلتِ الأسعارُ عندهم حتّى صار الخبز ستّةُ أَرطال بدينار وقُرب سديد الملك ابو الحسن بن منقذ من سور القلعة فاطلع اليه صديق له من اهل الادب فقال له كيف انتم فقال طول جبّ خوفا من تفسير الكلمة فعاد ابن منقذ وهو يقلّب هذا الكلام فصحّ له أنّه قصد بكلامه أنّهم قد ضعّفوا وأَوجس أنّها كلمتان وانّ قوله طول بريد به مَدًا وجبّ يريد به بير فقال مَدابيرُ والله فأَعلم شرفَ الدولة بذلك فقوّى نفسه فملكها

([2] *Ibid.*, fol. 103 v°-104 r°) وكان سديد الملك بن منقذ قد عمر قلعة الجسر وقصد مضايقة شيزر وبها أُسقُفُ البارة وضيّق عليه الى ان راسله واشتراها منه واستخلفه على اشياء اشرطها عليه ولم يزل ابن منقذ يَعُدُه الجميل ويَتاطّف له الى ان سلّم اليه حُصن شيزر ليلة الاحد النصف من شهر رجب من سنة اربع وسبعين واربعمائة ووفّى[3] له ابنُ منقذ بكلّ ما عاهده عليه فثقل ذالك على شرف الدولة وحسد ابنَ منقذ على شيزر فسار عسكرُ حلب مع مؤيّد الدولة علىّ بن قُريش الى شيزر ونزلوا عليها فى يوم الجمعة خامس ذى الحجّة سنة

1. C'est Scharaf ad-Daula Aboû 'l-Makârim Mouslim ibn Kouraisch Al-'Oukailî, seigneur de Mauṣil, qui entra dans Alep le dix-huit juin 1080, après être arrivé sous ses murs le huit. Il convient de rectifier ainsi p. 22, l. 17, et note 4; cf. Freytag, *Selecta ex historia Halebi*, p. XVIII-XIX.
2. Plus haut, p. 24.
3. Manuscrit : ووفا.

اربع وسبعين واربعمائة بعد مراسلات جرت فلم يُجب ابنُ منقذ الى ما التمس منه وكان علىّ بن قريش قد اخذ فى طريقه حُصنا لابن منقذ يقال له أَسْفُونَا غربىَّ كفرطاب وكان ابنُ منقذ قد تأهب للحصار وحمل من الجسر الى شيزر ما يَكفى لمن فيه مُدّةً طويلة من سائر الاشياء وحصره علىّ بن قريش مدّة الى ان وصل شرفُ الدولة بنفسه فنزل على شيزر يوم الاربعاء سلخ المحرّم من سنة خمس وسبعين واربعمائة ثم رحل عنها الى حُمْص يوم السبت ثالث صفر واقام عسكرُه على شيزر فتَطارَحَ ابنُ منقذ عليه وسيّر ابنَه ابا العساكر وامرأتَه منصورةَ بنت المطوّع واختَه رَفيعة بنت منقذ الى حُمص فدخلوا عليه وحملوا اليه مالا فأُنفذ الى عسكره ورحّله عن شيزر فى الثامن والعشرين من صفر من السنة

I. *Biographie d'Ousâma et Notices sur plusieurs émirs Mounḳidhites, par Adh-Dhahabî.*

Schams ad-Dîn Aboû 'Abd Allâh Moḥammad ibn Aḥmad ibn 'Othmân ibn Ḳâymâz Adh-Dhahabî At-Tourkomânî Al-Fâriḳî Asch-Schâfi'î naquît à Damas en rabî' second 673 (octobre 1274) et y mourut en dhoû 'l-ḳa'da 748[1] (février 1348). Ce polygraphe avait réuni une partie de ses notes prises dans sa vaste lecture sous forme d'obituaires classés année par année. L'étendue des articles diffère sensiblement, comme on le verra par les quelques exemples donnés ci-dessous. La place qu'il a, par exemple, accordée à Ousâma dans l'année 584 est hors de proportion avec les paragraphes condensés et resserrés consacrés à d'autres personnages d'égale importance. Il y a là un défaut de composition, il y a là aussi une marque évidente de partialité et de préférences.

Pour établir les textes qui vont suivre, j'ai eu à ma disposition deux manuscrits : 1° le volume, coté autrefois 753 de l'ancien fonds arabe, aujourd'hui 1582[2], de la Bibliothèque nationale que je désignerai par la lettre B ; 2° le manuscrit Orientalia 52,

1. Ibn Schouhba, *Ṭabaḳât asch-schâfi'iyya* (manuscrit 1763 de Gotha), dans Adh-Dhahabî, *Liber classium* (éd. Wüstenfeld), II, p. ii (cf. *ibid.*, III, p. 68-69), et dans Wüstenfeld, *Die Academien der Araber*, p. 121 ; cf. Ibn Schâkir Al-Koutoubî, *Fawât al-wafayât*, II, p. 183-184 ; Wüstenfeld, *Die Geschichtschreiber der Araber*, p. 173-174.

2. Slane, *Catalogue des manuscrits arabes*, p. 299 *a*.

aujourd'hui MDCXL du Musée Britannique[1] où je n'ai étudié
que la biographie d'Ousâma et qui sera indiqué par la lettre C.

أُسامة بن مرشد بن على بن (B, fol. 13 v°-15 v°; C, fol. 16 v°-19 r°)
مقلَّد بن نصر بن منقذ الامير الكبير مجد الدين مؤيَّد الدولة ابو المظفَّر الكنانىّ
الشيزرىّ الاديب احد أبطال الاسلام ، ورئيس الشعراء الأعلام ، وُلد بشيزر
فى سنة ثمان وثمانين واربعمائة وسمع سنةَ تسع وتسعين نسخةَ ابن هُدْبة[2] من
علىّ بن سالم السّنبسىّ سمع منه[3] ابو القسم بن عَساكر الحافظ وابو سعد بن
السَّمعانىّ وابو المواهب بن صَصْرَى والحافظ عبد الغنىّ وولدُه الامير ابو الفوارس
مُرهف والبهاء عبد الرحمن وشمس الدين محمّد بن عبد الكافى وعبد الصمد
ابن خليل بن مقلَّد الصائغ وعبد الكَريم بن نصر الله بن ابى سُراقة واخَرون
وله شعر يروق وشجاعة مشهورة دخل ديار مصر وخدم بها فى ايّام العادل
ابن السَّلّار ثم قدم دمشق وسكن حماة مدّة وكان ابوه اميرا شاعرا مجيدا ايضا
وقال ابن السَّمعانىّ قال لى ابو المظفَّر أحفظُ أكثر من عشرين ألف بيت من
شعر الجاهليّة[4] ودخلتُ بغداذ وقتَ محاربة دُبَيْس والمسترشد بالله ونزلتُ الجانبَ
الغربىّ وما عبرتُ الى شرقيّها[5] فقال العماد الكاتب[6] مؤيَّدُ الدولة اعرفُ اهل

---

1. Rieu, *Catalogus*, p. 739 *b*.
2. B et C ابى هدبة, rectifiés d'après p. 571, l. 3 et 4.
3. Sur ces auditeurs d'Ousâma, voir plus haut, p. 379.
4. Cf. p. 49, note 2.
5. P. 150, 152, 406.
6. 'Imâd ad-Dîn, *Kharîdat al-kaṣr*, dans les *Nouveaux mélanges orientaux*, p. 122-123 et 145.

بيته فى الحسب ، واعرفُهم بالادب ، وجرتْ له نُبُوةٌ فى ايّام الدمشقيّين وسافر الى مصر فاقام بها سنين فى ايّام المصريّين ثم عاد الى دمشق وكنتُ أَسمع بفضله وانا باصْبهان وما زال بنو منقذ مالكى شيزر الى ان جاءت الزلزلةُ فى سنة نيّف وخمسين وخمسمائة فخَربتْ حُصُنَها ، وأَذهبت حُسْنَهَا ، وتملّكها نور الدين عليهم واعاد بناءها فتشعّبوا شُعَبا ، وتفرّقوا أَيْدِى سَبَا ، وأُسامةُ كاسمه ، فى قوّة نثره ونظمه ، يلوح فى كلامه أَمارةُ الاماره ، ويؤسّس بيتَ قريضه عَمارةُ العباره ، انتقل الى مصر فبقى بها مؤمَّراً مشارا اليه بالتعظيم ، الى ايّام ابن رُزّيك فعاد الى دمشق محترَما حتّى أُخذتْ شيزرُ من اهله ، ورشقهم صرفُ الزمان بنبله ، ورماه الحدثانُ الى حصن كيفا مقيما بها فى ولده ، مؤثرا بلدَها على بلده ، حتّى اعاد اللهُ دمشق الى سلطنة صلاح الدين ولم يزل مشغوفا بذكره ، مستهترا باشاعة نظمه ونثره ، والاميرُ عَضُد الدولة ولد الامير مؤيّد الدولة جليسه ونديمه فطلبه الى دمشق وقد شاخ فاجتمعتُ به وانشدنى لنفسه فى قلع ضرسه[1] [بسيط]

وصاحبٍ لا أَمَلُّ الدهرَ صُحْبَتَه يَشْقَى[2] لنفعى ويَسْعَى سَعْىَ مُجْتَهِدِ
لم أَلْقَه مذ تصاحبْنا فحين بدا لناظرى افترقْنا فُرْقَةَ الأَبَدِ

قال العماد ومن عجيب ما اتّفق لى أَنّى وجدت هذين البيتين مع اخَر فى

1. Plus haut, p. 64, 316.
2. B يسعى.

ديوان ابى الحسين احمد بن منير الرّقّاء[1] المتوفّى سنة ثمان واربعين وخمسمائة

وهى[2] [بسيط]

وصاحبٍ لا أَمَلّ الدهرَ صحبتَه يَسعى لنفعى وأَجْنِى ضَرَّه بيَدى
أَدْنَى الى القلب من سمعى ومن بصَرى ومن تلادى ومن مالى ومن وَلَدى
أَخْلُو ببثّى من خالٍ بوجنته مِـداده زائدُ التقصير للمَـدَدِ

والأشبهُ أنّ ابن منير اخذها وزاد عليها ولأسامة فى ضرسٍ اخر [بسيط]

أَعْجِبْ بمحتجبٍ عن كلّ ذى نَظَرٍ صَحِبْتُه الدهرَ لم أَسأمْ خلائقَه
حتّى اذا رابَنى قابلتُه فقَضَى حَياؤه واياىَ[3] أن أُفارقَه

وله[4] [سريع]

وصاحبٍ صاحبَنى فى الصِّبَى حتّى تَرَدّيتُ رداءَ المَشيبْ
لم يَبْدُ لى ستّين حولا ولا بلوتُ من أَخلاقه ما يُريبْ
أَفسده الدهرُ ومن ذا الّذى يحافظ الدهرَ بظهر المَغيبْ
منذ افترقْنا لم أُصِبْ مثلَه عُمْرى ومثلى ابدا لا يُصيبْ

1. Lecture douteuse; B الرفا ; C sans ce mot.

2. 'Imâd ad-Dîn, dans Aboû Schâma, *Kitâb ar-rauḍatain*, I, p. 264, l. 19-25. La mort d'Ibn Mounîr aurait eu lieu après 550 de l'hégire (1155 de notre ère), d'après 'Imâd ad-Dîn lui-même dans la *Kharîdat al-ḳaṣr* (manuscrit 1414 de l'ancien fonds arabe), fol. 1 v°; cf. Dozy, *Catalogus*, II, p. 242. Ibn Khallikân (*Biographical Dictionary*, I, p. 141) hésite entre 547 et 548 (1152 et 1153 de notre ère).

3. Pour واياى ; cf. Sacy, *Grammaire arabe* (2e éd.), p. 494.

4. 'Imâd ad-Dîn, *Kharîdat al-ḳaṣr*, dans les *Nouveaux mélanges orientaux*, p. 123, avec un cinquième vers.

وله[1] [كامل]

قالوا نهتْه الاربعون عن الصِّبى   واخو المشيب يَحوم[2] ثمَّ يهتدى

كم حار فى ليل الشباب فدلَّه   صبحُ المشيب على الطريق الأقصد

واذا عددتَ سنىَّ ثمَّ نقصتَها   زمنَ الهموم قتلك ساعةُ مَولدى[3]

وله فى الشيب [كامل]

انا كالدُّجى لمّا تَناهى عُمرُه   نَشرتْ له أيدى الصباح ذوائبًا

وله[4] [بسيط]

أنظر الى لاعب الشطرنج يَجمعها   مغالبًا ثم بعد الجمع يَرميها

كالمرء يَكدح للدنيا ويَجمعها   حتَّى اذا مات خلَّاها وما فيها

وله الى الصالح طَلائع بن رُزِّيك وزير مصر يسئله تسيير اهله الى الشام وكان الصالح بن رُزِّيك يَتوقَّع رجوعه الى مصر[5] [بسيط]

أذكُرهُمُ الوُدَّ ان صدّوا وان صَدَفوا   انَّ الكرام اذا استعطفتَهم عَطَفوا

---

1. 'Imâd ad-Dîn, *Kharîdat al-kaṣr*, dans les *Nouveaux mélanges orientaux*, p. 123-124.

2. La leçon يَحوم me paraît préférable à يَجوم que j'avais autrefois adopté d'après le manuscrit.

3. Vers traduit, p. 1.

4. 'Imâd ad-Dîn, *Kharîdat al-kaṣr*, dans les *Nouveaux mélanges orienaux*, p. 133. Ces deux vers sont traduits plus haut, p. 396.

5. Les vers sont inédits; le sujet auquel ils se rapportent est relaté plus haut, p. 269-270.

ولا تُرِدْ شافعا الّا هواك لهم   كفاك ما اختبروا منه وما كشفوا

يا جيرة القلب والفُسْطاط دارُهمُ   لم تُصْقِبِ الدارُ لكن أَصْقَبَ الكَلَفُ

فارقتكم مُكْرَهًا والقلبُ يُخبرنى   أنْ ليس لى عِوَضٌ منكم ولا خَلَفُ

ولو تعوّضتُ بالدنيا غُبِنْتُ وهل   يعوضنى عن نفيس الجوهر الصَّدَفُ

ولستُ أُنكر ما يأتى الزمانُ به   كلّ الوَرَى لرَزايا[1] دهرِهم هَدَفُ

ولا أَسِفْتُ لامرٍ فاتَ مَطْلَبُه   لكن لفرقة من فارقته الأَسَفُ

المالكُ الصالحُ الهادى الّذى شهدتْ   بفضل ايّامه الأَنباءُ والصُّحُفُ

مَلْكٌ أَقَلُّ عطاياه الغنى فاذا   أَدناك منه فأَدنى حظّك الشَّرَفُ

سعتْ الى زُهْده[2] الدنيا بزُخْرفها   طَوْعًا وفيها على خُطّابها صَلَفُ

مسهَّدٌ وعيونُ الناس هاجعةٌ   على التهجّد والقرآن مُعْتَكِفُ

وتُشرِق الشمسُ من لألاء غُرّته   فى دَسْته فتكادُ الشمسُ تنكسفُ

فاجابه الصالح وكان يُجيدُ النظمَ رحمه الله[3]   [بسيط]

آدابك الغُرُّ بحرٌ ما له طَرَفُ[4]   فى كلّ جنس بدا من حُسْنه طُرَفُ

نقول لمّا أتانا ما بعثتَ به   هذا كتابٌ أتى ام روضةٌ أُنُفُ

1. B لزرايا qui signifierait : « pour les diffamations ».

2. B زهرة.

3. Réponse où mètre et rime sont avec intention conservés; voir plus haut, p. 288, note 4; 290, note 6; 294, note 3.

4. C طُفُف; peut-être pour طُنُف.

اذا ذكرناك[1] مجد الدين[2] عاودنا شوق تجدد منه الوجد والأسف
يا من جفانا ولو قد شاء كان الى جنابنا دون اهل الأرض ينعطف[3]

ولأسامة[4] [بسيط]

مع الثمانين عاث الضعف فى جسدى وساءنى ضعف رجلى واضطراب يدى
اذا كتبت فخطى خط مضطرب كخط مرتعش الكفين مرتعد
فاعجب لضعف يدى عن حملها قلما من بعد حطم القنا فى لبة الاسد
وان مشيت وفى كفى العصا ثقلت رجلى كأنى أخوض الوحل فى الجلد
فقل لمن يتمنى طول مدته هذى عواقب طول العمر والمدد

ولما قدم من حصن كيفا على صلاح الدين قال[5] [متقارب]

حمدت على طول عمرى المشيبا وان كنت أكثرت فيه الذنوبا
لأنى حييت الى أن لقيت بعد العدو صديقا حبيبا

وله [كامل]

1. B ذكرنا.
2. Madjd ad-Dîn, surnom honorifique d'Ousâma; voir plus haut, p. 47 et 383.
3. Nous n'avons qu'un fragment de cette poésie qui, d'après la marge de C, était longue.
4. Ousâma, *Autobiographie*, p. 122; *Livre du bâton*, plus haut, p. 531; traduction française, p. 357.
5. Aboû Schâma, *Kitâb ar-rauḍatain*, I, p, 264, l. 13 et 14; traduction plus haut, p. 363-364.

لا تَسْتَعِرْ جَلَدًا على هِجْرانِهِم   فَقُواكَ تَضعُف عن صدودٍ دائمِ
واْعلَمْ بأنّك ان رجعتَ اليهم   طوعا والاّ عُدتَّ عَوْدَةَ راغمِ

وعندى له مجلَّد[1] يُخبِر فيه بما رأى من الأَهوال قال[2] حضرتُ من المُصافّات والوقعات مَهُولَ أَخطارها ، واصطليتُ من سعير نارها ، وباشرتُ الحرب وانا ابن خمس عشرة سنة الى ان بلغتُ مدى التسعين وصرتُ من الخوالف خَدِينَ المنزل ، وعن الحروب بمعزل ، لا أُعَدُّ لمهمّ ، ولا أُدْعَى لدفاع ملمّ ، بعد ما كنتُ أوّلَ من تُثْنَى عليه الخناصر ، وأَكبرَ العُدَد لدفع الكبائر ، أوّلَ من يَتقدّم السَّنْجَقيّةَ عند حَمْلة الأَصحاب ، واخرَ جاذبٍ عند الجَوْلة لحماية الأَعقاب [كامل]

كم قد شهدتُّ من الحروب فليتنى   فى بعضها من قبل نكسى أُقْتَلُ
فالقتلُ أَحسنُ بالفتى من قبل أن   يَفْنَى ويُبْلِيَه الزمانُ وأَجْمَلُ
وأَبِيكَ ما أَحجمتُ عن خَوْضِ الرَّدَى   فى الحرب يَشهد لى بذاك المُنْصُلُ
لكنْ قَضاءُ الله أَخَّرنى الى   أَجلى الموقَّتِ لى فما ذا أَفْعَلُ

ثمّ أخذ يَعدّ ما حضره من الوقعات الكبار قال فمن ذلك وقعة كانت بيننا وبين الاسماعيليّة فى قلعة شيزر لمّا وثبوا على الحصن فى سنة سبع وخمسمائة ، ووقعة كانت بين عسكر حماة وعسكر حمص فى سنة خمس وعشرين وخمسمائة ، ومُصافّ

1. Ce volume d'Ousâma était évidemment un exemplaire de l'*Autobiographie*; voir plus haut, p. 405, note 1.

2. Traduction française, plus haut, p. 405-407.

على تكريت بين اتابك زنكى بن اقسنقر وبين قراجا صاحب فرس[1] فى سنة ستّ وعشرين ، ومصافّ[2] بين المسترشد بالله وبين اتابك زنكى على بغداذ فى سنة سبع وعشرين ، ومصافّ بين اتابك زنكى وبين الأُرْتُقيّة وصاحب آمد على آمد فى سنة ثمان وعشرين ، ومصافّ على رَفَنيّة بين اتابك زنكى وبين الفرنج فى سنة احدى وثلاثين ، ومصافّ على قِنَّسْرِين بين اتابك وبين الفرنج لم يكن فيه لقاءٌ فى سنة اثنتين وثلاثين ، ووقعة بين المصريّين وبين رُضْوان الوَلَخْشىّ سنة اثنتين واربعين ، ووقعة بين السُّودان بمصر فى ايّام الحافظ فى سنة اربع واربعين ، ووقعة كانت بين الملك العادل بن السلّار وبين أصحاب ابن مَصال فى السنة ، ووقعه ايضا بين أصحاب العادل وبين ابن مَصال فى السنة ايضا بدَلاص ، وفتنة قُتل فيها العادل بن السلّار فى سنة ثمان واربعين ، وفتنة قُتل فيها الظافر وأَخواه وابن عمّه فى سنة تسع واربعين ، وفتنة المصريّين وعبّاس بن ابى الفتوح فى السنة ، وفتنة اخرى بعد شهر حين قامت عليه الجند ، ووقعة كانت بيننا وبين الفرنج فى السنة ، ثم أَخذ يَسرد عجائب ما شاهَد فى هذه الوقعات ويصف فيها شجاعته واقدامه رحمه الله ، وقد ذكره يحيى بن ابى طَيّ فى تأريخ الشيعة[3] فقال حدّثنى ابى قال اجتمعتُ به دفعات وكان اماميّا حسنَ العقيدة الاّ أنّه كان يُدارى عن مَنصبه ويُظهر التَّقيّة وكان فيه خيرٌ وافر وكان يَرفد الشيعةَ ويَصل فقراءهم ويُعطى الأَشرافَ وصنّف كتبا منها التأريخ البَدْرىّ

1. B et C مرس ; voir p. 406, note 3.
2. Cette bataille omise dans B.
3. Plus haut, p. 403-404; voir surtout p. 403, note 3.

جمع فيه اسماء من شهد بدرا من الفريقين [1] وكتاب اخبار البلدان فى مدّة
عمره [2] وذيّل على خريدة القصر للباخرزى [3] وله ديوان كبير [4] ومصنّفات توفّى
ليلة الثالث والعشرين من رمضان بدمشق ودفن بسفح قاسيون عن سبع
وتسعين سنة [5]

([6] B, fol. 45 v°, à l'année 589) المبارك بن كامل بن مقلّد بن علىّ بن نصر
ابن منقذ الامير سيف الدولة ابو الميمون الكنانىّ الشيزرىّ ولد بشيزر سنة
ستّ وعشرين وخمسمائة وسمع بمكّة قليلا من ابى حفص الميّانشىّ روى عنه

1. Plus haut, p. 333.
2. Plus haut, p. 331-332.
3. Adh-Dhahabî fait évidemment confusion entre l'ouvrage de ʿImâd ad-Dîn intitulé *Kharîdat al-ḳaṣr* et qui est, comme l'anthologie présumée d'Ousâma, un supplément à la دمية القصر ، وعصرة اهل العصر « L'image du palais et le suc des contemporains », par Aboû 'l-Ḥasan ʿAlî ibn Al-Ḥasan ibn ʿAlî ibn Abî 't-Ṭayyib Al-Bâkharzî, assassiné à Bâkharz, chef-lieu de canton situé entre Nîsâboûr et Hérat, au milieu de l'année 1075. Sur lui, voir Yâḳoût, *Mouʿdjam*, I, p. 458 (Barbier de Meynard, *Dictionnaire de la Perse*, p. 74-75); Ibn Khallikân, *Biographical Dictionary*, II, p. 323-324; Ḥâdjî Khalîfa, *Lexicon bibliographicum*, III, p. 238, n° 5136; Hammer, *Literaturgeschichte der Araber*, VI, p. 595 et 871; VII, p. 1164; 1297-1298; Wüstenfeld, *Die Geschichtschreiber der Araber*, p. 70-71. Un index complet de la *Doumyat al-ḳaṣr* a été publié dans le *Catalogus* des manuscrits arabes du Musée Britannique, p. 265-271. Si l'assertion isolée d'Adh-Dhahâbî est exacte, ce serait un douzième ouvrage d'Ousâma qu'il conviendrait d'ajouter à l'énumération donnée plus haut, p. 330-339.
4. Plus haut, p. 336-338.
5. Plus haut, p. 412-413.
6. J'ai consacré une notice spéciale à Al-Moubârak; voir plus haut, p. 422-437. Aux matériaux que j'ai mis en œuvre on peut ajouter trois panégyriques en vers d'Al-Moubârak, par As-Sadîd Aboû 'l-Ḥasan ʿAlî ibn Aḥmad Ibn ʿArrâm Ar-Rabaʿî, établi à Ouswân et qui y vivait encore en 571 de l'hégire (1175-1176 de notre ère); cf. ʿImâd ad-Dîn, *Kharîdat*

ولده الامير اسمعيل وقد ولى سيف الدولة امر الدواوين بمصر مدّة وله شعر يسير وكان مع شمس الدولة تورانشاه اخى السلطان لمّا ملك اليمن فناب فى مدينة زبيد عنه ثم رجع معه واستناب اخاه حِطّانَ فلمّا مات شمس الدولة حبسه السلطان لأنّه بلغه أنّه قتل باليمن جماعة واخذ اموالهم فصادره وضيّق عليه واخذ منه مائة الف دينار وذلك فى سنة سبع وسبعين ولمّا توجّه سيف الاسلام طغتكين الى اليمن تحصّن الامير حِطّانُ فى قلعة وعصى فخدعه سيف الاسلام حتى نزل اليه فاستصفى امواله وسجنه ثم اعدمه وقيل أنّه اخذ منه سبعين غلاف زرديّة مملوّا ذهبا توفّى سيف الدولة فى رمضان بالقاهرة

([1]B, fol. 126 v°, à l'année 600) عبد الرحمن بن محمّد بن مرشد بن علىّ ابن منقذ الامير الكبير شمس الدولة ابو الحرث بن الامير نجم الدولة الكنانىّ الشيزرىّ وُلد بشيزر سنة ثلاث وعشرين وخمسمائة وسمع بالثغر من ابى طاهر السِّلَفىّ وهو الذى وجّه صلاح الدين فى الرِّسُليّة الى صاحب المغرب وكان اديبا عالما نبيلا شاعرا مُحسِنا مترسِّلا من بيت الشجاعة والامْرة

([2]B, fol. 205 v°, à l'année 613) مرهف بن أُسامة بن مرشد بن علىّ ابن مقلّد بن نصر بن منقذ الامير العالم مقدّم الامراء جمال الرؤساء عَضُد الدولة ابو الفوارس بن الامير الكبير مؤيّد الدولة ابى المظفّر الكنانىّ الكلبىّ

al-kaṣr (manuscrit 1374 de l'ancien fonds arabe), fol. 166 v°-167 r°; 170 v°; 173 r° et v°; Dozy, *Catalogus*, II, p. 270.

1. Ma notice sur 'Abd ar-Raḥmân s'étend de la page 444 à la page 465.
2. J'ai parlé de Mourhaf plus haut, p. 415-421; p. 464, note 2.

الشيزرىّ احد الامراء المصريّين وُلد بشيزر فى سنة عشرين وخمسمائة وسمع من ابيه روى عنه الزّكىّ المُنذرىّ والشهاب القُوصىّ وكان مُسنّا معمّرا شاعرا كوالده وقد جمع من الكتب شيئا كثيرا وكان مليح المحاضرة توفّى رحمه الله فى ثانى صفر

ADDITIONS ET CORRECTIONS[1]

PREMIÈRE PARTIE. — VIE D'OUSÂMA

Page 6, ligne 13. Lisez : Mauṣil, et de même partout où j'ai imprimé Mauṣoul.

Ibid., note 2. Lisez : chapitre XI.

Page 7, lignes 1-4 ; notes 1-3. Sur le nom de Schaizar, voir maintenant, outre les passages cités, Paul de Lagarde, *Uebersicht ueber die in Aramæischen und Hebræischen uebliche Bildung der Nomina* (Goettingen, 1889-1891), I, p. 158-159, note. Ce mémoire considérable et suggestif était, dans la pensée de l'auteur, destiné à prendre place dans une grammaire comparée des langues sémitiques dont il avait amassé les matériaux. Qui pourra les mettre en œuvre, qui osera continuer l'œuvre d'un savant aussi personnel que M. de Lagarde, foudroyé par la mort en pleine activité à la fin de l'année 1891 ?

P. 8, l. 15. J'ai emprunté le nom des monts Anṣâriyya à la carte I dressée par H. Kiepert en 1882, sous le titre de E. Sachau's *Routen in Syrien*, dans E. Sachau, *Reise in Syrien und Mesopotamien* (Leipzig, 1883).

Ibid., note 1. Lisez : Aboû 'l-Mourhaf et Maṣyâth.

P. 10, note 5. Lisez : Baibars.

P. 11, l. 15. Lisez peut-être : de leurs belvédères.

1. Il nous a paru inutile de relever les fautes d'impression évidentes, les lettres tombées, les virgules ou les points omis.

P. 12, l. 4. Lisez: le permettait.

Ibid., l. 21. Lisez : Gautier.

Ibid., l. 24, et note 12. Sur le *pont des Mounḳidhites*, voir encore Stanislas Guyard, dans le *Journal asiatique* de 1877, I, p. 406.

P. 15, l. 4 et 5. Lisez : Al-Moustanṣir Billâh.

P. 17, note 5. Lisez : Iftikhâr ad-Daula.

P. 18, l. 18. La même anecdote est racontée par Ibn Schâkir Al-Koutoubî, *Fawât al-wafayât*, I, p. 233. Seulement, d'après lui, Maḥmoûd aurait chargé Ibn An-Naḥḥâs, son vizir, d'écrire cette lettre, non pas au Mounḳidhite Aboû 'l-Ḥasan 'Alî, mais à Ibn Sinân.

P. 18, note 1. Au lieu de 1062, lisez: 1072, et comparez Aboû 'l-Fidâ, *Annales moslemici*, III, p. 222.

P. 19, note 2. Ibn Sinân est nommé 'Abd Allâh ibn Moḥammad ibn Sa'îd Ibn Sinân Aboû Moḥammad Al-Khafâdjî, le poète, le lettré, en tête de la notice qui lui est consacrée dans Ibn Schâkir Al-Koutoubî, *Fawât al-wafayât*, I, p. 233-235. La même date est assignée à l'empoisonnement d'Ibn Sinân, *ibid.*, I, p. 234.

P. 22, l. 17. Lisez : le huit juin.

Ibid., note 4. L'arrivée de Scharaf ad-Daula devant Alep est fixée au huit, la conquête au dix-huit juin 1080; voir p. 592, note 1.

P. 25, l. 5. Lisez : Émesse.

Ibid., l. 16 et 17. Ce fut sans doute à ce moment qu'Aboû 'l-Ḥasan 'Alî épousa une fille du roi Tâdj ad-Daula Toutousch; voir p. 564, note 3.

P. 28, note 5. Lisez : وشحن, peut-être وشحّن.

P. 29, l. 9 et suiv. Ce fut Soulṭân qui, en 1104, envoya vers Rouḍwân à Alep le fidèle serviteur de son frère Naṣr, Mouwaffaḳ ad-Daula Schim'oûn ; voir la rectification, p. 71, note 7.

Ibid., note 7. Voir mon article dans la *Revue critique* de 1889, I, p. 25.

P. 30, l. 15. Supprimer la virgule après d'Émesse.

P. 31, l. 7. Lisez : Madjd ad-Dîn.

P. 32. Sur 'Izz ad-Dîn Aboû 'l-'Asâkir Soulṭân, voir la notice d'Ibn 'Asâkir, publiée dans le chapitre douzième, p. 563-565.

P. 34, note 2, lisez : p. x.

P. 35, l. 5. Au lieu de bientôt, lisez : A l'heure suprême.

P. 38, note 4. Au lieu de 1022, lisez : 1122.

P. 40. Sur le compromis entre l'islamisme et l'astrologie, voir Otto Loth, *Al-Kindî als Astrolog*, dans les *Morgenlændische Forschungen* (Leipzig, 1875), p. 261-309 ; J. de Goeje, *Mémoire sur les Carmathes* (2e éd., Leyde, 1886), p. 115-129.

P. 41, note 2. Lisez : Hughes.

P. 42, l. 13. Lisez : Banoû 'ṣ-Ṣoûfî, et comparez plus haut, p. 196-198, 267, 268, 551.

P. 43, note 3. Lisez : fol. 61 v° ; 84 r°, et supprimez 86 v°.

P. 44, l. 28. Lisez : Madjd.

P. 46. l. 19. Lisez : Schams ad-Daula. Il n'est pas absolument juste de dire que 'Abd ar-Raḥmân fût alors le dernier survivant des Mounḳidhites, Mourhaf, le fils préféré d'Ousâma, étant mort en mai 1216. Voir notre chapitre onzième, intitulé : Les derniers Mounḳidhites.

Ibid., l. 23-24 et note 6. D'après Kamâl ad-Dîn Ibn Al-'Adîm, *Dictionnaire biographique des hommes illustres d'Alep* (manuscrit MCCXC ; Additamenta 23354 du Musée Britannique, fol. 53 et v°), Aboû 'l-Mougîth Mounḳidh, fils de Mourschid, aurait composé une Chronique, comme supplément à l'ouvrage du même genre composé par Aboû Gâlib Hammâm ibn Al-Mouhadhdhab, de Ma'arrat an-No'mân, et y aurait rapporté aux événements de l'an 531 de l'hégire (1136-1137 de notre ère) la mort à Ar-Raḳḳa du ḳâḍî Aboû Sa'd Al-Ḥaraschî. Celui-ci, interpellé par Ousâma qui s'était plaint à lui de son sort et de ce qu'il endurait, répondit : « Supporte avec patience ce que tu détestes ; car tu risquerais d'être frappé par un malheur que tu serais incapable de conjurer. » Pour ce qui est du chroniqueur Aboû Gâlib Hammâm, voir Ḥâdjî Khalîfa, *Lexicon bibliographicum*, I, p. 185 ; II, p. 106 et 125. — Dans la note 6, lire : 76 au lieu de 72.

P. 46, l. 24-26. Sur la mort tragique d'Aboû 'l-Ḥasan 'Alî en 546 de l'hégire (1151-1152 de notre ère), voir p. 235-236. Son professeur avait été le même que celui de son frère Ousâma, Aboû 'Abd Allâh Moḥammad, fils de Yoûsouf, connu sous le nom d'Ibn Al-Mounîra; cf. Kamâl ad-Dîn, *Dictionnaire biographique* (manuscrit de Londres), fol. 60 v° et plus haut, p. 50-53, 581, 582. La Chronique d'Aboû 'l-Ḥasan 'Alî est citée *ibid.*, fol. 63 v°, 89 r°.

P. 47, l. 8. Lisez : Madjd ad-Dîn ; de même, note 5.

P. 50, l. 16 et 20. D'après 'Imâd ad-Dîn, *Kharidat al-ḳaṣr* (manuscrit 1414 de l'ancien fonds arabe, fol. 117 r°), le grammairien de Tolède avait été lui-même le professeur d'Ibn Al-Mounîra.

Ibid., note 2. Ajoutez : jusqu'à un terme technique tel que دستغبز pour le chevalet qui supporte le faucon au repos; voir *Autobiographie*, p. 140, l. 2.

P. 51, l. 2. Après Aboû 'Abd Allâh, lisez : « ainsi que Yânis le copiste. Celui-ci était familier avec l'écriture des manuscrits, et, comme calligraphe, son talent se rapprochait de celui d'Ibn Al-Bawwâb. Yânis resta auprès de nous à Schaizar », etc.

P. 53, note 5. Lisez : Oumayyades.

P. 59, note 6. M. le professeur Sachau a visité la ruine Ḥnâk moins d'une heure avant d'arriver à Ma'arrat an-No'mân ; voir sa *Reise in Syrien und Mesopotamien*, p. 94.

P. 61, note 1. Lisez : chapitre huitième, et comparez p. 330-339.

P. 62, l. 18. Lisez : et 1144.

Ibid., note 3. Lisez: Hughes.

P. 79, note 7. A propos du mot *bâschoûra*, voir encore Quatremère, *Histoire des Mongols*, I (unique), p. 252-255; Max van Berchem, *Notes d'archéologie orientale*, dans le *Journal asiatique* de 1891, I, p. 448-450; p. 42-44 du tirage à part. Après « du texte », ajoutez : p. 54, l. 19-21.

P. 81, l. 6-9. Lisez d'après les corrections données plus loin à propos d'Ousâma, *Autobiographie*, p. 71 : Quelques cavaliers sortirent de Djabala pour attaquer Laodicée, quelques cavaliers sortirent de Laodicée pour attaquer Djabala.

P. 82, l. 4. Après d'Ousâma, ajoutez: ainsi que le copiste Yânis.

P. 83, l. 6. Lisez : Al-Moustaṭhhir.

P. 84, note 3. Voir aussi plus haut, p. 191, note 1. — Dernier mot, lisez: 74.

P. 85, note 1. La Bibliothèque nationale possède deux exemplaires du *Kâmil aṣ-ṣanâ'atain*, celui que j'ai indiqué et le manuscrit 1095 de l'ancien fonds ; voir Slane, *Catalogue*, p. 506. — Lisez : *Le livre de l'agriculture*. — Le manuel d'équitation attribué à Mourhaf, fils d'Ousâma, est décrit p. 417.

P. 86, l. 15. Lisez : Âltoûntakîn.

Ibid., l. 23; 89, l. 26; 95, l. 5; 111, l. 19. Lisez : Joscelin.

P. 88, note 2, dernière ligne. Lisez : plagiaires.

P. 95, l. 20. Lisez : Kafarṭâb.

P. 96, l. 7. Lisez: Ḳounaib.

P. 97, note 2. Lisez: اوزبه

P. 99, note 1. Voir aussi p. 205.

P. 101, note 3. Lisez : Ṭogroul.

Ibid., note 7. Sur les émirs Bakdjiens (الامراء البكجيّة), voir encore Ibn Al-Athîr, *Chronicon*, XI, p. 22, l. 18. Peut-être convient-il de s'en tenir à la leçon du manuscrit : Ismâ'îl de Balkh.

Ibid., note 8. Au chapitre onzième (p. 471, note 3), j'ai montré que ces épithètes ne se rapportent pas à Théophile, mais à son suppôt 'Alî 'Abd ibn Abî 'r- Raidâ.

P. 102, l. 4-9. Sur ces procédés employés dans l'attaque des forteresses, voir Quatremère, *Histoire des Mongols*, I (unique), p. 289-290.

P. 103, l. 17. Après ceux-ci, lisez : se dirigèrent vers les assiégeants. Sur ce sens du verbe فرغ suivi de la préposition إلى, voir Ousâma, *Autobiographie*, p. 43, l. 13; 51, l. 7; 62, l. 17; 105, l. 19.

P. 103, l. 21. Le mot arabe que j'ai traduit par « courtine » est بدن ; voir Quatremère, *Histoire des Mongols*, I (unique), p. 252; du même, *Observations sur le feu grégeois* (extrait du *Journal asiatique* de 1850), p. 42-43 ; Max van Berchem, *Notes d'archéologie arabe*, dans le *Journal asiatique* de 1891, I, p. 431-432 ; p. 25-26 du tirage à part; *Journal asiatique* de 1892, I, p. 399-400.

P. 103, l. 30. Le naphte et les vases de naphte sont l'objet d'une savante note de Quatremère dans l'*Histoire des Mongols*, I (unique), p. 132-135; voir *ibid.*, p. 293-295 ; du même, *Observations sur le feu grégeois*, p. 34. M. M. Berthelot a récemment étudié et élucidé nombre de questions relatives aux engins meurtriers employés par les Orientaux au douzième siècle dans la *Revue des deux mondes* du 1er septembre 1892.

P. 104, l. 16. Lisez : Leur nombre croissait toujours. Les Francs rendirent la citadelle. Les prisonniers alors furent conduits, etc.

P. 108, note 4. Ajoutez aux citations de l'*Autobiographie* : p. 92, 147, 164.

P. 109, l. 24. Lisez : Schams al-Khawâṣṣ Âltoûntâsch, seigneur de Rafaniyya.

P. 111, l. 12 et suiv. J'ai rencontré un passage analogue dans l'ouvrage intitulé الاعلاق الخطيره ، فى ذكر امراء الشام والجزيره « Les richesses considérables, histoire des émirs de la Syrie et de la Mésopotamie », par 'Izz ad-Dîn Moḥammad ibn 'Alî ibn Ibrâhîm Ibn Schaddâd, mort en 684 de l'hégire (1285 de notre ère); voir plus haut, p. 495, note 3. On lit en effet dans le manuscrit MCCCXXIII, Additamenta 23334 du Musée Britannique (*Catalogus*, p. 613-614), au folio 90 r° :

ودام طنكرى مالك انطاكية واعمالها الى ان اهلكه الله تعالى فى الثانى

عشر ربيع الاخر سنة ستّ وخمسين وخمسمائة[1] وملكها بعده روجار وكان طنكرى قد استدعاه من بلاد الفرنج وجعله ولىّ عهده فكان يسمَّى الوارث وكان من اقوى ملوك الفرنج فحجّ الى القدس ومتملّكه بغدوين الرويس وهو ملك الفرنج وكان شيخا كبيرا فاجتمع هو وروجار بالبيت المقدَّس وقرّرا بينهما عهدا أنّه من مات منهما قبل صاحبه كانت مملكته للباقى وكان روجار شابّا عظيم الخلقة وهو زوج بنت بغدوين الملك

« Tancrède maintint sa domination à Antioche et dans la province d'Antioche, jusqu'à ce qu'Allâh le Tout-Puissant le fit mourir le douze de djoumâdâ second en 506 (quatre décembre 1112). Son successeur fut Roger qu'il avait fait venir des pays francs, qu'il avait désigné d'avance et que, pour ce motif, on appelait l'Héritier. Roger fut un des plus énergiques entre les rois des Francs. Il fit le pèlerinage de Jérusalem qui appartenait à Baudouin le *Rex*, ce qui chez les Francs signifie le roi. Baudouin était alors un vieillard vénérable. Il eut des entrevues avec Roger à Jérusalem. Ils prirent un engagement mutuel que, si l'un deux mourait avant l'autre, son royaume appartiendrait au survivant. Roger était jeune, d'une belle prestance, et ce fut lui qui épousa la fille du roi Baudouin. » Peut-être بنت est-il une erreur du copiste pour اخت, et faut-il traduire : « la sœur du roi Baudouin », c'est-à-dire de Baudouin II, selon le récit des historiens occidentaux contemporains, cités dans Ducange, *Les familles d'outre-mer* (éd. Rey), p. 182.

P. 112, l. 16, et note 2. Lisez : Al-Athârib.

P. 115, note 3. Voir plus haut, p. 472, note 4.

P. 121, l. 5-7. Lisez : pourvu qu'ils ne fassent pas de prisonniers et qu'ils ne tuent pas. Pour ce qui est des troupeaux, de l'argent et des denrées, ils peuvent en disposer, etc.

1. *Sic*; il faut lire جمادى au lieu de ربيع et supprimer وخمسين.

P. 122. Vers 1120, Ousâma aurait été à Bagdâdh, sous le khalifat d'Al-Moustarschid Billâh, s'il faut admettre la déclaration que lui prête Ibn As-Sam'ânî, cité par Adh-Dhahabî, *Ta'rîkh al-islâm* (manuscrit 753 de l'ancien fonds arabe, fol. 14 r°, publié plus haut, p. 595) : « J'entrai à Bagdâdh au temps de la guerre entre Doubais et Al-Moustarchid Billâh, et je m'établis sur la rive occidentale du Tigre, sans jamais passer vers la rive orientale. » Pour la fixation exacte de la date, cf. Ibn Al-Athîr, dans *Hist. or. des croisades*, I, p. 329 ; II ii, p. 48.

P. 123, note 3. Lisez : au lieu de فلم يجيبوا.

P. 125, l. 8, et note 2. Traduisez peut-être : « Ils entendirent tous deux battre la timbale du pont ».

Ibid., l. 15. Traduisez peut-être : « Un pont voûté, (construit) de pierre et de chaux. » Ces deux dernières corrections ont été proposées par M. Clément Huart, dans le *Journal asiatique* de 1890, I, p. 507.

P. 133, l. 27. Lisez : Al-Djisr.

P. 134, note 4. Sur les fils de Soulṭân, voir p. 258-259 ; 277. Le dernier nommé, Fakhr ad-Dîn Aboû 'l-Fatḥ Yaḥyâ fut tué devant Ba'lbek en 540 de l'hégire (1145-1146 de notre ère) ; cf. 'Imâd ad-Dîn, *Kharidat al-ḳaṣr*, fol. 116 r°.

P. 135, note 2. Voir cependant les restrictions de la p. 453, note 1.

P. 137, l. 10, et note 1. Un frère de Laith ad-Daula Yaḥyâ mourut à Alep en scha'bân 564 (mai 1169) d'après Ibn Tagrîbardî (manuscrit 661 de l'ancien fonds arabe), fol. 45 r°. Voici le passage : وفيها توفّى حُميد بن ملك بن مغيث (*sic*) بن نصر بن منقذ الامير ابو الغنائم الكنانىّ مولده بشيزر ثم انتقل منها وسكن دمشق ثم رحل الى حلب ومات بها فى شعبان وكان اديبا فاضلا شاعرا. Sur Ḥoumaid le Mounḳidhite, voir Hammer, *Literaturgeschichte der Araber*, VII, p. 757.

Ibid., l. 23. Lisez : La jument de mon parent.

P. 137, l. 26. Lisez : qui avait atteint en fuyant leur avant-garde.

P. 139, note 10. Lisez : Ṭogtakîn.

P. 142, l. 5. Lisez : Ba'lbek.

P. 144, l. 16. Peut-être, au lieu de reproduire Al-'Amîd, aurais-je dû traduire : le chef; voir Lane, *An Arabic-English Lexicon*, p. 2152 *c*.

P. 146, l. 5. Cette rencontre doit sans doute être assimilée au مصاف بغداذ « combat de Bagdâdh », dans Ousâma, *Autobiographie*, p. 117; cf. plus haut, p. 406, l. 4-5, et surtout note 3.

Ibid., l. 19-21. Compléter par les pages 315 et 316. C'est aussi à cette époque que je suis tenté maintenant de placer la campagne à laquelle se rapporte le morceau traduit sous le titre de : *Un passage sur les Juifs au douzième siècle*, traduit de l'Autobiographie d'Ousâma, dans la *Jubelschrift* pour le 70e anniversaire de la naissance du professeur Graetz (Breslau, 1887), p. 127-129 ; cf. plus haut, p. 170, note 2.

P. 148, note 2. Ajoutez : Kamâl ad-Dîn, *Dictionnaire biographique*, dans *Hist. or. des croisades*, III, p. 696, où est alléguée l'autorité de Mourhaf, le fils d'Ousâma.

P. 149, l. 5. Il faut, je pense, vocaliser Al-Foustouḳa. Les pistachiers abondaient dans la région de Damas; voir L. Anderlind, dans la *Zeitschrift des deutschen Palæstina-Vereins*, XI (1888), p. 93.

Ibid., note 3. Lisez : Al-Ḳouṭayyifa.

P. 151, note 3. Cf. p. 306. — Au lieu de XL, lisez : XI.

P. 152, note 3. Voir plus haut, p. 472, note 4. — Au lieu de 'Imâd ad-Dîn, lisez : Aboû Schâma.

P. 159, note 4. On peut comparer l'emploi du mot لعب dans Quatremère, *Histoire des Mongols*, I (unique), p. 133 et 134, notes.

P. 161, l. 17. L'ordre de l'empereur fut donné en mai 1138; voir Mouslim de Schaizar, *Djamharat al-islâm*, dans J. de Goeje et Th. Houtsma, *Catalogus*, I, p. 289, l. 4.

P. 162, note 2. Lisez : Ibn Ḳousaim, et comparez p. 382, note 1.

Ibid., note 3. Lisez : chapitre huitième.

P. 170, note 2. Ibn Al-Athîr, *Chronicon*, XI, p. 50, en relatant les événements de l'an 534 de l'hégire (1139-1140 de notre ère), nomme le Turcoman Ḳafdjâḳ ibn Arslân Tâsch ; cf. id., *Atabeks*, p. 102-103. Aboû 'l- Fidâ, *Annales moslemici*, III, p. 482, a le nom conforme à ma note. Quatremère a disserté sur les personnages appelés Ḳafdjâḳ (ou plus correctement Ḳifdjâḳ) dans l'*Histoire des Mongols*, I (unique), p. 66-68. — Le nom Al-Karkhînî de la citadelle du Koûhistân est ainsi donné par Yâḳoût, *Mou'djam*, IV, p. 257, qui dit l'avoir vue, tandis que le *Ḳâmoûs* et le *Tâdj al-'aroûs* mentionnent Karkhîtâ, près d'Irbil. Ce fut lors de son passage dans cette région qu'Ousâma dut se rencontrer avec l'émir Faḍl ibn Abî 'l-Haidjâ ; voir *Autobiographie*, p. 65.

P. 173, notes 2 et 3. Lisez : *ḳoubbat aṣ-ṣakhra.*

P. 175, note 3. Ajoutez : L'article d'Ad-Damîrî, *Ḥayât al-ḥaiwân* sur le *yaḥmoûr* a été traduit en français par M. *** (Silvestre de Sacy), dans Belin de Ballu, *La chasse, poëme d'Oppien* (Strasbourg, 1787), p. 196.

P. 176, l. 15. Lisez : et règle leur situation.

Ibid., l. 19. Lisez : d'une maison, le manuscrit de Leyde n'ayant pas non plus de suffixe ; voir plus haut, p. 500.

Ibid., note 6. Ibn Al-Farrâsch mourut en 588 de l'hégire (1192 de notre ère) ; voir Aboû Schâma, *Kitâb ar-rauḍatain*, I, p. 272 ; II, p. 209.

P. 177, l. 12. Lisez : ne céderaient pas.

P. 178, note 5. Mouḥyî ad-Dîn An-Nou'aimî, *Tanbîh aṭ-ṭâlib* (manuscrit de M. Schefer), fol. 50 r°, porte الطفتكي. Si l'on substitue un *gain* au *fâ*, on pourra considérer Ṭogtabek comme une variante de Ṭogtakîn, mais cette comparaison n'avancera pas beaucoup l'explication de cette *nisba* obscure.

P. 180, note 2. Voir p. 362, note 2.

P. 183, l. 18. Ajoutez : au prix de 120 dînârs.

P. 187, note 2. Au lieu de sans doute, lisez : assurément; voir p. 415, note 1.

P. 189, l. 4. Sur Sabasṭiyya et le tombeau de Saint Jean Baptiste, voir Ibn Al-Athîr, dans *Historiens or. des croisades*, I, p. 667.

P. 191, note 1. Voyez aussi p. 84, note 1.

P. 192, note 4. Lisez : Ce nom d'origine turque, comme me l'avait fait remarquer Pavet de Courteille.

P. 206, note 2. Ajoutez en tête : Ibn Mîsar.

P. 207, notes 4 et 6. Cf. p. 419, note 2.

P. 212, note 2. Aboû Schâma, *Kitâb ar-rauḍatain*, II, p. 16, mentionne un père se nourrissant du foie de sa fille.

P. 215, note 2. Lisez : I, p. 111.

P. 219, note 5. Au lieu de p. 224, lisez : p. 214.

P. 221, ligne dernière. Après que la nuit, lisez : fût à moitié passée et que les compagnons, etc.

P. 222, note 1. Lisez : Al-'Âdil.

P. 223. La mission d'Ousâma auprès de Noûr ad-Dîn est relatée par Moḥammad Ibn Schaddâd, *Al-A'lâḳ al-khaṭira*, manuscrit MCCCXXIV, Additamenta 23335 du Musée Britannique, fol. 185 r° et v°, en termes presque identiques à ce qui est dit ici et p. 230.

P. 224, l. 6. Après quelconque, lisez : enrôle autant de soldats que tu le pourras.

Ibid., note 6. Lisez : Al-Mouḳtafî li-amr Allâh.

P. 238, l. 15 et suiv. Cf. ce passage tout entier dans Al-Maḳrîzî, *Al-Khiṭaṭ*, II, p. 55, dernière ligne; p. 56, l. 1 et suiv.

Ibid., note 3. Voir aussi Aboû Schâma, *Kitâb ar-rauḍatain*, I, p. 124, l. 23 ; p. 165, l. 14, 16 et 19.

P. 246, note 1. Même date dans Yâḳoût, *Mou'djam*, III, p. 674. La divergence de Wüstenfeld (*Zeitschrift der deutschen morgenlændischen Gesellschaft*, XVIII, p. 464) repose sur une négligence de traduction. Rectifier d'après cela R. Roehricht, *Amalrich I., Kœnig von Jerusalem*, p. 2, note.

P. 247, note 1, dernière ligne de la première colonne. Lisez : p. 30.

P. 250, note 4. Cf. p. 365, note 4.

P. 252, note 7. Voir aussi l'eunuque 'Anbar, surnommé *Sa'îd as-sou'adâ*, dans Ravaisse, *Essai sur l'histoire et la topographie du Caire* (2e partie), p. 47 et 101.

P. 255, note 5. Lisez : اللباس.

P. 259, note 4. Même date dans Kamâl ad-Dîn, *Zoubda*, fol. 173 v°.

Ibid., note 7. Voir aussi Al-Makrîzî, *Khiṭaṭ*, II, p. 56.

P. 262, l. 21. Le fils d'Ousâma, Aboû 'l-Fawâris Mourhaf, était arrivé en Égypte avec son père (voir p. 203). En effet, nous sommes informés qu'il était déjà à Miṣr en 540 de l'hégire (1145-1146 de notre ère) ; voir 'Imâd ad-Dîn, *Kharîdat al-kaṣr*, dans Dozy, *Catalogus*, II, p. 265, l. 19-20 ; 269, l. 2.

P. 263, note 3. Au lieu de frère, lisez : fils.

P. 268, note 1. Lisez : ms. 661.

P. 277, l. 8. Lisez : Nâṣir ad-Dîn Tâdj ad-Daula Moḥammad.

Ibid., note 3, lisez : I, p. 15.

P. 279, note 4 de la p. 278. Lisez : p. 4, l. 5.

P. 281, note 4 ; 282, l. 7 ; 287, l. 18 ; 293, l. 4, et note 1. Lisez : Madjd ad-Dîn.

P. 282, note 6. Ajoutez aux références : Aboû Schâma, *Kitâb ar-rauḍatain*, I, p. 262, et lisez : 572 au lieu de 672.

P. 287, en-tête. Lisez : 1154-1164.

P 295, note 3. Lisez : Ṣafîta.

P. 303, note 6. Lisez : دار الملك.

P. 305, note 3. Cf. Schefer, *Sefer nameh*, p. 47.

P. 317, l. 12 et 13. La correction que nous proposons plus loin au passage cité de l'*Autobiographie*, p. 126, rend moins certaines les conclusions que nous avons tirées sur l'habitation d'Ousâma à Ḥouṣn Kaifâ.

P. 321, l. 27. Lisez : Kamâl ad-Dîn.

P. 322, l. 18. Lisez : Âmid.

P. 327, l. 9. Au plus tard, vers les commencements de 567 (septembre 1171) ; voir p. 346, l. 25-28 ; 464, note 2.

P. 330, note 4. Cf. p. 372, note 2.

P. 331, l. 16. Adh-Dhahabî, *Ta'rîkh al-islâm* (plus haut, p. 603), dit qu'Ousâma écrivit un كتاب اخبار البلدان فى مدّة عمره, c'est-à-dire « un ouvrage consacré aux événements des régions pendant la durée de sa vie », *Akhbâr al-bouldân* étant peut-être le titre. Le second Ibn Schaddâd (plus haut, p. 612) cite ce livre comme le *ta'rîkh*, la Chronique d'Ousâma. Voir *Al-'Alâḳ al-khaṭîra* (manuscrit Additamenta 23334, aujourd'hui MCCCXXIII du Musée Britannique), fol. 90 v°, où l'auteur, après quelques mots sur la victoire de Noûr ad-Dîn à Ḥârim le douze août 1164 (plus haut, p. 309, et Roehricht, *Amalrich* I., p. 12 du tirage à part) et sur la captivité du prince d'Antioche Boémond III, ajoute :

فلك انطاكية وهو فى الاسر على ما حكاه اسامة بن منقذ فى تأريخه من ذرّيّة ملكها ميمند الذى كان مالكها ولم يسمّه وانما اللقب واقع عليه كما كان على غيره فانّ الفرنج كانوا يلقّبون من ملك انطاكية البرنس وفى مدّته انتهى تأريخه فانّه قال وهو ملكها الى الآن

« Or le roi d'Antioche, alors prisonnier, était, à ce que rapporte Ousâma Ibn Mounḳidh, l'un des enfants du roi Raimond (lisez : ريمند) qui y avait régné. Mais Ousâma n'a point nommé Boémond qu'il désigne seulement par son titre, comme il le fait pour d'autres, les Francs attribuant à quiconque règne à Antioche le titre de prince. Ce fut du vivant de Boémond que fut close la Chronique d'Ousâma qui dit : Il y règne jusque maintenant. » En effet, Boémond III était fils de Raimond de Poitiers, auquel il ne succéda pas directement en 1149, mais seulement en 1162, après la mort de sa mère Constance. Né vers 1145, il mourut en 1201 (Ch. Kohler, dans la *Grande Encyclopédie*, VII, p. 39). L'indication donnée par rapport à la Chronique d'Ousâma n'a donc aucune importance. Une autre citation d'Ousâma, probablement de même provenance, est alléguée par le second Ibn Schaddâd (*ibid.*, fol. 56 v°), à propos de Tell-Harâḳ et d'Ar-Râwandân, dans les environs d'Alep.

P. 333, l. 14. Lisez : *At-ta'rikh al-baladi*. J'aurais dû comparer tout d'abord le titre de la soûra xc du Coran : سورة البلد, c'est-à-dire : Soûra de La Mecque. — L'ouvrage d'Ousâma intitulé *At-ta'rikh al-baladi* est appelé *At-ta'rikh al-badri* « la Chronique du combat de Bedr » par Ousâma lui-même ; voir son *Livre du bâton* (manuscrit de ma collection), fol. 86 r°. Le même titre est donné par Adh-Dhahabî, *Ta'rîkh al-islâm*, publié plus haut, p. 603.

Ibid., note 4. Lisez : اثناء.

P. 334, note 2. Lisez : fol. 61 v° et 84 r° ; supprimez 86 r°.

P. 335, l. 14. Lisez ; « qui ne jetterait sur sa route le bâton de voyage qu'une fois arrivé à Miṣr » ; de même, p. 392, l. 7.

P. 336, l. 3. Cf. M. Steinschneider, *Die Parva Naturalia des Aristoteles bei den Arabern*, dans la *Zeitschrift der deutschen morgenlændischen Gesellschaft*, XLV (1891), p. 450.

P. 338, l. 12. Supprimez *sic* et comparez p. 416.

P. 342, note 2. Lisez : المّ et comparez p. 581.

P. 344, l. 24. Cf. Ibn Aṭ-Ṭiḳṭaḳâ, *Al-Fakhri*, p. 63.

P. 345, l. 20. Cf. Id., *ibid.* p. 310, l. 3 et suiv.

P. 346, l. 24 et 25. Voir l'addition à la p. 329, l. 7.

P. 353, l. 2. Lisez : Al-Mouḳtafî li-amr Allâh.

P. 354, note 1. Au lieu d'Aboû Moḥammad, 'Oumâra est cité avec la *kounya* Aboû Ḥamza par 'Imâd ad-Dîn, *Kharidat al-ḳaṣr* (ms. 1414 de l'ancien fonds arabe), fol. 257 r°. M. H. Cassels Kay vient de publier (Londres, 1892), le texte arabe, avec une traduction anglaise, de l'histoire ancienne du Yémen, par

Nadjm ad-Dîn 'Oumâra al-Ḥakamî, sous le titre de : *Yaman. Its early mediæval History.*

P. 357, l. 9. Lisez : *le ḳalam.*

Ibid., l. 19. Lisez : *Et mes quatre-vingts ans ne m'ont laissé aucune force ; si je veux*, etc.

Ibid., note 1. Lisez : I, p. 114.

P. 359, l. 17. Cf. Ibn Aṭ-Ṭiḳṭaḳâ, *Al-Fakhrî*, p. 310.

P. 360, l. 6. Lisez : Goumouschtakîn.

Ibid., l. 8 et 12-13. Lisez : Ibn Al-Mouḳaddam.

Ibid., l. 16. Saladin fit son entrée à Damas le vingt-sept novembre 1174, comme il faut lire p. 373, l. 19.

P. 365, l. 6. Saladin est ainsi nommé محيي دولة امير المؤمنين dans une lettre d'Al-Ḳâḍî Al-Fâḍil Ibn Al-Baisânî, citée par Aboû Schâma, *Kitâb ar-rauḍatain*, II, p. 24, dernière ligne ; dans l'inscription de la Citadelle du Caire ; sur les monnaies de cuivre ; cf. *Autobiographie*, p. 124, l. 2, traduite p. 366, l. 27.

P. 373, l. 19. Lisez : novembre.

P. 375, l. 13. Lisez : Khoumârtakîn.

P. 376, l. 23. Al-Ḳâḍî Ar-Raschîd Ibn Az-Zoubair était déjà le vingt-sept mars 1175 campé devant Ba'lbek avec 'Imâd ad-Dîn Al-Kâtib ; voir de celui-ci la *Kharîdat al-ḳaṣr* (manuscrit 1374 de l'ancien fonds arabe), fol. 35 v° et 37 v° ; voir aussi Dozy, *Catalogus*, II, p. 264.

P. 377, l. 1. Dès le cinq avril, on campait dans la banlieue de Ḥamâ (بظاهر حماة) ; cf. 'Imâd ad-Dîn, *Kharîdat al-ḳaṣr* (manuscrit cité), fol. 76 v°.

P. 382, l. 1. Lisez : Al-Khiḍr.

P. 384, note 3. La p. 205 a été citée comme antithèse à l'attachement qu'Ousâma témoigne ici au khalife orthodoxe de Bagdâdh.

P. 392, l. 7. Lisez : le bâton de voyage.

Ibid., note 3, colonne 1, dernière ligne, et colonne 2, l. 1, lisez : عصا التسيار, comme dans *Nouveaux Mélanges orientaux*, p. 152, l. 6.

P. 392, note 6. Lisez : والفراغ.

P. 394, note 3. Voir ce qui a été dit plus haut, p. 36-37.

P. 396, l. 20. Sur un Alépin qui jouait aux échecs, soit devant la table, soit à distance, voir Ousâma, *Autobiographie*, p. 107, l. 14. Autre passage sur le jeu d'échecs, *ibid.*, p. 166, l. 14.

P. 404, l. 6. Après leurs pauvres, ajoutez : il se montrait.

P. 405, note 3. Lisez : لحماية الاعقاب.

P. 406, l. 6. Lisez : Aḳ.

Ibid., l. 10. Lisez Ḳinnasrîn.

Ibid., l. 14. Lisez : Al-'Âdil.

P. 411, note 2, l. 3. Lisez : Ḥaṭṭîn.

P. 416, l. 2. Mourhaf est mentionné comme s'étant rencontré à Miṣr avec le poète aveugle Aboû 'z-Zamr Thâbit dès 540 de l'hégire (1145-1146 de notre ère) ; cf. 'Imâd ad-Dîn, *Kharîdat al-ḳaṣr* (manuscrit 1374 de l'ancien fonds arabe), dans Dozy, *Catalogus*, II, p. 265. Voir aussi id., *ibid.*, II., p. 269, à propos d'un poète de Miṣr, nommé Al-Djahdjamân. Mourhaf est encore nommé dans le manuscrit 1374 de l'ancien fonds arabe aux fol. 1 r° ; 49 v° ; 136 r° et v°.

P. 419, l. 7. Lisez : Al-Ḥâfiṭh.

P. 420, l. 17. C'est ici qu'il aurait convenu d'insérer le passage d'Al-Maḳrîzî qu'on trouve p. 464, note 2.

Ibid., note 7. Au lieu de 623, lisez : 653.

P. 421, l. 15-21. Passage à supprimer entièrement. Il se rapporte non pas à Mourhaf fils de Mourhaf, mais à Ismâ'îl, fils d'Al-Moubârak. La citation est à sa place, lorsqu'elle revient à la p. 438.

P. 426, note 2. Lisez : وجعل يغذّبه ويصادره.

P. 428, note 5, ligne dernière. Lisez : في زبيد.

P. 432, l. 6. Lisez : semblait.

P. 433, notes, col. 1, dernière ligne. Lisez : Ḳarâḳoûsch.

P. 434, note 1. Lisez : il est appelé.

P. 436, l. 10. Lisez : du vingt-huit scha'bân.

Ibid., note 1. Lisez : وباشر.

P. 439, l. 25 et 27. Lisez : Ḳoutloug.

P. 440, l. 24. Lisez : Ḳawârîr.

P. 447, note 1. Lisez : *Beitræge*.

P. 453, note 1. Voir cependant une opinion différente exprimée plus haut, p. 135, note 2.

P. 456, l. 8. Lisez : Aboû Bakr.

P. 460, l. 21. Lisez : du style.

Ibid., note 4. Lisez : التّسمّح.

P. 471, l. 17, et note 3. Lisez : 'Alî 'Abd ibn Abî 'r-Raidâ.

P. 476, l. 12. Lisez : ni la modifier, ni l'attaquer.

P. 479, note 1. Lisez : à la surface.

P. 488, note 1, 2e col. Lisez : من نسخها et يوانيس.

P. 495, note 3. Devant Moḥammad, ajoutez : 'Izz ad-Dîn.

P. 496, l. 13. Lisez : Ḥârim.

P. 507, l. 5. Lisez : البزاة.

P. 512, ligne dernière. Lisez : التوديعُ.

P. 541, l. 7. Lisez : بلهنيةُ.

P. 559, l. 3. Après وترغو, A ومن. M. le Dr Aumer m'a envoyé une nouvelle collation du manuscrit de Munich, trop tard pour qu'elle profitât à mon texte, à temps pour que je pusse en consigner ici les résultats.

Ibid., l. 6. A ويجدبُ, qui est possible.

Ibid., l. 9. A وروضا ترّيه صبا.

P. 560, l. 4. A تجايب et فهى.

Ibid., l. 7. A الحذور, فكلّ et رحن.

Ibid., l. 10. A يشمن, qui donnerait un sens excellent.

P. 561, l. 4. Lisez : وقفتُ.

P. 561, l. 6. Lisez avec A : أَنَّى الرَّكْبُ ; avec A et L : مُحُولُ.

P. 562, l. 10. A فان سولا للنفوس بلايها et سول.

Ibid., note 3. Lisez : A فرضا.

DEUXIÈME PARTIE

TEXTE ARABE DE L'AUTOBIOGRAPHIE D'OUSÂMA

P. 2, l. 12, lisez : ومنازلها.

P. 4, l. 6, lisez : زقّ ; l. 16, مدّةً اقامةً ; l. 18, الجُوشيّة, الرّيحانيّة et الفُرحيّة ; l. 19, الريحانيّة deux fois ; l. 20, الجيوشيّة ; l. 23, الجيوشيّة et الريحانيّة.

P. 5, l. 3, lisez : الريحانيّة ; l. 6, 15, 19, 22, مصال, sans *taschdid* ; l. 15 et 19, الحوف ; l. 19 et 21, لواتة.

P. 6, l. 2, lisez : بالفوارغ ; l. 3, غدا et لواتة ; l. 8, مصال deux fois ; l. 10, peut-être تشاققه ; l. 13, ممّن استمالهم وانفق فيهم ; l. 23, وعجيب ; l. 24, عُلُوّ, sans *taschdid*.

P. 8, l. 2, lisez : لبثا ; l. 4, ورفاقا et الغرب.

P. 9, l. 18, lisez : لا تُعلِم الادلاء ; l. 20, وسرفسار ذ[هب ود]نانير مغربيّة.

P. 11, l. 5, lisez : انا حرام زا حتّى.

P. 12, l. 1, lisez peut-être : من المتولّين.

P. 14, supprimez la note.

P. 15, l. 4, lisez : وتخدع ; l. 15, supprimez peut-être ما à la fin de la ligne ; l. 23, lisez : وابن اخيهم.

P. 16, l. 7, lisez : ابن اخيه ; l. 11, enlevez فى ; l. 23, lisez : خامَرَ.

P. 17, l. 1, lisez : خيّالتهم et ورجّالتهم ; l. 24, واهتمّ.

P. 18, l. 8, lisez : فنهره ; l. 13 et 14, من دَرْماء وزُرَيق وجُذام.

P. 19, l. 2, ap. اليه, lisez عرّفته ثم اشتغلتُ ; l. 10, كوم اشفين et peut-être للتنّائين.

P. 20, l. 11, lisez : المُوَيْلح ; après عبّاسا, peut-être وا[سروا ا]بنه.

P. 21, l. 18, lisez : بالمُوَيْلح.

P. 22, l. 10, lisez : علو, sans *taschdid*, et لعلّ الله ; l. 12, يظفّرنا ; l. 16, كمشتكين.

P. 23, l. 11, lisez : تَشَوَّفَ.

P. 24, l. 8, lisez : فى منظرة.

P. 25, l. 12, lisez peut-être : وصليبه ; l. 14, lisez : من الخاصّ.

P. 26, l. 16, vocalisez peut-être سَرَهْنَكَ ; l. 18, lisez : لكنّه.

P. 27, l. 3, lisez : نومُ الجاهد ; l. 5, مقدّما ; l. 12, أَشَدَّ العرب.

P. 28, l. 22, lisez : وهى على وهدة.

P. 30, l. 8, ap. فيهم, lisez peut-être : لم أجبن عنهم ; l. 15, ap. مركوب, peut-être ثقيل ; l. 18, ويَشغل.

P. 31, l. 23, lisez: فيُسمَع.

P. 32, l. 1, lisez : أنينه.

P. 33, l. 16, lisez : وا فقرتى وا خيبة نعتى وشهرتى.

P. 34, l. 17, lisez : كَزاغند ; l. 21, peut-être كَرعة.

P. 35, l. 19, supprimez شفار et lisez : خُرُبّة.

P. 36, l. 3, lisez : فراغ الاجل ; l. 10, peut-être قد يُشهَر به ; l. 11, يا... من العرس, hémistiche du mètre *kâmil*; l. 17, lisez : مُلاءة.

P. 37, l. 7, lisez : ففرغ ; l. 9, après عليه, ajoutez بعض ; l. 20, le mot فارس a disparu dans le fac-similé, bien qu'il existe dans le manuscrit, où il est placé dans l'intervalle entre les deux lignes ; l. 21, lisez: تركبولى.

P. 38, l. 21, lisez : أخلّ ; l. 22, لمّا.

P. 39, l. 4, lisez : استرخت.

P. 41, l. 11, lisez: فخفّ بمن معه.

P. 43, l. 10, lisez : من الجواميس; l. 13, ففرغنا; l. 21, peut-être وشقّ جبهته.

P. 44, l. 3, lisez : ابو القنا; l. 19, فوقع موضعه.

P. 45, l. 1, lisez : وماءُ اصفرُ; l. 6, فى الدرّاجة فبنّجت فى البُنُج; الى لعلّى اتال; l. 8, من الغلقا et ففقتّها, sans *taschdid*; l. 15, حمّة غلقا; l. 16, فعبر علىّ فى من عبر ; l. 23, اخضرُ et تجاوزنى.

P. 46, l. 6, lisez peut-être: يا شين ; l. 12, peut-être وَمحت ; l. 18, خطلخ ; l. 22, مسندرة.

P. 47, l. 6, lisez : قنين ; l. 13, سَيْرة et توقّفه , l. 19, خيمتيهما ; l. 21, فوبّخه عمّى وحرد عليه لوقوفه عنهما.

P. 48, l. 13, lisez: من مقدّمى الافرنج يغيّره ولا يَنقضه ; l. 14, يا فلان وحقّ دينى.

P. 49, l. 13, lisez: فى قطاتها فعضّتْ ; l. 20, فحرد.

P. 50, l. 10, lisez: فسَلّة ; l. 19, فى الروج.

P. 52, l. 21, ap. لعمّى, ajoutez عزّ الدين.

P. 54, l. 1, lisez: فركّبه ; l. 12, peut-être البكجىّ ; l. 13, توفيل ou تيوفل ; l. 14, فطرحوا ; l. 23, peut-être من اليبس.

P. 55, l 2, lisez : الى ان حميت علينا الشمس ; l. 8, وحشوُا النقب.

P. 56, l. 17, lisez : نقبتْ ou نُقبتْ ; l. 18, أخذ.

P. 57, l. 11, lisez: الروج.

P. 58, l. 1, lisez : آلتونتاش ; l. 12, الغسيانىّ ; l. 14, فلا.

P. 59, l. 2, lisez : الردىّ ; l. 3, رديّة.

P. 60, l. 6, lisez peut-être : تزيد تعلم.

P. 63, l. 5, lisez: فخاصت.

P. 64, l. 7, lisez: فى أزوارها ; l. 19, لتحترق ; l. 25, فخاص.

P. 65, l. 10, lisez : فركّب.

P. 68, l. 14, lisez : ما تطاعن وعلى حصانك لابسان ; l. 23, ابى المَجْد.

P. 69, l. 6, lisez : وسَتَرَه.

P. 70, l. 3 et 4, lisez : يُمَيِّز فيه بيسير ; l. 5, ماء ; l. 22, وفى جملتهم.

P. 71, l. 19, lisez : من جبلة ; l. 20, على جبلة.

P. 72, l. 16, lisez : فَطَعَن ; l. 17, خسقها ; l. 21, وكان نقيل العدو فاخرجه فى ضمان قربة كانت بيننا.

P. 73, l. 14, lisez : يعنينى.

P. 74, l. 5, lisez : فشدّها.

P. 75, l. 11, lisez : وطعنّا فيهم.

P. 77, l. 6, lisez : خَلَقَ الله et comparez *Coran*, LXXI, 13 ; l. 17, ورايت ما ; l. 18, ابو المَجْد ; l. 20, ترّارى البلد = *terrarius*, terrier, seigneur de la terre.

P. 78, l. 2, lisez : ابو المَجْد ; l. 6, يَقتل ; l. 9, الغلقا.

P. 79, ligne 2, lisez : وسّطتُ.

P. 80, l. 3, lisez : وبرك ; l. 9, فَرِىء.

P. 82, l. 7, lisez : اوثقناه.

P. 83, l. 19, lisez : ويَبلغ et عشرين وخمسة وعشرين.

P. 84, l. 2, lisez : فضرب ; l. 4, peut-être ترقاته (cf. p. 158, l. 4) ; l. 11, peut-être وجبة.

P. 85, l, 3, lisez : البرجاسيّة.

P. 86, l. 2, ap. رأسا, ajoutez par conjecture وشدّها.

P. 87, l. 2, lisez: أنساب; l. 4, اونقوه; l. 15, قرصه et واذا.

P. 88, l. 7, lisez : يُحَمّ, la leçon adoptée يَحُمّ restant possible; l. 17, لا يسبوا ولا يقتلوا.

P. 89, l. 9, lisez peut-être : خيمه; l. 11, lisez : تلك الليلة et ملاءُ.

P. 90, l. 11, lisez: تستقى; l. 16, ما أستحلّ آكُل; l. 18, après كبير, ajoutez par conjecture كان.

P. 91, l. 3, lisez peut-être : دشّينى (manuscrit : دشّيى); l. 4, lisez: نفشت.

P. 93, l. 1, lisez : يركض; l. 3, فخاص; l. 8, وراناته.

P. 94, l. 2, lisez : لو جلستَ صلّيتَ; l. 10 et 15, يديدب.

P. 95, l. 9, lisez peut-être : بدّى, comme p. 31, l. 13.

P. 96, l. 8 et 9, lisez: تعثر.

P. 97, l. 7, lisez : خُبْر.

P. 98, l. 1, lisez : لحقها; l. 15 et 16, فعملتْ عليه رِجْلَه; l. 16, peut-être والخُراج; l. 18, peut-être الخُراج.

P. 99, l. 2, lisez : اشنان; l. 3, peut-être داويه; l. 4, peut-être الخُراج; l. 11, peut-être يُخلّون; l. 15, peut-être بغشّه.

P. 100, l. 9, lisez : عن ندائه.

P. 101, l. 13, lisez : مقدّما.

P. 102, l. 11 et 12, lisez : اشفاقا من المُقَطَّع ; l. 14, يزنجر.

P. 105, l. 20, lisez : ابى وعمّى.

P. 106, l. 5, lisez : قُتَّمت pour قتممت ; cf. Lane, *An Arabic-English Lexicon*, p. 315 ; l. 10, peut-être يودى ; l. 15, lisez : البازياريّة ; l. 16, البنج.

P. 107, l. 20, lisez : حبّة.

P. 108, l. 21, lisez peut-être : فَوْق.

P. 109, l. 9, supprimez لى.

P. 112, l. 3, lisez : اواعبرْ ; l. 13, يخيّلوا ; l. 15, لا تتزعزع فيرجعوا.

P. 113, l. 3, lisez : يضرّنا ; l. 5, فلمّا آنَ ضَحُوا ; l. 8, يركض ; l. 18, vocalisez فلمّا ; l. 22, يظنّ.

P. 114, l. 15, lisez : والجبل.

P. 115, l. 4, lisez : بفعل ; l. 14, تَطلع.

P. 117, l. 7, lisez : يكبسه.

P. 118, l. 13, lisez : ملّا et peut-être مَخيطة.

P. 119, l. 2 et 3, lisez peut-être : يا مُؤاجِر, ou يا مؤاخِر, ou encore يا مُواجِع ; l. 18, lisez : اسمرّا ; l. 20, ينكس.

P. 120, l. 7, lisez : في الهيجاء ; l. 11, peut-être من رأى ; l. 16, peut-être وبقيّة et انقضتْ ; l. 18, lisez : المهمّ ; l. 18, عالم الغيوب علمت.

P. 121, rétablir le chiffre ١٢١ ; l. 22, lisez : يبيع.

P. 122, l. 14, lisez : ونكسنى ; l. 16, رذيّة ; l. 22, peut-être خوّلونى.

P. 123, l. 8, lisez : اعاديه ; l. 13, اهنأ المواهب ; l. 14, وأنهنى من انعامه ; l. 15, تطرقنى et مُحتبُ.

P. 124, l. 3, lisez : لا ينضب ; l. 6, الغاشم ; l. 7, آنف ; l. 9, وقد أمّن.

PREMIER SUPPLÉMENT

P. 125, l. 18, lisez : بن قُسيم (manuscrit : بن قاسم).

P. 126, l. 10 et 11, transposez بحضرته الوفاة وهو بالقرب من منزلى ; l. 20, lisez : كالمَيتة.

P. 127, l. 9, lisez : فجدّد et خيارتين.

P. 128, l. 10, lisez : فتحدّثت.

P. 129, l. 2, supprimez الى.

P. 130, l. 2, lisez : علّى.

P. 131, l. 16, lisez : فأنهتُ.

P. 132, l. 5, lisez : وأمّنْ.

P. 133, l. 3, lisez : لتلقّيها ; l. 16, وللك لى.

P. 134, l. 2, lisez : مَن ; l. 4, صحّنا.

P. 135, l. 4, lisez : واطعمها ; l. 8, وتغيّرت سحنته.

P. 136, l. 21, lisez : الطيّبين.

DEUXIÈME SUPPLÉMENT [1]

P. 139, l. 21, lisez كجارى.

P. 140, l. 2 ; la lecture دست خير n'est pas douteuse ; le manuscrit ayant les points diacritiques très distincts ; ce terme technique désigne la perche haute, le *sédile*, sur lequel on attache le faucon jusqu'au moment où il est lancé sur sa proie ; l. 6, lisez : بازيار.

P. 141, l. 18, lisez : البازياريّة et مقرنص ; l. 21, وازلُ اغرزْ.

P. 142, l. 2, lisez ; البازيار ; l. 6, peut-être ينقلب ; l. 7, après طيور, ajoutez peut-être الماء ; l. 17, après مقرنص, ajoutez peut-être بيت.

1. Ce sont les morceaux relatifs aux chasses d'Ousâma. Ils comportent encore, j'en ai l'assurance, d'autres améliorations, quand on connaîtra mieux le vocabulaire de la fauconnerie et de la cynégétique arabes.

P. 143, l. 9, mettez le blanc après الارانب; l. 11, lisez : كَشْمًا; l. 18, على قراحصار.

P. 144, l. 6, lisez : بازيارِيّة.

P. 145, l. 1, lisez : فَرَغ ou فَرْغ; l. 4, بازيار; l. 18, peut-être بنقاب.

P. 146, l. 4, lisez : بازيار; l. 9, فيومّ; l. 14, البازياريّة.

P. 147, l. 4, lisez peut-être : فَرَحْنا; l. 5, lisez : والامرِ المهمّ; l. 10, بازياريّة; l. 15, والبازيار; l. 16, ما يترك.

P. 148, l. 1, lisez : وقَرَنْصَ; l. 5, 10, 13 et 17, البازيار; l. 8, البازياريّة et peut-être بالجملة, bien que بالحَمَلة me semble préférable; l. 9, peut-être حلّوا, quoique خلوا me paraisse plutôt devoir être maintenu; l. 17, peut-être أصّاد.

P. 149, l. 19, lisez : البازيار.

P. 150, l. 4, 8, 10, 14, 19, 20, lisez : البازيار; l. 8, peut-être اصّاد; l. 12, الصقيع et قباءه; l. 13, peut-être يعمل.

P. 151, l. 4, 5, lisez : البازيار.

P. 152, l. 18, lisez peut-être : تسرّح.

P. 153, l. 7, lisez : ويانِس; (manuscrit وياس); l. 18, شاهدته وقد حضر; l. 20, بنظر.

P. 154, l. 5, lisez : بازياره ; l. 8, 10, 17, وقَرنص ; l. 16, البازيار.

P. 155, l. 5, 10, lisez : البازيار ; l. 7, والقوس (cf. p. 25, l. 17) ; l. 11, فيرجع.

P. 157, l. 13, lisez : ويجنب ; l. 14, فيحرد.

P. 158, l. 9, lisez : تركشه ; l. 17, ينزل, ويجلس et تقرا.

P. 160, l. 2, lisez peut-être : اصّاد ; l. 3, lisez : البازيار ; l. 10, دار حولها ou دار فوقها et ريشه.

P. 161, l. 1, lisez : فيقيم ; l. 14, peut-être فقطع.

P. 162, l. 1, lisez : البازيار.

P. 164, l. 5, lisez : دمج, sans *taschdîd* ; l. 17, peut-être اصّادها ; l. 18, peut-être والشوك.

P. 165, l. 3, lisez peut-être : يكثر به الجرح ; l. 6, ap. شقراء, peut-être تحته.

P. 166, l. 3, lisez : البازياريّة ; l. 4, بازيار ; l. 5, البازيار ; l. 16, ينتهون.

P. 167, l. 18, lisez : بيسير ; l. 21, supprimez peut-être الصيد, et lisez : حصرُ ذكرِ الصيد, الصيد à la marge devenant une variante susceptible d'être substituée à الصيد.

INDICES

P. 169, col. 2, après la ligne 7, insérez : شمس الخواصّ آلْتونتاش ٥٨.

P. 170, col. 2, après la ligne 9, ajoutez : تيوفل ٥٤.

P. 171, col. 2, l. 6, au lieu de ٤٨, lisez : ١٢٨ ; l. 21, supprimez : الابرص.

P. 172, col. 1, l. 21, lisez : عليّ = ابن السلّار ; col. 2, supprimez la l. 18.

P. 173, col. 1, l. 8, ajoutez : ١٧, ١٦ ; l. 13, au lieu de ٢٩, lisez : ٦٩ ; col. 2, supprimez la ligne 1 ; l. 5, lisez : علان بن فارس ٧٢ ; l. 14, lisez : السلّار.

P. 174, col. 2, l. 12, au lieu de ٦٦, lisez : ٦٢ ; après la l. 16, ajoutez : قيس بن الخطيم ٣٦ ; au bas de la colonne, ajoutez : امين الدولة كمشتكين ٢٢.

P. 176, col. 1, l. 15, ajoutez : ٢ ; dernière ligne, supprimez le *taschdid* ; col. 2, l. 19, lisez : غدفل ; l. 20, au lieu de ٧٢, lisez : ٧٦ ; supprimez la ligne 24.

P. 177, col. 1, l. 10, au lieu de ٨١, lisez : ٨٠ ; col. 2, après la ligne 7, ajoutez : يانس الناسخ ; dernière ligne, au lieu de ٦٩, lisez : ٥٩.

P. 178, col. 2, supprimez la ligne 10.

P. 179, col. 2, après la ligne 6, ajoutez : ١٨ جذام ; après la ligne 13 : ٤٦ الطاحون الجلالي ; après la ligne 16 : ٤ الجيوشيّة ; supprimez la ligne 18 ; après la ligne 19, ajoutez : ٨ حسمى.

P. 180, col. 1, après la ligne 9, ajoutez : ٥ الخوف ; supprimez la ligne 12 ; après la ligne 20, ajoutez : ١٢٠, ٧ دبيقّ ; substituez à la ligne 21 : ١٨ درماء ; après la ligne 22, ajoutez : ٦ دلاص ; col. 2, l. 6, ajoutez : ٧ ; après la ligne 13, ajoutez : ١١ الرقيم ; l. 15, ajoutez : ٥٠ ; après la ligne 15, ajoutez : ٥, ٤ الريحانيّة ; supprimez la ligne 18 ; après la ligne 20, ajoutez : ١٣٤ السماوة.

P. 181, col. 2, l. 19, lisez : ٤ الفرحيّة.

P. 182, col. 1, après la ligne 1, ajoutez : ١٤٣ قراحصار ; supprimez la ligne 9 ; après la ligne 18, ajoutez : ١١ الكهف ; l. 20, lisez اشفين ; col. 2, l. 2, ajoutez : ٦, ٥ ; après la ligne 2, ajoutez : ١١٧ ماسرّ ; l. 6, lisez : المجدّ, sans *taschdid* ; après la ligne 17, ajoutez : ٦١ المغاربة.

BIBLIOGRAPHIE

PAR ORDRE ALPHABÉTIQUE

DES PRINCIPAUX OUVRAGES, MANUSCRITS OU IMPRIMÉS, UTILISÉS DANS LA VIE D'OUSAMA[1]

'Abd al-Bâsiṭ al-'Almawî, *Description abrégée de Damas*, manuscrit de M. Paul Ravaisse et manuscrit 2788 du supplément arabe de la Bibliothèque nationale.

'Abd al-Laṭîf, *Relation de l'Égypte*, suivie de divers extraits d'écrivains orientaux, et d'un état des provinces et des villages de l'Égypte dans le XIVe siècle, par Silvestre de Sacy. Paris, de l'Imprimerie impériale, 1810.

'Abd al-Wâḥid al-Marrâkouschî, *The history of the Almohades*, edited by R. Dozy (2^d ed.). Leyden, 1881.

Ibn Al-'Adîm, voir Kamâl ad-Dîn.

Ahlwardt (W.), *The divans of the six ancient Arabic poets*. London, 1870.

— Voir Ibn Aṭ-Ṭiḳṭaḳâ.

Amari (Michele), *Biblioteca Arabo-Sicula*. Lipsia, 1857-1875, 2 vol. — Versione italiana, editione in-8°. Torino e Roma, 1880-1881, 2 vol.

Archives de l'Orient latin, tomes I et II. Paris, 1881-1885.

Ibn 'Asâkir, *Histoire de Damas*, manuscrit 687 du supplément arabe, coté 2137 dans Slane, *Catalogue*, p. 379; et manuscrits Additamenta 23351-23353 du Musée Britannique, MDCCLXXXVII-MDCCLXXXIX, dans Rieu, *Catalogus*, p. 592-593.

Ibn Al-Athîr, *Chronicon quod perfectissimum inscribitur*, edidit

1. Dans cette liste, les noms d'auteurs orientaux ont été tous rendus conformes à mon système de transcription; les titres d'ouvrages, au contraire, n'ont subi aucun changement. Pour le classement, il n'a été tenu compte ni des mots *Ibn* (fils) et *Abou* (père), quand ils figurent en tête d'un nom, ni de l'article *Al*.

Tornberg. Lugduni Batavorum, 1867-1876, 14 vol. et un supplément. Le titre arabe est *Kâmil at-tawârîkh*. J'ai surtout cité le texte et la traduction d'après les *Historiens orientaux des croisades*, publiés par les soins de l'Académie des inscriptions et belles-lettres, I (Paris, Imprimerie nationale, 1872), p. 187-744 ; II I (*ibid.*, 1887), p. 1-180.

— *Histoire des Atabeks de Mosul*, dans les *Historiens orientaux des croisades*, II II (*ibid.*, 1876).

Bædeker, *Lower Egypt*, with the Fayum and the Peninsula of Sinai. Leipzig, 1878.

— Voir Socin.

Bahâ ad-Dîn, voir Ibn Schaddâd.

Al-Bakrî, *Mou'djam mâ 'sta'-djam. Das geographische Wœrterbuch*, herausgegeben von F. Wüstenfeld. Gœttingen et Paris, 1876-1877, 2 vol.

Ibn Baṭoûṭa, *Voyages*, texte arabe, accompagné d'une traduction par C. Defrémery et le Dr B.-R. Sanguinetti. Paris, 1853-1859, 4 vol. et un index alphabétique.

Bibliotheca geographorum Arabum, edidit M.-J. de Goeje. Lugduni Batavorum, 1870-1892, 7 vol.

Al-Bondârî, *Histoire des Seldjoucides de l'Irâq*, d'après 'Imâd ad-Dîn Al-Kâtib, texte arabe publié par M. Th. Houtsma. Leide, 1889.

Casanova (P.), *Karakousch* (sa légende et son histoire). Le Caire, 1892.

Catalogus codicum manuscriptorum orientalium qui in Museo Britannico asservantur. Pars secunda, codices arabicos complectens. Londini, 1846-1871.

Caussin de Perceval, *Essai sur l'histoire des Arabes avant l'islamisme*. Paris, 1847-1848, 3 vol.

Chauvet et Isambert, *Syrie, Palestine*. Paris, 1882.

Die Chroniken der Stadt Mekka, herausgegeben von F. Wüstenfeld. Leipzig, 1857-1861, 4 vol.

Ibn ad-Daiba', *Bougyat al-moustafîd fî akhbâr madînat Zabîd*, manuscrit 141 de la Bibliothèque royale de Copenhague, et manuscrit 47 de l'Institut des langues orientales de Saint-Pétersbourg.

— Voir Johannsen.

Defrémery (C.), *Histoire des Seldjoukides et des Ismaéliens*. Paris, 1849.

— *Nouvelles recherches sur les Ismaéliens*. Paris, 1885.

Defrémery (C.), *Mémoires d'histoire orientale*. Paris, 1854-1862, 2 parties.

— Voir Ibn Baṭoûṭa.

Delaborde (H.-F.), *Chartes de Terre-Sainte*, provenant de l'abbaye de Notre-Dame de Josaphat. Paris, 1880.

Delaville Le Roulx (J.), *Les archives, la bibliothèque et le trésor de l'ordre de Saint-Jean de Jérusalem à Malte*. Paris, 1883.

Derenbourg (Hartwig), *Les manuscrits arabes de l'Escurial*, I. Paris, 1884.

— Voir Ousâma.

Derenbourg (Joseph), voir Al-Ḥarîrî.

Adh-Dhahabî, *Ta'rîkh al-islâm*, manuscrit 753 de l'ancien fonds arabe de la Bibliothèque nationale, 1582 du nouveau classement (Slane, *Catalogue*, p. 299); manuscrit Or. 52 du Musée Britannique, MDCXL dans Rieu, *Catalogus*, p. 739.

— *Ṭabaḳât al-ḥouffâth*, *Liber classium virorum qui Korani et traditionum cognitione excelluerunt*, lapide exscribendum curavit H. F. Wüstenfeld. Gottingæ, 1833-1834, 3 particulæ.

— *Al-Moschtabih*, editus a P. de Jong. Lugduni Batavorum, 1881.

Al-Djanadî, *As-Souloûk fî ṭabaḳât al-'oulamâ wal-mouloûk*, manuscrit 767 du supplément arabe, coté 2127 dans Slane, *Catalogue*, p. 377.

Ibn Djobair, *Travels*, edited by W. Wright. Leyden, 1852. Voir aussi *Historiens orientaux des croisades*, III (Paris, 1884), p. 441-456.

Ibn Doraid, *Kitâb al-ischtiḳâḳ*. *Genealogisch-etymologisches Handbuch*, herausgegeben von F. Wüstenfeld. Gœttingen, 1854.

Dozy (R.), *Catalogus codicum orientalium Bibliothecæ Academiæ Lugduno-Batavæ*. Volumen I et II, Lugduni Batavorum, 1851.

— *Essai sur l'histoire de l'islamisme*, traduit du hollandais par Victor Chauvin. Leyde et Paris, 1879.

— *Supplément aux dictionnaires arabes*. Leyde, 1881, 2 vol.

— Voir 'Abd al-Wâḥid.

Ducange, *Les familles d'outremer*, publiées par E.-G. Rey. Paris, 1869.

Ekkehardi Urangiensis abbatis *Hierosolymita*, dans Martène et Durand, *Veterum scriptorum et monumentorum amplissima collectio* (Parisiis, 1724-1733, 9 vol.), vol. V, col. 507 et suiv.; dans l'édition de H. Hagenmeyer (Tübingen, 1877), et dans *Historiens occidentaux des croisades*, V I (Paris, 1886), p. 1-40.

Aboû 'l-Faradj, *Historia compendiosa dynastiarum*, arabice edita et latine versa ab Edvardo Pocockio. Oxoniæ, 1663. Je n'ai pas eu à ma disposition l'édition publiée par le Père A. Salhani S. J., sous le titre de *L'histoire des dynasties*, de Bar Hebræus, à Beyrouth en 1890.

Aboû 'l-Fidâ, *Annales moslemici* arabice et latine. Opera et studiis Reiskii. Hafniæ, 1789-1794, 5 vol. *Résumé de l'histoire des croisades* et *Autobiographie*, dans *Historiens orientaux des croisades*, I (1872), p. 1-186.

— *Géographie*, texte arabe par M. Reinaud et M. le Baron Mac Guckin de Slane (Paris, 1840); traduite de l'arabe en français par Reinaud et Stanislas Guyard. Paris, 1848-1883.

— Voir Wilken.

Fleischer (H. L.), *Michael Meschâka's Cultur-Statistik von Damascus*, aus dem Arabischen uebersetzt, dans la *Zeitschrift der deutschen morgenlændischen Gesellschaft*, VIII (1854), p. 346-374, réimprimé dans le tome III de Fleischer, *Kleine Schriften*.

Freytag (G. W.), *Selecta ex historia Halebi* edidit et latine vertit. Lutetiæ Parisiorum, e typographia regia, 1819.

— *Chrestomathia arabica grammatica historica*. Bonnæ ad Rhenum, 1834.

Freytag (G. W.), *Arabum Proverbia*. *Ibid.*, 1838-1843, 3 vol.

— *Einleitung in das Studium der arabischen Sprache*. Bonn, 1861.

— Voir Kamâl ad-Dîn.

Galterii, cancellieri Antiocheni, *Bella Antiochena*, dans Bongarsii *Gesta Dei per Francos* (Hanoviæ, 1611, I, p. 441-466); dans Hans Prutz, *Quellenbeitræge zur Geschichte der Kreuzzüge*, I (unique, Danzig, 1876, p. 1-55); dans *Historiens occidentaux des croisades*, V, p. 75-132.

Gautier (Léon), *La chevalerie*. Paris, 1884.

Gayangos (D. Pascual de), *The history of the Mohammedan dynasties in Spain*, from the text of Al-Makkarî. London, 1840-1843, 2 vol.

— Voir Al-Makkarî.

Goeje (J. de), *Ousâma ibn Monkidh*, dans la *Wiener Zeitschrift für die Kunde des Morgenlander*, III (1889), p. 113-116.

— et Th. Houtsma, *Catalogus codicum arabicorum Bibliothecæ Academiæ Lugduno-Batavæ*. Editio secunda, I (un.), Lugduni Batavorum, 1888.

Goergens und Roehricht, *Arabische Quellenbeitræge zur Geschichte der Kreuzzüge*. Vol. I (un.), Berlin, 1879.

Goldziher (Ignaz), *Muhammedanische Studien*. Halle, 1889-1890, 1 vol.

— *Ousâma Ibn Mounḳidh*, dans la *Oesterreichische Monatschrift für den Orient*, XII (1886), p. 77-80.

Guillaume de Tyr, voir Willermus.

Guyard (Stanislas), *Fragments relatifs à la doctrine des Ismaélis*, dans les *Notices et extraits*, XXII I (1874), p. 161-428.

— *Un grand maître des Assassins au temps de Saladin*, dans le *Journal asiatique* de 1877, I, p. 324-489.

— Voir Aboû 'l-Fidâ.

Ḥâdjî Khalîfa, *Lexicon bibliographicum et encyclopædicum*, edidit, latine vertit G. Flügel. London, 1835-1858, 7 vol.

Hagenmeyer (H.), *Peter der Eremite*. Leipzig, 1879.

Al-Hamdânî, *Djazîrat al-'Arab. Geographie der arabischen Halbinsel*, herausgegeben von D. H. Müller. Leiden, 1884-1891, 2 vol.

Hammer-Purgstall, *Literaturgeschichte der Araber*. Wien, 1850-1856, 7 vol.

Al-Ḥarîrî, *Maḳâmât. Les séances de Hariri* publiées par Silvestre de Sacy; 2ᵉ éd. par MM. Reinaud et J. Derenbourg. Paris, 1849-1853, 2 vol.

Heyd (W.), *Geschichte des Levantehandels im Mittelalter*. Stuttgard, 1879, 2 vol.; et traduction française par Furcy Reynaud, Leipzig, 1885, 2 vol.

Historiens occidentaux des croisades, vol. I-V I. Paris, 1844-1886.

Historiens orientaux des croisades, vol. I-III. Paris, 1872-1887.

Houtsma (Th.), *Recueil de textes relatifs à l'histoire des Seljoucides*. Lugduni Batavorum, 1886-1891, 3 vol.

— Voir Al-Bondârî et Goeje (J. de).

Huart (Cl.), *Ousâma Ibn Mounḳidh*, dans le *Journal asiatique* de 1890, I, p. 502-507.

Hughes' *Dictionary of islam*. London, 1885.

'Imâd ad-Dîn Al-Kâtib, *Al-Fatḥ*. Conquête de la Syrie et de la Palestine, par Ṣalâḥ ed-Dîn, publiée par le comte Carlo de Lanberg. Vol. I (un.), Leyde, 1888.

— *Kharîdat al-ḳaṣr*, manuscrits 1373, 1374, 1414 et 1447 de l'ancien fonds arabe, aujourd'hui 3326-3329 dans Slane, *Catalogue*, p. 582; cf. Dozy, *Catalogus*, II, p. 216-229; 242-271; *Ousâma poète*, dans *Nouveaux mélanges orientaux* (Paris, Leroux, 1886), p. 113-155.

'Imâd ad-Dîn Al-Kâtib, voir Al-Bondârî et Ousâma.

Johannsen, *Historia Jemanæ*, e codice manuscripto arabico, cui titulus est: *Bougyat al-moustafîd*. Bonnæ, 1828. Voir Ibn ad-Daiba'.

Al-Kalkaschandî, voir Wüstenfeld.

Kamâl ad-Dîn Ibn Al-'Adîm, *Bougyat aṭ-ṭalab. Dictionnaire biographique des hommes illustres d'Alep*, manuscrits 726 de l'ancien fonds arabe, aujourd'hui 2138 dans Slane, *Catalogue*, p. 379 ; et Additamenta 23354 du Musée Britannique, coté MCCXC dans Rieu, *Catalogus*, p. 593 ; *Historiens orientaux des croisades*, III, p. 691-732.

— *Zoubda*, manuscrit 72 de l'ancien fonds arabe, 1666 dans Slane, *Catalogue*, p. 311. Pour la littérature relative à ce texte, se reporter plus haut, p. 587-589, et voir Freytag.

Ibn Khaldoûn, *'Ibar*, *Histoire universelle*, dans l'édition de Boûlâḳ, 1867-1868, 7 vol.; dans *Prolégomènes*, éd. Quatremère, Paris, 1858, 3 vol. ; trad. de Slane, *ibid.*, 1862-1868, 3 vol.; l'un et l'autre dans les *Notices et extraits*, première partie des tomes XVI-XXI ; dans *Histoire des Berbères*, texte par de Slane, Alger, 1847-1861, 2 vol. ; traduction française, par le même, Alger, 1852-1856, 4 vol.; plus spécialement dans Tornberg, Ibn Khalduni *Narratio de expeditionibus Francorum in terras Islamismo subjectas*. Upsal, 1840 ; et dans R. Roehricht, *Quellenbeitræge zur Geschichte der Kreuzzüge*, Berlin, 1875.

Ibn Khallikân, *Wafayât al-a'yân*. Dictionnaire des hommes illustres de l'islamisme ; texte arabe par le Baron Mac Guckin de Slane, I (un.), Paris, 1835-1840 ; édition complète, par F. Wüstenfeld, Gottingæ, 1835-1850, 15 fasc., dont 2 de suppléments ; édition de Boûlâḳ de 1299 (1882), 3 vol.; traduction anglaise citée ordinairement seule sous le titre de *Biographical Dictionary*, par le Baron de Slane, London, 1843-1871, 4 vol.

Kremer (Baron A. von), *Mittelsyrien und Damascus*. Wien, 1853.

— *Topographie von Damascus*. Wien, 1854, 2 fasc.

— *Geschichte der herrschenden Ideen des Islams*. Leipzig, 1868.

— *Culturgeschichte des Orients unter den Chalifen*. Wien, 1875-1877, 2 vol.

— *Ueber die grossen Seuchen des Orients nach arabischen Quellen*. Wien, 1880.

Kremer (A. von), *Osâmah*, dans la *Wiener Zeitschrift für die Kunde des Morgenlandes*, II (1888), p. 265-268.

Kugler (B.), *Boemund und Tankred*, Fürsten von Antiochien. Tübingen, 1862.

— *Geschichte der Kreuzzüge*. Berlin, 1880.

— *Albert von Aachen*. Stuttgart, 1885.

Lagarde (Paul de), *Mittheilungen*, II, (1887), p. 243-253.

Landberg (Comte Carlo de), *Critica arabica*. N° II. Hartwig Derenbourg: Ousâma Ibn Mounqiḏ. Leyde, 1888.

— Voir 'Imâd ad-Dîn.

Lane (E. W.), *An account on the manners and customs of the modern Egyptians*. London, 1846, 2 vol.

— *An Arabic-English Lexicon*. London, 1863-1889.

Lanier. Voir Ousâma.

Leclerc (Dr Lucien), *Histoire de la médecine arabe*. Paris, 1876, 2 vol.

Literarisches Centralblatt du 17 juin 1886, colonnes 1014-1016.

Aboû 'l-Maḥâsin, voir Ibn Tagrîbardî.

Al-Maḳḳarî, *Analectes sur l'histoire de l'Espagne*, publiés par R. Dozy, G. Dugat, L. Krehl et W. Wright. Leyde, 1855-1861, 2 vol.

— Voir Gayangos (D. Pascual de).

Al-Maḳrîzî, *Khiṭaṭ*, éd. de Boûlâḳ, 1851-1852, 2 vol.

— *As-Souloûk* dans le manuscrit 672 de l'ancien fonds arabe, coté 1726 par Slane, *Catalogue*, p. 320, et dans Quatremère, *Histoire des sultans mamlouks de l'Égypte*. Londres, 1837-1845, 2 vol.

— *Abhandlung ueber die in Aegypten eingewanderten arabischen Stæmme*, herausgegeben und uebersetzt von F. Wüstenfeld. Gœttingen, 1847.

Al-Mas'oûdî, *Les prairies d'or*, texte et traduction par C. Barbier de Meynard et Pavet de Courteille. Paris, 1861-1877, 9 vol.

Mehren (A. F.), *Die Rhetorik der Araber*. Kopenhagen, 1853.

— Voir Moḥammad ad-Dimischḳî.

Mélusine, recueil dirigé par Henri Gaidoz, IV (1889), colonne 333.

Meschâka, voir Fleischer.

Mihyâr ibn Marzawaihi Ad-Dailamî, *Dîwân*, manuscrit arabe 516 de la Bibliothèque royale de Munich.

Michaud, voir Reinaud.

Ibn Mîsar ou Ibn Mouyassar, *Histoire d'Égypte*, manuscrit

801 A de l'ancien fonds arabe, coté 1688 dans Slane, *Catalogue*, p. 314; cf. *Historiens orientaux des croisades*, III, p. 457-473.

Moḥammad ad-Dimischḳî, *Cosmographie*, texte arabe, par A. F. Mehren (Saint-Pétersbourg, 1866); traduit par le même sous le titre de *Manuel de la cosmographie du moyen âge* (Copenhague, 1874).

Al-Moubarrad, *The Kâmil*, edited by W. Wright. Leipzig, 1864-1892, 2 vol. en 12 parties.

Moudjîr ad-Dîn, *Al-Ouns al-djalîl*. Édition du Caire, 1866, 2 vol.

— *Histoire de Jérusalem et d'Hébron*, Fragments traduits par Henri Sauvaire. Paris, 1876.

Mouslim ibn Maḥmoûd de Schaizar, *Djamharat al-islâm*, manuscrit arabe Warner 287 de la Bibliothèque de l'Académie de Leyde, coté CCCCLXXX dans J. de Goeje et Th. Houtsma, *Catalogus*, I, p. 287.

Ibn Mouyassar, voir Ibn Mîsar.

Müller (August), *Der Islam im Morgen- und Abendland*. Berlin, 1885-1887, 2 vol.

— Voir Ibn Abî Ouṣaibi'a et Ibn Abî Ya'ḳoûb.

Nâṣiri Khosrau, *Sefer Nameh*. Relation du voyage; publié, traduit et annoté par Charles Schefer. Paris, 1881.

Nœldeke (Th.), *Ousâma Ibn Mounḳidh*, dans la *Wiener Zeitschrift für Kunde des Morgenlandes*, I (1887), p. 237-244.

Ibn Abî Ouṣaibi'a, *'Ouyoûn al-anbâ fî ṭabaḳât al-aṭibbâ*. Classes des médecins, texte arabe publié par August Müller. Le Caire, 1882-1883, et Kœnigsberg, 1884, 2 vol.

Ousâma Ibn Mounḳidh, *Kitâb al-i'tibâr*, *Autobiographie*, texte arabe, publié d'après le manuscrit de l'Escurial par Hartwig Derenbourg (Paris, 1886); formant la deuxième partie du présent volume.

— *Kitâb al-badî'*, traité de rhétorique, manuscrit 134 de la deuxième collection Wetzstein à la Bibliothèque royale de Berlin; rédaction abrégée dans le manuscrit Warner 848 de la Bibliothèque de l'Académie de Leyde, coté CCXCIII dans J. de Goeje et Th. Houtsma, *Catalogus*, I, p. 152.

— *Kitâb al-'aṣâ*, Le livre du bâton, manuscrit de ma collection et manuscrit Amîn 370 de la Bibliothèque de l'Académie de Leyde, coté CCCCLXXII dans J. de Goeje et Th. Houtsma, *Catalogus*, I, p. 280. Préface éditée et traduite par Hartwig Derenbourg dans le *Recueil de textes étrangers*, publié par A.

Lanier (Paris, 1888); éditée de nouveau par le même, avec des extraits considérables du livre, plus haut, p. 495-542.

Ousâma Ibn Mounkidh, *Diwân*, Recueil des poésies. Fragments dans le manuscrit 2196 de la Bibliothèque ducale de Gotha, publiés plus haut, p. 543-548; dans le manuscrit du Musée Britannique Additamenta 9656, coté DCXLI dans Rieu, *Catalogus*, p. 302, publiés plus haut p. 549-550 ; dans 'Imâd ad-Dîn, *Kharidat al-kasr* (manuscrit 1414 de l'ancien fonds arabe), publiés par Hartwig Derenbourg dans les *Nouveaux mélanges orientaux* (Paris, Leroux, 1886), p. 113-155, sous le titre de : *Ousâma poète*; dans Mouslim, *Encyclopédie de l'islamisme* (voir ce nom), publiés plus haut, p. 551-562 ; ainsi que dans le Livre du bâton et dans Aboû Schâma, *Kitâb ar-raudatain* (voir ce nom).

— Derenbourg (Hartwig), *Note sur quelques mots de la langue des Francs au douzième siècle*, d'après le texte arabe de l'*Autobiographie* d'Ousâma, p. 453-465, dans les *Mélanges Léon Renier* (Paris, 1887), tome LXXIII de la *Bibliothèque de l'École des hautes études* (section des Sciences philologiques et historiques .

— Id., *Un passage sur les Juifs au douzième siècle*, traduit de l'*Autobiographie* d'Ousâma, dans la *Jubelschrift zum siebzigjæhrigen Geburtstag des Herrn Professor Dr Grætz* (Breslau, 1887), p. 127-130.

— Voir Goeje (J. de), Goldziher, Kremer (A. von), Lagarde (Paul de), Landberg, *Literarisches Centralblatt*, Nœldeke, Rosen (Baron), Wellhausen.

Pauli, *Codice diplomatico del S. militare ordine gierosolimitano*. Lucca, 1733-1737, 2 vol.

Perron, *Le Nâcérî*, traité complet d'hippologie et d'hippiatrique arabes. Paris, 1852-1860, 2 tomes en 3 vol.

Pertsch (W.), *Die arabischen Handschriften der herzoglichen Bibliothek zu Gotha*. Gotha, 1878-1892, 5 vol.

Prutz (Hans), *Quellenbeitræge zur Geschichte der Kreuzzüge*, I (un.). Danzig, 1876.

— *Kulturgeschichte der Kreuzzüge*. Berlin, 1883.

Quatremère (Étienne), *Mémoires géographiques et historiques sur l'Égypte*. Paris, 1811. 2 vol.

— *Mélanges d'histoire et de philologie orientale*. Paris, s. d.

— Voir Al-Makrîzî et Raschîd ad-Dîn.

Ranke (Leopold von), *Welt*

geschichte, vol. V-VIII. Leipzig, 1884-1887.

Raschîd ad-Dîn, *Histoire des Mongols de la Perse*, publiée, traduite en français, accompagnée de notes par Quatremère, I (un.). Paris, Imprimerie royale, 1836. Ouvrage cité comme Quatremère, *Histoire des Mongols*.

Ravaisse (Paul), *Essai sur l'histoire et sur la topographie du Caire*, dans les *Mémoires publiés par les membres de la Mission archéologique française au Caire*, I III (1887), p. 409-480; III IV, p. 33-115.

Reinaud, *Extraits des historiens arabes, relatifs aux guerres des croisades*. Paris, 1822; nouvelle édition, Paris, 1829, comme quatrième volume de Michaud, *Bibliothèque des croisades*.

— Voir Aboû 'l-Fidâ et Al-Harîrî.

Rey (E.-G.), *Étude sur les monuments de l'architecture militaire des croisés en Syrie*. Paris, Imprimerie nationale, 1871.

— *Recherches géographiques et historiques sur la domination des latins en Orient*. Paris, 1877.

— *Note sur les territoires possédés par les Francs à l'est du lac de Tibériade, de la mer Morte et du Jourdain*. Paris, 1881.

— *Sommaire du Supplément des Familles d'outre-mer*. Chartres, 1881.

Rey (E. G.), *Les colonies franques de Syrie aux* XII*e et* XIII*e siècles*. Paris, 1883.

— *L'ordre du temple en Syrie et à Chypre*. Arcis-sur-Aube, 1888.

— *Étude sur le procès des Templiers*. *Ibid.*, 1891.

— Voir Ducange et Thuillier.

Riant (Comte), *Inventaire critique des lettres historiques des croisades*, dans les *Archives de l'Orient latin*, I (1881), p. 1-224.

Ritter (Carl), *Die Erdkunde*, XVII. *Die Sinai Halbinsel, Palæstina und Syrien*. Berlin, 1854-1855, 2 vol.

Rœhricht (Reinhold), *Beitræge zur Geschichte der Kreuzzüge*. Berlin, 1874-1878, 2 vol.

— *Syria sacra*, dans la *Zeitschrift des deutschen Palæstina-Vereins*, X (1887), p. 1-48.

— *Studien zur mittelalterlichen Geographie und Topographie Syriens*, *ibid.*, X (1887), p. 195-345.

— *Bibliotheca geographica Palæstinæ*. Berlin, 1890.

— *Sagenhaftes und Mythisches aus der Geschichte der Kreuzzüge*, dans la *Zeitschrift für deutsche Philologie*, XII (1891), p. 412-421.

— *Amalrich I., Kœnig von Jerusalem* (1162-1174), dans les *Mittheilungen des Instituts für œsterreichische Geschichtsforschung*, XII (1891), p. 432-492.

Rœhricht, voir Goergens, Ibn Khaldoûn et Sacy (Silvestre de).

Rosen (Baron Victor), *Ousâma Ibn Mounkidh*, dans le recueil russe intitulé: *Sapiski*, II (1887), p. 175-178.

Rozière (Eugène de), *Cartulaire de l'église du Saint-Sépulcre de Jérusalem*. Paris, Imprimerie nationale, 1849.

Sachau (Ed.), *Reise in Syrien und Mesopotamien*. Leipzig, 1883.

Sacy (Silvestre de), Extraits de Kamâl ad-Dîn, *Zoubda*, dans Rœhricht (voir ce nom), *Beitræge*, I (1884), p. 209-346.

— *Chrestomathie arabe* (2e édit.). Paris, 1826-1827, 3 vol.

— Voir 'Abd al-Laṭîf et Al-Ḥarîrî.

Sauvaire, *Matériaux pour servir à l'histoire de la numismatique et de la métrologie musulmanes*, I (monnaies), Paris, Imprimerie nationale, 1882; II (poids), *ibid.*, 1885; III (mesures de capacité), *ibid.*, 1887; IV (complément), *ibid.*, 1888.

— Voir Moudjîr ad-Dîn.

Ibn Schaddâd Bahâ ad-Dîn Aboû 'l-Maḥâsin Yoûsouf, *An-nawâdir as-soulṭâniyya*. Anecdotes et beaux traits de la vie de Saladin, dans *Historiens orientaux des croisades*, III (1884), p. 1-374.

Ibn Schaddâd 'Izz ad-Dîn Moḥammad, *Al-A'lâḳ al-khaṭîra fî dhikr oumarâ asch-schâm wal-djazîra*, manuscrits Additamenta 23334 et 23335 du Musée Britannique, MCCCXXIII et MCCCXXIV dans Rieu, *Catalogus*, p. 613-616.

Ibn Schâkir Al-Koutoubî, *Fawât al-wafayât*. Supplément au Dictionnaire biographique d'Ibn Khallikân (voir ce nom). Boûlâḳ, édition revue et corrigée, 1881-1882, 2 vol.

Aboû Schâma, *Kitâb ar-raudatain fî akhbâr ad-daulatain*. Histoire de Noûr ad-Dîn et de Saladin. Le Caire, 1870-1871, 2 vol. Texte plusieurs fois rectifié grâce au manuscrit 707 A de l'ancien fonds arabe, coté 1700 dans Slane, *Catalogue*, p. 316, et au manuscrit arabe 64 du cabinet de M. Charles Schefer.

Schefer (Charles). Voir Nâṣiri Khosrau et Aboû Schâma.

Schwarzlose, *Die Waffen der alten Araber*. Leipzig, 1886.

Sibṭ Ibn Al-Djauzî, *Mir'ât az-zamân*, dans *Historiens orientaux des croisades*, III, p. 511-570.

Slane (Baron Mac Guckin de), *Introduction*, dans *Historiens orientaux des croisades*, I (1872), p. I-LXXI.

— *Catalogue des manuscrits arabes de la Bibliothèque nationale*, œuvre posthume. Paris, 1883-1889, 2 fascicules.

Slane, voir Aboû 'l-Fidâ, Ibn Khaldoûn, Ibn Khallikân.

Smith (Robertson), *Kinship and marriage in early Arabia*. Cambridge, 1885.

Snouck Hurgronje, *Mekka*. Haag, 1888-1889, 2 vol. et 1 atlas de planches.

(Socin), *Palestine et Syrie*, dans les *Guides Bædeker*. Leipzig, 1882, édition française.

As-Soyoûṭî, *Loubb al-loubâb. Liber de nominibus relativis*, ed. P. J. Veth. Lugduni Batavorum, 1840-1851, 3 vol.

— *Ḥousn almouḥâḍara fî akhbâr miṣr wal-ḳâhira*. Histoire d'Égypte. Le Caire, 1881-1882, 2 vol.

Sprenger (A.), *Die Post- und Reiserouten des Orients*, I (un.). Leipzig, 1864.

Sybel (Heinrich von), *Aus der Geschichte der Kreuzzüge*. Braunschweig, 1855.

— *Geschichte des ersten Kreuzzuges*. 2e éd., Leipzig, 1881.

Ibn Tagrîbardî Aboû 'l-Maḥâsin Yoûsouf, *An-noudjoûm az-zâhira*. Annales d'Égypte, dans *Annales* ediderunt Juynboll et Matthes. Lugduni Batavorum, 1852-1861, 2 tomes en 4 vol. Pour la suite de cette édition inachevée, on a eu recours aux manuscrits 661 et 670 de l'ancien fonds arabe, 1780 et 1781 dans Slane, *Catalogue*, p. 325, et aux *Historiens orientaux des croisades*, III, p. 475-509.

Thuillier (L.), *Carte du nord de la Syrie*, dressée sous la direction de E.-G. Rey. Paris, 1885.

Ibn Aṭ-Ṭiḳṭaḳâ, *Al-Fakhri* (*Elfachri*). *Geschichte der islamischen Reiche*, herausgegeben von W. Ahlwardt. Gotha, 1860.

Ibn Wahhâs Al-Khazradjî, *Al-Kifâya wal-i'lâm*, manuscrit de l'Académie de Leyde Warner 302, coté DCCCV dans Dozy, *Catalogus*, II, p. 173.

Weil (Gustav), *Geschichte der Chalifen*. Mannheim et Stuttgart, 1846-1862, 5 vol.

Wellhausen, *Ousama Ibn Mounḳidh*, dans la *Deutsche Literaturzeitung* du 6 novembre 1886, col. 1608-1610.

Wilken (Fr.), *Commentatio de bellorum cruciatorum ex Abulfeda historia*. Gottingæ, 1798.

— *Geschichte der Kreuzzüge*. Leipzig, 1807-1832, 7 tomes en 9 vol.

Willermi Tyrensis archiepiscopi *Historia rerum in partibus transmarinis gestarum*. Tome premier (Paris, 1844) des *Historiens occidentaux des croisades*.

Wolff (A.). *Kœnig Balduin I. von Jerusalem*. Kœnigsberg, 1884.

Wüstenfeld (F.), *Die Akademien der Araber und ihre Lehrer.* Gœttingen, 1837.

— *Geschichte der arabischen Aertzte und Naturforscher.* Ibid., 1840.

— *Register zu den genealogischen Tabellen der arabischen Stæmme und Familien.* Ibid., 1853.

— *Jâḳût's* (voir Yâḳoût) *Reisen, aus seinem geographischen Wœrterbuche beschrieben,* dans la *Zeitschrift der deutschen morgenlændischen Gesellschaft,* XVIII (1864), p. 397-493.

— *Die Geographie und Verwaltung von Aegypten,* nach dem Arabischen des Aboù 'l-'Abbâs Aḥmad ibn 'Alî Al-Ḳalḳaschaudî. Gœttingen, 1879, 2 parties.

— *Geschichte der Fatimiden-Chalifen.* Ibid., 1881.

— *Die Geschichtschreiber der Araber und ihre Werke.* Ibid., 1882.

— *Fachr ed-Din der Drusenfürst und seine Zeitgenossen.* Ibid., 1886.

Wüstenfeld (F.), voir Al-Bakrî, *Chroniken,* Adh-Dhahabî, Ibn Doraid, Ibn Khallikân, Al-Maḳrîzî, Yâḳoût.

Ibn Abî Ya'ḳoûb An-Nadîm, *Kitâb al-fihrist,* herausgegeben von G. Flügel. Nach dessen Tode besorgt von J. Rœdiger und A. Müller. Leipzig, 1871-1872, 2 vol.

Yâḳoût, *Moschtarik,* das ist : Lexicon geographischer Homonyme, herausgegeben von F. Wüstenfeld. Gœttingen, 1846.

— *Mou'djam. Jacut's Geographisches Wœrterbuch,* herausgegeben von F. Wüstenfeld. Leipzig, 1866-1873, 6 vol.

— Voir Wüstenfeld.

Ibn Abî Zar', *Rauḍ al-ḳarṭâs,* traduction française publiée par A. Beaumier sous le titre de : *Histoire des souverains du Maghreb.* Paris, Imprimerie impériale, 1860.

INDEX ALPHABÉTIQUE DES NOMS PROPRES CITÉS DANS LA VIE D'OUSÂMA[1]

Un n., placé à côté d'un nombre, renvoie aux notes de la page indiquée.
Les noms géographiques sont imprimés en italique.

A ('A)

Abaḳ. — 'Aḍb ad-Daula Moudjîr ad-Dîn Abaḳ, fils de Djamâl ad-Dîn Moḥammad, fils de Tâdj al-Mouloûk Boûrî, 184, 185, 196, 267, 268.

'Abbâs. — Al-Afḍal Roukn ad-Dîn 'Abbâs, fils d'Aboû 'l-Foutoûḥ, fils de Tamîm, beau-fils de 'Alî Ibn As-Sallâr, 220, 221, 238-258, 260, 263, 406, 416, 602.

Al-'Abbâs ibn Mirdâs As-Salamî, 506.

Abbasides (Les khalifes), 4, 15 n., 29, 335 n., 345 n., 358, 379, 457.

'Abd Allâh ibn Ad-Doumaina, 529.

'Abd Allâh, fils de Mouḥairiz, 310.

'Abd Allâh Ibn Al-Mou'tazz, 330 547.

'Abd Allâh Ibn Rou'ba Ibn Al-'Adjdjâdj, 524.

Aboû 'Abd Allâh de Tolède, 50-52, 82, 610.

Zakî ad-Dîn Aboû Moḥammad 'Abd al-'Aṭhîm ibn 'Abd al-Ḳawî Al-Moundhirî Al-Miṣrî Asch-Schâfi'î, 420 n., 575, 579, 605.

'Abd al-'Azîz Ibn Al-Akhḍar, 423 n.

'Abd al-Ganî (Le *ḥâfiṭh*), 379, 595.

'Abd el-Ḳader, 170 n.

1. Le dépouillement de la *Vie d'Ousâma* pour y recueillir les éléments de cet Index alphabétique est l'œuvre de mon élève et ami, M. Jules Gantin.

2. Pas plus que dans la Liste bibliographique, il n'a été tenu compte, pour le classement, des mots *Aboû* (père) et *Ibn* (fils), non plus que de l'article arabe ou français. De même que dans les *Indices* du texte arabe, on trouvera les personnages à leur nom plutôt qu'à leurs surnoms divers, à moins que ceux-ci n'aient prévalu au point de s'être substitués à celui-là.

'Abd al-Ḳâhir Al-Djordjânî, 51 n.
'Abd al-Karîm ibn Naṣr Allâh Ibn Abî Sourâḳa, 379, 595.
Aboû Sa'd 'Abd al-Karîm ibn Moḥammad As-Sam'ânî, 35, 378, 379, 595, 614.
'Abd al-Laṭîf, 212 n., 216 n., 362 n.
'Abd al-Madjîd Aboû 'l-Maimoûn, voyez Al-Ḥâfiṭh.
Fakhr ad-Dîn 'Abd al-Masîḥ, 353.
'Abd al-Mou'min, 457, 458.
'Abd an-Nabî, fils de 'Alî, le Mahdite, 424-427.
'Abd ar-Raḥîm Al-Lakhmî, voyez Ibn Al-Baisânî.
'Abd ar-Raḥmân. — Schams ad-Dîn Tâdj ad-Daula Aboû 'l-Ḥârith 'Abd ar-Raḥmân, fils de Nadjm ad-Daula Aboû 'Abd Allâh Moḥammad et neveu d'Ousâma, 46, 436, 444-464, 604, 609.
Al-Bahâ 'Abd ar-Raḥmân, 379, 595.
Aboû 'l-Faradj 'Abd ar-Raḥmân ibn 'Alî Ibn Al-Djauzî Al-Bagdâdhî Al-Ḥanbalî Al-Atharî, VIII, 276 n., 339, 340-342.
'Abd ar-Raḥmân Al-Ḥalḥoûlî Al-Dja'dî, 213, 214.
Aboû 'l-Ḳâsim 'Abd ar-Raḥmân Az-Zadjdjâdjî, 51 n.
Aboû Yoûsouf 'Abd as-Salâm ibn Moḥammad ibn Yoûsouf Ibn Boundâr de Ḳazwîn, 503, 504.
'Abd aṣ-Ṣamad ibn Khalîl ibn Mouḳallad Aṣ-Ṣâ'ig, 379, 595.
Abraham (Le patriarche), 384.
Abraham (*La ville d'*), voyez *Hébron.*
Abydân, 423.
Abyssins, 270, 427.
Acre (*'Akkâ*), 60 n., 62 n., 95 n., 182, 184, 186, 188, 204, 208 n., 271, 273, 293, 411 n., 433 n., 446, 447, 453, 454, 460, 494.
Sire Adam, 59, 60, 470 n.
Adam (Fils d'), 38.
Al-'Adawiya, 431, 432.
Aden, 368, 425, 439.
'Adhrâ, 149.
Adharbîdjân, 581.
Al-'Âḍid li-dîn Allâh (Le khalife Fâṭimide), 238 n., 251, 299, 343-345, 358, 359, 464 n.
Al-'Âdil, voyez Noûr ad-Dîn et Ibn As-Sallâr.
Al-'Âdil Ibn Rouzzîk, petit-fils d'Al-Malik Aṣ-Ṣâliḥ Ibn Rouzzîk, 306.
Al-'Âdiliyya, 449 n.
Banoû 'l-'Adîm, 550.
Ibn Al-'Adîm, voyez Kamâl ad-Dîn.
'Âdites, 401.
'Adjlân, 289 n.
'Adjloûn, 191 n.
Afâmiya, voyez *Apamée*.
Al-Afḍal, fils de Badr Al-Djamâlî, 65, 205, 206, 241 n.
Al-Afḍal, voyez 'Abbâs.
Afḳa, 491 n.
Africains, 290 n.
Africanus, 290 n.
Afrique, 451 n.
Agar, 2.
Ahlwardt, IX, 331 n.
Aḥmad ibn 'Abd Allâh, voyez Aboû 'l-'Alâ.
Aḥmad, fils de 'Alî, le Mahdite, 427.
Ṣafî ad-Dîn Aboû 'r-Riḍâ Aḥmad

ibn Hibat Allâh ibn Aḥmad ibn 'Alî ibn Ḳournâṣ, 273.
Aḥmad ibn Hibat Allâh al-Fourḍî, 422, 423 n.
Aboû Ṭâhir Aḥmad ibn Moḥammad As-Silafî d'Ispahan, 445, 575, 578, 579, 604.
Schihâb ad-Dîn Aḥmad, fils de Ṣalâḥ ad-Dîn Al-Yâguîsiyânî, 139 n., 156, 157.
Aḥmad Schâh, 20.
Aḥmad, frère de Ṭhahîr ad-Dîn Ibrâhîm, 315 n.
Abou 'l-Ḥousain Aḥmad Ibn Az-Zoubair *Al-Ḳâḍî Ar-Raschîd*, 18 n., 207, 289 n., 419, 532, 621.
Al-Ahwâb, 440.
Aila, 257 n., 258 n.
'Ain al-aḳwât, 463.
'Ain ad-Daula Al-Yâroûḳî, voyez Ṭoum'ân.
'Ain az-zamân, 285.
Ḳasîm ad-Daula Aḳ Sonḳor, 28, 29, 70.
Ḳasîm ad-Daula Aḳ Sonḳor Al-Boursouḳî, 96-98, 101 n., 135, 140, 178, 197.
Al-Akama, 76 n.
Ibn Al-Akhḍar, voyez 'Abd al-'Azîz.
Al-Akhras, fils du roi Rouḍwân, 418.
Akhy-Siân, voyez Moḥammad, fils d'Ayyoûb.
Al-'Aḳîḳî l'Alide, 180, 362.
Ibn Abî 'Aḳîl. — 'Iyâḍ Ibn Abî 'Aḳîl, 305 n.
Ibn Abî 'Aḳîl. — 'Ain ad-Daula Aboû 'l-Ḥasan Moḥammad, fils de 'Abd Allâh Ibn Abî 'Aḳîl, 305.
'Akkâ, voyez *Acre*.
Al-Akmar (La mosquée), au Caire, 211.
Al-Aḳṣâ (La mosquée), à Jérusalem, 4 n., 187, 485, 486.
Aboû 'l-'Alâ. — Aḥmad ibn 'Abd Allâh ibn Soulaimân Al-Ma'arrî, 511, 582.
Sire Alain le Meschin, 132.
'Alawân, 79.
'Alawân Al-'Irâḳî, 127, 128.
Alep (*Ḥalab*), 4, 5, 6, 12-24, 28-30, 42, 59 n., 68, 71-73, 78 n., 87-89, 96-98, 105 n., 106, 109, 131-135, 141, 142, 151-153, 155, 164, 179, 191 n., 196 n., 209, 213 n., 267, 272, 273, 276, 282, 283, 295, 297, 298, 302-304, 306, 332, 360, 368, 373-375, 377, 387, 391 n., 397, 399, 403 n., 410, 418, 421, 436, 438, 441, 487-490, 495 n., 516, 569, 570, 575, 580, 581, 586, 590-592, 614, 620.
Alépin, Alépins, 89, 106, 622.
Alexandre le Grand, 400, 437.
Alexandrie (*Iskandariyya*), 219 n., 253, 344, 345, 402 n., 431, 439, 445, 456, 578, 579.
Alexandrins, 218.
Alexis Comnène, 5, 14, 89.
Ali (Le khalife), 297 n., 318, 303 n., 352, 353, 366 n., 403.
Aboû 'l-Ḥasan 'Alî, voyez Ibn As-Sallâr.
Aboû 'l-Ḳâsim 'Alî, voyez Ibn 'Asâkir.
'Alî 'Abd ibn Abî 'r-Raidâ, 471, 611, 623.
Saif ad-Dîn 'Alî ibn Aḥmad Al-Maschṭoûb, 84 n., 191 n.

Schams ad-Dîn Aboû 'l-Madjd 'Alî, fils de 'Alî, fils d'An-Nâṣir lil-ḥakk Al-Ḥousainî le Ḥanafite, 352, 535.
Aboû 'l-Ḥasan 'Alî ibn Abî 'l-Âmâl *Al-'Amîd*, 144, 532.
Zain ad-Dîn 'Alî ibn Baktakîn, surnommé 'Alî Koûdschek, 301, 302, 358.
Aboû 'l-Ḥasan 'Alî Ibn Al-Bouwain, 504.
'Alî ibn Al-Ḥasan, voyez Ibn 'Asâkir.
Aboû 'l-Ḥasan 'Alî ibn Hilâl, surnommé Ibn Al-Bawwâb, 51, 610.
'Alî ibn 'Îsâ, voyez Ibn An-Nakkâsch.
'Alî Koûdschek, voyez 'Alî ibn Baktakîn.
Mou'ayyad ad-Daula 'Alî ibn Kouraisch, 21, 24, 25, 592, 593.
'Alam ad-Dîn 'Alî le Kurde, 88, 297 n.
'Alî ibn Mahdî, 427.
'Alî, fils de Mâlik ibn Sâlim, 359 n.
Mouṭhaffar ad-Daula (ou Mouṣṭafâ ad-Daula) Aboû Firâs 'Alî ibn Moḥammad ibn Gâlib Al-'Âmirî *Madjd al-'Arab*, 36, 394.
'Izz ad-Daula Sadîd al-Moulk Aboû 'l-Ḥasan 'Alî ibn Moukallad le Mounkidhite, grand-père d'Ousâma, 9, 14, 16-27, 30, 33, 44, 70 n., 71 n., 82, 331, 391, 489, 490, 503, 504, 516, 571, 589-593, 608.
'Izz ad-Daula Aboû 'l-Ḥasan 'Alî, fils de Mourschid et frère aîné d'Ousâma, 46, 47 n., 69, 74, 84 n., 191, 203, 232, 234-236, 317, 610.
Kamâl ad-Dîn 'Alî Ibn Nîsân, voyez Ibn Nîsân.
Al-Malik Al-Afḍal Noûr ad-Dîn 'Alî, fils de Saladin, 437, 438 n.
'Alî ibn Sâlim As-Sounbousî, 595.
Aboû 'l-Ḥasan 'Alî ibn Yaḥyâ, 536.
Riḍâ ad-Dîn Aboû 'l-Ḥasan 'Alî ibn Yaḥyâ, *Al-Ḳâḍî Al-Wadjîh*, connu sous le nom d'Ibn Adh-Dharawî, 435, 575.
Aboû 'Alî, 358.
Aboû 'Alî Al-Ḥasan Al-Fasawî Al-Fârisî, 51.
'Alide, 424 n.
Alides d'Égypte, voyez Fâṭimides.
'Âlikîn, 438 n.
'Alkama, 525.
'Allâroûz, 122.
Allemagne, 213, 446, 453 n.
Allemands, 212, 295 n., 446, 449, 453, 454, 469, 495.
Alma (*Al-Alma*), 76.
Almohades (Les), 445, 452, 456.
Almoravides (Les), 457.
Alp Arslânschâh, 20, 170 n.
Alpes (*Les*), 2.
Alphonse (Fils d'), 151 n., 295.
Alphonse Jourdain, 295 n.
Âltoûntakîn, 86, 611.
Schams al-Khawâṣṣ Âltoûntâsch (au lieu d'Al-Yâroûḳtâsch), 109, 612, 628, 636.
Amaury Ier (Le roi), 290, 309, 343, 348, 354, 471 n., 496.
Amélineau (E.), 206 n.
Âmid, 320, 321, 322, 325, 329, 406, 580, 581, 602.
Ibn Al-'Amîd, 53 n.
Amîn ad-Daula, voyez Goumouschtakîn.

Amîn al-Madanî, 500.
Amîn al-Moulk, 249.
Nouṣrat ad-Dîn Amîr Amîrân, frère de Noûr ad-Dîn, 298.
Al-Âmir bi-aḥkâm Allâh (Le khalife Fâṭimide), 65, 205, 211 n., 247 n.
'Âmir ibn Aṯh-Ṭharib Al-'Adwânî, 509.
Al-'Âmirî, voyez Aboû Firâs 'Alî ibn Moḥammad.
Banoû 'Ammâr, 275, 591.
Ibn 'Ammâr. — Djalâl al-Moulk Aboû 'l-Ḥasan 'Alî Ibn 'Ammâr, 18, 67, 68, 75, 80, 82, 590.
Ibn 'Ammâr. — Amîn ad-Daula Aboû Ṭâlib Ibn 'Ammâr, 17, 18, 590.
Ibn 'Ammâr. — Fakhr al-Moulk Ibn 'Ammâr, 75, 80-83.
'Amr, 53.
'Amr ibn 'Ammâr, 524.
'Amr ibn Al-Iṭnâba, 525.
'Amr ibn Kolthoûm, 370 n.
Ibn 'Amroûn. — Iftikhâr ad-Daula Aboû 'l-Foutoûḥ Ibn 'Amroûn, 17, 42, 590.
'Âna, 13.
Mou'în ad-Dîn Anar (Ounar), 150, 154, 155, 167, 169, 171-179, 181-186, 189-199, 209, 210, 213, 217, 267, 361, 367, 416, 474 n., 478, 486, 494, 529.
'Anaza, tribu, 584 n.
Aboû 'n-Namir Ibn Al-'Anazî (Le ḳâḍî), 332, 333, 583, 584.
'Anbar, 252 n., 618.
Al-Anbâr, 353.
Anderlind (L.), 615.
Anglais, 469.
Angleterre, 461.
Anjou, 62, 154, 182, 185, 476, 477 n., 479 n., 485, 492 n., 495.
Anouschtakîn Ad-Dizbirî, 15.
Anṣâriyya (Monts), 8, 607.
Anṭâkiya, voyez *Antioche*.
'Antar le Grand, 252, 254.
Anṭarṭoûs, voyez *Tortose*.
Antibes, 3 n.
Antioche (Anṭâkiya), 3, 6, 10, 12, 13, 29, 30, 57, 66, 72, 73, 75, 77 n., 83, 84, 87, 92-96, 105, 106, 108, 111-113, 116, 117, 119-124, 133, 135-139, 155, 158, 186, 276, 283, 290 n., 306, 308, 309, 368, 447, 449, 452, 454, 472-475, 485, 488, 493, 496, 612, 619.
Apamée (Afâmiya, aujourd'hui *Ḳal-'at al-mouḍîḳ*), 8, 11, 13, 27, 28, 56 n., 57, 66, 67, 69-71, 91, 93, 94, 98, 100, 107, 108, 113, 115, 116, 125, 129-131, 276, 472, 475, 480, 482, 485.
Arabes, 2 n., 3 n., 4 n., 68, 113, 256, 257, 261 n., 263, 295 n., 296, 383, 416, 508, 511, 514, 515, 524-527, 565, 582-584.
Arabie, 216 n., 225 n., 226 n., 261 n., 313 n., 343, 368, 400 n., 401 n., 424 n., 425, 429, 441.
Arabie Pétrée, 230 n., 258 n, 289 n., 304 n.
Al-'Arîsch, 110.
'Arḳa, 67 n.
Arménie, 131 n., 314, 315, 343, 350, 446, 450 n.
Aron, 390, 535.
Ibn 'Arrâm. — As-Sadîd Aboû 'l-Ḥasan 'Alî ibn Aḥmad Ibn 'Arrâm Ar-Raba'î, 603 n.

Artâḥ, 73.
Al-ʿaṣâ, nom d'une jument, 501, 522.
Asad, tribu, 515, 583 n.
Asad (Le ḳâ'id), 49.
Al-Asad ibn ʿÂḳî, 436.
Asad ad-Dîn, voyez Schîrkoûh.
Al-Asadî, 514.
Banoû 'l-Aṣâfir, les Grecs de l'empire d'Orient, 307 n.
Ibn ʿAsâkir. — Thiḳat ad-Dîn Aboû 'l-Ḳâsim ʿAlî ibn Al-Ḥasan ibn Hibat Allâh Ibn ʿAsâkir, le *ḥâfiṭh*, 109 n., 379, 563, 571, 595.
Aboû 'l-ʿAsâkir, voyez Soulṭân.
Ascalon (*ʿAsḳâloûn*), 203, 204, 207, 211 n., 224, 230 n., 232 n., 233-236, 238, 245, 284, 335 n., 354, 355, 495.
Ascari (Joseph), 587 n.
Al-Aʿschâ Maimoûn ibn Ḳais ibn Djandal, 527.
Aschfîn, voyez *Koûm Aschfîn*.
ʿAlâ ad-Dîn *Tâdj al-ʿoulâ* Aboû 'l-ʿIzz Al-Aschraf, fils d'Al-Aʿazz Al-Ḥasanî Ar-Ramlî, 317, 318, 579-581.
Asfoûnâ, 8, 17, 24, 70, 593.
Al-ʿÂṣî (*L'Oronte*), 9-12, 23, 52, 56 n., 66, 76, 90, 92, 100, 107, 126, 132, 136, 137, 147, 156, 159 n., 276, 315, 380, 397, 422, 472.
Asie, 5.
Asie Mineure, 27, 272, 314, 446.
Ibn Asîr, voyez Moḥammad ibn Moḥammad.
ʿAsḳâloûn, voyez *Ascalon*.
Al-Aṣmaʿî. — Aboû Saʿîd ʿAbd al-Malik ibn Ḳouraib Al-Aṣmaʿî, 515.
Assassins (Les), 79, 400.
Aswâr, voyez Souwâr.
Atâbek, atâbeks, 6, 72, 76, 83, 94, 96-98, 101 n., 121, 141, 146, 149, 151-155, 157, 167, 169, 171, 178, 179, 182, 196, 197, 209.
Aboû 'l-ʿAtâhiya (ou ʿOutâhiya), 527.
Al-Athârib (*Sarepta, Cerep*), 88, 112, 132, 133.
Ibn Al-Athîr, 13, 14, 28-31, 36, 89, 141, 146, 154 n., 161, 166, 185, 306, 325, 349 n., 352 n., 354, 614, 616.
ʿAththar, 424 n.
ʿAtîḳ, fils d'Ousâma, 158 n.
Asad ad-Daula ʿAṭiyya ibn Ṣâliḥ ibn Mirdâs, 332 n.
Atsiz (L'émir), 198 n.
Al-Auḥad, 179.
Auḥad ad-Daula, 179 n.
Auḥad ad-Dîn, 179 n.
Aumer (J.), 554, 623.
Auvergne, 2.
Nadjm ad-Dîn Ayyoûb, père de Saladin, 146, 185 n., 230 n., 298, 346, 362, 376, 419.
Ayyoûbite, 430, 438, 441, 552.
ʿAzâz, 19, 133, 399.

B

Bâb ad-Didjla, à Âmid, 321 n.
Bâb an-naṣr, au Caire, 258 n.
Babylonienne (Magie), 560, 566.
Badîs, 315, 316.
Badr al-Djamâlî « l'émir des armées », 205 n., 218 n., 254 n., 288 n.
Badrân, 481.
Badrhawâ, 57, 471, 472.
Bagdâdh, VIII, 5, 9, 15 n., 29, 35, 51 n., 83, 88, 97, 107, 110, 140, 146, 150, 152, 162, 167 n., 170 n., 224 n., 267, 268, 301-303, 339, 344, 351, 352, 365 n., 374, 378, 381 n., 406, 422, 423 n., 457, 488, 504, 586, 595, 602, 614, 615, 621.
Bagî-Siyân, voyez Yâgui-Siyân.
Bahâ ad-Dîn, voyez Ibn Schaddâd.
Asch-Scharîf As-Sayyid Bahâ ad-Dîn, 297.
Al-Bahnasâ, 221 n., 250 n.
Baḥr ar-Roûm, 463.
Bahrâm (L'Ortoḳide), 131.
Baibars *Al-Malik Aṭh-Ṭhâhir*, 10 n., 180 n.
Ibn Al-Baisânî. — Mouḥyî ad-Dîn Aboû 'Alî 'Abd ar-Raḥîm Al-Lakhmî *Al-Ḳâḍî Al-Fâḍil*, 296 n., 335, 354 n., 376, 377, 382, 383, 385 n., 387 n., 388 n., 392, 393, 396, 419, 421 n., 435 n., 447, 449 n., 452, 460, 462, 501, 621.
Bait Djibrîl = *Bait Djibrîn*, 234.
Bait Djibrîn, 234 n.
Bait Laḥm, voyez *Bethléem*.
Bait al-maḳdis, voyez *Jérusalem*.
Al-Bait al-mouḳaddas, voyez *Jérusalem*.
Bait as-silsila, voyez *La Maison de la chaîne*.
Bait Zalîn, 77 n.
Al-Ba'îth. — Khidâsch ibn Labîd ibn Baiba ibn Khâlid, 524, 525.
Aboû 'l-Baḳâ, 248, 249.
Bakdjien, 101, 611.
Bâkharz, 603.
Al-Bâkharzî. — Aboû 'l-Ḥasan 'Alî ibn Al-Ḥasan Al-Bâkharzî, 603.
Aboû Bakr ibn Al-Badr, 85 n.
Al-Balad al-amîn, voyez *La Mecque*.
Al-Balad al-ḥarâm, voyez *La Mecque*.
Noûr ad-Daula Balak, 131-134.
Al-Balâṭ, 112, 113, 116, 119, 120, 122.
Balâṭounous (*Platanus*), 120.
Ibn Al-Ba'lbakkî, 176, 177, 521, 522.
Ba'lbek, 142, 169, 170, 177-179, 181, 182, 297, 373, 376, 380, 418, 496, 614, 621.
Bâlis, 97, 268, 359 n.
Balkh, 101 n., 611.
Balyoûn, 122.
Al-Bandahî, 378 n.
Bandar Ḳanîn, 628.
Bâniyâs, voyez *Panéas*.
Al-Bâra, 24, 30, 66, 122, 132, 592

Barada (La rivière), 413.
Barâḳ Az-Zoubaidî, 231.
Barbier de Meynard, 569, 589.
Bardjouwân (Quartier de), au Caire, 218 n.
Bar Hebræus Aboû 'l-Faradj, 324, 325 n.
Bârîn (*Mons Ferrandus*), 154, 171, 377.
Barḳa, 219 n.
Barḳiyya (*La*), au Caire, 250,
Al-Barḳiyya (Troupes), 250 n., 285 n.
Barmécides (Les), 283, 304, 345 n., 515.
Barra, 490.
Ibn Barrâḳa Al-Hamdânî, 509.
Barth (J.), VIII.
Baṣra, 422.
Ibn Al-Baṭâ'iḥî, voyez Moḥammad ibn Fâtik.
Baṭéniens, voyez Ismaéliens.
Baudouin Ier, 83, 86, 87, 91, 95, 110, 111, 261 n., 613.
Baudouin II (Baudouin du Bourg), 38, 73, 86, 91, 110-112, 117, 119-122, 124 n., 132-137, 154, 182, 485, 613.
Baudouin III, 204, 213, 223 n., 270 n., 271 n., 485, 495.
Baudouin du Bourg, voyez Baudouin II.
Baudri de Dol, 2, 3 n.
Ibn Al-Bawwâb, voyez Aboû 'l-Ḥasan 'Alî.
Bédouins, 113, 261 n.
Bedr (*Badr*), 333, 602, 603, 620.
Behetselin, 77 n.
Beiroût, 86, 191 n.
Bekr, 365 n.
Bekr, fils de Wâ'il, 313 n.
Aboû Bekr (Le khalife), VIII, 6 n., 231 n., 339, 366 n., 527.
Bektimour, 101.
Belinas, 174 n.
Benedictus, peut-être = Ibn Ad-Daḳîḳ, 472 n.
Benjamin de Tudèle, 7 n.
Berchem (Max van), 610, 612.
Berekeh-khân *Al-Malik As-Sa'îd* 180 n.
Berlin, VII, 330, 340.
Bernard (Le patriarche), 135, 485.
Bernard (Le trésorier), 492, 493 n.
Berschek, 231.
Berthelot (M.), 612.
Berthereau (Dom Georges-François), 587.
Bertrand de Saint-Gilles, 84, 87, 91, 151 n.
Bertrand, fils naturel d'Alphonse Jourdain, 295 n.
Bertrand de Blanchefort, 275 n., 293.
Bethléem, 6 n.
Al-Biḳâ' (*La Cœlésyrie*), 380.
Bikisrâ'il, 91.
Bilbais = *Bilbîs*, 238 n.
Bilbîs = *Bilbais*, 238-240, 257, 264.
Aboû Bakr Bischr ibn Karîm Ibn Bischr, 150, 152.
Bizâ'a, 155.
Bocheu, 307.
Boémond Ier, 66, 73, 90, 94, 113 n.
Boémond II (Ibn Maimoûn), 73 n., 113 n., 117, 136-139.
Boémond III, 308, 309, 447, 452 n., 496, 619, 620.
Boémond VI, 10 n,, 271 n.
Boṣrâ, 178, 209, 229, 230, 570.
Ibn Boṭlân. — Aboû 'l-Ḥasan Al-Moukhtâr (ou Yoûḥannâ) ibn

Al-Ḥasan ibn 'Abdoûn ibn Sa'doûn Ibn Boṭlân, 15, 16, 487-491.
Al-Boukaï'a, 307.
Al-Boukhârî, 564.
Boûkoubais, 17 n., 42, 156, 375, 397.
Boullâra, 220 n., 239 n., 252 n., 263 n.
Boulounyâs, 331.
Tâdj al-Mouloûk Boûrî, frère de Saladin, 433.
Tâdj al-Mouloûk Boûrî, fils de Ṭogtakîn, 148, 167, 169, 184, 192 n., 572.
Boursouk, fils de Boursouk, 98-101, 104-107, 127, 140.
Ibn Al-Bouwain, voyez Aboû 'l-Ḥasan 'Alî.
Boûyides (Les), 352 n.
Bouzâ'a, 141, 155.
Moudjâhid ad-Dîn Aboû 'l-Fawâris Bouzân ibn Mâmîn, 176, 521.
Boûzibâ, 450.
Bretons, 290 n.
Britannicus, 290 n.
Brünnow (R. E.), 510 n.
Brus (surnom de Renier), 186, 485.
Burso, 98 n.
Byzantins, 2 n., 122 n., 307 n., 469.

C

Cæsarea Philippi, 174 n.
Le Caire (*Al-Kâhira* et *Miṣr*), 5, 46 n., 51, 65, 99 n., 181, 198, 204-212, 214, 217-221, 224, 230, 235-241, 243 n., 245-251, 254, 255, 257-260, 262-264, 269, 270, 273, 275, 284, 289, 295, 296, 299, 300, 302, 309, 319, 327, 330, 335, 346, 354 n., 355, 360, 363, 375, 377, 382, 383, 387 n., 392, 393, 402, 406, 408, 410, 416, 418-421, 429-439, 447, 448, 464, 495, 498, 503, 540, 544, 551, 570, 572 n., 574, 578, 579, 586, 596, 598, 602, 604, 605, 618, 620, 622.
Calycadnus (La rivière), 446.
Cappadoce, 7.
Casanova (Paul), 332 n., 464 n., 570.
Casiri, 319 n.
Cerdagne, 75.
Cerep, voyez *Al-Athârib*.
Césaire (*La grant*) = *Schaizar*, 7 n.
Césarée de Cappadoce, 7.
Césarée de Galilée, 7 n.
Césarée sur l'Oronte = *Schaizar*, 7 n., 32 n.
Césarée de Palestine (*Kaisâriyya*), 7, 62 n.
Les Césarées, à Damas, 95 n.
Charles Martel, 3 n.
Le Château des khalifes, voyez *Le Palais des Fâṭimides*, au Caire.
Chilperich II, roi mérovingien, 350 n.
Chine, 242 n.
Christ (Le), voyez Jésus.
Citadelle des Kurdes (*Ḥouṣn al-Akrâd*), 276, 307.
Citadelle de la montagne, au Caire, 433 n., 621.

Citadelle du pont, à Schaizar, voyez *Al-Djisr*.
Clément III (Le pape), 446.
Clermont, en Auvergne, 2.
Clermont-Ganneau, 472 n.
Cœlésyrie, voyez *Al-Biḳâ'*.
Colbert, 587.
Collège des fourbisseurs, au Caire, 246 n.
Collège ḥanafite des fabricants d'épées, au Caire, 247 n.
Collège Ṭhâhirite, à Damas, 180 n.
Collège des traditions, au Caire, 420 n.
Comnène, voyez Alexis, Jean, et Manuel.
Conrad III, empereur d'Allemagne, 213, 453 n., 495.
Conrad, marquis de Monferrat, 446, 452 n.
Constance, femme de Raimond de Poitiers et mère de Boémond III, 620.
Constantinople (*Al-Ḳousṭanṭiniyya*), 5, 33, 89, 155, 288 n., 307, 348, 446, 469 n.
Contarini (Jacques), doge de Venise, 271 n.
Coran, 2 n., 3 n., 27, 31, 34-36, 39-41, 49-51, 62 n., 107, 119, 243, 253, 339, 378, 400, 413, 438, 455, 504.
Cosroès Anoùschirwàn, 19, 591.
Coupole des paons, à Damas, 189 n.
Couvent soûfi de Soumaisâṭ, à Damas, 378 n.

D (D)

Dabîḳ, 224, 408, 637.
Ibn Ad-Dahhân, voyez 'Oubaid Allâh.
Ibn Ad-Daiba', 427.
Ibn Ad-Dailamî, 310.
Dair aṭ-ṭîn, 431.
Ibn Ad-Daḳîḳ, peut-être = Benedictus, ou aussi Philippe (Le chevalier), 152, 472 n.
Dalâṣ, 224, 406, 602, 637.
Damas (*Dimaschḳ*), 6, 16, 25, 28-30, 32 n., 62, 72, 76, 80 n., 82, 83, 86, 89, 93-96, 98, 100, 109 n., 112, 142, 147-150, 154, 155, 167, 169-186, 188, 189 n., 191-198, 201 n., 203, 204, 207, 209, 210, 213, 214 n., 227, 229, 230, 232, 234, 239, 253, 257 n., 259, 262, 264, 265, 267-269, 272-275, 277 n., 282 n., 283 n., 287, 295, 296-298, 301, 302, 304, 310, 313, 317, 319, 330, 335, 346, 353, 358, 360-363, 367-369, 373-375, 377-383, 385 n., 391 n., 392, 394, 396-398, 400, 401, 403-405, 407 n., 410, 412, 413, 416, 418, 424, 430, 437, 438 n., 448 n., 453 n., 473, 486, 495, 496, 498, 521, 544, 551, 563, 570, 571, 573, 574, 582, 594-596, 603, 614, 624.
Damascéniens, 196, 368, 563, 596.
Damiette (*Dimyâṭ*), 220 n., 224, 270, 271, 348, 353, 421, 438, 579, 604.
Ad-Damîrî, 616.

Schihâb ad-Dîn Ibn Abî 'd-Damm de Ḥamâ, 9 n., 14 n.
Dânîth (*Dânîth al-baḳl*), 105, 107, 112 n., 120.
Danois, 469.
Dâr al-ʿadl, Palais de justice, à Damas, 362.
Dâr al-ʿilm, Palais de la science, à Tripoli, 80-82, 275.
Dâr aṭ-ṭawâwîs, voyez *Maison des paons*, à Damas.
Dârayya, 170.
Ad-Darb, 515, 518.
Ḍariyya, 400 n.
Darmâ, tribu, 253, 626, 637.
Dâroûm (*Le*), 225 n., 260 n.
Ad-Daskara, 422, 423 n.
Ibn Ad-Daukh, voyez Ḥosain ibn Kâmil.
Madjd ad-Dîn Aboû Soulaimân Dâwoud, fils de Moḥammad Al-Khâlidî, 351, 356.
Roukn ad-Daula Dâwoud, fils de Sokmân (L'Ortoḳide), 308, 325.
Madjd ad-Dîn Ibn ad-Dâya, 282.
Defrémery, 588 n., 589.
Delaborde (H.-F.), 188 n.
Désert des fils d'Israël, voyez *Tîh*.
Adh-Dhahabî. — Schams ad-Dîn Aboû ʿAbd Allâh Moḥammad ibn Aḥmad Adh-Dhahabî, 379, 403, 407, 420, 594, 603 n., 614, 619, 620.
Ibn Adh-Dharawî, voyez Riḍâ ad-Dîn Aboû 'l-Ḥasan ʿAlî.
Dhoû 'l-Aktâf, voyez Sapor.
Ḍhoû Salam ou *Wâdî Salam*, 348.
Ḥousâm ad-Daula Ibn Dilmâdj, 315, 316.
Dimaschḳ, voyez *Damas*.
Dimyâṭ, voyez *Damiette*.
Ḍirgâm ; cf. Aḍ-Ḍirgâm, 306.
Schams al-khilâfa Aboû 'l-Aschbâl Aḍ-Ḍirgâm (ou Aḍ-Ḍourgâm, ou Ḍirgâm), 238, 284 n., 285.
Diyâr Bekr, 131 n., 162 n., 313, 314, 317, 319, 320, 322, 324, 325, 330, 335, 336, 339, 343, 349, 353, 361, 365 n., 377, 392, 403, 416, 496, 505.
Diyâr Moḍar, 261 n.
Diyâr Rabîʿa, 261 n.
Djabala, 17 n., 81, 91, 611.
Djabr ibn Al-Ḳasam, 246 n.
Djadhîma Al-Abrasch, 501, 522.
Djaʿfar, tribu, 253.
Djaʿfar, fils de Yaḥyâ, le Barmécide, 345 n., 515.
Djaʿfar, 423, 424 n.
Al-Djafr, 224, 225.
Al-Djabdjamân, 622.
Al-Djâḥiṭh. — ʿAmr ibn Baḥr, 525.
Al-Djalâlî (voyez *Aṭ-Ṭâḥoûn Al-Djalâlî*), 90.
Djamʿa, 124.
Djamâl ad-Dîn. — Aboû Djaʿfar Moḥammad *Al-Djawâd*, fils de ʿAlî, d'Ispahan (Le vizir), 298, 299, 301-304, 351.
Djâmiʿ, 39.
Al-Djanâbidh, 443.
Al-Djanad, 425, 439, 441.
Al-Djanadî, voyez Moḥammad ibn Yoûsouf.
Djandal Aṭ-Ṭouhawî, 527.
Djâr Allâh, voyez Az-Zamakhscharî.
Ibn Abî Djarâda, voyez Al-Ḥasan ibn ʿAlî.
Djarîr ibn ʿAṭiyya, 524.
Djarm, tribu, 261 n.

Djarrâr, 519.
Djauschan (*Le mont*) 375.
Ibn al-Djauzî, voyez ʿAbd ar-Raḥmân ibn ʿAlî.
Djawâd, 80 n., 407.
Al-Djawâd, voyez Djamâl ad-Dîn.
Al-Djawâlîḳî, 7 n.
Djîb (*Les deux*), 183 n.
Aboû 'l-Amâna Djibrîl, 219 n., 248, 249.
Djibrîl (Gabriel), fils de Bakhtîschoûʿ, 487.
Al-Djifâr, 224 n.
Ibn Djinnî, voyez Aboû 'l-Fatḥ ʿOthmân.
Al-Djisr, 12, 15, 20-22, 24, 68, 98, 125, 126, 133, 156, 592, 593, 608.
Djîza, voyez *Gizéh*.
Djizziyya, 228.
Djoudhâm, tribu, 253, 626, 637.
Oumm Djoundoub, 513.
Djouraidjis (*Mont*), 159, 519.
Ibn Djoûslîn, voyez Joscelin.
Djouyoûsch-Bek Uzbek, 96 n., 97, 101, 106, 130 n.
Djouyoûschites (Les), 217, 218, 625, 637.
Le Dôme de la Roche (*Ḳoubbat aṣ-ṣakhra*), à Jérusalem, 4, 173 n., 486, 518.
Doraid ibn Aṣ-Ṣimma, 506.
Ibn Doraid. — Aboû Bakr Moḥammad Ibn Doraid, 506.
Doubais ibn Ṣadaḳa Al-Asadî (Le roi), 584 n., 595, 614.
Douḳâḳ (Le roi), 30, 72, 189 n.
Doumair, 170.
Doummar, 170 n., 413 n.
Dozy (R.), 552.
Ducange, 188 n., 479 n., 493 n., 613.

E

Édesse, 72, 86, 91, 110, 111, 131, 309, 438 n., 481 n.
Égypte, 4, 5, 13, 18, 19, 65, 70, 85 n., 110, 142, 178-181, 198 n., 205, 208, 209, 211, 215 n., 216, 219 n., 224 n., 232-234, 238, 240, 250-252, 257, 262 n., 269, 270 n., 275, 284, 285, 294 n., 299, 300, 305, 306, 309, 310, 317 n., 335 n., 336, 343-349, 354, 358, 360, 363, 368, 369, 373, 376, 380, 383, 396, 403, 404, 410, 418, 422, 426, 429, 437, 438, 446 n., 448, 451 n., 458, 485, 495, 496, 505, 573, 581, 595, 598, 618.
Égyptiens, Égyptiennes, 290 n., 293 n., 406, 475, 596, 602.
Églôn, 289 n.
Émesse (*Ḥoms*), 25, 28, 30, 38, 60, 68, 76, 91 n., 107, 120 n., 127, 136, 142, 149 n., 153-155, 171, 182, 185 n., 268, 276, 302, 307 n., 331, 373-375, 377, 380, 393, 406, 593, 601.
L'Escurial, 303 n., 338.
Espagne, 275, 349 n., 423, 458, 459, 497, 581.

Espagnol, Espagnols, 450 n., 469.
Etienne de Byzance, 7 n.
L'Euphrate, 23, 32, 87, 95, 107, 122 n., 131, 133 n., 141, 162, 180, 261 n., 350, 353, 359 n., 422.
L'Europe, 13, 212, 446, 469.

F

Faḍl, fils d'Aboû 'l-Haidjâ, 297 n., 356, 616.
Fahîd, tribu, 261, 262.
Al-Fâ'iz bi-naṣr Allâh (Le khalife Fâṭimide), 248 n., 269, 299.
Fanoûn, 44.
Aboû 'l-Faradj, 359, 517.
— voyez Bar Hebræus.
Al-Faramâ, 224 n.
Fârân, 208 n., 209 n.
Al-Farazdaḳ, 523.
Farḥites (Les), 218, 625, 637.
Farḥiyya (La), au Caire, 218.
Ibn Fâris, 506.
Fâris le Kurde, 81.
Ibn Farîdj (Le vizir), 290 n.
Ibn Farîdj, le Ṭâ'ite, 290.
Ibn Al-Farrâsch. — Schams ad-Dîn Aboû 'Abd Allâh Moḥammad ibn Moḥammad, 176, 177, 521, 522, 616.
Fârs, 406, 602.
Aboû 'l-Fatḥ, 493.
Fâṭimides (Khalifes), 4, 5, 13, 15, 29, 70, 205, 208, 220 n., 224 n., 232, 241 n., 275, 299, 335 n., 347, 403, 419, 464 n., 495, 591.
Fernand-Michel, 334 n.
Fez, 458.
Aboû 'l-Fidâ, 331, 570, 616.
Al-Findalâwî, voyez Yoûsouf, fils de Dhoû Nâs.
Ibn Firandj, 290 n.
Aboû Firâs, voyez 'Alî ibn Moḥammad et Ibn Ḥamdân.
Flamands, 469.
Flügel (G.), 422 n.
Fontaine des Heures, voyez *'Ain al-aḳwât*.
Forteresse du pont, à Schaizar, voyez *Al-Djisr*.
Foucher de Castres, 2.
Fouhaid, tribu, 260 n.
Foulaita, fils de Mouṭâ'in le Hâschimite, 442.
Foulk ibn Foulk, voyez Foulques d'Anjou.
Foulques IV, comte d'Anjou, 62 n., 154.
Foulques d'Anjou, roi de Jérusalem, 62, 154, 155, 182, 185-188, 204, 234 n., 471 n., 476, 477 n., 479 n., 480, 485, 492 n., 495.
Al-Fousṭâṭ, 211 n., 599.
Al-Foustouḳa, 149, 615.
Franc, Francs (Al-Ifrandj), 5, 7 n., 13, 15 n., 30, 34, 38-42, 45, 46, 49, 50, 52, 57, 59, 60, 66-68, 70, 73-76, 81, 84, 85, 87, 90-101, 103, 104, 106-109, 112-117, 122-126, 129, 130, 136-138, 140, 141, 147, 148, 151 n., 152, 154, 155, 157, 161, 173, 182, 183, 185-188, 190, 191 n., 200, 201 n., 204, 209, 213, 214 n., 223-225, 227, 230, 232-235,

238, 240, 246, 252, 257-260, 262, 263, 269-271, 273-276, 281, 283-285, 287, 290, 292-297, 305, 307, 309, 314, 321, 332 n., 333, 343, 344, 348, 349 n., 354, 355, 360, 368, 397, 406, 407, 411 n., 412, 421, 433 n., 438, 445, 448, 449, 453, 458-460, 468-487, 491-497, 520-523, 565, 579, 584, 602, 613.

Français, 469.

France, 2, 4, 461, 469.

Francicus, 290 n.

Frédéric Ier Barberousse, empereur d'Allemagne, 446, 449 n., 453.

Frédéric V de Souabe, fils cadet du précédent, 446, 447.

Freytag (G. W.), 47 n., 570, 588, 589.

G

Al-Gâb, 11, 56 n., 74.

Gaidoz (Henri), 212 n.

Galilée, 7 n.

Gargantua, 17 n.

Al-Gasoûla, 397.

Gautier le chancelier, 12, 98 n., 100 n., 101 n., 105 n., 111 n., 112 n., 121 n.

Gautier (Léon), 132 n., 215 n.

D. Pascual de Gayangos, 349 n.

Saif ad-Dîn Gâzî Ier, fils de Zenguî, atâbek de Mauṣil, 209.

Saif ad-Dîn Gâzî II, atâbek de Mauṣil, 360, 375, 397.

Gâzî At-Toullî, 139.

Gazza, 223, 232, 234 n., 235, 236, 262, 284, 289 n., 354.

Gênes, 271 n.

Génois, 80, 186.

Gistrum, 12.

Gizéh (*Djîza*), 211, 433 n.

Godefroy de Bouillon, 84 n.

Goeje (J. de), 231 n., 257 n., 435 n., 552, 609.

Gœrgens, 344 n.

Goldziher (I.), 68 n., 221 n., 231 n., 232 n., 408 n.

Gotha, 336, 554.

Goumdân, 423, 424 n.

Amîn ad-Daula Goumouschtakîn ibn 'Abd Allâh, 178, 181, 636.

Sa'd ad-Dîn Goumouschtakîn, 360, 375, 621.

Goutte de rosée (Ḳaṭr an-nidâ), 178.

Grecs, 14, 20, 40, 153, 155, 156 n., 158-161, 163, 307 n., 348, 474 n., 552.

Grégoire VIII (Le pape), 446.

Guermond de Péquigny, 472 n.

Guibert de Nogent, 2, 230 n.

Guillaume de Bures, 190, 480, 494.

Guillaume Djîbâ, 183, 184.

Guillaume Jourdain, 75.

Guillaume de Tyr, 8, 307 n., 309 n., 354 n., 406 n.

Guy de Lusignan, roi de Jérusalem, 446, 448 n., 452 n.

Guyard (Stanislas), 400 n., 608.

H (Ḥ)

Ḥabîb ibn Aus, voyez Aboû Tammâm.

Ḳawwâm ad-Daula Ḥaboûb, 246 n.

Al-Ḥadjdjâdj ibn Yoûsouf Ath-Thaḳafî, 509, 528.

Ḥaḍr At-Ṭoûṭ, 139.

Al-Ḥâfiṭh li-dîn Allâh 'Abd al-Madjîd Aboû Maimoûn (Le khalife Fâṭimide), 178, 181, 205-211, 214, 215, 217, 218, 232 n., 248, 249, 263, 406, 419, 495, 602.

Aboû Ḥafṣ, 450.

Aboû Tourâb Ḥaidara, fils d'Al-Ḥâfiṭh, 218 n.

Aboû 'l-Haidjâ al-Houdbânî, 297 n.

Ḥaifâ, 60, 188, 190, 204.

Al-Ḥâkim (Le khalife Fâṭimide), 81 n., 503.

Ḥalab, voyez *Alep*.

Ḥalboûn (*Vallée de*), 193.

Ḥalḥoûl, 213 n.

Halî, 424 n.

Halle, VII.

Ḥamâ, 7, 9 n., 11, 14, 15, 25, 39, 59 n., 66, 73 n., 88, 91 n., 95, 98-100, 107-109, 113 n., 127, 128, 130 n., 131, 138, 139, 141, 142, 147, 148, 152, 154 n.; 156, 177, 272, 276, 293 n., 297, 302, 333, 373-375, 377, 379, 381, 397, 406, 412 n., 475, 584, 595, 601, 621.

Hamadhân, 98.

Hamdân, tribu, 509.

Aboû Firâs Ibn Ḥamdân, 37.

Al-Hamdânî, 499 n.

Ḥamîd, 403 n.

Aboû Gâlib Hammâm ibn Al-Mouhadhdhab, de Ma'arrat an-No'mân, 609, 610.

Hammer (Baron de), 36 n., 417.

Ḥamza, 212 n.

Aboû Ya'lâ Ḥamza ibn 'Abd ar-Razzâḳ, 16.

Ḥamza ibn 'Alî ibn 'Othmân Al-Makhzoûmî, 573.

Ḥanafite (Droit), 180 n., 329, 378, 570.

Aboû Ḥanîfa, 329, 570.

Aboû Ḥanîfa de Dînawar, 586.

Ḥaram asch-scharîf, à Jérusalem, 173 n., 486.

Harim, fils de Sinân, 372, 494.

Ḥârim, 283, 286, 305, 306, 308, 309, 496, 619.

Al-Ḥarîrî, 378.

Al-Ḥârith ibn Wa'la Adh-Dhoulî, 509 n.

Aboû 'l-Ḥârith, l'un des prénoms d'Ousâma, 47 n.

Hâroûn le Kurde, 439.

Hâroûn ar-Raschîd, 345 n., 487.

Ḥarrân, 73, 87, 90, 132, 133, 438, 576, 578, 579.

Aboû 'l-Fatḥ Al-Ḥasan ibn 'Abd Allâh ibn Aḥmad Ibn Abî Ḥaṣîna, 332 n.

Al-Ḥasan, fils d'Ali, 424 n.

Al-Ḥasan ibn 'Alî ibn 'Abd Allâh Ibn Abî Djarâda, 418, 419 n.

Ḥasan Al-Boûrînî, 549.

Al-Ḥasan Al-Fârisî, voyez Aboû 'Alî.

Aboû 'Alî Ḥasan, fils d'Al-Ḥâfith, 218 n., 248 n.
Aboû 'l-Mawâhib Al-Ḥasan ibn Hibat Allâh ibn Abî 'l-Barakât Maḥfoûth Ibn Ṣaṣrâ, 379, 595.
Bahâ ad-Dîn Aboû Moḥammad Al-Ḥasan ibn Ibrâhîm Ibn Al-Khaschschâb, 317, 580.
Ḥasan Az-Zâhid, 521.
Ḥasanoûn, 77, 78, 84, 85.
Hâschim, 573.
Scharaf al-'Oulâ Hâschim, 318.
Hâschim ibn Gânim Al-Ḥasanî, 424, 425.
Ibn Abî Ḥaṣîna, voyez Al-Ḥasan ibn 'Abd Allâh.
Ḥâtim, 285.
Ḥâtim Aṭ-Ṭâ'î, 529 n.
Ḥaṭṭîn, 411 n.
Al-Ḥauf, 219, 220, 625, 637.
Al-Ḥaul, 550, 572.
Le Ḥaurân, 178, 209, 229 n., 287.
Havet (Julien), 472 n.
Ibn Ḥayyoûs, voyez Moḥammad ibn Soulṭân.
Hébron (*Al-Khalîl*), 290, 354 n.
Héliopolis, 297.
Hérat, 603 n.
Hercule, 17 n.
Ḥeṣnô de-Kêfô, 314 n.
Aboû 'n-Nadjm Hibat Allâh, fils de Moḥammad, fils de Badî', 30.
Ḥidjâz (*Le*), 304, 505, 559 n.
Aboû Hilâl Al-'Askarî, 507.
Al-Ḥilla, 584 n.
Hind, la mangeuse de foies, 212 n.
Hirschfeld (Hartwig), 331 n.
Hischâm ibn 'Abd al-Malik (Le khalife Oumayyade), 523.
Ḥismâ, 226, 637.
Ḥiṭṭân. — Moḥammad ibn Kâmil, petit-cousin d'Ousâma, 429, 430, 438-444, 604.
Ḥiṭṭîn, 411.
Ḥnâk = *Ḥounâk*, 610.
Höberg (G.), 51 n.
Honfroy, 152 n.
Hôpital (L'ordre de l'), 152 n., 472 n.
Hospitaliers (Les), 234 n.
Ibn Houdba, voyez Ibrâhîm.
Aboû 'l-Ganâ'im Ḥoumaid ibn Mâlik le Mounḳidhite, cousin d'Ousâma, 614.
Ḥoumaid ibn Sa'îd, 526.
Ḥoumrân, 581.
Ḥounâk, 59, 60, 471 n., 610 (voyez *Ḥnâk*).
Ḥoundoudj, nom d'Imrou'ou 'l-ḳais, 513.
Aboû Ḥarb Ḥouraiba, 589.
Al-Ḥourra, femme de 'Abd an-Nabî, 426.
Al-Ḥouṣaib, 423, 424 n.
Al-Ḥouṣaib ibn 'Abd Schams, 423 n.
Djanâḥ ad-Daula al-Ḥousain, 29, 30, 68.
Banoû Abî Ḥouṣain, 67.
Al-Ḥousain, fils d'Ali, 303 n., 352.
Ḥousain ibn Kâmil Ibn Ad-Daukh, 17, 18, 590.
Aboû 'Abd Allâh Al-Ḥousain ibn Salâma, 428.
Ḥousâm al-Moulk, cousin de 'Abbâs, 263.
Ḥousâm al-Moulk, fils de 'Abbâs, 258.
Ḥouṣn Al-Akrâd, voyez *Citadelle des Kurdes*.
Ḥouṣn Kaifâ, 162, 309, 314-317,

319, 322, 324-326, 328, 329, 332, 335, 339, 346, 350, 351, 353, 354, 356-360, 364 n., 498, 516, 544, 581, 596, 610, 619.
Al-Housn asch-scharkî, 171.
Housn Ziyâd, voyez *Khartabirt*.
Houtsma (Th.), VII, 552.
Al-Houwaib, 440 n.
Al-Houwait, 440.
Huart (Clément), 614.
Hugues de Payens, 174.
Hurso, 475.

I ('I)

Ibelin, 235 n.
Ibrâhîm Al-'Adjamî, 97.
Aboû 's-Samh Ibrâhîm Al-Hanafî, 564.
Sirâdj ad-Dîn Aboû Tâhir Ibrâhîm, fils d'Al-Housain, fils d'Ibrâhîm, 326.
Ibrâhîm Ibn Houdba, 571, 595.
Thahîr ad-Dîn Ibrâhîm, fils de Sokmân Al-Koutbî, 315 n.
Icone, 446.
Al-'Idjâl, voyez *Tell Al-'Idjâl*.
Al-Ifrandj, voyez Francs.
Nadjm ad-Dîn Îlgâzî (L'Ortokide), 83, 98, 100, 109, 110, 112, 113, 115-117, 119-122.
'Imâd ad-Dîn Al-Kâtib Al-Isfahânî. — Aboû 'Abd Allâh Mohammad ibn Mohammad ibn Hâmid, v, 1 n., 16 n., 18 n., 26, 36, 47, 197, 235 n., 337, 374-378, 380, 382, 383, 393-398, 402, 403, 410, 418, 432, 433, 439, 452, 544, 551, 566, 572 n., 574, 580, 581, 595, 596, 620, 621.
Imrou'ou 'l-kais ibn Houdjr Al-Kindî (Houndoudj), 7, 513, 514.
Înânadj, fille d'Ourkoumâz, 315 n.
Inde, 200, 289, 317 n., 371, 408.
'Irâk, 343, 351 n., 352 n., 394 n., 423 n., 497, 505, 509, 559.
Irân, 5.
Irbil, 297 n., 351, 356, 616.
'Irka, 67, 68 n., 171 n., 276.
Aboû 'l-Kâsim 'Îsâ, nom du khalife Fâtimide Al-Fâ'iz.
'Îsâ ibn Sa'dân al-Halabî, 441.
Isaac l'Ange (L'empereur), 446.
Aboû Ishâk ibn Fadlân At-Tarsoûsî, 579, 580.
Is'ird, VIII, 325, 340, 342.
Ismaélien, Ismaéliens (ou Baténien, Baténiens), 6, 17 n., 43, 44, 74, 78-80, 96, 97, 151, 281, 295, 375, 399, 406, 407, 409, 601.
Aboû 'l-Mansoûr Ismâ'îl, nom du khalife Fâtimide Ath-Thâfir, 218 n.
Ismâ'îl le Bakdjien, 101, 628.
Schams al-Mouloûk Ismâ'îl, fils de Boûrî, 147, 148, 169, 171 n., 277, 418, 572.
Ismâ'îl, fils de Dja'far, 44 n.
Schihâb ad-Dîn Aboû 'l-Mahâmid Ismâ'îl ibn Hâmid al-Koûsî, 420, 575, 578, 605.
Aboû 'l-Fadl Ismâ'îl ibn Ibrâhîm ibn Ahmad Asch-Schaibânî, connu sous le nom d'Ibn Al-Mausilî, 570.

Ismâ'îl ibn Ibrâhîm ibn Abî 'Alî, 571.
Djamâl ad-Dîn Aboû 'ṭ-Ṭâhir Ismâ'îl, fils d'Al-Moubârak et arrière petit-cousin d'Ousâma, 437, 438, 574-579, 604, 622.
Ismâ'îl, fils de Noûr ad-Dîn, *Al-Malik As-Ṣâliḥ*, 359, 360, 373, 379, 448 n.
Scharaf ad-Daula Aboû 'l-Faḍl Ismâ'îl, fils de Soulṭân et cousin d'Ousâma, 134 n., 277 n., 418, 564, 571-574.
Ismâ'îl, fils de Tâdj ad-Dîn Al-Maḥâsinî, 549.
Ispahan, 20, 28, 33, 35, 97, 101 n., 110, 298 n., 374, 394, 445, 503, 596.
Israël, 91 n., 173, 216 n., 229, 519.
Banoû Isrâ'îl (Bœuf des), animal d'Égypte, 216.
Désert des Banoû Isrâ'îl (*Tîh banî Isrâ'îl*), 216 n., 229, 257 n.
Italiens, 469.
'Iyâḍ, voyez Ibn Abî 'Aḳîl.

J

Jacob, 505.
Jaffa (*Yâfâ*), 60 n., 235 n.
Jean Comnène, 5, 40, 153, 155, 156, 161-163.
Jean (Yaḥyâ), fils de Zacharie, 189, 528, 617.
Jérusalem (*Al-ḳouds, Bait al-maḳdis* et *Al-bait al-mouḳaddas*), 2-6, 62, 83, 86, 91, 95, 108, 110, 111, 117, 119-121, 132, 133, 135-137, 151, 154, 173, 174, 182, 183 n., 185-188, 196, 204, 208, 213 n., 223 n., 230 n., 232, 234 n., 270 n., 280, 290 n., 294, 296, 305, 309, 348, 354 n., 379 n., 411, 436, 446, 448, 452, 467, 473, 476-479, 485, 486, 493 n., 495, 496, 518, 613.
Jésus, 3, 488.
Job, 1.
Jong (P. de), 250 n.
Joscelin Ier, 86, 91, 95, 111, 131, 132.
Joscelin II, 135, 159, 309.
Joscelin de Courtenay, voyez Joscelin Ier.
Joseph, 345.
Josué, 289 n.
Jourdain (Alphonse), 295 n.
Jourdain (Guillaume), 76, 84.
Jourdain (*Le*), 204, 258 n., 296.
Juifs, v, 170 n., 615.

K (Ḳ)

Ka'ba (*La*), 300, 304 n., 459.
Al-Ḳâḍî Al-Fâḍil, voyez Ibn Al-Baisânî.
Al-Ḳâḍî Ar-Raschîd, voyez Aboû 'l-Ḥousain Aḥmad.
Ḳadmoûs, 17 n., 139.

Al-Kadrâ, 442.
Al-Kâf, 17 n.
Kafar-Roûmâ, 122.
Kafarṭâb, 14, 15, 17, 18, 22, 24, 27, 28, 50, 69, 71, 94-96, 101, 105-107, 122, 133, 147, 148, 150, 156, 276, 332 n., 333, 342, 377, 471, 581, 584, 590, 593.
Ḳafdjâḳ (ou Ḳifdjâḳ), fils d'Alp Arslânschâh, 170.
Ḳafdjâḳ, fils d'Arlân Tâsch, 616.
Al-Kahf, 230, 637.
Al-Kâhira, voyez *Le Caire* et *Misr*.
Ḳais, 527.
Ḳais ibn Dharîḥ, 511.
Ibn Al-Ḳaisarânî, voyez Moḥammad ibn Naṣr.
Ḳaisâriyya, voyez *Césarée*.
Kaisoûn ou *Kaisoûm*, 272.
Ḳal'at Dja'bar, 353, 359, 481, 482, 517.
Ḳal'at al-djisr, voyez *Al-Djisr*.
Ḳal'at al-mouḍîḳ, voyez *Apamée*.
Kalb, tribu, 48 n.
Al-Kalbî, ethnique d'Ousâma, 48.
Ḳalyoûb, 245.
Kamâl ad-Dîn Ibn Al-'Adîm, 5 n., 18, 24, 90, 119, 122, 133, 141, 156, 158, 161, 171, 317, 332, 333, 342, 418, 437, 550 n., 569, 570, 586-589, 609.
Kâmil al-Maschṭoûb, 84.
Nâṣir ad-Daula Kâmil, fils de Mouḳallad et cousin d'Ousâma, 99, 422.
Kar'a, 129 n.
Fakhr ad-Dîn Ḳarâ Arslân, fils de Dâwoud, fils de Soḳmân (L'Ortoḳide), 162, 308-310, 313, 314, 316, 319-325, 332.
Karabacek, 143 n.
Ḳarâdjâ, 38 n., 107.
Ḳarâdjâ As-Sâḳî, 406, 602.
Ḳarâḥiṣâr, 297, 634, 637.
Al-Karak (*Krak*), 209, 230, 258 n., 276 n., 359.
Bahâ ad-Dîn Ḳarâḳoûsch, 432, 433 n., 450 n.
Scharaf ad-Dîn Ḳarâḳoûsch Al-Gouzzî, 433 n., 450, 451 n.
Al-Karkhînî, 170 n., 616.
Karkhîtâ, 616.
Karmel (*Mont*), 60 n.
Aboû 'l-Ḳâsim, fils de Moḥammad, fils de Badî', 30.
Ḳâsiyoûn (*Le mont*), 412, 413 n., 544, 603.
Ḳaṭr an-nidâ, voyez Goutte de rosée.
Ḳawârîr, 440, 443.
Ibn Ḳawwâm ad-Daula (voyez Ḥaboûb), 246 n.
Kay (H. Cassels), 620.
Mouṭhaffar ad-Dîn Kâymâz, 439.
Tâdj al-Mouloûk Ḳâymâz, 211.
Khadîdja, fille de Khouwailid, 528.
Khafâdja, tribu, 85.
Khaffân, 372.
Khaibar, 301.
Ibn Al-Khaimî. — Mouhadhdhab ad-Dîn Aboû Ṭâlib Moḥammad ibn 'Alî, 464 n.
Khalaf ibn Moulâ'ib, 28, 67, 69, 70, 72, 74, 79 n., 127.
Ibn Khaldoûn, 230 n., 345 n., 455 n., 456 n.
Ibn Khallikân, 6 n., 12, 15, 24, 48, 144, 145, 332, 337, 339, 343 n., 374 n., 413, 419, 435 n., 597 n.
Kharbat, voyez *Khartabirt*.
Khâridjites (Les), 424.

Kharput, voyez *Khartabirt*.
Khartabirt (*Kharput*), 131, 132, 350.
Ibn Al-Khaschschâb, voyez Al-Ḥasan ibn Ibrâhîm.
Al-Khaṭîb Al-Bagdâdhî, 378 n.
Al-Khiḍr, voyez *Masdjid Al-Khiḍr*.
Aboû 'l-Ḳâsim Al-Khiḍr ibn Mouslim Ibn Ḳousaim, 381 ; cf. p. 162 n.
Khilâṭ, 315, 316.
Ṣamṣâm ad-Dîn Khîrkhân, fils de Ḳarâdjâ, 38, 107, 108, 127, 136.
Aboû 'l-Ḳanâ Khiṭâm, cousin d'Ousâmâ, 627.
Khodjâ Bouzourdj, 352, 535.
Khodjâ Bouzourdj Niṭhâm ad-Dîn, 352 n., 504.
Khorâsân, 101, 102, 107, 516.
Koṭb ad-Dîn Khosroû ibn Talîl, 297, 298.
Khoṭlobâ, 439 n.
Khoṭlokh, 160.
Khoumârtakîn, 375, 621.
Khouraiba, 130, 627.
Khoûzistân, 406 n.
Kiepert (H.), 607.
Ḳif ounṭhour, 315 n.
Ḳifdjâḳ, voyez Ḳafdjâḳ.
Kilâb, tribu, 13, 14 n.
Kilâbites, 14 n., 17, 68, 69.
Ḳilidj Arslân II, 272.
Kinâna, tribu, 14, 48 n., 63, 499 n., 564.
Al-Kinânî, ethnique d'Ousâma, 48, 499.
Kinânites, 14 n.
Ḳinnasrîn, 151, 406, 602.
Kohler (Charles), x, 620.
Ḳoubbat aṣ-ṣakhra, voyez *Le Dôme de la Roche*, à Jérusalem.
Ḳoubbat as-silsila, voyez *La Maison de la chaîne*, à Jérusalem.
Ḳouḍâ'a, tribu, 564.
Al-Ḳouds, voyez *Jérusalem*.
Koûfa, 372 n., 580.
Koûhistân, 170 n.
Al-Ḳoulai'a, 17.
Al-Ḳoulzoum (*Mer d'*), voyez *Mer Rouge*.
Kremer (A. von), 15 n., 102 n., 193 n., 255 n.
Koûm Aschfîn, 206, 245, 255, 262 n., 626, 637.
Ḳounaib, fils de Mâlik, 96.
Ḳounaitira, 204.
Koundougadî, 101.
Ḳoûṣ, 233 n., 430.
Ibn Ḳousaim, voyez Al-Khiḍr et Al-Mouslim.
Al-Ḳouṣair, 149.
Ḳouṣair ibn Sa'd Al-Lakhmî, 522 n.
Ḳouss ibn Sâ'ida Al-Iyâdî, 507, 508.
Ḳoutaiba ibn Mouslim, 516.
Al-Ḳouṭaifa, 149 n.
Al-Ḳouṭayyifa, 149, 615.
Kouthayyir ibn 'Abd ar-Raḥmân Al-Khouzâ'î, 509.
Ṣârim ad-Dîn Ḳoutloug Abah, 439, 440.
Krak, voyez *Al-Karak*.
Kugler (B.), 75 n.
Kum Ajfèn, voyez *Koûm Aschfîn*.
Kurde, Kurdes, 77, 81, 84, 88, 130, 137, 139 n., 176 n., 276, 307, 321, 439.

L

Al-Lâdhiḳiyya, voyez *Laodicée*.
Lagarde (Paul de), 33 n., 43 n., 64 n., 175 n., 214 n., 215 n., 607.
Lailoûn, 74.
Al-Lakma, 171.
Lakroûn, 219.
Landberg (Comte C. de), 16 n., 256 n., 340.
Lanier (A.), v n., 335 n., 501.
Laodicée (*Al-Lâdhiḳiyya*), 8, 27, 28, 65, 75, 81, 120 n., 152, 271 n., 276, 503, 611.
Larisse, 7.
Latins, 485.
Laṭmîn, 28.
Lavisse (E.), IX.
Lawâta, tribu, 211, 220, 253, 625.
Leo Diaconus, 588.
Lérins, 3 n.
Leyde, XII, 331, 500, 552.
Liban (*Le*), 307, 491 n.
Londres, 549.
Lorrain, 83 n.
Loth (Otto), 609.
Loubnâ, 512.
Louis VII, roi de France, 213.
Loukk, 219 n.
Lou'lou', 59 n.
Badr ad-Dîn Lou'lou', 97, 98, 106, 109.
Ḥousâm ad-Dîn Lou'lou' *al-ḥâdjib*, 435 n.
Lou'lou'a, 44.

M

Ma'arrat Maṣrîn, 78.
Ma'arrat an-No'mân, 8, 25, 27, 59 n., 66, 67, 70 n., 78, 90, 112 n., 122, 156, 276, 373, 377, 380, 381 n., 391 n., 418, 483, 582, 583 n., 609, 610.
Aboû 'l-Madjd ibn Soumayya, 121, 629, 637.
Madjd ad-Dîn, surnom honorifique d'Ousâma, 47, 281, 287, 288, 293, 331, 335, 383.
Al-madrasa al-'izziyya al-djouwâniyya, à Damas, 191 n.
Al-madrasa al-ḳoṭbiyya, au Caire, 297 n.
Al-madrasa al-mou'izziyya, au Caire, 205 n.
Al-madrasa an-niẓâmiyya, à Bagdâdh, 378.
Al-madrasa aẓ-ẓâhiriyya, à Damas, 180 n.
Magreb (*Magrib*), 213 n., 446 n., 461, 462, 497, 578, 604.
Magrébin, Magrébins, 183, 352, 517, 535, 637.
Mahara ou *Mahra*, 225 n.
Mahdî, fils de 'Alî le Mahdite, 424, 428.
Mahdite (Dynastie), 427.
Al-Mahdiyya, 423 n., 456.

Maḥmoûd ibn Al-Baldadjî, 139.
Schihâb ad-Dîn Maḥmoûd, fils de Boûrî, 148, 154, 167, 169-172, 175-177, 184, 319, 521.
Maḥmoûd, fils de Djam'a, 124.
Schihâb ad-Dîn Maḥmoûd, fils de Ḳarâdjâ, 39, 127-131, 139.
Mougîth ad-Dîn Maḥmoûd ibn Moḥammad ibn Malikschâh (Le sultan Seldjoûḳide), 110, 111, 140, 406 n.
Maḥmoûd Al-Moustarschidî, 198, 296.
Tâdj al-Mouloûk Maḥmoûd ibn Naṣr ibn Ṣâliḥ (Le Mirdâsite), 16-19, 391, 589-591, 608.
Aboû 'th-Thanâ Maḥmoûd ibn Ni'ma ibn Arslân, 551, 552.
Maḥmoûd, fils de Zenguî, voyez Noûr ad-Dîn.
Mahra, voyez *Mahara*.
La Maison de la chaîne (*Bait as-silsila* ou *Ḳoubbat as-silsila*), à Jérusalem, 173, 486, 519.
La Maison d'Ibn Mounḳidh, à Damas, 191, 274, 318, 367, 368.
La Maison des paons, à Damas (*Dâr aṭ-ṭawâwîs*), 189, 486, 529.
Al-Maḳrîzî, 218 n., 464 n., 617, 622.
Malaṭya (*Mélitène*), 131 n.
Malham ou Milham, 238.
Al-Malik Al-'Âdil, ou plus brièvement Al-'Âdil, voyez Moḥammad, fils d'Ayyoûb; Noûr ad-Dîn; Ibn Rouzzîk ; et Ibn As-Sallâr.
Al-Malik al-Afḍal, voyez Noûr ad-Dîn 'Alî et Rouḍwân ibn Al-Walakhschî.
Al-Malik Al-'Azîz, voyez 'Othmân et Togtakîn.
Al-Malik Al-Kâmil, voyez Moḥammad.
Al-Malik Al-Manṣoûr, petit-fils de Saladin, 335 n.
Al-Malik Al-Mou'aṭhṭham, voyez Toûrânschâh.
Al-Malik Al-Mou'izz, voyez Ṭogtakîn.
Al-Malik Al-Mouṭhaffar, voyez 'Omar, fils de Schâhânschâh.
Al-Malik An-Nâṣir, voyez Moḥammad ibn Ḳalâwoun et Saladin.
Al-Malik As-Sa'îd, voyez Berekeh-khân.
Al-Malik Aṣ-Ṣâliḥ, voyez Ismâ'îl, fils de Noûr ad-Dîn; et Ṭalâ'i' Ibn Rouzzîk.
Mou'izz ad-Dîn Malik-Schâh (Le sultan Seldjoûḳide), 5, 20, 28, 33, 83 n., 503, 504.
Al-Malik Aṭh-Ṭhâhir, voyez Baibars.
Mâlik, fils de Ḥoumaid, oncle d'Ousâma, 137.
Schihâb ad-Dîn Nadjm ad-Daula Mâlik ibn Schams ad-Daula Sâlim ibn Mâlik, 359, 481, 517, 518.
Al-Ma'moûn, voyez Moḥammad ibn Fâtik.
Al-Ma'moûn (Le khalife), 424 n.
Ma'n ibn Aus Al-Mouzanî, 524.
Al-Manâkh (*Mosquée*), à Zabîd, 428.
Manbidj, 133, 141, 155, 519.
Manî'a, 23.
Al-Manṣoûr, voyez Aboû Yoûsouf Ya'ḳoûb.
Manṣoûr ibn Al-Fâtik ibn Djayyâsch ibn Nadjâḥ, 584 n., 585.
Manṣoûr, fils de Guidafl, 261, 262, 636.

Manṣoûra, fille d'Al-Moutawwa', 25, 593.
Manuel Comnène, 288 n., 307, 348.
Manzoni (Renzo), 428 n.
Petit Marché de l'émir des armées (Souwaiḳatamîr al-djouyoûsch), au Caire, 218.
Marché des fabricants d'épées, au Caire, 246.
Marché des fourbisseurs, au Caire, 247 n.
Ibn Mardânisch (Le fils de Martin). — Moḥammad, fils de Sa'd, 349 n.
Mâridîn, 38 n., 83, 98, 100, 133, 314, 325 n.
Marie (La Vierge), 486.
Maroc (Le), 46, 220 n., 436, 444, 445, 447, 450, 451, 456, 458-460, 462, 463.
Marrâkousch, 456.
Martin (L'abbé), 234 n.
Martin (Le fils de), voyez Ibn Mardânisch.
Marwân (Le khalife Oumayyade), 523.
Ibn Maṣâl. — Nadjm ad-Dîn Aboû 'l-Fatḥ Salîm ibn Moḥammad, 219-221, 237, 406, 602, 625.
— Nadjm ad-Dîn Ibn Maṣâl, fils du précédent, 376, 393.
Al-Maschṭoûb, voyez 'Alî ibn Aḥmad et Kâmil.
Al-Maschṭoûb (Le templier), 275.
Masdjid Al-Khiḍr, à Ḥouṣn Kaifâ, 317.
Masdjid Abî 'l-Madjd ibn Soumayya, 521.
Mas'oûd (Le sultan Seldjoûḳide), 83, 146, 162, 272, 584 n.
'Izz ad-Dîn Mas'oûd, 375, 377.
Mâsourra, 170 n., 637.
Maspero (G.), 215 n., 243 n.
Maṣyâb, voyez *Maṣyâth*.
Maṣyâf, voyez *Maṣyâth*.
Maṣyâth, 8 n., 43, 281, 399, 400.
Maudoûd, fils d'Âltoûntakîn, 86, 89-99, 140.
Ḳoṭb ad-Dîn Maudoûd, fils de Zenguî, 298, 301-303, 350, 351, 353.
Maury (A.), 476 n.
Mauṣil, 6, 22, 88, 89, 94-97, 101, 135, 140-142, 144, 146-148, 151-153, 155-157, 167, 182, 207, 282 n., 297 n., 298, 301, 303, 307 n., 315, 350-354, 356 n., 358, 360, 374, 375, 393, 397, 406 n., 473, 498, 531, 532, 535, 572 n., 574, 592 n., 607.
Ibn Al-Mauṣilî, voyez Ismâ'îl ibn Ibrâhîm.
Mauṣoul, voyez *Mauṣil*.
Mayyâfâriḳîn, 322, 533.
Mayyânisch, 423 n.
La Mecque (Makka), 270, 300-302, 304, 333, 350, 357, 423-425, 428 n., 441, 442, 581, 603, 620.
Médine (Al-Madîna), 301, 304 n., 500, 581.
Mehren (A. F. van), 424 n.
Mélisende, fille de Baudouin II, 182, 204.
Mélitène, voyez *Malaṭya*.
Mer Méditerranée, 8, 445, 463.
Mer Morte, 230 n., 232.
Mer Rouge, 424 n., 440.
Merw, 35 n., 378.
Mésopotamie, 25, 38 n., 86, 89, 98 n., 101 n., 140, 261 n., 313 n., 343, 351, 356 n., 411, 438 n., 481 n., 505.

Messie (Le), 280, 486.
Michaud, 588.
Aboû 'l-Ḥasan Mihyâr ibn Marzawaihi Ad-Dailamî, 338, 342, 513, 554, 558, 559 n.
Mîkâ'îl le Kurde, 137.
Mikhlâf Dja'far, 424 n.
Mikhlâf As-Soulaimânî, 424 n.
Milham, voyez Malham.
Mirdâs, 13, 15 n.
Mirdâsite, Mirdâsites, 14-17, 391 n.
Ibn Mîsar, 238.
Moḍar, fils de Nizâr, tribu, 261.
Moḥammad (Le Prophète), 226 n., 231 n., 261 n., 280, 285, 297 n., 311, 340, 366 n., 391, 410, 453 n., 467, 468, 502, 506, 508, 526, 528.
Aboû 'l-Ḳâsim Moḥammad, 205 n.
Moḥammad, fils de 'Abd Allâh, voyez Ibn Abî 'Aḳîl.
Kamâl ad-Dîn Aboû 'l-Faḍl Moḥammad ibn 'Abd Allâh Ibn Asch-Schahrouzoûrî, 282, 361, 363, 373.
Aboû Bakr Moḥammad ibn 'Abd al-'Aṭhîm Al-Moundhirî, 575, 578.
Schams ad-Dîn Moḥammad ibn 'Abd al-Kâfî, 379, 595.
Moḥammad Al-'Adjamî, 48, 49.
Aboû 'l-Ḥasan Moḥammad ibn Aḥmad ibn 'Alî Al-Fanakî, 573, 582.
Aboû 'l-Ḥasan Moḥammad ibn Aḥmad, de Cordoue, 342, 581.
Moḥammad, fils de 'Alî, voyez Djamâl ad-Dîn, Ibn Al-Khaimî et 'Izz ad-Dîn Ibn Schaddâd.
Djamâl ad-Dîn Moḥammad ibn 'Alî Aṣ-Ṣâboûnî, 575, 576.
Saif ad-Dîn Aboû Bakr Moḥammad, fils d'Ayyoûb, *Al-Malik Al-'Âdil*, frère de Saladin, 433, 438, 449 n., 575, 578.
Ṣalâḥ ad-Dîn Moḥammad, fils d'Ayyoûb, Al-Yâguîsiyânî (ou Al-Guisyânî), 139 n., 143, 147-150, 153, 156-158, 163, 170, 177, 316.
Djamâl ad-Dîn Moḥammad, fils de Boûrî, fils de Ṭogtakîn, 169, 170, 177, 178, 182, 184.
Aboû 'Abd Allâh Moḥammad Al-Boustî, 361.
Moḥammad ibn Fâtik Al-Baṭâ'iḥî *Al-Ma'moûn* (Le vizir), 246 n., 247 n.
Mouḥibb ad-Dîn Aboû 'Abd Allâh Moḥammad ibn Abî 'l-Fawâris ibn Abî 'Alî ibn Al-Oummân, de Schaizar, 550, 572.
Aboû 'Abd Allâh Moḥammad ibn Ismâ'îl ibn 'Abd al-Djabbâr Al-Maḳdisî, 574.
Moḥammad ibn Ḳalâwoun *Al-Malik An-Nâṣir*, 85 n.
Moḥammad ibn Kâmil, voy. Ḥiṭṭân.
Noûr ad-Dîn Moḥammad, fils de Ḳarâ Arslân (L'Ortoḳide), 323-326, 332, 353, 364 n.
Moḥammad, fils de Maḥmoûd (Le sultan Seldjoûḳide), 302.
Naṣr ad-Dîn Moḥammad, fils d'Al-Malik Al-'Âdil et neveu de Saladin, surnommé *Al-Malik Al-Kâmil*, 420 n., 421, 438, 575, 578, 579.
Moḥammad-Schâh (Le sultan Seldjoûḳide), fils de Malik-Schâh, 83 n., 86, 89, 90, 97, 98, 101 n., 107, 110.

Aboû 'Abd Allâh Moḥammad ibn Moḥammad, voyez 'Imâd ad-Dîn Al-Kâtib.
Moḥammad ibn Moḥammad Ibn Asîr, 422 n.
Schams ad-Dîn Aboû 'Abd Allâh Moḥammad ibn Moḥammad *Ibn Al-Farrâsch*, voyez Ibn Al-Farrâsch.
Moḥammad ibn Mounḳidh, 465 n.
Ḥousâm ad-Dîn Aboû Bakr Moḥammad, fils de Mourhaf et petit-fils d'Ousâma, 421, 438 n., 577.
Nadjm ad-Daula Aboû 'Abd Allâh Moḥammad, fils de Mourschid et frère d'Ousâma, 46, 203, 258, 259, 444, 465 n.
Aboû 'Abd Allâh Moḥammad ibn Naṣr ibn Ṣagîr Al-'Akkâwî *Ibn Al-Ḳaisarânî*, 62-64, 566-568.
Moḥammad, fils de Sa'd, voyez Ibn Mardânisch.
Moḥammad, fils d'Aboû Sa'îd Al-Mou'ayyad, voyez Al-Mou'ayyad.
Moḥammad As-Sammâ', 317, 361.
Schihâb ad-Dîn Aboû 'Abd Allâh Moḥammad, fils de Schihâb ad-Dîn Al-'Alawî Al-Ḥousainî, 352, 535.
Nâṣir ad-Dîn Tâdj ad-Daula Moḥammad, fils de Soulṭân et cousin d'Ousâma, 134 n., 258, 259 n., 277, 553, 554, 571, 573, 618.
Mousṭafâ 'd-Daula Aboû 'l-Fityân Moḥammad ibn Soulṭân Ibn Ḥayyoûs al-Ganawî, 18, 19, 391, 591.
Rabî' al-islâm Moḥammad ibn Yâḳoût, 430.
Aboû 'Abd Allâh Moḥammad ibn Yoûsouf, voyez Ibn Al-Mounîra.
Bahâ ad-Dîn Aboû 'Abd Allâh Moḥammad ibn Yoûsouf ibn Ya'ḳoûb Al-Djanadî (Le ḳâḍî), 422 n.
Moïse (Moûsâ), 257 n., 261, 289 n., 334, 384, 386 n., 390, 392 n., 501, 505, 535, 540.
Monod (G.), 588 n.
Mons Ferrandus, voyez *Bârîn.*
Mons Regalis, voyez *Montréal.*
Monte Aureo, 115 n.
Montréal (*Mons Regalis*), 209 n., 258 n., 261 n.
Mou'arzaf, 59.
Mou'âwiya (Le khalife), 212 n.
Al-Mou'ayyad. — Moḥammad, fils d'Aboû Sa'îd Al-Mou'ayyad ibn Moḥammad Al-Aloûsî, 351, 352.
Mou'ayyad ad-Daula, l'un des surnoms honorifiques d'Ousâma, 47, 342, 384.
Mou'ayyad ad-Dîn, variante fautive pour Mou'ayyad ad-Daula, surnom d'Ousâma, 47 n.
Al-Moubârak. — Madjd ad-Dîn Saif ad-Daula Aboû 'l-Maimoûn Al-Moubârak ibn Kâmil ibn Mouḳallad, petit-cousin d'Ousâma, 402, 422-439, 451, 464, 575, 578, 579, 603, 604.
Al-Moubârak ibn Khalaf, 427.
Moubârak ibn Schibl, 68, 69.
Al-Moubarrad, 509 n.
Aboû 'l-Bayân Ibn Al-Moudawwar As-Sadîd, 431.
Al-Moudhaikira, 424 n.
Al-Moudjaschschir Aḍ-Ḍabbî, 511.
Moudjîr ad-Dîn, 174 n., 187 n.

Al-Mouhadhdhab, 583.
Mouhadhdhab ad-Dîn, 144.
Al-Mouḥaṣṣab, 513.
Mouḥriz, 525.
Mouḥyî ad-Dîn An-Nou'aimî, 616.
Mou'în ad-Dîn, voyez Anar.
Mou'izz, 45.
Mou'izz ad-Daula Ibn Bouwaih, 352.
Schams ad-Dîn Ibn Al-Mouḳaddam, 360, 621.
Moukhliṣ ad-Daula Aboû 'l-Moutawwadj Mouḳallad ibn Naṣr, arrière grand-père d'Ousâma, 14-16, 19, 488, 489.
Tâdj al-oumarâ Aboû 'l-Moutawwadj Mouḳallad, oncle d'Ousâma, 65, 99, 205, 422.
Al-Moukarbil. — Aboû 'Alî Ḥasan ibn Sa'îd Al-'Asḳalânî, 533.
Al-Moukhtâr, voyez Ibn Boṭlân.
Al-Mouḳtadî (Le khalife), 9.
Al-Mouḳtafî (Le khalife), 224 n., 302, 352, 353, 617, 620.
Mounaiṭira, 491.
Ibn Mounîr. — Aboû 'l-Ḥosain Aḥmad, 597.
Ibn Al-Mounîra. — Aboû 'Abd Allâh Moḥammad ibn Yoûsouf, 50-53, 581, 582, 610.
Ibn Al-Mounîra. — Yoûsouf, père du précédent, 581.
Mounḳidh, 7 n., 435.
Ibn Mounḳidh et Banoû Mounḳidh, voyez Mounḳidhite.
Aboû 'l-Mougîth Mounḳidh, arrière grand-oncle d'Ousâma, 16.
Bahâ ad-Daula Aboû 'l-Mougîth Mounḳidh, fils de Mourschid et frère d'Ousâma, 46, 128, 151, 317, 320, 580, 609.
Mounḳidh, émir des Banoû Schihâb, 465 n.
Mounḳidhite, Mounḳidhites (Ibn Mounḳidh, Banoû Mounḳidh), 1-40, 43, 46 n., 48, 56, 57, 63, 66-71, 74, 78-80, 82, 83, 88, 90, 99, 105 n., 107, 108, 111, 122, 123 n., 125, 126, 128, 134-136, 141, 143, 153, 156, 158, 163, 191 n., 234, 244, 261, 274-277, 281-283, 287, 289, 290, 299, 311, 318, 346, 381, 415-465, 471, 472, 491, 537, 544, 576, 591, 593, 594, 596, 609.
Mounyat Al-Khaṣîb, 250 n.
Mounyat Banî Khaṣîb, 250 n.
Mounyat Abî 'l-Khouṣaib, 250 n.
Mourhaf, fils de Mourhaf et petit-fils d'Ousâma, 421, 579, 622.
'Aḍoud ad-Dîn (ou 'Aḍoud ad-Daula) Aboû 'l-Fawâris Mourhaf, fils d'Ousâma, 85 n., 158 n., 187 n., 207, 262, 327, 338, 342, 346, 359, 361-363, 368, 369, 377, 379, 381, 384 n., 387 n, 391, 396, 397, 402, 403, 410, 411, 415-421, 437, 445 n., 464, 480, 533 n., 540, 571, 572 n., 579, 595, 596, 604, 605, 609, 611, 615, 618, 622.
Wadjîh ad-Dîn Mourhaf Asch-Schaizarî (Le ḳâḍî), 572.
Madjd ad-Dîn Aboû Salâma Mourschid, père d'Ousâma, 1, 2, 31-41, 44, 46, 47 n., 50, 58, 65, 67, 69, 71, 76, 92, 100, 107, 115, 137 n., 143, 144, 151, 153, 164, 294 n., 315, 317, 422, 503, 504, 544, 595.
Aboû Mourschid ibn Soulaimân, 582, 583 n. (peut-être sans ibn).

Mourtafi', fils de Faḥl, 243.
Madjd ad-Dîn Aboû 'Imrân Moûsâ, fils de Yaḥyâ, de Ḥouṣn Kaifâ, 322, 533.
Mouṣabbiḥ, fils de Khalaf, 74.
Mou'ayyad ad-Daula Aboû 'l-Fawâris Al-Mousayyab ibn 'Alî Ibn Aṣ-Ṣoûfî, 196-198, 267, 268, 551.
Aboû Madjd Al-Mouslim ibn Al-Khiḍr Ibn Ḳousaim, de Ḥamâ, 162 n. (cf. p. 381), 616, 632.
Scharaf ad-Daula Aboû 'l-Makârim Mouslim ibn Ḳouraisch Al-'Oukailî, 22-25, 592, 593, 608.
Amîn ad-Dîn Aboû 'l-Ganâ'im Mouslim ibn Maḥmoûd Asch-Schaizarî, 259 n., 337, 551-553, 615.
Al-Moustaḍî' (Le khalife), 323, 335, 358, 365 n., 374, 379.
Al-Mousta'lî (Le khalife Fâṭimide), 29, 65 n.
Al-Moustandjid Billâh (Le khalife), 302, 323, 352.
Al-Moustanṣir (Le khalife Fâṭimide), 15, au lieu d'Aṭh-Ṭhâfir, 205 n., 608.
Al-Moustarschid Billâh (Le khalife), 110, 140, 146, 150-152, 406, 595, 602, 614.
Al-Mou'taman, fils d'Aboû Ramâda, 251.
Al-Moustaṭhhir Billâh (Le khalife), 29, 83, 88, 110, 457.
Al-Moutalammis, 510.
Ibn Al-Mou'tazz, voyez 'Abd Allâh.
Aboû 'l-Mouṭhaffar, l'un des prénoms d'Ousâma, 47.
Schihâb ad-Dîn Aboû 'l-Fatḥ Al-Mouṭhaffar, fils d'As'ad, 352, 353.
Al-Mouwaffaḳ, voyez Naṣr.
Mouwaffaḳ ad-Dîn, voyez Yoûsouf ibn Al-Khallâl.
Al-Mouwailiḥ, 257, 258 n., 263. 495, 626.
Müller (August), 143 n.
Müller (J. J.), 588.
Munich, 554, 623.

N

Aboû Nabḳa, 525.
Mou'taman al-Khilâfa (ou Mou'taman ad-Daula) Nadjâḥ, 251 n.
Nadjd, 559.
Aboû 'n-Nadjm, fils de Badî', voyez Hibat Allâh.
Nadjrân, 515, 518.
An-Nafîs, fils d'Ibn Abî 'Aḳîl, 305 n.
Ibn An-Naḥḥâs, 18, 590 n., 608.
Nahr al-malik, 422.
An-Naḳira, 88.
Ibn An-Naḳḳâsch. — Mouhadhdhab ad-Dîn Aboû 'l-Ḥasan 'Alî ibn 'Îsâ ibn Hibat Allâh An-Naḳḳâsch, 381.
Naples, voyez *Naplouse*.
Naplouse (*Nâboulous*), 45, 183 n., 188, 189, 477, 478, 480, 486, 528.
Napoléon Ier, 344.
Narbonne, 3 n.
An-Nâṣir li-dîn Allâh (Le khalife Abbaside), 411 n., 457.
Nâṣiri Khosrau, 315 n. 428 n.

Naṣr, ancêtre des Mounḳidhites, 14, 15, 488.
Nâṣir ad-Dîn Naṣr, fils de Roukn ad-Dîn 'Abbâs, 238-247, 249, 250, 252, 257-260, 262, 263, 416.
'Izz ad-Daula Aboû 'l-Mourhaf Naṣr, fils de 'Alî et oncle d'Ousâma, 8 n., 20, 21, 27-32, 65, 71, 158 n., 331, 503, 564, 571 n., 591.
Naṣr, fils du Mirdâsite Tâdj al-Mouloûk Maḥmoûd, 19, 20.
Aboû 'l-Mourhaf Naṣr *Al-Mouwaffaḳ*, fils de Soulṭân et cousin d'Ousâma, 134 n., 158, 533.
Nemrod, 384 n.
Nil (Le), 211, 215 n., 216, 219 n., 221, 243 n., 245 n., 254 n., 431.
Ninive, 303.
Nîsâboûr, 603 n.
Bahâ ad-Dîn Ibn Nîsân, 320.
Ibn Nîsân. — Kamâl ad-Dîn 'Alî Ibn Nîsân, 320, 321.
Nisibe, 140, 353.
Niṭhâm ad-Dîn, voyez Khodjâ Bouzourdj.
An-niṭhâmiyya, voyez *Al-madrasa an-niṭhâmiyya*.
Nizârites, 261 n.
Noé, 386.
Nœldecke (Th.), 193 n., 200 n.
Normandie, 469.
Normands, 66, 469.
Norvégiens, 469.
Noumair, 79.
Noumair, tribu, 124.
Noûr ad-Dîn. — Maḥmoûd, fils de Zengui, *Al-Malik Al-'Âdil*, 36, 101 n., 176 n., 209, 223, 224, 229-232, 251, 259, 264, 265, 267-275, 281-288, 290-299, 302-311, 313, 314, 319, 325, 343-346, 350, 353, 354, 358-362, 367, 368, 373, 374, 381 n., 393, 403 n., 416, 425, 491 n., 495, 496, 571, 572, 596, 617, 619.
Noûr ad-Dîn, voyez Moḥammad.
Nouṣairîs (Monts des), 307 n.
Noûschirwân de Bagdâdh, le Satan du 'Irâḳ, 351 n.

O ('O)

'Omar, fils de 'Abd Al-'Azîz (Le khalife), VIII, 333, 341, 342.
Aboû Ḥafṣ 'Omar ibn 'Abd al-Madjîd Al-Mayyânischî, 423, 603.
'Omar ibn Houbaira, 527.
'Omar, fils d'Al-Khaṭṭâb (Le khalife), VIII, 4, 6 n., 333, 340, 342, 366 n.
Taḳî ad-Dîn 'Omar, fils de Schâhânschâh, fils d'Ayyoûb, *Al-Malik Al-Mouṭhaffar*, 450 n.
Orient latin (L'), X, 296, 467.
Orion, 154, 294.
L'Oronte, voyez *Al-'Âṣî*.
Orric (ou Ulric), 188, 477 n., 480.
Ortoḳide, Ortoḳides, 4, 98, 113, 162, 309, 313, 320, 324, 325, 332, 354, 406, 602.
'Othmân (Le khalife), 366 n.

Aboû 'l-Fatḥ 'Othmân Ibn Djinnî, 51, 53.
Aboû 'l-Fâtḥ 'Othmân ibn 'Îsâ ibn Manṣoûr Al-Balaṭî, 571-574.
'Imâd ad-Dîn 'Othmân *Al-Malik Al-'Azîz*, fils de Saladin, 335 n., 437.
'Izz ad-Dîn 'Othmân Az-Zandjîlî, 439-441.
Ottavi (Paul), 337 n., 549.
Aboû 'l-Faradj 'Oubaid Allâh ibn As'ad de Mauṣil, surnommé Ibn Ad-Dahhân, 307 n.
Oubayy, tribu, 226, 227 n.
Ouḥoud, 226 n.
Oukailite, 359 n., 481 n.
Nadjm ad-Dîn Aboû Moḥammad 'Oumâra ibn Abî 'l-Ḥasan 'Alî, 334 n., 419, 423, 424 n., 428 n., 620, 621.
Oumayyades (Khalifes), 53 n., 212 n., 333.
Ounar, voyez Anar.
Al-'Ouraima, 295 n.
Ourkoumâz, 315 n.
'Ourwa ibn Al-Ward, 529.
Al Ouṣailiḥ de Kafarṭâb, 342, 581.
'Izz ad-Dîn Ousâma, 191 n.
Al-Ouschmoûnain, 250 n.
Ouswân, 233 n., 270, 368, 603 n.
Ousyoûṭ, 250 n.
Ousyoûṭiyya, 250 n.
Aboû 'l-'Outâhiya, voyez Aboû 'l-'Atâhiya.

P

Palais des Fâṭimides, au Caire, 206, 210, 211, 239, 247-249, 251, 270, 275, 464 n.
Palais de justice, à Damas, voyez *Dâr al-'adl*.
Palais de la royauté (*Dâr al-moulk*), au Caire, 205 n.
Palais du salut, au Caire, 241.
Palais de la schâboûra, au Caire, 243.
Palais de la science, à Tripoli, voyez *Dâr al-'ilm*.
Palais du sultan, au Caire, 206 n.
Palais du vizirat, au Caire, 205 n., 206 n., 219, 220, 240, 241, 250, 254, 255.
Palestine, VI, 5-7, 68, 174, 190, 196, 216 n., 224 n., 225 n., 226 n., 246, 289 n., 412, 445, 468, 473.
Palmyre, 149 n.
Panéas (*Bâniyâs*), 147, 174, 175, 182, 186, 204, 485.
Paris, IX, 415 n., 543, 566, 569, 570, 587.
Passama, 428 n.
Pavet de Courteille, 617.
Pavillon de la perle (*Manṭharat al-lou'lou'a*), au Caire, 217. Pédrovant, 56 n.
Perse, 4, 36, 101 n., 142, 226 n., 314, 317 n.
Golfe Persique, 261 n.
Pertsch (W.), 145 n., 336 n., 543, 554, 563, 569 n.
Petra, 261 n., 349 n.
Pharaon, 347, 449.
Philippe (Le chevalier) peut-être = Ibn Ad-Daḳîḳ, 115, 472 n.

Philippe-Auguste, roi de France, 446, 453 n.
Philippe, fils d'Hérode, 174 n.
Philippe de Montoro, 115 n.
Philippe de Montfort, 271 n.
Pierre de Narbonne, 24 n.
Pléiades (Les), 294.
Pons, comte de Tripoli, 111, 151, 295 n.
Pont des Mounḳidhites, voyez Al-Djisr.
Porte de la fête (*Bâb al-ʻîd*), au Caire, 210 n.
Porte d'or, au Caire, 239.
Porte orientale, à Damas, 265.
Porte du Palais des épines (*Bâb ḳaṣr asch-schauk*), au Caire, 210 n.
Porte des palmiers (*Bâb an-nakhl*), à Zabîd, 428.
Porte de Sahâm, à Zabîd, 443.
Porte de la victoire (*Bâb an-naṣr*), au Caire, 254-256.
Porte des victoires (*Bâb al-foutoûḥ*), au Caire, 211 n.
Porte de Zawîla, au Caire, 259.
Probus (L'empereur), 290 n.
Provençaux, 66.
Prutz (H.), 471 n.

Q

Quatremère (Étienne), 6 n., 7 n., 12 n., 160 n., 404 n., 431 n., 434 n., 554, 610-612, 615, 616.

R

Raʻbân, 272.
Rabîʻa, tribu, 261.
Rafaniyya, 17, 22, 108, 109, 406, 481, 590, 602, 612.
Râfiʻ, fils de Soûtakîn, 130.
Rafîʻa la Mounḳidhite, 25, 593.
Rahaba, 97, 101.
Ar-Raḥba, 23.
Raḥbat Khawand, au Caire, 430, 431 n.
Raḥbat Ibn Mounḳidh, au Caire, 430.
Ar-Râʻî, 510.
Raiḥân, 373.
Raiḥânites, 217, 218, 625, 637.

Raimond Iᵉʳ de Saint-Gilles, 66, 67, 469 n.
Raimond de Poitiers, prince d'Antioche, 158 n., 186, 619.
Raimond, fils de Pons, comte de Tripoli, 151, 295 n.
Raimond III, comte de Tripoli, 306, 309.
Raimond IV, comte de Tripoli, 452 n.
Ar-Raḳîm, 230, 637.
Ar-Raḳḳa, 353, 359 n., 609.
Ramla, 235 n., 354, 579-581.
Ranke (L. von), 142 n., 163 n.
Raoul, 482.

Ra's al-goûl, à Ḥouṣn Kaifâ, 315 note.
Ra's Aṭ-Ṭâbiyya, 254.
Ar-Râschid Billâh (Le khalife), 151, 152.
Râschid ibn 'Abd Allâh, 515.
Ar-Râwandân, 620.
Raymond, voyez Raimond.
Rayy, 29.
Reinaud, 271 n., 588.
Renan (Ernest), 1 n., 383 n.
Renaud de Châtillon, 283.
Renier, surnommé Brus, 185,485.
Rey (E.), ix, 187 n., 258 n., 271 n., 275 n., 295 n., 491 n.
Riant (Comte Paul), ix. 7 n.
Richard Cœur de Lion, roi d'Angleterre, 446, 453 n.
Rieu (Charles), 549 n.
Robert le Lépreux, 120, 121.
Robert le Moine, 2.
Rœdiger (E.), 552.
Rœhricht (Reinhold), ix, 2 n.,

139 n., 344 n., 345 n., 495 n., 588, 618.
Roger, comte d'Antioche, 94, 95, 106, 108, 111-113, 116, 117, 119, 121, 136, 473, 613.
Roger de Molins, 152 n., 472 n.
Romains, 156, 290 n.
Rome, 2, 453 n.
Rosen (Baron Victor), 424 n.
Rou'ba, 524.
Ar-Roûdj, 57, 628.
Rouḍwân, fils de Tâdj ad-Daula Toutousch, 29, 30, 70-74, 87-89, 96, 97, 608.
Al-Malik Al-Afḍal Rouḍwân ibn Al-Walakhschî, 178-181, 210-212, 406, 602.
Roûm, 122 n., 214, 503, 565.
Roûmî, 469.
Rousseau, 59 n., 587.
Ibn Rouzzîk, voyez Al-'Âdil et Ṭalâ'i'.
Rue de la chaîne, au Caire, 246 n.

S (Ṣ)

Saba', 596.
Sabasṭiyya (ou *Sabasṭiya*), 188, 189, 486, 528, 617.
Sâbiḳ, fils du Mirdâsite Tâdj al-Moulouk Maḥmoûd, 20-23.
Saboukṭakîn, 352.
Sachau (Ed.), 9 n., 129 n., 438 n., 607, 610.
Sacy (Silvestre de), 570, 588, 616.
Aboù Sa'd Al-Ḥaraschî, 609.
Banoù Sa'd, 349.
Ibn Sa'dân, voyez 'Îsâ.
Sâdjoûr (La rivière), 133 n.

Ṣafad (Saphet), 275 n.
Aṣ-Ṣafî, 474 n.
Ṣafîta, 295 n., 618.
Sa'îd ad-Daula, 247.
Saidjar, 7.
Saint-Abraham, voyez *Hébron*.
Saint-Georges (voyez *Djouraidjis*), 159 n.
Saint-Gilles (*Château de*), à Tripoli, 75.
Saint-Jean (*Chapitre de*), à Sabasṭiyya, 189 n., 486.
Saint-Jean-Baptiste, 189 n., 617.

Saint Jérôme, 189 n.
Saint-Pétersbourg, 587.
Sainte-Catherine (*Monastère de*), au Mont Sinaï, 209 n.
Sainte-Geneviève (*Couvent de*), à Paris, 415 n.
Saladin (Ṣalâḥ ad-Dîn). — *Al-Malik An-Nâṣir* Aboû 'l-Mouṭhaffar Yoûsouf, fils de Nadjm ad-Dîn Ayyoûb, 36, 46, 84 n., 143 n., 185 n., 191 n., 238 n., 247 n., 268, 275, 296 n., 297 n., 298, 317, 320, 327, 329, 335, 337, 343-349, 354-356, 358-363, 365-377, 379-381, 387 n., 390 n., 391 n., 393, 395-397, 399-403, 410-412, 415 n., 416, 419, 421-425, 429-435, 437-441, 443-449, 451 n., 452, 456-459, 462-464, 495-497, 544, 596, 600, 604, 621.
Salaf (La rivière), 446.
Ṣalâḥ ad-Dîn, voyez Moḥammad, fils d'Ayyoûb, et Saladin.
As-Salâmî, 504.
Salamiyya, 8.
Salerne, 115 n.
Ṣâliḥ (Le prophète), 279 n.
Ṣâliḥ, prince Fâṭimide, 248 n.
Ṣâliḥ, fils de Mirdâs, 13, 14, 16.
Aboû Ṣâliḥ. — Moḥammad ibn 'Alî ibn Al-Mouhadhdhab, 582.
Aboû Ṣâliḥ Ibn Al-Mouhadhdhab Al-Ma'arrî, 582.
Aṣ-Ṣâliḥiyya, 412, 413.
Sâlim, 482, 483.
Schihâb ad-Dîn Sâlim, 359 n.
Schams ad-Daula Sâlim ibn Mâlik, 359 n.
Salinæ, 86 n.
Ṣalkhad (ou *Ṣarkhad*), 176, 178, 179, 196, 209.
Ibn As-Sallâr. — Saif ad-Dîn Aboû 'l-Ḥasan 'Alî Ibn As-Sallâr *Al-Malik Al-'Âdil*, 212 n., 219-224, 228, 235-241, 243, 244, 263 n., 406, 595, 602, 636.
Salmâ (*Les monts*), 559.
Salomon, fils de David (Le roi), 417, 505, 525.
As-Sam'ânî, voyez Aboû Sa'd 'Abd al-Karîm.
Samau'al ibn 'Âdiyâ, 200.
As-Samâwa, 637.
Samhar, 200 n.
Samharite (Lance), 200, 287.
Aboû 'l-Ḳâsim Samnoûn ibn Ḥamza, 159 n.
Samnoûn (*Mosquée de*), à Antioche, 158.
Samosate (*Soumaisâṭ*), 272 n., 378 n.
Ṣan'â, 423-425.
Ṣandoûdiyâ, 353.
Sapor (Dhoû 'l-aktâf), 19, 591.
Sarepta, voyez Al-Athârib.
Ṣarkhad, voyez *Ṣalkhad*.
Sarmadâ, 112.
Sarmîn, 302, 304.
Saroûdj, 114 n., 131, 481, 482.
Ibn Ṣaṣrâ, voyez Al-Ḥasan ibn Hibat Allâh.
Aṣ-Ṣaur, 325.
Sauvaire (H.), 229 n.
Sawindj, 192, 617.
Schabîb, fils du Mirdâsite Maḥmoûd, 22.
Bahâ ad-Dîn Ibn Schaddâd, 3 n., 297 n., 416 n., 476 n., 495 n.
'Izz ad-Dîn Ibn Schaddâd. —

Moḥammad ibn 'Alî ibn Ibrâhîm ibn Khalîfa ibn Ibrâhîm Ibn Schaddâd Al-Anṣârî Al-Ḥalabî, 495 n., 612, 617, 619, 620.
Aboû 'l-Kâmil Schâfi', oncle d'Ousâma, 42.
Schâfi'ite, 180 n., 563.
Schâh-Armen, dynastie, 315 n.
Schâhîn (Joseph), 587.
Ibn Asch-Schahrouzourî, voyez Moḥammad ibn 'Abd Allâh.
Schaizar, v, 1, 2, 6-14, 20, 23-25, 27-30, 32, 33, 36, 38, 40-43, 45-48, 51, 53-56, 58-61, 63, 65-68, 71, 73 n., 74-76, 78, 80, 82-87, 90-92, 94, 95, 97-100, 105-109, 111, 113-115, 122-129, 131, 132, 134-136, 138, 139, 142, 143, 146-148, 151, 153, 155-167, 177, 191, 194, 195, 205, 236, 258, 259 n., 274, 276-278, 281, 282, 286, 302, 314, 315, 319, 337, 381 n., 383 n., 394 n., 397, 402 n., 407 n., 422, 435, 445, 465, 468, 473, 482, 485, 487, 491, 493, 497, 499 n., 519, 520, 544, 550-554, 564, 571-573, 582, 583 n., 584, 592, 593, 595, 596, 601, 603-605, 607, 614.
Schaizarâ, 7 n.
Asch-Schaizarî, ethnique d'Ousâma, 48.
Ibn Schâkir Al-Koutoubî, 570.
Aboû Schâma, 270 n., 274, 283, 284, 299, 305, 310, 337, 347, 393, 447 n., 455, 617, 621.
Asch-Scharâ (Monts), 289 n., 349.
Asch-Schardja, 424 n.
Asch-Scharîf ar-Riḍâ, 303.
Asch-Scharîf As-Sayyid, voyez Bahâ ad-Dîn.
Asch-Scharḳiyya, 238 n.
Asch-Schaubak, 261 n., 359.
Schauḳ, 582.
Schâwar (Le vizir), 306.
Schefer (Ch.), 173 n., 217 n., 277 n., 302 n., 424 n., 428 n., 582 n.
Schibâm, 439.
Asch-Schiḥr, 225 n.
Schî'ite, Schî'ites, 5, 403, 404, 602.
Schikla, 463.
Aboû Schoudjâ' (L'émir), 536.
Schultens (Alb.), 344 n.
Mouwaffaḳ ad-Daula Schim'oûn, 21, 71, 72, 608.
Asad ad-Dîn Schîrkoûh, fils de Schâdhî et oncle de Saladin, 230, 268, 298, 301, 306, 343-345, 433 n.
Scicli, 463.
Seldjoûḳide, Seldjoûḳides, 4, 5, 15 n., 20, 86, 89, 140, 146, 267, 272, 302, 446, 564, 584 n.
Séleucie, 446.
Seleucus Nicator, 7.
Sépulcre (Le Saint), à Jérusalem, 4.
Sîbawaihi, 50, 51, 53.
Sicile, 463, 581.
Sidjdjîn, 454.
Sidon, 87.
Ṣihyaun, 120.
As-Silafî, voyez Aboû Ṭâhir Aḥmad.
Silves, 458.
Rabbi Siméon de Schaizar, 7 n.
Sinaï (Mont), 208 n.
Sinaï (Péninsule du), 208 n., 257 n., 258 n.
Sinân, 375, 399.
Ibn Sinân. — Aboû Moḥammad 'Abd Allâh ibn Moḥammad

Ibn Sinân Al-Khafâdjî, 16, 608.
Ibn Sinân, voyez Harim.
Sinbis, tribu, 253.
Sindjâr, 101 n., 550, 572.
Ṣinhâdjite (Dynastie), 220 n.
Sire Adam, voyez Adam.
Sisara et *Sysara*, 7 n.
Sizara, 7.
Slane (M. le Baron de), 4 n., 6 n., 15 n., 36 n., 314 n., 320 n., 344 n., 345 n., 472 n., 569 n., 587 n.
Socin (A.), 289 n., 313 n.
Soḳmân (L'Ortoḳide), 162, 308, 321, 325.
Soḳmân Ier Al-Ḳouṭbî, 315 n.
Soḳmâm II, fils d'Ibrâhîm, 315 n.
Sonḳor Dirâz, 101.
Souabe, 446.
Ṣoûfî, 189, 190, 378 n., 427, 486, 529.
Ibn Aṣ-Ṣoûfî, voyez Al-Mousayyab.
Banoû 'ṣ-Ṣoûfî, 42, 196, 198 n.
Banoû Soulaim, 424 n.
Banoû Soulaimân, 67, 424, 425.
Soulaimân, fils de Ḳoṭloumisch (Le Seldjoûḳide), 27, 28.
Soulaimân ibn Ṭaraf, 424 n.
Soulaimânî, 424, 425.
'Izz ad-Dîn Aboû 'l-'Asâkir Soulṭân le Mounḳidhite, oncle d'Ousâma, 17 n., 25 n., 27, 29, 32, 37, 42, 43, 51, 53, 54, 56, 59, 65-68, 70, 71, 76, 77, 82, 88, 90, 92, 99, 107, 108, 111, 113, 122, 123, 129, 131, 134, 135, 143, 147, 158 n., 162-164, 166, 167, 171, 258, 259, 277, 345 n., 469 n., 473, 533, 555, 563-565, 571, 593, 608, 609.
Soummâḳ (*Monts*), 399.
Ṣoûr, voyez *Tyr*.
Sourhanak (ou Sarhanak) ibn Abî Manṣoûr, chef kurde, 139, 626.
Souwaid ibn Al-Ḥârith, 527.
As-Souwaidiyya, 136.
As-Souwân, voyez *Ouswân*.
Saif ad-Dîn Souwâr, 152, 154.
As-Soyoûṭî, 48 n.
Steinschneider (M.), 345 n., 620.
Stettiner (Richard), 333 n., 341 note.
Suez (*Golfe de*), 208 n.
Sybel (H. von), 4 n.
Syrie, VI, 2-6, 8, 11, 13, 20-22, 25, 28, 29, 40, 41, 56, 68, 73, 88-90, 95, 98, 110, 116, 121, 124, 127 n., 130 n., 131, 138 n., 140, 143, 149, 151 n., 153, 155, 157, 162, 170, 171, 178, 180, 199 n., 204, 209, 212, 213, 220 n., 224 n., 226 n., 227 n., 238 n., 314, 317 n., 331, 333, 343, 344, 346, 349 n., 354 n., 355, 359, 360, 363, 368, 369, 377, 378, 380, 383 n., 395, 401, 403 n., 409, 410, 429, 443, 448, 452-454, 458-460, 468, 474, 487, 497, 505, 544, 584, 598.

T (Ṭ)

Aṭ-Ṭabarî, 275.
Tâdj al-'Oulâ, voyez Al-Aschraf.

Ibn Tagrîbardî, 236.
At-Tâhoûn Al-Djalâlî (voyez *Al-Djalâlî*), 637.
Taimâ, 301.
Ta'izz, 425, 439, 444.
Taķî ad-Dîn Al-Fâsî, 302 n.
At-Ta'kour, 425, 439.
Takrît, 146, 406, 602.
Aboû 'l-Gârât Țalâ'i' Ibn Rouzzîk Al-Malik As-Șâliḥ, 247 n., 249-253, 257, 259, 260, 264, 269, 270, 280, 284, 285, 287, 289-291, 293-297, 299, 300, 305, 368, 418, 496, 544, 596, 598, 599.
Talḥa, 253.
Aboû Țâlib, 525, 528.
Nadjm ad-Dîn Aboû Țâlib ibn 'Alî Kourd, 297.
Aboû 'l-Wafâ Tamîm, 61, 491.
Tamîmites, 524, 525.
Tamîrek, 101.
Aboû Tammâm. — Ḥabîb ibn Aus At-Țâ'î, 506, 526.
Tancrède, prince d'Antioche, 42, 73-78, 80-94, 136, 472, 612, 613.
Taraf, 423, 424 n.
Les Tatares, 586.
Țayy, tribu, 290 n.
Ibn Abî Țayy. — Yaḥyâ ibn Abî Țayy Ḥâmid Al-Ḥalabî Al-Gassânî, 329, 354 n., 403, 602.
Țayyites, 226, 260 n., 261.
Tell Al-'Adjoûl, 289 n.
Tell 'Akbarîn, 112 n.
Tell Bâschir, 86, 89-91, 95, 111, 353.
Tell-Harâk, 620.
Tell Harrân, 276.
Tell Al-'Idjâl, 289.
Tell 'Ifrîn, 112 n.
Tell Ibn Ma'schar, 91.
Tell el-Mellah, 87 n.
Tell Milḥ, 87, 124.
Tell As-Soulțân, 397.
Templier, Templiers (*Dâwiyya*), 4 n., 174, 187, 188, 223 n., 259, 275, 293, 475 n., 480, 485, 486.
Terre-Sainte (*Chapitres de*), 189 n.
Thâbit, 491.
Aboû 'z-Zamr Thâbit, 622.
Thabor, 208 n.
Ibn Țhafar. — Ḥoudjdjat ad-Dîn Aboû Hâschim Moḥammad ibn Moḥammad Ibn Țhafar, 272, 273.
Ațh-Țhâfir (Le khalife Fâțimide), 15 (par erreur), 218 n., 219, 221, 237, 239-248, 258, 259, 262, 406, 602 n.
Thahlân (*Le mont*), 400.
Thamoûdites, 279 n.
Țhamyâ, 560-562.
Théodore (Le fils de), 144, 473, 531.
Theodoros Sophianos, 474.
Théophile, 101, 471, 611, 628, 636.
Thorbecke (H.), VII, 543.
Tibériade, 188, 190, 223, 224, 230 n., 293 n., 411 n., 438 n., 480, 494, 495.
Tibériade (*Lac de*, 94.
Tigre (*Le*), 146, 303, 313 n., 314, 319, 320, 350, 422, 614.
Tîh Banî Isrâ'îl, voyez *Désert des Banoû Isrâ'îl.*
Tihâma du Yémen, 354 n., 424 n., 428 n., 430, 438.
Ḥousâm ad-Dîn Timourtâsch, fils d'Îlgâzî, 38, 133-136.

Tinnîs, 224 n.
Tîzîn, 73.
Ṭogrîl, 375.
Ṭogroul, frère du sultan Seldjoûḳide Moḥammad-Schâh, 101 n.
Ṭogtabek = Ṭogtakîn, 616.
Ṭogtakîn, atâbek de Damas, 30, 72, 76, 83, 86, 89-92, 94, 95, 98, 100, 107, 112, 121, 139 147, 150, 178 n.
Ṭhahîr ad-Dîn Aboû 'l-Fawâris Saif al-islâm Ṭogtakîn *Al-Malik Al-'Azîz* (d'après d'autres *Al-Malik Al-Mou'izz*), frère de Saladin, 428, 434 n., 441-444, 604.
Tolède, 50, 151 n.
Tortose (*Anṭarṭoûs*), 293.
Ṭougân Arslân, fils d'Âltakîn, 315 n.
Toulouse, 295 n.
'Ain ad-Daula Ṭoum'ân Al-Yâroûḳî, 197, 200, 230, 231.
Aṭ-Ṭoûr, 208, 209.
Schams ad-Daula Toûrânschâh *Al-Malik Al-Mou'aṭhṭham*, frère aîné de Saladin, 368 n., 401, 402 n., 423-426, 429-431, 437-439, 441, 604.
Tâdj ad-Daula Toutousch, fils d'Alp Arslân, 20-22, 25, 28-30, 42, 564, 608.
Toutousch, fils de Douḳâḳ, 72.
Trésor des étendards (*Khizânat al-bounoûd*), au Caire, 210 n.
Tripoli de Barbarie (*Ṭarâboulous*), 456.
Tripoli de Syrie (*Ṭarâboulous*), 6, 17, 18 n., 20, 22, 50, 67, 68, 75, 76, 80-83, 87, 90, 91, 108, 111, 142, 151 n., 155, 171 n., 275, 276, 295 n., 306, 307, 309, 446, 452, 484, 491 n., 564, 550, 591.
Tunis, 463.
Turc, Turcs, 93, 97, 103, 104, 150, 181, 191, 197, 199, 231, 239, 255, 257, 564, 565.
Turcoman, Turcomans, 20, 29, 103 n., 121, 128, 162, 170 n., 180, 321 n., 616.
Turcopoles, 76, 627.
Tyr (*Ṣoûr*), 95 n., 271 n., 452, 484.

U

Ulric (ou Orric), 188, 477 n., 480.
Urbain II (Le pape), 2.
Uzbek, voyez Djouyoûsch-Bek.

V

Vallée de Moïse (*Vallis Moysi*, *Wâdî Moûsâ*), 257 n., 261, 289 n.
Ville du Pont, voyez *Al-Djisr*.
Viollet (Paul), 476 n.
Van Vloten (G.), 553.

W

Wâdî Moûsâ, voyez *Vallée de Moïse*.
Wâdî Salam, voyez *Dhoû Salam*.
Wâdî 't-Taim, 465 n.
Aboû Mouslim Wâdi' ibn Soulaimân, 27.
Wa'la ibn Al-Ḥârith ibn Rabî'a, 509.
Wâliba ibn Al-Ḥoubâb, 527.
Wân (*Lac de*), 315.
Ward, 20.
Waththâb, fils du Mirdâsite Maḥmoûd, 22.
Weil (Gustav), 174 n.
Wilhelmus de Buri, voyez Guillaume de Bures.
Wilken (F.), 588.
Al-Wou'aira, 289.
Wüstenfeld (F.), 238 n., 422 n., 570, 617.

Y

Yabnéh, voyez *Youbnâ*.
Yâguî-Siyân (Le Turcoman), seigneur d'Antioche, 29.
Al-Yâguîsiyânî, voyez Moḥammad, fils d'Ayyoûb.
Yaḥyâ, 161.
Yaḥyâ, 285.
Yaḥyâ Ibn Abî Ṭayy Ḥâmid, voyez Ibn Abî Ṭayy.
Yaḥyâ, le Mahdite, 427.
Laith ad-Daula Yaḥyâ, fils de Mâlik, fils de Ḥoumaid, cousin d'Ousâma, 137, 614.
Aboû Ṭâlib Yaḥyâ ibn Abî Schoudjâ', 536.
Fakhr ad-Dîn Aboû 'l-Fatḥ Yaḥyâ, fils de Soulṭân et cousin d'Ousâma, 134 n., 418, 614.
Aboû Yaḥyâ, fils d'Aboû Bakr, fils de Moḥammad, fils du schaikh Aboû Ḥafṣ, 456.
Aboû Yoûsouf Ya'koûb *Al-Manṣoûr* (Le khalife du Maroc), 46, 436, 445, 447, 452, 456, 457, 458, 462.
Nâṣir ad-Daula Yâkoût, 214 n., 232, 430.
Yâkoût Al-Ḥamawî, 154 n., 188 n., 261 n., 289 n., 314, 325 n., 350 n., 351 n., 441 n., 495 n., 550 n., 617.
Yâkoût At-Ta'izzî, 439, 444.
Aboû 'l-Yakṭhân, 525.
Aboû Ya'lâ, 284.
Yânis le copiste, 51 (d'après 610), 611, 634, 637.
Yâroûk, franc, 321.
Schams al-Khawâṣṣ Al-Yâroûktâsch, voyez Âltoûntâsch.
Le schaikh Yâsîn, 519, 520.
Yazîd (*La rivière*), 413.
Yebnâ, voyez *Youbnâ*.
Yémen, 332, 333, 368 n., 369, 402, 423-426, 429-434, 437-439, 441-443, 584, 604, 620.
Yéménite, Yéménites, 419, 423, 428 n.
Youbnâ, 235.
Youḥannâ (*Johannes*), voyez Ibn Boṭlân.

Yoûnân, 484, 485.
Yoûnous, 525.
Aboû Ya'ḳoûb Yoûsouf (Le khalife du Maroc), fils de 'Abd al-Mou'min, 457.
Ḥoudjdjat ad-Dîn Aboû 'l-Ḥadjdjâdj Yoûsouf, fils de Dhoû Nâs Al-Findalawî, 213, 214.
Yoûsouf, fils d'Aboû 'l-Garîb, 159
Yoûsouf (L'émir), fils du khalife Fâṭimide Al-Ḥâfiẓh, 219 n., 248, 249.
Aboû 'l-Ḥadjdjâdj Yoûsouf ibn Al-Khallâl, 419.
Al-Malik Al-Mas'oûd Ṣalâḥ ad-Dîn Yoûsouf ibn Al-Malik Al-Kâmil, dernier prince Ayyoûbite du Yémen, 552.
Yoûsouf ibn Tâschifîn (L'Almoravide), 457.
Djamâl ad-Dîn Yoûsouf Al-Yagmourî, 464 n.
Aboû Yoûsouf Al-Ḳazwînî, voyez 'Abd as-Salâm.

Z

Zâb (Les deux), 356 n.
Zabba, 522 n.
Az-Zabdânî, 83.
Zabîd, 368, 423 n., 424 n., 425-430, 433, 434, 438-443, 604.
Zaid, 53.
Zaid, 69.
Mouḥyî ad-Dîn Ibn Az-Zakî, 411 n.
Zakî ad-Dîn Al-Moundhirî, voyez 'Abd al-'Aẓhîm.
Zalîn, 77.
Az-Zamakhscharî Djâr Allâh, 109 n.
Zardanâ, 121 n., 133.
Zawîla (Rue de), au Caire, 431.
Zawîla (Porte de), voyez *Porte de Zawîla*.
'Imâd ad-Dîn Zenguî (L'atâbek), fils de Ḳasîm ad-Daula Aḳ Sonḳor, 28 n., 104 n., 140-156, 161-163, 167, 170-174, 177, 178, 181, 182, 185, 186, 197, 209, 230 n., 267, 282 n., 301, 315, 319, 325, 350, 356, 358, 359 n., 406, 602.
Zenguî, fils de Boursouḳ, 101.
Zîrides, dynastie, 220 n.
Ibn Ziyâd. — Aboû Soufyân Moḥammad ibn 'Abd Allâh ibn Ibrâhîm Ibn Ziyâd, 424 n.
Aboû 'l-Djaisch Ibn Ziyâd, 428 n.
Ziyâdites (Princes), 424 n.
Zohair, 190, 372, 390, 494.
Zoubaid, tribu, 261 n.
Aboû Zoubaid, 530.
Ibn Az-Zoubair, voyez Aboû 'l-Ḥousain Aḥmad.
Zoumourroud Khâtoûn, 171, 172, 177, 418.
Zouraiḳ, tribu, 253, 626.

APPENDICE

LA RHÉTORIQUE D'OUSÂMA

Mon volume était terminé, lorsque, après une longue attente, j'ai enfin reçu de Berlin le manuscrit 134 de la seconde collection Welzstein, contenant la Rhétorique d'Ousâma[1]. Avec les longues stations de la voie diplomatique, il avait mis plus de quatre mois à parcourir la distance entre le prêteur, la Bibliothèque royale de Berlin, que je remercie de m'avoir consenti cette communication, et l'emprunteur, la Bibliothèque nationale de Paris, où j'ai été autorisé à travailler, même pendant les vacances de Pâques, alors qu'elle est fermée au public.

Pour grand que fût mon désir de ne point retarder cette publication si longtemps ajournée, je n'ai pas su résister au désir de faire connaître, au moins par quelques fragments, l'ouvrage si gracieusement mis à ma disposition. Ces extraits auraient dû occuper la première place parmi mes Textes arabes inédits. Ils ont été rejetés bien loin d'eux, comme un supplément inespéré; ils s'ajoutent à la *Vie d'Ousâma*, comme un appendice qui y a pénétré par effraction entre l'Index alphabétique et la Table des matières.

Le manuscrit de Berlin, auquel j'ai emprunté sept des quatre-vingt-quinze chapitres dont se compose la Rhétorique d'Ousâma, mesure $0^{m},17$ de hauteur sur $0^{m},16$ de largeur. Il comprend

1. Plus haut, p. 330-331.

219 feuillets, dont 20 d'une main plus moderne, pris sur un autre exemplaire et destinés à combler les lacunes du manuscrit principal. C'est à ceux-ci que se rapporte la date donnée dans la souscription : premier tiers de ramaḍân 1170 (fin de mai 1757). Le reste a été écrit avec beaucoup de soin et de compétence, sagement et largement vocalisé, vers 1550 de notre ère, d'après les indices du papier, de l'encre et de la paléographie. Chaque page à neuf lignes très espacées.

Voici la liste complète des chapitres. On jugera de leur étendue si arbitrairement inégale par l'indication des feuillets du manuscrit, où commence chacun d'eux. A une courte doxologie[2] et à la préface concise sur les devanciers de l'auteur, qui a été publiée antérieurement , succèdent la table des chapitres (fol. 1 r°-4 v°), puis les chapitres eux-mêmes dans l'ordre suivant :

باب اجناس التجنيس باب التجنيس المغاير 1, fol. 5 r°; II باب التجنيس المماثل, fol. 6 v°; III باب تجنيس التصحيف, fol. 8 v°; IV باب تجنيس التحريف, fol. 10 v°; V باب تجنيس التعريف, fol. 12 v°; VI باب تجنيس الترجيع, fol. 16 r°; VII باب تجنيس العكس, fol. 20 r°; VIII باب

1. Le commencement de la doxologie est conforme à ce qui a été imprimé, d'après la rédaction abrégée conservée à Leyde, d'abord par M. Dozy, *Catalogus codicum orientalium Bibliothecæ Academiæ Lugduno-Batavæ*, I (1851), p. 123; puis par M. J. de Goeje et M. Th. Houtsma dans la seconde édition du même *Catalogus*, I (1888), p. 152.

2. Page 331, première colonne de notes. Chacun aura corrigé de lui-même (l. 4 et 7) les lettres cassées de الشعر et النثر. Ajoutons que, pour la ligne 8, le manuscrit porte وكتاب الحاكى والعاطل ; je proposerais de lire كتاب الحالى والعاطل « Livre intitulé : L'orné et le simple », n'était la lecture الحالى, certaine dans Ḥâdjî Khalifa, *Lexicon bibliographicum*, V, p. 79, n° 10084.

باب تجنيس التكريب, fol. 22 v°; IX باب طبقات التطبيق, fol. 25 r°[1]; X باب الترديد ويسمّى الاستعارة, fol. 29 r°; XI باب العكس, fol. 33 v°; XII باب الاحتراس, fol. 38 v°[2]; XIII باب التتميم, fol. 39 v°; XIV باب التصدير, fol. 41 v°; XV باب التنكيت, fol. 42 v°; XVI باب التعليق والادماج, fol. 44 v°; XVII باب التورية, fol. 47 r°; XVIII باب التقسيم, fol. 47 v°; XIX باب التجزية, fol. 49 v°; XX باب النطريز, fol. 50 v°; XXI باب التفسير, fol. 57 r°; XXII باب الاستطراد, fol. 59 v°; XXIII باب الاستخدام, fol. 64 v°; XXIV باب الاغراق, fol. 66 v°; XXV باب التوهيم, fol. 68 v°; XXVI باب الاتّفاق والاطّراد, fol. 69 v°; XXVII باب التجاهل, fol. 71 r°; XXVIII باب التشعيب, fol. 72 v°; XXIX باب التوشيح, fol. 74 r°; XXX باب الكناية والاشارة, fol. 79 v°; XXXI باب المبالغة, fol. 84 r°[3]; XXXII باب الازدواج, fol. 89 v°; XXXIII باب الترصيع, fol. 93 v°[4]; XXXIV باب الرجوع والاستثناء, fol. 96 v°; XXXV باب النفى والجحود, fol. 99 r°; XXXVI باب التذييل, fol. 100 v°; XXXVII باب التسهيم, fol. 102 v°; XXXVIII باب المقابلة والتشطير, fol. 103 v°[5]; XXXIX باب التطريف, fol. 104 v°; XL باب الاعتراض, fol. 105 r°; XLI باب الانسجام, fol. 106 v°; XLII باب الاغراب, fol. 107 r°; XLIII باب الظرافة والسهولة, fol. 108 v°[6]; XLIV باب الأقسام, fol. 114 r°; XLV باب الغلط, fol. 115 r°; XLVI باب الحشو, fol. 116 v°; XLVII

1. La table des matières porte باب النطبيق.
2. La table porte باب التصدير.
3. On lit dans la table باب التبليع, c'est-à-dire باب التبليغ.
4. Chapitre omis dans la table.
5. Table : باب التشطير.
6. Table : باب السهولة.

باب التفريط, fol. 119 r°; XLVIII باب الفساد, fol. 121 r°; XLIX باب التضيق والتوسع والمساواة, fol. 125 v°; L باب المعارضة والمناقضة, fol. 127 v°; LI باب التهجين, fol. 129 r°; LII باب الالتجاء والمعاظلة, fol. 131 r°; LIII باب الرشاقة والجهامة, fol. 132 r°; LIV باب النادر والبارد, fol. 133 r°; LV باب التكلّف, fol. 134 v°; LVI باب الفكّ والسبك, fol. 135 v°; LVII باب الرذالة والجزالة والتعسّف, fol. 136 r°; LVIII باب المخالفة, fol. 136 v°; LIX باب القوّة والركاكة, fol. 137 v°; LX باب الطاعة والعصيان, fol. 146 v°; LXI باب التناقض, fol. 147 r°; LXII باب القلب, fol. 148 r°; LXIII باب العَبَث, fol. 148 v°; LXIV باب التثليم, fol. 149 v°; LXV باب العسف والتخليط, fol. 150 v°[1]; LXVI باب الاسهاب والاطناب, fol. 152 r°; LXVII باب الانتكاث والتراجع, fol. 153 r°; LXVIII باب السرقات المحمودة والمذمومة منها نقل الطويل الى القصير, fol. 154 r°[2]; LXIX باب نقل اللفظ اليسير الى الكثير, fol. 155 v°[3]; LXX باب نقل الرذل الى الجزل, fol. 156 v°; LXXI باب نقل الجزل الى الجزل, fol. 157 r°; LXXII باب نقل الجزل الى الرذل, fol. 159 r°; LXXIII باب الهدم, fol. 159 v°; LXXIV باب التكرير, fol. 161 r°; LXXV باب المساواة, fol. 163 v°; LXXVI باب الانصراف, fol. 169 v°; LXXVII باب الالتقاط, fol. 170 r°; LXXVIII باب رجحان المسبوق على السابق, fol. 171 r°; LXXIX باب فضل السابق على المسبوق, fol. 171 v°[4]; LXXX باب التثقيل والتخفيف, fol. 172 r°; LXXXI باب التقصير, fol. 172 v°; LXXXII باب النقل, fol. 173 r°; LXXXIII

1. Ainsi dans la table; le texte donne pour titre seulement باب العسف.
2. Table : باب نقل الطويل الى القصير.
3. Table : باب نقل انقصير الى الطويل.
4. Titre omis dans la table.

باب الحذو, fol. 180 r°; LXXXIV باب الكشف, fol. 180 v°; LXXXV باب التوارد, fol. 182 r°; LXXXVI باب السابق واللاحق والتداول والتناول fol. 183 v°[1]; LXXXVII باب التضمين, fol. 186 v°; LXXXVIII باب الحلّ والعقد, fol. 188 r°; LXXXIX باب التفقير, fol. 208 r°; XC باب التلطّف والتولّد, fol. 208 v°[2]; XCI باب المبادى والمطالع, fol. 209 r°; XCII باب التخلّص والخروج والاواخر والمقاطع, fol 210 r°; XCIII باب التخلّص والخروج, fol. 211 r°; XCIV باب التعليم والترسيم, fol. 211 v°; XCV باب التهذيب والترتيب, fol. 214 v°. Cette nomenclature des termes techniques, expliqués par Ousâma avec une grande richesse d'exemples poétiques à l'appui, complétera, ce semble, sur plus d'un point la liste alphabétique du *Ta'rifât* et le vocabulaire dressé avec une parfaite compétence par M. Mehren .

La Rhétorique d'Ousâma avait échappé aux investigations heureuses de M. Mehren, bien que, dès 1851, elle eût été signalée par M. Dozy[4], qui, « pour mettre à même le lecteur de juger le caractère du livre », a publié comme spécimen le premier chapitre de l'abrégé conservé à Leyde. Les nouveaux éditeurs du catalogue, MM. J. de Goeje et Th. Houtsma, ont reproduit ce même passage [5]. La comparaison du texte complet avec le texte écourté démontre ce que je prouverai dans une note par un argument parallèle, que les coupures pratiquées ont enlevé environ la moitié de l'ouvrage. Les citations du Coran semblent avoir été tout particulièrement l'objet d'une exclusion systématique. Quant à l'exemplaire de la rédaction primitive, qui se

1. Table : باب التداول والتناول.

2. Table : باب التلطّف والتوليد.

3. A. F. Mehren, *Die Rhetorik der Araber* (Kopenhagen, 1853), p. 229-256.

4. Dozy, *Catalogus*, I, p. 123-124.

5. J. de Goeje et Th. Houtsma, *Catalogus*, I, p. 152-153.

trouve au Caire et duquel émane peut-être celui de Berlin, je me contente de renvoyer à ce que j'en ai dit précédemment[1].

J'ai choisi, afin de donner une idée exacte de la marche suivie, du système adopté, de l'érudition déployée par Ousâma, les chapitres IV, VIII, XXVII, XXXIX, LIX, LXVIII et LXIX de son manuel. La brièveté de XXXIX me l'a fait insérer pour montrer le vice de la composition. Pour le reste, tous les chapitres, arbitrairement courts ou longs, présentent un même caractère : jamais philosophe ne sut se soustraire à l'influence de l'air ambiant pour respirer dans une atmosphère factice au même degré que notre rhétoricien oublieux de son passé, fermant les yeux à ses misères présentes, indifférent pour ce que lui réserve son avenir. Sa personnalité remuante s'est dérobée pour aboutir à l'étude calme des procédés, des formes et des règles de la poésie, devenue pour lui non plus un art, mais une science. En dépit du titre que le copiste a mis en tête, « l'Original sur le style original », rien ne dénote une tentative individuelle dans ce recueil de définitions claires, accompagnés d'exemples puisés aux sources poétiques les plus pures. Ce luxe de citations pourrait lui-même être revendiqué par les spécialistes antérieurs, consultés avec profit et énumérés dans la préface, auxquels est reconnu « le mérite d'avoir innové », tandis que l'auteur ne réclame pour lui que « le mérite d'avoir marché à leur suite ».

Et, comme Ousâma ne fait rien à demi, ni dans l'orgueil, ni dans la modestie, il s'efface avec un renoncement si absolu, il se renferme dans son rôle de compilateur avec une résignation si entière qu'il disparaît de son œuvre et qu'il ne s'y manifeste, ni par une allusion à un événement de sa vie, ni par un vers détaché d'une de ses poésies. Si sa Rhétorique nous était parvenue sans titre et sans nom d'auteur, nous n'aurions pas réussi à soulever pour elle le voile de l'anonymat. Son identité n'au-

1. Plus haut, p. 331, et note 1 de cette même page.

rait pu être reconnue d'après aucun indice. Nous n'aurions pu deviner que la date approximative, le grand-père d'Ousâma, 'Izz ad-Daula Sadîd al-Moulk 'Alî, ayant été admis à figurer parmi les poètes d'après lesquels ont été fixées les lois de la rhétorique. Et encore, s'il est allégué, ce n'est point que l'auteur essaie de se faire valoir par le renom de son ancêtre. Il ne dit mot de leur parenté. Il ne l'appelle pas le Mounḳidhite, mais « l'émir supérieur »[1], ou plus brièvement « l'émir »[2].

Les contemporains d'Ousâma ne sont pas mieux partagés dans ses choix. Il les tient en suspicion et leur préfère les anciens, les classiques. Il ne condamne ceux qu'il ne cite pas que par leur exclusion. Je crois seulement reconnaître son professeur Ibn Al-Mounîra[3] sous la désignation énigmatique du « maître » (*al-oustâdh*)[4], sans prénom, sans nom et sans surnom, ethnique ou honorifique. Ce parti-pris évident de passer sous silence les meilleurs entre les hommes de son temps semble révéler chez Ousâma l'arrière-pensée de laisser circuler son traité de rhétorique sans certificat d'origine. L'émir de Schaizar avait-il cru se ravaler en descendant à l'exposé de détails étrangers à sa réputation comme chevalier de sa race et de sa famille[5] et, si je puis ainsi parler, comme diplomate autorisé ? Qu'il ait voulu se dissimuler sous des apparences discrètes, ou qu'il ait, tout en ayant pour son livre des entrailles attendries, affecté de s'en désintéresser, que son fils Mourhaf ait trahi le secret si bien gardé par le contenu de l'œuvre paternelle, on s'étonnera de ce personnage à la physionomie mobile et fuyante, aux maîtrises égales dans les genres les plus opposés avec l'épée et avec le ḳalam, aux talents naturels et acquis réunis

1. Plus bas, p. 699.
2. Plus bas, p. 706, 710 et 722.
3. Plus haut, p. 50-53.
4. Manuscrit de Berlin, fol. 57 v°, 61 v°.
5. Plus haut, p. 62.

par un rare privilège chez un seul homme, à l'esprit si souple et si ouvert de toutes parts, à la nature d'élite, où se reflétaient les qualités et les défauts, où dominaient les supériorités de sa famille, de son pays et de son époque.

Paris, ce 22 mars 1893.

٤ باب تجنيس التحريف (Fol. 10 v°)

اعلم انّ تجنيس التحريف[1] هو ان يكون الشَّكْلُ فَرْقا بين الكلمتين مثل قوله [كامل]

أَحْبابَنا ما بين فُرْ قَتِكم وبين الموت فَرْقُ
جازيتمونا فى فعا لكم بما لا نستحقّ
أَفنيتمُ العَبَراتِ فابْقُوا ومَلَكتمُ رِقّى فرِقّوا

وممّا يُنسَب الى الامير الاجلّ سديد المُلْك[2] رحمه الله [كامل]

أَمْضَى من البِيض[3] الرِّقاقِ لَواحظُ البِيضِ الرِّقاقِ
ونَوافِذُ السُّمْرِ[4] الدِّقاقِ نَوافِذُ السُّمْرِ الدِّقاقِ
هذان فى يوم اللِّقا هذان فى يوم التَّلاقِى[5]

1. *Definitiones* viri meritissimi Sejjid Scherif Ali ben Mohammed Dschordschâni. Primum edidit G. Flügel (Lipsiæ, 1845), p. 54.

2. 'Izz ad-Daula Sadîd al-Moulk Aboû 'l-Ḥasan 'Alî, le grand-père d'Ousâma; cf. plus haut, p. 697.

3. Manuscrit en marge : السيوف الاول.

4. Manuscrit en marge : الرماح الاول.

5. Manuscrit : التلاق.

أَحبابَنا لى فيكمُ رُوحٌ تُساقُ الى السِّياقِ
رِفقًا[1] بها ان كنتمُ ممّن يَرى حقَّ الرِّفاقِ[2]

وقال اخَر [طويل]

أَأَنتم زعمتم أَنّنى غيرُ عاشق وأَنّىَ لا أَعْبَا ببينِ مُفارِقِ
فلِمْ قُرِحَتْ يومَ الوَداع مدامعى ولِمْ شابَ فى يوم الفِراق مَفارِقى

وقال بعضُ العرب وقد مات ولدُه اللهمَّ انّى مُسْلِمٌ مُسلِّمٌ وقال بعض الشعراء وقد ليم على ترك الشعر فقال اللّهَى تفتح اللّهَى ومنه للقاضى ابى سعيد رحمه الله [كامل]

قلبٌ وقلبٌ فى يديك مُعذَّبٌ ومنعَّمُ
ظمآنُ يَطلب قَطْرةً تَشفى صَداه ومفعَمُ

وللبحتُرىّ [خفيف]

سَقَمٌ دونَ أَعيُنٍ ذاتِ سُقْمٍ وعَذابٌ دونَ الثَّنايا العِذابِ

ومنه [هزج]

لئن سلّمنى اللهُ وبالصُّنْع تَوَلّانى
وأَوطانَ أَوطانى وأَعطانى أَعطانى

1. Manuscrit au-dessus : من الرفق.
2. Manuscrit au-dessus : من الرفقة.

وأخلى ذُرَعَى الدهرُ وخَلّانى وخُلّانى

فلا عُدتّ الى الغُربـــة ما كُرّا الجَديدان

فان عدتّ لها يوما فسَجّانى سَجّانى

وللموت الوَحىِّ الأحمـــر القانئ أَلْقانى

٨ باب تجنيس التركيب (Fol. 22 v°)

اعلم انّ تجنيس التركيب[1] هو أنّ الكلمة مركّبة من كلمتين كما قال الشيخ ابو العلاء[2] [كامل]

البابليّةُ بابُ كلّ بليّة فتَوَقَّيَنَّ دخولَ ذاك الباب

ولبعضهم وهو من المُعجز الذى ليس مثله [سريع]

ان تَلْقك الغُرْبةُ فى مَعْشَرٍ تَضافروا[3] فيك على بغضهمْ

فَدارِهِمْ ما دمتَ فى دارهم وأَرْضِهم ما دمتَ فى ارضهمْ

وأنشدنى الفقيه ابو السمح رحمه الله[4] [كامل]

اصْرِفْ بسمعك عن صَدَى مُتَسَمْعِلِ وآبْرأْ بوهمك عن رَدَى مُتَبَرْهِمِ[5]

1. Mehren, *Die Rhetorik der Araber* (Leipzig, 1853), p. 155-156.

2. Plus haut, p. 511 ; 582, note 3.

3. Manuscrit en marge : تظافروا بالظاء اخت.

4. Aboû 's-Samḥ Ibrâhîm Al-Ḥanafî avait été le précepteur de Soulṭân, oncle d'Ousâma; voir plus haut, p. 564.

5. Dénominatifs inconnus des lexicographes, tirés des noms propres Ismâ'îl (Ismaël) et Ibrâhîm (Abraham).

مَا دَرَّ هَمَّ فَتًى وَضَرَّ أَذِيَّتَهُ إِلَّا لِدِينَارٍ يَضُرُّ وَدِرْهَمِ

وقال بعض الصالحين انما سُمّى الدينار دينارا لانّه دينٌ ونارٌ اى تَصِلُ[1] به اليهما وانما سُمّى الدرهم درهما لانّه يُدِرُّ الهمّ وهذا يُشبه قولَ بعض المفسّرين أنّ معنى اسم ابرهيم لانه شَفَى الكفّارَ من مرض الكُفْر ومعنى اسم محمّد عليه السلام لانه مَحَّ الكُفْرَ اى ازاله ومَدَّ الايمان اى بسّطه وتقول العرب مَحَّ رسمُ الدار اى عفى واندرس وشعرُ ابى الفتح البُسْتىّ اكثرُه من هذا الباب[2] وقد تبعه الناس فى ذلك فقال شاعرنا احمد بن يعقوب [بسيط]

وَأَهْيَفَ الخَصْرِ مثلِ الليلِ طُرّتُهُ وَصُدْغُهُ خَزَرِىّ الجِنسِ أَوْلانى
أَوْلَيْتُ وَصْلاً فَأَوْلانى قطيعتَهُ بِئْسَ الجزاءُ بما أَوْلَيْتُ أَوْلانى

ولغيره [خفيف]

وَمُعانٍ قَتْلَ النفوسِ مُعانٍ قد رمى قدرَ ما أَصابَ جَنانى
ناظِراه فيما جنى ناظِراهُ أَودعانى أَمُتْ بما أَودعانى
أَوصلانى الى المُنَى أَوصلانى بالأَمانى التى تُبيدُ الأَمانى

للصُّورىّ[3] [خفيف]

1. Manuscrit : بصل.

2. Mehren, *Die Rhetorik der Araber*, p. 155.

3. C'est-à-dire ʿAbd al-Mouḥsin ibn Moḥammad Ibn Galboûn Aṣ-Ṣoûrî, mort en schawwâl 419 (octobre 1028), sur lequel on peut consulter Ath-Thaʿâlibi, *Yatîmat ad-dahr* (éd. de Damas), I, p. 225-237; Ibn Khalli-

تَرَكَ الظاعنون صدرى بلا قَلْب وعَيْنى عَيْنا من الهَمَلان
واذا لم تَفِضْ دمًا سُحْبُ أَجفا نى على اثرهم فما أَجفانى
ووراء الحمول أَحسنُ خلق الله خلقًا عارٍ من الاحسان
حَلَّ فى ناظرى فلو فتشوه كان ذاك الانسانُ فى الانسان

ولغيره [سريع]

يَنامُ من يُضمِر غيرَ الهوى وتَلتقى الأَجفانُ[1] أَجفانا

وجيهُ الدولة [خفيف]

انّ أَسيافنا القصارَ الدّوامى صيّرتْ مُلْكَنا قرينَ الدّوام
باقتسام الأموال من وقت سامٍ واقتحام الأهوال من وقت حامِ

ومنه [كامل]

يا من تُدِلّ بمقلة وأَنامِل من عَنْدَم
كُفّى جُعلتُ لكِ الفدا ءَ لحاظَ جفنكِ عن دمى

ومنه [هزج]

لئن سامحنى الدهرُ وخُلّانى وخَلّانى

kân, *Biographical Dictionary*, II, p. 176-179; Hammer, *Literaturgeschichte der Araber*, V, p. 763-768 et 853.

1. Manuscrit : أجفانُ.

وأَوطانىَ أَوطانى وأَعطانى أَعطانى
فلا عُدتُّ الى الغُرْبــة ما كرّا الجـديدان[1]

ومنه [طويل]

رأيتُكَ تَكوينى بميسمِ ذلّةٍ كأنّك قد أصبحت علّةَ تكوينى
وتَلوينَ الحـقّ الذى انا اهلُه وتخرج فى امرى الى كلّ تلوينِ
فهلا ولا تمنُنْ علىّ فبُلْغـةٌ[2] من العَيش تكفينى الى يوم تكفينى

ومنه [كامل]

بأَبِى غزالٌ نامَ عن وَصَبِى به وسُجوم دمعى فى الهوى وصَبيبه
يا لَيْتَه يحنو على وَلَهى به وخفوق قلبى نحوه ولَهيبه

۲۷ باب التوشيح (Fol. 71 v°)

اعلم انّ التوشيح هو ان تريد الشيء فتعبّر عنه عبارةً حسنة وان كانت أَطوَلَ منه كما قال ابن المعتزّ [منسرح]

وأَذْريُونٍ أتاكَ فى طَبَقِهْ كالمِسك فى ريحه وفى عَبَقِهْ
قد نَفَضَ العاشقون ما صَبَغَ الـهَجْرُ بألوانهم على وَرَقِهْ

فانّ البيت موضوع على أنّه اصفر وقولُ المتنبّى [طويل]

1. Ces vers sont déjà cités plus haut, p. 700-701.
2. Manuscrit : على فبلغه.

بلادٌ اذا زار الحِسانَ بغيرها حَصَى تُرْبها ثقّبْنَه للمَخانقِ

فانّ البيت كلّه عبارة عن شبه الحَصَى بالدّرّ وقد أحسن المَنازىّ [1] فى اتّباعه [وافر]

وقانا لفحةَ الرَّمْضاءِ رَوْضٌ سقاه مُضاعفُ الغيثِ العَميمِ

حللنا دَوْحَه فحَنا علينا حُنُوَّ الوالداتِ على اليتيمِ

وأرشفنا على ظَمَأٍ زُلالاً ألذَّ من المُدامةِ للنديمِ

نُبارى الشمسَ أنّى واجهتنا فتحجبها وتأذنُ للنسيمِ

يروع حَصاه حاليةَ العَذارى فتلمسُ جانبَ العقدِ النظيمِ

وهذا مأخوذ من قول الرَّفّاء [2] [بسيط]

1. Les mêmes vers, avec des variantes, sont cités par Ibn Khallikân dans la biographie de leur auteur; voir le texte arabe publié par Slane, I (un.), p. 65; traduction anglaise, I, p. 127; cf. aussi Aboû 'l-Fidâ, *Annales moslemici*, III, p. 124-127.

2. C'est ainsi qu'Ousâma, dans sa Rhétorique, désigne le poète de Mauṣil As-Sarî ibn Aḥmad, surnommé *Ar-Raffâ'* « le rapiéceur », mort vers 364 de l'hégire (974-975 de notre ère); cf. dans le manuscrit, fol. 162 r° ; 178 r° et v°; 179 r° et v°; 208 v°. Sur As-Sarî, voir son *dîwân* conservé dans le manuscrit 1383 de l'ancien fonds arabe; Ath-Tha'âlibî, *Yatîmat ad-dahr* (éd. de Damas), I, p. 450-507 (notre vers à la p. 491); Ibn Khallikân, *Biographical Dictionary*, I, p. 557-559; Hammer, *Literaturgeschichte der Araber*, V, p. 744-748; VII, p. 1223-1224. C'est aussi par l'épithète الرفّاء que 'Imâd ad-Dîn Al-Kâtib, dans un passage cité plus haut, p. 597, l. 1, caractérise son contemporain Aboû 'l-Ḥosain Aḥmad Ibn Mounîr « le rapiéceur », et c'est ainsi qu'il convient de rectifier le texte de ce passage. Le blâme qu'implique ce sobriquet semble avoir été mérité par un poète qui manquait de scrupules dans ses emprunts à ses devanciers. C'est là du moins une accusation que 'Imâd ad-Dîn (manuscrit 1414 de l'ancien fonds arabe, fol. 1 v°) dit avoir

يُرِيكَ مِن شَرَفِ الأَلفاظِ مَنطِقُهُ دُرَّ العُقُودِ غَدَتْ محلولةَ العُقَدِ

وللامير سديد المُلْك رحمه الله[1] [طويل]

جزى اللهُ نَصْراً[2] خيرَ ما جُزِيَتْ به رجالٌ قَضَوْا فَرْضَ العُلَى وتَنَفَّلُوا
هو الوَلَدُ البَرُّ اللطيفُ فان رَمَى به حادثٌ فهْوَ الحُسامُ المعجَّلُ

ومنه لغيره [منسرح]

طافَ براحٍ كأنّ ريحتَها صادرةٌ عن رياحِ أَنْفاسِهِ
بَدْرُ تمامٍ كأنّ وَجْنتَه قد نَفَضَتْ صِبْغَها على كاسِهِ

ومنه [منسرح]

وشمسِ راحٍ يُديرها قَمَرٌ شاهِدُه فِتْنَةٌ وغائبُهُ
أَقْبَلَ في كفّه مُشَعْشَعَةً عائبُها كاذبٌ وعائبُهُ
تحت ظلامٍ كأنّما نفضتْ عليه اصباغَها ذَوائبُهُ

ومنه [طويل]

entendu porter contre Ibn Mounîr à Damas en 571 de l'hégire (1175-1176 de notre ère) par l'émir Mou'ayyad ad-Dîn (*sic*) Ousâma Ibn Mounḳidh.

1. L'émir 'Izz ad-Daula Sadîd al-Moulk Aboû 'l-Ḥasan 'Alî, le grand-père d'Ousâma, comme déjà p. 699, l. 7.

2. Il s'agit de 'Izz ad-Daula Aboû 'l-Mourhaf Naṣr, fils et successeur de 'Alî (plus haut, p. 27-31), oncle d'Ousâma.

وليلٍ حَكَى فَرْعَ الحبيب وَصَدَّه   نَفَى النومَ عنّى فيه طيفُ خَيالِهِ

الى أن بدا ضَوْءُ الصَّبـاح كأنّما   تَجَلَّى لنـا عن صَدّه بوِصـالِهِ

٣٩ باب التطريف (Fol. 104 v°)

اعلم أنّ التطريف[1] هو ان تكون الكلمةُ مجالسةً لما قبلها. ولما بعدها او مطابِقة او متعلّقة بها بسبب من الأسباب مثل قول ابى تمّام [بسيط]

السيفُ أَصدقُ انباءً من الكُتُبِ   فى حَدّه الحَدَّ بين الجِدّ واللَّعِبِ

٥٩ باب المخالَفة (Fol. 137 v°)

اعلم انّ المخالفة هو الخروج عن مذهب الشعراء فى أَشعارهم وتركُ الاقتفاء لآثارهم مثل قول نُصَيْب [كامل]

طرقتْك صائدةُ القلوب وليس ذا   وقـتُ الزيارة فآرجِعى بسَلامِ

وليس من المعهود ردّ المحبوب على عَقِبه اذا زار مُحِبَّه   ومثل قول ابن قيس[2] [خفيف]

تَجعلُ النَّدَّ والأُلُوّة والمِسْـكَ صِلاءً لها على الكانونِ

ومعلومٌ أنّ الزِّنْج على نتن رائحتهم لو تطيّبوا ببعض هذا الطّيب لطابت رائحتُهم

1. *Definitiones*, p. 234; Sacy, *Chrestomathie arabe* (2e éd.), III, p. 145.
2. Al-Moubarrad, *Kâmil* (éd. Wright), p. 169.

وانما الحَسَنُ الجيّد قول امرئ القيس[1] [طويل]

الم تَرَيانى كلّما جئتُ طارقا   وجدتُ بها طِيبًا وان لم تَطَيَّبِ

ومن ذلك قوله [طويل]

أَغَرَّكِ منّى أنّ حُبّكِ قاتلى   وأنّكِ مَهْما تأمُرِى القلبَ يفعَلِ

وهذا اللفظُ جافٍ لانّه توعّد والمُحِبّ لا يَتوعّد حبيبَه وكذلك قوله [طويل]

وان تَكُ قد ساءتْكِ منّى خَليقةٌ   فسُلّى ثيابى من ثيابكِ تَنْسُلِ

لانّ المُحِبّ لا يخبِّر حبيبَه بين فراقه وبين وصاله ومن ذلك قول كُثَيِّر [وافر]

وما زالت رُقاكِ تَسُلّ ضِغْنى   وتُخرِج من مَكامنها ضِبابى
ويَرقينى لكِ الراقون حتّى   أَجابتْ حَيّةٌ تحت الحجابِ

والمعهودُ من عُرْف العادة أنّ المَلِك يُتودّد اليه ولا يَتودّد[2] الى غيره وانّما الجيّد قوله[3] [طويل]

له هِمَمٌ لا مُنْتَهَى لكبارها   وهمّتُه الصغرى أَجلّ من الدهرِ

1. Slane, *Le dîwân d'Amro 'lkaïs*, p. 23 du texte ; Arnold, *Septem mo'allakât*, p. 9 et 10 ; Ahlwardt *The Divans of the six ancient Arabic poets*, p. 116, 147 du texte, 55 et 73 de l'annotation.

2. Manuscrit : يتودد

3. Ibn At-Tiktakâ, *Al-Fakhrî* (éd. Ahlwardt), p. 11 ; deuxième édition, sous presse, par Hartwig Derenbourg, p. 11.

لهُ راحةٌ لو أنّ مِعْشار عُشْرِهـا على البَرّ كان البَرّ أَنْدَى من البحرِ

ومن ذلك قول سُحَيْم [طويل]

رآهنّ ربّى مثلَ ما قد وَرَيْنَنى وأَحْمَى على أَكبادهنّ المَكاوِيَا

لانّ المُحِبّ لا يَدعو على حبيبه ومنه قول كُثيِّر [طويل]

ألا ليتنـا يا عَزّ من غير رِيبةٍ بَعيرانِ نَرْعَى فى الخَلاء ونَعْرُبُ
يطرِّدُنا الرُّعيـانُ عن كلّ تلعةٍ فلا عيشُنا يَصفو ولا الموتُ يَقْرُبُ

يقال أنّ عَزّةَ لمّا سمعت ذلك قالت لقد تمنّيتُ لنا الشِّفاءَ الطويل وأَحسنُ منه قول الاخَر [طويل]

علقتُ بلَيْلَى وهْى ذاتُ مُوَصَّدٍ ولم يَبْدُ للأَتراب من ثَدْيها حَجْمُ
صَغِيرَيْنِ نَرْعَى البَهْمَ يا ليت أنّنـا الى اليوم لم يَكبر ولم تكبرِ البَهْمُ

وقول عمرو بن ابى ربيعة [منسرح]

قـالت لهـا قد غمزتُه فأَبَى ثمّ استطارت تَشْتدّ فى أَثَرِى

هذا خلاف العادة والمعروف ان يَتبع المُحِبّ المحبوبةَ والبيت بضدّ ذلك ومنه قول الاخر [رمل]

واذا تُلْسِنُنى أَلْسُنُهـا انّنى لستُ بمرهوبٍ قَفِرْ

وهذا غير ما طُبع عليه طباعُ المحبّين من السكون وانقطاع الكلام عند رؤيتهم كما قال

[منسرح]

لى حُجَجٌ فى مَغيبه فاذا   رأته عينى تمزّقت حُجَجى

وقول الاخر

[بسيط]

أُقِرّ بالذنب منّى لستُ أَعرِفُه   كَيْما أَقول كما قالت فَتَتَّفِقُ

ولابى صَخْرٍ

[طويل]

وما هو الّا أَن أَراها فُجاءةً   فأَبْهَتُ لا عُرْفٌ لدىَّ ولا نُكْرُ
وأَنسَى الّذى قد كنتُ فيه مِجِرْتُما   كما قد تُنَسّى لُبَّ شاربها الخَمْرُ

وقول الاخر

[طويل]

وما هو الّا أن أَراها فُجاءةً   فأَبْهَتُ حتّى ما أَكادُ أُجيبُ

وقول الامير سديد الملك رحمه الله[1]

[بسيط]

يَجنى ويَعرف ما يَجنى فأُنْكِرُه   وبدّى أَنّه الحُسنَى فأَعترِفُ

---

1. L'émir 'Izz ad-Daula Sadîd al-Moulk 'Alî, le grand-père d'Ousâma, voir plus haut, p. 699 et 706. Ces deux vers, qui se trouvent au fol. 140 r° du manuscrit de Berlin, sont cités au fol. 55 v° dans l'Abrégé de Leyde. Les pages y étant sinon plus grandes, du moins plus remplies, l'extrait semble contenir environ la moitié de l'ouvrage original, comme je l'ai dit plus haut, p. 695.

وكم مقامٍ لِمـا يُرضيك قمتُ على   جَمْرِ الغَضا وهُو عندى رَوْضةٌ أنُفُ

ومنه قول جَميل [طويل]

أُريد لَأَنْسَى ذكرَها فكأنّما   تَمَثَّلُ لى لَيْلَى بكلّ سبيلِ

وهذا خلاف مذاهب الشعراء لانّهم يَحرصون على دوام ذكرهم وطول محبّتهم

الا ترى الى قول قيس بن ذَرِيحٍ [طويل]

فيـا حُبَّها زِدْنى جَوًى كلَّ ليلةٍ   ويا سَلْوَةَ الايّام موعِدُكِ الحَشْرُ

حتّى أنّ المحِبّ منهم لَيَحرص على التفكّر فى حبيبه والذكرِ له حتّى قال بعضهم [طويل]

وأَخرجُ من بين البيوت لعلّنى   أُحدِّثُ عنكِ النفسَ فى السِّرّ خاليَا

وقال الاخر [طويل]

وانّى لَأَغْشَى النومَ من غير نَعسةٍ   لعلّ لِقاءً فى المنام يكونُ

وتبعه المُحْدَثُ فقال [طويل]

سأَشكر للذِّكْرَى صنيعَتَها عندى   وتمثيلَها لى من أُحِبُّ على البُعْدِ

وقال اخر [كامل]

اللهُ يعـلم أنّنى   أَلتذّ فيكم باشتياقِ

وأَكادُ مِن أُنسِ التذ ‌ كُّرِ لا أَذُمُّ يدَ الفِراقِ

وأَحسَنَ ابو الشِّيصِ وزاد على الاحسان لمّا مدح اللُّوّامَ حِرْصًا على سَماع ذكر المحبوب فقال [كامل]

أَجِدُ المَلامةَ فى هَواكِ لذيذةً ‌ حُبًّا لذكرِكِ فلْيَلُمْنى اللُّوَّمُ

وزاد وبرز عن مذهب الشعر فرجع الى مذهب العَبَث حتّى ذكر أنّه يُحِبُّ الأَعداء لمّا اشبهوا محبوبَه فى نَقْصِ حظّه منهم فقال [كامل]

أَشْبَهْتِ أَعدائى فصِرتُ أُحِبُّهم ‌ اذ كان حظّى منكِ حظّى منهمُ

وتبعه ابو نُواسٍ فقال [وافر]

أُحِبُّ اللَّوْمَ فيها ليس الّا ‌ لتَرْدادِ اسمِها فيما أُلامُ

وتبعه النامى فقال [كامل]

أَهْوَى مقارنةَ العَذولِ لأنّه ‌ لَهِجٌ بذكرِكِ فى خِلالِ كلامِهِ

ومنه قول الاخر [طويل]

ولو تركتْ عقلى معى ما طلبتُها ‌ ولكنْ طِلابِيها لِما فاتَ من عقلِى

وهذا خروج عن المذهب لأنّه جَعَلَ طلبها سببا والجيّد قول الاخر [طويل]

ما سَرّنى أنّى خلىٌّ من الهوى ولا أنّ لى ما بين شرقٍ ومَغْرِبِ

والحَسَنُ بذلُ مُهْجته فيها واستصغارُ الاخطار واستقرابُ البُعد من المُزار مثل قول الاخر [بسيط]

قالوا تَوَقَّ رجالَ الحىّ انّ لهم عينا عليك اذا ما نمتَ لم تَنَمِ
فقلتُ انّ دمى أقصى مرادهمُ وما غلتْ نظرةٌ منها بسفك دَمِى

ومنه قول ابى نُواس [بسيط]

قالت لقد بَعُدَ المَسْرَى فقلتُ لها مَن عالَجَ الشوقَ لم يَسْتَبْعِدِ الدارَا

وللشيخ ابى محمّد بن سِنان رحمه الله[1] [بسيط]

أشتاقُكم ويَحُولُ العجزُ دونكمُ فأشتكى بُعْدَكم عنّى وأعتذرُ
وأدّعِى خَطَرًا بينى وبينكمُ وآيةُ الشوق أن يُستَصْغَرَ الخَطَرُ

وقول ابن الدُّمَيْنَة [طويل]

ولو انّ لَيْلَى مَطْلِعَ الشمس دونَها وكنتُ وراءَ الشمس حين تَغيبُ
لمنّيتُ نفسى ان تُريغَ بها النَّوَى وقلتُ لقلبى انّها لَقريبُ

ومن ذلك قول ذى الرُّمّة [طويل]

1. Plus haut, p. 19 et 608.

لعلّ انحدارَ الدمعِ يُعقِب راحةً   من الدمع او يَشفِى نَجِىَّ البلابلِ

هذا ضِدّ ما يُستحسَن من قول القائل[1] [طويل]

فيا حُبَّها زِدْنى جَوًى كلَّ ليلةٍ   ويا سَلْوَةَ الايّام موعِدُكِ الحَشْرُ

وكما قال عبد الصَّمَد [مديد]

لا أَتاحَ اللهُ لى فَرَجًا   يومَ أَدعو منكِ بالفَرَجِ

وقول ابى نُواس [بسيط]

لا فرّج اللهُ عنّى إن مددتُ يدى   اليه أَسئله من حُبّكِ الفَرَجا

واحسنُ والطفُ قول المتنبّى [كامل]

لو قلتَ للدَّنِف الكَئيب فَدَيْتُه   ممّا به لَأَغَرْتَه بِفدائه

ومن ذلك قول عبد الله بن قيس الرُّقَيّات [منسرح]

يأْتَلِقُ التاجُ فوق مَفْرِقه   على جَبينٍ كأنّه الذَّهَبُ

لانّ العرب تَمدح بجَهامة الصورة وترك التنعّم وهذا ضدّ ذلك وقد ذكروا عن المدوح أنّه عاب عليه هذا الشعرَ وقال ألّا قلتَ فىّ كما قلتَ فى مُصْعَب بن الزُّبَيْر [خفيف]

1. Même vers, plus haut, p. 711, l. 6.

انّما مصعَبٌ شهـابٌ من اللّـــه تجلّتْ عن وجهه الظّلْماءُ

يتّقى اللّهَ فى الأُمور وقد أفْـــلَحَ من كان همّه الاتّقـاءُ

لانّ التفاضُل بالخلائق لا بالخَلْق لانّ الانسان مُجبَر على الخِلْقة مخيّرٌ فى الخُلُق

وممّا يُشبِه هذا وهو من الباب بعينه قول كُثَيِّر [طويل]

على ابن ابى العاصى دِلاصٌ حَصينةٌ أَجادَ القيونُ سَرْدَها وأَذالَها

فقال لِمَ لا قلتَ فىّ كما قلتَ فى سليمن بن عبد الله [كامل]

فاذا تجىءُ كتيبةٌ ململمةٌ شَهْباءُ يَغْشَى الذائدون نِزالَها

كنتَ المقدَّمَ غيرَ لابسِ جُنّةٍ بالسيف تَضْرِبُ مُعْلِمًا أَبطالَها

قال انّى وصفته بالخُرُق ووصفتك بالحزم فقال كلّا ولكنّك وصفته بالاقدام

ووصفتنى بالجُبن وعابوا على النّطّمىّ قوله [وافر]

أَيا مَن وجهُه أَسَدٌ وسائرُ خَلقه بَشَرُ

قالوا هذا عجيب من عجائب البُجْر[1] ومنه [متقارب]

فلمّـا بدا لى مـا رابنى نزعتُ نزوعَ الأَبِىِّ الكريمِ

وقال ابنُ بَشامةَ [متقارب]

1. Manuscrit : البحر.

بَخِلْنـا لِبُخْلِكِ قد تَعلمين   وكيف يلوم البخيلُ البخيلَا

ومن ذلك قوله [بسيط]

بانت سُعـادُ فَفِى العينين مَلْمُولُ   وكان فى قِصَرٍ من عَهْدِها طُولُ

هذا ردىءٌ لأنّه استطال وقتَ وِصالها والجيّدُ قول الاخر [وافر]

يَطولُ اليومُ لا أَلْقاكِ فيه   وحَوْلٌ نَلتقى فيه قصيرُ

ومنه قوله [بسيط]

من حُبّهـا أَتمَنَّى أن يواجهنى   من نحوِ بلدتهـا ناعٍ فَيَنعاهَا
لِكَىْ يكونَ فراقٌ لا لِقاءَ له   فيُضمِر القلبُ يأساً ثمّ يَسلاهَا

لانّ المعهود تفديةُ المحبّ لحبيبه بنفسه وهذا ضدّ ذلك ومنـه قـول نُصَيْب [طويل]

أَهيمُ بِدَعْدٍ مـا حَيِيتُ فان أَمُتْ   فَوَا أَسَفَا[1] مَن ذا يَهيمُ بها بعدِى

لانّ المعروف بُخْلُ المحبّ بحبيبه على غَيْرةٍ ومنه قول الاخر [بسيط]

أَشكو الى الله قلبـا لو كَحَلْتِ به   عينَيْكِ لاكتَحلَتْ من حَرّه بدَمِ

1. Manuscrit : فواسفى.

لانّ المعروف أنّ تقـابُل المحبّ محبوبَه بالخير لا بالشرّ والحَسَنُ من هذا قوله [طويل]

سقى اللّهُ أرضا لو ظفرتُ بتُرْبِهـا كحلتُ بها من شدّة الشوق أجفانى

ومنه قول عَدىّ بن الرِّقاع [كامل]

لولا الحَياء وأنّ رأسى قد عَسَا فيه المَشيبُ لزُرْتُ أُمَّ القـاسِمِ
وكأنّها وَسْطَ النساء أعارَهـا عينَيْه أَحورُ من جَآذِرِ جاسِمِ
وَسْنانُ أَقصَدَه النُّعاسُ فرنّقتْ فى عينه سِنَةٌ وليس بنائمِ

هذا يَشغف به الجماعةُ حتّى قال بعضُ المتقدّمين وقد استحسَنَه كيف اذا وقع بقُضْبان الدِّفْلَى على بطون المِعْزَى وهو عندى فاسدٌ من باب المخالفة لانّ المحبّ يَحتمِلُ فى حبيبه الصِّعابَ فكيف لا يَحتمِلُ فيه الحَياء وفَقْدَ الشبابِ وقال قيس بن ذَرِيح [طويل]

أَقولُ اذا نفسى من الحُبّ أَصعدتْ بهـا زَفْرةٌ تَعتـادُنى هى ما هِيَـا
أَلا لَيْتَ لُبْنَى لم تكن لِىَ خُلّةً ولم ترنى لُبْنَى ولم أَدرِ مـا هِيَـا

ثم يقول [طويل]

لقد خِفتُ أَلاّ تَقْنَعَ النفسُ دونَها بشىء من الدنيا وان كان مُقْنِعـا

وأَعْذُلُ فيها النفسَ اذ حِيلَ دونَها   وتأْبَى اليهـا النفسُ الاّ تطلّعـا

ومنه [مجتثّ]

مِن الخَلِىّ المُفيـقِ   الى صَديق الطريقِ
كتبتُ عن غير شوقٍ   اليك يا لا صـديقى
وما سفحتُ دموعى   ولا شَرِقْتُ بريقى
وجُملةُ الامرِ أنّى   اليـك غيرُ مَشُوقِ

ومنه [مجتثّ]

يا لا شبيهُ الـهلالِ   ولا بديعُ الجمـالِ
ومن يُدِلُّ بطَـرْفٍ   خلافِ طَرْفِ الغزالِ
جُدْ لى باخْلافِ وَعْدٍ   فـإنّى لا أُبـالى

ومنه [مجتثّ]

كَتبتُ عن غير شوقٍ   يُضْنِى ولا بَلْبـالِ
وما سفحتُ دموعى   عليك مثـلَ اللآلى
ولا تذكّرتُ عَيْشـا   فى سالفـات الليالى
بَلَى فُؤادىَ مُضْنًى   من اللَّقَى[1] فى اعتلالِ
أَوَدُّ بُعْـدَكَ عنّى   ولو سمحتُ بمـالى

1. Manuscrit : اللقا.

٦٨ باب السّرقات المحمودة والمذمومة (Fol. 154 r°)

منها نقل الطويل الى القصير قال ابن وكيع[1] السّرقاتُ عَشَرة اوّلها استيفاء اللفظ الطويل فى المعنى[2] القليل كقول طرفة[3] [طويل]

أَرَى قبرَ نحّامٍ بخيلٍ بماله كقبرِ غويّ فى البَطالة مُفسِدِ

اختصره ابن الزِّبعرى بقوله [رمل]

والعَطيّاتُ خِساسٌ بيننا وسَواءٌ قبرُ مُثرٍ ومُقِلّ

ومنه قول بَشّار [بسيط]

من راقَبَ الناسَ لم يَظفر بلذّته وفاز بالشهَوات الفاتكُ اللَّهِجُ

اخذه سَلْمٌ الخاسرُ[4] فاختصره وقال [بسيط]

1. Ibn Wakí' désigne Abou Mohammad Al-Hasan ibn 'Alî ibn Ahmad Ad-Doubbî At-Tinnîsî, surnommé Ibn Wakí', célèbre comme poète et comme critique, auteur du *Mounṣif* « L'impartial », monographie sur les plagiats d'Al-Moutanabbi'. On peut consulter sur Ibn Wakí', qui naquit à Tinnîs près de Damiette, et qui y mourut le trente mars 1103, Ath-Tha'âlibî, *Yatîmat ad-dahr* (éd. de Damas), I, p. 281-305; Ibn Khallikân, *Biographical Dictionary*, I, p. 396-398; Hammer, *Literaturgeschichte der Araber*, V, p. 777-778; 808-810; 854-856; VII, p. 1109.

2. Le manuscrit porte فى اللفظ, rectifié à la marge en فى المعنى.

3. Soixante-quatrième vers de la *mo'allaḳa*, dans Arnold, *Septem mo'allaḳât*, p. 57; cf. Ahlwardt, *The Divans of the six ancient Arabic poets*, p. 58 du texte.

4. Ibn Khallikân dans l'édition de Wüstenfeld, n° 252, notice sur Sâlim Al-Khâsir, comme ce poète y est nommé, ainsi que dans l'édition

من راقَبَ الناسَ مات غَمًّا   وفاز باللّذّة الجَسورُ

ومنه [منسرح]

من راقَبَ النـاسَ فى أَحبّته   خاب وحاز السرورَ من خَسَرَا

اختصره الأَخطل ونقله الى صفة فى قَيْنة فقال [منسرح]

جاءت بوجه كأنّه قَمَرٌ   على قَوامٍ كأنّه غُصُنُ
حتّى اذا ما استقرّ مجلسُنا   وصار فى حَجْرِها لنا وَثَنُ
غَنّتْ فلم تبقَ فىّ جارحةٌ   الاّ تمنّيتُ أنّها اُذُنُ

واختصره اخَر بعده فأَحسن وزاد فى قوله [خفيف]

لى حبيبٌ خَيالُه نصبُ عينى   سِرُّه فى ضمائرى مكنونُ
ان تذكّرتُه فكلّى قلوبٌ   او تأمّلتُه فكلّى عيونُ

ومنه [طويل]

تقومُ عليه كلَّ يوم قيامةٌ   من الحُبّ الاّ أنّه ليس يُقبَرُ

اخذه سَلْمٌ الخاسرُ فقال [مجتثّ]

أليس هذا عجيبٌ   أَموتُ يوما وأُنشَرُ

de Boûlâḳ en trois volumes, I, p. 353. C'est Salm qu'il faut lire ; voyez Ibn Abî Ya'ḳoûb An-Nadîm, *Kitâb al-fihrist*, p. 162, l. 2 ; 338, l. 11 ; une note substantielle de M. de Slane, dans Ibn Khallikân, *Biographical Dictionary*, I, p. 22 ; Mehren, *Die Rhetorik der Araber*, p. 279.

قيامةٌ كُلَّ يوم   على فتًى ليس يُقبَرُ

ومنه [بسيط]

انّ الرياح اذا اشتدّت عواصفُها   فما تَضُرّ سوى العالى من الشَّجَرِ
وفى السماء نجومٌ ما لها عَدَدٌ   وليس يُكسَفُ غيرُ الشمس والقَمَرِ

اخذه القاضى أبو سعيد رحمه الله فقال [كامل]

لا غَرْوَ أنْ حبّى أَصا   خَ لسَطْوة البين الجَسيمِ
انّ الغصون العاليا   تِ يَهزّها مرّ النَّسيمِ

٦٩ باب نقل اللفظ اليسير الى الكثير (Fol. 155 v°)

وهو مثل قول مُسلِم بن الوَليد [سريع]

أَقْبلْنَ فى رأدِ الضَّحاءِ بنا   يَستُرْنَ وجهَ الشمس بالشمسِ

اخذه الثانىّ[1] فقال [كامل]

واذا الغزالةُ فى السماء تعرّضتْ   وبدا النهارُ لوقته يَترحّلُ
أَبدَتْ لوجه الشمس وجهًا مثلَه   تَلْقَى السماءَ بمثل ما تَستقبِلُ

1. Manuscrit الثانى. Peut-être convient-il de lire التانئ; cf. Ousâma, *Autobiographie*, p. 19 et 132 ; Adh-Dhahabî, *Al-Mouschtarik*, p. 19 ; plus haut, p. 254, note 5, et 626.

وكما قال ابو نُواسٍ [كامل]

لا تُسْدِيَنّ اليَّ عارفةً   حتّى أَقومَ بشكر ما سَلَفَا

اخذه دِعْبِلٌ فقال [طويل]

تركتُك لم أَتركك كُفرًا لنعمة   وهل يُرتجَى نيلُ الزيادة بالكُفرِ
ولكنّنى لمّا رأيتُك راغبا   وأَفرطتَ فى برّى عَجِزْتُ عن الشُّكرِ

ومنه [طويل]

أَرَى عَهْدَها كالوَرْد ليس بدائم   ولا خيرَ فيمن لا يدوم له عَهْدُ
وحُبّى لها كالآس حُسْنا وبَهْجةً   له نَضْرةٌ تَبقَى اذا ذهب الوَرْدُ

اخذه الامير[1] رحمه الله فقال [بسيط]

ان كان حُبُّكم كالوَرْد منصَرِفًا   فانّ حُبّى لكم أَبقَى من الآسِ

1. Ousâma désigne de nouveau, cette fois par une formule abrégée, son grand-père ‘Izz ad-Daula Sadîd al-Moulk Aboû 'l-Ḥasan ‘Alî ; voir plus haut, p. 699, n. 2; 706, note 2; 710, note 1.

SUPPLÉMENT D'ANNOTATION CRITIQUE

PREMIÈRE PARTIE. — VIE D'OUSÂMA

P. 34, l. 17-22. Mourschid associait à ses parties de chasse « le *ra'îs* Aboû Tourâb Ḥaidara ibn Ḳaṭrama qui avait été son précepteur, sous la direction duquel il avait appris par cœur le Coran et étudié l'arabe. Arrivé au rendez-vous de chasse, celui-ci descendait de cheval, s'asseyait sur un rocher et lisait le Coran, pendant que nous chassions aux alentours. Puis, lorsque nous avions fini notre expédition, il remontait à cheval et rentrait avec nous. » Voir Ousâma, *Autobiographie*, p. 158. Ce schaikh Aboû Tourâb Ḥaidara me paraît devoir être identifié avec le prédicateur (*al-khaṭîb*) Aboû Tourâb Ḥaidara qui monta dans la chaire d'Alep le vingt-huit août 1097 (Kamâl ad-Dîn, *Zoubda*, dans Rœhricht, *Beitræge*, I, p. 218) et à Aboû Tourâb Ḥaidara ibn Aḥmad ibn Al-Ḥosain Al-Anṣârî, allégué comme témoin par l'historien de Damas Ibn 'Asâkir en 505 de l'hégire, c'est-à-dire 1111-1112 de notre ère (Rieu, *Catalogus*, p. 589-590). Ces identifications reposent sur l'hypothèse que Ḳaṭrama « Goutte d'eau » (قطرمة = قطر ماء) serait un nom de femme, comme Ḳaṭr an-nidâ « Goutte de rosée », dans Ousâma, *Autobiographie*, p. 22 ; plus haut, p. 178 ; et dans Ibn Khallikân, *Biographical Dictionary*, I, p. 499 et 500. En tout cas, notre Aboû Tourâb Ḥaidara ne doit être confondu, ni avec le fils du vizir égyptien Aboû 'Abd Allâh Moḥammed ibn Fâtik Al-Baṭâ'iḥî

(Wüstenfeld, *Geschichte der Faṭimiden-Chalifen*, p. 291, et plus haut, p. 246 et 247), ni avec le fils du khalife Fâṭimide Al-Ḥâfiṭh li-dîn Allâh (plus haut, p. 218; cf. Wüstenfeld, *Geschichte der Faṭimiden-Chalifen*, p. 244).

P. 43, note 1. Lisez : *Un grand maître des assassins*.

Ibid., note 2. Lisez: p. 109.

P. 51, note 6. Le sens que j'ai donné à l'adjectif relatif *mouloûkî* est encore confirmé par l'expression الخلال الملوكية « les qualités royales », dans Al-Ḥasan ibn Moḥammad, *Âthâr al-ouwal fî tartib ad-douwal*, p. 137, l. 18. — A la ligne première de la deuxième colonne, lisez *al-malakî*, d'après Sîbawaihi, *Al-Kitâb*, II, p. 68; Caspari, *Grammaire arabe*, traduite par E. Uricoechea, p. 138.

Ibid., note 9. Lisez: Al-Djordjânî.

P. 76, l. 22. C'est sans doute à ces événements de novembre 1108 que se rapporte le passage suivant d'Ousâma, *Autobiographie*, p. 157 : « Le prince d'Antioche campa pour nous combattre et se retira sans qu'il y eût de réconciliation. Aussitôt mon père (qu'Allâh l'ait en pitié!) monta à cheval pour aller à la chasse, sans attendre que l'arrière-garde des Francs se fût éloignée de Schaizar. Nos cavaliers poursuivirent l'ennemi qui se retourna contre eux. Quant à mon père, il était déjà loin quand les Francs parvinrent jusqu'à la ville. Il était monté sur le Tell Sikkîn, d'où il les voyait occupant l'espace entre lui et la ville. Il ne cessa pas de se tenir sur la colline jusqu'à ce que les Francs s'éloignèrent de la ville et que lui, il retourna à la chasse. » Sur ce Tell Sikkîn, ou Djabal Sikkîn, qui servit d'observatoire à Mourschid pour épier les mouvements de Tancrède et des Francs, on peut consulter Aboû 'l-Fidâ, *Géographie*, texte arabe, p. 229 ; Carl Ritter, *Die Erdkunde*, XVII, p. 30, 935, 101 ; Stanislas Guyard, *Un grand maître des assassins*, dans le *Journal asiatique* de 1877, I, p. 351.

P. 96, note 3. Sur Aḳ Sonḳor Al-Boursouḳî, voir encore la notice de Kamâl ad-Dîn Ibn Al-ʿAdîm, *Dictionnaire biographique des hommes illustres d'Alep*, dans *Historiens orientaux des croisades*, III, p. 716-726. A la dernière ligne, lisez : Djouyoûsch-Bek.

P. 137, l. 10. Dhakhîrat ad-Daula Aboû 'l-Ḳanâ Khiṭâm (*Autobiographie*, p. 44 ; cf. plus haut, p. 614 et 627), cousin d'Ousâma, est probablement, comme Ḥoumaid, un frère de Laith ad-Daula Yaḥyâ fils de Mâlik.

P. 190, note 1. Lisez : *ṭariḳ*.

P. 200, note 5. Lisez: ʿÂdiyâ.

P. 213, deuxième colonne de notes, lisez 5 au lieu de 4.

P. 214, l. 11. Sur des noms propres comme Oubayy « petit père », voir maintenant Theodor Nöldeke, *Kleinigkeiten zur semitischen Onomatologie. Verwandtschaftsnamen als Personennamen*, dans la *Wiener Zeitschrift für die Kunde des Morgenlandes*, VI (1892), p. 307-316, en particulier p. 309.

P. 228, l. 9. Lisez : Djiziyya.

P. 232, note 6. Lisez : Al-Ḥâfiṭh li-dîn Allâh.

P. 242, l. 3-4. Lisez : pour les réduire à néant et pour s'emparer de tous leurs biens, afin qu'ils s'entre-détruisent.

Ibid., l. 17-19. Après de ton bien, lisez : Bien plus, il a risqué sa vie pour te faire atteindre ce haut rang. La traduction proposée comporte dans le texte [بل] خاطَرَ بنفسه.

P. 250, l. 4. Lisez : qu'on mît en état les transports militaires.

Ibid., l. 5-6. Lisez : de l'armée, cavaliers et fantassins.

P. 276, l. 13. Il a été publié récemment un passage sur le tremblement de terre de Syrie en août 1187, emprunté au *Talḳîḥ fouhoûm ahl al-âthâr*, par Ibn Al-Djauzî (Leiden, Brill, 1892, p. 17). Je m'étonne que l'éditeur, M. le Dr Carl Brockelmann, pour versé qu'il semble être dans la littérature historique et géographique des Arabes, ait, sans un mot de protestation contre la teneur de ses manuscrits, imprimé Schîrâz parmi les villes détruites au lieu de Schaizar. C'est là une confusion qu'il ne devrait plus être permis de commettre. Dans le même passage, lisez Kafarṭâb en un seul mot.

P. 282, note 6 (cf. p. 361, note 5, et p. 618, l. 26-27). Sur la dynastie des ḳâḍîs connus sous la désignation d'Ibn Asch-Schahrouzoûrî, voir F. Wüstenfeld, *Der Imâm el-Schâfi'i und seine Anhænger*, p. 314-320. C'est le dernier travail (Gœttingen, 1891), où la volonté de mon infatigable maître ait pu triompher de la maladie.

P. 315, note 6. Lisez : Âltakîn.

P. 330, l. 17 et 24. Lisez : style.

P. 331, l. 12-13. L'émir 'Izz ad-Daula n'est pas ici l'oncle d'Ousâma, Aboû 'l-Mourhaf Naṣr, mais son grand-père qui portait le même surnom honorifique, 'Izz ad-Daula Sadîd al-Moulk Aboû 'l-Ḥasan 'Alî ; voir du reste l'*Appendice*, p. 697.

Ibid., première colonne de notes, voir l'*Appendice*, p. 692, note 2.

P. 354, note 1, deuxième colonne, l. 3 et 7, lisez : 'Oumâra ; l. 6, lisez : p. 224-227. J'aimerais consacrer une monographie à Nadjm ad-Dîn 'Oumâra Al-Ḥakamî, non seulement d'après le livre récent de H. Cassels Kay, signalé plus haut, p. 620-621, mais d'après un ouvrage de 'Oumâra lui-même, intitulé النكت العصريّه، فى اخبار الوزراء المصريّه، dont M. Wilhelm Pertsch vient de m'envoyer l'exemplaire complet conservé à Gotha (n° 2256 de son Catalogue, IV, p. 268), tandis que nous ne possédons à Paris que les quarante premiers feuillets dans le manuscrit 810 de l'ancien fonds (Slane, *Catalogue*, p. 380, n° 2147). Je ne pourrais malheureusement pas utiliser un autre exemplaire complet, coté 835 dans le *Catalogus* (I, p. 181) de la Bibliothèque Bodléienne d'Oxford.

P. 422, note 1. M. H. Cassels Kay a publié et traduit en anglais la partie de ce livre qui concerne les Karmates du Yémen ; voir son *Yaman. Its early mediæval History*, p. 135-152 des textes ; 191-212 des traductions ; 322-327 des notes.

P. 511, l. 9-10. Sur Aboû 'l-ʿAlâ Al-Maʿarrî, cité ici seulement, j'ai parlé p. 582, note 3.

P. 597, l. 1. Lisez الرقّا avec B, et comparez l'*Appendice*, p. 705, note 2.

P. 620, l. 27. L'addition mentionnée, qui est à la page 619, l. 5-6, se rapporte à la p. 327, l. 9.

P. 639, l. 4, et 649, titre. Lisez : Ousâma.

P. 686, première colonne, l. 1. Lisez 19 au lieu de 16.

DEUXIÈME PARTIE. — AUTOBIOGRAPHIE D'OUSÂMA

P. 12, l. 10, lisez : غَلّة كبيرة.

P. 14, l. 12, lisez : في دولتك [بل] خاطَرَ بنفسه.

P. 155, l. 7, lisez : والفوس, comme p. 25, l. 17, et comme j'ai essayé de l'imprimer plus haut, p. 635, l. 2. — Supprimez la note 1.

TABLE DES MATIÈRES

Pages.

Avant-propos. v

Chapitre premier. Schaizar et les Mounkidhites 1

Chapitre II. Éducation et caractère d'Ousâma 41

Chapitre III. Histoire locale de Schaizar. — Premières campagnes d'Ousâma (1095-1119) 65

Chapitre IV. Ousâma à Schaizar depuis la bataille d'Al-Balâṭ jusqu'à son exil (1119-1138) 119

Chapitre V. Premier séjour d'Ousâma à Damas (1138-1144) . . 169

Chapitre VI. Ousâma en Égypte (1144-1154) 203

Chapitre VII. Deuxième séjour d'Ousâma à Damas. Ousâma et Noûr ad-Dîn (1154-1164) 267

Chapitre VIII. Ousâma dans le Diyâr Bekr (1164-1174). L'œuvre littéraire d'Ousâma 313

Chapitre IX. Troisième séjour d'Ousâma à Damas (1174-1188). — Ousâma et Saladin. — Mort d'Ousâma. 365

Chapitre X. Les derniers Mounkidhites.

i. — Mourhaf, fils d'Ousâma. 415

ii. — Al-Moubârak et Ḥiṭṭân, petits-cousins d'Ousâma. 422

iii. — 'Abd ar-Raḥmân, neveu d'Ousâma . . . 444

Chapitre XI. Impressions d'Ousâma sur les Francs 467

Pages.

CHAPITRE XII. Textes arabes inédits, par Ousâma et sur Ousâma.

A. Extraits du Livre du bâton, par Ousâma Ibn Mounkidh. 499

B. Extrait du Dîwân d'Ousâma Ibn Mounḳidh, d'après le manuscrit 2196 de Gotha. 543

C. Poésie d'Ousâma, extraite d'une Anthologie poétique conservée au Musée Britannique . . 549

D. Deux poésies d'Ousâma, d'après l'Encyclopédie de l'islamisme, par Mouslim de Schaizar . . . 551

E. Biographie de Soulṭân, oncle d'Ousâma, par Ibn ʿAsâkir. 563

F. Deux poèmes d'Ibn Al-Ḳaisarânî sur Ousâma, d'après la Kharîdat al-ḳaṣr de ʿImâd ad-Dîn Al-Kâtib. 566

G. Extraits du Dictionnaire des hommes illustres d'Alep, par Kamâl ad-Dîn Ibn Al-ʿAdîm . . . 569

H. Extrait de la Crême de l'histoire d'Alep, par Kamâl ad-Dîn Ibn Al-ʿAdîm 586

I. Biographie d'Ousâma et Notices sur plusieurs émirs Mounḳidhites, par Adh-Dhahabî . . . 594

ADDITIONS ET CORRECTIONS.

Première partie. Vie d'Ousâma 607

Deuxième partie. Texte arabe de l'Autobiographie d'Ousâma. 625

BIBLIOGRAPHIE par ordre alphabétique des principaux ouvrages, manuscrits ou imprimés, utilisés dans la vie d'Ousâma . . . 639

INDEX ALPHABÉTIQUE des noms propres cités dans la vie d'Ousâma. 653

APPENDICE. La Rhétorique d'Ousâma 691

SUPPLÉMENT D'ANNOTATION CRITIQUE 723

TABLE DES MATIÈRES. 729

ANGERS, IMP. BURDIN ET Cie, 4, RUE GARNIER

www.ingramcontent.com/pod-product-compliance
Lightning Source LLC
Chambersburg PA
CBHW070056020526
44112CB00034B/1307